本书受到北京高校高精尖学科建设项目经费资助

Seminar·Séminaire
施门读书会

比较刑事诉讼与证据制度系列·第1卷

现代刑事诉讼模式
对话与冲突

施鹏鹏 ◎ 主编

MODERN MODELS OF
CRIMINAL PROCEDURE
DIALOGUES AND CONFLICTS

中国政法大学出版社

2021·北京

图书在版编目（CIP）数据

现代刑事诉讼模式：对话与冲突/施鹏鹏主编. —北京：中国政法大学出版社，2021.1
ISBN 978-7-5620-9500-2

Ⅰ.①现… Ⅱ.①施… Ⅲ.①刑事诉讼－研究 Ⅳ.①D915.304

中国版本图书馆CIP数据核字(2020)第046703号

出 版 者	中国政法大学出版社
地　　址	北京市海淀区西土城路 25 号
邮寄地址	北京 100088 信箱 8034 分箱　邮编 100088
网　　址	http://www.cuplpress.com (网络实名：中国政法大学出版社)
电　　话	010-58908289(编辑部) 58908334(邮购部)
承　　印	保定市中画美凯印刷有限公司
开　　本	720mm×960mm　1/16
印　　张	46.25
字　　数	830 千字
版　　次	2021 年 1 月第 1 版
印　　次	2021 年 1 月第 1 次印刷
定　　价	149.00 元

学术传承的点滴记忆

施鹏鹏

几乎所有在高校工作的老师都会遇到一个几近无解的难题——教学与科研如何协调。仅就法学而论，这两者更多的是矛盾、冲突，而非局外人所想象的和谐共处、相互促进。2008年，我从欧洲回到中国，开始了高校老师的生涯，转眼间已是12年，早已走出"青椒"的困局，但这一难题依然让我深感困惑。古语云，"师者，所以传道授业解惑也"，站稳讲台、传授学业、培育人才、学术传承本应是学者最重要的工作，但当下以科研为导向的评价体系与学者本人的精力困局似乎正在颠覆传统。从2008年至2014年，我在西南政法大学法学院任教，每年大概要给本科生授课近500课时（最厉害的一年上了900课时），站稳讲台、课比天大一直都是个人奉行的铁律，备课和上课占用了我大半的精力，所以科研的进度几近停滞。有一回，行政领导拿着表格和数据忧心忡忡地说，我们今年的科研指标有所下滑，鹏鹏你不要当了教授就不写文章了？我特别理解行政领导的担忧，中国的学术（学者）评价体系就是数字化的表格，每个学术民工都在自己的表格里填着数字，当权威期刊填到两位数了，就完成了从一般学者到法学家的嬗变，几乎没什么人关注文章内容写着什么，更不用说培养了多少学生，上了多少课。法学教授不给本科生上课，这是当年中国高校的一大怪现象，核心原因便是学术评价体系出了问题。至于因为数字化比拼而导致的学术失范或学术腐败现象，更是不可胜数。而我当时最关心的，还是学术传承的问题，所以每年在各学院上课时，除传授知识外，还主要吸收优秀的人才进入研究团队。

2015 年，我加盟了中国政法大学证据科学院，开始全新的工作模式，因为与原先繁重的授课任务相比，我在学校里竟然找不到本科生的课，一度想到外语学院上法律法语。几乎所有的时间全是科研时间，因此，我在过去 4 年内完成了很多原先拖延下来的学术任务，每天甚至还有不少时间学外语。未有授课任务的副作用是非常明显的，即无法吸收最优秀的本科生加盟团队。我甚至还尝试开了微博，希望能有课堂外的途径和学生交流，目前看来效果尚可。我在教学上的任务基本上全部转化为对研究生的培养。当下，日趋浮躁的学风与学位学历的贬值，让"研究"生教育的根本任务发生了质的变化。恕我直言，多数研究生直到毕业都不知道什么是"研究"，学历学位只是求职的一纸文凭，研究生的求学生涯更类似于大五、大六和大七，思维方式没有发生根本性的改变，我无法容忍我的研究生如此平庸。这除了作为导师的基本职业素养外，还更因为我很自负地认为，中国政法大学吸收了全中国很优秀（甚至可以说是最优秀）的一部分生源，未来多数将成为法科栋梁，平庸不应出现在这个群体里。

因此，我要求我的研究生每两周开读书会，围绕主题形成论文并宣讲，接受团队成员的批评指正。我也提供了国外最前沿的学术信息，让他们阅读甚至翻译。我希望我们团队的成果应是有价值的，且要接受学术界的评价。这是我主编"比较刑事诉讼与证据制度系列·第 1 卷"的根本原因。

第 1 卷的主题是"现代刑事诉讼模式：对话与冲突"，收录了欧美国家一些代表性学者在这一论题上的权威研究。很多乐观的比较刑事诉讼学者认为，职权主义与当事人主义日趋接近，相互借鉴融合是趋势，其实并非完全如此。职权主义与当事人主义之间的结构性排斥依然明显，甚至互相之间存在较明显的敌意。美国加州大学伯克利分校法学院斯科兰斯基（David Alan Sklansky）教授在《反职权主义》（Anti-Inquisitorialism）一文的开篇便指出，"美国法长期以来的传统似乎对欧陆的职权主义诉讼制度持否定性的引导，而视本国的诉讼制度为理想模式。避免走向职权主义被视为美国法律遗产的核心贡献。"从1787年至1945年，美国的判例、学说以及实务人员开始逐渐形成了对职权主义诉讼模式的贬义解读，将职权主义视为"侵扰私权"（intrusif）、"有罪推定"以及"滥用酷刑"的代名词。而从1945年以后，反职权主义便泛化为"欧洲司法恐惧症"，尽管有小部分联邦大法官更愿意以中性的表述来解读职权主义，但总体的判断还是否定性的，尤其是在涉及对质权、交叉询问、量刑程序、陪审团制度、程序失当、认罪等核心问题。而意大利东方皮埃蒙特大学（Università degli Studi del Piemonte Orientale）的伊丽萨贝塔·格兰德（Elisabetta Grande）教授在研究欧陆刑事诉讼对美国法律制度的移植时则提出了所谓的"接种效应"（inoculation effect），即"法律移植并没有使美国法律制度在欧洲实际扩散，亦没有使欧洲刑事诉讼体系更加对抗，相反它产生了截然不同的结果，即强化了非对抗性大陆法的结构和信条"。

　　我的团队成员参与了本书的多数选题和翻译，我几乎进行了全部的重译和审校，这让我几近崩溃，尤其是很多成员并不了解学术研究的意义，拖沓的进度尤其是粗糙的品性让我的血压和心脏经历了无数次考验，但我认为，这是我作为导师必须完成的工作。因此，这部作品的质量或许还有些欠缺，但算得上是我们团队过去几年内共同努力的结果，不足之处，请同行及读者多多斧正。

　　未来，我们团队将持续围绕"比较刑事诉讼与证据制度"的热门主题推出多卷本研究，我希望我的学生们能够真正沉下心来，做点有价值的学术研究，并接受同行最严厉的审视和批判。唯有如此，我们的学术才有了真正的传承。

　　感谢我的学生们能忍受我的暴躁脾气，但你们务必要理解我在深夜里审校时的无助，甚至曾无数次鄙视自己的灵魂，为什么要花这么多时间来做无任何学术评价意义的事务，而且还要忍受一堆毫无逻辑、缺乏美感的文字。从心理治愈的角度看，这些情绪只能部分转移到你们身上。

　　尤其感谢我的博士生马志文和褚侨，她们虽未参与此次书稿的写作和翻译，却为后期的审校付出了非常艰辛的努力。感谢中国政法大学证据科学研究院提供的宝贵支持，中国政法大学出版社的编辑们非常辛苦地进行审校。

书稿完成后，特别想念我的学生关伟薇，我们团队的书稿里永远会有你的名字。

施鹏鹏

2020 年 3 月 25 日

目 录 CONTENTS

第三编　刑事诉讼模式的转型

第四编　刑事诉讼模式的制度与技术

第五编　中国刑事诉讼模式的转型

第一编

刑事诉讼模式的基础理论

现代刑事诉讼模式：对话与冲突

刑事诉讼模式的原理

施鹏鹏 *

一、刑事诉讼模式——潜藏于不言而喻中的学术陷阱

在中国刑事诉讼的基本理论中，诉讼模式已然作为相当成熟完备的分析方法，主要用于解读比较刑事诉讼的诸多共性和差异。事实上即便在国际范围内，从 1882 年埃斯曼（Esmein, A.）教授出版《法国刑事诉讼法史——以十八世纪以来法国职权主义程序史为核心（至 1882 年）》[1] 一书后，"职权主义/当事人主义"的二分模式便成为比较刑事诉讼的通用分析范式。此后，虽然也有诸多学者提出了颇具影响力的理论模式，但总体还是沿袭"职权主义/当事人主义"的基本分析思路。例如，帕克（Herbert Packer）在 1964 年所提出的正当程序模式和犯罪控制模式，[2] 经台湾地区学者李玉娜传到中国大陆，在很大程度上奠定了中国现代刑事诉讼模式理论的基础，甚至经本土学者的理论重塑还催生了诸如诉讼构造这一颇具特色的分析方法。格里菲斯（Griffiths）随即提出了家庭模式和战斗模式，作为对帕克理论的反思、批判和替代。[3] 但正如格里菲斯所自我检讨的，无论是帕克提出的模式，还是他本人所提出的模式，更像是"观点"或"解释"，而不是严格的刑事诉讼模式。所有这些模式都带有某种意识形态的方法，

---

* 施鹏鹏，教育部、财政部"2011 计划"司法文明协同创新中心、中国政法大学证据科学教育部重点实验室教授。主要研究方向：证据法、刑事诉讼法、比较法及司法制度。

　〔1〕 1913 年，埃斯曼的作品为美国法学院协会（The Association of American Law Schools, AALS）所编撰的"欧陆法史系列"所收录，并翻译为英文，成为大陆法学界援引率最高的著作之一。法文版：Esmein, A., *Histoire de la procédure criminelle en France*（et Spécialement de la procédure inquisitoire depuis le XIII siècle jusqu'à nos jours），Paris, 1882, rééd. Verlag Sauer et Auvermann KG, 1969；英文版：Esmein, A., *A History of Continental Criminal Procedure*, trans. by John Simposon, Little, Brown and Company, 1913.

　〔2〕 Herbert L. Packer, "Two Models of the Criminal Process", 113 *U. Pa. L. Rev.* 1 (1964). 该文后收录于 Herbert L. Packer, *The Limits of the Criminal Sanction*, Stanford University Press, 1968, p. 149, 中译本参见 ［美］哈伯特·L. 帕克：《刑事制裁的界限》，梁根林等译，法律出版社 2008 年版。

　〔3〕 John Griffiths, "Ideology in Criminal Procedure or a Third 'Model' of the Criminal Process", 79 *Yale L. J.* 359 (1970). 文章的中译版参见 ［美］虞平、郭志媛编译：《争鸣与思辨：刑事诉讼模式经典论文选译》，北京大学出版社 2013 年版，第 51 页及以下。

这引发了一些学术批判。[4] 达马斯卡（Damaška）所提出的科层模式和协作模式[5] 在国际范围内尤其是在中国也产生了巨大的影响。达马斯卡充分考虑了社会学和政治学的因素，创造性地将国家结构尤其是司法体系的结构与官方政策（政策实施型或纠纷解决型）相联系，较大程度地克服了意识形态的影响。所提出的理论模型除对欧美发达国家刑事诉讼具有相当解释力外，对于转型国家的刑事诉讼亦颇具启发意义。

中国刑事诉讼模式的诸多理论主要受到欧美主流学说（包括日本）的影响，除传统的"职权主义/当事人主义"二分模式外，正当程序和犯罪控制的类型化区分已是当下的通说，并在很大程度上影响了诸如诉讼价值、诉讼目的以及诉讼构造等中国刑事诉讼的基础理论。一些立足本土实践的全新标签虽然更能形象地反映中国刑事司法的现状尤其是诉讼权利的结构和职权配置，但背后深层的法理依然未突破欧美既有的分析框架。

事实上，无论是欧美国家还是中国，刑事诉讼模式理论均面临着诸多方面的严肃追问，有些甚至是方法论的质疑，直接涉及诉讼模式这一研究方法存在的正当依据以及可能的理论混同问题。例如，刑事诉讼模式背后的学理是什么？从既有的著述看，国内外诸多学者在创设刑事诉讼模式的不同类型时，交叉使用了截然不同的研究方法，故表面类似的措辞或者所指向的类似现象似乎并不妨碍学术交流和理解，但背后却隐藏着理论的混同，甚至不乏错误的理论拓展和延伸。因此，进行理论层面的正本清源实属必要。又如在各国刑事诉讼急剧变化的当今时代，刑事诉讼模式的理论延展性及其解释力也受到严峻的挑战。单一标准的类型化划分无力准确反映各国刑事诉讼的特质，甚至还可能在一定程度上造成认知上的误区。例如与当事人主义国家相比，职权主义国家是否更"重打击、轻保护"？这似乎应在世界刑事诉讼新一轮的变迁中作出更恰切的判断。此外，同属某一诉讼模式下的刑事诉讼类型可能也存在较明显的差别，有时候甚至差异大于共性。例如在《欧洲人权公约》和欧洲人权法院的影响下，英国当代刑事诉讼的诸多理念及制度设计可能在很大程度上更趋同于欧陆刑事诉讼，而与美国刑事诉讼呈现较明显的分野。传统职权主义国家刑事诉讼经过多年的发展也呈明显的分化趋

---

〔4〕 Abraham S. Goldstein, "Reflection on Two Models: Inquisitorial Themes in American Criminal Procedure", 26 *Stan. L. Rev.* 1009, 1016 (1974). 中译本参见 [美] 虞平、郭志媛编译：《争鸣与思辨：刑事诉讼模式经典论文选译》，北京大学出版社 2013 年版，第 95 页及以下。

〔5〕 Mirjan R. Damaška, "Structures of Authority and Comparative Criminal Procedure", 84 *Yale L. J.* 489 (1975).

势，德国、法国、意大利、西班牙、瑞士、荷兰等代表性国家的刑事诉讼在诸多理念、制度和技术设计上日渐呈现国家特色，笔者曾以"亚职权主义"这一概念来指代职权主义日渐多元的内涵和外延。再如诉讼模式之间的冲突与对话问题。自 20 世纪 60 年代起，欧美学者便曾尝试进行一些较为平和、友好的交流与对话。例如一些美国学者认为欧陆职权主义刑事诉讼模式虽然存在诸多负面评价，但仍有不少值得借鉴的经验，可为饱受诟病的美国刑事司法制度提供某种有效的补救措施。[6] 也有部分美国学者认为，真正的欧陆刑事诉讼程序与美国的刑事诉讼程序非常接近，远非人们此前所设想的那般差距。[7] 相比之下，欧陆学界对英美刑事诉讼制度的评价较为友善，事实上也引入了诸如陪审团、辩诉交易等制度以弥补自身刑事机制的不足。但不应为这一学术表象所蒙蔽。倘若我们对欧美主流理论界和实务界作更深层次、更细致的研究，便会发现不同诉讼模式间的貌合神离现象并不如国际研讨会上呈现的那般和谐：一方面，几乎所有比较刑事诉讼的学者均承认，当事人主义与职权主义并不存在孰优孰劣之分，仅与各国的诉讼传统有关。欧洲人权法院甚至还在判例中作了分析，"受害人是否可以阻碍公诉、证据是由双方当事人自行收集或由独立于当事人的法官收集等均不重要……职权主义与当事人主义并无优劣之分，仅取决于各成员国的法律传统"[8]。但另一方面，各代表性国家主流的理论界和实务界却又对彼此的诉讼模式嗤之以鼻。例如，传统职权主义国家（如法国和德国）眼中的当事人主义，便是将严肃的刑事诉讼作为竞技场，带有太多的偶发性及戏剧性，喧嚣有余，精确不足[9]；而当事人主义国家中的职权主义，基本上是作为反面的存在，是刑讯逼供、超期羁押、律师地位低下、辩护权孱弱的代名词。[10] 而这一相互间的否定性评价在具体的个案（主要是跨国刑事诉讼案件）中显得尤为淋漓尽致。例如发生于 2007 年的阿曼达·诺克斯（Amanda Knox）案，美国法律界便对意大利刑事司法的运行状况表示了深深的担忧。尽管阿曼达·诺克斯在随后的上诉中最终被判无罪，但美国舆论普遍认为，

---

〔6〕 Jan Stepan, "Possible Lessons from Continental Criminal Procedure", *The Economics of Crime and Punishment* 181 (1973); Thomas Weigend, "Continental Cures for American Ailments: European Criminal Procedure as a Model for Law Reform", 2 *Crime & Just.* 381 (1980); Rudolf B. Schlesinger, "Comparative Criminal Procedure: A Plea for Utilizing Foreign Experience", 26 *Buff. L. Rev.* 361 (1976); Amalia D. Kessler, "Our Inquisitorial Tradition: Equity Procedure, Due Process, and the Search for an Alternative to the Adversarial", 90 *Cornell L. Rev.* 1181 (2005).

〔7〕 See Abraham S. Goldstein and Martin Marcus, "The Myth of Judicial Supervision in Three 'Inquisitorial' Systems: France, Italy and Germany", 87 *Yale L. J.* 240 (1977).

〔8〕 Cité par Pradel, J., "Défense du Système Inquisitoire", *Regards sur l'actualité*, N°300, 2004, p. 62.

〔9〕 Pradel, J., "Défense du Système Inquisitoire", *Regards sur l'actualité*, N°300, 2004, p. 62.

〔10〕 David Alan Sklansky, "Anti-Inquisitorialism", 122 *Harvard Law Review* 1634 (2009).

意大利的正当程序标准远低于美国。[11] 对于这一现象，刑事诉讼模式的既有理论似乎仅是强化了对立，而非对话，而粗线条式的特征描述在一定程度上加大了彼此间的误解。更为重要的是，这两种互为敌视的观点在转型国家里时常作为对立思潮而存在，并争夺着刑事诉讼发展方向的主导权。例如在中国刑事诉讼学界，当事人主义便是优于职权主义的存在，对职权主义的评价多数带有英美法中心的前见，这在相当程度上误导了中国刑事诉讼的改革方向。[12]

应当说，中国刑事诉讼的基本理论（包括但不限于刑事诉讼模式理论）经过了几代人的努力已日渐成熟，但早期多渠道的知识借鉴（可能来自欧美、日本甚至台湾地区）在提供丰富学术素材的同时，也导致了一定程度的杂糅和混乱。因此，许多貌似不言而喻的理论范式背后潜藏着危险的学术陷阱。对此，比较法学者马克西姆·兰格（Máximo Langer）在《当事人主义与职权主义的二分法及盎格鲁-撒克逊法律传统中程序机制的重要性》[13] 一文中便敏锐地观察到，刑事诉讼学界至少在六个层面使用"当事人主义/职权主义"这对范畴：历史学的诉讼样态、理想的诉讼类型、完成诉讼制度特定功能的机制或者子系统、目的或价值相对立的诉讼类型、作为规范原则的诉讼类型以及作为规范模型的诉讼类型。尽管马克西姆·兰格教授仅是针对"当事人主义/职权主义"这对范畴而展开，但他的观点对于我们思考刑事诉讼模式的基本法理还是颇具启发意义。依拙见，从目前既有的刑事诉讼模式理论看，[14] 学者们大体从如下几个方面来使用这一理论范式：描述型（Descriptive）/规定型（Prescriptive）的理想类型；历史学或社会学的诉讼样态；意识形态化的对立价值观以及程序的功能主义。需要说明的是，在多数情况下，这几种类型的使用互有交叉，甚至具有一定的对应关系，但均存在一定的局限性。

---

〔11〕 Nina Burleigh, "The Fatal Gift of Beauty: The Trials of Amanda Knox", *Broadway Books*, 2012, pp. 265-267.

〔12〕 施鹏鹏：《为职权主义辩护》，载《中国法学》2014年第2期。

〔13〕 Máximo Langer, "La Dicotomía Acusatorio Inquisitivo y la Importación de Mecanismos Procesales de la Tradición Jurídica Anglo-Sajona", *Procedimiento Abreviado*［*Plea Bargaining*］, edited by Julio Maier and Alberto Bovino, Del Puerto 97-134 (2001). 在英文论文中，马克西姆·兰格教授也表达了类似的观点，参见 Máximo Langer, "The Long Shadow of the Adversarial and Inquisitorial Categories", in *The Oxford Handbook of Criminal Law*, edited by Markus D. Dubber and Tatjana Höernle, Oxford University Press, 2014, p. 887.

〔14〕 ［美］虞平、郭志媛编译：《争鸣与思辨：刑事诉讼模式经典论文选译》，北京大学出版社2013年版。较新的研究，可以参见本书的其他章节。

二、描述型/规定型的理想类型

马克斯·韦伯（Max Weber）认为，社会科学应像自然科学一样，建构一套精确而谨慎的概念体系作为衡量现实的标准，审视现实与概念之间的差距，并对此差距做出因果解释。[15] 因此，根据或参照行动者心中的思想和行动取向，将许多弥漫的、无联系的、或多或少存在和偶尔又不存在的个别现象，综合成一个具有内在一致性的思维图像，马克斯·韦伯称之为"理想类型"。因此，"理想类型"具有概念上的纯粹性，并不对应于某一具体的现实，甚至可以称为"乌托邦"，但却是社会科学研究者在提炼核心范畴、分析纷繁复杂社会现象的重要工具。

在很多理论场景下，刑事诉讼模式是诉讼法学者在观察刑事司法权不同运行方式而进行的"理想类型"总结，又可区分为描述型的理想类型和规定型的理想类型。描述型的理想类型，指的是诉讼法学家在观察不同刑事司法场景后所进行的总结，并归纳出一般性的差异，以此作为理想分类的前提。规定型的理想类型，则是指诉讼法学家在理论上确立了纯粹的概念体系，并以此为前提与现实的刑事司法场景进行对照，作为分类的标准。描述型的理想类型主要通过观察与归纳（不完全归纳）的方法，规定型的理想类型则主要通过约定与演绎的方法。刑事诉讼模式的许多理论均以此两种理想类型展开。

例如帕克在 1964 年提出"犯罪控制"模式与"正当程序"模式时便写道："刑事诉讼是一套动态的系统，取决于一系列选项。但在这一系列选项中，需要的是识别和评估各种可能性的手段。工具或技术必须具备能够评估刑事司法系统改变以及任何可能改变的趋势的能力"，"完成这类工作的一种方式，便是从现实中抽象出来，去构建一种模式"。[16] 因此，帕克首先从理论上分别约定了"犯罪控制"模式和"正当程序"模式。"犯罪控制"模式的最佳比喻便是流水线，可以将"层出不穷的案件"放到传送带上。每个工人承担案件的某一必要职责，然后将其送至更靠近终点的下一站。这样一种方法需要一个成功的筛选过程以及有罪推定。刑事诉讼每一步的目标都是从可能的有罪者中分离出可能的无辜者，并继续将前者送入下一阶段。所暗含的更多是系统的有罪推定，而非法定的有罪推

---

〔15〕 ［德］马克斯·韦伯：《社会科学方法论》，韩水法、莫茜译，中央编译出版社 1998 年版，第 14 页。

〔16〕 Herbert L. Packer, "Two Models of the Criminal Process", 113 *U. Pa. L. Rev.* 1, 5（1964）. 后来，在帕克的著作中重印了这篇文章，*The Limits of the Criminal Sanction*, Stanford Universtiy Press, 1968, pp. 149-246.

定。该模式自信地假定，筛选过程确实是从有罪者中挑选出无辜之人，那些经过连续筛选过程仍留在法律系统内的人便是真正的罪犯。[17] 而"正当程序"模式则完全反对这种不尊重个人自主权和尊严的方法，认为政府每次过度干预均应受到审查，因为刑事制裁可能危及甚至剥夺人身自由。权力总会被滥用，有时是轻微的，有时则是公开而丑陋的，如刑事诉讼中的权力滥用。正因为刑事诉讼具有令个人服从国家强制力的效力，故在"正当程序"模式下，权力必须受到控制，这令其无法以最大的效率运行。依这一思想体系，最大的效率便意味着最大的暴政。[18] 刑事司法体系中的每一步都是在设立障碍，阻止将个人送到诉讼的下一阶段。在这个意义上，该模式便是"障碍超越训练场"，而非流水线。[19] 不难看出，帕克教授所区分的两种刑事诉讼模式属于"规定型的理想类型"，为刑事诉讼法学者提供了分析不同国家或地区刑事诉讼样态的理论工具。20 世纪 80 年代，中国刑事诉讼学术界引入了帕克的两个模式理论，为中国的刑事诉讼改革提供了全新的理论视角。诉讼模式理论自此成为中国刑事诉讼教科书中的重要基础理论。因此，中国刑事诉讼法学者在使用诉讼模式理论时自觉或不自觉地应用了"规定型理想类型"的方法。

如前所述，"规定型理想类型"的前提是理论预设，是学者高度抽象的理论概括，故现实的刑事司法场景并不是前提，而是适用的对象，这与"描述型理想类型"刚好相反。因此，以此一方法所凝练得出的诉讼模式往往带有学者的前见（极有可能也是偏见）。例如帕克教授所提出的"犯罪控制/正当程序"模式，便通常用于解读欧陆刑事诉讼与美国刑事诉讼的区别，带有明显的"美国刑事诉讼优越论"。但这可能与现实的刑事司法场景并不契合，容易造成"误解中的批判"。所以，很难讲欧陆刑事诉讼便是"犯罪控制型"。事实上，从 18 世纪起，欧陆代表性的职权主义国家在被告人基本权利保障方面均作了大量的努力。尤其是二战后，欧洲人权法院依《欧洲人权公约》所作出的大量判例为欧陆诸国刑事诉讼设立了正当程序的模板。美国的刑事诉讼也并非仅是追求"正当程序"，"犯罪控制"也一直是政府孜孜以求的目标。1996 年的《梅根法案》（Megan's Law）便授权各州在互联网上张贴性侵犯者的照片和其他个人信息，以便保护无辜公民免受侵扰。

---

〔17〕 Herbert L. Packer, "Two Models of the Criminal Process", 113 *U. Pa. L. Rev.* 1, 5 (1964), at 10-1. See also Herbert L. Packer, "The Courts, the Police, and the Rest of Us", 57 *J. Crim. L. & Criminology* 238, 239 (1966).

〔18〕 Herbert L. Packer, "Two Models of the Criminal Process", 113 *U. Pa. L. Rev.* 1, 5 (1964), p. 16.

〔19〕 Herbert L. Packer, "Two Models of the Criminal Process", 113 *U. Pa. L. Rev.* 1, 5 (1964), p. 13.

也有不少学者在使用刑事诉讼模式这一分析工具时采用了"描述型理想类型"。例如很多学者在经过对大陆法系国家及英美法系国家的刑事诉讼进行对比后对职权主义与当事人主义进行了区分:"依传统理论,职权主义具有如下一些特征:法官具有启动公诉的权力(在当事人主义制度下,公诉由双方当事人提起);法官为获取口供可违背犯罪嫌疑人的意志进行讯问(在当事人主义制度下,犯罪嫌疑人可以选择说出真相,亦可以说谎或沉默);职权主义将审前程序视为审判的组成部分,因此审前所收集的证据可以在庭审中直接使用(在当事人主义制度下,真正的证据只得在庭审中获得);在职权主义制度下,法官尤其是预审法官是犯罪调查最具象征性的机构设置、最踊跃的证据收集者(当事人主义并未设预审法官,证据由双方当事人收集,并在庭审中出示)。依据这些不同的特征要素,我们可以得出一个一般性的定义:在职权主义诉讼中,主动权在法官,法官负责启动诉讼、收集证据尤其是庭前证据以及主持庭审。此外,诉讼是秘密的、非对抗的,至少对于审前程序是如此。相反,在当事人主义制度下,当事人主导诉讼,程序是公开、对抗的。"[20]

但"描述型理想类型"也面临着一些批评,尤其是不完全归纳的方法将可能让"理想类型"无法涵盖所有的内容。比如在法国,10 年以下的轻罪由检察官提起公诉,并不需要经过法官的批准,这与职权主义由"法官启动公诉"的界定相悖。欧陆诸国均承认了沉默权,并禁止对被告人使用违法讯问手段,这与"法官为获取口供可违背犯罪嫌疑人的意志进行讯问"这一界定也不相符。意大利在1988 年改革后禁止在庭审中适用审前所收集的证据。如前所述,笔者在研究传统职权主义代表性国家的刑事诉讼时发现,德国、法国、意大利、西班牙、瑞士、荷兰等国的刑事诉讼日渐呈分化趋势,以至于"职权主义"作为理想类型似乎已无力涵盖各国在刑事诉讼理念、制度和技术方面的多元化。"当事人主义"也类似。蔡斯(Oscar G. Chase)教授在《美国"例外论"与比较程序》[21]一文中便指出了美国四大独特的重要制度:民事陪审团、当事人主导的审前证据开示程序、消极的法官以及由当事人遴选的鉴定专家。这与英国、澳大利亚和加拿大的诉讼制度均有较明显的区别。

中国的学者在使用"职权主义/当事人主义"这对范畴时也时常感到困惑,很多学者敏感地指出,中国的诉讼模式与当事人主义有显著区别,比较接近职权

---

〔20〕 Cité par Pradel, J., "Défense du Système Inquisitoire", *Regards sur l'actualité*, N°300, 2004, p. 62.

〔21〕 Oscar G. Chase, "American 'Exceptionalism' and Comparative Procedure", 50 *The American Journal of Comparative Law* 277–301 (2002).

主义，但仍有自身特色："首先，我国的刑事诉讼由侦查、起诉、审判三个互相联系又互相制约的阶段为主组成，而不是以审判为中心。传统的诉讼结构，不论是职权主义还是当事人主义，都是以审判为中心，审判前的侦查、起诉，被看作审判的准备阶段，而不是与审判并列的独立阶段。我国的诉讼结构则有所不同。其次，我国的刑事诉讼中法律监督职能的加强，改变了诉讼以审判、控诉、辩护三种职能组成的旧格局。传统的诉讼结构，不论是职权主义还是当事人主义，都是以审判、控诉、辩护三者的关系及其在诉讼中的地位和作用的组合为主要特征，当事人主义突出以控辩双方的对抗为特征，职权主义强调审判在控诉和辩护中的主导作用为特征，但都没有脱离审判与当事人三方关系的大框架。我们的诉讼结构则有所不同，法律监督职能在诉讼中处于极其重要的地位，对诉讼中其他职能的行使产生重大的影响。最后，法院的调查与控辩双方辩论相结合。庭审的调查、辩论是查明事实的主要方法，但庭审前审查案卷材料、庭外的调查核实，以及重大、疑难案件提交审判委员会集体讨论研究，也都是重要的、不可缺少的方法。这是我们与西方一些国家，特别是实行当事人主义诉讼结构的国家不同的地方。"[22] 亦有学者认为："我国是社会主义国家，因此我国的刑事诉讼法也是社会主义类型的，其诉讼形式具有我国自己的特点，我们所采取的刑事诉讼形式同大陆法系国家采取的刑事诉讼形式接近，同英美法系国家的刑事诉讼形式差别较大。"[23] 用纠问式、职权主义或超职权主义来概括我国刑事诉讼模式均是错误的。[24]

三、历史学或社会学的诉讼样态

有不少学者在"历史学"或"社会学"意义上来使用刑事诉讼模式，即将某种刑事诉讼模式作为历史上或某一社会时期曾经存在的现实诉讼样态，而不是纯粹智识上或学术上的抽象创设。比如最早创设"职权主义/当事人主义"概念并使之成为比较刑事诉讼通用分析范式的法国著名宪法学家、法史学家埃斯曼教授，便是在历史学意义上来使用这一对范畴的。1882 年，埃斯曼教授出版了在世界范围内颇具影响[25]的著作《法国刑事诉讼法史——以十八世纪以来法国职权

---

〔22〕 徐益初：《试析我国刑事诉讼结构的特点及其完善》，载《法学评论》1992 年第 3 期。

〔23〕 武延平主编：《中国刑事诉讼法教程》（修订版），中国政法大学出版社 1996 年版，第 12~13 页。

〔24〕 章海：《两大法系刑事诉讼价值冲突与模式选择》，载《法学评论》1995 年第 2 期。

〔25〕 1913 年，埃斯曼的作品为美国法学院协会所编撰的"欧陆法史系列"所收录，并翻译为英文，成为大陆法学界援引率最高的著作之一。法文版：Esmein, A., *Histoire de la Procédure Criminelle en France*（et Spécialement de la procédure inquisitoire depuis le XIII siècle jusqu'à nos jours），Paris, 1882, rééd. Verlag Sauer et Auvermann KG, 1969；英文版：Esmein, A., *A History of Continental Criminal Procedure*, trans. by John Simposon, Little, Brown and Company, 1913.

主义程序史为核心（至 1882 年）》，作品标题直接将法国刑事诉讼定性为"职权主义"诉讼。埃斯曼在该书序言中论及，"法国伦理学及政治学研究院（Académie des sciences morales et politiques）最早为博丹资助奖所设立的主题是'研究 1670 年《刑事法令》（Ordannance Criminelle）的历史；研究其对 18 世纪末司法运行及立法的影响'"，但"对已消亡的法律进行历史梳理，并不仅仅描述它曾经如何制定、适用以及此后的废除，而应进一步探索其所包含的法律源头，应进一步追问其是否转化为之后更新的法律。这正如同物理世界，有必要进行血统传承。尤其涉及一部长期存在的法典，我们可以断言，立法者能从其中获得分散的、不完整的法律要素。立法者赋予新的形式，进行改革，但创设法律的方式已然确立。这完全适用于 1670 年《刑事法令》这部法国旧制度时代的'重罪法典'。在这部法典之下，法国存续了 120 年。事实上，它并没有引入新的程序。它所确立的制度系法国长期缓慢形成的，正如其他邻国一样。在各种重大事由的持续压力下，中世纪言辞的、公开的当事人主义逐渐转变为书面的、秘密的职权主义诉讼程序。这一始于 13 世纪的演进终止于 16 世纪。1539 年的法令确立了所有的要点以及总体框架"[26]。埃斯曼因此认为，将这一诉讼历史进程界定为"职权主义程序史"更为直接、贴切、妥当。埃斯曼在国际范围内（包括对英美法世界）的影响是广泛而深刻的。不少学者受此影响，也在"历史学"或"社会学"意义上来使用刑事诉讼模式。

例如法国学者丹尼斯·萨拉（Denis Salas）在《论刑事诉讼》[27] 一书中便对刑事诉讼模式进行历史学及社会学的研究。萨拉教授写道，"历史可为理论研究提供认识论上的参考。我们可通过对既定事实的历史研究重现研究对象的谱系生成并进行重新解读。我们更多地不是介绍诉讼模式的历史，而是通过递返的实践逻辑对其进行解释。在这个意义上，我们立足于社会学的传统立场，即如涂尔干（Émile Durkheim）、布迪厄（Pierre Bourdieu）及福柯（Michel Foucault）所秉承的观点，现实亦是历史不可或缺的组成部分，带有某种程度的不可知，社会学可明晰地重新揭示此一历史性，……当下所为，作为研究对象，得以历史中的所为予以解释；如果我们试图自行为发生后方研究此一作为，则显然错误。"萨拉从古希腊场景中的诉讼一直研究至现代的刑事诉讼，并区分了三种类型的诉讼模式：

· 公正型的诉讼模式（Le modèle du procès équitable）。该诉讼模式源自于西

〔26〕 Esmein, A., *Histoire de la Procédure Criminelle en France*（et Spécialement de la procédure inquisitoire depuis le XIII siècle jusqu'à nos jours），Paris，1882，rééd. Verlag Sauer et Auvermann KG，1969，p. Vj et s.

〔27〕 Denis Salas, *Du Procès Pénal*，PUF，1995，p. 1 et s.

方传统，国家是集中化的体制，有别于公民社会。国家所运作的法律是组成国家之不同社会团体之间合意的结果。国家体制遵循三权分立原则，设有独立的司法职权机构以运行刑事诉讼程序。

·调解型的诉讼模式（Le modèle de la médiation）。该诉讼模式源自政治中心的虚化（无国家的社会），公民社会的高度独立消解了国家的存在（如封建社会）。由于不存在分化的权力，社会及时的调解成为解决各团体内部及团体内部成员间纠纷的唯一方式，亦是维系内部秩序的基本条件。

·纠问型的诉讼模式（Le modèle de l'inquisition）。此一诉讼模式以政治中心的高度分化为基础，主要用于解决团体成员与权力持有者之间的争议。公民社会之于刑事诉讼的穿透力随着全部或部分依附于国家之刑事诉讼的出现而消灭。

表1　前述三种诉讼模式的基本要素构成

关　　系	诉讼模式		
	公正型诉讼模式	调解型诉讼模式	纠问型诉讼模式
庭审——第三人	－	＋	＋
庭审——争讼事由	＋	＋	－
庭审——文书	－	－	＋
庭审——判决	＋	－	－

注："＋"，表示关系紧密，"－"，表示关系生疏。

笔者在研究职权主义刑事诉讼时也主要使用历史学的方法，从编年史的角度区分传统职权主义和"新职权主义"。传统的职权主义源于13世纪末，并在16世纪及17世纪达致巅峰，其后则逐渐走向衰败，并最终在法国大革命后为"新职权主义"所替代。其中最能涵盖传统职权主义诉讼形态的法律文本当属1670年8月法国所颁布的《刑事法令》，这是路易十四法典化运动的最终成果，它基本上奠定了欧陆传统职权主义的基本框架。因此，文章先介绍了《刑事法令》所确立的基本程序框架，再凝练传统职权主义刑事诉讼的核心要素，最后介绍了"新职权主义"对传统职权主义的扬弃。

相比而言，以历史学或社会学的方法来构建刑事诉讼模式，有助于深入理解诸如"当事人主义/职权主义"等模式在历史上的演变过程，尤其是各国如何受历史传统的约束而作出了符合本国需求的模式。但历史学或社会学的研究同样也存在"理想类型"的归纳问题，因为几乎每个国家均有其独特的历史和社会背景，寻求"最小公约数"的理论剪裁极有可能忽略了各国刑事诉讼真正的"民族"特质。

四、意识形态化的对立价值观

也有不少学者或实务工作者在"意识形态化的对立价值观"层面使用刑事诉讼模式。例如，美国联邦最高法院便时常将"职权主义"作为某种"政治不正确"，以此捍卫"当事人主义"的诉讼价值观。2008 年，加州大学伯克利分校法学院斯科兰斯基（David Alan Sklansky）教授在《哈佛大学法律评论》发表了《反职权主义》（Anti-Inquisitorialism）[28] 一文，该文深刻地剖析了美国联邦最高法院二十余年来如何将"反职权主义"作为某种当然的价值判断，并将其作为论证判决正当性的重要论据。斯科兰斯基教授在《反职权主义》一文中的开篇便指出，"美国法长期以来的传统似乎对欧陆的职权主义诉讼制度持否定性的引导，而视本国的诉讼制度为理想模式。避免走向职权主义被视为美国法律遗产的核心贡献。"[29] 但斯科兰斯基教授仅是凭直觉作出了这一判断，并未进行周密的论证。法国学者沙夏·拉乌尔（Sacha Raoult）弥补了这一缺憾，他整理了从 1787 年迄今美国联邦最高法院涉及职权主义论断的所有判决，分成两个阶段：从 1787 年至 1945 年，美国联邦最高法院仅有二十余个判决论及职权主义，而从 1945 年至今，涉及职权主义的判决呈井喷之势，有近百个判决涉及。[30] 几乎所有判决均将职权主义作为诉讼模式的反面典型。沙夏·拉乌尔指出，从 1787 年至 1945 年，美国的判例、学说以及实务人员开始逐渐形成了对职权主义诉讼模式的贬义解读，将职权主义视为"侵扰私权"（intrusif）、"有罪推定"以及"滥用酷刑"的代名词。而从 1945 年后，反职权主义便泛化为"欧洲司法恐惧症"，尽管有小部分联邦大法官更愿意以中性的表述来解读职权主义，但总体的判断还是否定性的，尤其是在涉及对质权、交叉询问、量刑程序、陪审团制度、程序失当、认罪等核心问题时。[31]

大陆法系的学者在看待当事人主义时也时常带有"对立价值观"。比如二战后，在美国控制区域，盟军尝试设立当事人主义诉讼，引入诸如形式真实、控辩

---

〔28〕 David Alan Sklansky, "Anti-Inquisitorialism", 122 *Harvard Law Review* 1634 （2009）.

〔29〕 David Alan Sklansky, "Anti-Inquisitorialism", 122 *Harvard Law Review* 1634 （2009）.

〔30〕 Sacha Raoult, "Le Modèle Inquisitoire Dans L'imaginaire Juridique Américain" （XIXe-XXe siècles）, in *Droit et société*, 2013/1 n°83, p. 117 et s.

〔31〕 David Alan Sklansky, "Anti-Inquisitorialism", 122 *Harvard Law Review* 1644 （2009）.

平等等诉讼理念，但遭遇德国学术界的激烈抵抗。巴德（Bader）认为，[32]基于"法律连续性"的原因，无法引入这些自由主义的产品。在德国联邦议院的第一次讨论中，以"当前根本性改革根本不可取"为前提，[33]时任司法部部长的德勒（Dehler）在废弃纳粹特别法院（NS-Sondergerichte）和人民法院（der Volksgerichtshof）后不到五年，再次赞扬了"实质真实原则"，并坚定地认为："我们的程序无疑更具有发现真相的优势"。[34]罗科信（Roxin）教授便认为，"真正的平等武装和我们的程序结构并不相符"，法院的"全面的照料义务"（umfassende Fürsorgepflicht）是"公正对待职权调查原则最重要的规则"。[35]埃伯哈德·施密特（Eberhard Schmidt）甚至不容置疑地说，"在刑事诉讼中，武器平等原则完全不合适"[36]，《欧洲人权公约》的平等武装原则应理解为"可避免任何可能动摇被告人追求真相和正义意图信心（的行为）"[37]。

中国的学术界在使用"当事人主义/职权主义"这一对概念时也经常带有"意识形态化的对立价值观"：凡带有职权主义色彩的制度，便具有"原罪"，似乎"从头到脚，每个毛孔都滴着血和肮脏的东西"。许多貌似"一目了然"的论断，均带有不少"反职权主义"的前见。但鲜有学者认真研判何为职权主义，似乎职权主义便是刑讯逼供、超期羁押、律师地位低下、辩护权孱弱的代名词。应当承认，中国的刑事司法现状尚不尽如人意，但倘若未找到病兆的根源，而仅是以"反职权主义"的抽象表述笼而统之，则可能将误导刑事司法改革的走向：或者盲目地引入所谓的对抗式诉讼，希冀用单纯的程序机制来改变更深层次的刑事司法职权配置；或者带有偏见地追求"实质真实"，将其作为侵害人权、错案根源的替罪羊。

可以看出，诉讼模式中的"对立价值观"原先仅是作为诉讼价值优先次序选择的某种客观、中立描述（如实质真实与形式真实），可能受到历史、传统、政治等因素的影响，并未有优劣之分。但"意识形态化"的价值预判却容易让观点变得极端，使讨论丧失理性与中立，沦为简单粗暴的"是非之争"。

---

〔32〕 Vgl. Bader, "Die Wiederherstellung rechtsstaatlicher Garantien im deutschen Strafprozeß nach 1945", in *Pfenniger-Fachschrift* (1956), S. 7.

〔33〕 Vgl. Dallinger, "Zur Vereinheitlichung des Strafverfahrens", *Süddeutsche Juristenzeitung* (1950), S. 731; Kern, "Die Wiederherstellung der Rechtseinheit auf dem Gebiete der Strafgerichtsverfassung", *Monatsschrift für deutsches Recht* (1950), S. 588.

〔34〕 BT-Protokolle, 1. *Wahlp.*, S. 1433.

〔35〕 Kern/Roxin, "Strafverfahrensrecht", 12. Aufl. (1974), S. 213.

〔36〕 Eberhard Schmidt, "Deutsches Strafprozeßrecht", *Gottingen*：*Vandenhoeck* (1967), S. 42.

〔37〕 Eberhard Schmidt, "Das rechtliche Gehör im Strafprozeß by Hans Dahs, jun.", *Juristenzeitung* (1965), S. 735.

五、程序的功能主义

还有学者在功能主义层面将诉讼模式作为保障政治功能或裁判目的实现的机制。例如达马斯卡在《司法和国家权力的多种面孔——比较视野中的法律程序》一书中便对"当事人主义/职权主义"的程序分类提供了一种替代方案。他提出了两个维度：第一个维度涉及"政府的组织结构"，即权力"特征"；第二个维度涉及"政府的法定职能，或者更具体而言，是对司法运行目的的不同观点"。[38]达马斯卡认为，为描述程序权力的特征，可将其区分为科层式理想型和协作式理想型。在达马斯卡看来，权力结构（科层式或协作式）预示着该权力结构所适用的程序。科层式理想型主要对应传统的官僚体制理念，它的特点是：由一群职业官员群体，按等级体制构建，依技术化标准作出裁决。这一理想型通过使用专家或职业人员，在"合作伦理"的推动下，并受到上层监督及规则约束裁判体制的强化，其包含了"一种强烈的秩序感和一种对一致性的欲求"。"因此，私人程序行动在科层式权力的词汇中几乎是一个矛盾体。"协作式理想型则"由非专业人士的群体，按单一层级的权威体系构建，适用无差别的标准作出裁决"。司法的组织体系并无固定结构，权力赋予业余人士，"基本上相当于外行官员"，可能也会得到专业人士的协助，但他们的裁决会缺乏一致性。"同一位偏爱科层式权力组织方式的人士相比，一位乐于接受协作理想型的人士还必须准备容忍不一致性以及相当大程度的不确定性。"此外，提供证据的责任和其他准备工作并非交由法官，而是由双方当事人及其代理人负责。达马斯卡认为，不同国家的品性和司法角色对程序权力的组织和实施方式产生着必然的影响。他指出"程序设置遵循政府目标"的三种方式：一是表现为"政治学说的基本信条"，即将政治意识形态领域中的"个人自治理念"转移至回应型国家的司法管理中。二是程序形式在"概念上隐含于"某种程序目的之内。三是程序形式可能比其他可选择的形式更能有效地实现司法目的。因为冲突解决型的程序与奉行自由放任主义国家更为契合，故"美国法律程序给双方当事人配置了异常广泛的程序行为，特别是在审判准备程序中，为（双方当事人）进行自由的程序选择提供了诸多机会，这是其他国家所难以比拟的"。可以看出，达马斯卡认为，诉讼模式的分野与政府职能的实现紧密相关。

马丁·夏皮罗（Martin Shapiro）在研究法院的政治功能时也使用了"程序功

---

[38] Mirjan R. Damaška, *The Faces of Justice and State Authority：A Comparative Approach to the Legal Process*, Yale University Press，1986，p. 9.

能主义"的方法。他认为，法院裁判功能的实现取决于四个条件：独立的法官、既有的法律规范、适用当事人主义的诉讼程序以及各方当事人被赋予平等的权利。马丁·夏皮罗强调了合意在审判机构合法化中的作用，并研究了审判机构所发挥的纠纷解决、立法和社会控制功能。[39]

程序的功能主义拒绝技术层面的泛泛比较，也不侧重于说明某一刑事诉讼模式具有存在的必要性和正当性，而是强调不同法律模式和法律文化在功能上的比较和竞争，以更好地满足社会的需要。毫无疑问，达马斯卡和马丁·夏皮罗为刑事诉讼模式的应用提供了新的思路，但模式划分的标准及其与现实司法情境的契合状况依然受到一定的质疑。

六、简要评论：保持开放性的逻辑自洽

如马尔·吉梅诺-布尔纳（Mar Jimeno-Bulne）所指："诚然，有些人也许会认为，围绕美国、英国及欧陆所实施的两种刑事诉讼模式展开讨论是过时的学术争议命题，因为此前的学者已然对此展开过深入的研讨。但即使不在法律界，一般的社会公众也仍存在某种根深蒂固的误解。尤其是当大陆法系和普通法系这两种法律传统发生相互作用时，这一误解便应运而生。例如当美国公民在欧陆受到起诉和审判，这种相互影响便会产生，反之亦然。新近的一个案例便是2009年12月在意大利进行的阿曼达·诺克斯审判。媒体对该审判的报道导致美国的公众认为，意大利的正当程序标准远低于美国，即便两名被告人随后提起上诉，并被无罪释放。这进一步表明，对刑事诉讼及其不同模式的学术讨论非常有必要。"[40] 新近，中国华为公司首席财务官孟晚舟在加拿大被捕，也引发了中、加、美三国对这起跨国刑事诉讼案件的广泛关注。

当然，跨国刑事诉讼并不是笔者撰写此文的核心目的。事实上，重新讨论"刑事诉讼模式"的基础原理在中国当下还具有其他极其重要的理论价值和实践意义。

（一）在理论上，对中国刑事诉讼的基本范畴进行全面的反思

中国当下刑事诉讼的基础理论体系主要源自于20世纪90年代。一批当时的代表性学者不满刑事诉讼的基础理论较为单薄的现状，从美国、日本及我国台湾地区的学术作品中汲取灵感，并进行了富有创造力的中国化改造，初步形成了诉

---

〔39〕 Martin Shapiro, *A Comparative and Political Analysis*, University of Chicago Press, 1981, p. 1.

〔40〕 Mar Jimeno-Bulnes, "American Criminal Procedure in a European Context", in *Cardozo Journal of International and Comparative Law*（*JICL*）, Vol. 21, No. 2, 2013.

讼价值、诉讼目的、诉讼构造、诉讼模式、诉讼主体、诉讼行为、诉讼条件、诉讼状态等刑事诉讼的基础理论，这几乎也构成当下刑事诉讼主流教科书的理论部分。毫无疑问，这些基础性的研究让刑事诉讼的理论体系变得更为周密严谨，也极大提升了刑事诉讼法学作为一门主流法学学科的理论品位。但也应看到，这些基本理论范畴虽然当下已是通说，但依然具有时代局限性，不少仅是无意识的舶来品，甚至加入了中国式的"想象"，亟待正本清源，作进一步的原理探究。比如中国刑事诉讼语境下的诉讼目的理论、诉讼构造理论以及诉讼模式理论，[41] 它们核心的思想渊源均来自帕克教授所提出的"犯罪控制/正当程序"模式，仅是作了必要的延伸，当然也加入了中国学者的一些学术论点，但在原理上均属于本文所称的"诉讼模式"。

例如诉讼目的论认为，打击犯罪与保障人权应并重。这一理论体系的提出主要是因为"文革"后，惩罚犯罪一直作为刑事诉讼的首要目的。帕克教授所描述的"正当程序"模式毫无疑问给当时中国刑事诉讼带来思想的富矿。刑事诉讼除应打击犯罪外，还要保障被告人诸项基本权利，包括辩护权、沉默权、人格权等。诉讼构造论主要受到日本学说的影响，并进行了中国化的改造，本质上还是属于诉讼模式。李心鉴的《刑事诉讼构造论》[42] 主要研究的便是在当事人主义与职权主义诉讼模式中控辩审之间的关系问题。卞建林教授、宋英辉教授、龙宗智教授、裴苍龄教授、左卫民教授等亦参与讨论，提出了三角形构造与线型构造，大体对应的便是当事人主义与传统职权主义的庭审结构。陈瑞华教授所提出的"流水线结构"与帕克教授所提出的隐喻也大体类似。所以，在中国刑事诉讼的基础理论中，无论是诉讼目的、诉讼构造，还是诉讼模式，事实上均立足相同的原理。诉讼目的可能更强调"价值"，诉讼构造可能更强调"控辩审关系"，诉讼模式可能更立足"比较法"，但本质上均是对两种主流诉讼模式不同角度的分析。所以笔者认为，在中国刑事诉讼的基础理论体系中，诉讼目的、诉讼构造及诉讼模式不宜分开，应进行理论上的整合。

除对刑事诉讼的基本理论体系进行重构外，笔者撰写此文的另一重要目的便是明晰刑事诉讼模式的基本原理。如前所述，刑事诉讼学界在使用"诉讼模式"这一概念时，经常是在多个层面加以混用而未有理论的自觉性，这显然无助于严谨理论范式的形成。故诉讼模式究竟是作为描述型/规定型的理想类型、历史学

---

〔41〕 诉讼价值的部分思想渊源事实上也与诉讼模式相关，但融合了价值论和程序主义哲学的一些观点，也夹杂着对程序法与实体法关系的一些论断。笔者对这一基本范畴将另行撰文研究，此处不再展开。

〔42〕 李心鉴：《刑事诉讼构造论》，中国政法大学出版社 1992 年版。

或社会学的诉讼样态、意识形态化的对立价值观或是程序的功能主义，研究者在作为理论前提时应有所界定，避免理论的泛化而导致有失严谨。

（二）在实践上，对中国刑事诉讼改革的方向进行准确的判断

这些年，笔者一直关注大陆法系代表性职权主义国家的刑事诉讼，对诉讼模式理论有着更深入的理解，得出如下基本观点：一是诉讼模式更多侧重于宏观的比较，容易忽视同一诉讼模式内各国刑事诉讼的特点。即便同属职权主义诉讼模式，法国、德国、意大利和瑞士的刑事诉讼也存在较大差异。故比较刑事诉讼的宏观研究无法取代对各国具体刑事诉讼理论和制度的研究。二是诉讼模式的评价不宜"意识形态化"，从根本而论，诉讼模式仅是"适不适合"，而不是"是与非"。许多学者在批判中国刑事诉讼的种种弊端时容易将其与职权主义或实质真实的诉讼观联系在一起，进而主张引入当事人主义及其相应的诉讼技术。这些观点在很大程度上是对现代职权主义和实质真实诉讼观的误解。事实上，中国时下刑事诉讼所存在的诸多问题，与"职权主义"的诉讼特质关系不大。事实上，有些程序弊端在欧陆各主要职权主义国家根本不存在，或者早已解决。[43] 三是诉讼模式的深层转型要慎之又慎。传统职权主义国家如日本和意大利均曾尝试进行当事人主义改革，最后均以失败告终。在诉讼传统上，中国的刑事诉讼显然属于职权主义。无论是数千年的封建时代，还是沈家本修律，或者源自苏联的社会主义法系，"社会利益优先""国家权力主导"尤其是"追求实质真实"均是刑事诉讼最核心的目标。因此，中国的刑事诉讼改革应在职权主义框架下进行，当然这并不排斥吸收当事人主义的优点。所谓在职权主义的框架下，并不是简单的德国化或者法国化，而仅是多提供一种解决类似问题的思路，当然这些思路也不必然适用于中国的刑事诉讼。

除埃斯曼、帕克、达马斯卡所提出的传统刑事诉讼模式外，近年来一些学者也作了新的学术尝试，例如埃里克·G.卢那（Erik G. Luna）在宪法视角下所提出的新联邦主义模式、反歧视模式和个人权利模式[44]，伊丽萨贝塔·格兰德（Elisabetta Grande）所提出的探戈正义、伦巴正义和接种效应[45]，蔡斯所提出的

---

〔43〕 施鹏鹏：《为职权主义辩护》，载《中国法学》2014年第2期。

〔44〕 Erik G. Luna, "The Models of Criminal Procedure", *Buffalo Criminal Law Review*, Symposium Issue on Criminal Procedure, Vol. 2, No. 2, 1999.

〔45〕 Elisabetta Grande, "Dances of Criminal Justice: Thoughts on Systemic Differences and the Search for the Truth", in *Crime, Procedure and Evidence in a Comparative and International Context: Essays in Honour of Professor Mirjan Damaška*, edited by John Jackson, Máximo Langer and Peter Tillers, Hart Publishing, 2008.

刑事诉讼美国例外论[46]等，这些理论研究均在不同程度上为诉讼模式的精细化研究提供了丰富的思想渊源。保持开放性的逻辑自洽，这将是刑事诉讼模式这一传统理论范式得以重焕生机的基础所在，也是刑事诉讼理论不断精细和周延的前提与根本。

---

〔46〕 Oscar G. Chase，"American 'Exceptionalism' and Comparative Procedure"，*The American Journal of Comparative Law*，Vol. 50，No. 2 （Spring，2002），pp. 277-301.

三种法律模式：世界法律制度的类型与变革*

[意] 乌戈·马太** 著

施鹏鹏 译

引 言

分类学之于法学研究的重要性，并不亚于其之于其他任何学科的重要性。它为法学研究提供了思维的框架，使法律的复杂性变得更易把握。如今已很少有人会将法律界定为社会统治规范的总和。而分类学在各项法律制度中均发挥着重要作用。其本身又随着学说、法律及社会的变化而变化。法律人可借由法律分类学相互交流、讨论同类话题以及提出所谓的原则性决议。一言以蔽之，法律分类学是法学话语的语法。

法律分类学反映了既定法律制度的法律文化。它是法律传统与新理念相互作用的产物，亦适用新老交替之准则。结合我们学习其他学科以及我们自身作为法律学者的经验，即便一种旧的假说已失去其解释及预测功能，我们的任务也是构建一种新的假说而非放弃这一创设假说的进程。例如，美国传统的契约形式主义理念系建立于"意见一致"思想的基础之上，如今已为新的信任理念所取代。后者似乎可更好地反映私法的发展。[1]

法律分类学亦对法律不同领域间的知识传递发挥重要作用。如德国依意思表示理念所确立的法律行为理论（Rechtsgeschäft）使律师能够在同一框架内解决不同的法律问题，如允诺结婚和创设公司。而荷兰新《民法典》总则部分（第3

* 原文 Three Patterns of Law: Taxonomy and Change in the World's Legal Systems，原载《美国比较法杂志》（*American Journal of Comparative Law*）1997 年冬季卷（Vol. 45, Issue 1, pp. 5-44）. 译者感谢作者无偿授权翻译此文。

** Ugo Mattei，美国加州大学哈斯汀法学院比较法教授，意大利都灵大学民法教授。主要研究方向：比较法、法经济学。

[1] See E. A. Farnsworth, *United States Contract Law*, Juris Pub., 1991, 30 ff.

章）仅限适用于遗产事务，因为鲜有知识可普遍适用于社会生活极端不同的诸方面。[2]事实上，法律诸领域如合同法、侵权法以及财产法间的知识移植是十分有用的，可依同一法则处理前述所有问题。所以我们毫不惊讶地看到，即便在美国，遗产私法涵盖广泛的分类，现实主义的传统也令人极度怀疑构建（统一）法律文化的可能性，但一些学者仍致力于创设统一的遗产私法理论。[3]

在法律国际化的背景下，[4]不仅既定法律系统中不同法领域间的知识交流是必要的，不同法律系统间的知识交流亦是相当必要的。因此，我们需确立一个国际性的法律分类学，以供各法律系统相互学习。我认为，构建国际性的法律分类学有一理论前提，即在一种法律系统中所获取的知识及解决问题的经验能够被另一种法律系统所理解且可移植。因为法律具有明显的路径信赖（path dependent），所以至少需要一种工具可作一初步、有依据的预测以确定既定法律系统的各个方面在接受某一法律制度时所可能作出的修改。很明显，比较法学者在创设此一般性的法律分类学时地位显著。法律分类学既可作为不同法律系统间理解及讨论问题的法则，亦可在需要时作为有效法律移植的向导。因为涉及历史的比较，我们亦可通过比较法的研究发现各法律系统所依赖之路径的深层次差异。因此，高效运作的法律分类学可解释及预测法律变革。

比较法学者在法系分类上已作了大量的努力。[5]起初，比较法学者坚信，在同一法系内的各个法律系统中，诸多法律秩序所蕴含的一些根深蒂固的共同特征优于其差异。[6]隶属同一法系但不同法律系统的法律人也更易于相互交流及理解。因此，知识更易于传播，而制度移植也更为顺利，因为被移植的制度对象系在兼容的法律框架内得以继受。但智识全球化所面临的真正问题主要存在于那些

---

〔2〕 See R. B. Schlesinger, H. Baade, M. Damaska & P. Herzog, *Comparative Law*: *Cases*, *Text Materials*, Foundation Press, p. 545 (5th ed. 1988 & Supp. 1994). 文中有论："荷兰新民法典的起草者以一种有趣的、创新的方式解决总则问题。他们决定在法典中设立总则部分，但总则的效力仅限于涉及遗产即财产权的法律领域。纯粹的人身权，特别是家庭法中的人身权，并不受荷兰新民法典总则部分所规定的规则及原则的约束。"

〔3〕 See E. J. Weinrieb, *The Idea of Private Law*, Harvard University Press, 1995; Gordley, "Contract and Delict: Toward a Unified Theory of Liability", *Edinburgh Law Review* 345 (1997); R. Cooter, "Unity in Tort, Contract and Property: The Model of Precaution", 73 *Cal. L. R.* 1 (1985).

〔4〕 See John B. Attanasio, "Symposyum on Globalization", 46 *J. Legal Educ.* 301 (1996).

〔5〕 从某种意义上讲，分类是任何比较研究的终极目的：比较意味着必须论述特定研究对象之间的关系、相似点及不同点，参见 R. B. Schlesinger, H. Baade, M. Damaska & P. Herzog, *Comparative Law*: *Cases*, *Text Materials*, Foundation Press, p. 68 (5th ed. 1988 & Supp. 1994). See also A. Gambaro & R. Sacco, *Sistemi Giuridici Comparati*, UTET, 1996, 21 ff.

〔6〕 See R. Sacco, "Legal Formants: A Dynamic Approach to Comparative Law", 39 *Am. J. Comp. L.* 1 (1991); Constantinesco, "Introduzione al Diritto Comparato", in *Sistemi Giuridici Comparati*, UTET, 1996, 21 ff.

不同理念急剧冲突的领域里。这些领域亦存在法律移植的现象，但受到法律帝国主义理念的猛烈冲击。知识传播已不是不同法律系统间沟通及交流的一种模式，而变成单方的法律规则及法律理念输出。此一输出往往被拒之门外，或止于创设某种智识依赖。[7]法律文化存在继受与输出，这是个事实。但单方输出的态势往往引发两个非常严重的问题，这也是事实。

第一个问题，法律文化输出国容易形成对文化继受国"无可学习"的傲慢态度。这种狭隘的思想在传统的法国法学界以及现今的美国法学界表现得尤为明显。许多学者对此作了严厉的批评。[8]文化狭隘主义令我们失去一些学习急需经验的机会，[9]以避免因误解而导致错误或重蹈失败之覆辙。时下围绕调解及纠纷替代解决机制所进行的"大讨论"进一步佐证了此一论点。[10]

第二个问题与第一个问题相关，但主要涉及比较法学者群体的内部，即远离比较法研究主流的"异域法律文化"被边缘化的问题。[11]这两个问题都很难得到解决，除非我们拟重新思考以欧美为中心的比较法研究路径。

比较法学者使用各种标准对世界不同的法律体系进行分类。[12]其中最成功的当属勒内·达维（René David）所提出的世界法律体系四分法：英美法系（Common Law）、大陆法系（Civil Law）、社会主义法系（Socialist Law）以及其他法系（即其余所有其他的法律体系）。[13]其他一些比较法学者认为此一分类过于简单，应进一步细化。但不幸的是，他们所提供的分类方法过于复杂、不易记忆，因此最后他们也接受了这种四分法。[14]

---

〔7〕 See Elisabetta Grande ed. , *Transplants*, *Innovation*, *and Legal Tradition in the Horn of Africa*, Torino：L'Harmattan Italia, 1995.

〔8〕 更多讨论可参见 Mary Ann Glendon, *Rights Talk*：*The Impoverishment of Political Discourse*, Free Press, 1991；也可参见 John H. Langbein, "The Influence of Comparative Procedure in the United States", 43 *Am. J. Comp. L.* 545, 547（1995）.

〔9〕 See John H. Langbein, "The German Advantage in Civil Procedure", 52 *U. Chi. L. Rev.* 823（1985）.

〔10〕 See Laura Nader & Harmony Ideology, *Justice and Control in a Zapotec Mountain Village*, Stanford University Press, 1990.

〔11〕 Cf. K. Zweigert & H. Kötz, *An Introduction to Comparative Law*, Oxford University Press, 62 ff. （T. Weir ed. , 1977）. 最近一篇对拉美法制度特点的研究，参见 Castan Tobenas, "Contemporary Legal Systems of the Western World", 25 *Comp. Juridical Rev.* 105（1988）；R. B. Schlesinger, H. Baade, M. Damaska & P. Herzog, *Comparative Law*：*Cases*, *Text Materials*, Foundation Press, p. 315（5th ed. 1988 & Supp. 1994）.

〔12〕 See R. B. Schlesinger, H. Baade, M. Damaska & P. Herzog, *Comparative Law*：*Cases*, *Text Materials*, Foundation Press, p. 311（5th ed. 1988 & Supp. 1994）.

〔13〕 See R. David & C. Jauffret Spinosi, *Les Grands Systemes de Droit Contemporains*（10th ed. , 1992）.

〔14〕 Cf. K. Zweigert & H. Kötz, *An Introduction to Comparative Law*, Oxford University Press, 62 ff. （T. Weir ed. , 1977）. 最近一篇对拉美法制度特点的研究，参见 Castan Tobenas, "Contemporary Legal Systems of the Western World", 25 *Comp. Juridical Rev.* 105（1988）.

我以比较法最通常被忽视的一个假定开始行文，即法律分类学本身并非目的。事实上，它仅是充实我们对各个法律系统进行比较理解的一种手段。因此，没有哪一种分类方法可宣称其可普遍运用于任何比较法的研究，且优于其他任何一种分类方法。例如在宪政系统的比较上，采用英美法和大陆法的分类比较显然不如采用联邦制和中央集权制的分类比较来得有用。[15] 因此，不同的比较目的决定了不同的分类方法。在评估一种新的分类方法时应以其是否比原来的分类方法更容易达到既定的比较目的为依据。是以，我认为本文的开头部分最重要的是明确我所提出的分类方法要达到怎样的目的，而非对各式各样的分类学说作出规范性的评判。

撰写本文的目的有二：其一，我希望在对世界主要法律制度的整体介绍中探究一种分类方法以更好地把握不同法律理念中相对重要的特质。其二，我还期待对主流比较法所认为的一些"完全偏差的法律理念"作一述评，以避免这些内容成为边缘性的研究领域。例如，研究中国法和日本法的学者都仅在各自的范围内讨论问题，而不会立足比较法对法律作一整体性理解。在我看来，这样一种边缘化的研究对于比较法研究群体而言成本太高。

几年前，我在国际比较法学院（Faculté Internationale de Droit Comparé）上"比较法总论"这门课程时曾使用我所提出的法律分类法。我发现此一分类法有助于不同背景的法律人相互交流，理解并质疑各自国家法律系统中最基本的理念。尽管不能单独成书，但我认为与那些过多强调"私法-西方法律传统"背景的学说相比，我的法律分类方法对世界法律制度的介绍更为均衡、有趣。我坚信，一种能够以同一范式探讨西方法律制度及探讨其他截然不同法律理念的分类方法，对于拓宽我们对法律性质的学术理解以及阐明相应的法律理念极有裨益。

我也想借此文对达维德·戈博（David Gerber）教授最近所关注的一个问题[16]作出回答。达维德·戈博教授认为，比较法已无力为各种法律系统间的知识传播提供工具，并进一步追问是否还需要此一知识传播装置。我认为，以不同数量比例存在[17]且相互竞争的三种法律模式的共存导致了各种法律秩序的解构，这

[15] 关于此点，请参见 R. B. Schlesinger, H. Baade, M. Damaska & P. Herzog, *Comparative Law: Cases, Text Materials*, Foundation Press, p. 315 (5th ed. 1988 & Supp. 1994).

[16] 请参见达维德·戈博在 1996 年 9 月 22 日密西根大学（University of Michigan）所举行的"美国比较法将往何处去？"（Comparative Law in the United States. Quo Vadis?）会上所作的评论。

[17] See Mary Ann Glendon, *Rights Talk: The Impoverishment of Political Discourse*, Free Press, 1991; see also John H. Langbein, "The Influence of Comparative Procedure in the United States", 43 *Am. J. Comp. L.* 545, 547 (1995).

可能是创设某种可跨越法律传统界线、进行知识传播工具的第一步。创造合适的法律分类学可最终超越"纯粹的分类学"本身，并可对法律移植及法律变革提供各种解释（或者说经济学家所称的预测）。这些早该进行的解释不仅为比较法学者所需要，亦为整个对法律及法律制度感兴趣的学界所需要。一种合适的法律分类方法可回答如下问题：法律制度为何变革以及如何变革？如何判断法律移植成功与否？效仿式法律改革最可能面临的抵制要素是什么？原有的法律制度结构如何影响及改变被引入的法律制度？在依特定分类标准所确立的法系内或不同法系间，是否还存在其他的法律改革模式？

回答这些问题已超出了本文所要讨论的范畴。本文旨在提供一个可回答这些问题的合适框架。因此，本文的第二部分解释了为何目前常见的分类法已经过时，应被其他分类法所取代。第三部分讨论了本文所使用的"法律模式"的含义。第四部分介绍了"宏观比较法革命"（macro-comparative revolution）如何处理法律不断变化之特性与法律分类学之间的紧张关系。第五部分则使用"支配模式"（hegemonic pattern）这一概念建议对世界法律系统作一分为三的动态分类。第六、第七、第八这三部分则分别简要地论述三大法系各自的主要共同特征，并分别称为依专业法律而治的法系（the rule of professional law）、依政治法则而治的法系（the rule of political law）以及依传统法律而治的法系（the rule of traditional law）。最后，第九部分则集中论述了各种混合的要素以及次级分类法。这对于将我的法律分类法有效适用于介绍多样的法律系统极有必要。

一、需要新的、不以欧美为中心的分类

在最近一篇充满激情的文章里，朗本（Langbein）教授指出："（比较法学界）奠基的一代所确立的法律分类学方向在很大程度上失去其功用……勒内·达维曾写道，一旦你的书架上有茨威格特（Konrad Zweigert）和克茨（Hein Kötz）的著作（《比较法总论》），似乎就没必要继续做这件事情了。"[18] 在我看来，这可能是欧美比较法研究未尽如人意的原因之一。但我坚信，法律分类学应与其他学科一样在衰老的过程中得以升华。布鲁斯·阿克曼（Bruce Ackerman）所提出的"革命性转型"（revolutionary transformations）恰如其分地表达了此一意涵。

时下对法系的分类须作出修改，原因除了这些分类方法很大程度上体现了欧

---

[18] See John H. Langbein, "The German Advantage in Civil Procedure", 52 *U. Chi. L. Rev.* 823（1985），p. 547.

美中心主义外，还因为世界的地理·法律分布图已完全不同于勒内·达维当初所描绘的那般。第一个也是最明显的差异便是中欧及东欧共产主义意识形态的"崩溃"，"社会主义法系"遂成为争论的焦点；[19] 第二个差异则未有如此明显但同样重要，即同一政治制度（社会主义制度）在中国大获成功，中国的法学随即在比较法领域中占据越来越重要的地位；[20] 第三个相关因素是日本法学在过去的30年内取得了长足的进步，影响力与日俱增；第四个差异则源自伊斯兰世界文化当然包括法律特色的逐步复兴；第五个亦是比较法应考虑的历史性事件，即非洲大陆的逐步独立。最后，我们还可在与法律思想史紧密相关的层面上发现许多重新思考法律分类的原因。比较法学者群体既考虑历史又考虑现状，更强调英美法与大陆法的相似之处而非差异，进而重新思考英美法与大陆法的传统区别。[21] 即使是两大法系传统意义上最尖锐的差别，亦一直在不断地削弱之中。[22] 此外，比较法学者群体受到一些深层次理论问题的冲击，[23] 被诟病为远离了学术研究中最具挑战的发展潮流。在密西根大学和犹他州大学最近所举行的一次学术会议上，与会的一些比较法学者心有不满，再次指责主流的比较法研究以欧美为中心、缺乏文化内涵，导致比较法丧失了其主要的文化批评功能。

　　类似的考量也影响了最近一篇尝试对法律系统进行总体分类的文章，即非洲

---

　　[19]　关于对共产主义制度衰弱所造成之影响的深入分析（现仅限于古巴、中国、朝鲜、老挝和越南等国家），请参见 R. B. Schlesinger, H. Baade, M. Damaska & P. Herzog, *Comparative Law*: *Cases*, *Text Materials*, Foundation Press, p. 545（5th ed. 1988 & Supp. 1994）. 关于后社会主义法是否依然构成一个法系的简短评论，Ajani & Mattei, "Codifying Property Law in the Process of Transition: Some Suggestions from Comparative Law and E-conomics", 19 *Hastings Int'l & Comp. L. Rev.* 117（1995）. 深入的讨论，可参见意大利学者 Ajani, "Il Modello Post-Socialista", in *Sistemi Giuridici Comparati*, UTET, 1996, p. 19.

　　[20]　See Lubman, "Studying Contemporary Chinese Law: Limits, Possibilities, and Strategies", 39 *Am. J. Comp. L.* 293（1991）. Cf. A. Hung Ye Chen, *An Introduction to the Legal System of the People's Republic of China*, LexisNexis, 1992; Jonathan K. Ocko, "The Emerging Framework of Chinese Civil Law", 52 *L. & Contemp. Probs.* 1（1989）.

　　[21]　See Gordley, "Common Law e Civil Law: una distinzione che stas scomparendo", in *Studi in Onore di Rodolfo Sacco*（1994）; Gordley, "Common Law und Civil Law: eine überholte Unterscheidung", 3 *Zeitschrift für europäisches privatrecht* 498（1993）; Glenn, "La Civilization de la Common Law", 45 *Rev. Int'l Droit Comp.* 599（1993）; Ajani, "By Chance and Prestige: Legal Transplants in Russia and Eastern Europe", 43 *Am. J. Comp. L.* 93（1995）; B. S. Markesinis, *The Gradual Convergence*, Oxford University Press, 1995. 这种全球性的趋同是否能够通过向法律程序的复杂性打开视角来得到证实是值得怀疑的，参见 Langbein, "The German Advantage in Civil Pro-cedure", 52 *U. Chi. L. Rev.* 823（1985）, p. 545. 也可参见 Schlesinger, "The Past and the Future of Comparative Law", 42 *Am. J. Comp. L.* 477（1995）.

　　[22]　参见 P. De Cruz, *A Modern Approach to Comparative Law*, Kluwer Law International（1993）, 作者所提出的建议既未重新考虑传统的理念，也未论及现实的发展。

　　[23]　这一点是最近才提出的，可参见 W. Ewald, "Comparative Jurisprudence（I）: What it is Like to Try a Rat?", 143 *U. Pa. L. Rev.* 1889（1995）; W. Ewald, "Comparative Jurisprudence（II）: The Logic of Legal Trans-plants", 43 *Am. J. Comp. L.* 489（1995）.

法学者范德林登（J. Vanderlinden）所著的《比较民法中的法系问题》（载《德克纪念文集》）。范德林登教授在文章中批评了比较法学中占主导地位的欧美中心主义。[24] 他倡导引入一种所谓的"多元化"法律体系[25]，以替代由勒内·达维、阿尔密里昂-诺尔德-沃尔夫（Arminion-Nolde-Wolf）[26]、茨威格特和克茨及康斯但丁内斯库（Constantinesco）[27] 等学者所提出的法系分类法。因此，重新定位世界法律体系格局便显得相当必要，尤其是对于那些传统上游离于欧洲比较法传统之外的区域。[28] 在最近所出版的《比较法律制度》（多卷本）的导言中，许多意大利比较法学者断言，"面对历史进程中一种前所未见的模式，比较法需彻底改变其思维方法。"[29] 依此一论点，"西方法学研究正面临着与变革俱进的难题"[30]。这些难题在乔弗雷·斯宾诺斯（Jauffret Spinosi）教授（正在编撰新版的勒内·达维德教授的《当代世界主要法律体系》）及海因·克茨教授（正在准备新版的茨威格特与克茨所合著的《比较法总论》）的选择中表现得相当明显。[31] 他们都放弃了对时下后社会主义法系的论述。

颇具反讽的是，那些无比渴望与美国同行进行公开交流的欧洲法学者，[32] 如果他们想了解美国时下最具生命力的法学思潮，则恰恰需要关注那些受多元化影响的文化著作。[33]

---

〔24〕 J. Vanderlinden, "A propos des Familles de Droits en Droit Civil Comparé", in *Hommages A. R. Dekkers* 363（1982）. 更广泛的理论探讨也可参见 J. Vanderlinden, *Comparer les droits*, Belgique, Kluwer et E. Story-Scientia（1995），以及书评 R. Sacco, "Comparer les droits. A propos de l'ouvrage de Jacques Vanderlinden", 48 *Rev. Int'l Droit Comp.* 659（1996）.

〔25〕 F. Reyntjens, "Note sur l'Utilité d'Introdduire un Système Juridique 'Pluraliste' dans la Macro-comparaison des Droits", *Rev. Droit Int. et Droit Comp.* 41（1991）.

〔26〕 Traité de Droit Comparé 3（1951）.

〔27〕 L. J. Constantinesco, *La Science des Droits Conparés*, Libr. Générale de Droit et de Jurisprudence, 1983.

〔28〕 See J. Griffiths, "What is Legal Pluralism?", 24 *J. Leg. Pluralism & Unofficial L.* 1（1986）；Engle-Merry, "Legal Pluralism", 22 *L. & Soc. Rev.* 869（1988）; "Symposium: State Transformation, Legal Pluralism, and Community Justice", 1 *Soc. & Leg. Studies* 131（1992）.

〔29〕 See A. Procida Mirabelli Di Lauro ed., *Sistemi Giuridici Comparati*, UTET, 1996. 提出以上观点及参与撰写卷本的作者有 Gianmaria Ajani（后社会主义模式）、Francesco Castro（伊斯兰模式）、Marco Guadagni（多元模式）、Ugo Mattei（普通法）、Pier Giuseppe Monateri（民法）.

〔30〕 See A. Procida Mirabelli Di Lauro ed., *Sistemi Giuridici Comparati*, UTET, 1996.

〔31〕 K. Zweigert & H. Kötz, *Einführung in die Rechtsvergleichung*, Mohr Siebrek Ek; Revised（3d ed. 1996）.

〔32〕 See Ugo Mattei, "Why the Wind Changed: Intellectual Leadership in Western Law", 43 *Am. J. Comp. L.* 199（1994）.

〔33〕 See also Mattei, "Etnocentrismo, Neutralità, Discriminazione: tensioni nel diritto occidentale", 146 *Giurisprudenza Italiana IV* 223（1994）.

二、法律模式

一如前述，本文拟重新讨论新的、简单的分类标准。我将韦伯意义上的"法律系社会管理的一种工具"作为分类的基础。[34] 此一论断背后所蕴含的理念在比较法学界并非完全创新之作，[35] 即人类社会设有三种社会规范或社会激励机制以影响个人行为：政治、法律以及哲学或宗教传统（下文我将使用"传统"一词来指代此两者）。当下，此三种社会规范渊源在一切人类社会中都在践行，仅是程度不一而已。[36] 依各社会规范渊源在规范某一社会行为时所扮演的主导地位不同，法律系统可一分为三。本文所确立的这一根本的认识论假设不仅仅是西方意义上的法，政治与传统亦是法律模式。[37] 套用人类学的表述，任何社会管制模式均为法。[38]

欧洲代表性比较法学者在最近所出版的著述中对比较法作了两个重要的理论贡献。首先，萨科（Sacco）教授和范德林登教授（两位均具有非洲法背景）均强调须通过比较法研究竭力探究不同法律系统背后所隐藏的假设。[39] 日本学者北村（Kitamura）教授接受了此一教义，指出在日本，此类隐藏的法律规则经常在非正式的纠纷解决中取代对抗式诉讼。[40] 特定法律系统内的学者很难察觉到本系

---

〔34〕 参见马克斯·韦伯在《论经济与社会中的法律》（*On Law in Economy and Society*）中给社会组织下的定义。

〔35〕 See De Sola Canizares, *Introduccion al Derecho Comparado*, Revue internationale de droit comparé, 1954.

〔36〕 这就是为何我在此点上不考虑其他社会规则渊源的原因，如服饰或广告。此外我也不阐释这些模式的根源问题。至于传统规则，许多学者认为，公众认为是传统的许多社会组织规则事实上是近些年才出现的。根据这一解释，传统有时并非自发的、古老的，而是规划的、近期的。参见 E. Hobsbawm & T. Ranger eds., *The Invention of Tradition*, 3d ed., Cambridge University Press, 1992.

〔37〕 我不想对"何为法"这一问题进行诸多枯燥、无结果的讨论。基于宏观比较的目的，我假定法律包括世界法律系统中所有承担法律功能的法则总和。亦即，所有可进行足够的个人激励以规范个人社会行为的规则都是法律。

〔38〕 基于此，劳拉·纳德（Laura Nader）介绍了"控制过程"（Controlling Processes）的概念，参见 Laura Nader, *Harmony Ideology: Justice and Control in a Zapotec Mountain Village*, Stanford University Press, 1990. 对于这种极其广义界定法及秩序概念的有趣应用，参见 Weyrauch & Bell, "Autonomous Lawmaking: The Case of the Gypsies", 103 *Yale L. J.* 323 (1993).

〔39〕 See R. Sacco, "Mute Law", 43 *Am. J. Comp. L.* 455 (1995) [以纪念施勒辛格（Schlesinger）]; see also R. B. Schlesinger, H. Baade, M. Damaska & P. Herzog, *Comparative Law: Cases, Text Materials*, Foundation Press, p. 545 (5th ed. 1988 & Supp. 1994); more recently, J. Vanderlinden, "A propos des Familles de Droits en Droit Civil Comparé", in *Hommages A. R. Dekkers* 363 (1982). 更广泛的理论探讨也可参见 J. Vanderlinden, *Comparer les droits*, Belgique, Kluwer et E. Story-Scientia, 1995, 以及书评 R. Sacco, "Comparer les droits. A propos de l'ouvrage de Jacques Vanderlinden", 48 *Rev. Int'l Droit Comp.* 659 (1996).

〔40〕 See Kitamura, "Brèves réflexions sur la méthode de comparaison franco-japonaise", 47 *Rev. Int. Droit Comp.* 861 (1995); see also Wagatzuma & Rosett, "The Implications of Apology: Law and Culture in Japan and the United States", 20 *L. & Soc. Rev.* 461 (1986).

统内的此类机制，但域外学者从外部作一审视则容易做到此点。未持任何文化偏见的比较法学者以及本系统内的法律学者不应当一切均想当然，特别是对于那些他们从未讨论过甚至从未注意过的法律假设。这种无意识的假设可对既定法律现象作出更完美的解释。而特定法律系统内学者通常所作出的解释则要相形见绌。

其次，一些学者适时地强调，法律模式与作为分类对象的法律系统之间存在区别。[41] 此一论点颇为重要。其实，每一种法律系统通常都是数种法律模式的结合体，因法律史上的偶发事件及法律移植而呈现分层复杂化。[42] 我们还应考虑另一个更麻烦的难题，与法律系统的动态性有关，也与法律系统内不同层次及亚层次的共存相关。同一法律系统内的不同部门法领域可能作了不同的借鉴与移植（如许多拉美国家的公法以英美法为基础，私法则以大陆法为基础），"法律共振峰"（Legal Formants）* 亦不同（既定法律系统的判例及法律学说源自其他许多不同的法律系统，如许多现代欧洲国家及法律形式主义时期的美国）。[43] 简而言之，法律从来不是一成不变的。而决定这种变化的要素在于法律系统内各种法律模式所发挥的不同功用。这就是法律模式和法律系统的区别。

我所建议的分类考虑了前述两个学术成果。我深信我将阐释的三种法律模式能够解释许多潜在的假设以及履行"西方法学者"这一社会主体所承担的许多职责。在每个法律系统或多个法律系统所组成的法系中，这三种法律模式都在运作。所差异的是三种模式的竞争结果不同。因此，每个法律系统可依特定模式的支配地位归入某一法系。但另两种模式并没有消失。它们在法律系统中仍发挥作用，作用的程度则取决于占支配地位法律模式之外的社会管制替代形式的范围。在一些情况下，不居支配地位的法律模式会以非正式的、隐晦的方式决定某些法律后果，而未有任何正式事由。

兹举最近发生在意大利的一个案例。我将意大利的法律系统归入依专业法律

---

〔41〕 See A. Gambaro & R. Sacco, *Sistemi Giuridici Comparati*, UTET, 1996, 21 ff.

〔42〕 See R. B. Schlesinger, H. Baade, M. Damaska & P. Herzog, *Comparative Law*: *Cases*, *Text Materials*, Foundation Press, p. 545 (5th ed. 1988 & Supp. 1994). Alan Watson, *Legal Transplants*, University of Georgia Press, 1974.

* 意大利比较法学家萨科在其《比较法导论》1992 年第 5 版中提出了一个他命名为"法律共振峰"（Legal Formants）的学说。"共振峰"一词引自语音学，指声腔的共振频率。"法律共振峰"即指影响法律的各种成分。他认为人们往往讲法律是一种规则，但事实上，法律不仅由制定法规则、判例和法学家论述构成，而且还由立法者、法官、法学家所作出的各种非行为规则（如法律解释等）构成。再有，同一国家或不同国家的这些成分往往是可变的、不协调的。——译者注

〔43〕 See A. Gambaro & R. Sacco, *Sistemi Giuridici Comparati*, UTET, 1996, pp. 20-21. 括号为作者所上。

而治的法系。[44] 1996 年 8 月 1 日，罗马刑事法院判决纳粹犯罪分子埃里克·布里克（Eric Priebke）无罪，一时间舆论大哗。在无罪判决作出后，意大利的司法部部长弗利克（Flick，知名的刑事法教授）为阻止即将发生的民众骚乱而下令警察再次逮捕埃里克——一个法律上自由的人。依西方法治理念，此一逮捕决定显然违法，尽管次日官方为逮捕决定提供了法定事由。弗利克部长声称，《意大利刑事诉讼法典》第 716 条授权其逮捕埃里克，因为德国提出了引渡请求。事实上，德国是在部长发布逮捕令后才提出引渡请求。弗利克教授辩称，考虑到德国当局的意图，有足够的理由签发逮捕令。但从法律的角度看，《意大利刑事诉讼法典》第 716 条所授予的特殊逮捕权仅限于检察机关享有。而在意大利，检察机关独立于司法部。依拙见，依法治理念，此一逮捕决定显然需要一个官方的解释。尽管在埃里克案件逮捕决定的制作过程中，政治要素显然强势于法律要素，但以政治决定推翻司法判决的做法依然与意大利法律系统的主流法治话语及法治理念格格不入。[45]

三、宏观比较法的变革

法律模式的多元化不应成为规避法律分类的理由。一套法律系统从不会完美地对应于一种法律模式。即便确实存在，也极可能是在一个非常有限的、例外的历史时刻发生。但从历史的角度看，某一法律模式在特定法律系统中占据支配地位则是一种相对稳定的现象。借用阿克曼（Ackerman）教授在宪法学上的一个理念，如果特定法律系统中占据支配（或领导）地位的法律模式发生改变，则宏观比较法变革的时刻来临。[46] 此类变革要求我们对时下的宏观比较法分类作出修改。

例如，学者可以认为，在非洲，殖民地化是一个变革时刻；在东欧，柏林墙

---

〔44〕 因未对每种法律系统内三种法律模式的数量比例进行经验研究，所谓的主导或支配地位仅指三种法律模式内部竞争的结果，这只能是比较意义上的。从绝对意义上讲，专业法律在西方法律传统中是否比其他模式更能促进制度框架达成更多的交易，这只能使用更精细的工具以作出解答。这种精细的工具应能计算出替代制度（如我所提出的法律模式）的交易成本。我们还远未达到这种程度。参见 D. North, *Institutions, Institutional Change and Economic Performance*, Cambridge University Press, 1990. 因为我分类的目的是进行比较，所以对比较的标准也感到满意。

〔45〕 从另一方面讲，这样一种决定显然和政治法则占主导地位的法系相吻合，参见 P. De Cruz, *A Modern Approach to Comparative Law*, Kluwer Law International, 1993. 颇为有趣的是，在对判决和再次逮捕决定进行为期几周的激烈讨论后，最高法院最终撤销了布里克案件的判决，理由是法官在判决作出前在媒体上表达了对布里克友好的态度。最高法院的判决再次重申并论证司法部部长颇受争议的行为合法。

〔46〕 See B. A. Ackerman, *We the People*, Belknap Press of Harvard University Press, 1991.

的倒塌是一个变革时刻。追溯法史，德国法对罗马法的继受可被视为另一个变革时刻。这样的例子不胜枚举。前所述及的布里克案件虽不足以证明"政治法则之治"已在时下意大利占据主导地位，但司法部部长非法逮捕被宣告无罪之人而未有任何宪法制裁后果，这在比较法学者看来，意大利占主导地位的法律模式或正发生变革。

依我所作的分类，某一法律系统可能属于依专业法律而治的法系、依政治法则而治的法系或者依传统法律而治的法系。但在所有的法律系统中，三种法律模式均作为社会激励机制（或者社会管理机制）共同发挥作用。唯一不同的是量的大小、接受程度以及——也是最重要的——支配力。西方意义上的法仅是此三种作为社会激励机制之法律模式的一种。但不管何种法律模式占据主导地位，各法律系统均应一视同仁，同等重要。

因此，依专业法律而治的法系、依政治法则而治的法系以及依传统法律而治的法系均变成分类世界法系的有用标签。依拙见，每一种法律系统依其占主导地位的法律模式而归入以该法律模式为名的法系中。此一分类也传递了世界法律结构发展的重要信息。例如，一方面，依专业法律而治的法律模式的各个方面正在非西方国家移植；而另一方面，一些纠纷解决替代方式正对西方传统的法则产生持续的吸引力。[47] 实际上，依政治法则而治的法律模式对某些部门法（如宪法）产生重要影响，这就是为何公法研究者经常求助于比较法学者以获取一些替代的分类方案。[48]

我所提议的三分法是动态的，系竞争过程的结果。法律移植可打破法律模式间的均衡状态，使特定法律模式在法律系统中的结构特性得以极大提升，进而将传统上属于某一法系（如依政治法则而治的法系或依传统法律而治的法系）的法律系统改变成另一种法系（如依专业法律而治的法系）的法律系统。占主导地位之法律模式的改变促成了宏观比较法的变革。同样，一个法律系统可能因部门法领域的不同而分属不同的法系。例如，在一个法律系统中，婚姻家庭法可能属于依传统法律而治的法系，商法可能属于依专业法律而治的法系，而刑事司法制度则可能属于依政治法则而治的法系。土耳其便是一范例。土耳其适用瑞士式的民法，[49] 但其监狱系统则采用政治法则（如最近库尔德囚犯的绝食抗议）。学者应

---

〔47〕 See Nader & Grande, "Current Illusions and Delusions about Conflict Management", in W. Zartman ed., *Traditional Cures for Modern Conflicts: African Conflict "Medicine"*, Lynne Rienner Publishers, 1999.

〔48〕 See R. B. Schlesinger, H. Baade, M. Damaska & P. Herzog, *Comparative Law: Cases, Text Materials*, Foundation Press, p. 545 (5th ed. 1988 & Supp. 1994).

〔49〕 See T. Ansay & D. Wallace, *Introduction to Turkish Law*, Kluwer Law International, 1966.

依所面临的法律问题来选择所需的框架。

我的分类还能更好地把握在比较法视野下非常趋同之法律系统的决定性特征，即施勒辛格（Schlesinger）教授在讨论萨科教授所提出之"法律共振峰"概念时论及的"法律分层的复杂性"（the layered complexity of the law）。[50]事实上，一个法律系统可以在理论上属于依专业法律而治的法系，但在实践中却完全是依政治法则而治的法系或者依传统法律而治的法系。这种法律模式不仅在非洲和第三世界国家存在，在西方某些部门法领域亦存在。[51]在此一情况下，宏观比较法学者可能更重视实质而非形式，把握占支配地位的法律模式而非官方所确认的模式，并将此一法律系统（或者某一特定的部门法）划为依政治法则而治的法系和/或者依传统法律而治的法系。

因此，我所提议的"三种主要法系"划分法具有相当大的灵活性，明确承认法系分类只是一种促进理解的手段，而非目的。但在本文的最后部分，笔者拟以此种宏观比较分类法（三分法）对世界大部门国家的法律系统进行分门别类。当然，我仅是对世界法律系统的格局提供一个基本方位。[52]

很明显，以法律模式取代西方意义上的法来拓宽宏观比较法视野的提议面临两大截然相反的难题：其一，一些比较法学者更青睐功能性的标准，即仅依其所具体研究的问题来确立区分的标准。这种方法对宏观分类尤其是对非西方法的宏观分类提出了挑战。[53]其二，一种完全超脱于西方法通常及普遍确立之界限的比较方法，有可能因此而丧失其学术及方法论意义，进而使比较法沦为伪比较社会学。[54]

对第一个问题，即源自实用主义的批判，最好的辩驳是：比较研究的正确程序是反对唯功能论的。法律问题应首先在一般的背景之下分析，到下一阶段，才涉及特定法律系统的结构特征。[55]而对第二个反对理由，可通过准确选择研究对

---

〔50〕 See R. B. Schlesinger, H. Baade, M. Damaska & P. Herzog, *Comparative Law: Cases, Text Materials*, Foundation Press, p. 78 (Supp. 1994). See also A. Gambaro & R. Sacco, *Sistemi Giuridici Comparati*, UTET, 1996, 21 ff.

〔51〕 如参见 Elisabetta Grande ed. , *Transplants, Innovation, and Legal Tradition in the Horn of Africa*, Torino: L'Harmattan Italia, 1995，编者在该文中所作的按语。

〔52〕 因笔者愚钝无法进行更详细的解读，亦因此可能导致许多对我试图分类之法律系统的误判。我所作的一些选择大部分是凭借直觉和感性，而非通过某些难以获得的计量工具。参见 D. North, *Institutions, Institutional Change and Economic Performance*, Cambridge University Press, 1990. 因此，许多读者可能质疑或不同意我的选择。但我必须从一开始便作一说明，分类的实际内容以及我作的选择主要是为了阐明。

〔53〕 See Kokkini Iatridou, *Een Inleiding Tot Het Rechtsvergeijkende Onderzoek*, Kluwer, 1988.

〔54〕 See e. g. , A. J. Van Der Helm & V. M. Meyer, *Comparer en droit: essai méthodologique*, Strasbourg: Cerdic. , 1991.

〔55〕 戈德雷（Gordley）最近很清晰地表达了此一观点，参见 Gordley, "Comparative Legal Research: Its Function in the Development of Harmonized Law", 43 *Am. J. Comp. L.* 555 (1995).

象予以避免。例如，我正研究宏观比较法、私法与裁判之间的传统关系。如前所述，宪法的本源是政治的，至少从文本的层面讲如此。它无法过多揭示法律系统的深层结构。[56]与此同时，在整个法律进程的大背景下考量，[57]不难发现可提供深刻视角的程序正逐渐因实践组织需要而成为持续、激烈变更的对象。尽管可通过确立国家模式与程序模式之间的关联性以实现用更广泛的视角审视程序，但这种关联更多的是强调我们所讨论的方法论问题，因为它假定法律和国家组织之间存在关联。[58]这也是为何我所提出的分类法并未过多地关注所谓的官僚主义模式，而更多地关注裁判方式以及扮演重要角色的一般法源。尽管受韦伯的影响，但我希望能将韦伯著名的三分法进行改造，使其合乎比较法的技术及学术需要。[59]事实上，国家作为社会机构的理念远在私法之后产生。因此，不管在历史上还是在地理上，国家与私法之间的关系本身都是多变的，任何简化的方法都将被摒弃。

因此，本文余论部分拟在我的分类法上加入具体的内容，着重于比较法研究较发达的领域，即私法。该领域并没有明确、绝对的界限。但基于比较之需要，我们应对私法作广义界定，即所有"规范行为"的法律规则。在各法律系统中，私法都不是独立的，而反映了基本的宪法选择、诉讼程序的深层结构以及刑罚原理。[60]

四、三大法系

我假定，任何社会结构，即便是最原始的社会结构，都是一种法律结构。因此，法律秩序独立于立法者、法官、法学家、法律作品甚至是言词交流而存在。[61]

---

〔56〕 See H. Jacob, E. Blankenburg, D. M. Provine & J. Sanders, *Courts, Law and Politics in Comparative Perspective*, Yale University Press, 1996.

〔57〕 See R. B. Schlesinger, H. Baade, M. Damaska & P. Herzog, *Comparative Law: Cases, Text Materials*, Foundation Press, 337 ff. (5th ed. 1988 & Supp. 1994).

〔58〕 Mirjan Damaska, *The Faces of Justice and State Authority*, Yale University Press, 1986.

〔59〕 See Mary Ann Glendon, *Rights Talk: The Impoverishment of Political Discourse*, Free Press, 1991; see also Langbein, "The Influence of Comparative Procedure in the United States", 43 *Am. J. Comp. L.* 545, 547 (1995).

〔60〕 See Gambaro, "Alcune Novità in Materia di Comparazione", 78 *Rivista Diritto Commerciale* 297 (1980); 对私法更宽泛的解释，参见 F. A. Hayek, *Law, Legislation, and Liberty*, The University of Chicago Press, 1973. 也可参见 E. J. Weinrib, *The Idea of Private Law*, Harvard University Press, 1995.

〔61〕 See R. Sacco, "Mute Law", 43 *Am. J. Comp. L.* 455 (1995) 〔以纪念施勒辛格（Schlesinger）〕; see also R. B. Schlesinger, H. Baade, M. Damaska, & P. Herzog, *Comparative Law: Cases, Text Materials*, Foundation Press, p. 545 (5th ed. 1988 & Supp. 1994); more recently, J. Vanderlinden, "A propos des Familles de Droits en Droit Civil Comparé", in *Hommages A. R. Dekkers* 363 (1982). 更广泛的理论探讨也可参见 J. Vanderlinden, *Comparer les droits*, Belgique, Kluwer et E. Story-Scientia, 1995, 以及书评 R. Sacco, "Comparer les droits. A propos de l'ouvrage de Jacques Vanderlinden", 48 *Rev. Int'l Droit Comp.* 659 (1996).

依我所提出的动态的、不以西方为中心的分类法，法律系统可分为三种主要法律模式：依专业法律而治的法系，[62]依政治法则而治的法系以及依传统法律而治的法系。这三种模式与主要的社会组织系统（及/或者带有强制性的系统）一一对应。

在此一背景下，本文所使用"社会组织"（Social Organization）这一术语系广义上的，指对社区日常生活中所有社会互动的管理。这些受管理的"社会互动"包括社会个体成员间的互动，也包括个体与机构间的互动。此外，"组织"不同于政府，前者负责日常生活的低层次规则，后者则负责高层次的决议。[63]我们可在结构层面或者通过解读违反规则之病理来分析组织规则。

第一个假设是西方中心主义不能成为全世界法律系统分类的基础。为达致学术目的，任何分类都必须考虑各种社会组织模式间深层次的区别。迄今为止，大多数的分类都将西方法律传统置于主导地位。此一做法为时下的人类学研究所反对，应予以摒弃。[64]

此外，依法的独立性，试图在学术上为西方法律传统中心主义寻求正当性的法律秩序统一论观点已受到严重质疑。[65]对于"真正"的比较法学者而言，除非研究者意识到其所研究的法律系统具有结构的层次性，否则任何法律层面的评论都不具有分析价值。此一点毋庸置疑。因此，从方法论的角度看，我们正迈向法律秩序多元化的观点，而反对被凯尔森（Kelsen）奉为典范的法律秩序一元论。后者依然影响着时下的法律系统分类。

"法律共振峰"的多元化是所有法律系统（从最基本的到最复杂的）的共同特征。据此可得出两个结论：其一，法律多元主义自身不能成为区分某种结构法

---

[62]　西式的法律规则可能成为我所说的依专业法律而治之法系的另外一种替代方式。参见 B. A. Ackerman, *We the People*, Belknap Press of Harvard University Press, 1991; Nader & Grande, "Current Illusions and Delusions about Conflict Management", in W. Zartman ed., *Traditional Cures for Modern Conflicts: African Conflict "Medicine"*, Lynne Rienner Publishers, 1999; R. B. Schlesinger, H. Baade, M. Damaska & P. Herzog, *Comparative Law: Cases, Text Materials*, Foundation Press, p. 545 (5th ed. 1988 & Supp. 1994)，以及附随文本。

[63]　正如我们在下文中即将看到的，高级别决策与低级别决策之间的区分很难清晰，仅是作为一种分析工具。参见机构与组织的区别：D. North, *Institutions, Institutional Change and Economic Performance*, Cambridge University Press, 1990.

[64]　最终的批判来自 P. Bohannan, *Justice and Judgement among the Tiv*, Oxford University Press, 1957. 对于人类学家的这一伟大尝试，可参见 Falk Moore, "Legal Systems of the World: An Introductory Guide to Classifications, Typological Interpretations, and Bibliographical Sources", in L. Lipson & S. Wheeler eds., *Law and the Social Sciences*, Russell Sage Foundation, 1986. 关于律师取得法律人类学奖学金的相关指导，可参见 F. Snyder, "Law and Anthropology: A Review", *E. U. I. Working Paper Law*, No. 93/4.

[65]　See A. Gambaro & R. Sacco, *Sistemi Giuridici Comparati*, UTET, 1996, 21 ff.

律系统所属宏观比较法系的依据；[66] 其二，对于多元化较为明显的法律系统，即便不将其处于优先西方法律传统的位置，但至少也应获得平等的地位。对此类法律系统的研究可揭示掩藏于西方法律传统之后[67]但仍在西方法中发挥作用的现象。因此有必要通过严肃的学术研究来探查这些现象。[68]

把这些现象运用于宏观比较法领域，我们能够看到持续增加的法律移植现象将这些论述运用于宏观比较法领域，我们可以发现不断增加的法律移植现象是如何促成采用三分法这一比以往分类更深层次的标准。我的分类法以正式制度确立前便已存在的标准为基础。这一标准不受因偶发事件而推动之短期改革的影响。此外，一如前述，我所确立的分类法并非僵化的。时至今日，源自西方法传统的要素在所有的法律系统中均存在。[69] 例如，尽管苏维埃学者宣称（也一直在宣称）其制度具有独立性，[70]但其也承认罗马法的重要性。又如，一位缜密的学者不会将日本法列入西方法传统的子类型，因为此一分类仅限于日本法的现代图层，这限制了研究方法的有效性。[71]

我所倡导的三分法承认不可能达致完美、严格的分类。[72] 三分法立足"主导"理念，承认每个法系都有一些特征亦是其他法系所共有的。从这个意义上讲，所有的法律系统都是混合的。因此即便在英格兰（依专业法律而治之法系的

---

[66] See Guadagni, "Legal Pluralism", in P. Newman ed., *The New Palgrave A Dictionary of Economics and the Law*, Palgrave Macmillan UK, 1998.

[67] 此类现象之一便是各种法律层次间的竞争，参见 Elisabetta Grande ed., *Transplants, Innovation, and Legal Tradition in the Horn of Africa*, Torino：L'Harmattan Italia, 1995. 这种竞争关系在西方法律规则的制定中亦可观察到，参见 Ugo Mattei, *Comparative Law and Economics*, University of Michigan Press, 1997, and especially Grande, "L'apporto dell'antropologia allo conoscenza studio del diritto", *Rivista Critica Diritto Privato* 467–99 (1996).

[68] 此一观点为萨科教授所提出，参见 R. B. Schlesinger, H. Baade, M. Damaska & P. Herzog, *Comparative Law：Cases, Text Materials*, Foundation Press, p. 68 (5th ed. 1988 & Supp. 1994). 还可参见 A. Gambaro & R. Sacco, *Sistemi Giuridici Comparati*, UTET, 1996, 21 ff, 以及参见 R. Sacco, "Mute Law", 43 *Am. J. Comp. L.* 455 (1995) [以纪念施勒辛格（Schlesinger）]; more recently, J. Vanderlinden, "A propos des Familles de Droits en Droit Civil Comparé", in *Hommages A. R. Dekkers* 363 (1982). 更广泛的理论探讨也可参见 J. Vanderlinden, *Comparer les droits*, Belgique, Kluwer et E. Story-Scientia, 1995, 以及书评 R. Sacco, "Comparer les droits. A propos de l'ouvrage de Jacques Vanderlinden", 48 *Rev. Int'l Droit Comp.* 659 (1996). 萨科教授将此类隐藏的规则称为"隐型规则"（cryptotypes）。

[69] 新近的研究成果可参见 W. J. Mommsen & J. A. De Moor eds., *European Expansion and the Law：The Encounter of European and Indigenous Law in 19th and 20th Century Africa and Asia*, Berg Publishers, 1992.

[70] See F. Feldbrugge, "Russian Law：The End of the Soviet System and the Role of the Law", in 45 *Law in Eastern Europe Series* 202 (1993).

[71] See Henderson, "The Future of Comparative Law", 1 *Pacific Rim L. Rev.* 1 (1993).

[72] See R. B. Schlesinger, H. Baade, M. Damaska & P. Herzog, *Comparative Law：Cases, Text Materials*, Foundation Press, p. 310 (5th ed. 1988 & Supp. 1994).

发源国），倘若审视其司法职业模式，依然可发现依政治法则而治的痕迹。[73] 此外，在西欧，除基督教理念发挥重要作用的婚姻家庭法外，其他法域依然存在某些传统法则或宗教法则的痕迹。[74] 在特定的环境下（如中国、伊朗、巴西以及一些非洲国家），我们很难区分政治法则和传统法律。[75] 一些颇具影响力的学术研究在讨论日本法时将重心置于政治结构而非传统理念。在伊斯兰国家，专业法律与传统法律之间的关系也相当不稳定。[76]

但在学术研究中，归纳和分类是不可替代的研究方法。没有归纳和分类，我们就无法应对研究对象的复杂性。归纳和分类仅是达致目的的手段，也仅能在一定程度上为强化我们对法律系统的比较理解提供概念框架。

我所提出的分类法的主要贡献在于它的分析框架。依此一分类法，同一法系内的各个法律系统因其结构差异程度小而很容易进行比较。例如，西方法传统下的合同法很容易进行比较，因为市场经济相对类似。但如果未事先考虑根本的政治、经济及文化要素，则此一论断不能跨法系推及（如德国法和中国法）。如果我们考察实践中的法律，则会发现中国法虽也承认受德国法影响的"法律行为"理念，但这并未使中国合同法与德国合同法趋同。此外，同一法系内的各个法律系统也共同面临一些问题。例如中国和日本都面临着一个相同的问题，即法律系统的正式层面受德国法影响，但其潜在亦受儒家秩序及权力观念的影响。[77]

我最后用寥寥数语来说明"依政治法则而治"的意义。在西方社会，法律决定的形成过程往往融入了许多政治因素，例如堕胎或反歧视在任何国家、任何时代都是政治议题。托克维尔（A. De Tocqueville）早就意识到，较之于法国，美国的许多政治问题都需要由法院来解决。通过法院的处理，政治问题变成

---

〔73〕 众所周知，任命高级别法院法官是上议院大法官的权力。大法官至少在理论上应仅依业务和司法能力作出任命决定。尽管如此，英国的评论家们仍强调，政治盟友在法官选举中扮演很重要的角色，参见 P. S. Atiyah, *Law and Modern Society*, Oxford University Press, 1995, p. 14.

〔74〕 See generally H. J. Berman, *Faith and Order: The Reconciliation of Law and Religion*, William B. Eerdmans Publishing Company, 1993.

〔75〕 See Mayer, "Islam and the State", 12 *Cardozo L. Rev.* 1015 (1991); see also D. C. Clarke, "GATT Membership for China?", 17 *U. Puget Sound L. Rev.* 517, 527 & 528 (1994). Rosenn, "Brazil's Legal Culture: The Jeito Revisted", 2 *Florida Int. L. J.* 2-43 (1984).

〔76〕 参见 J. M. Ramseyer, *Japan's Political Marketplace*, Harvard University Press, 1993 以及他在日本法律方面的其他著作；关于伊斯兰法律方面的著作，可参见 D. Horowitz, "The Qur'am and the Common Law: Islamic Law Reform and the Theory of Legal Change", 42 *Am. J. Comp. L.* 543 (1994).

〔77〕 See Luney, "Traditions and Foreign Influences: Systems of Law in China and Japan", 52 *L. & Contemp. Probs.* 129 (1989).

了法律问题。[78] 但政治问题虽可通过法律话语及修辞得以解决却未曾改变。这些热门的政治话题并不是法律的日常运作规则。一系列批判性的史实证明，美国的法院并非完全中立，而总是偏向正在崛起的资本家阶级一方。[79] 但我们始终无法提供有力证据以证明（在美国）存在法官与政治权力机关（受经济力量掌控）政治结盟的模式。穷人权利被践踏，富人权利得以彰显。尽管在洛克纳（Lochner）时代可发现此一结盟确实存在，但富兰克林·罗斯福（Franklin Delano Roosevelt）的法院填塞计划（Court Packing Plan）在政治舞台上陡然重新诱发了法院和政治力量的对抗。[80] 在政治法则占据支配地位的法律系统中，日常的裁判进程受政治需求的影响。政治力量与法院的联盟（或者法院屈服于政治力量）是自觉的，且以更高利益的名义理论化。此一利益不受特殊个人权利判决的影响。这样的例子很多，下文将加以谈论。埃塞俄比亚的德格便是一范例。[81] 同样，受芝加哥影响的智利经济奇迹使得此一机制（政治法则之治）吸引了许多观察家。[82]

五、依专业法律而治的法系：西方法律传统

主流的比较法学者一直将西方法律传统视为单一的实体。[83] 在我的分类法中，普通法系与大陆法系之间的传统区分是在一种性质高度一致的法系即西方法律传统或者更确切地讲依专业法律而治的法系中所进行的再划分。[84]

西方法律传统的同质性很大程度上由两个因素决定：其一，法律与政治的界限明确；其二，大部分的法律程序世俗化。换而言之，西方法律的正当性并非根源于宗教，也非根源于政治，而是根源于法律的技术性。[85] 西方法律传统以"两

---

[78] 这是托克维尔所作的经典评论，参见 A. De Tocqueville, *Democracy in America*, G. Laurence trans., J. P. Mayer ed., Doubleday & Company, 1969.

[79] See M. Horwitz, *The Transformations of American Law*, Oxford University Press, 1992.

[80] 通常可参见 C. H. Pritchett, *The Roosevelt Court：A Study in Judicial Politics and Values* 1937-1947, Macmillan Company, 1948.

[81] See Brietzke, "Administrative Law and Development：The American 'Model' Evaluated", 26 *How. L. J.* 645, 647 (1983). P. H. Brietzke, *Law, Development and the Ethiopian Revolution*, Lewisburg：Bucknell University Press, 1982.

[82] 和大多数拉美国家一样，在智利，法院在制度设计中处于弱势地位，这一点并不新奇。参见 C. Veliz, *The Centralist Tradition of Latin America*, Princeton University Press, 1980.

[83] See H. Berman, *Law and Revolution：The Formation of the Western Legal Tradition*, Harvard University Press, 1983; Gambaro, "Il Successo del Giurista", 5 *Foro Italiano* (1983).

[84] 吉诺·格拉（Gino Gorla）是率先表达此观点的学者之一。参见 Gino Gorla, *Diritto Privato e Diritto Comune Europeo*, Giuffrè, 1982; Gorla & Moccia, "A Revisiting of the Comparison between Continental Law and English Law (16th-19th Century)", 2 *J. Leg. His.* 143 (1981).

[85] See A. Gambaro, "Il Successo del Giurista", 5 *Foro Italiano* (1983); H. Berman, *Law and Revolution：The Formation of the Western Legal Tradition*, Harvard University Press, 1983.

大意识形态的分离"为基础：法律与政治的分离以及法律与宗教及/或哲学传统的分离。

第一次分离发生在英国的爱德华·柯克爵士（Sir Edward Coke）时代：当时英王因未受职业法律训练而被禁止参与王室法庭的审判。[86]此一分离包括公共决议的通过不以政治为基础，而是建立在由法律职业阶层负责解释的技术及法律准则之上。依专业法律而治的法系将高层级的决策（如政治决策）委付于政治界而将低层级的组织决策委付于法律界。[87]在此一法系下（法治通常系国民的主流价值观），高级别的决策（政治决策）本身受到法律的约束。这并不意味着职业决策与政治决策存在等级关系，即政治决策从属于技术——职业决策。相反的论断亦不是对西方法律传统中法律与政治关系公允的描述。两者的关系相当复杂，可以说是交互（biunivocal）的关系。正如米歇尔曼（Michelman）教授最近所论及，政治决策确立的是法律规则的内容，而职业决策则在法律规则内容确立之后发挥作用（并恪守制订规则的方式）。[88]很明显，普通法与大陆法并未以同质的方式或类似的路径达致各自定位。时下，普通法的法律理念在西方法律传统的输出-输入关系中占据主导地位，其主要原因之一便是：二战后，政治程序与法律程序开始分离，而普通法因未区分公法与私法而更彻底地实现此一分离，可更好地确保个人权利免受政府的干预。[89]事实上，在普通法的世界里，政治程序变得更为司法化，因为司法程序已被证明是一种有效的政治议题过滤器。[90]法官，即便是通过选举产生以获取其政治正当性，亦可清晰区分公共政策议题与政治问题。[91]普通法系国家甚至不会区分诸如政策与政治这类术语。[92]

---

〔86〕 See J. Baker, *An Introduction to English Legal History*, 3d ed., Oxford University Press, 1990, pp. 112–113 [关于禁止的案例引用 del Roy（1608）12 Co. Rep. 63].

〔87〕 当然作为一个理论问题，很容易注意到在一种批判的语境下，政治在司法判决中亦发挥重要作用，参见 H. Jacob, E. Blankenburg, D. M. Provine & J. Sanders, *Courts, Law and Politics in Comparative Perspective*, Yale University Press, 1996. 在美国，此一论断曾在凯斯·孙斯坦（Cass Sunstein）的许多著作提及。这就是典型的美国法律现实主义。

〔88〕 F. I. Michelman, "Brennan and Democracy, Inaugural Lecture of the Brennan Center Symposium on Constitutional Law", *Boalt Hall*, *U. C. Berkeley*（November 4, 1996）.

〔89〕 关于这一讨论，请参见 Ugo Mattei, "Why the Wind Changed: Intellectual Leadership in Western Law", 43 *Am. J. Comp. L.* 199（1994）.

〔90〕 See C. H. Pritchett, *The Roosevelt Court: A Study in Judicial Politics and Values* 1937–1947, Macmillan Company, 1948.

〔91〕 See Hart & Sacks, *The Legal Process*, 10th ed., Harvard University Press, 1958; P. M. Bator et al., *Hart and Wechsler's: The Federal Courts and the Federal System*, 3rd ed., Foundation Press, 1988.

〔92〕 关于术语反映法系的根本哲学及其对比较法研究的重要性，参见 G. Fletcher, *Basic Concepts of Legal Thought*, Oxford University Press, 1996, p. 5.

　　法律与宗教的分离则更遥远，可追溯至 11 世纪大学制度的确立。当时，神学、哲学与法学已经分离，成为各自独立的学科。[93] 中世纪的学术研究高度文本化，但法学家与神学家所依据的知识文本并不相同：神学家解读的是《圣经》，而法学家研究的则是《民法大全》（Corpus Juris Civilis）。圣典学者所培养出的技术职能更接近于法学家，而非神学家。因为他们的研究材料是罗马教皇的法令，这些法令的结构更接近《民法大全》而非《圣经》。[94] 在此一背景下，大陆法和普通法可能遵循了两套路径。事实上很难准确界定法律与宗教分离的确切历史时期。我们只知道，教士活跃于英国亨利八世前的大法官法院以及法国大革命前的高等法院。当时的教士究竟是法律人还是神职人员，这是一个值得讨论的问题。但我倾向于认为，法律传统在当时已很大程度上被世俗化了。

　　西方法律系统中所共有的法律与道德分立的理念可佐证专业法律决策如何在创设社会文化中占据独立、举足轻重的地位。[95] 但这并不意味着当今的法律人不会以法律的方式处理一些带有很强伦理甚至宗教判断的问题（如堕胎或拒绝治疗）。宏观比较法中的分类并非为了提供一种明确的解决方案，此点毋庸讳言。在法律与政治分离的领域中，我所讨论的许多问题可能会在法律及道德（或宗教）如何构建社会文化这一领域中再次出现。但这已超出本文的研究范围。施勒辛格教授把西方法律系统的核心要素总结如下：

　　　　西方所普遍认同（程度有所不同）的法律特征如下（当然并非在所有的法律系统中都存在）：

　　　　（1）法律由一系列独立于（尽管必然受到影响）宗教、道德及其他社会规范的规则组成。[96]

---

〔93〕 See H. Berman, *Law and Revolution: The Formation of the Western Legal Tradition*, Harvard University Press, 1983；A. Gambaro, "Il Successo del Giurista", 5 *Foro Italiano* (1983). 一些学者认为，分离时间可追溯至公元前 3 世纪的罗马法，参见 Corsale, "Ordine Sociale e Mediazione Giuridica", in C. Pontecorvo, *Regole e Socializzazione*, *Loescher* 81 (1984)；也可参见 R. Sacco, *Modelli Notevoli di Societa*, CEDAM, 1991, p. 39.

〔94〕 See J. Gordley & A. Thompson, Gratian, *The Treatise on Law with the Ordinary Gloss*, The Catholic University of America Press, 1994. See in general H. J. Berman, *Faith and Order: The Reconciliation of Law and Religion*, William B. Eerdmans Publishing Company, 1993.

〔95〕 See H. Berman, *Law and Revolution: The Formation of the Western Legal Tradition*, Harvard University Press, 1983；A. Gambaro, "Il Successo del Giurista", 5 *Foro Italiano* (1983).

〔96〕 "在大多数非西方的传统法律系统中，但不仅限于宗教法律系统，均不存在此一特征。且法律的独立性与大多数的马克思主义法理论亦不兼容。" 参见 R. B. Schlesinger, H. Baade, M. Damaska & P. Herzog, *Comparative Law: Cases, Text Materials*, Foundation Press, p. 80 (Supp. 1994).

（2）法律是维护社会秩序及解决纠纷首要且最为重要的机制。[97]

（3）法律存在的目的不仅为了规范个人行为，也为了规范国家行为：意即，统治者与被统治者都应遵守法律。

（4）纠纷解决涉及预设的、一般的、抽象的及非个人规则的适用，因此仅有部分严格受限的事实为规则的适用对象，属于纠纷解决的范围之列。所有其他的事件或情境、所有当事人之间错综复杂的关系以及使争议复杂化的单方议题都不属于纠纷解决对象，应予以忽略。

（5）纠纷解决被视为一种零和赛局（a zero-sum game）：一方胜诉，一方败诉。目的是为了确定是非曲直，支持正确一方，而非恢复或重塑当事人的和谐关系或者促进其将来的合作。[98]

即便在此一背景下，也非所有属于西方法律传统的法律系统都以同样的步伐前进。包含大量宗教信仰的法律系统将会更加世俗化，如拒绝单一的国教。[99]

依专业法律而治的国家很明显包括英国、北美以及大洋洲等普通法系国家、西欧的大陆法系国家、实施斯堪的纳维亚法律制度的国家以及一些实施所谓"混合"法律制度的国家或地区（路易斯安那州、魁北克、苏格兰以及南非等）。换而言之，在这些国家的法律系统中，法律程序受其他社会规则的影响不大。

在此一问题上，较具争议的可能是以色列的法律制度，因为以色列设有大量政治及体制的传统法则。但世俗的法律制度对以色列公民具有约束力，这是以色列法的基本原则。因此应将以色列归入依专业法律而治的国家。[100]但希伯来法与教会法系宗教法律系统的范例，尽管其所属国家的法律系统并非宗教法律

---

〔97〕"例如，中国的传统观念（儒家传统）认为，法律作为维护社会秩序之装置并非首选，诉讼之事应尽可能避免。"关于这一经典观点可参见前注30。

〔98〕 See Brietzke, "Administrative Law and Development: The American 'Model' Evaluated", 26 *How. L. J.* 645, 647 (1983). P. H. Brietzke, *Law, Development and the Ethiopian Revolution*, Bucknell University Press, 1982.

〔99〕 For the American case, see Jesse H. Choper, *Securing Religious Liberty: Principles for Judicial Interpretation of the Religious Clauses*, the University of Chicago Press, 1995.

〔100〕 Cf. I. Englard, *Religious Law in the Israel Legal System*, Hebrew University of Jerusalem, Faculty of Law, Harry Sacher Institute for Legislative Research and Comparative Law, 1975; Kirschenbaum & Trafimow, "The Sovereign Power of the State: A Proposed Theory of Accommodation in Jewish Law", 12 *Cardozo L. Rev.* 925, 926 (1991); Frimer, "The Role of the Lawyer in Jewish Law", 1 *J. L. & Rel.* 297 (1983). 关于以色列的混合法系，参见 Barak, "The Tradition and Culture of the Israeli Legal System", in A. Rabello ed., *European Legal Traditions and Israel*, The Hebrew University of Jerusalem, 1993.

系统。[101] 同样，美国的土著法属于传统法但我们并不能将美国的法律排除在西方法律传统之外，尽管美国法亦承认土著法的效力。[102]

印度法因带有极强的西方宪政及体制特征而在法系分类上引发一些质疑。但大量的穆斯林人口、根深蒂固的印度法传统以及印度文化中强烈的东方文化风格都限制了现代西方法律对印度法的影响，因此应将印度法纳入依传统法律而治的法系。[103]

时下，依专业法律而治的法系以民主为其正当性根据。可以设想，在依专业法律而治的法系中，如果大量的规则制定权由一系列隐藏的、不具民主正当性的立法者即法学家享有，则其正当性便仅是一种装饰。

六、依政治法则而治的法系：发展与转型中的法律

在我看来，西方法律传统中几种最为重要的社会治理形式（法律、政治与宗教）的分离又具体化为各司其职的不同主体。在法律领域，法学家是主角；在政治领域，政治家是主角；在宗教领域，牧师是主角。角色、社会组织形式以及规则制订形式的分离并非必然，而恰为历史事件的偶然结果。有一些法律系统并未经历此一分离。也有一些法律系统经历了其中的部分分离。我的分类便以这一大概不会招致成为其扩张的地域界限反对的论断为基础。

第二类法系包括所有政治程序与法律程序无法分离、各自不能独立运作的法律系统。但这并不意味着政治程序与法律程序互为隔离。一如前述，此两种社会管制模式持续互动。当然，这种互动变化不定，各国甚至是同一法系内的国家（当然包括西方国家）均有不同。最近一部颇为有趣的比较法作品便指出：在五个工业国中，四个国家（美国、英国、法国及德国）属依专业法律而治的法系，而另一国家（日本）则属依传统法律而治的法系。[104] 正如这些研究所表明的，在

---

〔101〕 如果宗教法与专业法产生冲突，这自然会引发一些问题。对比讨论可参见 Artz, "Religious Freedom in a Religious State：The Case of Israel in Comparative Constitutional Perspective", 9 *Wis. Int. L. J.* 1 (1990)；Levine, "Abortion in Israel：Community, Right, and the Context of Compromise", 19 *L. & Soc. Inq.* 313 (1994)；D. E. Artz, "Growing a Constitution：Reconciling Liberty and Community in Israel and United States", 19 *L. & Soc. Inq.* 253 (1994). 在对宗教自由的比较研究中，最好使用一些不同的分类标准，如设有国教的法律系统或者未设国教的法律系统。

〔102〕 关于习惯法及其西方化的分析，可参见 J. Olson & R. Wilson, *Native Americans in the Twentieth Century*, Brigham Young University Press, 1984；关于这方面以及其与联邦法律关系的制度讨论，可参见 D. Getches, D. Rosenfeld & C. Wilkinson, *Cases and Materials on Federal Indian Law*, 2d ed. , West Publishing Company, 1986；F. Cohen, *Handbook of Federal Indian Law*, 3d ed. , Lexisnexis, 1982.

〔103〕 See J. M. Derrett, *Introduction to Modern Hindu Law*, Oxford University Press, 1963.

〔104〕 See H. Jacob, E. Blankenburg, H. M. Kritzer, D. M. Provine & J. Sanders, *Courts, Law and Politics in Comparative Perspective*, Yale University Press, 1996.

依专业法律而治的法系中，政治程序本身可能更多地由正式的法律规则所确定（从美国总统大选或某一政治职位任命所涉及的诸多法律议题可见一斑）。而在依政治法则而治的法系中，西方观察者可能会认为，政治程序决定法律程序的结果（包括传统的法律程序）而非相反。[105] 换而言之，专业意义上的法并非不存在，而是与其他社会管制手段（主要是政治权力）相比极度被边缘化和弱化了。[106] 饶有意味的是，在依专业法律而治的法系之外，学者以规范为标准，按专业法律在此一法系发展中的作用将其分为西方中心主义乐观派与西方中心主义怀疑派两大派别。[107]

依我的分类，非洲、拉美以及东欧等发展中国家及转型国家均属专业法律弱化的国家，意即在这些国家的法律系统中，专业法律在社会管制模式中不占支配地位。在所谓的依政治法则而治的法律模式中，诉讼程序往往由政治关系所决定。在此一社会背景之下，我们不能认为"争讼结果取决于政治舞台上的'名人'"系偶发性的病态扭曲，尤其是在政府与个人权利存在冲突的情况之下。在这些国家中，通过正式法律以限制政府权力的理念完全背离社会治理哲学。在依政治法则而治的法系中，根本不存在所谓的通过正式法律以限制政府权力的说法。政府可能会尽力遵守法律（如为敷衍西方主导的国际金融机构的要求），但亦可因周围的环境及维护政权之需要（倘若作一善意描述，亦可称为"为维稳之需要"）拒绝遵守法律。在法律规则的日常运作中，政治权力主导型的非正式决策形式模式充斥着整个法律系统。正如已故的施勒辛格教授所指出的，"在人治而非法治的国家中，人们通常会认为明智的做法应是谋求权贵人士的庇护而非坚持法律权利之于国家的限制。"[108]

---

〔105〕 See Michael Mandel，"Debate：Marxism and the Rule of Law"，15 *L. & Soc. Equity* 633（1990）；C. Sypnowich，*The Concept of Socialist Law*，Clarendon Press，1990；O. S. Ioffe & P. B. Maggs，*Soviet Law in Theory and Practice*，Oceana Publications，1983. See also Elisabetta Grande ed. ，*Transplants*，*Innovation*，*and Legal Tradition in the Horn of Africa*，Torino：L'Harmattan Italia，1995；Mary Ann Glendon，*Rights Talk：The Impoverishment of Political Discourse*，Free Press，1991，p. 29；see also J. H. Langbein，"The Influence of Comparative Procedure in the United States"，43 *Am. J. Comp. L.* 545，547（1995），29 ff. ；Yash Chai，"The Role of Law in Transition of Societies：The African Experience"，35 *J. African L.*（1991）；L. Balcerowicz，"Understanding Post-Communist Transition"，5 *J. Dem.* 75（1994）.

〔106〕 See Trebilcock，"What Makes Poor Countries Poor?：The Role of Institutional Capital in Economic Development"，in E. Buscaglia & R. Cooter eds. ，*Law and Economics of Development*，Jai Pr，1997.

〔107〕 参见特里比尔科克（Trebilcock）对此进行的讨论。

〔108〕 See R. B. Schlesinger，H. Baade，M. Damaska & P. Herzog，*Comparative Law：Cases，Text Materials*，Foundation Press，p. 80（5th ed. 1988 & Supp. 1994）. 该文的引注，有兴趣可阅读 1989 年之后的文章：Markowitz，"Law and Glasnost：Some Thoughts about the Future of Judicial Review under Socialism"，23 *L. & Soc. Rev.* 399（1989）. 对于在此一背景下法律日常运作的一种详细描述，参见 Mayer，"Islam and the State"，12 *Cardozo L. Rev.* 1015（1991）；还可参见 D. C. Clarke，"GATT Membership for China?"，17 *U. Puget Sound L. Rev.* 517，527 & 528（1994）. Rosenn，"Brazil's Legal Culture：The Jeito Revisted"，2 *Florida Int. L. J.* 2-43（1984）.

在这些法律系统中，不仅高层决议由政治权力拟订，低层决议亦深受政治行为所规划的、不得阻碍社会关系进程之紧迫需要（包括维稳需要）的影响。[109] 依政治法则而治之法系的许多方面亦在依专业法律而治的法系中存在。意大利便是一个很好的例子。但对于依专业法律而治的国家而言，依政治法则而治的许多方面都被贴上"腐败"的标签，被认为是一种病态，大抵不被接受或者不为社会主体认为是社会秩序的结构性要素。当下的俄罗斯便是依政治法则而治的重要国家。在俄罗斯，社交模式如动用"私人警察"（private police）驱逐租户的行为并不违法，因为并不存在任何有强制力的正式法以制裁此类行为。而这（依正式的法律制裁此类非法行为）被普遍视为（当然也包括西方国家）维护法律秩序、社会稳定乃最终至社会发展的核心要素。但在俄罗斯，政治术语如"转型需要"或"转型环境"为此类现象提供了正当化依据。例如，时任总统叶利钦通过废除宪法以处理宪法与议会之间的僵局，而非通过相应的宪法程序。[110] 革命色彩较淡的例子还有很多。例如，在白俄罗斯，总统要求进行全民公决以极大限制宪法法院的权力。尽管借由西式的全民公决理念，但一些西方观察员仍反对此一做法，担心全民公决依然会对白俄罗斯的法治造成威胁。[111] 在私法领域，如果仅限于西方法治框架下的原因，则我们根本无法理解整个私有化的进程。将一些官僚式的做法贴予"腐败"的标签或者将一些领导模式贴予"反民主"的标签都无助于理解依政治法则而治法系中的社会整体激励机制。倘未考虑到制度变革将影响植入法，或者未考虑到抵制的过程将抵消大部分正式制度成本的社会影响，则无益于尝试在此制度环境下进行大量的制度成本及知识移植。此外，西方观察者对其他法律模式带有偏见，因而完全排除了通过知识植入而非仅仅是知识输出以了解自身的法律制度。在西方社会中，由政治决定的非正式制度依然存在，且同样影响着正式制度的运作。[112]

依政治法则而治的国家有：①绝大多数的前社会主义法系国家，但那些具有

---

〔109〕 近来关于"发展法"的著作准确地指出了这种现象，如参见 P. Ebow Bondzi-Simpson ed. , *The Law and Economic Development in the Third World*, Praeger, 1992；S. Adelman & A. Paliwala eds. , *Law and Crisis in the Third World*, Bowker, 1993.

〔110〕 参见一篇有趣的文章：F. H. Foster, "Information and the Problem of Democracy：The Russian Experience", 44 *Am. J. Comp. L.* 243（1996）. 该文不管怎样都将依政治法则而治之法系的某些方面视为变态，而非差异。

〔111〕 最近在盐湖城所举行的一次比较法研讨会上，一份关于白俄罗斯维护宪法法院特权、谋求法治的声明向与会者征集签名。

〔112〕 关于非正式制度在决定行为时的作用，参见 D. North, *Institutions, Institutional Change and Economic Performance*, Cambridge University Press, 1990. 为理解非正式制度在私法化中的作用，参见 A. Rapaczynski, "The Roles of the State and the Market in Establishing Property Rights", 10 *J. Econ. Perspectives* 87（1996）.

高度精细大陆法传统的国家除外（如波兰、匈牙利及捷克）——社会主义法对这些国家的影响有限；[113] ②较不发达的非洲与拉美国家，但伊斯兰法盛行的国家（大部分在北非）除外——这些国家属依传统法律而治的国家。古巴这一西半球唯一的社会主义国家亦属依政治法则而治的国家。

在我看来，同属依政治法则而治法系的不同法律系统间有丰富的比较法素材，因为它们面临大量共同的问题，制度的解决方法也大抵类似。[114] 这些共同的问题包括：国家机构对社会的控制有限；法院弱势；通胀率不受控制；既有的民主结构高度不稳定；政治对司法活动干预过多；警察刑讯逼供的现象严重；政府对经济过度干预；尝试对主要法律制度进行持续的改革；法律文化受域外模式影响严重，且通常因政治权力而被边缘化；法律作品贫乏；司法意见有限传播；缺乏受专业法律训练的职业群体；以及公共决策过程的高度官僚化。所以，这种法律模式又可称为"发展与转型中的法"。[115]

在这些国家的法律系统中，政治集团不愿意接受分权式的机构决策模式，而是通过一种直接管理的集权模式作出各种机构决策。[116] 国家设定了某一终局目标——既是奋斗的方向，亦是终结点，且以达致此目标为导向以构建法律的模型（如食品生产自给自足、市场经济、多党制、共产主义）。在后一点上，各国均将终局目标纳入本国的宪政基础。例如在美国，经济自由这一宪政话语在宪法的博弈中扮演重要角色。但它本身并不能确定不计其数之冲突的结果，亦不能为此一结果提供正当性依据。职业法律文化使不同利益（有时甚至是对立的）在纠纷解决中占据主导地位。尽管使用了一些学说及策略，但除日常的技术决策外，宪政

---

[113]　See Peteri, "The Reception of Soviet Law in Eastern Europe: Similarities and Differences between Soviet and Eastern European Law", 61 *Tulane L. R.* 1397 (1987); see also, Szabo, "La Science du Droit au Cours du Dernier Siècle", Hongrie and Grzibowski, "La Scienza del Diritto Nell'ultimo Secolo: Polonia", both in M. Rotondi ed. , *Inchieste di Diritto Comparato*, CEDAM, 1976; R. Sacco, "The Romanist Substratum in the Civil Law of the Socialist Countries", 14 *Rev. Socialist L.* 65 (1988). 东德亦在依政治法则而治之法系之外。专业法律已在经济和政治投资中得以完全的修复。

[114]　See A. Prezewoski, *Democracy and the Market: Political and Economic Reform in Latin America and Eastern Europe*, Cambridge University Press, 1993. 一个常见的问题是宪法制度的引入。参见 Brunner, "Development of a Constitutional Judiciary in Eastern Europe", 18 *Rev. Cent. & East Eur. L.* 535 (1993); 还可参见 Sokolewicz, "Democracy, Rule of Law and Constitutionality in Post Communist Societies of Eastern Europe", 2 *Droit Pol. Cont.* 522 (1990).

[115]　一个有趣的观点可参见 I. Pogany, "Constitutional Reform in Central and Eastern Europe: Hungary's Transition to Democracy", 42 *Int. Comp. L. Q.* 332 (1993). 也可参见 C. Clague & G. C. Rausser, *The Emergence of Market Economies in Eastern Europe*, Blackwell Pub. , 1992.

[116]　See C. Veliz, *The Centralist Tradition in Latin America*, Princeton University Press, 1980.

话语的影响仅得以部分维系。在西方社会，宪政话语仍专属职业法学家的领域。[117]

通过解读宪法语言结构以及分析宪政话语决定法律日常运作法则的方式，我们可以理解依政治法则而治之法系的宏观比较法特征。这些法律系统都设有一突出的政治层。政治目标或定为自由市场及私有化，或定为自给自足，或定为发展，这些政治目标确定了大多数的决策结果，且为这些决策结果提供正当性依据以使其获得社会公众接受。此一修辞表达了该法系临时存在的意义。转型期将持续多久？何时能发展？这些问题正是学者学术事业的未来旨趣所在。但新古典主义发展理论所秉承的"集中系发展进程必然结果"的观点现已在很大程度上为新制度理论所摒弃。[118] 从历史的角度看，原先经济成就便存在差别的贫国与富国，其现今的经济差距并非缩小，而是越来越大。[119] 而如我们所知，经济差距的不断扩大很大程度上源于长时间的制度因素以及路径信赖现象。[120] 这些法律系统中深层次、稳定的共同特征足以在比较分类学意义上将其划入同一法系。我所提出的三分法旨在提供一种描绘当今世界法律版图的框架，因此并不考虑某种法系未来可能灭亡的情况。最近一份关于法系的权威分析清晰地说明了依政治法则而治之法系最初存在的原因："（转型的）总目标是……建立一套宪政体系，使法律凌驾于应景的政治而非相反。"[121] 无论此一目标是否能实现以及是否有必要实现，这都超出了本文的讨论范围。

我认为，依政治法则而治的法系并未囊括所有社会主义国家，亦未囊括所有前社会主义国家。最为重要的是，我将中国、蒙古、越南、老挝以及朝鲜等排除在依政治法则而治的法系之外，尽管这些国家的法律系统亦带有该法系的许多特征。同理，我亦将苏联亚洲组成国排除在依政治法则而治的法系之外。之所以作出此一排除，原因在于我所提供的分类法具有动态之本质。中国（及其他亚洲社

---

〔117〕 See A. M. Bickel, *The Least Dangerous Branch*, Yale University Press, 1962.

〔118〕 依这种发展理论，资本刺激型的发达经济体将经历较低的边际资本生产，因此在这些国家，投资率与经济增长会比较低。相反，在基本没有单位劳动资本的发展中国家，单位时间的发展效率将会加快。参见 G. W. Scully, *Constitutional Environments and Economic Growth*, Princeton University Press, 1992.

〔119〕 关于数据，请参见《世界银行年度发展报告》。

〔120〕 See Trebilcock, "What Makes Poor Countries Poor?: The Role of Institutional Capital in Economic Development", in E. Buscaglia & R. Cooter eds., *Law and Economics of Development*, Jai Pr, 1997. See e. g., P. Ebow Bondzi-Simpson ed., *The Law and Economic Development in the Third World*, Praeger, 1992; S. Adelman & A. Paliwala eds., *Law and Crisis in the Third World*, Bowker, 1993.

〔121〕 See R. B. Schlesinger, H. Baade, M. Damaska & P. Herzog, *Comparative Law: Cases, Text Materials*, Foundation Press, p. 71 (5th ed. 1988 & Supp. 1994)（这种目标否认了共产主义国家的一个主要特征）。

会主义国家）的法律系统无疑具有依政治法则而治之法系的许多重要特征。[122] 但作为一般性问题，我认为，这些国家的社会结构更契合于依传统法律而治占主导地位的东方世界。此外，中国的法律制度早已独立于苏维埃。没有苏联这一共同纽带，亚洲各国与欧洲各国在语言、文化、宗教以及传统等方面几乎或根本没有任何共同点。即便转型期已到尽头，西方法律传统亦可能仅以乌拉尔河为界，成为其扩张的地域。换而言之，对于中国及其他亚洲国家而言，传统比政治在决定人们行为的各种非正式制度中更占主导地位。当然在这些国家，此两种模式（具有一些共同特征）均明显比专业法律强势。

相反，非洲与拉美国家法律系统的基础及所面临的问题具有明显的相似性。[123] 这些国家早期的法律发展受到殖民时期及该时期西方法律模式的双重影响。[124]

在非洲各国，习惯（传统法则）依然发挥积极作用，且肯定超越于专业法律（受罗马–荷兰法影响的非洲国家除外，如索托、津巴布韦、南非、博茨瓦纳以及斯威士兰）。在一些拉美国家（主要是伯利兹、圭亚那以及苏里南）[125]，传统法则依然强势，影响力高于专业法律。而在其他一些拉美国家（如墨西哥、阿根廷、智利、委内瑞拉和巴西，秘鲁或许也算其一），专业法律则是一种相当强势的法律模式，尤其是在大城市和一些特定的法律领域。因为专业法律在一些拉美国家占据相对重要的位置（尤其是在私法领域），这可解释为何一些主流的比较法学者如梅利曼（J. H. Merryman）教授在其所提出的分类法中将拉美法律系统列入大陆法传统。[126] 但我认为，在拉美国家，专业法律尚不足以挑战政治法则，亦不足于将这些国家列入西方法传统之列。同样，传统法则也不足以将这些国家列

---

〔122〕　See D. C. Clarke, "GATT Membership for China?", 17 *U. Puget Sound L. Rev.* 527（1994）.

〔123〕　对于拉美法系所存在的共同问题，参见 A. S. Golbert & Y. Nun, *Latin American Laws and Institutions*, Praeger Publishers, 1982; K. Karst, *Latin American Legal Institutions*: *Problems for Comparative Studies*, Los Angeles, University of California, Latin American Center, 1966; P. J. Eder, *A Comparative Study of Anglo-American and Latin American Law*, New York University Press, 1950; 有一种观点将欧洲地中海的一些法律系统纳入发展中的法律，参见 J. H. Merryman, *Law and Social Change in Mediterranean Europe and Latin America*, Stanford Law School, 1979. 关于发展的规律，可参见 R. B. Seidman, *The State Law and Development*, Croom Helm, 1978.

〔124〕　对于非洲国家和拉美国家在侵权法领域的一些共同问题和区别，参见 Bussani & Mattei, "Making the Other Path Efficient: Economic Analysis and Tort Law in Less Developed Countries", in E. Buscaglia & R. Cooter eds. , *Law and Economics of Development*, Jai Pr, 1997.

〔125〕　这些便是雷廷斯（Reyntjens）所称的多元主义的国家，参见 F. Reyntjens, "Note sur l'Utilité d'Introdduire un Système Juridique 'Pluraliste' dans la Macro-comparaison des Droits", *Rev. Droit Int. et Droit Comp.* 41（1991）. 关于法律多元主义的论述，经典的著作依然是 M. B. Hooker, *Legal Pluralism*: *An Introduction to Colonial and Neo-Colonial Laws*, Clarendon Press, 1975.

〔126〕　See J. H. Merryman et al. , *The Civil Law Tradition*, Stanford University Press, 1994.

入依传统法律而治的法系。在这些非洲及拉美国家，传统法则的文化发展可应对法律现代化所提出的挑战。但这并不足以构建一种主导模式，甚至是较长时间的主导模式。依地方习惯所构建的（或组成的）非正式制度终究无法抗衡正式的、职业化的且由经济推进的西方法律模式。

从一般意义上讲，世界的南北划分依据的是经济现状，而东西划分则依据的是根深蒂固的哲学差异及文化差异。[127] 因此，依政治法则而治必须只是过渡，终究会结束（可能与经济的增长及发展相契合）。依此一学说，南半球国家自然有朝一日会依专业法律而治，适用于非纯粹地方性（如财产、家庭、继承等）的各个法律领域。但另一方面，东方一些传统理念似乎早已融入某些高度发达国家的制度，如日本。

撒哈拉沙漠以南的国家则应作一根本的定量分析以进行不同的定性，因为这些国家早期便与伊斯兰法（苏丹、索马里、贝宁、布基纳法索、毛里塔尼亚、象牙海岸、埃塞俄比亚、厄立特里亚、塞内加尔、马里、尼日尔、尼日利亚、几内亚、冈比亚、坦桑尼亚、乍得以及多哥）和印度法（肯尼亚、坦干伊克、乌干达以及桑给巴尔）有着密切的联系。在这些国家的法律系统中，传统法则体现为精细的宗教传统，成为西方专业法律强有力的替代机制，政治法则则丧失其主导地位。但在非洲大陆，政治法则依然是现行主导的治理法则。前述情况不足以颠覆此一论断。

某一法律系统可能不完全处于法系的核心位置，学者应依据研究项目需要对其进行现实定位。事实上，对非洲法的分类定位可能存在争议，但不应过分夸大此一问题的重要性，因为整个非洲大陆的法律系统呈现高度的多元化，这是比较法学者们的共识。[128] 研究非洲法的准确路径似乎应是研究非洲法律系统中不同法律层面的竞争互动。套用我的分类学框架，这意味着，在整个非洲大陆的法律系统中，依传统法律而治的法系、依专业法律而治的法系以及依政治法则而治的法系之间的竞争可能不会有一个确定的结果，主导地位之争依然悬而未决（非常剧烈）。[129]

依政治法则而治的正当性论证并不同于依专业法律而治。一些正当性话语依

---

〔127〕 See O. Lee, *Legal and Moral Systems in Asian Customary Law*, Chinese Materials Center, 1978.

〔128〕 See Bussani & Mattei, "Making the Other Path Efficient: Economic Analysis and Tort Law in Less Developed Countries", in E. Buscaglia & R. Cooter eds., *Law and Economics of Development*, Jai Pr, 1997; and Elisabetta Grande ed., *Transplants, Innovation, and Legal Tradition in the Horn of Africa*, Torino: L'Harmattan Italia, 1995; see also Rodolfo Sacco, *Il Diritto Africano*, UTET, 1995; Guadagni, "Legal Pluralism", in P. Newman ed., *The New Palgrave: A Dictionary of Economics and the Law*, Palgrave Macmillan UK, 1998.

〔129〕 See Bootaan, "La Costituzione Somala del 1990", in Elisabetta Grande ed., *Transplants, Innovation, and Legal Tradition in the Horn of Africa*, Torino: L'Harmattan Italia, 1995, p. 131; Id., "Somalia, Stato Regionale o Cantonizzazione Clanica?", in *Studi in onore di Rodolfo Sacco*, supra n. 21, p. 117.

当下阶段的特殊需要亦可以蕴含在民主及法治之中。此种特殊需要可能是民主转型、市场转型或法治转型，但通常是为了论证依政治法则而治的正当性，使其为国际金融机构所接受。当然，这种正当性论证在社会主义国家又所有不同。

七、依传统法律而治的法系：东方的法律观念

我所构想的第三种法系（依传统法律而治的法系）由法律与宗教传统和/或哲学传统没有分离的法律系统所组成。即便在西方国家，法律亦以伦理为正当性基石，许多法律规范甚至直接源自于宗教或传统。随着可信赖之经济交易机构的发展，劳动分工成为可能。劳动分工催生了专业法律人这一社会阶层，其源自超自然力量的正当性论说正愈发变得专业。例如，但丁认为查士丁尼皇帝活在天堂。《民法大全》也曾一度与《圣经》一样享有超自然的正统性。事实上，新制度经济分析把现代正式法律制度的产生归结为市场主体专业化程度及交易非人格化的作用。[130] 在现代社会，法律人履行了以往社会通常由牧师所履行的许多职责。现代法庭所解决的许多议题在以往社会亦带有浓厚的宗教色彩（比如堕胎或者拒绝治疗）。

我们或许可以把当代社会的法律人描述为戴面具的牧师。但这种描述并不能改变 15 世纪英格兰在普通法律师接掌大法官法庭后将法律世俗化的事实。在欧洲大陆，神职人员一直在高等法院占据主导地位，直到法国大革命后方最终被排除在法律程序之外。[131] 因此，法律职业（律师、法官以及法学教授）在今天的西方法律传统中明显有别于神职。[132] 粗略地讲，社会中个人、组织或机构间的关系均属法律人的职责范围之内；个人与他/她的良心之间、个人与先验或超自然神秘事物之间的关系则属牧师的职责范围。[133] 但这一论断并不适用于依传统法律而治

---

〔130〕 See D. North, *Institutions, Institutional Change and Economic Performance*, Cambridge University Press, 1990, pp. 34, 46 ff.

〔131〕 See J. Baker, *An Introduction to English Legal History*, 3d ed., Oxford University Press, 1990, pp. 112-113. J. P. Dawson, the Oracles of the Law, 1968. 参见 H. Berman, *Law and Revolution: The Formation of the Western Legal Tradition*, Harvard University Press, 1983; A. Gambaro, "Il Successo del Giurista", 5 *Foro Italiano* (1983). 一些学者认为，分离时间可追溯至公元前 3 世纪的罗马法，参见 Corsale, "Ordine Sociale e Mediazione Giuridica", in *C. Pontecorvo: Regole e Socializzazione*, Loescher 81 (1984); 也可参见 R. Sacco, *Modelli Notevoli di Societa*, CEDAM, 1991, p. 39.

〔132〕 See D. R. Kelley, *The Human Measure: Social Thought in the Western Legal Tradition*, Harvard University Press, 1990. 早期意识参见 Foustel de Coulange, *La Cité Antique*, Hachette, 1864, 466 Fr. It.

〔133〕 当然可能会出现一些重叠，而且在通常情况下也不可能作出完全准确的界限和定义。在特定的领域，律师、牧师和其他社会主体之间可能会产生一些竞争。比如，在涉及婚姻的案件中，牧师和调解者可能会与律师竞争，而在涉及精神状况的案件中，精神分析学家可能与牧师竞争。

的法系。[134] 在依传统法律而治的法系中，占支配地位的法律模式或者是宗教，或者是某种先验的哲学——个人的内心维度与社会维度在此种法律模式中并未分离。

与西方法律传统相对应，第三类法系又可称为东方法律传统，两者适用相同的术语限定标准。正如有一些地理位置处于非西半球的国家（如大洋洲国家）属于西方法律传统，也有一些地理位置处于非东半球的国家（如墨西哥、突尼斯以及阿尔及利亚等）属于东方法律传统。因此，依传统法律而治的法系并非以地理位置为划分标准，而以法律系统中标志性的结构特征为标准。属依传统法律而治之法系的国家有：①伊斯兰法国家；②印度及其他适用印度法的国家；③其他受儒家法理念影响的亚洲国家（中国、日本等）。[135]

在这些法律系统中，我们在技术-法律结构（可称为法律人之法）之外发现一种非常重要且占支配地位的、由非正式或非职业机构主导的法律关系空间：伊斯兰国家的宗教[136]以及远东国家的传统哲学行为规范。伊斯兰国家的宗教特性不会产生任何争议，但中国和日本可能会对我的分类法带来一些问题。首先，近年来的中国法和日本法研究学者[137]感到有必要重新审视一系列涉及他们研究对象的陈旧观念。这些陈旧观念包括：一些学者认为儒家传统文化轻视法律；中国法完全没有权利观念；在儒家传统中，政治因素决定法律不管在过去还在现在都是正当的。[138] 此外，将中国及日本（或其他同属资本主义、经济发展迅猛的"东方虎"国家）纳入同一法系的做法可能因两国间政治及经济进程中的根本性差异而

----

〔134〕 See Laura Nader, *Harmony Ideology, Justice and Control in a Zapotec Mountain Village*, Stanford University Press, 1990.

〔135〕 泰国、老挝、柬埔寨、缅甸、印度尼西亚、菲律宾和马来西亚等国家并非儒教国家。印度尼西亚可视为伊斯兰法国家而被划入依传统法律而治的法系。菲律宾应纳入何种法系则颇受质疑，因为其早期受到依专业法律而治之法系的深刻影响。至于我所提及的其他亚洲国家，尽管它们的法律系统倾向于依政治法则而治的法系，但我却将其划入依传统法律而治的法系。当然，笔者才疏学浅，这仅是个人猜测。

〔136〕 有关伊斯兰法的著述浩如烟海。查阅简要的概论以及大量的参考书目，请参见 Castro, "Diritto Musulmano", *Digesto IV* (1988)；J. Schacht, *An Introduction to Islamic Law*, Cambridge University Press, 1981.

〔137〕 参见 F. Upham, *Law and Social Change in Post-War Japan*, Harvard University Press, 1987（二战后日本的法律与社会变化）。在该文中，作者在一次认真的电子邮件交流中始终坚持将日本法划入依传统法律而治的法系。作者指出，就诉讼率以及人均律师数量来看，当下日本的传统法特质比战前更加明显。在一篇尚未发表的文章中，珀姆（Upham）认为，在日本，纠纷解决方法比过去两个世纪变得更加不正式（因此也更加具有传统法的特征），并且认为，被日本人视为传统的家庭结构和就业结构在明治维新时期和德川时期确实不存在。不管如何，参见 E. Hobsbawm & T. Ranger eds., *The Invention of Tradition*, 3d ed., Cambridge University Press, 1992.

〔138〕 See H. T. Scogin, "Civil Law in Traditional China: History and Theory", in K. Bernhardt & P. C. Huang, *Civil Law in Qing and Republican China*, Stanford University Press, 1994, p. 13ff.；关于中国遗产的大多数论文（P. S. Ropp ed., 1991）；W. C. Jones, *The Great Quing Code*, Clarendon Press, 1994.

受到质疑。为回应这些质疑，我们必须将重点放在分类法所寻求之认识的比较法特性上。我所提出的分类法并非重申"儒家传统缺乏法律"这一陈腔滥调，而是试图解读不同背景下存在差异的法律结构特性。很难否认，在中国农村地区并没有"职业法律人"，法律人在纠纷解决中的作用由其他不同的社会主体完成。如果不考虑不同社会主体在履行同一职责时的竞争关系，我们也难以理解为何日本与西方国家在职业法律人的数量比例上差别甚大——在日本，许多问题被排除在法律人正式的决议程序之外，而在西方，这些问题自然列入法律人的职责范围之列。[139]毋庸置疑，其他法律模式如政治法则模式与专业法律模式在中国和日本并非完全缺位。因此我们必须选择相对占支配地位的法律模式。我认为，中、日两国法律模式的变迁可能促使第二种法律模式在竞争中胜出（日本可能为专业法律模式，而中国可能为政治法则模式），但之前占据主导地位的法律模式却是传统法则模式。尽管该两国不同的政治及经济条件对法律产生不同的影响，但我们仍然能发现相类似的权力关系模式（可能受文化驱使）——法院在行政权力面前的弱势地位。[140]此外，该地区许多国家的高速发展正对民主与经济之间的关系提出挑战，[141]但受儒家传统影响的国家在发展模式上呈现了高度的相似性，尽管其正式的制度差异极大（包括政治程序）。[142]甚至在一些精细的法领域如公司治理，我们也可发现某种独特的日本法则。这只能在传统法则下寻求解释。但这些法则与西方专有模式形成有效的竞争，表明非正式制度亦可通过较低的交易成本以及较复杂的设定弥补正式制度的缺憾（甚至取而代之）。[143]

　　当然，专业法律在依传统法律而治的法系中从未缺位。在世界所有国家的法律系统中，大陆法或普通法的要素均存在，这为大多数的比较法著述所认可，也是传统意义上将比较法分为普通法系和大陆法系的正当依据所在。[144]此外，依传

---

〔139〕　See D. F. Henderson, "The Role of Lawyers in Japan"（未刊稿）。

〔140〕　关于日本方面的相关研究可参见 Ramseyer-Rasmusen, "Judicial Independence in Civil Law Regimes: Econo metrics from Japan", *Chicago Law and Economics Working Papers*, No. 37 2d Series (1996). 关于日本法律学者的不同立场，可参见 J. O. Haley, "Dispute Resolution in Japan: Lessons in Autonomy", 17 *Canada. United States Law Journal* 443 (1991) 和他的其他著作，以及 D. 亨德森 (D. Henderson) 的大量作品中。关于日本法律现状的生动论述，可参见 F. Upham, "The Development of Japanese Legal Studies in American Law Schools", *Reischauer Institute Symposyum* (1996).

〔141〕　See Trebilcock, "What Makes Poor Countries Poor?: The Role of Institutional Capital in Economic Development", in E. Buscaglia & R. Cooter eds., *Law and Economics of Development*, Jai Pr, 1997.

〔142〕　See Minxin Pei, "The Puzzle of East Asian Exceptionalism", 5 *J. Dem*. 90 (1994).

〔143〕　See Shishido, "Institutional Investors and Corporate Governance in Japan", in T. Baums et al. eds., *Institutional Investors and Corporate Governance*, Berlin: New York: Walter de Gruyter, 1994, p. 665.

〔144〕　See R. B. Schlesinger, H. Baade, M. Damaska & P. Herzog, *Comparative Law: Cases, Text Materials*, Foundation Press, p. 545 (5th ed. 1988 & Supp. 1994).

统法律而治之国家中的专业法律比西方法律传统中的传统法则更为明显。在西方社会，传统法则依然发生作用，但仅扮演非正式且隐晦的角色，比较常见的有农村财产与家庭法。除此之外，传统法则亦在公司或律所职员的办公空间或其他资源上发挥作用。例如，公司董事会与管理部门之间的关系便存在诸多传统法则。又如在学术团队中、在法官-律师的关系中，年轻的（或资深的）成员应尊重退休的前辈，这是非正式的规则，但却行之有效。有些此类行为肯定可通过自身利益及权力予以解释，但不能解释全部，特别是不同国家在正式制度设定上完全相反的情况下，例如普通法系及大陆法系中公司董事会与管理部门之间的关系或者职权主义模式与当事人主义模式下法官与当事人之间的关系。

在着力讨论传统法则在西方社会所发挥的功能后，似乎可得出结论：我所称的传统法则等同于非正式法律。但这种结论是错误的。原因相当简单，我们只需想想伊斯兰法是如何被高度正式化，或者只需铭记中国法律传统作为非正式法律制度正受到抨击。在依传统法律而治的国家中，职业法层面（现代意义上的、西式的、正式化的，等等）自然可感受到传统的、非职业法律（正式或非正式的）的存在及强大的社会影响。不同法律模式间的竞争结果可能催生某种形式上类似于西方法的传统法律模式。[145] 换而言之，我们不应将传统法则与法律空白或正式法律制度缺位混为一谈。在依传统法律而治的法系中，正式的法律制度确实存在，但它们的运作规则与西方社会中正式法律制度的运作规则并不相同。

这些法律系统具有一些共同之处，这里同样无法全面列举：如法律人的作用削弱，其他主体参与社会纠纷的解决（仲裁员、智者或宗教权威）；强制西化因而使传统由其他方式规制的法律关系仓促融入专业模式；设有西式的法典或成文法，但缺乏必要的社会基础，故在某些特殊的法领域或特定的社区运行受限；悔罪具有很高的法律价值；人种单一，成为维系特定社会结构的一种方式；社会的基石在于家庭而非个人；决策者享有极大的自由裁量权；地方习惯大量存在且多样化；司法强制广泛适用；社会等级观念强烈；高度重视社会和谐；高度强调性别在社会中的作用；社会秩序立足义务而非权利；社会等级结构抵消了平等主义；本土传统吸收社会条件变迁的能力受限，因而需引入西方方法模式；乡村与城镇的法源完全不同。"民主"和"等级"的二元对立恐怕是描述东西方法律体系

---

　　[145] D. F. Henderson, *Conciliation and Japanese Law*, Association for Asian Studies, 1965; Zhiping Liang, "Explicating Law: A Comparative Perspective of Chinese and Western Legal Culture", 3 *J. Chinese L.* 55 (1989); J. O. Haley, *Authority without Power: Law and the Japanese Paradox*, Oxford University Press, 1991.

深层差别最为简单的方式。[146] 需警醒的是，尽管表面上民主、形式上平等，但等级制度在西方社会依然扮演重要角色。[147]

还应注意到，依传统法律而治之法系的正当性论据并不同于时下依专业法律而治之法系或依政治法则而治之法系的主流正当性论据。某种超自然的正当性论据在其中发挥作用。这是一种古老的、受人尊重的论据，完全可与民主（近现代）或政治情景要素（不具很强的象征意义）相媲美。如前所述，同样的论据在大陆法传统创立阶段亦用于论证《民法大全》的权威性。[148] 许多国家亦使用此一论据以支持超凡领袖（或执政党）无限的权力。因此，这又是依政治法则而治之法系与依传统法律而治之法系的另一个重要结构相似之处。

八、法系、次级法系以及混合式法律制度

我所构建的法系分类具有明显的缺陷。一些主要的法律系统可能合乎我所提出的法律模式，而另一些法律系统却处于模糊状态。许多法律系统的共通之处甚至超越于法律模式。但还是应该看到，我所提出的法系三分可解读世界法律版图的三大核心点。一些法律系统可恰如其分地隶属某一法系，而另一些法律系统则虽属某一法系，却也趋同于另一法系。

例如，中国法和日本法属于同一法系，但两者法律制度的差别就如同其在世界版图上差距：一个属极东南地区，一个属极西南地区。日本法倾向于依专业法律而治的法系，[149] 而中国法则倾向于依政治法则而治的法系。[150] 事实上如前所述，中国法一度被视为苏维埃法的一个分支。

此外，并非所有部门法都恰好属于某一法系。例如，非洲国家的家庭法及不动产法受到传统法则的影响极大，更适合归入依传统法律而治的法系。拉美国家的合同法则更适合纳入西方法律传统。最后，在宪法方面，我们不应忽视一些中

---

〔146〕 我们也可使用同样的二分法来描述依专业法律而治的法系与依政治法则而治的法系之间的区别。所不同的是，在依政治法则而治的法系中，政治思想代替了宗教传统，参见 Laura Nader, *Harmony Ideology, Justice and Control in a Zapotec Mountain Village*, Stanford University Press, 1990.

〔147〕 See H. Jacob, E. Blankenburg, D. M. Provine & J. Sanders, *Courts, Law and Politics in Comparative Perspective*, Yale University Press, 1996. 也可以参见邓肯·肯尼迪（Duncan Kennedy）和劳拉·纳德（Laura Nader）的许多著作。

〔148〕 See A. Gambaro & R. Sacco, *Sistemi Giuridici Comparati*, UTET, 1996, 240 ff.

〔149〕 See Upham, 参见引注 137. See also J. H. Moitry, *Le Droit Japonais*, Presses Universitaires de France, 1988.

〔150〕 See R. C. Keith, *China's Struggle for the Rule of Law*, Palgrave Macmillan UK, 1994; T. Jingzhou, *Le Droit Chinois Contemporain*, Presses Universitaires de France, 1991; Cavalieri, "Il Virus Della Legalità: Caratteristiche e Implicazioni Della Riforma Giuridica Cinese", *ISESAO*, Bocconi University, 1996.

东国家宗教权力与政治权力之间的紧密联系。因此，正如萨科教授在与我私下讨论本文时所认为的，依政治法则而治的法系与依传统法律而治的法系在结构上（甚至在正当性上）可能存在大量重叠。

在这三种主要法律模式之下，我们还可区分出若干亚法系。是以，依专业法律而治之法系可再划分为三种亚法系：普通法系、大陆法系以及混合法系（包括斯堪的纳维亚国家）。这种实用主义的方法可避免时下学术界围绕"大陆法系与普通法系是否趋同"这一命题所展开的过度但意义不大的讨论。[151] 在缺乏量化工具的前提之下，普通法系与大陆法系究竟相似程度如何仅取决于比较的条件以及所比较的问题。如果以世界法律系统为背景，则两者在结构上的相同之处（我在文中所极力阐释的）大于差异之处。如果所讨论的问题是欧洲私法一体化，则普通法与大陆法在欧盟内的共存并无问题，但如果追求统一，便成为一个问题。鉴于普通法与大陆法是依专业法律而治之法系底下的一种亚分类，我们至少可使用某种分类法同时把握其共性（法系）与差异（亚法系）。这样一种分类法需要的是具体问题具体比较，而非对如何比较作抽象的讨论。

依政治法则而治之法系可划分为两种亚法系：过渡法（苏联的法律）和发展法（可再划分为非洲法和拉美法）。依传统法律而治之法系也可划分为两种亚法系：远东法系和伊斯兰法系。这些亚法系的划分都已是学界普遍认可的区域研究的成果。

如果需要，我们还可作进一步的划分。是否再作进一步的划分取决于学者对个案进行分析的方法论判断。

例如，普通法系还可一分为二：英国法和美国法。大陆法系也可分为受德国法影响的法律区域以及受法国法影响的法律区域。我们还可进一步区分斯堪的纳维亚法系和传统的混合法系（包括苏格兰、路易斯安那州、魁北克、南非等）。但从另一个角度讲，在依专业法律而治的法系中，由于法律模式的广泛传播和交流，这些子划分似乎意义不大（除了传统混合法系这一大陆法与英美法融合的有趣实验室之外）。英国法与美国法仅限于一些显著的区别，因此强行依此对普通法系进行划分意义并不大。例如，加拿大和澳大利亚的法律制度便都具有英国法和美国法的某些重要特征。在这一点上，不仅应在普通法系内的亚法系中观察美国法的引导作用，还应跨越各种法律模式进行观察（法国法可能除外），这可能

---

[151]　See P. Legrand, "European Legal Systems are not Converging", 45 *Int'l & Comp. L. Q.* 52 (1996); De Witte, "The Convergence Debate", 3 *Maastricht J. Eur. Comp. L.* (1996).

更具价值。[152]

在宏观比较法层面，日耳曼（德国、奥地利、瑞士）民法和法国民法之间的传统区别可解决某些问题，[153] 但不宜作为宏观比较法中的亚法系分类。一如前述，由于法律模式的交流，大陆法系中的各种法律制度已具有很高程度的同质性，以至于我们很难将荷兰法归入前述哪一类亚法系（尤其是在最近的法典化中，荷兰法大量移植了普通法的某些制度）。[154] 传统令混合法系法学家苦恼的问题现已成为整个依专业法律而治之法系所面临的共同问题（如信托法）。

但在不同的背景之下，如果政治基础和文化基础存在较大程度的不同，则有必要进行再划分。例如，远东法应进一步划分为中国模式和日本模式。日本模式属于工业化发展程度极高、西方法影响相当明显的法律模式（如韩国及我国台湾、香港地区等）；相反，中国模式则一直较抵制西方法律制度。适用该模式的国家大抵远未解决发展问题（如蒙古、朝鲜、缅甸、柬埔寨等）。很明显，我们既可对斯堪的纳维亚国家的法律系统作一特殊分类，亦可对依传统法律而治之法系下的某些法律系统作同样特殊的分类。印度法便因其自身的复杂性很难归入前述两个法律模式（中国模式和日本模式），当然这还因为印度法既体现了西方宪政系统的一些共性以及大量的传统，也体现了印度法自身的一些共性（如印度及穆斯林社区的共存）。

九、法律模式的图解

三种主要法系下的不同亚法系还可以不同的方式进行再划分。在依专业法律而治的法系内，大陆法系国家以及一些特殊的国家（如意大利、西班牙和希腊）通常比普通法系国家更具依政治法则而治之法系的某些特点。公法与私法的传统

---

〔152〕 我采用了下列文献中的这一观点：Ugo Mattei, "Why the Wind Changed: Intellectual Leadership in Western Law", 43 *Am. J. Comp. L.* 199（1994），and in Mattei, "The New Ethiopian Constitution: First Thoughts on Ethnic Federalism and the Reception of Western Law", in Elisabetta Grande ed., *Transplants, Innovation, and Legal Tradition in the Horn of Africa*, Torino: L'Harmattan Italia, 1995.

〔153〕 施勒辛格亦经常采用这一区分，参见 R. B. Schlesinger, H. Baade, M. Damaska & P. Herzog, *Comparative Law: Cases, Text Materials*, Foundation Press, p. 545（5th ed. 1988 & Supp. 1994）. 在民法的导论中亦经常使用这一二分法。

〔154〕 See Drobnig, "Das neue Niederländsche Burgerliche Gesetzbuch aus Vergleichender und Deutscher Sucht", 1 *Eur. Rev. Priv. L.* 171（1993）；Ioriatti, "Il Nuovo Codice Civile dei Paesi Bassi", in Walrer Bigiavi & Alberto Trabucchi, *Rivista di Diritto Civile*, 1992, p. 117；D. Tallon, "The New Dutch Civil Code in a Comparative Perspective: A French View Point", 1 *Eur. Rev. Priv. L.* 189（1993）；A. S. Hartkamp, "Civil Code Revision in the Nederlands", in P. C. Haanappel, Ejan Mackaay, *Nieuw Nederlands Burgerlijk Wetboek Het Vermogensrecht*, Kluwer, Deventer, 1990, p. 15.

划分、政府在诉讼程序中的优势地位等便是此一现象的重要例证。[155]此外，在依政治法则而治的法系中，发展中的法律系统（特别是非洲）比转型中的法律系统更具依传统法律而治之法系的某些特点。例如，中国模式更多地呈现了依政治法则而治之法系的特点，而日本模式则更多地受到依专业法律而治之法律的影响。在该法系下，伊斯兰法比印度法更接近依政治法则而治的法系，而印度法则更多地受到依专业法律而治之法系的影响。

这一现象除可为教学提供有用的资料缩图外，还可进行有价值的方法论观察。法律系统越类似，越可进行更精确的比较法分析，其所面临的共同问题也越多。

缩图非常简单，可依复杂程度的不同作出分类。它基本由一个等边三角形组成，每个顶点对应一个法律模式。L代表依专业法律而治的法系，P代表依政治法则而治的法系，T代表依传统法律而治的法系。在三个法系外，各个亚法系或者其他法律系统可按宏观比较法上的差距设于中心或置于合乎比例之距离。所得到的法律模式简图如下：

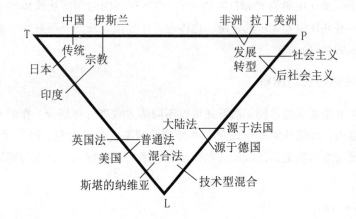

————————————————

〔155〕 新近讨论的法国例子可参见普罗文（Provine）在下述文献中的有关章节：H. Jacob, E. Blankenburg, D. M. Provine & J. Sanders, *Courts, Law and Politics in Comparative Perspective*, Yale University Press, 1996, 177 ff.

第二编

职权主义与当事人主义之争

现代刑事诉讼模式：对话与冲突

当事人主义和职权主义范畴的长期影响[*]

〔美〕马克西姆·兰格[**] 著

施鹏鹏 李超强[***] 译

引言：当事人主义和职权主义范畴之于比较刑事诉讼的核心地位与影响

通常认为，"当事人主义"与"职权主义"已成为刑事诉讼比较研究的核心范畴。本文认为，比起我们所认识到的，这对范畴在比较刑事诉讼程序中的核心地位与影响力要深远很多，因为它们通过反映及限定业内主流理论思潮与核心旨趣，致力于将比较刑事诉讼构建和塑造为一个可供思想、研究以及决策跨国流通的领域。

本文认为，可通过描绘评论者和法庭对当事人主义与职权主义之不同的应用，确定比较刑事诉讼所采用的主要理论传统。此描绘揭示这对范畴的五种主要应用：①描述型理想类型；②存在于实际刑事诉讼程序中的历史学或社会学体系；③在任何刑事诉讼中并存的对立利益观或价值观；④刑事诉讼的功能；以及⑤规范模式。进行这一描绘后，本文认为，即使是比较刑事诉讼中当事人主义–

---

[*] 原文 The Long Shadow of the Adversarial and Inquisitorial Categories, 原载 Markus D. Dubber & Tatjana Höernle（eds.）, *Handbook on Criminal Law*, Oxford University Press, 2014. 作者感谢瑞秋·巴尔科（Rachel Barkow）、亚力德罗·切特曼（Alejandro Chehtman）、米尔吉安·R. 达马斯卡（Mirjan Damaška）、莎伦·多拉维奇（Sharon Dolovich）、杰夫·法根（Jeff Fagan）、迈尔克姆·菲力（Malcolm Feeley）、詹姆斯·福曼（James Forman）、大卫·格兰德（David Garland）、伯纳德·哈克特（Bernard Harcourt）、约翰·杰克逊（John Jackson）、乔希·克莱因菲尔德（Josh Kleinfeld）、尼基·莱西（Niki Lacey）、科里纳·莱恩（Corinna Lain）、印加·马克威茨（Inga Markovits）、特雷茜·米尔斯（Tracey Mears）、尹蒂萨·拉比（Intisar Rabb）、丹·里奇曼（Dan Richman）、保罗·罗伯茨（Paul Roberts）、大卫·斯科兰斯齐（David Sklansky）、兰·斯路伊特（Göran Sluiter）、卡罗尔·斯泰克（Carol Steiker）、乔丹·斯泰克（Jordan Steiker）、谢尔盖·瓦西列夫（Sergey Vasiliev）、吉姆·惠特曼（Jim Whitman）以及阿根廷底德拉大学、哈佛大学、新加坡管理大学（SMU：Singapore Management University）、阿姆斯特丹大学、布宜诺斯艾利斯大学、del Litoral 大学（阿根廷）、德罗萨里奥大学（阿根廷）、圣安德烈大学（阿根廷）相关工作的人员对早期版本的评阅，大卫·希兰尼（David Heyrani）的研究帮助，以及艾尔斯·梅尔斯（Elyse Meyers）对本文的编辑。

[**] Máximo Langer, 美国加利福尼亚大学洛杉矶分校法学教授，研究专长为比较刑法及比较刑事诉讼。

[***] 李超强，中国政法大学证据科学研究院 2016 级硕士。

职权主义对立的主要替代方法也在同样的理论传统中运行。

本文也将表明，当事人主义-职权主义二分法限制了比较刑事诉讼研究所涵盖的主题或问题类型。这些研究倾向于关注通过将当事人主义和职权主义并列所强调的刑事诉讼的功能，而对其他主题造成不利影响。这种并列的核心地位可能有助于解释为何比较刑事诉讼主要专注西方发达国家的刑事诉讼，为何对国内犯罪追诉感兴趣而非跨国别犯罪追诉，为何已有针对刑事诉讼的教义、制度和角色方法，为何几乎仅关注部分刑事司法规则、机构和参与者。本文接着指出，拓宽和深化比较刑事诉讼可能产生的知识和见解需要超越当事人主义范畴和职权主义范畴长期以来的理论和主题影响。本文简述了一些比较刑事诉讼可能为此采用的方法，从而可能扩大能够影响我们对刑事诉讼理解的实证与规范见解的类型。

行文之前，对本文的论证作三点说明：第一，本文包含于比较刑事诉讼领域的学科，该学科从比较的角度研究刑事诉讼，是世界范围内许多法学院和其他大学院系具有代表性的学科。这一学科的参与者是进行刑事诉讼教学或著述以及在研究中明确或隐含地对两个或多个司法辖区进行比较分析的法学学者。这些学术参与者视自己为或被认为是比较刑事诉讼学者。然而，比较刑事诉讼作为一种思维方式和一个跨国别领域，超越了法学学术界，包含了法律改革者、法官、律师和决策者，他们在思考、分析、裁判或者设法改革刑事诉讼时，隐含或明确地对两个或多个司法辖区进行比较。

第二，笔者的论点是当事人主义和职权主义范畴的核心地位以及它们所反映的思维方式致力于通过各种方式将比较刑事诉讼范围限制为一个领域。囿于篇幅，我在此将不再详细阐释这一论点。有时，这对范畴起到了蒙蔽法律参与者的作用。换言之，它们造成这些参与者忽视其他可以用来从比较角度分析刑事诉讼的替代性理论视角和主题。如果比较刑事诉讼研究领域以不同的方式配置，那么这对范畴也会将一些学者、法律职业人员和决策者的工作排除在该领域的边缘之外或将其推向该领域的边缘，而他们原本包含于或是该领域的核心。也有时候，这对范畴及其反映的思维方式使比较刑事诉讼领域参与者的分析变得模糊不清，换言之，他们对某些问题的分析已黔驴技穷。最后，这对范畴及思维方式分散了法律参与者的注意力，即它们鼓励法律参与者专注于特定类型的理论视角和主题而对其他视角或主题产生不利影响。根据具体的法律参与者的特点及其工作所处的制度背景与实践的不同，这四种方式在不同的情境下以单独或结合的方式影响比较刑事诉讼。

第三，笔者关于当事人主义范畴和职权主义范畴之于比较刑事诉讼的核心地位与影响的论点并非主张单变量因果关系。许多因素影响了作为调查、裁判和决策领域的比较刑事诉讼的构成与塑造，由于篇幅限制笔者无法在此分析。笔者的主张是，当事人主义范畴和职权主义范畴是在这方面发挥重要作用的因素之一。

一、简要历史背景

"职权主义"这一术语在刑事诉讼中具有悠久的历史。在十二三世纪，评论者就已对职权主义诉讼和当事人主义诉讼作出了区分。基于公共传闻（fama），公职人员可以通过自身的动议启动职权主义诉讼。另一方面，当事人主义诉讼则需要通过私人的起诉。这两种诉讼程序之间的区别在于法律制度之内而非之间的区别。[1]换句话说，这对术语主要用于指代在同一法律制度中共存的两种诉讼程序，而非作为手段用以比较和区分不同法律制度中的法律程序。与此相关，在早期，当事人主义诉讼和职权主义诉讼并不分别意味着英格兰和欧陆司法辖区。[2]

运用"职权主义"和"当事人主义"这对术语来比较大陆法和普通法司法辖区是后来的发展，出现于18世纪下半叶和19世纪上半叶之间。在18世纪，欧陆的评论者和决策者在寻求旧制度（ancien régime）刑事诉讼的替代品时，他们对将英国刑事诉讼作为改革的可能模式表现出兴趣。[3]欧陆的评论者和决策者开始使用"当事人主义"这一范畴来指代英美刑事诉讼，使用"职权主义"这一术语指代旧制度刑事诉讼或是指代当时欧陆的刑事诉讼。[4]后来，英美司法辖区开始

---

〔1〕 虽然有许多关于当事人主义与职权主义诉讼的历史研究，但仍需要写出当事人主义-职权主义范畴和比较刑事诉讼的知识史。我目前正处于该研究项目的早期阶段。这里关于十二三世纪使用这对范畴的主张，以及我在本文的历史部分所作的其他陈述，因我尚未能充分地进行考查，所以只是常识性的和初步性的。最近对于中世纪和近代早期法学家关于诉讼程序的主要作品（tracts）的述评，其中包括他们对当事人主义与职权主义诉讼的分析，参见 Kenneth Pennington, "The Jurisprudence of Procedure", in Wilfried Hartmann and Kenneth Pennington (eds.), *The History of Courts and Procedure in Medieval Canon Law*, The Catholic University of America Press, 2014.

〔2〕 最近对于中世纪和近代早期法学家关于诉讼程序的主要作品（tracts）的述评，其中包括他们对当事人主义与职权主义诉讼的分析，参见 Kenneth Pennington, "The Jurisprudence of Procedure", in Wilfried Hartmann and Kenneth Pennington (eds.), *The History of Courts and Procedure in Medieval Canon Law*, The Catholic University of America Press, 2014.

〔3〕 关于英国刑事诉讼程序对启蒙评论员的影响，参见 Antonio Padoa Schioppa, "I Philosophes e la Giuria Penale", Ⅰ-Ⅱ *Nuova Rivista Storica* (1986), p. 107.

〔4〕 See e. g. Faustin Hélie, 5 *Traité de l'instruction Criminelle* (1853), § 308, H. Plon (Paris); K. J. A. Mittermaier, *Das deutsche Strafverfahren* (1832), § 28, Buch & Consult Ulrich Keip (Berlin, Deutschland); Karl J. A. Mittermaier, *Lehrevom beweise im Deutschen Strafprozesse* (1834), § 3; H., "An Account of the Criminal Law, Criminal Courts, and Criminal Procedure of Germany; With Notices of the Principal Writers on Penal Jurisprudence, and the Principal Theories of Penal Legislation Prevailing There", 11 *Law Magazine Quarterly Review of Jurisprudence* (1834), pp. 18-23.

在相关的方式中使用"adversarial"这一术语以代替"accusatorial"。[5]评论者赋予这对范畴的内容各不相同。在某些表述中，当事人主义诉讼依赖私人控告犯罪，而职权主义诉讼依赖公职人员。[6]其他表述包括更广泛的特征，例如，当事人主义被定义为一种由当事人控制的刑事诉讼，法庭则是消极的裁判者。当事人主义诉讼没有设法引诱被告人的供述来证明被告人的罪责，它是通过陪审团口头和公开的审判对刑事案件作出裁判。裁判者必须根据他们对案件的印象自由评价证据，而且他们的裁决不得上诉。相比之下，法院以自身的动议控制的刑事诉讼构成职权主义，法庭具有调查和裁判案件的职能。职权主义诉讼设法引诱被告人的供述作为案件调查的一部分，并通过书面和秘密诉讼程序由专业法官裁判刑事案件。裁判者必须根据法定证据制度对案件的证据进行评价，且其裁决可以上诉。[7]

欧陆的评论者将当事人主义和职权主义诉讼构想为制度。通过一种或多种认识论原则、社会原则或政治原则，这两种诉讼各自所具备的特征得以巩固和连接。因此，一些评论者认为，每种制度采取不同的方法来收集、提出和评价证据以及认定案件真相。例如，根据某一叙述，当事人主义具有调查真相的"综合概念"，因为各方当事人都必须出示支持其主张的证据。当事人主义还认为，对证据的适当评价只需要一般公民的常识、教育和经验。相比之下，职权主义具有真相认定的"分析概念"，因为每个归罪程序步骤都要求有明确的迹象表明被告人有罪。此外，职权主义诉讼要求政府任命的专业裁判者采用被认为是科学知识产物的法定证据制度。[8]

欧陆的评论者还认为刑事诉讼的类型与社会的类型之间具有关联。例如，一些评论者的认识反映了19世纪的观点，他们认为，中世纪采用通过神判和神誓的

---

〔5〕 See e. g. Edmund M. Morgan, "Some Observations Concerning Presumptions", *Harvard L. R.* (1930 - 1931), pp. 44, 906, 910. 尽管术语"accusatorial"和"adversarial"通常无差别地或作为同义词使用，但仍有一些人将它们区分开来。如参见 Abraham S. Goldstein, "Reflections on Two Models: Inquisitorial Themes in American Criminal Procedure", 26 *Stanford LR* (1974), p. 1009 ff. 使用术语"adversary system"指代在竞赛审判(contested trial)中解决纠纷的方法，而称术语"accusatorial system"包括"adversary system"和其他基础的程序前提，如无罪推定和回应性的刑罚执行。Richard Vogler, *A World View of Criminal Justice*, Routledge, 2005, p. 129. 使用术语"accusatorial"指代诉讼程序的前现代形式以及术语"adversarial"指代英格兰和美国的当代诉讼程序。为了本文的需要，我无差别地使用此二术语，因为在大多数情况下，比较刑事诉讼即以这种方式使用它们，以及因为我在本文中的论证无需区分此二术语。

〔6〕 See e. g. Mittermaier, *Das Deutsche* (n. 4) §28.

〔7〕 See e. g. Hélie (n. 4) §308; Mittermaier, *Lehre* (n. 4) §3; H., 11 *Law Magazine Quarterly Review of Jurisprudence* (1834), p. 1.

〔8〕 See Mittermaier, *Lehre* (n. 4) §3.

当事人主义审判表明，当事人主义诉讼在原始或朴素的而非高级或复杂的社会中可能会蓬勃发展。[9] 评论者也将当事人主义与旨在保护个人权利和自由的国家民主或人民观念联系起来，将职权主义与旨在有效执行刑罚的国家的独裁或专制观念联系起来。[10] 评论者通过论证职权主义具有理性基础且严肃及平等地惩罚犯罪来为其辩护。[11] 为详细说明当事人主义和职权主义之间的这种区别，一群评论者将19世纪盛行于欧陆的拿破仑《重罪法典》（Napoleon's Code d'instruction Criminelle）描述为在个人自由与效率之间取得了适当平衡的"混合制度"。[12]

二、当事人主义范畴和职权主义范畴的当代理论概念

比较刑事诉讼中，当事人主义-职权主义区别的核心地位持续至现代。虽然19世纪这些术语的概念可能为比较刑事诉讼领域当下的配置奠定了基础，但比较刑事诉讼在过去几十年里已经发展并扩大了其理论基础。[13] 关于它们的理论概念，我们一方面可以识别至少五种有关术语"当事人主义"的当代应用；另一方面则是针对术语"职权主义"的五种当代应用。[14] 应用这五种理论概念的人们也并非总是如此表达。有时，同一作者在不止一种理论意义上使用了这些表达方式，而事实上，这些理论意义可以被完好地整合在一个单一的分析之中。此外，这五种应用并未同样地存在于比较刑事诉讼的文献和实践中。尽管如此，对此五种概念的阐明和描绘是有所裨益的，因为这样做将使我们能够确定当代比较刑事诉讼中的主要理论传统。

在第一种理论应用中，当事人主义和职权主义被认为是描述型理想类型。事实上，现存的刑事诉讼没有谁能充分展示出任一类型的特征。相反，就像建筑物

---

〔9〕 See e. g. Hélie (n. 4) §308; Karl J. A. Mittermaier, *Theorie des beweises im Peinlichen Prozesse* (1809), §1.

〔10〕 See e. g. Hélie (n. 4) §308; Mittermaier, *Lehre* (n. 4) §3.

〔11〕 See e. g. Mittermaier, *Lehre* (n. 4) §3; Mittermaier, *Theorie* (n. 9) §1.

〔12〕 See e. g. Hélie (n. 4) §308.

〔13〕 此领域的评论，参见 Elisabetta Grande, "Comparative Criminal Justice", in Mauro Busani and Ugo Mattei (eds.), *The Cambridge Companion to Comparative Law*, Cambridge University Press, 2012, 191 ff.; Paul Roberts, "On Method: The Ascent of Comparative Criminal Justice", 22 *OJLS* (2002), 539 ff. (书评)。

〔14〕 关于当事人主义和职权主义范畴的不同概念化，参见 Máximo Langer, "La Dicotomía Acusatorio Inquisitivo y la Importatión de Mecanismos Procesales de la Tradición Jurídica Anglo-Sajona", in Julio Maier and Alberto Bovino (eds.), *Procedimiento Abreviado*, Del Puerto, 2001, 97 ff. 在这一早先的文章中，我区分了"当事人主义"和"职权主义"范畴的六种不同的理论应用。由于这对范畴作为规范性原则的概念将会使本文不必要的复杂化，我在此将只专注于其中的五种应用。更一般性的程序模式的分析，如参见 Mirjan Damaška, "Models of Criminal Procedure", 51 *Zbornik* (Collected Papers of Zagreb Law School) (2001), 477 ff.

或多或少地忠于定义的建筑风格一样，刑事诉讼可能或多或少类似于程序模式。[15] 理想类型的设计者会基于他认为需要重点突出的或者研究的一个或多个特征，而去确定理想类型的内容。评论者认为，刑事诉讼程序中的对位是以双方当事人与作为统一的公正调查之间的博弈为核心的，即使不是核心，它也属于当事人主义和职权主义理想型各自包含的内容。[16] 然而，一些评论者还将诸如口头与书面诉讼程序、集中化（concentrated）与渐进式（sequenced）诉讼程序、外行与专业裁判者等其他特征各自包括在当事人主义类型和职权主义类型之内。[17]

这种理想类型的方法对于分类目的是富有成效的，因为任何刑事诉讼都可以置于当事人主义理想型和职权主义理想型的谱系之内。[18] 此外，作为韦伯式的范畴（Weberian categories），理想类型可以用来描述某一特定刑事诉讼的规则或实践的显著特征，从而实现对具体论题的比较分析，例如哪种刑事诉讼程序展示更多的定罪的证据障碍[19]或者更好地保护易受攻击的证人。[20] 对理想类型的主要批评是，即使它们能够捕捉到两个程序性对立面之间的灰色程度，它们也不能解释理想类型无法涵盖的多种程序现象。[21]

在第二种理论概念中，通常在普通法和大陆法司法辖区或者其下属地区，当事人主义和职权主义被认为是存在于过去或当代实际刑事诉讼中的历史学或社会学体系。这种概念的某一方面，当事人主义和职权主义的内容将由大陆法和普通法司法辖区在任何特定时间各自具有的"最低共同标准"来决定。[22] 例如，如果在任何时候，所有普通法司法辖区使用陪审团，而所有大陆法司法辖区使用专业裁判者，那么这些特征就分别成为当事人主义和职权主义内容的一部分。这种

〔15〕 See e. g. Mirjan R. Damaška, "Adversary System", in Sanford H. Kadish (ed.), 1 *The Encyclopedia of Crime and Justice*, Vol. 1, The Free Press, 1984, 24 ff.

〔16〕 See e. g. John D. Jackson, "The Effect of Human Rights on Criminal Evidentiary Processes: Convergence, Divergence or Realignment?", 68 *Modern L. R.* (2005), pp. 737, 742–743.

〔17〕 See e. g. Nico Jörg, Stewart Field, and Chrisje Brants, "Are Inquisitorial and Adversarial Systems Converging?", in Phil Fennell et al. (eds.), *Criminal Justice in Europe*, Clarendon Press, 1995, 41 ff.

〔18〕 See e. g. C. H. W. Gane, "Classifying Scottish Criminal Procedure", in P. Duff and N. Hutton (eds.), *Criminal Justice in Scotland*, Routledge, 1999, 56 ff.

〔19〕 See e. g. Mirjan R. Damaška, "Evidentiary Barriers to Conviction and Two Models of Criminal Procedure: A Comparative Study", 121 *University of Pennsylvania L. R.* (1973), 506 ff.

〔20〕 See e. g. Louise Ellison, "The Protection of Vulnerable Witnesses: An Anglo–Dutch Comparison", 3 *International Journal of Evidence & Proof* (1999), 1 ff.

〔21〕 Inga Markovits, "Playing the Opposite Game: On Mirjan Damaška's The Faces of Justice and State Authority", 41 *Stanford L. R.* (1989), 1313 ff. （书评）。

〔22〕 Joachim Hermann, "Various Models of Criminal Proceedings", 2 *South African Journal of Crim. Law & Criminology* (1978), pp. 3, 4–6.

"最低共同标准"方法由于其不稳定性而受到批评，因为这对范畴的内容必须随着大陆法或普通法司法辖区任何一个细微变化而改变。[23] 这种方法也缺乏确定当事人主义和职权主义含义的可靠标准，因为这对范畴的内容取决于单个大陆法和普通法司法辖区的随机变化，而非基于可能构成其基础的原则或基本原理。

在历史学层面或社会学层面存在的第二种有关当事人主义与职权主义体系的理论概念，在其他部分内容中并不存在上文所论述的问题。研究人员根据其意欲研究的刑事诉讼程序的特征来界定这对范畴，并研究是否存在将这些程序特征联系起来的原则或基本原理。有关该概念的一个重要说法，评论者使用"职权主义"这一术语指代在 12 世纪至 13 世纪之间诞生于欧陆并盛行至 19 世纪初的刑事诉讼。这种诉讼的特征包括公职人员通过其自身的动议启动刑事诉讼程序、法定证据制度、有限的被告人权利以及酷刑的使用。[24] 最近的史学定位于 18 世纪当事人主义的起源。当事人主义被认为是双方律师之间在消极法官和陪审团面前的竞赛，由当代普通法证据规则调整，而且被告人在当事人主义下拥有一整套审判权利。[25] 在这些历史研究中，当代欧陆刑事诉讼程序有时未被描述为"职权主义"，而是"混合式"或"非当事人主义"。[26] 这些历史分析不仅提供了对不同司法辖区刑事诉讼历史的深入了解，而且提供了对刑事诉讼如何与不同现象相互作用的洞察，如民族国家的形成、中世纪和近代早期教会权力的扩大以及 18 世纪至 19 世纪之间刑事诉讼的专业化，等等。[27]

作为历史学或社会学体系的另一应用，这对术语并非指代过去的刑事诉讼程序，而是指（至少指代部分）现今普通法和大陆法司法辖区的当代刑事诉讼程序。[28] 例如，"当事人主义"被认为是双方当事人在由法官和陪审团组成的双轨（bifurcated）法庭上辩论的刑事诉讼，而"职权主义"被认为是由专业公职人员实施的统一公正调查的一种刑事诉讼。最近的学术研究将这两种刑事诉讼概念描

---

〔23〕　See e. g. Damaška (n. 15).

〔24〕　此工作领域的经典参考是 Adhémar Esmein, *Histoire de la ProcédureCriminelle en France*, Paris：L. Larose et Forcel, 1882. 最近相关的史学，如参见 Jacques Chiffoleau, "Avouer l'inavouable：l'aveu et la Procédure Inquisitoire à la fin du Moyen Âge", in Renaud Dulong (ed.), *l'aveu*, Paris：Presses Universitaires de France (2001), 57 ff; Lotte Kéry, "Inquisitio— denunciato—exception：Möglichkeiten der Verfahrenseinleitung im Dekretalenrecht", 87 *ZRG* (2001), 226 ff.

〔25〕　See e. g. John H. Langbein, *The Origins of Adversary Criminal Trial*, Oxford University Press, 2003.

〔26〕　See e. g. Langbein (n. 25).

〔27〕　See e. g. Chiffoleau (n. 24)；John H. Langbein, "The Criminal Trial before the Lawyers", 45 *University of Chicago L. R.* (1978), 263 ff.

〔28〕　See e. g. Jacqueline Hodgson, *French Criminal Justice：A Comparative Account of Investigation and Prosecution of Crime in France*, Hart Publishing, 2005.

述为机构和参与者通过社会化进程进行内化的一套文化或社会规范。[29] 这两种概念也被描述为在刑事司法制度的主要机构和诸如检察官、法官、被告人、辩护律师、受害人和公民等参与者之间分配权力/权利和责任的两种方式。[30] 而且，在某种程度上，法律参与者使用标签"当事人主义"或"普通法"及"职权主义"或"大陆法"来将自己定义为法学家的意义上，这对范畴也可以理解为法律身份（legal identities）。[31]

在社会规范和权力动态方面，当事人主义和职权主义的这种概念化有助于理解这些历史学或社会学体系如何再现自身以及随着时间改变。[32] 它还使研究人员能够分析大陆法和普通法司法辖区为何以不同的方式规定和讨论特定的法律问题，如被告人的披露权。[33] 这种概念化也有助于解释从当事人主义到职权主义的改革如何因相异的文化规范或因权力动态而可能被接受改革的司法辖区拒绝或改变，并有助于分析美国的刑事诉讼程序是否以及如何传播到其他司法辖区。[34] 这种概念化还有助于解释国际刑事法庭内的一系列程序性实践和成果，在具有不同程序规范的各国国内体制接受教育和训练的法律工作者在这里一同起诉、辩护和裁判案件。[35]

作为理想类型以及历史学或社会学体系，"当事人主义"和"职权主义"的前两个概念化也使得能够从一种认识论、社会学或者政治的角度分析这种二分法

---

[29] Máximo Langer, "From Legal Transplants to Legal Translations: The Globalization of Plea Bargaining and the Americanization Thesis in Criminal Procedure", 45 *Harvard International L. J.* (2004), 1 ff.; Máximo Langer, "The Rise of Managerial Judging in International Criminal Law", 53 *American Journal of Comparative Law* (2005), 835 ff. 关于法律文化与刑事司法有特殊关系的观点的批判性讨论，如参见 David Nelken (ed.), *Comparing Legal Cultures*, Dartmouth Pub. Co., 1997; David Nelken (ed.), *Contrasting Criminal Justice*, Aldershot: Ashgate, 2000; David Nelken, *Comparative Criminal Justice: Making Sense of Difference*, SAGE Publications Ltd., 2010.

[30] Langer, 45 *Harvard International L. J.* (2004), p. 1.

[31] Langer, 53 *American Journal of Comparative Law* (2005), p. 835.

[32] Langer, 45 *Harvard International L. J.* (2004), p. 1.

[33] See e. g. Máximo Langer and Kent Roach, "Rights in the Criminal Process: A Case Study of Convergence and Disclosure Rights", in Mark Tushnet et al. (eds.), *Handbook on Constitutional Law*, UCLA School of Law Research Paper, No. 11-33 (2013).

[34] Toby S. Goldbach, Benjamin Brake, and Peter J. Katzenstein, "The Movement of U. S. Criminal and Administrative Law: Processes of Transplanting and Translating", 20 *Indiana Journal of Global Legal Studies* (2013), 141 ff.; Elisabetta Grande, "Italian Criminal Justice: Borrowing and Resistance", 48 *American Journal of Comparative Law* (2000), 227 ff.; Langer, 45 *Harvard International L. J.* (2004), p. 1; Máximo Langer, "Revolution in Latin American Criminal Procedure: Diffusion of Legal Ideas from the Periphery", 55 *American Journal of Comparative Law* (2007), 617 ff.; Allegra MacLeod, "Exporting U. S. Criminal Justice", 29 *Yale Law & Policy Review* (2010), p. 83; William T. Pizzi, "Understanding Prosecutorial Discretion in the United States: The Limits of Comparative Criminal Procedure as an Instrument of Reform", 54 *Ohio State L. J.* (1993), p. 1.

[35] Langer, 53 *American Journal of Comparative Law* (2005), p. 835.

中什么是可能事关重大的。[36] 一系列研究认为当事人主义模式和职权主义模式不仅包括两种不同的事实认定和裁判技术，而且还具有不同的真相概念，例如，职权主义模式采用真相的一致性理论（correspondence theory），而当事人主义模式采用真相的合意理论（consensus theory）。[37] 这种认识论的研究路线使比较刑事诉讼学者既能分析理论问题，又能分析实践问题，如误判与当事人主义刑事诉讼和职权主义刑事诉讼之间可能的关系。例如，学者们指出由当事人推动的当事人主义诉讼程序如何可能在发现和挑战误判的常见原因上存有问题，如错误的目击证人辨认、说谎的证人、虚假供述和虚假认罪答辩、错误的法医证据（forensic evidence）以及眼光狭隘（tunnel vision）或确认偏误（confirmation biases）。[38]

在社会法领域，有人将当事人主义诉讼与个人主义的社会概念，以及将清教主义和职权主义诉讼与更加社群主义的社会概念和天主教义联系起来。[39] 在政治理论中，当事人主义诉讼和职权主义诉讼与不同的国家概念有关。在某种政治理论的概念化中，法庭在当事人主义诉讼中的消极作用与在不同的善的概念（conceptions of the good）中保持中立的国家回应性概念有关，而法庭在职权主义诉讼中的积极作用与接纳并推进某种善的概念的国家相关联。[40] 在另一种表述中，当事人主义诉讼与通过诉讼实施政策的国家相联系，而职权主义诉讼与通过官僚机制实施政策的国家相联系。[41] 还有另一种表述，当事人主义诉讼与资本主义国家

---

〔36〕 在当事人主义和职权主义之间的选择中什么可能事关重大的综述，参见 Malcolm Feeley, "The Adversary System", in Robert G. Janosik（ed.），*Encyclopedia of the American Judicial System*, Charles Scribners Sons, 1987, 753 ff.

〔37〕 See e. g. Mirjan Damaška, *Evidence Law Adrift*（1997）; Mirjan Damaška, "Atomistic and Holistic Evaluation of Evidence: A Comparative View", in David S. Clark（ed.），*Comparative and Private International Law: Essays in Honor of John Merryman*, Duncker & Humblot, 1990, 91 ff. ; Mirjan Damaška, "Truth in Adjudication", 49 *Hasting L. J.*（1998），289 ff. ; Thomas Weigend, "Should We Search for the Truth, and Who Should Do It?", 36 *NorthCarolina Journal of International Law & Commercial Regulation*（2011），389 ff.

〔38〕 See e. g. Kent Roach, "Wrongful Convictions: Adversarial and Inquisitorial Themes", 35 *North Carolina Journal of International Law & Commercial Regulation*（2010），387 ff. 对美国当事人主义达到真实结果的能力的评论，参见 William T. Pizzi, *Trials without Truth*, New York University Press, 1999. 关于不同类型心理偏见与当事人主义和职权主义诉讼之间的关系，如参见 Bernd Schünemann, "Der Richter im Strafverfahren als manipolierter Dritter? —Zur empirischen Bestätigung von Perserveranz—und Schulterschlußeffekt", in Günther Bierbrauer, Walter Gottwald, and Beatrix Birnbreier-Stahlberger（eds.），*Verfahrensgerechtigkeit. Rechtspsychologische Forschungsbeiträge für die Justizpraxis*, Schmidt, Otto, 1995, 215 ff. ; Peter J. van Koppen and Steven D. Penrod（eds.），*Adversarial versus Inquisitorial Justice: Psychological Perspectives on Criminal Justice Systems*, Springer, 2003.

〔39〕 See e. g. Antoine Garapon and Ioannis Papadopoulos, *Juger en Amérique et en France: Culture Juridique Française et Common Law*, Odile Jacob, 2003.

〔40〕 See e. g. Abraham S. Goldstein, 26 *Stanford L. R.*（1974），p. 1009.

〔41〕 See e. g. Robert A. Kagan, *Adversarial Legalism: The American Way of the Law*, Harvard University Press, 2003.

相关联。[42]

除了被概念化为理想类型和历史学或社会学体系之外，当事人主义和职权主义有第三种应用方式：指刑事诉讼中的对立利益观或价值观。在这种观点中，"当事人主义"指向正当程序或被告人权利的价值，"职权主义"指向法律实施或效率的价值。当事人主义-职权主义范畴的第三种概念化并不专注于事实认定和裁判的程序形式，而是专注于刑事诉讼的具体特征是否推进正当程序或法律实施。在这个意义上，当事人主义和职权主义将是我们在每个司法辖区不同程度上可以发现的利益观或价值观，而不是分别适用于普通法和大陆法的标签。

虽然当事人主义和职权主义的第三种概念化通常不以纯粹的形式显现，但其已长期存在于比较刑事诉讼中。例如，密特麦尔（Mittermaier）在其 1834 年出版的经典著作《德国刑事诉讼中的证据理论》中说，刑事诉讼程序的两个基本原则是：①社会利益和有罪之人皆受惩罚的需要，以及②保护个人和公共自由。[43] 密特麦尔还认为，当事人主义和职权主义是人们可以用来分析刑事诉讼的两种基本方式。根据密特麦尔的说法，这对范畴之间的差异不仅仅是形式上的，因为当事人主义和职权主义的原则是规范证据和裁决的基本准则（cardinal maxims）。[44] 他还将当事人主义的原则与民众原则（popular principle）联系起来，在这种原则下，人民在每个针对公民的控告中看到对公众和个人自由的危险攻击，然而却将职权主义的原则与最高权力必须追诉犯罪以保护总体安全和维护秩序的利益的专制制度联系起来。[45] 因此，通过当事人主义和职权主义的原则，人们可以将刑事诉讼理解为法律实施与正当程序这两种冲突的利益观或价值观之间的紧张关系。

类似地，加罗（Garraud）在 1907 年说，每个诉讼法典都旨在调和两种明显对立的利益：有罪之人未能逃避迅速惩罚的社会利益和犯罪享有公正和彻底审查的个人利益。[46] 当事人主义和职权主义诉讼都无法为适当的司法管理提供充分的保障。同时当事人主义诉讼会导致有罪免罚，职权主义诉讼会不尊重正当程序。因此，有必要整合两种类型的诉讼以处理这一紧张关系。[47]

---

〔42〕 See Eugeny Pashukanis, *Selected Writings on Marxism and Law*, P. Beirne and R. Sharlet（eds.），trans. by P. Maggs, Academic Press, 1980.

〔43〕 Mittermaier, *Lehre vom Beweise*（n. 4）§ 1.

〔44〕 Mittermaier, *Lehre vom Beweise*（n. 4）§ 3.

〔45〕 Mittermaier, *Lehre vom Beweise*（n. 4）§ 3.

〔46〕 René Garraud, 1 *Traité Théorique et Pratique d'Instruction Criminelle et de Procédure Pénale*（1907），§ 1.

〔47〕 Garraud（n. 46）§ 21.

当事人主义和职权主义的第三个概念化继续存在于今天。在某些情况下，当事人主义诉讼被描述为将遭受刑事起诉的个人的利益置于社会利益之上以及收集证据和确保对罪犯定罪以避免公共秩序的效率低下的一种诉讼程序。[48] 相比之下，职权主义诉讼的目的在于防止对刑事罪犯的有罪免罚和保护集体利益，但带有给无辜者定罪的风险而且是独裁主义的。[49] 欧陆的诉讼程序将会是在法律实施与保护自由之间取得平衡的混合制度，甚至英美的制度也不会是纯粹的当事人主义。[50]

在第四种理论意义上，当事人主义和职权主义经常被用于描述刑事诉讼程序可能发挥的功能。在第四个概念化中，那些被组织用来获取系统的或强迫性的被告人有罪供认的刑事诉讼程序被描述为"职权主义"，而未被组织用来引诱这些有罪供认的则是"当事人主义"。[51] 这种概念化并未关注程序形式，而是关注刑事诉讼程序起到的实际作用。人们可以将当事人主义-职权主义范畴的第四个概念化与传统的比较法实用主义学派联系起来，其不着眼于法律制度之间的明显差异，而是分析法律制度以不同的形式是否发挥类似的功能。[52]

由于"职权主义"这一术语与旧制度下的酷刑实践之间的联系，第四个理论概念化在比较刑事诉讼中有着古老的历史。[53] 普通法世界对大陆法的研究里，强迫供述与大陆法之间的关联至今仍存在。[54] 然而，尽管有这些简单化描述，比较刑事诉讼学者仍认为，在大陆法中可以发现一些反对强迫自证其罪权的起源，而且当代大陆法司法辖区承认这一权利。[55] 此外，最近的学术研究颠覆了古典比较

---

〔48〕 See, e. g. Michèle-Laure Rassat, *Procédure pénale* (2010) §§16 and 17.

〔49〕 Rassat (n. 48) §§16 and 17.

〔50〕 Rassat (n. 48) §21.

〔51〕 See e. g. Note, "Excluding Coerced Witness Testimony to Protect a Criminal Defendant's Right to Due Process of Law and Adequately Deter Policy Misconduct", 38 *Fordham Urban L. J.* (2011), pp. 1221, 1224.

〔52〕 See e. g. Konrad Zweigert and Hein Kötz, *An Introduction to Comparative Law*, Tony Weir (trans.), 3rd ed., Clarendon Press, 1998.

〔53〕 旧制度下刑事诉讼中的酷刑实践的历史分析和限制条件，如参见 Mirjan Damaška, "The Death of Legal Torture", 87 *Yale L. J.* (1978), 860 ff. (书评); Mirjan Damaška, "The Quest for Due Process in the Age of Inquisition", 60 *American Journal of Comparative Law* (2012), 919 ff.; John Langbein, *Torture and the Law of Proof*, University of Chicago Press, 1976; Kenneth Pennington, *The Prince and the Law, 1200-1600: Sovereignty and Rights in the Western Legal Tradition*, University of California Press, 1993.

〔54〕 See e. g. Colorado v. Connelly, 479 U. S. 157, 181 (1986); Rogers v. Richmond, 365 U. S. 534, 81 S. Ct. 735, 5 L. Ed. 2d 760 (1961).

〔55〕 See e. g. R. H. Helmolz et al., *The Privilege Against Self-Incrimination: Its Origins and Development*, University of Chicago Press, 1997; Gordon van Kessel, "European Perspectives on the Accused as a Source of Testimonial Evidence", 100 *West Virginia L. R.* (1998), 799 ff.

刑事诉讼的实用主义论点，认为尽管先前存在一些定型观念，当代一些普通法司法辖区也可能依赖于系统的或强迫性的获取有罪供认以定罪，其方式如同甚至比大陆法司法辖区更成问题。这些有罪供认由检察官处理并以认罪答辩的形式出现在传讯（arraignment）阶段，而不出现在警察或调查法官面前。[56] 英格兰和威尔士授权陪审团在某些情况下基于犯罪嫌疑人的沉默作出否定性推论（negative inferences），以及作为反恐政策的一部分，美国布什政府授权使用诸如水刑等技术，英美司法辖区与反对强迫自证其罪权之间的联系进一步被削弱。[57]

在第五种理论概念化中，当事人主义和职权主义被用作规范模式。这对模式包括一系列可用于评估实际刑事诉讼程序、在个案中作出决定以及推动刑事诉讼程序改革的积极或消极的原则或特征。支持当事人主义诉讼和职权主义诉讼的规范性诉求的论据是基于，所谓的当事人主义诉讼较之职权主义诉讼具有更优的认识论能力、与人权的一致性以及更高的透明度、民主性或效率，反之亦然。[58] 如同前几种概念化，评论者据其感兴趣或倡导的问题，赋予作为规范模式的当事人主义诉讼和职权主义诉讼以不同的内容。[59] 这些内容包括当事人主义-职权主义范畴中的传统主题，如当事人推动与法庭推动的诉讼程序、口头听证与书面卷宗、公开与秘密诉讼程序、强大与孱弱的被告人权利以及陪审团与混合法庭或专业裁判者之间的对立。这些论据经常伴随着在大陆法司法辖区或者普通法司法辖

---

〔56〕 John H. Langbein, "Torture and Plea Bargaining", 46 *University of Chicago L. R.* (1978), 3 ff.; Máximo Langer, "Rethinking Plea Bargaining: The Practice and Reform of Prosecutorial Adjudication in American Criminal Procedure", 33 *American Journal of Crim. Law* (2006), 223 ff. 对检察官作为事实上的审判员进行比较分析，如参见 Erik Luna and Marianne Wade (eds.), *The Prosecutor in Transnational Perspective*, Oxford University Press, 2012.

〔57〕 关于英格兰和威尔士反对强迫自证其罪权的规则，如参见 David J. Feldman, "England and Wales", in Craig M. Bradley (ed.), *Criminal Procedure: A World Wide Study*, Carolina Academic Press, 2007, pp. 149, 166-72.

〔58〕 当事人主义的后果论和非后果论正当理由的批判性分析，参见 David Luban, *Law and Justice*, Princeton University Press, 1988, pp. 67-102. 关于所谓的当事人主义更优或更劣的认识论价值，如参见 Luigi Ferrajoli, *Diritto e Raggione: Teoria del Garantismo Penale*, Laterza, 10th ed., 2009; Carrie Menkel-Meadow, "The Trouble with the Adversary System in a Postmodern, Multicultural World", 38 *William & Mary L. R.* (1996), 5 ff. 关于更一般性地所谓的当事人主义或职权主义与人权、透明度和民主的更高的一致性，如参见 Alberto Binder, *Justicia Penal y Estado de Derecho*, Ad-Hoc, 1993; Julio B. J. Maier, *I Derecho Procesal Penal*, Editores del Puerto, 2nd ed., 1996; and Bernd Schünemann, "Zur Kritik des Amerikanischen Strafprozessmodells", in Edda Wesslau and Wolfgang Wohlers (eds.), *Festschrift für Gerhard Fezer*, De Gruyter, 2008, 555 ff. 关于当事人主义或职权主义是否更高效，如参见 Richard A. Posner, "An Economic Approach to the Law of Evidence", 51 *Stanford L. R.* (1999), 1477 ff.

〔59〕 还有评论者认为，合理的刑事诉讼必须结合当事人主义和职权主义范畴的各个方面，而非选择其一。See e. g. Vogler (n. 5) (认为合理的刑事诉讼必须结合当事人主义、职权主义和普遍的司法传统的要素).

区采取部分或全部当事人主义改革或职权主义改革的提议。[60]

法院也规范地使用了这对范畴。例如，欧洲人权法院（The European Court of Human Rights）认为，《欧洲人权公约》第 6 条规定了包含平等武装权的当事人主义诉讼，此权利可理解为任何一方当事人在不使其处于相对于对手实质不利的条件下，均应被赋予合理的机会以陈述其案件的权利。[61] 当事人主义诉讼的权利意味着，在刑事案件中，检控方和辩护方均须被提供了解和评论另一方提交的观察资料（observations）和提出的证据的机会。[62] 这项权利包括，在证人作证时或在诉讼程序的稍后阶段，被告方应被提供充分且适当的机会以盘问（challenge）和质询（question）对其不利的证人。[63] 为了兼顾大陆法和普通法司法辖区，欧洲人权法院没有在当事人主义诉讼的内容中纳入许多人们在普通法中发现的特征。这样，欧洲人权法院要求普通法和大陆法司法辖区皆修订其诉讼程序，同时为这些司法辖区留出足够的空间以坚持其预先建立的规范和规则。[64]

尽管有规范论据支持职权主义，但当事人主义在这次论争中占据上风，尤其是近年。偏好当事人主义诉讼可能部分是由于实质性的理由和辩论。然而，诸如美国的刑事诉讼程序及其在世界各地的代理机构的影响以及"职权主义"这一术语与旧制度下刑事诉讼之间的古老联系等其他现象，也可能有助于解释为何当事人主义诉讼被认为是更具吸引力的程序模式。"当事人主义"和"职权主义"的这种规范性的积极和消极内涵有助于解释为何这对术语在世界各地刑事裁判中或为刑事诉讼程序改革中被用作修辞手段和口号。[65]

---

〔60〕 See e. g. Ennio Amodio and Eugenio Selvaggi, "An Accusatorial System in a Civil Law Country: The 1988 Italian Code of Criminal Procedure", 62 *Temple L. R.* (1989), 1211 ff. ; Binder (n. 50); Richard S. Frase, "Comparative Criminal Justice as a Guide to American Law Reform: How Do the French Do it, How Can We Find Out, and Why Should We Care?", 78 *California L. R.* (1990), 539 ff. ; Richard S. Frase and Thomas Weigend, "German Criminal Justice as a Guide to American Law Reform: Similar Problems, Better Solutions?", 18 *Boston College International & Comparative L. R.* (1995), 317 ff. ; Jenia Iontcheva Turner, "Judicial Participation in Plea Negotiations: A Comparative View", 54 *American Journal of Comparative Law* (2006); John H. Langbein, "Mixed Court and Jury Court: Could the Continental Alternative Fill the American Need?", *American Bar Foundation Research Journal* (1981), 195 ff. ; Lloyd L. Weinreb, *Denial of Justice: Criminal Process in the United States*, Free Press, 1977.

〔61〕 See e. g. Kennedy v. U. K. , App. No. 26839/05 (2011) 52 EHRR 4, para. 184.

〔62〕 See e. g. Fitt v. U. K. , App. No. 29777/96 (2000) 30 EHRR 480, para. 44; Rowe and Davis v. U. K. , App. No. 28901/95, ECHR 2000-II, para. 60 (大审判庭).

〔63〕 See e. g. Kostovski v. Netherlands, App. No. 11454/85 (1989) 12 EHRR 434, para. 41.

〔64〕 See e. g. Jackson, 68 *Modern L. R.* (2005), pp. 737, 742-743.

〔65〕 See e. g. Amodio and Selvaggi, 62 *Temple L. R.* (1989), p. 1211; Langer, 55 *American Journal of Comparative Law* (2007), p. 617; David A. Sklansky, "Anti-Inquisitorialism", 122 *Harvard L. R.* (2009), p. 1634.

三、替代方法和当事人主义-职权主义的长期理论影响

鉴于当事人主义-职权主义范畴在比较刑事诉讼的核心地位，评论者提出它们的替代方法就不足为奇。本节将论证，尽管这些替代方法通常加深了我们对刑事诉讼程序的理解，但它们只是对当事人主义和职权主义范畴的详细阐述或者仍然在当事人主义和职权主义的长期理论影响下运作。我对这些替代方法的分析将按照前面章节对当事人主义-职权主义对比的顺序进行理论描绘：①描述型理想类型；②存在于实际刑事诉讼中的历史学或社会学体系；③在任何刑事诉讼中并存的对立利益观或价值观；④刑事诉讼的功能；以及⑤规范模式。

达马斯卡在《司法和国家权力的多种面孔——比较视野中的法律程序》中提出的框架是这些替代方法中最复杂和最具影响力的。[66] 达马斯卡提出两组对立理想类型替代当事人主义和职权主义范畴，以避免"狭隘和缺乏新意的构想"（sterile constructs）和"表达欧陆与英美司法之间对比之核心的徒劳尝试"。[67] 第一组对立理想类型包含科层式理想型和协作式理想型（hierarchical and coordinate ideals），这对类型阐述了司法权力可能组成的两种方式。在科层式理想型中，司法由专业决策者组成，决策者将技术规则应用到案件中并且他们之间处于等级制的权力关系中；在协作式理想型中，司法由外行决策者组成，决策者将社区标准应用到案件中并且他们之间处于横向的权力关系中。第二组对立理想类型包含政策实施型和纠纷解决型，这两种类型阐释了司法可能追求的两个目标。在纠纷解决型中，司法和国家的目标是提供一个个人可以在其中选择自己的善的概念框架；在政策实施型中，司法和国家的目标是实施一个确定的善的概念。

通过提供将法律程序的特征与不同类型的权力和司法目标联系起来的两组独创性的对立理想类型，达马斯卡富有洞察力的框架革新了对法律程序的比较研究。[68] 然而，框架虽是独创性的，但它可以理解为对当事人主义和职权主义范畴的详细阐述，而不是对其真正的替代。如同当事人主义-职权主义文献的重要组成部分，达马斯卡的框架依赖理想类型作为理论方法。换言之，正如这种当事人主义-职权主义的组成部分，达马斯卡创造抽象的模式作为界定和分析实际法律程序的一种方式。此外，达马斯卡的纠纷解决模式和政策实施模式可以看作是对

---

〔66〕 Mirjan Damaška, *The Faces of Justice and State Authority*, Yale University Press, 1986.

〔67〕 Damaška（n. 66）6.

〔68〕 关于达马斯卡著作的重要性和影响力，参见 John Jackson, Máximo Langer, and Peter Tillers（eds.）, *Crime, Procedure and Evidence in a Comparative and International Context：Essays in Honour of Professor Mirjan Damaška*, Hart Publishing, 2008.

传统当事人主义-职权主义在当事人竞赛与公正调查之间对立的详细阐述，而协作模式和科层模式可以看作是对传统当事人主义-职权主义在外行决策者与专业决策者之间对立的详细阐述。纠纷解决模式和政策实施模式也可以认为是对刑事诉讼的类型与政治国家的类型之间存在着联系这一传统比较刑事诉讼主题的详细阐述。如果在传统语境中，当事人主义与国家的民主概念以及职权主义与国家的独裁或专制概念相联系，达马斯卡的框架则将竞赛型（contest-like）诉讼程序与国家的自由概念以及调查型（inquiry-like）诉讼程序与国家的非自由概念联系起来。这一贡献是全新的，但仍是在当事人主义和职权主义的文献已经开辟的知识空间中起作用。

第二套替代方法包括对法律程序的历史和社会法分析，其不（严重）依赖当事人主义-职权主义的区别，而是提出对比英美和欧陆司法辖区的其他概念。这些研究通过诸如以下一些例证，也提升了我们对刑事诉讼的理解：外行参与刑事裁判的不同概念可能反映了不同的国家概念；由于对"社区"理念的态度不同，刑事司法机构与地方非国家机构之间的关系在不同国家有不同的描述；对秘密监视（undercover surveillance）的不同关切反映了对其目标的不同理解及其可能存在的问题；起诉裁量权（prosecutorial discretion）与不同的平等概念之间有联系；法律规定的差异可能反映不同的隐私概念；对待被告人品格证据的方式的主要差异反映了英美和欧陆司法辖区或者其下属地区对于国家与公民之间关系的不同概念。[69]

然而，这些研究可以再次认为是在关于当事人主义和职权主义诉讼的文献已经开辟的空间内起作用。如同"当事人主义"和"职权主义"作为历史学或社会学体系的概念化，这种文献将普通法和大陆法或者英美和欧陆司法辖区（或者其下属地区）视为既定的中心划分，这种划分可以通过识别支撑每种类型司法辖区的原则或基本原理来解释。此外，提出的解释类型是在比较刑事诉讼的文化传统中运作，这种文化传统能够在不同价值观、社会规范或政治观念中，发现普通法刑事诉讼与大陆法刑事诉讼之间法律差异的解释性变量（explanatory variables）。

---

〔69〕 See e. g. Markus D. Dubber, "The German Jury and the Metaphysical Volk: From Romantic Idealism to Nazi Ideology", 43 *American Journal of Comparative Law* （1995）, 227 ff. ; Stewart Field, "State, Citizen, and Character in French Criminal Process", 33 *Journal of Law & Society* （2006）, 522 ff. ; Nicola Lacey and Lucia Zedner, "Community in German Criminal Justice: A Significant Absence?", 7 *Social & Legal Studies* （1998）, 7 ff. ; Jacqueline E. Ross, "The Place of Covert Surveillance in Democratic Societies: A Comparative Study of the United States and Germany", 55 *American Journal of Comparative Law* （2007）, 493 ff. ; James Q. Whitman, "Equality in Criminal Law: The Two Divergent Western Roads", 1 *Journal of Legal Analysis* （2009）, 119 ff. ; James Q. Whitman, "The Two Western Cultures of Privacy: Dignity versus Liberty", 113 *Yale L. J.* （2004）, p. 1151.

对当事人主义-职权主义对立的第三套替代解释则将帕克（Packer）经典的犯罪控制模式和正当程序模式应用于刑事诉讼程序的比较分析。根据犯罪控制模式，刑事诉讼程序是一条流水线，其主要目标是通过辩诉交易有效执行刑罚。在正当程序模式下，刑事诉讼程序是一个障碍训练场（obstacle course），强调通过公正法庭的审判保护被告人的权利。[70] 帕克认为犯罪控制模式和正当程序模式是美国当事人主义诉讼中两种价值体系之间的矛盾对立。[71] 然而，评论者已经将犯罪控制模式和正当程序模式应用于对刑事诉讼的比较分析。[72]

在美国和世界各地，很难夸大帕克的模式对于刑事诉讼程序思想的影响。[73] 帕克巧妙地阐明了这两个模式以描述刑事诉讼中的传统紧张关系。然而，他并非第一个看到这种紧张关系的学者。如前所述，在帕克发现此问题之前，一些比较刑事诉讼学者已经认为，当事人主义和职权主义刑事诉讼之间的对立恰好表现了有效法律实施与正当程序之间的紧张关系，而他们也并非最早表达这种紧张关系的学者。简言之，帕克的模式虽为原创，但并非当事人主义和职权主义范畴的真正替代品，但可以认为是对已为比较刑事诉讼文献所开辟和已经存在于其中的刑事诉讼的思维方式的详细阐述。

第四套替代解释关注于法律程序发挥的功能，而非其形式。马丁·夏皮罗对法院的比较描述大概是这一概念的最复杂的范例。夏皮罗对法院占主导地位的理解表示质疑："需要①独立的法官在，②当事人主义诉讼程序后适用，③先前存在的法律规范已达成，④一方被赋予合法权利而另一方被裁定有罪的二分判决。"[74] 相反，他探讨了合意在审判机构合法化中的作用，并强调了审判机构发挥的纠纷解决、立法和社会控制功能。[75]

夏皮罗的著作对法律程序的比较分析做出了重要贡献。通过强调合意的必要性和审判机构发挥的职能，夏皮罗在研究法院在特定社会中所扮演的纠纷解决、立法和社会控制功能的角色时提供了全新的视角。夏皮罗的理论视角仍在现有的

---

[70] Herbert L. Packer, "Two Models of Criminal Procedure", 113 *University of Pennsylvania L. R.* (1964), 1 ff.

[71] Packer, 113 *University of Pennsylvania L. R.* (1964), pp. 1, 7-9.

[72] See e. g. Eric Luna, "A Place for Comparative Criminal Procedure", 42 *Brandeis L. J.* (2004), 277 ff. Kent Roach, "Four Models of the Criminal Process", 89 *Journal of Crim. Law & Criminology* (1999), 671 ff.

[73] 帕克模式的批判性分析，如参见 John Griffiths, "Ideology in Criminal Procedure or A Third 'Model' of the Criminal Process", 79 *Yale L. J.* (1970), 359 ff. 近期对帕克著作以及对其主要回应的评论，参见 Hadar Aviram, "Packer in Context: Formalism and Fairness in the Due Process Model", 36 *Law & Society Inquiry* (2011), 237 ff.

[74] Martin Shapiro, *Courts: A Comparative and Political Analysis*, University of Chicago Press, 1981, p. 1.

[75] Shapiro (n. 74).

学术框架内运作，即应用于当事人主义和职权主义范畴以及更一般地应用于刑事诉讼和比较法的比较法功能主义学派。[76] 如同功能主义者，夏皮罗质疑法律话语体系和程序形式的重要性，而是专注于法院和诉讼程序发挥的功能。他的贡献是全新的，但仍是在比较研究中已经存在的一个理论方面中起作用。

第五套替代方法采用了规范视角。这些方法质疑了当事人主义-职权主义的区分，并试图通过在区域或普遍人权或者程序传统的基础上提出程序改革或者对于程序法律文本的解释以超越这种区分。[77] 这些改革和解释包括刑事法院不应具有调查职能或者只有在庭审中提出的证据才应当是定罪的依据等。根据这些方法，当事人主义和职权主义范畴的问题之一是它们分别意味着英美和欧陆司法辖区。因此，提出当事人主义和职权主义模式的功能所激起的改革可能引发民族主义抵触（nationalist reactions），这会妨碍实质性的讨论及阻碍改革尝试。[78]

这些规范性建议丰富了关于应如何组织刑事诉讼的国家、地区和全球讨论。例如，法国戴尔玛斯-玛蒂（Delmas-Marty）委员会的工作促进了关于调查法官是否与国际或欧洲的公正审判标准相容的辩论。然而，一旦我们详细研究这些替代模式，它们与先前描述的当事人主义和职权主义的规范概念基本相似。事实上，这些规范模式的要素包含当事人主义规范模式的许多要素，如起诉和裁判作用之间的明显差异、初查法官的废除（elimination）、刑事诉讼中"当事人主义的三位一体"（accusatorial trinity）的概念、被告人权利的强化、采用起诉和辩护的协商机制（consensual mechanisms）以解决刑事案件以及公开审判和口头审判的强化。[79]

四、当事人主义-职权主义范畴的主要影响

我将在本节论证，当事人主义和职权主义范畴的影响扩散得更为深远。事实即如此，因为刑事诉讼比较研究的当事人主义-职权主义方法和替代方法不仅共用理论传统，而且都只对刑事诉讼的某些方面感兴趣。我的主要论点是，当事人主义和职权主义范畴的并列使某些司法辖区格外引人注目，同时也凸显了刑事司法管理的特定方面，从而对其他管辖区和其他方面造成不利影响。囿于篇幅，我

---

〔76〕 关于比较法功能主义学派，如参见 Zweigert and Kötz（n. 52）和附随文本。

〔77〕 See e. g. AA. VV., "Commission Justice pénale et Droits de l'homme", *La Mise en état des Affaires Pénales*, La Documentation Française, 1991; Sarah Summers, *Fair Trials: The European Criminal Procedure Tradition and the European Court of Human Rights*, Hart Publishing, 2007.

〔78〕 See e. g. Summers（n. 77）11-3.

〔79〕 See e. g. Commission Justice pénale et Droits de l'homme（n. 77）; Summers（n. 77）.

在此问题上只能作一梗概而非论证我的观点。

第一，比较刑事诉讼的主要旨趣是理解和解释英美与欧陆司法辖区之间的差异。虽非唯一的兴趣，但它已长期是这一学科的核心。[80] 当事人主义和职权主义范畴分别与英美和欧陆司法辖区联系的中心地位可能使此领域的地域限制持续下去。作为最重要的必须被解释的司法辖区，这种联系已赋予英格兰和美国以及法国、德国和意大利首要地位，这是因为，当事人主义和职权主义从这些国家的刑事诉讼中概括而来，或者这些司法辖区被认为最具影响力或是当事人主义和职权主义的起源地。这些局限低估了低收入国家和非西方国家的刑事诉讼，致使大多数比较刑事诉讼学术研究成为了解西方发达国家内部差异的事业，而非真正的全球性活动。

第二，虽然比较刑事诉讼假定单个司法辖区可能是法系的成员并且司法辖区之间可能互相影响，但其几乎唯独对在单一司法辖区内调查和起诉刑事案件的刑事诉讼感兴趣，最为典型的是对单一民族国家内进行调查和起诉。[81] 对犯罪、当事人或证据在起诉管辖权（prosecuting jurisdiction）外发现的案件的起诉，引起了跨国刑法、国际关系和国际法学者的兴趣，但几乎没有来自比较刑事诉讼方面的关注。这种有限的兴趣可能与比较刑事诉讼在跨国犯罪成为一种重要现象之前就通过当事人主义和职权主义范畴形成一门学科有关。在传统比较刑事诉讼范式中，目标是解释大陆法和普通法司法辖区起诉和裁判其自身国内犯罪之方式的差异，而非理解在个案的起诉和裁判中司法辖区如何相互影响。[82]

第三，比较刑事诉讼坚持教义、机构和角色的视角。该领域的主要旨趣是：解释为何大陆法和普通法司法辖区具有不同的规则和机构来起诉和裁判犯罪活动，以及为何检察官、法官、辩护律师和其他参与者在每种司法辖区中被赋予不同的角色；解释什么可能是构成这些规则、机构设置和角色之基础的原则或基本

---

〔80〕 这一倾向有例外，最近的例子是 Paul Roberts and Jill Hunter（eds.），*Criminal Evidence and Human Rights*，Hart Publishing，2012（探索人权对普通法司法辖区广泛的影响）。

〔81〕 对于我刚才提及的前两个主题限制相应的比较法和西方法律文化的更一般性批判，参见威廉·特文宁（William Twining）的以下三个著作：*General Jurisprudence*，Cambridge University Press（2009），Chapter 1；*Globalisation and Legal Theory*，Cambridge University Press，2001，Chapters 6 and 7；"Globalization and Comparative Law"，in Esin Örücü and David Nelken（eds.），*Comparative Law：A Handbook*，Hart Publishing，2007，69 et seq. 在这些著作中，特文宁表达对比较法的其他批判，如钟情于没有运用到具有超出法律字面意义进行制度分析的悠久传统的比较刑事诉讼的教义学。在此意义上，比较刑事诉讼不仅可以被简单理解为比较法的亚种，而且可以理解为与比较法有关的，也有自己的一套理论传统和主题兴趣的领域。

〔82〕 具有强大国际法背景的学者提出的最近例外，参见奇梅内·基特纳（Chimene Keitner）对此类问题的比较研究：Chimene Keitner，"Rights Beyond Borders"，36 *Yale Journal of International Law*（2011），55 ff.

原理；评估哪一套规则、机构设置和角色更具吸引力。[83] 它几乎未探讨其他问题，如不同司法辖区的刑事诉讼是否以及为何具有相同或不同类型的"客户"（即受害人、被告人、证人和专家证人等）。这可能同样是由于当事人主义和职权主义之间的比较凸显了规则、机构和角色的差异性，而非其他种类的差异抑或共性。

第四，尽管比较刑事诉讼具备机构和角色的视角，但其学术研究主要对有限的一些与正式起诉和裁判程序有关的刑事司法机构和参与者感兴趣。

第五，当事人主义和职权主义诉讼的比较可能导致对诸如检察机关、法院和律师等机构和参与者之差异的强调，而非其他机构和参与者，如警察、转移官/缓刑官（diversion/probation officers）、定罪后和上诉后诉讼程序以及在刑事诉讼中起作用的行政机构，等等。例如，比较刑事诉讼无疑很少将警察作为一个机构来解释。可以肯定的是，警察的权力和法律规范通常在对刑事诉讼的比较分析中讨论。[84] 然而，我们几乎不了解刑事诉讼中的不同警察部门在与不同社会团体的联系中如何运作，警察部门的人口组成是怎样的，警察部门是如何组成机构的，以及不同警察部门在不同司法辖区发挥怎样的一系列功能。[85] 警察之所以很少被关注，究其原因大抵是，在其通过自身的动议调查案件的意义上，顾名思义，全世界的警察均为职权主义。当事人主义-职权主义之间的对立也许未能激发对这些调查机构可能采取的不同配置的兴趣和研究。同样，我们对于除警察外的哪些类型的行政机构在不同司法辖区发挥犯罪的预防、调查和起诉作用，以及这些行政机构如何发挥这些作用知之甚少。

五、超越当事人主义和职权主义的长期影响

本文确定了比较刑事诉讼的主要理论传统及其研究的主要问题。比较刑事诉讼的理论和主题的有限性非为该领域所独有。每一学科都涉及一套有限的理论传

---

〔83〕 此类教义、机构和角色方法的范例，参见 Mireille Delmas-Marty and J. R. Spencer（eds.），*European Criminal Procedures*，Cambridge University Press，2002. 其中一些教义、机构和角色方法的限制可能不仅适用于比较刑事诉讼，而且更普遍地适用于刑事诉讼，如参见 Paul Roberts，"Groundwork for a Jurisprudence of Criminal Procedure"，in R. A. Duff and S. P. Green（eds.），*Philosophical Foundations of Criminal Law*，Oxford University Press，2011，pp. 379-408.

〔84〕 See e. g. Craig M. Bradley（ed.），*Criminal Procedure：A World Wide Study*，Carolina Academic Press，2007；Steven Thaman，*Comparative Criminal Procedure：A Casebook Approach*，Carolina Academic Press，2nd ed.，2008.

〔85〕 一个值得注意的例外是比较刑事诉讼学者鲜有关注戴维·H. 贝利（David H. Bayley）的著作，参见 David H. Bayley，*Patterns of Policing：A Comparative International Analysis*，Rutgers University Press，1990；*Changing the Guard：Developing Democratic Police Abroad*，Oxford University Press，2006.

统并有其自己的一套中心主题。事实上，与其他学科相比，比较刑事诉讼接触一系列更广泛的理论学派，使其能够对刑事诉讼产生许多深刻见解。

然而，如果比较刑事诉讼要扩大和深化对刑事诉讼的理解和分析，超越当事人主义和职权主义范畴就是面前的任务。本文希望这些理论传统和主题的确定可以，至少有助于学者、从业者和决策者超越一些限制，以使比较刑事诉讼成为更加强大的探索领域。

超越这对范畴的影响有很多方法。此处我将概述一些可能的途径。作为起点，重要的是区分实证层面和规范层面。在广泛的比较刑事诉讼领域下，两种分析类型皆有空间。然而，实证分析和规范分析提出了不同挑战，必须分别解决。事实上，当事人主义和职权主义范畴应用的一些方法的问题之一是它们经常混淆这两个层面。

在实证层面，至少有三个问题需要认真思索：首先，如前文所解释，为了分析刑事诉讼，比较刑事诉讼极其重要的一方面严重依赖于模式。毫无疑问，这些工具使比较刑事诉讼能够阐明刑事诉讼的不同概念，分析特定司法辖区盛行的文化认同和规范以及权力和机构动态，识别刑事诉讼的不同认识论概念并探讨这些程序概念与不同类型的社会和政治制度之间的关系。尽管如此，这些模式不太能够产生其他类型的实证知识，因为它们是多维的。换句话说，比较刑事诉讼的理想类型或制度试图同时解释刑事诉讼的多种特征，如公诉裁量权与强制起诉（起诉法定主义）、认罪答辩与无罪答辩、可放弃与不可放弃的权利概念、法庭作为消极裁判者与法庭作为积极调查者、当事人收集的证据（party-gathering of evidence）与公正收集的证据（impartial-gathering of evidence）、外行裁判者与专业裁判者、口头听审与书面卷宗、公开与秘密诉讼程序、刑事诉讼的出庭日概念与渐进式概念，等等。

即使这些多维度被减少到一些基本变量时，这些基本变量本身往往也是复杂多样的。例如，当事人主义和职权主义的特征通常被减少到两组对立的变量，如辩论与调查和出庭日与渐进式诉讼。即使基本变量被清晰地划分，每个单独的基本变量本身又常常是多维的。比如，举一个复杂的例子，达马斯卡的协作模式和科层模式是多维的；它们包含不止一个而是三个变量：外行与专业决策者、决策者之间的横向与纵向关系以及裁判的社区标准与技术规则。

我的观点不是摒弃多维模式。比较刑事诉讼通过这些模式产生了许多积极的深刻见解，当它们适合描述或分析特定现象时应当继续使用它们。多维结构的问题是它们会使某些现象难以分析。

让我举例说明这一点。假如我们想研究一些国家在普遍管辖权的基础上针对被告对国际犯罪提起正式诉讼，那么这些国家的刑事诉讼的具体特征是否会影响被告的类型（在政治上强大或弱小的个体的连续范围内定义）。如果我们使用多维模式来描述这里讨论的刑事诉讼，则可能无法知悉刑事诉讼中哪些具体特征（如果有的话）会影响启动正式诉讼程序所对抗的被告人的类型。不同国家的不同模式是否是通过公诉裁量权范围上的差异，是否有某些证据规则，以及受害者是否可以在刑事诉讼中成为一方当事人来解释？或者上述三者均不能解释？除非我们分别识别和分析每个变量，否则可能无法以有意义的方式回答这些问题。[86]

其次，比较刑事诉讼是否应为拓展和超越其研究的主要主题而接触更广泛的理论文献。例如，为超越其对西方发达国家的关注以及超越对刑事诉讼如何影响跨国犯罪追诉相对缺乏的兴趣，比较刑事诉讼可以从更加深入接触关于法律全球化、国际关系和后殖民研究（仅举三个可能的例子）的文献中获益。[87]

为扩大和超越其规则与机构分析，比较刑事诉讼可以通过接触法律与经济学、政治学、犯罪学和社会学等文献或学科而获益。例如，按照所描述的传统理论惯例，比较刑事诉讼的学术研究通常分析当事人主义和职权主义的机构规范是否及如何塑造公诉裁量权以及在不同司法辖区检察官如何行使裁量权。[88]譬如运用法律与经济政治学分析，反而会鼓励关注立法机关、行政部门和法官必须给予检察官以裁量权的组织激励，以及关注检察官以特定方式行使裁量权的自身激励。[89]再如，比较刑事诉讼可以接触犯罪学和社会学文献，它们关注公共机构的"客户"是谁以及受害者和犯罪参与者的阶级、种族、民族、性别、年龄和移民身份如何影响刑事诉讼的运作方式。

最后，关于方法论的问题。在对历史档案研究、对刑事司法参与者的采访以

---

〔86〕 这是为何我未在 Máximo Langer, "The Diplomacy of Universal Jurisdiction: The Political Branches and the Transnational Prosecution of International Crimes", 105 *American Journal of International Law* (2011), p. 1. （认为行政部门对是否启动正式诉讼程序的控制程度影响这些启动的诉讼程序所对抗的被告人的类型）中使用当事人主义-职权主义范畴或者类似多维模式作为独立变量的原因。

〔87〕 比较刑事诉讼尝试接触其中一些文献，参见 Langer, 55 *American Journal of Comparative Law* (2007), p. 617; Langer, 105 *American Journal of International Law* (2011), p. 1.

〔88〕 See e. g. Abraham S. Goldstein and Martin Marcus, "The Myth of Judicial Supervision in Three 'Inquisitorial' Systems: France, Italy, and Germany", 87 *Yale L. J.* (1977), 240 ff. ; John H. Langbein and Lloyd L. Weinreb, "Continental Criminal Procedure: 'Myth' and Reality", 87 *Yale L. J.* (1978), 1549 ff.

〔89〕 检察官基于自身激励的行为的比较分析，参见 Nuno M. Garoupa, "The Economics of Prosecutors", in Alon Harel and Keith N. Hylton (eds.), *Research Handbook on the Economics of Criminal Law*, Edward Elgar Pub. , 2012, 231 ff. ; Langer, 105 *American Journal of International Law* (2011), p. 1.

及对刑事司法实践的直接观察的基础上，比较刑事诉讼擅长进行定性研究。[90] 然而，几乎没有研究使用定量方法。[91] 与一些学科的趋势不同，这一看法并非排斥任何未使用多变量回归分析（multivariable regressions）的非定量经验方法论。相反，本文建议扩大方法论的工具和方法，以便定量研究补充定性研究。[92]

在规范层面，区分形式和实质很重要。当事人主义和职权主义是贯彻刑事诉讼原则和目标的两种方式，但它们不应与原则和目标本身混淆。我们首先应该问我们看重刑事诉讼中的哪些原则和目标，然后讨论贯彻这些原则和目标的最佳方式，而不是首先问当事人主义或职权主义哪种制度在规范层面更胜一筹。有少数尝试以这种方法进行这一讨论，[93] 但这些类型的方法仍然太新且过少。

结　语

本文将当事人主义和职权主义范畴看作分析比较刑事诉讼领域的一种方法。本文简要介绍了该领域产生的一些知识和见解，同时指出了该领域的理论和主题限制。这些限制部分由当事人主义和职权主义范畴所反映，部分则由其产生。扩大对刑事诉讼比较理解和分析的视野需要我们在铭记这对范畴带给我们的所见所为的基础上超越当事人主义和职权主义范畴。

〔90〕　See e. g. Hodgson (n. 28); David T. Johnson, *The Japanese Way of Justice: Prosecuting Crime in Japan* (2001); Langbein (n. 25); Langer, 55 *American Journal of Comparative Law* (2007), p. 617.

〔91〕　为比较刑事诉讼文献所基本忽视的罕见例外，参见 Floyd F. Feeney, *German and American Prosecutions: An Approach to Statistical Comparison*, Diane Pub. Co., 1998.

〔92〕　用比较刑事诉讼的模式以整合定量和定性方法的尝试，参见 Máximo Langer and Joseph W. Doherty, "Managerial Judging Goes International, but Its Promise Remains Unfulfilled: An Empirical Assessment of the ICTY Reforms", 36 *Yale Journal of International Law* (2011), 241 ff.

〔93〕　See Mirjan Damaška, "What Is the Point of International Criminal Justice?", 83 *Chicago‒Kent L. R.* (2008), 229 ff; R. A. Duff et al. (eds.), *The Trial on Trial*, Hart Publishing, Vol. 3, 2007; Ferrajoli (n. 50); Jackson, 68 *Modern L. R.* (2005), p. 737; John D. Jackson and Sarah J. Summers, *The Internationalization of Criminal Evidence: Beyond the Common Law and Civil Law Traditions*, Cambridge University Press, 2012; Paul Roberts, "Theorising Procedural Tradition: Subjects, Objects and Values in Criminal Adjudication", in Duff et al., *ibid.*, Vol. 2, 2006, 37 ff; Sergey Vasiliev, "International Criminal Trials: A Normative Theory", PhD dissertation, University of Amsterdam, 2014.

反职权主义 *

[美] 大卫·艾伦·斯科兰斯齐** 著

施鹏鹏 译

引 论

在美国刑事诉讼中,"反职权主义"(anti-inquisitorialism)是一个涉及面广且持续时间长的课题。这里,我使用"反职权主义"的表述,来将职权主义诉讼程序作为威廉·康诺利(William Connolly)所称的"相反模式",一种与我们定义己国诉讼模式相反的理想诉讼模型。[1] 美国法长期的传统似乎视欧陆的职权主义刑事审判制度为否定性指引,而视本国的为理想模式。避免走向职权主义被视为美国法律遗产的核心贡献。不久前,这种思维方式似乎在减弱,至少在联邦最高法院的多数派观点中是如此。1991 年,史蒂文斯(Stevens)大法官在一起限制米兰达保护范围的判决中持反对意见,并谴责联邦最高法院促成"职权主义司法制度"。[2] 斯卡利亚(Scalia)大法官的多数派观点解答了疑问。之于"当事人主义"和"职权主义"标签,没有什么奇幻之处,斯卡利亚大法官解释道:"将制度中的当事人主义区别于职权主义的"仅是"法官自身并不(作为侦查人员)进行事实和法律调查,而依双方当事人所提交的事实基础及论据作出裁判"。[3] 所以,任何可想象的刑事司法制度中的侦查阶段,包括美国的刑事司法制度,均必须带有职权主义的特质。这并非造成尴尬的事由。[4] 而在 20 世纪 90 年代的大部分时间里,以历史的标准衡量,职权主义的相反模式在美国联邦最高法院刑事诉

---

* 原文 Anti - Inquisitorialism,原载《哈佛法律评论》(*Harvard Law Review*)2009 年 4 月刊(122 *Harv. L. Rev.* 1634)。

** David Alan Sklansky,美国加州大学伯克利分校法学院法学教授。

[1] William E. Connolly, "The Challenge to Pluralist Theory", in William E. Connolly ed. , *The Bias of Pluralism* 3, Atherton Press, pp. 22-4 (1969).

[2] McNeil v. Wisconsin, 501 U. S. 171, 189 (1991) (Stevens, J. , dissenting); see also Id. , p. 183.

[3] Id. , p. 181 n. 2 (多数意见)。

[4] See id.

讼的判决中发挥着很小的作用。

但这一情况持续不久。契机是《美国联邦宪法》第六修正案关于"任何刑事被告均有与其不利证人对质的权利"。[5]在过去几年内美国刑事诉讼最大的新闻之一——当然是对本国刑事审判影响最大的新闻中——当属美国联邦最高法院在克劳福德诉华盛顿（Crawford v. Washington）案件[6]和戴维斯诉华盛顿（Davis v. Washington）案件[7]中对对质条款进行了重大的重新解释。在这一系列案件中，斯卡利亚大法官为联邦最高法院撰写了判决词，并对反职权主义作了着重论述。在克劳福德案件中，斯卡利亚大法官将"大陆法系的刑事诉讼模式"界定为"对质条款所指向的首恶"（the principal evil at which the Confrontation Clause was directed）。[8]这一历史论断为联邦最高法院所确立的新规则提供了诸多支持，即当且仅当该传闻是"证人证言"时，对质条款一般禁止引入反对刑事被告的传闻证据。[9]对质条款首先且最为重要的是保护美国人免受职权主义刑事审判的理念成为联邦最高法院在界定传闻"证人证言"的首要论据，无论是在一开始的克劳福德案件，还是在之后的戴维斯案件。

在此一方面，克劳福德案件和戴维斯案件并非独一无二。在克劳福德案件3个月后，联邦最高法院在布莱克利诉华盛顿州（Blakely v. Washington）案中作出了意义深远的判决，[10]得出结论：《美国联邦宪法》第六修正案关于接受陪审团审判的权利禁止依法官而非陪审团所进行的事实认定而作出强制性的判决。斯卡利亚大法官再次为联邦最高法院撰写判决，强调"对刑事司法的模式（《美国联邦宪法》）制定者"排斥"大陆法传统"，而倾向于"普通法传统这一理想模型，通过对法官和陪审团进行严格的权力分割以限制国家权力"。《美国联邦宪法》"并不承认司法职权机构调查发现的事实优于对抗双方向陪审团所提交的事实"。[11]

在戴维斯案件判决一周后，美国联邦最高法院再次指出了美国刑事诉讼具有当事人主义而非职权主义的性质，而这一次是拒绝遵守国际法院对《维也纳领事关系公约》[12]（美国也是缔约国）所解释的规则。国际法院禁止在《维也纳领事

---

〔5〕《美国联邦宪法》第六修正案。

〔6〕541 U. S. 36 (2004).

〔7〕126 *S. Ct.* p. 2266 (2006).

〔8〕Crawford v. Washington, 541 U. S. 36, p. 50 (2004).

〔9〕Id. , p. 68.

〔10〕542 U. S. p. 296 (2004).

〔11〕Id. , p. 313.

〔12〕Apr. 24, 1963, 21 U. S. T. 77, 596 U. N. T. S. 261 (以下简称《维也纳公约》)。

关系公约》框架下对刑事被告所提出的主张适用程序失权规则（procedural default），在人身保护令案件中禁止当事人在联邦法院提交新的论据的规则。但美国联邦最高法院拒绝遵循之。在桑切斯－拉马斯诉俄勒冈州（Sanchez-Llamas v. Oregon）案件[13]判决中的多数派观点中，罗伯茨（John G. Roberts Jr.）首席大法官解释道："在一般意义上，程序失权规则在当事人主义制度下，如美国，要比法官主导型的诉讼模式发挥更大的作用，而其他许多适用职权主义法律制度模式的国家也是公约的缔约国。"[14] 这位首席大法官解释道，国际法院的规则"与当事人主义的基本框架并不契合"。[15]

此外，联邦最高法院依然将职权主义作为美国联邦宪法主导讯问及自认学说的相反模式。例如，肯尼迪（Kennedy）大法官在 1999 年为联邦最高法院解释为何有罪答辩不应视为被告放弃了《美国联邦宪法》第五修正案关于在审判中保持沉默权利时指出：否则检察官会将被告传至座席，"破坏了我们刑事诉讼中指控应由政府予以证明这一长期的传统以及核心原则，而非强化指控权的调查……""我们（的刑事程序）是当事人主义，而非职权主义制度。"[16] 像这样的言论长时间在涉及讯问的案件中被奉为标准。在过去一个多世纪的法院判决中，坚持我们的诉讼制度是当事人主义而非职权主义的判词随处可见。[17] 在搜查和扣押的案件[18]、在检察官裁量的案件[19]、在审判程序的案件[20]以及在获得律师帮助的案件[21]中，虽然并不普遍，但也可以发现类似的表述。时下，反职权主义已成为大部分美国历史的内容：成为美国刑事诉讼判例的固定设置。

当然，即便在美国，这一固定设置也受到批评。有时，也有一些主要来自学

---

〔13〕 126 *S. Ct.* p. 2669（2006）.

〔14〕 Id.，p. 2686.

〔15〕 对程序失权规则和当事人主义关系的类似观点，参见 Castro v. United States，540 U. S. pp. 375，385-6（2003）（Scalia，J.，同意部分以及判决）。

〔16〕 Mitchell v. United States，526 U. S. pp. 314，325（1999）（在原有版本上的变更）[quoting Rogers v. Richmond，365 U. S. pp. 534，541（1961）].

〔17〕 See, e. g.，Murphy v. Waterfront Comm'n，378 U. S. pp. 52，55（1964）；Watts v. Indiana，338 U. S. pp. 49，54-5（1949）（plurality opinion）；Brown v. Walker，161 U. S. pp. 591，596-7（1896）.

〔18〕 See, e. g.，Andresen v. Maryland，427 U. S. pp. 463，476-7（1976）；Marcus v. Search Warrant，367 U. S. p. 717，p. 729n. 22（1961）；United States v. Salemme-91 *F.* Supp. 2d pp. 141，190（D. Mass. 1999），rev'd in part sub nom. United States v. Flemmi，225 F. 3d p. 78（1st Cir. 2000）.

〔19〕 See, e. g.，In re United States，503 F. 3d pp. 638，641（7th Cir. 2007）.

〔20〕 See, e. g.，Perry v. Leeke，488 U. S. pp. 272，282（1989）；In re Oliver，333 U. S. p. 257，pp. 268-9（1948）；State v. Costello，646 N. W. 2d pp. 204，208（Minn. 2002）.

〔21〕 See, e. g.，United States v. Ash，413 U. S. pp. 300，308（1973）.

者的建议，认为欧陆刑事诉讼可能也有值得借鉴的地方。[22] 但这些声音极其微弱。如果从宏观层面考察，大部分的美国学者与大部分美国法官一样，倾向于认同联邦最高法院的观点，即 "大陆法系的刑事诉讼模式" 远远不值得效仿，而应有意避免之——事实上，避免职权主义审判是我们制度的全部所在。[23] 而普遍的共识是：职权主义制度应作为美国刑事诉讼的反面典型。

这种共识是否有依据另当别论。以克劳福德案和戴维斯案为例，将对质条款作为防范大陆法系刑事审判的壁垒，这使联邦最高法院得出一些奇怪的结论，包括作出供述的形式（这绝大部分是政府通过准确记录供述以保证其可靠性），很大程度上否定性地影响了后续审判中供述的可采性。[24] 更重要的是，联邦最高法院虽将 "大陆法系刑事诉讼模式" 作为反面模型，但却从未准确、清晰地道出此种程序模型究竟弊端何在，以及为何它威胁了《美国联邦宪法》所保护的价值。有时，联邦最高法院认为职权主义诉讼程序是糟糕的，因为它立足不值得信任的证据。[25] 而有时，联邦最高法院暗示，真正担忧的是欧陆刑事诉讼本身容易导致独裁的泛滥。[26] 有时，则似乎仅是，欧陆刑事诉讼的首恶便是它是欧陆的，"完全不同" 于我们处理案件的方式。[27]

如果有什么标准来判断职权主义诉讼应予以排斥，则以上种种均可原谅。但情况并非如此。甚至对于什么是职权主义诉讼制度都未有标准。在克劳福德案和戴维斯案中，联邦最高法院假定，"大陆法系的刑事诉讼模式" 至少有一个重要的特征便是 "使用单方面审查作为控告被告的证据"。[28] 而在其他地方，如我们所见，联邦最高法院认为，当事人主义制度被界定为有中立、超然的法官，仅仅担任消极的裁判者，由双方当事人自行调查事实和法律。而有时，联邦最高

---

[22] See, e. g., Lloyd L. Weinreb, "Denial of Justice", 6 *Fordham Urban Law Journal*, No. 1 (1977); John H. Langbein, "Land Without Plea Bargaining: How the Germans Do It?", 78 *Mich. L. Rev.*, p. 204 (1979); John H. Langbein & Lloyd L. Weinreb, "Continental Criminal Procedure: 'Myth' and Reality", 87 *Yale L. J.*, p. 1549 (1978); Jenia Iontcheva Turner, "Judicial Participation in Plea Negotiations: A Comparative View", 54 *Am. J. Comp. L.*, p. 199 (2006).

[23] Cf., e. g., William T. Pizzi, "Sentencing in the US: An Inquisitorial Soul in an Adversarial Body", in John Jackson, Maximo Langer & Peter Tillers eds., *Crime, Procedure and Evidence in a Comparative and International Context*, Hart Publishing, pp. 65, 66 (2008)（注意 "美国律师和法官信仰体系的一个基本原则，即我们的审判制度具有强烈的对抗性，而且这种制度比欧陆制度更受欢迎，后者通常被视为 '审问式的'，有时甚至受到贬低"）。

[24] Davis v. Washington, 126 *S. Ct.* p. 2266, p. 2278 & n. 5 (2006); see, e. g., Roger C. Park, "Is Confrontation the Bottom Line?", 19 *Regent U. L. Rev.*, pp. 459, 460-1 (2007).

[25] See Crawford v. Washington, 541 U. S. pp. 36, 61 (2004).

[26] See Id., p. 56 n. 7.

[27] Id., p. 62.

[28] Id., p. 50; accord Davis, 126 *S. Ct.* p. 2278.

法院认为"职权主义制度"最重要的特质应是对定罪口供的依赖，且口供由被告"自行说出"，[29] 或者由职业法官作为事实认定者，而非陪审员。[30]

这里还存在另一个困难。我交替使用"职权主义"和"大陆法系"这两个术语，联邦最高法院在克劳福德案件、戴维斯案件和桑切斯-拉马斯案件中似乎也是如此。这种用法反映了对欧陆法律制度的一种特定理解，即职权主义制度下的形态依然是中世纪欧陆的职权主义制度可辨别的产物。这是许多（即便不是大多数）美国法官和学者不言而喻的观点。有时，欧洲学者也作相同表述，[31] 但仅仅是偶尔为之。大多数欧陆的法官和学者，以及在美国或海外从事比较法研究的学者，均将欧洲的现代刑事诉讼模式描述为"混合式"，即包括旧的职权主义诉讼，也包含借鉴或至少是与普通法传统相契合的要素。[32] 有一些借鉴或契合是最近的，但多数发生于 19 世纪的改革浪潮，这些改革包括公开审判、言词证据、司法独立保障改革、陪审员的有限使用、反对强迫自我归罪的保护以及其他美国人仍认为与"大陆法系刑事诉讼模式"不兼容的程序特征。[33] 当然，即便时下职权主义制度不再是"历史的原型"，[34] 但它仍然为美国刑事诉讼提供了避免其进入的指引。因此极为重要的便是清楚职权主义的核心特征以及为何应避免适用职权主义。一些反对职权主义的观点变得毫无依据，诸如联邦最高法院在桑切斯-拉马斯案件中暗示，程序失权规则可能对于"职权主义"国家并不重要，但在我们

---

〔29〕 E. g., Rogers v. Richmond, 365 U. S. pp. 534, 541（1961）；Watts v. Indiana, 338 U. S. pp. 49, 54－5（1949）（多元化意见）。

〔30〕 See, e. g., Blakely v. Washington, 542 U. S. pp. 296, 313（2004）.

〔31〕 See, e. g., Stefan Trechsel, *Human Rights in Criminal Proceedings*, Oxford University Press, p. 10（2005）（将刑事诉讼中的"欧陆"法律传统描述为"接近审问式模式"）。

〔32〕 See, e. g., Mirjan R. Damaška, *The Faces of Justice and State Authority*, Yale University Press, p. 4 n. 4（1986）；John Henry Merryman, *The Civil Law Tradition*, Stanford University Press, p. 137（1969）；John D. Jackson, "The Effect of Human Rights on Criminal Evidentiary Processes: Towards Convergence, Divergence or Realignment?", 68 *Mod. L. Rev.*, pp. 737, 741（2005）；J. F. Nijboer, "Common Law Tradition in Evidence Scholarship Observed from a Continental Perspective", 41 *Am. J. Comp. L.*, pp. 299, 308, 334－5（1993）. 关于近期"混合"制度向拉丁美洲的扩散，参见 Maximo Langer, "Revolution in Latin American Criminal Procedure: Diffusion of Legal Ideas from the Periphery", 55 *Am. J. Comp. L.*, p. 617（2007）.

〔33〕 See, e. g., Merryman, *The Civil Law Tradition*, Stanford University Press, pp. 15－9, 132, 136－9（1969）；Sarah J. Summers, *Fair Trials: The European Criminal Procedural Tradition and the European Court of Human Rights*, Hart Publishing, pp. 21－59（2007）；Diane Marie Amann, "Harmonic Convergence? Constitutional Criminal Procedure in an International Context", 75 *Ind. L. J.*, pp. 809, 818－20, 870（2000）；Maximo Langer, "Revolution in Latin American Criminal Procedure: Diffusion of Legal Ideas from the Periphery", 55 *Am. J. Comp. L.*, pp. 627－8.（2007）.

〔34〕 J. F. Nijboer, "Common Law Tradition in Evidence Scholarship Observed from a Continental Perspective", 41 *Am. J. Comp. L.*, p. 303（1993）（强调省略）。

"当事人主义"的"基本框架"下还是必不可少的。[35]

因此，本文有两个目的：首先，我将研究反职权主义在我们构建刑事诉讼中所扮演的不同角色以及继续扮演的角色；其次，我将评估反职权主义作为美国判例的指导原则的吸引力。粗略而论，本文的第一部分将会是描述性和分析性的，而第二部分将是评价性的，最后部分将是一个综合。更确切而论，文章的第一部分将讨论职权主义诉讼如何在美国的刑事诉讼中作为反面模式。我将聚焦于四个特别引人注意的反职权主义案例：联邦最高法院最近重新解释了对质条款、在布莱克利案件中所适用的陪审团审判权、在桑切斯-拉马斯案件中的程序失权规则以及在涉及讯问及口供的法律中长期对职权主义制度的措辞。解读反职权主义在每个领域中的作用需要绕弯道，因为所涉及的学说历经波折。这尤其体现在对质条款的案例中。

文章的第二部分将解读职权主义制度作为美国刑事诉讼对立模式的三个不同原因。第一个原因是独创的，它将职权主义诉讼视为侵害《权利法案》刑事程序性条款所拟保护之权利的首恶。第二个原因是整体的，考虑到当事人主义的组织完整性，这里的论据是：当事人主义制度，无论其是否有瑕疵，均是我们的制度，并且对于制度的运作而言，它必须是真实的。异质的制度必然难以在实践中运用，诸如大陆法系国家的刑事诉讼制度，无论如何都不可能在我们的诉讼环境下运行。第三个原因是功能的，也许职权主义制度劣于我们的当事人主义制度：无论在揭露真相、保护个人权利或者防止政府权力滥用。

最后，我将提出，前述这些考量均不足以说明反职权主义在美国刑事诉讼中的作用，尽管我对工具性论述有同情之处。所以文章的第三部分我将追问：在没有将职权主义制度作为相反模式的情况下，我们应该如何看待美国的刑事诉讼法。

我还想略微交代这篇文章不想表达的意思。首先，这并不是呼吁要使美国的刑事司法制度看起来更像是其他国家的。我只是认为，我们可向大陆法系制度的国家学习一些经验，并且我认为反职权主义的代价之一是它会让我们对许多经验熟视无睹。但我不会再重复其他学者时不时发表过的煽动性言论，包括效仿法国、德国或其他欧陆国家的刑事司法运作方式。[36] 我的指令性主张会更加平和，

---

〔35〕 Sanchez-Llamas v. Oregon, 126 *S. Ct.* pp. 2269, 2686 (2006).

〔36〕 See, e. g. , Lloyd L. Weinreb, "Denial of Justice", 6 *Fordham Urban Law Journal*, No. 1 (1977); John H. Langbein, "Land without Plea Bargaining: How the Germans Do It", 78 *Mich. L. Rev.*, p. 204 (1979); John H. Langbein & Lloyd L. Weinreb, "Continental Criminal Procedure: 'Myth' and Reality", 87 *Yale L. J.*, p. 1549 (1978); Jenia Iontcheva Turner, "Judicial Participation in Plea Negotiations: A Comparative View", 54 *Am. J. Comp. L.*, p. 199 (2006).

即我们无需照搬大陆法系制度，而仅仅是不应以我们的方式对我们的制度与他们的制度作差别对待，而且我们不应再将这种区别对待作为具有宪法价值的核心要素。

其次，这篇文章并不是研究职权主义制度的"真正"性质，或者它与当事人主义制度之间的"真正"区分。这篇文章也不是（至少不全是）研究"当事人主义"制度应区分于旧的"当事人主义"制度，即前现代的"弹劾式"诉讼制度。[37] 简而言之，这篇文章既不是涉及旧的分类模型或者现代的模式建构模型的比较法的练习，也不是法律史研究的练习。我会涉及比较法和法律史的学术，但仅仅在它涉及我的核心问题时：有关职权主义的看法，无论精确与否，是如何帮助界定美国的刑事诉讼，以及它们是否应继续扮演这一角色。

最后，但并非最不重要的，这篇文章并不是将美国的刑事诉讼制度与国外制度进行对比，且矮化他国，有一位比较法学者将这种做法称为"法律国家主义"（legal nationalism），[38] 而另一位更具同情心的学者则称为"邪恶宪政"（aversive constitutionalism）。[39] 对于这种更宽泛的做法，学者的意见存在分歧。一些学者诟之为促使制度孤立，[40] 另一些学者则赞美其是"确定国家政体基本宪法特征"的有效方式。[41] 我倾向于前一种观点，但依然对于更广泛实践的优点持不可知论。显然，这在很大程度上取决于具体情况。我关注的重点在于法律国家主义或者邪恶宪政的一个个案——将职权主义制度作为美国刑事诉讼的反面模式。

一、时下的反职权主义

在将反职权主义作为美国刑事诉讼的研究课题前，我们需要在数个背景下对其予以审查。我们将始于作为美国刑事诉讼反面模式的职权主义在联邦最高法院

---

〔37〕 Cf., e.g., Mireille Hildebrandt, "The Trial of the Expert: Epreuve and Preuve", 10 *New Crim. L. Rev.*, pp. 78, 95 n. 31 (2007). 对于这种区别的变化，参见 Abraham S. Goldstein, "Reflections on Two Models: Inquisitorial Themes in American Criminal Procedure", 26 *Stan. L. Rev.*, pp. 1009, 1016-7 (1974).

〔38〕 Sarah J. Summers, *Fair Trials: The European Criminal Procedural Tradition and the European Court of Human Rights*, Hart Publishing, p. 11 (2007).

〔39〕 Kim Lane Scheppele, "Aspirational and Aversive Constitutionalism: The Case for Studying Cross-Constitutional Influence through Negative Models", 1 *Int'l J. Const. L.*, p. 296 (2003); see also Vicki C. Jackson, *Constitutional Engagement in a Transnational Era*, Oxford University Press（作者手稿）, ch. 1, pp. 17-8, 45（存放于作者处）（通过"将外国法作为反面先例"探讨"本土宪法"的发展）。

〔40〕 See, e. g., Sarah J. Summers, *Fair Trials: The European Criminal Procedural Tradition and the European Court of Human Rights*, Hart Publishing, p. 13 (2007).

〔41〕 Carlos F. Rosenkrantz, "Against Borrowings and Other Nonauthoritative Uses of Foreign Law", 1 *Int'l J. Const. L.*, pp. 269, 290 (2003). 对于更加谨慎的引入，参见 Kim Lane Scheppele, "Aspirational and Aversive Constitutionalism: The Case for Studying Cross-Constitutional Influence through Negative Models", 1 *Int'l J. Const. L.*, p. 296 (2003).

新近重新解释对质条款时所扮演的至关重要的角色。其次，我们将依次研究这一反面模式在布莱克利案件中"撤销由职业法官进行事实认定的强制判决"的作用，以及在桑切斯-拉马斯案件中用于说明被国际法院否决的程序失权规则适用的正当性。最后，我将讨论刑事诉讼中反职权主义最频繁援引的领域：对讯问及口供的宪法规制。在任一学说领域，尤其是第一个领域，我们需要进行绕道以理解反职权主义运作的背景。

（一）反职权主义与对质

1. 对质与交叉询问

《美国联邦宪法》第六修正案的对质条款赋予每位刑事被告以"与提供对其不利证言的证人进行对质……的权利"。[42] 与《权利法案》的其余条款相同，《美国联邦宪法》第六修正案最初仅适用于联邦政府。[43] 但像《权利法案》大多数其余条款一样，对质条款后来被沃伦时期的联邦最高法院适用于各州，理由是它是《美国联邦宪法》第十四修正案所确立的保护各州的"正当法律程序"的一部分。[44]

对质条款的起草者和批准者对于他们所拟达到的目的留下甚少的直接证据。该条款通过联邦最高法院的法官将其写在"已褪色的羊皮纸上"（on faded parchment）而展现给我们。[45] 这在一定程度上也导致在解释对质条款上的争议，包括什么可谓之"对质"以及什么可称为"证人"。

让被告和证人"对质"，意味着让证人在被告在场的情况下提供证言。但它可能也意味着被告有权直接与证人进行争论，允许这种无组织的、面对面的"争辩"，这在早期现代刑事诉讼中，包括英国和欧洲大陆均极为普遍，一些大陆法系国家依然保留了这一做法。[46] 但联邦最高法院长期以来将对质条款解释为保障

---

〔42〕 参见《美国联邦宪法》第六修正案。

〔43〕 See generally Akhil Reed Amar, *The Bill of Rights: Creation and Reconstruction*, Yale University Press (2000).

〔44〕 See Pointer v. Texas, 380 U. S. p. 400 (1965).

〔45〕 Coy v. Iowa, 487 U. S. pp. 1012, 1015 (1988) [quoting California v. Green, 399 U. S. pp. 149, 174 (1970) (Harlan, J., 赞同意见) (省略内部引号)]; accord, e. g., Richard D. Friedman, "Confrontation: The Search for Basic Principles", 86 *Geo. L. J.*, pp. 1011, 1022 (1998); Randolph N. Jonakait, "The Origins of the Confrontation Clause: An Alternative History", 27 *Rutgers L. J.*, p. 77 (1995); Penny J. White, "Rescuing the Confrontation Clause", 54 *S. C. L. Rev.*, p. 537, p. 540 n. 3 (2003).

〔46〕 John H. Langbein, *The Origins of Adversary Criminal Trial*, pp. 13-6 (2003) [quoting Sir Thomas Smith, *De Republica Anglorum* 114 (1583) (Mary Dewar ed., Cambridge Univ. Press 1982)]. 论大陆刑事审判中的对抗，参见 Mirjan R. Damaška, *The Faces of Justice and State Authority*, Yale University Press, p. 137 n. 71 (1986); and Lloyd L. Weinreb, "Denial of Justice", *Fordham Urban Law Journal*, p. 111 (1977).

性条款，最为重要的是，其并非简单的碰面或者无中介的争论，而是更具形式主义的制度：辩方律师在陪审团前对控方证人的交叉询问。在波伊特尔诉德克萨斯州（Pointer v. Texas）案件的违宪审查中，[47] 判决将对质条款扩及各州的刑事指控，这确切而言是因为被告在被指定律师前，唯一一次可在审前聆讯时质疑所谓的受害人。[48] 证据学大师威格摩尔（Henry Wigmore）将交叉询问视为对质的"主要且根本"的目的，[49] 而联邦最高法院则援引他的论述，并遵循他的引导。[50]

威格摩尔对此坚信不疑，他的论据部分立足自身的反职权主义的判断。在威格摩尔看来，正如一个世纪前的边沁，普通法审判之所以优于大陆法系诉讼程序，主要是因为"英美的法律制度对审判程序中的证明方法作了极大、持续的贡献"，这并非是因为陪审团，而是交叉询问，"毫无疑问交叉询问是为发现真相而发明的最伟大的法律引擎"。[51] 威格摩尔批评这一"引擎"在"大陆法系一些存有极大缺陷的审判中"并不存在。并且他认为，"职业法官审理程序（大陆法系所遵循的传统）的重要缺陷便在于阻碍了有效的交叉询问。"[52] 这一颂扬交叉询问的观点让威格摩尔先入为主，将职权主义的"主要印象"[53] 视为交叉询问"原始及基本的妨碍"。[54] 威格摩尔认为，"如果曾经有交叉询问，则将一直有交叉询问。"[55]

威格摩尔承认，形体上、面对面的对质确实更有助于促进交叉询问：它利于让法官及陪审团在证人作证时可以看到他们的表现，并因此对证人产生"一定主

---

〔47〕 380 U. S. p. 400（1965）.

〔48〕 See Id. , p. 407.

〔49〕 John Henry Wigmore, "A Treatise on the Anglo-American System of Evidence in Trials at Common Law" § 1395, p. 94（2d ed. , 1923）. 威格摩尔解释说："对手要求对抗，不是出于盯着证人，或者证人被他凝视的目的，而是为了交叉询问，而这只有通过直接、个人的提问和马上得到回答才能实现。" Id.

〔50〕 See, e. g. , Delaware v. Van Arsdall, 475 U. S. pp. 673, 678-9（1986）; Delaware v. Fensterer, 474 U. S. pp. 15, 19-20（1985）; Davis v. Alaska, 415 U. S. pp. 308, 315-6（1974）. 关于威格摩尔对对抗法律的影响，如参见 Sarah J. Summers, *Fair Trials: The European Criminal Procedural Tradition and the European Court of Human Rights*, Hart Publishing, p. 52 n. 152（2007）; and Howard W. Gutman, "Academic Determinism: The Division of the Bill of Rights", 54 *S. Cal. L. Rev.*, pp. 295, 332-43（1981）.

〔51〕 John Henry Wigmore, "A Treatise on the Anglo-American System of Evidence in Trials at Common Law", *Literary Licensing, LLC*, § 1367, p. 27; see also Id. , p. 29〔quoting with approval Jeremy Bentham, Rationale of Judicial Evidence（1827）〕.

〔52〕 Id. , p. 27.

〔53〕 Id. , § 1395, p. 95.

〔54〕 Id. , p. 97.

〔55〕 Id. , § 1396, p. 97.

观的、思想上的影响"。[56] 这些优点尽管是非常"次要及附属的",[57] 并不依附于实际面对面的被告及证人,而仅仅取决于在审判者面前提供证言的证人。[58] 威格摩尔转移至英国历史"更早、更情绪化的时期",认为与被告面对面可能"让作伪证的证人神经紧张",但他以略显屈尊的方式注释道,"法国的做法依然以鲜活的方式体现了对质这一概念"。[59]

联邦最高法院在很大程度上遵循了威格摩尔的学说,将交叉询问视为对质权的核心所在。事实上,联邦最高法院称交叉询问的"合理自由"是"公正审判的精髓"。[60] 对质的形体层面,即被告与指控者"面对面会议",也受到了保护,[61] 但相对未有如此坚持。[62]

"对质"的含义问题在《美国联邦宪法》第六修正案中很大程度上得以解决,该问题曾持续了数十年。对质意味着辩护律师有机会在陪审团面前进行交叉询问,通常被告和证人均在法庭中。[63] 对此问题,仅边缘学者有争议,美国学界主流还是主要讨论交叉询问的界限以及在何种情况下"面对面会议"可以不予适用。

关于对质条款中"证人"资格这一问题存在更大的争议。我必须对此一争论略作说明,以为下面克劳福德和戴维斯案件的讨论奠定基础。"证人"可简单地界定为到法庭上提供证言的公民。因此,主导庭审程序的对质条款,便是给予被告在控方证人接受交叉询问时在场的权利。该条款几乎未涉及证人证言或者证人此前法庭外供述的实物证据的可采性,后者完全由法定的和普通法传闻证据规则予以规定。这其实便是威格摩尔的观点。威格摩尔认为,对质的宪法保障仅仅意味着"证人证言只要遵循传闻证据规则并在司法内以一定方式获得,则名义上应接

---

〔56〕 Id. , § 1395, p. 96.

〔57〕 Id. , p. 94.

〔58〕 Id. , p. 97.

〔59〕 Id. , p. 96 n. 2.

〔60〕 Smith v. Illinois, 390 U. S. pp. 129, 132 (1968) [quoting Alford v. United States, 282 U. S. pp. 687, 692 (1931)].

〔61〕 See, e. g. , Perry v. Leeke, 488 U. S. p. 272, p. 282 n. 6 (1989); Coy v. Iowa, 487 U. S. pp. 1012, 1016 (1988).

〔62〕 在 1990 年,联邦最高法院简单多数认为,被告与作证证人在同一房间的权利可以牺牲,证人可以在另一房间以闭路电视的形式作证,前提是该程序"对于重要的公共政策确有必要"以及"证人证言的可靠性得以保障",参见 Maryland v. Craig, 497 U. S. pp. 836, 850 (1990).

〔63〕 See Dutton v. Evans, 400 U. S. pp. 74, 95 (1970) (Harlan, J. , 同意结果) (建议"如果有人将对抗条款翻译成当今更普遍使用的语言,那就是"在所有刑事起诉中,被告有权出庭并与对他不利的证人交叉询问"")。

受交叉询问，而非秘密的或'依职权'从被告处获得"。[64] 这也是哈伦（Harlan）大法官最终的立场。[65]

但这从未成为联邦最高法院的立场。联邦最高法院一贯认为，有些指控刑事被告的传闻证据的使用违反了对质条款。事实上，联邦最高法院涉及对质条款的绝大多数案件中均涉及对传闻证据的挑战。[66] 原因并不难解读。从一个从不出庭作证的人处引入庭外控告的证据，与在被告未在场情况下审查证人引起了同等程度的担忧：无论何种情况，被告均无机会在陪审团面前对控告人进行交叉询问。正如联邦最高法院所经常指出的，传闻证据规则和对质条款"保护类似的价值"[67] 并"具有相同的根源"[68]。

在传统的论说中，这些根源来自于对基于单方面从被告的指控人处获得的书面证词进行起诉的做法的不满，尤其是在英国 16 世纪以及 17 世纪早期臭名昭著的叛国罪审判，并以 1603 年对沃尔特·雷利（Walter Raleigh）爵士的审判最为典型。雷利被控参与所谓谋杀詹姆斯一世的主谋，并希望将阿拉贝拉·斯图尔特（Arabella Stuart）推向王位。整个案件的核心证据便是所谓的主谋科巴姆爵士（Lord Cobham）的书面审查材料以及科巴姆后来所写的书信。雷利多次要求将科巴姆从监牢里带至法庭，但未获批准。审判的最终结果是处决，最后得以执行。[69] 长期以来，对审判雷利行为的广泛讨伐，一直被认为促成了普通法中对质权及传闻规则的发展。[70]

---

〔64〕 John Henry Wigmore, "A Treatise on the Anglo-American System of Evidence in Trials at Common Law" *Literary Licensing*, *LLC*, §1397, p. 101. 为免引起混淆，威格摩尔重申了这一点：宪法并没有规定在司法程序上应提供何种证词（垂死的声明或类似的声明）——这取决于目前的证据法——而只规定应遵循何种程序模式，例如一种交叉审查程序——这种证言在普通证据法规定的司法程序上是被要求的。

〔65〕 See Dutton, 400 U. S. p. 94 (1970) (Harlan, J., 同意结果)。

〔66〕 关于前克劳福德案件的调查，参见 Penny J. White, "Rescuing the Confrontation Clause", 54 *S. C. L. Rev.*, pp. 555-91 (2003).

〔67〕 California v. Green, 399 U. S. pp. 149, 155 (1970); see also Ohio v. Roberts, 448 U. S. pp. 56, 66 (1980).

〔68〕 Dutton, 400 U. S. p. 86 (1970) (多元化意见); see also Roberts, 448 U. S. p. 66.

〔69〕 See, e. g., Catherine Drinker Bowen, "The Lion and the Throne", *Labor Law Journal*, pp. 414-6 (1957); Allen D. Boyer, "The Trial of Sir Walter Ralegh: The Law of Treason, the Trial of Treason and the Origins of the Confrontation Clause", 74 *Miss. L. J.*, pp. 869, 888-94 (2005).

〔70〕 See, e. g., Green, 399 U. S. p. 157 n. 10 (1970); Francis H. Heller, *The Sixth Amendment to the Constitution of the United States*, pp. 104-6 (1951); Allen D. Boyer, "The Trial of Sir Walter Ralegh: The Law of Treason, the Trial of Treason and the Origins of the Confrontation Clause", 74 *Miss. L. J.*, pp. 895-901 (2005); Randolph N. Jonakait, "The Origins of the Confrontation Clause: An Alternative History", 27 *Rutgers L. J.*, p. 81 n. 18 (1995). 对于这种获得的理解持怀疑态度的评估，参见 Kenneth W. Graham Jr., "The Right of Confrontation and the Hearsay Rule: Sir Walter Raleigh Loses Another One", 8 *Crim. L. Bull.*, p. 99, p. 100 n. 4 (1972).

联邦最高法院因此认为，对质条款排除一些传闻，这是明白无误的。[71] 在同一时间，联邦最高法院法官审慎地将所有指控中的传闻均视为违反宪法：这"实际上撤销了每一个传闻例外"并且"过于极端"。[72] 在一个多世纪前，联邦最高法院在第一起适用对质条款的案件中便警告，"这一类一般性的法律规则，无论其具有多少操作意义或对被告有多少价值，在一些情况下亦应让位于公共政策的考量以及案件的必要性"。[73] 在整个 20 世纪，联邦最高法院对对质权条款持实用主义的态度，而技巧便在于如何划定界限。

大约在三十年前的俄亥俄州诉罗伯茨（Ohio v. Roberts）案件[74]中，联邦最高法院在可信度上划定了界限。联邦最高法院法官认为，对质的"根本目的"是通过"确保被告可有效地质疑不利证据"以"提高准确性"。[75] 所以指控中的传闻为对质条款所排除，除非它有充分的"可信性迹象"（indicia of reliability），或者因为依成文法或普通法，争议论述构成"根深蒂固"的传闻禁止例外，或者因为它们包含了"特别的可信性保障"。[76] 联邦最高法院最终明确表示，联邦证据规则编纂的以及大多数州所采纳的大量的传闻证据例外是"根深蒂固"的。[77] 这意味着允许对质条款遵循《联邦证据规则》，因为大部分州均逐字照搬《联邦证据规则》。[78]

部分原因是把宪法学说的曲折性与证据法相联系颇为古怪，罗伯特（Robert）

---

[71] See, e. g. , Roberts, 448 U. S. p. 63 (1980).

[72] Id.

[73] Mattox v. United States, 156 U. S. pp. 237, 243 (1895).

[74] 448 U. S. p. 56 (1980).

[75] Id. , p. 65.

[76] Id. , p. 66. 罗伯茨还建议，当一名控方证人可以在法庭上作证时，对质条款"通常"要求排除证人的庭外陈述，即面对"可靠性标记"。参见同上。但法院明确表示："（一个）无法获得的证明……不是必需的。" Id. , p. 65 n. 7，并且这些限制后来被搁置，仅适用于在传闻证据例外情况下承认的陈述，而这些陈述本身需要证明无可用性（不可获得性）。参见 White v. Illinois, 502 U. S. pp. 346, 355–6 (1992)；United States v. Inadi, 475 U. S. pp. 387, 394 (1986)；Robert P. Mosteller, "Confrontation as Constitutional Criminal Procedure: Crawford's Birth Did Not Require That Roberts Had to Die", 15 J. L. & Pol'y, p. 685, p. 694 n. 28 (2007).

[77] See White, 502 U. S. p. 355 n. 8 (1992).

[78] 法院曾发现不符合的唯一例外是《联邦证据规则》中的附带条款，以及大多数州证据法典"没有明确涵盖"其他例外情况，"而是具有相同的可信性的间接保证"。Idaho v. Wright, 497 U. S. pp. 805, 812 (1990) [quoting Idaho R. Evid. 803 (24)]. 法院认为，对可靠性的"特别"评估不值得在评估特定类别的法外陈述时给予"长期司法和立法经验"的重视。Id. , p. 817. 在一些特殊例外情况下承认的声明仍然要经受对质条款的挑战，但前提是它们有"特殊的可信赖保证"，法院对此解释为不包括佐证。Id. , p. 822 (quoting Roberts, 448 U. S. p. 66) (省略内部引号)。"对质条款具有可采性"，法院解释说，用于判定被告的传闻证据必须凭借其固有的可信赖性而不是在审判中提及其他证据而具有可靠性标记。Id.

对对质条款的应用方法从未受到评论者的欢迎。直至 2004 年克劳福德案件中，联邦最高法院决定采用新的方法。

2. 对质的重新厘清

案件事实是：迈克尔·克劳福德因刺伤一位声称想强暴其太太希尔维亚（Sylvia）的人而被宣判有罪。对他不利的证据包括警察对希尔维亚·克劳福德的讯问录音，在录音中，希尔维亚描述了刺伤的细节。在庭审中，希尔维亚援引了配偶作证豁免，拒绝在法庭上指控其丈夫，但检察官提出了对她的讯问录音证据。某种程度上因为这证据，陪审团驳回了克劳福德的正当防卫的主张。庭审法官认为这并不违反对质条款，因为希尔维亚的陈述是可信的。这一陈述并不属于传闻证据规则中"根深蒂固"的例外，它们有"特别的可信性保障":[79]这些陈述是建立在直接观察的基础上，在案件发生后不久作出，他们没有推卸责任，并在中立的执法官员面前作出。[80]中级上诉法院驳回了原判决，认为供述并不充分可信，但州最高法院又重新作出有罪判决，主要依据迈克尔·克劳福德和希尔维亚·克劳福德供述"相互紧扣"的方式。[81]

联邦最高法院又撤销了这一判决。斯卡利亚大法官在撰写多数派意见时明确表示，他同意华盛顿中级上诉法院关于希尔维亚·克劳福德在警察局供述可信性的观点，但他仅是需要"重新评估""罗伯特时代（供述的）可信性要素"。[82]然而，他借此机会重新审视罗伯特时代并排斥它的整个方法，至少涉及警察讯问中的供述，或者其他看似"证言"的其他传闻证据。对于这些供述，"唯一可充分满足宪法关于可信性标记要求的是，宪法实际上所规定的：对质。"[83]这意味着用于指控刑事被告的传闻证言是不可采的，除非被告事实上有机会或者在庭审中，或者在此前的程序中对证人进行交叉询问。但即便如此，如果该证人可出庭，且事实上本应传唤至法庭，未在庭审中出现的证人的供述将不被采纳。[84]联邦最高法院指出，唯一的例外是那些紧急的情况——"对质权因错误行为被剥夺"（forfeiture by wrongdoing）的公平原则[85]、死亡前供述[86]——联邦最高法院

---

〔79〕 Crawford v. Washington, 541 U. S. pp. 36, 40 (2004) (quoting Roberts, 448 U. S. p. 66) (省略内部引号)。

〔80〕 Id.

〔81〕 Id. , p. 41; see also Id. , pp. 38-42.

〔82〕 Id. , p. 67; see also Id. , p. 68.

〔83〕 Id. , pp. 68-9.

〔84〕 See Id. , pp. 53-4, 68.

〔85〕 Id. , p. 62.

〔86〕 See Id. , p. 56 n. 6 (建议如果"宣告死亡的声明另作别论……必须在历史层面被接受，那是自成一格")。

一直以来便很清楚地表明这些学说适用范围极其狭窄，严格奉行 18 世纪普通法的原则。[87]

克劳福德案件中所确立的规则既包括新的严格规定，也包括大量混淆对质法条的新要素。克劳福德案对指控被告的证言传闻证据可采性的要求与原先联邦最高法院适用对质条款的方法相比，其更不灵活且更不务实。但联邦最高法院在克劳福德案件中拒绝并在接下来一系列案件均拒绝设定任何综合的标准以区分"证言"式的传闻证据和其他形式的传闻证据。所以克劳福德案件所确立的规则是相对僵化和绝对模糊的。但什么令联邦最高法院对这些规则趋之若鹜？

斯卡利亚大法官在撰写多数派意见时所作出的部分回答甚至更为糟糕，因为罗伯特时代表述的本质模糊，立足于"模糊的[88]可操作的"[89]，以及"不规则"的"可信性"概念。[90] 而克劳福德案是过去 15 年中斯卡利亚大法官所作出的一系列刑事诉讼判决之一，在最低程度上，托马斯（Thomas）大法官领导联邦最高法院试图撤销"开放式的平衡测试"（open-ended balancing tests）的替代品以获得的应是，也倾向是"绝对的"宪法保障。[91] 但斯卡利亚大法官在克劳福德案件中所撰写的多数派意见解释道，真正的"罗伯茨测试不可原谅的缺陷"并非它的不可预测性，而是它不能防止对对质条款的"根本"违反，诸如在克劳福德案件中所发生的。[92] 以某人在警察讯问中所作的供述对刑事被告予以定罪，或者以某人在审前聆讯程序中对大陪审团或者不同审判中的证词对刑事被告予以定罪，是对对质的根本违反，[93] 因为它蕴涵着"对质条款所指向的滥用"。[94]

这些滥用是什么呢？联邦最高法院此前所确认的，诸如在雷利审判中，检察官将被告不在场情况下所作出的供述作为指控证据，而未给予被告提供交叉询问的机会。联邦最高法院在克劳福德案件中附和了威格摩尔的观点，对这段历史予以重要的、反职权主义的描述。通过书面证言审判，雷利所遭遇的不公正是"大陆法系刑事诉讼模式"。[95] 斯卡利亚大法官解释道，这是英美法与"欧陆法"长期以来的

---

〔87〕 See Giles v. California, 128 *S. Ct.* p. 2678（2008）.

〔88〕 Crawford, 541 U. S. p. 68 n. 10（2004）.

〔89〕 Id.

〔90〕 Id., p. 61（省略内部引号）。

〔91〕 Id., pp. 67-68. 关于第四修正案的类似努力，可参见 David A. Sklansky, "The Fourth Amendment and Common Law", 100 *Colum. L. Rev.*, p. 1739（2000）.

〔92〕 Crawford, 541 U. S. p. 63（2004）.

〔93〕 Id.

〔94〕 Id., p. 68.

〔95〕 Id., p. 50.

区别点。我们的"普通法传统是要求证人活生生地出现在法庭,并接受对抗性的测试",而"大陆法系则容忍由司法官员私下进行审查"(我们将在下文中谈到这个问题)。[96] 英国"有时也采用大陆法系实践中的要素"。[97] "16 世纪以及 17 世纪的重大政治审判"[98],包括雷利案件,都是其中的范例。在 16 世纪玛丽(Mary)女王统治时代通过的所谓的《玛丽女王法》中的保释和拘押条款,使用由低级别的审前法官对证人证言作出笔录的现象极为普遍。[99] 但英国的成文法及司法改革对这些滥用行为作出回应,创设了对质权并予以法典化,并跨过了大西洋,成为《美国权利宣言》和《美国联邦宪法》第六修正案所保护的权利。[100] 将克劳福德太太在警察讯问时作的供述作为克劳福德定罪依据的做法,便是"根本"违反了对质条款,因为它太像欧陆刑事诉讼程序。

联邦最高法院没有在克劳福德案中说,罗伯特测试或其他对质条款的要求是否应继续适用于指控被告的非证言传闻证据。联邦最高法院在两年后的戴维斯案件中回答了这个问题。斯卡利亚大法官再次为联邦最高法院撰写多数派意见时解释道,集中于证言型的供述在对质条款的"文本中得以清晰反映",故"不仅应公开指出它的'核心',还有它的范围的说法是非常公平的"。[101] 戴维斯判决后更加清晰地看到,时下的对质条款仅仅适用于证言传闻证据。

戴维斯案还吸引了对"证言"这一关键词的额外关注,至少是在执法部门官员或其职员讯问的背景下。在这一背景下,联邦最高法院认为,"如果情境客观地表明……讯问的首要目的是确立或证实过去的、与随后的刑事指控潜在相关的事实",则供述便是"证言",而不仅仅是为应对"持续紧急状态"。[102] 因此,联邦最高法院认为用于指控戴维斯攻击罪的证据并未违反《美国联邦宪法》的规定:他前女友米歇尔·麦考特里(Michelle McCottry)在打 911 后所举报的被戴维斯攻击的事实陈述。[103] 那些供述包括攻击者的姓名,是受害人在回答 911 操作员时的回答。[104] 但联邦最高法院认为,即便是攻击者身份的问题看起

---

[96] Id. , p. 43.

[97] Id.

[98] Id. , p. 44.

[99] See Id. , pp. 43-4.

[100] See Id. , pp. 44-50.

[101] Davis v. Washington, 126 *S. Ct.* pp. 2266, 2274 (2006).

[102] Id. , pp. 2273-4. 戴维斯对没有回应执法部门质询的声明只字未提,只是否认任何有关这些声明"必然未被证明"的说法。Id. , p. 2274 n. 1.

[103] See Id. , p. 2271.

[104] See Id.

来"对于解决当时紧急的情况确有必要"，因为被派往现场警察应知道"他们是否将面对一个暴力重罪犯"。[105] 问题的核心是"尽管有人可能在没有任何临近危险的情况下打911电话作一举报陈述，米歇尔·麦考特里的电话显然是真正寻求帮助以对抗真实的形体威胁……她不仅是以证人的身份提供供述；她不是在证明"。[106]

在这一方面，联邦最高法院认为，米歇尔·麦考特里的供述与哈蒙诉印第安纳州（Hammon v. Indiana）案件[107]中的供述截然相反。在后一案件中，戴维斯·赫歇尔·哈蒙依其太太艾米·哈蒙的供述判处殴打罪成立。这一供述是在警官到哈蒙家中，艾米·哈蒙在回答"家庭骚乱"时得到的。[108] 联邦最高法院认为这些事实与克劳福德的案件情形基本上不能分辨。"并不存在正在进行的紧急情况"，故"很清楚的是……讯问是对过去可能实施犯罪行为的调查的一部分"。[109] 艾米·哈蒙的供述因此是证言，其不同于米歇尔·麦考特里的供述。托马斯大法官在戴维斯案件中同意此一观点，但在哈蒙案件中则反对这一观点，认为看不出这种区分：在他看来，无论是戴维斯案件中打给911的电话，还是哈蒙案件中的现场询问，在形式上都像是"大陆法系的……依职权调查"。[110] 这甚至较之于斯卡利亚大法官都更具原创性，后者警告，"将对质条款限制在精确的形式，背离了其原先的导向，是导致该条款废除的方法"[111]。艾米·哈蒙的论述是足够正式的，既因为（正如联邦最高法院在此点上所暗示的），她在一个远离其丈夫、隔离的房间内接受询问，"由收到其指控并负责案件'调查'的官员进行"[112]，或者（正如联邦最高法院在其他地方所暗示的），因为"向警官说谎是刑事犯罪"[113]。

暂且不提在克劳福德、戴维斯以及吉尔斯诉加利福尼亚州（Giles v. California）案件（该案件狭隘地建构了死亡声明以及公正的对质权失权例外）[114]中的历史主张是否准确，也暂且不提这些证明联邦最高法院新的对质条款解释方法的主张是否正当，对此我们将在下文中作进一步探讨。时下，我将着力研究反职权主义在

---

〔105〕 Id., p. 2276（强调已省略）。

〔106〕 Id., pp. 2276-7.

〔107〕 126 *S. Ct.* p. 2266（2006）.

〔108〕 Id., p. 2272.

〔109〕 Id., p. 2278.

〔110〕 Id., p. 2281（homas, J., 部分同意与部分反对在判决中并存）［quoting Crawford v. Washington, 541 U. S. pp. 36, 50（2004）〕（省略内部引号）。

〔111〕 Id., p. 2279 n. 5（多数意见）。

〔112〕 Id., p. 2278（变更原旨）。

〔113〕 Id., p. 2279 n. 5.

〔114〕 128 *S. Ct.* p. 2678（2008）.

联邦最高法院彻底改革对质法则时所扮演的角色，有几点值得注意：

首先，联邦最高法院认为，在被告不在场的情况下使用证人证言以起诉刑事被告是职权主义诉讼制度的标志性特征。斯卡利亚大法官在为联邦最高法院解释时指出，普通法"长期以来（在这一方面）与大陆法不同"，"普通法的传统便是要求鲜活的证人在法庭上接受对抗性测试，而大陆法容忍由司法官员私下进行审查。"[115]

其次，联邦最高法院解释对质权条款首先也是最重要的便是阻止这种私下的证言，并在更广泛意义上解释职权主义制度，"对质权条款所针对的首恶便是大陆法系的刑事诉讼模式，尤其是它将司法官员依职权调查的证言作为指控被告的证据"[116]。

最后，将职权主义制度与在被告不在场情况下获取的证人证言的使用联系在一起，这可在措辞中看出。之于联邦最高法院，这种表述在论证历史正当性时并无严格必要：对质条款的目的原本便是禁止检察官对单方面的证人证言（ex parte witness statements）的使用，无论这种做法是否为职权主义制度的特征。但将大陆法系审判中未经对质的证言与美国对抗制进行联系和对比，联邦最高法院在克劳福德和戴维斯案件中"使用了被视为失败的欧洲'职权主义'模式以强化其方法的正当性"[117]。此外，在克劳福德和戴维斯案件中的反职权主义可以让联邦最高法院免除解释义务，否则联邦最高法院有义务解释为何对质应受到宪法保障。

我想简要地离题讲讲宪法审判的两种可能的目的应用：第一种应用，联邦最高法院在克劳福德案件中正确地予以排斥，令人相信如果其潜在的目的可通过其他方式达到，某一宪法条款完全不能得以适用。这是斯卡利亚大法官在克劳福德案件中的潜台词，当他妙语连珠地说道，"进行对质，是因为证人明显可信，这类似于进行陪审团审判，因为被告明显有罪。"[118] 在其他地方，联邦最高法院承认，"对质条款的终极目的是保障证据的可信性"，但它很明确地推理出，宪法条款要求"以特定的方式评估这种可信性"，即对质。[119] 宪法条款仅在联邦最高法院认为确实需要时方适用，至少在任何宪法裁判中这些宪法条款并不如时下发挥

---

[115]　Crawford, 541 U. S. p. 43 (2004).

[116]　Id., p. 50.

[117]　Sarah J. Summers, "The Right to Confrontation after Crawford v. Washington: A 'Continental European' Perspective", 2 *Int'l Comment. on Evidence*, Issue 1, art. 3, p. 1 (2004).

[118]　Crawford, 541 U. S. p. 62 (2004).

[119]　Id., p. 61.

如此重要的作用。

但还有另外一种方式可以凸显宪法解释所拟达致的目的，即它可在解决文本模糊问题时作出指引。这一做法是非对抗的，甚至是彻底的原创。以斯卡利亚大法官在哥伦比亚特区诉海勒（Columbia v. Heller）一案[120]中的观点为例，推翻当地对手枪的禁令，无可置疑这便是一个原创的观点。斯卡利亚大法官非常清楚地解释了 18 世纪以来长期争论不休的问题，即《美国联邦宪法》第二修正案对于持枪究竟是个人权利或者仅仅是集体权利（管理良好的民兵是保障自由州的安全所必需，人民持有和携带武器的权利不得侵犯）。[121] 但一旦联邦最高法院对所争议的问题作出回答，即所争议的权利为个人所享有，不依附于州民兵，则必须确定是否禁用手枪令，而非步枪或猎枪，意味着侵犯了"人民持有和携带武器的权利"。[122] 法律文本并没有回答这个问题，斯卡利亚大法官并没有假装认为法律文本回答了这一问题。相反，他强调，第二修正案的核心目的便是保护"固有的自卫权"，[123] 他评注道，"美国人民已经将手枪作为最典型的自卫武器"。[124] 这也是为何"完全禁用"手枪是违宪的。

还有另一个例子，与住宅条款接近。《美国联邦宪法》第六修正案赋予刑事被告接受陪审团审判的权利。[125] 在联邦最高法院将这一权利视为"美国司法设计的根本"后，以及用第十四修正案的"正当程序条款"保护各州，[126] 联邦最高法院不得不界定何为"陪审团"，尤其是如果陪审员人数低于 12 人是否还构成"陪审团"。普通法的陪审团有 12 名成员，但这一规模是否是理想陪审团的必要构成，或者仅仅是历史的偶然？为回答这一问题，联邦最高法院审视了陪审团审判的目的，即通过由社会参与确定有罪与否，以及适用普通人的一般认知，以"防止政府的压迫"。[127] 这个问题便成为陪审团规模应多大方可"提升集体合议，避免外部的胁迫企图，同时提供对整个社会有跨区代表性的公平可能性"。[128] 联

---

〔120〕 128 *S. Ct*. p. 2783（2008）. 海勒还侵犯了哥伦比亚特区的法律，该法律要求家庭中的任何枪支都不能被使用。

〔121〕 Id. , pp. 2790-807.

〔122〕 Id. , p. 2818.

〔123〕 Id. , p. 2817.

〔124〕 Id. , p. 2818.

〔125〕 《美国联邦宪法》第六修正案规定："在所有刑事诉讼中，被告人应享有由犯罪所在的国家和地区的公正陪审团进行迅速和公开审判的权利……"

〔126〕 Duncan v. Louisiana, 391 U. S. pp. 145, 149（1968）.

〔127〕 Williams v. Florida, 399 U. S. pp. 78, 100（1970）（citing Duncan, 391 U. S. p. 156）；accord Ballew v. Georgia, 435 U. S. pp. 223, 229（1978）.

〔128〕 Williams, 399 U. S. p. 100（1970）；accord Ballew, 435 U. S. p. 230（1978）.

邦最高法院没有发现由 6 位陪审员组成的陪审团不足以完成这些任务，因此 6 名成员组成的陪审团在宪法上可以接受。[129] 8 年后，尽管联邦最高法院在认为，将陪审团的人数减少至 5 个或更少将可能威胁刑事陪审团达到其历史目的的能力，因此 5 位或更少的陪审员不能满足《美国联邦宪法》第六修正案所规定的接受陪审团审判的权利。[130]

这种通过援引制度目的作为宪法解释的指导的做法几乎遍及所有联邦宪法法院的判例，但在克劳福德、戴维斯以及吉尔斯案件中缺席，也没有任何认真辨别对质权的基石。在克劳福德案件中，联邦最高法院认为对质条款的"最终目的"是保证用于指控刑事被告证据的可信性，[131] 但联邦最高法院亦暗示，这一条款的目的，至少有一部分，是防止"负责政治使命"的指控权被滥用。[132] 而在其他地方，斯卡利亚大法官在领导联邦最高法院时强调对质条款所保护的象征性的、人格尊严方面的利益："被指控者与指控者之间面对面的权利"作为"刑事指控中公正审判的核心要素"，仅仅是"人性中最深层次的事物"。[133] 联邦最高法院在克劳福德、戴维斯以及吉尔斯案件中未尝试总结或者协调这些目的。他认为这一任务没有必要：无论对质条款的目的如何，宪法已经确定这一目的如何实现。[134] 如罗杰·帕克（Roger Park）所说，对质似乎是联邦最高法院的底线，"对质的目的便是对质"。[135]

正如帕克教授所指出的，这一方法的问题在于事实上在界定对质权内涵和界定"证言"的批判性术语时它没有为联邦最高法院提供指引。[136] 但缺乏指引可能在解释联邦最高法院对诸如庭外"证言"陈述一些奇怪的意见大有帮助，并将之适用对质条款，包括违反直觉的理念，如获取证言的程序倾向于将供述作为证

---

〔129〕　See Williams, 399 U. S. pp. 102–3.

〔130〕　See Ballew, 435 U. S. pp. 239–45 (1978). 联邦最高法院承认，它无法区分"6 名法官和 5 名法官之间的明确界限"。Id., p. 239. 但它注意到积累的社会科学研究提出了关于"陪审团成员小于六的可靠性和适当代表性的实质性质疑"，并得出结论，"由于陪审团审判对美国刑事司法制度的根本重要性，任何导致不准确和可能有偏见的决策，导致判决结果的不一致，妨碍陪审团真正代表他们的社区，减少了获得陪审团审判所（具有）的宪法意义。"

〔131〕　Crawford v. Washington, 541 U. S. pp. 36, 61（2004）; see also Giles v. California, 128 *S. Ct.* pp. 2678, 2692 (2008)（理由是对质条款只允许"根据宪法认为可靠和可采的证据"给被告定罪）。

〔132〕　Crawford, 541 U. S. p. 68 (2004).

〔133〕　Coy v. Iowa, 487 U. S. pp. 1012, 1017 (1988)〔quoting Pointer v. Texas, 380 U. S. pp. 400, 404 (1965)〕; accord Maryland v. Craig, 497 U. S. pp. 836, 847 (1990).

〔134〕　See Giles, 128 *S. Ct.* p. 2692; Crawford, 541 U. S. p. 61（2004）.

〔135〕　Roger C. Park, "Is Confrontation the Bottom Line?", 19 *Regent U. L. Rev.*, p. 466 (2007).

〔136〕　See Id., pp. 459, 467.

言，即便这些程序似乎让供述变得更为可信，并更不易于受政府操控。[137] 假定沃尔特·雷利案件中的程序让供述更像证据，并且玛丽安（Marian）法官所获取的供述更像证据，甚至假设这些应作为大陆法系的范例，成为对质条款反对的对象，帕克教授显然是正确的，"没有功能差别的相似性毫无意义"，[138] 并且有功能差异的相似性要求参照一些潜在的目标。

严格而论，联邦最高法院在克劳福德、戴维斯和吉尔斯案件中不愿意审查对质的潜在目的并不依附于克劳福德案切入了缺乏对质与职权主义审判之间的联系。联邦最高法院本应从对质条款的目的出发进行解读，而无需同时将对质条款与当事人主义挂钩。事实上，在戴维斯案件[139]中很少有对职权主义制度的明确讨论，吉尔斯案件中甚至更少。正如联邦最高法院在克劳福德案件中所为的一般，对质权根植于反职权主义诉讼的观点仅仅是重构给予权利内容所要求的功能分析：现在，联邦最高法院需要考虑为何对职权主义应予以排斥。在司法实务中，尽管反职权主义在克劳福德案件中替代了有目的的调查。一旦审判中的对质与反职权主义制度相联系，它的独立目的类似某种不言自明或不在话下。对质是非常重要的，因为它是"我们的"杰出司法制度的组成部分，而非"他们的"，而对他们的制度"必须花尽代价以避免"。[140]

（二）反职权主义、量刑和陪审团

除了对质条款外，在过去 10 年内宪法刑事程序最引人注目的发展当属联邦最高法院对第六修正案的陪审团权利的适用，以废除一系列范围极广的量刑程序，包括联邦法院系统已经适用了近二十余年的量刑程序。这一系列案件始于 2000 年的阿布伦蒂诉新泽西州（Apprendi v. New Jersey）案件[141]撤销了新泽西的一部法

---

[137] See Id., pp. 459–62; see also, e.g., Davis v. Washington, 126 *S. Ct.* p. 2266, p. 2278 n. 5（2006）［强调"程序（形式）是证明话语的必要条件"］；Id., pp. 2276–7（表明记录的陈述更正式，因此更有可能被证明）。帕克教授指出，在形式上是一种坏方法（在形式是一种坏方法的条件下），即每一次努力去提高声明者指控被告的陈述或去检验声明者的故事记录的准确性，这只会使证据更可能被排除，直到底线被越过或程序变得强大到可以被视为"对质"。Roger C. Park, "Is Confrontation the Bottom Line?", 19 *Regent U. L. Rev.*, p. 461（2007）; see also Thomas D. Lyon & Raymond LaMagna, "The History of Children's Hearsay: From Old Bailey to Post-Davis", 82 *Ind. L. J.*, pp. 1029, 1055–6（2007）。

[138] Roger C. Park, "Is Confrontation the Bottom Line?", 19 *Regent U. L. Rev.*, p. 460（2007）.

[139] But see Davis, 126 *S. Ct.* p. 2278［她强调说，艾米·哈蒙（Amy Hammon）的声明暗示了她的丈夫分享（享有与）了"我们所谓的和克劳福德声明与民法单方考试（审查）'惊人的相似'"］（quoting Crawford, 541 U. S. p. 52）.

[140] Sarah J. Summers, "The Right to Confrontation after Crawford v. Washington: A 'Continental European' Perspective", 2 *Int'l Comment. on Evidence*, Issue 1, art. 3, p. 1（2004）.

[141] 530 U. S. p. 466（2000）.

律，该法律授权由职业法官而非陪审团对实施恶劣罪行的被告进行加重量刑。
5 年后，联邦最高法院在美国诉布克（United States v. Booker）案件[142]中亦作出
判决，认为《美国量刑指南》（United States Sentencing Guidelines）违宪，因为该
量刑指南所确立的被告的预定量刑幅度由发现事实的法官确定，而非陪审团。
但在这一系列案件中最关键的案件是在布克案件前一年作出判决的布莱克利诉
华盛顿州（Blakely v. Washington）案件。联邦最高法院在布莱克利案件的判决
中清楚指出，阿布伦蒂案件的原则适用于任何对被告的最高量刑所立足的事实
由法官而非陪审团发现的量刑程序——不仅对于这些程序，例如在阿布伦蒂案
件中，其授权法官可超过成文法对被告罪行所规定的最高量刑。在布莱克利案
件作出判决前，各州似乎可能通过对每个罪名设立足够高的量刑来避免违反阿
布伦蒂案件的原则，以考虑到被授权的量刑法官依据发现的事实作出加重量
刑。在布莱克利案件后，这种选择不再有效，并且相关规定写于《美国联邦刑
法》中。

布莱克利案件引发了高度争议，5 票赞成，4 票反对。持不同意见的大法官批
评持多数意见者具有"学说的形式主义"（doctrinaire formalism）[143]并且很容易看
出为何。无论布莱克利案件，还是下一年的布克案件，均未要求由陪审团作出量
刑判决，或者对法官在选择量刑上所作的考量作出任何限制。联邦最高法院依然
完全允许审判法官加重被告的量刑，因为法官可以依优势证据裁定，例如被告拒
绝悔过，或者表现出种族仇恨，或者展现出极端残酷，或者违背信任身份实施犯
罪（a position of trust）。[144]所有布莱克利案件所禁止的是法官按强制的量刑规则
行使这一权力。效果便是防止立法者通过规定强制的量刑幅度以限制法官的量刑
裁量权，除非对罪犯的事实认定由陪审团而非法官作出。因为让陪审团认定量刑
事实极为复杂，很明显，布莱克利和布克案件的实践效力便是将量刑规则变为量
刑建议。这在布克案件中特别清晰，因为联邦最高法院所提出的补救规则明确将
《美国量刑指南》改为建议性的，而非强制性的。[145]这些案件的修辞均是关于法
官和陪审团之间的权力分配，但实际结果却是立法者和行政代表（即量刑法官）

---

[142] 543 U. S. p. 220 (2005).

[143] Blakely v. Washington, 542 U. S. pp. 296, 321 (2004)（O'Connor, J.，持有异议）。

[144] See, e. g., William T. Pizzi, "Sentencing in the US: An Inquisitorial Soul in an Adversarial Body", in John Jackson, Maximo Langer & Peter Tillers eds., *Crime, Procedure and Evidence in a Comparative and International Context*, Hart Publishing, pp. 74-6 (2008).

[145] Booker, 543 U. S. p. 245 (2005).

的权力再分配。[146]

所以，布莱克利案件的推理经得住审查。布莱克利案件的判决理由，与克劳福德案件一样，也是斯卡利亚大法官所写。而另一与克劳福德案件一样的地方是，斯卡利亚大法官在联邦最高法院对布莱克利案件判决的论述在关键点上也援引了反职权主义。他指出，如果陪审团的裁决在量刑阶段仅为"司法职权主义"设置了舞台，陪审团审判可能意义不大。[147] 此后，斯卡利亚大法官甚至更为明确地援引了职权主义制度作为相对立的模式：

"我们的宪法以及所牢固确立的普通法传统……不允许同意如下观点，即司法职权主义比陪审团的对抗性审查能更好地发现事实……有人很肯定地主张，将司法完全交到职业人员手中，能更好地实现此两者（效率和公正）。世界上许多国家，尤其是具有大陆法传统的国家，便是如此主张。但对于美国刑事司法的缔造者而论，毫无疑问的是：大陆法系的行政完善并非理想模式，而普通法通过在法官和陪审团作严格的权力划分以限制州权力才是理想模式。"[148]

联邦最高法院在布莱克利案件中的反职权主义并没有完全地解释为何这是对陪审团的支持、对职业法官的打击，因为这一判决并未限制法官的量刑权，也没有给陪审团新的权利，而仅是让立法者给法官留下宽泛的、不受限制的在最高量刑下行使自由裁量权的权利。但这令联邦最高法院的推理更无法理解。在一套司法系统中，法官享有不受限制的量刑裁量权，联邦最高法院认为合适的可能看起来是不民主的，或者不符合法律规则，但这并不会令人想起职权主义传统。[149] 此外，由法官进行事实认定，然后量刑交由立法或者行政法典在某些方面并不受大陆法学者的推崇。这最多令人想起的是 19 世纪拿破仑时代的法学家适用贝卡里亚

---

〔146〕 See, e. g., Douglas A. Berman, "Conceptualizing Booker", 38 *Ariz. St. L. J.*, pp. 387, 410 (2006)；Kate Stith, "The Arc of the Pendulum：Judges, Prosecutors, and the Exercise of Discretion", 117 *Yale L. J.*, pp. 1420, 1481-2, pp. 1484, 1494-5 (2008). 后续案件延伸和适用于布克案件，"给予地方法院的自由裁量权"变得更加清晰，而"陪审团……几乎从照片中消失了"。Daniel Richman, "Federal Sentencing in 2007：The Supreme Court Holds — The Center Doesn't", 117 *Yale L. J.*, pp. 1374, 1376 (2008)〔discussing Rita v. United States, 127 *S. Ct.* p. 2456 (2007)；Gall v. United States, 128 *S. Ct.* p. 586 (2007)；Kimbrough v. United States, 128 *S. Ct.* p. 558 (2007)〕.

〔147〕 Blakely, 542 U. S. pp. 306-7 (2004).

〔148〕 Id., p. 313.

〔149〕 See, e. g., Ronald F. Wright, "Rules for Sentencing Revolutions", 108 *Yale L. J.*, p. 1355, p. 1372 n. 73 (1999) (书评) (建议道"在解释法律时，普通法传统上强调法官扮演的有限角色，而来自于这样传统的律师会发现量刑法官这一观点极具迷惑性") . But cf. William T. Pizzi, "Sentencing in the US：An Inquisitorial Soul in an Adversarial Body", in John Jackson, Maximo Langer & Peter Tillers eds., *Crime, Procedure and Evidence in a Comparative and International Context*, Hart Publishing, pp. 66, 69-71, 75-8 (2008) (认为美国的量刑程序具有"强烈的职权性"，因为该程序被法官而非当事人所控制) .

的量刑法典，既不是旧制度下臭名昭著、专横的法官，也不是现代的欧洲法官，后者比美国同行行使更宽泛的量刑裁量权。[150] 相反，贝卡里亚及其追随者确实想追求"理想的行政完善"（ideal of administrative perfection）。[151]

贝卡里亚的思想在欧洲长久以来不被认同。[152] 但在布莱克利案件中，就如同在克劳福德案件，斯卡利亚大法官作了一般美国法律人通常会做的：他将职权主义制度作为欧洲单一的、连续的程序传统，从中世纪一直延续至今。所有拿破仑时代的法官和中世纪的侦查法官，以及欧洲现代的法官，这三者之间如此大的差异变得模糊。这三种都被称为"职权主义"，均与当事人主义制度形同陌路。[153]

量刑并不是刑事诉讼中的唯一领域，联邦最高法院宣称其应保障对"法官和陪审团的权力作严格区分"。[154] 在吉尔斯案件中，联邦最高法院严格限定了被告对质权的公正失权例外，但从未清晰地援引大陆法诉讼程序，而仅是立足某种反职权主义，并非依据克劳福德案件中对对质条款的解释，而是类似在布莱克利案件中使用某种陪审团权力的修辞。加利福尼亚州在吉尔斯案件中辩称，只要证人因被告过错而无法出庭，失权学说应予以适用，即便这一过错除阻止证人到庭上作证外还有一些动机。[155] 一些低级别的法院效仿克劳福德案件也已准确得出这一结论，但联邦最高法院不同意，这在斯卡利亚大法官的另外意见中得以体现。斯卡利亚大法官在吉尔斯案件中的部分理论依据是，在制定及批准权利法案的时代，普通法法院所承认的对质失权例外仅仅是由于被告过错行为旨在让证人不出

---

　〔150〕　See Kate Stith & Jose A. Cabranes, *Fear of Judging*, The University of Chicago Press, pp. 12-3（1998）；James Q. Whitman, *Harsh Justice*, Hart Publishing, pp. 53-6, 71-4（2003）；Richard S. Frase, "Comparative Perspectives on Sentencing Policy and Research", in Michael Tonry & Richard S. Frase eds., *Sentencing and Sanctions in Western Countries*, Oxford University Press, 1 edition（May 31, 2001）, pp. 259, 272-3（2001）；Constantijn Kelk, Laurence Koffman & Jos Silvis, "Sentencing Practice, Policy, and Discretion", in Phil Fennel et al. eds., *Criminal Justice in Europe*, Clarendon Press, 1 edition（June 29, 1995）, pp. 319, 324-7（1995）.

　〔151〕　See, e. g., James Q. Whitman, *Harsh Justice*, Hart Publishing, pp. 50-1（2003）.

　〔152〕　See Id., pp. 73-4.

　〔153〕　凯特·斯蒂斯（Kate Stith）认为，布莱克利和布克案件中无效的强制量刑规则是"纠问式的"而不是"对抗性的"，因为他们认为量刑法官在缓刑官的帮助下会对适当的量刑进行独立调查，而不是依赖各方提出的事实和论点。参见 Kate Stith, "The Arc of the Pendulum: Judges, Prosecutors, and the Exercise of Discretion", 117 *Yale L. J.*, pp. 1436-9（2008）. 布莱克利和布克案件中所禁止的只是（规定了后果必须与量刑法官所查明的事实相关联的）立法或行政规则，规定了量刑法官必须根据他们发现的事实承担的后果。在布克案中被否决的联邦量刑计划可能被认为通过要求"真正的犯罪"量刑，提高了量刑的"纠问式的"性质，也就是说，要求法官根据实际事实，而不是根据指控所反映的事实或当事各方同意的事实来量刑。但在实践中，正如斯蒂斯教授指出的那样，量刑法官通常会接受当事人约定的任何事实。See Id., pp. 1450-1.

　〔154〕　Blakely v. Washington, 542 U. S. pp. 296, 313（2004）.

　〔155〕　Giles v. California, 128 *S. Ct.* pp. 2678, 2682（2008）.

庭[156]（至少这是斯卡利亚大法官所解读的历史，也有异见者持反对意见[157]）。联邦最高法院的另一推理便是，它并未"依据事先对指控被告的罪行进行司法评估"使"接受陪审团审判的权利"与剥夺被告对质权相符。[158]有人可能会说，使用陪审团审判是类似的，因为被告显然有罪。[159]

刑事陪审团可以作为我们宪政系统的核心所在，而无需将大陆法传统作为对立模式［阿希尔·阿玛尔（Akhil Amar）对此花了冗长篇幅[160]］。有人甚至可能会试图在刑事案件中加强陪审团审判的广泛权利，应注意这已通过批准，即不论是单独的还是在非职业和职业人组成的混合审判组织，陪审团审判在现代欧洲刑事诉讼亦得以广泛运用，[161]就如同我们也可以例举大陆法国家中也有类似于强大对质权的原则作为支撑的论据。[162]但这只是表明，联邦最高法院在对特定做法进行分析时须审查权利的目的，以及该做法是否违反了《美国联邦宪法》的规定，以及多大规模的陪审团符合《美国联邦宪法》规定。[163]在布莱克利案中，就如

---

〔156〕 Id. , pp. 2683-6.

〔157〕 Id. , pp. 2696-7（Breyer, J. , 持有异议）。

〔158〕 Id. , p. 2686（多数意见）。

〔159〕 Id. ［quoting Crawford v. Washington, 541 U. S. pp. 36, 62（2004）］. 斯卡利亚大法官在后来的部分意见中进一步阐述了这一点，只有首席大法官罗伯茨、托马斯大法官和阿利托大法官加入其中："对于我们陪审团审判的宪法制度来说，这种做法是令人厌恶的。"建议"应对法官认为有罪的犯谋杀罪的被告（注意，在经过不充分的审判后，当然，是在陪审团宣布有罪之前）剥夺其公平审判的权利，以免他们从法官认定错误中获利。"Id. , p.2691（斯卡利亚大法官的观点）。"这肯定不是常态。"斯卡利亚大法官接着说："根据先前有罪的司法认定，审判权可以被'剥夺'……立法机关不得通过剥夺被告在刑事诉讼中由陪审团认定其有罪的权利，以及根据宪法认为可靠和可采的证据，以'惩罚'被告的邪恶行为。"Id. , p. 2692.

〔160〕 See Akhil Reed Amar, *The Constitution and Criminal Procedure*, Yale University Press, pp. 89-144, 161-78（1997）.

〔161〕 See, e. g. , John Henry Merryman, *The Civil Law Tradition*, Stanford University Press, pp. 138-9（1969）; John D. Jackson & Nikolay P. Kovalev, "Lay Adjudication and Human Rights in Europe", 13 *Colum. J. Eur. L.* , p. 83（2006）.

〔162〕 See, e. g. , Sarah J. Summers, *Fair Trials : The European Criminal Procedural Tradition and the European Court of Human Rights*, Hart Publishing, pp. 47-58, 137-9（2007）; Stefan Trechsel, "Human Rights in Criminal Proceedings", Oxford University Press, pp. 291-326（2005）; Richard D. Friedman, "Confrontation : The Search for Basic Principles", 86 *Geo. L. J.* , p. 1031 n. 96（1998）; John H. Langbein, *The Origins of Adversary Criminal Trial*, OUP Oxford, pp. 13-6（2003）［quoting Sir Thomas Smith, *De Republica Anglorum*, Mary Dewar ed. , Cambridge University Press, p. 114（1982）］. 论大陆刑事审判中的对抗，参见 Mirjan R. Damaška, *The Faces of Justice and State Authority*, Yale University Press, p. 137 n. 71（1986）; and Lloyd L. Weinreb, "Denial of Justice", *Fordham Urban Law Journal*, p. 111（1977）；以及附随文本。

〔163〕 《美国联邦宪法》第六修正案规定："在所有刑事诉讼中，被告人应享有由犯罪所在的国家和地区的公正陪审团进行迅速和公开审判的权利……" Duncan v. Louisiana, 391 U. S. pp. 145, 149（1968）; Williams v. Florida, 399 U. S. pp. 78, 100（1970）（citing Duncan, 391 U. S. p. 156）; accord Ballew v. Georgia, 435 U. S. pp. 223, 229（1978）; Williams, 399 U. S. p. 100; accord Ballew, 435 U. S. p. 230. ; Williams, 399 U. S. pp. 102-3; see Ballew, 435 U. S. pp. 239-45. 联邦最高法院承认，它无法区分"六名法官和五名法官之间的明确界限"。Id. , p. 239. 但它注意到积累的社会科学研究提出了关于"陪审团成员小于六的可靠性和适当代表性的

同克劳福德案件一样，联邦最高法院采用了不同的方法，评价这一权利的首要并非是因为该权利所发挥的特定功能，而是因为它是排斥职权主义诉讼制度的重要部分。

（三）反职权主义与程序失权规则

反职权主义可能出现在不同的背景之下，可用于不同的目的，例如在桑切斯-拉马斯案件中，联邦最高法院于 2006 年作出关于本国法与《维也纳领事关系公约》相冲突时的判决。理解桑切斯-拉马斯案件需要简要回顾该案件的整个背景。

美国在 1963 年签署了《维也纳领事关系公约》，并在 1969 年批准。[164]《维也纳领事关系公约》第 36 条授权外国人与其使馆领事的会见权，并规定了外国人被逮捕或羁押所应遵循的程序。"遇有领馆辖区内有派遣国国民受逮捕或监禁或羁押候审，或受任何其他方式之拘禁之情事，经其本人请求时，接受国主管当局应迅即通知派遣国领馆。受逮捕、监禁、羁押或拘禁之人致领馆之信件亦应由该当局迅予递交。该当局应将本款规定之权利迅即告知当事人。""本条第 1 项所称各项权利应遵照接受国法律规章行使之，但此项法律规章务须使本条所规定之权利之目的得以充分实现。"[165]依据此公约，美国批准了可选择的议定书，[166]授权国际法院对"由公约解释或适用引发的争议"有强制管辖权。

在 20 世纪 90 年代后期，从美国未能告知在本国被逮捕的外国公民其享有的维也纳公约权利开始，美国法院和国际法院在寻求救济方面面临着一系列挑战。[167]许多案件涉及囚犯，后者首次援引《维也纳领事关系公约》，要求进行重审。检察官主张，事实上美国法院也普遍认可，囚犯在此前未提出便已失权。但在德国及墨西哥所提出的案件中，国际刑事法院作出判决，以这种方式适用程序失权规则未能达致《维也纳领事关系公约》所规定之权利的"完全效力"，[168]至

实质性质疑"，并得出结论，"由于陪审团审判对美国刑事司法制度的根本重要性，任何导致不准确和可能有偏见的决策，导致判决结果的不一致，妨碍陪审团真正代表他们的社区，减少了获得陪审团审判所（具有）的宪法意义。"以及参见附随文本。

〔164〕 See Steven Arrigg Koh, Note, "'Respectful Consideration' after Sanchez-Llamas v. Oregon: Why the Supreme Court Owes More to the International Court of Justice", 93 *Cornell L. Rev.*, p. 243, p. 252 n. 63 (2007).

〔165〕 Apr. 24, 1963, 21 U. S. T. 77, 596 U. N. T. S. 261 （以下简称《维也纳公约》）, art. 36 (2).

〔166〕 Optional Protocol to the Vienna Convention on Consular Relations Concerning the Compulsory Settlement of Disputes （《维也纳领事关系公约关于强制解决争端的选择议定书》）, Apr. 24, 1963, 21 U. S. T. pp. 325, 596 U. N. T. S. p. 487. On the ICJ, see, for example, Mark L. Movsesian, "Judging International Judgments", 48 *Va. J. Int'l L.*, p. 65, pp. 73-6 (2007).

〔167〕 See Mark L. Movsesian, "Judging International Judgments", 48 *Va. J. Int'l L.*, pp. 76-81 (2007); Steven Arrigg Koh, Note, "'Respectful Consideration' after Sanchez-Llamas v. Oregon: Why the Supreme Court Owes More to the International Court of Justice", 93 *Cornell L. Rev.*, pp. 252-5 (2007).

〔168〕 See LaGrand (F. R. G. v. U. S.), June 27 *I. C. J.*, p. 466 (2001); Avena and Other Mexican Nationals (Mex. v. U. S.), Mar. 31 *I. C. J.*, p. 12 (2004).

少在案件中被告未能及时提出诉求，而这是因为公权力机构未能告知《维也纳领事关系公约》所规定之权利。[169] 德国所提交的案件在判决作出时用于讨论，因为两位涉案因犯已被处决，但由墨西哥所提交的案件涉及许多墨西哥人，依然关押于死囚室。美国以总统备忘录的形式对墨西哥的裁定作出回应，指导州法院"依一般的礼让原则"作出判决，[170] 并撤销可选择议定书赋予国际刑事法院在涉及《维也纳领事关系公约》纠纷时的裁判权。[171]

最终，联邦最高法院判定总统的指令无效，原因是无论是国际刑事法院，还是共和国总统均不得依法下令各州法院无视程序失权规则。[172] 在这期间，虽然国际刑事法院的判决是针对桑切斯-拉马斯案件，但事实上是两个一样的案件，均涉及外国人被捕，而未告知他们享有《维也纳领事关系公约》所规定的通知领事馆并取得联系的权利。莫伊塞斯-桑切斯-拉马斯，一位墨西哥人，被指控射杀一名警察，在他被捕后的供述并未因违反《维也纳领事关系公约》第36条而被撤销后，他被定罪。马里奥·布斯蒂洛（Mario Bustillo），一位洪都拉斯人，被以谋杀罪定罪，然后他申请释放令，理由是他从未被告知可以与领事会见的权利。布斯蒂洛辩称，领事官员本可以帮助他找到他所指称的应真正负谋杀罪责任的凶手。[173]

联邦最高法院均驳回了两名被告的诉求。桑切斯-拉马斯案件是两个案件中比较容易的。罗伯茨联邦首席大法官为联邦最高法院多数派撰写判决意见时仅是简单地拒绝将违反《维也纳领事关系公约》作为例外规则。他写道，公约本身并未要求这种救济方式，联邦最高法院无权单方面地在各州适用它。[174] 布斯蒂洛提出了更复杂的问题，因为低级别的法院已经准确地依据国际刑事法院所指出的程序缺席规则与第36条规定相冲突驳回他的人身自由令诉求。这些早期的国际刑事法院的规定对联邦最高法院并无约束力：不仅仅是因为美国撤销了可选择的议定书，还因为国际刑事法院依自身的规则设定，在任何情况下仅在"当事人间及特定案件"时方有效力。[175] 学者们在联邦最高法院应在多大程度上遵循国际刑事法

---

〔169〕 See LaGrand, *I. C. J.*, pp. 497–98 (2001); Avena, *I. C. J.*, p. 57 (2004).

〔170〕 Edward T. Swaine, "Taking Care of Treaties", 108 *Colum. L. Rev.*, pp. 331, 338 (2008) [quoting Memorandum from President George W. Bush to Alberto R. Gonzales, U. S. Att'y Gen. (Feb. 28, 2005)].

〔171〕 See Mark L. Movsesian, "Judging International Judgments", 48 *Va. J. Int'l L.*, pp. 80–1 (2007).

〔172〕 See Medellin v. Texas, 128 *S. Ct.* p. 1346 (2008).

〔173〕 Sanchez–Llamas v. Oregon, 126 *S. Ct.* pp. 2669, 2675–7 (2006).

〔174〕 See Id., pp. 2678–82. 联邦最高法院在没有作出判决的情况下假定《维也纳领事关系公约》给予刑事被告个人权利，而不仅仅给予他们的国家。See Id., pp. 2677–8.

〔175〕 See Id., p. 2684 (引用国际法院规约), art. 59, June 26, 1945, 59 Stat. pp. 1055, 1062, 3 Bevans pp. 1179, 1190; accord Id., p. 2700 (Breyer, J., 持有异议)。

院规则的问题上意见并不一致，[176] 但作为主要负责适用国际公约的司法机构，以直接的方式作出与之相悖的解释，未免显得突兀尴尬。

有一种做法可以解决这一问题。金斯伯格（Ginsburg）大法官，也是持同意观点，他强调布斯蒂洛的庭审律师了解《维也纳领事关系公约》，所以这并不属于被告未能及时提出诉求，原因是公权力机构未提供公约所规定的告知义务这一情况。[177] 但多数派意见的观点不仅如此。即便布斯蒂洛的律师忽视了《维也纳领事关系公约》，罗伯茨联邦首席大法官在为联邦最高法院写判决意见时写道，"通常情况下，程序失权规则"依然适用，而无论其是否违反了国际刑事法院的结论。[178] 这一案件的要点是：在经过"令人尊重的考量后"，（联邦最高法院认为）国际刑事法院关于《维也纳领事关系公约》的解释是错的。[179] 国际刑事法院"忽略了程序失权规则在当事人主义制度下的重要性，后者主要由双方当事人提出重要议题，并以恰当的方式、恰当的时间向法庭提交"。[180] 辩护律师的无知在我们的诉讼制度中并不能作为可原谅的事由，除了极少数的例外，即自始至终的辩护均在宪法最低保障的有效辩护之下。总体而论，"在进一步的诉讼中，律师作为或者不作为，律师是（被告）的代理人，（被告）必须'承担律师犯错的风险'。"[181]

这不仅仅是国际刑事法院的错，这种错误也是可以预期的。这是大陆法学者对非职权主义制度的误解。罗伯茨联邦首席大法官解释道："通常而论，较之于职业法官主导的职权主义法律制度而论，程序失权规则在我们当事人主义制度中更为重要，而许多其他奉行职权主义制度的国家系《维也纳领事关系公约》的签署国。"[182] 在大陆法系国家，"未能提出一个法律错误可能部分是因为法官的原因，并进而推及国家本身的原因"，但在"我们的司法制度中，……未能提出一个争议问题的责任通常应由当事人自行承担"。[183]

桑切斯-拉马斯案件有两点值得关注：首先，不像克劳福德案强调职权主义制度对片面的庭外供述的使用，也不像布莱克利案强调英美法律传统中对陪审团

---

〔176〕 例如，支持上诉人的司法专家国际法庭简述：Sanchez-Llamas, 126 *S. Ct.* p. 2669（2006）（Nos. 04-10566, 05-51），2005 WL 3597806，与支持被上诉人的国际法、联邦司法以及美国联邦关系法的专家：Sanchez-Llamas, 126 *S. Ct.* p. 2669（2006）（Nos. 04-10566, 05-51），2006 WL 259988。

〔177〕 See Sanchez-Llamas, 126 *S. Ct.* p. 2690（Ginsburg, J.，同意这一判决）。

〔178〕 Id., p. 2687（多数意见）。

〔179〕 Id., p. 2685 [quoting Breard v. Greene, 523 U. S. pp. 371, 375（1998）（per curiam）].

〔180〕 Id.

〔181〕 Id., p. 2686 n. 6 [quoting Coleman v. Thompson, 501 U. S. pp. 722, 753（1991）].

〔182〕 Id., p. 2686.

〔183〕 Id.

制度与众不同的信赖，桑切斯-拉马斯案将职权主义制度的核心要素放置他处，它将更重大的责任放置于法庭上面对面的当事人上。罗伯茨联邦首席大法官在桑切斯-拉马斯案件中为联邦最高法院撰写理由时援引了斯卡利亚大法官在 2015 年一起讯问案件中的论述："让当事人主义与职权主义区分开来的是……法官自身（作为调查者）并不参与事实和法律的调查，而是依当事人从正反两面自行提交的事实与论据作出裁判。"[184]

其次，桑切斯-拉马斯案件中所援引的职权主义传统与当事人主义传统之间的对立，并不仅仅是通过描述它不是什么的方式来界定我们的司法制度，也作为一种极少尊重美国以外法院判决的论据。桑切斯-拉马斯案件引发了一定且日益升温的争议，即在多大程度上，美国法院应该妥协于国外或国际法院。[185] 如果我们的程序制度完全不同于多数域外国家的诉讼制度，这意味着从这些国家出身的法学家很难给我们引导，这至少是联邦最高法院在桑切斯-拉马斯案件中的关键点。在此一方面，桑切斯-拉马斯案明晰了一系列美国例外以及法律孤立主义，这可能是反职权主义固有之意，尽管联邦最高法院未予以阐明。毫无惊奇的是，时下联邦最高法院反职权主义的几位大法官，如斯卡利亚大法官、罗伯茨联邦首席大法官以及托马斯大法官，都严厉反对（或者轻易）在解释《美国联邦宪法》时参考国外及国际的先例。[186]

---

〔184〕 Id. 〔quoting McNeil v. Wisconsin, 501 U. S. p. 171, p. 181 n. 2（1991）〕.

〔185〕 On the broader debate, see, for example, Vicki C. Jackson, *Constitutional Engagement in a Transnational Era*（作者原稿），ch. 1, pp. 17-8, 45（2009），存放于作者处（通过"将外国法作为反面先例"探讨"本土宪法"的发展）。Roger P. Alford, "Four Mistakes in the Debate on 'Outsourcing Authority'", 69 *Alb. L. Rev.*, p. 653, p. 661 n. 49（2006）；Daniel A. Farber, "The Supreme Court, the Law of Nations, and Citations of Foreign Law: The Lessons of History", 95 *Cal. L. Rev.*, p. 1335（2007）；Timothy K. Kuhner, "The Foreign Source Doctrine: Explaining the Role of Foreign and International Law in Interpreting the Constitution", 75 *U. Cin. L. Rev.*, p. 1389（2007）；Osmar J. Benvenuto, "Reevaluating the Debate Surrounding the Supreme Court's Use of Foreign Precedent", 74 *Fordham L. Rev.*, p. 2695（2006）.

〔186〕 See, e. g., Lawrence v. Texas, 539 U. S. pp. 558, 598（2003）（Scalia, J., 持有异议）（贬低联邦最高法院对外国观点的讨论是"毫无意义的"和"危险的宣言"）；Foster v. Florida, 537 U. S. p. 990（2002）（Thomas, J., 同意不签发调卷令）〔辩称联邦最高法院不应将美国人（外国人）的情绪、时尚或方式强加给美国人〕；Daniel A. Farber, "The Supreme Court, the Law of Nations, and Citations of Foreign Law: The Lessons of History", 95 *Cal. L. Rev.*, pp. 1343-4（2007）；在他的确认听证会上，首席大法官罗伯茨解释说他"感到担忧……关于使用外国法律作为先例"，这不仅是因为"民主理论"，还因为不确定性："在外国法律中，你会发现你想要的任何东西。如果你在法国或意大利的判决中没有找到它，那就会在索马里或日本或印度尼西亚或其他的判决中找到……它允许法官纳入他或她自己的个人偏好，（并）用先例的权威掩盖它们……"关于小约翰·G. 罗伯茨（John G. Roberts, Jr.）被提名为美国首席大法官的听证会：由美国司法委员会（s. c.）进行，109th Cong. 200-01（2005）（小约翰·G. 罗伯茨法官声明）。

（四）反职权主义与认罪

将职权主义作为美国刑事诉讼对立模式最古老且影响最为深远的使用依据并不是前面所论及的对质、量刑、陪审团或者程序失权，而是在讯问与认罪问题上。联邦最高法院对此一问题的措辞传统可回溯至一个多世纪前。早在 1896 年，联邦最高法院在追诉《美国联邦宪法》第五修正案关于"不得自我归罪特权"的根源时便指出，"（不得自我归罪特权）的根源在于它可预防职权主义以及明显不公正讯问被告的方式，后者长期以来在大陆法系的司法制度中有适用。直至 1688 年斯图加特王朝在英国被驱逐，以及确立额外的壁垒以保护公民不受专横权力的迫害，这种做法在英国甚至都还普遍存在。"[187]

50 年之后，当联邦最高法院第一次撤销州法院以无意识认罪供述为依据作出无罪判决时，它称强制的自我归罪是"所有国家的诅咒"，是"星座法庭、宗教裁判所及其他类似制度臭名昭著且主要的不公正所在"。[188] 类似的措辞在接下来的许多认罪案件中普遍存在。[189] 在 20 世纪 60 年代，联邦最高法院标准的表述便是罗列"当事人主义刑事诉讼制度较之于职权主义刑事诉讼制度的优点"，并作为反对自证其罪特权中"最根本的价值以及最崇高的意愿"。[190]

在许多这样的案件中所得出的区别更多是历史的，而非地域的。（联邦最高法院）所指的对立模式指的是"旧的职权主义实践"，[191] 这在过去是"所有国家的诅咒"。[192] 但在其他一些案件中，联邦最高法院强调了英美法传统和大陆法传统在这一方面的区别。例如，在时常被援引的案例瓦茨诉印第安纳州（Watts v. Indiana）[193] 中，法兰克福特（Frankfurter）大法官写道："我们的刑事诉讼是当事人主义制度，对立于职权主义制度。""自星座法院这一从欧洲大陆借鉴过来的实践成为历史后，（当事人主义）便一直是英美法刑事司法的特征之一。在星座

---

[187]　Brown v. Walker, 161 U. S. pp. 591, 596（1896）.

[188]　Brown v. Mississippi, 297 U. S. pp. 278, 287（1936）.

[189]　See, e. g., Culombe v. Connecticut, 367 U. S. pp. 568, 582（1961）（多元化意见）；Rogers v. Richmond, 365 U. S. pp. 534, 541（1961）；Ashcraft v. Tennessee, 322 U. S. p. 143, p. 152 n. 8（1944）.

[190]　Murphy v. Waterfront Comm'n, 378 U. S. pp. 52, 55（1964）；accord to United States v. Balsys, 524 U. S. pp. 666, 690（1998）；Withrow v. Williams, 507 U. S. pp. 680, 692（1993）；Pennsylvania v. Muniz, 496 U. S. p. 582, p. 595 n. 8（1990）；Doe v. United States, 487 U. S. pp. 201, 212-3（1988）；Andresen v. Maryland, 427 U. S. p. 463, p. 476 n. 8（1976）；Michigan v. Tucker 417 U. S. p. 433, p. 455 n. 2（1974）（Brennan, J., 同意这一判决）；Couch v. United States, 409 U. S. pp. 322, 328（1973）；Piccirillo v. New York, 400 U. S. pp. 548, 566（1971）（Brennan, J., 持有异议）；Tehan v. United States ex rel. Shott, 382 U. S. p. 406, p. 414 n. 12（1966）.

[191]　Ashcraft, 322 U. S. p. 152 n. 8（1944）.

[192]　Brown v. Mississippi, 297 U. S. p. 287（1936）.

[193]　338 U. S. p. 49（1949）.

法院中，被告被连续讯问数个小时，直到终结。"[194] 而在米兰达诉亚利桑那州（Miranda v. Arizona）案件[195]中，当联邦最高法院确立了这一警察讯问的著名规则后，它解释道反对自我归罪的特权必须从逮捕之时起算，因为"从那时起，我们当事人主义刑事诉讼制度便开始，这与一些国家起初所认可的职权主义诉讼制度不同"。[196]

在这些案件中还有另一种模糊性值得关注。但联邦最高法院首先将职权主义作为《美国联邦宪法》所保护的反对强迫认罪供述的反面模型后，它所认为的职权主义首先是酷刑以及隔离长时间的讯问，"刑架、拇指夹、车裂、独身监禁、长时间讯问以及十字架刑，以及其他各种精心设计的、令被告无助或臭名昭著的使人认罪的（entrapment）设计"，通过这些策略，"（让被告）沿途通过十字架刑、断头台、火刑柱以及绞刑索，让他们残缺的身体和受扰乱的精神变得虚弱"。[197] 随着时间的推移，这些教训被扩大，职权主义与当事人主义制度之间的差别变成"通过讯问被告以证明犯罪"和"社会承担证明被告有罪，而非被告自证其罪"但"通过有技巧侦查以独立获得的证据证明犯罪"之间的制度差别。[198] 有时，联邦最高法院会暗示，大陆法系的刑事审判方式可能在本质上并不劣于英美法系，但仅仅是不同，其有它自己特色的风险及保障。例如，法兰克福特大法官在瓦茨案中评注道，职权主义制度让被告接受司法讯问，但"通过公正的法官以及律师在场"等举措予以保障。美国警察进行不受约束讯问的问题便不在于它"破坏了……当事人主义诉讼制度"，而在于它变成"未设保障的职权主义诉讼制度"。[199] 但直至联邦最高法院对埃斯科韦多诉伊利诺伊州（Escobedo v. Illinois）案件[200]（米兰达案件前身，也是联邦最高法院仇视讯问的最高点）作出判决时，它发现"历史的教训、过去的教训以及现在的教训"的说法并不合适。[201] 教训是

---

〔194〕 Id. , p. 54（多元化意见）。

〔195〕 384 U. S. p. 436（1966）.

〔196〕 Id. , p. 477.

〔197〕 Chambers v. Florida, 309 U. S. pp. 227, 237-38（1940）; see also, e. g. , Ashcraft v. Tennessee, 322 U. S. p. 143, p. 152 n. 8（1944）; Brown v. Mississippi, 297 U. S. p. 287（1936）.

〔198〕 Watts, 338 U. S. p. 54（1949）（多元化意见）; see also, e. g. , Rogers v. Richmond, 365 U. S. pp. 534, 541（1961）.

〔199〕 338 U. S. p. 55（1949）（多元化意见）; see also Culombe v. Connecticut, 367 U. S. p. 568, p. 582 n. 24（1961）（Frankfurter, J. , 多元化意见）（注意"纠问制度现在所维持的谨慎的程序保障"，并指出"采用纠问式刑事诉讼模式的大陆国家早已放弃了对他们曾经对被告刑讯得到有罪供述的酷刑的依赖，这是英国在17世纪明确拒绝纠问式制度的一个显著特征"）.

〔200〕 378 U. S. p. 478（1964）.

〔201〕 Id. , p. 488.

"与依靠有技巧讯问而独立获得的外在证据的制度相比，刑事执法制度如果依赖于被告'认罪供述'，长此以往，将变得不可靠，变得更容易导致权力滥用"。[202]

从那时起，联邦最高法院对讯问及被告认罪供述的态度便极大地软化。时下被一致认可的判断是，警察讯问以及承认罪行"在发现、定罪以及惩罚违反法律者这一社会必要利益上是不可或缺的"。[203] 所以尽管联邦最高法院在不同场合继续将第五修正案不可自我归罪的特权解释为，"反映了……我们对当事人主义而非职权主义刑事司法制度的青睐"[204]，但它倾向于模糊所确切指代的含义。

但联邦最高法院一直以来都很清楚这一青睐并不意味着将律师放进讯问室。联邦最高法院的大法官，尤其是史蒂文斯大法官提出，当事人主义与职权主义司法制度的关键区别便是前者即在当事人主义制度下，律师可在讯问或刑事诉讼的其他任何时间在场，"帮助（被告）理解及保护宪法权利"，而之于后者（职权主义制度），律师仅是"在起诉罪犯时令人生厌的阻碍"。[205] 但这些说法通常均有不同意见和分歧观点。有一次，联邦最高法院的一位多数派大法官在一起讯问案件中撰写意见时便断然拒绝接受之。在麦克尼尔诉威斯康星州（McNeil v. Wisconsin）案件中为联邦最高法院写判决意见，斯卡利亚大法官写道:[206] "令（诉讼制度）成为当事人主义而非职权主义的不是律师的在场，更不是在被告未请求的情况下律师在场，而是未亲自进行事实及法律调查（作为调查法官）的法官在场，并依双方当事人各自提供相反的事实和论据作出裁判。"[207]

---

〔202〕 Id., pp. 488-9（省略脚注）。

〔203〕 Moran v. Burbine, 475 U. S. pp. 412, 426（1986）；accord, e. g., Texas v. Cobb, 532 U. S. pp. 162, 172（2001）；McNeil v. Wisconsin, 501 U. S. pp. 171, 181（1991）.

〔204〕 Murphy v. Waterfront Comm'n, 378 U. S. pp. 52, 55（1964）；see also cases Murphy v. Waterfront Comm'n, 378 U. S. pp. 52, 55（1964）；accord to United States v. Balsys, 524 U. S. pp. 666, 690（1998）；Withrow v. Williams, 507 U. S. pp. 680, 692（1993）；Pennsylvania v. Muniz, 496 U. S. p. 582, p. 595 n. 8（1990）；Doe v. United States, 487 U. S. pp. 201, 212-3（1988）；Andresen v. Maryland, 427 U. S. p. 463, p. 476 n. 8（1976）；Michigan v. Tucker 417 U. S. p. 433, p. 455 n. 2（1974）（Brennan, J., 同意这一判决）；Couch v. United States, 409 U. S. pp. 322, 328（1973）；Piccirillo v. New York, 400 U. S. pp. 548, 566（1971）（Brennan, J., 持有异议）；Tehan v. United States ex rel. Shott, 382 U. S. p. 406, p. 414 n. 12（1966）. But cf. McNeil, 501 U. S. p. 181 n. 2（认为"我们的司法制度在调查阶段一直都是纠问式的"，并且"没有其他倾向是可能的"）。

〔205〕 McNeil, 501 U. S. p. 189（1991）（Stevens, J., 持有异议）[quoting Burbine, 475 U. S. p. 468（Stevens, J., 持有异议）]。类似意见可参见 Smith v. Robbins, 528 U. S. pp. 259, 296-7（2000）（Souter, J., 持有异议）；Nix v. Williams, 467 U. S. pp. 431, 454-5（1984）（Stevens, J., 同意这一判决）；United States v. Gouveia, 467 U. S. pp. 180, 194（1984）（Stevens, J., 同意这一判决）。

〔206〕 501 U. S. p. 171（1991）.

〔207〕 Id., p. 181 n. 2.

这也是 15 年后罗伯茨联邦首席大法官在桑切斯–拉马斯案件中所援引的对讯问的观点。[208]

二、反职权主义的评价

因此，反职权主义是美国刑事诉讼长期以来极为宽泛的一个话题，而在最近几年呈现显著增长之势。职权主义制度的不同特征在不同时间以及不同背景被论及以引发关注。有时，职权主义制度最受诟病的是将依职权获得的片面供述取代出庭作证的证人；有时则是无陪审团；有时是法庭独立地调查事实及法律的义务；有时是过度满足于或过于依赖强制性的讯问。而反职权主义在美国刑事诉讼案件中的确切功能也随之不同。有时，例如在桑切斯–拉马斯案件中，反职权主义成为反对过多重视域外法学家观点的论据。而更常见的，如在克劳福德和布莱克利案件中，它是评价及捍卫美国本土诉讼制度一些特征的论据，这些特征是当事人主义的，而非职权主义的。在这些差异的背后，存在着一个共同的理念：美国刑事诉讼的长处以及核心要素可以通过比较美国制度与欧陆截然不同的刑事诉讼传统的分歧获得很好的了解。

对此，《美国联邦宪法》并未提及职权主义制度或者当事人主义制度，但有三种不同的论据，即原创的、整体的或者功能的，可以被考虑用于证明将职权主义制度作为美国宪法刑事诉讼的对立模式。我将用寥寥数语对每一个论据作简短阐释，之后再逐一进行详细的评价。

原意型论据是指对构成刑事诉讼基础的宪法条款作原创性理解。[209] 思想是有一些（部分）或者所有美国宪法中的刑事诉讼条款旨在将美国的刑事司法制度与职权主义制度区分开来，或者至少它们以这种方式被原创性地理解并操作。这是联邦最高法院在克劳福德案件以及布莱克利案件中所提出的论据。

相反，整体型论据并不援引宪法的最初含义。但是，它主张美国的刑事诉讼制度具有机构的完整性，这应予以保留及尊重。陪审团审判的权利、对质权、反对强迫自证其罪的权利、程序失权规则等，这些均是美国刑事诉讼制度非孤立的、相互关联的特征。它们应放在一起，不能割裂。建立一个成功的制度不同于购买衣服；项目不能混合和匹配。在其他诉讼制度中可以有效运作的机制可能在美国的诉讼制度中便无法适用，这确切而论是因为诉讼制度之间存有差异。在西

---

[208]　See case id.［quoting McNeil v. Wisconsin, 501 U. S. p. 171, p. 181 n. 2 (1991)］以及附随文本。

[209]　讨论原创性的多样性，如参见 Daniel A. Farber, "The Originalism Debate: A Guide for the Perplexed", 49 *Ohio St. L. J.*, p. 1085 (1989).

方法律中有两大程序传统——当事人主义和职权主义。因为两种传统完全不同，故应保留及尊重美国刑事司法系统的内在完整性，而这一传统在很大程度上有别于欧陆的审判传统。整体型论据体现在桑切斯－拉马斯案件中，联邦最高法院在其他案件中亦认可此点。

反职权主义的功能型论据既未论及宪法的原始含义，也未涉及机构的完整性。相反，论据仅是当事人主义制度优于职权主义制度，更能发现案件真实，或者更能保护个人权利，或者更有助于防止权力滥用，或者更能实现前述几项功能的融合。这一论据的若干要点也体现在联邦最高法院的一些判决中。

基于我下文将论及的原因，这三种论据均不足以完全相信。简而言之，原意型论据容易因作为宪法解释模式原意的标准而遭受反对，主要存在两个具体的问题：第一个问题是，证据并不支持这一观点，即权利法案中的刑事诉讼条款最初便为了或者最初便可理解为反对职权主义制度的一种方式。第二个问题是，第四、第五及第六修正案适用于州的犯罪指控，仅仅因为它们均属《美国联邦宪法》第十四修正案的组成部分，甚至没有理由认为，《美国联邦宪法》的部分旨在或者最初应理解为确保美国刑事诉讼应区别于大陆法刑事诉讼的一种方式。至于整体型论据，主要的问题是：首先，这可能比预期更难界定职权主义制度的核心要素；其次，鲜有理由可认为，我们的刑事诉讼制度确实如同此一论据所说的机构完整性的那般脆弱。评价功能型论据更为复杂。事实上，当事人主义制度的要素可能有制度价值，尤其是在反对专权滥用上。但这是评估当事人主义制度要素的方法，并在它们服务于其他基本的愿景时，对它们加以评价。功能型论据并不是将职权主义制度作为美国刑事诉讼一般目的对立模式的论据。

（一）反职权主义的原意型论据

反职权主义的原意型论据并不要求确定当事人主义制度的真正性质，或者它与职权主义的真正区别所在。它也不要求必须相信当事人主义制度必然优于职权主义制度。这一类型论据仅是作为成文法且已获通过的《美国联邦宪法》要求美国在刑事司法中适用当事人主义制度，而非职权主义制度。

联邦最高法院似乎倾向于这一观点，并且为此可以列举一个简单的案件。作为长期的传统，斯卡利亚大法官和托马斯大法官为恢复和理解应将权利法案视为巩固普通法的特权作过很多努力。[210] 这一理解在众所周知的事实上获得支撑，即独立革命一代不仅知道且崇敬英国的普通法，而且视自己为英国普通法的捍卫

---

〔210〕 See, e. g., David A. Sklansky, "The Fourth Amendment and Common Law", 100 *Colum. L. Rev.*, pp. 1757–61（2000）.

者，"仅为了保留他们原有的特权"，所有英国人传统的权利和原则，以及"英国过去所蕴含的普通法权利"而斗争。[211] 英国过去的普通法权利经常被界定为反对大陆法国家的敌对传统。反职权主义并非美国的发明。这一继受的历史可推及英国政客在 14 世纪的言论，即捍卫自己本土的刑事诉讼制度，反对欧洲大陆的入侵。因此，威廉·霍尔兹沃思（William Holdsworth）写道："在 14 世纪以及 15 世纪，英国制度的人道性开始与大陆法制度形成鲜明对比；上议院的记录表明，英国人欣赏它的优点有关它们的真实价值。"[212] 星座法庭以及相应的都铎王朝的权力滥用，仅仅提升了英国人的意识，"权利和自由系建立在维持普通法刑事诉讼的基础之上。"[213] 这种观点保留了下来。在 19 世纪末期，当詹姆斯·斯蒂芬（James Fitzjames Stephen）在撰写巨著《英国刑法史》时，他似乎不言而喻地指出，他不能"恰当地批评这一制度（当事人主义）……或者进入它的精神内核，除非与最重要的对立制度……即法国及德国刑法典所确立的……进行比较"[214]。

对原创型论据的争论很大程度上涉及在解释宪法时能赋予目的或者原创的"公共含义"的可行分量以及明智程度。几乎所有人均承认，（宪法）奠基时代的理解至关重要。[215] 所以，如果权利法案最初可以被理解为将普通法法典化，且普通法在很大程度上是为反对职权主义制度而确立，则可能反职权主义事实上便是宪法解释的明智策略。

理智的多少部分取决于一个人对宪法奠基时代理解的重视程度，而这又部分取决于一个人对原意更广泛的视野。但即便之于可总体把握宪法缔造者思想的法律人而论，之于反职权主义的原意型论据，仍有两个严重的反对意见：第一个是这一论据夸大了职权主义制度在 18 世纪 90 年代作为相反模式的运作情况；第二个则是它夸大了 18 世纪 90 年代职权主义诉讼模式的重要性，甚至原意型也是如此。让我逐步解读这两个反对意见。

对欧洲审判模式的怀疑确实横跨大西洋。反联邦党人的评论文章作者，例如"联邦农夫"（Federal Farmer），便警告，"任何大陆法适用的地方，酷刑均

---

〔211〕 Gordon S. Wood, *The Creation of the American Republic* 1776–1787, pp. 10, 13 (1969) [quoting John Adams, *Novanglus* (1774), reprinted in 4 *The Works of John Adams* 3, 131 (1851)].

〔212〕 W. S. Holdsworth, *A History of English Law*, Methuen, p. 177 (2d ed., rev. 1937).

〔213〕 Id., p. 170.

〔214〕 Sir James Fitzjames Stephen, *A History of the Criminal Law of England*, Macmillan and Co. (1883).

〔215〕 See Daniel A. Farber, "The Originalism Debate: A Guide for the Perplexed", 49 *Ohio St. L. J.*, p. 1086 (1989); Mitchell N. Berman, *Originalism Is Bunk* (Dec. 30, 2007)（未刊稿，存档于哈佛法学院图书馆）。

会被适用"[216]。他谴责"天主教教士以及诺曼法律人的阴谋",以"在海事法院、宗教法院以及军事法院"中引入大陆法诉讼程序。[217]但鲜有证据证明,权利法案的刑事诉讼条款被设计为或者被原创地理解为反对大陆法刑事诉讼的壁垒。有关批准最初宪法的讨论时常援引大陆法制度,但几乎总是间接与审判程序相关,即联邦最高法院的权力。反联邦党人担心,赋予联邦最高法院"上诉法院的地位,包括对法律及事实",[218]可能导致诉讼冗长、繁重以及可能事实上废除陪审团审判。在两个方面,反联邦党人均抱怨,宪法将"众所周知的大陆法原则"替代了普通法的审判方式。[219]这也是"联邦农夫"在论及大陆法程序在海事、宗教及军事法院的适用时所关心的。[220]各种批评呼声之高,以至于亚历山大·汉密尔顿(Alexander Hamilton)认为有必要在《联邦党人文集》第81号文中对他们作出回应。[221]他解释道,所涉条款仅是意味着联邦最高法院有权审查适用习惯法或成文法适合审查的案件的任何部分。[222]因此,在对遵循普通法程序所进行之审判的上诉,"通常而论,联邦最高法院的严格意义上的职责仅是对法律的审查。"[223]此外,他解释道,"案件事实在陪审团确认后,按所建议的宪法,对事实的重新审查在任何情况下均应允许,可能由第二个陪审团作出审查,或者将案件发回低级别法院以对案件事实进行第二次审判,或者直接由最高法院指导公布结论。"[224]

这是唯一一次联邦党人作者认为有必要关注大陆法诉讼程序。

职权主义诉讼有时会在其他背景下援引,但通常仅是作为一种不被赞同的松散形式。例如,亚伯拉罕·霍姆斯(Abraham Holmes)在论及反对批准《马萨诸塞公约》时便批评宪法中缺少了一系列的刑事诉讼保障,包括陪审团审判、地方审判地、令状限制、获得律师协助、保障对质及交叉询问以及反对强迫自证其罪

---

[216] *Letters from the Federal Farmer*, Letter VIII (Jan. 3, 1788), reprinted in Herbert J. Storing ed., *The Complete Anti-Federalist* 2, pp. 270, 271 (1981).

[217] *Letters from the Federal Farmer*, Letter XV, (Jan. 18, 1788), reprinted in *The Complete Anti-Federalist* 2, pp. 315, 320.

[218] U. S. Const. art. III, §2, cl. 2.

[219] *The Address and Reasons of Dissent of the Minority of the Convention of Pennsylvania to Their Constituents* (Dec. 18, 1787), reprinted in *The Complete Anti-Federalist* 3, pp. 145, 159; see also *Essays of Brutus*, Essay XIV (Feb. 28, 1788, and Mar. 6, 1788), reprinted in *The Complete Anti-Federalist* 2, pp. 431, 431-5.

[220] See *Letters from the Federal Farmer*, Letter XV (Jan. 18, 1788), reprinted in *The Complete Anti-Federalist* 2, pp. 315, 319-20.

[221] See Clinton Rossiter ed., *The Federalist*, No. 81, pp. 487-90 (Alexander Hamilton) (1961).

[222] Id., pp. 488-9.

[223] Id., p. 489.

[224] Id., p. 488.

等。[225] 他认为，结果便是，宪法使法院系统"比西班牙特殊法庭（西班牙宗教裁判所）少点不幸，后者长期是基督教世界的耻辱"，即"残忍的宗教裁判所制度"。[226]

霍姆斯在之后开始从事法律实务，并简短地担任过地方法官，但在《马萨诸塞公约》批准的争论中，"他仅是开始读了一些法律书，且没有一本涉及刑法、刑事诉讼法或者证据"[227]。像这场争论的大多数参与者一样，并在接下来权利法案通过后，他以非法律人身份谈论，他仅仅是"略懂"，就如同那个时代受过良好教育的美国人对普通法最典型的观感。[228] 美国奠基的一代更少将普通法视为经历时代考验的一系列程序及规则的集合体，而是尊重基本自由的司法传统，在某种程度上是18世纪对现代"法律规则"的调用。[229] 甚至特定的程序保障，如对质权都很少"进行详细的技术探讨，这本应引起法律人的兴趣，对法官也极有裨益"。[230] 相反，这些程序机制被归为某种难以界定的一种抽象承诺的方式，仅是作了普通公民能理解的一般解读，就如同我们今天论及"法律规则"依靠"三权分立制度……独立的法院系统、陪审团审判、司法审查、可接近法院、正当程序条款以及其他等等"[231]，并不需要过于担心不了解这些表述确切而言指代什么。

---

[225] *Abraham Holmes and Christopher Gore on the Possible Abuses of the Federal Judiciary* (Jan. 30, 1788), reprinted in Bernard Bailyn ed., 1 *The Debate on the Constitution*, pp. 910-1 (1993).

[226] Id., p. 911.

[227] Roger W. Kirst, "Does Crawford Provide a Stable Foundation for Confrontation Doctrine?", 71 *Brook. L. Rev.*, pp. 35, 79 (2005).

[228] Edmund Burke, "Speech in Support of Resolutions for Conciliation with the American Colonies", in Elliott Robert Barkan ed., *On the American Revolution*, Harper Torchbooks, pp. 70, 85 (1966); see David A. Sklansky, "The Fourth Amendment and Common Law", 100 *Colum. L. Rev.*, p. 1776 n. 228 (2000); cf. Paul Brest, "The Misconceived Quest for the Original Understanding", 60 *B. U. L. Rev.*, p. 204, p. 206 n. 11 (1980).

[229] See, e. g., Bernard Bailyn, *The Ideological Origins of the American Revolution*, Harvard University Press, pp. 175-89 (1967); Gordon S. Wood, *The Creation of the American Republic 1776-1787*, University of North Carolina Press, unknown edition (April 6, 1998), pp. 9-10 (1969) [quoting John Adams, Novanglus (1774), reprinted in 4 *The Works of John Adams*, pp. 3, 131 (1851)]; Harry W. Jones, "The Common Law in the United States: English Themes and American Variations", in Harry W. Jones ed., *Political Separation and Legal Continuity*, American Bar Association, pp. 91, 110 (1976); David A. Sklansky, "The Fourth Amendment and Common Law", 100 *Colum. L. Rev.*, p. 1787 (2000).

[230] Roger W. Kirst, "Does Crawford Provide a Stable Foundation for Confrontation Doctrine?", 71 *Brook. L. Rev.*, p. 82 (2005).

[231] Frank Lovett, "A Positivist Account of the Rule of Law", 27 *Law & Soc. Inquiry*, pp. 41, 66 (2002); see also, e. g., Rosa Ehrenreich Brooks, "The New Imperialism: Violence, Norms, and the 'Rule of Law'", 101 *Mich. L. Rev.*, p. 2275, p. 2284 n. 43 (2003)（认为"对外交政策领域的大多数人来说，法治规则……涉及符合基本人权概念的法律"以及"法规、事先知道的规则、法院、具有司法审查权力的政治独立的司法机构等"）。洛维特（Lovett）认为，应该指出，法治的制度要求取决于具体情况："尽管若没有独立的司法机构，可诉诸的普通法院等，作为一个实际问题确保法治可能是不可能的，但法治与具备这些机构并不完全相同。" Lovett, supra, pp. 66-67.

且鲜有迹象表明，权利法案的起草者和批准者清楚承诺的意思便是或者当时应被理解为反对欧陆式的刑事诉讼。但职权主义在新宪法的讨论中被提及，或者是作为对臭名昭著的不公的一种不严谨的历史隐喻（如残忍的宗教裁判所制度），或者与特定的程序特征相联系，如上诉审查，时下这一"特征"几乎再未被提及以区分职权主义与当事人主义审判。《美国联邦宪法》前十个修正案（或者宪法的其他部分）均未提及大陆法诉讼制度。而普通法制度仅明确为第七修正案所提及，"保障在普通法的诉讼中接受陪审团审判的权利"，以及作为回应反联邦党人在前述讨论中的关注即在对陪审团事实认定进行司法审查应保留"普通法规则"。

这是反职权主义原意型论据的第一个问题：这一论据过分夸大了大陆法系刑事诉讼在美国奠基者一代中的重要性。第二个问题是，原意型论据夸大了奠基者一代的重要作用。在阅读诸如克劳福德、戴维斯和布莱克利案件，或者其他诸多联邦最高法院对宪法刑事诉讼所作出的判决，很容易忘记《美国联邦宪法》前十个修正案适用效力仅及于联邦政府。权利法案仅通过第十四修正案第一节"选择性合并"原则（selective incorporation）对州的刑事诉讼设置了限制。容易忘记这个事实，是因为联邦最高法院自身可能为脱离困境也经常忽视这个问题。当联邦最高法院在20世纪60年代开始将权利法案的某些条款纳入《美国联邦宪法》第十四修正案的正当程序条款时，学界一致的观点是这种方法缺乏任何历史的依据。[232]这种困境可能是站不住脚的：最近越来越多的研究表明，某些"选择性合并"的看法是《美国联邦宪法》第十四修正案第一节的赞同者所希望达到的目的的最佳理解。[233]但联邦最高法院的大法官可能仍保留一种感觉：如果做太紧密的审查，选择性合并学说将会坍塌。无论何种原因，大法官们通常会评估刑事程序的合宪性，包括大量刑事诉讼以及联邦最高法院刑事摘要，而未参照《美国联邦宪法》第十四修正案。他们仅是简单地撰写理由，仿若《美国联邦宪法》第四、

---

〔232〕 See, e. g., Henry J. Friendly, "The Bill of Rights as a Code of Criminal Procedure", 53 *Cal. L. Rev.*, pp. 929, 934 (1965); Louis Henkin, "'Selective Incorporation' in the Fourteenth Amendment", 73 *Yale L. J.*, pp. 74, 77-8 (1963).

〔233〕 See Akhil Reed Amar, *The Bill of Rights*, Yale University Press, pp. 137-307 (1998); Michael Kent Curtis, *No State Shall Abridge: The Fourteenth Amendment and the Bill of Rights*, Duke University Press Books (1986); Eric Foner, *Reconstruction: America's Unfinished Revolution, 1863-1877*, Harper Collins, pp. 257-9 (1988); Daniel A. Farber & John E. Muench, "The Ideological Origins of the Fourteenth Amendment", 1 *Const. Comment.*, pp. 235, 274 (1984). But see James E. Bond, "The Original Understanding of the Fourteenth Amendment in Illinois, Ohio, and Pennsylvania", 18 *Akron L. Rev.*, p. 435 (1985).

第五以及第六修正案直接适用于各州。[234]

但没有人相信如此。所有人认为，对州刑事诉讼进行合宪性审查的基础是《美国联邦宪法》第十四修正案第一节，或者是正当程序条款（联邦最高法院在阐释选择性合并理论时所信赖的文本[235]），或者是特权或豁免权条款（联邦最高法院在 19 世纪晚期事实上已令该条款"无牙"，[236] 但许多学者现在认为该条款即便未全部也已大量合并入权利法案中[237]）。这意味着任何合乎逻辑的对美国宪法刑事诉讼原意或本意理解，至少在这些案件发生时，如他们通常所为即立足州起诉，应当对《美国联邦宪法》第十四修正案作原始目的及最初的理解。

如果说鲜有证据表明权利法案有，或被理解为有，一个最为重要的目的便是保护美国免受职权主义司法，那么更少有证据表明第十四修正案（美国重建最杰出的宪法产物）的起草者和批准者担心存在确立大陆法系刑事诉讼模式的危险。他们心中有一些不同的相反模型：首先是奴隶制，其次是所有奴隶制的残余，战后美国南部所盛行的白种人优先化，"为当时的警察机构及司法系统所强化，黑人事实上没有发言权。"[238] 证据的重要性表明，第十四修正案的起草者和批准者旨在通过宪法的前十项修正案在某种程度上打击前述制度，保证与州政府相抵触的部分或全部权利免受联邦政府的影响。[239] 但在历史记录中欠缺迹象表明，他们（起草者和批准者）希望通过这些权利扩及防止适用欧陆式的刑事诉讼，或者他们不仅想将权利法案所设定的限制适用于各州，同样他们想让 18 世纪普通法法官理解这些适用于各州的限制方式。相反，第十四修正案的起草者和批准者认为他们自身应防止州侵害基本的人权。[240] "甚至温和派……也将（美国）重建视为动态的过程"并且"倾向于允许国会及联邦法院在适用宪法修正案条款以及打击美

---

[234]　For a recent, illustrative example, see Virginia v. Moore, 128 *S. Ct.* p. 1598（2008）.

[235]　See, e. g., Duncan v. Louisiana, 391 U. S. p. 145（1968）.

[236]　See The Slaughter-House Cases, 83 U. S. （16 Wall.）p. 36（1873）.

[237]　See, e. g., Akhil Reed Amar, *The Bill of Rights*, Yale University Press, pp. 181-206（1998）; Michael Kent Curtis, *No State Shall Abridge: The Fourteenth Amendment and the Bill of Rights*, Duke University Press Books（1986）.

[238]　Eric Foner, *Reconstruction: America's Unfinished Revolution*, Harper Collins, p. 203（1988）.

[239]　See Akhil Reed Amar, *The Bill of Rights*, Yale University Press, pp. 137-307（1998）; Michael Kent Curtis, *No State Shall Abridge: The Fourteenth Amendment and the Bill of Rights*, Duke University Press Books（1986）; Eric Foner, *Reconstruction: America's Unfinished Revolution*, Harper Collins, pp. 1863-77, 257-9（1988）; Daniel A. Farber & John E. Muench, "The Ideological Origins of the Fourteenth Amendment", 1 *Const. Comment.*, pp. 235, 274（1984）. But see James E. Bond, "The Original Understanding of the Fourteenth Amendment in Illinois, Ohio, and Pennsylvania", 18 *Akron L. Rev.*, p. 435（1985）.

[240]　See Daniel A. Farber & John E. Muench, "The Ideological Origins of the Fourteenth Amendment", 1 *Const. Comment.*, p. 277（1984）.

国南部许多地方各种不公正对待黑人上有最大的自由权"。[241]

第十四修正案的制订者及批准者思考权利的方式对宪法刑事诉讼原创论的观点提出了挑战。对宪法及前十个修正案的最初理解本身便是反原创的,[242]但相对于修正案的重构,问题更加严重。重建共和政体认为他们旨在保护的权利先前已经存在,而非存在于普通法法官的判决中,甚至也不存在于权利法案制订者及批准者特定的期待之中,而是作为公平治理的基本原则,即某种自然法。他们明确援引革命一代的理想,尤其是平等主义以及独立宣言的社会契约理论。[243]但他们花很少的时间讨论第十四修正案所拟保护的特定权利,因为他们认为,他们是在"提供一种保护权利的机制,而非创设新的权利"。[244]"宪法修正案背后的整个理论反对给他一个过分模糊的解释。"[245]

但这令我们可以作更进一步的探索。当前目的中最重要的一点是,第十四修正案的目的不应是或者不应理解为反对职权主义制度的保障,或者将 18 世纪的普通法法典化或进行扩展。即便反职权主义的原意型论据对于适用联邦刑事诉讼有一定意义,但事实并非如此,它对于大部分的刑事诉讼案件并无说服力,因为它们源自于州的指控。[246]

(二) 反职权主义的整体型论据

反职权主义可能被作为宪法解释的工具,不仅可诉诸原意型的目的或者原意型的理解,也可以诉诸一种机构的完整性的概念。这一类型的论据如法律制度是复杂的,互相依赖的各项制度;自上而下的运行太过复杂;它们在"成长",而

---

〔241〕 Eric Foner, *Reconstruction: America's Unfinished Revolution*, Harper Collins, pp. 1863–77, 258 (1988); see also, e. g., Daniel A. Farber & John E. Muench, "The Ideological Origins of the Fourteenth Amendment", 1 *Const. Comment.*, pp. 274–5 (1984).

〔242〕 See H. Jefferson Powell, "The Original Understanding of Original Intent", 98 *Harv. L. Rev.*, p. 885 (1985).

〔243〕 See Daniel A. Farber & John E. Muench, "The Ideological Origins of the Fourteenth Amendment", 1 *Const. Comment.*, pp. 257–8 (1984).

〔244〕 Id., p. 277.

〔245〕 Id., p. 275.

〔246〕 有一种原旨主义论证的变体值得考虑。原旨主义经常被视为司法立法的必要约束,参见 Antonin Scalia, "Common-Law Courts in a Civil-Law System: The Role of the United States Federal Courts in Interpreting the Constitution and Laws", in Amy Gutmann ed., *A Matter of Interpretation* 3, Princeton University Press, pp. 40–7 (1997). 因此,即使是那些对宪法制定者和采纳者的真实意图和理解持不可知论态度的人也可能会担心,如果没有纠问式的对比模式,刑事诉讼程序将会过于开放,过于武断,过多地成为法官个人偏好的产物。但这是一个需要保留一些约束的论点,而不是必然反宗教裁判权。参见 infra Part III, pp. 1688–1703. 运用纠问式对比模式来约束司法立法的问题不仅在于对比模式给我们指出了错误的方向,而且还在于它提供的指导是模糊的;它一次性给我们指出了太多的方向。参见 infra pp. 1680–2.

非"制造"。[247] 这意味着法律改革者应谦恭进行，遵循制度的内在生态学。否则他们可能造成极大的损害，并最终证明为无效。正如联邦最高法院有一回在论及证据法时所评论，"将一块畸形的石头从奇异的建筑物中取出，更像是仅仅打乱利益矛盾的当下平衡，而非建立一座理性的建筑。"[248] 通过"将兔子引入澳大利亚以破坏这种宪法平衡"是非常容易的。[249] 在评估对任何法律制度所带来的改革时，首先也是最为重要的便是理解和尊重"制度的真正本质"。[250] 理解和评估美国刑事诉讼制度的真正本质要求我们了解它不是什么。因此，它并非欧洲大陆的职权主义制度。

与反职权主义原意型论据不同，整体型论据为诸如克劳福德案件和布莱克利案件的判决提供了支持，联邦最高法院在此两个案件中将反职权主义作为宪法解释的工具，同样在桑切斯-拉马斯案件的判决中，联邦最高法院使用了反职权主义以证明无视外国或国际先例的正当依据。整体型论据可以发现大量的学术支撑。如果比较法学者承认之，则"法律移植"便变得很危险，尤其是在"两大西方的法律体系"之间。[251] 这是比较刑事诉讼一套引人注目的理论，例如警示"普通法与欧陆法制度间在事实认定机制上的移植"可能引发"严重的冲突"；[252]"经验表明，一套移植的证据理论或实践是如何通过与其新环境再生互动，并轻易改变其特征。即便是文本相同的规则要产生不同的含义，并在变化的制度框架中产生不同的结果……当心改革！……这是一个错觉，认为如同在一个小商店里，一个人可以随意购买一些物品并不买其他物品。源于偏爱购买的安排，这是

---

〔247〕 F. A. Hayek, *Law, Legislation and Liberty: Rules and Order*, University of Chicago Press, pp. 35 – 54 (1973); see also Ronald J. Allen & Ross M. Rosenberg, "The Fourth Amendment and the Limits of Theory: Local Versus General Theoretical Knowledge", 72 St. *John's L. Rev.*, pp. 1149, 1194-1202 (1998); Mark F. Grady, "Positive Theories and Grown Order Conceptions of the Law", 23 *Sw. U. L. Rev.*, p. 461 (1994).

〔248〕 Michelson v. United States, 335 U. S. pp. 469, 486 (1948). 联邦最高法院具体指的是关于使用品格证据的规则，但整个证据法体系也不时提出类似的论点。例如，弗雷德里克·肖尔（Frederick Schauer）认为，我们最好保留几乎所有现有的证据规则，"毫无保留"：我们恰巧拥有的全套证据规则的存在培养了一种增加理解力的熟悉感，并且随着时间的推移已经发展成普通法程序，这有助于消除许多最明显的缺陷……将错误嵌入一个明显非理想的规则集可能比授权一些非理想的规则制定者重新开始制定或者期望一些非理想的规则应用者应用一系列他们不太熟悉的新规则所导致的错误要少。Frederick Schauer, "On the Supposed Jury-Dependence of Evidence Law", 155 *U. Pa. L. Rev.*, pp. 165, 194-5 (2006).

〔249〕 Ronald J. Allen & Ross M. Rosenberg, "The Fourth Amendment and the Limits of Theory: Local Versus General Theoretical Knowledge", 72 St. *John's L. Rev.*, p. 1161 (1998); see also Id., pp. 1197-8（人为的秩序通常具有有限数量的变量，因此这些变量可以被操纵以产生可预测的结果……意想不到的、意料之外的结果更可能是由自发的秩序而不是人为的秩序的变更介入引发的）。

〔250〕 Id., p. 1200.

〔251〕 Mirjan Damaška, "The Uncertain Fate of Evidentiary Transplants: Anglo-American and Continental Experiments", 45 *Am. J. Comp. L.*, p. 839 (1997).

〔252〕 Id., p. 851.

法律的拼凑品，将在实践中产生令人不满意的事实认定结果，无法与纯粹形式的大陆法或英美法证据设计相提并论。"[253]

在比较法学者中，这成为普遍认同的观点，通常被反复援引，而鲜被质疑。例如，一位有丰富洞见的意大利学者认为在她的国家的刑事诉讼制度中引入当事人主义的要素是完全不可想象的，将会产生"最糟糕的两个世界"。[254] 令她感到惊讶的是，"通过当事人主义的若干特征并对它们进行移植便可以将当事人主义模式引入到一个非当事人主义的制度背景中"[255]。一位资深的美国学者甚至反对"法律移植"的概念，原因是"当法律思想与法律制度在不同法律系统之间转换时，不可能完全地转型"[256]。他认为，"当事人主义和职权主义制度是两种不同的程序文化"和"两种不同的价值产生体系"，"在两种不同系统之间进行法律制度的移植可以恰如其分地被理解为将某种价值体系转化为另一种。"[257] 更加重要的理由是程序文化不能在两个法律体系中简单地进行"剪切和粘贴"。[258]

类似的观感在联邦最高法院关于国家刑事案件"正当程序"含义的一些重要判决中也有出现。早期的观点认为，第十四修正案仅仅对"公正、开明的司法系统"提供必要的保障。[259] 相反，法兰克福特大法官多次主张，"正当程序"的含义应在"说英语国家"的传统中寻找，[260] 意即英美法或者普通法审判制度的传统。对立的欧陆刑事诉讼制度也确立自身"详细的程序保障"，[261] 例如进行讯问应在"中立的法官前，且律师应在场"。[262] 但这不是我们的传统，联邦最高法院应"在没有保障时不得适用职权主义"，例如在没有直接的司法审查下警官延长

---

[253]　Id., pp. 839-40, 851-2（脚注省略）。

[254]　Elisabetta Grande, "Italian Criminal Justice: Borrowing and Resistance", 48 *Am. J. Comp. L.*, pp. 227, 251 (2000).

[255]　Id., p. 232.

[256]　Maximo Langer, "From Legal Transplants to Legal Translations: The Globalization of Plea Bargaining and the Americanization Thesis in Criminal Procedure", 45 *Harv. Int'l L. J.*, pp. 1, 5 (2004).

[257]　Id.

[258]　Id.; See, e.g., John D. Jackson, "The Effect of Human Rights on Criminal Evidentiary Processes: Towards Convergence, Divergence or Realignment?", 68 *Mod. L. Rev.*, p. 738 (2005)（注意到"在最近的比较研究中，越来越多的人对'移植'一个国家和法律文化的过程和程序到另一个国家所产生的影响持怀疑态度"）。

[259]　Palko v. Connecticut, 302 U. S. pp. 319, 325 (1937); see also, e.g., Adamson v. California, 332 U. S. pp. 46, 54 (1947).

[260]　E. g., Rochin v. California, 342 U. S. pp. 165, 169 (1952); Wolf v. Colorado, 338 U. S. pp. 25, 28-9 (1949); Malinski v. New York, 324 U. S. pp. 401, 417 (1945)（Frankfurter, J., 多元化意见）。

[261]　Culombe v. Connecticut, 367 U. S. p. 568, p. 582 n. 24 (1961)（Frankfurter, J., 多元化意见）。

[262]　Watts v. Indiana, 338 U. S. pp. 49, 55 (1949)（Frankfurter, J., 多元化意见）。

讯问。[263] 最后，联邦最高法院回归到法兰克福特的观点。在沃伦法院关于合并的重要判决中，怀特（White）大法官为多数派观点撰写意见书，"州刑事诉讼并非想象及理论存在的体系，而是具有普通法系统各种要素的现实系统，这是同时期英国及美国确立起来的系统。"[264] 因此，最为根本的追问便是，"是否将这套特定的程序系统奉为根本，意即，这套程序是为对于英美追求自由的诉求必不可少。"[265] 然而，正如鲍威尔（Powell）大法官之后所指出的，"重点在于……英美判例制度背景下的基本要素是否对各州通用。"[266]

但须言明的一事是，各州均明确适用"英美判例制度"，这在历史上有别于职权主义制度。职权主义之于美国的司法系统差异极大，为欧陆所适用。这对职权主义的整体型论据产生两个严重问题：第一个是界定性的，第二个是经验性的。

首先谈谈界定的问题。"通过反对职权主义以保障我们法律系统的完整性"这一论点的意义仅在于职权主义的关键特征可以被界定。这种证明是非常困难的。大法官们之间的混同便是明证。例如，思考在讯问犯罪嫌疑人时是否应有律师在场这一问题。史蒂文斯大法官说，讯问时律师不在场打击了职权主义制度。[267] 而法兰克福特大法官认为，在讯问时律师在场这一特征是现代职权主义制度区别于以往的程序保障。[268] 斯卡利亚大法官认为，无论律师在讯问中是否在场，都是职权主义制度的重要特征。[269] 他说道，职权主义制度被界定为缺乏"中立"的司法官，"（后者）不会（像讯问法官）亲自进行事实和法律的调查，而仅是依双方当事人各自提交的事实和论据作出判决"[270]。但法兰克福特大法官认为未有利害关系的法官参与讯问，这是现代职权主义制度的另一个特征。[271] 斯卡利亚大法官，正如我们所知，之后作出一个假定，即"大陆法系刑事诉讼模式"至少有一个特征是"使用当事人以外的依职权的片面审查作为指控被告的证据"。[272] 在其他判决中，联邦最高法院认为"职权主义制度"最核心的特

---

[263] Id.

[264] Duncan v. Louisiana, 391 U. S. p. 145, p. 149 n. 14（1968）.

[265] Id.; accord to, e. g., Benton v. Maryland, 395 U. S. pp. 784, 795（1969）.

[266] Johnson v. Louisiana, 406 U. S. p. 356, p. 372 n. 9（1972）（Powell, J., 多元化意见）.

[267] See, e. g., McNeil v. Wisconsin, 501 U. S. p. 171, pp. 183, 189（1991）（Stevens, J., 持有异议）；Moran v. Burbine, 475 U. S. pp. 412, 468（1986）（Stevens, J., 持有异议）.

[268] See Watts, 338 U. S. p. 55（1949）（多元化意见）.

[269] McNeil, 501 U. S. p. 181 n. 2（1991）.

[270] Id.

[271] See Watts, 338 U. S. p. 55（1949）（多元化意见）.

[272] Crawford v. Washington, 541 U. S. p. 36, p. 50（2004）；accord to Davis v. Washington, 126 *S. Ct.* pp. 2266, 2278（2006）.

征便是信赖认罪口供，[273] 或者更信任将职业法官作为事实认定者，而非业余的陪审员，[274] 或者信任法官而非当事人去甄别和分析核心争点。[275]

部分困难是因为欧洲不同国家的刑事审判制度存在极大的不同，更不用说世界其他适用大陆法系审判制度的国家。很大的一个问题是，当事人主义和职权主义制度虽然被视为具有浓厚的传统，但却是不断发展的对象。欧洲刑事司法制度在 19 世纪进行了重要改革，[276] 而类似的改革浪潮最近也席卷了拉丁美洲。[277] 许多这些改革都增设了具有普通法传统制度的程序性保障，不仅包括公开审判、言词证据、司法公正、反对强迫自证其罪，也包括"赋予当事人及其律师日愈显著的地位"。[278] 因此，正如联邦最高法院所意识到的，我们的司法系统长期以来包含了"职权主义"的常态特征，尤其是大陪审团。[279] 所以根本而论，"职权主义制度"的差异特质很难辨认。这是很危险的判定，正如联邦最高法院在桑切斯-拉马斯案中所为，在职权主义制度国家受训练的法学家可能因为这一原因而误解我们的刑事诉讼。

大陆法系的法学家开始对普通法的法律系统进行深入了解，尤其是英国的法律制度，这无论如何是个令人怀疑的论断。例如，英国法院的判决时常为欧共体法院以及欧洲人权法院进行审查，而英国的法官与大陆法系的法官并肩而坐。[280]

---

[273] E. g., Rogers v. Richmond, 365 U. S. pp. 534, 541 (1961).

[274] E. g., Blakely v. Washington, 542 U. S. pp. 296, 313 (2004).

[275] See Sanchez-Llamas v. Oregon, 126 *S. Ct.* pp. 2669, 2685-6 (2006).

[276] See John Henry Merryman, *The Civil Law Tradition*, Stanford University Press, pp. 15-9, 132, 136-9 (1969); Sarah J. Summers, *Fair Trials: The European Criminal Procedural Tradition and the European Court of Human Rights*, Hart Publishing, pp. 21-59 (2007).

[277] See Maximo Langer, "Revolution in Latin American Criminal Procedure: Diffusion of Legal Ideas from the Periphery", 55 *Am. J. Comp. L.*, p. 617 (2007).

[278] John D. Jackson, "The Effect of Human Rights on Criminal Evidentiary Processes: Towards Convergence, Divergence or Realignment?", 68 *Mod. L. Rev.*, p. 738 (2005); cf., e. g., Mirjan R. Damaška, *The Faces of Justice and State Authority*, Yale University Press, p. 4 n. 4 (1986); John Henry Merryman, *The Civil Law Tradition*, Stanford University Press, p. 137 (1969); Maximo Langer, "Revolution in Latin American Criminal Procedure: Diffusion of Legal Ideas from the Periphery", 55 *Am. J. Comp. L.*, p. 617 (2007); J. F. Nijboer, "Common Law Tradition in Evidence Scholarship Observed from a Continental Perspective", 41 *Am. J. Comp. L.*, pp. 308, 334 (1993).

[279] See, e. g., McNeil v. Wisconsin, 501 U. S. p. 171, p. 181 n. 2 (1991); United States v. John Doe, *Inc. I.*, 481 U. S. pp. 102, 118-9, 123 (1987) (Brennan, J., dissenting) [quoting Blair v. United States, 250 U. S. pp. 273, 282 (1919)]; Escobedo v. Illinois, 378 U. S. p. 478, pp. 497-9 (1964) (White, J., 持有异议); In re Oliver, 333 U. S. pp. 257, 262, 264 (1948).

[280] Cf., e. g., Diane Marie Amann, "Harmonic Convergence? Constitutional Criminal Procedure in an International Context", 75 *Ind. L. J.*, pp. 832-3 (2000); see generally Laurence R. Helfer & Anne-Marie Slaughter, "Toward a Theory of Effective Supranational Adjudication", 107 *Yale L. J.*, pp. 273, 290-8 (1997); Gordon Slynn, "The Development of Human Rights in the United Kingdom", 28 *Fordham Int'l L. J.*, p. 477 (2005).

相同的互动亦可能在国际刑事法院中出现：在国际刑事法院的 15 名法官中，一名来自美国，一名来自新西兰，而庭长来自英国。[281] 即便抛开这一类似的互动，现代职权主义制度的杂糅性特征以及对我们认为为当事人主义的一些核心特质的长期吸收，令联邦最高法院很难证明在桑切斯-拉马斯案件中拒绝接受国际刑事法院观点的正当性。

我不想夸大其词。没有人否认，欧洲刑事司法制度作为一个团体与它们的同行——普通法的司法制度有着非常重大的区别。没有人否认，其中一个区别是在普通法系的刑事审判制度，尤其在美国，便是在提出和调查事实和法律争点上给诉讼当事人更重的责任负担，以及给法官更轻的责任负担。即便到了今天，普通法审判比欧陆法审判更倾向于将刑事案件本质上视为"两极对抗的案件"（bipolar dispute），法官仅是中立的裁判者。[282] 大陆法的刑事诉讼较之于普通法的刑事诉讼，更倾向于"官方调查的模式"，而非"纠纷解决的模式"。[283] 依达马斯卡，这是比较法学者区分普通法的当事人主义与大陆法的职权主义的两大标准之一。另一重要区分标准便是大陆法系审判"科层级"的权力组织模式，而普通法法院传统上则是"协作式"权力结构。[284]

但这些均是非常粗略的概括，必须有更多的分析工具，或者说是"理想模型"，而非对现实存在的司法系统的精确描述。[285] 在现实世界中，情况会更为复

---

〔281〕 See International Court of Justice, The Court: Current Members, available at http://www.icj-cij.org/court/index.php? p1=1&p2=2&p3=1, last visited on Mar. 7, 2009.

〔282〕 See Mirjan R. Damaška, *The Faces of Justice and State Authority*, Yale University Press, pp. 69, 97-146 (1986).

〔283〕 Maximo Langer, "From Legal Transplants to Legal Translations: The Globalization of Plea Bargaining and the Americanization Thesis in Criminal Procedure", 45 *Harv. Int'l L. J.*, p. 20 (emphases omitted) (2004); see also John D. Jackson, "The Effect of Human Rights on Criminal Evidentiary Processes: Towards Convergence, Divergence or Realignment?", 68 *Mod. L. Rev.*, p. 742 (2005). See generally Mirjan R. Damaška, *The Faces of Justice and State Authority*, Yale University Press, pp. 147-80 (1986).

〔284〕 See John D. Jackson, "The Effect of Human Rights on Criminal Evidentiary Processes: Towards Convergence, Divergence or Realignment?", 68 *Mod. L. Rev.*, p. 745 (2005); Maximo Langer, "From Legal Transplants to Legal Translations: The Globalization of Plea Bargaining and the Americanization Thesis in Criminal Procedure", 45 *Harv. Int'l L. J.*, pp. 24-6 (2004); see generally Mirjan R. Damaška, *The Faces of Justice and State Authority*, Yale University Press, pp. 16-46 (1986).

〔285〕 See Mirjan R. Damaška, *The Faces of Justice and State Authority*, Yale University Press, pp. 5, 9 (1986); John D. Jackson, "The Effect of Human Rights on Criminal Evidentiary Processes: Towards Convergence, Divergence or Realignment?", 68 *Mod. L. Rev.*, pp. 741-2 (2005); Maximo Langer, "From Legal Transplants to Legal Translations: The Globalization of Plea Bargaining and the Americanization Thesis in Criminal Procedure", 45 *Harv. Int'l L. J.*, p. 8 (2004); 关于理想类型, 参见 Max Weber, *Economy and Society*, Guenther Roth & Claus Wittich eds., Univ. of Cal. Press, pp. 20-1 (1978); and Susan J. Hekman, "Weber's Ideal Type: A Contemporary Reassessment", 16 *Polity*, p. 119 (1983).

杂，使得尝试用美国法律系统的机构完整性来反对职权主义变得复杂。即便可准确辨明大陆法系刑事诉讼的核心特征，对于这一反职权主义整体型论据，还存在第二个问题，亦是极为棘手，即真实世界法律系统的混杂性。

整体型论据假定，我们的刑事诉讼制度具有深层次的、潜在的相互关联性，如果引入异域的制度，则可能有意地、较为轻微地破坏了这种相互关联性，如果完整"移植"不同的程序传统，如大陆法系刑事诉讼模式，则将严重破坏这种关联性，故会失败。但经验表明，这一说法存在问题：时常在职权主义和当事人主义之间的程序特征有频繁且成功的借鉴经验。

现代欧洲大陆的"混合式"刑事诉讼制度，以及最近的拉美刑事诉讼制度，提供了最为明显的例子。[286] 美国刑事诉讼制度中也有诸多方面被视为是"职权主义"的，如大陪审团[287]、验尸官的调查[288]和检署的设立[289]，以及可论证的现代

---

[286] See, e. g., John Jackson, "Transnational Faces of Justice: Two Attempts to Build Common Standards beyond National Boundaries", in John Jackson, Maximo Langer & Peter Tillers eds., *Crime, Procedure and Evidence in a Comparative and International Context*, Hart Publishing, pp. 221, 224 (2008). 欧洲借用普通法审判程序已不再是过去的事。例如，意大利最近的宪法修正案加强了刑事审判中口头证明的要求，并大大限制了庭外陈述的可采性。这一发展被广泛视为"将……对质的保护放在更安全的位置"。William T. Pizzi & Mariangela Montagna, "The Battle to Establish an Adversarial Trial System in Italy", 25 *Mich. J. Int'l L.*, pp. 429, 466 (2004); see also Giulio Illuminati, "The Frustrated Turn to Adversarial Procedure in Italy (Italian Criminal Procedure Code of 1988)", 4 *Wash. U. Global Stud. L. Rev.*, p. 567 (2005). But cf. Michele Panzavolta, "Reforms and Counter-Reforms in the Italian Struggle for an Accusatorial Criminal Law System", 30 *N. C. J. Int'l L. & Com. Reg.*, pp. 577, 622-3 (2005) (表示怀疑). 这些变化的一个标志是意大利版的反纠问式的出现：学者们开始批评他们反对的程序创新，称其"重新引入了意大利想要脱离的刑事程序的纠问式风格"。Id., p. 621.

[287] See, e. g., McNeil v. Wisconsin, 501 U. S. p. 171, p. 181 n. 2 (1991); United States v. John Doe, Inc. I, 481 U. S. pp. 102, 118-9, 123 (1987) (Brennan, J., 持有异议); In re Oliver, 333 U. S. pp. 257, 262, 264 (1948); Blair v. United States, 250 U. S. pp. 273, 280-2 (1919); Mireille Hildebrandt, "The Trial of the Expert: Epreuve and Preuve", 10 *New Crim. L. Rev.*, p. 78, p. 95 n. 31 (2007). 对于这种区别的变化，参见 Abraham S. Goldstein, "Reflections on Two Models: Inquisitorial Themes in American Criminal Procedure", 26 *Stan. L. Rev.*, p. 1020 (1974); Maximo Langer, "From Legal Transplants to Legal Translations: The Globalization of Plea Bargaining and the Americanization Thesis in Criminal Procedure", 45 *Harv. Int'l L. J.*, p. 16 n. 58 (2004); But cf. Niki Kuckes, "The Democratic Prosecutor: Explaining the Constitutional Function of the Federal Grand Jury", 94 *Geo. L. J.*, pp. 1265, 1277 (2006) (认为"更准确地说，大陪审团的起诉驱动的秘密起诉程序是'前对抗式'，而不是称之为'纠问式的'").

[288] See, e. g., Oliver, 333 U. S. p. 262; John Thibaut, Laurens Walker & E. Allan Lind, "Adversary Presentation and Bias in Legal Decisionmaking", 86 *Harv. L. Rev.*, p. 386, p. 388 n. 7 (1972); Myles Leslie, "Book Review", 47 *Brit. J. Criminology*, pp. 359, 362 (2007). But cf. Jerold H. Israel, "Cornerstones of the Judicial Process", 2 *Kan. J. L. & Pub. Pol'y* 5, p. 26 n. 97 (1993) (认为"依赖于……纠问式程序，例如验尸官的调查，已经……减少了").

[289] See, e. g., Francoise Tulkens, "Criminal Procedure: Main Comparable Features of the National Systems", in Mireille Delmas-Marty ed., *The Criminal Process and Human Rights*, Kluwer Academic Publishers, pp. 5, 8 (1995); Gerard E. Lynch, "Our Administrative System of Criminal Justice", 66 *Fordham L. Rev.*, p. 2117 (1998); cf. Maximo Langer, "From Legal Transplants to Legal Translations: The Globalization of Plea Bargaining and the Americanization Thesis in Criminal Procedure", 45 *Harv. Int'l L. J.*, p. 24 n. 94 (2004).

的"管理型裁判"（managerial judging）现象。[290] 二战后纽伦堡战犯的审判以及最近国际刑事法庭对前南斯拉夫、卢旺达以及新的国际刑事法庭均奉行混合的刑事程序。[291] 所以很显然，这些法院适用混合当事人主义和职权主义模式的刑事程序，学者们无法认定其究竟是当事人主义占优，还是职权主义占优，或者其他的诉讼模式。[292] 国际刑事法院所使用之混合程序是否公正，依然引发了诸多争议，但即便是批评者也铭记底线，"国际法律团体严格按传统而分……尝试设置一套详细的程序规则和证据规则，以及一套司法人员……在相对较短的时间内"[293]。

而关于欧洲人权法院已作出的判例则争议较少，欧洲人权法院是《欧洲人权公约》的适用者。[294] 种种迹象表明，在过去 20 年里，欧洲人权法院通过将普通法和大陆法传统融入对《欧洲人权公约》公平审判条款的解释中，提高了英国和欧陆国家刑事诉讼的公正性。[295] 欧洲人权法院获得成功的最好证据是它的判决均被广泛接受。欧洲人权法院"不仅确立了一套法律规则，受其管辖的 41 个成员方必须遵守它所作出的判例"，而且"非当事人的成员国也经常按照欧洲人权法院对《欧洲人权公约》的解释制定立法……即便是英国，长期以来均是欧洲一体

---

[290]　See Judith Resnik, "Managerial Judges", 96 *Harv. L. Rev.*, p. 374（1982）；see also Mirjan R. Damaška, *Evidence Law Adrift*, Yale University Press, pp. 134-8（1997）；Mirjan R. Damaška, *The Faces of Justice and State Authority*, Yale University Press, pp. 237-8（1986）；John D. Jackson, "The Effect of Human Rights on Criminal Evidentiary Processes：Towards Convergence, Divergence or Realignment?", 68 *Mod. L. Rev.*, p. 738（2005）；but cf. Maximo Langer, "The Rise of Managerial Judging in International Criminal Law", 53 *Am. J. Comp. L.*, p. 835（2005）（认为管理型裁判既不是对抗性的，也不是纠问式的）。

[291]　See, e. g., Diane Marie Amann, "Harmonic Convergence? Constitutional Criminal Procedure in an International Context", 75 *Ind. L. J.*, pp. 818-20, 841-5（2000）；John Jackson, "Transnational Faces of Justice：Two Attempts to Build Common Standards beyond National Boundaries", in John Jackson, Maximo Langer & Peter Tillers eds., *Crime, Procedure and Evidence in a Comparative and International Context*, Hart Publishing, pp. 236-41（2008）.

[292]　See Diane Marie Amann, "Harmonic Convergence? Constitutional Criminal Procedure in an International Context", 75 *Ind. L. J.*, p. 843 nn. 212-3（2000）；Maximo Langer, "The Rise of Managerial Judging in International Criminal Law", 53 *Am. J. Comp. L.*, p. 835（2005）.

[293]　John Jackson, "Transnational Faces of Justice：Two Attempts to Build Common Standards beyond National Boundaries", in John Jackson, Maximo Langer & Peter Tillers eds., *Crime, Procedure and Evidence in a Comparative and International Context*, Hart Publishing, pp. 241-2（2008）. 国际刑事法院起步不大，但这更多地源于检察官办公室的做法和政策，而不是审判程序。参见 Heikelina Verrijn Stuart, "The ICC in Trouble", 6 *J. Int'l Crim. Just.*, p. 409（2008）.

[294]　European Convention for the Protection of Human Rights and Fundamental Freedoms, Nov. 4, 1950, 213 U. N. T. S. p. 221；see also Diane Marie Amann, "Harmonic Convergence? Constitutional Criminal Procedure in an International Context", 75 *Ind. L. J.*, pp. 826-7（2000）.

[295]　See, e. g., Diane Marie Amann, "Harmonic Convergence? Constitutional Criminal Procedure in an International Context", 75 *Ind. L. J.*, pp. 826-30（2000）；John Jackson, "Transnational Faces of Justice：Two Attempts to Build Common Standards beyond National Boundaries", in John Jackson, Maximo Langer & Peter Tillers eds., *Crime, Procedure and Evidence in a Comparative and International Context*, Hart Publishing, pp. 227-35（2008）.

化进程的落后者，也开始立法以强化《欧洲人权公约》在国内的适用性"。[296] 欧洲人权法院的判决也引导着欧洲外的其他国家法院以及特设国际刑事法院，《欧洲人权公约》的措辞影响了其他地区的人权公约。[297]《欧洲人权公约》及欧洲人权法院的成功，并不是因为它尊重了职权主义或当事人主义模式的机构完整性，而恰恰是相反的：《欧洲人权公约》和欧洲人权法院超越了职权主义与当事人主义的划分，依英吉利海峡两岸的哲学和政治传统确立了一套全新的程序公正判例。[298]

这并不是否认混合当事人主义和职权主义传统的可能是困难的。但这些困难往往被夸大了。法律系统并非不确定的生态平衡系统，容易因为引入外来物种而破坏其平衡。[299] 它们也不是封闭的、自我复制的体系，可自我更新而无需借用外力。在过去，当事人主义和职权主义制度成功地互相借鉴，并没有迹象表明，这一进程会终结，即便我们想终结之。

（三）反职权主义的功能型论据

我们在前文中已经研究了两种美国刑事诉讼中反职权主义的可能论据，两个论据将欧洲刑事诉讼模式作为美国刑事诉讼应避开的可信理由。第一种论据是原意型论据，援引《美国联邦宪法》规制刑事审判基本条款的背后目的以及最初理解。第二种论据是整体型论据，主张美国当事人主义的刑事诉讼制度具有机构和内在逻辑的完整性，应予以遵守与保留。两种论据都存在缺陷。

但仍然还有第三种论据，从某种意义上最为直接地反对职权主义。这一论据便是，普通法的刑事诉讼模式就是优于大陆法系刑事诉讼模式：更加公正、更加准确、更加人性，或者更符合自由和民主价值。

这种论点并不限于沙文主义者或者欧洲恐惧者，欧洲人本身有时也羡慕横跨英吉利海峡乃至跨越大西洋的这套由英美法系法院所确立的个人权利保障。可以肯定的是，曾经普通法的刑事诉讼程序缺乏效率，粗糙而杂乱无章，它主要对富

---

[296]　Diane Marie Amann，"Harmonic Convergence? Constitutional Criminal Procedure in an International Context"，75 *Ind. L. J.*，pp. 828-9（2000）.

[297]　See Id.，pp. 829-30.

[298]　See Sarah J. Summers，*Fair Trials: The European Criminal Procedural Tradition and the European Court of Human Rights*，Hart Publishing，pp. 16-7（2007）；Diane Marie Amann，"Harmonic Convergence? Constitutional Criminal Procedure in an International Context"，75 *Ind. L. J.*，pp. 828-30，833-4（2000）；Mireille Delmas-Marty，"Toward a European Model of the Criminal Tria"，in Mireille Delmas-Marty ed.，*The Criminal Process and Human Rights*，Kluwer Academic Publishers，p. 191（1995）；John D. Jackson，"The Effect of Human Rights on Criminal Evidentiary Processes: Towards Convergence, Divergence or Realignment?"，68 *Mod. L. Rev.*，pp. 757-64（2005）.

[299]　实际的生态系统往往以这种方式发挥作用，这甚至并不清晰。参见 Carl Zimmer，"Friendly Invaders"，*N. Y. Times*，Sept. 9, 2008，p. F1.

有的被告有利，尤其是在美国。普通法学者不是鼓吹"法律的国家主义"的唯一。[300] 但欧洲对普通法刑事审判的透明和公正也有较长的仰慕传统，至少可推至伏尔泰时期。[301] 事实上，正是这种仰慕掀起了改革的浪潮，即不仅在欧洲，还有整个拉丁美洲，在 19 世纪改变了欧陆中世纪的刑事诉讼制度，把以往欧洲人使用的"职权主义"制度转变为时下的"混合式制度"。[302]

普通法系刑事审判优越论存在两种不同的视角：某些程序特征被提出予以褒扬以及这些特征优势的性质。之于第一种，英美刑事诉讼的辩护者和支持者数次强调普通法裁判的如下特征：①使用平民陪审员；②程序的公开性；③证人的言词证据要比书面证据可靠；④法官的分离与机构独立；⑤被告在取证及程序取决的独立性；⑥辩护律师有力地支持辩护。对于这些程序特征，有四种不同类型的优点：①事实认定更为准确；②被告与公众更有意义的参与；③更有力地制约权力滥用；以及④更尊重个人尊严。[303] 时而不时，前述四类美国诉讼程序的优点在不同场合被设定为普通法审判的著名特征，还有一些少数例外（例如，我并不知道审判法官的独立和机构独立使普通法的刑事诉讼更具有参与性，尽管确实有人提出过这一论断）。一辆四轮驱动的六轮卡车模型已然建构，每种制度特征对应着每个优势，然后我们可在法院的判例、专题论文及学术研究中随处可见这种组合。

这里并不想评估这 24 种观点。现在所需要指出的重要一点是，这些主张是相

---

[300] Sarah J. Summers, *Fair Trials：The European Criminal Procedural Tradition and the European Court of Human Rights*, Hart Publishing, pp. 11-3 (2007)；see also, e. g. , Malcolm Feeley, "The Adversary System", in Robert J. Janosik ed. , *Encyclopedia of the American Judicial System*, Charles Scribner's Sons, p. 753 (1987).

[301] See, e. g. , Sarah J. Summers, *Fair Trials：The European Criminal Procedural Tradition and the European Court of Human Rights*, Hart Publishing, pp. 40-1 (2007). 讨论伏尔泰对英国法律和传统的印象，一般参见 Ian Buruma, Random House, Inc. , pp. 21-49 (1998).

[302] See, e. g. , Mirjan R. Damaška, *The Faces of Justice and State Authority*, Yale University Press, p. 4 n. 4 (1986)；John Henry Merryman, *The Civil Law Tradition*, Stanford University Press, p. 137 (1969)；John D. Jackson, "The Effect of Human Rights on Criminal Evidentiary Processes：Towards Convergence, Divergence or Realignment?", 68 *Mod. L. Rev.* , pp. 737, 741 (2005)；J. F. Nijboer, "Common Law Tradition in Evidence Scholarship Observed from a Continental Perspective", 41 *Am. J. Comp. L.* , pp. 299, 308, 334-5 (1993). 关于近期"混合"制度向拉丁美洲的扩散，参见 Maximo Langer, "Revolution in Latin American Criminal Procedure：Diffusion of Legal Ideas from the Periphery", 55 *Am. J. Comp. L.* , p. 617 (2007)；John Henry Merryman, *The Civil Law Tradition*, Stanford University Press, pp. 15-9, 132, 136-9 (1969)；Sarah J. Summers, *Fair Trials：The European Criminal Procedural Tradition and the European Court of Human Rights*, Hart Publishing, pp. 21-59 (2007)；Diane Marie Amann, "Harmonic Convergence? Constitutional Criminal Procedure in an International Context", 75 *Ind. L. J.* , pp. 809, 818-20, 870 (2000)；Maximo Langer, "Revolution in Latin American Criminal Procedure：Diffusion of Legal Ideas from the Periphery", 55 *Am. J. Comp. L.* , pp. 627-8 (2007) 以及附随文本.

[303] See, e. g. , Malcolm Feeley, "The Adversary System", in Robert J. Janosik ed. , *Encyclopedia of the American Judicial System*, p. 753 (1987).

互独立的。情况可能是：陪审员对于防止政府权力滥用发挥重要制衡作用，证人证言的可靠性可能也提供了权力制衡机制，但没有哪种主张互为必要。通常每个主张很少依附于假定：陪审团、证人证言或其他普通法审判的特征可令这些程序比大陆法的诉讼程序更能准确认定事实。[304] 一类优点可独立其他类优点存在。事实上，这些可以混合。传统当事人主义制度的某些要素结合在一起比单独要发挥更大的功用，例如陪审员可能更善于评估口头的证人证言而不是书面证言，没有哪个要素可以不言而喻。事实上，因为我们此前已论及的原因，传统英美刑事诉讼所认定的不同特征，具有很小的如普遍认同的相互缠结的可能性。每种要素都有一席之地。

这意味着强化陪审团，或者扩大辩护权职能，或者坚持证人出庭作证，均应取决于陪审团、辩护或者言词证据的优点。它不应立足于当事人主义制度被假定的优越性，并对"职权主义"的表述持"鄙夷"（pejorative）态度。[305] 意识到对当事人主义赞辞的华而不实，可能会掩盖审判该如何进行的特别要素，进而狂热地转向大陆刑事诉讼程序的做法的不可取，在大部分情况下，问题的答案是多种多样的，而不仅仅是"是"或者"否"。[306]

对当事人主义制度优点的各种华而不实的赞誉的问题并不仅仅是它将最好应单独考虑的问题合并一起。这种做法也可能是混淆了神话和现实，掩盖了美国时下实际运作的当事人主义制度与理想当事人主义制度之间巨大的鸿沟。这两个鸿沟均应值得关注。首先，美国大多数被告并不在法庭上与指控者对质，或者罪责由陪审团确定，或者享有其他我们认为当事人主义刑事审判所带来的保障，因为在美国，多数刑事案件通过辩诉交易解决。[307] 其次，公设律师和其他法庭任命的律师（在美国集体代表多数的被告）是如此长期地严重缺乏资金，以至于有足够充分的理由怀疑他们在庭审和辩诉交易中所提供的辩护缺乏生气和效力。[308] 当

---

〔304〕　See, e. g., Carol S. Steiker, "'First Principles' of Constitutional Criminal Procedure: A Mistake?", 112 *Harv. L. Rev.*, pp. 680, 689（1999）（书评）。

〔305〕　Mirjan R. Damaška, *The Faces of Justice and State Authority*, Yale University Press, p. 4 n. 4（1986）; John Henry Merryman, *The Civil Law Tradition*, Stanford University Press, p. 88 n. 28（1969）; see also, e. g., Lloyd L. Weinreb, "*Denial of Justice*", *Fordham Urban Law Journal*, p. 11（1977）。

〔306〕　Lloyd L. Weinreb, "Denial of Justice", *Fordham Urban Law Journal*, pp. 105−6（1977）。

〔307〕　See, e. g., David A. Sklansky & Stephen C. Yeazell, "Comparative Law without Leaving Home: What Civil Procedure Can Teach Criminal Procedure, and Vice Versa", 94 *Geo. L. J.*, p. 683, p. 696 n. 37（2006）。

〔308〕　See, e. g., David A. Sklansky, "Quasi-Affirmative Rights in Constitutional Criminal Procedure", 88 *Va. L. Rev.*, pp. 1229, 1279−81（2002）; William J. Stuntz, "The Uneasy Relationship between Criminal Procedure and Criminal Justice", 107 *Yale L. J.*, p. 1（1997）; Erik Eckholm, "Citing Workload, Public Lawyers Reject New Cases", *N. Y. Times*, Nov. 9, 2008, p. A1.

然，美国当事人主义的这些特征自是可以批评为脱离了"理想的当事人主义"，假定我们可以对这一些理想要素达成一致。但即便这一假定成立，任何认为"当事人主义制度"整体或部分均优于职权主义的论断，任何仅仅立足于它（当事人主义）就是更好、更公正、更精确、更人性，或者更契合于民主的论断，应在实践中考虑美国当事人主义如何运行，而非仅是在理论上。

三、放弃反职权主义

反职权主义的意义究竟有多大？换句话说，如果没有将大陆法系刑事诉讼作为相反的模式，美国的刑事诉讼又会是怎样？我将回到本文第一部分所涉及的四个问题，即对质、量刑、程序失权以及认罪的学说以尝试作出回答，并说明如果没有反职权主义，美国的刑事诉讼又当如何。

一开始可进行一些归纳。反职权主义是一套隐晦的假定，而非美国宪法刑事诉讼的正式原则，所以摒弃这一思想的结果亦不能机械予以思考。如果作实质性改变，则它们将变得很间接。我们首先可以期待的是论据模式的改变。尤其是将大陆法系刑事诉讼程序作为反面模式可以给联邦最高法院及其评论者更大的压力，去寻求更精炼、更具说服力的正当性依据，而非时下很大程度上仅是立足职权主义制度所谓的不言自明的恶来证明。

（一）对质

联邦最高法院时下的对质案例经常令人解读为，仿若联邦最高法院相信，适用对质条款是，或者应是，相对简单的事情。联邦最高法院似乎建议，所有我们需要做的仅是不再担心"可靠性"，而只是确信刑事被告得到《美国联邦宪法》第六修正案所承诺的权利：与不利证人对质。但"对质"以及"证人"的含义远未清晰。很少有直接证据表明《美国联邦宪法》条款的制定者们心中所真正设想的意图。甚至很少有证据表明《美国联邦宪法》第十四修正案的制定者们所考虑的对质权的轮廓，如果他们曾考虑过这一内容。尽管存在联邦最高法院的建议，但很少有理由可以认为，《美国联邦宪法》第六修正案（暂不提第十四修正案）的目的是或最初可被理解为将立宪判例法典化，带着各种巧合和矛盾。18 世纪的美国人（尽管并非所有美国人）推崇"普通法"，推崇一系列普遍的原则，而非特定规则及实践的纲要。[309] 简单而论，《美国联邦宪法》第六修正案的制定者及批准者希望能够保护被告和对其不利证人进行对质的权利，仅此而已。但他们是

---

[309]　See, e.g., Perry Miller, *The Life of the Mind in America*, Harcourt, Brace & World, pp. 105–6 (1965)；David A. Sklansky, "The Fourth Amendment and Common Law", 100 *Colum. L. Rev.*, pp. 1787–8, 1790 (2000).

否认为这一权利正确运行，则并未显得如此清晰。他们多数人并非法律人，也不太可能对这一问题有任何的考虑。《美国联邦宪法》第十四修正案的制定者和批准者更不太可能明确思考，这一对质条款在州刑事诉讼背景下如何运作。

因此，可以理解，联邦宪法法院及其评论者如此频繁地转向雷利审判[310]作为解释对质条款的导向，并招致广泛的批评。这似乎是一个安全的推断，即如果18世纪的美国人对对质条款有所期待，他们希望用其避免诸如雷利审判中的权力滥用，至少在联邦最高法院。而类似的论断亦适用于《美国联邦宪法》第十四修正案的制定者及批准者：如果说他们对对质权有任何判断，那也是认为此一权利可以防止发生在雷利身上的事情。如果探索对质权条款的原始理解被视为毫无希望，或者脱离主题，则可枚举一个极佳的例子予以解释，即在英美法史上对对质权条款臭名昭著的否认。这肯定可以告知我们长期以来在雷利案件这一明显不公正审判所反映的事物。无论是作为一种原始理解的证据（Jed Rubenfeld 称之为"奠基性的范式案例"的"核心、准确适用"[311]），或者是作为经历时间考验、传统惩罚的违反对质的案例，[312]雷利审判均可明智地被用来推动对对质条款的理解。

诸如任何范式案例，雷利审判本身需要注解。我们需要精确地研判问题出在哪里，从实践的目的考虑，我们应该怎样构建一个新案例以避免发生于沃尔特·雷利爵士身上的悲剧重演。[313]国王将科巴姆勋爵作为控方证人是否便是失败，或者当雷利要求在法庭上与之对质时国王拒绝如此为之？我们应需要何种类型的"对质"：经宣誓的交叉询问、在法庭上面对面的会见、雷利与科巴姆进行辩论的机会，自由的或无组织的，或者这些程序的某种结合？对质之所以如此重要，是因为科巴姆提供了指控雷利的关键性证据，还是因为科巴姆受王室监禁，或者是因为科巴姆据说已撤销了他的指控供述，或者仅仅是因为科巴姆提供的论述可以用于指控雷利？

遵循并扩展威格摩尔的引导，联邦最高法院在最近的对质案件中通过反职权主义的论点审视了雷利案。如果说雷利的遭遇反映了对英国刑事诉讼职权主义

---

〔310〕 See Allen D. Boyer, "The Trial of Sir Walter Ralegh: The Law of Treason, the Trial of Treason and the Origins of the Confrontation Clause", 74 *Miss. L. J.*, pp. 1646-7（2004）.

〔311〕 Jed Rubenfeld, *Revolution by Judiciary*, Harvard University Press, pp. 119, 134（2005）.

〔312〕 鲁本菲尔德教授认为，"宪法最重要的权利和权力中，几乎每一项都有（核心的、可执行的应用程序）。" Id., p. 119. 但他也指出范例可以由传统创造，而不仅仅作为原始理解；事实上，他认为新的范例是在规定之后出现的。See Id., pp. 120-2.

〔313〕 See Roger C. Park, "Is Confrontation the Bottom Line?", 19 *Regent U. L. Rev.*, p. 460（2007）.

特质的谴责，则雷利的对质要求毫无疑问应该是须经过交叉询问，这是英美法审判中最重要、最著名的特征。毫无疑问，这种自由的、面对面的争辩在欧洲存续的时间比在英国长。[314] 因为普通法刑事审判长期以来均被视为以坚持言词性的证人证言为特色，因此不像大陆法系审判中立足审前便已做好的书面卷宗材料，雷利案件中所论及的对质权仅是因为立足书面证据而非言词证据。故侵害对质权的事实已然产生，无论雷利是否请求将科巴姆带到法庭，无论科巴姆在审判时期是否被王室监禁，也无论这一证据至于控方案件又如何重要。

放弃反职权主义并不意味着放弃将雷利的审判作为适用对质条款的典型案例，但这意味着应该重新审查联邦最高法院对案件所作的注释。这意味着应重新审视究竟是什么令与科巴姆的对质变得重要，以及应进行何种类型的对质。回答这些问题均需要明确联邦最高法院在最近对质权案件中几乎完全避免的：讨论对质的潜在目的。有意义有必要的对质类型以及场景部分取决于对质的关键点，即正如联邦最高法院时常说的，它是否是确保准确性的一种手段，[315] 或者正如联邦最高法院有时所论及的，它是否为防止政府权力滥用的方式，[316] 或者它是否为尊重最基本的公正。[317]

这里我不会继续深究这些问题，但我要说明的是，将"准确、简单和明了"作为对质条款的目的，在更小的范围内可部分重述什么令反职权主义作为更广泛的宪法解释策略变得毫无吸引力。在宪法一般性原则框架下，我们普遍想要的是，作为宪法性原则它是有意义的，也就是说，作为在正常民主政治范围之外的一种法律主张。在这一方面论述某些原则最普遍性的正当依据便是，它们（宪法性原则）对于每个民主自治政府的方案至关根本，或者它们反映了选举政治可能低估的价值。避免欧陆审判程序并不意味着便是符合前述两者，除非欧陆程序被认为特别适合于专权滥用，或者特别或错误地吸引民主多数派。同样的事物同样可被认为在刑事审判中需要对质。如果不用对质的问题仅是审判可能没那么准

---

[314] See John H. Langbein, *The Origins of Adversary Criminal Trial*, Oxford University Press, pp. 13-6 (2003) [quoting Sir Thomas Smith, *De Republica Anglorum*, Mary Dewar ed., Cambridge University Press (1982)]. 论大陆刑事审判中的对抗，参见 Mirjan R. Damaška, *The Faces of Justice and State Authority*, Yale University Press, p. 137 & n. 71 (1986); and Lloyd L. Weinreb, *Denial of Justice*, Fordham Urban Law Journal, p. 111 (1977) 以及附随文本。

[315] See, e. g., Crawford v. Washington, 541 U. S. pp. 36, 61 (2004).

[316] See Id., p. 56 n. 7.

[317] See, e. g., Coy v. Iowa, 487 U. S. pp. 1012, 1017 (1988)（人性中有一些深刻的东西将被指控者与指控者之间面对面的对质视为"刑事起诉中公平审判的必要条件"）[quoting Pointer v. Texas, 380 U. S. pp. 400, 404 (1965)].

确，那么我们很难理解，为何这一问题（对质权）将提升至宪法水平。准确审判是民主多数派普遍所热衷的。但如果对质的起点是防止一定程度的不准确，以及防止专制权力的滥用，则很容易看到这是为何这一机制需要上升至宪法层面予以保护。专制滥用工具可能也可能不吸引民主多数派的关注，但它们肯定对政府官员（无论选举与否）有吸引力。将对质权重新塑造为保障公正、反对权力滥用的机制，而摒弃反职权主义虚饰的权利，这需要我们重新思考这一权利的一些特质。这同样也可能令该权利更为可靠，不仅仅是因为联邦最高法院认为它有意义。

如果联邦最高法院停止将欧陆刑事司法制度作为"阴影"（shadow），含糊地将其界定为"应不惜一切代价避免"的一套程序，[318] 它可能注意到欧洲人权法院出现的对质判例。已有十余年，欧洲人权法院将《欧洲人权公约》的公正审判条款解释为，作为一个一般问题，证据"应在公开的庭审中提交，在被告在场的情况下"，并且"被告……有充分、恰当的机会向不利的证人挑战或提问，或者在其提供供述的时候，或者在之后的诉讼阶段"。[319]

欧洲人权法院赋予刑事被告这些权利及其他审判权利的内容，便采用了与联邦最高法院完全不同的方法。欧洲人权法院并未通过使用一个反面的程序模型（一个对立的、不言自明的低级法律系统）来界定这些权利，而是通过审理来自普通法系及大陆法系管辖权内的案件，将这些权利定为最基本的权利，无论当事人主义还是职权主义均应遵循之。

在起草欧洲人权法院解释和适用的《欧洲人权公约》时亦使用了相同的方法。[320] 美国法学者可能感到惊讶，《欧洲人权公约》竟然赋予刑事被告"审查或令人审查对其不利的证人"的权利，[321] 欧洲人权法院结合《欧洲人权公约》中

---

[318]　Sarah J. Summers, "The Right to Confrontation after Crawford v. Washington: A 'Continental European' Perspective", 2 *Int'l Comment on Evidence*, Issue 1, Art. 3, p. 1 (2004).

[319]　P. S. v. Germany, App. No. 33900/96, para. 21 (*Eur. Ct. H. R.*, Dec. 20, 2001), available at http://www.echr.coe.int; accord, e. g., Kostovski v. Netherlands, App. No. 1145/85, 12 *Eur. H. R. Rep.*, p. 434, p. 447 para. 41 (1989). 关于判例法有用的概述，参见 Stefan Trechsel, *Human Rights in Criminal Proceedings*, Oxford University Press, pp. 291–326 (2005)（将刑事诉讼中的"欧陆"法律传统描述为"接近审问式模式"）; Roger W. Kirst, "Hearsay and the Right of Confrontation in the European Court of Human Rights", 21 *Quinnipiac L. Rev.*, p. 777 (2003); and Sarah J. Summers, "The Right to Confrontation after Crawford v. Washington: A 'Continental European' Perspective", 2 *Int'l Comment on Evidence*, Issue 1, Art. 3, p. 1 (2004).

[320]　See Sarah J. Summers, *Fair Trials: The European Criminal Procedural Tradition and the European Court of Human Rights*, Hart Publishing, p. xix (2007); Sarah J. Summers, "The Right to Confrontation after Crawford v. Washington: A 'Continental European' Perspective", 2 *Int'l Comment on Evidence*, Issue 1, Art. 3, pp. 4–5 (2004).

[321]　European Convention for the Protection of Human Rights and Fundamental Freedoms, Art. 6, §3 (d) (Nov. 4, 1950), 213 *U. N. T. S.*, p. 221.

"任何人有权获得独立、公正的法院进行公正、公开的审判"[322] 这一包罗万象的权利对对质条款进行了解释，为"对质"提供了广义保障。[323] 这一保障（对质权保障）被发现是受限制的，例如当提供消息者被询问，但他们的身份未向辩方说明，[324] 而声称受儿童性虐待的受害人系由警官而非司法官进行询问。[325]

对于一位美国读者而言，欧洲人权法院关于对质的判决甚至比联邦最高法院在克劳福德及戴维斯案件中对"言词证言"和"非言词证言"供述之间所划分的界限更模糊。[326] 欧洲人权法院很少论及什么是对被告不利的 "证人"[327] 以及何为 "充分"对质的机会。在此之上，欧洲人权法院解释道，仅在 "视为整体的程序"不公正之时，[328] 刑事诉讼控方违反了《欧洲人权公约》。因此，仅当有罪判决 "决定性"地立足于未经对质的证人证言，对这种结果联邦最高法院方视为违反了对质条款。[329] 这一限制意味着非常强势的无过错规则，正当依据不足。[330]

所有这一切都是说，从欧洲人权法院在对质领域判决所获得的指引仍有限，但美国联邦最高法院在对质上的判例仍应从欧洲人权法院的判决中获得启发，应当比现有判例更为合理以及更有说服力，而不是如同现有判例根植于对欧陆刑事诉讼作夸张描述。这可能也会成为更加理性的结果。因为欧洲的对质权是确确实实的程序权，而非证据可采性规则，[331] 它并不是说明已死亡或其他未出庭的证人所作的庭外供述的可采性问题。换而言之，它并不要求时下在美国很强势的传闻

---

[322] Id. Art. 6, § 1.

[323] See Saidi v. France, App. No. 14647/89, 17 *Eur. H. R. Rep.*, p. 251, p. 270 para. 44（1993）.

[324] See Saidi, 17 *Eur. H. R. Rep.*, p. 268, para. 44; Kostovski, 12 *Eur. H. R. Rep.*, p. 447 para. 38（1989）.

[325] See P. S. v. Germany, App. No. 33900/96（*Eur. Ct. H. R.*, Dec. 20, 2001）, available at http://www. echr. coe. int; A. M. v. Italy, 1999–IX *Eur. Ct. H. R.*, p. 45.

[326] See, e. g., Richard D. Friedman, "The Confrontation Right Across the Systemic Divide", in John Jackson, Maximo Langer & Peter Tillers eds., *Crime, Procedure, and Evidence in a Comparative and International Context*, Hart Publishing, pp. 261, 269（2008）.

[327] But see Windisch v. Austria, App. No. 12489/86, 13 *Eur. H. R. Rep.*, p. 281, p. 286 para. 23（1990）（虽然这两名身份不明的人没有在法庭上提供直接证据，但他们应被视为……作为证人……因为他们的陈述，正如警察所报告的那样，实际上是在地区法院面前进行的，后者将他们考虑在内）.

[328] E. g., Kostovski, 12 *Eur. H. R. Rep.*, p. 447 para. 39（1989）.

[329] Id., p. 449 para. 44（内部引号省略）; see Sarah J. Summers, "The Right to Confrontation after Crawford v. Washington: A 'Continental European' Perspective", 2 *Int'l Comment on Evidence*, Issue 1, Art. 3, 2004, p. 6.

[330] See Sarah J. Summers, "The Right to Confrontation after Crawford v. Washington: A 'Continental European' Perspective", 2 *Int'l Comment on Evidence*, Issue 1, Art. 3, 2004, p. 13.

[331] See Richard D. Friedman, "The Confrontation Right Across the Systemic Divide", in John Jackson, Maximo Langer & Peter Tillers eds., *Crime, Procedure, and Evidence in a Comparative and International Context*, Hard Publishing, p. 268（2008）.

证据规则，这事实上在世界其他国家并不存在。诸如吉尔斯案件，不承认被谋杀的受害人在她被杀前向警察的控诉为证据，[332] 这在欧洲人权法院中是不可想象的，[333] 对于此，或者是在它所管辖下的所有成员国法院。[334] 同样很难想象，这些法院会很难决定是否承认一位已死亡病理学家所作的验尸报告。[335] 拒绝使用被谋杀受害人的供述，或者不再能出庭作证的病理学家所提交的验尸报告，这是某种违反直觉的结果，易于成为美国捍卫的当事人主义的重要部分，反映了我们对职权主义司法的排斥。但也因为它是反直觉的，这可能也是我们宪法犹豫作出强制规定的结果。

（二）量刑

联邦最高法院新的量刑宪法，系在一系列案件中宣布的，最早是阿布伦蒂案，之后则是布莱克利案和美国诉布克案，将欧陆刑事司法作为对立模式的论述有绝对性的模糊：一方面，欧洲的刑事司法系统从未像美国一样全然接受陪审团，同样包括普通法系的其他国家，如英国。在此一问题，职权主义制度与美国的制度之间的差异要远远高于职权主义制度与当事人主义之间作为整体的差异。仍然，对刑事陪审团的热衷依然是英美法律传统与欧陆法律传统之间的区分要点，至少适用程度不同。所以联邦最高法院在布莱克利案件中所评论的有一定程

---

〔332〕 美国联邦最高法院在贾尔斯诉加利福尼亚（Giles v. California）案件中认定，受害人在死亡前三个月在警察局里的供述，即受到被告的攻击及威胁，是"证言"。加利福尼亚州并未主张此一证据，参见 128 *S. Ct.* pp. 2678, 2682（2008）.

〔333〕 See, e. g., Richard D. Friedman, "The Confrontation Right across the Systemic Divide", in John Jackson, Maximo Langer & Peter Tillers eds., *Crime, Procedure, and Evidence in a Comparative and International Context*, Hart Publishing, p. 269（2008）（注意到欧洲人权法院有时将"由于任何一方的过错而无法获得证人"视为"足以为缺乏对抗机会提供借口"）；cf. Ferrantelli & Santangelo v. Italy, App. No. 19874/92, 23 *Eur. H. R. Rep.*, p. 288, p. 309 para. 52（1996）（在采用共犯指控被告的供述方面没有发现任何错误，部分原因是供述得到证实，部分原因是"司法当局……不能对被告人在审判前共犯的死亡负责"）.

〔334〕 例如，英国不再禁用证人在刑事审判前死亡或以其他方式无法作证的传闻性陈述的证据。参见 Criminal Justice Act, 2003, c. 44, §116（U. K.）；Criminal Justice（Scotland）Act, 1995, c. 20, §17（U. K.）. 最近的《意大利宪法修正案》明显限制了庭外陈述的可采性，但是当"出于客观原因无法根据当事人的意愿对证人进行审查时"这些修正案不适用。Michele Panzavolta, "Reforms and Counter-Reforms in the Italian Struggle for an Accusatorial Criminal Law System", 30 *N. C. J. Int'l L. & Com. Reg.*, pp. 611-2（2005）（表示怀疑）；see also, e. g., William T. Pizzi & Mariangela Montagna, "The Battle to Establish an Adversarial Trial System in Italy", 25 *Mich. J. Int'l L.*, p. 462（2004）.

〔335〕 关于克劳福德和戴维斯案件之后在美国围绕这个问题的争议，参见 Carolyn Zabrycki, "Comment, Toward a Definition of 'Testimonial': How Autopsy Reports Do Not Embody the Qualities of a Testimonial Statement", 96 *Cal. L. Rev.*, p. 1093（2008）. 联邦最高法院目前正在审理的一个案件提出了相关问题，法医化学家的实验室报告是否为"对质条款"的目的，是"可证明的"。参见 Commonwealth v. Melendez-Diaz, No. 05-P-1213, 2007 WL 2189152（*Mass. App. Ct.*, July 31, 2007）, cert. granted, 128 *S. Ct.* p. 1647（2008）.

度的意义，"将司法完全交由职业法官"，这是"普通法传统"，优于我们自己的。[336]

这也具有一定程度的意义，因为联邦最高法院同样将欧陆法律传统与"理想的行政管理理优化"（ideal of administrative perfection）结合在一起。[337] 这也是欧洲最负盛名的犯罪与刑罚学者、"18 世纪刑法思想的启蒙思想家"[338] 贝卡里亚所追求的理想。这也是《拿破仑法典》以及整个欧洲大陆进行理性化及法典化广泛运动所确立的理想。[339] 但这些法典也开始缩小大陆法系刑事诉讼与英美法律诉讼的差别，因为混合着旧欧陆法律制度和一系列从英美法系借鉴过来的制度，包括在刑事审判中有限度地适用陪审团。[340] 将大陆法制度在布莱克利案件中作为对立模式是某种拼凑，夹杂着旧制度对陪审团裁判者的仇视以及对行政管理理性化的启蒙追求。

这种拼凑还模糊了一个重要事项，即正式的行政管理理性化并非远离而是走向陪审团裁判者。大体而言，阿布伦蒂案、布莱克利案和布克案并非将权力从法官转移至陪审团，或者将立法者转移至陪审团，而是从立法者转移至法官。量刑长期偏离了"理想的行政管理优化"，但很大程度上交由"职业人员掌控"。很难描述将量刑权从立法者转移至法官是反对法律职业主义的重击。

如果在讨论量刑程序中摒弃反职权主义的修辞，则这将是进一步清晰的讨论。它将会在阿布伦蒂案件中使选择变得更为明朗，即界限并非在陪审团和职业法官之间，而是在立法者应在法官量刑判决上给予更宽松或更严厉的限定。如同对质权问题，这并不是一个很好区分普通法系与大陆法系刑事诉讼模式的问题。

纯粹从布莱克利和布克的结果中还可以看到另一方面，即量刑权重归法官、远离立法者，这被认为是对普通法系统的重新确认，以及对其竞争者大陆法系统的排斥。这与法官的职能有关。法官在普通法传统是主角，相反，在大陆法传统倾向于将法官描绘为"立法者所设计或构建的机器的操作员"[341]。所以，将法官

---

〔336〕 Blakely v. Washington, 542 U. S. pp. 296, 313（2004）.

〔337〕 Id.

〔338〕 James Q. Whitman, *Harsh Justice*, Oxford University Press, p. 50（2003）.

〔339〕 See, e. g., Id., pp. 117-9.

〔340〕 See, e. g., John Henry Merryman, *The Civil Law Tradition*, Stanford University Press, pp. 15-9, 132, 136-9（1969）; Maximo Langer, "Revolution in Latin American Criminal Procedure: Diffusion of Legal Ideas from the Periphery", 55 *Am. J. Comp. L.*, p. 627（2007）. 有关欧洲今天对非专业陪审员的使用，参见 John D. Jackson & Nikolay P. Kovalev, "Lay Adjudication and Human Rights in Europe", 13 *Colum. J. Eur. L.*, p. 83（2006）.

〔341〕 John Henry Merryman, *The Civil Law Tradition*, Stanford University Press, p. 38（1969）. See generally Mary Ann Glendon, *Comment, in A Matter of Interpretation*, Princeton University Press, p. 95（1998）.

从立法束缚中解脱出来，被视为是反职权主义的做法，从广义上理解，是回归尊重司法独立的传统。

这种反职权主义视角的问题并不仅是它与事实大相径庭，从比较法上看，现代欧洲法官在量刑上享有极大的裁量权，远远高于绝大多数美国法官的裁量权，即便是在布莱克利和布克案件后。[342] 最大的问题还在于反职权主义在时下联邦最高法院的极大声浪。斯卡利亚大法官、托马斯大法官以及罗伯茨首席大法官等并非宽泛司法裁量权的支持者。特别是斯卡利亚大法官，他明确指出，这是他所认为的普通法传统中一部分过时、反民主的特征。"普通法法官所扮演的角色"，他辩称，"扮演着国王角色，从他自身的思想智识中设计出应该统治人类的那些法律"。[343] 这种类型的司法职能可能在数个世纪前有意义，但在"立法时代"是错误的。[344] 我们依然设有普通法法庭，但它们现在应像大陆法系统一样运作，并且它们最好作出改变。[345] 这至少是斯卡利亚大法官所提出的论断。如果有，这是要求效仿大陆法的一个论断，无论在刑事诉讼，还是在民事诉讼，至少是在某些方面。

当然，在某些方面推崇大陆法传统也好（如将法官视为立法者的附庸），在某些方面排斥大陆法传统也罢（如不情愿使用陪审团作为事实认定者），这并没有什么不协调或不连贯。但这恰是关键所在：大陆法制度仅用于反面模式，这是最一般的目的。这部分是因为大陆法传统与普通法传统一样，并非整体，还部分因为我们传统的不同方面没有通常预想中如此相互依赖，还部分因为正如几乎所有人都认为的，大陆法传统并非一无是处。

（三）程序失权

反职权主义在联邦最高法院审理的桑切斯-拉马斯案件中发挥了两种功能：其一，它支撑了联邦最高法院在强有力的程序失权规则是否违反《维也纳领事关系公约》问题上的论断，尤其是在缺失的原因事实上违反规则本身的情况下适用

---

〔342〕 See Kate Stith & Jose A. Cabranes, *Fear of Judging*, The University of Chicago Press, pp. 12-13 (1998); James Q. Whitman, *Harsh Justice*, Hart Publishing, pp. 53-6, 71-4 (2003); Richard S. Frase, "Comparative Perspectives on Sentencing Policy and Research", in Michael Tonry & Richard S. Frase eds., *Sentencing and Sanctions in Western Countries*, Oxford University Press, pp. 259, 272-3 (2001); Constantijn Kelk, Laurence Koffman & Jos Silvis, "Sentencing Practice, Policy, and Discretion", in Phil Fennel et al. eds., *Criminal Justice in Europe*, Clarendon Press Oxford, pp. 319, 324-7 (1995) 以及附随文本。

〔343〕 Antonin Scalia, "Common-Law Courts in a Civil-Law System: The Role of the United States Federal Courts in Interpreting the Constitution and Laws", in Amy Gutmann ed., *A Matter of Interpretation*, Princeton University Press, p. 7 (1998).

〔344〕 Id., p. 13.

〔345〕 Id., pp. 3-14.

该规则，即便案件中被告和辩护律师均不知道获得领事协助的权利，政府亦未能进行权利告知。这一结果的论据很大程度上是立足如下理念：强有力的程序失权规则是当事人主义的重要组成部分，是我们诉讼制度区别于职权主义制度的关键特征。在我们的诉讼制度中，法官仅是中立的裁判者，所以"未提出争议点的责任一般仍归当事人自身承担"。[346] 因为律师是被告的代理人，被告必须"忍受律师错误的风险"，[347] 包括因辩护律师不了解国际法而产生的过错。其二，反职权主义有助于解释联邦最高法院为何较低程度地遵从国际刑事诉讼法院的观点，后者认为以这种方式适用程序失权规则违反了《维也纳领事关系公约》的要求，即公约赋予当事人的权利带来的"完全效力"以及那些权利深层次的目的。[348] 诸如国际刑事法院的国际组织不可能被期待去评估程序失权规则在当事人主义制度上的特殊重要性，考虑到许多该公约的缔约国均是"法官主导的职权主义法律制度"[349]，"不能提出法律错误（的责任）可能部分归于法官承担，然后推及国家本身"[350]。

没有反职权主义的影响，桑切斯-拉马斯案中的理由可能也是相同的，但它的论据肯定不同。联邦最高法院不能简单地指出，与大陆法系统不同，普通法系统有强有力的程序失权规则。联邦最高法院需要解释，为何这一专门的程序失权规则具有正当性依据，以及为什么它与《维也纳领事关系公约》的要求即公约的条款以及目的提供的"完全效力"相符。如果如此为之，则联邦最高法院应认真考虑国际刑事法院的相反结论。声称反职权主义本身并不要求联邦最高法院遵循国际刑事法庭的结论，但至少要求联邦最高法院的法官参与国际刑事法庭的推理，并解释发现的国际刑事法庭推理错误的步骤或假设。[351]

这些错误并不明显。很不明显的是，为何我们的制度不能与规则即允许在延迟的情况下，被告人提出《维也纳领事关系公约》的主张协调运作，尤其是这一延迟部分是因为政府未能提供公约本身所规定的告知。对于此，不明显的是，为

---

〔346〕 Sanchez-Llamas v. Oregon, 126 *S. Ct.*, pp. 2669, 2686 (2006); see also Id., p. 2685.

〔347〕 Id., p. 2686 n. 6 ［quoting Coleman v. Thompson, 501 U. S. pp. 722, 753 (1991)］（内部引号省略）。

〔348〕 Apr. 24, 1963, 21 U. S. T. 77, 596 U. N. T. S. 261（以下简称《维也纳公约》）Art. 36, p. 2; see also Avenaand Other Mexican Nationals (Mex. v. U. S.), *I. C. J.*, pp. 12, 56-7 (Mar. 31, 2004); LaGrand (F. R. G. v. U. S.), *I. C. J.*, pp. 466, 497-8 (June 27, 2001).

〔349〕 Sanchez-Llamas, 126 *S. Ct.*, p. 2686.

〔350〕 Id.

〔351〕 Cf. Vicki C. Jackson, *Constitutional Engagement in a Transnational Era*, Oxford University Press, 2009（原稿，介绍，pp. 25, 32）（一般认为，法院对跨国法律规范的"最合适的姿态"是"参与"，保持"对和谐或不和谐可能性的开放态度"）。

何我们的制度需要更具普适意义、更强有力的程序失权规则，但这是更宽泛的一点。即便总体而论，我们的弃权规则合乎情理，仍有一个严重的问题是，在国际公约规定的权利的背景下，尤其是公约所要求的权利告知未得以实现，我们是否有适用这种强有力的弃权规则的理由。我们很难像国际刑事法庭合乎情理地指出，在特定情况下适用程序失权规则具有"完全实现国际公约（《维也纳领事关系公约》）所赋予权利的目的"。[352]

可能"完全效力"应当解释为，"遵守程序失权任何可适用的规则的完全效力"。但如果作出如此解释，联邦最高法院应当解释原因。联邦最高法院不可能像罗伯茨首席大法官在桑切斯-拉马斯案中所说的，程序失权规则具有终局的利益。[353] 问题是如何协调这一利益与《维也纳领事关系公约》所设定的目的。所有人均同意，即便在当事人主义制度下，程序失权规则有时也应让步。例如，联邦最高法院本身在桑切斯-拉马斯案件中也承认，作为一个实践问题，控方未能提交无罪证据的诉求不能被援引，直至被告或其律师了解这证据，在此一点上将该诉求作为程序失权毫无意义，尽管这具有终局的利益。[354]

首席大法官推理到，未能按《维也纳领事关系公约》的要求进行告知与未能披露证据并不相同，而更接近于未能进行米兰达公告。[355] 这种类型的违反（公约行为）应遵循程序失权原则，因为即便被告从未被告知他的米兰达公告，我们推定他的律师知道这些权利，或者应当知悉这些权利，因此可以以及时的方式提出。[356] 首席大法官指出，最重要的区别存在于政府的不当行为让被告不知道"事实的问题"和政府的不当行为不能进行"法律"告知之间。[357]

这一推理的问题并不是观点不连贯，而是顶多不完整。毋庸置疑的是，对于法律人而言，寻找法律要比寻找事实容易得多。故从广义上讲，较之于政府未能披露权利，在政府未能发现事实时，程序缺失规则更易于放弃。但这一情况并非总是如此。一些事实相对容易发现，而一些法律则可能容易被难事掩盖。即便是一位优秀的辩护律师也没有想过找到所有国际公约所设定的义务，至少在《维也

---

〔352〕 LaGrand, 2001 *I. C. J.*, pp. 497-98（原稿第一次修改）［quoting Apr. 24, 1963, 21 U. S. T. 77, 596 U. N. T. S. 261（以下简称《维也纳公约》）Art. 36, p. 2］.

〔353〕 Sanchez-Llamas, 126 *S. Ct.*, p. 2685.

〔354〕 See Id., p. 2687［citing United States v. Dominguez Benitez, 542 U. S. p. 74, p. 83 n. 9（2004）］.

〔355〕 Id.［citing Miranda v. Arizona, 384 U. S. p. 436（1966）］.

〔356〕 Id.［citing Wainright v. Sykes, 433 U. S. pp. 72, 87（1977）］.

〔357〕 Id.

纳领事关系公约》开始渗入联邦最高法院，甚至到现在亦是如此。[358] 事实上，联邦最高法院在桑切斯-拉马斯案仅考虑到此点，而未考虑到辩护律师未援引《维也纳领事关系公约》可能违反第六修正案律师有效提供协助的权利，这一权利显然在作出有罪判决后第一时间能被援引，而通常，事实上联邦最高法院并未早日授权。[359]

而更重要的一点是，正如联邦最高法院在桑切斯-拉马斯案件中自己指出的，当事人主义制度通常立足于双方当事人，而他们的律师进行"事实"和"法律的调查"。[360] 所以任何自动放弃程序失权规则，甚至所主张的未能披露无罪证据，都可以说与"我们制度中律师的作用"相冲突。[361] 仅仅了解冲突并不可能告知我们该冲突如何解决。在此一方面，或许《维也纳领事关系公约》所规定的权利声明应该像对待米兰达公约中的权利声明一样被相同对待，但这远不明显。一位不了解米兰达权利的刑辩律师显然可谓不称职，甚至是在联邦最高法院在宪法上设定律师协助的低门槛下。[362] 《维也纳领事关系公约》所确立的权利并不属于同一类型。因此，与米兰达权利不同，《维也纳领事关系公约》设定了一个国际义务，这可能被认为要求对它设定的权利作区别对待。[363] 《维也纳领事关系公约》所设定权利的部分前提是：一位国内的律师可能不足以保护一位涉嫌刑事诉讼的外国人的权利，这也是提供领事协助的起点。

所有这一切均不意味着，联邦最高法院在桑切斯-拉马斯案件中必然错误地判定，州的程序失权规则应完全适用于《维也纳领事关系公约》的主张。这仅是意味着争议的问题比联邦最高法院所设想得更复杂。这一问题的解决不能简单地通过声明来放弃程序失权规则，甚至是部分放弃，这将违反"当事人主义制度的基本框架"，国际刑事法庭的相反结论表明它未能分辨"我们的当事人主义制度"与"其他签署《维也纳领事关系公约》的许多以法官主导、职权主义法律制度为

---

[358] But cf. Osagiede v. United States, 543 *F. 3d*, pp. 399, 411 (7th Cir. 2008) (他们认为，到 2003 年，在伊利诺伊州代表外国公民的全权代理刑事辩护律师将会为他们的客户提供关于他们的《维也纳领事关系公约》权利的建议)。

[359] See, e. g., Sanchez-Llamas, 126 *S. Ct.* p. 2686 n. 6. See generally Dominguez Benitez, 542 U. S. p. 83 n. 9; Eve Brensike Primus, "Structural Reform in Criminal Defense: Relocating Ineffective Assistance of Counsel Claims", 92 *Cornell L. Rev.*, p. 679 (2007). 至少有一个联邦上诉法院认为，未能援引《维也纳领事关系公约》实际上可能构成律师的无效协助。参见 Osagiede, 543 *F. 3d*, p. 411.

[360] Sanchez-Llamas, 126 *S. Ct.* p. 2686 [quoting McNeil v. Wisconsin, 501 U. S. p. 171, p. 181 n. 2 (1991)].

[361] Id., p. 2686, n. 6.

[362] See Strickland v. Washington, 466 U. S. p. 668 (1984).

[363] See Sanchez-Llamas, 126 *S. Ct.* p. 2705 (Breyer, J., 持有异议)。

特点的国家"的区别。[364] 简而言之，通过在欧陆法律传统与我们自己的法律传统之间作一普遍的、根本的、不可逾越的区分是不可能解决这一争议问题的。

（四）自我归罪

反对强迫自证其罪特权长期以来都是一个令所有人尴尬的问题。多数人包括法律人和非法律人，都本能地认为这一特权重要。但对于该权利的基本原理，却普遍有所担心。对这一问题作出极负盛名研究的学者戴维·道林克（David Dolinko）在二十余年前便得出结论，（不得强迫自证其罪的特权）"不能在功能上或概念上作出解释"。[365] 这或多或少已经成为学术界的共识，"多数熟悉有关不得强迫自证其罪特权学说的人们相信，它不能与任何理性理论相结合"[366]，至少不能与其目前的观念符合，可能根本不符合。反职权主义的主张不会自然而然地为反对强迫自证其罪的特权设立强有力的地基，或者对该权利的缺点作更清晰的理解。但这一主张可能提供一些帮助。

道林克教授认为，反职权主义论断之于反对强迫自证其罪特权，即"（这一特权）反映了更青睐当事人主义刑事诉讼制度，而非职权主义"[367]，是"循环论证的，因为这一特权的一些特别之处是界定'当事人主义'制度的要素"[368]。这可能不完全正确。将反对自证其罪的特权称为当事人主义制度的关键要素至少应有支持要素。事实上，有三种论据：原创的论据、整体的论据和功能的论据。[369] 但所有这些论据均不能作为强迫自证其罪特权的正当依据，当然并非时下所设定的反对强迫自证其罪的权利，但也并非全部。第一个问题是每种为避开职权主义制度所有方面的这些论据都有其致命缺陷。[370] 第二个问题是反对强迫自证

---

[364]　Id. , p. 2686（多数意见）。

[365]　David Dolinko, "Is There a Rationale for the Privilege against Self-Incrimination?", 33 *UCLA L. Rev.* , pp. 1063, 1147 (1986).

[366]　William J. Stuntz, "Self-Incrimination and Excuse", 88 *Colum. L. Rev.* , pp. 1227, 1228 (1988); see also, e. g. , Stephen A. Saltzburg, "The Required Records Doctrine: Its Lessons for the Privilege against Self-Incrimination", 53 *U. Chi. L. Rev.* , pp. 6-10 (1986); William J. Stuntz, "Privacy's Problem and the Law of Criminal Procedure", 93 *Mich. L. Rev.* , pp. 1016, 1024 (1995).

[367]　Murphy v. Waterfront Comm'n, 378 U. S. pp. 52, 55 (1964).

[368]　David Dolinko, "Is There a Rationale for the Privilege against Self-Incrimination?", 33 *UCLA L. Rev.* , p. 1067 n. 24 (1986).

[369]　See supra Part II, pp. 1668-88.

[370]　如果反职权主义被用作反对自证其罪特权的论据，而功能主义论证被用来证明反职权主义，那么问题就是一种循环，因为反职权主义的功能主义论证最终相当于声称职权主义制度的特定要素——例如强迫自证其罪——本身就是不公正或不可取的。参见 supra section II. C, pp. 1685-8. 但如果原旨主义者或整体主义的论证被用来证明反职权主义，那么问题就不是循环的；很简单，这个论证没有说服力。参见 supra sections II. A-B, pp. 1670-85.

其罪是否为"界定当事人主义制度的因素"事实上尚未明晰。如果通过"当事人主义制度"，我们可以将英美法系法律传统中的刑事判例和欧陆的刑事判例区分开来。反对强迫自证其罪的特权在欧洲 19 世纪便已确立。该权利被发现同样是拉美进行的现代"混合式"诉讼改革的一部分。[371] 所以，将反职权主义作为反对自证其罪特权的正当性依据比循环论证在一定程度上更为糟糕。除了它的内在的缺陷外，这一论据将我们引到错误的方向：朝着我们所想象的当事人主义区分于职权主义传统的方面，而偏离了至少是自 19 世纪起欧陆在此一领域所进行的改革。问题的关键不是欧洲人已经更好地论述了反对自证其罪特权的依据，并对其作出了合理的界定。但在某些方面确实如此。例如，欧洲人权法院直接地区分了"不恰当强制"和可接受程度的"间接强制"，[372] 而非沉溺于显而易见的臆想即"警察所获得的供述均是完全自愿的"，这是美国联邦最高法院所遵循的路径。[373] Candor 似乎是更好的教材。但欧洲人权法院批评将过多的强制性行为列入"可接

---

[371] See, e. g. , Mirjan R. Damaška, *The Faces of Justice and State Authority*, Yale University Press, p. 4 n. 4 (1986); John Henry Merryman, *The Civil Law Tradition*, Stanford University Press, p. 137 (1969); John D. Jackson, "The Effect of Human Rights on Criminal Evidentiary Processes: Towards Convergence, Divergence or Realignment?", 68 *Mod. L. Rev.* , pp. 737, 741 (2005); J. F. Nijboer, "Common Law Tradition in Evidence Scholarship Observed from a Continental Perspective", 41 *Am. J. Comp. L.* , pp. 299, 308, 334-5 (1993). 关于近期"混合"制度向拉丁美洲的扩散，参见 Maximo Langer, "Revolution in Latin American Criminal Procedure: Diffusion of Legal Ideas from the Periphery", 55 *Am. J. Comp. L.* , p. 617 (2007); John Henry Merryman, *The Civil Law Tradition*, Stanford University Press, pp. 15-9, 132, 136-9 (1969); Sarah J. Summers, *Fair Trials: The European Criminal Procedural Tradition and the European Court of Human Rights*, Hart Publishing, pp. 21-59 (2007); Diane Marie Amann, "Harmonic Convergence? Constitutional Criminal Procedure in an International Context", 75 *Ind. L. J.* , pp. 809, 818 - 20, 870 (2000); Maximo Langer, "Revolution in Latin American Criminal Procedure: Diffusion of Legal Ideas from the Periphery", 55 *Am. J. Comp. L.* , pp. 627-8 (2007); John Jackson, "Transnational Faces of Justice: Two Attempts to Build Common Standards beyond National Boundaries", in John Jackson, Maximo Langer & Peter Tillers eds. , *Crime, Procedure and Evidence in a Comparative and International Context*, Hart Publishing, pp. 221, 224 (2008). 欧洲借用普通法审判程序已不再是过去的事。例如，最近的《意大利宪法修正案》加强了刑事审判中口头证明的要求，并大大限制了庭外陈述的可采性。这一发展被广泛视为"将……对质的保护放在更安全的位置"。William T. Pizzi & Mariangela Montagna, "The Battle to Establish an Adversarial Trial System in Italy", 25 *Mich. J. Int'l L.* , pp. 429, 466 (2004); see also Giulio Illuminati, "The Frustrated Turn to Adversarial Procedure in Italy (Italian Criminal Procedure Code of 1988) ", 4 *Wash. U. Global Stud. L. Rev.* , p. 567 (2005). But cf. Michele Panzavolta, "Reforms and Counter - Reforms in the Italian Struggle for an Accusatorial Criminal Law System", 30 *N. C. J. Int'l L. & Com. Reg.* , pp. 577, 622-3 (2005) (表示怀疑)。这些变化的一个标志是意大利版的反纠问式的出现：学者们开始批评他们反对的程序创新，称其"重新引入了意大利想要脱离的刑事程序的纠问式风格"。Id. , p. 621 以及附随文本。关于欧洲人权法院反对自证其罪的特权——特别是在没有具体提及《欧洲人权公约》特权的情况下制定的——参见 Stefan Trechsel, *Human Rights in Criminal Proceedings*, Hart Publishing, pp. 340-59 (2005).

[372] See Sarah J. Summers, *Fair Trials: The European Criminal Procedural Tradition and the European Court of Human Rights*, Hart Publishing, pp. 156-60 (2007).

[373] See, e. g. , Moran v. Burbine, 475 U. S. pp. 412, 424 (1986); Oregon v. Elstad, 470 U. S. pp. 298, 312-4 (1985).

受"，且"直接"强制和"间接"强制之间的区别是否是区分"好的"与"不好的"强制的一种合理方式，这仍然存有争议。[374] 可能我们也可以从大陆法国家处理反对自证其罪特权的方式学习到经验，但程度如何，不得而知。

相反，在某种程度上，问题的核心是反对自证其罪特权的潜在依据不能在职权主义传统和大陆法传统的区别中去发现，甚至也不能从 19 世纪改革浪潮前存在的"职权主义制度"中去发现正当依据，而应该寻求该权利所保护、表达以及捍卫的根本价值，这些价值在整个世纪自由民主的国家中均得到广泛承认。以这个方式去思考反对强迫自证其罪的特权可能不会有助于我们更好地理解它的基础，但它至少让我们重返正确的道路。

例如，它可以让我们更好地讨论现代讯问法则中大量的、长期存在的争点：犯罪嫌疑人在警察讯问期间应在何种程度需要律师。讨论是否未有律师协助的讯问是否符合当事人主义制度，这在时下的联邦最高法院已有论及。这里，正如其他地方一样，特定做法是"职权主义"的反对意见可能以其他更基本的反对意见取而代之，例如律师可让我们的刑事司法制度变得更加不机械、更少的官僚主义，或者更少的权力滥用。至于辩护律师事实上在多大程度上实现这些功能，或可能实现这些功能，这仍有争议，但值得探讨。

缺乏反职权主义的支撑来思考自我归罪，同样有助于我们避免某种自大，认为"在公民被剥夺自由或生命前，（美国刑事诉讼程序）可提供的透明、严谨、精确程序的黄金标准应被授予给个人"。[375] 比较刑法学者开始对职权主义和当事人主义的区分持愈加谨慎态度，避免它要求的过于简单化，而是将注意力从更加重要的划分分散开来。这一划分立足于某一系统是否遵循公平、透明、公正以及保护个人尊严的基本要求，这与西方启蒙时代后的传统大致区分，但是越来越成为世界各地区条约的主题以及"希冀得以普遍适用"的国家公约的要求。[376] 美国在历史上因某种原因已经将其视为朝着更值得尊重的公平、人道的诉讼程序雏形的主导潮流，包括避免强迫自证其罪。我们仍应澄清的是，尽管"恐怖战争"使

---

[374]　See Sarah J. Summers, *Fair Trials: The European Criminal Procedural Tradition and the European Court of Human Rights*, Hart Publishing, pp. 156-63 (2007).

[375]　Charles D. Weisselberg, "Terror in the Courts: Beginning to Assess the Impact of Terrorism-Related Prosecutions on Domestic Criminal Law and Procedure in the USA", 50 *Crime, L. & Soc. Change*, p. 25 (2008)（表示怀疑）.

[376]　Stefan Trechsel, "Human Rights in Criminal Proceedings", Oxford University Press, p. 3 (2005); see also, e. g., Diane Marie Amann, "Harmonic Convergence? Constitutional Criminal Procedure in an International Context", 75 *Ind. L. J.*, pp. 851-62 (2000); John D. Jackson, "The Effect of Human Rights on Criminal Evidentiary Processes: Towards Convergence, Divergence or Realignment?", 68 *Mod. L. Rev.*, pp. 737, 741 (2005).

这一特权受到质疑，但它肯定地强调了任何社会应尊重人权外在基准的价值。[377]

将反对强迫自证其罪特权的依据设定为反职权主义的传统，并进而得出当事人主义制度优越论的观点让美国刑事司法系统成为该特权唯一的捍卫者。它意味着，至少在某种程度上，我们是该权利内容及范围的最佳裁判者。这里和其他地方一样，反职权主义让我们走向法律孤立主义的路径。如果说"9·11"事件已经教会了我们什么，则它已经教会了我们如此认知的危险。

结　语

对立模式在政治和法律思想上极为普遍，它们可能无法避免。它们也并非全然无用。旧贵族世界的相反模式对于托克维尔描述持久的美国理想的民主是不可缺的。[378]南方的奴隶制的对立模式给共和国重建设立了根本的、有远见的民主公平理念。[379]欧洲的集权主义在20世纪中叶便为现代美国民主设立了极端的对立模式。[380]

但应很认真地挑选敌人。将职权主义作为对立模式在美国刑事诉讼中并非全然有用。这部分是因为"职权主义制度"被错误界定，且主要是因为"职权主义"是广泛的、连续的法律传统，它并非是不言自明的坏。这一传统是否有一些要素值得效仿，这并非是可靠的指引，即我们刑事司法系统须极力避免该制度。反职权主义很久之前便已遗忘了它的价值。

〔377〕　See, e. g. , Norman Abrams, *Anti - Terrorism and Criminal Enforcement*, West Academic Publishing, pp. 459-505 (2008).

〔378〕　See William E. Connolly, "The Challenge to Pluralist Theory", in William E. Connolly ed. , *The Bias of Pluralism* 3, Atherton Press, pp. 4-8 (1969).

〔379〕　See, e. g. , Eric Foner, *Reconstruction: America's Unfinished Revolution 1863 - 1877*, Harper Collins, pp. 257-9 (1988); Daniel A. Farber & John E. Muench, "The Ideological Origins of the Fourteenth Amendment", *Const. Comment*, pp. 235, 274 (1984).

〔380〕　See, e. g. , Brian Chapman, *Police State*, Pall Mall P. (1970); Richard Primus, "A Brooding Omnipresence: Totalitarianism in Postwar Constitutional Thought", 106 *Yale L. J.* , p. 423 (1996); Margaret Raymond, "Rejecting Totalitarianism: Translating the Guarantees of Constitutional Criminal Procedure", 76 *N. C. L. Rev.* , p. 1193 (1998). 论不平等对立模式在塑造民主理想中的运用，通常参见 W. B. Gallie, "Essentially Contested Concepts", in Max Black ed. , *The Importance of Language*, Penn State University Press, pp. 121, 134-6 (1962); and Ian Shapiro, "Three Ways to Be a Democrat", 22 *Pol. Theory*, pp. 124, 138-9 (1994).

为职权主义辩护

——论中国刑事诉讼改革的基本导向

施鹏鹏

导论：中国刑事诉讼走向何处去

现行的《中华人民共和国刑事诉讼法》（以下简称《刑事诉讼法》）制定于 1979 年，并经由 1996 年、2012 年、2018 年的三次重大修改，至今已有四十余年。尽管在诸多程序设计上各方尚存分歧，但改革的总体理念和脉络是清晰有序的，即在诉讼价值和诉讼结构上日益转向更具保障人权及更富对抗意义的当事人主义，或者至少吸收当事人主义的合理要素。这在中国刑事诉讼法学界诸多代表性学者的作品中均有论及。

如陈光中教授认为，"（中国刑事诉讼法）大体经历三个阶段，文化大革命以前基本上是无法可依，虽然也颁布了一些条例，但是总的来说还是一种内部政策。1979 年文化大革命结束，制定新中国第一部《刑事诉讼法》，1980 年 1 月 1 号开始实施，进入有法可依的阶段。经过若干年实施，随着国家形势发展变化，立法部门开始着手进行修改，也就是 1996 年的《刑事诉讼法》修改。1996 年的修改力度比较大，条文从 164 条增加到 225 条，在民主化、科学化方面有较大进步，譬如辩护律师可以在侦查阶段介入案件。当时的司法实际上是超职权主义，1996 年的法律修改采取了英美法系当事人主义的某些做法，形成职权主义框架。第四个阶段应该就是现在的这一次。时隔 15 年，感觉非常有必要进行修改，此次修改规模上不亚于 1996 年。"[1] 徐静村教授认为，"我国现行的庭审调查程序是所谓的'对抗制庭审方式'，实行该庭审方式的初衷是吸收当事人主义诉讼模式的合理因素，增强庭审的对抗性，提高控辩双方参与庭审的积极性，更好地帮助

---

〔1〕《陈光中解读刑诉法修改：刑事诉讼法更侧重于保障人权》，载 http://news. ifeng. com/opinion/special/chenguangzhong/，最后访问日期：2013 年 7 月 20 日。着重号均为笔者所加，以下亦同。

法官查明案件真实情况。"〔2〕龙宗智教授认为，"我国长期实行的刑事诉讼制度，从其结构上讲，具有强调国家职权主义运用的职权主义特征，由于这种职权赋予及其运用在许多方面超越了现代实行职权主义的欧洲大陆德、法等国在刑事诉讼法中界定的职权范围，如侦查权的缺乏约制、检察官在诉讼中的特殊法律地位等，因此又被称为'超职权主义'。"〔3〕并主张"我国刑事诉讼的结构性改造只能继续推进，不能倒退。其基本理由是：继续推进诉讼结构改革反映了依法治国的要求；借鉴对抗制改造诉讼结构代表当今诉讼文化的发展方向；逆传统文化改造诉讼结构是一剂对症良药，有利于克服我国刑事诉讼制度及其运作的固有弊端"〔4〕陈卫东教授亦认为，"我国的刑事庭审模式由超职权主义向当事人主义转变。1996年修正的现行刑事诉讼法引入当事人主义审判机制，以控审分离、控辩对抗为基点改革了庭审方式，控辩式庭审方式在我国逐渐建立起来。"〔5〕陈瑞华教授则认为，"刑事审判程序应当同时保证程序公正和实体真实这两大目标的实现，为此就必须分别吸收对抗式和审问式程序的优劣，避开其劣势，使这两种程序中的要素都能发挥应有的积极作用。"〔6〕

可见，中国学界对刑事诉讼改革的基本走向几乎是毫无争议的，即认为中国刑事诉讼的基本形态是"职权主义"或"强职权主义"，进一步改革的方向应是当事人主义或吸收当事人主义的合理要素。但正如左卫民教授在《职权主义：一种谱系性的"知识考古"》一文中所尖锐指出的，"在当下中国刑事诉讼研究中，职权主义/当事人主义已成为参照域外法治国家诉讼模式的基本范畴……姑且不论这种论断是否生搬硬套，就是在基本的层面上，我们似乎对这两个概念尤其是职权主义的内涵缺乏应有认知，很多时候可能是在'想当然'使用，对于其'能指'与'所指'并不明了。由此带来的结果，除了可能会犯潜在的知识性错误之外，还会导致学术研究、交流的障碍；如果考虑到学界对中国刑事诉讼制度变革方向所形成的认识对决策层的影响，这甚至会阻碍中国刑事诉讼制度真正地朝合

---

〔2〕 徐静村主编：《21世纪中国刑事程序改革研究——〈中华人民共和国刑事诉讼法〉第二修正案（学者建议稿）》，法律出版社2003年版，第486页。

〔3〕 龙宗智主编：《徘徊于传统与现代之间——中国刑事诉讼法再修改研究》，法律出版社2005年版，第10页。

〔4〕 龙宗智主编：《徘徊于传统与现代之间——中国刑事诉讼法再修改研究》，法律出版社2005年版，第270~273页。

〔5〕 陈卫东主编：《刑事审前程序研究》，中国人民大学出版社2004年版，第13~14页。类似的表述，亦参见陈卫东主编：《模范刑事诉讼法典》（第2版），中国人民大学出版社2011年版，第4页。

〔6〕 陈瑞华：《比较刑事诉讼法》，中国人民大学出版社2010年版，第369页。

理化方向的延展。"[7]这种担忧并非毫无依据，因为时下中国的主流学说已有惯性思维，将职权主义与落后的诉讼形态紧密联系，甚至将诸多违背基本人权的做法如口供至上、刑讯逼供、公权强大、被告卑微等生硬地嫁接到职权主义中去。这其实是对职权主义的误解，中国时下学者普遍的英美法知识背景更加剧了这一"前见"（préjugé）。

从刑事司法体系的内部观察，中国刑事诉讼改革的深化已逼近瓶颈，体制内外的各种功能衔接及各主要政法机关利益及资源的分配矛盾日趋尖锐，新旧制度之间的摩擦乃至冲突在刑事司法改革中势必日益明显。[8]在此一背景下，以法学界目前对刑诉改革方向的把握，新法究竟能否取得预期的成效，笔者表示担心和怀疑。实际上，如果不了解职权主义的核心要素，片面强调走向异质化的当事人主义诉讼，那么时下的刑事诉讼改革势必在法律文化冲突中进入钟摆式的轨迹，消耗大量的立法和司法资源。故时下最需要的是对一系列基本理论问题进行冷静分析，尤其对刑诉改革进行方向性反思。毋庸讳言，自 2012 年《刑事诉讼法》再修改后，大量学术资源投入对新法实施效果的实证考察，"描述问题—分析成因—提出对策"的应景型研究模式重新占据主导地位。这样的学术研究自然有其重要价值，但笔者担心，倘若未有正确的方向指引，无法准确把握诉讼形态运行的内在规律，则此一貌似"解决中国问题"的研究所触及的将仅仅是诉讼制度的表层问题，所提出的改革方案亦仅是基于利弊得失之权衡的权宜之策，甚至可能导致程序技术杂乱嫁接、诉讼结构混乱无章、制度学理逻辑相悖。

基于以上认识，笔者将秉承欧陆法的立场，旗帜鲜明地为"职权主义"辩护，着重探讨与厘清如下几个核心的理论问题：欧陆职权主义概念的起源、职权主义的核心要素、欧陆职权主义的当代发展、对职权主义批判之批判以及中国刑事诉讼改革缘何必须走职权主义道路。当然，笔者也必须重申，坚持欧陆法的立场，并非认为欧陆程序法是"放之四海而皆准"的真理，也非所谓的"正确知识"，而是认为制度的改革具有文化传承性，任何试图进行异质化、深层次变革的企图，均会导致不可预期的风险。笔者也期待，所有关心刑事诉讼改革的人士都能够对此一基础理论问题产生兴趣、投入精力，并展开讨论，从而为改革的全面深入提供丰富的理论资源。

---

〔7〕 左卫民：《职权主义：一种谱系性的"知识考古"》，载《比较法研究》2009 年第 2 期。

〔8〕 施鹏鹏：《镣铐下的艰难起舞——评中国刑事诉讼法的再修改》，载《暨南学报（哲学社会科学版）》2012 年第 1 期。

一、"职权主义"概念的起源及发展

欧陆[9]是"职权主义"概念的起源地，但即便如此，也极少有法学学术作品认真研究此一概念的源与流，而更多地将其作为既定或约定俗成的术语。在法文法学文献中，比较有代表意义的专门研究主要有两部著作：一部是亨利·马利奥特（Henri Mariotte）的博士学位论文《职权主义原则：起源、性质以及在法国法中的演进》，[10]另一部则是安布瓦兹-卡斯特罗（Ambroise-Castérot）教授的博士论文《刑事预审中的当事人主义与职权主义》。[11]但两部作品均未正面回答职权主义概念究竟产生于何时，且缺乏必要的史料支撑，故学术价值并不重大。例如亨利·马利奥特仅认为，职权主义"最早可溯及远古时代，并在 16 世纪学者的作品中占据重要地位，系对刑事司法实践的系统化，而不仅仅只是描述"[12]。但何为"远古时代"，作者语焉不详。卡斯特罗教授则猜测，"将职权主义与当事人主义作为概念使用系 18 世纪末 19 世纪初学者们的创设"[13]，亦未正面回答职权主义概念究竟产生于何时。

因寻求专业文献未果，笔者遂转向语言类的大百科全书及专业辞典。据《法语历史辞典》（*Dictionnaire Historique de la langue française*）考证[14]，"职权主义"（inquisitoire）并非和"当事人主义"（accusatoire）同时产生，而晚了两百余年：前者产生于 16 世纪，后者则产生于 14 世纪。依该辞典，"当事人主义"（accusatoire）一词来源于拉丁语形容词"accusatorius"，最早使用于 1355 年，原意为"指控"；而"职权主义"（inquisitoire）一词则源自于拉丁语形容词"inquisitorius"，系动词"inquirere"的衍生词，最早使用于 1587 年，原意为"探索"。[15]另据《法语

---

〔9〕 "欧陆法系"主要以法、德两国为主。但近代"德国"直至 1871 年方告统一形成，在此之前，德国法之正源为普鲁士法，而非奥地利或其他德意志邦国法律。普鲁士王国直至 1701 年才正式建国，晚至腓特烈二世即位之后才仿效法国，革除中世纪旧制，建立近代法制。因此在 18 世纪中期以前，所谓"欧陆法系"实以法国一国为主干，故对职权主义的溯源主要以法语文献资料为基础。

〔10〕 Mariotte, H., *Le principe inquisitoire, Ses origins, sa nature, son évolution dans le droit français*, Thèse, Université de Paris, 1902.

〔11〕 Ambroise-Castérot, *De l'accusatoire et de l'inquistoire dans l'instruction criminelle*, Thèse, Bordeaux, 2000.

〔12〕 Mariotte, H., *Le principe inquisitoire, Ses origins, sa nature, son évolution dans le droit français*, Thèse, Université de Paris, 1902, p. 3.

〔13〕 Ambroise-Castérot, *De l'accusatoire et de l'inquistoire dans l'instruction criminelle*, Thèse, Bordeaux, 2000, p. 27.

〔14〕 Alain Rey, *Dictionnaire Historique de la langue française*, Le Robert, 1992.

〔15〕 Alain Rey, *Dictionnaire Historique de la langue française*, Le Robert, 1992, p. 1030.

词库》（*Trésor de la langue française*)[16]，"accusatoire"还是拉丁语动词"accusare"过去完成时的词根，"oire"系后缀（参见拉丁语 accusatorius）。圣·埃卢瓦（Saint-Eloi）修教院院士皮埃尔·贝尔苏尔（Pierre Bersuire）在翻译罗马历史学家蒂图·李维（Tite-Live）的作品《罗马史》（*Ab Urbe condita libri*）时便使用了"accusatoire"一词，指"控告者的行为"。[17]此后不久（14世纪末），弗拉维奥·约瑟夫斯（Flavius Josèphe）的《犹太古史》（*Antiquités Juives*）在法文译本中便用"accusatoire"来指代"提起控告"，艾伦·夏尔蒂耶（Alain Chartier）在宗教著作《希望篇》（*Le livre de l'espérance*）里亦使用此一表述。埃德蒙·雨果（Edmond Huguet）所编撰的《十六世纪的法语辞典》（*Dictionnaire de la langue française du XVI e siècle*)[18]则研究了"inquisitoire"一词的产生过程。该词最早系加斯科省新教的医生约瑟·杜·舍内（Joseph Du Chesne）在 1587 年的诗体作品《世界的伟大映象》（*Le grand miroir du monde*）中首次使用，含义为"探索"。[19]由此可见，"accusatoire"和"inquisitoire"并非自一开始便作为对应范畴使用，它们甚至不是专业的法律术语。将两者作为典型且对应的诉讼形态并进行比较研究，这是学者理论创设的结果。

第一次在专业领域使用"inquisitoire"类似表述的是法国 17 世纪昂热省著名的刑事法官皮埃尔·埃罗（Pierre Ayrault）。埃罗去世后出版的《法令、程序与司法预审》（*l'Ordre, Formalités et Instruction Judiciaire*）一书便多次使用"inquisition"的表述。[20]在埃罗笔下，"inquisition"和"instruction"（预审）紧密联系，含义为"侦查"。例如在书中第 2 页，埃罗便开明宗义地指出，"对被告的指控程序，最重要亦是最难的部分便是侦查（inquisition）和预审，至于审判，即便对于那些经验不足、未有正直品格、未有良好清晰理解力的人而言亦是轻而易举。"[21]但埃罗在作品中并未出现"inquisitoire"的表述，也未区分"inquisitoire"和"accusa-

---

[16]　电子版，参见 http://atilf. atilf. fr/.

[17]　拉丁原文为"une seule fois pledoia sa cause, mes ce fust avcques esprit accusatoire si comme touzjours avoit accoustuméà faire"，可译为"一旦提交陈情状，便意味着提起控告"。

[18]　Edmond Huguet, *Dictionnaire de la langue française du XVI e siècle*, Didier, Paris, 1950.

[19]　原文为"Sans tels songes encor, nommés inquisitoires, Qu'on acqueroit par voeux dans tels faux oratoires"，可译为"没有梦的装饰，没有梦的探索，我们在虚拟的礼堂里全心祈祷"。

[20]　Ayrault, *l'Ordre, Formalités et Instruction Judiciaire*, Cotillon et Cie CXIII-297, in-18, 1610, 1615, rééd, 1881. 该书系研究宗教裁判极为重要的史料素材，18 世纪及 19 世纪的刑法学家在批判宗教裁判时亦时常援引该书的论述，电子版可在 Google 图书内下载。

[21]　Ayrault, *l'Ordre, Formalités et Instruction Judiciaire*, Cotillon et Cie CXIII-297, in-18, 1610, 1615, rééd, 1881, p. 2.

toire"。埃罗认为，"预审不管系双方当事人所为，或者法官所为，均不影响其有效性。"[22]"但在民主或贵族政府，诉讼程序无疑要更加温和。而相反在君主政府，监禁、禁止告知被告、酷刑、执行死刑等比较普遍。"[23]但埃罗并未使"inquisition"或"inquisitoire"成为刑诉学界的通用术语。在整个 17 世纪及 18 世纪，法国刑法学界的代表性人物在其作品中均未使用"inquisitoire"（职权主义）来概括1670 年《刑事法令》所设定的程序类型。比较有代表性的学者和作品包括塞尔庇隆（Serpillon）于 1767 年所出版的《刑法典及 1670 年〈刑事法令〉述评》[24]，尤斯（Jousse）于 1771 年所出版的《法国刑事司法总论》[25]，缪亚·德·乌格朗（Muyart de Vouglans）于 1757 年所出版的《刑法纲要》[26]、1767 年所出版的《王室法律和王室法令所确立的刑事预审》[27]、1767 年所出版的《驳〈论犯罪与刑罚〉中各种危险的原则》[28]、1780 年所出版的《自然秩序中的法国刑法》[29]以及 1785 年所出版的《就新改革规划致刑法起草者们的信》[30] 等。

直至 19 世纪初，法国刑法学家奥尔特朗（Ortolan）[31]方首次将"inquisitoire"（职权主义）作为刑事诉讼的基本形态，并与"accusatoire"（当事人主义）相对应以进行比较研究。在 1839 年所出版的《比较刑事立法教程》中，奥尔特朗对"18 世纪刑事诉讼的概况"作了描述，"两套系统……可能融合、结合，但本质上系不同的制度：当事人主义（système accusatoire）和职权主义（système inquisitoire ou inquisitorial）"[32]。奥尔特朗进一步对两种诉讼形态进行了区分，"司法机关依职权负责调查犯罪"，系职权主义诉讼，而"由两方当事人与一名公正的

---

〔22〕 Ayrault, *l'Ordre, Formalités et Instruction Judiciaire*, Cotillon et Cie CXIII-297, in-18, 1610, 1615, rééd, 1881, p. 29.

〔23〕 Ayrault, *l'Ordre, Formalités et Instruction Judiciaire*, Cotillon et Cie CXIII-297, in-18, 1610, 1615, rééd, 1881, p. 29.

〔24〕 Serpillon, F., *Code criminel ou commentaire sur l'ordonnance de* 1670, Vol. 2, Lyon, 1767.

〔25〕 Jousse, D., *Traité de la justice criminelle de France*, Vol. 4, Paris, 1771.

〔26〕 Muyart de Vouglans, *Institutes au droit criminel*, Paris, Le Breton, 1757.

〔27〕 Muyart de Vouglans, *Instructions criminelles suivant les loix et ordonnances du royaume*, Paris, 1767.

〔28〕 Muyart de Vouglans, *Réfutation des principes hasardés dans le Traité des délits et des peines*, Paris, 1767.

〔29〕 Muyart de Vouglans, *Les lois criminelles de France dans leur ordre naturel*, Paris, 1780.

〔30〕 Muyart de Vouglans, *Lettre de l'auteur des Loix criminelles au sujet des nouveaux plans de réforme proposées en cette matière*, 1785.

〔31〕 奥尔特朗写过多本影响力较大的刑法作品，包括 1839 年的《比较刑事立法教程》（*Cours de Législation Pénale Comparée*）、1855 年的《查士丁尼纲要解读》（*Explication des Instituts de Justinien*）和《刑法要义》（*Eléments de Droit Pénal*）。

〔32〕 Ortolan, L., *Cours de Législation Pénale Comparée*, Paris, Joubert Libraire-Editeur, 1839, p. 87.

为职权主义辩护

法官组成", "对证据的辩论系由双方当事人负责进行", 则为当事人主义诉讼。[33] 特别需要指出的是, 奥尔特朗对 "inquisitoire" 和 "inquisitorial" 在同一意义上使用, 并无实质区别。1848 年, 法国检察官亚历山大 (C. -A. Alexandre) 在翻译德国著名刑法学家密特麦尔 (Mittermaier) 的大作《刑事证据论》[34] 时也使用了类似的表述。密特麦尔原文写到, "刑事诉讼可以分为两种基本的样态: 控告式 (forme de l'accusation) 和纠问式 (forme de l'inquisition)", 但亚历山大意译为 "当事人主义程序" (procédure d'accusation) 和 "职权主义程序" (procédure inquisitoriale)。[35] 1866 年, 法国著名的刑法学家弗斯坦·埃利 (Faustin Hélie) 在大作《重罪法典总论》(Traité de l'instruction Criminelle) 一书中也运用了这一比较范式。[36] 埃利认为, "职权主义诉讼程序 (la procédure per inquisitionem) 源于诺森三世 (Innocent III) 所确立的宗教裁判, 并逐渐在普通程序中占据主导地位。"[37] 埃利指出, 这种新型的诉讼程序以 "职权公诉取代私人自诉, 以秘密预审取代公开预审"[38], 以 "通过侦查程序所获取的证据取代决斗证据 (par gages de bataille)"[39]。与此相对应, 埃利以 "当事人主义" (forme accusatoire) 指代 18 世纪前的 "各种案件受理程序", 核心特质系 "诉讼程序仅由涉案当事人自行启动"。[40]

而真正使 "职权主义/当事人主义" 成为比较刑事诉讼通用分析范式的是法国著名的宪法学家、法史学家埃斯曼 (A. Esmein) 教授。1882 年, 埃斯曼教授出版了在世界范围内均颇具影响[41]的著作《法国刑事诉讼法史——以十八世纪以来法国职权主义程序史为核心 (至 1882 年)》, 作品标题直接将法国刑事诉讼定

---

〔33〕 Ortolan, L., *Cours de Législation Pénale Comparée*, Paris, Joubert Libraire-Editeur, 1839, p. 123.

〔34〕 Mitermaier, K. J. A., *Traité de la preuve en matière Criminelle*, traduit par, C. -A. Alexandre, De Cosse et N. Delamotte, 1848.

〔35〕 Mitermaier, K. J. A., *Traité de la preuve en matière Criminelle*, traduit par, C. -A. Alexandre, De Cosse et N. Delamotte, 1848, p. 33.

〔36〕 Faustin Hélie, *Traité de l'instruction Criminelle*, Vol. 8, 2ème éd., Plon, 1867 (Tome I à IV: 1866, Tome V à VIII: 1867).

〔37〕 Faustin Hélie, *Traité de l'instruction Criminelle*, Vol. 8, 2ème éd., Plon, 1867, No. 206, p. 256.

〔38〕 Faustin Hélie, *Traité de l'instruction Criminelle*, Vol. 8, 2ème éd., Plon, 1867, No. 206, p. 256.

〔39〕 Faustin Hélie, *Traité de l'instruction Criminelle*, Vol. 8, 2ème éd., Plon, 1867, No. 276, p. 331.

〔40〕 Faustin Hélie, *Traité de l'instruction Criminelle*, Vol. 8, 2ème éd., Plon, 1867, No. 415, p. 488.

〔41〕 1913 年, 埃斯曼的作品为美国法学院协会所编撰的 "欧陆法史系列" 所收录, 并翻译为英文, 成为大陆法学界援引率最高的著作之一。法文版: Esmein, A., *Histoire de la procédure criminelle en France (et Spécialement de la procédure inquisitoire depuis le XIIIsiècle jusqu'à nos jours)*, Paris, 1882, réed. Verlag Sauer et Auvermann KG, 1969; 英文版: Esmein, A., *A History of Continental Criminal Procedure* (trans. by John Simposon), Little, Brown and Company, 1913. 中文版, 已由本人译出, 尚未出版。

149

性为"职权主义"诉讼，并成为时下比较刑事诉讼的通论。埃斯曼在该书序言中论及，"法国伦理学及政治学研究院（Académie des sciences morales et politiques）最早为博丹资助奖所设立的主题是'研究 1670 年《刑事法令》的历史；研究其对 18 世纪末司法运行及立法的影响'"，但"对已消亡的法律进行历史梳理，并不仅仅是描述它曾经如何制定、适用以及此后的废除，而应进一步探索其所包含的法律源头。应进一步追问其是否转化为之后更新的法律之中。这正如同物理世界，有必要进行血统传承。尤其涉及一部长期存在的法典，我们可以断言，立法者从其中获得分散的、不完整的法律要素。立法者赋予新的形式，进行改革，但创设法律的方式已然确立。这完全适用于 1670 年《刑事法令》这部法国旧制度时代的'重罪法典'。在这部法典之下，法国存续了 120 年。事实上，它并没有引入新的程序。它所确立的制度系法国长期缓慢所形成的，正如其他邻国一样。在各种重大事由的持续压力下，中世纪言词的、公开的当事人主义逐渐转变为书面的、秘密的职权主义诉讼程序。这一始于 13 世纪的演进终止于 16 世纪。1539 年的法令确立了所有的要点以及总体框架"。[42] 埃斯曼因此认为，将这一诉讼历史进程界定为"职权主义程序史"更为直接、贴切、妥当。埃斯曼在国际范围内（包括对英美法世界）的影响是广泛而深刻的，自此，"职权主义"和"当事人主义"在学术研究领域成为相对应的范畴，并广泛运用于分析诉讼法史和比较刑事诉讼。

二、职权主义的核心内涵及界定

准确界定"职权主义"的核心内涵是极为困难的，原因主要有四：其一，如前所述，"职权主义"这一概念并非自诞生后便一成不变，而是经历了数世纪的演进。期间，制度的变迁和学说的创设不断赋予其新的内容。故从某种意义上讲，"职权主义"概念的变迁史，亦是欧陆刑事诉讼制度及学说的变迁史。因此，欲对职权主义内涵进行准确界定，则必须进行制度史及学说史的梳理，并抽象出若干要素以实现概念界定的周延和逻辑。其二，对"职权主义"的界定还存在极为明显的立场偏差。公允而论，除极少数具有大陆法背景的学者[43]外，英美法学界极少关注大陆法系刑事诉讼的发展，且大部分学者对"职权主义"持批判态

---

〔42〕 Esmein, A., *Histoire de la procédure criminelle en France（et Spécialement de la procédure inquisitoire depuis le XIII siècle jusqu'à nos jours）*, Paris, 1882, rééd. Verlag Sauer et Auvermann KG, 1969, p. Vj et s.

〔43〕 比较典型的如美国耶鲁大学法学院的约翰·朗本（John Langbein）教授（德国法专家，对法国法亦了解甚多）、英国剑桥大学的约翰·斯宾塞教授（巴黎一大的法学博士）。

度，认为该制度缺乏对个人自由的足够保护。二战后，美国在世界范围内的霸权地位更将当事人主义强势文化发挥到极致，并传播至各个角落。国际学界对刑事诉讼的评价体系也带有极为明显的"英美法中心主义"。而这种"雾里看花"的错位视角势必难以客观公正。依拙见，准确界定"职权主义"必须回到欧陆法的立场，溯及制度本源，还原制度本身的话语体系。其三，二战后，欧陆各主要发达国家的职权主义吸收了全新的内容，不仅受到当事人主义的深刻影响，更受到人权公约、诉讼爆炸、区际合作等要素的冲击，故对职权主义的传统界定已很难准确反映其时下的真实内涵。其四，职权主义的概念极易泛化，可能将一些现代刑事诉讼的共同特征或者发展趋势纳入其中，而背离了概念界定的排他性。可见，职权主义核心内涵的厘清必须结合语义分析、历史背景、制度功能等综合考量，兼及欧陆立场及与概念的排他性，以作出最为精确的描述。

（一）最初的语义

一如前述，"职权主义"（inquisitoire）一词源自于拉丁语形容词"inquisitori-us"，系动词"inquirere"的衍生词。"inquierere"可分为两个词根："in"和"quierere"，原意为"查找""搜寻""请求""寻找"等。[44] 这与欧陆时下刑事诉讼主流教材的观点并不相同。例如在中国学界影响极大的《法国刑事诉讼法精义》一书中，布洛克（Bullock）教授便援引法国主流学说，[45] 认为"inquisitoire"（职权主义）一词源自于"inquisitio"（宗教刑讯），据此认定宗教裁判（la procédure de l'inquisition）系"职权主义"诉讼（la procédure inquisitoire）的前身。[46] 但从时间上看，"inquisitoire"产生于 1587 年，而"inquisitio"则产生于 1775 年，故"inquisitio"显然不可能是"inquisitoire"的前身。厘清此一问题十分重要，因为这里存在极为严重的理论误区，即许多学者将"职权主义"传统归于欧洲中世纪的"宗教裁判"程序，进而诟病其中的法官独断专横、刑讯逼供现象普遍、被告地位"物化"，基本不享有权利等。故"职权主义"诉讼大体可分为旧制度下的"职权主义"诉讼以及大革命后的"职权主义"诉讼，两者具有一定的制度传承性，但"职权主义"与"宗教裁判"则基本不具有关联。恰恰相反，1670 年《刑事法令》所确立的"职权主义"诉讼程序以及法定证据制度恰

〔44〕 Cornu, G., *Vocabulaire juridique*, Association H. Capitant, 4e éd., PUF, 1994, p. 430 et s.

〔45〕 在旧制度及大革命时期，法国的主流学说亦是欧陆的主流学说。德国、意大利及欧陆其他主要发达国家的刑事诉讼制度更主要受法国的影响。

〔46〕 Bouloc, B., *Procédure pénale*, Dalloz, coll. Précis, 22e éd, No. 65, p. 53. 类似观点还有：Guinchard, S. et Buisson, J., *Procédure pénale*, Litec, 5e éd, No. 32; Rassat. M. -L., *Procédure pénale*, PUF, coll. Droit Fondamental, No. 14, p. 34.

恰是建立在对"宗教裁判"反思的基础之上，并试图以"规则至上"取代"法官至上"，进而防止法官的独断专横。[47]

从词源上，我们还可发现，"inquisitoire"最初的含义系查清案件事实的方法，仅限于侦查阶段（包括预审），故尚非对某种诉讼模型的整体描述。而"accusatoire"描述的则是法官受理案件的方式（当事人控告），也仅反映了某种程序特征。两个词汇在程序机制上也远非对应关系。

（二）含义的历史演进

自19世纪起，"inqusitoire"（职权主义）开始作为刑事诉讼的基本形态，并与"accusatoire"（当事人主义）一起在不同时期学者的学术作品中出现，其含义也呈相同的演进史。19世纪的学者更多立足《重罪法典》的背景、制度与技术，以此审视1670年《刑事法令》以降"职权主义"程序运行的基本轨迹，而20世纪的学者则更多立足新《刑事诉讼法典》，在横向（比较法）与纵向（法史）的双重视角下剖析"职权主义"运行的内在规律及优弊所在，并有意识地构建更具"透明""对抗"及"人权保障"色彩的新职权主义。

1. 奥尔特朗与"次生效力"（effets secondaires）标准

一如前述，奥尔特朗在1839年所出版的《比较刑事立法教程》中首次对"职权主义"和"当事人主义"进行了区分。奥尔特朗认为，"当事人主义"系"双方当事人将争议送至法官前，由其居中作出判决"，"原告负责指控犯罪，并承担证明责任"，"受到犯罪指控的被告可自行进行辩护，驳斥原告所提出的各项指控证据"，"法官依双方当事人所提供的证据作出裁判"；[48]而"职权主义"则是"一名法官负责侦查"，"在侦查程序中讯问被告"，或者"由司法职权机构负责侦破犯罪、起诉、预审、收集证据、讯问被告以及在必要的情况下询问证人，并作出判决"。[49]据此，奥尔特朗认为，之于"当事人主义"诉讼，"原告和被告在程序中处于平等地位，他们围绕证据进行辩论，原告承担证明责任。对被告进行讯问并非从其口中获得对其不利的证据，而是允许其进行自我辩护。庭审和程序均为公开"；而之于"职权主义"诉讼，"被告的地位不如侦查人员（即预审法官）"，对"证据缺乏对席的庭审"，"讯问犯罪嫌疑人的目的不是为了获取他

---

〔47〕 中国学界对欧陆刑法史的研究总体薄弱，不少主流学者用"职权主义"指代大革命后欧陆的刑事诉讼，用"纠问制"指代旧制度下欧陆的刑事诉讼以及宗教裁判程序，这其实也是对诉讼史实的曲解。参见徐静村教授主编：《刑事诉讼法学》（第3版）（上册：刑事诉讼基本原理），法律出版社2004年版，第29页及以下；左卫民：《职权主义：一种谱系性的"知识考古"》，载《比较法研究》2009年第2期。

〔48〕 Ortolan, L., *Cours de législation pénale comparée*, Paris, Joubert Libraire-Editeur, 1839, p. 122.

〔49〕 Ortolan, L., *Cours de législation pénale comparée*, Paris, Joubert Libraire-Editeur, 1839, p. 123.

的辩解，而是令其协助调查以获得对其不利的证据"，"程序是秘密的，侦查借由秘密的手段以获得最终的成果"。[50] 奥尔特朗特别强调，前述要素并非"当事人主义"和"职权主义"的专属特征，而仅是程序所产生的"次生效力"，即在程序"效力结果"层面进行区分，而非界定。[51]

2. 密特麦尔与"混合形式诉讼"（les formes mixtes de procédure）

与同时代的刑法学者相比，密特麦尔的观点较为独特，他反对将"当事人主义"和"职权主义"作截然划分。"我们给当事人诉讼赋予太多专属的内容……其中有些基本的特征源于基本的素材、适用于所有的刑事诉讼程序。将职权主义与当事人主义截然对立，其后果便是将一些职权主义不具有的特质强加于当事人主义。"[52] 密特麦尔驳斥了一些他认为极为武断的观点，例如"仅当事人主义诉讼方以证据为基础作出有罪判决"，"当事人主义诉讼的基本特征是言词庭审"，"私人控告仅存在于当事人主义诉讼中"以及"当事人主义诉讼和职权主义诉讼究竟何种程序占据主导地位，取决于这个国家政治制度的性质：当事人主义诉讼仅适用于民主国家，而职权主义诉讼则适用于专制国家"等。[53] 密特麦尔认为，当事人主义诉讼与职权主义诉讼并无优劣之分，"每条路径均可达到目的，仅是同一思想有不同载体罢了。"密特麦尔进一步指出，"在任何诉讼程序中，不同当事人之间的自然诉求均逐渐演变为'控告'和'辩护'这两个程序的基本要素，侦查的目的便是探求绝对的真实。双方当事人各自抛出支持己方的、可能影响裁判天平的事实和论据，这才是诉讼程序中真正有用的要素"，"私人控告不仅仅存在于当事人主义诉讼中，所有的刑事诉讼程序均以私人控告为基础，只不过功能有所差别罢了"，[54] 不应据此将当事人主义诉讼和职权主义诉讼截然分开。

密特麦尔进一步指出，如果说当事人主义诉讼与职权主义诉讼在制度运作上有所差异，那可能是，"从本质上，当事人主义诉讼系对立当事人之间真正的战斗，各方当事人均提出己方的论断以揭示真相，确保在诉讼中获胜，而职权主义诉讼的首要且根本目的是通过各种法律所授权的侦查手段、由国家所任命的法官

---

〔50〕 Ortolan, L., *Cours de législation pénale comparée*, Paris, Joubert Libraire-Editeur, 1839, p. 123.

〔51〕 Ortolan, L., *Cours de législation pénale comparée*, Paris, Joubert Libraire-Editeur, 1839, p. 123.

〔52〕 Mitermaier, K. J. A., *Traité de la preuve en matière Criminelle*, traduit par, C. -A. Alexandre, De Cosse et N. Delamotte, 1848, p. 46 et s.

〔53〕 Mitermaier, K. J. A., *Traité de la preuve en matière Criminelle*, traduit par, C. -A. Alexandre, De Cosse et N. Delamotte, 1848, p. 46 et s.

〔54〕 Mitermaier, K. J. A., *Traité de la preuve en matière Criminelle*, traduit par, C -A. Alexandre, De Cosse et N. Delamotte, 1848, p. 46 et s.

（其职权由国家机构明文规定）负责收集与犯罪相关的证据"。[55] 在密特麦尔看来，当事人主义与职权主义之间的区别主要在于发现犯罪真相的方式，"当事人主义诉讼的核心是在终审法官前进行完全的对抗，因为原告和被告将穷尽所有影响定罪的手段以掌控诉讼的结果……在此一诉讼中，只有人民或人民中间选出的代表可以成为法官……对证据的运用完全在法官面前进行，程序公开进行，庭审奉行言词原则，因为书面的指令与程序目的相违背，且没有必要，法官作出的判决不能上诉，并参与整个对抗过程"[56]。密特麦尔最后批判了意大利学者卡米尼亚尼（Carmignani）的观点，后者认为"职权主义和当事人主义包含两种完全不同性质、无法兼容的要素，两者融合会导致错误的结果"。密特麦尔旗帜鲜明地指出，"当事人主义与职权主义的交融不仅可能且必要"，从而构建了独特的"混合形式诉讼"学说。[57]

3. 弗斯坦·埃利和"阶段型的混合式诉讼"

从履历上看，弗斯坦·埃利不仅是著名的程序法学者，更是《重罪法典》的直接践行者（担任法官数十年），故其学说带有浓厚的实证主义色彩，主要建立在对《重罪法典》所构建之刑事程序的评价上。在弗斯坦·埃利看来，"刑事诉讼总体而言包括两种模式：当事人主义和职权主义。前者以控告为原则，后者以侦查为原则……所有的刑事司法制度必然归结于其中的一种，仅是或多或少，以及带有某些修改。"[58] 但职权主义和当事人主义的区分并非仅以历史为线索，更不可能作"截然分割"。弗斯坦·埃利据此提出了"阶段型的混合式诉讼"理论，即在理想的刑事诉讼中，审前阶段应奉行职权主义原则，国家公权力占据垄断地位，审判阶段则奉行当事人主义原则，由各方当事人主导诉讼进程。而此一理论的基本模型便是《重罪法典》所构建的刑事诉讼程序。弗斯坦·埃利反对给"职权主义"一个明确的界认，认为这是历史、语义或定义发展的结果，当事人主义与职权主义存在对立，但可进行"分阶段"的融合。

弗斯坦·埃利所构建的"混合程序"理论在学界和实务界极具影响力，为当时《重罪法典》的构建与发展提供了基本的导向，也使法国的刑事诉讼框架成为

---

〔55〕 Mitermaier, K. J. A., *Traité de la preuve en matière Criminelle*, traduit par, C.-A. Alexandre, De Cosse et N. Delamotte, 1848, p. 46 et s.

〔56〕 Mitermaier, K. J. A., *Traité de la preuve en matière Criminelle*, traduit par, C.-A. Alexandre, De Cosse et N. Delamotte, 1848, p. 46 et s.

〔57〕 Mitermaier, K. J. A., *Traité de la preuve en matière Criminelle*, traduit par, C.-A. Alexandre, De Cosse et N. Delamotte, 1848, p. 46 et s.

〔58〕 Faustin Hélie, *Traité de l'instruction Criminelle*, Vol. 8, 2ème éd., Plon, No. 1554, p. 38.

欧陆各国争相效仿的楷模。但也有不少学者持批判态度，比较著名的如法史学家杜·布瓦（Du Boys）。在1874年所出版的代表作《法国刑法史》第2卷（共6卷）中，杜·布瓦便指出，"言词、自由辩论以及程序公开系当事人主义诉讼程序的精髓所在"，而"职权主义则奉行书面、秘密原则"，两种程序均有其固有特征，南辕北辙，不可能融合。[59]

4. 埃斯曼和"不同程序技术下的混合式诉讼"

埃斯曼秉承弗斯坦·埃利的论述思路，但从诉讼法史的角度作了修正和拓展，逻辑更为清晰明了，史料运用也更为详尽扎实。埃斯曼认为："刑事诉讼是特定双方的争讼，没必要专门创设某种特别的程序形式。"[60]因此，他并不主张将"当事人主义"和"职权主义"上升到诉讼模型的对立，而仅是"某些程序特征的总括"。例如在介绍封建时期"当事人主义"刑事诉讼程序时，埃斯曼便指出，"程序是公开、言词、形式化的"，"通常情况下庭审完全公开"，"当事人仅能由代理人代表出庭"。[61]但埃斯曼进一步说明，这并不是当事人主义自诞生后便固有的特征，而是历史发展的结果。埃斯曼认为，现代刑事诉讼几乎均是"混合的"（la procédure mixte），所不同的是"职权主义"的成分多一些，或者"当事人主义"成分多一些。如《重罪法典》便是"妥协和交易的产物"[62]，"一方面系1670年《刑事法令》的传统（职权主义），另一方面则是制宪会议所宣称的原则以及过渡时期法律（当事人主义）"[63]。受埃斯曼理论的影响，1901年出版的《法国学说汇纂》对"当事人主义"和"职权主义"进行了界定：所谓"当事人主义"，指"由受害人向犯罪行为指控者提起控告"，"法官在被指控者同阶层的人群中选拔，并被接受为至高无上的裁判者"，"控告者直接传唤被指控者在法官处接受裁判"，"庭审公开、言词、对抗"，未有"书面的程序"；"职权主义"诉讼则为"设立常设的法官负责书面、秘密的侦查"，"公权力机构通过其代

〔59〕 Du Boys, A., *Histoire du droit criminel de la France*, Vol. 2, A. Durand et Pédone Lauriel, 1874, p. 303.

〔60〕 Esmein, A., *Histoire de la procédure criminelle en France (et Spécialement de la procédure inquisitoire depuis le XIII siècle jusqu'à nos jours)*, Paris, 1882, rééd. Verlag Sauer et Auvermann KG, 1969, p. 44.

〔61〕 Esmein, A., *Histoire de la procédure criminelle en France (et Spécialement de la procédure inquisitoire depuis le XIII siècle jusqu'à nos jours)*, Paris, 1882, rééd. Verlag Sauer et Auvermann KG, 1969, p. 45.

〔62〕 Esmein, A., *Histoire de la procédure criminelle en France (et Spécialement de la procédure inquisitoire depuis le XIII siècle jusqu'à nos jours)*, Paris, 1882, rééd. Verlag Sauer et Auvermann KG, 1969, p. 559.

〔63〕 Esmein, A., *Histoire de la procédure criminelle en France (et Spécialement de la procédure inquisitoire depuis le XIII siècle jusqu'à nos jours)*, Paris, 1882, rééd. Verlag Sauer et Auvermann KG, 1969, p. 539.

理人负责预审程序，以为刑罚做准备，其所任命的官员系常设的公职"。[64]

5. 20 世纪的主流学者与"新职权主义"

19 世纪，以《拿破仑法典》颁布为节点，欧陆学界掀起了文本解释的热潮，注释法学派（l'École de l'Exégèse）占据学术研究的主流位置。这可以理解为何此前的代表性学者更多围绕《重罪法典》予以阐释。19 世纪末，法兰西第二帝国的崩溃在某种意义上使学界从对《拿破仑法典》的盲目崇拜中脱离出来，不少学者开始寻求走出注释法学派藩篱的路径，以比较法为代表的新兴法学理论呈井喷式发展。[65] 故 20 世纪的欧陆学者不仅从纵向（法史）、更主要从横向（比较法）来审视并剖析"职权主义"运行的内在规律及优弊所在，并有意识地构建更具"透明""对抗"及"人权保障"色彩的"新职权主义"。

总结主流学者及主流教材的观点，[66] 我们可将"新职权主义"的核心特质描述如下：

（1）价值目标系社会利益优先型或者国家利益优先型，追求实质真实。

（2）机构设置集权化，裁判者通常为专业法官，具有一定的层级性和行政性；侦查权、公诉权和裁判权由国家垄断，国家或社会利益由检察机关代表。

（3）诉讼阶段化，审前程序和审判程序系刑事诉讼的"两个核心"，前者更偏向传统的职权主义，如侦查秘密、较高羁押率、犯罪嫌疑人及律师的权利相对受限，后者则完全透明、公开、对抗。

（4）证明模式奉行"自由心证"，法官具有一定的庭外调查权。

需要特别说明的是，"新职权主义"的生成，并非仅仅吸收了"当事人主义"的一些优点，而更多系随着近代人权保护理念的兴起而作出的调整。之于后者，"当事人主义"亦作出相同的改革（如上诉程序的设立）。故新时期下"当事人主义"与"职权主义"的趋同性，既源自于两者间的相互借鉴和补充，更主要源自于基本权利及正当程序理念的兴起。

---

[64] Rivière, M. (sous la direction de), *Pandectes française, nouveau répertoire de doctrine, de législation et de jurisprudence commencé*, sous la direction de M. Rivière continué sous la direction de M. André Weiss et H. Frennelet, éd. Chevalier Marescq et cie et Plon-Nourrit et cie, 1901, Tome 36, Instruction criminelle, p. 153.

[65] Ancel, M., "Cent ans de droit comparé en France (1869-1969)", in *Livre du Centenaire de la Société de Législation Comparée*, 1969, p. 8.

[66] Conte, P., et Maistre du Chambon, *Procédure pénale*, 4e éd, Armand Colin, 2002, p. 13; Soyer. -J-C, *Droit pénal et procédure pénale*, 20e éd, LGDJ, 2008, p.254; Bouloc, B., *Procédure pénale*, Dalloz, 22e éd, Coll. Précis, 2010, p. 53; Guinchard, S. et Buisson, J., *Procédure pénale*, 5e éd, Litec, 2009, p. 39; Pradel, J., "Défense du système inquisitoire", *Regards sur l'actualité*, n°300, 2004, pp. 57-62; Jean-François, B., "Un faux problème : accusatoire contre inquisitoire", *Regards sur l'actualité* n°300, 2004, pp. 49-55.

（三）"职权主义"的界定

毋庸讳言，"职权主义"含义的历史演进为我们准确进行概念界定提供了丰富的理论素材。但也应该看到，不同学者对职权主义的看法并不一致，也未必全然符合制度本身的原貌。因此，界定"职权主义"应奉行三项基本准则：其一，准确性，准确反映当代职权主义国家的核心特质；其二，排他性，将"职权主义"与"当事人主义"清晰地区分开来；其三，契合性，和"职权主义"的称谓可高度融合。依此三个标准，笔者拟将"职权主义"定义为"诉讼以社会利益优先为导向、国家权力为主导、实质真实为目标，审前程序凸显侦检机关的优势侦查权，审判程序凸显法官主导控制权的正当程序模型"。

三、"职权主义"的认识误区与正当之辩

中国学术界对"职权主义"的偏见与诟病，原因是复杂多样的：例如不少学者将转型国家"打击犯罪主导型"的刑事诉讼和职权主义诉讼混为一谈，进而将职权主义定性为落后的诉讼形态，以为一些侵犯基本人权及违反正当程序的做法承担罪责；也有不少学者受美国强势主导的"英美法中心主义"的影响，主张在时下中国确立更具对抗和表演色彩的当事人主义，更注重形式正义而非实质真实；还有一些学者将社会主义刑事诉讼中的一些缺陷亦归咎于职权主义传统，混淆了政治体制与程序机制的界限；凡此种种，不一而足。而究其根本原因，则在于中国学术界普遍对欧陆职权主义诉讼模式存在认识误区。当然，这一思想误区绝非臆想而来，而更多源自中世纪欧陆启蒙思想家对职权主义诉讼的批判性论点。一个鲜为人知却无可争议的事实是：欧陆启蒙思想家普遍缺乏诉讼法的专业知识，其对职权主义诉讼的诟病更多源自对旧制度的控诉，不少批判缺乏资料支撑，甚至源自错误的史料，逻辑论证也显得简单粗糙。而更为重要的是，欧陆职权主义经过数百年的发展，已基本克服原有的一些程序缺陷，成为重要的"正当程序"模型。故厘清这些认识误区对于重新审视欧陆职权主义尤其是构建中国刑事诉讼改革的基本导向极有必要。

（一）职权主义诉讼源于宗教裁判的认识误区

在对职权主义的诸多批判学说中，有一种法史的观点颇具代表性，也值得特别关注，即依某些程序机制的相似性而认定职权主义诉讼源于宗教裁判，并进而将制裁异端的"侦审一体""刑讯逼供""严刑峻法"等设置视为职权主义诉讼的内在特质予以批判。这不仅在秉承"英美法中心主义"立场的学者作品中随处可见，在大陆法系国家中也不乏代表性学者。例如，新社会防卫学派的鼻祖马

克·安塞尔（Marc Ancel）在对贝卡里亚的刑法思想进行评注时便指出，"罪刑法定原则废除了刑罚的专权，改变了刑事法官的职能，并以保护性的程序取代了宗教裁判程序"〔67〕。但马克·安塞尔所实际批判的对象却是旧制度下的职权主义以及国王封印信（lettre de cachet）制度。可见，在这位犯罪学及刑事政策学术大家的观念中，旧制度的职权主义与宗教裁判程序同出一源，并无实质区别。另一位著名的诉讼法学家丹尼·萨（Denis Saas）则更直接地对此一观点进行了论证。在《论刑事诉讼》一书中，丹尼·萨依"庭审与第三人（裁判者）""庭审与书面材料""庭审与争讼事由"以及"庭审与判决"四个维度将刑事诉讼分为三种模型：调解型的诉讼模式（Le modèle de la médiation）、纠问型的诉讼模式（Le modèle de l'inquisition）和公正型的诉讼模式（Le modèle du procès équitable）。丹尼·萨认为，旧制度的职权主义诉讼和宗教裁判均属"纠问型的诉讼模式"，"最初源于多明我会诉讼（l'inquisition dominicaine），后用于惩治异教徒的诉讼程序。这种程序模式包括冗长、秘密、书面的预先侦查程序，主要为了获取口供，判决只不过是受害人的复述。"〔68〕丹尼·萨对此一观点进行了论证，"几个世纪之后，随着中世纪对罗马法的继受以及贤者法（le droit savant）在教会内的设立，一种新型的诉讼出现了。这种诉讼可能源自于罗马帝国后期的案件特别调查程序（cognitio extraordinaria）。它确立了某种拥有准司法权力的官僚机构。法官、王室官员以及拥有独立社会权力的公职人员等享有主动追诉犯罪的权力。……通过内部运动，行政机构开始司法化。这无疑对教会法上纠问式程序的出现有着直接的影响。"〔69〕

但从法律史学研究的基本逻辑看，前述论断跳过了9世纪至13世纪欧洲王室司法体制转型的关键时期，也因此忽视了一些极为重要的基本史实。例如，国家垄断公诉权并非源自教会法传统，而系欧洲王权复兴之路的产物。自13世纪初，欧洲王权开始了缓慢漫长的复兴，刑事司法改革也有序推进，其核心成果便是废除私战和决斗。1245年，在第七次十字军东征前夕，路易九世国王下诏颁布了"国王四十日"（la quarantaine le roi）制度：贵族权利若受损害，须在40天内将争议提交至国王法庭仲裁，不得私战报复，违者将受到国王军队的讨伐，并被判处死刑。此后，路易九世又颁布了《基本法》，明确规定"在我们所有的领地上，

---

〔67〕 Ancel, M., *La défense sociale nouvelle（un mouvement de politique criminelle humaniste）*, éd. Cujas, 3e éd, 1981, p. 59.

〔68〕 Salas, D., *Du procès pénal*, PUF, 1992, p. 45.

〔69〕 Salas, D., *Du procès pénal*, PUF, 1992, p. 12.

在所有的案件中，我们禁止决斗……在过去适用决斗的地方，我们将以证人证言和书证替代之"。[70] 废除决斗后，审判便转变为语言文字活动，诉讼辅助者（律师的雏形）开始应运而生。最初的律师和职业法官一样，都是为替代决斗而建立的新式司法体制的一部分，两者都在法院拥有正式"官职"，都拥有"法律骑士"的贵族头衔，都被称为"magistrat"（司法官），因此又都被视作国王的直属官吏。故此种"律师"实际已经具备了向"公诉人"转化的最初倾向。故如著名刑诉法专家拉萨（Rassat）教授所言，法国的检察制度起源于两种非常古老的司法职业制度，即国王代理人制度（Procureur du Roi）和国王律师制度（Avocat du Roi）。[71] 前者孕育了刑事检察制度，后者则催生了民事检察制度。国王代理人主要从中世纪裁判所的法官（bailli）及处理各种行政及司法事务的官员中选出，专门负责刑事案件的公诉，即在刑事案件中以国王的名义对犯罪嫌疑人提起控诉。国王代理人制度的确立结束了刑事诉讼由被害人自行提起的历史，实现了从"自行起诉"向"国家（国王）公诉"的飞跃，从此之后，国家权力便积极频繁地介入刑事诉讼，"随着社会的进步，直至国家权力的介入，才在我们所熟知的犯罪人、社会（由国家代表）及被害人之间形成三边关系。仅在这种关系存在之后，我们才真正地谈论被害人、刑事制度与犯罪政策"[72]。可见，"宗教裁判"和"职权主义"（尤其是法国大革命前的职权主义）在某些程序设置上有类似之处，但不能据此认为职权主义诉讼便源自宗教裁判，并偏颇地将"职权主义传统"作为"专横""暴力"和"非人道"的代名词。如卢多维克·布吕莫（Ludovic Primot）博士所强调，"宗教裁判与职权主义并无太多传承关系，这种过分简单理解司法历史发展进程的逻辑思路有程序的历史决定主义倾向，视角偏颇乃至荒谬。"[73]

（二）对 1670 年《刑事法令》及旧制度刑事司法的误读

在诉讼法史上，1670 年《刑事法令》常被视为欧陆一部非常典型的职权主义法典，也因此成为启蒙思想家及法学家批判旧制度乃至时下职权主义诉讼的重要素材。如著名的法史学家埃斯曼便将 1670 年《刑事法令》描述为"极端削弱被告辩护权的程序设计"。[74] 律师在刑事诉讼中完全缺位，侦查阶段秘密、专横，

---

〔70〕 杜苏：《世俗公诉源自宗教裁判？——大陆法系公诉制度起源辨析》，载《西南政法大学学报》2013 年第 3 期。

〔71〕 Rassat, *Le ministère public—entre son passé et son avenir*, 1965, p. 1 et s.

〔72〕 Delmas-Marty, M., "Des victimes: repères pour une approche comparative", in *RSC*, 1984, p. 209.

〔73〕 Primot, L., *Le concept d'inquisitoire en procédure pénale, Représentations*, *fondements et définition*, LGDJ, 2010, p. 139.

〔74〕 Esmein, A., *Histoire de la procédure criminelle en France* (*et Spécialement de la procédure inquisitoire depuis le XIII siècle jusqu'à nos jours*), Paris, 1882, rééd. Verlag Sauer et Auvermann KG, 1969, p. 142 et s.

被告所面对的是强势的司法官，在程序的任何阶段均可能受到酷刑。毋庸讳言，1670 年《刑事法令》不能说构建了"良好的司法"（une saine justice），但立足偏见或观点盲从并据此予以批判的理论学说显然有失严谨。如安东尼·阿斯坦（Antoine Astaing）所言："在历史学家看来，对刑事诉讼的理解往往与一些极其否定性的偏见相冲突，而后者通常使学者们的工作产生谬误。"[75] 不少学者便是基于对 1670 年《刑事法令》及旧制度刑事司法的误读而对职权主义进行了否定性评价，其中诟病最多亦是误解最为严重的主要包括两方面，即被告孱弱的辩护权和司法官强大的专权。

在辩护权方面，如果严格依 1670 年《刑事法令》的文本规定，被告确实不享有积极的辩护权。程序是完全秘密的，被告在接受讯问时应宣誓，辩护人不得在场，被告不能获悉被指控的罪名以及证人名单。尤其是在特别程序中，1670 年《刑事法令》设置了预先刑讯制度（la question préparatoire），允许对被告施以酷刑以获取有罪供述。1670 年《刑事法令》并未确立"存疑有利被告"的基本原则。但以上所述仅是文本规定，是否与旧制度的司法实践完全一致，这值得进一步推敲。首先，在具体司法实践中被告是否完全"物化"，1670 年《刑事法令》所设置的讯问被告程序是否如埃斯曼教授所言的"这是一套获取被告口供的强力机器"?[76] 法史学家路易－贝尔纳·麦尔（Louis-Bernard Mer）在研究 18 世纪法国刑事诉讼大量司法档案后得出了否定性的结论。[77] 麦尔教授发现，18 世纪的刑事讯问笔录中极少有"设置圈套、技术精湛的讯问，司法官很少作预先的讯问策略设计"，而更令人啧啧称奇的是，"极少发现认罪、脆弱乃至卑微的被告"，情况恰恰相反，刑事案件中的被告"大都雄辩，甚至诡辩"。[78] 麦尔教授甚至还区分了四种最为常见的辩护类型——争斗型辩护（la défense combative）：角色颠倒，被告转而指控控告者；创造型辩护（la défense inventive）：臆造各种荒诞的解释；商议型辩护（la défense concertée）：联合几名被告共同辩护；暗示型辩护（la défense fondée sur la suggestion）：暗示某一名已死亡的被告系凶杀案的凶手。另一位著名的法史学家加尔洛（Garnot B.）教授在研究 18 世纪勃艮第高等法院所审

---

[75] Astaing, A., *Droits et garanties de l'accusé dans le procès criminel d'Ancien Régime* (*Xvème - XVIIIème siècle*), *Audace et pussilanité de la doctrine pénale française*, Thèse Université de Montepellier I, p. 15 et s.

[76] Esmein, A., *Histoire de la procédure criminelle en France* (*et Spécialement de la procédure inquisitoire depuis le XIII siècle jusqu'à nos jours*), Paris, 1882, rééd. Verlag Sauer et Auvermann KG, 1969, p. 282.

[77] Mer, L.-B., "La procédure criminelle au XVIII e siècle: l'enseignement des archives bretonnes", *Revue historique*, 1985.

[78] Mer, L.-B., "La procédure criminelle au XVIII e siècle: l'enseignement des archives bretonnes", *Revue historique*, No. 555, 1985, p. 20 et s.

理的上诉案件后也得出了类似结论，"讯问的境况与福柯所描述的全然不同……
讯问者和被讯问者之间系真正的言词决斗，被讯问者顽固雄辩，毫不退让……几
乎所有人都不会立即认罪，而会逐一抗争和辩解。即便认罪，也是承认最轻微的
罪行，而对主要罪行一概予以否认。"[79] 此外，在旧制度的刑事司法实践中，律
师、法律顾问甚至被告的家人均可参与刑事诉讼，这与 1670 年《刑事法令》的
规定完全不同。[80] 埃斯曼便指出："很容易发现，这些原则轻易地让步于两个事
项：涉案被告的信用以及金钱。"[81] 麦尔教授也指出："尽管 1670 年《刑事法令》
规定了程序秘密原则，但在 18 世纪求助法务人员以撰写诉状或者辩护状的情况时
常发生。"此外，"监狱也是开放的"（prisons portes ouvertes），"几乎只要愿意就
可以进入这些监狱与被告进行交流"。[82] 可见，仅以 1670 年《刑事法令》的文本
规定便推定旧制度的职权主义刑事诉讼不存在对抗、不存在辩护、不存在律师的
观点明显有失严谨。

在司法官专权方面，启蒙思想家的批判主要集中在旧制度的三种程序机制：
一为封印密札（lettres de cachets）制度；二为法官在刑罚适用上几乎不受限的裁
量权；三为酷刑制度。而事实上，直至今日，学术界对此三种程序机制均存在颇
多误解，甚至多有谬误。首先是封印密札制度。所谓"封印密札"，便是附国王
签名的空白逮捕令。在伏尔泰及其他一些启蒙思想家看来，这是欧洲极其丑陋的
秘密逮捕制度。这种判断自有一定道理，但与当时的实践存有较大差距。实际情
况是封印密札的发布须由个人向国王提出申请，"在绝大部分情况下，须经严格
的调查"。[83] 在司法实践中，"封印密札"主要涉及家庭事由，更多是社会求助，
而非刑事处罚。[84] 像狄更斯《双城记》小说中的医生马奈特被厄弗里蒙侯爵兄弟
以"封印密札"关入巴士底狱的情况极为罕见。司法实践中还有许多"封印密

〔79〕 Garnot, B., "Pour une histoire nouvelle de la criminalité au XVIII siècle", *Revue historique*, 1993, p. 295
et s; et Garmot, B., "Une illusion historiographique: justice et criminalité au XVIII e siècle", *Revue historique*,
No. 570, 1989, p. 361, spéc. p. 379.

〔80〕 1670 年《刑事法令》第 8、9 条仅规定了两种情况下可会见律师：第一次讯问后某一些案件与人
身权利紧密联系的，或者如果并非指控可能判处死刑的犯罪。

〔81〕 Esmein, A., *Histoire de la procédure criminelle en France* (*et Spécialement de la procédure inquisitoire
depuis le XIII siècle jusqu'à nos jours*), Paris, 1882, rééd. Verlag Sauer et Auvermann KG, 1969, p. 341.

〔82〕 Mer, L. -B., "La procédure criminelle au XVIII e siècle: l'enseignement des archives bretonnes", *Revue
historique*, No. 555, 1985, p. 18.

〔83〕 Lebigre, A., *La justice du roi. La vie judiciaire dans l'Ancienne France*, Edition Complexe, 1995, p. 256.

〔84〕 例如法国著名政治活动家米拉波便数次为封印密札所拯救，参见 J. Bart et J. -J. Clere, "Les lois du
roi", in *La Révolution de la justice. Des lois du roi au droit moderne*, sous la direction de Philippe Bouchet, éd. Jean Pi-
erre de Monza, Novembre 1989, p. 18 et s.

札"系主张对有罪者进行宽容处理。[85]毋庸讳言，此一制度在时下看来显然有悖法治精神，但也可看出启蒙思想家对该制度的谴责有夸大之嫌。而更为重要的是，"封印密札"与法官的专权并无太大关联，如埃斯曼所言，"这是一种误解，因为法律从未规定所谓的'封印密札'……这也不是法官专权的核心所在"[86]。而旧制度法官在刑罚适用上的极大权力亦是启蒙思想家及时下学者抨击职权主义的重要论据。不少著述批评，法官在刑罚适用上的随意性，将使被告处于极为不利的位置，这也是旧制度普遍适用严厉刑罚的重要原因，因此贝卡里亚便主张确立严格的"立法固定量刑制度"，以剥夺法官在此一领域的专权。但实际情况并非如此。在 18 世纪，法官享有适用刑罚的专权，可依据被告人格及案件的具体情况进行刑罚的个别化，但判决通常有利于被告。在司法实践中，法官常为避免适用死刑或其他严苛刑罚而"废法"，而非相反。故旧制度所谓的严刑峻法现象，其罪魁祸首是立法者，刑事法官尤其是上诉法院的刑事法官在司法实践中反倒成为量刑缓和的主要推手。将此一责任归咎于法官的量刑专权，不得不说是一大讽刺；而时下对旧制度刑事司法误解最大的则是臭名昭著的"酷刑"制度（torture）。18 世纪的欧陆刑事司法禁止法官仅通过一般的间接证据或者推定对被告予以定罪，故控方承担了极为沉重的证明责任。侦查手段不发达、证明大量依赖口供等现实情况加剧了此一难题。对此，司法实践作出了相互矛盾的调整：一方面通过剥夺被告的正当程序权以方便定罪；另一方面又通过"酷刑"这一制度减少错误指控的可能。故从根本意义上讲，酷刑并非法定证据制度的固有组成部分，而是该制度失灵时"极为扭曲的反作用力"（contrecoup pervers）。这也是为何 16 世纪系酷刑适用的顶峰，恰恰也是法定证据制度衰微、自由心证制度萌芽的重要历史时期。故不管从历史的角度看，还是从法律的角度看，酷刑的出现均是对被告极为有利的证据制度，因为可避免其进入后续侦查的各种程序环节，以及可能的错判。从这个意义上讲，旧制度刑事司法的改革系自我演进的理性结果，而非启蒙思想家的积极努力，也并不存在所谓的"一小部分开明的哲人，以及一

〔85〕 J. Bart et J. -J. Clere, "Les lois du roi", in *La Révolution de la justice. Des lois du roi au droit moderne*, sous la direction de Philippe Bouchet, éd. Jean Pierre de Monza, Novembre 1989, p. 27 et s; Esmein, A., *Histoire de la procédure criminelle en France (et Spécialement de la procédure inquisitoire depuis le XIII siècle jusqu'à nos jours)*, Paris, 1882, rééd. Verlag Sauer et Auvermann KG, 1969, p. 254.

〔86〕 Esmein, A., *Histoire de la procédure criminelle en France (et Spécialement de la procédure inquisitoire depuis le XIII siècle jusqu'à nos jours)*, Paris, 1882, rééd. Verlag Sauer et Auvermann KG, 1969, p. 257.

大部分迟钝的法官"。[87]

(三) 对当事人主义诉讼的过度理想化

在法国大革命前后，英国刑事诉讼系欧陆启蒙思想家最青睐的理想模型，伏尔泰、贝卡里亚、孟德斯鸠等均不吝赞誉之辞，普遍将其视为理性的纠纷解决方式，并主张予以效仿。但立足旧制度下英国刑事诉讼的基本情况，不难发现这些欧陆启蒙思想家带有明显的"立场预设"，"贵远贱近"的倾向十分明显，如宗教裁判。一如前述，欧陆的宗教裁判所长期被视为"野蛮司法"的象征，并因此成为诉病职权主义诉讼的重要论据。但在同一时期奉行当事人主义诉讼的英国，宗教裁判是否从未存在？其实不然，中世纪以降，英国处理异教徒的方式与欧洲大陆并无区别。几乎在英国的每个君主政体、每个时期，如金雀花王朝、都铎王朝、大叛乱、共和国、复辟时期、斯图亚特王朝等，各阶层的异端分子都被视为异教徒予以起诉。"教会的权威通常为英国传统的法律人所严格遵守，大法官布莱斯通亦经常援引……对异教徒设有四级的刑罚……逐出教会，教士、神职人员和骑士降级，没收财产以及对于叛教者适用火刑。"[88]法史学家杜·布瓦详尽研究了英国的宗教裁判史，"1337 年，英国颁布《异端火刑法令》（Hoeretico Comburendo）。对于 14 世纪 70 年代至 80 年代出现的威克利夫派教徒反教皇运动，英国教会采用残酷的镇压手段。1381 年，英国议会颁布一个法律，授权教区主教可以不经主教会议单独判处某人持异教徒观点。如果该人不放弃异教徒主张，则应主教要求，郡长应将之适用火刑。"[89]在 1485—1603 年的都铎王朝时期，亨利八世的王朝与宗教之争依然存续，导致 1534 年国王被逐出教会。同年的《至尊法案》郑重宣告亨利八世及其继承人是英国教会唯一的最高首领，拥有决定一切宗教事务的权力和权威，包括推荐神职人员、规定教义与宗教仪式、镇压异端邪说等权力，可派随员巡视并纠正各种弊端。亨利八世促成英国教会脱离罗马教廷，自己成为英格兰最高宗教领袖。通过亨利八世的改革，英国脱离了罗马教廷的统治，成为欧洲改革的堡垒，并制定了残酷的刑律，"任何人均应接受国王成为英国教会的最高宗教领袖，否则将科处最高叛国罪。罗马教廷和新教徒不受法律约束，但在法律上不受迫害：受害人是叛教者或叛乱者，而非殉教徒"[90]。可见，

---

[87] Primot, L., *Le concept d'inquisitoire en procédure pénale. Représentations, fondements et définition*, LGDJ, 2010, p. 164.

[88] Du Boys, A., *Histoire du droit criminel* (Vol. 6), A. Durand et Pédone Lauriel, Vol. III, 1860, p. 270 et s.

[89] Du Boys, A., *Histoire du droit criminel* (Vol. 6), A. Durand et Pédone Lauriel, Vol. III, 1860, p. 270 et s.

[90] Du Boys, A., *Histoire du droit criminel* (Vol. 6), A. Durand et Pédone Lauriel, Vol. III, 1860, p. 271 et s.

中世纪英国的刑事诉讼对异教徒均采用非常严苛的刑事处罚，既非欧陆职权主义诉讼所独有，也绝非伏尔泰、贝卡里亚等欧陆启蒙思想家所宣称的人本主义和理性。又如酷刑制度。旧制度时期的英国刑事诉讼亦设有酷刑制度，"各种法令以及亨利八世的国家法均允许在侦查阶段适用酷刑"[91]。秉承"英美法中心主义"的学者大部分也不否认此点，但更多认为"酷刑系政治目的"，如布莱斯通大法官在论及英国的酷刑制度时便曾言，"酷刑在英国立法中闻所未闻，主要是一种国家手段，而非法律工具。"[92] 约翰·斯宾塞（John Spencer）教授尽管承认"英王（尤其是都铎王朝和斯图亚特王朝）可专门授权对犯罪嫌疑人实施酷刑"，但亦援引朗本教授的研究作为补充，"酷刑在英国通常是例外的、非正式的、秘密的、从未制度化"，这与欧陆将酷刑作为预审常规手段有根本的区别。[93] 但事实并非如此。朗本教授在其《酷刑与证据法》这本大作中其实便提供了自相矛盾的素材。他分析了英国从 1540—1640 年 100 年间的 80 起案件，其中 1/4 属于普通的刑事案件（谋杀和盗窃）。在这些案件的侦查程序中，侦讯人员时常对犯罪嫌疑人采用酷刑折磨以获取有罪供述。他还专门举例在一起入室盗窃案中，侦讯人员对犯罪嫌疑人施以酷刑，"直至作出最佳证言以供述事实"。[94] 如福柯在《规训与惩罚：监狱的诞生》一书中写道："奇怪的是，英国是酷刑消失得最迟缓的国家之一。其原因也许是，陪审团制度、公开审讯制度和对《人身保护法》的尊重使其刑法具有一种楷模形象。毫无疑问，最重要的原因是，英国在 1780—1820 年的大骚乱时期不愿削弱其刑法的严峻性。"[95] 再如刑辩制度。伏尔泰对 1670 年《刑事法令》未规定辩护制度大加批判，但他并不知道同时期的英国亦是如此。18 世纪的英国奉行一种速决程序，即"依起诉书审判程序"，未设程序保障，未有律师参与。约翰·斯宾塞教授指出，在"依起诉书审判程序"中，审判长单独询问证人，不得提起上诉，被告不得聘请律师，除非情节显著轻微。[96] 直至 18 世纪末，英国的律师方可介入刑事诉讼，并享有交叉询问的权利。亦是同一

---

〔91〕 Langbein，H.，*Torture and the Law of Proof*（*Europe and England in the Ancien Régime*），The University of Chicago Press，1976，p. 81.

〔92〕 Cité par Renée Martinage，*Histoire du droit pénal en Europe*，*Que-sais-je*？PUF，1998，p. 37.

〔93〕 Langbein，H.，*Torture and the Law of Proof*（*Europe and England in the Ancien Régime*），The University of Chicago Press，1976，p. 73.

〔94〕 Langbein，H.，*Torture and the Law of Proof*（*Europe and England in the Ancien Régime*），The University of Chicago Press，1976，p. 88 et s.

〔95〕 ［法］米歇尔·福柯：《规训与惩罚：监狱的诞生》，刘北成、杨远婴译，生活·读书·新知三联书店 1999 年版，第 15 页。

〔96〕 Spencer，J.，*La procédure pénale anglaise*，coll. « Que sais-je？»，PUF，1998，p. 13.

时期，被告不得自我归罪的特权也才得以确立和发展。[97] 故启蒙时代英国的刑事司法并非权利保障的天堂，许多时下被奉为刑诉铁律或经典的原则大多在 18 世纪和 19 世纪的交汇段才确立。在此一问题上，欧陆的启蒙思想家显然对当事人主义诉讼过度理想化。

（四）代表性启蒙思想家的错误引导

在欧洲历史上，启蒙运动的影响无疑是深刻而进步的。在 17 世纪末到 18 世纪末的一百多年里，欧洲各国的诸多哲学家、思想家、艺术家、教育家等挑战神权和皇权专制，倡导科学思辨、理性思考、公民权利、平等意识，最终引发了一场思想、文化、艺术、建筑、政治和社会的革命，开启了现代的欧洲，同时也建立了人类思想文化宝库中至今仍然值得称道的精神财富。而刑事司法系旧制度社会矛盾最为集中的领域，亦是弱势群体人权状况最受关注的焦点所在，启蒙思想家在其中的思考、批判以及改革呼吁显得尤为强烈。但刑事司法与其他社会科学并不相同，具有专业性及平稳性的特质，前者要求司法改革讨论者具有极其丰富的法律知识及实务经验，后者则反对割裂传统、以惊世骇俗的激进改革取代温和、理性的"自然演进"。伏尔泰、贝卡里亚等启蒙思想家对推进旧制度刑事司法改革的作用自是毋庸赘述，但法律专业素养的欠缺尤其是政治立场的预设使他们对当时的社会公众以及大革命后的决策者产生一定的错误引导，其中对职权主义的盲目批判以及对当事人主义的过度理想化便是重要表征。相反，以缪亚·德·乌格朗（Muyart de Vouglans）为代表的法律专业人士所提倡的"坚持传统、理性认识、稳步推进、面向实践"的基本思路对当时的时局却影响不大，反被诟病为旧制度的簇拥者。

伏尔泰对旧制度刑事司法的抨击集中反映在他对卡拉（Calas）案和希尔文（Sirven）案判决的批判以及所取得的重大社会影响上。但从专业角度看，伏尔泰在两个案件中的评论更多具有宣传效果，而非法律意义上的辩护。在卡拉案中，伏尔泰认为，"图卢兹高等法院承认半证据、1/4 证据和 1/8 证据，以至于 8 位传播流言者仅构成毫无依据的嘈杂声，但却成为一个（可定罪的）完全证据。"[98] 但正如埃斯曼所言，"伏尔泰并不了解现行法，不完全了解法定证据制

---

〔97〕 Thomas P. Gallanis, Jr., "La preuve en common law: Wigmore aujourd'hui", in *La preuve*, *Droits*, PUF, 1996, p. 88.

〔98〕 Cité par Tricaud, F., "Le procès de la procédure criminelle à l'âge des Lumières", in *Archives de philosophie du droit*, Vol. 39, 1995, p. 153.

度在整个证明体系中的作用"，而这恰是"他攻击最猛烈的地方"。[99]卡拉案中的诸位被告"并非未遵守司法程序的受害者，而是程序自身的缺憾所致"。这也是为何在此后的重审程序中，冉·布玛瑞德（Jean Boumared）法官虽作出无罪判决，但却未载明判决理由，而仅是指出"依侦查证据及法定证据制度，图卢兹（Toulouse）法官不再宣判死刑"。当然，如果说伏尔泰在卡拉案中的表现还是秉承了"自然法"的某些准则，也揭示了法定证据制度在司法实践中的一些局限性，在希尔文案中则有更明显的误导信息。例如，伏尔泰在写给图卢兹高等法院法官的公开信中指出，"没有任何正式的证言对希尔文不利，在案卷材料中甚至不能找到最轻微的指控证据。"伏尔泰甚至暗示，法官并没有详细看过案卷材料，希尔文受到非人道的待遇等。而实际情况是，"兰德（Rand）法官听取了两百名证人的证言，并长期顶受了源自检察官的压力……希尔文并未受到酷刑，他随时可以会见律师。"[100]

贝卡里亚和缪亚·德·乌格朗围绕旧制度刑事司法的争论更为有趣。从评价上看，贝卡里亚是欧陆近代最负盛名的刑法学家和启蒙思想家，近代刑法学的鼻祖，"理性及人文主义刑事政策的预见者"。[101] 1764 年，年仅 26 岁的贝卡里亚凭借一部惊世之著《论犯罪与刑罚》（*Dei delitti e delle pene*）奠定了其在近代刑法学界无与匹敌的权威地位。[102]而缪亚·德·乌格朗则是旧制度下的法官，1670 年《刑事法令》的直接践行者，有着极为丰富的专业知识及娴熟的审判技艺。1766 年，乌格朗出版了《驳〈论犯罪与刑罚〉中的若干危险原则》[103]一书，引起了极大的争议，被视为保守派的代表人物。公允而论，贝卡里亚在近代刑法学的伟大成就自是无须多言，但并非所倡导的观点均符合现代刑事法治的基本理念，不少对旧制度刑事司法的评价显得过于草率、激进，也有悖历史真实。例如，贝卡里亚主张"固定量刑"（la fixité des peines）制度，反对法官在量刑方面的自由裁量权，这便是基于对旧制度法官专权的误解。他写道："只有法律才能为犯罪规定刑罚。只有代表根据社会契约而联合起来的整个社会的立法者才拥有这一权

---

〔99〕 Esmein，A.，*Histoire de la procédure criminelle en France*（*et Spécialement de la procédure inquisitoire depuis le XIII siècle jusqu'à nos jours*），Paris，1882，rééd. Verlag Sauer et Auvermann KG，1969，p. 368.

〔100〕 Inchauspé D.，*l'intellectuel fourvoyé*：*Voltaire et l'affaire Sirven*，*1762 – 1778*，Albain Michel，2004，p. 227.

〔101〕 Delmas-Marty，M.，*Le rayonnement international de Beccaria*，RSC，1989，p. 260.

〔102〕 施鹏鹏：《贝卡里亚刑事诉讼思想论略》，载《暨南学报（哲学社会科学版）》2008 年第 3 期。

〔103〕 Muyart de Vouglans，*Réfutation des principes hasardés dans le Traité des délits et peines*，A l'AUSANNE，1766.

威。任何司法官员（他是社会的一部分）都不能自命公正地对该社会的另一成员科处刑罚。超越法律限度的刑罚就不再是一种正义的刑罚。因此，任何一个司法官员都不得以热忱或公共福利为借口，增加对犯罪公民的既定刑罚。"[104] 而此一观点直接对法国大革命的陈情书（Cahiers de Doléances）产生极大的影响，显然有悖时下刑事法治的基本精神。贝卡里亚对法定证据制度的批判亦存在一定的误解。他认为，"在计算某一事实的确定程度时，例如，衡量犯罪嫌疑的可靠性时，可使用得上这样一个一般的定理：如果某一事件的各个证据是互相依赖的，即各种嫌疑只能相互证明，那么援引的证据越多，该事件的或然性就越小，因为可能使先头证据出现缺陷的偶然情况，会使后头的证据也出现缺陷。如果某一事实的各个证据都同样依赖于某一证据，那么，事件的或然性并不因为证据的多少而增加或减少，因为所有证据的价值都取决于它们所唯一依赖的那个证据的价值。"[105] 但这种全然否定法定证据制度在旧制度刑事司法中的重要意义尤其是旧制度法官在证据裁量上能动性的观点显然也有失偏颇。

从专业角度考量，乌格朗对旧制度刑事司法的理解比贝卡里亚更为精准，法官的身份让他在制度分析时更贴近实务，也更符合当时刑事司法的基本状况。乌格朗认为，1670 年《刑事法令》过于严厉，其根本原因是"目的决定手段"。[106] 这就要求法官在文本之外具有司法能动性，秉承保护被告利益的规则。例如，"法官应依犯罪情节加重或减轻量刑，这些情节包括实施犯罪行为的动机和缘由、犯罪行为实施者的品格、实施犯罪行为的场所、时间以及犯罪行为的具体定性或方式。"[107] 乌格朗还坚决支持"无罪推定"和"存疑有利被告"原则，"如果支持和反对被告的票数相同，则应作出对被告有利的判决。存有疑问则应释放被告"[108]。此外，乌格朗还对法定证据制度作出了较为理性的判断，认为这套证明体系事实上对被告提供了严格的保障。从根本上讲，乌格朗是"温和""理性""开明"的保守派，这与伏尔泰、贝卡里亚有根本的不同。法律专业出身的乌格朗并不主张推翻整个刑事司法体制乃至社会体制，而主张对既有的程序机制进行改良和完善。而启蒙思想家们在旧制度刑事司法改革的策略上基本一致：以夸

---

〔104〕 ［意］贝卡里亚：《论犯罪与刑罚》，黄风译，中国大百科全书出版社 1993 年版，第 11 页。

〔105〕 ［意］贝卡里亚：《论犯罪与刑罚》，黄风译，中国大百科全书出版社 1993 年版，第 19 页。

〔106〕 Muyart de Vouglans, *Réfutation des principes hasardés dans le Traité des délits et peines*, A l'AUSANNE, 1766, p. 320.

〔107〕 Muyart de Vouglans, *Réfutation des principes hasardés dans le Traité des délits et peines*, A l'AUSANNE, 1766, p. 315.

〔108〕 Muyart de Vouglans, *Lettre de l'auteur des Loix criminelles au sujet des nouveaux plans de réforme proposées en cette matière*, Hachette Livre, 1785, p. 21.

张、讽刺取代分析；以媒体宣传操控民意进而将复杂的制度变革简单化，将所有对旧制度刑事诉讼的分析作约略式的等同，并以机会主义者的方法，颠覆原有的司法机制。[109]

四、当代大陆法系"职权主义"的真实图景——以法国为例

经过几个世纪的演进与发展，当代大陆法系"职权主义"诉讼的内涵亦在不断调整，以适应新时代尤其是二战后程序正当化及民主化所带来的新挑战。"职权主义"与"当事人主义"之间的相互借鉴与融合亦随着国家间交流的加速而得以强化。总体而论，"职权主义"诉讼正朝着更有利于保障基本人权的角度发展，主要包括检察官客观义务的强化、受害人及被告人权利的保障、审前及庭审程序的对抗化、律师参与权的加强以及诉讼救济途径的多元化等。一些当事人主义的程序机制也引入欧陆国家，并取得了较好的效果，如陪审制[110]以及认罪答辩程序[111]。但从根本上讲，职权主义所秉承的"社会利益优先""国家权力主导""追求实质真实"等核心内涵并未发生变化，故与当代当事人主义诉讼之间的界限虽呈一定的模糊状态，但总体还是存在较为明显的区别。

（一）诉讼价值：实质真实

在法国刑事诉讼中，"实质真实"贯穿程序的各个阶段：于审前程序，司法官（检察官及预审法官）负责查明案件真相，听取证人、受害人、犯罪嫌疑人等的供述及对质，并监督侦查者的工作以在必要时进行补充。于审判程序，"审判长享有自由裁量权，可以凭借自己的荣誉和良心，采取自己认为有助于查明真相的任何措施"（《法国刑事诉讼法典》第 310 条）。司法实践中，审判长可以责令某些机关或个人向法庭提交各种审判长认为有助于查明案件真相的文件材料，也可以委托司法警官进行协助调查；审判长可以广泛听取案情说明，提供案情说明的人可以是那些未按规定手续受到传唤的人，可以是受到回避申请的人，可以是并无作证资格的人，甚至可以是各方当事人均已表示放弃听取其证言的证人。审判长甚至可以在证人不出庭的情况下下令宣读该证人的书面证言。除此之外，法国刑事诉讼在证明制度上亦采用最便于"揭示案件真相"的"证据自由原则"（liberté de la preuve），证据并无形式上的限制，证据的证明力由法官依据内心确

---

〔109〕 Primot, L., *Le concept d'inquisitoire en procédure pénale. Représentations, fondements et définition*, LGDJ, 2010, p. 104.

〔110〕 施鹏鹏：《陪审制研究》，中国人民大学出版社 2008 年版，第 43~68 页。

〔111〕 施鹏鹏：《法国庭前认罪答辩程序评析》，载《现代法学》2008 年第 5 期。

信进行确定。[112]

（二）诉讼构造：权力主导

在初步调查阶段，司法警察（官）发挥主导作用。依犯罪行为的性质，司法警察（官）的调查程序可分为预先侦查程序和现行犯侦查程序，适用不同的侦查规则。在现行犯侦查程序中，因情况紧急，侦查人员享有更大的权力，不仅可进行查证、勘验等常规的侦查手段，还可禁止任何人离开现场甚至实行无证逮捕等。在初步调查阶段，司法警察（官）均可适用必要的强制措施，如搜查、扣押、拘留等，但须经过司法审批；在公诉阶段，检察机关发挥主导作用。检察机关提起公诉主要包括三种形式：一为"签发出庭通知"，即不进行传票传唤，而由被告收到通知后自行出庭；二为"直接传唤"，由执达员向被告直接送达传票，传讯其到轻罪法庭或违警法庭；三为提起公诉意见书，即共和国检察官向预审法官发出书面文件，要求启动正式的侦查程序。此外，检察官还享有附条件不起诉权，可以采取包括刑事和解、刑事调解、赔偿受害人损失等一系列替代措施替代有罪判决；在重罪或复杂轻罪案件的预审中，预审法官发挥主导作用。预审法官享有最广泛的刑事调查权，几乎可适用所有的侦查手段及强制措施，并享有对部分侦查行为或强制措施的司法审查权；在庭审阶段，法官发挥主导作用。所有证据均视为法庭的证据，以"揭示案件真相"为唯一指向。审判长负责指挥庭审，检察官和当事人的发言须严格遵守法官的指示。在违警罪及轻罪案件中，法官依自由心证作出判决。而在重罪案件中，法官和陪审员进行秘密合议，并采用投票表决的方式作出事实和量刑判决。

（三）权利保障：立体多元

在宪政层面，法国"宪法性文件"以高度抽象、凝练的方式确立了刑事诉讼的基本权利谱系。为使这些基本权利谱系司法化，宪法委员会在 1999 年 1 月 22 日涉及国际刑事法院的一个重要判决中以更具体明晰的方式明确了这些基本权利，主要包括：诉诸司法的权利、平等权、住宅不受侵犯的权利、无罪推定权、辩护权以及个人自由不受侵犯的权利；在程序法层面，《法国刑事诉讼法典》序言篇明确规定了权利保障原则，"在整个刑事诉讼过程中，司法权力机关应当注意告知并保障被害人的权利"。《法国刑事诉讼法典》的各个章节及各级刑事法院的判例事无巨细地对当事人的基本权利进行了罗列，并确立了"损害当事人基本权利的程序无效制度"，即职权机关的行为因损及当事人的辩护权、尊严权、形

〔112〕 施鹏鹏：《刑事诉讼中的证据自由及其限制》，载《浙江社会科学》2010 年第 6 期。

体完整权以及其他国际公约、宪法、法律、条例等所赋予的基本权利的，程序无效。因损害当事人辩护权而导致的程序无效事由包括：法官在被告第一次出庭时未提醒被告享有不作任何声明之权利；在对质或询问当事人时律师未在场的；在讯问及判决前，相关案卷材料未交由律师查阅；未告知被告有受律师协助权利；在讯问笔录上未注明律师有权传唤证人及使用相关案卷材料；等等。损害尊严权及形体完整权则主要体现在审前的强制措施程序中，尤其是在拘留、搜查、扣押、临时羁押、电话窃听等侦查手段的适用中。以拘留措施为例，以下各种行为均构成损害当事人基本权利的程序无效事由：司法官延缓告知或未告知拘留相关信息的；未将延长拘留期限告知被拘留人的；对延长拘留未说明理由且事先未将利害关系人带至负责监督这一措施的司法官面前的；超过法定拘留期限的；延缓告知被拘留者权利的；等等。除程序无效外，《欧洲人权公约》《法国宪法》以及《法国刑事诉讼法典》还设置了多元化的权利救济机制，主要包括：欧洲人权法院的权利救济机制、法国宪法委员会的违宪审查制度、非法证据的正当性限制、上诉及非常上诉等。

（四）诉讼效率：繁简分流

"时间流逝，真理随之消逝"（Le temps qui passe, c'est la vérité qui s'enfuit）。近几十年来，职权主义国家亦面临着严重的案件积压及诉讼拖延问题。因此，如何协调程序正义与效率的关系、在确保审判公正的前提下尽可能地节约司法成本便成为法国理论及实务界所亟待解决的重大课题。应该说，在这一问题上，法国与大部分国家的态度是基本一致的，即"在程序正义的框架下追求效率"：一方面，程序正义具有优先性。唯有在确保审判公正的前提下，才能谈得上审判效率。这不管是在普通诉讼程序中还是在简易程序中，不管是在整个诉讼进程中，还是在诉讼的各个程序和环节中都是适用的。离开程序正义的效率追求，无异于缘木求鱼，最终将一无所获。法国立法者以及宪法委员会在法律改革的保守态度上以及在法律审查的严格力度上都充分彰显了立法界对程序正义的充分考量和判断。另一方面，在保障程序正义的前提下尽量兼顾诉讼效率。这也是近几年来法国大力引入速决程序的精神所在，比较典型的有刑事处罚令程序、刑事和解程序、刑事调解程序以及 2004 年才创设的庭前认罪答辩程序。这些速决程序在很大程度上缓解了法院尤其是轻罪法院的庭审压力，获得了较高的评价。

（五）若干常见误解的澄清

总体而论，中国刑诉学界对英美法的了解远胜于大陆法，故对时下的职权主义诉讼存有一定的误解也属正常。比较常见的误解主要包括：其一，职权主义不适用陪审制。其实情况恰好相反：在欧陆法史中，刑事诉讼发生重大变革时常以陪审制的改革为主轴和突破口，[113] 如 1789 年的法国陪审制改革、1864 年和 1993 年的俄罗斯陪审制改革以及 1995 年的西班牙陪审制改革。其二，职权主义对权利的保障不足。对此一误解，欧洲人权法院有过精辟论断，"受害人是否可以阻碍公诉、证据是由双方当事人自行收集或由独立于当事人的法官收集等均不重要……职权主义与当事人主义（在保障人权上）并无优劣之分，仅取决于各成员国的法律传统"[114]。其三，职权主义的羁押率较高。其实不然，英国自《1976 年保释法》实施以后，羁押候审的比例大幅度下降，1990 年降至 10%，其后有一定程度的回升，最高年份 2000 年为 14%；而在德国的前西德各州，2000 年全年只有 36 000 人受到审前羁押，大约占刑事法院判决人数的 4%，如果不考虑违警罪，被审前羁押的嫌疑人比例大约是 6%；[115] 法国刑事案件的羁押率稍微偏高，也不超过 20%。[116] 其四，职权主义诉讼中律师的作用较小。应当说，不同法系刑辩律师在职业伦理的价值取舍上各有侧重，当事人主义诉讼中的刑辩律师更注重"维护当事人利益"，而职权主义诉讼中的刑辩律师则更侧重"发现事实真相"，但刑辩律师的功能与作用并无实质差别。其实在法国，刑辩律师的社会地位极高，总体评价较好，并不存在霍姆斯所谓的"否定性认可"（but its very denial is an admission）。且作为法律规范的践行者，刑辩律师在法国近代（尤其是大革命后）总能突破法律的桎梏，成为社会变革的主要倡导者及先行者。这很大程度上是因为独立和自由已在某种程度上成为法国律师的精神特质，超越了法律规范甚至是社会教条的束缚。以上种种误解，在很大程度上是因为部分国内学者以中国刑事诉讼作为职权主义的参照蓝本，并理所当然地进行"知识"推及而形成对欧陆职权主义的严重误解，而此些谬误加剧了时下"英美法中心主义"的改革思维。

五、中国刑事诉讼缘何须为职权主义

行文至此，笔者详细梳理了欧陆职权主义概念的源与流以及职权主义的核心要素和当代图景，并着力澄清和批判了时下对职权主义的一些错误认识。在此基

---

[113]　Stephen C. Thaman, "The idea of a Conference on Lay participation", in Le jury dans le procès pénal au XXIe siècle, Conférence internationale, Syracuse, Italie, 26-29 mai 1999, *Revue Internationale de Droit Pénal*, 1e et 2e trimestres, 2001, p. 19 et s.

[114]　Cité par Pradel, J., "Défense du système inquisitoire", *Regards sur l'actualité*, n°300, 2004, p. 62.

[115]　孙长永：《比较法视野中的刑事强制措施》，载《法学研究》2005 年第 1 期。

[116]　施鹏鹏、王晨辰：《法国审前羁押制度研究》，载《中国刑事法杂志》2016 年第 1 期。

础上，笔者旗帜鲜明地主张：中国刑事诉讼改革既应避免进入"当事人主义"或"对抗制"的陷阱，也不应设立理念混乱、制度杂糅的"混合式诉讼"，而应坚持走职权主义的道路，核心的原因主要有三：国家权力主导的制度背景、追求客观真实的司法传统以及原有职权主义诉讼的基本构架。

（一）国家权力主导的制度背景

中国意义上的刑事诉讼便是"国家机关行使国家刑罚权的活动"，是"公力救济的有效方式"，"公共权力的使用……往往使诉讼成为最有效的一种合法的冲突解决手段"。[117]《中华人民共和国宪法》对刑事司法中的"国家权力垄断"作了明确规定，如"任何公民，非经人民检察院批准或者决定或者人民法院决定，并由公安机关执行，不受逮捕"（第 37 条第 2 款）。"中华人民共和国公民的通信自由和通信秘密受法律的保护。除因国家安全或者追查刑事犯罪的需要，由公安机关或者检察机关依照法律规定的程序对通信进行检查外，任何组织或者个人不得以任何理由侵犯公民的通信自由和通信秘密"（第 40 条）。"人民法院依照法律规定独立行使审判权，不受行政机关、社会团体和个人的干涉"（第 131 条）。"人民检察院依照法律规定独立行使检察权，不受行政机关、社会团体和个人的干涉"（第 136 条）。"人民法院、人民检察院和公安机关办理刑事案件，应当分工负责，互相配合，互相制约，以保证准确有效地执行法律"（第 140 条）。故与"当事人主义"不同，中国刑事司法极少凸显个人要素，侦查权由公安机关等六个部门所独享，公诉权由检察机关所独享，审判权则由法院所独享。其他诉讼当事人虽有一定辅助参与权，但在绝大部分情况下并非主导作用，例如受害人仅是广义上的"证人"，而不会分割侦查权和公诉权（自诉案件除外）；在庭审中，所有向法庭提交的证据均旨在"揭示案件真相"，合议庭在控制庭审、证据审查、认定事实、定罪量刑等方面发挥根本的作用，甚至在"法庭审理过程中，合议庭对证据有疑问的，可以宣布休庭，对证据进行调查核实"（《刑事诉讼法》第 196 条第 1 款）。

国家权力主导的制度背景决定了中国不可能构建当事人主义式的刑事司法体制。以刑辩律师为例。2012 年《刑事诉讼法》修改时，扩大律师权利系重要的改革议题，其中一项极大的改革成果便是确立了侦查阶段律师的辩护人地位。但律师在侦查阶段究竟享有怎样的权利，尤其是否享有调查取证权，学界尚存争议。在比较法意义上，当事人主义奉行对抗式的诉讼方式，崇尚诉讼中的"个人"要

---

〔117〕 徐静村主编：《刑事诉讼法学（上册：刑事诉讼法基本原理）》（第 3 版），法律出版社 2004 年版，第 3、4 页。

素，故刑辩律师享有广泛的调查取证权，在司法实践中积极性也较高。职权主义则奉行"侦查权国家垄断"原则，在司法实践中，刑辩律师几乎从未在侦查阶段调查取证（虽然法律没有明文禁止），而更主要以查阅案卷的方式了解案情。而中国刑事诉讼亦奉行国家权力主导原则，在此一背景下，律师在侦查阶段的调查取证权自然受到限制，甚至并无太大必要。公允而论，中国时下的刑辩状况并不理想，不少学者希望通过扩大刑辩律师的权利以制约时下不甚合理的"公检法合作"体制。但这一逻辑起点容易使中国刑辩律师改革走入当事人主义的误区，因为在后者的刑事司法体制下，诉讼凸显的便是"当事人"的职能，律师的权利极为张扬，极具理论吸引力。不过可以预判，理论导向的图层混杂势必造成权力机制的冲突，进而使所谓的改革成为一纸空文。

（二）追求实质真实的司法传统

在刑事司法领域，人们是否可依据理智的判断，并通过刑事程序达致立法者、公众及当事人所共同期待的目标——揭示案件真实（la manifestation de la vérité），这便是诉讼认识论的一个核心命题，或者说"刑事诉讼是否理性"。在此一问题上，中国向来奉行追求实质真实的司法传统，正如刑诉法重要奠基人陈光中先生所时常援引的，"程序正义的马车不应当停在实质正义这匹马之前"[118]，这与职权主义国家有相通之处。实质真实的价值设定反映在中国刑事诉讼的各个程序环节，如"人民法院、人民检察院和公安机关进行刑事诉讼……必须以事实为根据，以法律为准绳"（《刑事诉讼法》第6条）。《刑事诉讼法》第55条规定："对一切案件的判处都要重证据……证据确实、充分的，可以认定被告人有罪和处以刑罚。证据确实、充分，应当符合以下条件：①定罪量刑的事实都有证据证明；②据以定案的证据均经法定程序查证属实；③综合全案证据，对所认定事实已排除合理怀疑。"法院也有真相探知义务，"法院于审理案件中，对于有关系之证据，不受当事人意思之约束，应自行探求事实之真相，自行搜集或调查各项为必要之证据"[119]。恰如保罗·利科（Paul Ricoeur）所言，"历史学家永远是修正主义者"，而司法审判却以确定性著称。

但也应该看到，中国刑事诉讼所坚持的实质真实系建立在辩证唯物主义认识论的基础之上，这与欧陆职权主义国家并不相同。"实事求是""有错必纠"的司法理念，几乎不受限制的纠错机制势必造成刑事追诉的恣意化以及诉讼形态的虚

---

〔118〕 张国香：《风雨阳光八十秋法治前行终生求——清华大学法学院教授张建伟谈陈光中教授治学印象》，载《人民法院报》2010年4月23日，第5版。

〔119〕 周荣：《证据法要论》，商务印书馆1936年版，第5页。

化。"当事人可以任意申告翻案，上级机关可以随时越俎代庖。这样就使决定状况变得极不安定，法律关系也难以确定。"[120] 而诉讼框架内检察机关几乎不受限制的抗诉权以及再审程序启动的模糊标准、诉讼框架外各种复杂权力关系、社会情势、民意诉求等均加剧了诉讼程序和结果的不确定性，这导致中国在秉承"客观真实"原则时产生与欧洲大陆完全不同或者说有"中国特色"的问题。事实上，职权主义普遍重视"实质真实"，但并不以牺牲"程序安定"为代价。如台湾地区学者邱联恭博士所指出的，"今后，为追求具体的妥当性，重要的是，在兼顾对裁判的预测可能性及程序安定性等要求下，尽可能因事件类型之个性、特征，就个别的场合选择适合而有助于满足其特性、需求之程序保障方式。"[121] 而程序安定既包括程序规范的安定，也包括程序运作的安定，蕴涵了程序的不可逆性、程序的时限性以及程序的终结性。[122]

故追求实质真实的司法传统意味着中国刑事诉讼必须选择职权主义道路，但片面强调真实而忽略程序稳定性或完全无视形式正义的做法并非职权主义。这就要求中国刑事诉讼立法改革应准确定位，寻求某种平衡：一方面，笔者反对时下部分学者主张仿效英美当事人主义，引入所谓的"司法竞技主义"；[123] 另一方面，笔者亦反对将意识形态化的实质真实等同于欧陆职权主义的价值设定，而应引入欧陆既判力制度，认真对待程序安定的诉讼价值观，避免使当事人处于反复刑事追责的恐惧之中。

（三）原有职权主义诉讼的基本构架

在既有诉讼的基本构架上，中国也与职权主义国家类似：审前程序中，侦检机关发挥主导作用，当事人的权利受限；审判程序中，庭审法官完全主导，对于证据调查的证据种类、范围、顺序以及方法均由法官予以决定。程序设置并不是当事人主义的"庭审中心"，而呈现"审前准备"与"法庭审理"并重的双中心构造。程序的进程也不由当事人推进。庭审中所出示的证据系法庭证据，旨在查清犯罪事实，而非所谓的控方证据或辩方证据。

从根本而论，中国时下的刑事司法改革很难完全颠覆原有的诉讼构架，一个比较法的典型范例便是1988年意大利的刑事诉讼改革。众所周知，在此次改革中，意大利废除了预审法官，从职权主义走向当事人主义，但效果并不理想：一

---

〔120〕 季卫东：《程序比较论》，载《比较法研究》1993年第1期。

〔121〕 邱联恭：《程序制度机能论》，三民书局1996年版，第96页。

〔122〕 陈桂明、李仕春："程序安定论——以民事诉讼为对象的分析"，载《政法论坛》1999年第5期。

〔123〕 较具代表性的，参见张建伟：《司法竞技主义：英美诉讼传统与中国庭审方式》，北京大学出版社2005年版。

方面，长期受大陆法教育及培训的实务人员（不仅包括检察官、法官，也包括律师）根本无法适应当事人主义的诉讼构架，程序运行的司法实践极其混乱，公众对众多焦点案件的审判效果持怀疑态度；另一方面，当事人主义对形式正义的张扬在某种程度上并不利于打击犯罪，尤其是意大利一直以来较为猖獗的有组织犯罪。故改革仅 3 年，意大利便通过 1992 年 8 月 7 日的法律削弱庭审的言词性，并允许法官在一定条件下阅读侦查案卷。此后，意大利又创设了"预审检察官"，重新回到职权主义的基本轨道。[124] 颇为吊诡的是，中国一些刑诉法学者对意大利1988 年的刑事诉讼改革多有赞誉之辞，其主要原因便是阅读了英美法背景的意大利学者所作之论述，而未全面了解本土的理论探讨尤其是实务运行的基本状况。如马可·法布里（Marco Fabri）所言："（意大利）改革的目标尚未达到。效率和诉讼的实效性看来还不如从前。法典的设计者和实施者都不可能割断他们与传统的联系，而这种联系是植根于意大利的法律形式主义……《意大利刑事诉讼法典》的实施作为一个好的范例，可以说明规则本身不足以改变习惯、行为以及随之而来的结果。"[125]

笔者也反对建立所谓的"混合式"刑事诉讼。如果说在比较法上，职权主义吸收当事人主义的一些合理要素以推进程序技术改革，这是显而易见的，也是二战后职权主义内涵发生一定变化的重要原因（如辩诉交易的适用引入），但所谓的"混合式"诉讼显然夸大了当事人主义对职权主义的影响，生硬地捏造出"非驴非马"、难以践行的"混合物"。例如有学者既主张"设立预审法官制度"（职权主义）[126]，又主张"确立适当的交叉询问规则（当事人主义）"[127]，殊不知两者在程序的基本理念上完全背道而驰。很难想象，职权主义诉讼构架的国家会明确区分控方证人和辩方证人、庭审进程会由当事人主导，此等创设更多仅是理论的"乌托邦"，根本无法践行。也有不少学者秉持"矫枉须过正"的改革思路，认为中国时下的强职权主义必须在当事人主义理念和制度的调和下以淡化国家权力色彩、强化对被告权利的尊重。而这一理论显然对欧陆的职权主义存在误解，也对中国时下刑事诉讼的症结存在误判。笔者愿意不厌其烦地强调，职权主义与

---

〔124〕 Pradel, J., "Défense du système inquisitoire", *Regards sur l'actualité*, n°300, 2004, pp. 57-62.

〔125〕 ［意］马可·法布里：《意大利刑事司法制度改革：理论与实践的悖反》，龙宗智译，载《诉讼法论丛》1998 年第 2 期。

〔126〕 当然，龙宗智教授可能对预审法官存有一定的误解。参见龙宗智：《刑事诉讼庭前审查程序研究》，载《法学研究》1999 年第 3 期。关于预审法官的真实情况，参见施鹏鹏：《不日而亡？——以法国预审法官的权力变迁为主线》，载《中国刑事法杂志》2012 年第 7 期。

〔127〕 龙宗智：《论我国刑事审判中的交叉询问制度》，载《中国法学》2000 年第 4 期。

当事人主义的核心区别并不在于是否尊重被告的权利，后者系国际人权公约对刑事诉讼所设立的最低底线，绝无法系之分。中国时下刑事诉讼所出现的种种偏颇之处，很大程度上并不是因为职权主义传统，而是刑事司法的逻辑起点并非建立在法治的基础之上，而法治则是我们谈论职权主义和当事人主义的共同基础。

法律移植与接种效应：美国刑事诉讼程序
如何影响欧洲大陆*

[意] 伊丽萨贝塔·格兰德** 著

施鹏鹏　徐嘉敏*** 译

这篇文章是对欧洲刑事诉讼程序已经"美国化"这一普遍观点的批评。在过去几十年中，欧洲大陆刑事诉讼程序进行了广泛的改革，美国对抗制度经常成为此次大修的参考模型。尽管如此，本文表明，法律移植并没有使美国法律制度在欧洲实际扩散，亦没有使欧洲刑事诉讼体系更加对抗，相反它产生了截然不同的结果，即强化了非对抗性大陆法的结构和信条。我推测，这引发了我所称的"接种效应"（inoculation effect）****，即理论上可以解释为葛兰西主义意义上的"反霸权"运动。

为了证明我的观点，我讨论了移植过来的美国刑事诉讼程序中的某些特征对接受方欧洲的刑事诉讼制度的影响。学习法律移植的学生声称这些特征让大陆法的诉讼程序更加"对抗"，包括由（警察和）公诉人（public prosecutor）（代替大陆法传统的预审法官）进行的审前调查、证据排除规则、交叉询问以及陪审团审判。

* 原文 Legal Transplants and the Inoculation Effect：How American Criminal Procedure Has Affected Continental Europe，载《美国比较法杂志》（*The American Journal of Comparative Law*）2016 年秋季刊。作者感谢托玛斯·魏根特（Thomas Weigend）教授和玛特·巴基斯（Marta Bargis）教授，在对许多方面进行重新思考中，他们为我提供了珍贵的帮助。还要感谢杰奎琳·E. 罗斯（Jacqueline E. Ross）教授和斯蒂芬·C. 沙曼（Stephen C. Thaman）教授，他们对本文提出了很多有用的意见和见解。此外，还要感谢布尔内斯（Mar Jimeno - Bulnes）教授，他对我理解西班牙体系提供了珍贵的帮助。感谢大卫·法格曼（David Faigman）教授以及哈斯汀法学院乌戈·马太（Ugo Mattei）教授的宝贵帮助，他们向我提供了有用的意见和建议。还要感谢加州大学哈斯汀法学院胡曼·亚维（Hooman Yavi），他是 2016 年的法学博士候选人，他为本文的脚注编辑提供了帮助。还要感谢本期杂志的编辑珍妮弗·安德森（Jennifer Anderson），她对编辑极尽专业和严谨。当然，本文文责自负。

** Elisabetta Grande，意大利东方皮埃蒙特大学（Università degli Studi del Piemonte Orientale）比较法教授，加州大学哈斯汀法学院施勒辛格院士，国际比较法学会成员。

*** 徐嘉敏，中国政法大学法硕学院 2017 级硕士研究生。

**** 这里所谓的"接种"（inoculation），指注射疫苗以预防疾病。作者此处所论及的"接种效应"，指美国对抗式诉讼的某些要素融入了欧陆刑事诉讼，反而强化欧陆刑事诉讼的内在结构和教义，让欧陆刑事诉讼对美国对抗式诉讼更具抵抗性。——译者注我对通说的批评表明，引入的对抗式法律机制不是简单地"在转化中迷失"，换言之应依据接受方体系的非对抗性风格进行重新诠释。相反，它们有效强化了自由、非对抗式诉讼程序的最本质特征，即由公正第三方官方调查真相。这也就是为何将美国对抗式诉讼的一小部分注射到欧陆诉讼程序的肌体中就如同接种一般。确实，正如接种的机理，它似乎产生了能够使后者更加抵抗未来任何真正美国化的"抗体"，也就是说，它反对未来任何对抗性、当事人控制的竞争体系的移植。

引　言

（一）主张

本文主张，将美国某些对抗性法律特征注入欧洲大陆刑事诉讼程序既不是一个简单的法律"移植"[1]的例子，也不能解释为完全的移植。在这篇文章中，我设想这样的注射是对欧陆体系进行的免疫接种，以对抗未来任何真正的对抗性转变。

沿着之前开始的分析路径[2]，我证明了引入的美国对抗性特征并不能简单地适应接收方体系的非对抗性风格，相应地应改变它们原有的对抗性特征。对抗性法律特征不是通过简单的"翻译"为非对抗性风格就结束了"迷失在翻译中"，而是通过加强接受国的第三方官方寻求真相的公正性，进而强化非对抗性结构的信条来实现的。因此，通过加强它们的官方控制的调查程序的基础，法律转移似乎产生了接种效应。

接种是指将一小部分有机体注射到肌体内以刺激抗体的产生——通过使肌体对注射的有机体产生免疫，以此阻止未来更大程度地扩散相同的有机体。同样的道理，我认为，将小剂量的对抗性法律特征注入欧陆刑事诉讼体系能加强它们的非对抗性结构，因此这似乎产生了"抗体"，其能够抵制未来任何对抗性程序扩散到它们的法律肌体中。故而，我的解释弘扬了法律学术的路线，在广义的葛兰西反霸权思想中，该路线关注于接受国有意或无意地抵制法律转移。接种效应不仅仅是一种抵抗的模式，而且还发展成为了完全的反霸权模式，因此认为它具有预测潜力。

（二）法律移植的焦点

在艾伦·沃森（Alan Watson）于1974年首次明确研究法律移植之后不久，[3]

---

〔1〕 Máximo Langer, "From Legal Transplants to Legal Translations: The Globalization of Plea Bargaining and the Americanization Thesis in Criminal Procedure", 45 *Harv. Int'l L. J.*, 2004, p. 1.

〔2〕 Máximo Langer, "From Legal Transplants to Legal Translations: The Globalization of Plea Bargaining and the Americanization Thesis in Criminal Procedure", 45 *Harv. Int'l L. J.*, 2004, p. 1.

〔3〕 Alan Watson, *Legal Transplants: An Approach to Comparative Law*, Scottish Academic Press, 1974.

这个问题就成为比较法学研究的一个典型问题。从那以后，比较法学者就从未停止过考虑将法律规范、法律运动、法律观点、规范性构造以及概念范畴从一个法律体系扩散到另一个法律体系，从而试图描述他们正在观察到的现象，并了解法律移植如何以及为何发生。他们注意到不同的法律渊源涉及了不同的法律移植。有时移植是在立法层面进行的，有时是在法院层面进行，有时则主要或仅在原则层面进行。有时候，法律跨越了各种来源，这好似比较法术语中的"共振峰"*，比如当一国的法院采用——或相反地，影响——另一个国家的原则或立法。[4]

随着时间的推移，"法律移植"这个术语得到了其他术语的补充，如"法律变迁"[5]"法律流通"[6]"法律输入/输出""法律嫁接"[7]"法律迁徙"[8]，甚至是"法律翻译"或"法律刺激"，[9]以此来表明法律移植与将外国的法律解决方案纯粹直接地并入接受国体系很少相一致。大多数时候，在其到达"接受方的制度背景"时，引入的法律机制最终会被事实上的无效化、被修改、被扭曲或被改造，这通常会导致一些新的东西从原始模式[10]中产生，然后又可能反向循环

＊　意大利比较法学家萨科在其《比较法导论》1992 年第 5 版中提出了一个他命名为"法律共振峰"（Legal formants）的学说。"共振峰"一词引自语音学，指声腔的共振频率。——译者注

〔4〕　Rodolfo Sacco, "Legal Formants: A Dynamic Approach to Comparative Law"（pts. 1 & 2）, 39 *Am. J. Comp. L.* 1, 1991, p. 343.

〔5〕　Maurizio Lupoi, *Sistemi Giuridici Comparati: Traccia Di Un Corso*, Edizioni Scientifiche Italiane, 2001, p. 60. 从更广泛的意义上，也可参见 Mireille Delmas-Marty, *Le Flou Du Droit: Du Code Penal Aux Droits De L Homme*, PUF, 2004.

〔6〕　Elisabetta Grande, *Imitazione E Dirito: Ipotesi Sulla Circolazione Dei Modelli*, Giappichelli, 2001.

〔7〕　Roberto Garganella, "Constitutional Grafts and Social Rights in Latin America", in Gtinter Frankenberg ed., *Order from Transfer: Comparative Constitutional Design and Legal Culture*, Br J Radio, 2013, p. 322; Maria Rosaria Ferrarese, "Il Diritto Comparato E Lesfide Della Globalizzazione, Oltre la Forbice Differenze/Somiglianze", 31 *Rivista Critica Del Dirirpo Privato*, No. 3, 2013, pp. 369, 381, 388; John D. Jackson, "Making Juries Accountable", 50 *Am. J. Comp.*, 2002, pp. 477, 530. 对于一个有效的园艺比喻，指的是以发现成功或失败模式为目标的法律转移，参见 Inga Markovits, "Exporting Law Reform-But Will It Travel?", 37 *Cornell Int'l*, 2004, p. 95.

〔8〕　See Sujit Choudry ed., *The Migration of Constitutional Ideas*, Cambridge University Press, 2007.

〔9〕　对于欧陆诚实信用原则转移到英国合同法所产生的双重刺激效应的刺激性解释（a stimulating interpretation of a double irritation effect）, 参见 Günther Teubner, "Legal Irritants: Good Faith in British Law or How Unifying Law Ends Up in New Divergences", 61 *Mod. L. Rev.*, 1998, p. 11.

〔10〕　关于法律移植以及考虑目的地产品的不同体系的制度背景的需求（the need to take into consideration the different institutional context of the system of production from that of destination）, 参见 Mirjan R. Damaška, "The Uncertain Fate of Evidentiary Transplants: Anglo-American and Continental Experiments", 45 *Am. J. Comp.*, 1997, p. 839. 参见 John D. Jackson, "Playing the Culture Card in Resisting Cross-Jurisdictional Transplants: A Comment on 'Legal Processes and National Culture'", 5 *Cardozo J. Int'l & Comp.*, 1997, p. 51. 对于——根据东道国文化背景——转移的法律术语的去情境化和回归情境化的想法，就好像它们是从"宜家"式全球法律物品市场的货架上购买来的，参见 Günther Frankenberg, "Constitutional Transfer: The IKEA Theory Revisited", 8 *Int'l J. Const.*, 2010, p. 563.

到原始产品的制度背景。[11] 因此，一些文献引入了法律体系中"污染"的概念——而不是一种体系对另一种体系的"模仿"——将其作为法律规范和解决方案[12]流通的结果。

为了找出能够解释法律移植发生的原因，比较法学者进行了各种尝试。随着时间的推移，他们指出了诸如强加、效率、机会、威望和霸权等概念，这些概念经常提供超越输出国体系中单纯的政治或经济权力的解释。[13] 他们注意到，法律扩散不再是简单的对一国军事和经济权力的反映；相反，从葛兰西观点来看，它与大范围的文化霸权密切联系。[14]

与关于法律移植的大量文献相一致，本文对据称目前正在世界各地发生的刑事诉讼程序的美国化进行了初步描述和解释，并特别关注了欧洲大陆体系。[15] 在过去的几十年间，欧洲刑事诉讼程序经历了大规模的改革，美国的对抗制经常成

---

〔11〕 Ugo Mattei, "Why the Wind Changed: Intellectual Leadership in Western Law", 42 *Am. J. Comp.*, 1994, p. 195.

〔12〕 Pier Giuseppe Monateri, "The Weak Law: Contaminations and Legal Cultures", 13 *Transnat'l L. & Contemp. Probs.*, 2003, p. 575; Gianmaria Ajani, "Legal Borrowing and Reception as Transplants", in David S. Clark ed., *Encyclopediaof Law and Society: American and Global Perspectives*, Sage Publications, Inc., 2007.

〔13〕 Gianmaria Ajani, "By Chance and Prestige: Legal Transplants in Russia and Eastern Europe", 43 *Am. J. Comp.*, 1995, p. 93; Ugo Mattei, "Efficiency in Legal Transplants: An Essay in Comparative Law and Economics", 14 *Int'l Rev. L. & Econ.*, 1994, p. 3; Daniel Berkowitz, Katharina Pistor & Jean Francois Richard, "The Transplant Effect", 51 *Am. J. Comp.*, 2003, p. 16; Markovits, "Constitutional Grafts and Social Rights in Latin America", in Gtinter Frankenberg ed., *Order from Transfer: Comparative Constitutional Design and Legal Culture*, Edward Elgar Pub., 2013; William Ewald, "Comparative Jurisprudence (II): The Logic of Legal Transplants", 43 *Am. J. Comp.*, 1995, p. 489; Pierre Legrand, "The Impossibility of 'Legal Transplants'", 4 *Maastricht J. Eur. & Comp.*, 1997, p. 111; Jonathan Miller, "A Typology of Legal Transplants: Using Sociology, Legal History and Argentine Examples to Explain the Transplant Process", 51 *Am. J. Comp.*, 2003, p. 839; Esin Örücü, "Law as Transposition", 51 *Int'l & Comp.*, 2002, p. 205.

〔14〕 关于法律全球化和霸权主义，参见 James A. Gardner, *Legal Imperialism, American Lawyers and Foreign Aid in Latin America*, University of Wisconsin Press, 1980; Duncan Kennedy, "Two Globalizations of Law and Legal Thought, 1850-1968", 36 *Suffolk U. L. Rev.*, 2003, p. 631; Ugo Mattei, "A Theory of Imperial Law: A Study on US Hegemony and the Latin Resistance", 10 *Ind. J. Global Legal Stud.*, 2003, p. 383; William Twining, "Diffusion and Globalization Discourse", 47 *Harv. Int'l L. J.*, 2006, p. 507; Yves Dezalay & Bryant G. Garth, *The Internationalization of Palace Wars: Lawyers, Economists and the Contest to Transform Latin American States*, University of Chicago Press, 2002; Yves Dezalay & Bryant G. Garth, "Corporate Law Firms, NGOs, and Issues of Legitimacy for a Global Legal Order", 80 *Fordham L. Rev.*, 2012, p. 2039.

〔15〕 Mar Jimeno-Bulnes, "American Criminal Procedure in a European Context", 21 *Cardozo J. Int'l & Comp.*, 2013, pp. 409, 436. 对于到目前为止，通常指出欧洲法律体系的广泛美国化的经典分析是什么，参见 Wolfgang Wiegand, "The Reception of American Law in Europe", 39 *Am. J. Comp.*, 1991, p. 229.

为此次大修的参考模式。[16] 由公诉人（public prosecutor）（和警察）进行的预审调查（与传统欧陆法系中由调查法官进行的司法审前调查截然不同）、证据排除规则、交叉询问，以及陪审团审判等法律制度从美国刑事诉讼体系走向欧洲刑事诉讼体系，这使得后者——欧洲经常被认为如此——看起来更加具有"对抗性"。[17]

这种来自美国体系中法律制度的扩散真的最终会导致欧洲体系更加对抗?[18]是否可以相信，与此相反，一旦嵌入新的背景，美国的法律特征就会丧失与原始模型的相似之处? 在第二种情况下，我们能否认为它们的引入并没有改变接受方欧洲的刑事诉讼程序的非对抗性结构，而与之相适应的，加强了寻求真相的欧陆方式的非对抗性? 在这种情况下，美国法律制度在欧洲刑事诉讼体系中流通的结果是什么? 我试图回答这些问题，同时完全避免术语的争论——移植、变迁、流通、借用、输入、转移或迁移——何者才能更好地涵盖从一个体系到另一个体系的法律要素充满活力的广泛而复杂的现象。以一种可交换的方式来使用提到过的所有概念，我观察到欧洲大陆刑事诉讼程序所谓的"美国化"现象。

第一部分，我将简要概述在我看来对抗性和非对抗性法律制度有何不同。事实上，在试图了解所谓的欧洲大陆刑事诉讼程序美国化的过程中，我将建立在

---

〔16〕 对于 1988 年的意大利改革，参见 William T. Pizzi & Mariangela Montagna, "The Battle to Establish an Adversarial Trial System in Italy", 25 *Mich. J. Int'l*, 2004, pp. 429, 430; Louis F. Del Duca, "An Historical Convergence of Civil and Common Law Systems-Italy's New 'Adversarial' Criminal Procedure System", 10 *Dick. J. Int'l*, 1991, pp. 73, 74. 关于西班牙陪审团审判的改革，如参见 Fernando Gascón Inchausti & María Luisa Villamarín López, "Criminal Procedure in Spain", in Richard Vogler & Barbara Huber eds., *Criminal Procedure in Europe*, Duncker & Humblot, 2008, pp. 541, 628; Stephen C. Thaman, "Spain Returns to Trial by Jury", 21 *Hastings Int'l & Comp. L. Rev.*, 1998, pp. 241, 242.

〔17〕 大约二十年前，克雷格·布拉德利（Craig Bradley）观察到欧洲大陆体系正在变得愈加对抗，参见 Craig M. Bradley, "Overview", in Craig M. Bradley ed., *Criminal Procedure: A Worldwide Study*, Carolina Academic Press, 1999, pp. xv, xix ff. 对于此问题的重新重视，参见 Bradley's comments in the second edition: Craig M. Bradley, "Overview", in Craig M. Bradley ed., *Criminal Procedure: A Worldwide Study*, Carolina Academic Press, 2007, pp. xvii, xxvii. 但是，关于欧洲人权法院的判决对欧洲刑事诉讼制度的协调（harmonizing）作用以及本院赋予《欧洲人权公约》第 6 条关于"对抗性"程序概念的意义（on the meaning assigned by this Court to the notion of "adversarial" proceedings in connection with Article 6 of the European Convention on Human Rights），1950 年 11 月 4 日，213U. N. T. S 221，E. T. S. 第 5 号——不一定与普通法国家（correspond to the one assigned to it in common law countries）相对应——参见 John D. Jackson, "The Effect of Human Rights on Criminal Evidentiary Processes: Towards Convergence, Divergence or Realignment?", 68 *Mod. L. Rev.*, 2005, pp. 737, 747.

〔18〕 Is "Inquisitorial Process on the Retreat?" is the question raised by Thomas Weigend, "Should We Search for the Truth, and Who Should Do It?", 36 *N. C. J. Int'l L. Com. Reg.*, 2011, pp. 389, 404. 事实上，魏根特教授指出，"这里存在一个明确的趋势，即以牺牲'纯粹的'职权主义制度为代价来扩大对抗性因素……虽然人们可能会假设这种转移运动最终证明了对抗制固有的优势，但可能有更多的解释供我们选择。" Id., pp. 404-5. 魏根特教授提出了其他解释，一个混合的、合作的或妥协的程序模式正在欧洲建设中，"这可能反映了一只看不见的手指导刑事诉讼程序朝着最佳状态工作。" Id., p. 408; 另见 Id., 407ff. 然而我的理解是，正如本文试图阐明的那样，这种模式不过是古老的非对抗制模式，只不过它自 19 世纪以来一直在不断演变。

"探戈正义"（tango justice）和"伦巴正义"（rumba justice）之间的区别之上，这二者我在其他作品中详细讨论过。[19] 熟悉我作品这方面内容的读者可以继续阅读第二部分，该部分反过来考虑了流传到欧洲的多样的美国法典型特征，以此来表明它们并未将欧洲大陆的刑事诉讼程序转变为对抗路线，而是强化了非对抗性的基本原则。在这一努力中，我将对西班牙法律体系中的陪审团审判仅做简单介绍，因为在另一篇文章中已经更加全面地讨论了这个话题。[20] 最后，我将基于"接种"这个观点得出几点结论，这些结论可能是"移植"的一种矛盾性结果。

一、探戈正义 VS. 伦巴正义：刑事诉讼程序的两种模式

（一）英美法系和大陆法系的刑事诉讼程序：最大的分歧

为了评估美国法典型特征对欧洲大陆体系的影响，我们需要将对抗制模式和非对抗制模式之间的差异作为更加突出的焦点。[21] 这两者的初步并列应使我们能够明智地审视这些制度，质疑欧洲刑事诉讼程序美国化的程序如调查法官的废除、证据排除规则的扩大、交叉询问的引入以及陪审团审判制度。

达马斯卡教授在四十多年前将韦伯理想模式应用于刑事诉讼程序的比较研究，据此两个竞争性的程序模式可以围绕特征间的差异进行有效组织，这种特征区分了一方面是当事人控制的竞技和另一方面是官方控制的调查。[22] 他认为，对

---

〔19〕 Elisabetta Grande, "Dances of Criminal Justice：Thoughts on Systemic Differences and the Search for the Truth", in John Jackson, Máximo Langer & Peter Tillers eds., *Crime, Procedure and Evidence in a Comparative and International Context：Essays in Honour of Professor Mirjan R. Damaška*, Hart Publishing, 2008, p. 145. 另外，关于我对对抗制和非对抗制体系差异的理解的概述，参见 Máximo Langer, "From Legal Transplants to Legal Translations：The Globalization of Plea Bargaining and the Americanization Thesis in Criminal Procedure", 45 *Harv. Int'l L. J.*, 2004, p. 1.

〔20〕 Máximo Langer, "From Legal Transplants to Legal Translations：The Globalization of Plea Bargaining and the Americanization Thesis in Criminal Procedure", 45 *Harv. Int'l L. J.*, 2004, p. 1.

〔21〕 对非对抗制/对抗制或纠问式/弹劾式二分法的分析是比较刑事诉讼研究的核心，因此大量的文献都对其进行了广泛而深入的探讨。为了快速引用，参见 Elisabetta Grande, "Comparative Criminal Justice", in Mauro Bussani & Ugo Mattei eds., *The Cambridge Companion to Comparative Law*, Cambridge University Press, 2012, pp. 191, 199ff. 关于这一主题的最新调查之一，参见 Máximo Langer, "The Long Shadow of the Adversarial and Inquisitorial Categories", in Markus D. Dubber & Tatjana Hörnle eds., *The Oxford Handbook of Criminal Law*, Oxford University Press, 2014.

〔22〕 Mirjan R. Damaška, "Evidentiary Barriers to Conviction and Two Models of Criminal Procedure：A Comparative Study", 121 *U. Pa. L. Rev.*, 1973, p. 506 (hereinafter Damaška, Evidentiary Barriers). 参见 Mirjan R. Damaška, "Models of Criminal Procedure", 51 *Zbornik Pfz*, 2001, p. 477. 我探讨了达马斯卡超越格兰德旧日式的弹劾式与纠问式二分法的含义，参见 Máximo Langer, "From Legal Transplants to Legal Translations：The Globalization of Plea Bargaining and the Americanization Thesis in Criminal Procedure", 45 *Harv. Int'l L. J.* 2004, p. 1. 关于两种体系中寻求真相的更多细致的观点，参见 Thomas Weigend, "Is the Criminal Process about Truth？：A German Perspective", 26 *Harv. J. L. & Pub. Pol'y*, 2003, p. 157.

抗制模式和非对抗制模式之间的主要区别在于当事人和法官在事实调查过程中扮演的独特角色。在对抗制模式中，双方当事人要表达他们之间的争议，并负责证据的呈现；而在非对抗制模式中，发现事实真相是法院工作人员的职责。

当事人和法官各自角色之间的差异反映了截然不同的寻求真相的方式。从第三方寻求真相能获得中立的观点出发，非对抗制模式认为追求正义需要法官在判定刑事责任时尽可能接近客观事实真相。相比之下，对抗制基于这样的假设，认为任何第三方对事实的重构都是存有偏见的且非客观的，并且认为由非当事方寻求真相是不可实现的。因此，在法律程序中寻求真相需要脱离原始的认知实践，并通过当事人双方的公平对抗来予以追求，即每一方在被动的审判者面前宣扬他的故事。其结果是对事实不同的见解，它不是客观的，事实上是对真相的两种解释之间对抗的产物：在我看来，它可以被描述为一个解释性的事实，以此来指出它对真相重构的客观性存有怀疑。[23]

对抗制中真相发现（enterprise）的"相关"性产生了我在其他作品中称之为"探戈"正义的想法。[24]就像探戈舞需要两人——仅限两人——共舞一样，在对抗这一概念下，它需要两方当事人产生与事实真相等同的现实重构。[25]相比之下（我会在后面更深入地讨论这一点），在非对抗制中，正义的替代概念可以与伦巴舞（在古巴版本中）的隐喻联系在一起。就像伦巴舞一样，在"伦巴正义"中，各种舞者——被告、她的律师、检察官、受害者、有时公诉人（public complainants）（即只要符合一系列要求，如西班牙，就允许与犯罪无关的私人第三方参与）或民事第三方被告（即代替被定罪且资不抵债的被告承担损害赔偿责任的人，如意大利或西班牙）以及最后的法官和非专业法官（lay assessors）或陪审员——共同追求客观真相。

---

〔23〕 关于两种体系中寻求真相的更多细致的观点，参见 Thomas Weigend, "Is the Criminal Process about Truth?: A German Perspective", 26 *Harv. J. L. & Pub. Pol'y*, 2003, p. 157.

〔24〕 Elisabetta Grande, "Dances of Criminal Justice: Thoughts on Systemic Differences and the Search for the Truth", in John Jackson, Máximo Langer & Peter Tillers eds., *Crime, Procedure and Evidence in a Comparative and International Context: Essays in Honour of Professor Mirjan R. Damaška*, Hart Publishing, 2008, p. 145.

〔25〕 可以肯定的是，辩方并不总是需要提供另一个不同于检察官提供的真相来赢得胜诉。事实上，由于被告并不承担证明自己无罪的责任，而是由检察官承担证明被告有罪的责任——并因此承担证明所有犯罪构成要素超出合理怀疑的责任——所以被告可以战略性地放弃提供给他的重构现实的机会。他可以简单地声称他的对手未履行举证或说服责任并仍然成功获得无罪释放。但是，他这样做的风险是对方提供的有倾向性的（partisan）事实——法庭上唯一的事实——将赢得被动裁决者的青睐。然而在对抗制中，只要竞技规则公平且被告作出自由选择，其结果就被认为是公平的，并且解释性（interpretive）真相就得到确定。

（二）如何发生？分歧产生的历史原因

1. 探戈正义的出现

上述非对抗和对抗模式之间的分歧，即在刑事诉讼程序中对事实真相的非当事方和辩方的搜查之间的分歧，并没有回溯到法律体系的古迹之中。相反，与许多相关的制度差异一样，这是相对最近的。它起源于 18 世纪末 19 世纪初，[26] 与古典自由主义信条相随而生。[27] 在此之后，英美法程序（以审查证人和被告为特点的法官，深深地影响了陪审团的裁决并支配了诉讼）和大陆法程序共享非常相似的非对抗性承诺（commitment），以寻求客观真相。

在 19 世纪转折时期的英国和美国，[28] 对客观性[29]保持怀疑态度的普遍古典自由主义，再结合它对保持国家"公正"[30]的渴望，要求对刑事诉讼程序进行重构，将其作为双方间的争议——控方和辩方（通常被视作是私人一方）——双方要在一个几乎不参与调查基本事实的被动法官面前追求他们的对立利益。新的秩序（order）信赖双方通过公平竞争以发现事实真相的效力，以此取代从前对第三方事实调查机制的依赖。古典自由主义的意识形态认为人类世界难以做到中立和客观，据此，如果将其赋予高度不被信任的政府官员，则这种客观和中立更值得怀疑。一个解释性事实源自两个对现实单方面论述（均不具有完整的真相）的公平对抗，它取代了通过中立调查而确定的客观真相。鉴于此种转变，公平便成为正义的替代品，它取代了客观事实的"不可能"发现。

---

〔26〕 "作为我们历史上普通法遗赠的一部分，我们不能为对抗制诉讼程序辩护。" John H. Langbein，"The Criminal Trial before the Lawyers"，45 *U. Chi. L. Rev.*，1978，pp. 263，316（以下简称朗本，在律师面前）。朗本教授关于刑事问题中对抗性风格起源的思想可以在下面著作找到：John H. Langbein，*The Origins of Adversary Criminal Trial*，Oxford University Press，2003. 甚至在朗本教授在伦敦中央刑事法庭文件（Old Bailey Sessions Papers）上作出研究为这一论断提供强有力证据之前，达马斯卡教授就指出，19 世纪之前的普通法刑事诉讼程序基本上是非对抗性的，参见 Mirjan R. Damaška，"Structure of Authority and Comparative Criminal Procedure"，84 *Yale L. J*，1975，p. 480，p. 542 n. 156.

〔27〕 关于洛克式自由主义价值观对英国制度机制的影响，参见 Damaška，"Evidentiary Barriers"，45 *Harv. Int'l L. J.* 1，2004，532ff. et passim；Mirgan R. Damaška，*The Faces of Justice and State Authority：A Comparative Approach to the Legal Process*，Yale University Press，1986.

〔28〕 Damaška，"Evidentiary Barriers"，45 *Harv. Int'l L. J.*，2004，p. 542.

〔29〕 "由于没有关于人类事务的信念或想法"被认为是"唯一或明显正确"（Since no belief or idea regarding human affairs "was considered" exclusively or demonstrably true）。

〔30〕 众所周知，这种表达是卡尔·卢埃林（Karl Llewellyn）对对抗制模式进行描述时所使用的，而不是针对"亲本"（parental）模式，即卢埃林的职权主义模式，参见 Karl N. Llewellyn，"The Anthropology of Criminal Guilt"，in *Jurisprudence：Realism in Theory and Practice*，1962，pp. 439，444–50. 对于这些模式的进一步探索，作者将它们标记为"战斗"（battel）和"家庭"（family）模式，参见 John Griffiths，"Ideology in Criminal Procedure or a Third 'Model' of the Criminal Process"，79 *Yale L. J.*，1970，p. 359.

2. 伦巴正义是对自由主义意识形态批评的回应

可以肯定的是，传统自由主义信条对寻求真相过程中"中立"调查的观点所发起的攻击并没有让欧洲大陆黯然失色。然而，欧洲大陆的律师拒绝放弃在刑事诉讼中寻求客观（或"实质性"或"本体论"）真相的想法；他们以不同的方式回应了相同的批评。

自 19 世纪初以来，呈现秘密性、单方性和官方性的调查程序正在不断改变，它曾主导欧陆刑事诉讼程序长达半个多世纪。在二百年的历程中，欧陆体系不懈地修改它们的刑事诉讼程序，以应对官方寻求真相可能缺乏中立性的问题。很明显，调查越是单方面，破坏真相寻求者的公正性的风险就越高。从这个角度来看，法国 1808 年《刑事调查法典》（Code d'instruction Criminelle）在新的、所谓的刑事诉讼"混合"制度中引入了另外两个主体——检察官和辩护律师——这是使官方调查更加集中化、多元化、公正化的第一步。[31]

二战后，许多旨在增加官方寻求真相者的中立性的变化被引入到各种各样的欧陆刑事诉讼制度中。通过当时新生的欧洲人权法院的紧张工作，这些变化得以提倡。随着时间的推移，欧洲人权法院的判例法导致了欧洲刑事诉讼程序模式的产生，该模式曾一度以司法能动性和增加参与者的程序性权利为特征。[32]欧洲各地的大陆体系都放弃了传统的由国家官员垄断的调查模式，转而采用多边调查方式。本着这种精神，辩护律师在刑事诉讼审前调查阶段被赋予了一种角色，他不仅有权自由地查看档案，而且经常出现在多种程序性活动场合，有时甚至可以提供反证和抗辩。[33]此外，许多国家的被告和一些国家——包括西班牙、法国和意大利——的受害者被允许参与到审前调查环节，一旦被拒绝，他们有权诉诸上诉以获得正式的答复。[34]通过赋予被告和受害者更多参与到官方控制的调查程序的

---

〔31〕 关于 Code d'instruction Criminelle 和所谓的"混合模式"，参见 Jimeno-Bulnes，"American Criminal Procedure in a European Context"，21 Cardozo J. Int'l & Comp.，2013，423ff. 以及其中引用的文献。

〔32〕 对于欧洲人权法院在影响国内欧陆法院，提高辩护方以及受害者在发展（development）阶段、陈述阶段，以及对现场证言的检测阶段的参与度发挥着越来越重要的作用——从而对刑事诉讼各个阶段，包括审前调查、审判、上诉阶段的官方调查的司法垄断提出挑战——参见 John D. Jackson & Sarah J. Summers，The Internationlisation of Criminal Evidence: Beyond the Common Law and Civil Law Traditions，Cambridge University Press，2012.

〔33〕 这也是 1930 年《意大利刑事诉讼法典》仍然有效时宪法法院大量裁决的结果。参见 Franco Cordero，Procedura Penale，Giuffrè，1982，pp. 584-8. 对于法国庭前审查程序中"参与性原则"变化的分析，参见 Jacqueline Hodgson，"Constructing the Pre-trial Role of the Defence in French Criminal Procedure: An Adversarial Outsider in an Inquisitorial Process?"，6 Int'l J. Evidence & Proof，2002，p. 1.

〔34〕 参见 Mireille Delmas-Marty & J. R. Spencer eds.，European Criminal Procedure，Cambridge University Press，2002. 关于法国，参见 Valérie Dervieux，"The French System"，in Mireille Delmas-Marty & J. R. Spencer eds.，European Criminal Procedure，Cambridge University Press，2002，pp. 218，242；Richard Vogler，"Criminal

权利，欧洲体系中的事实调查从单边调查转变为集合性（enterprise）调查。众多参加者的积极参与为预审调查提供了一种复合性的外部观点，这增强了负责调查的官员的公正性。在德国，辩护律师现在有权自己调查[35]（尽管在法国，辩护律师试图积极地参与证据的收集，但仍面临因不当影响证人或唆使证人作伪证而受到控诉的风险）。[36]意大利走得更远。2000年12月以后，它将一个由两种平行（但相互关联）的审前调查制度合法化，该制度是由官方调查程序和由辩方私人进行的调查程序组成的。[37]

此外，在欧陆体系中，强化的辩护权存在感更强，并加强辩方在庭审中展示论据和证据的权利，这为官方全面搜查真相提供了更严肃的多元化方法。[38]

Procedure in France", in Richard Vogler & Barbara Huber eds. , *Criminal Procedure in Europe*, Duncker & Humblot, 2008, pp. 171, 185-7（hereinafter Vogler, Criminal Procedure in France）（解释了自1981年起，多年来法国刑事诉讼程序中受害人的作用逐渐增强），关于意大利，参见 Ottorino Vannini & Giuseppe Cocciardi, *Manuale Di DiRiTO Processuale Penale Italiano*, CEDAM, 1986, p. 368. 关于西班牙，参见 Richard Vogler, "Spain", in Craig M. Bradley, *Criminal Procedure：A Worldwide Study*, Carolina Academic Press, 1999, pp. 361, 383（hereinafter Vogler, Spain）；Gascón Inchausti & Villamarín López, "Criminal Procedure in Spain", in Richard Vogler & Barbara Huber eds. , *Criminal Procedure In Europe*, Duncker & Humblo, 2008, p. 608. 关于德国过去几十年受害人法律地位的提高，参见 Barbara Huber, "Criminal Procedure in Germany", in Richard Vogler & Barbara Huber eds. , *Criminal Procedure in Europe*, Duncker & Humblot, 2008, pp. 269, 335.

〔35〕 *Bundesgerichtshof*（BGH）（Federal Court of Justice）Feb. 10, 2000, Entscheidungen Des *Bundesgerichtshofsin Strafsachen*（BGHST）46, 1；Huber, "The French System", in Mireille Delmas-Marty & J. R. Spencer eds. , *European Criminal Procedure*, Cambridge University Press, 2002, p. 329 n. 218.

〔36〕 Vogler, "Criminal Procedure in France", in Richard Vogler & Barbara Huber eds. , *Criminal Procedure in Europe*, Duncker & Humblot GmbH, *Criminal Procedure in Europe*（Vol. S 112）*Schriftenreihe des Max-Planck-Instituts für ausländisches und internationales Strafrecht：Strafrechtliche Forschungsberichte*, Berlin：Duncker & Humblot, 2008, p. 233（citing Jaqueline Hodgson, *French Criminal Justice：A Compatative Account of the Investigation and Prosecution of Crime in France*, Hart Publishing, 2005, pp. 123-4）.

〔37〕 See Legge 7 dicembre 2000, p. 397, "Disposizioni in Materia di Indagini Difensive", G. U. Jan. 3, 2001, n. 2（It.）［now Codice di procedura penale（C. p. p.）（Code of Criminal Procedure）p. 391-bis］. 在大多数检察活动中，由辩方自己调查的现象仍然存在。辩护律师在审前阶段可自由地与他方证人接触，他可能会要求检察官询问潜在的对被告有利的证人［C. p. p. p. 391-bis（10）］或扣押对被告有利的材料（C. p. p. p. 368），从而在辩方自行调查时获得检察官的帮助。同样，在检察官调查结束时，辩也可以要求检察官收集新的无罪证据［C. p. p. art. 415-bis（4）］. 而且，在开庭审判前，双方都可以自由地检查彼此的卷宗［C. p. p. p. 391-octies（3），433，415-bis（2），419(2)-(3)，430（2）］.

〔38〕 正如约翰·杰克逊（John Jackson）所指出的，欧洲人权法院对欧洲大陆刑事诉讼的改革产生了巨大影响，（人权）委员会和法院旨在将第6条规定的辩护权利"翻译"为对抗主义的一种愿景（a vision of adversarialism），其与普通法中的对抗式审判程序矛盾（une procédure contradictoire）的欧陆概念一致（That was as compatible with the continental notion of une procedure contradictoire as with the common law adversary trial）. 必须保证被告有权获得法定代理权，享有被告知与诉讼程序相关的所有信息的权利、出庭以及在审判时提出论据和证据的权利。但这并不排除法官在提问，甚至在传唤证人时的大量参与。Jackson, "The Effect of Human Rights on Criminal Evidentiary Processes：Towards Convergence, Divergence or Realignment?", 68 *Mod. L. Rev.* , p. 753. 也可参见 Jackson & Summers, *The Internationlisation of Criminal Evidence：Beyond the Common Law and Civil Law Traditions*, Cambridge University Press, 2012, pp. 86-7et passim.

作为刑事诉讼程序中的一种内部检查机制——与多个参与者参与的对真相的官方调查所提供的外部约束形成对比——其进行了其他改革，旨在增加官方搜查的中立性。在西班牙，与法国、意大利和葡萄牙一样，它将调查法官排除在审判庭小组（panel）之外（甚至在该职位被取消之前，这些国家中的部分国家亦将其排除在外），这有助于将政府的调查权力分割，并导致决策过程中观点的多样性。[39]

同样的原理也适用于法国。2000 年，法国就拘留问题建立了由法官作出自由或拘留决定的制度（juge des libertés et de la détention with decision-making power），不再由调查法官[40]行使该权力，再或者如意大利，负责审前阶段的官方有了分化（以前是统一的）。事实上，在意大利，审前调查的司法权力现在归属于与以往不同的法官［即"调查法官"（gip）］，而不是由负责决定被告是否必须接受审判[41]的审前听证法官［即"初步审理法官"（gup）］享有。同样，内部多元理论释明了审判庭不同成员被授予了获得审前调查卷宗的不同途径。比如在法国，重罪法庭（assize court）中只有主审法官才能完全接触到卷宗，这与其他法官和非专业法官不同。[42]在德国，非专业法官（lay judges）——陪审员——对调查卷宗并不了解。[43]

通过限制审前调查活动获得官方卷宗中的证据在审判时的使用，其他改革措施也同样促进事实发现者观点的多样性，从而鼓励审判法庭对事实形成新的理解，尽可能不受任何参与先前诉讼阶段政府官员的意见的影响。[44]此外，在欧陆

---

〔39〕 对于法国，参见 Dervieux, "The French System", in Mireille Delmas-Marty & J. R. Spencer eds. , *European Criminal Procedure*, Cambridge University Press, 2002, p. 232；另参见 *Article 61 of the Previous Italian Code of Criminal Procedure*, 1930. 对于 1988 年葡萄牙进行的改革，参见 José de Souto de Moura, "The Criminal Process in Portugal", in Mireille Delmas-Marty ed. , *The Criminal Process and Human Rights：Toward a European Consciousness*, Springer, 1995, pp. 45, 48. 对于西班牙新入职法官原则的贯彻，参见 Gascón Inchausti & Villamarín López, "Criminal Procedure in Spain", in Richard Vogler & Barbara Huber eds. , *Criminal Procedure In Europe*, Duncker & Humblot, 2008, pp. 562-3.

〔40〕 Vogler, *Criminal Procedure in France*, Duncker & Humblot, 2008, p. 209.

〔41〕 在 1988 年颁布新的《刑事诉讼法典》的 10 年后，为了避免一个法官把判决集中于调查监督和庭审证据充足性的相关问题上，在一个多元化理论基础上发生了分化（遵循大量的宪法法院裁决）。参见 Decreto Legislativo 19 febbraio 1998, n. 51, G. U. Mar. 3, 1998, n. 66 (It.).

〔42〕 Vogler, *Criminal Procedure in France*, Duncker & Humblot, 2008, p. 251.

〔43〕 Sabine Gless, "Truth or Due Process? The Use of Illegally Gathered Evidence in the Criminal Trial-Germany", in Jürgen Basedow, Uwe Kischel & Ulrich Sieber eds. , *German National Reports to the* 18*th International Congressof Comparative Law*, Mohr Siebeck, 2010, p. 675, p. 681 n. 26.

〔44〕 关于西班牙只有在口头审理中获得的证据才被认为是具有证明力的这一普遍性规则，参见 Gascón Inchausti & Villamarín López, "Spain Returns to Trial by Jury", 21 *Hastings Int'l & Comp. L. Rev.* , 1998, p. 615；Vogler, Spain, "The French System", in Mireille Delmas-Marty & J. R. Spencer eds. , *European Criminal Procedure*,

体系中，刑事审判法院上诉监督的旧传统进一步将官方调查权力碎片化，增加决策者的数量以提高内部观点的多样性。[45]

将刑事案件中的外部和内部观点相结合，会有效地把大陆程序从官方单边调查机制转化为多元调查机制，这使得欧陆司法——以跳舞作比喻——类似于古巴版本的伦巴舞。事实上，在欧陆刑事诉讼程序中，不同数量的舞者为发现事实[46]这一共同目的（enterprise）而一起舞蹈，有时单独，有时又以团体身份进行表演，在这过程中角色[47]和舞者会发生转变和连续的替换。这是对 17 世纪末以来由英国经典自由主义提出的对第三方调查的"中立性问题"的回应。据此，欧陆世界仍然认为中立性在刑事诉讼程序中是可以获得的。它从来没有用解释性

Cambridge University Press，2002，p. 388. 1988 年，意大利体系实现了审前调查和裁决之间最强的隔离，以维护真相寻求者的公正性。当时全新的《意大利刑事诉讼法典》废除了审判法院与审前调查档案的所有联系，建立了一个"双档案"制度，使审判法庭只能接触审判档案。关于双档案制度的操作方面，参见 Michele Panzavolta，"Reforms and Counter-Reforms in the Italian Struggle for an Accusatorial Criminal Law System"，30 *N. C. J. Int'l L. & Com. Reg.*，2005，pp. 577，586. 这样做，它将审判法官与审前阶段公职人员（公诉人、预审调查法官和审前听证法官）进行的活动完全隔离开来，防止审前调查的结果在审判开始之前就对审判法庭造成损害。今天的意大利审判法官在接触案件时对案件根本不了解，好似一块白板。关于西班牙陪审团审判时非常相似的解决方案，参见 *Trial by Jury Organic Law*，pmbl. pt. III，art. 34（1），B. O. E. 1995，p. 122；也可参见 Thaman，"Spain Returns to Trial by Jury"，21 *Hastings Int'l & Comp. L. Rev.*，1998，271ff.，281ff.

〔45〕 将欧陆刑事审判法院上诉监督机制的深厚传统与"进入 19 世纪"后的英国普通法程序的一级裁判典型对比，引自 John H. Langbein，"The English Criminal Trial Jury on the Eve of the French Revolution"，in Antonio Padoa Schioppa ed.，*The Trial Jury in England，France，Germany* 1770-1900，Duncker & Humblot，1987，pp. 13，37. 这种对比的遗产（legacy）已经延续到现在，参见 Damaška，"Spain Returns to Trial by Jury"，21 *Hastings Int'l & Comp. L. Rev.*，1998，pp. 514-5.

〔46〕 杰克逊为欧洲独特的"参与式模式"的兴起提供了论据，这种模式超越了竞技/纠问的分歧并根植于英吉利海峡两岸共同的哲学和政治传统。他将这一发展归因于欧洲人权法院指出的对欧洲刑事诉讼程序进行重新调整的路线，参见 Jackson，"Overview"，in Craig M. Bradley ed.，*Criminal Procedure：A Worldwide Study*，Carolina Academic Press，1999，pp. xv，xix ff；Sarah J. Summers，*Fair Trials：The European Criminal Procedure Tradition and the European Court of Human Rights*，Hart Publishing，2007；Jackson & Summers，*The Internationalisation of Criminal Evidence：Beyond the Common Law and Civil Law Traditions*，Cambridge University Press，2012. 也可参见 Diane Marie Amann，"Harmonic Convergence？Constitutional Criminal Procedure in an International Context"，75 *Ind.*，2000，pp. 809，818-20，870；Mireille Delmas-Marty，"Toward a European Model of the Criminal Trial"，in Mirelle Delmas-Marty，*The Criminal Process and Human Rights：Toward a European Consciousness*，Kluwer Academic Publishers，1994，p. 191.

〔47〕 例如，在预审阶段，受害者可以代替检察官；在西班牙，他是一名真正的自诉人，尽管公诉人希望撤销此案，但他仍能保留起诉书，从而使法官有机会在诉讼中期审理案件。在葡萄牙，助理（the assistente）在 juiz de iinstrugdo 前扮演类似的角色，而在意大利，无论被害人是否反对检察官作出的撤销决定，调查法官都可以迫使检察官对被告进行控诉。因此，检察官、被害人和法官对刑事诉讼程序有着不同的观点和利益，他们有时朝着相同的方向前进，有时朝着不同的方向前进。即使检察官决定不上诉，包括西班牙、葡萄牙和德国在内的许多体系的被害人也可以对无罪释放提出上诉。当然，在审判时，寻求真相的过程中，法院可以举证以赞成或反对被告，这些证据有时与检察官的证据相吻合，有时相抵触，检察官甚至可以在审判时要求无罪释放或对被告的定罪提起上诉，这可能会使检察官与被害人自己的法律动机不一致。关于西班牙公诉和自诉的一些有趣的对比策略（contrasting strategies）案例，参见 Thaman，"Spain Returns to Trial by Jury"，21 *Hastings Int'l & Comp. L. Rev.*，1998，pp. 397-400.

事实的调查来取代客观事实的调查。[48] 官员要不偏不倚地、尽可能认真地对真相的调查工作负责。

即使在对抗体系中的一些非常典型的法律特征已经渗入到大陆体系后，如警察/公诉人的调查取代了预审法官（the examining magistrate）的调查，证据排除规则、交叉询问证人和陪审团制度等特征，这种情况依然正确吗？或者相反，正如经常争论的那样，这些转移到欧洲土地上的传统美国法律制度机制已经使欧陆体系更加对抗了吗？如果第一个问题的回答是肯定的，那么我们能否断言，与前面提到过的旨在增加官方调查中立性的改革相一致，对抗性机制的引入甚至强化了接受国的非对抗性程序结构？最后，如果是这种情况，我们是否可以预测转移的"免疫效应"可以对抗未来任何对抗性大修？换句话说，我们能否断言，将少量对抗性法律特征注入非对抗背景能使后者更加抵抗未来任何的对抗性转变？

在试图回答这些问题以证明我的观点时，我将在下一部分对转移到欧洲大陆刑事诉讼程序的每一种美国对抗性法律特征依次进行讨论。

二、面对法律转移时的探戈正义和伦巴正义

（一）欧洲大陆调查法官的废除

1. 英美检察官：非正式的私人演员？

与探戈正义观念相一致，美国体系中的检察官是作为一方当事人，即作为被告的对手，当然，他方的调查（与警察一起）必然要与任何司法活动完全分开。可以肯定的是，尽管将其称为"政府"或"国家"，该体系都尽可能地将检察官塑造为私人演员。英格兰的公诉制度遭到强烈的、长达几个世纪的抵制——一直持续到20世纪末皇家检察署（the Crown Prosecution Service）成立——就是这种现象的象征。实际上，正如海伊（Hay）和斯奈德（Snyder）所总结的那样，"起诉的结果对于国家的政治自由非常重要以至于不能将其委托给行政机构。"[49] 事实上，英国早期法律史上，与中央政府有联系的皇室检察官（law officers）很少起诉。[50] 而且，尽管从16世纪开始通过治安法官（the justice of the peace）（一个与

---

[48] 关于根本性差异的结果，参见 Grande, 155ff.

[49] Douglas Hay & Francis Snyder, "Using the Criminal Law, 1750-1850: Policing, 'Private Prosecution, and the State'", in Douglas Hay & Francis Snyder eds., *Policing and Prosecution in Britain 1750-1850*, Oxford University Press, 1989, pp. 3, 43.

[50] John H. Langbein, "The Origins of Public Prosecution at Common Law", 17 *Am. J. Legal Hist.*, 1973, pp. 313, 315ff.

中央权威有松散联系的人物)[51] 获得了调查与辩论角色，"很长的一段时间，直到进入了 19 世纪"，但事实上，起诉人的角色主要——至少在正式意义上——是留给受害者的。[52] 之后，在 19 世纪，一支由中央政府组建的专职政府人员队伍——英国警察部队——成立了。他们行使检察官的职能，尽管官方并没有赋予他们该职能。相反，他们是代表国家行事的私人一方。[53] 海伊和斯奈德发现"虽然起诉是以官方名义提起的，但从政治意识形态以及法律上看，起诉被视为私人主体之间的对抗性诉讼"。[54] 赋予警察以私人角色实际上意味着将政府和警察相分离以及国家从预审调查中分离，因此，它意味着在审前调查阶段赋予国家以中立和脱离的形象。此外，在审判中，国家只可能与从 19 世纪开始就扮演着被动角色的法院有联系。[55] 相比之下，在殖民地，"对权力强大的美国政府的发展带来很多其他影响，特别是在革命和杰克逊时期。"[56] 然而，美国公诉人的出现及其对起诉的垄断，可以更好地被解释为是对自诉的阶级不平等性的民主创新，而不是将政府与国家紧密联系的举措。[57] 事实上，与欧洲大陆的检察官相比，美国地区检察官保持了强大的私人姿态。他不是政府机构人员，不属于官僚主义和高度等级化结构中的一部分，他与将自己与政府联系的大陆官员有着不同的行事

---

〔51〕 "他们中的大部分是当地的绅士（leading local gentry），由皇室委员为每个县和特定的城市任命"，而且"他们被授予的是荣誉和权威而不是金钱"，不再是"由中央负责组织和支付的检察官团"。Id. , pp. 318, 335. 关于治安官作为事实上的"公共"检察官（公诉人）的历史和活动，参见 Id. , passim; John H. Langbein, "The Historical Origins of the Privilege against Self-Incrimination at Common Law", 92 *Mich. L. Rev.* , 1994, pp. 1047, 1060.

〔52〕 Langbein, "The Origins of Public Prosecution at Common Law", 17 *Am. J. Legal Hist.* , 1973, p. 317. See also John H. Langbein, "Controlling Prosecutorial Discretion in Germany", 41 *U. Chi. L. Rev.* , 1974, pp. 439, 444.

〔53〕 1972 年——英格兰和威尔士皇家检察署成立之前的十多年，杰克逊写道："当'警察'起诉时，正确的分析是有人提起了诉讼，而且这个人是警察的事实并没有改变起诉的性质。"Richard M. Jackson, "The Machinery of Justice in England", 155（6th ed. 1972）, quoted in Langbein, "The Origins of Public Prosecution at Common Law", 17 *Am. J. Legal Hist.* , 1973, pp. 440-1.

〔54〕 Hay & Snyder, "Using the Criminal Law, 1750-1850: Policing, 'Private Prosecution, and the State'", in Douglas Hay & Francis Snyder eds. , *Policing and Prosecution in Britain 1750-1850*, Oxford University Press, 1989, p. 35. 关于类似的观察，参见 Mirjan R. Damaška, *Evidence Law Adrift*, Yale University Press, 1997, p. 118.

〔55〕 关于法官从积极到被动的角色转变，参见 John H. Langbein, "Historical Foundations of the Law of Evidence: A View from the Ryder Sources", 96 *Colum. L. Rev.* , 1996, p. 1168; Langbein, "The Historical Origins of the Privilege against Self-Incrimination at Common Law", 92 *Mich. L. Rev.* , 1994; Langbein, "Before the Lawyers", 45 *U. Chi. L. Rev.* , 1978.

〔56〕 Hay & Snyder, "Using the Criminal Law, 1750-1850: Policing, 'Private Prosecution, and the State'", in Douglas Hay & Francis Snyder eds. , *Policing and Prosecution in Britain 1750-1850*, Oxford University Press, 1989, pp. 29-30.

〔57〕 See Joan E. Jacoby, "The American Prosecutor: A Search for Identity", ch. 1（1980）.

方式。〔58〕美国检察官不是私人律师，也不是政治家，只是暂时性扮演官方的角色。他代表的是人民——在州一级选举他的人民——而不是中央集权国家的政府。作为人民代表——从康德学派的意义上讲，整个社会的利益是个人利益的总和——在共同理解的基础上，检察官就是受害人的律师：他追求的是受害者私人一方的利益而不是国家行政部门的利益。〔59〕当然，在美国刑事审判中，由于缺乏私诉当事人（partie civile），这种理解受到强烈的鼓励，〔60〕而在欧陆刑事审判中，自主参与的受害者不会怀疑检察官和国家之间有直接联系。此外，美国检察官与受害者律师之间的潜在关联似乎对前者享有的宽泛且不可挑战的自由裁量权进行了解释，这种自由裁量权由于活动本身固有的私人性质，检察官有权决定不提起诉讼。事实上，作为审判中受害者的代表，美国检察官"是受害者的支持者"，进而成为受害者不受监管的检察垄断的继承人。〔61〕可以肯定的是，美国检察官在决定是否起诉时享有无可争议的自由裁量权，而欧陆体系中并不存在与之相同的替代物。事实上，受害者恰恰可以作为一个独立自主的一方（与美国不同），挑战检察官以各种方式作出的不起诉决定。〔62〕

---

〔58〕 关于检察官的权力和作用的比较性考虑（comparative considerations），参见 Langbein, "The Origins of Public Prosecution at Common Law", 17 *Am. J. Legal Hist.*, 1973. 即使这篇文章在某些方面已经过时，但在这一点上仍然可以被认为是一项具有里程碑意义的研究。

〔59〕 即使如亚伯拉罕·戈德斯坦（Abraham Goldstein）等人所主张的，真正的受害者可能会因检察官享有不受监管的自由裁量权，他可以控告所谓的犯罪者并让受害者参与诉讼，而感到让渡了（alienated from）"他的"案件，这种共同的理解似乎仍是成立的。参见 Abraham Goldstein, "Defining the Role of the Victim in Criminal Prosecution", 52 *Miss. L. J.*, 1982, pp. 515, 518ff.

〔60〕 关于比较性观点，参见 William T. Pizzi & Walter Perron, "Crime Victims in German Courtrooms: A Comparative Perspective on American Problems", 32 *Stan. J. Int'l*, 1996, p. 37.

〔61〕 See Langbein, "The Origins of Public Prosecution at Common Law", 17 *Am. J. Legal Hist.*, 1973, p. 446. 关于公诉人享有的不受监管的检察垄断的历史原因，另见 Goldstein, "Defining the Role of the Victim in Criminal Prosecution", 52 *Miss. L. J.*, 1982, 548ff. 关于授予美国检察官不起诉的独占且不受约束的自由裁量权，参见 Wayne R. Lafave, Jerold H. Israel, Nancy J. King & Orin S. Kerr, *Criminal Procedure*, West Academic Publishing, 2009, § 13. 2, 710ff, especially § 13. 2 (g), 714ff.

〔62〕 当然，在欧陆体系中亦是如此，即使正式适用强制起诉原则，检察官在决定是否起诉方面仍享有很大的自由裁量权。关于意大利体系中的这一点，参见 Elisabetta Grande, "Italian Criminal Justice: Borrowing and Resistance", 48 *Am. J. Comp.*, 2000, pp. 227, 240ff. 然而，无论是强制起诉原则（或 Legalitädtsprinzip, 至少在部分国家，如在意大利、西班牙、葡萄牙和德国是这样的情况）还是权宜之计原则（the principle of expediency）（或 Opportunitädtsprinzip, 如法国、比利时和荷兰）适用于欧陆体系时，这种检控自由裁量权会受到严格限制，受害者可以通过各种方式监督和限制检察官拒绝控诉的行为。例如，在根本没有控诉或检察官简单地就拒绝起诉的法国，受害者可以通过一些方式介入以强迫起诉，如在审判法庭前直接传唤（直接引用），或对于重大罪行或嫌犯不明的案件通过申请民事当事人身份（plainte avec constitution de partie civile）对预审法官查明的事实起诉。Vogler, "Criminal Procedure in France, 'The French System'", in Mireille Delmas-Marty & J. R. Spencer eds., *European Criminal Procedure*, Cambridge University Press, 2002, pp. 240-1. 在德国，"如果受害者控告犯罪，作出不起诉的决定必须告知他。他可以通过审查的方式对此提起上诉。" Huber, "The French

2. 作为非当事人的官方主体的欧洲检察官

不久前，德国（1975）[63]、葡萄牙（1987）[64]和意大利（1988）[65]废除了负责预审调查的核心人物——预审法官（或调查法官）。此举很容易被解释为职权主义刑事诉讼程序迈向"美国化"和"对抗化"的一步，因为调查法官一直被认为是职权主义制度的一个鲜明特征。[66]然而，虽然现在检察官在调查活动中缺乏司法权威，但他从未成为诉讼中的一方，而且十分坚定地保持非当事人立场。德国和葡萄牙显然是这样，检察官作为中立且客观的调查人员，收集证据用来支持或反对被告的主张，并参与到诉讼程序中以期发现事实真相并获得一个公正的结果。[67]意大利的情况也是如此，自1988年以来，意大利的欧陆程序制度最具"美国化"。将意大利检察官定义为诉讼程序中的一方是极具误导性的，因为大多数人可以说，他充当着模棱两可的角色，在很多方面他要向被告提供帮助。[68]而且，就像德国和葡萄牙的检察官一样，意大利检察官可以在审判中提议对被告无罪释放，或之后依其主张提出上诉。意大利、德国和葡萄牙的检察官没有放松与国家的紧密联系，他属于官僚结构的一部分，这使得他具有强烈的国家机关特性。

System", in Mireille Delmas-Marty & J. R. Spencer eds. , *European Criminal Procedure*, Cambridge University Press, 2002, p. 313. 根据《意大利刑事诉讼法典》第410条规定，受害者可以反对检察官撤销请求，并要求进一步调查；这可能导致检察官在法官的压力下向嫌疑人提出强制性正式的指控。在西班牙，自诉人可以要求继续审理案件以反对检察官的撤销请求。参见 Gascón Inchausti & Villamarin López, "Spain Returns to Trial by Jury", 21 *Hastings Int'l & Comp. L. Rev.* , 1998, pp. 591–2. 根据《葡萄牙刑事诉讼法》第287条，助理（assistente）可以向调查法官（juiz de instrução）请求"指示"以挑战检察官放弃指控的决定。参见 Jorge de Figueiredo Dias & Maria João Antunes, "Portugal", in Christine Van Den Wyngaert ed. , C. Gane, H. H. Kühne & F. McAuley co-eds. , *Criminal Procedure Systems in the European Community*, Bloomsbury Professional, 1993, pp. 317, 328.

〔63〕 Erstes Gesetz zur Reform der Strafverfahrensrechts〔1. StVRG〕〔First Criminal Procedure Reform Act〕, Dec. 9, 1974, Bundesgesetzblatt（BGBL）I（Ger. ）. See Thomas Weigend, "Germany", in Craig M. Bradley ed. , *Criminal Procedure*: *A Worldwide Study*, Carolina Academic Press, 2007, pp. 243, 262.

〔64〕 Código de processo penal〔C. p. p. 〕〔Code of Criminal Procedure〕art. 262（Port. ）. See de Figueiredo Dias & João Antunes, "Italian Criminal Justice: Borrowing and Resistance", 48 *Am. J. Comp.* , 2000, 318ff.

〔65〕 Codice di procedura penale〔C. p. p. 〕〔Code of Criminal Procedure〕arts. 126ff.（It. ）. See Giulio Illuminati, "The Accusatorial Process from the Italian Point of View", 35 N. *C. J. Int'l & Com. Reg.* , 2010, pp. 297, 308; Grande, "Italian Criminal Justice: Borrowing and Resistance", 48 *Am. J. Comp.* , 2000, 232ff.

〔66〕 关于这个人物的历史根源的简要概述，参见 Jimeno-Bulnes, "American Criminal Procedure in a European Context", 21 *Cardozo J. Int'l & Comp.* , 2013, 424ff.

〔67〕 关于德国体系，参见 Huber, "The French System", in Mireille Delmas-Marty & J. R. Spencer eds. , *European Criminal Procedure*, Cambridge University Press, 2002, p. 326. 关于葡萄牙相关制度的介绍，参见 de Figueiredo Dias & João Antunes, "Portugal", in Christine Van Den Wyngaert ed. , C. Gane, H. H. Ktihne & F. McAuley co-eds. , *Criminal Procedure Systems in the European Community*, Bloomsbury Professional, 1993, p. 319.

〔68〕 关于意大利检察官可以协助被告的情况，参见 Legge dicembre 2000, p. 397, "Disposizioni in Materia di Indagini Difensive", *G. U. Jan. 3*, 2001, n. 2（It. ）（now Codice di procedura penale〔C. p. p. 〕〔Code of Criminal Procedure〕p. 391–bis）and, to some extent, C. p. p. arts. 358, 421–bis（It. ）.

3. 总结

总之，在欧陆几个司法管辖区取消调查法官之后，既没有诉讼程序"对抗化"（即包含各方主体的程序的出现）的出现，也没有出现美国体系中典型的个人自由免于国家起诉的潜在信息。"探戈正义"的原则并没有流入欧洲大陆的刑事诉讼程序，而是加强了公正发现真相的"伦巴"方式。通过废除调查法官而实现的调查和司法职能的彻底分离，完全达到了提高内部观点多样性的目标，而这种多样性是作出确定和公正判决的基础。它将检察官的职权限于收集将在审判时提出的证据的活动，这与以前由调查法官进行的证据收集活动截然不同。因此，通过取消对证据的权威性预审司法评估，改革赋予了审判法官在对证据评估时以更大的自主权。总而言之，通过增加刑事案件中的内部观点，强化了伦巴正义方式，可以说，是将注入非对抗性结构中的对抗性风格转变为抵抗未来任何对抗性立场的试剂。

（二）欧洲大陆证据排除规则的美国化

差不多在 20 年前，朗本（Langbein）教授就指出了美国律师和欧陆律师对证据法的态度有多么的不同：坐在审判法庭、民事法庭或刑事法庭，你会听到律师不断打断以提出依据证据规则的反对意见。这些话语非常熟悉，它们已经传入流行文化中。闭上你的眼睛，你可以听到佩里·梅森、"洛城法网"或类似电视节目的主角踱着方步，激烈地反对："不相关！""传闻！""意见！""诱导性发问！"跨越海峡，进入法国或意大利或瑞典的法庭，你听不到这些。[69] 20 年后，朗本教授的观点并不完全正确。

最近，几个欧洲大陆国家已经引入了仿照美国体系的证据排除规则。[70] 例如，葡萄牙、意大利和西班牙采用了传闻证据规则。[71] 意大利和德国引入了所谓

---

〔69〕 John H. Langbein, "Historical Foundations of the Law of Evidence: A View from the Ryder Sources", 96 *Colum. L. Rev.*, 1996, p. 1169.

〔70〕 See Craig M. Bradley, "Mapp Goes Abroad", 52 *Case W. Res. L. Rev.*, 2001, p. 375. 例如，沃格勒强调了美国对西班牙改革中涉及非法手段获得证据的不可采的影响，参见 Vogler, "The French System", in Mireille Delmas-Marty & J. R. Spencer eds., *European Criminal Procedure*, Cambridge University Press, 2002, p. 381. 另见 Carlos Fidalgo Gallardo, "Las 'Pruebas Ilegales': De La Exclusionary Rule Estadounidense Al Articulo", 11. 1 *LOPJ*, 2003.

〔71〕 《葡萄牙刑事诉讼法》第 129 条和《意大利刑事诉讼法典》第 195 条规定了传闻禁止规则。在西班牙，传闻证言仅在形式上允许使用，因为在实质中它会受到很大的限制，这导致了与意大利相同的结果，即原则上禁止传闻证言，鉴于此，为了获得一个基于这些证据作出的有罪判决，判例法对传闻证据的证明价值施以苛刻的条件，必须满足以下条件：①传闻证人必须准确识别第一手证人（first-hand witness），以及②第一手证人不可能出席审判（因死亡、下落不明，或在国外居住），确保第一手证人的陈述不会被传闻证人代替。Gascón Inchausti & Villamarin López, "Spain Returns to Trial by Jury", 21 *Hastings Int'l & Comp. L. Rev.*, 1998, pp. 617-8.

的米兰达规则，排除了被告人在没有被告知有权保持沉默时获得的供述。[72] 意大利、德国和西班牙——以不同方式和不同条款——颁布了以非法手段获得的证据不可采规则，例如通过非法窃听获得的证据。[73] 在西班牙，有时在德国，非法搜查获得的"果实"不可采。[74] 此外，在严重侵犯个人宪法权利的特殊情况下，证据的"毒树之果"学说（据此，来源于非法证据的证据也是非法的）也传入了德国。[75]

---

〔72〕 See C. p. p. art. 64 (3) - (3-bis), as modified by Legge 1 marzo 2001, n. 63, art. 2, G. U Mar. 22, 2001, n. 68 (It.)；Gilberto Lozzi, *Lezioni Di Procedura Penale*, Giappichelli, 2012, pp. 125-6. 关于德国米兰达式的排除规则，其历史及内容，参见 Gless, "Truth or Due Process? The Use of Illegally Gathered Evidence in the Criminal Trial-Germany", in Jürgen Basedow, Uwe Kischel & Ulrich Sieber eds. , *German National Reports to the 18th International Congress of Comparative Law*, Mohr Siebeck, 2010, 700ff. 关于更宽阔的比较视角，但只更新到 2000 年，参见 Stephen C. Thaman, "Miranda in Comparative Law", 45 *ST. Louis U. L. J.* 581.

〔73〕 有关意大利，参见 C. p. p. art. 271；Lozzi, "Constitutional Grafts and Social Rights in Latin America", in Gtinter Frankenberg ed. , *Orderfrom Transfer*: *Comparative Constitutional Design and Legal Culture* 322, Edward Elgar Pub. , 2013, 285ff（讨论提到过的文章）。关于西班牙，参见 Organic Law on the Judiciary art. 11 (1) (B. O. E. 1985, 6). 不仅涉及刑事诉讼程序，而且涉及所有程序的西班牙条款规定"以直接或间接侵犯基本权利和自由的方式获得的证据"都将无效（由作者翻译）。这与《西班牙宪法》第 18 (3) 条保障的基本通信隐私权有关。关于这个问题，参见 Gascón Inchausti & Villamarín López, "Spain Returns to Trial by Jury", 21 *Hastings Int'l & Comp. L. Rev.* , 1998, 578ff. 和其中引用的文献。关于德国，参见 Huber, "The French System", in Mireille Delmas-Marty & J. R. Spencer eds. , *European Criminal Procedure*, Cambridge University Press, 2002, p. 347. 该文章指出"通过监视通信获得的证据，如果不满足监视的实质先决条件（第 100a 条），则不可采。缺乏形式先决条件并不必然会导致证据的不可采"。

〔74〕 参见 Organic Law on the Judiciary art. 11 (1) (Spain)，与"住宅不可侵犯"的宪法原则相联系 (Constitution Española art. 18. 2, B. O. E. n. 311, Dec. 29, 1978). 关于西班牙法院适用的这些规定，参见 Gascón Inchausti & Villamarín López, "Spain Returns to Trial by Jury", 21 *Hastings Int'l & Comp. L. Rev.* , 1998, 577ff; Vogler, "Spain", in Craig M. Bradley ed. , *Criminal Procedure*: *A Worldwide Study*, 2d. ed. , Carolina Academic Press, 2007, 379ff. 尽管《意大利刑事诉讼法典》第 191 条的一般性条款规定任何违法取得的证据均不可采，但法院和学术评论员对该条作出了限制性解释，因此在实践中不排除非法搜查和扣押的"果实"。有关讨论参见 Lozzi, "Constitutional Grafts and Social Rights in Latin America", in Gtinter Frankenberg ed. , *Order from Transfer*: *Comparative Constitutional Design and Legal Culture* 322, Edward Elgar Pub. , 2013, 228ff. 在德国，法院认为非法取得的证据不可采。然而，关于"以明显、有意识地侵犯一个人的宪法权利的方式获得的证据有日益否定的倾向"，参见 Weigend, "Should We Search for the Truth, and Who Should Do It?", 36 *N. C. J. Int'l L. Com. Reg.* , 2011, pp. 401 & n. 57. 另见 Weigend, "Germany", in Craig M. Bradley ed. , *Criminal Procedure*: *A Worldwide Study*, Carolina Academic Press, 2007, 251ff.

〔75〕 参见 Huber, "The French System", in Mireille Delmas-Marty & J. R. Spencer eds. , *European Criminal Procedure*, Cambridge University Press, 2002, p. 348. 值得指出的是，这种情形一般会发生在此情况下，"即使在证据收集阶段出现了程序性错误，法院仍然认为该证据原则上是可采的。" Weigend, "Should We Search for the Truth, and Who Should Do It?", 36 *N. C. J. Int'l L. Com. Reg.* , 2011, 400f. 事实上，尝试"同时服务于事实真相的建立和正当程序的坚守"，参见 Gless, "Truth or Due Process? The Use of Illegally Gathered Evidence in the Criminal Trial-Germany", in Jürgen Basedow, Uwe Kischel & Ulrich Sieber eds. , *German National Reports to the 18th International Congress of Comparative Law*, Mohr Siebeck, 2010, p. 676. 德国法律中，非法收集的证据的可采性一般理论将寻求客观事实的需求视为限制正当程序原则的一种可接受的正当理由，只要这种行为不过分违反正当程序原则即可。有关这一点的进一步讨论，一般参见 Gless, id.

这种引入是否修改了接收国体系的证据法的基本原则，从而使它们更加对抗？或者，我们能否认为，欧陆的非对抗性制度背景，根据其不同的需求，已经改变了美国证据排除规则的结构？而且，如果确实是这样，那么这种引入甚至加强了非对抗性，即以伦巴方式寻求真相，从而使其成为可能抗衡任何未来"对抗化"的抗体？

1. 美国的证据排除规则：对抗性原理

在普通法世界里，证据法似乎是对抗性刑事诉讼的一个孩子，而不是塞耶（Thayer）所称的"陪审团的孩子"。[76] 如果我们接受朗本的现代普通证据法兴起的重构，这种重构与英国对抗性程序同时出现，我们必须要同意他这一观点，即由于陪审制度起源于 12 世纪，那么起源于 18 世纪末的普通法审判法官的新型被动立场导致了证据排除规则的产生。有必要对严肃和那时享有自主权的事实审判者的理性采取事前控制，这是一种新的需求，它解释了陪审员要免受会对裁决造成不利影响的证据的影响。[77] 在以前的刑事诉讼中，法官深深地影响了陪审团的裁决并主导了诉讼进程，[78]"法官不需要任何如可采性规则一样的笨拙的手段来使陪审团服从"[79]，因为"陪审团轻易披露裁决理由的传统……使法院能够对裁决理由进行调查，从而标识陪审团的错误并予以纠正"[80]。因此，"传闻证据和先前的定罪证据的收集与现代大陆体系一样自由"，朗本解释道，所提及的是他们在 1978 年看到的大陆体系。[81]

18 世纪"缺乏经验又沉默寡言"[82]的陪审团从受到被动性对抗程序压力的审判法官中解放，这种解放解释了证据排除规则在实践中的工作方式。然而，对抗性程序似乎也是造成大部分规则存在的原因。

在对抗制中，证据法在制定公平竞争的规则方面起着关键性作用，它使探戈正义成功产生解释性事实。美国证据法通过确保平衡诉讼当事人在证据收集阶段的优势来平衡竞技领域，从而给予当事人平等陈述对现实看法的机会。在双方对

---

〔76〕　James B. Thayer, "The Jury and Its Development", 5 *Harv. L. Rev.*, 1892, p. 249.

〔77〕　或者，用达马斯卡的话来说，有必要支持对无法预估的裁决的合法性进行事前控制。Damaška, "Private Prosecution, and the State", in Douglas Hay & Francis Snyder eds., *Policing and Prosecution in Britain* 1750-1850, Clarendon Press, 1989, p. 46.

〔78〕　参见 Langbein, "Before the Lawyers, 'From Legal Transplants to Legal Translations: The Globalization of Plea Bargaining and the Americanization Thesis in Criminal Procedure'", 45 *Harv. Int'l L. J.*, 2004, p. 315.

〔79〕　Id., p. 306.

〔80〕　Id., pp. 294-5.

〔81〕　Id., pp. 315-6.

〔82〕　Id., p. 306.

峙的背景下，对于强大的一方来说，利用强加于弱小对手的认罪是不公平的。前者通过非法搜查、扣押或非法监听等滥用权力的行为获得了不正当优势，并以此来对抗后者同样也是不公平的，这是为解释性事实所不能容忍的。任何一方当事人都没有机会直接且仔细地审查另一方的证人（证人可能受过集中训练和指示），这同样也会不公平地阻止一方向对方提出质疑。允许传闻证言也被认为是不公平的，因为传闻证人重新产生的话语不能被对方检验"对方通常有理由相信庭外讲话的人是他的对手的隐藏盟友———一个避免挑战法庭的盟友"[83]，等等。在所有上述情况中，双方的竞技与中世纪时期对重罪提起上诉一样具有偏见。那个时期，两名斗士中只有一人能得到马匹和一把剑。因此，从美国的视角来看，对抗性公平重点强调真相发现的过程和许多证据排除规则，诸如传闻证据规则、反对自证其罪的特权（以及补强证据规则、强制程序和交叉询问），甚至非法取证规则似乎（也）是为此目的而设计的。

当然，上述情况并不忽视这样一个事实，即尊重对抗性公平也会带来其他令人满意的附带效应。有时候，顺从于对抗性公平会形成对现实更精确的重构。例如，排除胁迫认罪也会排除虚假认罪（当然事实并非总是如此）。[84]再如，通过交叉询问来检验对方证人证言的准确性和可靠性，或者通过要求第一手证人证言而不是传闻证据来促进真实性。然而，这个目标也并不总是可以实现的，因为由技巧娴熟的律师进行的交叉询问可以动摇虚假和真实的证词；另一方面，如果原始证人死亡，为促进事实调查的准确性，会有条件地允许传闻证言而不是禁止传闻证言。[85]其他时候，（在我看来）主要旨在实现对抗性公平的证据排除规则会产生不同的附带结果：对执法部门的惩戒（disciplinary）效果，希望可威慑这些执法部门在未来不会滥用权力侵犯每一位公民的权利。

与对抗方法的原则相一致，美国体系中的证据排除规则通常只是有条件适

---

〔83〕 Damaška, "Private Prosecution, and the State", in Douglas Hay & Francis Snyder eds. , *Policing and Prosecution in Britain* 1750-1850, Clarendon Press, 1989, p. 80.

〔84〕 例如，考虑德国的加夫根（Gäfgen）案例，在这个案例中警察以酷刑相威胁使被告认罪并且使其供述了被绑架杀害的男孩的抛尸地点。此案在德国引起了关于为达成救援目的的酷刑合法性的讨论，并将其提交给欧洲人权法院。参见 Gäifgen v. Germany, 2010-IV Eur. Ct. H. R. , 2010, p. 247; Gless, "Truth or Due Process? The Use of Illegally Gathered Evidence in the Criminal Trial-Germany", in Jürgen Basedow, Uwe Kischel & Ulrich Sieber eds. , *German National Reports to the 18th International Congress of Comparative Law*, Mohr Siebeck, 2010, p. 696.

〔85〕 在这里考虑贾尔斯诉加利福尼亚案例（128 *S. Ct.* , 2008, pp. 2678, 2682），本案中受害者被杀害之前，一项向警方投诉的谋杀证据被否决；关于此案，参见 David A. Sklanski, "Anti-Inquisitorialism", 122 *Harv. L. Rev.* , 2009, pp. 1634, 1693ff. 对于一件不是根据"非对抗"方式裁决的类似案件，参见 The European Court of Human Rights' decision in Al-Khawaja and Tahery v. the United Kingdom, 2011-VI Eur. Ct. H. R. , p. 191.

用：只有当事人援引，它们才会生效。[86] 因为假定诉讼当事人知道什么是对他们最有利的，而且由于没有人能对此有更好的认识，所以任何人，特别是不被信任的国家官员都不能将他的观点强加给双方。[87] 这就是为什么即使理论上法官有主动排除证据的权力，但他也很少这样做的原因。而且无论如何，他从来没有责任对不可采的证据提出异议以补救当事人的失败。[88] 舞者大都自己起草剧本，这样做的结果就是被告被视为一个自由个体，他能够在证据安排方面，继而在自己的案件中自由地作出战略选择。

2. 欧洲大陆的证据排除规则：保护性原理

就欧洲大陆体系来说，它设计了证据法规用于管理和限制官方寻求实体性事实的行为。因此，在大陆法系中，证据排除规则似乎主要关注保护官方寻求真相的准确性：对那些被认为阻止追求客观事实的证据，他们予以禁止。然而，正如德国联邦法院曾经表示的那样，[89]"不惜任何代价寻求真相不是刑事诉讼的原则"，所以在欧洲体系中，今天的官方必须在越来越尊重人格尊严的限制内追求事实真相。他们必须防止侵犯被告人的基本人权，即使这会导致与明显的实质真相相背离。因此，不同于在美国发挥作用的原理，该原理似乎解释了欧洲大陆证据排除规则的特

---

〔86〕 参见 Fed. R. Evid. 103（a）. 该规则可以概括如下：作为一般规则，在没有提交、请求或反对的情况下，审判法官的行为是不会错误的。因此，如果不及时反对，便会放弃不适当证据的准入，如果在记录中没有提供证明即所提证据的实质内容（Improper exclusion will be waived without an offer of proof that places the substance of the proposed evidence on the record）就会放弃不适当的排除，并且在没有请求的情况下，限制指令的权利也会放弃。Paul F. Rothstein, Myrna S. Reader & David Crump, *Evidence in a Nutshell*, West Academic Publishing, 2012, p. 10. 然而，"尽管有上述黑体字规则，如果审判法官在没有请求的情况下作出正确规则和指令，他也没有错。Id. 但是，这种情况很少发生：如果一方不小心疏忽或故意不采取行动而未能对不可采证据提出异议，法官通常会采纳这一证据。一旦获得采纳，该证据就与其他已被采纳的证据具有同等法律效力。只有在极端情况下，而且通常代表刑事被告，法院才会主动干预并排除不可采的证据（*sua sponte*）. Graham C. Lilly, Daniel J. Capra & Stephen A. Saltzburg, *Principles of Evidence*, West Academic Publishing, 2009, pp. 5–6.

〔87〕 参见 Damaška, "From Legal Transplants to Legal Translations: The Globalization of Plea Bargaining and the Americanization Thesis in Criminal Procedure", 45 *Harv. Int'l L. J.*, 2004, p. 535.

〔88〕 有时审判法官需要自己采取行动。《联邦证据规则》第 103（e）条规定了显见错误规则（the plain error doctrine），即使没有提出适当的反对意见，如果错误"严重影响司法程序的公正性、完整性或公共声誉"，上诉法院也可以自行关注弃权（forfeited）错误并发回审判结果。United States v. Olano, 507 U. S. 725, 732（1993）. 然而，该规则不仅反映了上诉法院的自由裁量权，而且由于"以当事人责任为基础的对抗制度深深植根于我们的法律体系，特别是在证据领域"（as noted by Micheal H. Graham, *Evidence: A Problem*, *Lecture and Discussion Approach*, West Academic Publishing, 2011, p. 695），显见错误规则很少适用。事实上，"该规则普遍适用率并不高，这使得在案件审理过程中无意依赖它。" Graham, id. , p. 696.

〔89〕 Bundesgerichtshof［BGH］［Federal Court of Justice］June 14, 1960, Entscheidungen Des *Bundesgerichtshofs in Strafsachen*［BGHST］14, 361, 364–5. 另见 Gless, "Truth or Due Process? The Use of Illegally Gathered Evidence in the Criminal Trial–Germany", in Jürgen Basedow, Uwe Kischel & Ulrich Sieber eds. , *German National Reports to the 18th International Congress of Comparative Law*, Mohr Siebeck, 2010, p. 681 n. 22.

殊存在。不是对抗性公平原理赋予它们生命，而是保障官方事实调查准确性的旧目标赋予其生命，许多不可采规则对准确性的检测意味着要排除那些被认为不可靠的证据。例如，排除匿名文件或在社区口口相传的证词[90]、排除传闻证据规则[91]；或甚至是排除通过谎言探测器、麻醉（心理）分析等可能影响被告的自主决定的方式获得的被告陈述的规则（尽管在这种情况下——由于上述原因——这个原理混合了保护被告尊严的原理仅在一定程度上成立，如下所述），[92] 欧陆法系的各个司法管辖区都能找到这些规则。此外，保护被告免于因"肮脏"（dirty）而不被接受和寻求客观事实是一种更加新颖的愿望，这种愿望激发了其他排除规则。特别是最近采用排除规则的情况，如米兰达式规则、排除非法扣押或非法窃听证据的规则。

与对抗性原理相反的保护性原理似乎引发了欧陆体系的证据排除规则，它解释了为什么欧洲证据规则——与美国的情况恰恰相反——大体上是由法官负责寻找客观事实、由法官负责保护被告以及为什么原则上它不能被单方面放弃取代。在欧陆刑事诉讼程序中，"引入"的排除规则失去了原有的对抗性原理，在非对抗性背景下运作的它们获得了与之一致的不同原理。根据不同的保护原理，遵守排除规则主要是法院的责任，因为当事人始终可以提出不可采的问题，他们原则上不能通过提出相关异议来修改排除规则。[93] 在那些体系中，法官不仅以寻求

---

〔90〕 Codice di procedura penale［C. p. p.］［Code of Criminal Procedure］art. 234（3）（It.）；Código de Processo Penal［C. p. p.］［Code of Criminal Procedure］art. 130（Port.）.

〔91〕 关于早已纳入欧陆体系的传闻禁止的排除规则的"固有"理由（即"第一手信息要比通过中介过滤后的信息更可靠"），参见 Damaška, "Private Prosecution, and the State", in Douglas Hay & Francis Snyder eds. , *Policing and Prosecution in Britain* 1750-1850, Clarendon Press, 1989, p. 15 n. 22（quoting Mirjan Damaška, "Hearsay in Cinquecento Italy", in Michele Taruffo ed. , *Studi in Onore di Vitorio Denti*, Pubblicazioni della Università di Pavia, 1994, p. 59）.

〔92〕 See Strafprozessordnung［StPO］［Code of Criminal Procedure］§ 136a（Ger.）；C. p. p. arts. 64（2），188（It.）.

〔93〕 事实上，在意大利，诉讼程序的任何阶段或层级（level）违背了证据规则能够（也必须）总是被正式提出。参见 C. p. p. art. 191（2）（It.）. 关于更多的处理情况（treatment），参见 Gascón Inchausti & Villamarín López, "Spain Returns to Trial by Jury", 21 *Hastings Int'l & Comp. L. Rev.*, 1998, p. 614，以及其中引用的文献。然而，德国最近似乎偏离了这种共同态度，这至少与一些证据排除规则有关（并且不影响《德国刑事诉讼法典》第 136a 条的规定，即使被告同意采纳有争议的证据，法院也总是强制适用该规定）。关于权利遭到侵犯的人对非法手段获得的证据的否决权，最近被德国法院作为证据排除规则的执行条件而提出，（即所谓的 *Wiederspruchslösung*），参见 Gless, "Truth or Due Process? The Use of Illegally Gathered Evidence in the Criminal Trial-Germany", in Jürgen Basedow, Uwe Kischel & Ulrich Sieber eds. , *German National Reports to the* 18th *International Congress of Comparative Law*, Mohr Siebeck, 2010, p. 686. 萨冰·格勒斯（Sabine Gless）对这一条件在德国发展的发生也提出严厉批评。德国在这方面的判例基础可以在联邦法院找到［BGH］［Federal Court of Justice］Feb. 27, 1992, Entscheidungen Des *Bundesgerichtshofsin Strafsachen*［BGHST］38, 214, 225 以及随后的

客观事实的名义，而且以给予被告官方保护的名义，保留了依职权提出法定排除规则的权力和责任。这些规则，不是各方当事人自由表达所起草的剧本，它与各方的意愿无关。如在意大利传闻禁止的情况下，即使当事人可以通过不否决传闻证人的方式来允许其出庭作证，法官——以伦巴方式寻找真相时——可以代替当事人依职权要求原始证人出庭作证。[94]

此外，在非对抗背景下，正义与中立的第三方与寻找客观事实相关联，它不等同于"对抗性公平"，此背景下必须确保证据框架尽可能完整。接下来满足裁决者调查需求的愿望故而是最重要的。相应地，欧洲大陆法体系通常仍然承认传闻证据的准入（以及秘密收集的证人的庭外证言），前提是原来的声明者或证人因死亡、精神疾病或其他因素导致无法重复先前的声明，在任何时候都不能出庭。[95]

3. 认知框架下的排除对比判决论证基础下的排除

此外，在欧陆背景下——法官没有转变为被动性，分支裁决机构一般会空缺，并且有罪或无罪的裁决（即使当裁决者全部或部分的由非专业人士代表）不是以一种神秘的形式作出，而总是会进行公开的论证[96]——"引入的"排除规则以一种不同于原始背景下的（美国背景下的）方式运作。在美国，不可采的证据从裁决者（即陪审团）的认知中排除。相反，"接受国"从法院作出判决的论证基础中排除了该证据。也就是说，欧洲大陆体系中的证据排除规则并没有将事实的检验者从不可采证据的影响中隔离；而是，它们阻止了意识到存在可排除证据

判决中也可以找到。参见 Gless, "Truth or Due Process? The Use of Illegally Gathered Evidence in the Criminal Trial-Germany", in Jürgen Basedow, Uwe Kischel & Ulrich Sieber eds. , *German National Reports to the* 18*th International Congress of Comparative Law*, Mohr Siebeck, 2010, p. 686.

〔94〕 C. p. p. art. 195（2）（It.）.

〔95〕 See C. p. p. arts. 195（2）, 512（It.）; StPO §251（1）-（2）（Ger.）; Ley De Enjuiciamiento Criminal [L. E. CRIm.]（Criminal Procedure Law）art. 730. 另见 Al-Khawaja and Tahery v. the United Kingdom, 2011-VI Eur. Ct. H. R. 191. 科斯托夫斯基诉荷兰（Kostovski v. The Netherlands）的案例, 166 Eur. Ct. H. R. （ser. A）(1989), 以及后续的判决（See Jacksom & Summers, *The Internationalisation of Crimical Evidence: Beyond the Common Law and Civil Law Traditions*, Cambridge University Press, 2012, 86ff）, 欧洲人权法院在审判中使用未经检验的传闻证言并不违反《欧洲人权公约》第6（3）（d）条（当证人有充分理由不出席时）。甚至在缺席证人的证言是定罪的唯一或决定性依据的情况下, 只要有足够的平衡因素来确保整个程序是公平的, 也是如此。参见 Al-Khawaja, 2011-VI Eur. Ct. H. R. p. 253（¶147）.

〔96〕 最主要的例外是法国的巡回法院, 它的混合（mixed）陪审团会提交未经论证的裁决。

的裁决者在决定被告有罪或无罪时考虑该证据。[97] 由于欧陆法官（甚至西班牙陪审团，一会儿我将对其进行简短介绍）不同于美国陪审团，他们必须出具书面的用以证明有罪或无罪的理由，所以违反证据排除规则的行为应该在上诉时得到纠正。然而，正如托马斯·魏根德（Thomas Weigend）所指出的那样：因此排除证据需要（事实的审判者）将相关信息从他们的头脑中删除，以及在虚构的而不是已知事实的基础上作出判断。即使法官愿意服从法律的要求和忽视需被排除的信息，他们在心理上也很难作出一个与他所知的案件的"真实"事实无关的决定……因此证据的排除只会使法院更难证明可能受到"排除的"证据的影响的判决的合理性。[98] 真正地排除裁决者接触证据似乎的确是一种非比寻常的解决办法。[99] 因此，欧陆排除规则制度不能提供，用一个比较证据法专家的话来说，"在制度的黑色天鹅绒上，普通法排除规则的珠宝可以充分展示其潜力和魅力。"[100] 欧陆体系排除规则相对于美国体系的排除规则，在实际操作层面存在这一重要的功能差异，该差异的存在为将它们冠以相同标签的误导性同音异议的这种说法提供了支持。

4. 总结

总而言之，在欧陆制度背景下，"引入的"排除规则似乎丧失了原有的对抗性公平原理，即丧失了它们与当事人自由决定证据安排以适应战术利益的想法的联系。此外，虽然保留了与美国排除规则相同的名称，但排除规则在欧洲大陆体系中以完全不同的方式运作。虽然不可采的证据不会被排除在事实审判者的认知框架之外，但是会从事实审判者的书面推理中消除。因此，接受方的制度背景似乎根据其不同需求，已经最终高度修改了"引入的"美国排除规则的原始结构。

然而，初级审判阶段的出现致力于在刑事诉讼程序中当着所有参与者采纳证

---

〔97〕 即使事实的检验者中包括了半自治的非专业法官，如德国舍芬（Schöffen），或者是一个完全自治的机构，就像西班牙的陪审团审判一样，情况也是如此。"如果'不可采'证据在审判中被引入或被提出，主审法官将告知非专业法官必须忽视这些证据。"Weigend，"Germany"，in Craig M. Bradley ed.，*Criminal Procedure：A Worldwide Study*，2nd ed.，Carolina Academic Press，2007，p. 254 n. 60. 在西班牙，《陪审法院组织法》（B. O. E. 1995，122）第 54 条第 3 款规定，法官应当向陪审员作出要忽视任何被错误采纳的证据的指示，然后在审判时宣布为非法证据。Stephen C. Thaman，"Europe's New Jury Systems：The Cases of Spain and Russia"，62 *Law & Contemp. Probs*，1999，pp. 233，253.

〔98〕 Weigend，"Germany"，in Craig M. Bradley ed.，*Criminal Procedure：A Worldwide Study*，2nd ed.，Carolina Academic Press，2007，p. 254.

〔99〕 "有理由质疑，是否真的像预期的那样，法官能忽视他们已经看到的证据。作出合理判决的义务是否真的可以限制法官的决定也是有争议的。"Jackson & Summers，*The Internationalisation of Criminal Evidence：Beyond the Common Law and Civil Law Traditions*，Cambridge University Press，2012，p. 73.

〔100〕 Damaška，"Private Prosecution，and the State"，in Douglas Hay & Francis Snyder eds.，*Policing and Prosecution in Britain* 1750–1850，Oxford University Press，1989，p. 52；也参见对达马斯卡著作的书评：Roger Park，"An Outsider's View of Common Law Evidence"，96 *Mich. L. Rev.*，1998，pp. 1486，1489.

据，正如在意大利和西班牙发生的那样（以及与以美国体系为模型引入证据法相联系的国家），它的出现对欧陆体系造成了影响。[101] 事实上，在欧陆刑事诉讼程序中，专门用于压制证据并与采证阶段相分离的正式预审程序，在今天，增加了许多"舞者"的参与，用以决定在审判中何种证据材料被采纳——这在以前主要由法官单独执行的。

因此，证据规则最终远不仅使法官担任裁判者的角色，欧洲背景下的证据规则允许在质疑证据可采性的关键性预审活动中为伦巴司法的舞者提供更大的空间。再一次，总之，通过增加官方调查的多元角色，"引入的"特征不仅适应了接收体系的非对抗性风格；而且，与过去许多旨在应对第三方寻求真相的"中立性"问题的改革相一致，它加强了非对抗性的、由官方控制的调查程序的公正性。反过来，这赋予能抵抗未来任何欧陆刑事诉讼程序美国化的移植可预测接种效应以多样性。

（三）欧洲大陆刑事诉讼中的交叉询问制度

1956 年，埃德蒙·S. 摩根（Edmund S. Morgan）将交叉询问权描述为"除普通法体系外的其他审判体系不了解的一项权利"。[102] 然而，最近，欧陆刑事诉讼程序相当广泛地引入了交叉询问制度，用来向证人，有时还包括专家和当事人提问。[103] 例如，在西班牙、葡萄牙和意大利，由双方代表进行的直接和交叉询问现在成为询问证人的一种独特方法。在其他国家，如德国，这只是一种附属的询问方式，因为原则上，询问证人和被告仍然由（主审）法官进行。

正如一位学者所定义的这种"程序的革命性变化"[104]是否引发了采用它的欧洲体系的"对抗化"？或者，而是将它列为另一种装置，该装置最终向加强非对

---

〔101〕 C. p. p. arts. 493ff. (It.)；L. E. Crim. art. 659（Spain）.

〔102〕 Edmund M. Morgan, *Some Problems of Proof under the Anglo-American System of Litigation*, Praeger, 1956, p. 113.

〔103〕 或者至少像法国一样，现在为双方当事人代表提供了一个机会，即在法庭询问完证人和当事人由他们问询时，可绕过先前强制性的法官调解程序。参见 infra note 104. 意大利是这样一个国家：自 1988 年以来，意大利引入了全面的交叉询问制度，它是唯一的用于询问证人以及专家和当事人的询问技术。C. p. p. pp. 498-9, 503 (It.). 直接和交叉询问证人制度在 1987 年被引入葡萄牙。Código De Processo Penal [C. p. p.]［Code of Criminal Procedure］art. 348（4）（Port.）. 关于西班牙直接和交叉询问证人制度，参见 L. E. Crim., 708 ff. 此外，《德国刑事诉讼法典》第 239（1）条规定当事人可直接和交叉询问证人，但只能根据控方和辩护人的共同请求。在这种情况下，当事人询问证人，而法官只被允许提出其他问题。

〔104〕 Vogler, "Criminal Procedure in France, 'The French System'", in Mireille Delmas-Marty & J. R. Spencer eds., *European Criminal Procedure*, Cambridge University Press, 2002, p. 217. 评论法国的改革，法国改革可以追溯到 2000 年，如前文注释 103 所述——只要当事人代表在法院询问之后，在主审法官（president）许可的情况下，可直接向证人、被告和民事主体（parties civiles）提出问题。参见 Code De Procedure Penale [C. PR. PEN.]［Cede of Criminal Procedure］pp. 312, 442. 1, 536.

抗式寻求真相中注入更多动力以符合伦巴正义的方法？

1. 美国双边事实认定结构中的交叉询问

作为质疑证人和被告人的一种风格，直接和交叉询问是对法官在美国对抗制诉讼事实认定过程中的被动性最具戏剧性和象征性的表达。这是刑事诉讼结构的象征，即争议的双方——检察官和被告（更多地被认为是私人当事人）[105] 在一名官员面前追求他们的对立利益的结构，这名官员仅仅是一名裁判员，并没有参与事实上的事实调查。[106] 因此，保持合理距离（an arms-length model）的模式是对抗制刑事诉讼的最佳表现形式，它可以确保个人从国家获得最大自由。双方——只有双方——参与到事实认定的发现过程的探戈正义，其精髓在旧有的刑事上诉中反对任何一方，然而现在用现代的论证技术代替旧的实体武力。

在一个像美国一样由当事人控制的竞技体系中，交叉询问是检验证人可靠性唯一有效的提问手段，证人必须将一方或另一方作为他的盟友与其保持强有力的联系。证人和专家证人在审判之前一贯受到训练，因而会怀疑他们有虚假或歪曲的证词，这种嫌疑直到他们成功通过了娴熟的交叉询问才能消除。

在真相源于各方相对立意见的体系中，阻止其中一方通过高效的交叉询问方式提出自己的观点不仅会是不公平的，而且也会阻碍这种解释性事实的发现。这就是为什么美国法律抵制庭外书面证词并且如果不能完成交叉询问就将排除直接证词甚至宣布审判无效的原因。[107] 然而，当然，在各方根据自己的战术需求塑造自己的案子的对抗制中，对抗性公平总是可以被单方面放弃，其结果就是如果一方这样想的话，另一方证人的证言将完全不受挑战。

2. 欧洲大陆参与型事实认定结构中的交叉询问

在传统的欧洲大陆刑事诉讼程序中，作为程序领导者而不是当事人的（首席）法官负责向被告、证人和专家询问。这与法院必须履行的事实认定职责及寻求实质性事实的义务相一致。因此，这是一种询问的风格，它代表法院有责任在

---

〔105〕 See supra Part II, A. 1.

〔106〕 关于即使法令允许美国法官询问证人，他们仍自行施加的被动性，参见 Damaška, "Private Prosecution, and the State", in Douglas Hay & Francis Snyder eds. , *Policing and Prosecution in Britain* 1750-1850, Oxford University Press, 1989, p. 90. 根据《联邦证据规则》第 614 条的规定，法官在审判时可以自发传唤证人并可以在审判时询问证人，皮兹（Pizzi）和蒙塔格纳（Montagna）评论道：《联邦证据规则》第 614 条在美国并不存在问题，因为法官谨慎地使用权力传唤证人，而且上诉法院一直强烈警告审判法官在审判中切忌提出太多问题，以免陪审团觉得他们放弃了中立角色而已经认可了案件的一面。Pizzi & Montagna, "Spain Returns to Trial by Jury", 21 *Hastings Int'l & Comp. L. Rev.* , 1998, p. 447.

〔107〕 Damaška, "Private Prosecution, and the State", in Douglas Hay & Francis Snyder eds. , *Policing and Prosecution in Britain* 1750-1850, Oxford University Press, 1989, p. 79.

审判时确保发现所有真相发现的必要信息。直接和交叉询问技术无论是强制性的，还是基于当事人的请求，[108] 或者甚至作为询问证人的默认手段，[109] 难道改变了采用它的欧洲大陆体系中的非对抗性司法事实认定责任？它是否像美国体系那样将法官限制在被动裁决者的角色里？它是否将提问证人转化为双方的对决？

可以肯定的是，当以交叉询问为基础的技术登陆欧洲大陆时，欧洲大陆形成了一个在采证阶段以法院为中心的程序。尽管欧洲各国对此有不同的限制，但是，如提出证据的职责（和权力）仍然是法院职权的一部分——然而法院与该程序中的所有其他积极参与者分享该责任。[110] 与法院在采证阶段发挥的中心作用相一致，欧陆体系的交叉询问技术并没有将法官限制在仅作为询问证人过程中的裁判者的角色。它也不会将询问证人转化为双方对决——就像在美国发生的那样。它只是在询问证人的关键活动中增加了不同的"伦巴舞者"角色。因此，到欧洲大陆的这次旅行深刻地改变了交叉询问技术，将其转化为一种集体表演，在这场表演中伦巴舞者向证人询问以寻求客观事实。法院包括非专业法官或陪审员（西班牙就是这种情况）往往主动介入询问证人的活动。此外，有超过两名参与者会参与到直接和交叉询问中，这与伦巴正义中有两名以上舞者的观点相一致。事实上，以下任何一方都可以参与交叉询问证人：控方、被告、基于欧陆体系的民事主体（可以包括因犯罪遭受损失的人和受害者）；自诉人（在诉讼程序中拥有与简单的民事主

---

〔108〕 关于德国的直接和交叉询问作为一种可基于请求获得的证人询问技术，参见 the aforementioned StPO § 239 (1) and the discussion by Huber, "The French System", in Mireille Delmas-Marty & J. R. Spencer eds., *European Criminal Procedure*, Cambridge University Press, 2002, p. 318. 值得指出的是，在德国，StPO 第 239 条从未用于实践。但根据《德国刑事诉讼法典》第 240 (2) 条的规定，在法院结束询问后，双方总是有权提问证人和专家，尤其辩护律师会广泛使用该权利。关于法国，当事人代表可以根据请求直接询问证人、被告和民事主体 (parties civiles) 的这种可能性——如前所述，即使仅仅是一种可能性，它也被认为是具有革命性意义的，参见 Code De Procedure Penale〔C. PR. PEN.〕〔Cede of Criminal Procedure〕. 然而，在这种情况下，很少有当事人能抓住该机会。参见 Richard S. Frase, "France, 'Overview'", in Craig M. Bradley ed., *Criminal Procedure: A Worldwide Study*, Carolina Academic Press, 1999, pp. 201, 233-4.

〔109〕 在意大利，在独裁的诉讼程序 (monocratic proceedings) 中，双方可以放弃向当事人和证人进行直接和交叉询问的权利。参见 C. p. p. 567 (4).

〔110〕 对西班牙审判法院主动提出证据的权利的严格限制，主要是由《西班牙刑事诉讼法》第 729 (2) 条判例法解释增加的，该判例法——是审判时独家 (the principle of exclusive party presentation of evidence) 提出证据的原则的例外——允许法院依职权听审证据。参见 Gascón Inchausti & Villamarín López, "The Battle to Establish an Adversarial Trial System in Italy", 25 *Mich. J. Int'l*, 2004, p. 561 n. 13 (referring to the case law on this point), pp. 607, 613. 关于意大利审判法院重新获得的依职权引入证据的巨大权力，该权力在 1988 年新法典颁布后进行了高度限制，参见 Grande, "Italian Criminal Justice: Borrowing and Resistance", 48 *Am. J. Comp.*, 2000, pp. 245-6, 250. 在德国，法院负责发现真相，因此它必须检查所有与判决有关的证据，而不管是否有参与者对此提出要求。StPO § 244 (2). 然而，各方可能提供自己的证据，并可能要求法院听取他们建议的其他证据。StPO §§ 214 (3), 220, 244-5. 法国也是如此。Cf C. PR. PEN. art. 310. 对于后者的进一步讨论，参见 Stephen C. Thaman, *Comparative Criminal Procedure: A Casebook Approach*, Carolina Academic Press, 2008, p. 18.

体不同权利的受害者）；公诉人（也被称为公诉人，即如前所述，与犯罪无关的私人第三方只要符合一系列要求即可参与，如西班牙）；任何民事第三方被告（即被告被定罪且无偿还能力时代表被告承担赔偿责任的人；在意大利或西班牙的刑事诉讼中允许他们参与）。因此，一个"舞者"代替另一个"舞者"可能介入的询问会使任何个人战略选择无效，这种战略选择是放弃交叉询问另一方证人的机会。

另外，欧洲大陆体系的交叉询问似乎并不是挑战表面不可靠证人可信度的一种不可或缺的手段，因为他，如美国发生的一样，与对抗中的一方有联系。事实上，公正的官员在证据收集和事实认定过程中的大量参与及没有审前训练的实践（或者至少相较美国没有那么激烈的形式）减少了对手的紧张情绪。考虑到单方歪曲信息的风险较低，所以通过侵略性和破坏性的交叉询问来检验证词精确性的必要性并不令人信服。[111]

此外，证人与诉讼当事人之间缺乏强有力的（partisan）联系，特别是诉讼当事人通常是最有权利的一方（检察官），这种联系的缺乏解释了当因证人突然不能到场导致交叉询问不能完成时，通常（即使不是没有争议的）会考虑直接询问。如上所述，它还解释了欧陆体系为了满足法院在寻求实质性事实时的认知需要，可能会特别允许庭外书面证词。[112] 在非对抗制中，事实认定者必须以书面方式提供完全合理的判断，而且上诉法院总是会对此进行监督。这可以防止事实认定者高估当事人各方未对峙的证据。因此，从欧陆的角度来看，使用各方尚未对峙的证词带来的对公平的牺牲并不一定妨碍审判及事实认定者的公正决定。

3. 总结

总而言之，当交叉询问制度登陆欧洲时，它并没有发现像美国刑事诉讼中典型的双边事实认定结构，这种结构作为一种对抗技术，能从存有偏见的证人那里诱发解释性事实的出现。引入欧洲大陆后，交叉询问技术仍然作为使对方证人失信的手段，但多方表演者的参与实质上改变了其强烈的对抗性特征。作为实现多个主体能更自主和更直接参与到询问证人活动中的方法，它改进了参与式事实认定方案。因此，在欧洲大陆，与伦巴正义的原则相一致，（直接和）交叉询问作为一种询问证人的风格，它服务于提高调查的多元性，进而提高官方第三方寻求客观真相公正性的目的——而不是服务于，像探戈司法正义一样的，通过竞技来

---

〔111〕 对于这些主题的深入分析，参见 Damaška, "Private Prosecution, and the State", in Douglas Hay & Francis Snyder eds., *Policing and Prosecution in Britain* 1750-1850, Oxford University Press, 1989, 79ff; Mirjan R. Damaška, "Presentation of Evidence and Factfinding Precision", 123 *U. Pa. L. Rev.*, 1975, pp. 1083, 1088ff.

〔112〕 See John D. Jackson, Sarah J. Summers, *The Internationalisation of Criminal Evidence: Beyond the Common Law and Civil Law Traditions*, Cambridge University Press, 2012, 以及附随文本。

寻找解释性事实的目的。

最后，对抗性交叉询问制度向欧洲大陆刑事诉讼程序的注入加强了接受国非对抗性结构的基础。从这个意义上说，这种移植也可以被解释为是应对未来任何对抗性转变的接种。

（四）西班牙陪审团审判

1995 年 5 月 22 日，西班牙议会通过了《陪审法院组织法》，该法于 1995 年 11 月 24 日生效，恢复了在特定刑事案件中的陪审团审判。[113] 西班牙的陪审法院只对少数罪行拥有管辖权。[114] 1996 年 5 月 27 日，西班牙陪审团开始审理新法律下的第一批案件。

1995 年西班牙《陪审法院组织法》引入 "英美陪审团形式"，[115] 这种引入是否产生了西班牙刑事诉讼的美国化？它是否将西班牙体系，至少部分地，从伦巴正义转变为探戈正义体制？或者相反，通过增加一个新的表演者到参与式事实认定模式，西班牙陪审团是否丰富了舞蹈者人数从而提高对事实调查的观点的多样性，反过来强化了伦巴正义的非对抗性基础？

1. 集体寻求真相，陪审团能动性以及陪审团裁决作为西班牙陪审团审判的（集体产物）：一些评论和一个参照

我在最近的一项研究中试图回答前面的问题，在这里我只涉及对这个问题的深入分析。[116] 在那项研究中，我认为虽然它经常被描绘成英美进口品，[117] 但陪审团审判——与 19 世纪欧陆传统的典型混合陪审团审判相反——在西班牙的运作方

---

〔113〕 Trial by *Jury Organic Law*（B. O. E. 1995, p. 122）. 有关西班牙陪审团审判制度及其历史的详细说明，参见 Thaman, "Spain Returns to Trial by Jury", 21 *Hastings Int'l & Comp. L. Rev.*, 1998. 另见 Carmen Gleadow, "Spain's Return to Trial by Jury: Theoretical Foundations and Practical Results, 2001-2002", *S. T. Louis-Warsaw Transatlantic L. J.*, 2002, p. 56; Carmen Gleadow, *History of Trial by Jury in the Spanish Legal System*, Edwin Mellen Pr., 2000.

〔114〕 其中包括杀人罪、威胁、不履行提供协助的法定义务、盗窃、纵火以及针对公共行政（public administration）的若干种犯罪，比如不当处理官方文件（mishandling official documents）、贿赂、影响兜售、挪用公款、欺诈和公职人员要求的非法征税（illegal levies demanded by public officials）、公职人员禁止谈判、虐待囚犯。参见 Thaman, "Spain Returns to Trial by Jury", 21 *Hastings Int'l & Comp. L. Rev.*, 1998, pp. 259-60.

〔115〕 Gascón Inchausti &Villamarín López, "Spain Returns to Trial by Jury", 21 *Hastings Int'l. L. Rev.*, 1998, p. 645.

〔116〕 Grande, "From Legal Transplants to Legal Translations: The Globalization of Plea Bargaining and the Americanization Thesis in Criminal Procedure", 45 *Harv. Int'l L. J.*, 2004, p. 1.

〔117〕 参见 Gascón Inchausti & Villamarín López, "Spain Returns to Trial by Jury", 21 *Hastings Int'l & Comp. L. Rev.*, 1998, p. 628（陪审团在英美模式中引入）。另参见 Thaman, "Spain Returns to Trial by Jury", 21 *Hastings Int'l & Comp. L. Rev.*, 1998, p. 242（讨论西班牙以英美模式重新引入陪审团审判是否 "可以再次成为使欧洲大陆刑事诉讼程序更加对抗化的催化剂，正如 19 世纪法国大革命之后的欧洲大陆" 一样）。

式完全不同于美国。

首先，新的陪审团制度并没有将西班牙刑事审判从第三方寻求真相转变为两方且只有两方当事人完全控制事实认定活动的竞技。因此，它并没有将西班牙刑事诉讼程序从伦巴正义转变为探戈正义体系。实际上，与美国不同，西班牙陪审团审判法官（治安法官，magistrate president 或 magistrado-presidente）不仅是在一方当事人控制证据展示程序中检察官和被告之间法庭竞技的裁判者，亦不被认为是被动的裁决者。

西班牙陪审团不是两方诉讼当事人在被动的审判者面前根据自己的利益形成争议的竞技，它更类似于有许多演员参与的多元调查。这些演员包括检察官（可以通过要求无罪释放而介入以支持被告）[118]，被告人，受害人（即自诉人），公诉人（public complaint）（或公民起诉人，popular prosecutor），任何民事第三方被告，主审法官和陪审员（他们积极参与到集体寻求真相中）。所有人都扮演着积极又流畅的角色并共同对实质性事实进行探索，这些角色在舞动时的步伐绝对令人惊讶，他们如此流畅以至于甚至自诉人也可以要求对被告无罪释放。

其次，与美国陪审团不同，西班牙陪审团并不象征从政府获得最终自由。美国审判中的陪审团是真正独立的，因为它排除了任何司法介入到审议决定中（当然除非是指导性的无罪裁决）。此外，西班牙陪审团有权发出大量秘密的普遍裁决，难以通过对定罪提起上诉来挑战这些裁决，也不可能在无罪情况下向它们提出质疑。这传达了这样的信息：陪审团是个人对抗国家的捍卫者。允许陪审团作出真正的最终无罪裁决给予了被告免于国家压迫的愿望实质，因为没有国家官员有权再次质疑陪审团的决定。这个基本原理的极端版本是陪审团的无效化权力，即即使面对无可辩驳的证据可证明被告有罪，甚至无视明确的司法指导，陪审团也可以最终作出无罪决定。

相比之下，西班牙陪审员并不享有相同程度的从国家参与决策中获得自主性和独立性。再一次，在参与式体制下，这在美国体系中是难以想象的，陪审团裁决是一种共同协作的成果，其中涉及了所有以不同的角色和身份参与的伦巴司法的舞者。事实上，西班牙陪审员通过投票表决的形式决定事实命题或有关裁决形式（objeto del veredicto）问题的清单，这是在法官与其他每个审判参与者的共同参加下制定的。此外，与美国陪审团不同，西班牙陪审员必须对结论提供合理解释，这与第三方追求客观真相相一致并符合始终要求第三方认定结果的逻辑和理

---

〔118〕 关于检察官提出的无罪释放请求的具体案例，参见 Thaman，"Spain Returns to Trial by Jury"，21 *Hastings Int'l & Comp. L. Rev.*，1998，pp. 392-7.

论得到司法确认的伦巴正义的方法。[119] 如果陪审团的理由不够充分，根据 1995 年《陪审法院组织法》第 63（1）(d) 条或第 63（1）(e) 条，裁决会被首席监督治安法官（supervising magistrate-president）退回给陪审员或可能被上诉到区域最高法院[120]而更改。即使是无罪裁决这也同样适用，从而防止了陪审团的无效权力。

2. 总结

正如我在其他地方所更广泛的分析所释明的，[121] 作为将对抗性特征注入非对抗程序如何使得接受者体系的非对抗结构更加稳健的进一步例证，陪审团审判的引入——而不是让西班牙的刑事诉讼程序更加对抗——似乎加强了伦巴正义体制的非对抗性特征。它在参与型事实认定程序活动中增加了陪审团角色，扩大了舞者的数量。这样做的结果就是增加了对事实调查观点的多样性，从而提供了更加动态和多元化的努力以使第三方寻求事实更加公正。最后，更强大的伦巴司法方法可以更好地配置西班牙刑事诉讼，以抵抗未来任何向探戈司法体系的转变。

三、一些结论性意见

在从美国向欧洲大陆法系转移的过程中，程序性特征，如检察官（和警察）的调查取代调查法官（examining magistrate）的调查、证据排除规则和交叉询问证人等与陪审团审判一样，最终在新的制度背景下被高度修改，改变了它们原有的功能和性质。它们失去了对抗性原理以及美国模式下的那些特征，这些特征与对抗性条件下的自由刑事诉讼理念紧密联系。[122] 它们的引入并没有引起接受体系拒绝官方控制调查这一概念，而且与原来的美国模式不同，转移后的法律机制即使通过将对程序的权力和控制委托给当事人也无益于保护被告免受政府的能动性。

---

〔119〕 根据对过程的垂直和内部的检查，在作出决策过程中要提供多样性观点。见上文第一部分 B. 2 的讨论。欧洲人权法院在塔克斯奎特诉比利时（Taxquet v. Belgium）案中确立了一项原则，即刑事案件判决必须基于合理的事实和理由以及以对证据的理性评估为基础来确保有效的上诉权的原则，参见 2010‐Ⅵ Eur. CT. H. R. 145, 177 ¶ 92. 参见 Stephen C. Thaman, "Should Criminal Juries Give Reasons for Their Verdicts?: The Spanish Experience and the Implications of the European Court of Human Rights Decision in Taxquet v. Belgium", 86 *Chi. -Kent. L. Rev.*, 2011, pp. 613, 633f.

〔120〕 *Ley De Enjuiciamiento Criminal* [L. E. CRIM.] [Criminal Procedure Law] pp. 846-bis (c)(a). See Mar Jimeno-Bulnes, "Jury Selection and Jury Trial in Spain: Between Theory and Practice", 86 *Chi. -Kent L. Rev.*, 2011, pp. 585, 601.

〔121〕 See Grande, "From Legal Transplants to Legal Translations: The Globalization of Plea Bargaining and the Americanization Thesis in Criminal Procedure", 45 *Harv. Int'l L. J.*, 2004, p. 1.

〔122〕 使用英加·马科维茨（Inga Markovits）的园艺隐喻（参见 Inga Markovits, "Constitutional Grafts and Social Rights in Latin America", in Gtinter Frankenberg ed., *Order from Transfer: Comparative Constitutional Design and Legal Culture*, Edward Elgar Pub., 2013, p. 233），这些法律机制并没有像"盆栽植物"那样旅行，也没有在接受国体系的文化价值冲突中找到肥沃的土壤。

然而，这些转移特征并不是简单地将它们的"译文"构成非对抗性风格。它们被引入欧洲大陆刑事体系是作为强化非对抗程序的最本质特征的手段运作的，即强化官方第三方寻求客观真相。事实上，以前欧陆改革旨在解决古典自由主义信条提出的第三方调查真相的"中立性问题"，与此相一致，引入的特征有效地使调查更加多元化、参与性和动态性并且因此更加公正。这有助于保护个人免受垄断——因而独裁——的官方对真相的调查，从而使得接受国制度背景更加自由，而不是更加对抗。从这个意义上说，转移实际上增强了刑事诉讼自由理念的实施——这并不是根据对抗逻辑，而是根据非对抗逻辑。[123]

因此，这些美国特征到欧洲的这趟旅行并没有创造出对抗性的探戈正义，它们通过强化非对抗性伦巴正义的信条，似乎令人意外地导致了能抵抗未来可能被对抗模式颠覆的接种效应以及从国家获得最大自由的最基本自由意识形态的产生。正如向人体接种少部分有机体以刺激肌体产生抗体从而抵御侵入的所有有机体一样，将一小部分美国对抗程序注入欧洲大陆体系已经加强了其公正的、官方控制的调查程序的基础，并且可能已经产生了抗体能有效对抗美国对抗性、当事人控制的竞技体系在未来大规模的"入侵"。

此外，在叙述层面（这与操作层面一样重要），通过将受到美国启发（即使被修改）的法律特征合并到其刑事诉讼程序中，欧洲大陆国家设法加强其先进且自由的刑事司法体系的全球合法性。[124] 事实上，面对依然持续的英美霸权主义论调，其给非对抗程序留下使人联想的审讯时期压迫性程序的印象，[125]—些典型的

---

〔123〕 再次，用英加·马科维茨的话说，"当地的园丁正在削剪从国外进口的植物以使其适应欧洲的土地。"Id., p. 109.

〔124〕 在此意义上，借用乔纳森·米勒（Jonathan Miller）的话，讨论"合法产生的移植"是可能的。Miller, Gianmaria Ajani, "By Chance and Prestige: Legal Transplants in Russia and Eastern Europe", 43 *Am. J. Comp.*, 1995, p. 854. 或者，根据英加·马可维茨对美国陪审团移植到俄罗斯遇到的困难的观察，可以讨论移植图像——产生或——重构的影响（to speak about the image—generating or—remaking effect of a transplant）：俄罗斯陪审团如何在法律改革者的计划内进步如此之大？作者认为，这是因为陪审团被引入欧陆刑事诉讼程序似乎是为了实现一个高尚且浪漫的目标，这个目标唤醒了新自由世界；走得更高的自信的公民；人人都善良真实；甚至可能是"十二怒汉"，因为作者看不到有任何理由将电影和电视排除在推动国家重塑自身的清单之外。Markovits, "Constitutional Grafts and Social Rights in Latin America", in Gtinter Frankenberg ed., *Orderfrom Transfer: Comparative Constitutional Design and Legal Culture*, Edward Elgar Pub., 2013, p. 110.

〔125〕 对于非对抗程序作为压迫性程序（as an oppressive process）的一贯想法，这想法仍然"唤起了西班牙宗教裁判所的蒙面侍从（hooded minions）的形象"，参见Weigend, "Should We Search for the Truth, and Who Should Do It?", 36 *N. C. J. Int'l L. Com. Reg.*, 2011, p. 406 n. 82. 此外，请考虑戈登·万·凯塞尔（Gordon van Kessel）在他的一篇文章的引言中如何告诫他的读者："与普通2002法国家普遍存在的观点相反，现代欧陆体系并不依赖酷刑或假定被告有罪直到确定他们无罪。"Gordon van Kessel, "European Trends Toward Adversary Styles in Criminal Procedure and Evidence", in Malcolm M. Feeley & Setsuo Miyazawa eds., *The Japanese Adversary System in Context*, Palgrave Macmillan, 2002, p. 225.

"美国的"法律特征的"输入"帮助欧洲大陆程序删除了可耻的审讯标签。在葛兰西反霸权运动中，为了未来将采用一种全新的对抗模式进一步减少了这些制度的需求，以便被（特别是被具有全球影响力的普通法律师）视为充分保护个人自由和人权。

总之，对美国的一些程序性特征的接受可以说提升了欧洲体系作为积极政权的形象。然而，欧洲大陆体系并没有采纳美国对抗性的"探戈"正义，而是加强了它们的非对抗性伦巴方式，这种方式保护被告能够对抗独裁国家。它们立即拒绝了真正的对抗性转变并且使自己对未来任何美国化产生免疫。

欧陆语境下的美国刑事诉讼程序*

[西班牙] 马尔·吉梅诺·布尔纳** 著

施鹏鹏 丛嘉雯*** 译

如果我是无辜的，我更愿意在大陆法系的法庭接受审判，但如果我是有罪的，则更愿意在普通法系的法庭接受审判。[1]

导 论

在欧陆和美国，存在两种不同的法律传统：[2] 英美法系和大陆法系。这两种

---

* 原文 American Criminal Procedurein A European Context，原载《卡多佐国际法与比较法杂志》（Cardozo Journal of International and Comparative Law，JICL）2013 年第 2 期，第 409 页及以下。文章第一稿于 2012 年 4 月 10 日在芝加哥肯平春季研讨会上发布。作者对琼·斯坦曼（Joan Steinman）教授、卡洛琳·塞夫罗（Carolyn Saphiro）教授、塞萨尔·罗萨多（César Rosado）教授、菲利斯·巴特兰（Felice Batlan）教授、玛莎·罗丝-杰克逊（Marsha Ross-Jackson）教授、理查德·赖特（Richard Wright）教授和桑福德·格林伯格（Sanford Greenberg）教授的意见表示感激。此外，非常感谢萨拉·哈丁（Sarah Harding）教授的建议，大卫·戈伯（David Gerber）和南希·S. 马德（Nancy S. Marder）的鼓励；感谢苏珊·亚当斯（Susan Adams）教授和刑事辩护律师史蒂芬·W. 贝克尔（Steven W. Becker）的支持。最后也是最重要的是，作者要感谢史蒂芬妮·克劳福德（Stephanie Crawford）和斯科特·范德比尔特（Scott Vanderbilt）的研究帮助，以及安东尼·普赖斯（Antony Price）审查英文语法。这项研究是在西班牙教育部和卡斯蒂利亚-莱昂地区政府资助下进行的。

** Mar Jimeno-Bulnes，芝加哥肯特法学院访修法学教授（2011—2012 年）、布尔戈斯大学（西班牙）诉讼法全职教授。

*** 中国政法大学证据科学研究院 2017 级司法文明方向研究生。

〔1〕 See John Henry Merryman & Rogelio Pérez-Perdomo, The Civil Law Tradition: An Introduction to the Legal Systems of Western Europe and Latin America, Stanford University Press, 2007, p. 127.

〔2〕 参见 Mary Ann Gledonetal, Comparative Legal Traditions in a Nutshell, West Academic Publishing, 1999, p. 13（讨论法律传统的概念）；H. Patrick Glenn, Legal Traditions of the World: Sustainable Diversity in Law, Oxford University Press, 2004（详细介绍了其他法律传统，如亚洲法、印度教法、伊斯兰法和犹太法的法律传统）。学界对于世界上有多少法律传统仍然存有争议，参见 Philip L. Reichel, Comparative Criminal Justice Systems: A Topical Approach, Pearson, 2008, pp. 104-5. 涉及具体的刑事诉讼程序，参见 Erika S. Fairchild, Comparative Criminal Justice Systems, Cengage Learning, 1993; George F. Cole et al., Major Criminal Justice Systems, SAGE Publications, Inc., 1981; Craig M. Bradley ed., Criminal Procedure: A Worldwide Study, Carolina Academic Press, 2007. 另见 Richard Vogler, A World View of Criminal Justice, Routledge, 2005.

法系已经逐渐发展成现在所谓的当事人主义和职权主义的刑事制度。[3]大陆法系的传统是以人为中心，立足罗马法的传统，而普通法系的传统则是以裁判为中心，在诺曼（Normans）公爵征服英伦三岛后才开始其历史进程。之于前者，成文法催生了职权主义类型的诉讼程序，这种程序对于许多熟悉当事人主义诉讼程序的职业或业余人士而言具有许多负面含义。而在欧陆及其他地方使用的当事人主义诉讼程序这一概念，主要指立足于英国普通法传统的言词刑事诉讼程序。[4]

较之于欧陆和拉美国家，这些不同的法律传统及其历史渊源，造成了诸多程序上的差异，并极大影响了美国和英国的刑事司法。[5]与民事诉讼相比，刑事诉讼独特的一面是潜在的政治化。[6]这引发了对不同刑事司法模式及其偏好的讨论，其中当事人主义模式因其对抗性而成为最佳选择，让步于某种摩尼教的二分法。[7]但应当指出的是，目前世界上没有"纯粹"的刑事诉讼程序。事实上，所有的刑事制度都是不同法律传统相互交流和结合的产物。[8]除此之外，由于世界

---

〔3〕 尽管已有学者指出，刑事诉讼中的"程序"和"制度"之间存在区别，但本文基于写作目的，在相同意义上使用这两个术语，可以相互替换使用。参见 Peter C. Kratcoski & Donald B. Walker, *Criminal Justice in America: Process and Issues*（2d ed., 1984），pp. 10-1.

〔4〕 参见 Glenn, *Legal Traditions of the World: Sustainable Diversity in Law*, Oxford University Press, 2004, pp. 125, 232. 因此，作者建议使用"调查式的刑事诉讼"和"对抗式的刑事诉讼"，因为它们具有更确定的内涵。

〔5〕 关于刑事诉讼和民事诉讼差异的一般性讨论，参见 David J. Gerber, "Comparing Procedural Systems: Toward an Analytical Framework", in James A. R. Nafziger & Symeon C. Symeonides eds., *Law and Justice in a Multi-state World: Essays in Honor of Arthur T. von Mehren*, Transnational Publishers, Inc. Ardsley, New York, 2002. 本文仅限于讨论欧陆的刑事司法制度。关于拉美的刑事司法问题的讨论，请参见 Erika S. Fairchild, *Comparative Criminal Justice Systems*, Pearson, 1993; George F. Cole et al., *Major Criminal Justice Systems*, SAGE Publications, Inc., 1981; Craig M. Bradley ed., *Criminal Procedure: A Worldwide Study*, Carolina Academic Press, 2007. 另见 Richard Vogler, *A World View of Criminal Justice*, Routledge, 2005 以及 Edmundo S. Hendler, *Sistemas Procesales Penales Comparados*, Ad-Hoc, 1999, 参见 Máximo Langer, "Revolution in Latin American Criminal Procedure: Diffusion of Legal Ideas from the Periphery", 55 *Am. J. Comp. L.* 617（2007）.

〔6〕 参见 Robert A. Kagan, *Adversarial Legalism: The American Way of Law*, Harvard University Press, 2001, pp. 80-1. 这位作者非常批判他所称的"对抗制法定主义"（adversarial legalism）主导着美国的刑事司法。另一个关于财政政策导致刑法政治化，可参见玛丽·D. 范（Mary D. Fan）的作品：Mary D. Fan, "Beyond Budget-Cut Criminal Justice: The Future of Penal Law", 90 *N. C. L. Rev.* 581（2012）.

〔7〕 只有承认当事人主义模式与对抗式刑事诉讼之间的相似性，才有可能是这种情况。参见 Mirjan R. Damaška, "Evidentiary Barriers to Conviction and Two Models of Criminal Procedure: A Comparative Study", 121 *U. Pa. L. Rev.* 506, 569（1973）.

〔8〕 参见 Stephen C. Thaman, "A Comparative Approach to Teaching Criminal Procedure and Its Application to the Post-Investigative Stage", 56 *J. Legal Educ.* 459（2006）. 参见 David J. Gerber, "Toward a Language of Comparative Law", 46 *Am. J. Comp. L.* 719（1998）（讨论比较法是如何运作的）；George P. Fletcher, "Comparative Law as a Subversive Discipline", 46 *Am. J. Comp. L.* 683（1998）（识别比较法的危险）；Jaye Ellis, "General Principles and Comparative Law", 22 *Eur. J. Int'l L.* 949（2011）（解释比较法的原则）.

上存在众多刑事诉讼程序模式，加上美国法律制度的特殊影响，〔9〕现行刑事诉讼程序似乎出现了趋同化。〔10〕这种现象表明了一种观念，即当事人主义模式和职权主义模式之间的传统区别应不复存在。此外，欧陆也不是只有一套刑事诉讼程序，〔11〕相反每个欧陆国家都设有不同的刑事诉讼程序，这些程序各有特点。这也是不应区分两种诉讼模式的另一个原因。

虽然当事人主义模式和职权主义模式是刑事诉讼的主要机制，但学者们也提出过许多其他的二分模式。（这些模式）绝大部分（即便不是全部）参考了美国、英国以及欧陆现行的刑事诉讼程序。例如，帕克（Packer）〔12〕所提出的正当程序模式和犯罪控制模式，以及格里菲斯（Griffiths）紧接着提出的家庭模式和战斗模式。〔13〕

---

〔9〕 参见 Máximo Langer, "From Legal Transplants to Legal Translations: The Globalization of Plea Bargaining and the Americanization Thesis in Criminal Procedure", 45 *Harv. Int'l L. J.* 1 (2004). 关于从经济角度看法律制度的移植效应，参见 Daniel Berkowitz et al., "Economical Development, Legality and the Transplant Effect" (Ctr. for Int'l Dev. at Harvard Univ., Working Paper No. 39, 2000), available at http://www. hks. harvard. edu/var/ezp_site/storage/fckeditor/file/pdfs/centersprograms/centers/cid/publications/faculty/wp/039. pdf, 参见 Ugo Mattei, "Efficiency in Legal Transplants: An Essay in Comparative Law and Economics", 14 *Int'l Rev. L. & Econ.* 3 (1994). 美国的刑事诉讼模式对当代产生了非常重要的影响。参见 BerndSchünemann, "Krise des Strafprozesses? Sorgezag Desaikazi-sischs Strfverfhens in der Welt?", *Jornadas Sobre "La Reforma Del Derecho Penal En Alemania"* 49 (1992); "Crisis del Procedimiento Penal? (Marcha Triunfal del Procedimiento Penal Americano en el Mundo?)", in B. Schünemann ed., *Temas Actuales Y Pemaentes Del Derecho Penal Despues Del Milenio*, Tecnos Editorial S. A., 2002, p. 288. 作者是欧洲著名的刑法教授，并对美国刑事诉讼模式持有批判的态度。

〔10〕 参见 Nico Jorg, Stewart Field & Chrisje Brants, "Are Inquisitorial and Adversarial Systems Converging?", in P. Fennell et al. eds., *Criminal Justice in Europe: A Comparative Study*, Clarendon Press, 1995, p. 41. 另见 John Anthony Jolowicz, "On the Comparison of Procedures", in James A. R. Nafziger & Symeon C. Symeonides eds., *Law and Justice in a Multistate World: Essays in Honor of Arthur T. von Merhen*, Transnational Publishers, Inc. Ardsley, New York, 2002; David J. Gerber, "Comparing Procedural Systems: Toward an Analytical Framework", in James A. R. Nafziger & Symeon C. Symeonides eds., *Law and Justice in a Multistate World: Essays in Honor of Arthur T. von Merhen*, Transnational Publishers, Inc. Ardsley, New York, 2002, p. 721 (讨论民事诉讼程序的全球化)。

〔11〕 关于这一议题的任何建议：例如欧盟成员国之间为了适用相同的诉讼程序而提出程序统一化的任何建议均是遥不可及，因为现有和即将出台的规定仅是对特定议题设定最低限度的规定。参见 Mar Jimeno-Bulnes, *Un Proceso Europeo para el Siglo XXI*, Civitas Thomson Reuters, 2011. 关于欧洲刑事诉讼程序的一般性描述，参见 M. Delmas-Marty & J. R. Spencer eds., *European Criminal Procedures*, Cambridge University Press, 2005; R. Vogler & B. Huber eds., *Criminal Procedure in Europe*, Duncker & Humblot, 2008.

〔12〕 参见 Herbert L. Packer, "Two Models of the Criminal Process", 113 *U. Pa. L. Rev.* 1 (1964); Herbert L. Packer, *The Limits of the Criminal Sanction*, Stanford University Press, 1968, p. 149. 关于刑事诉讼的两种模式，作者指出：它们代表着所尝试抽象出的两个独立价值体系，在刑事诉讼中进行优先性竞争……这两种模式只是提供了一种便捷的方式来讨论程序的运作。程序的日常运行需要在两个价值体系相互竞争之间不断地进行一系列细微的调整，而其规范前景同样需要一系列解决优先权之间的紧张关系的方案……而且，由于它们在性质上是规范的，所以存在着将其中之一进行"优"或"劣"定性的危险。参见 Herbert L. Packer, "Two Models of the Criminal Process", 113 *U. Pa. L. Rev.* 1 (1964); Herbert L. Packer, *The Limits of the Criminal Sanction*, Stanford University Press, 1968, p. 153.

〔13〕 John Griffiths, "Ideology in Criminal Procedure or a Third 'Model' of the Criminal Process", 79 *Yale L. J.* 359 (1970). 格里菲斯提出了"家庭模式"作为对帕克模式的替代理解，这是对"战斗模式"的极端反应。

格里菲斯承认，无论是帕克提出的模式，还是他自己所提出的模式，更像是"观点"或"解释"，而不是严格的刑事诉讼程序模式。[14] 所有这些模式都带有某种意识形态的方法，这引发了学者们的一些批判。[15] 达马斯卡所提出的两种刑事诉讼模式广为人知，但这两种诉讼模式的区分尽管考虑到了社会学和政治学的因素，意识形态的影响却较为衰微。达马斯卡（Damaška）将刑事诉讼模式区分为科层模式和协作模式[16]（有别于职权主义模式和当事人主义模式），每种模式对应着不同的政治和司法组织理念，与判决确定性和统一性的重要程度相关。[17]

多年前，尤其是在 20 世纪 60 年代，[18] 美国和欧陆的学者们对这些问题投以了极大的关注，试图阐明这一主题，并对背后根源性的原理进行祛魅。尽管职权主义刑事诉讼模式带有诸多负面评价，但一些学者还是分析了欧陆经验，尝试给饱受诟病的美国刑事司法制度寻求某种有效的补救措施。[19] 相反，有些学者则试图消解欧美在刑事司法领域的差距。特别是，他们认为理论和司法实践总存在差异，真正的欧陆刑事诉讼程序与美国的刑事诉讼程序非常接近，远非人们此前所设想的。[20] 学者

---

〔14〕 Ibid. , p. 362.

〔15〕 参见 Abraham S. Goldstein, "Reflection on Two Models: Inquisitorial Themes in American Criminal Procedure", 26 *Stan. L. Rev.* 1009, 1016 (1974) （认为"回归原先的分析模式可能更有裨益，因为这一分析模式更明确指向诉讼程序，为程序制度的选择提供了可能的路径，而非仅是游离于制度与趋势"）。另见 Erik G. Luna, "The Models of Criminal Procedure", 2 *Buff. Crim. L. Rev.* 396, 400, 404 (1999) （从帕克提出的两个模式分析刑事诉讼的不同阶段）。

〔16〕 参见 Mirjan R. Damaška, "Structures of Authority and Comparative Criminal Procedure", 84 *Yale L. J.* 489 (1975) （以下简称 Structures）。该作者的其他研究还包括当事人主义刑事诉讼模式和职权主义刑事诉讼模式之间的经典区别。参见 Mirjan R. Damaška, "Models of Criminal Procedure", 51 *Zbornik Collected Papers of Zagreb L. Sch.* 477 (2001). 该作者还讨论了对抗式与非对抗式模式。参见 Mirjan R. Damaška, *The Faces of Justice and State Authority: A Comparative Approach to the Legal Process*, Yale University Press, 1986, p. 16 （以下简称 Faces）（表明了与司法组织和其他机构相关的科层模式和协作模式之间的早期区别）。

〔17〕 参见 Structures, pp. 83, 509. 这两个模式还包括两种裁判形式，作者将其称为在协作型政府下的冲突解决型司法和在科层政府下的政策执行型司法。参见 Damaška, *Faces*, p. 88.

〔18〕 还必须指出早期的重要贡献，例如 Morris Ploscowe, "The Development of Present-Day Criminal Procedures in Europe and America", 48 *Harv. L. Rev.* 433 (1935).

〔19〕 参见 Jan Stepan, "Possible Lessons from Continental Criminal Procedure", in *the Economics of Crime and Punishment* 181 (1973). 欲了解当今学者对其持有的有趣的观点以及对其进行的深度的探讨，请参见 Thomas Weigend, "Continental Cures for American Ailments: European Criminal Procedure as a Model for Law Reform", 2 *Crime & Just.* 381 (1980). 另见 Rudolf B. Schlesinger, "Comparative Criminal Procedure: A Plea for Utilizing Foreign Experience", 26 *Buff. L. Rev.* 361 (1976); Amalia D. Kessler, "Our Inquisitorial Tradition: Equity Procedure, Due Process, and the Search for an Alternative to the Adversarial", 90 *Cornell L. Rev.* 1181 (2005) （以欧陆刑事诉讼程序为基础，并将其与民事和刑事诉讼程序相联系）。凯瑟勒（Kessler）在研究中提出了一项有趣的理论：由于当时欧洲的影响，美国对抗式的刑事诉讼中存在着职权主义因素。

〔20〕 参见 Abraham S. Goldstein & Martin Marcus, "The Myth of Judicial Supervision in Three 'Inquisitorial' Systems: France, Italy and Germany", 87 *Yale L. J.* 240 (1977). 必须强调的是，这些通常由比较学者分析的欧洲刑事诉讼程序，可能更多地提及法国和德国，因为法国被认为是职权主义刑事诉讼制度的来源国。

们参照了当时在欧陆实施的一些刑事诉讼程序，并据此提出了美国刑事司法的替代模式。[21] 鉴于欧陆司法实践（与美国）的相似性以及美国所面临的司法不公，学者间产生了学术争议。[22]

诚然，有些人也许会认为，围绕美国、英国及欧陆所实施的两种刑事诉讼模式展开讨论是过时的学术争议命题，因此此前的学者已然对此展开过深入的研讨。但即使不在法律界，一般的社会公众也仍存在某种根深蒂固的误解。尤其是当大陆法系和普通法系这两种法律传统发生相互作用时，这一误解应景而生。例如当美国公民在欧陆受到起诉和审判，这种相互影响便会产生，[23] 反之亦然。新近的一个案例便是，2009 年在意大利进行的阿曼达·诺克斯（Amanda Knox）审判。媒体对该审判的报道导致美国的公众认为，意大利的正当程序标准远低于美国，[24]

---

〔21〕 最好的例子是勒诺依德·万雷泊（Lloyd Weinreb）提出的替代模式，建议主要修正调查阶段，采用与欧洲刑事诉讼程序类似的模式。在欧洲，调查责任移交给了训练有素的司法官员；这一事实促使将调查统一为单一的调查程序。参见 Lloyd L. Weinreb, *Denial of Justice*, Post Hill Press, 1979, pp. 117–46；另见 John Thibaut & Laurens Walker, "A Theory of Procedure", 66 *Calif. L. Rev.* 541, 543（1978）（构建了一个解决冲突的假想模型，以平衡真相和正义的双重目标）。

〔22〕 参见 John H. Langbein & Lloyd L. Weinreb, "Comparative Criminal Procedure：'Myth' and Reality", 87 *Yale L. J.* 1549（1978）. 作者强烈批判了亚伯拉罕·S. 戈斯坦（Abraham S. Goldstein）和马丁·马库斯（Martin Marcus）先前的研究报告〔Abraham S. Goldstein & Martin Marcus, "The Myth of Judicial Supervision in Three 'Inquisitorial' Systems：France, Italy and Germany", 87 *Yale L. J.* 240（1977）〕，认为没有考虑到外国文化，只对不同的欧洲从业者进行访谈。亚伯拉罕·戈斯坦和马丁·马库斯在文章〔"Comment on Continental Criminal Procedure", 87 *Yale L. J.* 1570（1978）〕中进一步作出了回应，支持他们先前的言论。参见 Keith A. Findley, "Adversarial Inquisitions：Rethinking the Search for the Truth", 56 *N. Y. L. Sch. L. Rev.* 911, 914, 918（2012）（与目前所进行的一些工作有关，例如无辜者计划，在美国各司法管辖区内对错误定罪判决进行研究）。

〔23〕 参见 Renee Lettow Lerner, "The Intersection of Two Systems：An American on Trial for an American Murder in the French Cour d'Assises", 2001 *U. Ill. L. Rev.* 791（2001）. 雷尔勒（Lerner）提供了一个关于两种法律制度相互影响的很好的例子。特别是，她对法国法院制度和刑事诉讼程序进行了解释，以及阐述了与美国刑事诉讼程序的不同之处。同样有趣的是，根据欧陆刑事诉讼模式，著名的辛普森双重谋杀案（被称为"世纪审判"，持续了 474 天）的类似情况也与之有关。参见 Myron Moskovitz, "The O. J. Inquisition：A United States Encounter with Continental Criminal Justice", 28 *Vand. J. Transnat'l L.* 1121（1995）（使用剧本的原始方法，再现审判时可能发生的对话）。

〔24〕 参见 Nina Burleigh, *The Fatal Gift of Beauty*, Broadway Books, 2011, pp. 265–7. 该文列举了各种缺乏公正性的情况，例如，"在调查的每个阶段，被告人都有权宜之计，并对检控失当行为进行安全检查。""严格来说，法官和检察官是站在同一边的。""在意大利体制下工作的辩护律师也处于体制上的劣势。""警察监视和窃听是普遍现象，几乎不需要监督。"该作者是一位关于司法问题的知名记者，他的结论是，该制度基本上是职权主义性质的，1988 年实行的改革尚未成为普遍做法。意大利刑事诉讼程序是自 1988 年《意大利刑事诉讼法典》改革以来欧洲最具当事人主义特征的。参见 Giulio Illuminati, "The Accusatorial Process from the Italian Point of View", 35 *N. C. J. Int'l & Com. Reg.* 297（2010）；另见 Ennio Amodio & Eugenio Selvaggi, "An Accusatorial System in a Civil Law Country：The 1988 Italian Code of Criminal Procedure", 62 *Temp. L. Rev.* 1211（1989）；Michele Panzavolta, "Reforms and Counter-Reforms in the Italian Struggle for an Accusatorial Criminal Law System", 30 *N. C. J. Int'l & Com. Reg.* 577（2005）；William T. Pizzi & Mariangela Montagna, "The Battle to Establish an Adversarial Trial System in Italy", 25 *Mich. J. Int'l L.* 429（2004）.

即便两名被告人随后提起上诉，并被无罪释放。[25] 进一步表明，对刑事诉讼及其不同模式的学术讨论非常有必要。

本文的目的是深入了解美国当事人主义刑事诉讼与欧陆职权主义刑事诉讼之间的传统区别，并研判既有概念及其所蕴含之理念的现代相关性。[26] 有人也许会追问，为证明两种刑事诉讼模式的趋同化，或者为确立绝对的孰优孰劣，是否应放弃这些表述（此处指当事人主义与职权主义），即便抹平两种程序差异的理解原本便不准确。但本文的目的便是澄清某些误解，尤其是对"职权主义"诉讼程序的误解，并对"当事人主义"诉讼程序的地位作一更清晰的解读。

本文的结构如下：第一部分讨论了两种诉讼模式的历史背景、理论及特征，并思考了第三种模式的建构。第二部分介绍了与术语问题相关的概念背景和不同刑事诉讼模式的特点，紧接着是对既有概念及相对立特征的讨论。第三部分提供了一些案例，介绍了美国及欧陆刑事诉讼在庭前调查和审判阶段的相互影响。第四部分是一些总结性评论。

一、历史背景：两种还是三种刑事诉讼模式？

历史上刑事诉讼模式的数量仍然存在争议。一些学者提出了二分法，另一些学者则提出三分法。学者们倾向于依地域及学术背景发表观点，因此美国的学者主张二分法，反对欧陆学者所主张的混合模式。[27] 在欧陆，主张第三种模式有着悠久的历史。[28] 特别是 1808 年法国所通过的拿破仑《重罪法典》，被誉为混合模

---

〔25〕 佩鲁贾上诉法院于 2011 年 10 月 3 日作出判决，推翻了 2010 年 12 月 16 日下级法院的判决，该判决判处阿曼达·诺克斯 26 年徒刑。参见 Amanda Knox Acquitted of Murder, CBSNews.com（Oct. 3, 2011）, available at http://www.cbsnews.com/2102-202_162-20114867.html? tag=contentMai；另见 John Follain, "Death in Perugia: The Definitive Account of the Meredith Kercher Case from Her Murder to the Acquittal of Raffaele Sollecito and Amanda Knox", *Hodder Paperbacks*（2011）（从一个英国记者的角度来讨论这些事件，重点是受害者的故事）。从法律角度，参见 Julia Grace Mirabella, "Scales of Justice: Assessing Italian Criminal Procedure through the Amanda Knox Trial", 30 *B. U. Int'l L. J.* 229（2012），与新的"对抗式的"意大利刑事诉讼程序有关。

〔26〕 参见 Lorena Bachmaier Winter, *Acusatorio Versus Inquisitivo: Reflexiones Acerca del Proceso Penal*, *Proceso Penal Sistemas Acusatorios*, Marcial Pons, 2008, p. 11.

〔27〕 参见 Goldstein, "Reflection on Two Models: Inquisitorial Themes in American Criminal Procedure", 26 *Stan. L. Rev.* 1009, 1016（1974）（列举了一个很好的例子来说明二分法的地位，并评论了帕克的模型）。该作者还认为"美国刑事诉讼程序是混合模式"，参见 Goldstein, "Reflection on Two Models: Inquisitorial Themes in American Criminal Procedure", 26 *Stan. L. Rev.* 1009, 1016（1974）。英国学者也采用二分法的立场。M. Delmas-Marty & J. R. Spencer, *European Criminal Procedures*, Cambridge University Press, p. 10.

〔28〕 还必须强调学者对构建第三种模式起着至关重要的作用。参见 Adhemar Esmein, *A History of Continental Criminal Procedure*, Little, Brown and Company, 1913（将法文原文译为英文，Histoire de la Procedure Criminelle en France, et Specialement de la Procedure Inquisitoire Depuis le XIII Siecle Jusqu'a Nos Jours, 1882）.

式的里程碑和起点。如果我们对这种混合刑事诉讼模式或制度作一研判，就不可避免地得出结论：所有的刑事诉讼程序，不仅是欧陆的，还包括英美的，可能均属于同一类型。[29] 下文将讨论几种主要的刑事诉讼模式，包括作一简要的历史概述，从神明裁判作为获取有罪或无罪证据的手段开始。[30]

（一）当事人主义

所谓的当事人主义模式，与职权主义模式是相对的，似乎与英国普通法和陪审团制度的适用有关。但在历史上，古罗马的刑事诉讼程序也被描述为当事人主义的基本模式。[31] 这一模式取代了司法决斗和神明裁判，后两者于1219年为亨利三世所最终禁止。[32] 普通法出现于12世纪的英国。在此之前，英国适用王室裁判制度，该裁判制度自盎格鲁-撒克逊国王及两大国家裁判机构（大法官法庭和财税法庭）设立以来便存在。[33] 王室法院的裁判为格兰威尔（Glanvill）和布

---

〔29〕 参见 Goldstein, "Reflection on Two Models: Inquisitorial Themes in American Criminal Procedure", 26 *Stan. L. Rev.* 1009, 1016 (1974); 参见 Jacqueline Hodgson, "The Future of Adversarial Criminal Justice in 21st Century Britain", 34 *N. C. J. Int'l & Com. Reg.* 319, 320 (2010)（关于英国，更准确地说，英格兰和威尔士、苏格兰也引入了罗马法）; Edwin R. Keedy, "Criminal Procedure in Scotland", 5 *J. Am. Inst. Crim. L. & Criminology* 728 (1913); 另见 Allard Ringnalda, "Inquisitorial or Adversarial? The Role of the Scottish Prosecutor and Special Defences", 6 *Utrecht L. Rev.* 119, 137 (2010)（结论是，苏格兰的刑事诉讼程序本质上是混合式的，因为它"在对抗式主导的诉讼背景下兼具职权主义特征"）。

〔30〕 这种惯例在欧洲于12、13世纪基本终结。参见 Robert Bartlett, *Trial by Fire and Water*, Echo Point Books & Media, 1986, pp. 34, 70. 由此可见，神判法终结的确切日期是1215年，第四次拉特兰会议对神判法进行了谴责，并制定了以下规则："除先前颁布的关于司法决斗的禁令外，任何人不得以沸水、冷水或烙铁来表达祝福或举行献祭仪式。"参见 Canons of the Fourth Lateran Council, canon 18 (1215), available at http://www. ewtn. com/library/councils/lateran4. htm. 根据这个说法，在火审和水审之前，司法决斗裁判就被禁止使用了。

〔31〕 古罗马刑事诉讼程序在性质上被认为是当事人主义模式，因为要求原告在对另一个人提出正式指控时必须提供必要的证据。参见 Esmein, *A History of Continental Criminal Procedure*, Little, Brown and Company, 1913, p. 18. 然而，在共和国期间，职权主义要素在古罗马刑事诉讼程序中逐渐发展起来。参见 Kai Ambos, "El Principio Acusatorio y el Proceso Acusatorio: Un Intento de Comprender su Significado Actual Desde la Perspectiva Historica", in Acera Del Libro, *Proceso Penal y Sistemas Acusatorios*, Lorena Bachmaier Winter, *Acusatorio Versus Inquisitivo. Reflexiones Acerca del Proceso Penal*, *Proceso Penal y Sistemas Acusatorios*, Marcial Pons, 2008, pp. 49, 51.

〔32〕 参见 Ploscowe, Morris Ploscowe, "The Development of Present-Day Criminal Procedures in Europe and America", 48 *Harv. L. Rev.* 433, 446 (1935). 司法决斗被认为是中世纪早期日耳曼王国的共同遗产，但盎格鲁-撒克逊人并不知道这一点，他们认为这是一种文化；直到诺曼征服，它才在英国出现。参见 Bartlett, *Trial by Fire and Water*, Echo Point Books & Media, 1986, pp. 103-5; 另见 Paul R. Hyams, "Trial by Ordeal: The Key to Proof in the Early Common Law", in M. S. Arnold et al. eds., *On the Laws and Customs of England: Essays in Honor of Samuel E. Thorne*, The University of North Carolina Press, 1981（讨论英国的神明裁判）。

〔33〕 参见 J. H. Baker, *An Introduction to English Legal History*, Oxford University Press, 1979; 另见 R. C. van Caenegem, *The Birth of the English Common Law*, Cambridge University Press, 1973, pp. 62-84（有关陪审团在王室法庭的运作）。关于实体刑法的讨论，参见 Theodore F. T. Plucknett, *A Concise History of the Common Law*, The Lawbook Exchange, 1956, p. 11; Oliver Wendell Holmes, Jr., *The Common Law*, Dover Publications, 1923, pp. 39-76.

莱克顿（Bracton）对英国法律及惯例的编纂工作[34]奠定了基础。第一辑于亨利二世统治时期颁布，是对英国既有法律的汇编，也因此使亨利二世被誉为"普通法之父"。[35]第一辑汇编了"令状法"[36]并附有拉丁文的评论，是普通法惯例非常重要的组成部分。

当时，查明卷入每一起犯罪案件（指控）的有罪当事人，由社区负责。如果负责查明案件的责任人未能在王室法官面前将涉案当事人呈交，则整个社区都将受到某种公共报复。这些社区代表组成了大陪审团。大陪审团制度在克拉伦登和北安普敦的巡回法庭里成为强制性规定。[37]克拉伦登巡回法庭以及随后的北安普敦巡回法庭创设了一种新的制度：每个社区组成一个负责指控的机构，名为"控诉陪审团"，由12名"善良合法的公民"组成。这个机构后来更换了一个更为人所熟悉及现代的名称：大陪审团（控诉陪审团）。[38]由12名宣誓说出真相的公民组成的机构称为陪审团（curate），已经宣誓的机构成员称为陪审员（juratores）。

宣誓作证，即在神明面前宣誓承诺说出真相（veredictum），这种做法非常古老，且不限于英国。事实上，这种审讯方式似乎起源于斯堪的纳维亚和旧加洛林帝国。毫不奇怪的是，宣誓作证在诺曼底地区也适用。征服者威廉（William the

---

〔34〕 参见 Baker, *An Introduction to English Legal History*, Oxford University Press, 1979, p. 12（尽管有疑问，但传统上还是认为第一辑文出自 1180—1189 年间英国的法学家拉内弗·德·格兰维尔爵士之手）。第一辑大约写于 1187 年，第二辑大约写于 1250 年，后一辑由亨利·德·布莱克顿撰写，他在 12 世纪 40 年代和 12 世纪 50 年代是御前法庭的法官（judge coram rege）。参见 Baker, *An Introduction to English Legal History*, Oxford University Press, 1979, p. 161.

〔35〕 See John Gillingham, "The Early Middle Ages（1066-1290）", in Kenneth O. Morgan, *Oxford History of Britain*, OUP Oxford, 1991, pp. 115, 167.

〔36〕 那就是"在国王法院提起诉讼的文书和所提供的补救办法"。参见 Baker, *An Introduction to English Legal History*, Oxford University Press, 1979, p. 13. 对不同类型的令状法的分析，参见 Baker, *An Introduction to English Legal History*, Oxford University Press, 1979, p. 54; Van Caenegem, *The Birth of the English Common Law*, Cambridge University Press, 1973, p. 29.

〔37〕 参见 Baker, *An Introduction to English Legal History*, Oxford University Press, 1979, pp. 23, 415; Plucknett, *A Concise History of the Common Law*, The Lawbook Exchange, 1956, p. 19. 亨利二世在 11 世纪 60 年代创造了巡回法庭和小巡回法庭，以此作为权利令状的替代方法，通过邻里的快速调查保护令状不受不法行为的侵害，但这只考虑事实问题。参见 Baker, *An Introduction to English Legal History*, Oxford University Press, 1979, p. 201. 早期的学者也讨论了这样的犯罪问题。参见 Pendleton Howard, *Criminal Justice in England: A Study in Law Administration*, Northwestern University Pritzker School of Law, 1931; James Fitzjames Stephen, *A History of the Criminal Law of England*, Routledge, 1890.

〔38〕 与后来的小陪审团（即审判陪审团）不同，大陪审团（即控诉陪审团）由更多的社区成员组成。在很多情况下，不仅仅只是"12 个善良合法的公民"组成大陪审团（为小陪审团保留的数字）。参见 Baker, *An Introduction to English Legal History*, Oxford University Press, 1979, p. 64; 参见 Howard, *Criminal Justice in England: A Study in Law Administration*, Northwestern University Pritzker School of Law, 1931, pp. 352-4（论大陪审团的职责）。

Conqueror）在所汇编的《末日审判书》（Doomsday Book）〔39〕中同样有控诉陪审团的记载。但在亨利二世统治前，陪审团并非解决私人纠纷的机构。（陪审制）最先适用于入侵私人领地的行为。需要提醒的是，大陪审团或者控诉陪审团依然是收集"证据"的手段，而非解决争端的"审判"。〔40〕大陪审团的任务是审查"起诉书"中的资料，以决定是否有充分的证据对被告人进行审判。

有观点认为，这种由社区启动的私人指控，与"犯罪行为不仅侵犯了国家本身，也侵犯了社区成员"这一理念紧密相关。这就意味着刑事审判与私人诉讼之间有一定的相似性。〔41〕确实，负责调查犯罪并依个人认知提出指控的陪审团逐渐演变成为现代陪审团，并在陪审团审判的背景下听取证人证言。但可能是这种最原始的大陪审团或者控诉陪审团，形成了当事人主义刑事诉讼本质上的对抗性。〔42〕这一点颇为有趣，因为存在陪审团审判〔43〕通常被视为是当事人主义诉讼模式的核心所在。陪审团成为英国自由的首要元素，因为被告人有权选择接受陪审团审判。而这一接受陪审团审判的权利同样写入英国的《权利法案》（1689 年），〔44〕后来传播到欧陆〔45〕和美国。〔46〕大陪审团作为指控机构，在英国一直持续到 1933

---

〔39〕＊这里也规定了一种有陪审团介入的司法斗争。参见 Henry J. Abraham, *The Judicial Process*, Oxford University Press, 1998; Maximus A. Lesser, *The Historical Development of the Jury*, Nabu Press, 1992; 另见 William Forsyth, *History of Trial by Jury*, The Lawbook Exchange, 1994（确定在盎格鲁–撒克逊时代没有确立陪审团制度）。

〔40〕 有观点认为："审判意味着由一个明智的法庭来衡量证据和论据。"参见 Baker, *An Introduction to English Legal History*, Oxford University Press, 1979, p. 63.

〔41〕 Howard, *Criminal Justice in England: A Study in Law Administration*, Fred B. Rothman & Co. 1931, p. 383（由受犯罪侵害的个人进行私人复仇，这是人类早期所信奉的主要司法运行方式，也是英国刑法最具特色的情况之一，这与英国刑事审判方式的后续发展关系极大，即刑事审判与私人诉讼类似）。

〔42〕 这就是私人诉讼和刑事调查私有化的观点。参见 John H. Langbein, *The Origins of Adversary Criminal Trial*, Oxford University Press, 2003; 另见 Stephen, *A History of the Criminal Law of England*, Routledge, 1890, p. 17（斯蒂芬在《英国刑法史》中探讨了小陪审团与大陪审团的功能，指出确立固定的日期很难，促成了这一变化的逐渐形成）。

〔43〕 参见 Ploscowe, "The Development of Present-Day Criminal Procedures in Europe and America", 48 *Harv. L. Rev.* 433, 455（1935）; see also John P. Dawson, *A History of Lay Judges*, Harvard University Press, 1960, pp. 10-34（讨论陪审团审判在古希腊和古罗马的起源）; Forsyth, *History of Trial by Jury*, The Lawbook Exchange, 1994, p. 178（详细介绍大陪审团）。

〔44〕 Bill of Rights, 1689, §11（Eng.）, available at http://www.fordham.edu/halsall/mod/1689billofrights.asp（陪审员应予正式记名列表并陈报之，凡审理叛国犯案件之陪审员应为自由世袭地领有人）。

〔45〕 在法国大革命期间起草的《人权宣言》最初并没有考虑到陪审团制度。参见 John H. Langbein, *The Trial Jury in England, France, Germany 1700-1900*, Duncker & Humblot, 1987.

〔46〕 参见《美国联邦宪法》第六修正案（1791 年），以及在不同州，特别是弗吉尼亚、马里兰和北卡罗来纳州的《权利法案》。另见 John Phillip Reid, *Constitutional History of the American Revolution: The Authority of Rights*, University of Wisconsin Press, 1986（讨论了接受陪审团审判之权利的重要性）。然而，美国的一些州，如路易斯安那州，由于源自法国和西班牙，并不愿设立陪审团审判。另见 Duncan v. Louisiana, 391 U.S. 145, 151-8（1968）; 另见 Roscoe Pound, *Criminal Justice in America*, Transaction Publishers, 1945（文章指出，尽管美国刑事司法制度从英国继承而来，但在 18 世纪时已具有美国自己的特色）。

年。[47] 而直到今天，大陪审团依然是美国的指控机构，且专门载入《美国联邦宪法》第五修正案中。

（二）职权主义

所谓的职权主义模式往往带有负面含义，这是因为宗教裁判使用了酷刑：从13世纪屠杀欧洲的狂热异教徒（特别是法国南部），[48] 到15世纪末的西班牙达到了顶峰。"职权主义"的称谓源自于调查（inquest）一词，指将所查明的事实做成书面汇编材料。但必须指出的是，调查（inquisition 或 inquest）并不专属于职权主义模式，[49] 在历史上也不是第一次出现。事实上，在11世纪欧洲的某些地方，存在另一种调查（称为 pesquisa），用以规避早期的神明裁判。[50] 真正重要的是，公权力机构（无论是王室或者教会）负责调查犯罪，并有权决定施以刑罚。[51]

尽管职权主义模式并非起源于教会，但毋庸讳言，天主教会确实是第一个拥有适用职权主义诉讼程序的法定机构，因为（教会的）官方指控被推定为有效。职权主义诉讼程序诞生于12世纪末，立足于教会法。在此之前，教会法适用早期罗马法中的当事人主义诉讼程序。[52] 依这种新的诉讼模式（职权主义诉讼模式），

---

〔47〕 Administration of Justice（Miscellaneous Provisions）Act, 1933, § 2（Eng.）, available at http://www. legislation. gov. uk/ukpga/Geo5/23-24/36/contents；see Nathan T. Ellif, "Notes on the Abolition of the English Grand Jury", 29 *Am. Inst. Crim. L. & Criminology* 3, 15（1938）.

〔48〕 参见 Esmein, *A History of Continental Criminal Procedure*, Little, Brown and Company, 1913, p. 93（埃斯曼指出，宗教裁判采用了教会普通法中最严苛的各种手段，包括酷刑）；另见 Henry Angsar Kelly, *Inquisitions and Other Trial Procedures in the Medieval West*, Routledge, 2001（涉及教会诉讼程序）；John H. Langbein, *Torture and the Law of Proof: Europe and England in the Ancien Regime*, University of Chicago Press, 1977（涉及刑事诉讼程序）。朗本教授使用"司法酷刑"（judicial torture）一词，因为酷刑被认为是刑事诉讼的一般组成部分，是调查和起诉犯罪的常规手段，参见前引。朗本教授还将13世纪酷刑的起源与"神明裁判"证据制度的废除联系起来，因为酷刑是一种更为人道的证据制度，参见 John H. Langbein, *Torture and the Law of Proof: Europe and England in the Ancient Regime*, University of Chicago Press, 1977, p. 6.

〔49〕 埃斯曼指出，在中世纪的英格兰，调查是控告的替代方法，以"国家调查"为名，这一程序没有控告者，立足证人所提供的证据。参见 Esmein, *A History of Continental Criminal Procedure*, Little, Brown and Company, 1913, pp. 64-5. 根据玛丽女王所通过的法令，英国在16世纪也发展出了一种职权主义模式的刑事诉讼程序。特别是建立了"初步调查"，实质上便是由官方负责调查和证据收集。参见 John H. Langbein, *Prosecuting Crime in the Renaissance: England, Germany, France*, Harvard University Press, 2005, pp. 5-6.

〔50〕 西班牙的情况就是如此，这种调查在一些自由宪章中被认为是区域自治（fueros）。例如1095年卡斯蒂利亚与莱昂王国的阿方索六世（Alfonso Ⅵ）便为洛格罗尼奥人颁布了洛格罗尼奥法。参见 Bartlett, *Trial by Fire and Water*, Echo Point Books & Media, 1986, pp. 60-1.

〔51〕 参见 Illuminati, "The Accusatorial Process from the Italian Point of View", 35 *N. C. J. Int'l & Com. Reg.* 297, 301（2010）.

〔52〕 参见 Esmein, *A History of Continental Criminal Procedure*, Little, Brown and Company, 1913；另见 Langbein, *Prosecuting Crime in the Renaissance: England, Germany, France*, The Lawbook Exchange, 2005, p. 129（讨论了教会和罗马-教会法的作用）。

司法官或法官有权对犯罪案件进行客观的调查，而无需等待正式的起诉。[53] 这种官方、官僚化的调查由必须绝对保密的书面卷宗所构成，这大概是职权主义诉讼程序最重要的特征之一。

由于当时法学家和知识分子对罗马法和教会法的研究，职权主义刑事诉讼程序从意大利北部传播到法国和德国。尤其是博洛尼亚大学和欧洲其他学校建立后更促成了这一传播。职权主义诉讼程序的成功，也与司法管理本身的专业化及日益增加的司法知识有关。因此，出现了一种复杂且技术化的新型证据法，即法定证据制度。[54] 定罪，甚至是指控形式，都成为法官关心的问题，因此极有必要设立更好的证据标准以及更明确的程序规则。当时最重要的一句格言便是任何判决均应根据指控和证据作出。法官的判决受这样的证据规则的约束。这主要是基于辩护方的利益考虑，以对程序的秘密性进行平衡。[55] 事实上，法定证据也是职权主义诉讼程序的另一个重要特征。

职权主义诉讼程序在 15 世纪和 16 世纪的欧洲得以逐渐发展，出台了若干法令，[56] 并以法国 1670 年《刑事法令》为标志达到顶峰。1670 年《刑事法令》是柯尔柏（Colbert）以及他的叔叔普索（Pussort）在路易十四（1643—1715 年）这位最伟大的专制主义支持者统治时期所启动的法典化计划的成果。[57] 这部法令在当时甚至被称为"路易法典"。1670 年《刑事法令》在 16、17 以及 18 世纪主导着法国的司法实践，直到法国大革命后才被取代。有趣的是，法令总结了职权主义程序的主要特点。依据 1670 年《刑事法令》，预审被认为是刑事诉讼的灵魂所在，其目的是为被告人的有罪判决或无罪判决做准备。[58] 简而言之，职权主义的特点如下：程序（预审程序）书面且秘密；侦查的任务由法官或法庭负责，没有明确区分指控和司法职能；适用法定证据制度，可对被告人进行强制讯问（口

---

〔53〕 参见 Ploscowe, "The Development of Present‐Day Criminal Procedures in Europe and America", 48 *Harv. L. Rev.* 433, 447 (1935).

〔54〕 *European Criminal Procedures*, p. 9.

〔55〕 Esmein, *A History of Continental Criminal Procedure*, Little, Brown and Company, 1913, p. 251.

〔56〕 参见 Esmein, *A History of Continental Criminal Procedure*, Little, Brown and Company, 1913, pp. 145‐79. 这些法令包括法国颁布的 1498 年和 1539 年的法令，以及德国于 1532 年批准的《加洛林纳刑法典》（Carolina Code）。

〔57〕 路易十四提出的"朕即国家"（l'Étatc'est moi）截至今日也是非常著名的。参见 Esmein, *A History of Continental Criminal Procedure*, Little, Brown and Company, 1913, p. 183（涉及 1670 年法令的起草及其内容）。

〔58〕 1670 年 8 月 26 日拟制的 1670 年《刑事法令》，于 1671 年 1 月 1 日生效，available at http://ledroit‐criminel. free. fr/la_legislation_criminelle/anciens_textes/ordonnance_criminelle_de_1670. htm，另见 Ploscowe, "The Development of Present‐Day Criminal Procedures in Europe and America", 48 *Harv. L. Rev.* 441‐50 (1935)（最初的法律措辞是"准备、调查、命令和安排一切必要的事情，以将被告人定罪或者予以赦免"）。

供），被告人作供述时应宣誓，必要时可对其适用酷刑；[59] 设有上诉途径；被告人有权向上级法院提起上诉。

（三）混合式

如前所述，第三种模式（混合模式）并未被法律学者所普遍接受。事实上，第三种模式的存在便意味着其他两种模式的消亡，因为全世界所有的刑事诉讼程序均是不同程度的半当事人主义和半职权主义，即属于这第三种模式。[60] 但它还是被囊括在诉讼模式的讨论范围之列，因为第三种模式的出现标志着欧陆刑事诉讼历史发展的转折点，使其与前面所论及的传统职权主义模式区分开来。这很大程度上是由于 1808 年法国《重罪法典》的颁布。[61] 这部法典在拿破仑时代之后极大影响并扩及其他许多欧陆国家。新的法典代表着一个净化版的职权主义诉讼程序。[62] 因此，法国人将它视为一个全新刑事诉讼模式的里程碑。这一新型的诉讼体系将早期的职权主义模式和法国大革命时期所引入的英国当事人主义模式的一些特征相结合。[63] 一些学者认为，这一诉讼体系是 1670 年《刑事法令》与英国刑事诉讼程序之间的折衷。[64]

当然，第三种模式最重要的一项变化是检察官和预审法官的分离：检察官是公共利益的代表，而法官是司法职权的代表。[65] 事实上，指控任务交由专门的公

---

〔59〕 参见 1670 年《刑事法令》第 19 编（关于判决、言词的刑讯程序和酷刑）。第 1 条所规定的酷刑是以"刑讯"的名义提出："如果有大量且稳定的证据证明被告人可能实施了应判处死刑的犯罪行为，但证据并不充分，则法官可以下令适用刑讯程序。"参见前引。第 8 条规定了被告人的强制宣誓制度，"被告人在宣誓后进行刑讯。在刑讯前，被告人应在讯问笔录上签字，如果被告人拒绝签字，则备注一栏留空"（两种情况可以自由切换）。参见前引。

〔60〕 See Glanville Williams, *The Proof of Guilt: A Study of the English Criminal Trial*, Stevens & Sons Limited, 1963, p. 29.

〔61〕 参见 R. Garraud, "Presentation of the Code of Criminal Procedure, Le Droit Criminel", available at http://ledroitcriminel. free. fr/la_ legislation_ criminelle/anciens_ textes/code_ instruction_ criminelle_ 1808. htm, last visited on 2013-2-5（详述法国《重罪法典》的原则）。

〔62〕 *European Criminal Procedures*, p. 10.

〔63〕 参见 Montesquieu, *De l'Espirit des Lois*（1748），available at http://classiques. uqac. ca/classiques/montesquieu/de_ esprit _des_ lois/de_ esprit_ des_ lois _tdm. html. 随着时间的推移，这项工作变得特别重要。

〔64〕 参见 Ploscowe, "The Development of Present-Day Criminal Procedures in Europe and America", 48 *Harv. L. Rev.* 462（1935）（讨论预审法官在审前阶段或预审阶段的工作，并认为"这部法典是对旧制度下刑事法令的继承"）。

〔65〕 司法机关不能视为"权力"（pouvoir）机关，而应视为"司法职权"（potestas）机关。参见 Ernesto Pedraz Penalva, "Sobre el 'Poder' Judicial y la Ley Organica del Poder Judicial", in Ernesto Pedraz, *Constitucion, Jurisdeccion y Proceso*, Akal, 1990, pp. 141, 154; Ernesto Pedraz Penalva, "La Jurisdiccion en la Teoria de la Division de Poderes de Montesquieu", in *Revista de Dereco Procesal*, Revista Iberoamericana de Derecho Procesal, 1976, p. 905. 起诉与调查职能的分离，这类似于前所论及的当事人主义刑事诉讼模式。参见 Vicente Gimeno Sendra, "El Derecho Fundamental a un Proceso Acusatorio", 7869 *Diario la Ley*（2012），available at http://www.

职人员。这些公职人员担任公诉人。对他们而言，原则上当事人最多仅是司法辅助人员。相反，法官主导案件的调查。因此，设立负责案件调查的预审法官或者司法官，这是欧陆刑事诉讼的独特特征。在当时，这一制度事实的逻辑解释是不能将调查权交给警察的。[66]而将调查权交给检察官也是毫无意义的，因为新法典的主要目的是将控诉职能与调查职能和审判职能区分开来。事实上，设立独立于警察和检察官的预审法官，其唯一价值是确保司法公正。[67]

这一诉讼体系的综合性体现在它将刑事诉讼分为两个阶段，每个阶段各自沿袭前述当事人主义和职权主义模式的特点。第一个阶段称为初步调查、调查或者预审，与前所论及的预审法官相联系。这一阶段具有职权主义模式的特点，呈书面性和秘密性，[68]其目的是准备进一步的审判（卷宗）。该阶段不能委托辩护律师。[69]第二个阶段便是审判阶段，遵循当事人主义模式的指导原则，包括言词原则、公开原则以及当事人之间的对抗原则。在这种情况下，法定证据制度为自由心证制度所取代。[70]审判在法院或法庭内进行，英国的陪审团理念转至欧洲，这是法国革命热潮的进一步后续结果。

这种混合体系存在于《拿破仑法典》之中，并传播至欧陆其他国家，尤其是

---

mpfn. gob. pe/escuela/contenido/actividades/docs/2239_ derechoacusatorio. pdf（讨论刑事诉讼程序的混合模式）。

〔66〕 参见 A. E. Anton, "l'Instruction Criminelle", 9 *Am. J. Comp. L.* 441, 442-3（1960）（作者认为："允许宪兵队拥有调查权是荒谬的，尽管宪兵队一直以来享有盛誉，但他们往往缺乏独立性、公正性及法律知识，有时甚至缺乏进行调查所必需的才智"）。

〔67〕 参见 A. E. Anton, "l'Instruction Criminelle", 9 *Am. J. Comp. L.* 443（1960）. 与法国不同的是，英格兰当时未设检察机构，这是英国刑事诉讼保持当事人主义并立足私人诉讼的原因之一。参见 Ploscowe, "The Development of Present-Day Criminal Procedures in Europe and America", 48 *Harv. L. Rev.* 433, 459（1935）. 事实上，1986 年英格兰和威尔士以王室检署的名义启动了第一起公诉；在此之前，由警察承担指控职能。参见 Hodgson, "The Future of Adversarial Criminal Justice in 21st Century Britain", 34 *N. C. J. Int'l & Com. Reg.* 320, 333（2010）.

〔68〕 尽管法国 1808 年《重罪法典》没有明文规定该程序是秘密的，但 1827 年对该程序规定了保密制度。参见 Anton, "l'Instruction Criminelle", 9 *Am. J. Comp. L.* 443 n. 1（1960）.

〔69〕 正如保罗斯科（Ploscowe）所回忆的那样，"花了 50 年的心血才为被告人争取到了在初步调查阶段获得律师辩护的权利。"参见 Ploscowe, "The Development of Present-Day Criminal Procedures in Europe and America", 48 *Harv. L. Rev.* 462（1935）; Langbein, *The Origins of Adversary Criminal Trial*, Oxford University Press, 2003, p. 106（阐述了在英国刑事诉讼背景下，辩护律师在审判中的作用）。

〔70〕 参见 Illuminati, "The Accusatorial Process from the Italian Point of View", 35 *N. C. J. Int'l & Com. Reg.* 304（2010）; 另见 Esmein, *A History of Continental Criminal Procedure*, Little, Brown and Company, 1913, p. 12（埃斯曼认为："虽然搜查和提供证据都受法律规则的约束，但证据的证明力并非事先予以评估，起诉的结果取决于法官是否完全信服这些证据"）。

德国、意大利和西班牙。[71] 这一模式所蕴含的特质远比法兰西征服本身更持久，且至今依然占有一席之地。在当时，整个欧陆均设有公诉机关，模仿设立的刑事诉讼程序分为前述两个阶段，甚至也设立了陪审团制度，尽管形式并不相同。[72] 正是在这个时候，德国颁布了 1877 年《司法组织法典》和《德国刑事诉讼法典》，意大利颁布了 1865 年《意大利刑事诉讼法典》，西班牙颁布了 1872 年和 1882 年《西班牙刑事诉讼法》，其中 1882 年《西班牙刑事诉讼法》迄今仍在适用。[73] 所有这些法典在刚开始的时候均保留着预审法官的设置和特点。从根本而论，预审法官可以主导刑事诉讼的第一个调查阶段，并为审判做准备。在这一背景下，司法调查与警务机关所进行的调查（如果确实有）完全分开，这是所有欧陆刑事诉讼程序的共同特征。

二、术语问题和主要特征：当事人主义刑事诉讼抑或对抗式刑事诉讼？（Accusatorial or Adversarial Criminal Procedure?）

在介绍了当事人主义刑事诉讼模式和职权主义刑事诉讼模式各自的历史背景后，我们现在可以探讨术语问题以及两种刑事诉讼模式最根本的特征。传统上认为这两种诉讼模式的特征是完全相反的。[74] 两种诉讼模式都有其特定的地理内涵，它们各自在特定的地域或司法管辖区中占据主导地位，且与不同法系呈明显的关联。例如，英国和美国的当事人主义制度遵循普通法的传统，而欧陆国家的职权主义则遵循大陆法系的传统。还应考虑到，在职权主义背景下存在许多不同的欧陆刑事诉讼程序。[75] 英国和美国所实行的当事人主义也同样存在区别，两个

---

〔71〕 参见 Esmein, *A History of Continental Criminal Procedure*, Little, Brown and Company, 1913, pp. 570-606; 另见 Ploscowe, "The Development of Present – Day Criminal Procedures in Europe and America", 48 *Harv. L. Rev.* 463-7（1935）（关于德国和意大利）。

〔72〕 参见 Mar Jimeno-Bulnes, "La Participacion Popular en la Administracion de Justicia Mediante el Jurado (art. 125 CE)", 2 *Documentos Penales y Criminologicos* 297, 307-11（2004）（对此提供更广泛的分析并引用立法和文献来源）；另见 Dawson, *A History of Lay Judges*, Harvard University Press, 1960, pp. 35-112（关于法国和德国）。

〔73〕 已经提出了新的立法，目前正在讨论之中，参见 Actividad Legislativa, *Ministerio de Justicia*, *Gobierno de España*, available at http://www.mjusticia.gob.es/cs/Satellite/es/1215198252237/Detal leActividadLegislativa.html, last visited on 2012-6-12.

〔74〕 在这一背景下，无需提及混合模式，因为它是前所论及先前模式的组合。

〔75〕 参见 Thomas Volkmann-Schluck, "Continental European Criminal Procedures: True or Illusive Model?", 9 *Am. J. Crim. L.* 1, 3（1981）．见下文第一部分和所附的关于对法国、德国和意大利模式所进行讨论的脚注；另见 Craig M. Bradley ed., *Criminal Procedure: A Worldwide Study*, Carolina Academic Press, 2007 ［就不同的刑事诉讼模式（如英美和欧陆的现代刑事诉讼模式）提供了更广泛的研究方法］。

国家的刑事诉讼均各自存在一些独一无二的特征。[76]

在讨论术语时所提出的第一个问题涉及全球范围内所使用的"当事人主义"和"职权主义"标签。在论及职权主义模式时，许多质疑之声扑面而来，职权主义的负面含义仍然存在。这种负面评价的关联性源自于普通法国家的一些误解，尤其是对大陆法系国家所实施之刑事诉讼程序的误解。这些误解通常与被告人所感受到的有罪推定而非无罪推定有关，也与没有陪审团审判所导致的整个程序不公有关。[77]当然，时下这两种观点均是完全错误的，曾经所使用过的"职权主义"这一表述如今应该仅指欧陆法官整体上的积极作用。这种司法参与不仅应理解为预审法官既有的司法调查权，也应理解为（甚至更为重要）随着刑事审判的发展，司法能动性有着明显的体现。[78]

正如一位学者所言，职权主义的含义本身便与这种程序的本质相悖，[79]今天的职权主义诉讼程序应理解为正当的法律程序。[80]在欧陆所有国家的宪法规则以

---

[76] 参见 Irving R. Kaufman, "Criminal Procedure in England and the United States: Comparisons in Initiating Prosecutions", 49 *Fordham L. Rev.* 26（1980）；另见 D. J. Feldman, "England and Wales", in Craig M. Bradley, *Criminal Procedure: A Worldwide Study*, Carolina Academic Press, 2007, p. 149; Craig M. Bradley ed., "United States", in Craig M. Bradley, *Criminal Procedure: A Worldwide Study*, Carolina Academic Press, 2007, p. 519; John Ll. J. Edwards, "English Criminal Procedure and the Scales of Justice", in Craig M. Bradley ed., *Criminal Procedure: A Worldwide Study*, Carolina Academic Press, 2007, pp. 203-4; Stepán, Jan, "Possible Lessons from Continental Criminal Procedure", in *The Economics of Crime and Punishment*, Washington, D. C., American Enterprise Institute, 1973, p. 181（认为英格兰永远不会采用职权主义刑事诉讼模式）。

[77] 参见 Glendon et al., *Comparative Legal Traditions in a Nutshell*, West Academic Publishing, 1999, p. 99［"英美法系国家对大陆法系国家的刑事诉讼程序有三种常见的误解：被告在被证明无罪之前被推定有罪，没有陪审团审判，审判是以'审问式'的方式进行的（带有对被告人不公平的贬义）"］。正如这些作者所述："第一种观点是完全错误的。""第二个观点是不正确的。""第三个观点是一种'误解'。"前引。

[78] 参见 Glendon et al., Comparative Legal Traditions in a Nutshell, West Academic Publishing, 1999, p. 99；另见 Williams Glanville, *The Proof of Guilt: A Study of the English Criminal Trial*, Stevens & Sons Limited, 1963, p. 30.

[79] 参见 Juan Montero Aroca, "Principio Acusatorio y Prueba en el Proceso Penal La Inutilidad Juridica de un Eslogan Politico", in Colomer ed., *Prueba y Proceso Penal*, Tirant lo Blanch, 2008, pp. 17, 22. 该作者还批评了将当事人主义作为英美刑事诉讼模式重复且独占的标签。

[80]（正当的法律程序）最初的表述似乎来自 1354 年《国民自由法》（The Liberty of Subject Act）中的一项条款，该法是英国国王爱德华三世在其统治时期颁布的。参见 1354 年《国民自由法》第三章，英文版可在 http://www. legislation. gov. uk/aep/Edw3/28/3 查阅（"凡属某一州或符合条件的人，不得被驱逐出领土或房屋，不得被监禁，不得被剥夺继承权，不得被处死，除非通过正当的法律程序予以答复"）。当时，"正当法律程序"的含义等同于"国内法"（正如《大宪章》第 39 节所述）。两者的含义均为"应遵循某些既定的审判方式"。参见 William Merritt Beany, *The Right to Counsel in American Courts*, University of Michigan Press, 1977, p. 142.

及超国家的欧盟法律文本中，正当法律程序均被认为是首要原则。[81] 在美国，刑事诉讼在《美国联邦宪法》第六修正案的框架下运行，公正程序的标准以相同的方式、在相同的程度上呈现。这尤其体现在沃伦最高法院时代所谓的"刑事诉讼革命"，[82] 其中最佳的例子当属美国联邦最高法院在米兰达诉亚利桑那州（Miranda v. Arizona）一案中的判决。[83] 因此，讨论职权主义刑事诉讼程序在术语使用上便存在矛盾。[84] 这个术语本身应当予以废止，以更专门、更具描述性的术语取而代之。正如相关学术研究所建议的，参照欧陆模式，也为了将之与英美的刑事诉讼程序区分开来，这一术语或可称为调查型的刑事诉讼程序（investigative criminal procedure）。[85]

但当事人主义刑事诉讼的表述往往很难准确阐明其含义，因为根据字面意思，当代英美和欧陆的刑事诉讼程序均具有当事人主义的特征。[86] 事实上，所有

〔81〕 参见 *European Convention for the Protection of Human Rights and Fundamental Freedoms*，Art. 6，Nov. 5，1950，213 U. N. T. S. 221（以下简称 ECHR）；*Charter of Fundamental Rights of the European Union*，Arts. 47-48，Dec. 18，2000，2000/C 364/01（以下简称 CFREU）（于 2009 年通过《里斯本条约》后具有约束力）。还必须指出，欧洲国家也在国际文本中通过了公平审判权和无罪推定权的规定。参见 *International Covenant on Civil and Political Rights*，G. A. Res. 2200A（XXI），U. N. Doc. A/6316（1966），999 U. N. T. S. 171，Art. 14（Dec. 16，1966）（以下简称 ICCPR）；*Universal Declaration of Human Rights*，Art. 11，G. A. Res. 217（III）A，U. N. Doc. A/RES/217（III），（Dec. 10，1948）（以下简称 UDHR）；另见 Jacqueline Hodgson，"EU Criminal Justice：The Challenge of Due Process Rights within a Framework of Mutual Recognition"，37 *N. C. J. Int'l L. & Com. Reg.* 308（2011）（论司法程序的公正性与"正当法律程序"的欧洲意义）。

〔82〕 参见 Thaman，"A Comparative Approach to Teaching Criminal Procedure and Its Application to the Post-Investigative Stage"，56 *J. Legal Educ.* 461（2006）；另见 Arenella，"Rethinking the Functions of Criminal Procedure：The Warren and Burger Courts' Competing Ideologies"，7 *Geo. L. J.* 185，189（1983）（讨论沃伦最高法院时代的"刑事诉讼革命"）。事实上，在这一时期乃至整个 20 世纪 60 年代，经常被称为"刑事诉讼程序的宪法化"。参见 Jerold H. Israel & Wayne R. LaFave，*Criminal Procedure：Constitutional Limitations in a Nutshell*，West Academic Publishing，2006；Kamisar et al.，*Modern Criminal Procedure：Cases，Comments，and Questions*，West Academic Publishing，1994. 这一时期的发展主要与审前调查及第四和第五修正案的执行有关。对于一般的评论，以及相关的判例法，参见 Cong. Rec. Serv.，S. Doc. No. 108-17，*The Constitution of United States of America：Analysis and Interpretation* 1281（2002），available at http://www. gpo. gov/fdsys/pkg/GPO-CONAN-2002/pdf/GPO-CONAN-2002. pdf.

〔83〕 参见 Miranda v. Arizona，384 U. S. 436（1966）；参见 Welsh S. White，*Miranda's Warning Protections*，University of Michigan Press，2004（将米兰达案描述为最著名的刑事诉讼案件）。在 Dickerson v. United States，530 U. S. 428，442-45（2000）一案中，法院指出，米兰达案已成为刑事诉讼法理学的一个开创性部分。参见 Ronald Steiner，Rebecca Bauer & Rohit Talwar，"The Rise and Fall of the Miranda Warnings in Popular Culture"，59 *Clev. St. L. Rev.* 219（2011）；另见 Stephen C. Thaman，"Miranda in Comparative Law"，45 *St. Louis U. L. J.* 581（2001）（以美国刑事诉讼的对抗性特点为由谈米兰达案对欧陆刑事诉讼的影响）。

〔84〕 参见 Juan Montero Aroca，"Principio Acusatorio y Prueba en el Proceso Penal La Inutilidad Juridica de un Eslogan Politico"，in Colomer ed.，*Prueba y Proceso Penal*，Tirant lo Blanch，2008，p. 23. 作者认为，职权主义模式是一种术语上的矛盾，因为职权主义特征与刑事诉讼的本质相悖。

〔85〕 See Glenn，*Legal Traditions of the World：Sustainable Diversity in Law*，Oxford University Press，2004.

〔86〕 See Juan Montero Aroca，*La Inutilidad del Llamado Principio Acusatorio para la Conformacion del Proceso Penal*（prepared for X Congreso Nacional de Derecho Procesal Garantista）（Nov. 12-14，2008），available at http://es. scribd. com/doc/76717270/Congreso-Azul-2008-Montero-Aroca.

刑事诉讼模式均包含着正式的指控*，且在当今的背景下均区分了检控职能和裁判职能。尽管很多学者尝试澄清这一概念（当事人主义，accusatorial）及其与对抗式诉讼（adversariness）本身的关系，[87]但当事人主义刑事诉讼模式已成为欧陆学者迷恋的一个根源。它创设了某种当事人主义的原则，[88]甚至被描述为一种政治口号。[89]在这一背景下，欧陆学术界期待从北美寻求如何重建本国最佳刑事程序的灵感，[90]但英美尤其是美国的学术界则对对抗制诉讼表示失望，并重新评估了他们对欧陆刑事诉讼的研究路径。[91]

"对抗式刑事诉讼"（adversarial criminal procedure）这一术语更加准确和具体，直指英美刑事诉讼的特征，并将之与欧陆模式区别开来。更进一步讲，对抗

---

* 古罗马模式意义上的，因为当事人主义的英文表述为 accusatoria，词源中有 accusation，即指控，故作者有此一表述。——译者注

〔87〕 See Mirjan R. Damaška, "Adversary System", *Encyclopedia of Crime & Justice* 24, 25 (2002).

〔88〕 See Kai Ambos, "Zum Heutigen Verstandnis von Akkusationsprinzip und – verfahren aus Historischer Sicht", 8 *Jura* 586 (2008), available at http://www. departmentambos. unigoettingen. de/index. php/component/option, com_docman/Itemid, 133/gid, 130/task, cat_view/; Juan Luis Gomez Colomer, "Adversarial System, Proceso Acusatorio y Principio Acusatorio: Una Reflexion Sobre el Modelo de Enjuiciamiento Criminal Aplicado en los Estados Unidos de Norteamerica", 19 *Revista Del PoderJudicial* 25 (2006); 另见 Michael Bohlander, *Principles of German Criminal Procedure*, Hart Publishing, 2012 (详细介绍了诸如起诉原则这样德国式的概念); Teresa Armenta Deu, *Principio Acusatorio y Derecho Penal*, J. M Bosch, 1995.

〔89〕 See also Montero Aroca, "Principio Acusatorio y Prueba en el Proceso Penal La Inutilidad Juridica de un Eslogan Politico", in Colomer ed., *Prueba y Proceso Penal*, *Tirant lo Blanch*, 2008, pp. 17, 22; Juan Montero Aroca, *La Inutilidad del Llamado Principio Acusatorio para la Conformacion del Proceso Penal* (prepared for X Congreso Nacional de Derecho Procesal Garantista) (Nov. 12 – 14, 2008), p. 19, available at http://es. scribd. com/doc/76717270/Congreso-Azul-2008-Montero-Aroca.

〔90〕 西班牙试图重建其刑事诉讼模式。Ministerio de Justicia, Juan Burgos Ladron de Guevara, "La Reforma del Proceso Penal: Por un Modelo Contradictorio", 3-4 *Justicia: Revista de Derecho Procesal* 121 (2011). 各国都在寻求美国模式的解决方案，参见 Juan Luis Gomez Colomer, "El Sistema de Enjuiciamiento Criminal Propio de un Estado de Derecho", *Instituto Nacional de Ciencias Penales* 37 (2008); Lorena Bachmaier Winter, "Rechtsvergleichung und Typologie des Strafverfahrens Xweischen Inquisitorische und Adversatorische Modelle: Grundzuge des Vorverfahrens des Strafprozesses der USA", in *Das Strafprozessuale Vorverfahren in Zentralasien Zwischen Inquisitorischem Und Adversatorischem Modell* (2012). 其他国家在立法改革方面对美国刑事诉讼程序也表现出同样的兴趣，参见 Hans Heinrick Jescheck, "Principles of German Criminal Procedure in Comparison with American Law", 56 *Va. L. Rev.* 239 (1970). 然而，美国学者在比较研究中也承认了德国的刑事诉讼程序，参见 Richard S. Frase & Thomas Weigend, "German Criminal Justice as a Guide to American Law Reform: Similar Problems, Better Solutions?", 18 *B. C. Int'l & Comp. L. Rev.* 317 (1995). 关于德国和美国刑事诉讼程序的一般观点，参见 Gerson Trug, *Losungskonvergenzen Trotz Systemdivergenzen Im Deutschen und Us-Amerikanischen Strafverfahren*, Mohr Siebeck, 2002.

〔91〕 参见 Gorden Van Kessel, "Adversary Excesses in the American Criminal Trial", 67 *Notre Dame L. Rev.* 403, 425, 465 (1992) (指出美国刑事司法制度的不足之处，司法的被动性以及律师的主导地位和辩诉交易等特征所付出的代价); 另见 L. H. Leigh, "Liberty and Efficiency in the Criminal Process: The Significance of Models", 26 *Int'l & Comp. L. Q.* 516, 520 (1977); Jacqueline Hodgson, *French Criminal Justice: A Comparative Account of the Investigation and Prosecution of Crime in France*, Hart Publishing, 2005 (讨论法国的刑事诉讼模式).

式是更准确的表述，尽管在使用中经常等同于当事人主义。尽管如此，一些学者还是尝试赋予这两个术语不同的含义。[92] 但区分这两个术语也不是特别普遍，大多数相关领域的学者在相同意义上使用这两个术语。[93] 另外，这两种程序的特征通常与普通法传统的刑事诉讼相关。如果说当事人主义模式在美国和欧陆之间的界限模糊不清，则用这一表述来指代英美的刑事诉讼程序模式显得不够明晰。本文建议使用"对抗式诉讼"这一表述，用于明确指代英国和美国的刑事诉讼。使用这个术语（对抗式诉讼）更能反映法庭情景，以及不同诉讼参与者的潜在价值和行为。

有学者认为，英美法系尤其是美国刑事诉讼的对抗式特征，促使双方当事人进行激烈对抗，他们在中立、消极的判决者前讲述己方的故事。[94] 这一理念尤其体现在审判阶段，以当事人为中心，而不同于以法官为中心的欧陆刑事诉讼。[95] 在对抗式的背景下，控、辩双方对于庭审控制和管理至关重要，[96] 双方必须进行举证。因此，有学者认为，在对抗式诉讼中，某种律师化（lawyerization）成为主导。[97]

---

〔92〕 参见 Goldstein, "Reflection on Two Models: Inquisitorial Themes in American Criminal Procedure", 26 *Stan. L. Rev.* 1016-7（1974）（将"对抗制"界定为"解决争端的一种方法，从审判争议中获得其轮廓"；并进一步解释了对抗制的特征，认为对抗制"仅是事实认定和适用规范的一种方法"）。与此相反，"当事人主义"一词指的是"一种典型的程序模型，不仅包括对抗式的审判程序，而且还包括其他基本前提"，也涉及具有社会意义的前提，以及最后，这也意味着法官的积极和/或消极行为。参见 Goldstein, "Reflection on Two Models: Inquisitorial Themes in American Criminal Procedure", 26 *Stan. L. Rev.*（1974）.

〔93〕 See Joachim Herrmann, "Various Models of Criminal Proceedings", 2 *S. Afr. J. Crim. L & Criminology* 3（1978）；Miranda v. Arizona, 384 U. S. 436, 460（1966）.

〔94〕 参见 Gary Goodpaster, "On the Theory of American Adversary Criminal Trial", 78 *J. Crim. L. & Criminology* 118, 120（1987）. 该文表达了如下观点："美国对抗式的刑事审判是受约束的故事演讲比赛，控辩双方在许多规则的限制下，构建相互竞争、具有解释性的故事。双方当事人为公正、消极的听众撰写故事，并将其呈现。听众作为裁判者，根据这些故事确定刑事责任。"一些学者将司法程序等同于"戏剧来源"，似乎不仅限于对抗式刑事诉讼模式。参见 Milner S. Ball, "The Play's the Thing: An Unscientific Reflection on Courts under the Rubric of Theater", 28 *Stan. L. Rev.* 81, 82（1975）.

〔95〕 参见 Herrmann, "Various Models of Criminal Proceedings", 2 *S. Afr. J. Crim. L & Criminology* 3, 5（1978）. 因此，当事人或法官（取决于不同的司法区）对诉讼行使控制权，特别是与第一种表达有关。参见 Stephan Landsman, *Readings on Adversarial Justice: The American Approach to Adjudication*, American Casebook Series, West Publishing, 1988, pp. 27, 33（对抗式刑事诉讼特征的利与弊）.

〔96〕 参见 Langbein, *The Origins of Adversary Criminal Trial*, Oxford University Press, 2003, p. 252（讨论对抗式审判的作用和起源）；Jacqueline Hodgson, "The Role of the Criminal Defence Lawyer in Adversarial and Inquisitorial Procedure", in T. Weigend et al. eds., *Strafverteidigung Vor Neuen Herausforderungen*, Duncker & Humblot, 2008, p. 45, available at http://papers. ssrn. com/sol3/papers. cfm? abstract_ id = 1504000（讨论律师在对抗式刑事诉讼与非对抗式刑事诉讼中的地位）；另见 Richard E. Myers, "Adversarial Counsel in an Inquisitorial System", XXXVII *N. C. J. Int'l L. & Com. Reg.* 411（2011）（提出一个有趣的刑事诉讼制度比较研究）.

〔97〕 参见 Jacqueline Hodgson, *Conceptions of the Trial in Inquisitorial and Adversarial Procedure*, Judgment and Calling to Account, Hart Publishing, 2006. 作者认为，这一事实（律师为主导）导致被告人实际上保持沉默。在作者看来，"被告人发言"式的审判已被"律师发言"式的审判所取代，被告人在律师的保护下被边缘化。前引。

诉讼中通常包括一些业余人士（陪审团），但往往仅设一名专业法官，[98]而非一名消极或中立的法官担任裁判者。[99]事实上，根据美国联邦和州的判例，正如《美国联邦宪法》第六修正案所保障的，对抗式审判被认为是合适的正当法律程序。[100]

这种对抗式诉讼与正当法律程序的相关性主要体现在：控辩双方在对抗的框架下建构并向法庭呈现两个独立的案件。[101]双方均必须收集己方的证据，以在对抗式诉讼模式下说服消极的裁判者（陪审员）。[102]因此，法律规定了复杂的证据规则，以试图简化诉讼程序，协助裁判者进行推论。[103]因此，在对抗式诉讼的背

〔98〕 Singer v. United States, 380 U. S. 24, 36（1965）（这个判例表明，尽管有《美国联邦宪法》第六修正案及《联邦刑事诉讼规则》第23条之规定作为保障，但美国联邦最高法院依然不愿放弃被告人获得陪审团审判的权利。正如联邦最高法院所明确指出的："被告人在审判中的唯一宪法权利便是接受陪审团公正审判的权利。" 前引。即在本案中，"正当法律程序" 保证了陪审团的审判，而不是由公正裁判者进行审判的权利。另见 Duncan v. Louisiana, 391 U. S. 145（1968）；N. S. Marder, *The Jury Process*, Foundation Press, 2005.

〔99〕 裁判者作为事实认定者的这种消极性或中立性，加上对当事人提供证据的依赖，是对抗制的核心因素。参见 Stephan Landsman, "A Brief Survey of the Development of the Adversary System", 44 *Ohio St. L. J.* 713, 714（1983）；Landsman, *Readings on Adversarial Justice：The American Approach to Adjudication*, American Casebook Series, West Publishing, 1988, p. 77（论审判程序的消极性）。参见 Theodore L. Kubicek, *Adversarial Justice：America's Court System on Trial*, Algora Publishing, 2006. 在英格兰，1730年被认为是辩护律师在伦敦老贝利法院刑事诉讼中发挥更大作用的起点，是继都铎和斯图亚特时代成为更为广泛司法组织的起点。参见 Stephan Landsman, "The Rise of the Contentious Spirit：Adversary Procedure in Eighteenth Century England", 75 *Cornell L. Rev.* 496, 525（1990）；J. M. Beattie, "Scales of Justice：Defense Counsel and the English Criminal Trial in the Eighteenth and Nineteenth Centuries", 9 *L. & Hist. Rev.* 221, 226（1991）；另见 Langbein, *The Origins of Adversary Criminal Trial*, Oxford University Press, 2003, p. 253（讨论特别是在审判阶段，英国刑事诉讼的"律师化"）。

〔100〕 参见 Faretta v. California, 422 U. S. 806, 818（1975）. 特别是，"当通知权、对质权和强制出庭程序结合在一起，可保证刑事指控能够以一种美国所认为的公正司法裁判方式得到回应：通过传唤和讯问有利证人、交叉询问不利证人以及有序举证。" 参见前引。另见 California v. Green, 399 U. S. 149, 176（1970）（Harlan, J., 附合意见）（参照《美国联邦宪法》第六修正案中的对质条款，以及"通知权、辩护权和强制出庭程序"的要求，所有这些条款均是"在17、18世纪由陪审团进行对抗式诉讼"的附带结果）；Gideon v. Wainwright, 372 U. S. 335, 342（1963）（关于对《美国联邦宪法》第十四修正案的解释，以将"正当法律程序"适用于各州立法及相应的制裁机制）。

〔101〕 参见 Mirjan R. Damaška, "Adversary System", in Joshua Dressler, *Encyclopedia of Crime & Justice*, Macmillan Reference USA, 2002, p. 25（达马斯卡认为，由于公诉人负有保护公共利益的公共责任，故对这种当事人的偏倚立场有较低的容忍限度）。

〔102〕 参见 Goldstein, "Reflection on Two Models：Inquisitorial Themes in American Criminal Procedure", 26 *Stan. L. Rev.* 1017（1974）. 作者将在对抗制中（代表国家的）法官的被动地位与非对抗制中法官的积极作用加以区分。达马斯卡采用了同样的方法。参见 Structures, p. 493；*Faces*, p. 71.

〔103〕 参见 Richard A. Posner, "An Economical Approach to the Law of Evidence", 51 *Stan. L. Rev.* 1477（1999）（从经济学角度分析对抗式和职权主义刑事诉讼中的证据收集方式）。关于两种刑事司法制度中举证的比较，参见 Damaška, "Evidentiary Barriers to Conviction and Two Models of Criminal Procedure：A Comparative Study", 121 *U. Pa. L. Rev.*（1973）（主张存在两种证明类型）。

景之下，证据开示这一概念非常重要。相反，这在欧陆刑事诉讼程序中未有规定。[104] 在欧陆，双方当事人可以在初步调查（及预审）阶段的一开始便查阅卷宗[105]（与特定案件有关的唯一材料或记录）。[106]

向法庭呈现案件的方法也对事实认定理论产生重要影响。寻求真相仅在审判程序之中。审判是寻求真相的最佳场所，[107] 但并非总通过对抗式的方法来获得完整的真相。一直有观点认为，对抗式诉讼通常（即便不总是）更关注胜诉，而非发现真相。[108] 似乎寻求真相或确定"真正发生了什么"（实质真实）并不是对抗式刑事诉讼的目标。相反，存在一个更重要的价值，即审判的公正是为了解决犯

---

〔104〕 参见 Damaška, "Evidentiary Barriers to Conviction and Two Models of Criminal Procedure: A Comparative Study", 121 *U. Pa. L. Rev.* 533（1973）; Schlesinger, "Comparative Criminal Procedure: A Plea for Utilizing Foreign Experience", 26 *Buff. L. Rev.* 372（1976）（指美国刑事诉讼中某种"守旧的阶段"）; 另见 Robert M. Cary et al., *Federal Criminal Discovery*, American Bar Association, 2013; "Chapter 11: Discovery and Procedure before Trial", in *The American Bar Association Standards Relating to the Administration of Criminal Justice*（1983）〔讨论《联邦刑事诉讼规则》第 16 条以及布雷迪诉马里兰州案（Brady v. Maryland）及其之后的一些案例〕。

〔105〕 沙曼（Thaman）采用了这一术语，参见 Stephen C. Thaman, *Comparative Criminal Procedure: A Casebook Approach*, Carolina Academic Press, 2002.

〔106〕 参见 Mar Jimeno-Bulnes, "El Principio de Publicidad en el Sumario", 4 *Justicia: Revista de Derecho Procesal* 645（1993）〔在对抗性上存在明显的区别，这（阅卷）相当于大陆法系刑事调查阶段中的对质和公开〕; 另见 Daniel E. Murray, "A Survey of Criminal Procedure in Spain and Some Comparisons with Criminal Procedure in the United States", 40 *N. D. L. Rev.* 7, 19（1964）〔说明摘要（sumario）与书面卷宗之间存在相似性〕。必须指出，1978 年对《西班牙刑事诉讼法典》第 302 条进行了重要修正。相比之下，其他美国学者谈论无条件的证据开示制度，参见 Schlessinger, "Comparative Criminal Procedure: A Plea for Utilizing Foreign Experience", 26 *Buff. L. Rev.* 361, 382（1976）。

〔107〕 参见 Cornelius P. Callahan, *The Search of the Truth*, Shanti Publications, 1997（在导论页中引用了这样一句话："审判是寻求真实; 上诉是寻找错误"）。作者还列举了在审判期间进行讯问的一些实务案例，以便根据证人和专家证据查明事实。

〔108〕 参见 Goodpaster, "On the Theory of American Adversary Criminal Trial", 78 *J. Crim. L. & Criminology* 118, 120, 124（1987）。关于真相缺失，另见 Landsman, *Readings on Adversarial Justice: The American Approach to Adjudication*, West Publishing Co., 1988, p. 26; Langbein, *The Origins of Adversary Criminal Trial*, Oxford University Press, 2003, p. 331（讨论对抗式刑事诉讼中的真相缺失问题）。后一作者为对抗制的这一特征作出了解释：这是前一争论（问答）模式的结果，而这实际上是对抗制的起源。其他学者对这种方法持更多的批评态度。参见 Marvin E. Frankel, "The Search for Truth: An Umpireal View", 123 *U. Pa. L. Rev.* 1031, 1035（1975）。几位学者对弗兰科（Frankel）的提议提出质疑。参见 Monroe H. Freedman, "Judge Frankel's Search for Truth", 123 *U. Pa. L. Rev.* 1060（1975）; H. Richard Uviller, "The Advocate, the Truth and Judicial Hackles: A Reaction to Judge's Frankel Idea", 123 *U. Pa. L. Rev.* 1067（1975）; 另见 Findley, "Adversarial Inquisitions: Rethinking the Search for the Truth", 56 *N. Y. L. Sch. L. Rev.* 914（2012）（揭示了美国对抗制刑事诉讼中查明真相的障碍所在）。由于这些学者所提出的理由，许多人谈论的是"偏离真相"而不是"发现真相"。参见 Myers, "Adversarial Counsel in an Inquisitorial System", *N. C. J. Int'l L. & Com. Reg.* 411（2011）。

罪冲突。[109] 对抗式诉讼程序与非对抗式诉讼程序甚至因不同的目标和价值而有不同的证明方法。[110] 查明真相的理念是对抗式刑事诉讼与欧陆非对抗式刑事诉讼最大的区别之一。[111] 预审法官（或者现在许多欧陆国家的检察官）负责案件的官方调查，并创立侦查卷宗，这是欧陆当下非对抗式刑事诉讼与对抗式刑事诉讼的另一个重大区别。

最后，对抗式诉讼制度与非对抗式诉讼制度之间的另一个重要区别通常涉及被告人在刑事诉讼中的作用，特别是与查明真相的过程相关。可以看到，被告人在对抗式刑事诉讼中被视为应受保护的审判主体或者一方当事人，并享有免于自我归罪的特权［正如米兰达规则[112]所解释的那样，尽管在新近的伯格易斯诉汤普金斯（Berghuis v. Tompkins）一案的判例中限制了其适用范围］。[113] 相

---

[109] 参见 Thomas Weigend, "Should We Search for the Truth and Who Should Do It?", 36 *N. C. J. Int'l & Com. Reg.* 389, 390 (2011); Jack Norton et al., "Truth and Individual Rights: A Comparison of United States and French Pretrial Procedures", 2 *Am. Crim. L. Q.* 159 (1963)（两国寻求真理的比较）。此外，关于这些目标和对抗式刑事诉讼程序的价值，参见 Ellen E. Sward, "Values, Ideology and the Evolution of the Adversary System", 64 *Ind. L. J.* 301, 304 (1989)。回顾蒂波特（Thibaut）和沃克（Walker）提出的解决冲突理论中提到的两个目标，"A Theory of Procedure", 66 *Calif. L. Rev.* 543 (1978).

[110] 参见 J. D. Jackson, "Two Methods of Proof in Criminal Procedure", 51 *Mod. L. Rev.* 549, 561 (1988). 关于比较的视角，参见 Karl H. Kunert, "Some Observations on the Origin and Structure of Evidence Rules under the Common Law System and the Civil Law System of 'Free Proof' in the German Code of Criminal Procedure", 16 *Buff. L. Rev.* 122, 123 (1966)（参照欧陆刑事诉讼在反对法定证据制度时所发展起来的现代自由心证理论）。

[111] 参见 Michael L. Corrado, "The Future of Adversarial Systems: An Introduction to the Papers from the First Conference", 35 *N. C. J. Int'l & Com. Reg.* 285 (2010)（介绍了对抗制和非对抗制中的核心元素）。将对抗制的一些方面总结如下：由当事方而不是由法官提起诉讼，至少在理论上当事人具有同等地位；被告人（或被告人的辩护律师）有权与控告者对质并进行交叉询问；第六修正案所规定的获得陪审团审判的权利；证据只能在审判时提出；受害人不承担检察官的职能。相反，非对抗制中最具职权主义的特征是：审判由职业法官主导，律师极少参与；审前的司法调查以书面卷宗的形式呈交庭审法官（作者认为，这是对抗制与非对抗制最大的区别，涉及无罪推定）；当事人处于不平等的地位，因为检察官是与法官相同的司法职业；几乎没有陪审团或者参审员；受害人具有一定起诉者的作用，在一些刑事诉讼中可作为民事当事人参与。

[112] Miranda v. Arizona, 384 U. S. 436, 452, 459-60 (1966)（反对自我归罪的特权是"对抗式诉讼程序的主要支柱"，是第五修正案中规定的保持沉默权的一部分，在任何刑事案件中，不得强迫任何人作对自己不利的证言）；另见 Griffith v. California, 380 U. S. 609 (1965)（关于自我归罪的特权）；Thea A. Cohen, "Self-incrimination and Separation of Powers", 100 *Geo. L. J.* 895 (2012)（分析了自我归罪条款）。

[113] Berghuis v. Tompkins, 130 *S. Ct.* 2250, 2264 (2010)［认为"一个接受并理解米兰达警告的犯罪嫌疑人，没有援引米兰达的权利，相当于他放弃了保持沉默的权利，并向警方作了一个不为人所知（默示）的陈述"］。沉默权的这一较低标准受到了学者们的批评。参见 Brigite Mills, "Is Silence Still Golden? The Implications of Berghuis v. Tompkins on the Right to Remain Silent", 44 *Loy. L. A. L. Rev.* 1179 (2011); Jaime M. Rogers, "You Have the Right to Remain Silent…Sort of: Berghuis v. Tompkins, The Social Costs of a Clear State-ment Rule and the Need for Amending the Miranda Warnings", 16 *Roger Williams U. L. Rev.* 723 (2011); Emma Schauring, "Berghuis v. Thompkins: The Supreme Court's 'New' Take on Invocation and Waiver of the Right to Remain Silent", 31 *St. Louis U. Pub. L. Rev.* 221 (2011). 对于非英语人士来说，伯格易斯案的判决结果可能是严重的。参见 130 *S. Ct.* 2250, p. 2266 (Sotomayor, J., 持有异议)（认为犯罪嫌疑人必须当场行使保持沉默的权

反，被告人在非对抗式的诉讼程序中被视为一个客体，凸显了"职权主义"一词最负面的含义。在职权主义诉讼制度下，被告人的供述是所有类型证据中最为重要的（又称为"证据之王"，regina probatorum）。[114]被告人的供述被视为最重要的信息来源。[115]对抗式刑事诉讼则通常采用其他的取证方式，以替代被告人的声明或供述。这方面最佳的例证便是对证人的交叉询问，因为检察官和辩护律师代表着不同的当事人和案件，于是出现了某种证人指导（witness coaching）。[116]

三、英美与欧陆刑事诉讼之间的相互影响

在介绍了普通法和大陆法各自传统下、与其制度起源相一致的对抗式刑事诉讼与非对抗式刑事诉讼的特征后，本文将探讨这些差异是否依然存在于当下的欧陆及英美的刑事诉讼中，特别是涉及对抗式诉讼与所谓职权主义诉讼[117]之间的相

利，即"与直觉相悖，言与行必须足够精确，方能满足明确陈述规则的要求，这是对警察有利的模糊解释"）；另见 Brenda L. Rosales, "The Impact of Berghuis v. Tompkins on the Eroding Miranda Warnings and Limited English Proficient Individuals: You Must Speak Up to Remain Silent", 9 *Hastings Race & Poverty L. J.* 109 (2012)；George M. Dery III, "Do You Believe in Miranda? The Supreme Court Reveals Its Doubts in Berghuis v. Tompkins Paradoxically Ruling that Suspects Can Only Invoke Their Right to Remain Silent by Speaking", 21 *Geo. Mason U. Civ. Rts. L. J.* 407 (2011)；Illan M. Romano, "Is Miranda on the Verge of Extinction? The Supreme Court Loosens Miranda's Grip in Favor of Law Enforcement", 35 *Nova L. Rev.* 525 (2011)；Austin Steelman, "Miranda's Great Mirage: How Protections against Widespread Findings of Implied Waiver Have Been Lost on the Horizon", 80 *Umkc. L. Rev.* 239 (2011).

〔114〕 参见 Volkmann‑Schluck, "Continental European Criminal Procedures: True or Illusive Model?", 9 *Am. J. Crim. L.* 2 (1981)〔传统的职权主义刑事诉讼将被告人的供述视为"证据之王"，依"未载入书面笔录，即视为未作出此一陈述"原则（quod non est in actis, non est in mundo），供述与案卷或调查文件相关〕。

〔115〕 参见 Damaška, "Evidentiary Barriers to Conviction and Two Models of Criminal Procedure: A Comparative Study", 121 *U. Pa. L. Rev.* 526 (1973)；另见 Langbein, *The Origins of Adversary Criminal Trial*, Oxford University Press, 2003, p. 35（考虑到历史背景）；Schlesinger, "Comparative Criminal Procedure: A Plea for Utilizing Foreign Experience", 26 *Buff. L. Rev.* 377 (1976)（批评被告人保持沉默的权利，称这让位于单向的证据开示）。必须指出，反对自我归罪的特权也是欧洲刑事诉讼程序的一个组成部分。参见 Manfred Pieck, "The Accused's Privilege against Self‑Incrimination in the Civil Law", 11 *Am. J. Comp. L.* 585 (1962)（论将其纳入当时的法国和德国刑事诉讼程序）；Kevin H. Tierney, "Transatlantic Attitudes toward Self‑Incrimination", 6 *Am. Crim. L. Q.* 26 (1967)（关于英国普通法中存在的自我归罪的特权）。顺便说一句，蒂尔尼（Tierney）对米兰达案中联邦最高法院对第五修正案的解释持批评态度。

〔116〕 参见 Mirjan R. Damaška, "Presentation of Evidence and Fact‑Finding Precision", 123 *U. Pa. L. Rev.* 1083, 1088 (1975)（通过证人的交叉询问详细说明了两种证明模式）。

〔117〕 See Mirjan R. Damaška, "The Uncertain Fate of Evidentiary Transplants: Anglo‑American and Continental Experiments", 45 *Am. J. Comp. L.* 839, 843 (1997).

关差异。近些年来，美国的法律制度在欧洲的影响越来越大，特别是美国刑事诉讼中无处不在的辩诉交易制度，我们将在下文中详细讨论。[118] 事实上，英美刑事诉讼的一些传统特征，可能在非对抗制的欧陆刑事诉讼中出现。因此，由于相互影响，两个传统诉讼模式之间的界限日益模糊，对抗制与非对抗制（或者调查型的刑事诉讼）[119] 的趋同化似乎有足够充分的依据。

（一）审前调查

所有国家的刑事诉讼，无论是欧陆、英美或者世界其他国家，均始于警察的调查。警察是第一批进入犯罪现场的人员。事实上，他们是（案件）进入刑事司法程序的"守门人"，[120] 因此他们也有权签发刑事案件通知（notitia criminis）。[121] 在这一背景下，英美和欧陆刑事诉讼程序（分别奉行所谓的当事人主义和职权主义法律制度）在接收该通知并最终负责启动刑事诉讼的主体存在不同。这个接收人将

---

　　[118]　参见 Langer, "From Legal Transplants to Legal Translations: The Globalization of Plea Bargaining and the Americanization Thesis in Criminal Procedure", 45 *Harv. Int'l L. J.* 3 (2004)（指出其他刑事诉讼程序如何变得"美国化"）。该作者运用法律移植的概念，传达了制度适应的理念，而不是简单地在法律制度之间"分割和分裂"。相比之下，与美国制度相比，人们认为欧陆模式更为先进和公平。另见 Schünemann, "Krise des Strafprozesses? Sorgezag Desaikazisischs Strfverfhens in der Welt?", Jornadas Sobre "La Reforma Del Derecho Penal En Alemania", 49, 290 (1992).

　　[119]　参见 Jorg et al., "Are Inquisitorial and Adversarial Systems Converging?", in P. Fennell et al. eds., *Criminal Justice in Europe: A Comparative Study*, Clarendon Press, 1995, p.41（讨论促进法律制度之间融合的两种可能性：要么是两个经典法律制度"相互靠拢"，要么是一个制度"最终主导另一个制度，从而使后者失去许多显著和独有的特征"）。可以说，后一种可能性正在欧盟国家内发生，这是《里斯本条约》确定统一刑事诉讼程序目标的结果。然而，完全统一欧洲刑事诉讼程序是一个遥远的目标，因为目前只通过了有关具体问题的最低限度规则。参见 Jimeno-Bulnes, *Un Proceso Europeo para el Siglo XXI* (1st ed., 2011), p.91. 这方面的最佳例子是程序性的谈判权利，这种谈判是非常值得怀疑的。参见 Mar Jimeno-Bulnes, "The Proposal for a Council Framework Decision on Certain Procedural Rights in Criminal Proceedings Throughout the European Union", in Elspeth Guild & Florian Geyer eds., *Security Versus Justice? Police and Judicial Cooperation in the European Union*, Taylor & Francis Ltd., 2008, p.171; 另见 Mar Jimeno-Bulnes, "The EU Roadmap for Strengthening Procedural Rights for Suspected or Accused Persons in Criminal Proceedings", 4 *Eur. Crim. L. F.* 157 (2009); Mar Jimeno-Bulnes, "Towards Common Standards on Rights of Suspected and Accused Persons in Criminal Proceedings in the EU?", *Centre for European Policy Studies* (Feb. 26, 2010), available at http://www. ceps. eu/book/towards-common-standards-rights-suspected-and-accused-persons-criminal-proceedings-eu; 另见 T. N. B. M. Spronken & D. L. F. de Vocht, "EU Policy to Guarantee Procedural Rights in Criminal Proceedings: 'Step by Step'", 37 *N. C. J. Int'l L. & Com. Reg.* 436 (2011); Konstantinos D. Kerameus, "Procedural Harmonization in Europe", 43 *Am. J. Comp. La.* 401 (1995)（论民事诉讼中的调解程序）。

　　[120]　Kratocski & Walker, *Criminal Justice in America: Process and Issues* (2d ed., 1984), p.98.

　　[121]　参见 Joseph Goldstein, "Police Discretion Not to Invoke the Criminal Process: Low-Visibility Decisions in the Administration of Justice", 69 *Yale L. J.* 543 (1960)（批判这种方法）。参见 Kenneth Culp Davis, *Discretionary Justice: A Preliminary Inquiry*, LSU Press, 1969（详细讨论这种趋势的意义，影响以及代表性作者）；另见 Sandford H. Kadish, "Legal Norm and Discretion in the Police and Sentencing Processes", 75 *Harv. L. Rev.* 904, 906 (1962).

最终负责庭前调查。在欧陆，刑事诉讼第一个阶段的主导者通常是司法机关，即调查法官（预审法官），[122] 而不是英美模式下的检察官，或是某些情况下的警察。[123]

一些欧陆国家[124]将刑事诉讼的掌控权交给政府机构，而不是法官。尤其是德国，自 1975 年废除预审法官后，[125] 庭前调查的控制权交由检察官。意大利在 1988 年后，初步调查法官（giudice delle indagini preliminary）成为监督司法调查过程的负责主体。[126] 当前，预审法官存在于法国、西班牙等国家。尽管法国进行

---

〔122〕 参见 Esmein, *A History of Continental Criminal Procedure*, Little, Brown and Company, 1913, p. 288 (论欧洲不同国家的历史背景)。从比较的视角来看欧洲（特别是荷兰、法国和德国）以及美国的调查法官的作用，参见 G. O. W. Mueller and F. Le Poole, "The United States Commissioner Compared with the European Investigating Magistrate", 10 *Crim. L. Q.* 159 (1967).

〔123〕 英格兰和威尔士的情况就是如此，直到王室检察署成立，并颁布了 1985 年《犯罪起诉法》（The Prosecution of Offenses Act 1985）, No. 1800, c. 23, p. 1 (Eng.), available at http://www.legislation.gov.uk/ukpga/1985/23; 参见 Hodgson, "The Future of Adversarial Criminal Justice in 21st Century Britain", 34 *N. C. J. Int'l & Com. Reg.* 333 (2010); Andrew Ashworth, "Developments in the Public Prosecutor's Office in England and Wales", 8 *Eur. J. Crime, Crim. L. & Crim. Just.* 257 (2000); 另见 Feldman, "England and Wales", in Craig M. Bradley ed., *Criminal Procedure: A Worldwide Study*, Carolina Academic Press, 2007 (详细介绍现代英国和威尔士的刑事诉讼程序)。

〔124〕 参见 Goldstein & Marcus, "The Myth of Judicial Supervision in Three 'Inquisitorial' Systems: France, Italy and Germany", 87 *Yale L. J.* 240, 246 (1977); Langbein & Weinreb, "Comparative Criminal Procedure: 'Myth' and Reality", 87 *Yale L. J.* 1549 (1978); Ploscowe, "The Development of Present-Day Criminal Procedures in Europe and America", 48 *Harv. L. Rev.* 433, 460 (1935); Volkmann-Schluck, "Continental European Criminal Procedures: True or Illusive Model?", 9 *Am. J. Crim. L.* 11 (1981); Weigend, "Continental Cures for American Ailments: European Criminal Procedure as a Model for Law Reform", 2 *Crime & Just.* 389 (1980); Thaman, *Comparative Criminal Procedure: A Casebook Approach*, Carolina Academic Press, 2002, p. 14; Thomas Weigend, "Prosecution: Comparative Aspects", in Joshua Dressler, *Encyclopedia of Crime & Justice*, Macmillan Reference USA, 2002, pp. 1232, 1235 (对英美和欧洲模式进行了比较分析)。

〔125〕 Strafprozessordnung [StPO] [Code of Criminal Procedure], Apr. 7, 1987, § 160 (1) (Ger.), available at http://www.iuscomp.org/gla; 另见 Bohlander, *Principles of German Criminal Procedure*, Hart Publishing, 2012, p. 67; Joachim Herrmann, "Federal Republic of Germany", in George F. Cole, Stanislaw J. Frankowski and Marc G. Gertz, *Major Criminal Justice Systems*, Cambridge University Press, 2008, pp. 86, 100; Thomas Weigend, "Germany", in Craig M. Bradley ed., *Criminal Procedure: A Worldwide Study*, Carolina Academic Press, 2007, pp. 243, 262.

〔126〕 参见 Codice di procedure penale [C. p. p.] art. 328 (It.), available at http://www.altalex.com/index.php? idnot=2011; 另见 Robert Adrian Van Cleave, "Italy", in Craig M. Bradley ed., *Criminal Procedure: A Worldwide Study*, Carolina Academic Press, 2007, pp. 303, 333; Giulio Illuminati, "The Frustrated Turn to Adversarial Procedure in Italy (Italian Criminal Procedure Code of 1988)", 4 *Wash. U. Global Stud. L. Rev.* 567, 571 (2005); Illuminati, "The Accusatorial Process from the Italian Point of View", 35 *N. C. J. Int'l & Com. Reg.* 308 (2010); Mirabella, "Scales of Justice: Assessing Italian Criminal Procedure through the Amanda Knox Trial", 30 *B. U. Int'l L. J.* 234 (2012); Elisabetta Grande, "Italian Criminal Justice: Borrowing and Resistance", 48 *Am. J. Comp. L.* 227, 232 (2000); Enzo Zappala, "Le Proces Penal Italien Entre Systeme Inquisitoire et Systeme Accusatoire", 68 *Revue Internationale De Droit Penale* 11, 113 (1997).

了一些改革尝试，试图取代这一司法职权机构，[127] 但预审法官仍然存在，与自由与羁押法官并存。西班牙新近颁布了一项法案，废除了这种司法调查。[128] 如果说未设预审法官是当事人主义诉讼制度的一般特征，我们也可以说，欧陆刑诉学界正在重新审视这一制度（预审制度）。

区分这两种刑事诉讼模式的另一个特征是控方行使刑事公诉权的强度（level）。公诉裁量权原则通常与英美的刑事诉讼相关，尤其是在美国，失控的公诉裁量权当下正受到热议。[129] 这与欧陆模式形成鲜明对比：自"罪刑法定"成

---

〔127〕 目前废除预审法官仍在政治议程之内。参见 Thomas Meindl, "Les Implications Constitutionnelles de la Suppression du Juge D'instruction", 2 *Revue de Science Criminelle et de Droit Penal Compare* 395（2010）（批评者认为如果废除预审法官，将使检察机关屈从于行政权的压力）。目前，《法国刑事诉讼法典》第 81 条对预审程序进行了规定。Code de Procedure Penale ［C. PR. PEN.］art. 81（Fr.），available at http://www.legifrance.gouv.fr. 对法国预审法官（juge d'instructions）及其作用的讨论，参见 Doris Jonas Freed, "Aspects of French Criminal Procedure", 17 *La. L. Rev.* 730, 731（1957）; Morris Ploscowe, "Development of Inquisitorial and Accusatorial Elements in French Procedure", 23 *Am. Inst. Crim. L. & Criminology* 372, 373（1932）; Richard S. Frase, "France", in Craig M. Bradley ed., *Criminal Procedure: A Worldwide Study*, Carolina Academic Press, 2007, pp. 201, 220. 另见 A. E. Anton, "l'instruction Criminelle", 9 *Am. J. Comp. L.* 441, 442（1960）; Edwin R. Keedy, "The Preliminary Investigation of Crime in France Part II", 88 *U. Pa. L. Rev.* 692（1940）; Jacqueline Hogdson, "The Police, the Prosecutor and the Juge d'Instruction: Judicial Supervision in France, Theory and Practice", 41 *Brit. J. Criminology* 342（2001）.

〔128〕 参见 Actividad Legislativa, 前注 73, arts. 457 et seq.；还包括设立一名监督法官（Juez de Garantias），用来监督检察官（上述自由与羁押法官）进行的调查。关于西班牙刑事诉讼制度的改革，参见 J. M. Martin Pallin, *Un anteproyecto bien vertebrado*, *Actualidad Juridica Aranzadi*, Actualidad jurídica Aranzadi, 2011, p. 3. 事实上，学者们呼吁要求起草一部新的刑事诉讼法，是因为当下实施的法律是在 1882 年颁布的。参见 J. V. Gimeno Sendra, "La Necesaria e Inaplazable Reforma de la Ley de Enjuiciamiento Criminal", 5 *La Ley* 1705（2002）.

〔129〕 参见 Davis, *Discretionary Justice: A Preliminary Inquiry*, University of Illinois Press, 1969, p. 188；另见 Wayne R. LaFave, "The Prosecutor's Discretion in the United States", 18 *Am. J. Comp. L.* 532, 535（1970）; Albert W. Alschuler, "Sentencing Reform and Prosecutorial Power: A Critique of Recent Proposals for 'Fixed' and 'Presumptive' Sentencing", 126 *U. Pa. L. Rev.* 550（1978）. 具体讨论该公诉裁量权优劣势，并提供一些指导原则，参见 N. Abrams, "Internal Policy: Guiding the Exercise of Prosecutorial Discretion", 19 *UCLA L. Rev.* 1（1971）. 以比较视角来看传统大陆法系国家，参见 William T. Pizzi, "Understanding Prosecutorial Discretion in the United States: The Limits of Comparative Criminal Procedure as an Instrument of Reform", 54 *Ohio St. L. J.* 1325（1993）. 公诉裁量权的基本原理，参见 Robert L. Rabin, "Agency Criminal Referrals in the Federal System: An Empirical Study of Especially Prosecutorial Discretion", 24 *Stan. L. Rev.* 1036, 1038（1972）. 对公诉裁量权的一般性讨论，参见 Editorial, "Prosecutor's Discretion", 103 *U. Pa. L. Rev.* 1057, 1075（1955）; Gerard E. Lynch, "Prosecution: Prosecutorial Discretion", 3 *Encyclopedia of Crime & Justice* 1246（2002）. 对英国公诉裁量权的讨论，参见 Chrisje Brants & Stewart Field, "Discretion and Accountability in Prosecution: A Comparative Perspective on Crime out of Court", in Christopher Harding, Phil Fennell, Nico Jörg, Bert Swart, *Criminal Justice in Europe: A Comparative Study*, Clarendon Press, 1995（也讨论了荷兰的制度）. 最近关于公诉义务的一个案例，参见 George A. Weiss, "Prosecutorial Accountabilityafter Connick v. Thompson", 60 *Drake L. Rev.* 199（2011）.

为立法后，强制起诉便在欧陆成为主导性的一般规则。[130]但这种起诉裁量权也可在一些欧陆国家的刑事诉讼法典中找到痕迹：公诉便宜主义逐渐引入欧陆各国，至少是作为一种例外规则。[131]法国的情况便是如此，[132]检察官有权酌情进行轻罪化处理。本质上，重罪可能降为轻罪，案件的管辖随之发生变化：从适用重罪法院的陪审团审判，转向轻罪法院由职业法官组成合议庭进行审判，且无需经过预审。[133]相反，检察官也可依被害人之请求启动刑事诉讼，将民事责任转化为刑事责任。[134]德国设有更宽泛的起诉裁量权，[135]与强制起诉原则并存。[136]在 1988 年新《意大利刑事诉讼法典》颁布后将一些对抗制的要素引入了意大利的刑事诉讼程序。[137]相反，西班牙依然遵循罪刑法定原则并严格贯彻强制起诉制度，同时保留

〔130〕 参见 Constitucion Espanola art. 124 (Spain), available at http://www. senado. es/web/index. html; Ley de Enjuiciamiento Criminal〔L. E. Crim〕art. 105 (Spain), available at http://noticias. juridicas. com/base_ datos/Penal/lecr. html.

〔131〕 参见 Peter Western, "Two Rules of Legality in Criminal Law", 26 *Law & Phil.* 229 (2006) (比较美国法院的司法实践及原则)。

〔132〕 参见 Robert Vouin, "The Role of the Prosecutor in French Criminal Trials", 18 *Am. J. Comp. L.* 483, 488 (1970); Pieter Verrest, "The French Public Prosecution Service", 8 *Eur. J. Crime Crim. L. & Crim. Just.* 210, 233 (2010); 另见 Jacqueline Hodgson, "The French Prosecutor in Question", 67 *Wash. & Lee L. Rev.* 1361 (2010)。

〔133〕 参见 Freed, "Aspects of French Criminal Procedure", 17 *La. L. Rev.* 738 (1957); Ploscowe, "Development of Inquisitorial and Accusatorial Elements in French Procedure", 23 *Am. Inst. Crim. L. & Criminology* 386 (1932) (提供历史解释); 另见 Goldstein & Marcus, "The Myth of Judicial Supervision in Three 'Inquisitorial' Systems: France, Italy and Germany", 87 *Yale L. J.* 251 (1977); Langbein & Weinreb, "Comparative Criminal Procedure: 'Myth' and Reality", 87 *Yale L. J.* 1552 (1978)。

〔134〕 参见《法国刑事诉讼法典》第 2 条; 参见 Jean Larguier, "The Civil Action for Damages in French Criminal Procedure", 39 *Tul. L. Rev.* 687 (1965)。

〔135〕 参见《德国刑事诉讼法典》第 153 条 (不论是否经法院批准，检察官可根据事实的严重性，处理对轻罪不起诉的问题)。另一个例子是《德国刑事诉讼法典》第 172 条的规定，如果检察官以理由不充分为由作出不起诉的决定，则受害人可以提出控告，强行要求提起公诉。另见 Hans-Jorg Albrecht, "Criminal Prosecution: Developments, Trends and Open Questions in the Federal Republic of Germany", 8 *Eur. J. Crime Crim. L & Crim. Just.* 245, 246 (2000); John H. Langbein, "Controlling Prosecutorial Discretion in Germany", 41 *U. Chi. L. Rev.* 439, 443 (1974); Hans-Heinrich Jescheck, "The Discretionary Powers of the Prosecuting Attorney in West Germany", 18 *Am. J. Comp. L.* 508 (1970) (提供历史背景)。

〔136〕 参见 Volkmann-Schluck, "Continental European Criminal Procedures: True or Illusive Model?", 9 *Am. J. Crim. L.* 1, 3, 20 (1981). 强制起诉的一般规则建立在起诉法定主义之上，而酌情起诉则基于起诉便宜主义。参见 Glenn Schram, "The Obligation to Prosecute in West Germany", 17 *Am. J. Comp. L.* 627 (1969); Joachim Herrmann, "The Rule of Compulsory Prosecution and the Scope of Prosecutorial Discretion in Germany", 41 *U. Chi. L. Rev.* 468 (1974)。

〔137〕 参见 C. p. p., arts. 405 et seq. Art. 112 Costituzione〔Cost.〕(It.), available at http://www. senato. it/documenti/repository/istituzione/cost ituzione_ inglese. pdf. 尽管《意大利宪法》第 112 条规定了强制起诉原则，但自由裁量权在当代意大利立法中已经出现。参见 Amodio & Selvaggi, "An Accusatorial System in a Civil Law Country: The 1988 Italian Code of Criminal Procedure", 62 *Temp. L. Rev.* 1211, 1218 (1989); Grande, "Italian Criminal Justice: Borrowing and Resistance", 48 *Am. J. Comp. L.* 252 (2000)。

了任何公民均可提起私人诉讼的制度，而不局限于受害人。[138]

设有非法证据排除规则是对抗式刑事诉讼的另一构成要素，尤其是在美国。本质上，非法证据排除规则要求，"凡被法院或立法机关认定为警察取证程序非法的，所获得的所有证据应予以排除"[139]。非法证据排除规则以权利保障为核心，适用于不当获取的证据。[140]该规则专门针对警方，因为它起源于美国对警察的国家控制力度乏力，这与欧陆法律制度中的层级结构形成鲜明对比。[141]非法证据排除规则的一个里程碑判例当属马普诉俄亥俄州（Mapp v. Ohio）。[142]美国联邦最高法院在本案中对非法证据排除规则进行了拓展：不仅依《美国联邦宪法》第

[138] L. E. Crim. , art. 101. See Constitucion Espanola, § 125（让业余人士参与司法管理）。另见 Murray, "A Survey of Criminal Procedure in Spain and Some Comparisons with Criminal Procedure in the United States", 40 *N. D. L. Rev.* 7, 16, 19（1964）; Julio Perez Gil, "Private Interests Seeking Punishment: Prosecution Brought by Private Individuals and Groups in Spain", 25 *Law & Policy* 151, 154（2003）. 在美国这一背景下讨论私人诉讼，参见 Comment, "Private Prosecution: A Remedy for District Attorneys' Unwarranted Inaction", 65 *Yale L. J.* 209（1955）; Weigend, "Continental Cures for American Ailments: European Criminal Procedure as a Model for Law Reform", 2 *Crime & Just.* 1240（1980）（以比较的视角）。

[139] Steven R. Schlesinger, *Exclusionary Injustice: The Problem of Illegally Obtained Evidence*, Western Political Quarterly, 1977. 事实上，非法证据排除规则已被界定为"宪法刑事诉讼框架的核心"。Robert M. Bloom & Mark S. Brodin, *Criminal Procedure: The Constitution and the Police*, Wolters Kluwer, 2010; 另见 Kamisar et al. , *Modern Criminal Procedure: Cases, Comments, and Questions*, West Academic Publishing, 1994, p. 785; Wayne R. LaFave et al. , *Principles of Criminal Procedure: Investigation*, West Academic Publishing, 2009; L. Miller & Ronald F. Wright, *Criminal Procedures: Cases, Statutes and Executive Materials*, Wolters Kluwer, 2011; David S. Rudstein, *Criminal Procedure: The Investigative Process*, Carolina Academic Press, 2008; Russell L. Weaver et al. , *Principles of Criminal Procedure*, West Academic Publishing, 2008.

[140] 参见 Charles T. McCormick, *Handbook of the Law of Evidence*, West Publishing Co. , 1972（以下简称 McCormick's Handbook）; 另见 Kenworthey Bilz, "Dirty Hands or Deterrence? An Experimental Examination of the Exclusionary Rule", 9 *J. Empirical Legal Stud.* 149, 151（2012）（讨论"肮脏的""被污染的""变质的"和"被感染的"的证据）。

[141] 参见 Volkmann‐Schluck, "Continental European Criminal Procedures: True or Illusive Model?", 9 *Am. J. Crim. L.* 1, 3, 16（1981）; 另见 Monrad G. Paulsen, "The Exclusionary Rule and Misconduct by the Police", 52 *J. Crim. L. Criminology & Police Sci.* 255（1961）; John Kaplan, "The Limits of the Exclusionary Rule", 26 *Stan. L. Rev.* 1027, 1029, 1031（1974）（参考该规则在美国存在的合理理由）。卡普兰（Kaplan）认为，由于"美国独有的条件"，所以"美国是唯一适用自动非法证据排除规则的国家"。另见 Kunert, "Some Observations on the Origin and Structure of Evidence Rules under the Common Law System and the Civil Law System of 'Free Proof' in the German Code of Criminal Procedure", 16 *Buff. L. Rev.* 126（1966）（比较美国与德国刑事诉讼中的非法证据排除规则）。

[142] Mapp v. Ohio, 367 U. S. 642, 660（1961）（联邦最高法院判决给个人的保障不超出宪法之规定，对警察的限制不低于诚实的法律执行，对法院的限制则是公正司法所需的司法廉洁）。以前关于这个问题的判例包括：Boyd v. United States, 116 U. S. 616（1886）; Weeks v. United States, 232 U. S. 383（1914）; Wolf v. Colorado, 338 U. S, 25（1949）; Rochin v. California 342 U. S, 165（1952）; and Elkins v. United States, 364 U. S. 206（1960）. 此外，对非法证据排除规则进一步的限制也已出现，参见 United States v. Calandra, 414 U. S. 338（1974）; Thomas S. Schrock & Robert C. Welsh, "Up from Calandra: The Exclusionary Rule as a Constitutional Requirement", 59 *Minn. L. Rev.* 251（1974）.

十四修正案中的正当程序条款在各州法院适用，且扩及违反宪法其他条款而获取的证据。[143] 尽管如此，非法证据排除规则更广泛的适用范围，与《美国联邦宪法》第四修正案的保障性规定有关，特别是涉及"不合理的搜查和扣押"。[144] 虽然非法证据排除规则有助于将非法获取的证据（经常被认为是"毒树之果"）[145] 排除在庭审之外，但一些学者和实务人员仍然对该规则提出质疑，[146] 认为非法证据排除规则的运行使打击犯罪成为障碍赛跑。

而欧陆法律体系中的刑事诉讼法典则规定了类似的规则——禁止非法获取证据，以及非法获取的证据不可采。例如法国设有程序无效制度，涉及住宅搜查、身份检查和电话窃听等，如果相关侦查行为未遵循法律的规定，则后果便是在卷宗（侦查卷宗）中删除这一证据。[147] 此外，《德国刑事诉讼法典》也规定，无论何时

---

〔143〕 总之，非法证据排除规则适用于"四大类"违法行为：违反《美国联邦宪法》第四修正案的搜查和扣押；违反《美国联邦宪法》第五和第六修正案获得的供述；违反以上修正案获得的身份证明；违反正当程序条款而获取的证据。参见 Dallin H. Oaks, "Studying the Exclusionary Rule in Search and Seizure", 37 *U. Chi. L. Rev.* 665（1970）.

〔144〕 参见 Francis A. Allen, "The Exclusionary Rule in the American Law of Search and Seizure", 52 *J. Crim. L. Criminology & Police Sci.* 246（1961）; James E. Spiotto, "Search and Seizure: An Empirical Study of the Exclusionary Rule and Its Alternatives", 2 *J. Leg. Stud.* 243（1973）; 另见 Tyler Regan Wood, "Why Can't We All Just Get Along? The Relationship between the Exclusionary Rule, the Good-Faith Exception, and the Court's Retroactivity Precedents after Arizona v. Grant", 80 *UMKC L. Rev.* 485（2011）[讨论与警察的搜查和扣押的做法有关的具体判例，特别包括对 Arizona v. Grant, 556 U. S. 332（2009）和 New York v. Belton, 453 U. S. 454（1981）的比较分析]。关于《美国联邦宪法》第四修正案非法证据排除规则适用问题的讨论，参见 R. M. Bloom, *Searches, Seizures and Warrants: A Reference Guide to the United States Constitution*, Praeger, 2003.

〔145〕 参见 Kerri Mellifont, *Fruit of the Poisonous Tree: Evidence Derivied from Illegally or Improperly Obtained Evidence*, The Federation Press, 2010; Kamisar et al., *Modern Criminal Procedure: Cases, Comments, and Questions*, West Academic Publishing, 1994, p. 785; LaFave et al., *Principles of Criminal Procedure: Investigation*, West Academic Publishing, 2009, p. 459. "毒树之果"原则被视为"最简单的非法证据排除规则"，参见前引，第525页。这种观点认为，"排除非法证据不仅指非法取证行为的直接结果，也包括由非法所得之证据的衍生结果。"参见 *Bloom, Searches, Seizures and Warrants: A Reference Guide to the United States Constitution*, Praeger, 2003, p. 19.

〔146〕 参见 Frank J. McGarr, "The Exclusionary Rule: An Ill Conceived and Ineffective Remedy", 52 *J. Crim. L. Criminology & Police Sci.* 266（1961）; William T. Pizzi, "The Need to Overrule Mapp v. Ohio", 82 *U. Colo. L. Rev.* 679（2011）（认为非法证据排除规则与美国刑事诉讼中的规定并不一致）; 另见 Joshua Dressler & Alan C. Michaels, *Understanding Criminal Procedure: Investigation*, LexisNexis, 2010（建议废除非法证据排除规则）; Tonja Jacobi, "The Law and Economics of the Exclusionary Rule", 87 *Notre Dame L. Rev.* 585（2011）; Charles H. Whitebread, *Criminal Procedure: An Analysis of Cases and Concepts*, Foundation Press, 1986（分析非法证据排除规则的成本并讨论这些违宪行为的其他补救办法）。总的来说，这些作者提出了民事补救办法，如索赔诉讼、刑事补救办法（如对警察非法行为的刑事制裁），甚至非司法补救办法（如警察部门对其自身不当行为的内部审查程序）。尽管如此，这些作者得出结论，尽管对非法证据排除规则及其替代规则提出了批评，但它仍然是美国刑事法律体系的一项基本制度。

〔147〕 参见 C. PR. PEN., arts. 59, 78（3）, 100（7）. 参见 Frase, "France", in Craig M. Bradley ed., *Criminal Procedure: A Worldwide Study*, Carolina Academic Press, 2007, p. 212; 另见 Robert Vouin, "The Exclusionary Rule under Foreign Law C. France", 52 *J. Crim. L. Criminology & Police Sci.* 271（1961）.

使用暴力或非法威胁，所获取的证据均不可采。[148] 总体而言，违反保护被告人基本程序权利规则而获取的证据，应立即予以排除。这同样适用于未经正当司法授权而进行的非法搜查、扣押或电话窃听而获取的证据。而意大利[149]和西班牙的法律制度设有禁止使用这种非法获取之证据的一般性条款。在这两个国家，这种一般性的规则适用于所有类型的程序（而不仅是刑事诉讼），任何侵害基本权利而获取的所有类型的证据均应予以排除。[150] 相反，在英国，刑事诉讼程序可分为当事人主义和/或职权主义，与科层式和协作式的国家结构相对应，[151] 对于不当获取的证据未设一般性的排除规则，而是由法院对不公正获取的证据适用证据排除的自由裁量权。[152]

庭前调查让位于预设证据*，这成为刑事诉讼的一个重要方面，主要原因有二：首先，因现代技术和科学知识，专家或者有些案件中的警察可运用更先进、准确的调查技术，这对于事实认定至关重要。这方面最佳的例证便是法庭科学中的 DNA 分析，[153] 一般意义上的司法鉴定也可纳入其中。其次，新犯罪事实的出

---

〔148〕 StPO，§69，para. 3，§136a，para. 3（详细介绍德国制度中对证人和被告的询问）；参见 Weigend，"Germany"，in Craig M. Bradley ed.，*Criminal Procedure：A Worldwide Study*，Carolina Academic Press，2007，p. 251（参考各种宪法判例和德国联邦最高法院的判例）；另见 Walter R. Clemens，"The Exclusionary Rule under Foreign Law D. Germany"，52 *J. Crim. L. Criminology & Police Sci.* 277（1961）.

〔149〕 参见 C. p. p.，art. 191；参见 Van Claeve，"Italy"，in Craig M. Bradley ed.，*Criminal Procedure：A Worldwide Study*，Carolina Academic Press，2007，p. 327.

〔150〕 Ley Organica del Poder Judicial〔L. O. P. J.〕art. 11（1）（Spain），available at http://www. poderjudic-ial. es/eversuite/GetRecords? Template=cgpj/ cgpj/pjexaminarlegislacion. html&dkey=242&TableName=PJLEGISLACION；另见 M. Miranda Estrampes，*El Concepto de Prueba Ilicita y su Tratamiento en el Proceso Penal*，J. M. Bosch Editor，2005.

〔151〕 参见 Damaška，"Evidentiary Barriers to Conviction and Two Models of Criminal Procedure：A Comparative Study"，121 *U. Pa. L. Rev.* 522（1973）（关于非法证据排除规则）. 作者认为，普通法系国家在非法证据排除规则上要比大陆法系国家更具执行力度，虽然一些大陆法系国家明确规定了非法证据排除规则（如西班牙，1985 年便实行了非法证据排除规则），而所有英美法系国家均未作明确的规则设定（如英国），因为这些国家的法律始终未有（非法证据排除规则的）条款规定.

〔152〕 Police and Criminal Evidence Act，1984，c. 60，§78（Eng.），available at http://www. legislation. gov. uk/ukpga/1984/60/contents；see Feldman，"England and Wales"，in Craig M. Bradley ed.，*Criminal Procedure：A Worldwide Study*，Carolina Academic Press，2007，p. 163；Glanville L. Williams，"The Exclusionary Rule under Foreign Law B. England"，52 *J. Crim. L. Criminology & Police Sci.* 272（1961）.

* 预设证据指在案件发生前便预先设定的证据，这是大陆法系证据法的一个重要概念，传统上主要用于民事诉讼。——译者注

〔153〕 参见 Ryan M. Goldstein，"Improving Forensic Science through State Oversight"，90 *Tex. L. Rev.* 225（2011）（讨论美国司法实践中的 DNA 分析）. DNA 分析的"绝对可靠性"以及仅"作为排除合理怀疑"的证据形式（对抗式刑事诉讼所要求的证据标准）引发了关注. 参见 Katharine C. Lester，"The Affects of Apprendi v. New Jersey on the Use of DNA Evidence at Sentencing—Can DNA Alone Convict of Unadjudicated Prior Acts?"，17 *Wash & Lee. J. Civ. Rts. & Soc. Just.* 267（2010）. 特别是根据《美国联邦宪法》第四修正案的规定，由政府来收集 DNA 是有争议的，可能导致侵犯基本权利. 参见 Ashley Eiler，"Arrested Development：Reforming the Federal All-Arrestee DNA Collection Statute to Comply with the Fourth Amendment"，79 *Geo. Wash. L. Rev.* 1201（2011）；Kelly Lowenberg，"Applying the Fourth Amendment When DNA Collected for One Purpose is Tested for Another"，79

现让位于更复杂的犯罪形式，刑事诉讼必须予以应对。因此，有必要更广泛使用多数具有入侵性质的侦查措施，这些措施往往涉及公民的基本权利。具体而言，这些调查措施包括搜查和扣押、[154]电讯或网络监控（如窃听），[155]甚至是调查手段，例如警察进行的拉网式调查[156]、侦查陷阱或其他专门的调查行为。[157]最后，随着新犯罪形式的出现，如恐怖主义和有组织犯罪，丰富这些调查手段便有了极

U. Cin. L. Rev. 1289（2010）. 相比之下，对这种政策的辩护则更为深入，参见 Jessica A. Levitt，"Competing Rights under the Totality of the Circumstances Test：Expanding DNA Collection Statutes"，46 Val. U. L. Rev. 117（2011）［建议通过国家立法，完善各自的 DNA 收集法规，包括被逮捕者的 DNA 样本，但应提供充分的（程序性）保障］。

〔154〕 搜查和扣押不一定只限于住宅及其物品，参见 Leanne Andersen，"People v. Diaz：Warrantless Searches of Cellular Phones，Stretching the Search Incident to Arrest Doctrine beyond the Breaking Point"，39 W. St. U. L. Rev. 33（2011）；Camille E. Gauthier，"Is It Really That Simple?：Circuits Split over Reasonable Suspicion Requirement for Visual Body-Cavity Searches of Arrestees"，86 Tul. L. Rev. 247（2011）；James T. Stinsman，"Computer Seizures and Searches：Rethinking the Applicability of the Plain View Doctrine"，83 Temp. L. Rev. 1097（2011）. 此外，警官现在在这些搜查和扣押中使用新技术，例如在车辆或其他地方安装全球定位系统（GPS）装置。此外，亦有讨论限制公民隐私权的问题。参见 Joshua A. Lunsford，"Prolonged GPS Surveillance and the Fourth Amendment：A Critical Analysis of the D. C. Circuit's 'The-Whole-Is-Greater-than-the-Sum-of-Its-Parts' Approach in United States v. Maynard"，38 Ohio N. U. L. Rev. 383（2011）；Brian Andrew Suslak，"GPS Tracking，Police Intrusion and the Diverging Paths of State and Federal Judiciaries"，45 Suffolk U. L. Rev. 193（2011）.

〔155〕 学者们概述了监控法和监听法。参见 Patricia L. Bellia，"Designing Surveillance Law"，43 Ariz. St. L. J. 293（2011）；J. Peter Bodri，"Tapping into Police Conduct：The Improper Use of Wiretapping Laws to Prosecute Citizens Who Record On-Duty Police"，19 Am. U. J. Gender Soc. Pol'y & L. 1327，1332（2011）. 另见 Stephen Rushin，"The Judicial Response to Mass Police Surveillance"，2011 U. Ill. J. L. Tech. & Pol'y 281（2011）；David J. Stein，"Law Enforcement Efficiency or Orwell's 1984? Supreme Court to Decide Whether 'Big Brother' Is Here at Last"，2011 U. Ill. J. L. Tech. & Pol'y 487（2011）（GPS 等新型监测工具在著名文献中的应用）。相反，联邦最高法院和国会也试图根据在 Katz v. United States，389 U. S. 347（1967）中的判决，通过起草反窃听法，将《美国联邦宪法》第四修正案适用于新兴技术。参见 Michelle K. Wolf，"Anti-Wiretapping Statutes：Disregarding Legislative Purpose and the Constitutional Pitfalls of Using Anti-Wiretapping Statutes to Prevent the Recording of On-Duty Police Officers"，15 J. Gender Race & Just. 165（2012）（分析了这些立法，禁止警察记录公民个人的活动）。

〔156〕 例如，利用前述的全球定位系统（GPS）进行监控。参见 Lunsford，"Prolonged GPS Surveillance and the Fourth Amendment：A Critical Analysis of the D. C. Circuit's 'The-Whole-Is-Greater-than-the-Sum-of-Its-Parts' Approach in United States v. Maynard"，38 Ohio N. U. L. Rev. 396（2011）；Anna-Karina Parker，"Dragnet Law Enforcement：Prolonged Surveillance & the Fourth Amendment"，39 W. St. U. L. Rev. 23（2011）.《德国刑事诉讼法典》第 98a 条和第 98b 条对调查某些罪行规定了"拉网式调查"的做法，允许在现有的大量人员数据中进行搜索，以确定犯罪嫌疑人的身份。参见 Bohlander，Principles of German Criminal Procedure，Hart Publishing，2012，p. 88.

〔157〕 参见 Dressler & Michaels，Understanding Criminal Procedure：Investigation，LexisNexis，2010，p. 539（讨论侦查陷阱）；Adam A. Khalil，"Knock，Knock，Who's There?：Undercover Officers，Police Informants，and the 'Consent Once Removed' Doctrine"，41 Seton Hall L. Rev. 1569（2011）（讨论警方其他的调查手段）。对美国及欧陆警察调查技术手段的比较，参见 Christopher Slobogin，"Comparative Empiricism and Police Investigative Practices"，37 N. C. J. Int'l L. & Com. Reg. 321（2011）.

佳的理由。[158]

（二）审判阶段

审判阶段被认为是对抗式刑事诉讼"皇冠上的明珠"，[159]尤其对于美国的刑事司法更是如此，是控辩双方在各方面角力的阶段。《美国联邦宪法》第六修正案所规定的对质权条款，[160]赋予被告人与不利证人当面对质的权利，创设了在交叉询问中应履行的基本义务，[161]这可以说是美国对抗式审判最具特色的特征。通常而论，证明必须达到最高的证明标准，即排除合理怀疑，[162]检控方方能请求对被告人进行定罪。有观点认为，欧陆刑事诉讼并不存在交叉询问权，因为审判中的所有问

---

〔158〕 有观点试图协调当事人主义制度与职权主义制度。参见 Erin Creegan, "Cooperation in Foreign Terrorism Prosecutions", 42 *Geo. J. Int'l L.* 491（2011）. 作者以英美法系国家和大陆法系国家的不同背景为理由，说明协作中的困难。特别是在 2001 年 9 月 11 日（"9·11"事件）之后，整个反恐斗争中的协作与兴趣有所增加。这一事件对世界范围的刑事诉讼程序产生了巨大影响，并导致公民自由与执法之间的平衡发生了变化。"9·11"事件之后颁布了一部非常重要的法案——《美国爱国者法》。参见 Bloom & Brodin, *Criminal Procedure: The Constitution and the Police*, Wolters Kluwer, 2010, p. 349; 另见 Mar Jimeno-Bulnes, "After September 11th: The Fight against Terrorism in National and European Law, Substantive and Procedural Rules: Some Examples", 10 *European L. J.* 235, 237（2004）（讨论《美国爱国者法》、英国 2001 年《反恐怖主义、犯罪和安全法》以及西班牙和欧洲的条例）. 关于对《美国爱国者法》的进一步讨论，参见 John W. Whitehead & Steven H. Aden, "Forfeiting 'Enduring Freedom' for 'Homeland Security': A Constitutional Analysis of the USA Patriot Act and the Justice Department's Anti-Terrorism Initiatives", 51 *Am. U. L. Rev.* 1081（2002）. 对 "9·11" 事件的近代解读，参见 Sudha Setty, "What's in a Name? How Nations Define Terrorism Ten Years after 9/11", 33 *U. Pa. J. Int'l L.* 1（2011）. 参见 Jimmy Gurule & Geoffrey S. Corn, *Principles of Counter-Terrorism Law*, West Academic Publishing, 2011.

〔159〕 参见 Kamisar et al., *Modern Criminal Procedure: Cases, Comments and Questions*, West Academic Publishing, 1990. 该书的后一版于 1994 年出版，在关于刑事审判的章节中没有提到对抗制。Kamisar et al., *Modern Criminal Procedure: Cases, Comments, and Questions*, West Academic Publishing, 1994.

〔160〕 参见 Maryland v. Craig, 497 U. S. 836, 845-6（1990）. 克雷格案是这个问题的一个指导性案例。尽管承认当面对质存在例外，但联邦最高法院参照过去的判例重申了对质权条款的目的，即"在对抗式诉讼中的事实裁判者前，通过对不利被告人的证据进行严格的测试以确保该证据的可靠性"，以及除"当面在场、宣誓、交叉询问和事实裁判者对行为的观察"等对质要素的综合影响之外，（对质权条款的目的）还包括"确保指控被告的证据是可靠的，并接受英美刑事诉讼严格的对抗性检验"。另见 Mark E. Cammack & Norman M. Garland, *Advanced Criminal Procedure*, West Academic Publishing, 2006; Miller & Wright, *Criminal Procedures: Cases, Statutes and Executive Materials*, Wolters Kluwer, 2011, p. 1301; Robert K. Kry, "Confrontation at Crossroads: Crawford's Seven-Year Itch", 6 *Charleston L. Rev.* 49（2011）（关于对抗条款的现代观点）.

〔161〕 联邦最高法院将《联邦刑事诉讼规则》第 26 条第 2 款定性为"为发现真相而发明的最伟大的法律工具"。参见 Maryland v. Craig, 497 U. S. p. 846（1990）; California v. Green, 399 U. S. 149, 158（1979）. 原始表述参见 John Henry Wigmore, *A Treatise on the Anglo-American System of Evidence in Trials at Common Law: Including the Statutes and Judicial Decisions of all Jurisdictions of the United States and Canada*, Literary Licensing, 1940. 另见 Langbein, *The Origins of Adversary Criminal Trial*, Oxford University Press, 2003, p. 291（描述英国老贝利法院交叉询问的起源）; McCormick's Handbook, p. 43（讨论交叉询问的权利）.

〔162〕 参见 Barbara Shapiro, "The Beyond Reasonable Doubt Doctrine: 'Moral Comfort' or Standard of Proof?", 2 *Law & Human* 149（2008）. 讨论并评述这一原则的由来，参见 James Q. Whitman, *The Origins of Reasonable Doubt: Theological Roots of the Criminal Trial*, Yale University Press, 2008. 然而，惠特曼对萨比罗的批评作出了回应，参见 James Q. Whitman, "Response to Shapiro", 2 *Law & Human* 175（2008）.

题均通过案件的庭审法官或者合议庭提出。[163] 但这一说法并不完全准确，因为一些欧洲国家的立法也确立了交叉询问制度，特别是法国、[164] 德国、[165] 意大利[166]和西班牙。1882 年《西班牙刑事诉讼法》[167]迄今依然有效。最后，交叉询问还明确规定在欧洲和国际性的法律文件中，如《欧洲人权公约》，[168] 这在欧洲国家也均适用。

对抗制的另一个传统特征是接受陪审团审判的权利。[169] 接受陪审团审判的权利在欧洲国家几乎不存在，更不用说像《美国联邦宪法》第六修正案以及刑事诉讼所作的重要规定。[170] 但刑事诉讼也设有平民裁判，通常采用混合法庭模式。[171]

---

[163] See Damaška, "Presentation of Evidence and Fact-Finding Precision", 123 *U. Pa. L. Rev.* 1088（1975）.

[164] 《法国刑事诉讼法典》第 312 条。然而，虽然确立了交叉询问制度，但实际上很少对不利证人进行交叉询问。参见 Frase, "France", in Craig M. Bradley ed., *Criminal Procedure: A Worldwide Study*, Carolina Academic Press, 2007, p. 234.

[165] 《德国刑事诉讼法典》第 239 条。这项规定几乎没有实践意义，因为控方和辩方可以同时适用。然而，这种情况几乎不会发生，而且在发生这种情况时，必须得到主审法官的同意。因此，有人提议废除这项规定。参见 Bohlander, *Principles of German Criminal Procedure*, Hart Publishing, 2012, p. 119.

[166] 《意大利刑事诉讼法典》第 498 条。尽管根据第 506 条之规定，意大利的主审法官也可以询问证人；但法官的询问只能在当事方直接的交叉询问之后才能进行。参见 Van Claeven, "Italy", in Craig M. Bradley ed., *Criminal Procedure: A Worldwide Study*, Carolina Academic Press, 2007, p. 343.

[167] L. E. Crim., art. 708. 西班牙与意大利相似，首席治安法官也可以提问，但必须在双方当事人进行询问之后方可进行。实际上，西班牙似乎成为第一个在审判阶段实行交叉询问的国家。参见 Volkmann-Schluck, "Continental European Criminal Procedures: True or Illusive Model?", 9 *Am. J. Crim. L.* 1（1981）. 第 451 条甚至规定了证人与被告之间的对质。前引，第 451 条。评述见 Murray, "A Survey of Criminal Procedure in Spain and Some Comparisons with Criminal Procedure in the United States", 40 *N. D. L. Rev.* 7, 19, 44（1964）.

[168] ICPPR, art. 14（3）（e），前注 81；ECHR, art. 6（3）（d）；参见 Marianne Holdgaard, "The Right to Cross-Examine Witnesses—Case Law under the European Convention on Human Rights", 71 *Nordic J. Int'l L.* 83（2002）. 欧洲人权法院坚持认为违反《欧洲人权公约》第 6 条第 3 项 d 目的规定，因为申诉人"无法通过交叉询问来检验 T 证据的真实性和可靠性"。另见 Al-Khawaja & Tahery v. United Kingdom, 2011 Eur. Ct. H. R. 2127, available at http://hudoc. echr. coe. int/sites/eng/pages/search. aspx? i=001-108072.

[169] 参见 Valerie P. Hans, "U. S. Jury Reform: The Active Jury and the Adversarial Ideal", 21 *St. Louis U. Pub. L. Rev.* 85（2002）（详述对抗制中的陪审团制度）. 对美国法理学中陪审团审判的讨论，参见 Kimberly A. Mottley et al., "An Overview of the American Criminal Jury", 21 *St. Louis U. Pub. L. Rev.* 99, 100（2002）；Marder, *The Jury Process*, Foundation Press, 2005, p. 35.

[170] 参见 Albert W. Alschuler & Andrew G. Deiss, "A Brief History of Criminal Jury in the United States", 61 *U. Chi. L. Rev.* 867, 869（1994）（提供了美国的历史背景）；Symposium, "The Common Law Jury", 62 *Law & Contemp. Probs.* 1（1999）；N. Vidmar, ed., *World Jury Systems*, OUP Oxford, 2000（对普通法国家的陪审团制度提供了一种概括性认识）；Vogler, *A World View Of Criminal Justice*, Routledge, 2005, p. 193（为陪审团审判提供了一种国际化视角）.

[171] 例如，法国的重罪法庭（Cour d'asisses）、德国的参审法庭（Schoffengericht）、意大利的重罪法庭（Corte di assisi）、葡萄牙的陪审法庭（Tribunal do juri）。参见 Jimeno-Bulnes, "La Participacion Popular en la Administracion de Justicia Mediante el Jurado（Art. 125 CE）", 2 *Documentos Penales y Criminologicos* 305（2004）. 关于不同欧陆模式的研究，参见 John D. Jackson and Nikola Kovalev, "Lay Adjudication and Human Rights in Europe", 13 *Colum. J. Eur. L.* 83, 94（2006）. 对于此问题的一般性方法，参见 Symposium, "Le Jury Dans le Proces Penal au XXe Siecle", 72 *Revue Internationale De Droit Penale* 1（2001）（21 世纪刑事审判中的平民裁判）；Vogler,

有些国家也采用英美陪审团模式，如西班牙。法国、德国、意大利和葡萄牙的刑事诉讼立法也采用这种混合法庭模式，平民参审员和职业法官在庭审中互动。但在过去几十年，陪审团法庭呈衰微之势。[172]相反，西班牙在1995年受普通法制度的启发确立了陪审团模式，其所呈现的独特制度特色可追溯至早期的司法史。[173]这些特征与理性判决的要求相关，[174]使西班牙陪审团制度成为欧陆刑事诉讼模式背景下独一无二的存在。自从引入该制度后，尽管很多学者、实务人员和法庭本身均持反对意见，但西班牙陪审团审判的运行方式已经非常接近于英美的陪审团模式。[175]

但美国对欧陆刑事诉讼最具影响也是极具争议的一项制度，便是新近的辩诉交易制度。[176]这是一种认罪答辩机制，[177]被认为是对抗式刑事诉讼模式的产物，也

A World View of Criminal Justice, Routledge, 2005, p. 233. 论陪审员与职业法官的共同作用，参见 S. Kutnjak Ivkovic, "An Inside View: Professional Judges' and Lay Judges' Support for Mixed Tribunals", 25 *Law & Pol'y* 93 (2003)（提供个人面试的若干例证）。

[172] 参见 Francois Gorphe, "Reforms of the Jury-System in Europe: France and Other Continental Countries", 27 *J. Crim. L. & Criminology* 155 (1936); Hermann Manheim, "Trial by Jury in Modern Continental Criminal Law", 53 *L. Q. Rev.* 388 (1937); 另见 Valerie P. Hans & Claire M. Germain, "The French Jury at Crossroads, Symposium on Comparative Jury Systems", 86 *Chi.-Kent L. Rev.* 737 (2011); Gerhard Casper & Hans Zeisel, "Lay Judges in the German Criminal Courts", 1 *J. Legal Stud.* 135 (1972); Juan Montero Aroca, *Las "Corti di Assisi" en Italia*, *Revista de Derecho Procesal*, Revista Iberoamericana de Derecho Procesal, 1970; Arturo Alvarez Alarcon, *El Jurado en Portugal: Estatuto, Competencia y Procedimiento de Deleccion*, Anuario de la Facultad de Derecho, Civitas, 1987（分别讨论法国、德国、意大利和葡萄牙的陪审制度）。

[173] See Mar Jimeno-Bulnes, "Lay Participation in Spain: The Jury System", 14 *Int'l Crim. J. Rev.* 164 (2004); see also Stephen C. Thaman, "Spain Returns to Trial by Jury", 21 *Hastings Int'l Comp. L. Rev.* 241 (1998); Carmen Gleadow, *History of Trial by Jury in the Spanish Legal System*, Edwin Mellen Pr, 2000.

[174] See Jimeno-Bulnes, "A Different Story Line for 12 Angry Men: Verdicts Reached by Majority Rule—The Spanish Perspective", 82 *Chi.-Kent L. Rev.* 759, 769 (2007); Stephen C. Thaman, "Should Criminal Juries Give Reasons for Their Verdicts?: The Spanish Experience and the Implications of the European Court of Human Rights Decision in Taxquet v. Belgium", 86 *Chi.-Kent L. Rev.* 613, 630 (2011).

[175] 参见 Mar Jimeno-Bulnes, "Jury Selection and Jury Trial in Spain: Between Theory and Practice", 86 *Chi.-Kent L. Rev.* 585, 602 (2011)（参照限制陪审团权限的做法）。被告人与检察官之间的具体协议被视为一种辩诉交易，而这在有关陪审团的现行法律中并没有规定。

[176] 直到19世纪，辩诉交易在英国和美国才开始发挥重要作用，当时在两国，刑事诉讼程序的效率都成了一个问题。参见 John H. Langbein, "Understanding the Short History of Plea Bargaining", 13 *Law & Soc'y Rev.* 261, 262 (1979); 另见 Albert W. Alschuler, "Plea Bargaining and Its History", 79 *Colum. L. Rev.* 1 (1979); Lawrence M. Friedman, "Plea Bargaining in Historical Perspective", 13 *Law & Soc'y Rev.* 247 (1979); Jay Wishingrad, "The Plea Bargaining in Historical Perspective", 23 *Buff. L. Rev.* 499 (1973). 论英国法律制度中的辩诉交易，参见 John Baldwin & Michael McConville, "Plea Bargaining and Plea Negotiation in England", 13 *Law & Soc'y Rev.* 287 (1979). 关于比较英美法系国家中的英国和美国的辩诉交易制度，参见 H. H. A. Cooper, "Plea Bargaining: A Comparative Analysis", 5 *N. Y. U. J. Int'l L. & Pol.* 427 (1972).

[177] 参见《美国联邦民事诉讼规则》(2010) 第11 (c) 条。一些作者也将"辩诉交易"（plea agreement）称为"辩诉协商"（plea negotiation）。参见 LaFave et al., *Principles of Criminal Procedure: Investigation*,

是失败。辩诉交易是对抗式诉讼模式的产物，因为它立足于以当事人为中心的刑事诉讼程序，实践的考量往往有利于这种程序处置。因此，如果检察官和被告人或者更准确地说与辩护律师之间不能协商一致，[178]则会产生某种类似于民事司法体系中纠纷解决机制的契约，即辩诉交易。[179]由于对抗式诉讼复杂且耗时的属性，这种替代机制现在已是美国法庭的一般规则。[180]

事实上，美国刑事诉讼存在两种层叠的制度：一是陪审团审判，更为复杂，但应作为一般规则；二是辩诉交易，更为简单的模式。[181]辩诉交易作为陪审团审判的替代方式，对于被告人、[182]检察官和法官而言均是有利的交易。尽管未有任何司法干预或监督，[183]但辩诉交易为超负荷运行的司法裁判提供了一种快速解决的方案。如前所述，"被告人放弃了接受审判的权利，以换取更宽容的刑事制裁"，与此同时，"检察官也没有必要证明被告有罪，法庭无需对案件作出判决"。[184]基于这一原因，美国联邦最高法院基于管理上的优点（administrative convenience）承

West Academic Publishing, 2009, p. 999.《美国联邦民事诉讼规则》第 11 (a)（1）条还区分了三类认罪：无罪、有罪和无罪申诉（与有罪答辩相反，不要求正式认罪）。辩诉交易是一种有罪答辩，但并非所有的有罪答辩都是辩诉交易的结果。辩诉交易意味着被告人认罪，从而获取公诉方的让步，或是从公诉方获益。参见 Cammack & Garland, *Advanced Criminal Procedure*, West Academic Publishing, 2006, p. 265. 根据《美国联邦民事诉讼规则》第 11 (c)（1）条，交易也分为不同的类型，例如分别与指控和判刑有关的"罪名交易"（charge bargain）和"量刑交易"（sentence bargain）。参见 Miller & Wright, *Criminal Procedures: Cases, Statutes and Executive Materials*, Wolters Kluwer, 2011, p. 1101.

〔178〕 参见 Frank H. Easterbrook, "Plea Bargaining as Compromise", 101 *Yale L. J.* 1969 (1992); Robert E. Scott & William J. Stuntz, "Plea Bargaining as Contract", 101 *Yale L. J.* 1909 (1992). 相反，对辩诉交易"契约做法"的批判，参见 Jennifer Rae Taylor, "Restoring the Bargain: Examining Post-Plea Sentence Enhancement as an Unconscionable Violation of Contract Law", 48 *Cal. W. L. Rev.* 129, 136 (2011)（认为辩诉交易不能为被告人提供司法保护，因此这种契约模式不宜适用）。

〔179〕 参见 Volkmann-Schluck, "Continental European Criminal Procedures: True or Illusive Model?", 9 *Am. J. Crim. L.* 25 (1981); 另见 Dominick R. Vetri, "Guilty Plea Bargaining: Compromises by Prosecutors to Secure Guilty Pleas", 112 *U. Pa. L. Rev.* 865 (1964)（通过数字和统计来举例说明控辩双方之间的辩诉交易）; Albert W. Alschuler, "The Prosecutor's Role in Plea Bargaining", 36 *U. Chi. L. Rev.* 50, 52 (1968)（主张检察官可以以不同的动机担任管理者、辩护人、法官或立法者，以在所有案件中给予让步）。

〔180〕 参见 Kagan, *Adversarial Legalism: The American Way of Law*, Harvard University Press, 2001, p. 66（批评与反思了美国连续上诉后的做法）。

〔181〕 参见 Weigend, "Continental Cures for American Ailments: European Criminal Procedure as a Model for Law Reform", 2 *Crime & Just.* 405 (1980)（认为这两种层叠制度的原型是美国刑事诉讼程序）。

〔182〕 辩诉交易通常被称为有利的交易。参见 Wayne R. Lafave et al., *Principles of Criminal Procedure: Post-Investigation*, West Academic Publishing, 2009; Thaman, "A Comparative Approach to Teaching Criminal Procedure and Its Application to the Post-Investigative Stage", 56 *J. Legal Educ.* 469 (2006).

〔183〕 See Albert W. Alschuler, "The Trial Judge's Role in Plea Bargaining", 76 *Columb. L. Rev.* 1059, 1060 (1976).

〔184〕 参见 John H. Langbein, "Torture and Plea Bargaining", 46 *U. Chi. L. Rev.* 3, 8 (1978)（批判辩诉交易制度）。作者将中世纪酷刑与 20 世纪的辩诉交易制度进行了比较，认为当今的刑事诉讼反映了中世纪的历史经验，因为在这两种情况下都取消了裁决职能，并采用了一种"优惠制度"。此外，这两种制度都是强制性的，只能在"程度，而不是种类"上理解其差异。前引，第 13 页。

认了辩诉交易的合宪性。[185] 经济的视角[186]同样为辩诉交易的存在提供了根本的支撑，因为在美国的刑事司法体系中，90%以上的刑事案件通过辩诉交易解决。[187]

由于支持者[188]和改革者[189]的推动，甚至是贬损者的间接影响，[190] 辩诉交易传到了欧洲大陆，而后者的刑事诉讼程序是以法官为中心。尽管源于外部，但可以说"合意型程序已迈出成功的一步"，[191] 辩诉交易制度时下已在法国[192]、德

---

〔185〕 辩诉交易已被美国联邦最高法院定性为"司法管理的重要组成部分"。参见 Santobello v. New York, 404 U. S. 257, 260（1971）。据美国联邦最高法院称，辩诉交易"管理得当，应当予以鼓励"，因为"如果每一项刑事指控都要经过全面审理，那么各州和联邦政府就必须将法官和法院设施的数量增加许多倍"。另见 Brady v. United States, 397 U. S. 753, 762（1970）. 辩诉交易的好处：对被告人来说，"他的曝光率减少了，矫正程序可以立即开始，审判的实际负担也就消除了。"对国家来说，"在认罪后更迅速地施加惩罚，可能更有效地达到惩罚犯罪的目的；而在避免审判的情况下，对于那些存在大量涉及被告人罪行议题或者因存在重大怀疑、国家应承担证明责任的案件，将极大节约司法和检察资源。"

〔186〕 出于这个原因，曾有学者使用"辩诉交易的激励理论"的表述。根据这一理论，对抗制"并非智识正当性的结果，而是实践效果所致"，参见 Goodpaster，"On the Theory of American Adversary Criminal Trial"，78 *J. Crim. L. & Criminology* 139（1987）.

〔187〕 参见 Miller & Wright, *Criminal Procedures：Cases, Statutes and Executive Materials*, Wolters Kluwer, 2011, p. 1101；另见 David S. Abrams, "Is Pleading Really a Bargain?"，8 *J. Empirical Legal Stud.* 200（2011）; Michael W. Smith, "Making the Innocent Guilty：Plea Bargaining and the False Plea Convictions of the Innocent"，46 *Crim. L. Bull.* 5（2010）（后者认为认罪的人数从 1990 年的 87%上升到 2010 年的 95%）。从 1956 年到 1962 年，大约有 80%的人认罪或无罪申诉。参见 Packer, *The Limits of the Criminal Sanction*, Stanford University Press, 1968, p. 221；另见 Michael O. Finkelstein, "A Statistical Analysis of Guilty Plea Practices in the Federal Courts", 89 *Harv. L. Rev.* 293（1975）（讨论了认罪答辩的统计数字，并提供一个当代的调查实例）。

〔188〕 See Thomas W. Church, Jr. , "In Defense of 'Bargain Justice' ", 13 *Law & Soc'y Rev.* 509（1979）; Easterbrook, "Plea Bargaining as Compromise", 101 *Yale L. J.*（1992）; Scott & Stuntz, "Plea Bargaining as Contract", 101 *Yale L. J.*（1992）.

〔189〕 参见 Editorial, "Restructuring the Plea Bargain", 82 *Yale L. J.* 286（1972）。为了改革这一制度，还进行了一些试验。参见 Anne M. Heinz & Wayne A. Kerstetter, "Pretrial Settlement Conference：Evaluation of a Reform in Plea Bargaining", 13 *Law & Soc'y Rev.* 349（1979）。最后，采纳了关于对其他辩诉交易模式进行比较研究的建议，例如欧洲，特别是德国模式。参见 Markus D. Dubber, "American Plea Bargains, German Lay Judges, and the Crisis of Criminal Procedure", 49 *Stan. L. Rev.* 547（1997）.

〔190〕 See Langbein, "Torture and Plea Bargaining", 46 *U. Chi. L. Rev.*（1978）; see also Raymond I. Parnas & Riley J. Atkins, "Abolishing Plea Bargaining：A Proposal", 14 *Crim. L. Bull.* 101（1978）; Stephen J. Schulhofer, "Is Plea Bargaining Inevitable?", 97 *Harv. L. Rev.* 1037（1984）; Stephen J. Schulhofer, "Plea Bargaining as Disaster", 101 *Yale L. J.* 1979（1992）.

〔191〕 参见 Thaman, "A Comparative Approach to Teaching Criminal Procedure and Its Application to the Post-Investigative Stage", 56 *J. Legal Educ.* 469（2006）。在可涵盖辩诉交易的宽泛背景下，提出了一种全新的法律交易理论。参见 Robert J. Condlin, "Bargaining without Law", 56 *N. Y. L. Sch. L. Rev.* 281, 283（2011）一种新的法律谈判理论甚至已经在一个可以包括辩诉交易的大背景下被创造出来。参见 Robert J. Condlin, "Bargaining without Law", 56 *N. Y. L. Sch. L. Rev.* 281, 283（2011）.

〔192〕《法国刑事诉讼法典》第 40～42 条（刑事调解程序，适用于 5 年以下监禁刑的犯罪）。后来立法机构颁布了单行法。Loi 99-515 du 23 juin 1999 renforcant l'efficacite de la procedure penale［Law 99-515 of June 23, 1999 Enhancing the Effectiveness of Criminal Proceedings］, Journal Officiel de la Republique Francaise［J. O.］［Official Gazette of France］, June 24, 1999, p. 09247. 参见 Langer, "From Legal Transplants to Legal Translations：The Globalization of Plea Bargaining and the Americanization Thesis in Criminal Procedure", 45 *Harv. Int'l L. J.* 58（2004）; Weigend, "Continental Cures for American Ailments：European Criminal Procedure as a Model for Law Reform", 2 *Crime & Just.* 406（1980）. 两位作者还提到了德国和意大利的辩诉交易制度。

国[193]、意大利[194]和西班牙[195]设立。事实上，所有欧陆刑事诉讼均适用罪刑法定原则（nulla poena sine lege），以法官为中心，未有认罪答辩的概念。[196]但辩诉交易又是"起诉便宜原则"（或酌情起诉原则）的另一个表现。当下，辩诉交易在欧陆刑事诉讼中作为例外的规则运行。与美国刑事司法制度中所存在的原因相同，辩诉交易制度在欧陆也受到了欢迎。

在这一背景下，尽管法国、德国、意大利和西班牙的辩诉交易规则不可避免地（与美国辩诉交易）存在逻辑差异，但有别于普通法系的共同点是，辩诉交易均需要进行司法监督，检察官和辩护律师之间所达成的交易协议应进行必要的听审。[197]这种司法监督旨在保证交易的公正性，并避免美国辩诉交易中所出现的一些问题，特别是因未有律师协助[198]以及面临检察官所施加的压力，被告人更易

---

〔193〕 如今最重要的条款便是 Gesetz zur Regelung der Verstandigung im Strafverfahren〔Law Regulating Agreements in Criminal Proceedings〕, July 29, 2009, Bundesgesetzblatt, Teil I〔BGBl. I〕at 2353, § 257（c）（包括对刑事协调的一般规定）；参见 Bohlander, *Principles of German Criminal Procedure*, Hart Publishing, 2012, p. 120. 然而，在德国的司法实践中，辩诉交易制度早已存在。参见 William L. F. Felstiner, "Plea Contracts in West Germany", 13 *Law & Soc'y Rev.* 309 (1979).

〔194〕 《意大利刑事诉讼法典》第446条。意大利辩诉交易的条件规定于第444~448条，标题为"应当事人请求适用刑事处罚"（Applicazione della pena su richiesta della parti）。但这种制度通常被称为"交易"，这也意味着"讨价还价"。法律还规定了刑罚上限，即最高5年徒刑。重修后的《意大利刑事诉讼法典》采用了这种模式。参见 Decreto Presidente della Repubblica〔D. P. R.〕22 settembre 1988, n. 47, in G. U. Oct. 24, 1988; n. 250 Suppl. Ord.（It.）. 参见 Grande, "Italian Criminal Justice: Borrowing and Resistance", 48 *Am. J. Comp. L.* 227, 232, 253 (2000); Pizzi & Montagna, "The Battle to Establish an Adversarial Trial System in Italy", 25 *Mich. J. Int'l L.* 437 (2004).

〔195〕 L. E. Crim. , art. 787. 1882年颁布了西班牙的现行法律，继意大利之后又进行了意义深远的修正，因此，采用了简易程序，提出了这种辩诉交易的可能性。De los Juzgados de lo Penal, *y por la que se modifican diversos preceptos de las Leyes Organica del Poder Judicial y de Enjuiciamiento Criminal*（B. O. E. 1988, 313）（Spain）. 此外，还规定了最高可判处6年徒刑的惩罚期限。参见 Silvia Barona Vilar, *La Conformidad en el Proceso Penal*, Tirant lo Blanch, 1994; Silvia Barona Vilar, "La Justicia Negociada", in Faustino Gutierrez-Alviz Conradi ed. , *La Criminalidad Organizada Ante la Justicia*, Universidadde Sevilla. Secretariado de Publicaciones, 1996.

〔196〕 参见 Langer, "From Legal Transplants to Legal Translations: The Globalization of Plea Bargaining and the Americanization Thesis in Criminal Procedure", 45 *Harv. Int'l L. J.* 37 (2004). 如前所述，欧洲刑事诉讼适用认罪（confession）与承认犯罪事实（admission of facts）制度。对于认罪与供述（admission）的区别，参见 McCormick's Handbook, p. 310.

〔197〕 《西班牙刑事诉讼法典》就表明了这一点，在开始提出证据之前，由辩护律师要求地方法官或法院作出"符合规定的判决"。参见 L. E. Crim, § 787 (1). 参见 Juan Manuel Fernandez Martinez, *El Control Judicial de la Conformidad en el Proceso Penal*, *Revista Aranzadi Doctrinal*, Revista Aranzadi Doctrinal, 2012（讨论这一背景下的司法监督）。

〔198〕 美国联邦最高法院已承认被告人放弃律师辩护的权利。参见 Johnson v. Zerbst, 304 U. S. 458 (1938); Beany, p. 61; 另见 Erin A. Conway, "Ineffective Assistance of Counsel: How Illinois Has Used the 'Prejudice' Prong of Strickland to Lower the Floor on Performance When Defendants Plead Guilty", 105 *Nw. U. L. Rev.* 1707, 1711 (2011)（详细说明认罪与律师无效辩护之间的关系；还指出，尽管是逻辑假设，但有部分无辜被告人认罪，他们提出毫无依据的辩诉交易请求是因为没有法律顾问）；Tom Zimpleman, "The Ineffective Assistance of Counsel Era", 63 *S. C. L. Rev.* 425 (2011).

于接受认罪答辩。[199]司法机关应是刑事诉讼最重要的捍卫者，而不仅仅只是保持沉默，就像对抗式诉讼一样。

四、结论

本文介绍了普通法传统和大陆法传统下不同刑事诉讼模式的起源，以及对抗式刑事诉讼和非对抗式刑事诉讼的一些具体特征，可以看到，对抗式诉讼的某些特征已经在不同程度上对欧陆刑事诉讼程序产生了影响。因此可以说，直到目前为止，欧洲大陆的司法区正受到美国刑事诉讼某些方面的单向影响。对此一现象的最佳解释是美国刑事诉讼模式具有可论证的优越性。这一论证试图将自己扩展成中世纪的某种共同法（ius commune）。[200]欧陆诸国的刑事系统均愿意逐渐更具对抗性，所设计的改革通常也希望它们的司法制度能朝着这一理想目标迈进。

但也有学者担心这样的法律移植[201]能否在一个外部的刑事诉讼模式中生存并发展，因为它的原则和功能与原始的模式并不相同。法律制度精密，不易移植到不同的法律体（corpus iuris）。[202]在这种情况下，如果刑事诉讼属于不同的法律体系，则难度将增加。[203]法律移植最佳的范例无疑是辩诉交易，不仅扩展到欧陆

---

〔199〕 参见 Note，"Official Inducements to Plead Guilty：Suggested Morals for a Marketplace"，32 *U. Chi. L. Rev.* 167，168（1964）（提供此类劝诱的例子）；另见 George W. Pugh，"Ruminations Re Reform of American Criminal Justice（Especially Our Guilty Plea System）：Reflections Derived from a Study of the French System"，36 *La. L. Rev.* 947，967（1976）［提及辩护律师与检察官在"法官中立"下进行辩诉交易的危险，特别是在"弱势"（例如，未受过教育的）被告人的案件中］。对此更强烈的批判，参见 Oren Bar-Gill & Omri Ben-Shahar，"The Prisoners'（Plea Bargain）Dilemma"，1 *J. Legal Analysis* 737（2009）（论及控方使用"威胁"将被告人交付审判的问题）。H. Mitchell Caldwell，"Coercive Plea Bargaining：The Unrecognized Scourge of the Justice System"，61 *Cath. U. L. Rev.* 63（2011）（详述检察机关其他滥用权力的行为）。

〔200〕 参见 Wolfgang Wiegand，"The Reception of American Law in Europe"，39 *Am. J. Comp. L.* 229，230（1991）（对当今美国法律的接受与中世纪欧洲对罗马法的继受进行有趣的比较）；另见 Hiram E. Chodosh，"Reforming Judicial Reform Inspired by U. S. Models"，52 *DePaul L. Rev.* 351（2002）（详细说明美国对国际司法模式的影响）。

〔201〕 参见 Máximo Langer，"From Legal Transplants to Legal Translations：The Globalization of Plea Bargaining and the Americanization Thesis in Criminal Procedure"，45 *Harv. Int'l L. J.*（2004）和附随文本；另见 Ugo Mattei，"Why the Wind Changed：Intellectual Leadership in Western Law"，42 *Am. J. Comp. L.* 195（1994）（关于从大陆法系到英美法系的转变）。

〔202〕 Gunther Teubner，"Legal Irritants：Good Faith in British Law or How Unifying Law Ends Up in New Divergences"，61 *Mod. L. Rev.* 11，12（1998）（批评他所谓的"法律外科手术"）。尽管作者没有具体提及刑事诉讼，但他的理论也可以适用于刑事诉讼。

〔203〕 《意大利刑事诉讼法典》就是一个很好的例子。这部法典被认为是最具对抗制（当事人主义）色彩的欧陆刑事诉讼框架。然而，自1988年法律颁布以来，又先后经历了数次改革矫正，对抗制和非对抗制要素并不易于共存。参见 Panzavolta，"Reforms and Counter-Reforms in the Italian Struggle for an Accusatorial Criminal Law System"，30 *N. C. J. Int'l & Com. Reg.* 591（2005）。

诸国的刑事诉讼程序中，还扩展到诸如国际刑事法院等国际机构。[204] 事实上，国际刑事法院所运行的刑事诉讼程序表明了法律传统的趋同化，这是一种兼具对抗制和非对抗制要素的特殊模式。[205]

诚然，有人可能会追问，是否有必要区分国际刑事诉讼和国内刑事诉讼的不同特点。但最应普遍关注的并不是刑事诉讼的形式分类，而是原则或价值的分类，尤其是有助于提升程序公正的原则和价值。[206] 这个目标并不容易实现，但应坚持且持续努力。有学者认为，公正审判权不仅适用于被告人，也适用于国家。[207] 笔者认为，国家作为司法裁判的主要提供者，因为享有司法管辖权（potestas），因此有义务保障程序公正。[208] 考虑到此点，大致理想的刑事诉讼确实是一项真正的挑战。[209] 基于此，美国刑事审判所体现出来的对抗式制度似乎是理想的刑事诉讼模式。

但美国刑事司法制度的各种不足也已呈现，当下正进行激辩。[210] 考虑到对抗

---

〔204〕 辩诉交易最初可列入《罗马规约》第 54 条第 3 款第 4 项的一般范围。参见 Rome Statute of the International Criminal Court, U. N. Doc. A/CONF. 183/9（Jun. 15, 1998）（以下简称 Rome Statute），available at http://untreaty. un. org/cod/icc/statute/romefra. htm；另见 Mirjan R. Damaška, "Negotiated Justice in International Criminal Courts", 2 *J. of Int'l Crim. Just.* 1018, 1036（2004）.

〔205〕 参见 Vogler, *A World View Of Criminal Justice*, Routledge, 2005, pp. 277-8；另见 Kai Ambos, "International Criminal Procedure: 'Adversarial', 'Inquisitorial' or Mixed?", 3 *Int'l Crim. L. Rev.* 1（2003）（认为存在这种特殊或混合的模式）; Linda E. Carter, "The International Criminal Court in 2021", 18 *Sw. J. Int'l Law* 199, 200（2011）. 国际刑事法庭"采用对抗式审判模式，即当事人出示证据，但也包含大陆法的特征，如律师可为受害人提供法律代理，受害人可参与法庭诉讼"。参见前引。在刑事诉讼方面，美国和国际刑事法院之间也存在着一种有趣的关系。参见 Megan A. Fairlie, "The United States and the International Criminal Court Post-Bush: A Beautiful Courtship but an Unlikely Marriage", 29 *Berkeley J. Int'l L.* 528（2011）.

〔206〕 参见 Mirjan R. Damaška, "The Competing Visions of Fairness: The Basic Choice for International Criminal Tribunals", 36 *N. C. J. Int'l L. & Com. Reg.* 365（2011）（与国际刑事法院有关）.

〔207〕 参见 Susan Bandes, "Taking Some Rights Too Seriously: The State's Right to a Fair Trial", 60 *S. Cal. L. Rev.* 1019（1987）（使被告人的权利和国家相平衡）.

〔208〕 参见 Ernesto Pedraz Penalva, "Sobre el 'Poder' Judicial y la Ley Organica del Poder Judicial", in *Constitucion, Jurisdiccion y Proceso*, Akal, 2000; Ernesto Pedraz Penalva, "La Jurisdiccion en la Teoria de la Division de Poderes de Montesquieu", in *Revista de Dereco Procesal*, Revista Iberoamericana de Derecho Procesal, 1976; Vicente-GimenoSendra, "El Derecho Fundamental a un Proceso Acusatorio", *Diario la Ley*（2012）及其附随文本; Pedraz Penalva, "De la Jurisdiccion Como Competencia a la Jurisdiccion Como Organo", in E. Pedraz Penalva ed., *Constitucion, Jurisdiccion y Proceso*, Akal, 2000.

〔209〕 参见 Thurman W. Arnold, *The Symbols of Government*, Yale University Press, 1935. 阿诺德（Arnol）认为"当然，公平审判的理想总是与其他理想相冲突"。前引，第 143 页。例如，"律师不应受理胜诉危及法律和秩序的案件；然而，每一个罪犯都有权获得辩护；然而，刑事律师不应诉诸纯粹的技术细节；然而，他们应在法律上为其委托人做一切可能的事。"前引，第 143~144 页。此外，关于刑事司法的一般性困难，参见 Pound, *Criminal Justice in America*, Transaction Publishers, 1945, p. 36.

〔210〕 美国期刊的社论经常讨论美国刑事制度的失败之处或缺点。

式诉讼以及双方当事人在刑事审判中的作用，学者们描绘了一幅悲观的画面：检察官更关心胜诉，而非正义。[211] 此外，辩护律师的履职力度也往往与被告人所能提供的金钱数量有关。[212] 毫无疑问，法院待办的案件数量对于贫困的被告人而言更为不利，后者由法庭指派的律师或者公设律师进行辩护。[213] 因此，刑事法院被视为"将时间作为唯一严肃交易筹码的市场"。[214]

在对抗式审判已然成为理想诉讼模式的同时，也有必要指出，一些对抗式诉讼的标签当下也消失了。例如，尽管（当事人）依"对质权条款"有权进行交叉询问，但在某些情况下，证人的庭外陈述亦具有可采性。[215] 证据开示规则在布雷迪诉马里兰州（Brady v. Maryland）一案[216]中得到了发展。联邦最高法院在本案中判定，检察官有义务披露尚未被发现（正如本案的情况）且对被告人有利的证

---

　　[211]　参见 Bruce Jackson, *Law and Disorder：Criminal Justice in America*, University of Illinois Press, 1984. 他认为，"没有办法衡量（无论是获得的、服务的还是交付的）司法的质量，但很容易统计定罪，计算胜负比率。"

　　[212]　Bruce Jackson, *Law and Disorder：Criminal Justice in America*, Transaction Publishers, 1984, p. 99. 他说，"真正有力和广泛的辩护是罕见的。""由法院指定的公设辩护律师提供的最常见的服务是通过谈判迅速认罪。"

　　[213]　参见 Heidi Reamer Anderson, "Funding Gideon's Promise by Viewing Excessive Caseloads as Unethical Conflicts of Interest", 39 *Hastings Const. L. Q.* 421, 422 (2011)（如果"95%的定罪是辩诉交易的结果"和"大多数认罪的被告人都由公设辩护人代理"，那么辩诉交易和被告代理之间有着牢固的关系）。不过，这优于在整个辩诉交易中无律师参与的情况；参见 Johnson v. Zerbst, 304 U. S. 458 (1938)；Beany, *The Right to Counsel in American Courts*, University of Michigan Press, 1977, p. 61；Erin A. Conway, "Ineffective Assistance of Counsel：How Illinois Has Used the 'Prejudice' Prong of Strickland to Lower the Floor on Performance When Defendants Plead Guilty", 105 *Nw. U. L. Rev.* 1707, 1711 (2011)；Tom Zimpleman, "The Ineffective Assistance of Counsel Era", 63 *S. C. L. Rev.* 425 (2011) 及其附随文本。

　　[214]　See Jackson, *Law and Disorder：Criminal Justice in America*, University of Illinois Press, 1984, p. 77.

　　[215]　参见 Ohio v. Roberts, 448 U. S. 56 (1980)［即使推翻了 Crawford v. Washington, 541 U. S. 36 (2004) 的判决结果］。然而，美国联邦最高法院在随后的判决中区分了"传闻证据"和"非传闻证据"，前者要求对质，后者则不要求对质。参见 Marc McAllister, "Evading Confrontation：From One Amorphous Standard to Another", 35 *Seattle U. L. Rev.* 473, 475 (2011). 有学者对联邦最高法院新近的判决［诸如 Michigan v. Bryant, 131 *S. Ct.* 1143 (2011)］提出了批评，认为（判决）引入了"紧急情况"理论，以使庭外陈述可采。参见 Mark S. Coven & James F. Comerford, "What's Going On? The Right to Confrontation", 45 *Suffolk U. L. Rev.* 269 (2012)；K. Polonsky, "A Defense's Attorney's Guide to Confrontation after Michigan v. Bryant", 36 *Vt. L. Rev.* 433 (2011)；Shari H. Silver, "Michigan v. Bryant：Returning to an Open-Ended Confrontation Clause Analysis", 71 *Md. L. Rev.* 545 (2012).

　　[216]　Brady v. Maryland, 373 U. S. 83, 87 (1963). 联邦最高法院认为，"控方藏匿对被告人有利之证据的，且该证据对定罪或量刑有重要意义，则违反了正当程序，无论控方是基于善意或恶意。"参见前引。另见 Daniel Conte, "Swept under the Rug：The Brady Disclosure Obligation in a Pre-Plea Context", 17 *Suffolk J. Trial & App. Advoc.* 74, 78 (2012)（评述和批判了布雷迪案的缺陷）。

据。事实上，执业律师和学者们的批判已经解决了这个缺陷。[217] 但美国联邦最高法院尚未对此一事项作出明确判决。法律共同体的期待是联邦最高法院规定检察官强制披露有利于被告人证据的标准。[218]

如果说在对抗式审判中尚应关注公正以及是否遵守正当法律程序的问题，那么通过认罪答辩或者辩诉交易来规避审判的做法便引发了高度的质疑。之于前文所论及的未有律师参与或者被告人被迫接受认罪交易的问题，联邦最高法院在新近的两个判决中进行了讨论，建议设立更广泛的辩护权。[219] 至少应对这一重要的被告人保障机制进行更好的设定，尤其是在辩诉交易的背景之下显得尤为重要。直到最近，尽管学者们提出了一些替代方案，但联邦和州法院[220]的辩诉交易数量依然居高不下。[221] 在此一问题上的结论是，美国的刑事司法通过辩诉交易的方式进行了设定，而非对抗式审判，后者是可复制的理想模式。

这就催生了效率问题：理想的对抗式审判并不总是高效的，但效率也是司法裁判的基本要素。[222] 这是一个老问题，20 世纪初便有学者提出了若干相关案例。[223]

---

〔217〕 参见 Barbara A. Babcock，"Fair Play：Evidence Favorable to an Accused and Effective Assistance of Counsel"，34 *Stan. L. Rev.* 1133，1136（1982）（指出当事人主义模式与职权主义模式之间的差异）。弹劾证据是指被告人为削弱公诉方证人公信力而使用的证据，是应当披露之证据类型的一个范例。这类证据通常在交叉询问期间提出，由此提出一些相关的问题，例如何时以及是否应披露该类型的证据。参见 R. Michael Cassidy，"Plea Bargaining，Discovery and the Intractable Problem of Impeachment Disclosures"，64 *Vand. L. Rev.* 1429，1431（2011）.

〔218〕 参见 Editorial，"Justice and Open Files"，*N. Y. Times*，Feb. 26，2012，available at http://www. nytimes. com/2012/02/27/opinion/justice- and - open - files. html；另见 Conte，"Swept under the Rug：The Brady Disclosure Obligation in a Pre-Plea Context"，17 *Suffolk J. Trial & App. Advoc.* 101（2012）（声称应该有"明确的立法"）。

〔219〕 See Missouri v. Frye，132 *S. Ct.* 1399（2012）；Lafler v. Cooper，132 *S. Ct.* 1376（2012）.

〔220〕 目前，97%的联邦定罪率和94%的州定罪率都来自检察官和罪犯之间的辩诉交易。Editorial，"A Broader Right to Counsel"，*N. Y. Times*，March 22，2012，available at http://www. nytimes. com/2012/03/23/opinion/a-broader-right-to-counsel. html？_ r=0.

〔221〕 参见 Pugh，"Ruminations Re Reform of American Criminal Justice（Especially Our Guilty Plea System）：Reflections Derived from a Study of the French System"，36 *La. L. Rev.* 961（1976）（讨论建立快速审判机制的可能性）。这位作者在介绍中对美国和法国的刑事制度作了比较。前引。在英美法系刑事程序和大陆法系程序改革的总体背景下，参见 Damaška，"The Uncertain Fate of Evidentiary Transplants：Anglo-American and Continental Experiments"，45 *Am. J. Comp. L.* 839，843，845（1997）.

〔222〕 参见 Samuel R. Gross，"The American Advantage：The Value of Inefficient Litigation"，85 *Mich. L. Rev.* 734（1987）（比较美国和德国的民事与刑事诉讼程序）。

〔223〕 参见 Henry B. Brown，"The Administration of the Jury System"，17 *Green Bag* 623，625（1905）（描述当时刑事诉讼的延误）；另见 Roscoe Pound，"The Causes of Popular Dissatisfaction with the Administration of Justice"，40 *Am. L. Rev.* 729，742（1906）（作者认为，"我们的法院制度过时，我们的程序落后于时代。不确定性、拖延和成本，以及最重要的，根据实践观点来裁决案件的不公正性，这仅仅是司法礼仪、我们的法院组织以及程序落后的直接结果……"）。

因此，上述补救方法的出现，如辩诉交易制度，应作为备用的"排气阀"，但永远不能替代公正的审判。如果审判作为刑事诉讼的核心所在是如此的复杂和繁琐，那么审判管理将变得异常困难，这便有足够的理由重新修订整个刑事诉讼程序。事实上，法律程序本身应该是一种手段而不是目的。为使刑罚有效，[224] 在任何时候均可以回想，"一个国家文明的品质在很大程度上可以通过其实施刑罚的方法来衡量"[225]。

---

[224] See Joseph D. Grano, "Implementing the Objectives of Procedural Reform: The Proposed Michigan Rules of Criminal Procedure-Part I", 32 *Wayne L. Rev.* 1007（1986）.

[225] 参见 Walter V. Schaefer, "Federalism and State Criminal Procedure", 70 *Harv. L. Rev.* 1, 26（1956）. 在米兰达诉亚利桑那州一案中也陈述了同样的观点。

证据学研究的普通法传统

——从大陆法的视角观察[*]

[荷] J. F. 尼泊尔[**] 著

施鹏鹏 蒲彦萍[***] 译

序 言

撰写本文的初衷是拟对威廉·特文宁（William Twining）于 1990 年出版的《反思证据》一书进行评论。[1] 该书收录了特文宁教授在过去 11 年内证据学领域的一些论文，包括著名的《认真对待事实》（1980 年）、《证据学研究的理性主义传统》（1985 年）以及《反思证据》的最新版（1990 年）。

但笔者在准备这一评论时，发现受英美文化浸染的证据法学者[2]对于欧洲诉讼制度的多样性知之甚少。很显然，对欧陆程序"样态"的一些方面及历史沿革作细致了解，将对这一研究有所助益。因此，本文的前半部分围绕欧洲展开，并着重于我的祖国荷兰，这主要是为了我在后半部分评论特文宁这部书稿时提供合理的背景知识。

---

* 原文 Common Law Tradition in Evidence Scholarship Observed from a Continental Perspective，原载《美国比较法杂志》（*The American Journal of Comparative Law*）1993 年第 2 期（第 41 卷）。乔治·布鲁恩（Hon. George Brunn）在编辑工作上给予了作者不可或缺的帮助，莱诺·鲁斯奇（Reino Rustige）和马他·詹庭–布诺克（Martha Zanting-Blokker）在撰写本文中也给予了帮助，作者在此对他们表示感谢。另，按作者原意，本文所译的"对抗制"和"当事人主义"是同一含义，未作学术区分，分别对应 adversarial 和 accusatorial。——译者注

** J. F. Nijboer，荷兰莱顿大学法学副教授，阿姆斯特丹上诉法院兼职法官，1990—1991 年在荷兰高等教育研究所（荷兰，瓦瑟纳尔）和伯克利大学（美国学会理事会授权的附属单位）进修。

*** 蒲彦萍，中国政法大学法学实验班 2018 级硕士生。

〔1〕 William Twining, *Rethinking Evidence* (*Exploratory Essays*), Basil Blackwell, 1990, pp. VIII, 407.

〔2〕 关于这一领域的新趋势，参见 Richard Lempert, "The New Evidence Scholarship", in Peter Tillers and Eric Green eds., *Probability and Inference in the Law of Evidence: The Uses and Limits of Bayesianism*, Springer, 1988, pp. 61–102. 同样参见 Roger C. Park, "Evidence Scholarship, Old and New", 75 *Minn. L. Rev.* 849–73 (1991).

一、概论

(一) 大陆法的视角

普通法学者习惯于弱化一国内（如英国和美国）不同司法区的差异，而放大同属普通法文化下几个国家之间的法律差异。但这些国家有共同的普通法传统，且传统的普通法在许多法律问题上至少作为附属法适用，这些都表明了它们在一定程度上的统一性。

从英国或美国的角度看，欧陆法系（除斯堪的纳维亚诸国）极易被视为具有诸多共同基本特征的一类法系，即大陆法文化。大多数的南美国家也被视为带有大陆法的传统，基本特征与普通法国家并非特别相似。当然，也可总结如下要点：欧陆和拉美国家采用高度类型化的法典，这与英美法系国家的法典化形式极不相同，如美国。欧陆的法律概念化（conceptualisation of law）倾向于先提出一般的原则和概念，再依这些一般性的原则或概念延伸出或者至少与之紧密相关的具体规则。这种推理方式也反映在法典中。法典通常区分为总则和分则。这种法典设计方法使得立法成果相对紧凑，内在协调性强。这种系统化的风格可追溯到过去。从法学作为一门学科在大学教育中兴起，到法国大革命后的法典化时代，欧陆的学术文化还是具有许多共通性：学生们环游欧洲大陆，旁听各类大学的课程，拉丁语成为出版物的通用语言并经常用于演说。在这种氛围下，"理性主义"的理念得以发展，对拿破仑式法典中的内容进行抽象性建构成为可能。[3] 这是大陆法国家法律结构的一般背景。

还有诸多特征可以论证大陆法传统依然盛行于欧陆国家，在多数欧陆国家仍能发现大陆法的踪迹，尤其是在传统的民事实体法和刑事实体法的一般学说中。[4] 但欧洲在历史上有数次被分割为不同的区块。例如，教会法在欧陆各国的影响不一，后来的拿破仑法典化运动亦是如此。

自19世纪初起，各国独自的政治史催生了国家自治以及由此产生的国际化差异。尤其是在证据法领域，自中世纪正式的证据法产生后，可以发现各国间存在颇多差异。例如，法国对刑事证据问题的裁判标准（重罪法庭，采用陪审团审判）是"内心确信"（conviction intime），而荷兰（在重罪案件）的法定标准则是

---

〔3〕 See Friedrich Schaffstein, *Die Allgemeinen Lehren vor Verbrechen und Ihrer Entwicklung durch die Wissenschoft des gemeinen Strafrechts*, Scienti, 1930, and Rene Foque & Joest C. 't Hart, *Instrumentaliteit en rechtsbeschermi-ng*, Rechtsgeleerd Magazijn Themis, 1990.

〔4〕 在许多方面也包括（前）东欧国家。

"合理的确信"（conviction raisonée）。除对轻微犯罪等采用"口头判决"外，荷兰的法庭通常有义务撰写一份详实的书面判决，阐述被告人的罪行已得到证实。法庭必须指明且充分论述所采用的证明方法。

在一些相对较小的欧洲区，另一项反差是：严重刑事案件中的平民参与要素差别极大，比利时的陪审团（采用法国大革命后最传统的陪审团形式）、德国的混合法庭与荷兰完全采用没有陪审员的职业法官裁判完全不同。

正是因为欧陆各国之间的制度差异性，本文标题方使用"从大陆法的视角观察"：欧洲各国在证据法问题上确乎迥异。欧陆诸国彼此间的差异远大于"普通法系"各国间的差异。因此，大陆法视角是指：主要以荷兰的角度，并在适宜之处推及一般化。

但还必须提及另一个多数欧陆国家共同且相关的方面：通常而论，证据法、条例及学说在民事诉讼法和刑事诉讼法上是存在区隔的。即使通常在同一法院内，也并非由同一审判庭负责民事案件和刑事案件的审理。依学术传统，无论大学课程、学术专著或者学术期刊等，证据法的教学大多与诉讼法相关，因此同样区分民事证据和刑事证据，两者有着不同的规则甚至是不同的结构和概念。此外，欧陆国家的证据法很少像美国法学院一样专设一门课程。在荷兰，程序法一般由相应实体法的教授负责讲授，即民法–民事诉讼法、刑法–刑事诉讼法、行政法–行政诉讼法。在我的祖国荷兰，刑事证据规则是刑事诉讼法典的一部分，是程序法的一部分。[5]民事证据法在很长一段时间里既是民事程序法也是民事实体法的一部分（法律推定），不过1988年重新整体编入民事诉讼法典。

顺带需要提及的是，在1838年前，证据法传统上并不认为是诉讼法的一部分。在18世纪，荷兰法学家将证据法视为"独立"的专门学科。1804年，有人提议制定一部独立的证据法典，并对涉及证据的"科学"及"理性"规则进行更全面的描述。这一提议从未成为立法。在被法国占领的时期（1810—1813年），荷兰实行法国的诉讼制度（包括重罪案件的陪审团审判，1811—1813年）以及法院组织体系。在法国占领结束后，荷兰立即废除陪审团（1813年），[6]且再也未认真考虑重建陪审团，即便对于最严重的重罪案件审判。在荷兰，所有刑事案件均由职业法官审理。因此荷兰法官不仅负责判定法律问题，同样负责事实认定并对证据问题作出裁判。这里便涉及（部分隐含）证据法。

荷兰法庭既决定法律问题又决定证明问题，这或许是因为刑事案件的全部规

---

〔5〕 此次重新法典化是为制定全新民法典而预备立法的一部分。这次制定法已于1992年完成。

〔6〕 See Geert F. M. Bossers, *Welk eene natie, die de jurij gehad heeft, en ze weder afschaft!* diss. UvA, 1987.

定以及民事证据的大部分规定，均是裁判和论证的规则，而未有举证规则。[7]这里，荷兰与其他欧洲国家（挪威、丹麦、德国）有一处非常明显的差异，尤其是在刑事案件中：证据规定的重点不在于庭审中如何举证，而在于之后的裁判过程。因为重点不在于举证，故诸如可采性的概念在一定程度上毫无意义。法条的注释甚至不涉及诸如可采性、关联性及客观性等概念。但这并不意味着所有证据均可采，均可成为有效判决的依据：荷兰亦设有排除规则，作为裁判规则。例如，不能在未有补强证据的情况下仅凭被告人认罪便作出有罪判决。

（二）关于荷兰及其邻国的一些细节：以更好地理解所选视角

荷兰拥有独立的法律体系。例如，德国和荷兰的刑事诉讼便具有较大的差异：德国检察官对于重罪案件必须提起公诉（强制起诉原则），而荷兰检察官则和法国的检察官一样，在起诉或撤诉上享有广泛的裁量权。与荷兰相比，德国、丹麦和挪威的刑事诉讼更具有言词性，注重庭审本身以及庭审中的证据展示，包括对证人和当事人的直接对质。在"直接原则"方面，荷兰并非整个欧洲的典型代表，甚至也非西欧的代表。在英美法的学术作品中，德国被认为是西欧的典型代表，甚至在程序法的语境下也是如此。我认为，德国在实体法方面或许可视为一个典型的欧陆国家，但将德国的程序法视为西欧法律体系的"代表"却不恰当。

所谓的"职权主义"传统，源自于罗马法和教会程序法的结合，在15世纪和16世纪的意大利和西班牙得到发展，时至今日依然在法国、西班牙、比利时和荷兰等国家的司法实践中强势存在。[8]意大利也曾被视为一个具有强"职权主义"传统的国家，但随着1988年新法典的引入，情况发生了重大变化。但在荷兰，刑事诉讼的"职权主义"特征更多体现在司法实践中而非法典条文里。从现行《刑事诉讼法典》（1926年）的序言看，该法典旨在促成某种"公平"甚至可以说是"英格兰式"的程序。但司法实践仍沿袭传统，如偏重书面材料。总体来看，落实规范法庭活动本身的诉讼规则，是（重塑）"法律文化"最艰难的任务。

将职权主义制度或者模式视为某种理想类型的现实形态，这几乎未有任何正当依据，下文将做详细论述（见本文第五、六部分）。当下欧陆诸国的差异巨大。但职权主义作为以审讯为基础、程序形式具有强制性的历史典型，将这一概念作为（分析）工具，用于描述实践中的一些特点实有裨益：在封闭的审前阶段已准

---

[7] See Johannes F. Nijboer, "Strajrechtelijk bewis van een andere kant bekeken", *Delikt en Delinkwent*, 1991, pp. 332-44.

[8] 或许奥地利和葡萄牙也同样有此传统。

备了完整的材料并形成定论，庭审仅是作一形式上的仪式性确认；司法官主要宣读记录以及卷宗材料的内容等。

某一程序类型带有一些典型的职权主义色彩，例如偏重书面材料，预审法官作为调查法官在案件准备上的"定格"效力等，并不必然源自于前所提及国家的法典。法律不止于书本，亦不止于法典。例如若查阅法国和荷兰的诉讼法典中的审判规则，则可能不会认为这是一套继承了大量职权主义传统的体系：这些审判规则似乎构建了以法院为中心的体系，同时也有大量条款规定了双方当事人的权利。民事案件的裁判与当事人主义下的"当事人主导模式"（party-model）无甚差异。

但如前所述，刑事案件的实务操作还是很大程度上依赖于传统模式。考虑到庭审阶段不如审前阶段重要，同时考虑到卷宗发挥主导作用，这些国家的诉讼模式更多应是职权主义，而不仅是在阅读法典中作纸面思考。

正是这种传统的"职权主义遗存"（traditional "inquisitorial inheritance"），让司法实践存在许多"偏差"，例如使用匿名证人的证言以及警察的书面陈述，在未对警察本人进行询问的情况下直接将该书面陈述视为可接受的证据。正如我们所知，斯特拉斯堡的欧洲人权法院基于公正程序的要求"强迫"一些成员国如法国和荷兰改变庭审的一些做法，尤其是涉及对证人的直接询问以及公开、言词、对席的庭审方式。这样一种改变可能无需对法典进行重大调整，但应当改变实务中的大量做法。

但大陆法的视角实际上是表明欧陆的法律文化与英国、美国及澳大利亚等国家法律传统的差异尚处于不同层次，可能依旧远大于欧陆各国之间的差异，尤其是在程序法和证据法领域。当一位欧陆法学者看到普通法世界里关于证据及证据法的海量文献后，很显然荷兰角（Hoek van Holland）与哈里奇（Harwich）之间存在深远的鸿沟。尽管如此，偶有观点认为无法将英国"证据法"的概念翻译成法语，这显然有些夸大其词：evidence（证据）和 preuve juridique（司法证据）都是法语中现有的概念。[9]但事实上许多日常使用的证据概念，如外部证据、关联性或证据补强等，都很难在未对其每次所表达的意思加以解释或界定的情况下翻译为任一欧陆语言。与欧陆语言相比，英语在证据和证明领域有更多的表述，也更为精确。另一方面，德语中很多更为抽象、实质性的法律概念更易于译为西班牙语、法语或荷兰语，但在英语中却没有对等的表述。本文第三部分将提供若干

---

〔9〕 See Michèle-Laure Rassat, *Procédure penale*, ELLIPSES, 1990, p. 263.

例证。

通过对不同体系（无论是法律体系，或者是程序体系）的对比，我们会发现这不仅是一项非常艰难的工作，同时也是扩大相关结论的努力：所有的论断及类型化均取决于已有的观点及所使用的基本分类。之于后者，我们不能期待其在不同的系统中仍相同或类似。当然，我们可以看到，大陆法系对"证据"所持有的态度与普通法系不同。但更确切而言，何谓"（法律）体系"的态度？我们是否仅看法律文化（信奉成文法或司法判例等）？还是法典编纂结构（如《拿破仑法典》或其他）？还是法律本身的结构（成文法、法典编纂等）？我们是否重视法律实质上的差异（不同的规则、不同的司法组织结构等）？

这篇评论性文章不可能建构一个框架，以覆盖与"证据"相关的所有或大部分方面。这样做需要占用大量的篇幅。因此，本文的观点有些零碎化，当然也会对大陆法国家和普通法国家进行一定的概括。对于整体性框架的欠缺，我将尝试以两种方式予以弥补：首先，我将在本文中明确阐述我所持的观点；[10] 其次，我将在达马斯卡（Damaška）研究成果的基础之上提供一些进身之阶。

（三）超越达马斯卡的一步

我已经使用了"职权主义"和"当事人主义"这两个术语。谈论这些概念，好像它们是客观存在的实体，这往往过于简单化了。达马斯卡在他的著作《司法和国家权力的多种面孔——比较视野中的法律程序》[11] 一书中便认为，没有结合具体的语境而谈论"当事人主义""对抗制"或"职权主义"，这是极为不恰当的。即便将这些概念当作某种理想类型来使用，这也是不大合适的，因为普通法文化下的程序制度存在各种差异，大陆法系下同样存在 25 种以上不同的法律文化。

在更早发表的一篇文章中，达马斯卡表明，英美法程序与欧陆法程序在事实认定上所遭遇的障碍并非完全一致。事实认定者需要克服各种各样的障碍以达致契合法律的结果。[12] 以此分析为开端，达马斯卡撰写了一系列论文，最终形成了前所论及的著作。他的思考历程表明，对程序模式进行中立的比较，需要一个相对独立的标准。这对于熟悉法系比较研究的法律人或学者而言是非常合乎逻辑的

---

〔10〕 不可避免的缺点是：从不同的视角看，某些问题将重新回到文本中。有时评论可能看起来显得多余。

〔11〕 Mirjan R. Damaška, *The Faces of Justice and State Authority*；*A Comparative Approach to the Legal Process*, Yale University Press, 1986.

〔12〕 Damaška, "Evidentiary Barriers to Conviction and Two Models of Criminal Procedure：A Comparative Study", 121 *U. Pa. L. Rev.* 506−78 (1973).

判断。但要寻求相关视角以勾勒出制度背景，从中可在两个或更多比照系统中列明一系列相关的差异，这实属不易的任务。如果所选视角远离所讨论体系的核心，则无法展现许多相关差异。"从木星上看，所有人都一样。"但如果所选视角与体系过于接近，则走向比较技术的另一极端，对所比较的体系已有默认的最优或最劣评价，因此很难脱离对所讨论体系的默示甚至是明示的评价。

达马斯卡试图克服这两种风险，立足两个紧密相关的维度。这两个维度均是裁判政治背景及制度背景的组成部分。正如同大多数研究英美当事人主义诉讼程序特定领域的学者一样，达马斯卡集中研究了刑事诉讼。在本文中，我也将主要关注刑事审判。评论有时会产生更广泛的影响，这显然应回归所评论的文本本身。

达马斯卡概念体系的一个维度，是司法机关或者司法体系[13]对国家权力机构的态度：相比于政策实施，纠纷解决是首要目的。

另一个维度涉及司法体系的内部结构，是更为等级化还是更为横向、扁平。之于后者，达马斯卡使用了"协作"（coordinate）这一表述。无论对于此种"模型建构"或者"背景描绘"有怎样的看法，或者承认我们可以构建成千上万种模型，但毋庸讳言，达马斯卡的模型确实具有易于描述体系各自位置的优点。

达马斯卡成功地发现两个关联的维度。其中一个维度涉及国家结构，特别是司法体系的结构（科层式或协作式）。另一个维度涉及政治环境，主要是司法体系对官方政策的基本态度：政策实施型与纠纷解决型。达马斯卡在书的末尾以二维表的方式将这些维度放在一起：

	政策实施型	纠纷解决型
科层式		
协作式		

例如，我们可以将美国与荷兰的审判模式作一对比。相比于美国（包括州法院和联邦法院），荷兰的司法体系更具科层色彩，沿袭传统整体的法国体系。且我认为，荷兰法官比美国法官对法律持更为尊重的态度。或许荷兰的司法体系更注重具体判决与（实体）成文法之间的联系。我认为，美国的司法机构将纠纷解决及处理当事人之间的争讼等视为首要任务，这并非因为未有制定法，而是对法律适用有另一种视角。我暂时将保持如下观点：将英语技术性的证据词汇（如外

---

〔13〕 See Malcolm M. Feeley, "Two Models of the Criminal Justice System", *Law & Society Review* 407 (1973).

部证据）翻译成某种欧陆语言相对困难，这是由根深蒂固、青睐于完全相反的推理方式所致。

考虑到北海两岸证据与实体法的理念差异极大，同时也遵循达马斯卡的分析思路，我们无需过多推测便可判定，两种或两组体系下的主要法律推理方式刚好截然相反。英美法系的主要推理方式：首先尽可能精准地查明事实，然后适用法律。诉讼的焦点经常是事实问题，至少较之于荷兰是如此。在荷兰，我们对案件的法律评估更倾向于如下的推理顺序：

  ——对法律条文进行解释，以及
  ——选择表面判断最恰当的法律条文，
  ——选择（法律意义上）可被证明的事实。

这与达马斯卡的一个论点（在他先前的论文中）十分相近，即欧陆法系的法院如果依条款的规定对实体法的适用非常清晰，则在事实方面的疑问很容易消除。他们的主要注意力集中在寻求可接受的解释上。[14] 特别是刑法典系由总则和分则所构成的逻辑层级体系，重点便在于选择与案件整体情况相关的恰当法律条文，而非"事实"（英美法语境下）的特定细节。在欧陆法系下，因事实认定程序上的原因，可供选择的事实认定（案件情况是 A 或者 B）更易于接受。

这里我的结论是：对特文宁论文进行充分的价值评估需要一个公正背景，包括意识到（英美法系和大陆法系）在法律模式和法律推理方面的主要差异。将达马斯卡的观点作进一步延伸，这意味着对"事实"所持态度的差异并非仅存在于不同国家的法律实践或者（部分）学者的偏好。这也可以解释为何英美澳的法律文化与荷兰、法国等国家的法律文化在事实问题上的关注存在如此差异。在进入下一方面内容的探讨前，我们应当将这种试探性的解释铭记于心。

（四）程序中的"当事人主义"与"非当事人主义"内容

出于比较的目的，达马斯卡的研究表明，在现存体系中将"当事人主义"和"职权主义"作为对应概念使用是不适当的。但这并非意味着用"当事人主义"或"职权主义"来描述或分析体系中的某些方面总是不适当的。这仅意味着此类

---

〔14〕 Damaska, *Evidentiary Barriers* (...)；see also "Presentation of Evidence and Fact-Finding Precision", 123 *U. Pa. L. Rev.* 1083（1975）；"Structures of Authority (...)", 84 *Yale L. J.* 480（1975）.

标签所指代的特征可以是任何一种法律体系的组成部分。事实上，正如多位学者〔15〕所主张的，欧陆普通刑事程序所涵盖的规范、原则与规则与英美刑事程序核心部分所蕴含的价值一致。例如，公正审判原则、被告人向证人发问的权利、被告人获悉包含具体指控之起诉书的权利，这些均在大多数国家的法律体系中享有一席之地。当下并不存在任何与"当事人主义"截然相反的"职权主义"体系。

但另一方面，我们也可以看到职权主义的某些方面与拿破仑前的中世纪职权主义传统存有关联，包括历史上的宗教裁判所。在现代的文学作品中，我们可以找到该主题的一些有趣论述，例如安伯托·艾柯（Umberto Eco）的《傅科摆》（*Foucault's Pendulum*）。

让我再作几点探讨，以表明共时性比较的困难，以及最佳的方式应是在体系各自的发展脉络中进行考察。

立足这一观点，我们可以认为，特别是当下美国的诉讼模式，着力于庭审的对抗准备以及庭审本身的对抗性元素。在这些体系中，审判的规范结构非常依赖于双方当事人的"平等"（至少在"规范"上推定为平等），以及审判内容的责任分担，例如由当事人（对抗双方）或者对抗的律师（带有更多的怀疑）负责。审前阶段的当事人活动也应受到重视。在这一问题上，有两种彼此关联的活动或者倾向：为庭审作对抗式准备，与此同时，当情况倾向于和解，则避免庭审。〔16〕

就赫伯特·帕克（Herbert Packer）对美国刑事诉讼的分析，约翰·格里菲斯（John Griffiths）作了广为人知的批评。他将美国的程序模式与"交战"（a battle）作对比。我必须说，回顾一下近期波斯湾战争所发生的系列事件，"交战"的确是一个不错的隐喻：准备诉讼的同时也考虑避免庭审，这与进行外交谈判以避免交战，同时又时刻准备战争的整个情形相似。我并不认为大陆法系的法律人在准备刑事庭审时会完全采用这种对抗式的思维。至少检察官会更多地认为自己是公职人员和中立的机构，而非这一阶段真正的当事人。

在许多甚至是大部分欧陆法系的审判中，我们事实上可以发现一些与英美（澳）程序十分相似的方面。我已经提及两个例证：在德国和斯堪的纳维亚诸国，诉讼中所有相关的信息及所有的证据均必须以最原始的版本、以言词而非书面供

---

〔15〕 Wayne R. LaFave & Jerold H. Israel, *Criminal Procedure*, West Academic Publishing, 1985; Feeley, "The Adversary System", in Robert J. Janosik, *Encyclopedia of the American Judicial System*, Charles Scribners Sons, 1987, p. 753.

〔16〕 See Pamela J. Utz, *Settling the Facts*, Lexington Books, 1978; Malcolm M. Feeley, *The Trial is the Punishment*, Russell Sage Foundation, 1979.

述等形式提交法庭。在荷兰，司法实践更守旧，仍保留以往的形式：重点讨论之前准备好的书面材料。在审前阶段，预审法官作为调查法官在重大案件中发挥至关重要的作用：他的记录连同警察的笔录往往是案件的大部分证据。审前阶段的材料也经常用作庭审中的证据，证人不必出庭。[17]

在欧陆庭审中找到一些"当事人主义"元素的同时，我们也可以在美国的刑事审判中发现一些纯正、老式的"职权主义"痕迹：重罪案件中大陪审团的权力极大，以公开对抗的方式听审，但以秘密的方式决定一切。表现出纯正"职权主义"的另一方面则是，给警察实施窃听、监控、卧底等侦查行为留有一定空间，也给检察官批准这类警察行为留有空间。

（五）荷兰的"职权主义"遗留做法以及容忍的一般传统

如果我们对荷兰的两部诉讼法典（即 1838 年制定并于 1988 年修订的《民事诉讼法典》及 1926 年的《刑事诉讼法典》）进行研究，就会发现审判本身更多呈现当事人主义的结构。在民事诉讼中，当事人的元素很明显，除了一些无太多争议的诉讼，如离婚案件诉讼、破产案件诉讼和未成年人监护案件诉讼。

在刑事诉讼中，审判本身仍以法庭为中心，即法官或合议庭的审判长引导对案件的查明、对被告人的讯问以及对证人的询问。"当事人"即公诉人（在庭审中视为一方当事人，但在审前阶段并非如此）和被告人在庭审过程中的重要性不如法院。当事人的地位充其量可描述为"允许发表对己方（尤其是被告人）有利的评论和论据"。从形式上讲，依法典之规定，审前阶段公职人员的一切活动包括调查法官的活动均只是预备性质的。同样从形式上讲，依法典之规定，在庭审中证人将接受询问及质证，专家证言及所有其他证据均将在法庭上重新展示。

但司法实践却不同，如亚瑟·罗塞塔（Arthur Rosett）[18]所描述，证人几乎不出庭，卷宗发挥极其重要的作用。"司法官员"包括法官在实践中的做法已然根深蒂固！从 1570 年起，荷兰便已然形成这种"职权主义"传统。1570 年，西班牙国王菲利普二世的"刑事法令"（Criminele Ordonnanciën）给荷兰带来了相当精密的职权主义程序。尽管这些"法令"从未在荷兰的法律中得到正式承认（1568 年，荷兰开始反抗西班牙的统治），[19]但其影响仍然深远。1670 年法国国王路易十四所颁布的《刑事法令》在诸多方面为 1808 年拿破仑的《重罪法典》

---

〔17〕 坚持要在庭审中直面证人的被告人往往最后会获得一定的补偿。在这一方面，参见 Rosett, "Trial and Discretion in Dutch Criminal Justice", 17 *UCLA L. Rev.* 353 (1972).

〔18〕 同前注 17。

〔19〕 经过 8 年反西班牙的抗争，荷兰在 1648 年才成为正式意义上的独立国家。

提供了模版，并在 1810 年后影响了荷兰的法国式司法系统：在法国占领荷兰期间，法国的《重罪法典》被引进荷兰。这部法典亦同样具有职权主义传统。尽管荷兰此后又颁布了两部新的刑事诉讼法典（即 1838 年和 1926 年《刑事诉讼法典》），这两部法典容纳了更多的"对抗制"或者"当事人主义"的要素，甚至在法典的诸多字句中透露出"平等"的思想，但司法实践总是依赖于书面材料，甚至审前阶段事实上仍秘密进行，作用巨大。

然而，尽管荷兰的诉讼程序带有纯正的"职权主义"色彩（历史意义上），但这并不意味着荷兰具有重刑主义的刑事氛围。数百年来，荷兰一直是一个相当宽容、温和的国度，能够接纳许多偏常行为。即便与邻国相比，荷兰在诸多方面与之类似，但刑事司法系统则更为宽容。例如，荷兰的羁押率在西方国家中最低[20]且经常适用羁押的替代性措施。

（六）迈向欧洲的联盟？

如前所述，西班牙[21]、法国、比利时和荷兰在日常的司法实践中或许带有最多的旧"职权主义"传统遗留。与前述四个国家相比，德国、斯堪的纳维亚诸国和意大利的诉讼程序在许多方面更接近于英美的诉讼程序。但情况可能有所变化：《欧洲人权公约》（1950 年的《罗马条约》）设有公正程序的最低限度要求，尤其是第 6 条。这些条文基本上建立在"当事人主义"模型的基础之上，强调当事人扮演独立的角色。我预测，在法国和荷兰的一些大案经由斯特拉斯堡的欧洲人权法院判决后，[22]未达到《欧洲人权公约》标准的国内法部分将面临更多的挑战：毫无疑问将会出现某种最低限度统一的欧洲刑事（和民事）诉讼法。我们可以预想，《欧洲人权公约》将在几乎所有欧洲国家诉讼程序的发展中扮演重要角色。因此，我们可以现实地期待，未来荷兰庭审的重点将更多放在直接、言词的举证以及对庭审中一手证据的质疑及评价上，而非当下的现状。这意味着证据和证明将会成为诉讼法的主要课题。由此看来，较之于过去数十年欧陆证据领域的研究，当下许多在英美（澳）[23]证据领域里的学术作品将变得与欧陆更为相

---

〔20〕 See David Dowries, *Contrasts in Tolerance*, Oxford University Press, 1988；Franklin E. Zimring & Gordon Hawkins, *The Scale of Imprisonment*, University of Chicago Press, 1991.

〔21〕 我对西班牙的认知是基于（德国）弗莱堡的马克斯·普朗克研究所较早的研究和 20 世纪 80 年代初的访问。情况可能有所变化，尤其是自普朗克死后西班牙开始了政治独立。

〔22〕 See Prakken, Ties, "De arresten Kruslin en Huvig van het EHRM：Gevolgen voor het telefoontappen in Nederland", in *Nederlands Juristenblad* 731 - 9（1991）；Simon A. M. Stolwijk, "Wachten op Cardot", in *Delikt en Delinkwent* 105 - 10（1991）.

〔23〕 Australian Ian Freckelton, *The Trial of the Expert*, Oxford University Press, 1987.

关。[24]

二、荷兰刑事诉讼中的证据

(一) 荷兰 1926 年《刑事诉讼法典》：主要特征

在转向对特文宁大作的探讨前，我想读者有必要额外了解荷兰法律中一些技术性内容，以作为对前文梗概的补充。

荷兰《刑事诉讼法典》（1926 年）分为五个主要部分，称作"编"（book）。第一编设有诸多总则条款和一系列强制措施的规定，包括审前羁押。后者同"逮捕"和"立案登记"一样，基本上不被视为诉讼结构的一部分，仅是一种辅助手段。逮捕从来都不是启动对犯罪嫌疑人刑事指控的必需措施。法典的第二编和第三编是刑事诉讼的基本规定，其中重罪案件的审判是核心部分。荷兰未设陪审团：从 1813 年起，由职业法官组成的合议庭既是事实问题也是法律问题的裁判者。除一些被告人仅被小额罚款的轻微犯罪案件外，每个案子均至少经过两次审理：上诉法院负责审理二审案件。证据并不复杂、情节相对轻微的案件在一审中可以由独任法官审理，一些交通案件甚至在上诉审中也可由独任法官审理。在地区法院和上诉法院，普通程序的合议庭由三名法官组成。[25] 荷兰最高法院仅负责审理案件的撤销审，即仅审查法律问题，而假定事实认定正确。撤销审机制以及司法机构整体的地位和结构均可视为拿破仑时代法国体系的改良版。

从时间设置来看，审前调查、起诉和审判（包括上诉）就如同法国体系一样，建立在一个三阶段的体系上：预先调查阶段，由警察负责；预审阶段，由预审法官负责；审判阶段。诉讼程序还可以延伸为五个阶段，包括上诉阶段和撤销审阶段。[26]

在荷兰，检察官在撤销案件、降低指控或减少指控事实数量等方面，均享有极大的裁量权。提起公诉基本上由检察官决定。即便预审法官参与案件调查，检察官仍有权决定撤销案件。[27] 但一旦案件进入审判阶段，检察官便不能再撤销案件。

尽管荷兰没有像美国那样的辩诉交易，但检察官在一定程度上享有决定撤销

---

[24] 证明和证据规则的理论已经在过去多个时期得到充分讨论。

[25] 对于"轻微犯罪案件"，由治安法官负责一审，地区法院负责上诉审。

[26] 一审后双方当事人均有权上诉。上诉审裁判作出后，双方当事人均有权提起撤销审。唯一的例外是被宣告无罪的被告人，未有上诉利益。

[27] 在委托调查过程中，检察官可以决定撤销案件，包括因此停止委托调查。

案件与否的裁量权。检察官最终会附相关条件撤销案件，如责令被告人缴纳罚款（"达成交易"）。[28]在此一领域，法典仅设计了非常抽象的立法条款，但法院通过各种形式的司法审查手段，为检察官起诉裁量权设定了一系列的原则（和衍生规则），这一系列规则由法院保障执行。[29]

这种做法与美国辩诉交易制度的一大区别便是和解方案大多与被告人本人达成，通常无需（或者说无需太多）律师的协助。被告人可以获得律师的协助，但并非必要。这种和解协议通常是非正式的，交易内容也可以是仅向法庭提出部分指控而撤销其他，或者由被告人缴纳罚金而不进行审判，也无需告知法庭。[30]

法典的规范结构反映出了一种基本的方法论模型：一种经验主义的循环：①搜集观察和直接调查所获得的材料，②检察官整理卷宗材料，③审前评估，尤其是预审法官的评估，④形成最终的起诉书，⑤审判作为最后的测试。如前所述，审前羁押和保释[31]并非这一抽象结构的组成部分。尽管在多数案件中，如果案情足够清晰可以直接进入审判阶段，则可以跳过预审法官，但这一基本模型仍具有高度的合理性：我们可以审查案件的论证过程。这是一个动态的事实认定过程：一开始发现某些可提起指控之犯罪的迹象，到收集证据、检察官和/或预审法官对证据进行初步的审查，然后检察官决定起诉，再到庭审中的证明，最终在上诉阶段重复这一过程。在法典制定者看来，这个模型与"当事人主义"的审判结构非常契合，即完全由法官和"当事人"审查和重新评价所有证据。

自1926年12月以来，荷兰最高法院罔顾法典所确立的制度，对源自书面材料中的传闻证据几乎是无限制的采纳，[32]这让前所探讨的以书证主导的"职权主义"得以存留。

抛开实践不谈，证据法的法典化仍旧重要。荷兰1926年《刑事诉讼法典》

---

〔28〕 See Rosett, "Trial and Discretion in Dutch Criminal Justice", 17 *UCLA L. Rev.* 353（1972）.

〔29〕 Adrian A. S. Zuckerman, *The Principles of Criminal Evidence*, Oxford University Press, 1989. Also see Johannes F. Nijboer, *Strafrechtelijk bewijs van een andere kant bekeken*, Delict en Delinquent, 1991, pp. 332－4, and Tineke P. M. Cleiren, *Beginselen van een goede procesorde. Een analyse van recht－spraak in strafzaken*, Gouda Quint, 1989.

〔30〕 理论上可将裁量权的行使方式分为两种类型：一种方式是交易（部分由法典规定，主要包括交纳罚款以及赔偿受害人）；另一种方式是附条件"不起诉"（conditional "sepot"），几乎未有明文规定，但在实践中非常重要。

〔31〕 此处的保释与英美法系中的含义有所不同。

〔32〕 HR 26 December 1926. 我在一系列已发表的作品中分析了这一判决及其后果；参见 Algemene Grondslagen（...），supra, and Willem L. Borst & Johannes F. Nijboer, *Inleiding tot het strafrechtelijk bewijsrecht*, 3rd ed., Ars Aequi Libri, Nijmegen, 1990.

设有证据专章。[33] 在《刑事诉讼法典》中，证据规则以裁判规则的形式呈现。在立法筹备委员会看来，应当有一套封闭的证据体系，与审判规则相结合。这一规则体系与英美法系的运行方式相同：采纳一切合理证据，同时设有一些例外。应排除的证据是隐秘信息，以及更重要的，不可靠或未依规定搜集的证据。

我将需要太多的篇幅、叙述太多的细节来彻底呈现荷兰刑事证据法的概貌：理论上荷兰证据法是一部确确实实的成文法，它只是在司法实践中沉睡。不过既然法典设有对证据规则进行更严格解释或适用的公正基石，唤醒似乎也不无可能。

因为荷兰并不存在所谓的"认罪答辩"，严格意义上讲，每一个案件都需要经过审判。实际上大多数（接近 80%）的被告人均承认罪行。因此，在大多数案件中证明并非难题：口供再加上任何补强证据便足以定罪。立法条款总会要求在口供外应有一些独立证据（荷兰《刑事诉讼法典》第 341 条），但这一要求在司法实践中却极易应对。

数据显示，荷兰的高认罪率足以与美国的认罪答辩数量相提并论。这样的认罪率可能并非是强制讯问的结果。

仅当被告人否认实施犯罪行为时，取证才会变得较为复杂。在这样的案件中，有时会有专家和证人出庭，审判持续的时间较长。但即便在这样的案件中，大部分的庭审都不会超过一天。最后，如果想要充分了解荷兰的刑事诉讼，则同样需要记住，对于证据复杂的案件，通常由法官（3 名）组成合议庭进行审理。所有与案件相关的问题（管辖、检察官的准备、证明、所涉罪名、存在正当事由或者免责事由、刑事处罚等）均必须一次性作出判决。

被告人享有沉默权，但如果他在法庭上作出陈述，则无需宣誓。被告人基本上不会被视为证人，而是独立的主体。被告人的陈述可以作为证据。在其他证据的方面，专家意见在法律上未被归入证人证言之列。荷兰《刑事诉讼法典》仅认可以下证据形式：①法庭在庭审中的评论（主要是便于实物证据的使用以及释明）；②被告人在法庭内外的陈述；③证人的庭上证言；[34] ④专家的庭上意见；

---

〔33〕 In general, A. J. Blok & L. Ch. Besier, *Het Nederlandsche strafproces*, Vol. 2, H. D. Tjeenk Willink en Zoon, Haarlem, 1925; Geert Duisterwinkel & Alfred L. Melai et al. eds., *Het Wetboek van Strafvordering*, 1969; Jan M. Reijntjes, *Strafrechteljk bewijs in wet en praktijk*, Gouda Quint, 1970; Johannes F. Nijboer, *Algemene grondslagenvan de bewijsbeslissing in het Nederlandse strafprocesrecht*, supra; Willem L. Borst, *De bewijsmiddelen in strqfzaken*, Gouda Quint, 1985; Jan－Watse Fokkens, *Bewijzen in het strafprocesrecht*, Zwolle, 1984; Willem L. Borst & Johannes F. Nijboer, *Inleiding tot het strofrechtelik bewijsrecht*, Ars Aequi Libri, Nijmegen, 1990.

〔34〕 请注意：证人证言包含对其他证人的转述，这是 1926 年（荷兰）最高法院对传闻证据的重要判决之一。

⑤书面文件，包括卷宗材料中的书面陈述（参见荷兰 1926 年《刑事诉讼法典》第 338~344 条）。

书面文件仅部分类别得到承认，但在司法实践中的应用却十分广泛。警察和预审法官的笔录，包括其他供述者向其所作的证言（可采的传闻证据），在司法实践中是仅次于被告人口供的最为重要的证据形式，尽管这与 1926 年的立法目的相背离。被告人认罪并非自成一类：从形式上讲，认罪属于被告人供述这种证据形式。荷兰 1926 年《刑事诉讼法典》规定，法庭的判决涉及对证据问题的裁决时，应作书面说理。[35] 说理论证时应对案件的证据进行充分的援引和描述。

（二）证据法是程序法的一部分

在 19 世纪初的法典编纂前，荷兰的证据和证据法在几个世纪的学术传统中均被视为自成一体而非程序法的一部分。但后者现在是通说。

从 1800 年起，欧陆学术界的主流越来越多地将证据解释为程序法潜在的组成部分。一些先前的法典化（现已被废弃）将证据设在实体法的法典中（如荷兰 1838 年《民法典》、1809 年《刑法典》）。新近的法典则在类型化上有所改变。除了诸如推定这样一些主题外，证据法基本上完整地纳入到程序法中，包括刑事证据和民事证据。因此，证据法几乎未被作为一门独立的学科（无论在学术文献，还是在大学的课程体系中）。证据法的独立课程体系并不多见，至少在荷兰如此。我相信欧陆其他多数国家情况也如此。

在过去二十年间，荷兰仍出版了一些证据法的专业文献。尽管投以一定的关注，但刑事证据这门课程在教学大纲中更多是罕见的奢侈品，而非必修课程。

所有的大陆法系国家，无论欧陆，还是拉美，均明确区分实体法和程序法。这一区分几近是通说：无论是民法，还是刑法，均几乎统一地划分实体法法典和程序法法典。但仍然有一些领域的实体法和程序法并未能作一概念化的鲜明区分。[36] 在德国和荷兰，实体法和程序法的界限区分成为一些研究的对象，包括在刑事法领域。[37] "非经正当程序，不得科以刑罚"，这是这一基本公设所得出的逻

---

〔35〕 在美国期间，我发现在美国的司法实务中存在更多的口头和电话交流。荷兰的司法官员则偏好书面交流。

〔36〕 特文宁在一些论文中关注了边沁对实体法与程序法的区分。

〔37〕 这种讨论与杰摩·霍尔（Jerome Hall）的观点相近，参见 Jerome Hall, *General Principles of Criminal Law*, The Lawbook Exchange, 1960, p. 27. 颇为有趣的是，我的下一篇评论便是霍尔的著作，他将德国的"犯罪要件构成"（Tatbestand）概念与程序语境联系在一起。德国的实体法学者不会立即同意霍尔的观点，因为霍尔在作品中非常典型地展现了英美法背景，即从程序角度探究一般性命题的方法。

辑结果。[38] 需要强调的是，程序法的功能不仅仅与实体法的适用有关。有观点认为，不仅是对正当程序标准这些主题的研究，还包括对官员运用实体法进行事实处理的研究，都发展出了与程序法研究相关的、对特定思维模式的理论洞见：在21 世纪初，一位德国的"程序法学者"詹姆斯·哥尔德斯密特（James Goldschmidt）便认为，主要研究和分析实体法的学者倾向于仅从实体法的概念出发解决多数问题，即便这些问题可能更适合放在更动态的程序法中解决。[39] 我认为，这一类型的欧陆学术作品，不仅与欧陆相关，对于美、英、澳的法律学者而言也相关。这一论断的依据是：普通法系法文化在概念结构上也将法律划分为实体法和程序法。因此，我认为不妨在比较的基础上开始研究这一主题。[40] 但调整不同的思维方式并非易事，例如至少在"实体法"[41] 这一概念上，它在欧陆比在普通法国家更具主导地位。[42] 请参见后文的第三部分。

（三）证据法的"立法理由"

我们知道，荷兰的刑事诉讼中设有证据立法，一些独立的学术作品也会关注这一主题。但英国、美国以及其他普通法国家关于一般证据和刑事证据的大量学术文献在荷兰却鲜为人知。荷兰邻国或亦如此。欧陆只有一些专家意识到普通法世界这一领域（证据法）的重要性。我们同样应记住，学术界对这一部分相对忽视仅是暂时的情况，因为并非总是如此。在 1800 年前的数个世纪，欧洲大陆曾在继受罗马法的基础上形成了重要的证据法，这部证据法在刑事领域与适用刑讯逼供的条件存在部分关联。[43]

在前文中，我强烈暗示，荷兰的司法实践与法典的结构相去甚远。但我必须作一限定：荷兰最高法院最近作出一些判决，要求法庭在认定证实被告人实施犯

---

〔38〕 但因为检察官经常行使公诉裁量权，相当于一定程度的准刑罚权。因此，这一观点受到了一定的挤压。

〔39〕 See for example, James Goldschmidt, *Der Prozess als Rechtslage*, Springer, 1925; Hilde Kaufmann, *Strafanspruch-Strafklagrecht*, Göttingen, Otto Schwartz & Co. , 1968; Klaus Marxen, *Straftatsystem und Strafproze*, Duncker und Humblot GmbH, 1984; Johannes F. Nijboer, *De doolhof van de Nederlandse strafwetgeving*, Wolters-Noordhoff, 1987; Johannes F. Nijboer en Leo Wemes, *Rechtspraak, dogmatiek en dogmatisme*, Gouda Quint, 1989; Friedrich Schaffstein, *Die allgemeinen Lehren von Verbrechen in ihrer Entwicklung durch die Wissenschaften des gemeinen Strafrechts*, Medimops (Berlin, Deutschland), 1930; Klaus Volk, *Prozessvoraussetzungen im Strafrecht*, Cremer, 1978; Willem Zevenbergen, *Formeele encyclopaedie der regtswetenschap*, Gebroeders Belinfante, 1925.

〔40〕 一个比较简单但有趣的开端可以是某些主题的对照。这些主题在一些国家可能归入程序法，而在另外一些国家可能归入实体法（如一般管辖权及其限制）。

〔41〕 与美国相比，实体法在德国和荷兰是一个更加严格的规范概念。

〔42〕 See Hall, *General Principles of Criminal Law*, The Lawbook Exchange, 1960, p. 27.

〔43〕 See John H. Langbein, *Torture and the Law of Proof*, University of Chicago Press, 1976.

罪行为时应进行判决的证明说理。这些新要求在一定程度上弥补了法典与司法实践之间的差距。例如，荷兰最高法院要求审判法庭原则上不得采用非法收集的证据。在大部分情况下，此类证据必须予以排除。荷兰法，不仅指成文法规则，还包括最高法院的判决，在这一特定方面（非法证据排除）与英国的证据法基本上并无太大差异。此外在英国，对不当获取之证据的排除，也取决于法庭的裁量权。阿德里安·朱克曼（Adrian Zuckerman）所提出的英国刑事证据法的三个目标：[44] ①发现真相，②保护无辜者不被定罪，③维系刑事诉讼充分的正当标准。这三个目标同样也适用于荷兰法的"立法理由"。

如果将英国证据法、[45]（更为严格的）美国证据法以及荷兰证据法的"立法理由"进行比较，我们会发现一个重要的共同倾向——均倾向于采纳所有合理的证据形式，仅排除不可靠的证据、不当获取的证据以及因保护某些隐秘信息（而排除证据）。如果我们记得，从前述英美的举证规则到荷兰裁判和说理规则的变化，与裁判主体的身份相关（职业法官所组成的合议庭或是陪审团），那么我们可以得出结论：如果我们通览这些特定规则，就可以看到这些国家证据制度的基本立法理由更多是一致的。由此看来，在审判中同样包含陪审元素（如平民法官）的欧陆国家也会存在举证规则，而非裁判规则。情况也确实如此，例如德国和斯堪的纳维亚诸国更强调举证，而荷兰则更强调裁判。

依这一细微的分析可以得出三点有趣的结论：首先，证据法的发展并非仅与存在陪审团裁判相关。一个仅适用职业法官裁判的国家，同样可以有证据法，且在证据排除的前提上基本与陪审团审判的国家完全相同。其次，从历史上看，在1800年前，欧陆拥有更广泛的证据文献，涉及当时的证据法规则。因此从中世纪到19世纪初的欧陆文献对于英美（澳）的证据学者很有吸引力。最后，不仅欧洲程序法的前景表明，英美（澳）的法学研究对于荷兰极为重要。与此同时，沉睡的（或者极少被唤醒的）荷兰刑事证据法的基本关注点与普通法有诸多共通之处，远超我们一般所想。

三、法律体系中实体法还是程序法占据主导地位

（一）缺乏对应概念：北海辽阔深幽

程序法事项通常与负责法律实施的主体活动联系更为紧密，而在基本上以判

---

〔44〕 Zuckerman, *The Principles of Criminal Evidence*, Clarendon Press, 1989.

〔45〕 荷兰司法实践的主要特征与英国大不相同，证人通常仅在审前阶段接受询问，且仅在特殊的案件中出庭。当然，还有一处差异便是不设陪审团。

例法为基础发展起来的制度中，对于理论上既可由实体法也可由程序法予以调整的问题，通常会运用程序法予以解决。[46]

从这个角度看，英美澳法律与欧陆法律的前述差异主要是关注点的差异，即是关注证据和证明问题，或者是关注一般的实体法学说，这一论点并非揣度之词。稍微夸张地说，这两种"法系"在法律争议和法律论证上的推理方式完全相反：英美法首先非常准确地认定事实，以此为基础适用实体法的规范和概念；欧陆法则从更普遍的理念和概念着手，将事实论断转变为法律所要求的、更为流畅的术语，以此作为实体法适用的事实前提。当然，这一差异并非一个非黑即白的问题，但我认为以法律的眼光来看，北海比它在自然意义上展现的阻隔效果更强：荷兰角与哈里奇之间的法律差距要比荷兰角与符拉迪沃斯托克或里约热内卢的法律差距大得多。正是这一差异，让我拟定了本部分的标题。当我们在更一般的意义上认识到这一差异，似乎便可与我们平日所观察到的差异相联系，例如英国人和法国人谈判：英国人对法国人从一般性的考量入手而把细节谈判放在次要地位的作风持怀疑态度，而法国人则不理解为何英国人在法国人所认为的"鸡毛蒜皮"事项上喋喋不休。

如前所述，关注点的差异同样反映在文献数量上：英美法文献对证据的关注要比对实体法学说的关注大得多。德国情况则完全相反。只要到某一比较法机构的图书馆作一阅览便可证明这一论断。阅览者会发现，在欧陆，"证据"只是"程序"的一部分。

（二）例证

对这些主题的关注不仅反映在法律文化的差异上，还有一些表达实质概念的词汇，如果未作进一步解释，则无法简单地翻译为另一种语言。我可以枚举数例，如荷兰实体法中的"从一罪处理"（ééndaadse samenloop）和"阶层理论"（aspectenleer）[47]和英国法中的"外部证据"或者"基本争点"。法律英语，包括在证据领域中的术语，如"推论"甚至是"相关性"这样的概念，如果未作"人为"创设，则无法翻译成欧陆法律语言。我认为普通法国家许多"证据法学者"并不知道这一情况，欧陆学者可能也不知道。特文宁是为数不多意识到这一点的人。这也是他的著作及其评论非常重要的一个主要原因。

---

〔46〕 从历史上看，必须说，大多数法律制度是从程序发展到实体，而非相反，尽管审判是实体法适用的结果。

〔47〕 这些概念在英语中几乎无法解释。这些规则的主要目的是，在事实复杂、违反了多个法律条款规定时究竟是一罪还是数罪，也有可能是涉及更多的罪名。而在英美法中则没有这么复杂、抽象的一般性概念。

四、普通法——证据

(一) 共同的总目标

每一个成熟的法律体系至少应包含一些证据规则。每种法律体系中均可能存在至少一种公认或看似合理的规则分类方式。例如，在当下英国或美国刑事证据及民事证据的出版物中，可以轻易找到五种或十种被认可的分类方式，且相互之间并不总是相关。不同的分类方式取决于看待证据法的不同视角。

按是否保护隐秘信息来划分规则便是一种简便的方法。另一种分类方法则着眼于规则所设定的活动类型：不仅是规范所设定的推理过程，还包括人可以或者允许处理特定信息[48]及其他的方式。

按塞耶 (Thayer) 和威格摩尔 (Wigmore) 作品中所呈现出来的传统英美法图景，证据法可描述为：主要规定所有理性证据均可采的规则，也存在一些例外。这些例外可归结为证据排除的三个基本目标：排除不当收集的证据、排除不可靠的证据以及为保护特定领域如隐私、家庭关系而排除证据。第一类的例证如排除非法搜查及扣押所获取之证据的规则。第二类的一项主要规则是未依据普遍认可的科学方法或技术所提供新型科技证据应予以排除。[49] 第三类的一个例证是不得强迫自证其罪的特权。

(二) 自由证明原则

在普通法国家，自边沁以来，很多学者主张废除或部分废除证据法的排除规则。在这些特别的主张背后往往贯穿如下理念：人类智识足以处理事实信息，无需予以限制。立足充分的依据、合理的逻辑推理以及人的心理才智足以保障作出准确的判决。后者所设定的情况更多是，一群人在一起决定事实问题，或者仅决定事实是否存在的问题。欧陆也存在这样的推理。在 1800 年左右，绝大多数的证据法学说 (在欧陆) 销声匿迹了。1800 年后，许多国家都在讨论应保留先前的哪些证据规则。最激进的是法国的陪审制改革：法国几乎废除了所有先前的证据规则，而以"内心确信" (conviction intime) 标准取而代之。"自由证明"的理念同样潜藏于许多英美的证据法论著中。在特文宁看来，自边沁 1827 年出版《司法证据原理》后即存在一种明显的连续性。这一连续性对证明基本原理的公设产生极大冲击，因此特文宁提出"证据学研究的理性主义传统"。对这一传统的认知，

---

〔48〕 即未事先进行"米兰达警告"，则认罪的内容将被排除。

〔49〕 这就是美国所谓的弗莱标准 (Frye-test)。美国的许多司法区设定了较宽松的标准。美国联邦最高法院在多伯特诉梅里尔·道一案中作判决，放宽了弗莱标准 [1993 WL 224478 (U.S.)]。

必然对每种证据法均有部分的覆盖。这可以解释为何存在如此之多被认可的证据法建构方式。

证据法不仅是依不同分类而建构的不同规则体系。它也是一套仅部分涵盖思维"自然"演进过程的体系，即人在收集并评估数据以对历史事件是否存在形成合理、可接受之结论的思维过程。我想先谈谈特文宁在这方面的"观点"，也是对下一部分的简要预览。在他的论文《什么是证据法？》（What is the Law of Evidence?）中，[50] 特文宁介绍了两种观点："格鲁耶尔奶酪"说，强调证据法的强制性规定少之又少；"柴郡猫"说，强调证据法的现实主义视角应当意识到过于正式、过于精确的法律表述。正是这种对人可在多大程度上管理思维及知识的常识性清晰论说，可让我们在探讨证据和证据法时更加稳重。这对于全世界的实务人员、学者和立法者而言均有重大意义。特文宁以通俗易懂的风格论述这一主题，这令他的主张本身更具说服力。下面我将围绕特文宁此书的细节展开论述。

五、反思证据

（一）书的内容

《反思证据》一书由11篇论文组成。在导论中，特文宁介绍了他如何在古稀之年对证据领域产生兴趣并且保持热情。此外，特文宁在前言中也对其他论文的内容作了介绍。

《认真对待事实》一文好似一碟开胃菜：特文宁讲述了一个新式法学院的故事，法学院建议更多关注"证据、证明和事实认定"的课程。特文宁因此主张，法学院在证据领域应进行更精透的教学。这篇论文的写作风格较具反讽意味，论及杰罗姆·弗兰克（Jerome Frank）、查伊德·佩雷尔曼（Chaim Perelmann）和乔纳森·科恩（Jonathan Cohen）。特文宁在这个虚构法学院所进行的假想讨论中，论及许多反对法学院课程过多关注"事实"研究的论据。许多这样的论据遭到了反驳。特文宁主张，潜在的研究对象列表当然是无穷无尽的，但这也是所有法学命题都面临的情况。因此，这一问题并不特别。对于法科学习应作如何选择，以及应为学生提供何种知识，其中最基本的一个问题便是证据法缺乏整体的理论。但英美法传统提供了充足的基础可以着手构建系统性的理论，至少是系统的"证据、证明和事实认定"的方法理论，作为更宽泛法学学术概念的一部分。[51]

---

〔50〕 William Twining, *Rethinking Evidence* (*Exploratory Essays*), Basil Blackwell Ltd., 1990, pp. 178-218, here p. 211.

〔51〕 See William Twining, *Rethinking Evidence* (*Exploratory Essays*), Basil Blackwell Ltd., 1990, p. 28.

　　在接下来的一篇文章中，特文宁讲述了"理性主义传统"，介绍了代表性学者主要论著的特点，如边沁、伊文斯（W. D. Evans）、菲利普斯（M. Philips）、斯达克（T. Starky）、威尔斯（W. Wills）、贝斯特（W. M. Best）、格林列夫（S. Greenleaf）、泰勒（J. P. Taylor）、伯利尔（A. Buhill）、阿普尔顿（J. Appleton）、斯蒂芬（J. F. Stephen）、塞耶、威格摩尔、坎布莱尼（C. F. Chamberlayne）、摩尔（C. C. Moore）、摩根（E. M. Morgan）、麦考米克（C. T. McCormick）及21世纪美国和英国其他作者的作品。特文宁在《证据学研究的理性主义传统》一文中仅是对英美法学界主要学术传统的历史纵览和分析。读完此文，外行人也可以立即明白为何英美学术界在证据传统和发展远远滞后的程序传统之间产生如此大的差距。在这篇文章（首次发表于1982年）中，特文宁在进行历史描述后随即阐释了他对整个理性主义传统假设的论点。用特文宁的话说，他对理性主义传统的考察包括分析和历史两个层面：在分析层面，这是在尝试以一种理想模型的形式重构关于古代裁判性质的基本假设以及在这种背景下对争议事实问题的推理会涉及哪些要素。在历史层面，特文宁尤为谨慎，部分是因为历史记述依赖于后来人在其作品中的法律解释，此外对描述历史作品的选择也可能存在争议。[52] 在这一背景下，特文宁也论及英国和美国对欧陆证据领域的学者缺乏了解。将英美的学者们放到某一传统里，并将他们与欧陆学者的著述联系起来，对于这一假说的测试，是此前从未进行过的系统性尝试。如特文宁观点所展示的，英美对证据进行专门论述的传统，"根植于18世纪启蒙运动的理性主义"。如前所述，这种传统最显著的一个方面便是与事实的"自然"知识相关的证据学作品和与纠纷、法律诉讼及程序相关的、差别极大且带有怀疑主义的作品形成鲜明对比。[53]

　　对于所谓的"理性主义传统"，特文宁建构出两种基本的假设模式，不将其纳入本评论中似有不妥。*

　　● 第一种模式：裁判的理性主义模式

　　1. 规定性的

　　（1）程序法的直接目标

　　（2）是裁判的准确

---

　　〔52〕　See William Twining, *Rethinking Evidence*（*Exploratory Essays*），Basil Blackwell Ltd. , 1990, p. 74.

　　〔53〕　See William Twining, *Rethinking Evidence*（*Exploratory Essays*），Basil Blackwell Ltd. , 1990, p. 74.

　　＊　本部分内容，因为原文引用与原著存在一定的偏差，后来特文宁教授又进行了修订，故在翻译本部分时，译者作了一定的修正，并参考了中文版的部分译法。参见［英］威廉·特文宁：《反思证据：开拓性论著》（第2版），吴洪淇等译，中国人民大学出版社2015年版。——译者注

（3）裁判的准确是通过对实体法的正确适用

（4）和待证事实的准确判断来实现的

（5）对法律的正确适用是指

（6）对那些被视为符合功利主义（或者其他善）的有效实体法的正确应用

（7）对待证事实的准确判断是指

（8）在对那些（以一种被设计来去伪存真之形式）提交给大致胜任的、公正无私的、具有防范腐败和错误之能力的决断者的证据

（9）进行小心翼翼、理性的权衡基础上

（10）将待证事实证明至某一概率标准

（11）除此之外，还应该有适当的条款来规范对这些初步裁判的审查和上诉

2. 描述性的

（12）一般说来前述直接目标很大程度上

（13）是以一种一以贯之的、公平且可以预测的方式

（14）来实现的

● 第二种模式：证据与证明的理性主义理论：一些共同的假设

（1）对过去所发生之特定事件的认知是可能的。

（2）在个案中，对于争议中过去具体事实（即待证事实）真相的确定是裁判获得正义的一个必要条件：不正确的结果是非正义的一种形式。

（3）裁判中证据和证明的概念与确定事实问题的理性方法相关。

（4）在这一背景下，必须在事实问题与法律问题、事实问题与价值问题、事实问题与评价问题之间保持有效的区分。

（5）裁判中所主张事实之真相的建立是一个典型的概率问题，缺乏绝对的确定性：①有关过去具体事件之主张的概率的判断可以而且应该从那些提交给决断者的相关证据来推理获得；②适合概率推理的典型推理模式是归纳。

（6）一般说来，有关概率的判断必须建立在与事件一般过程相关的有效知识储备的基础之上，这在很大程度上是一个由可用的专门科学或专家知识加以补充的常识问题。

（7）与其他价值相比，诸如国家安全、家庭关系保护或者限制强制性讯问方法等，追求真相（即追求准确事实认定的最大化）被赋予了崇高但不必然压倒一切的优先地位。

（8）对"事实认定"制度、规则、程序和技术进行评价的一个重要基础是它们能在多大程度上对事实认定的准确性给予最大化，不过，其他标准如效率、成本、程序公正、人道主义、公共信任以及避免参与者的诉累，同样会被考虑在内。

（9）应用法庭心理学和法庭科学的首要作用是提供有关不同种类证据的可靠性指引，并且发展出提高这种可靠性的方法和策略。[54]

在我看来，这一系列假设大概是（特文宁）多年教学的成果，也是将英美证据法主流研究概念化的一个重要工具，可以提供挖掘全新观察视角的平台。这一系列假设所涉及的证明问题在欧陆法律学者中极少进行讨论，也可据此对欧陆的法学研究进行批判性分析。这一系列涉及证明问题的假设，在欧陆法律学者中极少得到讨论，也有益于对欧陆法学研究的批判性分析。此外，这对于增进为何英美法学界和法律职业群体对"事实"给予特别关注的理解提供了背景。

本书对1982年发表的《证据学研究的理性主义传统》一文扩充了一段后记。在后记中，特文宁关注了自1982年发表以来所受到的批判。其中他所探讨的一个方面是，"职权主义"制度的诉讼程序比"当事人主义"制度的诉讼程序更加直接和坚定地关注追求真相和法律实施这一思想。特文宁同样谈论了贯穿于理性主义传统主流思想中的政治价值或意识形态价值。

在论文《什么是证据法？》（书的第六章）中，特文宁对达马斯卡的《司法和国家权力的多种面孔——比较视野中的法律程序》一书给予了明确的关注。[55] 在接下来的第六部分，我将回归这两个主题：探究"理性主义传统的模型"与特文宁对达马斯卡思想的看法之间的联系。

特文宁在对理性主义传统的分析中所奠定的基础，不仅适合于对证据的法学讨论，而且对一般性认识论问题的理论及哲学探讨提供了易于进行纲要总结的出发点。《反思证据》一书中最具哲理性的论文是书的第四章——《对一些怀疑主义者的一些怀疑主义》。在这篇论文中，特文宁讨论了理性主义"主流"基本假设中一系列广泛选择的变量，这些变量反映了对法律裁判基本问题认知或观点的诸多变化要素，尤其是涉及证明问题。

特文宁所谈论的主要类别的怀疑主义有：①哲学怀疑主义（philosophical

---

[54] See William Twining, *Rethinking Evidence* (*Exploratory Essays*), Basil Blackwell Ltd., 1990, p. 73.

[55] Mirjan R. Damaška, *The Faces of Justice and State Authority*; *A Comparative Approach to the Legal Process*, Yale University Press, 1986.

scepticism)；②意识形态的怀疑主义（ideological scepticism）；③事业性本质的怀疑主义（nature-of-the-enterprise scepticism）；④法律的事实怀疑主义（legal fact-scepticism）；⑤语境主义（contextualism）。

在分析这些类别时，特文宁也讨论了一些变量，一些由哲学家所提出的理论，但未涉及过去两个世纪里欧陆哲学家的理论。在特文宁看来，所有这些变量为证据的替代性理论提供了许多出发点：例如在"哲学怀疑主义"这一类，对知识或理性论证作为客观价值的可能性提出了强烈的怀疑。这种类型的怀疑削弱了任何对知识作纯主观判断的证据理论。另一方面，"意识形态的怀疑主义"导致了法律的相对主义，而不再仅是意识形态。

第三种形式的怀疑主义，所怀疑的主张是"裁判是在准确构建事实的基础上适用法律"。它包含了一些形式的相对主义，诸如质疑是否可能论及裁判的准确性或者裁判的可接受性、恰当性这些概念。这种类型的怀疑主义对裁判中的理性、真相和正义的概念提出质疑。

第四种形式的怀疑主义是"法律的事实怀疑主义"，刚好与第二种和第三种的怀疑主义完全相反。（这种形式怀疑主义的）核心争点以及核心质疑点与裁判中追求真相的理念有关。这不仅是一项复杂的事业（a difficult enterprise），有时也是一项不可能的事业，甚至可以说在法律诉讼的背景下，谈论真相这一特定概念也是不可能的。在法律背景下设定了过多关于事实的法律，以主张寻求真相。将杰罗姆·弗兰克对法院的观点归入"怀疑主义"的阵营，对此美国的读者可能不会感到惊讶。

最后是"语境主义"。在特文宁看来，每一个强调或主张将证据研究与法律或法律的特定领域联系起来的观点均可归入"语境主义"一类。例如，社会学或经济学的"语境主义"，强调证明应与这一语境相关联，且不能脱离语境使用这一概念。如此便产生了法律程序框架下范式的协调性或一致性问题，涉及以其他方式看待法律程序的基础，其他学科关注程序和证据的基础。

尽管如此，如标题所示，特文宁的这篇论文主要是持怀疑态度，对所有偏离证据理性主义视角及法律证据认知或观点（的思潮）进行评论。当然，以其他视角观察这一主题很有价值。但对司法证据卓有成效的研究，从一种对人类事业的全面怀疑出发足矣：研究证据的法律学者不可避免地要面临一个认识多元的世界。他需要考虑到此点。对于"反思证据"而言没有必要进行全方位的讨论。特文宁也承认，他对五种形式怀疑主义的总结和讨论并非完美无缺。

第五篇论文涉及刑事程序和证据的精确聚焦，似乎可归入法庭心理学家对目击证言可靠性的大部分研究工作中。[56] 特文宁探讨的争点不仅只是目击证人证言的研究是否足够充分这一基本设想，他也展现了证据法与整个诉讼程序的联系，指出除了那些被严格界定的对象外，证据法在法律程序中对庭前准备、和解和其他司法判决也存在深刻的影响。特文宁所描绘的轮廓清晰地介绍了第六篇论文的主题，即已提及的《什么是证据法？》一文。

在这篇论文中，特文宁对一些概念进行了精确的界定，这非常有助于讨论证据和证明的相关问题。特文宁界定了证明标准、证明本身、证据事实（factum-probans）和待证事实（factum-probandum）的区别以及裁判和诉讼的区别。他还描述了当事人与法院之间不断变化的关系和其他一些英式的审判原则，如当事人意思自治、法院的裁判者角色、职能分工、言词原则和公开原则。特文宁对证据、证明以及证据法作出了重要区分。不仅在普通法世界，在欧陆学说中，法律人或者法律学者也经常只关注规则，而极少考虑所讨论的规则在观点或立法理由层面的差异，例如，对公正程序的保护、公正调查和外部政策的其他原因与对不可靠调查方法（如推测性的科学技术或者伪科学技术）的抑制。特文宁展示了在着手证据法研究前，预先对证据、证明本身以及事实认定理性的、逻辑的、经验的基础进行研究是何等的重要。这一思想可以追溯到像塞耶和边沁这样的学者。威格摩尔也曾阐明这一论点，强调在研究这些规则之前最好先研究证明的原则。[57] 特文宁指出，威格摩尔本人首先向学生教授证明理论，而后才是裁判规则。在《什么是证据法？》一文中，特文宁也探讨了证据法应适用于谁以及何种类型的活动中。他批判了那些主要以"上诉"法官的视角看待问题的法律学者目光狭隘。[58]

在涉及证据的程序背景时，特文宁再次对达马斯卡的《司法和国家权力的多种面孔——比较视野中的法律程序》一书投以了关注。在特文宁看来，达马斯卡对不同类型程序所设定的主要区分如下：政府体制可分为管理型或回应型；国家权力体制可分为科层式或协作式；程序体制可分为职权主义或当事人主义（在第四部分中，我说过，特文宁所罗列的这些"体系"没有准确地解释达马斯卡的思想）。

第七篇、第八篇及第九篇论文关注了律师叙述对庭审的事实认定准备以及庭

---

〔56〕 William Twinning, "Identification and Mis-identification in Legal Processes: Redefining the Problem", *Rethinking Evidence*（*Exploratory Essays*）, Basil Blackwell Ltd., 1990, p. 153.

〔57〕 See William Twining, *Rethinking Evidence*（*Exploratory Essays*）, Basil Blackwell Ltd., 1990, p. 195.

〔58〕 英美法律文献中经常使用的"上诉法官"概念用在欧陆则不够准确：大多数上诉法院审理二审案件。参见第一部分。

审中各主体的重要性。这几篇论文对一个较早的英国谋杀案进行了全方位的分析（或者说剖析），即 1922 年的伊迪丝·汤普森（Edith Thompson）案。尽管部分参照了威格摩尔对刑事案件的图表分析法，但这几篇论文中的探讨主要是英美话语体系中的一种内部讨论。局外人难以理解这几篇文章的重要性。

第十篇论文较为短小，是一篇对 1973 年英国刑法修订委员会第 11 次报告的批评文章。这篇评论效仿了边沁《再访伦敦》的写作形式。

最后，在新论文《反思证据》中，特文宁关注了英美（澳）目前关于证据和证据法的不同观点。在开头的"盘点"中，特文宁重述了较早时期文章中的许多结论，比如与程序相关的证据学具有相对独立的地位，等等。同样，特文宁也回顾了"理性主义传统"的一些特征。他提到了当前证据学领域一些看法和观点的优缺点。其中一个结论[59]如下：

"当以更广阔的视角进行审视，这幅展现了我们在事实认定研习传统中所呈现出来的图景，是由一系列相关但彼此缺乏联系的探索路线所组成。尤其是：

（1）很多涉及法律程序方面的不同类型文献既无法常规地予以援引，也无法塞进有关证据学的专业著作中。涉及法律程序和制度、具有社会学导向的著作倾向于吸收不同的知识传统，且通常带有更多怀疑的声音。

仔细考察后可以发现，怀疑主义未在基础层面上对理性主义传统的核心概念形成有理有据的挑战……然而，它们的确对理想主义的乐观精神及其所支持的一些特殊理念形成了挑战。

（2）一些其他学科的研究者，例如证人心理学和较小范围内的法庭科学，已经接受将过于简单且过时的诉讼和事实认定模式作为他们研究的基础。"

在特文宁看来，（改良版的）威格摩尔图表分析对理论和实践仍具有一定的重要性。另一方面，"故事"的发展、以叙事形式组合证据问题的方式有益于这一领域的研究，但叙事和分析是互补而非替代性的分析手段。

另一个结论："教义证据学研究（doctrinal evidence scholarship）取得更鼓舞人心的进展，其中之一便是对一般原则兴趣的复苏……例如无罪推定……"这一趋势与证据和刑事诉讼理论的主流发展趋势一致，不仅英国如此，欧陆也如此。[60]

《反思证据》一文以"新证据学"及对规划理论需求的一些评论结尾。事实

---

〔59〕 William Twining, *Rethinking Evidence*（*Exploratory Essays*）, Basil Blackwell Ltd., 1990, p. 347.

〔60〕 See for example, Zuckerman, *The Principles of Criminal Evidence*, Oxford University Press, 1989; Cleiren, *Beginselen van een goede procesorde. Een analyse van recht-spraak in strafzaken*, GOUDA QUINT BV, 1989.

上，特文宁对过去 15 年所发表和探讨的新问题和新观点作了一个有意思的总结。他还评出了证据研究的需求清单，探讨了一些新近的英美著作，如彼特·蒂勒斯（Peter Tillers）和达维德·舒恩（David Schun）的规划理论。论文的这一部分为该领域今后的学术活动提出了一系列挑战。

（二）论文的形式和风格

特文宁是一个非常高产的学者。他通俗易懂的作品如《证据理论：边沁与威格摩尔》[61] 以及论文，丰富了证据领域的学术文献。同时，与特里·安德森（Terry Anderson）合作的一部主要作品也已经出版。[62] 除了在证据领域的卓越贡献外，特文宁还为法律学科提供了其他一些有趣的读物，如《理论法与法学发展》《卡尔·卢埃林与现实主义运动》以及《法学理论和普通法》。[63] 他在法学教育方面也发表过一些论文。[64]

对于后一主题，特文宁似乎是与生俱来的老师。他的文字娓娓道来，令人倍感亲近，即便所论述的理论有时非常复杂和抽象。对于欧陆学者而言，英语文章是非常有吸引力的，因为英语表达偏好短句。但特文宁《反思证据》一书的文字之所以如此引人入胜和通俗易懂，不仅是因为语言，也还因为他擅长使用例证以及对诙谐的"掌故"信手拈来。

从更哲学的角度看，对证据学研究中理性主义传统基本特征的直接分析，促进了对证据法及其所根植的领域即法律证据本身进行更深度地思考和批判性分析。可能对于偏好抽象理论的读者而言，他对托马斯案诸多细节的分析是令人搔头的。但对于外国人而言，边沁的《再访英格兰 1973》似乎是典型的英式幽默风格。总体而言，这本书阅读起来颇具吸引力，也令人兴奋不已。

（三）总体评价

在最后一篇对"新证据学"讨论的文章中，特文宁营造出一种氛围，暗示他的研究工作是新证据学研究的一种路径或其他部分。我不清楚是否如此。这意味着什么？那又如何呢？（亦参见本文第六部分第三小节）

特文宁的作品本身具有相当大的价值，尤其是他对如此众多证据学研究者的

---

〔61〕 William Twining, *Theories of Evidence: Bentham and Wigmore*, Weidenfeld & Nicholson, 1985.

〔62〕 Terence Anderson, *Analysis of Evidence*, Cambridge University Press, 1991.

〔63〕 Published in 1976, 1973/1985 and 1986.

〔64〕 See William Twining, "1836 and All That: Laws in the University of London 1836-1986", *Current Legal Problems*, Volume 40, Issue 1 (1987), pp. 81-114, and William Twining, "Preparing Lawyers for the Twenty-First Century", in *Legal Education Review* 1 (1992), as well as, William Twining, *The Bibliography in Rethinking Evidence*, Basil Blackwell Ltd., 1990, p. 389.

历史学、哲学分析。他关于共同传统（证据学研究中的理性主义传统）的观点以及各种假设列表，已为传统所接受或者视之为当然，对法学理论做出了卓越的贡献。如前所述，通过分析这些假设，特文宁不仅提供了在英美澳证据研究以及一般意义上的法学研究中开展进一步探讨的基础，也为世界上其他地方（至少是欧陆）的证据研究学者和法学学者提供了研究的进身之阶。无论特文宁将来会否就"规划证据"的新理论或"培根主义"和"帕斯卡主义"学者们的讨论提出怎样的想法，这已然可以称作极大的成功。

六、对特文宁的评论

（一）阅读达马斯卡

在论文中的两个相关主题，特文宁引用了达马斯卡的作品。[65] 首先在《证据学研究的理性主义传统》一文的附言中：

> 理性主义传统的核心信条在于程序法的直接目的是在裁判中达致判决的准确性。在事实问题方面，这就包含了通过理性方式去探求与具体的过去事件相关的真相。裁判的准确性作为确保法律下正义（解释正义）的一种方式被赋予一种崇高的但非压倒一切的优先性。这种模式是一种工具主义，因为通过推理来探求真相是解释正义即实体法执行的一种方式。对这样一些基本理念的接受是否必然包含着遵循中央集权国家的社会控制？对于这一复杂问题，可以在米尔伊安·达马斯卡有关程序系统的精妙分析中找到一些线索。他提出，任何程序制度都可以根据与政府体制（管理型国家和回应型国家）相关的三种理想类型元素之间的相互作用来加以解释；科层式和协作式的权力体制；职权主义和当事人主义的程序制度。达马斯卡指出，现实制度的几乎所有历史例证均是混合式的，将每一种理想类型的诸多元素以一种复杂的方式结合起来，且在不同的理想类型之间不存在稳定的关联，例如，尽管人们会预期一个管理型国家将设有一套科层式的权力体制以及一套以职权主义为主的程序制度，但这并不具有逻辑、历史或制度的必然性。大部分现实制

---

[65]　Mirjan R. Damaška, *The Faces of Justice and State Authority*; *A Comparative Approach to the Legal Process*, Yale University Press, 1986. 也可参见前文中提及的其他文献。

　　后文两处有关《证据学研究的理性主义传统》和《什么是证据法?》两篇论文的引述，译者参照了吴洪淇等译《反思证据：开拓性论著》一书的部分译法，参见［英］威廉·特文宁：《反思证据：开拓性论著》（第2版），吴洪淇等译，中国人民大学出版社2015年版。——译者注

度都反映了一种复杂的折衷，其中一些比其他一些更加"惬意"而已……[66]

在《什么是证据法?》一文中，可以找到如下引述：

程序背景

一位现居美国的原南斯拉夫法学家新近撰写了一部重要著作，可为将我们的主题置于一个宏大背景之中提供有用的理论框架。达马斯卡的《司法和国家权力的多种面孔——比较视野中的法律程序》提出根据三套理论模式（或"理想类型"）来描述和比较现代西方法律体系中的程序制度。这些模式分别与政府体制、权力结构以及法律程序制度相关。达马斯卡的三组区别可以简要重述如下：

政府体制可以根据它们同纯粹版本的"管理型国家"和"回应型国家"的接近或分离程度得以界定。在管理型国家，政府扮演着管理社会生活一切重要方面的角色；在回应型国家，政府角色被限制在仅为社会交往提供平台。这与政府的"干涉主义"和"放任主义"意识形态之间的类似区分形成对应关系。大部分现代西方社会都是混合的政府体制（以及混合的经济体制），处于两个极端之间的某一位置。即便是美国也在一些重要方面与"回应型国家"的理想类型相去甚远；而英国，即便近来向福利国家靠拢，在某些重要方面一定程度上仍接近于管理型模式。

国家权力体制同样可以根据科层式权力与协作式权力之间的区分来加以界定。前者一个相当明显的例子是国家官僚体制由职业人员负责运转，他们彼此之间存在一种等级关系，据称是根据清晰界定的标准来作出最重要的决定。协作式权力的特征在于广泛的非专业人士参与、单层的"水平"权力以及诉诸差异化的共同体标准而非正式规则。同样地，实际中大部分权力体制都是混合的。尽管如此，在特定的区域却有着清晰的例子。例如，英国的陪审团非常符合协作模式，因为它是由普通市民组成的，它的裁定只有在例外的情形下才会受到审查或上诉("陪审团主权")，而且陪审团的裁决在其被分配的领域内服从于"常识"。很明显的是，陪审团没有也确实无法对他们的裁决给出理由。这同诸如意大利和法国这些国家的基层司法形成鲜明对比，裁判人员是经过训练的公务员，即便是就事实问题作出的裁判都必须给出理由，并且要受到上一级权力机构的常规性审查以及可能被上诉至这一机构。

---

[66] William Twining, *Rethinking Evidence（Exploratory Essays）*, Basil Blackwell Ltd., 1990, pp. 78-9.

　　"职权主义"和"当事人主义"程序制度之间的第一个区别也已是稀松平常。不过，达马斯卡从含混不清、真假莫辨的通常用法入手，根据目的对这些类型进行区分，而非将它们视为为达到共同目的而适用的不同手段。（职权主义中）调查的目的在于实施政策以解决某一问题；（当事人主义中）"对抗"的目的在于明确的当事人之间就单一纠纷进行合情合理的解决。程序研究的一个老生常谈，即将英美程序等同于"对抗制"程序、将受罗马法影响的制度等同于"职权主义"程序是具有误导性的……[67]

　　这些冗长的引述援引自评注。对"对抗式"或"当事人主义"和"职权主义"或"非对抗式"模式之间差异的讨论主要是对普通法世界的探讨。在普通法世界里，比较法更多涉及程序比较，而非其他。对抗式制度和对抗式诉讼的概念经常被英美澳文献甚至被美国联邦最高法院的判决所使用。在欧陆，则不容易找到"职权主义"的相反例证。此一情况存在数个原因，朗本（Langbein）、J. H. 梅利曼（J. H. Merryman）和达马斯卡等学者进行过广泛的讨论。其中一个原因，如本文第一部分所述，在非对抗制或职权主义的区域内鲜有统一的做法，故要以同样的方式将其归类非常困难。相较而言，"对抗式"制度有更多的统一性。这就可以理解为何学者们尝试将当事人主义和某种相反的图景来进行比照。这就是他们通常所论及的所谓的"职权主义"。

　　在英美文献中，我们有时会发现对欧陆（刑事）诉讼的一些荒谬认知：例如，H. B. 凯尔泊（H. B. Kerper）在她的"导言"[68]（1972 年）中严肃地写道，在现代欧洲大陆的刑事诉讼中，被告必须证明自己无罪。我认为，大约从 1800 年以来，欧陆没有任何地方有这种情况。这种误解是过分简单化的结果。如 M. M. 菲利（M. M. Feeley）所指出的，[69] 美国意义上所谓正当程序或公正程序的大部分元素也能在大多数欧洲的诉讼程序中发现。或许仅仅是因为极端的派别偏见和极端的对抗性，将英美澳的刑事诉讼同其他国家的诉讼制度基本区别开来。

　　这并不意味着谈论"职权主义"制度不明智。但倘若我们要将其作为一种理想类型（参见特文宁的援引），则必须论及历史。历史上的职权主义发展于中世纪，并与酷刑相联系。[70]

---

〔67〕　See William Twining, *Rethinking Evidence（Exploratory Essays）*, Basil Blackwell Ltd., 1990, p. 181.

〔68〕　Hazel B. Kerper, *Criminal Justice*, West Pub. Co., 1972.

〔69〕　Hazel B. Kerper, *Criminal Justice*, West Pub. Co., 1972.

〔70〕　酷刑的使用也并非大体相同：地区间存在很大差异，也有些地区在 1800 年以前从未将酷刑作为一种合法的调查手段使用。

正是非对抗制诉讼制度缺乏统一性，这在使用职权主义和对抗式诉讼作为比较的基本模型时便成为主要的难题：当事人主义更接近于一个统一的模型。这种不均等是导致这些概念不适合进行比较甚至作为理想模型的原因之一。从欧洲的角度看，暂不谈对（前）东欧和拉美的延伸比较，职权主义的概念甚至职权主义和对抗制之间的比较都不能完全涵盖欧陆各种模式之间的主要差异。这些体系间的不均等致使几乎不可能作出统一的描述。这一问题驱使着达马斯卡构建一个能更好进行全方位程序样态比较的协调模式或体系。

达马斯卡的模型只是一种分析工具，达马斯卡并未主张它还有其他功能。但特文宁似乎从两个维度中识别出了现实的审判制度、协作式制度、科层制度、政策执行制度等。在这一方面，我认为特文宁误读了达马斯卡的研究。此外，我不同意将"对抗制和职权主义"之间的对比作为第三个维度或参照，与其他两个平行。从程序的角度看，达马斯卡所构建的模型是进行法律体系比较的有益工具，克服了对比不充分的缺点。

（二）新证据学

1986 年发表在《波士顿大学法律评论》上的波士顿证据学会议的论文和会议纪要，或许是以现代多样性的方法研究法律证据最重要的里程碑。在过去 15 年里，证据而非证据法已经成为讨论的领域，并拓展了新的理论方法。特文宁将乔纳森·科恩（Jonathan Cohen）所发表的《可能与可证》[71] 视为自那次会议后最重要的贡献之一。波士顿会议的一部分成果由彼特·蒂勒斯和艾里克·D. 格林（Eric D. Green）编辑，汇编成《证据法的概率与推论》一书。[72] 这一卷收录了一系列研究贝叶斯概率模型的论文。在最后一篇论文《反思证据》中，特文宁对过去几年的证据学研究进行了盘点，盘点清单令人印象深刻。文章不仅探讨了证据问题的分析方法，也探讨了"整体性"的方法。在此一背景下，语言学（符号学）的理论得以提出。叙事的重要性得以凸显。特文宁尝试规划出了研究的主要脉络："我建议将这一广泛领域、具有积极热情的主要探究路线划归入八个宽泛的名目之下：①教义性分析；②程序性研究，包括比较程序；③对法律制度和过程的社会学或社会-法律（包括微观经济学）研究；④推论；⑤话语研究，包括建构主义者、解构主义者、符号学、修辞学、叙事学、现象学进路；⑥心理学研究；⑦科学与技术发展，包括法庭科学、计算机应用与专家制度；⑧与上述所有

---

〔71〕 L. Jonathan Cohen, *The Probable and the Provable*, OUP Oxford, 1977.

〔72〕 Peter Tillers and Eric Green eds. , *Probability and Inference in the Law of Evidence*：*The Uses and Limits of Bayesianism*, Springer, 1988.

都相关的历史性研究。"[73]

特文宁并未遵循特定的思路，而是对已有的研究作出一些评论。特别是，他对自己所称的"宏大视角"（broad perspectives）投以了关注，例如对"过于简单和失衡的诉讼场景"进行平衡，这通常由一些负责鉴别问题的法庭心理学家负责。在批判性和广泛性的评论背后，特文宁所提出的核心要点是法律中的证据似乎是一个非常复杂的主题。不仅实践层面的活动、规则和概念，也有诸如"真相是什么""虚幻的术语现实"（that illusive term reality）意味着什么等这些主要的哲学命题，均是该领域的一部分。着手证据研究的学者们在开始"反思证据"时，应该谨记证据的多样性和复杂性："他们没必要通晓关于诉讼和证据的所有理论，但他们应当培养出对自己正在从事之事业性质的一种敏锐感。"如果说特文宁意在给初期研究者一些事先的警醒，我想他确实已经做到此点，而且用值得品读的文章丰富了证据的学术研究。

然而，这些文章也会造成一定的混乱，因为有时不清楚特文宁本人的观点是什么或者意见是什么，他似乎非常享受作为一名场边观察记者的感觉。当然，这是一个重要的角色，但有时也是一个简单的角色。这位只批评别人所作所为的哲学导向型学者，至少让人有些好奇他自己的实际作品如何。他与特里·安德森的最新合著如何，只有吃过布丁以后才会知道里面有什么。

（三）从证据、证明与事实认定到诉讼中信息

特文宁提出了一些缩略语，最重要的是 EPF（evidence, proof and fact-finding）和 IL（information in litigation）。第一个指关于证据、证明和事实认定的理论，第二个则指关于诉讼中信息的理论。在我已提及数次的最后一篇有趣的论文里，特文宁谈论了有关他主题的最新文献。这篇文章似乎本身便是《什么是证据法?》一文的逻辑后续。我认为，这两篇文章，如同对理性主义传统分析的文章一样，展现了特文宁研究最阳光的一面，简洁清晰地展现了目前的理论假设。这一分析伴随着对一些问题的评论，如相关概念的一般性和特殊性，理论和理论建构在法律和法学研究中提供的不同功能。因此，特文宁认为需要一套"规划理论"。[74]在这一部分的研究中，特文宁探索了法律和法学理论的一些基础性差异。他论证的核心是：可以在诉讼中的信息（IL）理论背景下审视证据本身。但这样一种视

---

〔73〕 See William Twining, *Rethinking Evidence*（*Exploratory Essays*），Basil Blackwell Ltd. , 1990, p. 350.

〔74〕 或许特文宁的灵感源于彼特·蒂勒斯：William Twining, "Mapping Inferential Domains", in Peter Tillers and Eric Green eds. , *Probability and Inference in the Law of Evidence*：*The Uses and Limits of Bayesianism*, Springer, 1988, pp. 277–336.

角具有局限性。特文宁提醒了这一研究方法的复杂性，例如他分析了约翰·格里菲斯所建构的民事诉讼模型及其相关的基本概念。[75] 诉讼、判决和信息是证据研究领域的关键概念。诉讼中的信息研究这一重要视角是一种跨学科研究。因此，划清学科间学术分工的特定边界，这是现实需求。但是……为什么我们一定要在一般的信息理论中寻求法律证据的框架，而不是在社会学的诉讼理论或者心理学的裁判理论中寻求法律证据的框架呢？对此的论证不甚明晰。在论证中，特文宁经常提及语境和假设，以及法律内部的基础联系。如他及较早学者的相关研究，这种分析的优势在于发现潜在的联系。不过同样地，读者很难对作者的观点导向形成印象。特文宁的警告，主要针对狭隘的观念，这是非常恰当的。但我认为读者想要的更多。或许我们能在特文宁的下一部书中获得更多，比如《思考证据》关于约翰·格里菲斯的民事诉讼理论，我需要指出的是，我并不认为脱胎于英美澳程序模型的诉讼理念能轻易地与荷兰的刑事诉讼相契合。

因此，我认为正如罗纳德·J. 艾伦（Ronald J. Allen）在另一篇文章中所写，"……民事庭审的概念化不能完全涵盖刑事庭审，不应对此感到惊讶，不同的任务要求不同类型的程序。"[76]

（四）附带的可能批评

在文本解释这一层面，特文宁可能会遭遇那些对边沁、塞耶、威格摩尔等学者研究作品烂熟于心之学者的批判。特文宁可能会因为从这些学者的文章中概括总结了太多而受到批判。然而，尽管我亦赞同精确的文本解释实属重要，但我认为特文宁通过材料分析已然完成一项重要任务。这主要适用于"经典"文本。如前所述，特文宁分析了"理性主义传统"，不仅为英美澳的证据研究奠定了证据新理论的良好基础，也搭建了通往欧陆的部分桥梁。

---

[75] 约翰·格里菲斯的研究计划包含对他所称诉讼概念"基线"的探索。参见 John Griffiths, "The General Theory of Litigation, a First Step", 2 *Zeitschrift fur Rechtssoziologie* 145 (1983).

[76] Ronald J. Allen, "A Reconceptualization of Civil Trials", in Peter Tillers and Eric Green eds., *Probability and Inference in the Law of Evidence: The Uses and Limits of Bayesianism*, Springer, 1988, p. 51.

无罪推定还是宽赦推定

——权衡两种西方司法模式*

[美] 詹姆斯·Q. 魏特曼** 著

王　伟*** 译

美国刑法对无罪推定拥有深刻的情感认同。但与此同时，相比国际标准，美国的刑事司法却又非常的严苛。这篇文章关注到了这一令人疑惑的问题，并对比了美国与欧洲大陆的职权主义传统的做法。本文认为，职权主义国家的刑事司法远没有像美国一样受到无罪推定深远的影响。然而，虽然欧陆刑事司法对无辜者权利的重视程度较低，但它却保护了有罪之人更多的权利；虽然它的无罪推定相对较弱，但它拥有更强有力的所谓的宽赦推定。欧陆国家产生了一种令美国人备受震动的刑事诉讼制度。尤其是对于美国观察者来说，大陆法系中的庭审会令人不安地采取事实上的有罪推定来开展案件审理，最近的例子就是备受瞩目的阿曼达·诺克斯案的审判。然而，大陆法系的刑事诉讼程序相比美国的却更有利于建立一种人道的刑事司法系统。不仅如此，大陆法系的刑事诉讼程序更适合新兴的科学调查方式。这篇文章呼吁美国应当从注重无辜者的权利文化转向更关注有罪者权利保护的欧洲大陆法模式。

导　论

请设想两种迥然不同的建立刑事司法体系的观念：第一种观念倾向于无罪推定，认为我们刑事司法面临的最大危险是在于无罪者被逮捕、指控以及审判。据此，设立无罪推定的最初目的在于应对滥用侦查以及偏见审判所带来的威胁：这些威胁源自于野蛮的警察、无原则的检察官以及存有偏见的法官和陪审团，这些人都可能会侵犯公民的自由和隐私。为了消除这些危险，无罪推定模式引入了被

---

　*　原文 Presumption of Innocenceor Presumption of Mercy?：Weighing Two Western Modes of Justice，原载《德州法律评论》（*Texas Law Review*）2016 年总第 94 卷（第 933~993 页）。

　**　James Q. Whitman，美国耶鲁大学法学院教授。

***　王伟，中国政法大学证据科学研究院司法文明专业 2015 级硕士生。

赫伯特·帕克（Herbert L. Packer）称之为"障碍赛跑"理论的著名的正当程序概念：通过为政府指控被告人设定最高的难度标准，实现司法公正。[1] 为了实现这个目的，无罪推定模式不仅增加了侦查人员收集证据的难度，使得检察官难以操纵陪审团，并且为那些有犯罪嫌疑的或被指控的人提供了最大程度的保护。但是，一旦被告人被正式定罪，这种模式就难以保护他们。因为无罪推定保护的是无辜者的权利，而不是有罪者的权利。

在建立公正刑事司法体系问题上，第二种模式倾向于宽赦推定，与无罪推定模式形成鲜明对比。与无罪推定模式不同，这种司法模式并不认为使无辜者受到审判是国家对个人构成的最紧迫的危险。相反，它倾向于作出一种惯常的假设：侦查人员和法官都是可靠的专业人员，几乎所有的被告人所被指控的罪名都会成立。这种假设的结果就是，宽赦推定减少了正当程序对被告人权利的保障。但这并不意味着该模式缺乏权利的保障：因为这种司法模式虽然减少了对无罪者的权利保障，但却增加了对有罪者的权利保障。宽赦推定认为，对于司法而言最大的威胁，不是国家进行了野蛮的调查或不公正的审判，而是国家施予过度的惩罚。最可怕的并不是无罪者将被审判，而是对有罪者施予不人道的待遇。设立宽赦推定模式，旨在迫使司法系统经过审慎思考并勤勉调查之后，方可作出刑事处罚。

正如本文旨在表明的那样，这两种司法模式都是现代西方存在的形式：第一种司法模式倾向于无罪推定，在美国刑事司法中占统治地位；第二种模式倾向于宽赦推定，在欧洲大陆的职权主义传统中，拥有更强大的影响力。

在这两种西方的司法模式中，我们所熟悉的倾向于无罪推定的美国模式，正陷于混乱之中并且日益变得脆弱。这种美国人所钟情的帕克所谓"无罪推定"[2]的理念，却未能成功创设人道的刑事司法系统。与此相反，由于我们司法制度倾向于保障无罪者的权利，而不是有罪者的权利，反而造成了美国异常严苛的刑事处罚文化：这种文化威胁到了我们所有人，无论是黑人或白人，富人还是穷人。此外，现代科学证据的勃兴，正使我们的正当程序概念越来越难以维系。而欧洲大陆更多倾向于宽赦推定的司法模式，诚然有其危险或不足，但从权衡的角度来看，却更加满足现代社会创立公正的刑事司法系统的要求。拥有善良愿景的美国人，应当对我们无罪推定的文化感到不安，也应该做好准备，以开放的态度去思考职权主义的宽赦推定模式。

以上这些都是我的观点。我在宽赦推定模式几乎快要提上美国的议程之时提

---

[1] Herbert L. Packer, "Two Models of the Criminal Process", 113 *U. Pa. L. Rev.* 1, 13 (1964).

[2] Id. , p. 12.

出这些观点。在美国刑事司法制度中，一直存在着一种普遍的危机感：无论是左翼还是右翼，都认为我们的刑事处罚制度已经失控。[3] 为了应对这些危机，总统先生通过高调行使其行政赦免权表明了自己的立场。[4] 同时，刑法学者也正在分成两个相互敌对的阵营：一方推崇宽赦，[5] 而另一方则予之谴责。[6] 例如有一名学者曾大胆地公开发表了一种观点：反对将最大程度保护无罪者的美国刑事司法模式，作为用于创设人道主义司法系统的一种途径。[7] 在这样一个关键时刻，我希望大家可以通过将视线投向那些刑事司法系统不像我们国内那样可怕的国家，从而获得更深入的对法律中宽赦作用的理解，如果说存在什么时间需要我们去学习美国以外的司法制度，我想这个时机已经到来。

一、刑事司法中的文化冲突

在所有西方世界的国家，人们都认可同一种老套却又基础的观念：一个文明的社会必须对国家刑事司法行为加以限制。当今世界法律体系被划分为两大西方传统的：普通法系的当事人主义传统以及欧洲大陆的职权主义传统，这种观念对于这两大传统而言是同样正确的。在普通法国家和欧洲大陆法国家，都很容易收集到关于政府滥权危险的引述：例如我们在美国可以听到，如果不是我们保持足

---

〔3〕 E. g., Carl Hulse, "Unlikely Cause Unites the Left and Right: Justice Reform", *N. Y. Times*, Feb. 18, 2015, available at https://www. nytimes. com/2015/02/19/us/politics/unlikely-cause-unites-the-left-and-the-right-justice-reform. html〔https://perma. cc/KYE6-2TVR〕, last visited on Apr. 19, 2019 (介绍了两党倡议在公共安全上的联合，以彻底检查监狱与司法体系的问题)；Colleen McCain Nelson & Gary Fields, "Obama, Koch Brothers in Unlikely Alliance to Overhaul Criminal Justice", *Wall Street J.*, July 16, 2015, available at https://www. wsj. com/articles/obama-koch-brothers-in-unlikely-alliance-to-overhaul-criminal-justice-1437090737〔https://perma. cc/5Z93-BHHY〕, last visited on Apr. 19, 2019 (介绍了民主党白宫与共和党的捐款人，共同致力于联邦量刑法以及刑事司法体系其他方面的改革)。

〔4〕 E. g., Peter Baker, "Obama Plans Broader Use of Clemency to Free Nonviolent Drug Offenders", *N. Y. Times*, July 3, 2015, available at https://www. nytimes. com/2015/07/04/us/obama-plans-broader-use-of-clemency-to-free-nonviolent-drug-offenders. html〔https://perma. cc/7M3U-MHLE〕, last visited on Apr. 19, 2019 (主张奥巴马总统正在通过行使自己的行政赦免权，作为在矫正过度量刑的问题上作出更广泛的努力的一环)。

〔5〕 See, e. g., Rachel E. Barkow & Mark Osler, "Restructuring Clemency: The Cost of Ignoring Clemency and a Plan for Renewal", 82 *U. Chi. L. Rev.* 1, 7. 主张宽赦应当作为拥有赦免权的总统职位最首要的目标。

〔6〕 See, e. g., Paul H. Robinson, "Obama's Get-Out-of-Jail-Free Decree", *Wall Street J.*, July 14, 2015, available at https://www. wsj. com/articles/obamas-get-out-of-jail-free-decree-1436916535〔https://perma. cc/F9S6-AB7G〕, last visited on Apr. 19, 2019 (主张用行政赦免权来压制现存的刑事量刑政策，会对总统使用赦免权设立非常危险的先例)。

〔7〕 See Daniel Epps, "The Consequences of Error in Criminal Justice", 128 *Harv. L. Rev.* 1065, 1110-21 (2015). 通过整体分析其对刑事司法体系的损害，批评刑事司法体系倾向于错误的无罪判决，而不是错误的有罪判决。

够警惕，我们就可能发现自身生活在"警察国家"之中;[8] 法国的官方文件警示我们，"过度刑罚"（repressive excess）的风险迫在眉睫，呼吁对刑事司法作出更严密的宪法性审查;[9] 我们在德国报纸中也曾读到，一个法治社会，必须将刑事司法体系置于法律的"束身衣"中[10]……虽然我们都认可政府存在危险，但是对于这些危险到底是什么，以及该施加什么样的限制却又各执己见。这些分歧如此之广，以至于美国人有时候会觉得困惑，甚至对职权主义的欧洲所发生的事情感到震惊。然而相对应的是，欧洲人也对当事人主义的美国所发生的事情，感到同等困惑和震惊。

首先，让我们谈谈美国人对欧洲大陆职权主义模式所感到困惑和震惊的事情，这其中不少都涉及刑事侦查问题。自18世纪以来，美国的法律文化一直保持着对于政府的调查人员的怀疑态度，如今的《美国联邦宪法》第四修正案正是保障美国人免受滥用调查权的侵害的根本，这点已经成为老生常谈。的确，正如斯蒂芬·舒霍夫（Stephen Schulhofer）所言，在高科技侦查的21世纪，这种保障的确"比以往更重要"。[11] 对我们而言，保障自由，始于一种对政府的良性不信任（healthy distrust），尤其是政府的调查人员。

然而在欧洲大陆，诸如法国、德国和意大利这些民主国家，却没有类似《美国联邦宪法》第四修正案这样的法律。值得肯定的是，欧洲大陆的治安法官和警察并没有（已由法官签字的）空白委托书（carte blanche）。所有的欧洲大陆国家都有许多关于侦查程序的法律规定，其中有一些法律规定与我们的第四修正案有相似之处，至少在文字表述上有所体现。[12] 尽管欧洲人声称他们也考虑到对国家

〔8〕 Sal Gentile, "Are We Becoming a Police State? Five Things that Have Civil Liberties Advocates Nervous", Daily Need, Dec. 7, 2011, available at http://www. pbs. org/wnet/need-to-know/the-daily-need/are-we-becoming-a-police-state-five-things-that-have-civil-liberties-advocates-nervous/12563/〔http://perma. cc/Q2WU-M9XU〕, last visited on Apr. 19, 2019.

〔9〕 Conseil Constitutionnel, "Droit Penalet Droit Constitutionnel", p. 2 (2007) (Fr.), available athttps://www. conseil-constitutionnel. fr/sites/default/files/as/root/bank_mm/pdf/Conseil/penalconstit. pdf〔http://perma. cc/KZ98-CQ7C〕, last visited on Apr. 19, 2019.

〔10〕 Günter Bertram, "Geschichte im Korsett des politischen Strafrechts: Meinungsfreiheit im 'freien Westen' (History in the Corset of Political Criminal Law: Freedom of Speech in the 'Free West')", available at http://www. deutschlandjournal. de/Deutschland_Journal_-_Jahresau/Deutschland_Journal_-_Jahresau/06Geschichte_im_Korsett_des_politischen_Strafrechts_DJ2010. pdf〔https://perma. cc/XR9Q-ZCL2〕, last visited on Apr. 19, 2019.

〔11〕 Stephen J. Schulhofer, *More Essential than Ever: The Fourth Amendment in the Twenty-first Century*, Oxford University Press, 2012, p. 180.

〔12〕 特别是欧洲人权法院，同国家传统一样，一直致力于限制刑事侦查权力。参见 Stephen C. Thaman, "Criminal Courts and Procedure", in David S. Clark ed., *Comparative Law and Society*, Edward Elgar, 2012, p. 235, pp. 246-8. 叙述了欧洲刑事司法中对抗制程序如何逐步取代职权主义。其中一些改革激起了欧洲警察的抵制。如参见 "Un syndicat policier dénonce 'l'alourdissement' de la procédure pénale", 20 *Minutes*, Jan. 29, 2014 (Fr.).

侦查人员施加限制。但在实践中，他们则准备在限制调查人员权力与追求全部真相〔13〕中寻找一种实用主义的平衡状态。其结果是，欧洲大陆的调查人员总是不时存在某些在美国人看来是令人担忧的、越界的侦查行为。

举几个最近触动美国新闻界的报道。在法国，预审法官命令对前总统尼古拉·萨科齐（Nicolas Sarkozy）和他的律师之间的对话进行窃听，萨科齐因为窃听的内容而被起诉。这个新闻激起了美国关于法国侦查人员*的"庞大权力"〔14〕以及"法国司法体系""令人担忧的"运行状况〔15〕的大量报道。美国人不禁问道，这样随意的无视律师-客户守密特权的行为，难道不令人担忧吗？其他一些报纸登载的法国的案例也绝对会引起美国人的担忧。〔16〕就像美国人对待第四修正案惊人的不敏感一样，似乎德国人的神经有时候也会变得异常麻木。德国侦查人员大量使用电子监控手段，包括臭名昭著的警用特洛伊木马程序，〔17〕有时肆无忌惮地滥用权力也不一定

---

〔13〕 这是一种由于法官拥有极大的自由裁量权而伴随产生的强烈的倾向。参见 Sabine Gless，"Germany：Balancing Truth against Protected Constitutional Interests"，in Stephen C. Thaman ed.，*Exclusionary Rules in Comparative Law*，Springer，2013，pp. 113，114-5（德国的平衡）；Giulio Illuminati，"Italy：Statutory Nullities and Non-Usability"，in Stephen C. Thaman ed.，*Exclusionary Rules in Comparative Law*，Springer，2013，pp. 235，237-8（意大利对排除的限制）；Jean Pradel，"Procedural Nullities and Exclusion"，in Stephen C. Thaman ed.，*Exclusionary Rules in Comparative Law*，Springer，2013，pp. 145，152-3（法国对住宅的保护）。也可参见 theoverall learned assessment of Professor Stephen C. Thaman，"Balancing Truth against Human Rights：A Theory of Modern Exclusionary Rules"，in Stephen C. Thaman ed.，*Exclusionary Rules in Comparative Law*，Springer，2013，p. 403.

* 这里的侦查人员是指法国的预审法官。——译者注

〔14〕 "A Scandal Tainting Both Sides"，*Economist*，Mar. 15，2014，available at https：//www. economist. com/europe/2014/03/15/a-scandal-tainting-both-sides［http://perma. cc/7MWZ-CTXH］，last visited on Apr. 19，2019.

〔15〕 Marc Champion，"Eavesdropping on Sarkozy"，*Bloombergview*，July 4，2014，available at https：//www. bloomberg. com/opinion/articles/2014-07-04/eavesdropping-on-sarkozy［http://perma. cc/6BNM-BATD］，last visited on Apr. 19，2019.

〔16〕 值得注意的是，拉罗谢尔的大规模 DNA 扫描是在非合作者被逮捕的威胁下进行的。参见 Pauline Boyer，"Viol à La Rochelle：'On se dit qu'il y a un prédateur parmi nous'"，*Le Figaro. Fr*，Apr. 14，2014，available at http：//www. lefigaro. fr/actualite-france/2014/04/14/01016-20140414ARTFIG00087-viol-a-la-rochelle-on-se-dit-qu-il-y-a-un-predateur-parmi-nous. php［http://perma. cc/3MNL-TC2T］，last visited on Apr. 19，2019. 介绍了法国对于一名法官在一名学生被强奸案件中，命令对 527 名在场的男性进行 DNA 测验的回应，未发现加害者。"Viol d'une lycéenne à La Rochelle：les tests ADN négatifs"，*Le Monde*，May 21，2014，available at http：//www. lefigaro. fr/actualite-france/2014/04/14/01016-20140414ARTFIG00087-viol-a-la-rochelle-on-se-dit-qu-il-y-a-un-predateur-parmi-nous. php［http：// perma. cc/XY63-9SJ5］，last visited on Apr. 19，2019.

〔17〕 Monika Ermert，"Brief：German Police Used Trojan Horses in Investigations"，*Intell. Prop. Watch*，Oct. 10，2011，available at http：//www. ip-watch. org/2011/10/10/german-police-used-trojan-horses-in-investigations/［http://perma. cc/Sz6P-A23N］，last visited on Apr. 19，2019.

必然导致非法证据的排除。[18]"欧洲不会拯救你!",警示了德国侦查的一种实践,你的"E-mail可能在美国更安全"。[19]无独有偶,最近有一个被热烈讨论的意大利的案件:轰动的阿曼达·诺克斯(Amanda Knox)一案的审判,这个案件我将会在本文通篇涉及。2007年,在意大利小城佩鲁贾,有一个西雅图的交换生被指控涉嫌一场恶劣的谋杀。在这场激烈的公共关系争斗中,(控方)积极地展开了对诺克斯罪行的指控。而诺克斯的父母则声称,警方侦查人员强迫他们的女儿作出了错误的认罪供述。[20]结果诺克斯的父母自身却因为诽谤警察而受到刑事指控![21]美国人不禁质问,是什么样的自由国家,会使人民因为莽撞质疑警方的侦查而遭到刑事指控?自由真的能在发生这种事情的国家得到保障吗?

偶尔使美国人摇头的不仅仅是职权主义的刑事侦查。职权主义的其他审判程序,同样甚至会加剧造就这种情形。美国的审判程序,是建立在审慎的将刑事审判二分为定罪阶段和量刑阶段基础上的。[22]在一开始的定罪阶段,美国法律对控方提交的能够指控被告人的证据种类,作出了严格的限制。[23]我们认为,即使假设被起诉的是一个恶人,但如果他没有犯所指控的罪,就必须判决无罪。这意味着,必须保证陪审团尽可能地不会听到任何关于对被告人"存在偏见"的事实。[24]但这

---

〔18〕 总体而言,德国的侦查措施受到比例原则的限制。参见 Christian Jäger, *Beweisverwertung Und Beweisverwertungsverboteim Strafprozess*, Beck C. H., 2003, pp. 4-12. 要了解这些原则在特洛伊木马计划中的应用,参见 Frederik Obermaier & Pascal Paukner, "Bundestrojaner ist einsatzbereit", *Süddeutsche Zeitung*, Aug. 15, 2014, available at https://www.sueddeutsche.de/digital/online-ueberwachung-bundestrojaner-ist-einsatzbereit-1.2090112 [https://perma.cc/QG2P-RWZG], last visited on Apr. 19, 2019. 要了解更早的文献,参见 Joachim Bohnert, "Ordnungsvorschriften im Strafverfahren", 1982 *Neue Zeitschrift Für Strafrecht*; and Hans-Joachim Rudolphi, "Revisibilität von Verfahrensmängeln im Strafprozeß", *Monatsschrift Für Deutsches Recht* 93 (1970).

〔19〕 Cyrus Farivar, "Europe Won't Save You: Why E-Mail Is Probably Safer in the US", *Ars Technica*, Oct. 13, 2013, available at https://arstechnica.com/tech-policy/2013/10/europe-wont-save-you-why-e-mail-is-probably-safer-in-the-us/ [http://perma.cc/NE4W-GFRR], last visited on Apr. 19, 2019.

〔20〕 Stacy Meichtry, "Italian Judge Indicts Amanda Knox's Parents", *Wall Street J.*, Feb. 15, 2011, available at https://www.wsj.com/articles/SB10001424052748703312904576146641422780606, last visited on Apr. 19, 2019.

〔21〕 Doug Longhini, "Amanda Knox's Parents to Go on Trial in Perugia", *CBS NEWS*, Mar. 20, 2012, available at https://www.cbsnews.com/news/amanda-knoxs-parents-to-go-on-trial-in-perugia [http://perma.cc/6HDV-LJC6], last visited on Apr. 19, 2019.

〔22〕 See Nancy J. King, "How Different Is Death? Jury Sentencing in Capital and Non-Capital Cases Compared", 2 *Ohio ST. J. Crim. L.* 195, n. 1 (2004). 注意的是,"所有的司法管辖区授权死刑处罚在死刑审判中分离。""在涉及陪审团审判的案件中,有5/6的州是授权在非死刑案件中,对陪审团判决进行分离的。"

〔23〕 See generally Roger C. Parketal., *Evidence Law*, West Academic Publishing, 2011. 介绍了美国刑事和民事审判中适用的许多证据规则以及例外情况。

〔24〕 E. g., id. § 5. 04, p. 129. 说明了对使用证据来建立性格特征的一般禁止原则,是基于对于此类证据太过于偏见的担忧。

些事实可能会在量刑阶段被考虑：[25] 量刑阶段只有在被告人被定罪且陪审团解散之后，方才得以进行。美国人认为，任何违背基本证据规则的行为，将明显地剥夺对被告的公正审判，都将对无罪推定产生危害之虞。在美国，我们因为被告人被指控犯罪，才对其进行刑事审判，而不是因为他们以前做过的每一件事。[26] 这是我们司法文明（civilized justice）原则的基石。

然而，职权主义程序却并不关心区分定罪阶段与量刑阶段的基本原则（bedrock）！一个职权主义式的审判，是一个结合定罪与量刑的程序：这就意味着，有关量刑的品性证据在被告人被正式定罪前，就已经在法庭被出示了。在法国或德国的审判中，审判长（presiding judge）审问被告人的前几分钟，就足以令美国人感到惊慌不适。因为审判长会在陪审员（法国）或者外行参审员们（德国和意大利）在场的情况下询问被告人"在他被指控前，他的妻子的生活情况"。[27] 法庭披露的有关被告人的事实可能包含大量的有破坏性的或者令人羞耻的事实，例如他逃学[28]、旷工[29]、酗酒[30]、存在恋童倾向[31]。与此同时，法国或德国的法官们

---

〔25〕 E. g., Chris William Sanchirico, "Character Evidence and the Object of Trial", 101 *Colum. L. Rev.* 1227, 1268（2001）. 概述了在量刑阶段可能会考虑的因素，包括关于"其他犯罪、违法行为或行为"的证据。

〔26〕 Gerard E. Lynch, "RICO: The Crime of Being a Criminal, Parts III & IV", 87 *Colum. L. Rev.* 920, 961-2（1987）.

〔27〕 Klaus Haller & Klaus Conzen, *Das Strafverfahren: Eine Systematische Darstellung Mit Originalakte und Fallbeispielen* §§ 391-2, pp. 175-6（7th ed. 2014）（Ger.）（将对被告人的讯问作为案件的实体内容）；with "Erörterung des Vorlebens und persönlichen Werdegangs"（考量被告人过去的历史以及私人经历）；and then "Angaben zum eigentlichen Tatgeschehen"（实际犯罪的细节）；"Der Umfang der Vernehmung zur Person, also zum Lebensweg, richtet sich nach Umfang und Bedeutung des Anklagevorwurfs. Weist der Werdegang Auffälligkeiten auf—etwa pädophile Neigungen, psychiatrische oder psychotherapeutische Behandlungen—so gebietet es die Aufklärungspflicht, diesen Umständen nachzugehen"（被告人的生活轨迹侧重于指控的内容与严重程度，如果个人经历中表现出异常，例如恋童倾向、精神异常或者正在接受心理疾病治疗，披露义务就要求考虑这些情形）；Gaston Stéfani, Georges Levasseur & Bernard Bouloc, *Procédure Pénale* § 860, p. 857（22d ed. 2010）（Fr.）〔describing the opening interrogation of the accused by the prosecutor as follows: "S" inspirant généralement de l'interrogatoire définitif auquel le juge d'instruction aura procédé, le président retrace la vie de l'accusé jusqu'aux faits reprochés, et le déroulement de ceux-ci; il procède par voie de questions, mais l'accusé ne tient souvent qu'un rôle mineur dans ce dialogue（在地方预审法官进行正式的侦查后松散地紧接其后，主持者回溯被告人在指控犯罪前的个人轨迹，通过提出问题了解指控犯罪是怎么发生的、怎么经过的，但是被告人在整个对话中只起到很小的作用）〕.

〔28〕 Reinhard Granderath, "Getilgt aber nicht vergessen: Das Verwertungsverbot des Bundeszentralregistergesetzes", 18 *Zeitschriftfür Rechtspolitik* 319, 320（1985）（Ger.）（玩忽职守、旷工、忽视家庭、持续酗酒或者其他与犯罪有关的应当被谴责的生活方式）.

〔29〕 Id.

〔30〕 Id.

〔31〕 Klaus Haller & Klaus Conzen, *Das Strafverfahren: Eine Systematische Darstellung Mit Originalakte und Fallbeispielen*, § 392, p. 176（7th ed. 2014）. See also the accounts in Detlev Burhoff, *Handbuch für die Strafrechtliche Hauptverhandlung*, pp. 444-7（5th ed. 2007），之前的判决；Id., pp. 921-8，对被告人的讯问；Michael Heghmanns & Uwe Scheffler, *Handbuch Zum Strafverfahren*, pp. 673-8（2008）. 介绍了为什么被告人在被指控酗酒或其他的令人尴尬的品性时会默默地接受刑罚。

又仅仅对美国诉讼程序（American practice）中宪法性的证据排除规则表现出有限的尊重。[32] 举例而言，在诺克斯一案中，尽管诺克斯的供述已经基于一项意大利宪法性的刑事程序规定，而被严格地依法排除了，但意大利的参审员仍被允许听到诺克斯向警方作出的自己严重犯罪的供述。[33] 美国的法律评论人都为此感到震惊。[34] 职权主义国家也没有积极的交叉询问的传统。正如我们的联邦最高法院经常强调的，在欧洲大陆也没有和我们类似的对质条款裁判规程。[35] 当然，欧洲的辩护律师会代表他们的委托人去发声，有时候还作出强有力的辩护，但这决不意味着，他们平时不是用恭敬甚至温和的方式去执行自己的工作。[36]

欧洲的刑事诉讼程序可能涉及监听律师及其委托人的对话、因为批评警察而被起诉诽谤、被告人在被定罪前忍受在公开庭审中披露自己的"生活轨迹"以及辩护律师的沉默。当代大陆司法体系诸如此类的遭遇会使美国人不知所措，心神不定；一次欧洲法庭之旅很有可能进一步强化美国人心中保有的对职权主义传统的黑暗怀疑：当诺克斯的最初定罪判决似乎将所有的关注都集中在其放荡的"生活轨迹"之上，而不是她被指控谋杀的确凿证据时，这种怀疑就更加深了。[37] 用大卫·斯克兰斯基（David Sklansky）的话来说，同种的怀疑促进了"反职权主义"精神的扩张，而且这种精神越来越多地渗透在我们最高联邦法院关于刑事程序的判例之中。[38] 很少有美国人认为，当代的欧洲大陆国家属于毫无约束的暴

---

〔32〕 关于决定证据可采性各种因素的介绍，请参见格勒斯（Gless）对权衡原则的讨论：Sabine Gless, "Germany: Balancing Truth against Protected Constitutional Interests", in Stephen C. Thaman ed., *Exclusionary Rules in Comparative Law*, Springer, 2013, p. 114. 经典的讨论，参见 Mirjan Damaška, "Atomistic and Holistic Evaluation of Evidence: A Comparative View", in David S. Clark ed., *Comparative and Private International Law*, Duncker & Humblot, 1990, pp. 91, 92.

〔33〕 正如其他欧陆国家一样，对于她的供述采纳的原因，可能是在于意大利的刑事司法系统中，允许民事案件依附于刑事审判：在本案中，迪亚·卢蒙巴对诺克斯提起了民事诽谤诉讼，卢蒙巴由于诺克斯的虚假供述而被指控谋杀梅雷迪思·克尔彻。关于该程序的背景，请参见 Julia Grace Mirabella, "Scales of Justice: Assessing Italian Criminal Procedure through the Amanda Knox Trial", 30 *B. U. Int'l L. J.* 229, 241-2 (2012).

〔34〕 Id.

〔35〕 See David Alan Sklansky, "Anti-Inquisitorialism", 122 *Harv. L. Rev.* 1634, 1650 (2009). 讨论了英格兰和美国的交叉询问的历史沿革，当然问题要远比此复杂。*Cf.* Art. 111 Costituzione [Cost.] (It.) 为被告人提供了对质指控自己的人的权利；Convention for the Protection of Human Rights and Fundamental Freedoms Art. 6, Nov. 4, 1950, 213 U. N. T. S. 221（给予相同的权利）。

〔36〕 如参见对一次法国谋杀案审判的法文文献，"l'Affaire Delnatte, Justice en France", available at https://www.youtube.com/watch? v = u9ttrUx-5tE [https://perma.cc/KL7Z-EKGH], last visited on Apr. 19, 2019.

〔37〕 更详细的讨论可参见附录。

〔38〕 David Alan Sklansky, "Anti-Inquisitorialism", 122 *Harv. L. Rev.* 1668 (2009). 反职权主义是……一个长久的广泛的美国刑事程序的主题，而且在近年来愈发显著。

政，比如说，存在法西斯主义。当然，德国或者法国的司法也不像吉尔吉斯斯坦[39]、老挝[40]那样令美国人感到烦忧。尽管如此，站在美国人的角度，对于一些司法的基本要求，欧洲大陆的法律看起来确实存在令人可疑的麻木不仁，并且有时在面对国家的侦查和检察权时，处于危险的盲目信任状态。

但是，如果说美国人在被置于欧洲大陆的法庭时会瑟瑟发抖，反过来，同样的情况也会发生，我们也会令他们感到震惊。使欧洲研究者们震惊的，主要是美国的处罚制度。在欧洲，它经常被称之为"野蛮制度"。[41] 死刑，理所当然是美国"野蛮制度"中最有名但绝对不是仅有的例子。美国臭名昭著的监禁率，在所有经合国家（OECD）中排行首位——高于俄罗斯和南非，[42] 这两个国家的监禁率曾经高于美国，当然，也远高于西欧各国。[43] 此外，美国的囚犯很少或根本没有尊严的保护措施，这些措施在欧洲被认为是不可或缺的。[44] 相较于欧洲法庭，你也许可以在美国的法庭得到更广泛的证据规则保障（evidential protections），但是一旦你被宣判有罪，美国各州（American state）非常有可能判处你数年、数十

---

〔39〕 See U. S. Dep't of State, Bureau of Democracy, "Human Rights, and Labor, Kyrgyz Republic 2013 Human Rights Report", available at https://www. state. gov/documents/organization/220607. pdf〔http://perma. cc/4NAE-3YKW〕, last visited on Apr. 19, 2019. 尽管法律保障被告人人权，包括规定无罪推定，但是政府常常会侵犯这些权利。

〔40〕 See U. S. Dep't of State, Bureau of Democracy, "Human Rights, and Labor, Laos", available at https://www. state. gov/documents/organization/186495. pdf〔http://perma. cc/S37X-KD9E〕, last visited on Apr. 19, 2019. 根据法律，被告人享有无罪推定的权利，但是实践中法官常常基于警方或检方侦查的报告就在庭审前决定了被告人有罪或无罪。

〔41〕 E. g., Marc Pitzke, "Brutale Hinrichtungen: Immer mehr US-Bundesstaaten wollen Todesstrafe abschaffen", *Spiegel Online*, Jan. 26, 2014, available at http://www. spiegel. de/panorama/justiz/usa-bundesstaaten-schaffen-todesstrafe-nach-brutalen-hinrichtungen-ab-a-945270. html〔http://perma. cc/T75X-FV85〕, last visited on Apr. 19, 2019; Faustine Saint Géniès, Exécution en Oklahoma, "La peine de mort, c'est la barbarie" dénonce Badinter, *Pub. Sénat*, (Apr. USA: Lebenslang für Jugendliche—Ende einer barbarischen Strafrechtspraxis? Verfassungsblog, 30, 2014) (Fr.), available at https://www. publicsenat. fr/lcp/politique/execution-oklahoma-peine-mort-c-barbarie-denonce-badinter-562877〔https://perma. cc/5X9J-HHXU〕, last visited on Apr. 19, 2019; Maximilian Steinbeis, "On Matters Constitutional", Nov. 9, 2009 (Ger.), available at https://verfassungsblog. de/usa-lebenslang-fur%20-jugendliche-ende-einer-bar%20barischen-strafrechtspraxis/#. Vkj0g9-rSu5〔http://perma. cc/7QN6-7MA5〕, last visited on Apr. 19, 2019〔在下列案件之后当下已被弃用的一种做法：Miller v. Alabama, 132 S. Ct. 2455 (2012)〕, 其中规定对犯罪时未满18岁的人实行无假释无期徒刑违反了第八修正案。

〔42〕 Michael Tonry, "Crime and Criminal Justice", in Michael Tonry ed., *The Oxford Handbook of Crime and Criminal Justice*, Oxford University Press, 2011, pp. 17-9.

〔43〕 See, e. g., "Highest to Lowest-Prison Population Rate", *World Prison Brief*, available at http://www. prisonstudies. org/highest-to-lowest/prison_population_rate? field_region_taxonomy_tid = 22〔http://perma. cc/FGL2-42EA〕, last visited on Apr. 19, 2019. 展示了各国的比较数据。

〔44〕 James Q. Whitman, *Harsh Justice: Criminal Punishment and the Widening Divide between America and Europe*, Oxford University Press, 2003, p. 9.

年甚至是终身监禁于充满暴力和堕落的监狱之中，而且几乎没有得到假释的希望。

　　令欧洲国家震惊的，不止美国的处罚制度。美国的刑事立法和审判也同样违反了欧洲的基本原则，如严格刑事责任和替代（vicarious）刑事责任。欧陆刑法仰仗于严格适用个人责任原则（principle of personal responsibility）：在欧洲大陆，对于一个文明的国家而言，犯罪者（offender）只有在他们具有应当受惩罚的犯意时，才能定罪并被判处承担刑事责任。[45]这被欧洲人认为是司法文明的一项基本准则。[46]

　　然而，美国的刑法包含了严格和替代责任规则，尤其是在重罪谋杀以及共谋犯罪的法律规定中，以及美国检察官积极适用的规则中[47]（或者被美国法官加以引用 sententiously endorsed[48]）。在美国，你可能会因为一个根本没有犯罪故意的行为、没有犯罪故意造成了的伤害，甚至是他人实施的犯罪行为而受到惩罚。[49]当欧洲人知道这些美国的法律规则和习惯时，他们再次明白了什么是野蛮。[50]任何一

---

〔45〕　Strafgesetzbuch［STGB］［Penal Code］，§ 15（Ger.），available at https：//www. gesetze-im-internet. de/englisch_ stgb/german_ criminal_ code. pdf［https：//perma. cc/8P9J-KZ46］，last visited on Apr. 19, 2019（除非法律明确规定基于过失而承担刑事责任，只有故意行为应当承担刑事责任）；see also Kristian Kühl，*Strafrecht*：*Allgemeiner Teil*，pp. 78-9（4th ed. 2002）（Ger.）（discussing StGB § 15）；Walter Gropp, French perspective, see Jean Pradel, *Manuelde Droit Pénal Général*，pp. 461-2（15th ed. 2004）；Line Teillot & Pascale Urbansky，*Droit Pénal Général*，pp. 76-7（2008）（Fr.）.

〔46〕　See James Gordley，"Responsibility in Crime, Tort, and Contract for the Unforeseeable Consequences of an Intentional Wrong：A Once and Future Rule？"，in Peter Cane & Jane Stapleton eds.，*The Law of Obligations*，Oxford University Press，1998，pp. 175, 176. 对比了意大利与美国在各自法律体系中，对于被告人非故意实施的某些犯罪行为责任的法律规定的回应。

〔47〕　Darryl K. Brown，"Criminal Law Reform and the Persistence of Strict Liability"，62 *DukeL. J*. 285, 332（2012）. 观察了美国以及几乎欧洲大陆各国 20 世纪 60 年代的监禁率，美国的监禁率在 20 世纪 70 年代和 21 世纪翻了 5 倍；Alex Kreit，"Vicarious Criminal Liability and the Constitutional Dimensions of Pinkerton"，57 *Am. U. L. Rev*. 85, 598（2008）（对美国检察官自 20 世纪 70 年代开始增加适用的平克顿责任作出评论）。

〔48〕　See Darryl K. Brown，"Criminal Law Reform and the Persistence of Strict Liability"，*Duck Law Jounal* 324-5（2011）（发现了为什么法官对于超出对保证行为人不会由于单纯的无罪行为而被判有罪这一范畴之外要求证明有责性而经常会适用严格责任的解释）；see also Andrew Ashworth & Meredith Blake，"The Presumption of Innocence in English Criminal Law"，*Crim. L. Rev*. 306, 316-7（1996）（讨论了严格责任和证明责任的联系）。

〔49〕　See Pinkerton v. United States，328 U. S. 640, 646-7（1946）（维持了被告人因为其在促进共谋中的有共谋行为而有罪的判决）；Guyora Binder，"Felony Murder"，*Stanford Law Books* 28（2012）（重罪谋杀法仅仅简单地规定了非故意杀人或未遂下的谋杀责任）。在普通法，特别是在美国普通法之外并没有共谋法，在 Hamdan v. Rumsfeld，548 U. S. 557, 566（2006）（哈姆丹诉拉姆斯菲尔德案）一案中传统再一次浮现于人们眼前。美国倾向于适用共谋法应对恐怖活动犯罪的行为给国际舞台带来了紧张的气氛。

〔50〕　Jean Pradel，*Droit Pénal Comparé*（3e édition），Dalloz，2008，p. 95（反对重罪谋杀规则）；James Gordley，"Responsibility in Crime, Tort, and Contract for the Unforeseeable Consequences of an Intentional Wrong：A Once and Future Rule？"，in *The Law of Obligations*，Oxford University Press，1996，pp. 175-83；Katja Gelinsky，"Jeden Tag eine böse Tat"，*Frankfurter Allgemeine*，Dec. 5, 2009（Ger.），available at https：//www. faz. net/aktuell/wirtschaft/wirtschaftspolitik/amerikanisches-strafrecht - jeden - tag - eine - boese - tat - 1899813. html，last visited on Apr. 19, 2019.

个文明的社会，怎么会因为他人的犯罪行为而惩罚一个人呢？这就是欧洲人为之战栗的地方。正如我们所应知道的，这是能够震惊欧洲良知的美国原则的另一个例子。

对于欧洲的法学家而言，即使是美国刑事审判，其保障也是明显不足的。欧洲人坚持认为，任何人被指控实施了严重犯罪就应当接受一场审判。[51] 这是公正最低限度的要求。相反，美国人却容忍了这样一种法律体系：即使是终身监禁这样的刑罚都可能仅仅通过辩诉交易的形式作出，从而使得完整的庭审已经变得凤毛麟角。[52]

于是，当我们凝视大西洋的两岸时，无论哪一边都会令人沮丧（或者说是自我满足）。为什么两岸的国家，在承继如此之多西方文化的宝藏，并在限制国家权力滥用上有如此深刻共识的同时，却在基本的法律理念上价值迥异？

二、无罪推定/宽赦推定

我们经典的比较法文献中，并未对此提供令人满意的答案。这些文献通常提供了一条我们所熟悉的区分我们和欧洲大陆司法模式的界限：我们的文献认为，这条界限意味着权利保障和真相发现的紧张关系。美国的对抗制司法体系，即使抵制并排除证据而造成以"无真相的审判"为代价，也仍然将重点放在保障正当程序权利上。[53] 欧洲人则相反，他们不情愿为了保障权利，而牺牲他们对调查事实真相的追求；他们太过于相信发现全部真相的必要性，并坚持对整个事实真相的调查：这就是为什么他们的法律制度被称为"职权主义"，而我们的则被称为"当事人主义"的原因[54]（关于这个争论还有另一个更加哲学式的抽象的版本：学者们有时会说，普通法传统拥有将被告人作为主体的历史传统，被告人是权利的持有者；至于欧洲大陆的历史传统，则是将被告人仅仅看作客体）[55]。对于大多数的法律评论者而言，这暗示了职权主义的欧洲人应该学习当事人主义的美国人，保护被告人的正当权利——尽管也有些人认为，这暗示着美国人应该从欧洲

〔51〕 See Julio B. J. Maier, Derecho Procesal Penal and Accompanying Text.

〔52〕 U. S. Dep't of Justice, Bureauof Justice Assistance, "Pleaand Charge Bargaineing：Research Summary", available at https://www. bja. gov/Publications/PleaBargainingResearchSummary. pdf ［https://perma. cc/9KWB － EEZ8］, last visted on Apr. 19, 2019（指出联邦地区法院有 75 573 件案件是通过审判或者答辩处理的，95% 是通过辩诉交易解决的）。

〔53〕 William T. Pizzi, *Trials without Truth*, New York University Press, 1999, p. 25.

〔54〕 See Stephen C. Thaman, "Criminal Courts and Procedure", in David S. Clark ed., *Comparative Law and Society*, Edward Elgar, 2012, p. 248. 对比了职权主义"寻找真相"与对抗制传统中与之相关的权利。

〔55〕 See, e. g., Julio B. J. Maier, *Derecho Procesal Penal*, University of Puerto Rico Press, 2004, pp. 314-5. 讨论了 1670 年法国《刑事法令》对于欧洲大陆司法传统发展的影响。

人那里学会去强硬地调查案件（take off the investigative gloves）。[56]

当然，区分职权主义和当事人主义两种体系价值的人尽皆知的解释，并不是完全没有基础的。的确，在案件的大多数情况下，[57]欧洲大陆司法体系致力于更加严格地通过专业的调查技术来获取真相，相应地却更少地去关心美国式的正当程序权利。然而，仅仅关注到真相发现与权利保障之间的紧张关系是远远不够的。诚然，欧洲人希望获取全部的真相。但是，如果认为他们仅仅关心真相发现的效率，而对权利漠不关心就大错特错了。欧洲人当然是非常关注权利的，如果他们不关注权利，他们也就不会对美国司法中的某些令人震惊的表现感到惊讶。因此，关注到他们对于权利的理解与我们不同是至关重要的。

我们需要一种解释，这种解释可以平等关注到我们与欧洲人关于权利概念的差别，这也是本文所致力研究的。本文想表明的是，虽然权利概念存在差异，但这种差异必须视为是在刑事法律层面，两种不同文化导向背景之下的对比：其中一个是我们所熟悉的侧重于关注无罪者权利的无罪推定；另一个是侧重于关注有罪者权利的，我所倡导的称之为"宽赦推定"的概念。

诚然，"宽赦推定"这个短语并不常见。现存的法律体系中并不使用这个词汇，它系我的个人发明。鉴于欧洲人自己都未曾使用过，读者可能会因为这个词错误描述了欧洲大陆体系而去反对它。[58]然而，我个人相信，如果我们承认这个

---

〔56〕 关于比较刑事诉讼程序的经典权利与真实说明的讨论，包括对怀疑主义的表达，参见 Máximo Langer & Kent Roach, "Rights in the Criminal Process: A Case Study of Convergence and Disclosure Rights", in Mark Tushnet et al. eds. , *Routledge Handbook of Constitutional Law*, Routledge, 2013, p. 273. 关于一个辉煌的经典先导，参见 James Fitzjames Stephen, *A General Viewofthe Criminal Lawof England*, Oxford University Press, 2014. 刑事诉讼的职权主义理论无疑是真正的问题。不言而喻，审判应该是对事情真相的公开调查。……在比较法的历史语境下，审视比较法的解释传统是非常重要的。普通法中的权利意识可以追溯到 18 世纪的英国（anglo-manie），从某种角度看可以追溯到福特斯克（Fortescue）。然而，现代美国文献则脱胎于对于正当程序演进的美国式的辩论之中，这是学者们试图在我们的司法体系和欧洲大陆的司法体系中，在寻找正当程序要求和较少受到侦查阻碍的要求之间的对比从而解释出来的结果。这方面最权威的学者是约翰•朗本（John H. Langbein），他有关正当程序朝向的美国式审判的复杂性批评可以在诸如 John H. Langbein, "Land without Plea-Bargaining: How the Germans Do It", 78 *Mich. L. Rev.* 204, 206（1979）中找到。

〔57〕 But see Elisabetta Povoledo, "Amanda Knox Acquitted of 2007 Murder by Italy's Highest Court", *N. Y. Times*, Mar. 27, 2015, 以及附随文本。

〔58〕 方法论问题很重要——尽管我认为没有重要到值得在案文中进行持续讨论。确实，"怜悯的推定"不仅在欧洲法律中是未知的，而且在欧洲语言中也难以呈现（最好的选择可能是：praesumptio clementiae 与 praesumptio innocentiae 形成鲜明对比；这将产生法国的 présomptiondeclémence/présomptiond'invocence）。为德国 Unschuldsvermutung 构建一个必然结果并不容易；或许可以重振 Gnadengebot 的表达。如果我们的任务只是忠实地说明外国制度如何被运作的人所理解，那么本条款就误入了歧途。尽管如此，我仍然反对我们任务的观点，即使在引人注目的版本中提出也是如此：William Ewald, "Comparative Jurisprudence（I）: What Was It Like to Try a Rat", 143 *U. Pa. L. Rev.* 1889（1995）. 我认为摆脱通常的却无法解释法律真谛的叙述才可能抓住动态的法律的精髓。欧洲和美国的读者们将自会对本文是否在此方面取得成功作出判断。

虽然陌生但却被公认的法律概念的价值，我们就可以了解到很多共通的、令人震撼的东西。不仅如此，我相信它也可以让我们获得新的认知，而这种认知可以用来解决世界各地普遍面临的现代刑事司法困境。

由于"宽赦推定"的概念并不为人所熟知，所以必须明确一些基本的问题。首先，对我们至关重要的一点是，要排除一种对"宽赦推定"概念的原始误解：宽赦推定的法律体系并不是一种完全拒绝惩罚的法律体系。宽赦推定仅仅是一种简单推定，即如果存在适格条件，犯罪者将会被宽恕，或者被从轻处罚。当然，由于所有的推定都可以被排除，"宽赦推定"也不例外。宽赦推定对于有罪之人惩罚的规定，并不多于无罪推定对于有罪之人惩罚的规定。正如无罪推定的制度设计是为了促使司法官员作出公正的定罪判决而努力工作一样，宽赦推定仅仅旨在促使司法官员努力工作，以作出公正惩罚的审判，并且一旦违背宽赦推定的条件，刑事司法体系也可能对被告人施以严苛刑罚。因此，这两种文化所创造的推定都基于同一个缘由：施以刑事惩罚是一件令人经受道德考验的事情，它会挑战我们的良知。由于我们非常害怕会出现失误，所以我们创造了推定程序，推定促使我们经过谨慎并合理的评议后，再作出公正的审判。但是在刑事诉讼中，这两种文化却又潜藏了不同的错误风险。宽赦推定面临可能对无罪者错误地施加惩罚的风险，而无罪推定则有可能错误地对待那些事实上有罪的人。

其次，我想粗略描述的，并不是这两种技术性规则的差别，而是它们在大的法律文化导向方面的对比。美国对于无罪推定的文化认同，远远超过检控方承担证明责任这种纯粹的法庭技术规则。我们分享并坚信着同一种几乎完全基于直觉的理念，即对于司法公正而言，最严重的威胁是令无罪者成为被攻击的对象。[59]但这相较于"我们所广泛接受的无罪推定理念"，[60]就像帕克不断重复的，无罪推定更广泛地塑造了美国的法律文化：这种文化导向的冲击不仅体现在法庭中技术性无罪推定的规定，而且还贯彻于美国的刑事法律之中。[61]

同样，宽赦推定的文化，也远远超出了要求从轻处罚这一技术性规定的范畴。它属于一种更加广泛的欧洲大陆文化，这种文化很大程度上基于一种对等级式（hierarchical）、家长式作风的理解。达马斯卡对于欧洲大陆司法著名的假设论

---

〔59〕 Id.

〔60〕 Herbert L. Packer, "Two Models of the Criminal Process", 113 *U. Pa. L. Rev.* 11 （1964）.

〔61〕 William T. Pizzi, *Trials without Truth*, New York University Press, 1999, pp. 46-68. 调查报告了美国检察官为了成功指控刑事被告人所需要应对的种种证据性的障碍。

断就认为，它其实是一种权力的等级架构（hierarchical structure of authority），[62] 我们在倾向于宽赦的欧洲大陆传统中会看到这种司法等级架构：与等级情感（hierarchical sensibility）相一致，欧洲大陆的司法实践很大程度上认同司法官员"对保护被告人有家长式的义务"。[63]

再次，当我说到我们法律文化的冲突时，应该被视作在两种相对的文化背景之下的冲突，我不认为美国法律和无罪推定文化、欧洲法律和宽赦推定之间存在简单的等价关系。这不是说美国的刑事司法独占无罪推定，也不是说欧洲大陆传统独占宽赦推定。所有的大西洋世界的法律文化，都是两条相互交织的复杂历史的产物。特别是，欧洲大陆的传统的确是包含无罪推定的。我的目的，仅仅在于表明宽赦推定是现代欧洲司法中最显著的一部分。没有必要绝对地在无罪推定或宽赦推定中二者择其一；关键在于，宽赦推定已经证明其更契合欧洲大陆。

还有一点也不会令人惊讶：正如我在第四点将会强调的，这两种文化根植于不同的政治情感（political sensibility）之中。诚然，我们必须认识到这两种推定分别与各自的政治文化非常契合。无罪推定非常贴合我们经常在美国法律中遇到的反国家主义的典型的自由主义情感（liberal sensibility）。相反，宽赦推定则更适合一种国家主义情感，这可以从尊重国家官员的权威与专业能力这点得知。

刑事程序的不同基于政治文化的不同，这种说法显然已经是老生常谈了：特别是普通法法官的相对被动与陪审团的相对独立这一点，反映了普通法传统与政府权威的强烈主张是相悖的。[64] 但是，在我们熟知的关于法官和陪审团权力这样的老生常谈之外，认识到政治文化的重要性也是非常重要的。同时，政治文化也对本文研究的一个刑法基本问题至关重要：如何决定何种犯罪者可以被归为"无罪者"。

无罪，毕竟不是一个不解自明的概念，也不止一种决定哪些被告人应该是"无罪者"的方法。特别是，当我们面前有值得救赎的犯罪者时：那些有辩解理由（excuse）或者正当化理由（justification）*来支持自己的辩护的人，我们可以选择把他们视为"无罪的"（innocent）或者"有罪但可以赦免"（guilty but for-

---

〔62〕 Mirjan Damaška, "Structures of Authority and Comparative Criminal Procedure", 84 *Yale L. J.* 480, 487 (1975).

〔63〕 William T. Pizzi & Mariangela Montagna, "The Battle to Establish an Adversarial Trial System in Italy", 25 *Mich. J. Int'l L.* 429, 449 (2004).

〔64〕 See Julia Grace Mirabella, "Scales of Justice: Assessing Italian Criminal Procedure through the Amanda Knox Trial", 30 *B. U. Int'l L. J.* 250-1 (2012). 例如，参见米拉贝拉的文章以了解诺克斯案。

* 指承认对方所控诉的事实，但用所做行为是正当和合法、不为法律所禁止为理由加以辩护。——译者注

given）；我们可以选择申请无罪（exculpation）或者寻求赦免（mercy）。举例而言，如果一个人因为正当防卫而杀死他人，我们可以选择要么去宽恕他们（正如现代西方体系中一样），[65]要么判决他们有罪但是赦免他们（正如我们在早先几个世纪经常所做的）。[66]

在特定社会政治秩序之下，我们在二者中的选择，会对刑事审判具有显著影响。宽赦，在实践中宣告犯罪者"有罪但被赦免"（guilty but forgiven），是与强有力的国家权力主张有密切联系的。鉴于此，19世纪以前乃至今天，君主制国家的司法经常大量适用无限制的皇家特赦权。比如，泰国和沙特阿拉伯的君主就喜欢炫耀式地适用赦免权。[67]同样，纳粹也是这么做的（比如，在希特勒生日时，会有针对轻罪的犯罪者的大赦）[68]。大肆宣扬权威（extensive authority）的国家，往往通过赦免来部分地展示其权威。

相反，宣告无罪，这种宣布犯罪者应有的"无罪"的行为，则契合反国家主义者（antistatist）关于刑事司法的主张。如果我们宣布值得我们帮助的犯罪者"无罪"，那就意味着，无论国家选择惩罚还是赦免，基于国家拥有惩罚权力的原则，这些人都会被赦免。相对地，当律师和立法者在研究创设允许作出"无罪"判决的宽赦制度时，他们也不仅仅是为了应付伦理学的要求而去探索，可能正如很多刑事法教授所想和所做的那样。他们正在努力制定的是通过设立隐性的规则障碍，以应对国家权力的某些主张。

毫无疑问，选择宣告无罪而不是宽赦，更能与无罪推定相一致。如果我们宣布那些值得帮助的犯罪者"无罪"，而不是"有罪但被赦免"，我们就倾向于支持那种为更多的被告人寻找技术上的"无罪"的体系。我们不仅仅创造了一种恰如

---

〔65〕 Jean Pradel, *Droit Pénal Comparé*, Art. 122 - 5（Fr.）；Strafgesetzbuch［STGB］［Penal Code］, § 32（Ger.）.

〔66〕 See William Blackstone, *Commentaries*（观察到在当时，当一起杀人事件是由于自卫造成时，英国的法官们通常被许可作出无罪宣判）；Naomi Hurnard, *The King's Pardon for Homicide before A. D.*, Oxford University Press, 1969, p. 1（讨论了在盎格鲁-撒克逊时代国王拥有的大赦权问题）；Elizabeth Papp Kamali, *A Felonious State of Mind: Mens Rea in Thirteenth- and Fourteenth-Century England*, 2015, p. 1（未刊密歇根大学博士学位论文，收录于德克萨斯州法律评论）（值得注意的是，在杀人案件的判决中，12世纪的英国法通常会允许陪审员决定是否"将被指控的男人或女人送回监狱等待赦免，变为自由人，抑或是将其送上绞刑架"）。

〔67〕 "500 Prisoners Benefit from Royal Pardon", *Arab News*, June 28, 2014, available at http://www. arabnews. com/news/593446［http://perma. cc/5MJR-MDQV］, last visited on Apr. 19, 2019. The Thai practice of pardoning is especially common, and noteworthy, in cases involving insults to the monarchy. See, e. g., "Thai King Pardons American Convicted of Insulting Monarchy", *Guardian*, July 10, 2012, available at https://www. theguardian. com/world/2012/jul/11/thai-king-pardons-american-insulting［http://perma. cc/3FJF-LT2S］, last visited on Apr. 19, 2019.

〔68〕 James Q. Whitman, *Harsh Justice: Criminal Punishment and the Widening Divide between America and Europe*, Oxford University Press, 2003, p. 148.

其意的无罪推定制度，也创造了一种相近的判决无罪的倾向。相对而言，选择宣布值得帮助的犯罪者"有罪但被赦免"，更符合宽赦推定的基调。不同于提高那些会被认为"无罪"的人的评判标准，宽赦推定倾向于这样一个问题，即对部分被发现"有罪"的人惩罚更加轻缓是正确的，或者相反，由于一部分人对于社会的危害性更大而对其施加更加严厉的量刑是正确的。

相较于宣告无罪，宽赦不可避免地更加令美国人难以接受，因为这种模式代表着认可具有家长作风的国家官员的合法性以及其无上的智慧，而这种观点正是美国人所反对的。结果就导致了我们在吸取欧洲大陆传统的经验时困难重重。[69] 尽管如此，有一些经验我们必须努力去吸取，如果我们能平复自己受到冲击的心态，并能更好地审视。欧洲司法制度的价值，我们将同时获得一种对于我们自己的制度所存在的危险的合理感知（healthy sense），这种危险极易被我们忽视，并逐渐在变得越来越严重，其产生正是由于美国人过于执着一种观念，即认为我们最紧迫的危险源自于邪恶或失控的国家将事实上无罪的公民视为攻击目标。

三、超越美国的无罪推定

当我谈到在限制国家权力这一问题上，美国无罪推定的模式比宽赦推定的模式更加与之契合时，可能没有人会感到惊讶。我们都认同，美国司法是以帕克"广泛认同的无罪推定理念"为核心的。[70] "对于关心正义的人而言，错误判决一个无罪之人有罪是最恐怖的噩梦"，这对美国人来说是老生常谈[71]（"噩梦"的确是一个经常被咒念的词汇）。[72] 在世界范围内，对无罪推定的违反是政治不公的重要体现，也是美国人权政策的检验标准。[73]

不仅如此，对于美国自身而言，更常见的是对无罪者的有罪审判的"噩梦"

---

〔69〕 有关表达美国对怜悯的敌意，参见 Dan Markel, "Against Mercy", 88 *Minn. L. Rev.* 1421, 1422, 1478-9（2004），and Paul H. Robinson, "Obama's Get-Out-of-Jail-Free Decree", *Wall Street J.* （July 14, 2015）. 卡米尔·德斯穆兰（Camille Desmoulins）倾向于大声回应，"宽恕在哪里会成为共和国的罪行？"（为什么怜悯在共和国成为犯罪？）Camille Desmoulins, *Le Vieux Cordelier*, Kessinger Publishing, 1936, p. 124（Fr.）.

〔70〕 Herbert L. Packer, "Two Models of the Criminal Process", 113 *U. Pa. L. Rev.* 11（1964）.

〔71〕 H. Patrick Furman, "Wrongful Convictions and the Accuracy of the Criminal Justice System", *Colo. Law* 1（Sept. 2003）.

〔72〕 See, e. g. , Brandon L. Garrett, *Convicting the Innocent: Where Criminal Prosecution Go Wrong*, Harvard University Press, 2011, p. 243. 引用北卡罗来纳州州长麦克·伊斯利的话，他强调了将无罪者关入监狱是执法部门"最大的噩梦"。

〔73〕 See James Q. Whitman, *Harsh Justice: Criminal Punishment and the Widening Divide between America and Europe*, Oxford University Press, 2003, pp. 77-8. 解释了美国人对于"调查性羁押"的普遍观点，"调查性羁押"允许预审法官为了少量的程序性检查而将嫌疑人超期羁押，这是不公正、严苛甚至几近专横的。

是具有现实而紧迫的危险的。美国人常常担忧，对于公民的私人利益，国家调查人员可能会自以为是，抱有偏见或漠不关心，可能是种族主义者，或者至少是严重不称职的；而且本应作为我们对抗国家滥用职权的堡垒的陪审团，很有可能被对抗制中一心想获得胜利的检察官所操控。[74]

美国人当然应该去担忧。毫无疑问，在美国，绝大多数被指控的人都是有罪的；绝大多数的警察和检察官也都是在尽全力完成艰难工作的正派人；绝大多数被提起控告的案件中，很明显罪犯是谁。尽管如此，认为美国相较于欧洲，有更多的无罪之人被判有罪的推测也是合理的。这点可以从布兰登·加勒特（Brandon Garrett）2011 年所写的《定无罪者有罪》（*Convicting the Innocent*）这本书中推知：书中重现了美国超过两百名被判有罪的被告人，后来如何通过 DNA 证据证明其是无罪的。[75] 加勒特如此有效地描述：相较于更加高度专业化的非对抗制的欧洲制度，我们非专业化、政治化并且程序随意的制度，几乎必然会造成更多错误的有罪判决[76]（造成普通法，特别是美国的普通法相比欧洲大陆存在更多错误有罪判决，也存在法律规则的原因）。[77] 单单通过这些原因就可以得知，无罪推定在美国的司法理念中起到显著作用是容易为人所理解的。

造成这种结果还存在另一个原因：几乎 95% 的美国案件是通过辩诉交易解决的。[78] 这就导致了一个不可避免的结果：在涉及很大比例的、有着含糊的无罪主

---

〔74〕 See generally, e. g., Victor Gold, "Psychological Manipulation in the Courtroom", 66 *Neb. L. Rev.* 562 (1987). 讨论了证据可能会被操纵以影响陪审团的观察力，并影响最终案件结果。

〔75〕 See Brandon L. Garrett, *Convicting the Innocent: Where Criminal Prosecution Go Wrong*, Harvard University Press, 2011, p.73. 其他类似文章可查于 Christopher Slobogin, "Lessons from Inquisitorialism", 87 *S. Cal. L. Rev.* 699, 704-6（2014）.

〔76〕 正如加勒特巧妙地总结的那样，我们"对［普通法］审判程序的信任"可能是错误的。Brandon L. Garrett, *Convicting the Innocent: Where Criminal Prosecution Go Wrong*, Harvard University Press, 2011, p.260. 与大陆的事实调查传统形成鲜明对比，反复审查档案，参见 the discussion in Part V, infra.

〔77〕 我们知道错判往往是虚假供述的结果，然而在欧洲大陆，没有被其他证据印证的供述是不足以定罪的。See the discussion in Lissa Griffin, "Can 'Real' Corroboration Requirements Prevent Wrongful Convictions?", *Comp. L. Prof BlogL*, Mar. 28, 2014, available at http://lawprofessors. typepad. com/comparative_ law/2014/03/can-real-corroboration-requirementsprevent-wrongful-convictions. html ［http://perma. cc/5XQA-JYED］, last visited on Apr. 19, 2019. 历史上看，普通法使用的是犯罪行为规则，这至少需要有证据证明被告承认的犯罪事实已经发生，但即使是犯罪行为规则也一直在美国被废弃。最近的一个例子，参见 the Etan Patz case, James C. McKinley Jr., "Confession in Etan Patz Case Can Be Used at Trial, Judge Rules", *N. Y. Times*, Nov. 24, 2014, a-vailable at https://www. nytimes. com/2014/11/25/nyregion/confession-in-etan-patz-case-canbe-used-at-trial-judge-rules. html ［http://perma. cc/6MHN-WDB9］, last visited on Apr. 19, 2019. 鉴于我们对虚假口供的全部了解，这是应受批判的发展。

〔78〕 53 U. S. Dep't of Justice, Bureaof Justice Assistance, "Pleaand Charge Bargaining: Research Summary", available at https://www. bja. gov/Publications/ PleaBargainingResearchSummary. pdf, p.1.

张（colorable claims of innocence）的被告人中，只有一小部分接受了审判。[79] 在现代美国，任何通过旁听审判而了解刑事司法本质的人，都会得出无辜之人常常遭到指控的结论。

基于这些原因，并且由于无罪推定是如此的契合反国家主义，以及典型的自由主义观念，美国人关于司法的观念会以无罪推定为中心就不足为奇了。我们情有可原地害怕恶魔浮现于美国的侦查程序中，我们分享着一种揣测"政府会逮捕我们"的文化情感。因此，为了避免宣判无罪者有罪并更广泛地保护自由，无论美国的左翼还是右翼，都应当赞同提高检控方证明其所指控罪名的难度，并阻止他们在陪审团面前丑化被告人。[80]

特别是，我们采用了帕克"障碍赛跑"（obstacle course）模式的正当程序。[81] 基于对这种美国式的"障碍赛跑"的理解，限制国家权力的核心制度必须与证据相关：第四修正案，非法收集的证据应当被排除，以及庭审证据的可采性规则，排除一切可能存在偏见的证据。[82] 这种"障碍赛跑"还包括其他的诉讼程序，旨在对抗陪审员的偏见，例如详尽的预先审查，以及偶尔将备受关注的案件移送到较少偏见的审判管辖区。[83] 这种美国制度虽然饱受批评和怀疑，但总的来说，还是获得了巨大的支持。对于美国人而言，无论是左翼还是右翼，我们的无罪推定文化，就如同在联邦最高法院意见或电视节目中所歌颂的一样，它是保卫我们的公民自由的一种光荣传统。[84] 就像对好莱坞演员的关注一样，在法律的世界中，我们同样也关心无罪者被不公正对待的命运，正如在阿曼达·诺克斯案中美国人反应的那样。[85]

但是，我们的担忧，更多强调地是对无罪者的担忧。在美国，一旦被告人被

---

〔79〕 考虑民事背景中的类似结果。*Cf.* George Priest & Benjamin Klein，"The Selection of Disputes for Litigation"，13 *J. Legal Stud.* 1-6（1984）. 解释了在民事领域中的案件是难以预测判决的。

〔80〕 See Herbert L. Packer，"Two Models of the Criminal Process"，113 *U. Pa. L. Rev.* 14-5（1964）. 概述了一种强调错误概率的刑事程序，强调了正式的由法院宣告的事实发现，反对追求司法效率，以增加对事实上无罪的人的保障。

〔81〕 Herbert L. Packer，"Two Models of the Criminal Process"，113 *U. Pa. L. Rev.* 13（1964）.

〔82〕 See Mark E. Cammack，"The Rise and Fall of the Constitutional Exclusionary Rule in the United States"，58 *Am. J. Comp. L.* 631-3（2010）. 讨论了第四、第五以及第六修正案中排除规则的作用；下注第 122~125 页及有关证据法的附随文本。

〔83〕 美国的"讲明真相"在欧洲是未知的。有关选择法国的陪审员，如参见 Michèle-Laure Rassat，*Traité de Procédure Pénale*，Editions L'Harmattan，2001，pp. 118-20（Fr.）. 概述了法国的陪审团选择过程。

〔84〕 See, e. g., Coffin v. United States, 156 U. S. 432, 453（1895）. 倾向支持被告人的无罪推定原则是毋庸置疑的、不证自明的基础，它的实现是基于对我们刑法的执行。

〔85〕 Julia Grace Mirabella，"Scales of Justice：Assessing Italian Criminal Procedure through the Amanda Knox Trial"，30 *B. U. Int'l L. J.* 231（2012）.

正确定罪，被置于有罪者之列时，美国的法律对其提供的保护却变得少之又少：鲜有关于惩罚的比例限制，鲜有介入监狱管理的机制，鲜有释放后回归社会的权利。[86] 不仅我们的法律只保护无罪者，我们的政治文化也同样只保护无罪者。例如，在美国日益提高的关于反对死刑的呼声。[87] 这种呼声主要是反对给予预期无罪者可能被处决的恐惧，而不是因为欧洲所常见的认为死刑本身存在某种问题的观点。[88] 我们最根本的担忧，一直属于对无罪者的担忧，而不是对有罪者的：有罪者对于我们而言，当其行为触犯了经过正确的民主程序而制定的法律时，他们就已经放弃了自己的权利。在美国，存在这样一种根深蒂固的倾向：如果"犯罪者破坏了社会契约并违反了我们的刑法"，[89] 他们就失去了守法公民有权期望得到的保护。[90]

这种美国式的"无罪推定价值观"，在欧洲并不占主流地位。恕我直言，这并不是因为职权主义传统没有属于本土模式的无罪推定。欧洲的确拥有自己的无罪推定制度。事实上，欧洲大陆的无罪推定制度历史要比我们的悠久很多：虽然当代美国可能在颂扬无罪推定，但是事实上直到 1895 年，美国联邦最高法院才正式支持这一制度。[91] 欧洲大陆却正相反，无罪推定制度最早可以追溯到中世纪："直到他们被证明有罪前，每一个人都应该视为是无辜的"，这一准则并不是一个普通法的法学家（lawyer）所创造，而是于 1300 年，由一名欧洲大陆的法学家（lawyer）所创造。[92] 从那时起，欧洲大陆无罪推定的法律一直不间断地、时而激

---

〔86〕 See James Q. Whitman, *Harsh Justice: Criminal Punishment and the Widening Divide between America and Europe*, Oxford University Press, 2003, pp. 84-92. 我已经分析了许多美国与欧洲大陆关于严苛刑罚的制度差异。这些问题包括罪犯被剥夺的权利（在欧洲基本上是未知的），以及欧洲为了让罪犯重新融入社会而在隐私权以及人格权方面的保护。

〔87〕 "Less Support for Death Penalty, Especially Among Democrats", *Pew Res. Ctr.*, Apr. 16, 2015, available at https://www.people-press.org/2015/04/16/less-support-for-death-penalty-especially-among-democrats/〔https://perma.cc/KD7L-JZWG〕, last visited on Apr. 19, 2019.

〔88〕 See generally Carol S. Steiker & Jordan M. Steiker, "The Seduction of Innocence: The Attraction and Limitations of the Focus on Innocence in Capital Punishment Law and Advocacy", 95 *J. Crim. L. & Criminology* 587 (2005). 明确指出了在废除死刑的论证中强调无罪的各种忧虑。

〔89〕 People v. Saetern, 174 Cal. Rptr. 3d 836, 846 (2014).

〔90〕 想要了解影响深远且经典的，对社会契约直觉的现代美国哲学的详尽阐述，参见 Herbert Morris, "Persons and Punishment", 52 *Monist* 475, 477 (1968).

〔91〕 Coffin v. United States, 156 U. S. 432, 452-3 (1895).

〔92〕 Kenneth Pennington, "Innocent until Proven Guilty: The Origins of a Legal Maxim", 63 *JURIST* 106, 109, 112 (2003). 该公式通常可以追溯到法国 canonist Jean Lemoine, 他在红衣主教中被称为 Johannes Monachus (1250-1313). Id., p. 116 n. 26. See also Kenneth Pennington, "Due Process, Community, and the Prince in the Evolution of the Ordo Iudiciarius", 9 *Rivista Internazionale di Diritto Commune* 9, 36 n. 90 (1998)〔在被证明有罪前，这个人是无罪的 (X 2. 23. 16; X 1. 12. 1; D. 40. 4. 20); 比起惩戒，法律更应选择赦免〕.

进地持续发展至今。[93]

诚然，欧洲大陆的无罪推定的构思与我们的是不同的。在某种程度上，这是由于欧洲大陆对于隐私权保护的构思与我们是不同的。美国和欧洲大陆的传统都认为，无罪推定是保护隐私权的基础，但是（正如我会在别处详尽论述的），[94]美国人倾向于认为，隐私权主要是一种受到政府威胁的自由权。欧洲大陆人却正相反，倾向于认为隐私权主要是一种尊严权，这种尊严权会受到被媒体曝光在公众视野之下的威胁。[95]这种差别直接导致了他们对于怎样保护无罪者存在不同的理解。美国人认为，隐私权是一种保护不受政府调查人员侵犯的权利。[96]而欧洲人则认为，被指控的人也应受到免受媒体曝光的保护，[97]于是，他们认为美国的"当众逮捕"（perp walk）以及随意公布嫌疑人名字的行为，是对无罪推定的真正违反。[最近就有一个例子——纽约警方对多米尼克·斯特劳斯-卡恩（Dominique Strauss-Kahn）的处理：在他遭到当众逮捕后，西欧国家的新闻界发出了强烈抗议。[98]欧洲研究者不禁问道：美国真的存在无罪推定吗？][99]

但是，关于无罪推定的观念差别其实超出了我们对隐私权的不同理解。无罪推定在欧洲大陆世界的"普遍价值观"中扮演着远非中心的角色：这是不可避免的，因为长久以来，欧洲大陆刑事司法的背景下的制度假设与我们的是不同的。欧洲大陆法律并不以推定侦查人员可能具有恶意或是不称职作为其出发点。正如

---

〔93〕 早期更注重衡平规则"存在疑惑时，偏向有利被告人"。如参见 Peter Holtappels, die entwicklungs-geschichte des grundsatzes "in dubio pro reo", pp. 1–6 (1965); see also Declaration of the rights of man and the citizen art. 9 (1789) (Fr.); G. A. Res. 217 (III) A, Universal Declaration of Human Rights, art. 11 (Dec. 10, 1948).

〔94〕 See generally James Q. Whitman, "The Two Western Cultures of Privacy: Dignity Versus Liberty", 113 *YALE L. J.* 1151 (2004).

〔95〕 Id., pp. 1160–2.

〔96〕 Id., pp. 1161–2.

〔97〕 Id., p. 1161.

〔98〕 E. g., Sabine Sultan Danino, "La présomption d'innocence vue de New York en mai 2011, ce qu'en dit la Loi Française", *Legavox*, May 18, 2011, available at https://www.legavox.fr/blog/maitre-sabine-sultan-danino/presomption-innocence-york-2011-%20francaise-5589.htm〔http://perma.cc/B5KT-7UFN〕, last visited on Apr. 19, 2019; "Die Maxime schrumpft", *Süddeutschezeitung*, May 20, 2011, available at https://www.sueddeutsche.de/kultur/strauss-kahn-und-die-unschuldsvermutung-kampfbetonte-voreingenommenheit-1.1099639-3〔http://perma.cc/JF33-MV4R〕, last visited on Apr. 19, 2019.

〔99〕 E. g., "Est-on présumé copable aux Etats-Unis?", *Slate. Fr*, May 17, 2011, available at http://www.slate.fr/story/38303/affaire-dsk-questions〔http://perma.cc/52RY-TGGZ〕, last visited on Apr. 19, 2019. See, e. g., Erik Luna & Marianne Wade, "Prosecutors as Judges", 67 *Wash. & Lee L. Rev.* 1413, 1468–9 (2010). 有关欧洲大陆官僚传统比较优势的强有力的一般说明，参见 John C. Reitz, "Political Economy as a Major Architectural Principle of Public Law", 75 *Tul. L. Rev.* 1121, 1127–31 (2001). 有关对经典官僚训练的德国司法机构的谨慎陈述，参见 Tatjana Hörnle, "Moderate and Non-Arbitrary Sentencing without Guidelines: The German Experience", 76 *Law & Contemp. Probs.* 189, 207–9 (2013), No. 1.

比较法专家们所经常观察到的，欧洲大陆传统表现出来的是对于训练有素的、非对抗性的、受到官僚主义方式监督的刑事侦查官员的信任。[100] 欧洲法律也不会过度担忧他们的陪审员或者参审员存在偏见，因为他们会受到专业化的监督。欧洲大陆有混合式法庭：他们采用了混合制的法官组成，即陪审员和参审员会在职业法官列席和指导下作出评议，这样就可以避免他们不当地作出裁判。[101] 为了保护自由而对政府产生的不信任感虽被美国人视为必要，但在欧洲大陆文化中却很少存在；其结果是，美国式的无罪推定在欧洲则被认为是对官僚主义不信任的表现，并不受到欢迎。

然而，尽管欧洲大陆的司法不能认同我们"普遍接受的无罪推定的价值理念"，相比之下，我们的法律体系仍能给宽赦推定留有更多的空间。

四、无罪审判还是宽赦审判？

在说到"宽赦推定"时，我的意思是采取一种贯穿刑事司法程序整体的态度，而不仅仅存在于量刑的法律规定。当然，量刑也是应当受宽赦推定约束的一个环节。一种拥有强烈宽赦推定倾向的司法体系，将会自然而然地推定限制量刑的严苛程度；欧洲大陆传统上确实有这样的法律。[102] 但是，他们也展现出了与我们在关于刑事审判构造和目的上的不同概念，以及关于宣告无罪和宽赦的不同主张。我将在介绍关于量刑的法律问题时，解释这些不同之处。

我将首先从刑事审判的目的和构造上开始论述。请思考倾向于美国式无罪推定和倾向于宽赦推定的刑事诉讼的差别。如果我们认同"普遍接受的（美国）无罪推定的价值理念"，并为检控方可能会起诉无罪者这种"噩梦"而忧虑，自然而然，我们的刑事诉讼程序就会像美国的司法体系一样：在作出事实决定时，判断被告人是属于应当得到保护的无罪者之列，还是应施加谴责的有罪者之列。正如阿希尔·阿玛尔（Akhil Reed Amar）所说的，作为一种典型的美国式的表达方式，"发现真相的基本审判价值是——从有罪者中选出无罪者"[103]。一个倾向于

---

〔100〕 See, e. g., Erik Luna & Marianne Wade, "Prosecutors as Judges", 67 *Wash. & Lee L. Rev.* 1413, 1468-9 (2010). 有关欧洲大陆官僚传统比较优势的强有力的一般说明，参见 John C. Reitz, "Political Economy as a Major Architectural Principle of Public Law", 75 *Tul. L. Rev.* 1121, 1127-31 (2001). 有关对经典官僚训练的德国司法机构的谨慎陈述，参见 Tatjana Hörnle, "Moderate and Non-Arbitrary Sentencing without Guidelines: The German Experience", 76 *Law & Contemp. Probs.* 189, 207-9 (2013), No. 1.

〔101〕 Stephen C. Thaman, "Criminal Courts and Procedure", in David S. Clark ed., *Comparative Law and Society*, Edward Elgar Pub., 2012, pp. 245-6.

〔102〕 See infra Part VIII.

〔103〕 Akhil Reed Amar, "Fourth Amendment First Principles", 107 *Harv. L. Rev.* 757, 759 (1994).

无罪推定的刑事法庭，就像是在罗马式建筑的三角墙（Romanesque tympanum）上描绘的"最后审判"中的情形一般，确实会加以"归类"（sort）：法庭会决断这些人是属于被救赎者行列，被耶稣指引庇佑，或者属于应当被诅咒之列，进入撒旦的腹中。[104]

强调事实（评判）的"归类"作用，对审判构造（structure of trial）和审前处置（pretrial disposition）的本质都具有显著的影响。我们可以理解，就审判构造而言，一种倾向于归类的司法体系，自然应当区分定罪环节与量刑环节。特别是，它使规则与构造的重心落在定罪环节变得合理，而这种关键性的分类正是审判的首要目标。毕竟，重要的推定，主要在定罪环节派上用场；[105]无罪推定迫使法庭必须努力工作以证明有罪判决。也许，这也指示我们倾向于无罪推定的司法体系应当包含一些像我们的证据法的内容，以保证陪审员或事实调查者不会存在偏见，或者甚至是在他们谨慎归类工作中，不会受到非相关证据的干扰。[106]不仅如此，它证明了一个司法体系应当选择美国式"障碍进程"模式，通过增加定罪环节证明难度，以实现限制检控方权力，保护无罪者的目的。[107]

至于审前处置，它使得我们的司法体系表现出一种最受争议的、令人困扰的美国当代刑事司法的特征，即严重依赖辩诉交易。毕竟，如果刑事审判仅仅简单地是"将无罪者从有罪者中区分出来"，那么就无须大费周章，为一个明显有罪的被告人去开庭审判了。对于一个既没有貌似可信的可能被判无罪的主张，针对有罪判决，又没有任何证据性"障碍"依据的被告人，检控方不必费力去审判他也是毋庸置疑的。的确，我们可以相信，一个明显有罪的被告人拒绝辩诉交易，而执意要求国家大费周章去开庭审判，就应当承担美国刑事法官众所周知的"审判惩罚"——通常是最大程度的重刑。[108]

正如有时刑事法官默许的那样，这种审判惩罚确实存在于美国的司法之中。你浪费了一些我的时间，我就拿走你的一些时间，这对被告人而言是人尽皆知

---

[104] 对于罗马式鼓室中最后审判的重要性，参见 Meyer Schapiro, "The Programs of Imagery（i）：Themes of Action and Themes of State", in Linda Seidel ed., *Romanesque Architectural Sculpture*, University of Chicago Press, 2006, pp. 97, 113-4.

[105] See generally Roger C. Park et al., *Evidence Law*, West Academic Publishing, 2011, §§ 4.01-4.06, pp. 82-8. 描述了检察官必须面对的开示责任和说服责任以及履行这些责任所带来的困难。

[106] See Id. § 5.04, pp. 128-30. 概括了美国法院中一般的"品性证据排除"规则的一些潜在目的，包括陪审团可能被这种证据所干扰从而错误地对被告人产生偏见的可能性。

[107] E.g., Id. §§ 4.01-4.06, pp. 82-8. 描述了一些障碍，使检方有能力证明被告的罪行更加困难。

[108] See, e.g., Candace McCoy, "Plea Bargaining as Coercion：The Trial Penalty and Plea Bargaining Reform", 50 *Crim. L. Q.* 67, 91 (2005). 描述了接受法庭审判的案件和辩诉交易解决的案件在量刑中的差别。

的事情。[109] 某种程度上讲，这种审判惩罚应当是存在的：不堪重负的美国法官不可能奢求能限制自己承办的案件数量，只能让被告人付出代价，因为这些人有权启动审判，最终法官所承担的成本将会强加于对被告人严厉的刑事惩罚之中。

尽管如此，不管能否理解，审判惩罚只是令欧洲观察者感到震惊的，倾向于无罪推定的美国司法系统剥夺有罪者权利方式的第一个例子。一个如此高调宣传"正当程序"的国家，怎能由于被告人坚持自己正当权利，要求接受庭审的蛮勇，而去惩罚他们呢？原因就在于，由于我们对于庭审的理解，使我们在反对法官实施审判惩罚时毫无回旋余地：对我们而言，审判因为其归类作用，是一种致力于识别出那些真正无罪的人的制度。它唯一的目标，就是确保那些值得被拯救的人从那些应该被谴责的有罪者中分离出来。通过这种或者其他的方式，美国人的权利实质上是无罪者的权利，或者至少是为了那些可能是无罪者的权利，而非有罪者的权利。

现在，我们来分析一下倾向于宽赦推定的刑事诉讼程序。这样一个体系与我们的体系在审判构造以及审前处置上都是完全不同的。在宽赦推定的刑事诉讼制度中，"将无罪者从有罪者中分离出来"不是其唯一目的，甚至也不是主要目的。相反，在漫长的诉讼程序中，建立被告人实际有罪的观念仅仅是第一步。这样就会触发一个完全不同的法律问题：如何必要且适宜地去惩罚那些明显有罪的被告人，同时又不会违反良心的要求，并（用现代欧洲法律的话说）与人格尊严相协调。从另一个角度看，审判的目的不可以简单地归为"发现真相"，正如许多的比较法对职权主义司法所理解的那样，目的还应该考虑量刑的轻重，这在法律实践中是一项不同且复杂的操作。

欧洲大陆审判程序对宽赦推定的强制性要求，是如此令我们感到震撼。欧洲大陆的刑事审判，当然不会忽视"将无罪者从有罪者中分离出来"这一任务：法院有义务对被告人的犯罪指控作出谨慎的、实质性的判决。的确，技术上法院必须判决有罪后才可以决定量刑。[110] 但是，欧洲大陆法院在事实发现这一问题上，与美国法院是截然不同的，并且由于审判的目的不仅包括事实"归类"，而且法

---

〔109〕 See generally Thomas M. Uhlman & N. Darlene Walker, "He Takes Some of My Time; I Take Some of His: An Analysis of Judicial Sentencing Patterns in Jury Cases", 14 *Law & Soc'y Rev.* 323 (1980). 发现比起那些适用法官独自审理和作有罪答辩的被告人而言，法官们会对适用陪审团审判的被告适用更加严厉的量刑。

〔110〕 Codede Procédure Pénale [C. PR. Pén.] [Criminal Procedure Code] Art. 362 (Fr.), available at https://www.legifrance.gouv.fr/content/download/1958/13719/version/3/file/Code_34.pdf [https://perma.cc/5C98-TLNX], last visited on Apr. 19, 2019; Walter Gollwitzer ed., *Die Strafprozessordnung und da Gerichtsverfassungsgesetz*: §§216-95, §263, 2001, p. 30 (Ger.).

院有理由在审判过程的前期就开始关注品性证据。

在三十年前，达马斯卡对当事人主义和职权主义制度在事实发现上的基本区别，作出了令人印象深刻的分析。[111] 美国的刑事审判，在定罪环节呈现一种人为的"谁是凶手"（whodunnit）的表演，从而进行"归类"的：它要求从未受到案件证据影响的外行人构成的陪审员，并达成一个全新的决定，即被告人在刑事指控犯罪中实际上是无辜的还是有罪的。[112] 相对地，正如达马斯卡所观察到的，欧洲大陆的审判并没有被设计为与我们类似的、作出一个全新事实决定的方式。它并不呈现一种表演性质的"谁是凶手"。相反，它呈现出一种官僚审核功能（bureaucratic audit function）：[113] 欧洲大陆的审判，单纯是一种持久的、惯例化的、官僚式的程序，案件中的工作进程不断地被上级监督者审查：这单纯是一系列平淡无奇的监督决定过程，职业的调查者不断收集有关的案卷以确保没有错误出现。[114] 这些大陆式的"审核"（audit）在审判之前就不断重复。例如，在法国，案件正式审判前，卷宗必须正式地被一个由法官组成的合议庭审核。[115] 在审判之后，欧洲大陆的法院也有重审或者上诉等其他关于审核的相关规定。[116]

当然，审判过程本身事实性的审核，也是一项非常重要的事情。因为有时候审核会发现审判的错误，欧洲大陆无罪推定的本质要求认真对待审判中的审核。除此之外，审判的合议庭（panel of auditors）是包括外行人的，这对定罪的合法

---

〔111〕 See Mirjan R. Damaška, *The Faces of Justice and State Authority*, Yale University Press, 1986, pp. 119-25, 160-4. 分析和比较了当事人主义与职权主义事实认定程序。

〔112〕 Id., pp. 38-46.

〔113〕 Id., pp. 192-3.

〔114〕 当然，在"审核"过程中检查的错误也许会是对事实认定的错误，但是也可能存在法律适用的错误。特别是在欧洲大陆传统中，对于有罪的认定是一种法律认定，而不是一种事实认定。这是非常重要的问题，因为这意味着欧洲大陆的被告人不可以作有罪答辩。毕竟，如果是外行人的话，他们也许在认定被告人是否有罪问题上存在错误。这绝不是一种纯粹的理论可能性：《华尔街日报》最近正在刊登一篇报告，一个几乎要认罪并服刑的被告人后来在庭审中被发现根本不是罪犯。Gary Fields & John R. Emshwiller, "Federal Guilty Pleas Soar as Bargains Trump Trials", *Wall Street J.*, Sept. 23, 2012, available at https://www.wsj.com/articles/SB10000872396390443589304577637610097206808 [http://perma.cc/AR79-V4DS], last visited on Apr. 19, 2019. 美国普通法中"有罪答辩"的概念发轫于中世纪：在几个世纪之前，那时犯罪的定义还很简单，外行陪审员就可以判定被告是否有罪。但是当犯罪再也不像从前那么简单时，在匆匆设立的辩诉交易前确定被告人是否有罪就不那么确定了。弄清被告人是否有罪可能需要多名法官进行长期的多层级的思考。这便是欧洲大陆程序希望达到的目的。当欧洲大陆的卷宗被"审核"时，需要确定判决是基于对证据令人信服的解释，并且确定承办法官具有充分有力的法律推理，从而基于被告人的行为而认定其"有罪"。而允许有罪答辩则为不公正的定罪和量刑打开了大门。

〔115〕 Code de Procédure Pénale〔C. PR. PÉN.〕〔Criminal Procedure Code〕Art. 212 (Fr.).

〔116〕 See Mirjan Damaška, "Structures of Authority and Comparative Criminal Procedure", 84 *Yale L. J.* 489-91 (1975). 描述了欧洲大陆上诉审查的综合体系。

性具有重要价值。然而，尽管审判审核十分重要，但正如达马斯卡所争辩的（他自己以前也是一名欧洲大陆的法官），这种工作假设对集中在一起的案卷已经预先进行过重复且专业的审核。[117] 因此，即使在技术上，禁止法庭在作出正式的有罪判决前思考量刑问题，但事实上法庭不可避免地会在一开始就已经在权衡施以什么样的量刑了。[118] 这是意料之中的，毕竟在庭审中真正新鲜的问题并不在于被告人是有罪或是无罪，而在于怎么去处理被告人。

于是，这种审判从一开始就需要关注很多事项，包括美国法律所称的"量刑因素"（sentencing factors）。亟待庭审解决的崭新而重要的问题，并不是怎么将无罪者从有罪者中筛选出来，而是怎么去惩罚那些有罪的人而不会产生"过度压制"（repressive excess）。[119] 这个问题的答案，必然会导致审判的个性化（individualization）：它要么以表明被告人危险性的证据为中心，要么相反，根据他的"生活轨迹"来决定他是否应得到宽赦或者被给予重新改造的机会。有必要强调的是，反思惩罚的程序并不必然会导致一个从轻的量刑：法院的法官也有可能对被告人适用严苛而漫长的刑罚。最重要的是，欧洲大陆的刑事程序设计旨在迫使法院在是否和怎样去惩罚的问题上作出谨慎的思考。

正如此，诺克斯一案的审判形式令美国观察者深感震撼。[120] 但是，我们有必要认识到，欧洲大陆的审判并不是不公平的——或者至少，不是制度上的不公平。事实上，可论证的是，欧洲大陆形式的审判比我们所珍视的美国的审判更加公平。真的更加公平吗?! 欧洲大陆式的审判随意披露看似带有偏见的证据，但事实上可能比美国的审判更加公平，这种说法虽然听起来荒诞离谱，但是考虑到了欧洲大陆和美国在制度设计上的差别。理论上，美国的刑事审判要求在定罪环节中严格适用偏见性证据排除规则，这是我们极其信赖的基本原则。而实践中，美国的证据法容忍检察官向陪审员展示有罪证据时使用某些借口，事实上陪审员

---

〔117〕 Mirjan R. Damaška, *The Faces of Justice and State Authority*, Yale University Press, 1986, p. 206.

〔118〕 说服欧洲大陆法官承认他们在作出正式的有罪判决之前就已经开始考虑量刑，无疑是非常困难的。然而，在充分轻松愉快的场合之下，我知道他们已经承认了这一点。

〔119〕 Conseil Constitutionnel, *Droit Pénalet Droit Constitutionnel*, 2007, p. 2（Fr.），呼吁宪法监督刑罚制度，以平衡冲突各方利益，避免"过度压制"并限制恣意裁判。

〔120〕 See, e. g., Julia Grace Mirabella, "Scales of Justice: Assessing Italian Criminal Procedure through the A-manda Knox Trial", 30 *B. U. Int'l L. J.* 231 (2012). Tom Leonard, "Only Doubt over Amanda Knox Conviction Is Exactly How They Got It Wrong", *Telegraph*, Dec. 8, 2009, available at https://www.telegraph.co.uk/news/worldnews/northamerica/usa/6763445/Only-doubt-over-Amanda-Knox-conviction-is-exactly-how-they-got-it-wrong.html [https://perma.cc/KT9Y-NN7F], last visited on Apr. 19, 2019. 陈述美国人在听闻意大利刑事体系在被告人受审之前就已对其定罪感到十分愤怒，普遍认为意大利的司法体系存在缺陷。

一直在了解关于被告人的偏见性的事实。[121] 相反，美国普通法鲜有支持辩方提出良好品行证据的方式。如果辩方提供被告人的品行证据，这份证据将会打开众所周知的"破坏性披露"的"弹幕"之中[122]（也有其他的原因，美国式的审判倾向于只披露不利的品行证据）。[123] 对美国定罪环节最精确地描述，并不是其总是排除品性证据，而是在实践中，它倾向于只考虑对被告人不利的品性证据。

看似令人震惊的欧洲大陆式审判却是不同的。因为它考虑到了被告人的品性，并总是会聆听双方的故事。[124] 欧洲大陆的法庭分析被告人的"生活轨迹"，并不仅仅是为了决定被告人是否危险或者富有争议——尽管它几乎绝对要考虑这些事宜，而且决不仅仅局限于我们美国人认为的"偏见性"的证据。同样，欧洲大陆法律也不允许法院在被告人的生平之中，搜寻任意的或者全部的，被认为是被告人所实施的不好的行为。欧洲大陆法律的目的在于，在充分考虑到被告人个人及生活的种种状况后，尽可能对其实施行为作出正确的惩罚[125]以实现一种完美的判决。它的目的是解决在宽赦推定前提下提出的基本问题：尽管这个人有罪，惩罚这个人是合适的吗？有没有可从轻处罚的因素？尽管怀着强烈的道德感性，我们决定施予刑罚，但是在这种情况下，出于响应良知的召唤，我们是否应该选择不忍处罚呢？

举例而言，正因为意大利法律要求考虑的这些因素，阿曼达·诺克斯从中获利。该案件中，法庭使用了关于对诺克斯以及她的男友拉法埃尔·索莱西托（Raffaele Sollecito）——共同被告的"生活轨迹"中可能减轻罪责部分的审查

---

〔121〕 E. g. , Richard C. Wydick, "Character Evidence: A Guided Tour of the Grotesque Structure", 21 *U. C. Davis L. Rev.* 123, 132-3 (1987).

〔122〕 FED. R. EVID. 404 (a) (2) (A). 辩方可以提供被告人相关的品性证据，如果该证据被采纳，那么控方也可以提供证据加以反驳。

〔123〕 James Q. Whitman, "The Case for Penal Modernism: Beyond Utility and Desert", 1 *Critical Analysis L.* 143, 176-7 (2014). 正如我在其他地方所争论的，法官存在许可采纳对被告方不利证据的倾向，因为他们知道如果不让陪审团了解更多的信息，那么当不能证明其有罪的指控，危险的犯罪者就可能被无罪释放。此外，还有一个事实是被告人即使不出庭也无法加以掩饰的，那就是他的种族。

〔124〕 Strafgesetzbuch〔STGB〕〔Penal Code〕§46 (Ger.). 要求考虑对罪犯施加压力和反对的情况。

〔125〕 See Gerhard Schäfer et al. , *Praxisder Strafzumessung* , Beck C. H. , 5. Auflage, 2012, pp. 163-4（解释道，德国法律特别明确地指出，量刑因素只应在被告对所犯罪行的责任范围内起作用）; Tatjana Hörnle, "Moderate and Non-Arbitrary Sentencing without Guidelines: The German Experience", 76 *Law & Contemp. Probs.* 195 (2013), No. 1（讨论德国的概念，即刑事处罚必须与犯罪的严重程度相称；定罪后，还会对罪犯的性格和社会情况进行系统的考虑）. See Strafvollzugsgesetz〔StVollzG〕〔Penitentiary Systems Act〕, Mar. 16, 1976, Bundesgesetzblatt, Teil I〔BGBL I〕 p. 518, as amended, §6 (Ger.), available at https://www. gesetze - im - internet. de/englisch_ stvollzg/englisch_ stvollzg. html〔https://perma. cc/JG8S-HKDX〕, last visited on Apr. 19, 2019; Johannes Feest ed. , *Kommentar zum Strafvollzugsgesetz*, Luchterhand, 4, neubearbeitete Aufl. , 2000, pp. 61-4 (Ger.).

报告作为证据，这是完全值得的。"除了供自己使用毒品外"，法庭查明如下事实：

> 并没有其他证据表明被告人有伤害到他人的不当行为。没有举报暴力行为的证人，甚至被告人曾有针对任何人的攻击或者胁迫。相反，这个人和另一个人（2位被告）有确证的证据表明，正如作为学生应该做的，他们不仅勤奋学习，而且收获颇丰（拉法埃尔·索莱西托即将毕业，阿曼达·诺克斯在大学顺利继续着她的学业），此外他们还乐于（帮助）他人［拉法埃尔·索莱西托在11月1日晚上还打算陪约瓦娜·波波维奇（Jovana Popovic）去火车站］并正在从事有报酬的工作［阿曼达·诺克斯晚上在卢蒙巴（Lummumba）的酒吧打工］，以满足他们学业和所参与课程的要求。根据法律，这些是有重要意义的因素（对他们被判决的有罪指控要求从轻处理）。

> 这两个被告人都极其年轻，在犯指控之罪时也很年轻。他们发现，他们已经脱离他们长大并且熟悉的环境，失去了可以提供帮助的支撑点（deprived of customary points of reference）（家庭、朋友、长久以来的熟人、他们所在的地区和城市），没有可以对日常生活进行指导的有效的支持、反馈以及持续的指引。年轻人缺乏经验和不够成熟的特征更加恶化了他们的这种处境。因此阿曼达·诺克斯，一个到佩鲁贾还没满两个月的女孩，发现自己在这里过着一种没有家庭的保护与约束的私人生活（因为阿曼达多次提到了她"伟大的"的家庭中存在着强烈并持续的关系纽带，所以这种考虑显得格外重要），很容易仅仅被好奇心与追求新鲜经历欲望驱使（基于她的行为）；同样，对于拉法埃尔·索莱西托，他的父亲经常给他打电话，这是一种说明儿子仍然需要有人不断地去倾听并提供帮助与指导的标志；但是打电话并不足以满足父与子亲密关系的需求，管教显然还是必要的。[126]

基于这些事实发现，法院依法决定减轻对诺克斯的量刑。但令人震惊的现实情况也是值得强调的。虽然这些事实如此感人地将诺克斯描述成一个身在异国的无罪者，但她却在接下来的审判中被法庭明确地视为虚伪而邪恶的人（但没有提到放荡）[127]。然而，意大利法律要求法庭在宽赦的价值上作出权衡，而且就像所有的欧洲法院那样，它的确这么做了。事实上，欧洲法院非常重视庭审一开始几

---

[126] "Sentenza della Corte d'Ass. ", 4 marzo 2010, n. 7/2009, p. 42122 (It.), available at http://perugiamurderfile. org/download/file. php? id=3379 [https://perma. cc/QB7F-SCGV], last visited on Apr. 19, 2019.

[127] See infra Appendix.

分钟展示的"生活轨迹"内容，这或许会让美国人很惊慌，但是考虑生活轨迹并不是要为无罪者定罪，而是在为有罪者提供帮助，这实质上避免了欧洲大陆出现美国式的严厉审判。

至于欧洲大陆的审前处置，与我们在美国发现的情形也是不同的。因为欧洲大陆审判的主要目的，并不是简单地让外行陪审员去"在有罪者中筛选无罪者"，也不存在与我们体系一样的压力，即避免审判那些明显有罪的人。职权主义审判服务的目标并不能被辩诉交易替代。首先，它所服务的是，审核那些职业调查人员和治安法官（magistrate）们已经完成的工作。但是，它同时还服务于思考如何惩罚被告人这一重要并带有道德挑战的问题。不仅如此，它还具备一种于犯罪者和整个社会而言都重要的功能：为施加刑罚这一庄严事宜，提供一种合适的形式和礼仪。[128] 的确，在意大利刑事司法体系的术语下，对诺克斯的判决是一种仪式（rito）。[129] 在认为这些功能是必要的欧洲大陆世界，似乎不管被告人是否明显有罪（绝大部分被告人是明显有罪的），开庭审判都是必要考虑。

但是，这并不意味着欧洲大陆世界从不进行审前处置（pretrial）或简易处理（summary disposition）。欧洲大陆与美国一样，由于案件量负担不小，所以会尽可能避免完整的审判。欧洲大陆法律中包含很多的审前程序或简易程序，有些程序甚至比美国的"辩诉交易"更加激进。[130] 但是根据宽赦推定，在涉及适用严厉刑罚的重大刑事案件时，欧洲大陆法是谴责选择适用这些替代性程序的。欧洲大陆的传统是，如果要适用严厉刑罚，就必须经过完整的审判，因为他们认为，适用严厉刑罚是一件极其重要的事情。[131] 在欧洲不存在经辩诉交易或是简易程序（summary trial）而适用终身监禁的情形。欧洲只会在从轻处理，特别是在极度从

---

〔128〕 对于经典的法国对审判仪式功能的反思，参见 Antoine Garapon, *Bien Juger*：*Essaisurle Rituel Judiciaire*, Odile Jacob, 1997, pp. 14, 20（Fr.）.

〔129〕 See infra Appendix.

〔130〕 Maximo Langer, "From Legal Transplants to Legal Translations：The Globalization of Plea Bargaining and the Americanization Thesis in Criminal Procedure", 45 *Harv. Int'l L. J.* 1, 3（2004）.

〔131〕 有关意大利的经验，参见 the Appendix, infra. 对于德国倾向于在"白领、交通和毒品犯罪"中讨价还价，参见 Julia Peters, *Urteilsabsprachenim Strafprozess*：*die Deutsche Regelungim Vergleich Mit Entwicklungenin England & Wales, Frankreichund Polen*, Universitätsverlag Göttingen, 2011, p. 10. 实践一般倾向认为非暴力犯罪是相对较轻的犯罪。当然，对于这种倾向的反对也非常激烈，在我和赫恩勒教授的私下交流中，她暗示我说，基于 2009 年德国的法律规定，德国允许辩诉交易的实施，她认为在德国，这种对于正式的庭审仪式的需求正在减小，主刑也"可能"被移交。但是她补充道，在德国，还"很难说"是由于辩诉交易导致了事实上长期的监禁刑被移交。Strafprozessordnung［STPO］［Code of Criminal Procedure］§ 257c（Ger.）, available at https://www.gesetze-im-internet.de/englisch_stpo/englisch_stpo.html［https://perma.cc/59TS-H5WN］, last visited on Apr. 19, 2019.

轻处理的情况下，量刑一般为被指控犯罪正常刑期的一半，有时为 2/3 时，[132] 才会适用这些替代性的措施［如在诺克斯一案中，法院就给第三方被告人鲁迪·盖德（Rudi Guede）较轻的量刑]。[133] 欧洲大陆司法中，现代社会普遍不能提供完整的审判而采用这种权宜之计，这是非常令人感伤的。但是，我们仍有必要认识到，欧洲大陆法采用权宜之计时，仍然倾向于去追求宽赦推定。欧洲大陆的观点是，如果不能提供一个全套正式的仪式化的审判，那么惩罚就必须被减轻。

基于此所发展起来的欧洲大陆形式的审判，令美国人感到深深的不安。欧洲大陆的被告人站在被告席上，在陪审员的视线下接受"生活轨迹"的调查。在我们看来，这个人已经深陷官僚程序的阴影之中，他被谴责且毫无还手之力。在我们看来，一个欧洲大陆的审判，似乎是建立在事实的有罪假设之上的（de facto presumption of guilt），这被帕克描绘为作为控制犯罪的"流水线"刑事司法模式："一旦一个人被（逮捕并）接受调查……那么接下来的所有活动都会在基于他可能有罪的方向上进行。"[134] 欧洲大陆的审判不关注采用正当程序；不关注调查行为是否不当；不关注"从有罪者中筛选无罪者"；不关注司法系统是基于对政府权力的不信任而建构的；其更关注的是如何恰当地惩罚被告人，这对我们而言，似乎是违背了司法的初衷。这使美国人想到刘易斯·卡罗尔（Lewis Carroll）笔下的红心皇后，高喊着"判刑在先—审判在后"（sentence first-verdict afterwards），并不禁使美国人回忆起文中如下的内容：

> "这种判刑在先的想法简直胡说八道！"爱丽丝喊道。
>
> "住嘴！"皇后说道，气得脸红。
>
> "我不会！"爱丽丝说道。
>
> "砍下她的脑袋！"皇后用她最高的音调大声喊道。[135]

相信阿曼达·诺克斯是无罪的美国人，他们深信正在目睹的是一个充满困惑

---

[132]　这里需要注意的是，欧洲大陆的辩诉交易只包含对量刑的交易，而不包含对指控罪名的交易；控方不允许以广泛的可能的对辩方的指控相威胁。其结果是，欧洲大陆辩诉交易的"游戏规则"与我们的存在很大不同，例如控方的权力只限于对合作者提供宽赦，而不能对对方耀武扬威。当代欧洲大陆辩诉交易中还涉及法官。尽管本文并不会全面地对比辩诉交易实践的差别。

[133]　See infra Appendix.

[134]　Herbert L. Packer, "Two Models of the Criminal Process", 113 *U. Pa. L. Rev.* 13 (1964).

[135]　Lewis Carroll, *Alice's Adventures in Wonderland*, Reprint Publishing, 1865, p. 158.

的女孩，就像爱丽丝镜中奇遇那样深陷异国欧洲大陆式的司法体系之中。[136]

无论事实上诺克斯是无罪还是有罪，毫无疑问的是，欧洲大陆模式的司法存在着风险和缺陷。欧洲大陆的调查人员，并不总是拥有足够的资源，去追求法律要求他们遵循的理想目标；特别是意大利的警察，他们会陷入经费不足和争夺地盘的困境之中。[137]在我看来，对诺克斯父母的刑事诽谤罪的指控是令人震惊的，这是欧洲大陆传统上赋予职业的调查人员过多尊重，并通过法律规定了过多实现其权威的方式的结果。[138]很多法国人自己也承认，对萨科齐的窃听行为过于激进。[139]审判法院对于诺克斯"生活轨迹"的关注也被认为过于激进了：对她的初审判决，是依赖于间接证据以及对她耸人听闻的性癖的揣测，二者混合起来产生的糟糕的证据作出的。[140]毫无疑问，其他的案件中也存在法庭披露被告人品性证据，导致不公正审判的情况。欧洲大陆的司法无疑成了令人不安的倾向的牺牲品，在某种程度上所有的司法体系都具备这种倾向，即即使犯罪嫌疑人被指控的具体犯罪并未被清晰地认定有罪，但只要他在有些事情上存在有罪的嫌疑，那么法院就倾向于判决被告人有罪。[141]不仅如此，正如美国人最有可能争论的，适用宽赦不可避免地引发不公平的区别对待：毕竟，阿曼达·诺克斯是由于她是一个刻苦的大学生，并拥有一个较为富足的家庭才会受到宽赦对待。这难道不能明显说明这样一种宽赦是针对有钱人的，而非针对那些穷人和社会弱势群体的吗？欧洲式的量刑要求自由裁量，而美国人则为这种自由裁量轻易地堕落为歧视的事实而感到悲伤。[142]

---

〔136〕 对爱丽丝梦游仙境的一个典型说明，参见 Mark C. Waterbury, *The Monster of Perugia: The Framing of Amanda Knox*, Perception Development, 2011, pp. 134-5.

〔137〕 Barbie Latza Nadeau, *Angel Face: Sex, Murder, and the Inside Story of Amanda Knox*, Beast Books, 2010, pp. 51-3, 68-72.

〔138〕 Jean Pradel, *Droit Pénal Comparé*, Art. 433-5, Dalloz, 2008. 于是法国法，举例而言，将对政府官员作出不尊重的行为列入刑罚范畴，这种犯罪被称为"藐视罪"。

〔139〕 Marc Leplongeon, "Écoutes de Nicolas Sarkozy: Faut-il Renforcer le Secret Professionnel?", *LE Point*, Oct. 2, 2014, available at https://www.lepoint.fr/justice/ecoutes-de-nicolas-sarkozy-faut-il-renforcer-le-secret-professionnel-02-10-2014-1868564_2386.php [http://perma.cc/US3J-ZSQE], last visited on Apr. 19, 2019.

〔140〕 See infra Appendix.

〔141〕 See Mirjan R. Damaška, "Propensity Evidence in Continental Legal Systems", 70 *Chi.-Kent L. Rev.* 55, 66 (1994) (注意到，在普通法司法管辖区内不会承认大陆法系的审判员轻易获得先前的行为证据，这可能会为被告人伸张正义)。

〔142〕 Classically Kenneth Culp Davis, *Police Discretion*, West Group, 1975, pp. 143-4. 他指出，限制自由裁量权的理由并不是因为人们不能公正地、有利地进行自由裁量，而是因为无论进行何种审查，都可能有很大一部分人滥用自由裁量权，而且其中一部分官员还可能会严重滥用权力。Tatjana Hörnle, "Moderate and Non-Arbitrary Sentencing Without Guidelines: The German Experience", 76 *Law & Contemp. Probs.* 201 (2013), No. 1. 解释了德国法院的地域文化以及其他非规范性的因素对量刑决定的影响。

至少在某些时间段中，深谋远虑的欧洲人同样看到了他们司法制度中存在的危险和缺陷。他们知道，有时他们的调查人员的确会滥用职权：比如德国人已经对德国警方的特洛伊木马计划感到愤怒与焦躁；[143] 法国人也在侦查程序中施加限制问题上苦苦挣扎。[144] 而意大利人，则一直致力于移植当事人主义程序制度。[145] 欧洲人有时候确实会因为被告人面对大量的不利证据而受到偏见的问题感到担忧。例如 1993 年法国的改革家曾非常努力地在审判中引进美国式的证据排除规则，但最终并未取得成功，失败的原因就在于他们认为这种偏见的危害已经难以忍受。[146] 尽管在美国人看来非常不用心，德国人也曾经做出过类似尝试：排除可能造成偏见的"生活轨迹"证据。[147]

但是，单单评价外国的司法体系的过激和缺陷，从来不是正确的。正确的问题并不是强烈倾向于宽赦的体系是否会犯错（当然他们会）。正确的问题在于评判倾向宽赦的司法体系是不是更加人道（不论如何，我们都应认识到欧洲的量刑要远比美国轻缓这一重要事实。两个体系都存在不公正的司法，但是在美国被错判有罪的受害者，要付出比在欧洲的受害者更高的代价）。只要我们能够抑制我们的疑心，从而致力于从我们的角度审视职权主义式的司法，并使我们重要的司法团队保持足够警觉，我们就能在这一过程中有所收获。

五、宽赦还是宣告无罪？——19 世纪的分道扬镳

到目前为止，我已经讨论了我们在诉讼构造以及刑事审判和审前处置功能方面相冲突的理解，但是这种差别并不在此终结。横跨大西洋的差异，还存在于对宽赦和宣告无罪复杂的历史问题的分歧之中，并导致了我们在陪审团审理以及刑法原则上的基本冲突。

---

〔143〕 E. g., David Gordon Smith & Kristen Allen, "The World from Berlin: Electronic Surveillance Scandal Hits Germany", *Spiegel Online Int'l*, Oct. 10, 2011, available at https://www. spiegel. de/international/germany/the-world-from-berlin-electronic-surveillance-scandal-hits-germany-a-790944. html〔http://perma. cc/SU42-YKW8〕, last visited on Apr. 19, 2019.

〔144〕 E. g., Jacqueline Hodgson, *French Criminal Justice: A Comparative Account of the Investigation and Prose-cution of Crime in France*, Hart Publishing, 2005, pp. 27-9（描述法国刑事诉讼正在进行的改革）。

〔145〕 See infra Appendix.

〔146〕 See Gaston Stefani, Georges Levasseur & Bernard Bouloc, *Procédure Pénal* § 2, Dalloz, 2010, pp. 118-24（讨论可采信证据的限制）。

〔147〕 Henri Angevin, *La Pratiquedela Cour d'assises*, Lexis Nexis, 2005, p. 375; Michael Heghmanns & Uwe Scheffler, *Handbuch Zum Strafverfahren*, Beck C. H., 2008, pp. 673-8; Reinhard Granderath, "Getilgt aber nicht vergessen: Das Verwertungsverbot des Bundeszentralregistergesetzes", 18 *Zeitschrift Für Rechtspolitik* 320（1985）（Ger.).

正如我之前所说的，司法中宽赦推定和无罪推定的对立是与不同程度中央集权下的政治性对立有关的。实践中通过宣称犯罪者"有罪但是被宽恕"来优雅地对他们施以宽赦的做法，自然更多的是源于国家的命令，这种命令被达马斯卡称作权力的科层架构（hierarchical structure of authority）；实践中为犯罪者开脱罪责并宣告他们无罪，从而使他们免受国家惩罚权力的影响，自然更多地源于带有较为深入的反国家主义倾向的政治文化。[148]

当我们试图去了解西方司法体系的不同之处时，我们必须将这些对立铭记在心。美国司法和欧洲大陆司法的差异，就是两者对待宽赦和宣告无罪态度上的差异。这种差异并不是简单的或直接的差异。跨大西洋两岸都有关于宽赦与宣告无罪的惯例，尽管它们存在不同。欧洲大陆传统，更加尊重国家权威以及职业化的专门知识，倾向于与美国不同的宣告无罪的方式；在当今世界，宽赦在欧洲大陆的司法要比在美国拥有更扎实的根基。

为了了解这些差异，我们必须回顾历史，因为它们是两种显著的历史分化的产物：一个存在于19世纪，另一个存在于20世纪。在19世纪，普通法世界以及大陆法世界都反对滥用赦免权的王权统治的旧制度（ancient régime）传统。职权主义传统和当事人主义传统都有条不紊地远离宽赦，而走向宣告无罪的范式：在19世纪西方的任何地方都认同犯罪者应该被宣布"无罪"而不是"有罪但被宽恕"。但是，普通法和欧洲大陆传统采用了不同的方式去达到这一目的：普通法将自己的信任付诸外行的陪审员，而欧洲大陆则更多地信任职业的法官。继19世纪的分化之后，20世纪的分化进一步发展：在20世纪，在将宽赦制度现代化方面，欧洲大陆比美国展现出了更加开放的态度。为了了解我们当代情感的冲突，我们必须按顺序分析这两次历史上的分化。

首先，我将分析19世纪的分化。在18世纪末以前，西方世界各地的世俗司法都倾向于依赖宽赦来区分犯罪者。相比现代的审判，彼时杀人犯或盗贼之类的被告人，会被迅速的判处有罪，少有涉及明确的归罪问题。在正式有罪判决宣布

---

〔148〕 See James Q. Whitman, *Harsh Justice*: *Criminal Punishment and the Widening Divide between America and Europe*, Oxford University Press, 2003, pp. 14, 92-3（有观点认为相对权力被定义为在不丧失政治合法性的情况下干预公民社会的相对能力，自治被定义为一个由相对不受大陆各国舆论变化影响的官僚机构所引导的国家，促进了大陆社会的宽恕和刑事处罚，例如给予赦免）；参见 Mirjan Damaška, "Structures of Authority and Comparative Criminal Procedure", 84 *Yale L. J.* 483-507 (1975). 讨论了中央集权以及被作者定义为权力的科层架构的这种架构；infra notes 169-76 以及附随文本。讨论了作为反国家主义途径的陪审团判决无罪的申明无罪权。

之后，犯罪者会请求宽赦，通常是寻求国王的赦免权以获得救济。[149] 他们的宽赦请求，通常包括他们的生活环境（life circumstance）以及行善事的记录——类似当今法庭中对被告人"生活轨迹"的调查。但是，他们的主张有时还包括我们现在认为的貌似有理的正当理由（sounding in justification）以及非自愿性的主张（claiming involuntariness）：这种主张在倾向于宣告无罪的体系中可能会作出无罪判决。[150]

这些司法体系，不可避免地大量适用了严格责任和替代责任（vicarious liability）。[151] 18 世纪西方世界刑事法律的设计，是为了快速、简便定罪。特别是，它被用于应对在很多观察者看来似乎是刑事司法最紧迫的问题，如拦路抢劫、集团犯罪。[152] 其结果是，18 世纪的世俗刑法在有关犯意的规则（doctrines of mens rea）方面很少有明确的区分。[153] 开放性的责任规则，使得那些危险的犯罪者更容易被绳之以法，否则他们就会因为（刑事司法）要追求明确的证明犯意的证据而逃脱制裁。特别是替代责任规则，它使得诸如拦路抢劫这样的集团犯罪更容易被绳之以法。

对美国读者而言，18 世纪以前的司法体系，最熟悉的例子莫过于 18 世纪的英国普通法：尽管使用了陪审团审判，18 世纪的英国犯罪者常常会被快速审判有罪，之后再向国王寻求赦免。皇家特赦因此而经常被许可，立法中规定的对有罪

---

[149]　在法国，技术上虔诚的赦免权力主要由沙特阿拉伯人承担。一般参见 Bernard Schnapper, "Les Peines Arbitraires du XIII Au XVIII Siècle（Doctrines Savantes et Usages Francais）", 41 *Tijdschrift Voor Rechtsgeschiedenis* 237（1973）（解释罪犯在被定罪后可以向领主请求怜悯），比起我在本文所探讨的，关于前现代恩典的使用还有很多话要说。特别是要参见 Douglas Hay, "Property, Authority and the Criminal Law", in Douglas Hay et al. eds., *Albion's Fatal Tree：Crime and Society in Eighteenth-Century England*, A. Lane, 1975, p. 17; the critique of John Langbein, "Albion's Fatal Flaws", *Past & Present* 96（Feb. 1983）; and my comments at Whitman, James Q. Whitman, *Harsh Justice：Criminal Punishment and the Widening Divide between America and Europe*, Oxford University Press, 2003, p. 260 n. 46. 对于这背后更深层次的宗教传统，参见 Robert Jacob, *La race Des Judes：l'institution Judiciaireetle Sacré en Occident*, presses universitaires de France, coll., 2014, 探索中世界宗教对欧洲司法制度的影响; 以及参见 Thomas J. McSweeney, "The King's Courts and the King's Soul：Pardoning as Almsgiving in Medieval England", 40 *Reading Medieval Stud.* 59（2014）.

[150]　18 世纪英国赦免实践中存在的罪责问题，参见 Blackstone, supra note 67, at ＊188; and for the Middle Ages, now the research of Kamali, Elizabeth Papp Kamali, *A Felonious State of Mind：Mens Rea in Thirteenth- and Fourteenth-Century England*, University of Michigan, 2015, pp. 14-24. 这个问题值得进行更仔细和广泛的调查。

[151]　See William Blackstone, *Blackstone's Commentaries*, Forgotten Books, 2012, pp. 293-95.

[152]　See John H. Langbein, "Shaping the Eighteenth-Century Criminal Trial：A View from the Ryder Sources", 50 *U. Chi. L. Rev.* 1, 84-5（1983）. 讨论了拦路抢劫以及其他的集团犯罪，是怎样"成为对那个时代原始法律执法能力最大挑战"的。

[153]　See Frances Bowes Sayre, "Men Rea", 45 *Harv. L. Rev.* 974, 1006（1932）. 观察认为，18 世纪刑事归罪基于被告人明辨是非的能力。

者通常是死刑的惩罚，也经常转化为流放到美国殖民地。[154] 其他类似强调赦免的刑事司法体系，遍布于西方世界。[155]

然而到 18 世纪后半叶，传统的皇家宽赦惯例却遭到了大规模反对，在这种反对之声中，我们可以追溯到两种不同模式的现代西方刑事法律的源泉。这场反对活动中，包括了贝卡里亚、康德，以及许多不为人所知的与共和制度推广有着紧密联系的作家，反映了一种对于王权统治的敌对精神。赦免权作为维持王权合法性的中心权力，属于一种等级命令，这种命令使正义自上而下得以实现（justice descended de haut en bas），可以使社会的上层阶级优雅地基于自己的意愿，屈尊施予援手（作出决定）。18 世纪末，康德针对很多与他同时代的人对这种自由裁量的王权司法的接受态度表达了厌恶之情："这种通过减轻处罚或是改判来赦免犯罪者的权力（ius aggratiandi），[156] 是所有权力中最重要的一项，国王通过颁布更高等级司法命令来塑造其光辉形象。"[157] 针对某些人而不是全部人，这是宽赦的本质属性，也是用以增强王室合法性的方式。这是一种"不公正"，违反了法律面前人人平等的基础规则。那个时代的改革者认为，替代这种宽赦方式最好的方法，是严格遵守宣告无罪的法律。诚然，对于他们而言，除非这个社会的刑事司法严格地、非酌处性地去遵守明确规定的归罪原则，很难想象存在一个真正尊重共和平等的社会。相比宽赦，共和制的政府必须更加支持宣告无罪。

19 世纪后期的数十年，改革的骚动开始增长，并在法国大革命及之后达到顶峰。这种从宽赦到宣告无罪的，缓慢的不稳定的转变一直影响着整个西方，至迟延续到 1870 年。正如亨利·缅因（Henry Maine）的名言所说的，就像有一种"从身份到契约"（from status to contract）的"运动"一样，19 世纪中期也存在着

---

〔154〕 J. M. Beattie, "Crime and the Courts in England：1660-1800", *The American Journal of Sociology* 470-519（1986）. 供进一步参考，如参见 Allyson N. May, *The Bar and the Old Bally*, 1750-1850, The University of North Carolina Press, 2003, p. 13.

〔155〕 对于中欧传统，以及 19 世纪的转变，参见下文的引注：H. Krause, Gnade, in A. Erler and E. Kaufmann（herausgegeben von）, *Handwörterbuch Zur Deutschen Rechtsgeschichte*, vol. I, Berlin（E. Schmidt）, 1971, p. 1714.

〔156〕 这里的 Recht 的词义含糊不清，同时传达了"法律"和"正确"之意。

〔157〕 Immanuel Kant, *Die Metaphysik der Sitten* §49-E（II）, Felix Meiner, 1922, p. 165（对罪犯赦免权……或者是为了改善境遇，或者是为了免除刑罚，这对于所有主权者而言便是证明主权的辉煌，但在很大程度上却是错误的）. 关于伏尔泰更多论断性且较温和的批评，参见 "Letter 12402：Voltaire to Jean Baptiste Jacques Élie de Beaumont, 26, Sept. 1765", in Theodore Besterman ed. , 59 *Voltaire, Correspondance*, 1960, p. 91（最有可能被赦免的案件逃脱了君主的人性）. 对于英国的相似之处，参见 David J. A. Cairns, *Advocacyandthe Making of the Adversarial Criminal Trial*, Clarendon Press, 1998, pp. 1800-65, 56-66.

一种从宽赦到宣告无罪的运动，[158] 大概在 1770—1870 年间，我们就将其称之为漫长 19 世纪的归罪宣告无罪革命吧。特别是对于欧洲大陆而言，1791 年《法国刑法典》确定了后来法律改革的基调。新的刑法典是在革命者攻击皇家特赦权期间颁布的，[159] 它着力于修正刑罚，并开始考虑设计归罪宣告无罪制度以确保那些本应无罪的人被宣判无罪，而不是等到判决他们有罪后，把他们弃之一边去等待国王的特赦。正如《法国刑法典》反复强调的，在过失杀人或者正当理由杀人的情况下，"他并没有犯罪"（il n'existe point de crime），这种情况并不存在任何犯罪。[160] 共和国下本应无罪的人就应该被判决无罪，他们不是等待皇家宽赦的有罪申请人。[161] 至于那些不应得到无罪判决的犯罪者：他们应该完全根据法律规定而被惩罚，而不应期望得到赦免。

在后来的 80 年期间，整个西方世界都坚决拒绝君主宽赦的旧传统，重心逐渐偏向宣告无罪上。本文不会完全对这种十分不稳定的、复杂的变革进程进行追本溯源，这个进程与欧洲陪审团审判制度的推广、英格兰对皇家恩典的坚持以及其他因素相关联〔该过程的复杂性我们可以在大家都学习过的女王诉达德利和斯蒂芬斯（R. v. Dudley and Stephens）案这一伟大的转折性案例中窥见一斑，[162] 在该案中法庭长篇累牍地论述了归罪中存在的问题，直到 1884 年被告人还可以得到皇家特赦的恩典[163]〕。我想强调的是，大概在 1870 年这一进程才基本结束，该进程在普通法世界与欧洲大陆世界表现出显著不同的形态：我们现在发现这两种不同的形态同样的令人震惊。

欧洲大陆的法学家们仿效 18 世纪末的改革，花费一个世纪的努力系统地去创设严格的归罪原则。我们在整个欧洲大陆都可以看到这样的努力。[164] 特别是，我

---

〔158〕 Alan Cusack, "From Exculpatory to Inculpatory Justice: A History of Due Process in the Adversarial Trial", 2 *Law, Crime & Hist.* 1, 20（2015）, No. 2.

〔159〕 在众多例子中，参见 Jacques Jallet, "l'espritdes Journaux, Françoiset Étrangers", *Sur la peine de mort*, March, 1791, p. 172（Fr.）.

〔160〕 Loi du 25 Septembre, 6 Octobre 1791 Code Pénal〔Penal Code of 1791〕, 3 Collection Complète, Décrets, Ordonnances, Règlementset Avisdu Conseil D'état（Duvergier & Bocquet）〔DUV. & BOC.〕, 1834, p. 352, pt. II, tit. II, § 1, Art. 1, p. 361（Fr.）.

〔161〕 是的，我知道 1791 年时法国还并不是一个共和国。然而，那时候起在法律中引入符合共和国规范的驱动力就已经很强烈了。

〔162〕 R v. Dudley & Stephens〔1884〕14 QB 273（Eng.）.

〔163〕 Id. , pp. 279, 281-8.

〔164〕 C. J. Amecke, *Das Preußische Strafrecht*, Ulan Press, 1853, p. 52（Ger.）; E. Trébutien, *Cours, Elementaire de Droit Criminel*, A. Lahure, Imprimeur-Éditeur（Paris）, 1854, pp. 91-2. 叙述了法院在归罪时应该考虑的问题，例如被告人实施犯罪行为时是否没有责任或者存在其他的排除特定罪责的事由。

们看到了法学家们有条不紊地工作，为了消除 19 世纪以前世俗刑法中他们高度反对的一部分内容：严格责任规则和替代责任规则。当犯罪者实施了可被证明有犯罪故意的犯罪行为，或者也许是狭义的应归罪的过失行为时，他将被严格定罪。[165] 在一个限制国家权力的时代，任何一个经过恰当设计的刑事司法体系，都不会允许严格责任或者替代责任的存在。

归罪革命对盎格鲁–美利坚普通法的影响则是不同的。相比欧洲大陆传统，普通法在实质上更加保守，它从来没有在消除严格和替代责任问题上，进行过任何相对成功的系统性努力。正如 1852 年一名纽约法学家，在给一心期望消除过去制度中不合理之处的欧陆法学家们解释一个似乎不明确的原则时写的，"在普通法无论是什么重罪……都是可以起诉的，这似乎是毫无疑问的。"[166] 值得肯定的是，特别是在 19 世纪的后半叶，普通法确实在很努力地去设计归罪原则。[167] 尽管在改革方面，系统性的驱动力在欧洲大陆法一直存在，普通法却一如既往的并不明显；如在阴谋罪和谋杀重罪等犯罪中，18 世纪依旧存在关于归罪的既模糊又随意的规则。[168]

毋庸置疑的是，这并不意味着 19 世纪的普通法世界没有致力于去限制历史性的君主政体权力。它当然这么做了。但是，19 世纪的普通法并没有形成严格的归罪规则，而是伴随着长期反国家主义的历史，在宣告无罪机制中投入大量的资源：赋予陪审团宣告无罪的权力。特别是在 17 世纪下半叶，陪审团可以通过宣布一般的裁决——"无罪"（not guilty）来行使其宣告无罪的权力。[169] 19 世纪普通

---

〔165〕 詹姆斯·斯蒂芬（James Stephen）评估了 19 世纪英国和大陆（这里是法国）凶杀案法律之间的差异，参见 James Fitzjames Stephen, *A History of the Criminal Law of England*, University of California Libraries, 1883, pp. 91-107. 我在大纲中追溯了这个过程。James Q. Whitman, "The Transition to Modernity", in Markus D. Dubber & Tatjana Hörnle eds., *The Oxford Handbook of Criminal Law*, Oxford University Press, 2014, p. 84. 19 世纪对罪责的分析最终借用了教会相关的制度，必须再次指出，特别是在共同犯罪的法律规定中，存在着这里无法讨论到的不可避免的复杂情况。在《向现代性的过渡》（The Transition to Modernity）一文中，我回溯并概述了这个程序，我认为，19 世纪对于归罪责任的研究基本上借鉴于教会。再一次，应当认识到，因为不可避免的复杂性，这里不能展开讨论，尤其是阴谋法。

〔166〕 Oliver Lorenzo Barbour, *A Treatise on the Criminal Law of the State of New York*, Banks & Brothers, 1852, p. 19. 巴伯（Barbour）接着说，他描述了 19 世纪向现代社会过渡的关键性质在于："但是……普通法规定的所有惩罚都是被禁止的。" Id.

〔167〕 总之，参见 Stephen, supra note 57, 文中继续分析我们该如何对待刑罚设置规则。尽管斯蒂芬作出了努力，但不得不说，从绝大部分 19 世纪的文本中提取刑事原则非常困难，因为它们紧紧围绕着制定法与先例，并且绝大部分是关于陪审团程序的。

〔168〕 James Fitzjames Stephen, *A General View of the Criminal Law of England*, Oxford Univiversity Press, 2014, p. 91.

〔169〕 E. g., Bushell's Case（1670），124 Eng. Rep. 1006（作为 17 世纪陪审团的一个著名例子，陪审团返回了无罪判决以实现无罪释放）。

法广泛适用这一传统：每一个普通法司法管辖区都以陪审团审判为荣。[170]

当然的是，普通法以陪审团制度为荣的习俗往往伴随着对实际作为陪审员的个人的潜在的不信任，这种不信任也影响了 19 世纪法律的发展。普通法本身也在现代刑事审判分歧（bifurcation）以及与之相结合的现代证据法的不断发展中得以表现。

在 19 世纪中叶之前，并没有限制归罪环节的操作，以缩小与被告人被指控归罪行为相关的证据性问题范围。相反，在进入 19 世纪初期后，归罪环节是允许陪审员听取随心所欲、毫无限制的关于被告人的生活轨迹和早期经历的讨论的。这种情况一定程度也存在于现在的欧洲大陆。此外，在进入 19 世纪初期后，被告人普遍会遇到布鲁斯·史密斯（Bruce Smith）所描述的法定的有罪推定的情况，[171]而此时犯罪者们所希望的，就是之前介绍的寻求皇家赦免的建议。[172] 只有在大概 1820 年到 1870 年期间内，现代形式的普通法分歧才开始固定下来。在这几十年中，欧洲大陆的法学家们致力于细化严格要求的归罪概念，而普通法则在丰富其本身的严格要求的证据法，以保障陪审团在审判中只专注于被指控的犯罪。[173]

其结果是，到 1870 年左右，西方对于司法的理解产生了明显的差异。在普通法国家，不证自明的正统观念是"偏见性"的证据普遍应该在归罪环节被排除，诉讼程序关注被告人的归罪问题时应当不受污染。然而，宣告无罪则将采用不透明的一般裁决的方式，陪审团无需谨慎地给出说理。欧洲大陆则相反，继续坚持着严格的有关归罪问题的法律规范。这并不能概括地说，普通法将其信任放在外

---

〔170〕 See, e. g., Lawrence M. Friedman, *Crime and Punishment in American History*, Basic Books, 1993, p. 251. 注意到在美国历史早期，"官方理论中宣扬陪审团审判"。伴随美国向西部扩张，陪审团审判代替了现存的处理犯罪的方法；Michael Chesterman, "Criminal Trial Juries in Australia：From Penal Colonies to a Federal Democracy", *Law & Contemp. Probs.* 69, 71（Spring, 1999）（注意到澳大利亚联邦的第一批州都通过了陪审团审判）。

〔171〕 Bruce P. Smith, "The Presumption of Guilt and the English Law of Theft", *Law & Hist. Rev.* 133, 135（2005）.

〔172〕 See Anat Horovitz, "The Emergence of Sentencing Hearings", 9 *Punishment & Soc'y* 271, 276（2007）. 叙述了庭审之中听取的证据在皇家赦免的法律推荐中的重要性，对于 19 世纪前期审判的特点，一般都看朗本的基础作品：John H. Langbein, *The Origins of Adversary Criminal Trial*, Oxford University Press, 2003, and May, J. M. Beattie, *Crime and the Courts in England：1660-1800*, Oxford：Clarendon Press, 1986, p. 21. 然而，对于朗本的批评夸大了现代形式的对抗性审判在 18 世纪末已经出现的程度，参见 David J. A. Cairns, *Advocacy and the Making of the Adversarial Criminal Trial 1800-1865*, Clarendon Press, 1998, p. 54.

〔173〕 See, e. g., Allyson N. May, *The Bar and the Old Bally, 1750-1850*, The University of North Carolina Press, 2003, p. 109. 评论了证据规则在聚焦陪审团审判案件范围问题上的发展和应用。有关 19 世纪 30 年代继续严重依赖品格证人，参见 Id., pp. 108-9；关于 19 世纪后期的转变，可参见 James Q. Whitman, "The Case for Penal Modernism：Beyond Utility and Desert", 1 *Critical Analysis L.* 177 n. 151（2014）.

行陪审员身上，而欧洲大陆则更信任训练有素的职业法官。

于是，在 19 世纪前 2/3 的时间段内，普通法和欧洲大陆法的传统都经历了改革，但是在现在看来，这两种改革同样地使我们感到陌生并受到冲击。这两种体系令我们受到冲击的原因是值得关注的。尽管在 19 世纪，普通法和欧洲大陆的传统，都在理论上把重心放在了归罪问题之上，但在实践中，它们却都在被告人的危险性问题上留有思考的余裕。欧洲大陆在实体法采取严格的实质归罪的形式，但是同时在诉讼程序中给法院留有考虑有罪证据的空间。于是，普通法国家的观察者在观察欧洲大陆审判时不免沮丧地发现，欧洲司法体系考虑被告人危险性问题时，在刑事诉讼程序上赋予受污染的"偏见性"证据过多的考虑空间。但是，1870 年普通法在相关问题提出的主张，同样让欧洲大陆失望。有一段时间，普通法排除了偏见性证据，至少理论上是这样，但是它又通过其似乎是隔代衔接的（atavistic）严格责任和替代责任的规则中，保留了对危险的犯罪者的定罪空间，而这些犯罪者在更严格的欧洲大陆法律体系下可能会逃脱罪责。[174] 这两种体系都是为了同样的功能需求而发展起来的，[175] 即二者都涉及不公开的（sub rosa）对被告人危险性的考虑。但是两种体系却又用彼此陌生的方式去实现这一目的，以至于越来越疏远。

六、宽赦还是宣告无罪？——现代的分离

我们刑事司法制度中的诸多差异早在 1870 年就已经确定了。尽管如此，如果我们想完全理解"被美国人所普遍接受的无罪推定的价值理念"是如何将我们的刑事司法体系与欧洲大陆的相分离，就必须了解 20 世纪与 21 世纪所发生的历史。[176] 因为在 1870 年，欧洲大陆司法体系大力地向宣告无罪模式发展之后，紧接着的数十年又明显向宽赦模式转变。

特别是，伴随着一度被称作"刑事现代化"的运动，他们转向了现代模式的宽赦制度。19 世纪末，在整个西方世界开展的刑事现代化是一项改革刑事司法的运动，它非常倚重刑法学家以及法律服务职业、心理学以及社会福利工作的工作成果。它与西方现代化的国家社会福利计划同时崭露头角，并在很多地方与之存在共同之处。一般而言，新兴的社会福利计划反对 19 世纪被立法支持的独立自主

---

〔174〕 重要的是我们应该了解到《阴谋法》在采纳阴谋者的供述时完全没有证据法的限制，参见 Fed. R. Evid. 801（d）（2）（E）。

〔175〕 这是比较法中功能分析的一个例子，正如茨威格特和克茨所倡导的那样。一般参见 Konrad Zweigert & Hein Kötz, *Introduction to Comparative Law*, Clarendon Press, 1998.

〔176〕 Herbert L. Packer, "Two Models of the Criminal Process", 113 *U. Pa. L. Rev.* 11 (1964).

的精神，这种精神在某种程度上允许个人独立于政府。几乎是同样的情况，刑事现代化也与19世纪共和制的宣告无罪相分离。刑事现代化的目标，并不是尽可能多地宣布本应无罪的被告人"无罪"，以使他们可以得到免受国家惩罚的保护。相反，刑事现代化的法律规则学说，一般会更容易作出有罪判决。在惩治程序方面，刑事现代化也与之前的制度不同，倡导针对不同被告人，根据其自身情况加以对待：基于被告人的可感化度，或者是他们个人不可挽救的危险性，而作出"个性化"的惩罚。所有的这些现代的措施都认为，一个健全的刑事司法体系是让国家控制尽可能多的犯罪者。[177]

从这个意义上讲，刑事现代化继承了18世纪君主赦免的传统。[178]君主赦免关注的是犯罪者，而不是犯罪行为，因而对定罪的侧重较小。君主赦免更多是基于申请赦免大多数被告人的之前生平，以及生活方式而对他们作出裁决。[179]刑事现代化同样关注犯罪者，并用更广阔的视角去审视犯罪者的成长历程与生活方式。[180]刑事现代化与18世纪的君主赦免最重要的差别在于，刑事现代化是基于心理学、刑罚学以及社会学的角度而去作出"个性化"的审判，而不是根据个人情感。[181]但是刑事现代化还是与旧的赦免制度有深深的血脉联系的：在很大程度上，正如批评者对社会福利国家的指责，刑事现代化也具有"新封建主义"（neo-feudal）的影子。[182]

在20世纪前2/3时期，刑事现代化对美国和欧洲都产生了显著的影响。这是大西洋世界刑事司法相对趋同的一段时间，就像累进税制与国家社会福利政策上趋向一致。刑事现代化制度对于美国模范刑法典的影响，正如它对欧洲进步主义（progressive）和法西斯主义的影响一样。然而，在过去的大概40年里，分离的特征又开始重现了，如今我们看到美国的司法体系更加强烈地向宣告无罪发展，然而在欧洲大陆，宽赦作为刑事现代化的化身不仅保持了自己的力量，甚至还有增强之势。

在欧洲，持续不断地推动宽赦制度发展，效果最显著的是法国。在社会党的弗朗索瓦·密特朗（François Mitterand）执政期间，1994年生效的新《法国刑法

---

〔177〕 See James Q. Whitman, "The Case for Penal Modernism: Beyond Utility and Desert", 1 *Critical Analysis L.* 144 (2014). 叙述了刑事现代化的主张，认为刑事现代化促进了个性化的惩罚以及犯罪改造的发展。

〔178〕 See Id., pp. 157-8 (详细说明刑事现代主义法官如何被迫超越单一行为以确定个人的性格)。

〔179〕 See Id., pp. 156-7 (描述强调刑事现代主义在考虑罪犯的过去生活、健康、习惯、行为以及心理和道德倾向方面的意义)。

〔180〕 Id., pp. 156-7, 160.

〔181〕 Id., pp. 153-4.

〔182〕 See Id., pp. 158-9, 180. 将社会福利国家以及刑事现代化描述为具有"家长主义作风"。

典》（Nouveau Code Pénal）（该法并未得到本应得到的比较法学者的关注）使法国成为最引人注目的刑事现代化的试验场。[183]正如我们所看到的，在欧洲大陆 19 世纪归罪制度的改革使得更加复杂的归罪规则被制定出来，这就使得更大比例的辩护技术层面上的"无罪"的被告人被宣告无罪。特别是在法国，由于 19 世纪法国的陪审团拥有宣判刑事被告人无罪的权力，[184]故创设了特别情况下（circonstances atténuantes）"减轻情节"的原则。

新《法国刑法典》否定了继法国大革命之后，法国刑法中长达两个世纪的特别情况的传统。[185]新《法国刑法典》转变了处罚判决的重心，特别是增加了职业法官在作出判决前对于犯罪者辩解的评估。[186]但是新《法国刑法典》并没有采用纯粹的刑事现代化的途径，也没有简单复制过去的君主赦免的制度：犯罪者并没有被简单地直接抛给心理学家、社会福利工作者以及刑法学家——正如在德国所做的一样。相反，新《法国刑法典》被设计为监督惩罚程序，通过"法官适用惩罚"（juge del'application des peines）程序，来实现对于犯罪者的监督，此外，该程序使法官在审判前就可以掌控案件并要求法官对犯罪者的进展进行监督。[187]这种制度的目的是为了使无论是基于宽赦还是心理学基础的旧的惩罚方式，使其满足更加严格的法律规范。其结果是，法国刑事司法体系转换了自 19 世纪以来致力于将更多的被告人归为"无罪者的这种归罪的逻辑"。新《法国刑法典》倾向使宣布"有罪"更加容易，将最大化数量的犯罪者置于国家惩罚的系统控制之下。

在同一时间，美国刑法则选择了相反的方向。正如我们都熟知的，20 世纪 70 年代中期以前，相较于欧洲大陆，美国经历了一场更加剧烈的反对国家社会福利制度的浪潮［最明显的对比就是，同在 1981 年上台的罗纳德·里根（Ronald Re-

---

〔183〕 "Comparative Criminal Law Project", *The French Penal Code of 1994, as Amended as of January 1*, 1999, trans. by Edward A. Tomlinson, Fred B. Rothman & Co., p. 1.

〔184〕 有关他们在法国法律史上使用的说明，参见 James M. Donovan, *Juries and the Transformation of Criminal Justice in France in the Nineteenth & Twentieth Centuries*, The University of North Carolina Press, 2010, pp. 5-6, 56-7.

〔185〕 Id., pp. 8-9.

〔186〕 Michèle-Laure Rassat, *Traité de Procédure Pénale*, PUF, p. 761 (Fr.)（在新《刑法典》适用前，如果被告人存在绝对的赦免事由，则任何法院均可以赦免，但当下已无可能，尽管新《刑法典》依然在司法实践中仍然保留了这些赦免事由）；还可参见 *The French Penal Code of 1994, as Amended as of January 1*, 1999, trans. by Edward A. Tomlinson, Fred B. Rothman & Co., 1999, pp. 8-9.

〔187〕 刑罚适用法官在法国刑事诉讼中历史悠久且不断演变。此处不再展开论述。参见 Martine Herzog-Evans, *Droit de l'application des Peines* §§ 21, Dalloz, 2005, pp. 11-2, 21, 21-4. 讨论了在无罪推定实施前后法官适用刑罚的角色定位，一般参见 Id., pp. 92-110.

agan）政府与弗朗索瓦·密特朗政府二者在政策上的分立].[188] 同美国其他法律一样，刑法也在向同一个方向发展：强烈反对刑事现代化政策，而倾向归罪计算（culpability calculus）的回归。[189] 确定刑（determinate sentencing）是美国归罪制度复兴最重要的产物。然而，归罪制度的转变并未在确定刑制度后停息。最近几年，我们还可以看到联邦最高法院有着扩大在量刑环节适用归罪逻辑的倾向：美国法有越来越强的驱动力，去坚持量刑应该仅仅取决于犯罪者对其犯罪行为罪过的程度，而不是其他因素。[190]

七、量刑实践：宽赦或严厉？

接着上述的话题，我们来到法律量刑环节。在这一领域，宽赦推定似乎拥有其特别的力量，此外我们发现了一些当代美国法与欧洲法的戏剧性差异。

欧洲法的量刑依旧是倾向宽赦的。某种程度上，这种现象牵涉着 19 世纪之前司法惯例字面上（形式上）的延续。（君主）赦免依旧存在：现代欧洲大陆共和国家是近现代君主国体的继承者，它们在行使国家权力时偶尔还与过去的君主制度类似。例如，就在不久之前，意大利司法部还被叫作宽赦与司法部（Ministry of Grace and Justice）；正如法国负责制定刑事司法政策的部门仍然被称为"刑事事务与宽赦行为局"（Office of Criminal Affairs and Acts of Grace），[191] 宽赦在欧洲的刑罚事实中仍然扮演着积极的角色。一个最近有名的例子是热罗姆·凯维埃尔（Jérôme Kerviel），他被法国兴业银行（Société Générale）处罚了 49 亿欧元，随后他因为攻击金融界的行为而在法国成为小有名气的文化英雄。凯维埃尔在觐见教皇后，以步行横穿意大利的苦行去赎罪，在他去法国自首服刑期间，法国政府迫于政治压力，暗示可能考虑为热罗姆·凯维埃尔提供特赦（但是热罗姆·凯维埃尔拒绝了特赦请求，于是他被关押起来，最近有望因法国量刑规则而

---

〔188〕 See Christian Saint-Etienne，*The Mitterrand and Reagan Economic Experiments*：*A Lesson in Political Economy*，Hoover Press，1985，pp. 15-8. 解释称法国政府相比美国政府，在经济和社会事务上起到了更加突出的作用。

〔189〕 See James Q. Whitman，"The Case for Penal Modernism：Beyond Utility and Desert"，1 *Critical Analysis L.* 145（2014）. 指出在严厉打击犯罪运动日益突出时，刑事现代化变得声名狼藉。

〔190〕 自阿布伦蒂诉新泽西州以来联邦最高法院的发展，以及当代美国人的一个典型论点（我认为是非常具有误导性的）主张在标准罪责计算下将量刑限制在有罪阶段确定的事实和程序，参见 Carissa Byrne Hessick & F. Andrew Hessick，"Procedural Rights at Sentencing"，90 *Notre Dame L. Rev.* 187（2014）.

〔191〕 "Direction des Affaires Criminelles et des Grâces"，*Ministérede la Just.*，Sept. 15，2010，available at http：//www. justice. gouv. fr/le-ministere-de-la-justice-10017/direction-des-affaires-criminelles-et-des-graces-10024/〔http：//perma. cc/J923-YH8E〕，last visited on Apr. 19，2019.

被释放）。[192] 除此以外，由于其他的原因，还存在着大量的赦免情况。

但是，在当代大陆刑罚中，大多数的减刑实践并不涉及形式上的君主宽恕。有很多关于减轻刑罚的正式规定，这些规定对处罚的实施设置了许多推定的限制条件。例如，对于被终身监禁的人，他们实际上只用服刑一段较短的时间，比如说15年或18年。[193] 还有针对监禁刑的推定：只要存在可能，犯罪者就应该被处以罚款，被要求去做社区服务，应该在家中被执行逮捕，或是中止其特权。[194] 还有些法院对确实有罪但可能导致被判处死刑的被告人宽赦地施以减刑的惯例[195]（我们之前看到阿曼达·诺克斯就得益于意大利的这种惯例）。以上这些都仅仅是推定，它们并不必然导致每件案子被轻缓判决（尤其是，左翼的批评者就担心法院在判决犯罪者终身监禁时太过于犹豫）。[196] 但是，它们都是欧洲非常重视并经常付诸实践的推定与惯例。作为一种对于犯罪行为的公开谴责，欧洲大陆倾向在名义上作出严格的量刑，但是依旧会为犯罪人个人留有宽赦的余地。这些欧洲大陆宽赦的执行惩罚的途径与当代美国的惩罚刑事制度是非常不同的。在美国，也曾经存在对已判决被告人只服刑其刑期的一部分的非正式的推定，个性化的政策允许管理监狱的官员在何时释放犯罪者的问题上拥有自由裁量权，但是这种情况

---

〔192〕 John Lichfield, "Rogue Trader Jérôme Kerviel 'to Surrender' to French Police after Protest March through Italy", *Independent*, May 18, 2014, available at https://www. independent. co. uk/news/world/europe/rogue-trader-j-r-me-kerviel-to-surrender-to-french-police-after-protest-march-through-italy-9392639. html〔http://perma. cc/BD6D-7RTM〕, last visited on Apr. 19, 2019; Kim Willsher, "French Rogue Trader Jérôme Kerviel Freed", *Guardian*, Sept. 4, 2014, available at https://www. theguardian. com/business/2014/sep/04/french-rogue-trader-jerome-kerviel-freed-prison-socite-generale〔https://perma. cc/E6HJ-EPWQ〕, last visited on Apr. 19, 2019.

〔193〕 For Germany (15 years), STGB, §§ 38, 57a; for France (18 years), C. PÉN. , Art. 132–23; 关于意大利司法实践可参见附录及以下文献。这些又是极为简单的假设，可能会发生变化；法国近期出现了第三个被告人被判处终身监禁的可能性。参见 Nicolas Blondiau, "3e homme comdamné à la perpétuité incompressible", *Le Figaro*, Jan. 31, 2015, available at http://www. lefigaro. fr/actualite-france/2015/01/31/01016-20150131ARTFIG00068-nicolas-blondiau-3e-hommecondamne-a-la-perpetuite-incompressible. php〔http://perma. cc/G86R-VZH6〕, last visited on Apr. 19, 2019; 若干年之后，欧洲人权法院的判例也要求考虑假释，在此不再赘述。参见 Vinter v. United Kingdom, 2013–III Eur. Ct. H. R. 317.

〔194〕 Herzog-Evans, § 81. 12（目的是避免已经定罪的人员被监禁）; James Q. Whitman, *Harsh Justice: Criminal Punishment and the Widening Divide between America and Europe*, Oxford University Press, 2003, p. 10; Tatjana Hörnle, "Moderate and Non-Arbitrary Sentencing without Guidelines: The German Experience", 76 *Law & Contemp. Probs.* 190–6（2013）, No. 1（可查阅德国刑罚）.

〔195〕 See, e. g. , STGB, § 46（考虑支持或反对罪犯的情况——"Umstände, die für und gegen den Täter sprechen"）.

〔196〕 E. g. , Andreas Bernard, *Lebenslänglich*, SÜDDEUTSCHE ZEITUNG（Ger. ）, available at http://sz-magazin. sueddeutsche. de/texte/anzeigen/3383/Lebenslaenglich〔http://perma. cc/5EYC - 9Y95〕, last visited on Apr. 19, 2019.

已经不存在了。[197]

始于 20 世纪 70 年代中期横扫美国的决定刑运动动摇了这些政策。《统一确定量刑法》的通过有效地终结了欧洲大陆式的宽赦推定。[198] 在美国法中也没有针对监禁刑的推定，虽然大量适用监禁刑导致的财政与道德危机的确促使美国适用了针对监禁刑的推定政策，至少是非暴力犯罪。[199] 至于赦免，由于美国文化传统对于赦免的敌意非常深厚，[200] 所以在奥巴马总统重新提出这个富有意义的行政赦免程序时，当然也必然会激起一片愤怒的声音。[201]

八、结论：倾向一种美国式的宽赦推定？

无论对象是审判架构、刑法理论的应用，或者是量刑法律标准，刑法这些领域的情况都是大体相同的。美国和欧洲大陆最大的差别并不在于当事人主义传统中对于被告人权利的尊重，或职权主义仅仅致力于无情地寻找真相。两种传统都尊重被告人的权利。二者间真正的差异在于，前者或多或少被对担心残暴的政府官员攻击无罪之人的自由主义所驱引，而后者则更尊重职业的执法人员的权威，但又决心在惩罚的制度之中设置得体的、文明的限制。这种差异在于前者更多地侧重于保障无罪者，而后者对有罪者却饱含同情。

挣扎于当前美国严厉司法危机的我们，能否在欧洲大陆宽赦的传统与诉讼制度中学到些什么呢？如果是认为我们可以简单地转换为欧洲大陆的方式去行事，这种想法就大错特错了。社会在挑选法律传统这件事情上是毫无能力的。这两种司法模式都深深地与文化和政治传统相联系，它们是不可能被随意取代的。尤其是欧洲的职权主义诉讼制度，它不太可能有希望大规模移植到美国文化之中。我所描述的欧洲的价值，对于美国文化而言太过陌生了。欧洲人信任政府的传统，美国人却常常本能地反对。欧洲人顺从于具有"科学"（scientific）专业知识的法

---

〔197〕 Ely Aharonson, "Determinate Sentencing and American Exceptionalism: The Underpinnings and Effects of Cross-National Differences in the Regulation of Sentencing Discretion", *Law & Contemp. Probs.* 161, 172-3 (2013), No. 1.

〔198〕 为了持续研究对比，参见上注。

〔199〕 Melissa Hamilton, "Prison-by-Default: Challenging the Federal Sentencing Policy's Presumption of Incarceration", 51 *Hous. L. Rev.* 1271, 1272, 1313, 1321 (2014).

〔200〕 对于目前的最高法院诉讼状态，以及促进美国法律宽恕的令人钦佩的努力，参见 Rachel E. Barkow & Mark Osler, "Restructuring Clemency: The Cost of Ignoring Clemency and a Plan for Renewal", 82 *U. Chi. L. Rev.* 1, 7 (2015).

〔201〕 E. g., Robinson, Paul H. Robinson, "Obama's Get-Out-of-Jail-Free Decree", *Wall Street J.*, July 14, 2015, available at https://www.wsj.com/articles/obamas-get-out-of-jail-free-decree-1436916535, last visited on Apr. 19, 2019.

官，而美国人则更相信外行民主制度（lay democracy）的裁量。欧洲人有科层式的宽赦制度的传统，而这种传统往往使美国人大为光火。

或许最主要的是，欧洲的方式起始于这样一种默许：通常而言，被起诉的人一般都是有罪的，这令美国人感到不悦和危险，美国人致力于维护一个公正的刑事法律体系，也致力于对抗一种特别的噩梦般的情景——对无罪者作出有罪判决。因此，对于我们而言，转换对抗的目标并非易事。从逻辑角度来看，同时拥有无罪推定和宽赦推定，当然是非常可能的。的确，在这里我质疑欧洲大陆的法律是否同时具备两者。然而，刑法的本质从来不是逻辑的。刑法的本质，一向是焦虑、惶恐、有着噩梦般的情景，并且坚信必须对正在进行的罪恶采取严厉的措施。

基于所有这些原因，我们不可能期待，欧洲大陆式的强烈倾向宽赦推定的制度能在美国立足。而且，美国应该有着更强烈的无罪推定倾向，至少要比欧洲更强一些。欧洲的刑事司法文化基于对职业的司法官员的信任：总的来说，欧洲大陆的官员比起美国的官员更可靠一些。我们永远不会知道任何一个国家到底有多少无罪者被判有罪，但是相较于法国、德国、瑞典或者荷兰，美国的监狱存在着更多的被判有罪的无罪者，这也是一种合理的推断。鉴于这一点，我们也许可以理性地推断，我们比欧洲的兄弟更需要"被广泛接受的无罪推定的价值观"。强烈的无罪推定，对于一个外行的、激进的、零散的、一切都常常被政治化的司法体系的国家而言，是一种必需品。

尽管如此，如果我们在面对一个更加倾向宽赦推定的制度时，都不会产生一点点动摇的话，那么我们将不再会是正派的人或是懂得思考的法学家了。当然，当我们观察问题的底线是：在应当被用于检测每一种文明的刑事司法体系的残酷和严厉程度的基本措施方面，美国表现得并不尽如人意。我们在全世界鼓吹我们的无罪推定，但在同时我们自己的刑事处罚制度却已失控。当代美国最令人沮丧和恐怖的现实是，我们存在大量的监禁刑适用以及其他方面的严厉的刑事处罚——这是我们国家制度的一个极大的污点。我们刑事司法体系宣称，我们只致力于处罚有罪之人，并不能成为其适用严苛刑罚的正当理由。即使我们国家不存在被错判有罪的人，但有些地方仍会出现严重的差错。虽然我们如此珍视我们国家的无罪推定，但是它在制伏当代美国刑事处罚制度中存在的恶魔时却无能为力。单单就这个原因而言，正派的美国人就应该积极反思欧洲倾向宽赦推定的司法制度的原因。

然而，在美国自身的司法系统中，我们却很难找到有宽赦内容的刑事制度。在美国，这种危机感有着强烈的表现，奥巴马总统通过高调行使行政赦免权的方式，至少促进了有关宽赦的公开辩论的开始。此外，我们的确有一些法律原则的资源有待发掘，以建立我们美国自身的倾向宽赦的司法体系。正如蕾切尔·巴尔科（Rachel Barkow）富有远见地争辩，死刑可能成为转换量刑态度的重要节点。对一个犯罪者施加死刑的判决让我们深感不安，正如联邦最高法院主张的，在量刑环节陪审团必须考虑更广泛的品性证据：2012 年联邦最高法院宣布，这是一种"要求"（requirement），"对于适用严重刑罚的被告人，必须采取个性化的量刑措施。"[202] 巴尔科提议认为，死刑可以成为对我们刑法施加更加广泛影响的一道典范，也许她是正确的，[203] 如果我们把长期的监禁刑视为"严厉的刑罚"的话，那么我们在死刑领域之外也能抓住必要的适用宽赦的机会。美国律师协会也呼吁检察官们应该个性化对待犯罪者。[204] 正如本文所表明的，我们可以在忠于美国共和制的历史理念前提下，去采取更加个性化的、更加宽赦的司法方式。我们现在所熟悉的刑事审判制度并不起源于建国时期，当然更不起源于普通法的发源时代。它们甚至都不存在于我们的宪法文本之中。它们是我们 19 世纪的先辈的创造品，我们与他们同样，有权在实现正义的目的下去创造我们的法律。

不管怎样，我们别无他法，除非超越我们熟悉的美国式的行事方式：随着现代科学侦查的发展，我们的司法模式正积累着越来越多的危机。美国普通法体系完全基于证据的不确定性，正如过去一般，它开启了这样一种推定，我们否认自身对有罪的认知，从而把自己绑在证据的桅杆之上——任而漂泊。我们的第四修正案和我们的证据法也殊途同归：它们允许我们在证明有罪的道路上设置证据的"障碍"。然而，现代科技带来的信息如潮水一般把我们淹没，越来越少的案件可以让我们再对自己的无知泰然自若。无罪者计划中使用的相同的 DNA 证据，揭露出过去错误的有罪判决，这种技术在现代侦查中已经可以实现了；[205] 越来越频繁地，我们拥有了我们先辈们只能靠猜测才能得到的信息（knowledge）。现在我们有了电子数据痕迹，[206] 现在我们有了手机和防盗摄像头。我们生活在一个如此令人震惊的时代，一个波士顿马拉松爆炸犯罪者，以及很多其他情形中的犯罪者，

---

[202]　Miller v. Alabama, 132 S. Ct. 2455, 2460 (2012).

[203]　Rachel E. Barkow, "The Court of Life and Death: The Two Tracks of Constitutional Sentencing Law and the Case for Uniformity", 107 *Mich. L. Rev.* 1145, 1147-51 (2009).

[204]　Am. Bar Ass'n, "Criminal Justice Standards for the Prosecution Function", 2015, available at https://www.americanbar.org/groups/criminal_justice/standards/ProsecutionFunctionFourthEdition/ [https://perma.cc/48D6-B7FY], last visited on Apr. 19, 2019.

[205]　Paul E. Tracy & Vincent Morgan, "Big Brother and His Science Kit: DNA Databases for 21st Century Crime Control?", 90 *J. Crim. L. & Criminology* 635, 636, 641-2 (2000).

[206]　对于他们在诺克斯案审判中的作用，参见 Julia Grace Mirabella, "Scales of Justice: Assessing Italian Criminal Procedure through the Amanda Knox Trial", 30 *B. U. Int'l L. J.* 244-5 (2012).

真正地被实时拍摄下来的时代。[207] 警官们逐渐开始携带便携式的摄像机。过去曾经被忽略的、被遗忘的、被掩盖的警民冲突，现在会被 Youtube 直播出来。[208] 我们之前，从来没有哪一代人曾经应对过如此之多的信息。

这种信息浪潮缓慢地涌起，不可避免地将会席卷我们美国模式的司法体系。我们已经进入了确定性的时代，而我们所继承的限制国家权力的意识，则要求创造不确定的体系。要求执法部门忽略手边丰富的信息未免强人所难。联邦最高法院以及像舒霍夫教授这样的评论者，都拼尽全力抵御着这种浪潮，尽力保持住能够作为支撑我们美国在限制国家权力的基础——第四修正案中的一些富有意义的法律理论。特别是，斯卡利亚（Scalia）大法官曾警告说，我们必须在防止"基因圆形监狱"的筑造上不遗余力。[209] 但是，我们也不可能永远扮演着克努特国王，用我们刑事诉讼的古剑去击退现代知识的大海。如果我们想拥有一个公正的刑事司法体系，我们就需要改变关于怎样限制政府的理念。我们将不得不寻找一种新的方式去认识，即使存在"圆形监狱"的世界，即使我们知道被告人确实是有罪的，依然存在对被告人有意义的权利。

因此，在职权主义诉讼制度中，我们可以学到的最重要的一课就是：欧洲大陆国家并不是"警察国家"，但是它们关于司法的理念是与我们迥然不同的，理解它们对于司法的理念，也是我们最需要理解的——即使在"圆形监狱"依然存在着权利。即使国家知道关于我们的一切，并可以被核实，只要刑事司法体系能坚持对于有罪者的权利赋予保护，国家权力就能被加以限制。

对于有罪者的权利赋予与保障，是欧洲大陆所拥有，而我们所缺乏的。我们必须致力于在职权主义自身的规范和价值之下去观察它，这样我们才有希望从中学到什么。我们当然不会将职权主义全盘引入美国，比较法的关键，并不在于机械地对法律制度全盘移植，而在于拓宽思维，以便于帮助我们逃离我们自身传统造就的概念牢笼。就这点而言，问题的关键在于帮助我们认识到保护自由免受国家调查，并不是构建公正并自由的刑事司法系统的唯一可能的基础。我们可以跳出思维的窠臼——这非常关键，因为在现代社会我们必须这样做。

---

[207]　Erin Burnett, "Newly-Released Video of Boston Marathon Bombing", *CNN: Outfront*, Mar. 9, 2015, available at https://edition. cnn. com/videos/us/2015/03/09/erin - dnt - feyerick - boston - marathon - bombing - never - before-seen-video. cnn [https://perma. cc/64P9-NA6R], last visited on Apr. 19, 2019. 展示了一段由美国检察官办公室披露的视频，内容是其中一个炸弹客在第一次爆炸发生时走开的情形。

[208]　See, e. g. , Wall Street Journal, "Raw Footage: Texas Cop Draws Gun on Pool-Party Teens", *Youtube*, June 8, 2015, available at https://www. youtube. com/watch? v=z6tTfoifB7Q [https:// perma. cc/4TLJ-TK53], last visited on Apr. 19, 2019.

[209]　Maryland v. King, 133 S. Ct. 1958, 1989 (2013) (Scalia, J. , 持有异议)。

附录 阿曼达·诺克斯案

欧洲大陆的刑事指控案件，从来没有像阿曼达·诺克斯案这样极大地引起[210]美国人的关注。2015年3月，该案对阿曼达·诺克斯的谋杀指控被意大利最高法院出乎预料地戏剧般地推翻了。[211]特别是，再也没有什么案子能够如此激起美国人对欧洲大陆司法的愤慨与怀疑了，这种情感充分被茱莉亚·格蕾丝·米拉贝尔（Julia Grace Mirabella）通过她的精彩评论描述出来，她对意大利和美国司法几乎所有的重要差别作出了充满细腻情感的评论。诺克斯案在美国人中的广为传播，使其成为针对美国读者阅读的绝佳事例，在这篇附录中，接着米拉贝尔的叙述，我将通过以对诺克斯的指控中的事件作为事例，进行阐述并更深入地探索，从比较法的角度去描述这个问题正是我这篇文章的主题。

在诺克斯被意大利的法院系统审判期间，一直都存在着很多不稳定因素。意大利的司法一直以来就备受许多问题的困扰，这尤其表现在最终审判的拖沓之中。1988年意大利刑事诉讼程序进行了重大改革，旨在引入在文化上享有盛名的美国普通法中对抗制的制度。[212]改变并非一帆风顺，意大利最高宪法法院、意大利议会以及意大利司法部之间的斗争持续了数年之久。[213]在经过15年断断续续的混乱后，最终的结果是大家都认同的某种对抗制和职权主义混合的司法系统，而没有人（据我所了解）认为是完全成功的。

回顾1988年的改革，其中一些细节是十分重要的。这次改革的目的在于为意大利司法带来更高的效率，特别是减少延误。这也许听起来难以理解：为什么会有人认为引入对抗制的刑事制度会加速审理过程呢（同样的问题也存在于波兰，2015年波兰基于同一个目的引入了类似的对抗制改革）？[214]其原因在于，意大利人被我之前所讲的，审判目的美国式的概念吸引住了。美国人传统上认为，审判的目的在

［210］ Elisabetta Povoledo, "Amanda Knox Acquitted of 2007 Murder by Italy's Highest Court", *N. Y. Times*, Mar. 27, 2015, available at https://www. nytimes. com/2015/03/28/world/europe/amanda－knox－trial. html？＿r＝0［https://perma. cc/26KZ－ZRDE］, last visited on Apr. 19, 2019.

［211］ Mirabella, "Scales of Justice: Assessing Italian Criminal Procedure through the Amanda Knox Trial", 30 *B. U. Int'l L. J.* 229, 241-7（2012）.

［212］ Elisabetta Grande, "Italian Criminal Justice: Borrowing and Resistance", 48 *Am. J. Comp. L.* 228-32（2000）.

［213］ William T. Pizzi & Mariangela Montagna, "The Battle to Establish an Adversarial Trial System in Italy", 25 *Mich. J. Int'l L.* 447-65（2004）. 叙述了意大利最高宪法法院、意大利议会以及意大利司法部对1988年刑事诉讼改革的反应。

［214］ Marion Isobel, "Case Watch: European Court Pushes Poland to Speed Up Wheels of Justice", *Open Soc'y Found*, July 9, 2015, available at https://www. opensocietyfoundations. org/voices/case－watch－european－court－pushes－poland－speed－wheels－justice［https://perma. cc/84XN－ZSX2］, last visited on Apr. 19, 2019.

于查明事实，即"从有罪者中挑出无罪者"。[215] 这样的结果就是，即使针对极其严重的案件，他们也很少反对大规模适用辩诉交易，甚至允许死刑犯罪的案件适用辩诉交易。[216] 相对地，欧洲大陆传统上认为审判的目的不仅仅是查明事实，其目的还在于基于良心的权衡作出合适的量刑，并赋予整个刑事有罪判决庄严肃穆的仪式感。[217] 从这个角度看，设置庭审是绝对必需的，即使是犯罪者明显有罪的情况下。

20世纪80年代末的意大利改革家开始批评这种欧洲大陆的思想，认为其损害了他们的司法体系。他们认为，如果在太多的案件中适用了"仪式"的审判，他们的法律体系，就会在过多的庄严的大陆式形式的重压之下步履蹒跚。[218] 美国司法体系的吸引力，就在于它不拘泥于无意义的程序，允许适用快速地、相对非正式地解决案件的方式，即适用辩诉交易。于是他们美国化了。但这并不是说他们已经毫无顾虑地准备好拥抱美国的司法体系。正如其他的欧洲人一样，意大利人无法接受对于像判处死刑或者其他严重刑事处罚的犯罪，没有经过一个仪式化的精心审理的审判判决就被作出。正如其他的欧洲国家一样，当遇到非常严重的案件时，意大利人坚持有必要适用完整的审判程序。然而，提升意大利司法效率的总目标，是通过动摇意大利人对于司法总是需要一个合适的"仪式"运行的虔诚信念提出的。正如1988年刑事诉讼程序改革的主要起草者所解释的，这次改革是致力于将审判"去神话化"（demythify），终结了一种理念，即仪式是必要的。[219] 很多被告人将被省却完整的审判仪式。取而代之的是新的"仪式"，包括轻缓量刑的简易程序以及意大利版本的辩诉交易。[220]

---

〔215〕 Samuel R. Gross, "Pretrial Incentives, Post-Conviction Review, and Sorting Criminal Prosecutions by Guilt or Innocence", 56 *N. Y. L. Sch. L. Rev.* 1009, 1010 (2011/12).

〔216〕 E. g., Marc Freeman, "Delray Felon Pleads Guilty, Gets 3 Life Sentences for Murders of Ex-girlfriend, Children", *Sun Sentinel*, Jan. 8, 2016, available at https://www. sun-sentinel. com/local/palm-beach/fl-clem-beauchamp-murder-plea-deal-20160108-story. html〔https://perma. cc/QYF9-SHUT〕, last visited on Apr. 19, 2019; see also Candace McCoy, "Plea Bargaining as Coercion: The Trial Penalty and Plea Bargaining Reform", 50 *Crim. L. Q.* 73-4 (2005). 19世纪中期，辩诉交易开始适用于严重的刑事犯罪，到2005年，96%的重罪案件都以辩诉交易结案。

〔217〕 Monica Eppinger, "Reality Check: Detention in the War on Terror", 62 *Cath. U. L. Rev.* 325, 346-7 (2013).

〔218〕 William T. Pizzi & Luca Marafioti, "The New Italian Code of Criminal Procedure: The Difficulties of Building an Adversarial Trial System on a Civil Law Foundation", 17 *Yale J. Int'l L.* 1, 5-6 (1992).

〔219〕 Giovanni Conso, "Verso il Nuovo Processo Penale", *La Giustizia Penale I* 289, 293 (1988)（庭审的神话化……）。

〔220〕 Id., p. 292（有些诉讼程序是为了避免审判而设计的，如即决判决、辩诉交易和单方刑事诉讼，而有些诉讼程序是为了审判而设计的）；也参见1988年《刑事诉讼法典》第444条。允许"有罪答辩"的情形下，可适用量刑1/3的从轻量刑，例如，在减轻刑罚后，监禁刑不会超过5年；id., art. 442. 为"简易审判"提供了可适用量刑1/3的从轻量刑。

对于严重的犯罪，意大利依旧会设置庭审，而且大体上仍然会基于传统的仪式来设置庭审。当然，改革筑就了审判中的一些基本性的变革。特别是它改变了法官所扮演的角色。在对抗制律师引导的制度之下，法官扮演了一个更加消极的角色。[221] 然而，改革中的一些重要的方面仍然保持了欧洲大陆的传统：它并没有将普通法中审判的分歧理论引入归罪环节和量刑环节，而是保持了一种法官和陪审员共同作出评议的刑事制度。正如艾莉萨·拜塔·格兰德（Elisa betta Grande）对改革作出的解释：

> 作为一个统一的裁判体：包含职业法官，以及重要案件中的陪审员，依然可以对法律和事实作出裁决。这样，法官和陪审团作为两个审判群体的差别就被抹消了。此外，这个统一的裁判体共同决定归罪和量刑问题，其结果就是审判不再被分为两个阶段——仅仅决定归罪问题的初次开庭和处理量刑问题的再次开庭。[222]

于是，尽管意大利的刑事诉讼经历了改革，但是阿曼达·诺克斯事实上是在欧洲大陆法院审判标准的变体之下受审的。

其他方面也是如此，历经改革后，意大利刑事诉讼制度还是保留了标准的欧洲大陆的司法制度。特别是，它们并没有取消可以反复重审的上诉审查制度。上诉程序是欧洲大陆司法体系与普通法体系最大的差别之一。普通法在刑事领域只允许实施极其有限的上诉审查。远在中世纪（事实上是中世纪早期的比武审判），由于普通法规定查明事实必须在审判阶段由事实发现者完成，所以不允许国家随意对被判无罪之人提起上诉的，[223] 更不用说存在再次的司法审查了。而欧洲大陆则相反，在上诉程序中引入了它的官僚式的"审核"（audit）思维。[224] 为了消除

---

[221] 尽管这样，大家一致认为，法官们已经收回了大部分历史性的特权，擅自有权提出证据并根据他们 *Aufklärungspflicht* 的要求考虑证据。参见 William T. Pizzi & Mariangela Montagna，"The Battle to Establish an Adversarial Trial System in Italy"，25 *Mich. J. Int'l L.* 448-9（2004）. 该作者认为，意大利法官认为自己对于获取精确公正的结果具有责任，于是他们在事实发现程序中又会重新夺回自己传统的角色定位。

[222] Elisabetta Grande，"Italian Criminal Justice：Borrowing and Resistance"，48 *Am. J. Comp. L.* 228（2000）.

[223] 普通法和大陆法在对双重危险的本理理解上还存在争议。欧洲大陆传统禁止双重危险的落脚点在于拉丁语一事不再理（*ne bis in idem*）的规则。然而，大陆传统认为重审仅仅是对案情审查数个阶段中的一个阶段，这种审查自然而然地、不可避免地会运用精细的官僚式的上诉审查。相反，普通法传统则将对待双重危险的立足点放于中世纪的比武审判，认为审判最初源于作为解决争端的最后选择，即上帝的审判——jeopardy，字面意思为 *jeu parti*，即"公平游戏"（game of even chances），它是一种赌注。如果想了解中世纪早期的背景，参见 James Q. Whitman，*The Verdict of Battle*，Harvard University Press，2012，pp. 80-1.

[224] Irene M. Ten Cate，"International Arbitration and the Ends of Appellate Review"，44 *N. Y. U. J. Int'l L. & Pol.* 1109，1141-2（2012）.

事实与法律上的错误，欧洲大陆法律要求在审前和审后不断地对案件进行审查。诺克斯案中也是如此：2011 年对她的初次审判在第一次重审上诉中被推翻，2014 年第二轮的重审上诉中又被恢复，直到最后被再次推翻。[225]

更重要的是，这次改革保留了我之前所描述的倾向宽赦的制度基础。意大利司法保留了"家长作风的保护被告人的义务"的个中意味，[226] 其量刑制度、审判管理，以及定罪后的管理中都存留了标准的宽赦推定制度。

所以说，1988 年的改革以及随后的变革，无论是其优点还是缺点，都不意味着把美国诉讼制度全盘接入意大利的刑事诉讼制度之中，诺克斯一案可以作为一个有用的载体，来帮助我们分析欧洲大陆传统的优点和缺点。

我已经在正文中提到了一些优点：审判庭必须考虑减轻量刑的犯罪者的一些品性，他们也的确这样对待诺克斯了，尽管她被指控犯罪，但是作为一个用功学习的、可靠的雇员，因为年纪太小，离家太远，以至于不能承受一种不受怜悯的惩罚（这里我们需要暂停一下，去回顾这些发现。大陆法经常强调好学和认真工作，法院之所以用积极眼光去看待诺克斯，是因为她并没有作出法院特别谴责的那些行为：她并没有"从学校逃学"或是"旷工"。[227] 这其中暗示的是，欧洲大陆考虑给予从轻量刑的犯罪者的品性时，该被告人是否能够作为一个可靠的能融入现代经济之中的工作者，成了一个先决条件）。2014 年上诉审判中，重新认定她有罪时也采纳了初审法庭所发现的可以作为减刑的那些品性特征。从这个角度来看，诺克斯的确得益于意大利的宽赦制度。

然而，诺克斯的宣判刑（nominal sentence）并不轻：法院宣布判处为期 26 年的监禁刑；2014 年上诉法官又将其延长至 28 年 6 个月。[228] 这些宣判刑，与美国的犯罪者可能被判处的刑期不相上下，当我们读到这里时并不会感到太多意大利制度的宽赦意味。但是在我们对诺克斯的量刑感到吃惊之前，我们应该了解他们是怎么得出的这一量刑，以及诺克斯极其不可能实际服完整个刑期的情况。

---

〔225〕 David Cutler & Bill Rigby, "Timeline: Amanda Knox Acquitted of Murder, Ending Years-Long Saga", *Reuters*, Mar. 27, 2015, available at https://www.reuters.com/article/us-italy-knox-events-idUSKBN0MO0152015 0328 [https://perma.cc/DJT6-C49S], last visited on Apr. 19, 2019.

〔226〕 William T. Pizzi & Mariangela Montagna, "The Battle to Establish an Adversarial Trial System in Italy", 25 *Mich. J. Int'l L.* 449 (2004).

〔227〕 Granderath, supra note 28, at 320. 旷课、旷工、忽视家庭、酗酒以及其他的与犯罪有关的应被谴责的生活方式。

〔228〕 David Cutler & Bill Rigby, "Timeline: Amanda Knox Acquitted of Murder, Ending Years-Long Saga", *Reuters*, Mar. 27, 2015, available at https://www.reuters.com/article/us-italy-knox-events-idUSKBN0MO0152015 0328 [https://perma.cc/DJT6-C49S], last visited on Apr. 19, 2019.

宣判刑的期限反映出这样的事实：两个法院都发现一些加重的情节，而这些加重情节又削减了减轻情节。[229] 值得我们关注的是这些加重情节的本质。法院基于对诺克斯性生活的一个不太可能的耸人听闻的叙述，以及对她激起他人性冲动的苍白无力的猜测作出了裁判。除了对于性的关注之外，法院还认定她的刑期应该被延长，这是因为这场谋杀与所谓的性侵犯有关。[230] 2014 年，上诉法院的裁判则相反，上诉法院提出了另一种加重情节的观点。该法院拒绝了初审法院对于性方面有关的考虑，而是认为诺克斯努力去掩盖犯罪的行为加长了她的刑期，特别是她和她的男友花费数个小时去擦洗犯罪现场，以及她试图转移警察在她身上的注意力，而故意虚假控告她的雇主迪亚·卢蒙巴（Diya Lumumba）——一个在佩鲁贾苦心经营由于诺克斯的控告而毁于一旦的不幸的非洲移民。[231]

我最感兴趣的一点是 2014 年审判中对于加重情节的解释，这个解释有必要去仔细斟酌。2014 年法院加重了对诺克斯的量刑，原因在于她没有满足强烈倾向宽赦的司法体系能够提供的减刑的要求：她没有认罪，并且她没有将自己置于宽赦司法系统之下。[232] 问题的关键是，如果她这么做了会有怎样的好处呢？在那种情况下，她本可以像本案中第三方被告人鲁迪·盖德（Rudi Guede）那样作出可以受到宽赦的选择。盖德选择了 rito abbreviato，即"简易审判程序"（shortened ritual），而放弃了接受完整审判的权利。[233] 其结果是，他获得了一个轻缓的 16 年的监禁刑判决。盖德是一个三流的小偷，他丝毫不令人同情的经历使他并不具有像诺克斯可以获得减刑的品性特征。我们可以假设，如果诺克斯向当局自首并承认自己有罪，她一定会得到比盖德的 16 年更低的宣判刑。意大利司法系统中存在很多的宽赦条件，但是正如在其他地方一样，如果被告人蔑视国家的权威就很难获得这样的宽赦。

---

[229] Sentenza della Ass. App., 29 aprile 2014, n. 9066/07 R. N. R., at 331（It.）, available at http://www. perugiamurderfile. org/download/nencini/nencini_ motivazioni_ 2014-04-29_ searchable. pdf［https://perma. cc/73KC-VSLJ］, last visited on Apr. 19, 2019; Sentenza della Corte d'Ass., 4 marzo 2010, n. 7/2009, at 420（It.）, available at http://perugiamurderfile. org/download/file. php? id = 3379［https://perma. cc/QB7F - SCGV］, last visited on Apr. 19, 2019.

[230] Sentenza della Corte d'Ass., n. 7/2009, pp. 419-20.

[231] Id.

[232] See Rachel Donadio, "U. S. Student Delivers Appeal at End of Italian Trial", *N. Y. Times*, Dec. 3, 2009, available at https://www. nytimes. com/2009/12/04/world/europe/04italy. html［https://perma. cc/3M2Y-K9ZB］, last visited on Apr. 19, 2019. 评论认为诺克斯在初审中拒绝承认罪责。

[233] See Tom Kington, "Court Cuts Rudy Guede's Sentence for Meredith Kercher Murder", *Guardian*, Dec. 22, 2009, available at https://www. theguardian. com/world/2009/dec/22/rudy - guede - sentence - kercher - murder［https://perma. cc/CVZ8-9FN3］, last visited on Apr. 19, 2019. 表明盖德选择了"快速审判"并且作为交换，获得了减刑。

不管怎样，无论宣判刑是多少，诺克斯服满自己被宣判的刑期是极其不可能的。意大利不同于美国，并没有"确定量刑法"。相反，意大利则有法定推定，认为犯罪者不会服满其宣判刑，犯罪者在服刑一定期限后就会被释放，这在意大利很常见。即使是臭名昭著的犯罪者，如试图刺杀教皇约翰·保罗二世（John Paul II）的穆罕默德·阿里·阿克查（Mehmet Ali Ağca），在被宣判终身监禁后，仅仅服刑了9年就在1999年被释放。[234] 宣判刑向社会和罪犯表明了犯罪的严重性，而真正的服刑期则被宽赦规则所规制。

那么，欧洲大陆司法在诺克斯案中是否表现出了一种失败呢？答案是肯定的。在我看来，意大利的刑事司法体系存在两大重要缺陷——第一个就是在诺克斯案中备受美国批评者诟病的问题——法院对于品行证据的考量彻底失控，法院走入了无事实根据并过度夸张描述诺克斯性活动的歧途中，并面临着解释诺克斯、她的男友以及第三个被告人盖德之间关系的问题中。司法鉴定证据表明盖德用他的一只手按住了被害者的胳膊，同时将另一只手的一根手指插入被害者的阴道，并留下了自己的DNA痕迹。此外，另外两个加害者各自持刀架在被害者的脖子上，其中一人严重刺伤了她。法院为了解释这种奇怪并极具戏剧性的共同犯罪场面是如何上演的，作出了如下想象：阿曼达和她的男友在她的房间疯狂的做爱。这导致了公寓中充满了"紧张激烈"的性爱氛围，而正是这种氛围激发起盖德的强奸意图：

刚过11点后，阿曼达和拉法埃尔就一起回到了家，并决定在阿曼达的房间里发生亲密关系……拉法埃尔·索莱西托和阿曼达·诺克斯，他们在一起时总是充满柔情……甚至是在警察局［当他们等待警察讯问时］……深刻体现了这两个年轻人在一起的表现：他们在一起时极其亲密，他们彼此爱抚，彼此亲吻。在这种情况下表现出这样的态度是明显不合适的［谋杀案发生后的警察局里］……阿曼达和拉法埃尔去了阿曼达的住处，并一起待在她的房间之中，而梅雷迪思则独自待在自己房间，事实也证明，鲁迪在卫生间中［在卫生间，他使用马桶后没有冲水］。

接着鲁迪可能离开了卫生间，他放任自己，基于自己强烈的邪欲，使自己陷入危险的性冲动之中。为了满足自己的欲求，他打开梅雷迪思半掩的房门进入了她的屋子……最有可能的假设就是，鲁迪自己决定进入梅雷迪思的屋子，梅雷迪

---

[234] Sebnem Arsu, "Turk Who Shot Pope in 1981 to Be Released From Prison", *N. Y. Times*, Jan. 9, 2006, available at https://www.nytimes.com/2006/01/09/world/europe/turk-who-shot-pope-in-1981-to-be-released-from-prison.html［https://perma.cc/ZMM2-XY66］, last visited on Apr. 19, 2019.

思的反应和抗拒被阿曼达和拉法埃尔听到（阿曼达的房间离梅雷迪思的房间非常近），他们被干扰到了，并介入其中，接着发生的事情就是，鲁迪让他们进入屋子，他们帮助鲁迪，成为与鲁迪侵犯并杀死梅雷迪思的共犯。

因为这两个年轻人在文化与知性中深爱着对方，他即将毕业，而她则专心致志，都决定参与最后违抗梅雷迪思意志的行为。他们两个人，特别是阿曼达，与梅雷迪思有着亲密友好的关系，而在造成梅雷迪思死亡之前，他们本一次又一次地有着其他的选择。法庭无法理解，他们为何最终能够做出如此极端邪恶的选择。正如阿曼达供述的一样，可以证明的推理是，当晚他们使用了令人致幻的物质，这是使他们做出这种邪恶选择的罪魁祸首。[235]

我们很难听不到，在这种对一起狂乱的谋杀变幻不定的重现之中，有着这座小城的法院自己的声音。这种声音是一种偏见与怀疑，是由于一个毫不尊重当地风俗礼仪的、充满魅力的女人所激起的。也许，美国定罪量刑分离的审判，可能会通过排除品性证据，从而使得这种过激的判决更加难以作出。当然，在美国，有罪或无罪的判决由陪审员作出，而陪审团的偏见是永远无法被上诉程序检验的。但不管怎样，对于该法院的裁决可以吸取的教训是：欧洲大陆司法依赖职业的司法官员，如果这些职业法官出现问题，那么危险就会降临。

然而，故事并不是到此就截止了。正如米拉贝尔所评论的，不同于美国的司法体系，意大利的司法体系允许上诉法院仔细审查判决。2012 年初审法院的判决被推翻了，后被恢复，但之后又被推翻了。[236] 欧洲大陆上诉程序设计的目的就是为了纠正职业法官的疏漏，在这个案子中它的确起作用了。

这里需要提到意大利司法体系的一个失败之处。它的失败在于，其偏离了意大利式的宽赦，而逐渐陷入一种自相矛盾之中。诺克斯案中，最令人沮丧的一个原因与一个奇怪的事实有关：确实存在着一个在谋杀现场的目击者，但是这个目击者却从未直接作证说明当时发生了什么。显然，这个目击者就是鲁迪·盖德。为什么我们会没有鲁迪·盖德的目击证词呢？[237]

答案就在于，1988 年的意大利刑事诉讼改革中，提供了一种有关宽赦的选择，它表明了与通过职权主义方式来获取全部真相的欧洲大陆的传统相比，意大利的刑事司法与之相差的距离有多远。盖德申请并被允许适用"简易审判程序"，

---

〔235〕　Sentenza della Corte d'Ass., n. 7/2009, pp. 390-4.

〔236〕　Julia Grace Mirabella, "Scales of Justice: Assessing Italian Criminal Procedure through the Amanda Knox Trial", 30 B. U. Int'l L. J. 253-4 (2012).

〔237〕　盖德的确出庭了，2014 年的法庭的确非常努力地希望从他的证言中获得有用的信息。然而，比起通过不受拘束的有罪供述而消除本案中的一切疑惑，从暗示和只言片语中获得有用信息难上加难。

同时还附随适用自 1988 年改革后，更轻缓的量刑措施。现如今，意大利已经不是唯一的为被告人提供这种选择的国家了。其他国家的司法系统也为选择放弃完整审判的被告人提供轻缓的量刑。但是，当其他国家的司法系统这么做时，它们往往和被告人进行交易：施予轻缓的量刑，换来被告人的全面合作。它们施予宽赦——但仅仅针对作出认罪供述并指证共犯罪行的被告人。这里借用约翰·朗本的一句名言，其他国家的司法系统中的这种程序制度，就是为了诱使被告人发挥"证据资源"的功能而设计的。[238]

然而，意大利却并不是这样的。1988 年设立的简易审判程序，赋予被告人不作认罪供述和不合作的权利。[239] 盖德从未作出认罪供述，也没有表示要合作。他对警方的陈述，都是为了逃脱罪责而对事实的歪曲直言。他主张了自己被宪法保障的不自证其罪以及不被以各种形式强迫作证的权利。盖德被提供了轻缓量刑的机会。但是，也导致了如此不关注发掘事实真相的意大利司法系统，错过了利用量刑杠杆来获取真相的机会。鲁迪·盖德——意大利宽赦的受益者，永远不会成为"证据资源"，而这也是唯一的、最重要的原因使我们永远不知道梅雷迪思·克尔彻被谋杀的那个夜晚到底发生了什么。

---

〔238〕 John H. Langbein, "The Historical Origins of the Privilege against Self-Incrimination at Common Law", 92 *Mich. L. Rev.* 1047, 1053 (1994).

〔239〕 See Elisabetta Grande, "Italian Criminal Justice: Borrowing and Resistance", 48 *Am. J. Comp. L.* 254 (2000). 简易审判程序对于所有放弃完整审判的被告人都适用。

美国"例外论"与比较程序[*]

[美] 奥斯卡·G. 蔡斯[**] 著

施鹏鹏 丁圆圆[***] 译

导 论

几十年来,程序比较法学者及社会理论家对社会文化及社会认同的纠纷处理手段之间的关系投以关注。[1]尽管这样一种关系(指社会文化与纠纷处理手段之间的关系)为学者所普遍接受,但它与程序改革实际工作的关联性依然饱受争议。[2]随着商业和个人活动的全球化,跨国界的程序移植或协调因此受到激励,这个议题的重要性日益凸显。[3]例如,美国法律协会正在进行的"跨国民事诉讼规则"项目便反映了这一趋势,该项目"旨在起草一国可用于解决国际贸易纠纷

---

[*] 原文 American "Exceptionalism" and Comparative Procedure,原载《美国比较法杂志》2002 年春季刊(50 *The American Journal of Comparative Law* 277).

[**] Oscar G. Chase,纽约大学法学院教授.

[***] 丁圆圆,中国政法大学证据科学研究院司法文明专业 2018 级硕士研究生.

[1] See, e. g., Cappelletti, "Social and Political Aspects of Civil Procedure-Reforms and Trends in Western and Eastern Europe", 69 *Mich. L. Rev.* 847, 885-6 [引用 19 世纪著名奥地利程序学家弗朗茨·克莱因(Franz Klein)对文化和程序联系的观察]. See also Abel, "A Comparative Theory of Dispute Institutions in Society", *Law and Society Review* 217 (1973); Mirjan R. Damaška, *The Faces of Justice and State Authority*, Yale University Press, 1986; Damaška, "Rational and Irrational Proof Revisited", 5 *Cardozo J. Int'l and Comp. L.* 25 (1997); Felstiner, "Influences of Social Organization on Dispute Processing", 9 *Law and Society Review* 63 (1974); Laura Nader & Harry F. Todd, Jr. (eds.), *The Disputing Process-Law in Ten Societies*, Columbia Univ. Pr., 1978; Katherine S. Newman, *Law and Economic Organization*, Cambridge University Press, 1983; Simon Roberts, *Order and Dispute*, Quid Pro LLC, 1979. Taruffo, "Transcultural Dimensions of Civil Justice", XXIII *Comparative Law Review* 1 (2000).

[2] E. g., Jackson, "Playing the Culture Card in Resisting Cross-Jurisdictional Transplants: A Comment on 'Legal Processes and National Culture'", 5 *Cardozo J. Int'l and Comp. L.* 5-53 (1997).

[3] 对相关发展若干范例的深入透彻探讨,参见 Gerhard Walter & Fridolin M. R. Walther, *International Litigation: Past Experiences and Future Perspectives*, Bern: Stämpfli, 2000. See also Taruffo, "Transcultural Dimensions of Civil Justice", XXIII *Comparative Law Review* 1, 14-8 (2000)(阐释了为程序协调所进行的工作).

的程序规则";〔4〕又如在拟议的《海牙判决执行公约》;〔5〕再如欧盟成员国纠纷解决规则的协调化努力。〔6〕

在先前的论文中,我曾认为,将诉讼程序从一个社会移植至另一社会所引发的问题甚至要比"所借鉴的方法可否在新的环境下有效运行"这一机制性问题更为重要:新引进的程序是如何影响采纳这些程序的社会呢?〔7〕这会引发何种更广泛的文化变革?优或是劣?在这些担忧的背后是如下附属的论点:①在任何文化中,纠纷解决的正式程序均反映和表达了形而上学及其价值观;②纠纷解决程序因其公开性、戏剧性和重复性,反过来又是承载社会价值和社会观念沟通的一大过程(也可称为仪式),故对于正在进行的文化传承和文化维系工作至关重要。在本文中,我仅关注第一个论点,即法院的诉讼程序反映了使用群体的基本价值观、情感和信仰("文化")。我将以美国为例,展现美国文化中已被充分论证的特质是如何反映在民事诉讼的程序规则之中的。

当然,任何社会所出现的大部分纠纷并非均须通过法院系统,即便是重大纠纷也可能通过仲裁、调解或和解来解决。但关注"官方"的纠纷解决规则依然是正当的,因为最重要的纠纷仍然会提交至法庭,而且这些规则的"官方"地位反映了如下意涵:当重大纠纷胜败攸关,且无法通过私人方式解决,则诉讼依然是正道。

我将"文化"作为解释变量使用无疑会引发争议。这个术语需要界定和一定的辩护。"构建一个人类学核心概念一直都是困难的,但从未有现在这般困难。"〔8〕主要困难源自于这个概念固有的模糊性、对实践和信仰永恒不变的潜在信息误导性以及拒绝承认个人偏离甚至反对社会正统的可能性。但这些问题并没有减损"文化"这一概念作为承认人类群体在实践、价值观、象征和信仰方面存在某种集体共性的简要方式。我赞同阿姆斯特丹(Amsterdam)和布鲁纳(Bruner)

---

〔4〕 Transnational Rules of Civil Procedure, Preliminary Draft No. 2 (The American Law Institute: Philadelphia, 2000) 2. See also Hazard, Jr. & Taruffo, "Transnational Rules of Civil Procedure", 30 *Cornell Int'l L. J.* 493 (1997).

〔5〕 普丰德(Pfund)的文章便讨论了这一建议案,参见 Pfund, "The Project on the Hague Conference on Private International Law to Prepare a Convention on Jurisdiction and Recognition/Enforcement of Judgments in Civil and Commercial Matter", 24 *Brooklyn J. Int'l L.* 7 (1998)(拟议公约研讨会的会议论文)。

〔6〕 对这一问题的阐释与讨论,参见 Walter & Walther, *International Litigation: Past Experiences and Future Perspectives*, Bern: Stämpfli, 2000, pp. 33-4.

〔7〕 Chase, "Culture and Disputing", 7 *Tul. J. Int'l & Comp. L.* 81 (1999); Chase, "Legal Processes and National Culture", 5 *Cardozo J. Int'l & Comp. L.* 1 (1997).

〔8〕 Engle Merry, "Law, Culture and Cultural Appropriation", 10 *Yale J. L. & Human* 575, 579 (1998).

的观点："我们似乎需要文化这一概念，将诸多混合要素进行整体的评价，将人群所面临的既定时间和地点、非永恒的独特张力系统进行整体的评价。"〔9〕我接受"文化"这一概念，它所指代的共性具有时间跨度却难以永恒、涉及某一群体却非别无二致。

美国式官方纠纷解决方式的主要特征是，将正式法律规则作为法律适用规范，将感官证据作为事实来源，这是所有智识源自启蒙运动之国家的共同之处。〔10〕因缺乏更佳的措辞，我称这些纠纷解决方式为"现代"体制。如果我们将现代纠纷解决体制与那些依靠信仰获得真相的方法（如神谕或神意裁判）相提并论，则文化和诉讼程序之间的关联变得更加明显了。〔11〕但我拟提出一个更棘手的论点：即便在奉行现代体制的国家内，文化差异背后也可发现纠纷解决体制的差异。总之，我拟着力分析美国和其他奉行现代体制国家之间纠纷解决方式的不同，并凸显这些差异背后的文化根源。

为避免这一论断将来受诟病，我认为美国与其他国家在诉讼领域内的公认差异并非完全甚至主要不是"法律文化"的问题，而是国家文化，即一套国民普遍认同的价值和观念体系问题。〔12〕我并不否认在法律体系运行过程中由律师和法官所组成的职业群体要比业余人士对诉讼实践的影响深远许多，也不否认他们的诉讼实践反映了自己的利益和职业化。但至少在民主国家，他们（职业群体）的狭隘观念均受到体系所属且为之服务的民众所设定要素的限制。且职业人士本身也是同一文化的产物，无法轻易摆脱其基本的价值观和信仰。如果这篇文章可得偿所愿，则它将展示纠纷解决与文化之间的联系深度，由此助益读者得出同样的结论。

无论描述何种文化与纠纷解决方式之间的关系，均需要对这一图表的轴线进行一些说明。我首先将谈谈美国社会的若干显著特征；而后，我将解读这些文化偏好是如何反映在美国民事程序中四大独特的重要设计：民事陪审团、当事人主

---

〔9〕 Anthony G. Amsterdam & Jerome S. Bruner, *Minding the Law*, Harvard University Press, 2000. 作者对文化概念所秉承的观点，综合了"社会-制度"和"解释-建构主义者"的理念。"前者致力于凸显制度化、合法化形式的重要性，所有形态的社会均需要立足这些形式以建立和维持其正统性；后者强调一种无处不在的压力，这种压力源自于制度化正统性上个体或集体对可能世界的建构。" Id.

〔10〕 对这一主题的探讨，参见 Mirjan Damaška, "Rational and Irrational Proof Revisited", 5 *Cardozo J. Int'l and Comp. L.* 25 (1997).

〔11〕 请参阅我对阿赞德人使用神谕的讨论，参见 Chase, "Culture and Disputing", 7 *Tul. J. Int'l & Comp. L.* 81 (1999)；Chase, "Legal Processes and National Culture", 5 *Cardozo J. Int'l & Comp. L.* 1 (1997).

〔12〕 关于法律文化有别于国家文化的论述，参见 Jackson, "Playing the Culture Card in Resisting Cross-Jurisdictional Transplants: A Comment on 'Legal Processes and National Culture'", 5 *Cardozo J. Int'l and Comp. L.* 51, 53-7 (1997).

导的审前证据开示程序、消极的法官以及由当事人遴选的鉴定专家。

一、美国文化

自一百五十余年前托克维尔（A. De Tocqueville）发表了他对美国社会的观察以来，美国 "例外论" 一直备受关注和讨论。"托克维尔是第一个将美国视为例外的学者，即（认为美国）本质上区别于其他任何国家。"[13] 令托克维尔深感震撼的美国特质，诸如个人主义、平等主义，以及热衷于通过诉讼解决纠纷等，长时间内在美国存在，且为其他社会学徒所效仿。西摩·马丁·李普塞特（Seymour Martin Lipset）是 "美国唯一" 论的现代主要倡导者。他在其新近的大作《美国例外论：双刃剑》（American Exceptionalism: A Double-Edged Sword）中阐明了观点。[14] 因为李普塞特对美国文化进行了极其成功的标准描述，我将围绕他的作品对此进行集中讨论，但应提醒读者注意的是，李普塞特只是众多识别出美国类似特征的学者之一。[15]

李普塞特描述了美国独特价值观的社会及制度表现，对显示这些价值观持续走强的现代调查结果进行了报道，并对原因进行了解读。虽然 "例外论" 并非未受到质疑，[16] "怀疑论者依然可能未信服"，但李普塞特的论点 "无疑是不可抗拒的，因为它有广泛的调查数据和实例作为支撑"。[17] 正如稍后我从比较法的角度对美国民事诉讼制度进行解读所将发现的，美国的纠纷解决机制又为 "例外论" 提供了另一例证，这与李普塞特的描述相符。

根据李普塞特的观点，美国的 "意识形态可以用五个词来描述：自由主义、

---

〔13〕 Seymour Martin Lipset, *American Exceptionalism: A Double-Edged Sword*, W. W. Norton & Company, 1996, p. 18. 甚至在托克维尔之前，便有其他学者对美国社会的特殊方面进行过评论。李普塞特提到了伯克（Burke）和克雷弗柯（Crevecouer），id. , pp. 33-4.

〔14〕 Seymour Martin Lipset, *American Exceptionalism: A Double-Edged Sword*, W. W. Norton & Company, 1996, p. 18.

〔15〕 See, e. g. , Jerold Auerbach, *Justice Without Law?*, Oxford University Press, 1984, p. 10（将美国描述为 "主导伦理为竞争性个人主义" 的社会）; Geert Hofstede, *Culture's Consequences*, SAGE Publications, 1980, p. 222; Robert N. Bellah et al. , *Habits of the Heart-Individualism and Commitment in American Life*, Harper Collins, 1985, p. 142; Lawrence M. Friedman, *The Republic of Choice-Law, Authority, and Culture*, Harvard University Press, 1990, pp. 27-35.

〔16〕 See, e. g. , Gerber, "Shifting Perspectives on Americans Exceptionalism: Recent Literature on American Labor Relations and Labor Politics", 31 *J. Am. Stud.* 253（1997）, and authorities collected at id. , n. 1.

〔17〕 Verba, "Review, American Exceptionalism: A Double Edged Sword", 91 *Am. Pol. Sci. Rev.* 192, 193（1997）.

平等主义、个人主义、平民主义和放任主义"。[18] 正如李普塞特所指出的，美国的平等主义是"机会和尊重的平等，而不是结果或条件的平等"。[19] 因此，美国的平等主义与个人主义及放任主义相一致。[20] "美国的价值体系和信条，凸显的均是个人。"[21] 正是强调个人与所有其他国民的地位平等，才产生了平民主义、权利导向和放任主义（或反集权主义）的态度。

李普塞特认为，这些价值观可以解释美国社会诸多与众不同的特征，包括一些远非令人羡慕的特征，如高犯罪率。更多模糊的影响还体现在政府机构及政府惯例的性质之中。例如他指出，美国中央政府处于相对弱势的地位，以及非常谨慎地涉入经济。他观察到，《美国联邦宪法》"建立了分裂的政府形式，反映出国家的奠基者们有意建立一个弱小、内部冲突的政治体系"。[22] 除美国之外的几乎所有其他现代国家均设立了议会制度，多数党实际上行使着几乎全部的权力。正如达马斯卡在论及美国政府时所言，"对于外国人而言，最令人吃惊的是权力的不断分裂和分权。"[23]

个人主义、自由主义和放任主义的价值观也可以解释相对低层级的美国经济和社会管制（除较奇特共存的清教主义，这可以解释较严格的性和毒品法）。[24] 美国政府对福利国家项目的资助甚微，无论是文化活动还是全民医疗保健。这也反映出了典型的放任主义和个人主义，即便在宪法中也是如此。与美国不同，许多欧洲国家的宪法设有一些条款，强制要求政府履行福利国家义务。[25] 在玛丽·安·格伦顿（Mary Ann Glendon）看来，这些宪法上的差异是"对国家及国家职能不同且根深蒂固的文化态度的法律体现，现在欧陆诸国的人民，无论是右派还是左派，均比美国人民更倾向于让政府承担积极的义务"。[26] 与此同时，《权利法

〔18〕 Seymour Martin Lipset, *American Exceptionalism: A Double-Edged Sword*, W. W. Norton & Company, 1996, p. 33. See also Jacob, "Courts and Politics in the United States", in Herbert Jacob, Erhard Blankenburg, Herbert M. Kritzer, Doris Marie Provine & Joseph Sanders eds., *Courts, Law, and Politics in Comparative Perspective*, Yale University Press, 1996（"影响美国法律体系的普遍信仰"包括个人主义、权利导向和平等主义）.

〔19〕 Id., p. 19.

〔20〕 托克维尔也承认平等主义和个人主义之间存在相互支撑关系，参见 A. De Tocqueville, *Democracy in America*, Perennial Library, 1969, p. 641.

〔21〕 Id., p. 20. 除李普塞特所引用的、关于美国文化较其他文化更具个人主义观点的学术文献外，参见 authorities cited at nn. 9-10.

〔22〕 Id., p. 39.

〔23〕 Mirjan R. Damaška, *Faces of Justice*, Yale University Press, 1986, p. 233.

〔24〕 Id., p. 58.

〔25〕 Id., p. 22.

〔26〕 Id., p. 23, quoting Glendon, "Rights in Twentieth Century Constitutions", in Geoffrey R. Stone, Richard A. Epstein & Cass R. Sunsteineds., *The Bill of Rights in Modern States*, University of Chicago Press, 1992, p. 521.

案》赋予美国公民有权不受政府干涉自由的理想。正如杰罗德·奥尔巴赫（Jerold Auerbach）所言，"法律吸收并强化了与美国个人主义和资本主义相关的竞争和获益价值观。"[27] 如果这是法律的普遍真实情况，那么纠纷解决程序更是如此。

既然美国的价值观强烈影响了政府的设置，那么如果这些价值观未形成美国纠纷解决的"例外论"，那显然是非常奇怪的。"关于政府职能的主流观点可以使我们了解关于司法目的的观点，而后者又与程序的诸多设置密切相关。因为只有某些特定的司法形式才适合于某种特定的目的，所以，只有某些特定的司法形式才能在主流意识形态中获得正当性。"[28] 尽管李普塞特并未讨论程序细节，但他确实将美国的价值观和法律体系的运行联系起来。例如他指出，在美国，法官是由选举或当选官员任命产生，而在其他大多数国家，法官是受过专门培训的专业文职人员，他们通过竞争进入岗位，一般整个职业生涯均在司法部门度过。[29] 美国的做法（选举或政治任命）是平民主义的众多表现之一，根源于平等主义的理想。

李普塞特还指出，美国的个人主义和平等主义强调以权利为基础的法律话语体系，这可以解释为何美国比其他工业化国家有更高的诉讼率。[30] "在美国，平等主义是建立在自立的平等权（equal rights of free-standing）及权利主张个人（rights-asserting individuals）的概念基础之上。"[31] 美国人对法院的情有独钟可能也表明反集权主义诉求的衰微。法院是政府机构，诉诸法院解决纠纷不可避免地需要借助政府权威。但我认为，这里存在一个要点，即法院与其他政府机构的不同便在于通过诉讼以追求个人利益，这有助于更好地理解个人主义和放任主义。与大多数政府机构相比，法院应对个人诉求的个别化追求有回应。考虑到民事诉讼绝大部分由诉讼当事人控制，即当事人推进诉讼，主导方向，通常也决定最终

---

〔27〕 Jerold Auerbach, *Justice Without Law?*, Oxford University Press, 1984, p. 138.

〔28〕 Mirjan R. Damaška, *Faces of Justice*, Yale University Press, p. 11. 达马斯卡并未主张政治组织和目的是法律程序的唯一决定因素。但值得注意的是，他承认（法律程序）会受到"现有道德和文化经验、继受信仰的结构以及类似因素"的限制（原文引用存在错误，译者作了更正，特此说明——译者注）. Id., p. 241.

〔29〕 Seymour Martin Lipset, *American Exceptionalism: A Double-Edged Sword*, W. W. Norton & Company, 1996, p. 43.

〔30〕 Id., pp. 49-50. 美国人好讼的主张得到了统计数据的支持。统计数据表明，美国的人均律师数量以及侵权成本占国民生产总值的百分比远远领先于其他五个欧洲工业国家。参见 Table 1-1 p. 50. See also Id., p. 227, 美日之间也有类似的差距。奥尔巴赫也认为，美国的个人主义与极高的法院使用率存在联系。参见 Jerold Auerbach, *Justice Without Law?*, Oxford University Press, 1984, pp. 10-1, 138-40. 马克·加兰特（Marc Galanter）对美国人比其他民族更热衷诉讼的观点提出质疑，参见 Marc Galanter, "Reading the Landscape of Disputes: What We Know and Don't Know (and Think We Know) about Our Allegedly Contentious and Litigious Society", 31 *UCLA L. Rev.* 4 (1971).

〔31〕 Seymour Martin Lipset, *American Exceptionalism: A Double-Edged Sword*, W. W. Norton & Company, 1996, p. 235, quoting Dore, "Elitism and Democracy", 14 *The Tocqueville Review* 71 (1993).

的结果（绝大多数美国的民事诉讼会在审判前解决）。法院既不干预也不协助，除非被请求如此为之，通常仅限于案件的诉讼当事人。且正如我们将在下文中更详细看到的，美国意识形态的价值观很明白无误地构成了美国纠纷解决形式和结构的基础，并事实上促成了美国在纠纷解决方面的"例外论"。

二、比较法背景下的美国纠纷解决程序

（一）当事人主义或职权主义

当今世界诉讼制度通常分为当事人主义（普通法系）和职权主义（大陆法系），这种分类方法广为熟知。但这样的划分也是不完善的，因为即便同属某一类型的国家之间也可能存在较大的差异。[32] 此外，这些核心术语也带有一定的贬损和误导，大陆法系的法律人便强烈否认他们的诉讼模式是任何贬义上的"职权主义"。[33] 尽管如此，这些标签虽然具有一定的局限性，但仍不失为一种简便的区分方法。甚至此前曾批评过这种分类方法过于简单的达马斯卡也认为，这种对照（当事人主义与职权主义）的核心意涵依然具有毋庸置疑的合理性。当事人主义诉讼模式以比赛或辩论为模型：对立的双方在相对消极的裁判者前负有推进义务，而裁判者的主要职责便是作出裁决；而职权主义模式则体现为官方调查。在第一种模式下，双方当事人控制着大部分的诉讼进程；而在第二种模式下，法官负责完成大部分的活动。[34]

美国属于当事人主义阵营，这表明其诉讼程序与自由主义、个人主义、平等主义、平民主义和反集权主义紧密相关，概而言之，即美国所高度重视的"竞争性个人主义"。[35] 正如我将着力阐明的，即使与普通法系其他近亲国家相比，美国的诉讼程序就如同她的价值观一样也是非常独特的。当我们以达马斯卡所构建

---

〔32〕 See Mirjan R. Damaška, *Faces of Justice*, Yale University Press, 1986, pp. 3-6.

〔33〕 See Damaška, p. 4. 他指出："另一方面，对于英美法系法律人而言，这两个概念充斥着价值判断：对抗制是描述自由司法管理的赞誉修辞，与对立的专制程序相反。"对该术语的另一尖锐批评参见 Mauro Cappelletti & Bryant G. Garth, "Chapter 1, Civil Procedure", *International Encyclopedia of Comparative Law*, Mohr Siebeck, 1987, pp. 31 - 2. 但他们意识到，许多普通法系法学家继续使用这一术语。另参见 Taruffo, "Transcultural Dimensions of Civil Justice", *Comparative Law Review* 28 (2000) (这一区分"在很大程度上是不可靠或无用的"）。

〔34〕 Mirjan R. Damaška, *Faces of Justice*, Yale University Press, 1986, p. 3.

〔35〕 See Seymour Martin Lipset, *American Exceptionalism：A Double-Edged Sword*, W. W. Norton & Company, 1996, p. 108. "美国的社会结构和价值观助长了自由市场和竞争性个人主义。"另参见 Jacob, "Courts and Politics in the United States", in Herbert Jacob, Erhard Blankenburg, Herbert M. Kritzer, Doris Marie Provine & Joseph Sanders eds. , *Courts, Law, and Politics in Comparative Perspective*, Yale University Press, 1996, p. 29. "美国的法律体系反映了美国政治、法律传统的核心价值观，特别是强调个人权利，关注对提议行为的合宪性、有限政府以及平等主义的愿景。"

的世界程序体系这一更精细的理论框架来审视美国的纠纷解决程序时，也可以得出同样的观点。[36]

（二）达马斯卡理论框架下的美国例外论

在《司法和国家权力的多种面孔——比较视野中的法律程序》一书中，达马斯卡对"当事人主义/职权主义"的程序分类提供了一种替代方案。他提出了两个维度，并以此对相关类型的政府进行了列表说明：第一个维度涉及"政府的组织结构"，即权力"特征"；第二个维度涉及"政府的法定职能，或者更具体而言，是对司法运行目的的不同观点"。[37]他认为，一个国家的程序将反映出对政府的基本态度，这一动态机制在现实世界中虽不完善，但可以被观察到。[38]尽管并未对程序进行逐国的比较，但达马斯卡经常将大陆法系和英美法系作出区分（有时也将英国和美国区分开来），并将特定国家程序作为范例。他阐释了特定的程序是如何从政府组织结构的基本偏好中形成，以及如何随着特定地方的历史经历发生变动。因此达马斯卡认为，现代纠纷解决机制的文化根基是非常深厚的。正因为如此，他指出，为什么在一个系统中看起来很"正常"（的纠纷解决机制），在另一个系统看来却是"怪异的"。[39]

（三）达马斯卡理论中的"权力组织特征"

为描述程序权力的特征，达马斯卡区分了科层式理想型和协作式理想型。[40]在达马斯卡看来，权力结构（科层式或协作式）预示着该权力结构所适用的程序。[41]科层式理想型"主要对应传统的官僚体制理念。它的特点是：由一群职业官员群体，按等级体制构建，依技术化标准作出裁决"。[42]这一理想型通过使用专家或职业人员，[43]在"合作伦理"的推动下，并受到上层监督及规则[44]约束裁判体制的强化，包含了"一种强烈的秩序感和一种对一致性的欲求"。[45]"因此，私人程序行动在科层式权力的词汇中几乎是一个矛盾体。"[46]

---

〔36〕 Mirjan R. Damaška, *Faces of Justice*, Yale University Press, 1986, at nn. 103-31, infra（参见文中对他所提出方法的讨论）。

〔37〕 Mirjan R. Damaška, *Faces of Justice*, Yale University Press, 1986, p. 9.

〔38〕 Id., pp. 8-14, 240-1.

〔39〕 Id., p. 66.

〔40〕 Id., p. 17.

〔41〕 Id., p. 47.

〔42〕 Id., p. 17.

〔43〕 Id., pp. 22-3.

〔44〕 Id., pp. 20-1.

〔45〕 Id., pp. 19-20.

〔46〕 Id., p. 56.

协作式理想型则"由非专业人士的群体，按单一层级的权威体系构建，适用无差别的标准作出裁决"。[47] 司法的组织体系"是无固定结构的，[48] 权力赋予业余人士，'基本上相当于外行官员'，可能也会得到专业人士的协助，但他们的裁决会缺乏一致性"。同一位偏爱科层式权力组织方式的人士相比，一位乐于接受协作式理想型的人士还必须准备容忍不一致性以及相当大程度的不确定性。[49] 此外，提供证据的责任和其他准备工作并非交由法官，而是由双方当事人及其代理人负责。[50]

科层式的权力结构及其权力结构在制度上所认同的程序机制，强调的是"规则的权威性"，与美国的价值观相抵触，而协作式的权力结构模式却与之相符。基于对美国文化的了解，正如我所预料的那样，达马斯卡发现，"美国的司法组织……比其他任何西方工业国家的司法机构，更深受协作型思想的影响。"[51] 与此相反，大陆法系模式则长期且一直[52]保持着"非常明显的官僚科层式风格"，特别是从普通法的角度看。[53]

（四）达马斯卡理论中的"政府品性"

程序的第二个决定因素是政府"品性"，即"回应型"国家或"能动型"国家。[54] 前者仅提供公民追求自己目标的框架，司法管理是典型的冲突解决型。而能动型国家则并非如此，它包含着某种特定的美好生活图景，并致力于实现它。司法的特点便在于执行政策。"真正能动型国家的法律程序围绕着职权调查这一核心理念进行建构，并致力于执行国家政策。"[55] 现实世界的范例包括苏联和以毛泽东为领导人时代的中国。[56]

达马斯卡认为，不同国家的品性和司法角色对程序权力的组织和实施方式产生着必然的影响。他指出"程序设置遵循政府目标"的三种方式：一是表现为"政治学说的基本信条"，即将政治意识形态领域中的"个人自治理念"转移至回应型国家的司法管理中；二是程序形式在"概念上隐含于"某种程序目的之内；

---

[47] Id., p. 17.

[48] Id., p. 23.

[49] Id., p. 26.

[50] Id., pp. 57–65.

[51] Mirjan R. Damaška, *Faces of Justice*, Yale University Press, 1986, p. 18.

[52] 达马斯卡追溯至 11 世纪天主教会组织，参见 id., pp. 29–38.

[53] Id., p. 38.

[54] Id., pp. 71–88.

[55] Id., p. 147.

[56] Id., pp. 194, 204.

三是程序形式可能比其他可选择的形式更能有效地实现司法目的。[57]

因为冲突解决型的程序与奉行自由放任主义的国家更为契合，故“美国法律程序给双方当事人配置了异常广泛的程序行为，特别是在审判准备程序中，为（双方当事人）进行自由的程序选择提供了诸多机会，这是其他国家所难以比拟的”[58]。

（五）达马斯卡观点的总结

在探讨了两套不同对立范式（科层式与协作式、回应型国家与能动型国家）各自产生的程序性后果后，达马斯卡就它们之间如何结合提供了一些想法，因为在他看来，能动型国家并不必然只作科层级的政府设置，回应型国家也不仅只适合于协作型的政府设置。囿于时间和篇幅，这里无法对这些相互影响的细微差别作深入思考。就写作目的而论，令我感兴趣的是，当回应型的国家采用协作模式时，美国程序可在何种程度上对所预想之特征进行最适宜的复制。[59]尽管美国政府采取了一些“能动”的计划（如罗斯福新政或“公益诉讼”），但国家机器受协作型模式特征的持续影响，这是美国国家能动主义最显著的特征之一。在美国，这些遗存的特征，特别是在司法机构中，比其他任何现代工业化国家都明显。[60]

达马斯卡的伟大成就在于创造了可以对法律程序进行考察的框架，因为法律程序根植于对国家权力的态度，并受到政府角色转变的影响。[61]虽然达马斯卡坚持认为政治因素在解释“程序制度的宏大轮廓中发挥着核心作用”[62]，但他补充到，政府对程序设计的选择受到“现有道德和文化经验、继受信仰的结构以及类似因素”的限制。因此，即便之于现代国家的纠纷解决制度，我们也可作文化联系的考察。我尝试对达马斯卡的程序形式分析作如下补充：首先，在文化背景下对美国的“个案”作更详细的分析；其次，将更直接的文化依赖（即深层的价值观和信仰）作为首要的决定变量。社会对协作型设置和回应型国家的偏好并不会与该社会最普遍的价值观相分离，甚至在很大程度上是它的产物：达马斯卡模型中美国纠纷解决机制的位置，便源自于社会生活诸多领域随处可见的平等主义、个人主义、放任自由和平民主义。

---

[57] Id., pp. 94-6.

[58] Id., p. 108.

[59] Id., pp. 231-9.

[60] Id., p. 232.

[61] Mirjan R. Damaška, *Faces of Justice*, Yale University Press, 1986, p. 240.

[62] Id., p. 241.

让我们转向可具体反映这些价值观的特定程序规则。

三、美国程序例外论的一些特征

我认为，文化构成的美国"程序例外论"主要有以下四个特征：①民事陪审团；②由当事人主导的审前调查；③法官在审判或聆讯程序中相对消极的地位；④获取及使用涉及技术事项专家意见的方法。

（一）民事陪审团

"陪审团是美国最受尊重的制度之一。"[63] 它在美国审判中取得并维持着重要的地位，这是世界其他任何地区无可比拟的。尽管陪审团在大多数英语国家（但不包括世界其他国家）的刑事案件中一直发挥着重要作用，[64] 但令人惊讶的是，在民事诉讼领域，除美国还某种程度保留陪审团审判外，其他国家均不再适用。在美国，民事案件中接受陪审团审判的权利兼具历史性和标志性：它作为 1791 年所批准之《权利法案》的一部分加入《美国联邦宪法》第七修正案。[65] 在 1938 年《联邦民事诉讼规则》颁布时，起草者认为，应设一条款以提醒读者："《美国联邦宪法》第七修正案或美国立法所规定的接受陪审团审判的权利应为当事人保留，不受侵犯。"[66]《美国联邦宪法》第七修正案和《联邦民事诉讼规则》只适用于联邦层面的诉讼案件，但民事诉讼中接受陪审团审判的权利也规定在各州的宪法中。较典型的是《纽约州宪法》——这部宪法于 1777 年通过——规定该权利（民事诉讼中接受陪审团审判的权利）永远不受侵犯。[67]

相反，大陆法系国家均未设民事陪审团。[68] "在大陆法系看来，业余陪审团

---

[63]　Schwarzer & Hirsch, "The Modern American Jury: Reflections on Veneration and Distrust", in Robert E. Litan ed., *Verdict*, Brookings Institution Press, 1993, p. 399. See also George L. Priest, "Justifying the Civil Jury", id., p. 103（"在美国民主的各种机制和制度中，似乎有两种可不假思索提出的设置：投票权和陪审团的审判权，包括民事陪审团和刑事陪审团"）。但是，朱迪斯·雷斯尼克（Judith Resnik）认为，美国的法律制度正在贬损事实认定，无论是陪审团还是法官，参见 Judith Resnik, "Finding the FactFinders", in Robert E. Litan ed., *Verdict*, Brookings Institution Press, 1993, p. 500.

[64]　Mirjan R. Damaška, *Evidence Law Adrift*, Yale University Press, 1997, p. 28. 达马斯卡指出，在法国大革命之后，法国和其他地方建立了陪审团，但"欧洲大陆对陪审团的热爱并不持久"。当下，陪审团仅适用于比利时、瑞士和丹麦的刑事诉讼。Id., note 5.

[65]　《美国联邦宪法》第七修正案规定："在普通法的诉讼中，其争执价额超过 20 美元，由陪审团审判的权利应受到保护。由陪审团裁决的事实，合众国的任何法院除非按照普通法规则，不得重新审查。"在刑事案件中，《美国联邦宪法》第六修正案规定了接受"公正陪审团"审判的权利。

[66]　Federal Rule Civ. Proc., 38 (a).

[67]　The Constitution of the State of New York, Art. I, Sec. 2.

[68]　Mirjan R. Damaška, *Faces of Justice*, Yale University Press, 1986, p. 36, 指出平民参与作出判决被引入刑事诉讼中。See also Id., p. 208, 指出大革命后法国刑事审判中使用平民陪审员。

所作出（作为临时裁判者）的判决可以规避常规上诉机制的监督，这无疑是令人吃惊的。[69] 英国作为陪审团制度的起源国，除极少数种类的案件外，已然抛弃了民事陪审团。[70] 法律根源于英国的大多数国家也纷纷效仿之。[71]

不难看出，历史上美国对陪审团的偏好根植于美国的核心价值观。典型的主要包括平等主义、平民主义以及反集权主义。民事陪审团带有"强烈的平等主义",[72] 因为它赋予未有特定专业知识的外行人员比法官更优越的事实认定权，尽管法官受过专业训练且具备专业经验。虽然负责主持庭审的法官确实可以宣布陪审团的裁决无效，并以"法律问题"为由作出不利于陪审团所支持一方当事人的判决，但这种权力是受限制的。仅在"对于明智的陪审团而言，未有合法充分的证据可判处对该方当事人有利判决"的情况下，此权力方可以行使。[73] 担任陪审员是所有人应履行的公民义务，每个陪审员拥有平等的表决权，不分教育程度或社会地位，这也是平等主义的表现。陪审团使人们自愿跨越种族、民族和财产状况进行必需的交流和合作，这的确是一套令人惊叹的制度。

民事陪审团奉行平民主义，"是民主参与政治的化身"[74]，因为它允许人民直接参与治理。[75] 例如陪审团可以认定某一特定产品的设计或制造方式未符合合理安全的标准，但安全标准可能由法律或法规予以确定。在这类案件中，陪审员充分意识到他们行使着"小型立法机构"的权力。《美国律师协会杂志》新近所刊发的一篇文章中写道："与此前大不相同，坐在陪审席上的 12 名陪审员经常表现出愈发强烈的愿望，甚至吵吵嚷嚷，强迫美国的基础机构，如政府、商业公司甚至私人团体，改变他们的运作方式。"[76] 文章列举了陪审团所作出的许多重大

---

〔69〕 Mirjan R. Damaška, *Faces of Justice*, Yale University Press, 1986, pp. 219-20. 这一段论及 20 世纪前期英国仍然使用"传统的民事程序"，包括民事陪审团。

〔70〕 民事陪审团在英国的衰落，参见 Mary Ann Glendon, Michael Wallace Gordon & Christopher Osakwe, *Comparative Legal Traditions*, West Group, 1994, pp. 613-27. 书中所收集的材料表明，英国民事陪审团的萎缩始于第一次世界大战，并于 1965 年达到鼎盛：当时的上诉法院裁定，除立法特别授权外，不存在接受陪审团审判的权利。

〔71〕 Kaplan & Clermont, "England and the United States, in Chapter 6, Ordinary Proceedings in First Instance, Civil Procedure", XVI *International Encyclopedia of Comparative Law*, Nijhoff, 1984, pp. 3, 29 n. 265（据称加拿大和澳大利亚各省之间存在一些差异，但总体而言，陪审团在这些国家很少用于民事案件）。

〔72〕 Mirjan R. Damaška, *Evidence Adrift*, Yale University Press, 1837, p. 39.

〔73〕 Federal Rule Civil Proc., 50 (a). 如果"与证据证明力相悖"，法官也可以搁置陪审团的裁决，但在这种情况下，应由新的陪审团作出新的判决。

〔74〕 Mirjan R. Damaška, *Evidence Adrift*, Yale University Press, 1837, p. 42.

〔75〕 See Taruffo, "Transcultural Dimensions of Civil Justice", XXIII *Comparative Law Review* 1, 28（2000）（使用陪审团进行审判反映出对"人民"直接统治的文化偏好，而不是"职业训练和效率"的价值观）。

〔76〕 Curriden, "Power of 12", *ABA Journal* 36（August 2000）.

判决，以向被告及其行业释放信号，某些行为是不被接受的。

虽然民事陪审团当然也是政府机构，但它却具有反集权主义的特质，因为它允许人民背离其他政府机构的预想决定相关事项。无论在民事领域，还是在刑事领域，这都不只是理论问题，如围绕陪审团废法这一问题的争议所表明的，陪审团以"正义为名"偶尔无视法律的权力一直延续至今。[77]

陪审团与美国个人主义的联系并不如它同平等主义和平民主义的联系那般明显。一方面，在某种意义上，陪审团是反个人主义的，因为它以集体的形式运行。且公民并非自愿担任陪审员，而是迫于法律规定。另一方面，个人的作用是显而易见的，因为每个陪审团的人数很少——12 名甚至更少，有些司法区的陪审团只设 6 人。依传统，陪审团应作出一致裁决，任何一名陪审员都可让审判流产，并在事实上启动新的审判。[78] 但从诉讼当事人的角度切入，我们可更好地评估民事陪审团中所蕴含的美国个人主义价值观。对于拥有自由或财产的公民个人而言，陪审团被视为权利的保护者，而作为国家官员的法官则不是。

"作为美国精神的平等主义"和"作为个人权利保护机制的陪审团"的共时性发展，是体现文化价值观和纠纷解决制度之间相互构成作用的典型例证。在美国人民拥有"例外"价值观的同时，陪审团也在美国人的生活中获得标志性的地位。在美国独立革命时期，陪审团"深深地嵌入美国的民主精神"。[79] 18 世纪中叶，随着美国人越来越将自己视为独立的民族，陪审团已然成为抵制英王控制殖民地事务的一种手段，英国企图限制陪审团权力（的行为）被视为导致进一步引发不满的一项原因。[80] 从勇敢的陪审员反抗英国独裁政府的故事开始，陪审团一直是美国自我形象的重要组成："大多数的美国历史书都将 1735 年约翰·彼得·曾格尔（Zenger）诽谤政府案作为新闻自由的典型案例以及人民战胜贵族的范例。"[81] 曾格尔是纽约一份报纸的出版商，因该杂志刊登了对英国所任命之殖民地总督的尖锐批评而遭到起诉。为曾格尔辩护的汉密尔顿（Andrew Hamilton）一并提出了一项实体性请求和一个程序性论点。实体性请求为人民有批评政府的权利，而程序性论点则是陪审员有保护这项权利的权力。陪审员要亲眼看见，亲耳

---

〔77〕 Jeffrey Abramson, *We, the Jury*, Basic Books, 1994, pp. 57-95. 文中列举了几个陪审团拒绝定罪的案例，尽管存在大量的有罪证据。

〔78〕 并非所有司法区均要求作出一致判决。例如在纽约州，只要达到 5/6 便可以对民事诉讼案件进行判决，参见 N. Y. Civil Practice Law and Rules 4113（a）.

〔79〕 Valerie P. Hans & Neil Vidmar, *Judging the Jury*, Springer, 1986, p. 32.

〔80〕 Jeffrey Abramson, *We, the Jury*, Basic Books, 1994, pp. 23-33 and authorities cited. See also Id. , pp. 31-8.

〔81〕 Id. , p. 32.

聆听，并用自己的良知和观念来对同胞的生命、自由或财产作出裁判。[82]

尽管"曾格尔案"的传记作品颇有争议地将各个参与者理想化，但这一案例"确实有助于确立美国人对陪审团的独特看法，以及陪审团在法律与被治理者之间的地位"。[83] 杰斐逊在评价陪审团对于建构美国精神的持续作用时称，陪审团是"人民学习履行公民义务及行使公民权利的学校"。[84] 托克维尔则称："陪审团，尤其是民事陪审团，是自由制度最明智的预备。"[85] 现代学者认为，陪审团对参与者的道德推理产生持续影响。[86] 关于陪审团与价值观关系的新近案例是约翰·德罗宁（John DeLorean）无罪释放案。这位企业家声称警察圈套导致了毒品交易的指控。一名陪审员解释了判决结果："它传达了这样一个信息，就是我们的公民不会让政府做得过火，就如同《1984》一书一样。他们为德罗宁设置了一个又一个的陷阱。"[87]

乔治·普里斯特（George Priest）将投票权和陪审团审判联系起来，作为美国民主的两项机制，这"看起来无可非议"。[88] 两者均是美国价值观的标志。如李普塞特教授所言，并非所有美国人均偏好陪审团，它在法律体系中的地位并非一成不变。[89] 就如同它所置身其中的文化一样，是动态且存在争议的。它的权力随着社会生活的变化而兴衰。从一定意义上讲，民事陪审团呈衰微之势：无论是陪审团审理民事案件的频率，还是陪审团之于法官的权力。[90] 另一方面，正如我们所看到的，陪审员当下也乐于并渴望抓住机会行使广泛的权力。[91] 美国民事陪审团是否会如同其英国先祖一样，萎缩到毫不相干的地步，这在很大程度上取决于

---

〔82〕 Id. , p. 34.

〔83〕 Id. , note 3, p. 255.

〔84〕 As quoted by Abramson, *We, the Jury*, Basic Books, 1994, p. 31.

〔85〕 As quoted by Hans & Vidmar, *Judging the Jury*, Springer, 1986, p. 249.

〔86〕 Id. , pp. 248–9.

〔87〕 Id. , p. 18. 关于美国陪审团在缓和适用严厉的共同过失规则方面的作用，参见 Landman, "The History and Objectives of the Civil Jury System", in Robert E. Litan ed. , *Verdict*, Brookings Institution Press, 1993; Schwarzer & Hirsch, "The Modern American Jury: Reflections on Veneration and Distrust", in Robert E. Litan ed. , *Verdict*, Brookings Institution Press, 1993, pp. 22, 46–7.

〔88〕 See Mirjan R. Damaška, *Faces of Justice*, Yale University Press, 1986.

〔89〕 杰罗姆·弗兰克（Jerome Frank）对民事陪审团所进行的深刻且批判性的评估，参见 Jerome Frank, *Courts on Trial*, Princeton University Press, 1949. 关于美国陪审团人民理念在国家生活中发生变化的论点，参见 Abramson, "The Jury and Popular Culture", 50 *DePaul L. Rev.* 497 (2000).

〔90〕 Valerie P. Hans & Neil Vidmar, *Judging the Jury*, Springer, 1986, pp. 31-46; 1999 年，在联邦法院所提起的所有民事诉讼中，只有不到 2% 是由陪审团审理解决的，参见 *New York Times*, March 2, 2001, p. 1.

〔91〕 See text at Curriden, "Power of 12", *ABA Journal* 36 (August 2000).

延续至今的美国集体价值观元素的持续生存能力。〔92〕对律师、法官和公众的调查显示，民事陪审团在美国依然得到极其广泛的支持。〔93〕

（二）由当事人主导的证据收集：审前证据开示

个人主义、平等主义、自由放任主义和反集权主义在另一种纠纷解决实践中也是显而易见的（即便并非在性质上，但至少在程度上），即美国独有的由当事人主导的审前证据开示。如果将美国与大陆法系的国家相比，这种反差最为明显。

美国的程序规则允许律师在法庭外进行证据开示，但在请求对方当事人和证人合作时需要得到法庭权威的支持。依典型的美国规则，任何一方当事人均有权要求对方当事人（或者其他潜在的证人）在法官不在场的情况下经宣誓后回答口头问题（询证：a deposition），或回答书面问题（询问书：interrogatories）；打开文件进行检查；或者在身体或精神状况存在争议的情况下，由对方选择的医生进行体检。〔94〕正如一位英国律师所言："美国人如果未有证据开示和询证程序，则无法处理案件。证据开示是他的淋浴，而询证程序是他的早餐。"〔95〕除了设定程序完成的时间界限外，法官通常不会介入证据开示程序，除非一方当事人要求对某一特定要求或回答的正当性作出司法裁定。大陆法系的法庭不会允许任何涉及庭外事实的开示："大陆法系'证据开示'的弊端众所周知。"〔96〕

有观点可能认为，美国和大陆法系国家在证据开示规则方面的差异，最佳的解释并非潜在的文化差异，而是因为大陆法系缺乏集中审判。取证方式的不同可

---

〔92〕 斯蒂芬·叶泽尔（Stephen Yeazell）认为，陪审团在英国和美国的不同命运反映出两种文化之间更为普遍的差异，尤其是对政府集权的不同态度最为明显："美国坚持使用民事陪审团反映了对政府集权的不信任"。Yeazell, "The New Jury and the Ancient Jury Conflict", *U. Chi. Law Forum* 87, 106（1990）.

〔93〕 参见汉斯（Hans）所收集的调查数据，Hans, "Attitudes toward the Civil Jury: A Crisis of Confidence?", in Robert E. Litan ed. , *Verdict*, Brookings Institution Press, 1993; Schwarzer & Hirsch, "The Modern American Jury: Reflections on Veneration and Distrust", in Robert E. Litan ed. , *Verdict*, Brookings Institution Press, 1993, p. 248. 在 1978 年所进行的一项"雄心勃勃的全国性调查"中发现，80% 的受访者认为接受陪审团审判的权利"极其重要"，其他大多数人认为"重要"。Id. , p. 255.

〔94〕 根据 2000 年生效的《联邦民事诉讼规则》的一项修正案，任何一方当事人还必须向另一方提供与案件有关的文件和证人名单。参见《联邦民事诉讼规则》第 26（a）（1）条。

〔95〕 John Lew, as quoted in *The Daily Deal*, May 15, 2001, p. 5.

〔96〕 Mirjan R. Damaška, *Evidence Law Adrift*, Yale University Press, 1997, p. 115 n. 80. See also Id. , pp. 132-3; *Civil Procedure*, pp. 1-5（指出大陆法系国家现代民事诉讼程序的特点之一就是当事人及其律师的调查权限要么非常有限，就像西班牙和意大利一样，或者至少不像普通法系国家那样强大）。See Mirjan R. Damaška, *Faces of Justice*, Yale University Press, 1986, pp. 132-3. 新《日本民事诉讼法》（1996 年 6 月 26 日颁布）第 163 条允许当事人书面要求他方当事人提供相关信息。这个以美国的询证为蓝本的规则是"日本民事诉讼史上的一个里程碑"，参见 Omura, "A Comparative Analysis of Trial Preparation: Some Aspects of the New Japanese Code of Civil Procedure", in *Toward Comparative Law in the 21st Century* 723, 731（1998）; Mirjan R. Damaška, *Faces of Justice*, Yale University Press, 1986, p. 131.

以追溯至陪审团在普通法中的历史作用。在普通法系国家,当要求一群外行人在工作生活之余拨出时间以审理和帮助解决纠纷,则集中审判几乎是必需的。而在大陆法系国家,职业法官日常均在法庭里工作,因此审理案件事实并不需要进行集中审判。在司法实践中,由于取证分阶段,大陆法系的诉讼程序设置中并不怎么需要"审前"的准备程序。在为将来审判做准备时,为避免出现对一方当事人的证据"突袭"将损及真相发现过程,被证据突袭的一方将有机会在下一次的庭审中提出反驳证据。相反,审前证据开示对于美国民事诉讼而言相当重要,因为在陪审团审判的案件中,庭审获取新证据将导致重大延迟,会造成不便,几乎不可能。[97]

但这里有比庭期差异更关键的问题:大陆法系学者对证据开示很是反感,他们不仅认为证据开示制度没有存在的必要,而且认为私人当事人仅因涉诉便可翻查对方的文件,这具有不恰当的侵入性。[98]在大陆法系国家,强制取证被视为政府的职能,证据开示是令人反感的,因为它允许诉讼当事人行使仅为法庭所享有的权力和职能。例如,在大陆法系看来,对证人的正式询问应该在法庭上进行,而不是在某个律师事务所内。"可以想象,美国律师收集证人证言的方法在大陆法系将被视为对国家主导司法权的侵犯,并为多个欧陆国家立法所禁止。"[99]

此外,纯粹机制性的解释将大打折扣,因为美国证据开示的做法不同于其他亦规定集中审判的普通法国家。与陪审团一样,美国由当事人主导的审前证据开示也源于英国的实践。[100]强制开示权最早由英国的大法官法庭确立。[101]但同样,该程序在美国却变成一种"例外"的做法:一套可供涉诉私人当事人使用的强制调查工具。这在英国或其他地方均未有这种做法。因此,"美国的证据开示实践有时会出现'过度'的'刺探',甚至在其他普通法国家的律师看来亦是如此。"[102]因此,美国和英国在证据开示做法上的主要区别在于对对方当事人可以请求开示的范围。在英国,审前文件开示的请求仅限于那些与诉状所指事实相关

---

〔97〕 Mirjan R. Damaška, *Faces of Justice*, Yale University Press, 1986, p. 131.

〔98〕 相关的讨论及权威观点,参见 Rudolf B. Schlesinger, Hans W. Baade, Peter E. Herzog, and Edward M. Wise, *Comparative Law*, Foundation Press, 1998, pp. 69-75.

〔99〕 Mirjan R. Damaška, *Faces of Justice*, Yale University Press, 1986, p. 67.

〔100〕 对"英美法系"模式区别于大陆法模式的讨论,参见 Mirjan R. Damaška, *Faces of Justice*, Yale University Press, 1986, p. 221.

〔101〕 See Jack I. H. Jacob, *The Fabric of English Civil Justice*, Stevens, 1987, pp. 93-4; Robert Wyness Millar, *Civil Procedure of the Trial Court in Historical Perspective*, The Law Center of New York University for the National Conference of Judicial Councils, 1952, pp. 201-28; Subrin, "Fishing Expeditions Allowed: The Historical Background of the 1938 Federal Discovery Rules", 39 *B. C. L. Rev.* 691 (1998).

〔102〕 Mirjan R. Damaška, *Faces of Justice*, Yale University Press, 1986, p. 133 n. 67.

的部分，这要比美国严格许多。依杰克·雅各布（Jack Jacob）的观点，"除可表明或证明诉讼请求或辩护事由为正当的事实外，对于其他事实，当事人无权进行开示，也不得以此为依据构架或重新构架己方的案件。"[103] 英国新近的程序改革进一步限制了文件的开示。[104] 此外，英国并未有美式的询证开示制度：只有通过法庭令状所获得的庭外口头证言可用，且主要限于证人无法参加庭审的情况。[105]

美国式的、由当事人主导的审前事实收集，将我所确定的美国核心价值观提升至文化层面。它体现了平等主义，因为证据开示"平衡了竞争环境"，给经济上较弱的一方当事人提供了获得应得案件的方式，否则案件可能隐藏于不法行为者的文件中。一个常见的例子是在产品责任诉讼中，受伤的用户可以在制造商自己的文件中找到不正当削减成本的证据。证据开示程序所展现的平等主义是美国式的，因为它提供了机会的平等，而非结果的平等：当事人驱动的审前证据开示也意味着"当事人承担"事实收集的职责。这个过程可能非常昂贵，因为它是密集的工作，且大部分工作由律师完成。尽管美国的风险代理规则允许律师预先垫付诉讼费用，这一定程度上缓解了这一影响，但仍然有一些收入有限的当事人将遭受对方当事人所请求的压迫性开示。这种情况在法官承担大量调查工作的国家里则不太可能发生。在李普塞特所确立的标准上，司法外的证据开示规则是平等的。它们不依赖于政府机构来收取成本，因此不受制于资源的差距。正如在其他生活领域一样，美国的平等主义忽略资源的差距，而强调形式上的机会平等。

当事人主导的证据开示也体现出了美国文化中显而易见的平民主义、自由放任主义和反集权主义。对于美国人而言，在法庭外、未获得司法许可的情况下，允许公民及其律师行使实质性的诉讼权力不存在任何问题；但实际情况恰恰相反。

证据开示与个人主义之间的关系无疑更为复杂：一方面，证据开示反映了"竞争性的个人主义"，因为它允许每位律师在特定案件中制定并实施他们所认为的最佳开示方案，而未有太多的司法监督，仅受到松散程序规则的限制。从被开

---

[103] Jack I. H. Jacob, *Fabric of English Civil Justice*, Stevens, 1987; Mirjan R. Damaška, *Faces of Justice*, Yale University Press, 1986, p. 67. Compare Ian Grainger and Michael Fealy, *The Civil Procedure Rules in Action* 87, RoutledgLe-Cavendish, 2000（同雅各布时期实施的民事诉讼规则相比，1999 年所通过的新《民事诉讼规则》规定了更广泛的文件开示权利）。

[104] Rule 31. 5 and 31. 6, *The Civil Procedure Rules*, 1999. See also Ian Grainger and Michael Fealy, *The Civil Procedure Rules in Action* 87, Routledge-Cavendish, 2000, pp. 87~94.

[105] Rule 34. 8 and Comment 34. 81, id. , p. 460. See also David Greene, *The New Civil Procedure Rules*, Butterworths, 1999. "英国法庭不可能沿着充满询证审判的美国模式发展下去。在美国，任何案件的证据开示程序都包括取证和听证两部分。第 34 条第 8 款并非美国证据开示程序的一部分。" Rule 31. 5 and 31. 6, *The Civil Procedure Rules*, 1999. See also Ian and Michael Grainger & Fealy, *The Civil Procedure Rules in Action* 87, Routledge-Cavendish, 2000. pp. 87~94.

示的一方当事人（或者证人）的角度看，进行刺探的对方当事人所带来的侵扰，可能感觉是对自我权利的侵犯。考虑到这一点，主张人身伤害赔偿的原告，可以接受由被告选择的医生进行医学检查。[106] 原告必须同意，否则案件可能被驳回。另一方面，一方当事人必须协助对方准备诉讼材料，这在对抗制下依然不易，因为对抗制下各方均秉承"人人为己"的心态。[107]

证据开示制度似乎在开示权一方囊括了更多的个人主义要素，而对于被开示方则较少体现个人主义。当然，在大多数案件中，双方当事人在不同的时段会分别处于这两个位置，所以这一制度既促进又限制了他们的个人行动自由。对这一结果的一种解释是：应承认对于建立在竞争性个人主义基础之上的经济体系，如果糟糕的激励措施会导致在诉讼中提出事由及其他方面偷工减料和掩盖事实，这一影响是非常强有力的。游戏规则应设计以便于揭示这样的骗局，因此由当事人主导的证据开示便是这一设计的重要组成部分。有趣的是，这一制度设计假设：如果给予相应的实施手段，双方当事人将会为自身的利益而加快真相发现的过程。在这一深层意义上，证据开示规则与美国的个人主义是一致的。

（三）法官的角色

美国与大陆法系国家在诉讼程序方面的一个重大区别便在于法官的角色：美国法官在审判期间基本上保持消极，除非当事人请求作出裁定（与同属英国法渊源的其他国家做法一致，至少在 1999 年英国民事诉讼规则改革之前[108]），而大陆法系的法官在审判过程中扮演着更加积极主动的角色。在美国的庭审中，由律师而非法官决定需要什么样的证据，也是由律师通过询问证人和出示书证来进行举证。一位小说中的美国律师曾令人赞叹地捕获了主流观点，他认为美国的法官就是"宣誓，坐下，闭嘴，倾听"。[109]

---

〔106〕 在美国联邦法院系统，只有法院授权时才可以如此为之，参见美国《联邦民事诉讼规则》第 35 条。而法院通常情况下会授权。而在许多州，则不需要法院授权。例如《纽约州民事诉讼法》第 3121 条（N. Y. CPLR 3121）。

〔107〕 Subrin, "Fishing Expeditions Allowed: The Historical Background of the 1938 Federal Discovery Rules", 39 *B. C. L. Rev.* 691, 695（1998）（认为个人主义的立场是阻碍审前开示程序扩张的原因之一）。

〔108〕 茨威格特和克茨对英国法官的消极性进行了讨论，参见 Konrad Zweigert & Hein Kötz, *An Introduction to Comparative Law*, Oxford University Press, 1987, pp. 281-3. 1999 年 4 月生效的新《民事诉讼规则》赋予审判法官更多的自由裁量权和责任。根据 1999 年"白皮书"，新《民事诉讼规则》的根本特征便是"被动的法官"（几个世纪以来普通法系司法独立理念的核心）将一去不返，取而代之的是主动的法官，他们将以我们未从见过的方式在诉讼早期积极作为，并主导诉讼的进程。*Civil Procedure Rules*, 1999; See also Id., Rule 32. 1; Andrews, "A New Civil Procedural Code for England: Party-Control 'Going, Going, Gone'", 19 *Civil Justice Quarterly* 19, 28（2000）.

〔109〕 Otto G. Obermaier, quoting from Defending Billy Ryan by George V. Higgins（1992）, in "The Lawyer's Bookshelf", *New York Law Journal* 2（December 1, 1992）.

约翰·朗本（John Langbein）教授便认为，美国与大陆法系国家在法律文化方面的"巨大差别"便在于"收集和展示事实的不同：由当事人负责或者由司法机关负责"。[110] 德国在这一方面是很多大陆法系国家的典型，因此可作为更详细考察这一观点的基础。[111] 德国法官有释明争点的法定"义务"，[112] 包括法庭随着案件审理的深入将涉及的争点。"法庭通常会审查案件，了解可能适用的法律规范，并提出问题以归纳共识和列明争议事项，澄清诉求和所提供的证据，以及证据所证明事实的含义……法庭通过建议当事人各自强化立场，改进、变更及追加诉求和证据，以及其他方式来引导双方当事人。法官可以建议，双方当事人在诉讼中采取特定的措施。"[113] 法庭可依双方当事人的请求，决定是否听取某一特定证人的证言，[114] 以及听取证人证言和提交书证的顺序。[115]

普通法系和大陆法系审判程序中"最显著的一大区别"便是询问证人的方法。[116] 在大陆法系国家，由法官单独或主要由法官负责询问证人。即便允许律师提出一些问题，或者即便如意大利，问题事实上是由律师拟定并提交给法官，但律师极少可进行有活力的交叉询问。此外，在一些大陆法系国家，"未经当事人事先请求，法官仍可以传唤证人，并下令作证。"[117]

与其他大陆法系国家一样，德国法官有权对证人进行实际询问，这尤其意

---

〔110〕 Langbein, "The German Advantage in Civil Procedure", 52 *U. Chi. L. Rev.* 823, 863（1985）. 关于遵循罗马法传统国家（如法国）法官的权力，参见 Alphonse Kohl, "Romanist Legal Systems, in Chapter 6, Ordinary Proceedings in First Instance, Civil Procedure", XVI *International Encyclopedia of Comparative Law*, 1984, pp. 57, 63, 79, 99. 日耳曼传统的国家，参见 Hans Schima & Hans Hoyer, "Central European Countries", id., pp. 101, 122, 127.

〔111〕 我此前曾对德国法官和美国法官的角色进行了对比讨论，参见 "Legal Processes and National Culture", 5 *Cardozo J. of Int'l & Comp. L.* 1（1997）.

〔112〕 Kaplan, supra, p. 1224, n. 86.

〔113〕 Kaplan, supra, p. 1225. See also id., p. 1472. "在德国和欧洲大陆邻国，程序法更多建立在如下理念：如果法官被赋予更重要的作用，则会更容易查明案件事实：他应该被授权事实上也必须去询问、查明、催促以及告知当事人、律师和证人，以从中获得真实完整的案件真相。"请比较艾伦（Allen）、柯克（Kock）、罗森贝克（Reichenberg）和罗森（Rosen）的观点，"The German Advantage in Civil Procedure：A Plea for More Details and Fewer Generalities in Comparative Scholarship", 82 *NW. U. L. Rev.* 705, 723-4（1988）. 强调法官应受制于当事人所确定之诉讼问题的规则。

〔114〕 Kaplan, supra, p. 1233, n. 161. See also Bernstein, p. 593, 强调德国法官只能传唤由当事人提供的证人，但是存在"某些例外，例如家庭事务", id., p. 592. 另见 Kaplan, supra, pp. 1224, 1228, 指出如果当事人拒绝服从法庭的主导，并传唤特定的证人，则法官可能作出不利推断。

〔115〕 Kaplan, supra, pp. 1232-3. 这与前所论及的法庭对案件庭审发展的一般主导权相一致。

〔116〕 *Civil Procedure*, 1999, pp. 1-24. 对询问内容的实际控制因国家而异。例如，在意大利，法官仅限于提出由当事人草拟的问题。Id., p. 28.

〔117〕 *Civil Procedure*, 1999, p. 28. 作者列举了法国、德国、奥地利和瑞士为例。*Cf. Faces of Justice*, p. 221, 表示如果一位大陆法系民事法官自行传唤证人，"这种行为会立即引起高等法院的尖锐反应和斥责。"

味着:

在普通案件中,律师或当事人相对较少进行询问。律师和当事人一般可直接询问证人,而非通过法庭。如果律师在法庭似乎已彻底询问完证人后又进行长时间的询问,就暗示着法庭的履职并未令人满意,这是一种危险的诉讼策略。[118]

因此可以说,美国出庭律师最重要的角色便是对证人进行询问和交叉询问,而这在大陆法系则几乎完全交由法官。[119]

诚然,美国诉讼规则新近的变化是倾向于强化法庭相对于当事人的作用:"管理型审判"整个概念的核心便是强化法官推动案件进展的权力和责任,尽快解决,至少可及时地进行审判。[120] 有观点认为,在这一方面,两大法系开始趋同,阿德里安·朱克曼(Adrian Zuckerman)便强力支持此点。[121] 但两大法系的"巨大差别"仍然存在。在美国民事诉讼中,依然由律师而非法庭负责收集和提交证据;依然由律师而非法庭负责遴选证人,并对证人进行询问和交叉询问。[122] 尽管美国法官地位有仪式化的提升,包括位次荣耀、服饰和称呼方式,但依然是当事人通过其律师来主导庭审。还应注意的是,美国与大陆法系国家司法权力机关的差别是如何与事实认定权的差别并行。司法权更弱的美国必须将权力交给业余的陪审团。

如果我们将英国作为普通法系的范例并审视英国新的《民事诉讼规则》,则普通法系和大陆法系的趋同化现象要强烈许多。尼尔·安德鲁斯(Neil Andrews)在阐述"对抗制原则"的"广泛修改"时称,[123] 新的《民事诉讼规则》不仅赋予英国法官更大的审前管理权力,也赋予其更大的庭审控制权、确定所需证据以

---

〔118〕 Kaplan, supra, pp. 1234-5.

〔119〕 艾伦提供了一个德国审判记录转录节选的有趣例子,同上注,第 728~729 页。大陆法系法官对证人的审查与美国律师所进行的稔熟交叉询问很像。艾伦和他的合著者认为,法官"创设出他想要的证词……", Id., p. 729. 请比照朗本对这一审判的讨论,参见 Langbein, p. 771. 他认为,艾伦等人对(德国)法官的提问进行了错误的描述。事实上,转录记录表明,"法官通过审查证人自愿作证的情况以保证获得更精确的证词。"不管持何种质疑观点,这显然都与美国法官的做法有很大不同。

〔120〕 See, e. g., Resnik, "Managerial Judges", 96 *Harv. L. Rev.* 374, 376-85(1982)(讨论并批评了这一趋势)。

〔121〕 Zuckerman, "Justice in Crisis: Comparative Dimensions of Civil Procedure Reform", in Adrian A. S. Zuckerman ed., *Civil Justice in Crisis*, Oxford University Press, 1999, p. 47(指出普通法系国家呈现出法官权力增强的趋势)。另见 Taruffo, "Transcultural Dimensions of Civil Justice", XXIII *Comparative Law Review* 1, 29(2000)。

〔122〕 朱迪斯·雷斯尼克(Judith Resnik)在论及此一话题的一篇重要文章中集中论述了法官在审前程序和审后程序的角色:没有结论显示法官控制了审判中的证人询问,参见 Judith Resnik, "Managerial Judges", 96 *Harv. L. Rev.* 376(1982)。

〔123〕 Andrews, "A New Civil Procedural Code for England: Party-Control 'Going, Going, Gone'", 19 *Civil Justice Quarterly* 19, 28(2000)。

及证据展示方式的权力。对证人的司法询问显然也会变得更加频繁。[124]

当论及发现及确定所适用之法律时，大陆法系法官在审判中的作用是否相对弱小，而美国法官则是否更为强权？普通法传统允许法官通过先例中的法律判决来协助创设法律，而在大陆法系，法官仅是"法律的代言人"，理论上仅能适用立法者所制定的法律。即便如此，这一差别也与我的核心观点并不矛盾，即在大陆法系国家的法庭内，法官比当事人的权力更大。美国法官所享有的普通法权力是以牺牲立法机关为代价的，可视为政治权力分裂的最佳例证，这与反集权主义和反科层式理想型完全相契合。

这一程序实践（这里指法官在审判中的角色）再次与深层的文化倾向高度吻合。米歇尔·塔鲁（Michele Taruffo）认为，权力在当事人和法庭之间的分配，反映出了如下的文化要素："信任个人自助，而非信任国家作为法律保护的提供者；信任律师而非法官，反之亦然；私人之间以及个人与公共权力机关之间关系的不同理念；权利是否以及如何得到保护和强化的不同理念；等等。"[125] 美国作为个案为这一观点的准确性提供了充分的佐证：奉行个人主义、平等主义和自由放任主义的美国人无法容忍司法主导庭审的程度，在世界上这些价值观并非如此重要的其他地区却完全可以接受。

（四）专家证人的作用

与世界上大多数其他国家相比，美国司法程序中对专家证言的使用也是一种例外。正如约翰·朗本教授所言：

> 欧洲法学家在考察并熟悉美国的民事诉讼程序后，往往对我们的证人作证程序感到十分好奇。当他发现我们将由当事人可控制的领域扩展至专家证人的遴选和准备时，这种好奇则转变为难以置信。在大陆法系传统中，虽然专家证人更多关注维护当事人的利益，但却由法庭遴选和委托。[126]

在美国法庭中，专家证人通常作为"一方"当事人的证人出庭。专家证人由当事人遴选、配备并支付报酬。只有当事人认为专家证言对本方有所助益的情况下，才会让他作为证人出庭。因此，角逐的专家提供相互矛盾的观点，由陪审团决定哪个版本的事实更具说服力。诚然，聘请中立专家的方法也是可用的：美国

---

[124] Andrews, p. 33. See also authorities cited in *Faces of Justice*.
[125] Taruffo, p. 30.
[126] Langbein, p. 835.

《联邦证据规则》第 706 条允许法庭任命中立的专家，仅对法庭负责。但这一权力很少被援引。在美国，当技术问题存在争议时，当事人所遴选的专家在法庭上发挥主导作用。[127]

在许多大陆法系国家，由法官遴选并任命中立的专家。与之相比，美国的这一做法有其弊端。[128] 一个主要的问题是：当事人所聘请的专家为了取悦给付报酬的当事人而剪裁证词。但我们暂且回避对此一问题的机制论点，而关注其文化因素。我认为美国对中立专家的接受度较低，很大程度上是因为前所论及的深层价值观。通过互相角逐之专家的公开辩论来反对单一权力机构的任命，这不仅反映出对政治等级的不满，更重要的是对多元主义的文化偏好，甚至可扩展至如何确定事实的观点。一个需要法庭专家将不同观点提交给非专业人士（无论是法官还是陪审团）来最终作出判决的社会，正在印证一个观点，即真相是扑朔迷离的。真相被认为具有不确定性，依情况而定，是辩论的主题。在这个意义上讲，观点分歧之专家的公开辩论并非令人尴尬的弱点，而是以隐喻的方式来表达熟悉的美国式怀疑：对权力及其正统性的怀疑。考虑到美国社会多元文化的异质性，这一现象并不奇怪，甚至是必要的。这种文化多元性在美国宪法（以及美国法学院的教室）里也相当明显。

某些社会依靠神谕作出判决，这反映并强化了被魔法统治的现实。与之类似，美国专家证人间的对抗反映和强化了对民主现实的理解，即每个人根据自己心中的景象创造和理解事实，每个人都悬挂在自己所织的网上。因此，尽管法官或陪审团会作出判决，但判决并非绝对意义上的真相，而仅是较之于其他更具盖然性的事实版本。专家证言的规则和实践，如同陪审团、由当事人主导的审前开示程序以及由当事人主导的法庭一样，均反映出美国的文化价值观。

结　论

这篇文章仅是阐明美国价值观与其正式的纠纷解决机制之间存在明确的联系。对这种影响的导向仍缺乏更充分讨论。是否均是单向的影响：价值观影响程

---

〔127〕　See Joe S. Cecil & Thomas E. Willging, *Court-Appointed Experts*: *Defining the Role of Experts Appointed under Federal Rule of Evidence*, Federal Judicial Center, 1993, pp. 7 – 11（对所有联邦法官的调查报告）。See also Langbein, p. 841; Reitz, "Why We Probably Cannot Adopt the German Civil Procedure", 75 *Iowa L. Rev.* 987, 992 n. 2（1992）.

〔128〕　Langbein, pp. 835 – 6.

序？或者如我在其他地方所评论的，[129] 相互之间存在影响？回答这个问题将涉及"纠纷解决方式据以形成的路径"这一更广泛的话题，但这已然超出本文的讨论范围。

[129] See Chase, "Culture and Disputing", 7 *Tul. J. Int'l & Comp. L.* 81 (1999); Chase, "Legal Processes and National Culture", 5 *Cardozo J. Int'l & Comp. L.* 1 (1997).

第三编

刑事诉讼模式的转型

拉丁美洲的刑事诉讼程序改革：
源自边缘国家法律思想的传播[*]

[阿根廷] 马克西姆·兰格^{**} 著

施鹏鹏 周 婧^{***} 译

引 言

刑事诉讼改革在拉丁美洲犹如雨后春笋。在过去 15 年，14 个拉美国家和许多拉美省份及州引入了新的刑事诉讼法典。这些改革无疑是拉美刑事诉讼近两个世纪以来最深刻的转型。尽管不同司法区间的改革不尽相同，但改革者们所勾勒的图景类似，即从纠问式走向对抗式诉讼。

就其本身而言，这些改革具有许多共同特点，包括引入言词的、公开的审判；加强检察机关的职责；由检察官取代负责审前调查的法官。其他的改革举措包括赋予被告在警察前或审前阶段更多的权利；引入检察官裁量原则；允许辩诉交易和纠纷替代解决机制；加强对受害人的保护及其在刑事诉讼中的作用。

本文以对 62 位改革参与者的深度访谈为基础（具体的问题及所使用的方法，请参见"方法附录"），立足二次文献及相关的法律、政策文件，解读负责起草及实施新法典的拉美法律人网络在此一波改革浪潮中的关键作用。拉美的法律人网络试图通过新刑事诉讼法典解决诸如程序正当性、透明性及效率不足等问题，并将改革定位为从纠问式刑事诉讼向当事人刑事诉讼的转化。

这些法律人成功的关键在于他们有能力使国际及国内的不同主体相信采用新的刑事诉讼法典会达致其各自的目标。美国国际开发署（美援署）以及其他国际

---

　* 原文 Revolution in Latin American Criminal Procedure：Diffusion of Legal Ideas from the Periphery，原载《美国比较法杂志》2007 年秋季刊（55 *The American Journal of Comparative Law* 617）。曾以法学最佳论文获拉丁美洲研究协会法与社会分会 2007 年度玛格丽特波普奖（Margaret Popkin Award）。译者感谢马克西姆·兰格教授无偿放弃本文的著作权，使其得以在中国大陆地区传播。

　** Máximo Langer，现为美国加州大学洛杉矶分校法学教授。

　*** 周婧，德国明斯特大学博士研究生。

机构和银行正寻求方法通过加强拉美法律制度建设以促进该地区的经济发展和民主化。而拉美的法律人说服他们，采用新的法典将有助于实现这些目标。

拉美的法律人网络也成功地使国内的职权主体及不同政治派系的政客相信，改革将使刑事司法制度更为正当、高效和透明。随着越来越多的拉美国家采用新的刑事诉讼法典，法律人对区域发展趋势的考量也促进了改革的蔓延，因为它对尚未进行改革的国家主体产生某种平级的心理压力，进而导致级联效应。

本文通过对此一刑事诉讼改革浪潮的解读和分析，旨在完成两项不同的研究：一是关于比较刑事诉讼及拉美的法律。学界当下对拉美刑事诉讼程序改革浪潮尚未有详细解读，本文可填补此一空白。〔1〕二是在一般意义上研究世界范围内的法律移植及法律规则、规范和政策的传播，以及在个案意义上研究拉美的刑事诉讼改革。本部分将分析何种主体将成为多国法律改革的推动者以及思想如何自中心国家传播到边缘国家。此次拉美刑事诉讼改革浪潮具有重大意义，因为它有两个特征无法通过既有理论范畴予以解释，具体如下：

首先，推动改革的拉美网络并不属于既有文献所描述的三个主要网络类型中的任何一种，即倡议网络/社会运动（advocacy networks/social movements）、跨国政府网络（transnational governmental networks）和知识共同体（epistemic communities）。相反，拉美法律人在这些改革中既是专家又是活动家，并未致力于任何更广泛的社会运动。本文将这种网络类型称为"活动者专家网络"（an activist expert network）。更具体地讲，这是因为领导者们已构成南美活动者专家网络，成为拉美的行动者。

其次，此次改革浪潮思想的传播不同于现有文献所描述的模式。本文分析了规则、规范和政策在一般情况下是如何自中心向边缘传播的，即从发达国家到发

---

〔1〕 关于拉美刑事诉讼改革已有诸多研究，主要为西班牙语文献。但大部分研究集中于描述立法内容和制度变革，或者证明改革的必要性，或者评估改革的成功或失败。例如参见 Julio B. J. Maier et al. eds. , *Las Reformas Procesales Penales en America Latina*, Ad Hoc, 2000；Jose Maria Rico, *Justicia Penal y Transicion Democratica en America Latina*, Siglo XXI Editores Mexico, 1997；Cristian Riego, "Informe Comparativo: Proyecto de Seguimiento de los Procesos de Reforma Judicial en America Latina", available at http://www. cejamericas. org/doc/proyectos/inf comp. pdf. 还有一些对个别国家的研究，参见本文后面的引注。但目前尚未有研究尝试解释改革浪潮缘何以及如何在整个拉丁美洲发生、谁是改革背后的主要国际、跨国及国内行动者。就我的阅读范围内，仅有两个例外，分别为 Alberto M. Binder & Jorge Obando, *De Las "Republicas Aereas" al Estado de Derecho*, Ad Hoc, 2004；以及 Mauricio Duce & Rogelio Perez Perdomo, "Citizen Security and Reform of the Criminal Justice System in Latin America", in Hugo Fruling & Joseph Tulchin eds. , *Crime and Violence in Latin America: Citizen Security, Democracy, and the State*, Woodrow Wilson Center Press, 2003. 但该两部作品的覆盖范围并不完整。第一部作品未系统地分析相关问题，第二部作品则相当简略。此外，该两项研究均遗漏了诸如拉美法律人网络等一些核心行动者在该改革浪潮中的作用。

展中国家、从北至南、从西至东或者是采纳国内部变化的结果。而与此相反，本文所论及的情况却是规则、规范和政策自边缘国家向中心国家或其他边缘国家传播。从这个意义上讲，拉美的刑事诉讼改革浪潮不仅是现存模式的一个反例，还是本文所引入之新理论模型的基础。

本文分三部分：第一部分阐明了"自边缘传播"的概念，并解释了这一现象的亚类型以及缘何产生、如何产生；第二部分将改革置于拉美刑诉史的背景之中，介绍了改革的知识渊源和内容，解释了改革浪潮背后的主要原因，第二部分还介绍了"活动者专家网络"的概念，指出其为何不同于既有理论中的三个主要网络类型；第三部分解释了此次改革如何被视为"自边缘传播"的范例，并反驳了对此定性的质疑。

在进入正文前，我们先作一简要的术语说明。"纠问式"和"对抗式"可用于多种场合，具有多义性。[2]为避免在全文中反复澄清，我采用了拉美刑事诉讼改革者们的用法。因此，本文所谓的"对抗式"，指奉行公开、言词原则，区分侦查和审判职能，为检察官、被害人及被告提供许多无需审判而终止案件机制的刑事诉讼程序。在这种诉讼模式下，被告享有广泛权利，设有平民陪审员，被害人在刑事诉讼中发挥更大的作用。而"纠问式"则指与前述特征相反的刑事诉讼程序。

一、自边缘传播

大多数涉及法律移植的解释或理论都强调两种可能的传播方式：[3]

第一种解释或理论强调的不是地理方向，而是国家和国内的行动者们因面临共同的问题、进程和动因而促使其采用类似的规则、规范和政策。此类理论提出了各种不同的传播发生机制。进化理论、功能主义和国际关系自由主义理论强调的是各国可以采取类似的规则、规范和政策以应对相近的问题、政治和社会进程或外部动因。[4]国内政治的理性选择理论则认为，如果规则、标准和政策有利于

---

〔2〕 术语"accusatorial"（or "adversarial"）和"inquisitorial"的不同使用方式，参见 Maximo Langer, "La Dicotomia Acusatorio-Inquisitivo y la Importacion de Mecanismos Procesales de la Tradicion Juridica Anglo-Sajona", in Julio Maier & Alberto Bovino eds. , *Procedimiento Abreviado*, Editores del Puerto, 2001. 最佳界定术语"adversarial"和"inquisitorial"，以区分普通法系刑事诉讼与大陆法系刑事诉讼，参见 Maximo Langer, "The Rise of Managerial Judging in International Criminal Law", 53 *Am. J. Comp. L.* 835, 838-47（2005）.

〔3〕 关于法律移植的其他分类，例见 Jonathan M. Miller, "A Typology of Legal Transplants: Using Sociology, Legal History and Argentine Examples to Explain the Transplant Process", 51 *Am. J. Comp. L.* 839 (2003).

〔4〕 例如，参见 Anne-Marie Slaughter, *A New World Order*, Princeton University Press, 2004; B. S. Markesinis, "Learning from Europe and Learning in Europe", in Basil S. Markesinis ed. , *The Gradual Convergence: Foreign Ideas, Foreign Influences, and English Law on the Eve of the 21st Century*, Oxford University Press, 1994; Ugo Mattei, "Efficiency in Legal Transplants: An Essay in Comparative Law and Economics", 14 *Int'l Rev. L. & Econ.* 3 (1994).

各国权力集团之利益，则会在其中传播。[5] 法律移植分析中的"机会"（chance）现象——即许多不确定元素偶然或非偶然的结合均可能导致法律移植，凸显了在相对随机进程中传播的可能性。[6]

　　第二种解释或理论强调的是地理方向，并指出规则、规范和政策系自中心国家向其他中心或边缘国家传播。[7] 同样，不同的理论强调各种不同的传播发生原因和机制。新现实主义国际关系和国际法的理性选择分析理论指出，中心国家可能通过武力、威胁或其他刺激手段将规则、规范和政策强加于其他国家，并以此拓展自身的物质利益。[8] 新马克思主义的分析理论则认为，传播可能通过国际资本对中心国家及周边国家的压力和世界资本主义的扩张而发生。[9]

　　制度社会学、国际关系建构主义、后殖民分析以及以权威概念为基础的法律移植理论则认为，当边缘国家效仿中心国家的规则、规范及政策时，传播发生。[10] 新布尔迪厄主义则强调，当思想为各种类型国家的精英利益服务时，这些思想便

---

〔5〕 例如，参见 Jodi Finkel, "Judicial Reform as Insurance Policy: Mexico in the 1990s", 47 *Latin Am. Pol. & Soc'y* 87（2005）；Jodi Finkel, "Judicial Reform in Argentina: How Electoral Incentives Shape Institutional Change", 39 *Latin Am. Res. Rev.* 56（2004）；Ran Hirschl, "The Political Origins of the New Constitutionalism", 11 *Ind. J. Global Legal Stud.* 71（2004）.

〔6〕 例如，参见 Alan Watson, "Aspects of Reception of Law", 44 *Am. J. Comp. L.* 335, 339–41（1996）.

〔7〕 例如，参见 Duncan Kennedy, "Three Globalizations of Law & Legal Thought: 1850–2000", in David M. Trubek & Alvaro Santos eds., *The New Law and Economic Development: A Critical Appraisal*, Cambridge University Press, 2006.

〔8〕 例如，参见 Stephen Krasner, *Sovereignty: Organized Hypocrisy*, Princeton University Press, 1999；Richard Steinberg, "The Transformation of European Trading States", in Jonah D. Levy ed., *The State after Statism: New State Activities in the Age of Liberalization*, Harvard University Press, 2006；Andrew T. Guzman, "A Compliance-Based Theory of International Law", 90 *Cal. L. Rev.* 1823（2002）. 关于拉美的法律改革，许多批评家认为美国通过这样的机制将自身的制度强加于拉美国家，例如，参见 James A. Gardner, *Legal Imperialism: American Lawyers and Foreign Aid in Latin America*, University of Wisconsin Press, 1980.

〔9〕 例如，参见 Immanuel Wallerstein, *The Modern World-System I: Capitalist Agriculture and the Origins of the European World-Economy in the Sixteenth Century*, Academic Press, 1974；Immanuel Wallerstein, *The Modern World-System II: Mercantilism and the Consolidation of the European World-Economy*, 1600–1750, Academic Press, 1980；Ugo Mattei, "A Theory of Imperial Law: A Study on U.S. Hegemony and the Latin Resistance", 10 *Ind. J. Global Legal Stud.* 383（2003）.

〔10〕 例如，参见 W. Richard Scott et al., *Institutional Environments and Organizations: Structural Complexity and Individualism*, SAGE Publications, Inc., 1994；Martha Finnemore, "Norms, Culture, and World Politics: Insights from Sociology's Institutionalism", 50 *Int'l Org.* 325, 331–4（1996）（book review）；Alison Brysk et al., "After Empire: National Identity and Post-Colonial Families of Nations", 8 *Eur. J. Int'l Rel.* 267（2002）；Gianmaria Ajani, "By Chance and Prestige: Legal Transplants in Russia and Eastern Europe", 43 *Am. J. Comp. L.* 93（1995）. 对于拉美，许多学者指出对本国或外国行动者群体的认同如何促进了该地区法律思想的传播，例如，参见 Jorge L. Esquirol, "The Fictions of Latin American Law（Part I）", 1997 *Utah L. Rev.* 425（1997）.

会自中心国家向其他中心国家或边缘国家传播。[11] 最后，网络分析则强调指出，思想可自中心国家向边缘国家传播，原因在于中心国家有更多的资源在某一方向上率先走出一步，并可对其他国家产生路径依赖或网络影响。[12]

不管传播的原因或机制如何，这一地理方向分析着力于下图1所展示的传播进程：

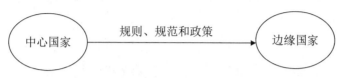

图1　规则、规范和政策自中心国家向边缘国家传播

在这种模式下，中心国家在规则、规范和政策的采纳上相互影响，且在对边缘国家的影响上相互竞争。而边缘国家及其行动者仅是中心国家所创造及对外传播之规则、规范和政策的继受者。[13] 因此，边缘国家仅需了解传播至本国的特定规则、规范和政策，而无需理解全球或区域传播的过程。[14]

图2（后文）提供了一个有细微差别的范例，可由此了解本文所称的"自中心国家传播"如何发生。[15]

与前述两种模式相对应，本文提出了第三种传播模式，我称之为"自边缘国家传播"的模式。在这种模式下，边缘或半边缘国家的行动者表述清晰，并在向其他中心国家或边缘国家传播规则、规范和政策中发挥关键作用。[16] 因此，较之

---

〔11〕　例如，参见 Yves Dezalay & Bryant G. Garth, *The Internationalization of Palace Wars*, University of Chicago Press, 2002; Loic Wacquant, "Penal Truth Comes to Europe: 'Think Tanks and the Washington Consensus' on Crime and Punishment", in George Gilligan & John Pratt eds., *Crime, Truth and Justice: Official Inquiry, Discourse, Knowledge*, Willan, 2004.

〔12〕　例如，参见 Kal Raustiala, "The Architecture of International Cooperation: Transgovernmental Networks and the Future of International Law", 43 *Va. J. Int'l L.* 1 (2002).

〔13〕　关于生产场域与继受场域的区别，参见 Pierre Bourdieu, "The Social Conditions of the International Circulation of Ideas", in Richard Shusterman ed., *Bourdieu: A Critical Reader*, Wiley-Blackwell, 1999. 关于继受理论，参见 Maximo Langer, "From Legal Transplants to Legal Translations: The Globalization of Plea Bargaining and the Americanization Thesis in Criminal Procedure", 45 *Harv. Int'l L. J.* 1 (2004) (以下简称 Langer, Legal Translations).

〔14〕　例如，参见 Diego Lopez-Medina, *Teoria Impura del Derecho*, LEGIS, 2004; Amr Shalakany, "Between Identity and Redistribution: Sanhuri, Genealogy and the Will to Islamise", 8 *Islamic L. & Soc'y* 203 (2001).

〔15〕　类似图2的一个传播范例样本，参见 Peter Andreas & Ethan Nadelmann, *Policing the Globe*, Oxford University Press, 2006; Dezelay & Garth, *The Internationalization of Palace Wars*, University of Chicago Press, 2002; Richard Steinberg, "The Transformation of European Trading States", in Jonah D. Levy ed., *The State after Statism: New State Activities in the Age of Liberalization*, Harvard University Press, 2006.

〔16〕　为界定发展中国家、南部国家和东部国家之间所存在的不平等和分歧，重要的是区分边缘国家和半边缘国家。这些差异在解释"自边缘国家传播"的过程时非常重要。

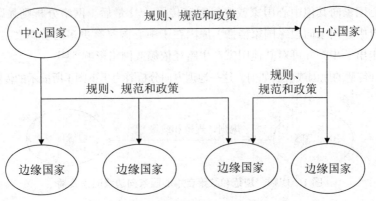

图 2　自中心国家传播的规则、规范和政策

于另外两个模式，边缘国家的历史和社会现状便不仅与解释本国的继受有关，还与解释规则、规范和政策的区域及全球化传播有关。

"自边缘国家的传播"可能表现为不同的形式，且可能因所分析的个案不同而为大相径庭的诸多因素所推动。这些可能的推动因素包括共同的问题、共同的政治及社会进程以及共同的外部冲击。推动因素还可能包括外部的强加、压力和刺激；仿效；改革可能给国际的、跨国的以及国内的精英带来利益；跨国网络运动；等等。由于其中许多因素在另外两种传播模式中亦发挥作用，故本部分一开始所援引的理论和阐释亦为分析"自边缘国家的传播"提供了理论工具。

但将"自边缘国家的传播"作为独特的传播类型概念化且进行研究是至关重要的，原因至少有三：其一，"自边缘国家的传播"应作为一种或一套预设，可在研究传播进程时予以验证；其二，研究此一传播模式可使我们洞察规则、规范和政策是如何在世界上的某些地区尤其是那些没有中心国家的地区（如非洲、拉丁美洲和中东）传播；其三，传播可能由边缘和半边缘国家启动，这意味着研究这些类型的国家将加强我们对全球化世界的认识。

这一传播过程的地理方向可能以不同的方式出现。符合本文要旨的两种最为重要的传播地理方向，是我所称的自边缘国家平行或半平行传播以及自边缘国家的三角形传播。

在自边缘国家平行或半平行传播的情况下，规则、规范和政策在没有任何来自中心国家行动者实质参与的情况下由边缘或半边缘国家的行动者向其他边缘国家或半边缘的国家传播。[17] 在此一情况下，传播过程如下图 3 所示：

图 3　自边缘国家平行或半平行传播

在自边缘国家三角形传播的情况下，边缘国家的行动者是规则、规范和政策向其他边缘国家传播的智囊团，发挥了关键作用。但源自中心国家的行动者在传播过程中亦发挥关键作用。[18] 最典型的情况是，源自边缘国家的行动者以改革的优点说服源自中心国家的行动者并与其结成同盟。此后，源自中心国家的行动者通过对其他边缘国家或半边缘国家提供支持、资源或施加压力以促进其改革。在此一情况下，传播过程如图 4 所示。

本文将指出，拉美的刑事诉讼改革浪潮结合了自边缘国家平行或半平行的传播模式和自边缘国家三角形的传播模式。

---

〔17〕　即便涉及传播和法律移植的文献资料至今尚未将"自边缘国家传播"作为一种传播的模型概念化，但自边缘国家平行或半平行传播的例子并不罕见，例如，参见 Bernardino Bravo Lira, "Difusion del Codigo Civil de Bello en los Paises de Derecho Castellanoy Portugues", in Rafael Di Prisco & Jose Ramos eds., *Andres Bello y el Derecho Latinoamericano*, La Casa de Bello, 1987（阐释了贝罗法典对数个拉美国家民法典的影响）；Raul L. Madrid, "Ideas, Economic Pressures, and Pension Privatization", 47 *Latin Am. Pol. & Soc'y* 23（2005）（解释了智利的养老金私有化模式在不考虑来自于中心国家的行动者的参与下是如何传播到其他拉美国家的）。

〔18〕　自边缘国家三角形传播的例子，参见 Alison Brysk, *From Tribal Village to Global Village: Indian Rights and International Relations in Latin America*, Stanford University Press, 2000（阐释了拉美印第安人权利运动如何运用国际法和国际行动者联盟在整个地区改变议程、学说和规则）；Madrid, Raul L. Madrid, "Ideas, Economic Pressures, and Pension Privatization", 47 *Latin Am. Pol. & Soc'y* 23（2005）（阐明智利最先尝试养老金私有化，但世界银行在将该想法传播到拉美、中欧及东欧其他国家中发挥了重要作用）；Ron Pagnucco, "The Transnational Strategies of the Service for Peace and Justice in Latin America", in Jackie Smith et al. eds., *Transnational Social Movements and Global Politics*, Syracuse University Press, 1997（阐释了拉美跨国社会运动组织——和平与正义组织——如何为推动其在拉美的人权运动而与国际行动者结盟）。凯克（Keck）和辛金克（Sikkink）已阐释了回飞棒影响模式的概念，即国内非政府组织（NGO）绕过其母国直接找到国际盟友试图给本国施压，参见 Margaret E. Keck & Kathryn Sikkink, *Activists beyond Borders: Advocacy Networks in International Politics*, Cornell University Press, 1998. 回飞棒影响模式和自边缘国家三角形传播之间的区别在于：前者所使用的策略是由地方行动者推动改革议程，后者则是在两个或多个国家之间的传播。

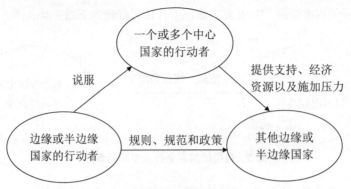

图 4　自边缘国家三角形的传播

二、拉丁美洲的刑事诉讼法典浪潮

（一）拉丁美洲的纠问式法典

在殖民地时期，西班牙美洲殖民地刑事诉讼的相关法则主要规定于《七法全书》（Las Siete Partidas）。该法典由七篇组成，涵盖多个法律领域。[19] 其中，第三篇完成于 1265 年的阿方索一世时期，规定了诉讼程序的相关问题。[20] 从 19 世纪 10 年代至 19 世纪 30 年代，大多数的拉美国家独立。在此背景下，讨论采用何种类型的宪法和法律对于国家和民族的建设变得至关重要。[21] 就刑事诉讼而言，讨论部分集中于是否参与 19 世纪欧洲刑事诉讼改革，或者修改在殖民地时期所盛行的西班牙法典，使其适应国家新的政治现状。

19 世纪初，欧洲大陆开始一系列深刻的刑事诉讼变革。1808 年，拿破仑制定了《重罪预审法典》，使法国脱离了以 1670 年《刑事法令》为代表的纠问制模式，并且将英国刑事诉讼模式的许多理念转化到大陆法中。[22] 但 1808 年的《重

---

〔19〕 例如，参见 Julio B. J. Maier, *I Derecho procesal penal*, del Puerto, 1996, pp. 329－33（以下简称 Maier, Derecho）.

〔20〕 最新的英文版，参见 Samuel Parsons Scott & Robert I. Burns eds., 3 *Las Siete Partidas*, University of Pennsylvania Press, 2000.

〔21〕 例如，参见 Kenneth Karst & Keith Rosenn, *Law and Development in Latin America*, University of California Press, 1975; Matthew C. Mirow, *A History of Private Law and Institutions in Spanish America*, University of Texas Press, 2004; Roberto Gargarella, "Towards a Typology of Latin American Constitutionalism", *Latin Am. Res. Rev.* 141 (2004).

〔22〕 例如，参见 Adhemar Esmein, *Histoire de la Procedure Criminelle en France*, L. Larose et Forcel, 1882; Jean-Pierre Royer, *Histoire de la justice en France*, *de la monarchie absolue a la Republique*, Presses Universitaires de France, 2001. 关于将这一过程类型界定为移植过程，参见 Langer, Legal Translations.

罪预审法典》还是沿袭了欧洲大陆的纠问式传统，确立了秘密的、书面的审前调查，被告享有的权利非常有限。但受英国模式的启发，该法典也引入了言词的、公开的陪审团审判。[23]

《重罪预审法典》被认为是一种混合模式，因为预审阶段奉行纠问式，而审判阶段却适用对抗式。[24] 该法典的思想在 19 世纪传遍整个欧洲，包括西班牙[25]以及熟悉西班牙法律的拉美洲各国。[26] 拉美国家的精英们也熟知爱德华·利文斯顿（Edward Livingston）为路易斯安那州所起草的法典——结合了大陆法和普通法的元素，并引入了陪审团审判。[27] 此外，一些拉美法学家还关注了英美的做法。[28]

尽管一些拉美的政治行动者主张采用某种混合模式，但该地区的大多数国家最终放弃了这种设想。拉美的精英们之所以拒绝更具自由色彩的法典，主要是因为他们强烈不信任亦不喜欢陪审团审判、言词及公开审理，认为人民尚未为此做好准备。[29] 而拉美各新兴、独立的共和国所采用的刑事诉讼程序通常是沿袭 13

〔23〕 例如，参见 Adhemar Esmein, *Histoire de la Procedure Criminelle en France*, L. Larose et Forcel, 1882; Jean-Pierre Royer, *Histoire de la justice en France*, *de la monarchie absolue a la Republique*, Presses Universitaires de France, 2001.

〔24〕 例如，参见 Rene Garraud, *Traite Theorique et Pratique d'Instruction Criminelle et de Procedure Penale*, Librerie Recueil Sirey, 1907.

〔25〕 例如，参见 Adhemar Esmein, *Histoire de la Procedure Criminelle en France*, L. Larose et Forcel, 1882; Jean-Pierre Royer, *Histoire de la justice en France*, *de la monarchie absolue a la Republique*, Presses Universitaires de France, 2001.

〔26〕 例如，参见 Jorge Montt, "Mensaje del Codigo de Procedimiento Penal, Santiago, 31 de Diciembre de 1894", in *Codigo de Procedimiento Penal de la Republica de Chile* 4（1957）（描述欧洲在此一区域的倾向）。1906年的智利法典一直适用至 21 世纪。

〔27〕 危地马拉在 1836—1838 年采用《利文斯顿法典》，参见 Daniele Pompejano, "Jurisdicciones y Poder Politico: Guatemala entre Liberales y Conservadores", in Marco Bellingeri ed., *Dinamicas de Antiguo Regimen y Orden Constitucional: Representacion, Justicia y Administracion en Iberoamerica*, Otto Editore, 2000; David Vel, Vida, "Pasion y Muerte de los Codigos de Livingston", in *Revista de la Facultad de Ciencias Juridicas y Sociales de Guatemala*, Universidad de San Carlos de Guatemala, 1943.

〔28〕 例如，阿根廷 1853 年宪法三次提及应设立陪审团审判制度（Arts. 24, 67. 11 & 102）。1871 年，阿根廷国会任命法学家弗洛伦蒂诺·冈萨雷斯（Florentino Gonzalez）和维克托·德拉普拉纳多（Victorino de la Plaza）组成一个专门委员会，负责起草建立及规制陪审制运作的法案以及另一个涉及联邦刑事诉讼程序的法案。两位法学家在 1873 年 4 月 24 日向阿根廷国会提交了他们的草案（受美国法的影响），但均未获通过。例如，参见 Maier, Derecho, pp. 403-5.

〔29〕 例如，参见 Andres D'Alessio, "The Function of the Prosecution in the Transition to Democracy in Latin America", in Irwin P. Stotzky ed., *Transition to Democracy in Latin America: The Role of the Judiciary*, Routledge, Westview Press, 1993; Jorge Montt, "Mensaje del Codigo de Procedimiento Penal, Santiago, 31 de Diciembre de 1894", in *Codigo de Procedimiento Penal de la Republica de Chile* 4（1957）; David Vela, Vida, "Pasion y Muerte de los Codigos de Livingston", in *Revista de la Facultad de Ciencias Juridicas y Sociales de Guatemala*, 1943, p. 1.

世纪至 19 世纪盛行于欧陆及葡萄牙、西班牙美洲殖民地的纠问式模式（由天主教教会及专制君主所创设）。[30] 但新法典与最初的纠问式法典并不相同，它禁止通过酷刑获得口供，[31] 并限制法定证据制度的适用。[32] 尽管如此，典型拉美刑事诉讼法典的主要特征依然是纠问式模式。

首先，刑事程序分为两个主要阶段：审前调查阶段（通常称为 sumario 或 in-struccion）和判决、量刑阶段（通常称为 plenario 或 juicio）。[33] 两个阶段都是书面的。[34] 事实上，程序的关键是警察和预审法官所制作的案卷（expediente）。该案卷记录了诉讼程序启动后的所有诉讼活动，包括法官在判决阶段将要评估的书面证据（证人证言、专家证言、搜查、扣押等）。[35]

其次，依这些纠问式法典之规定，法官负责审前调查。[36] 因此，法官既履行侦查、起诉之职责，亦负责审判。[37] 审前调查程序在本质上具有极强的纠问式色彩。至少在某个预定的时间点前，该程序对被告及律师都是保密的。[38] 被告的权利也十分有限。例如，被告在接受审前调查法官讯问前，无权参与证据收集[39] 或对被指控罪名提出意见。[40] 此外，除极少数例外外，被告在审前阶段须羁押。[41]

法律亦未设起诉裁量权。这在理论上意味着，只要警察或法官获悉某一可能

---

〔30〕 关于纠问式刑事诉讼模式在欧洲大陆的发展，参见 Maier, *Derecho*, pp. 288-328.

〔31〕 关于酷刑在欧洲大陆的消失，参见 John Langbein, *Torture and the Law of Proof*, University of Chicago Press, 1977; Mirjan Damaška, "The Death of Legal Torture", 87 *Yale L. J.* 860（1978）。

〔32〕 拉美法典中有法定证据制度的残余，参见 Argentine Criminal Procedure Code of 1888［Arg. Crim. Proc. Cod. 1888〕Arts. 306 & 316; Chilean Criminal Procedure Code of 1906［Chile Crim. Proc. Cod. 1906〕, Arts. 459, 484 & 485-8. 1888 年法典在阿根廷一直适用至 1992 年。

〔33〕 例如，参见 Jorge Montt, "Mensaje del Codigo de Procedimiento Penal, Santiago, 31 de Diciembre de 1894", in *Codigo de Procedimiento Penal de la Republica de Chile* 4（1957）（描述欧洲在此一区域的倾向，阐释了智利 1906 年法典第二篇如何区分此两个阶段）。

〔34〕 纠问式法典通常规定，判决阶段的证据应经过公开的庭审，例如，参见 1906 年《智利刑事诉讼法典》第 454 条。但法院往往未在法庭上进行公开的庭审，取证方式与审前调查阶段并无不同。此一论断立足本人在阿根廷布宜诺斯艾利斯市刑事司法系统的实践经验。我也从其他拉美国家如哥伦比亚、危地马拉等国的司法实务人员听到类似的描述。

〔35〕 关于智利 1906 年法典中的书面案卷，参见第 76、77、117 条；关于 1888 年的《阿根廷刑事诉讼法典》，参见 Maier, *Derecho*, p. 411.

〔36〕 1888 年《阿根廷刑事诉讼法典》对此一问题的规定，参见 Maier, *Derecho*, p. 409.

〔37〕 这意味着法官可主动调查被告行为是否应承担刑事责任。法官还可作出裁定，下令没收财产以及对被告人进行审前羁押。参见 1906 年《智利刑事诉讼法典》第 156~183、255 条。

〔38〕 例如参见 1906 年《智利刑事诉讼法典》第 78~80 条，1888 年《阿根廷刑事诉讼法典》第 180 条。其中，《阿根廷刑事诉讼法典》第 180 条后来改为在最初的保密期后，被告可以参与调查。但法官可以无限制地更新或延长保密期间。参见 Maier, *Derecho*, p. 411.

〔39〕 例如，参见 Interview 33（描述了洪都拉斯在刑事诉讼程序改革前的情况）。

〔40〕 例如，参见 1888 年《阿根廷刑事诉讼法典》第 255 条。

〔41〕 例如，参见 Maier, *Derecho*, pp. 410-1.

的罪行，则必须启动刑事诉讼程序，而无论该罪行的严重程度或其他特殊情况。[42]

最后，同一法官既负责审前调查，又负责判决。判决阶段在本质上较具对抗式色彩。[43] 例如，许多司法区设专门检察官，负责对被告提起控诉。在这一阶段，被告和律师有权查阅书面案卷（expediente），并请求举证。[44] 不过，判决阶段依然相当纠问式，因为主要立足书面材料，对公众而言事实上也是秘密的，[45] 且未设陪审团。此外，庭审法官的裁判依据主要是在审前调查阶段通过非对抗方式所收集的、载于书面案卷中的证据。[46]

在 19 世纪及 20 世纪初，拉美地区大多数国家所采用的刑事诉讼模式大抵如此。[47] 例如，1888 年的新《阿根廷刑事诉讼法典》便立足此一模式；智利 1906 年的法典亦是如此；以及危地马拉 1877 年和 1898 年法典、巴拉圭 1890 年的法典以及秘鲁 1862 年的法典都是如此。[48]

（二）当前的对抗式法典浪潮

在 20 世纪，许多拉美国家修订了原有的法典，甚至颁布新法典，但并未有国家改变前述纠问式刑事诉讼的基本结构。不过，在过去的 15 年里，14 个拉美国家及许多拉美省份和拉美司法区均以对抗式的法典代替纠问式法典，一切都改变了。表 1 总结了拉美国家在这一时期所采用的法典模式。

---

〔42〕 例如，参见 1906 年《智利刑事诉讼法典》第 23~24、28 条以及第 36 条。

〔43〕 关于 1906 年《智利刑事诉讼法典》，参见 Jorge Montt，"Mensaje del Codigo de Procedimiento Penal, Santiago, 31 de Diciembre de 1894", in *Codigo de Procedimiento Penal de la Republica de Chile* 4（1957）（描述欧洲在此一区域的倾向，该法典未对调查法官和判决法官的职能进行区分）。而在 1888 年《阿根廷刑事诉讼法典》中，联邦法院的各类刑事案件均未区分调查法官和判决法官。但在布宜诺斯艾利斯市的法院（已适用 1888 年《阿根廷刑事诉讼法典》），审前调查和庭审判决由两个不同的法官负责，参见 Maier, Derecho, p. 409.

〔44〕 例如，参见 1906 年《智利刑事诉讼法典》第 424~497 条。

〔45〕 1888 年《阿根廷刑事诉讼法典》第 479 条规定，判决阶段的证据应经过公开庭审。但因整个诉讼程序均为书面程序，公民几乎无法参与举证。例如，参见 Maier, Derecho, p. 411.

〔46〕 例如，参见 Maier, Derecho, p. 409；1906 年《智利刑事诉讼法典》第 449 条。

〔47〕 未遵循这一模型的司法区包括：古巴，在 19 世纪末之前为西班牙所控制，采纳了西班牙 1882 年立法的对抗式思想；多米尼加共和国，采纳了 1808 年法国《重罪法典》的思想；巴西，则受葡萄牙的影响。参见 Eberhard Struensee & Julio Maier, "Introduccion", in Julio B. J. Maier et al. eds., *Las Reformas Procesales Penales en America Latina*, Ad Hoc, 2000.

〔48〕 例如，参见 Mauricio Duce, "Criminal Procedure Reform and the Ministerio Publico: Towards the Construction of a New Criminal Justice in Latin America", 1993（斯坦福大学未刊法学硕士学位论文）。

表 1   拉美国家所通过的对抗式刑事诉讼法典（1991—2006）

国　家	在过去的 15 年是否采用了新的对抗式法典？	通过年份
阿根廷	联邦和部分省	联邦（1991）；科尔多瓦省（1992）；布宜诺斯艾利斯省（1997）；以及其他省份
玻利维亚	是	1999
巴　西	否	
智　利	是	2000
哥伦比亚	是	2004
哥斯达黎加	是	1996
古　巴	否	
多米尼加共和国	是	2002
厄瓜多尔	是	2000
萨尔瓦多	是	1997
危地马拉	是	1992
洪都拉斯	是	1999
墨西哥	部分州，但未包括联邦	瓦哈卡（2006）；奇瓦瓦（2006）
尼加拉瓜	是	2001
巴拿马	否	
巴拉圭	是	1998
秘　鲁	是	2004
乌拉圭	否	
委内瑞拉	是	1998

来源：各国的刑事诉讼法典以及美洲司法研究中心对各国情况的报告。

如何解释此次法典改革浪潮所具有的对抗式特征？这一发展是相当复杂的现象，必然涉及诸多原因。但推动改革浪潮的一系列因素系 20 世纪 80 年代和 90 年代相当重要的许多问题，由此打开了改革的政策窗口。[49]

首先，20世纪80年代及90年代许多拉美国家所出现的民主转型，以及20世纪70年代对人权日益加深的认识，促使国内的行动者们意识到原有的正当程序标准太低。[50]为论证既有正当程序标准过于宽松以及刑事诉讼改革的必要性，网络成员们界定了正当程序的概念，指出了过高的未决羁押率以及极长的审前羁押期限。[51]

拉美国家日益关注的第二个问题是犯罪率不断上升（包括真实的及感知的犯罪率），特别是在20世纪90年代。现有数据表明，拉丁美洲的犯罪率几乎超过世界其他所有地区。且从20世纪80年代至90年代中期，此一犯罪率还在不断的上升之中。[52]甚至在20世纪90年代中期以后，许多拉美国家民众对犯罪的关注还在持续升温或基本保持稳定。[53]民众的关注使提升刑事司法系统的效率排上许多

---

〔49〕 关于开放政策窗口的概念，参见 John W. Kingdon, *Agendas, Alternatives, and Public Policies*, Pearson, 1997（"［一个］开放的政策窗口是倡导者推动他们所青睐的解决方案或吸引关注特别问题的一个机会"）。

〔50〕 例如，参见 Eberhard Struensee & Julio Maier, "Introduccion", in Julio B. J. Maier et al. eds., *Las Reformas Procesales Penales en America Latina*, Ad Hoc, 2000, p. 17（拉美通过新的法典旨在发展刑事法治）。关于拉丁美洲的民主转型，参见 Guillermo O'Donnell et al. eds., *Transitions from Authoritarian Rule*, The Johns Hopkins University Press, 1986; Felipe Aguero & Jeffrey Stark eds., *Fault Lines of Democracy in Post-Transition Latin America*, Lynne Rienner Pub., 1998. 关于20世纪70年代以来人权在拉美国家日益重要的地位，参见 Cecilia Medina Quiroga, *The Battle of Human Rights: Gross, Systematic Violations and the Inter-American System*, Springer, 1988; Stephen C. Ropp & Kathryn Sikkink, "International Norms and Domestic Politics in Chile and Guatemala", in Thomas Risse et al. eds., *The Power of Human Rights*, Cambridge Academ, 1999.

〔51〕 例如，参见 Maier, Derecho, pp. 405-12, 469-733（论述涉及刑事诉讼的宪法及人权内容）; Elias Carranza et al., *El preso sin condena en America Latina y el Caribe: estudio comparative, estadistico y legal de treinta paises, y propuestas para reducir el fenomeno*, Ilanud, 1983; Elias Carranza Lucero, "Estado Actual de la Prision Preventiva en America Latina y Comparacion con los Paises de Europa", 26 *Jueces para la Democracia* 81（1996）. See also Interview 19（该网络基本上既界定了解决方案，又界定了问题所在）。

〔52〕 例如，参见 John Bailey & Lucia Dammert, "Public Security and Police Reform in the Americas", in John Bailey & Lucia Dammert eds., *Public Security and Police Reform in the Americas*, University of Pittsburgh Press, 2006, pp. 8-9; Lisa Bhansali & Christina Biebesheimer, "Measuring the Impact of Criminal Justice Reform in Latin America", in Thomas Carothers ed., *Promoting the Rule of Law Abroad*, Carnegie Endowment for Int'l Peace, 2006; Laura Chinchilla, "Experiences with Citizen Participation in Crime Prevention in Central America", in Hugo Fruhling et al. eds., *Crime and Violence in Latin America: Citizen Security, Democracy, and the State*, Woodrow Wilson Center Press, 2003, pp. 208-9; Andrew Morrison et al., "The Violent Americas: Risk Factors, Consequences, and Policy Implications of Social and Domestic Violence", in id. 93; Catalina Smulovitz, "Citizen Insecurity and Fear: Public and Private Responses", in id. 125. 该地区大部分地方的实际犯罪率自20世纪90年代后半叶以来似乎已然下降，但并非所有国家均如此。

〔53〕 Edgardo Alberto Amaya, "Security Policies in El Salvador, 1992-2002", in John Bailey & Lucia Dammert eds., *Public Security and Police Reform in the Americas*, University of Pittsburgh Press, 2006, pp. 132, 137（尽管自1994年以来，萨尔瓦多地区的犯罪受害率呈下降趋势，但不安全感仍持续存在）; Catalina Smulovitz, "Citizen Insecurity and Fear: Public and Private Responses", in id. 125（在阿根廷，社会对犯罪的关注度自1997年4月起呈大幅升温，并成为全国三大最受关注的问题之一）。

拉美国家政府的议程，且为改革者们提供了采用对抗式法典的机会。[54]

20 世纪 80 年代及 90 年代间遍布拉美地区的民主化浪潮以及国际机构对经济发展与法治之间关系日益浓厚的兴趣，凸显了拉美地区另两个相关的问题，即司法人员的腐败与缺乏责任感。[55] 这些问题结合在一起，为程序改革提供了外部环境。[56]

虽然这些问题为解释此一刑事诉讼改革浪潮提供了好的起点，但应注意到，仅有这些问题是无法解释为何须以对抗式的法典取代纠问式的法典，甚至也不能解释为何对抗式法典可作为某种潜在的解决方案。事实上还有许多其他可能的方案可以解决这些问题，而采用对抗式刑事诉讼法典是否为最佳的或最有效的解决方案，目前尚不得而知。

为了解释为何 14 个拉美国家认为以更具对抗式色彩的法典取代原有的纠问式法典将有助于解决前述问题，我们有必要探究谁建议并起草了程序改革方案、为何如此为之以及为何获得国际和国内行动者的支持。我们将划分为三个历史时期进行分析：1939 年至 1980 年、1980 年至 20 世纪 90 年代早期以及 20 世纪 90 年代早期至 2006 年。

1. 第一个时期：1939 年至 1980 年

网络的初始知识渊源及早期改革尝试的限制：科尔多瓦刑事诉讼学派（The Cordoba School of Criminal Procedure）和"现代法典"。一如前述，在本文所论及的改革浪潮来临前，几乎没有一个拉美司法区的刑事诉讼程序脱离纠问式模式。一个著名的例外是阿根廷科尔多瓦省 1939 年《刑事诉讼法典》。[57]

阿根廷实行联邦制。每个省份都设有自己的刑事诉讼法典。1937 年，科尔多

---

〔54〕 例如，参见 Alberto Binder, "Perspectivas de la Reforma Procesal Penal en America Latina", in Buenos Aires, *Justicia Penal y Estado de Derecho*, Ad-Hoc, 1993（纠问式刑事诉讼程序在对抗现代犯罪中完全缺乏效率）（以下简称 Binder, Perspectivas）; Alberto Binder, "Proceso penal y desarrollo institucional. La justicia penal a las puertas del siglo XXI", in id. 171（纠问式制度使刑事司法机构变得迟钝、官僚，降低其调查犯罪的能力）。

〔55〕 例如，参见 Fundacion Myrna Mack, *Corrupcion en la Administracion de Justicia*, Myrna Mack, 1993; Susan Rose-Ackerman, *Corruption and Government*, Cambridge University Press, 1999; Bertram I. Spector ed., *Fighting Corruption in Developing Countries: Strategies and Analysis*, Kumarian Press, 2005.

〔56〕 例如，参见 Binder, Perspectivas, pp. 222-3（法官及司法行政的正当性设定了其在刑事审判中的责任）; Luis Enrique Oberto G., "Sobre la Reforma Procesal Penal de Venezuela en el Marco de la Convencion Interamericana contra la Corrupcion", in Edgardo Buscaglia et al., *La Lucha Internacional contra la Corrupcion y sus Repercusiones en Venezuela*, Copre, 1998; 11 *Revista Sistemas Judiciales: Justicia y Corrupcion*, 2006.

〔57〕 其他一些司法区在 20 世纪也采用了更具对抗色彩的法典，主要包括秘鲁 1940 年法典、巴西 1941 年法典以及巴拿马 1986 年法典。但这些法典均未对作为本文主旨的刑事诉讼程序改革浪潮产生影响，这就是为什么我们着重研究 1939 年科尔多瓦法典的原因。

瓦省的总督、来自激进党的阿玛德·沃萨巴提尼（Amadeo Sabattini）任命了一个委员会为该省起草新的刑事诉讼法典。该委员会由两名来自科尔多瓦国立大学的自由派教授组成：阿尔弗雷多·贝莱斯·玛瑞康德（Alfredo Velez Mariconde）和塞巴斯蒂安·索勒（Sebastian Soler）。[58]

新草案的主要渊源是意大利1913年及1930年的刑事诉讼法典。[59]但作为杰出的法学家，贝莱斯·玛瑞康德和索勒并未简单地效仿此两个法典，而是审慎地研读法典中所蕴含的思想，并将其转化为符合标准和科尔多瓦现实的政治和法律原则。[60]新法典包含了许多对抗式的要素，如确立公开、言词审理；[61]在审前阶段赋予被告更多的权利；[62]在情节较为轻微的案件中由检察官负责审前调查。[63]但科尔多瓦法典依然包含了许多纠问式的要素，包括未设陪审员、[64]设立强制起诉原则，[65]以及保留了由法官负责重罪案件的审前调查。[66]最后，审前调查依然是书面的、秘密的，直至被告被移送至法官面前提供证言。[67]

贝莱斯·玛瑞康德和索勒将科尔多瓦省《刑事诉讼法典》视为现代化的工程，认为旧的纠问式法典从一开始便已过时，因为其未与《阿根廷宪法》中所确立的民主、自由理念契合，且未追随19世纪欧洲大陆向对抗式法典发展的趋势。[68]因目标界定为"现代化"，1939年的科尔多瓦省《刑事诉讼法典》及后续仿效的法典被统称为"现代法典"。[69]

---

[58] 参见 Decreto de Designacion de la Comision Redactora, Cordoba, enero 19 de 1937, in Provincia de Cordoba, Codigo de Procedimiento Penal Ley 3831, p. 17（Edicion Oficial 1941）。总督萨巴提尼（Sabattini）任命了1/3 的法官，埃内斯托·S. 佩纳（Ernesto S. Pena）是该委员会的成员，但因其他任命而无法参加。参见 Nota de la Comision, Cordoba, Noviembre 27 de 1937, in id. 19（以下简称 Nota）。

[59] 参见 Provincia de Cordoba, Codigo de Procedimiento Penal, Exposicion de Motivos, in id. 25-98（以下简称 Motivos）。1930 年《意大利刑事诉讼法典》因其立法技艺而受赞誉，但其内容涉及法西斯意识形态，1913 年的法典更具自由色彩。科尔多瓦法典采用了 1930 年《意大利刑事诉讼法典》的立法技术，并依 1913 年法典的理念构建实质内容，参见 Maier, Derecho, p. 416.

[60] 要感受贝莱斯·玛瑞康德（Velez Mariconde）和索勒（Soler）在立法上的凝练，只需阅读七十余页的法典导论。参见 Motivos, pp. 25-98.

[61] 参见 Provincia de Cordoba, Codigo de Procedimiento Penal（1939），Art. 382 et seq.

[62] Id., at Arts. 68, 99-109, 173. 3-174, 211-214, 247-249 & 325-326.

[63] Id., at Arts. 64, 197 & 311-24（对于最高刑罚为两年监禁刑的罪名，由检察官负责审前调查）。此项改革旨在提高刑事司法系统在处理情节较为轻微案件时的效率，参见 Motivos, pp. 60-1.

[64] 贝莱斯·玛瑞康德和索勒未在审判法庭中设任何形式的平民裁判，因为他们明显不信任陪审团。

[65] Motivos, p. 37; Provincia de Cordoba, Codigo de Procedimiento Penal（1939），Art. 5.

[66] Id., at Arts. 25 & 203-96.

[67] Id., at Arts. 138 & 213.

[68] Nota, p. 19（响应宪法自由理念而确立的新刑事诉讼法典）；Motivos, p. 25（阿根廷纠问式法典沿袭西班牙本国业已抛弃的《西班牙刑事诉讼法典》）。

[69] Maier, Derecho, p. 422.

贝莱斯·玛瑞康德是科尔多瓦大学法学院的一名教授，亦是那个时代阿根廷最负盛名的刑事诉讼法学者。科尔多瓦大学法学院是布宜诺斯艾利斯之外最重要的法学院，吸引了许多来自阿根廷不同省份的学生，这有助于将科尔多瓦省《刑事诉讼法典》传遍整个阿根廷。[70]

在20世纪50—70年代，科尔多瓦省《刑事诉讼法典》成为阿根廷其他几个省份的模板。一些省甚至聘请贝莱斯·玛瑞康德教授负责起草本省的法律。[71]圣地亚哥埃斯特罗（1941年）、圣路易斯（1947年）、胡胡伊（1950年）、拉里奥哈（1950年）、门多萨（1950年）、卡塔马卡（1959年）、萨尔塔（1961年）、圣胡安（1961年）、拉潘帕（1964年）、恩特雷里奥斯（1969年）、科连特斯（1971年）和查科（1971年）等均采用了"现代法典"。[72]

在伊比利亚美洲诉讼法学会第5次会议将1939年的科尔多瓦省《刑事诉讼法典》作为该地区的模范刑事诉讼法典之后，哥斯达黎加亦以此法典为基础于1973年通过了新的刑事诉讼法典。[73]贝莱斯·玛瑞康德和克拉瑞阿·奥尔梅多（Claria Olmedo）作为科尔多瓦刑事诉讼研究所的另外成员参与了法典的起草。[74]

尽管为伊比利亚美洲诉讼法学会所认可，但科尔多瓦省《刑事诉讼法典》并未进一步传遍整个阿根廷或拉丁美洲。原因有数个：首先，在20世纪50—70年代，阿根廷和拉丁美洲的许多国家的政治并不稳定，脆弱的平民政府不断被军事独裁政府所取代。因此，某些法典改革的尝试未获成功。[75]军政府并不关心所谓的人权、正当程序或政府的透明度。此外，犯罪并不是社会主要关注的对象。军政府通常规避法律以应对诸如政治暴力抗争等犯罪行为，故根本无意改革刑事诉讼法典。[76]最后，除对正当程序、犯罪率和开放法典改革政策窗口的透明度等要

---

〔70〕 Interview 54.

〔71〕 贝莱斯·玛瑞康德为科连特斯省和门多萨省起草了刑事诉讼法典。参见 Maier，Derecho，p. 421.

〔72〕 Ricardo Levene（h.），"Prologo"，in C. Vazquez Irububieta & R. A. Castro，*I Procedimiento Penal Mixto* 11，Pluz Ultra，1968；Maier，Derecho，p. 421.

〔73〕 例如，参见 Maier，Derecho，p. 424. 关于此项改革历史背景的概述，参见 Linn A. Hammergren，*The Politics of Justice and Justice Reform in Latin America*，Boulder，Co.，1998.

〔74〕 Interviews 35 & 62.

〔75〕 例如，阿图罗·弗昂蒂兹（Arturo Frondizi）平民政府要求贝莱斯·玛瑞康德为阿根廷起草了一部联邦刑事诉讼法典。但该平民政府仅执政三年（1959--1962 年）便被军事政变推翻。在 1928—1983 年期间，阿根廷所有民选政府均在宪法任期结束前被军事政变所推翻，唯一的例外是胡安·多明戈·庇隆（Juan Domingo Peron）将军从 1946—1952 年的第一个任期。

〔76〕 Conadep，"Nunca Mas"（1984）；The Commission on the Truth for El Salvador，"From Madness to Hope：The 12-Year War in El Salvador"（1993），available at http://www. usip. org/library/tc/doc/reports/el salvador/tc es 03151993 toc. html；Oficina de Derechos Humanos del Arzobispado de Guatemala，"Guatemala：Nunca Mas"（1998）；United Nations，"Informe de la Comision de Esclarecimiento Historico"（1999）.

素的关注不足外，学界以外亦缺乏完整的刑事诉讼改革者网络，且未有国际发展机构或国际银行的改革支持。

2. 第二个时期：1980 年至 20 世纪 90 年代早期

（1）网络近来的知识渊源：1986 年刑事诉讼法典草案。

1983 年底，阿根廷军政府下台，新的民选总统劳尔·阿方辛（Raúl Alfonsín）开始执政。阿方辛政府推行了许多重要的法律改革，如离婚合法化，且启动了对国家体制改革的研究以作为民主过渡的一部分。[77] 依刑事司法行政部门的意见，官员向胡里奥·B. J. 迈尔（Julio B. J. Maier）求助。迈尔是布宜诺斯艾利斯大学的一名法学教授，曾在该市担任法官，信奉政治自由主义原则。[78]

迈尔曾师从贝莱斯·玛瑞康德在科尔多瓦大学学习，并在德国完成学业。[79] 在他看来，阿根廷联邦刑事司法体系的一重大问题便是刑事诉讼法典具有纠问式性质。[80] 迈尔认为该法典不仅正当程序保护不足，且低效、不可靠、不透明。[81] 他部分立足于贝莱斯·玛瑞康德的分析，批判了纠问式模式，但不止于此，下文将详细分析。此外，贝莱斯·玛瑞康德认为，纠问式模式的正当程序问题只是违反了《阿根廷宪法》，而迈尔则认为这些问题既违反《阿根廷宪法》，亦违背国际及区域人权宣言和条约。[82]

和贝莱斯·玛瑞康德一样，迈尔建议起草一部更具对抗式特质的刑事诉讼法典以解决前述问题。[83] 不言自明，1986 年的"迈尔草案"将 1939 年的科尔多瓦省《刑事诉讼法典》作为主要渊源。[84] 而另一个主要渊源则是《德国刑事诉讼法典》中的刑事程序规定，后者包含了迈尔的许多改革理念。[85] 迈尔并非简单地

---

〔77〕 Consejo para la Consolidacion de la Democracia, *Reforma Constitucional*: *Dictamen Preliminar del Consejo para la Consolidacion de la Democracia*, Eudeba, 1986.

〔78〕 Mirna Goransky, "El derecho penal que he vivido: Entrevista al Profesor Julio B. J. Maier", in David Baigun et al., *Estudios sobre Justicia Penal*: *Homenaje al Profesor Julio J. Maier*, Ediciones del Puerto, 2005; Interviews 26 and 54.

〔79〕 Fundacion Konex, available at http://www. fundacionkonex. org/premios/curriculum. asp? ID = 2808, last visited on June 7, 2007.

〔80〕 Proyecto de Codigo Procesal Penal de la Nacion, Exposicion de Motivos, 1988, pp. 651-5（以下简称 Exposicion）.

〔81〕 Id., pp. 654-5.

〔82〕 Id., p. 653.

〔83〕 Id., pp. 654-5.

〔84〕 Id., p. 668. 事实上，迈尔将 1986 年法典视为现代法典诞生后改革进程的延续。Id., p. 652. 迈尔也引入其他阿根廷现代法典；两部从未正式颁布的法典草案；法国、意大利和西班牙的刑事诉讼法典；以及英美法系的理念。Id., pp. 668-9.

〔85〕 Interview 26.

复制前述渊源中的理念，而是谨慎研究，将这些理念转化为合乎标准的政治和法律原则，以适应阿根廷的现实。[86]

迈尔从五个方面批判了纠问式法典，并提出了相应的解决方法。首先，迈尔批判了1888年法典的审判阶段：仅由一名专业法官通过阅读书面卷宗中所收集的证据来裁判案件。这种做法是专横、不可靠、低效且不透明的。[87] 与贝莱斯·玛瑞康德相同，迈尔认为应确立言词、公开的审判以解决这些问题。唯一不同的是，迈尔主张引入平民裁判以强化刑事司法机构的公共责任。[88] 但"迈尔草案"主张实行德国式的混合法庭，即合议庭由陪审员和专业法官组成，而非英美式的陪审制。[89]

迈尔对阿根廷1888年纠问式法典的第二个批判是被告在审前阶段未享有充分的权利。迈尔认为，审前调查秘密进行、被告无权知道所被指控的罪名，这侵犯了《阿根廷宪法》及国际人权条约所保障的被告权利，如辩护权及反对强迫自证其罪的权利。[90] 1986年"迈尔草案"借鉴科尔多瓦省《刑事诉讼法典》和《德国刑事诉讼法典》的理念，主张在审前阶段扩大被告的权利，包括确立①在法庭讯问前有了解被指控罪名及证据的权利；②拒绝供述的权利；③在供述前寻求法律意见的权利；④获得指定律师法律援助的权利；⑤要求收集证据的权利。[91] "迈尔草案"还禁止警察审讯犯罪嫌疑人，这比科尔多瓦省《刑事诉讼法典》和《德国刑事诉讼法典》走得更远。[92]

迈尔对纠问式法典的第三个批判亦适用于现代法典。他反对对所有犯罪均自

---

[86] 关于法律移植的理念，参见 Langer, Legal Translations.

[87] Maier, Derecho, pp. 410–1, 586–7, 645–6.

[88] Anteproyecto de ley organica para la justicia penal y el ministerio publico 15（1988）（以下简称 Anteproyecto）. 迈尔也认为，因《阿根廷宪法》三次提及陪审团审判，故平民裁判实际上是宪法的要求。参见 Exposicion, p. 653；Anteproyecto, pp. 15–6.

[89] Maier, Derecho, pp. 428–9. 迈尔希望确保法庭的大部分审判人员受过法律培训但并不是职业法官，因此他巧妙地设计了由五名审判人员组成的法庭：两个常设法官、两名平民和一名律师。参见 Anteproyecto, Arts. 30, 71 & 81. 此外，为保障审判人员的公正性，1986年草案背离了科尔多瓦法典和《德国刑事诉讼法典》，禁止负责案件审前调查的法官担任同一案件的审判法官。参见 Proyecto de Codigo Procesal Penal de la Nacion（1986），Art. 22（以下简称 Draft）. 另外，因部分受英美法系理念的启发，1986年草案令审判庭在询问证人时扮演消极角色，并允许法庭组织两次庭审，分别进行定罪和量刑。Id., Art. 287.

[90] Maier, Derecho, p. 579.

[91] Draft, Art. 41. 仿效《德国刑事诉讼法典》第136a条之规定，草案亦设定，任何违反被告供述及证言之强制性规定而获得的信息不可采，即便被告同意放弃该条款对他的保护。Id., Art. 52.

[92] Id., Art. 48. 颁布此禁令的缘由是：军政府和警察在阿根廷军事统治期间广泛适用酷刑。迈尔并未说明此一规定的渊源。但其想法可能是为确保警察不会对被拘留者产生适用酷刑的动机。

动适用羁押措施的政策。[93] 在 1986 "迈尔草案" 中，迈尔部分借鉴了《德国刑事诉讼法典》，提出了仅在为防止被告逃逸或篡改证据的情况下方适用审前羁押。[94] 在迈尔对无罪推定诠释的推动下，该草案的某些条款甚至比《德国刑事诉讼法典》的类似规定更能保护被告人的权利。[95]

迈尔的第四个批判系针对审前调查法官的作用。此一批判亦既适用于 1888 年纠问式法典，亦适用于科尔多瓦省《刑事诉讼法典》。[96] 迈尔认为，两部法典均要求审前调查法官完成在心理学上不可能完成的任务，即既积极调查案件，又公平、公正裁判。[97] 在迈尔看来，这种双重角色定位不无问题，因为它违反了正当程序原则，且损害了许多案件调查的质量。[98] 法官如果作为被告宪法权利的捍卫者，则将损害其作为积极调查者的角色；反之亦然。[99] 为解决这些问题，1986 年 "迈尔草案" 规定由检察官负责审前调查，[100] 法官在审前阶段仅限于作出裁定。[101] 1986 年 "迈尔草案" 还规定了检察官的客观义务，即既需收集有罪证据，也应收集无罪证据。[102] 除可能妨害侦查，检察官应向被告及其辩护律师公开所有证据。[103] 如被告提出请求，检察官亦有义务收集相关证据。[104] 这些规定效仿了德国及其他大陆法系国家的刑事诉讼模式，[105] 而非美国模式。

最后，迈尔批判了 1888 年纠问式法典和科尔多瓦省《刑事诉讼法典》缺乏一个高效刑事司法系统所必需的灵活性。强制起诉原则使侦查人员无法将精

---

〔93〕 Julio B. J. Maier, *II La Ordenanza Procesal Penal Alemana*, Depalma, 1982. 关于 1939 年科尔多瓦法典对该问题的规制，参见 Alfredo Velez Mariconde, *El Proyecto de Codigo de Procedimiento Penal Para la Provincia de Cordoba*, 1939, Art. 345.

〔94〕 Draft, Art. 202. 2.

〔95〕 Id., Art. 202（提到《德国刑事诉讼法典》第 112 条是立法渊源）。《德国刑事诉讼法典》第 112a 条规定，被告实施犯罪的风险系对其进行审前羁押的充分理由。迈尔则持不同观点，认为依无罪推定无罪，仅存在逃跑或篡改证据之风险时方可被告适用审前羁押。参见 Julio B. J. Maier, *Sobre la libertad del imputado* (1981). 这就是他为何摒弃将危险性要件作为审前羁押的正当理由以及在 1986 年草案中未沿袭《德国刑事诉讼法典》第 112a 条的规定。

〔96〕 再次强调，科尔多瓦法典中规定检察官仅在较轻微的刑事案件中负责审前调查。

〔97〕 Exposicion, pp. 660-1.

〔98〕 Id., pp. 659-61.

〔99〕 Id., p. 659（好的检察官扼杀好的法官，反之亦然）。

〔100〕 Id., p. 661, Art. 68.

〔101〕 Id., p. 661.

〔102〕 Draft, Arts. 69, 232 & 250.

〔103〕 Id., Art. 255.

〔104〕 Id., Art. 256. 因 1986 年草案赋予检察官更显赫的作用，迈尔亦起草了规制检察官职责的规定。他认为如下举措可使该制度更有效率：一是更明确地区分检察和审判的职能；二是强化检察官职能，使其在案件分配中更具灵活性。这既可保障检察官在调查犯罪时的专业化，亦可对抗政治干预。参见 Anteproyecto.

〔105〕 Id., p. 661, 源自草案第 68 条及第 232 条。

力集中于情节严重的案件而摒弃那些情节轻微的案件。迈尔还认为，对每一起情节轻微的案件均须开庭审理是一种不必要的资源浪费。[106] 因此，1986 年"迈尔草案"设计了许多程序速决机制，旨在使情节轻微的案件从刑事司法系统剥离出来以适用更快速的处理办法。该法律草案还借鉴了起诉便宜原则，[107] 规定了程序分流机制，[108] 对情节轻微案件设有类似于辩诉交易的机制。[109] 这些做法还是受到《德国刑事诉讼法典》的启发，而非美国式的几乎不受限制的检控酌处权原则。

如同贝莱斯·玛瑞康德评价科尔多瓦省《刑事诉讼法典》一样，迈尔亦认为 1986 年草案系现代化的课题。他同意贝莱斯·玛瑞康德的论断，即认为阿根廷联邦刑事诉讼法典立足于一个在欧洲早被遗弃的过时模式。[110] 但迈尔还认为，1986 年草案系阿根廷刑事司法系统民主化和政治转型的工具。[111]

1987 年，阿方辛政府将 1986 年草案呈递阿根廷国会。草案在阿根廷引发了一场学术和公众的辩论。辩论的焦点从纠问式法典与现代法典的比较转向现代法典与该法典草案的比较。[112] 此一辩论超越庇隆党与激进党之间的对立。事实上，许多开明的庇隆主义者支持该草案的理念。[113]

阿根廷国会最终未表决通过 1986 年草案。1987 年，阿方辛政府出现政治颓势，且再未恢复元气。[114] 1989 年梅内姆政府执政后，一部新的联邦刑事诉讼法典

---

[106] Exposicion, p. 669.

[107] 根据这一原则，在立法明确规定的某些案件中，即便已构成犯罪，检察官依然可经法院同意撤回控告。参见 Draft, Art. 230.

[108] 在审前阶段，法庭可在听取被告供述后下令中止起诉，当然这必须符合特定条件。Id., Art. 231. 尽管草案并未论及这一机制的渊源，但鉴于它使用英文表述"probation"，故可能受英美制度的启发。参见 Exposicion, p. 669.

[109] 在提起控告后，如果检察官和被告同意适用这一机制，则法院可不进行审判直接判决被告有罪。这一机制的渊源是《德国刑事诉讼法典》、1930 年《意大利刑事诉讼法典》以及布宜诺斯艾利斯和科尔多瓦省的法典。参见 Draft, Arts. 371-3.

[110] Exposicion, p. 651（1888 年法典使该国的刑事诉讼落后了一个世纪，在文化上亦过时），p. 654（1888 年法典背离普适的做法）。

[111] Id., p. 652（该草案的目的是挽救刑事司法中的共和制度）；Interview 26（对迈尔和他的团队而言，刑事司法改革草案具有重要政治意涵）。

[112] Consejo para la Consolidacion de la Democracia ed., *Hacia una nueva justicia penal* (1989). 该草案的主要批评者之一是里卡多·列文（Ricardo Levene），曾为多明戈·庇隆的司法庇护者。列文批判 1986 年草案，建议用现代法典取而代之，参见 Interviews 26 & 54.

[113] Goransky, Mirna Goransky, "El derecho penal que he vivido. Entrevista al Profesor Julio B. J. Maier", in David Baigun et al., *Estudios sobre Justicia Penal. Homenaje al Profesor Julio B. J. Maier*, Ediciones del Puerto, 2005, pp. 992-3 [论及卡洛斯·阿尔斯拉尼安（Carlos Arslanian）和华金·达·罗查（Joaquin Da Rocha）支持 1986 年草案]。

[114] Maier, Derecho, p. 432.

最终于 1991 年通过,[115] 该法典以现代法典为基础，还吸收了 1986 年草案的许多思想。[116]

此外，在 1991—1992 年，科尔多瓦省以 1986 年草案为蓝本通过了一部新的刑事诉讼法典。[117] 新法典的主要支持者是科尔多瓦的司法部部长若泽·卡费拉塔·诺尔士（Jose Cafferata Nores）。若泽·卡费拉塔·诺尔士是科尔多瓦刑事诉讼学派及 1986 年法典草案起草委员会的成员。[118]

（2）1986 年草案的区域影响：伊比利亚美洲的模范刑事诉讼法典及危地马拉法典的起草。

伊比利亚美洲诉讼法学会创建于 1957 年，汇聚了来自拉丁美洲、葡萄牙和西班牙的诉讼法学者。[119] 西班牙刑诉法学者尼斯托·阿尔卡拉·扎莫瑞·卡斯蒂略（Niceto Alcala Zamoray Castillo）系该学会第一任主席，后在佛朗哥政权时期流亡阿根廷和墨西哥。[120] 尼斯托·阿尔卡拉·扎莫瑞·卡斯蒂略提出，为伊比利亚美洲国家创设一部模范刑事诉讼法典系该学会的核心规划之一。[121] 学会认为，起草这样一部模范法典有助于实现拉美经济和政治的一体化，这在世界日益区域化的时代里是必要的。[122]

阿尔卡拉·扎莫瑞希望 1939 年科尔多瓦省《刑事诉讼法典》能成为模范刑事诉讼法典的主要渊源，因为它是"美洲最好的（法典），也是世界最好的（法

---

〔115〕 列文起草了该法典。他还在为拉潘帕省起草 1960 年刑事诉讼法典时也沿袭了现代法典的模式。但他对该法典进行了保守的解读，这强化了警察的权力，并取消了检察官对较轻微刑事案件的调查权。Interview 26.

〔116〕 例如，1991 年法典授权初步调查法官将审前调查权委付检察官，并且禁止警察讯问犯罪嫌疑人。参见《阿根廷刑事诉讼法典》第 196 条及第 184 条。此后，1991 年法典所作的改革亦吸收了 1986 年草案的理念，包括程序分流机制和辩诉交易机制等。参见 Cod Pen. [Arg.] Arts. 293 & 431.

〔117〕 Province of Cordoba, Argentina, Ley 8123（passed on Dec. 5, 1991; published on Jan. 16, 1992）.

〔118〕 Mirna Goransky, "El derecho penal que he vivido. Entrevista al Profesor Julio B. J. Maier", in David Baigun et al. , *Estudios sobre Justicia Penal. Homenaje al Profesor Julio. J. Maier*, Ediciones del Puerto, 2005, p. 992; Interview 26.

〔119〕 Historia del Instituto Iberoamericano de Derecho Procesal, available at http://www. iidp. org/index. cgi? wid seccion = 3 & wid item = 8, last visited on June 7, 2007. The membership of the Institute can be viewed at http://www. iidp. org/index. cgi? wAccion = personas & wParam = miembros & wid seccion = 4 & wid grupo news = 0.

〔120〕 "Palabras del doctor Fix-Zamudio en la ceremonia luctuosa", in García Michaus, Carlos, *Reforma Procesal, Estudios en Memoria de Niceto Alcala-Zamora y castillo*, Universidad Nacional Autónoma de México, 1987.

〔121〕 "Breve Historia del Codigo Modelo", in *Codigo Procesal Penal Modelo para Iberoamerica*, 1989（以下简称 Breve Historia）.

〔122〕 "La Integracion Americana, Hacia la Integracion Institucional. Tratados, Organismos, Tribunales, Codigos Modelos", in Instituto Iberoamericano de Derecho Procesal, *El Codigo Procesal Civil Modelo para Iberoamerica*, 1988.

典）之一"。[123] 是以，1967 年，学会委托贝莱斯·玛瑞康德和克拉瑞阿·奥尔梅多着手此一项目。[124] 1978 年，在委内瑞拉召开的伊比利亚美洲诉讼法学会第 6 次会议上，克拉瑞阿·奥尔梅多提交了模范法典的基础蓝本（贝莱斯·玛瑞康德已经去世），几乎包含了整部法典。[125]

在此次会议上，学会指定一法学家委员会继续该项目研究，并吸纳迈尔为研究成员。迈尔将克拉瑞阿·奥尔梅多的基础蓝本作为研究模范法典的主要渊源之一。但 1939 年科尔多瓦《刑事诉讼法典》及《德国刑事诉讼法典》等其他渊源，对他的研究影响更甚。1981 年，迈尔在危地马拉召开的伊比利亚美洲诉讼法学会第 7 次会议上提交了构建模范法典的 100 篇论文，但之后几年退出了该项目。[126] 1986 年草案完成后，迈尔继续与巴西教授阿达·佩莱格里尼·格里诺威尔（Ada Pellegrini Grinover）一起研究模范法典。[127] 1988 年，迈尔在巴西召开的伊比利亚美洲诉讼法学会第 11 次会议上提交了完整的伊比利亚美洲模范刑事诉讼法典，获得了学会的认可。[128]

模范刑事诉讼法典采用与 1986 年草案相同的结构，字里行间表达的理念几乎完全相同。唯一显著的区别是模范刑事诉讼法典设有一些可供选择的特殊规定，以让不同国家按本国需求选取合适的方案。这些规定包括：受害者作为自诉人参与审判过程的范围；[129] 是否允许非营利性组织在损害公益案件中以自诉人的身份参与诉讼；[130] 以及是否允许混合法庭或纯粹由平民组成的陪审团进行审判的问题。[131]

1986 年草案所包含的理念亦通过迈尔在危地马拉的作品进行区域性的传播。

---

[123]　阿尔卡拉·扎莫瑞认为 1939 年的科尔多瓦法典极其出色，因为它明智地融合了西班牙刑事诉讼法典的精神及德国和意大利刑事诉讼法典的技术。参见 Maier, Derecho, p. 417.

[124]　Breve Historia, pp. 7-8.

[125]　Breve Historia, p. 8.

[126]　Interview 54; Goransky, Mirna Goransky, "El derecho penal que he vivido, Entrevista al Profesor Julio B. J. Maier", in David Baigun et al., *Estudios sobre Justicia Penal. Homenaje al Profesor Julio B. J. Maier*, Ediciones del Puerto, 2005, p. 991.

[127]　Mirna Goransky, "El derecho penal que he vivido. Entrevista al Profesor Julio B. J. Maier", in David Baigun et al., *Estudios sobre Justicia Penal. Homenaje al Profesor Julio B. J. Maier*, Editores del Puerto, 2005, p. 991; Breve Historia, pp. 8-9.

[128]　Breve Historia, pp. 8-9; Julio B. J. Maier, *Historia Breve del Codigo Procesal Penal Modelo para Ibe-roamerica* 3（作者存档）.

[129]　Codigo Procesal Penal modelo para Iberoamerica, note to Art. 78（包括与 1986 年草案相比，受害人有更多的程序参与权，以及任何公民在刑事诉讼中均可以私诉当事人的身份参与）.

[130]　Id. at note to Art. 78.

[131]　Id. at Appendix II.

在 20 世纪 80 年代末，迈尔受聘联合国人权中心以就危地马拉的刑事司法和人权情况作报告并提出建议。[132] 经过在危地马拉两个月的考察，迈尔认为，该国的纠问式法典引发了刑事司法运作的一些严重问题，并再次建议制定更具对抗式特质的法典。[133]

危地马拉的军事政府于 1986 年正式下台。公开的选举随即进行。此时，以基督教民主党维尼西奥·塞雷佐（Vinicio Cerezo）为首的民选政府获得执政权。著名的商法学家及宪法学专家埃德蒙·瓦斯奎兹·马丁内斯（Edmundo Vasquez Martinez）赞同迈尔的分析。[134] 瓦斯奎兹·马丁内斯与迈尔同为政治自由主义的提倡者，[135] 被新政府任命为法官及危地马拉最高法院的院长以强化司法独立。[136] 他邀请迈尔到危地马拉帮助探究司法系统的改革路径。[137] 20 世纪 80 年代末，迈尔带来阿尔贝托·宾德尔（Alberto Binder），一名曾在模范法典和 1986 年草案的起草过程中为迈尔提供帮助的阿根廷法学家。后者协助迈尔起草一部新的危地马拉刑事诉讼法典。[138]

阿根廷和危地马拉的民主转型为诸如迈尔及瓦斯奎兹·马丁内斯等坚信法治的自由主义者打开了政治和制度的空间。[139] 从历史上看，在大多数拉美国家，无

---

〔132〕 参见 Mirna Goransky, "El derecho penal que he vivido. Entrevista al Profesor Julio B. J. Maier", in David Baigun et al. , *Estudios sobre Justicia Penal. Homenaje al Profesor Julio B. J. Maier*, Ediciones del Puerto, 2005, p. 993.

〔133〕 Interview 26（迈尔批判危地马拉刑事司法系统与阿根廷刑事司法系统有着相同的缺陷）；Alberto M. Binder & Julio B. J. Maier, "Conclusion del Proyecto Base, Entrega Oficial al Organismo Judicial", in Guatemala, *Nueva Legislacion Procesal Penal*：*Juicio Oral*, Temas Juri'dicos, 1992-93. 关于对 1973 年危地马拉法典呈主要纠问式特征的分析，参见 Luis Rodolfo Ramirez & Miguel Angel Urbina, "Guatemala", in Julio B. J. Maier et al. eds. , *Las Reformas Procesal Penales en America Latina*, Buenos Aires, 2000.

〔134〕 Interviews 26, 38, 44 & 50. 尽管瓦斯奎兹·马丁内斯不是一名刑诉法学者，但他在 1986 年与乌戈·冈萨雷斯·塞万提斯（Hugo Gonzalez Cervantes）一起为危地马拉起草一部刑事诉讼法典。该草案以克拉瑞阿奥尔梅多的刑事诉讼法典作为模范法典蓝本。瓦斯奎兹·马丁内斯和冈萨雷斯·塞万提斯所起草的法律草案最终未成为法律。参见 Binder & Julio B. J. Maier, "Conclusion del Proyecto Base, Entrega Oficial al Organismo Judicial", in Guatemala, *Nueva Legislacion Procesal Penal*：*Juicio Oral*, Temas Juri'dicos, 1992-93, pp. 11-2.

〔135〕 See Interviews 26, 39 & 44.

〔136〕 Interviews 39 & 50（阐释了当时危地马拉为司法独立所开放的政治空间，以及瓦斯奎兹·马丁内斯对司法独立的渴求）。关于危地马拉强化司法独立所采取的措施及其成功的程度，参见 Rachael Sieder, "Renegotiating 'Law and Order'：Judicial Reform and Citizen Responses in Post-War Guatemala", in *Democratization*, 2003, pp. 145-7.

〔137〕 Interview 44; Mirna Goransky, "El derecho penal que he vivido, Entrevista al Profesor Julio B. J. Maier", in David Baigun et al. , *Estudios sobre Justicia Penal. Homenaje al Profesor Julio B. J. Maier*, Editores del Puerto, 2005, p. 993.

〔138〕 Binder & Julio B. J. Maier, "Conclusion del Proyecto Base. Entrega Oficial al Organismo Judicial", in Guatemala, *Nueva Legislacion Procesal Penal*：*Juicio Oral*, Temas Juri'dicos, 1992-93, pp. 992-3.

〔139〕 Interview 26（推动刑事诉讼改革的一大智识支持，源自于试图设立机构、与社会民主党政府合作的政治自由派）。

论是冷战时期信奉军事政府及美国国家安全主义的右派，还是信奉以政治暴力夺取政权的左派，均轻视并抛弃民主和法治的思想。[140]

在右派看来，法治对保持不平等经济关系及摧毁政敌作了不必要的限制，是一个麻烦；[141] 而对左派而言，因深受马克思主义影响，法律仅是上层建筑，不是理想的价值追求。[142]

随着向民主的过渡，部分左派人士重新发现自由选举和法治理念的重要性。在冷战结束的前几年，这部分拉美左派人士宣布放弃以政治暴力作为获取政权的手段，转向信奉公开选举、公共协商以及法治，并据以回应在 20 世纪 70 年代及 20 世纪 80 年代早期所发生的政治暴力和国家恐怖主义事件。[143] 宾德尔便具有此一政治轨迹。他致力于研究对抗式的刑事诉讼法典，使之成为将新理想付诸实践的一种手段。[144]

宾德尔具有教会教育背景，曾在布宜诺斯艾利斯大学学习。他是天主教左派成员，在智识上和政治上均信奉解放神学。[145] 在他看来，研究对抗式刑事诉讼法典是改善底层状况的一种方法。对抗式法典将赋予被告这一典型的社会底层更多的权利，以对抗警察、检察官和法官专横的对待和惩罚。[146] 此外，宾德尔认为，

---

〔140〕 冷战期间，美国国家安全理论认为遏制及消除共产主义的影响是拉丁美洲的首要之事。参见 Stephen J. Randall, "Ideology, National Security, and the Corporate State: The Historiography of U. S. -Latin American Relations", *Latin Am. Res. Rev.* 205, Vol. 27, No. 1 (1992).

〔141〕 Thomas Carothers, *In the Name of Democracy: U. S. Policy Toward Latin America in the Reagan Years*, University of California Press, 1991 (描述了在 20 世纪的大部分时间里，萨尔瓦多如何为严酷、残暴的军方及反动经济寡头所组成的政治同盟所统治)。

〔142〕 例如，参见 Interview 23 (解释了智利的这个现象); Hugh Collins, *Marxism and Law*, Oxford University Press, 1996.

〔143〕 在这一政治轨道上工作的知识分子，参见 Fernando Claudin & Ludolfo Paramio eds., *Caminos de la Democracia en America Latina*, Pablo Iglesias, 1984; and Jose Nun & Juan Carlos Portantiero eds., *Ensayos sobre la Transicion Democratica en Argentina*, Puntosur, 1987.

〔144〕 Interview 26. 在 20 世纪 80 年代早期，拉美内部的左派人士对是否须将民主问题纳入社会变革项目并无争论。宾德尔和其他活动者专家网络的成员原本对刑事诉讼改革并无兴趣。

〔145〕 Interview 26. 拉丁美洲解放神学是一个致力于为穷人及被压迫者的权利而斗争的思潮及神学流派。它的基本教义之一系秘鲁牧师所写，参见 Gustavo Gutierrez, *A Theology of Liberation*, Orbis Books, 1971. 关于该神学流派的概述，参见 Harvie M. Conn, "Theologies of Liberation: An Overview", in Stanley N. Gundry & Alan F. Johnson eds., *Tensions in Contemporary Theology*, 1979; Paul E. Sigmund, *Liberation Theology at the Crossroads*, Oxford University Press, 1990.

〔146〕 见 Interview 31 (援引宾德尔在智利的一个研讨会上所言，刑事司法系统是一套 "穷人血肉的撕碎机")。在布宜诺斯艾利斯宾德尔的智识圈内，批判犯罪学系一个强调刑事司法系统应解决底层状况的思潮流派。关于批判犯罪学的代表性著作，参见 Roberto Bergalli et al. eds., *El Pensamiento Criminologico: Un Analisis Critico*, Peni'nsula, 1983.

新法典将使对强权不法行为的起诉和惩罚变得高效。[147]

迈尔、宾德尔和现代法典所信奉的理念因此对一些危地马拉的左派人士具有相当吸引力。[148] 此外，民主转型和冷战的结束也使拉美的一些右派人士相信，侵犯人权的军事统治不再是有吸引力的政治选择。强化制度及提高经济水平成为该政治阵营某些成员的目标。[149] 因为现代法典承诺实现正当程序、效率和透明，一些右翼政治家和决策者也认为这些理念具有吸引力。[150]

1989 年 3 月 23 日，迈尔和宾德尔主要以现代法典和 1986 年草案为基础向瓦斯奎兹·马丁内斯提交了刑事诉讼法典草案。[151] 在美国国际开发署的支持下，一个由自由派刑事教授阿尔贝托·荷瑞尔特（Alberto Herrarte）及曾在军统时期被流放的左翼律师塞萨尔·巴瑞恩托斯（Cesar Barrientos）所领导的危地马拉技术委员会对法典草案进行了修订。[152] 在危地马拉国会，右翼立法者阿图罗·索托·阿吉雷（Arturo Soto Aguirre）是新法典的主要支持者。[153] 1992 年，危地马拉国会通过了新的《危地马拉刑事诉讼法典》。该法典于 1994 年 7 月生效。[154]

（3）美国国际开发署回归拉美的法律改革。

前文解释了刑事司法运作中的各种问题及民主化政治进程环境在政策改革开放窗口中所扮演的角色，以及为何迈尔、宾德尔和其他拉美法律人建议以对抗式的法典取代纠问式的法典作为解决问题的方法。在 20 世纪 80 年代，美国的许多行动者也开始在拉美刑事司法领域工作，并对改革的蔓延发挥了至关重要的作用。

---

〔147〕 Binder, Perspectivas, p. 209.

〔148〕 Interviews 28 & 39（阐释了危地马拉左派人士如何发现宾德尔的思想极具吸引力）。

〔149〕 阿根廷知识分子、记者马里亚诺·格龙多纳（Mariano Grondona）的思想体系演进正是这个现象的代表。他曾是军事政权的支持者，但在 20 世纪 80 年代发现了政治自由主义及其对经济发展的潜在作用。参见 Mariano Grondona, *Los Pensadores de la Libertad*, Sudamericana, 1986; *Values and Development*, Source Book, 1988; *Toward a Theory of Development*, Author's Workshop, 1990; *El posliberalismo*, Planeta, 1993 *and La corrupcion*, Planeta, 1993.

〔150〕 Interview 26（刑事诉讼改革变成了一个具有吸引力的权利现代化项目）。

〔151〕 Alberto M. Binder & Julio B. J. Maier, "Conclusion del Proyecto Base. Entrega Oficial al Organismo Judicial", in Guatemala, *Nueva Legislacion Procesal Penal: Juicio Oral*, Temas Juri'dicos, 1992–93, p. 153.

〔152〕 Interviews 39, 45 & 48; U. S. Agency for International Development, Guatemala: action plan, FY 1994– FY 1995. 塞萨尔·巴瑞恩托斯本人对危地马拉及拉丁美洲刑事诉讼改革进程的说明，参见 Cesar Crisostomo Barrientos Pellecer, *Poder Judicial y Estado de Derecho*, F & G Editores, 2001.

〔153〕 Interview 39（危地马拉国会中与银行关系甚笃的许多议员清晰地意识到危地马拉需要法治以推动进步）。其中，最重要的人物当属立法和宪法问题国会委员会的主席阿图罗·索托·阿吉雷; Interviews 48 & 50. 索托·阿吉雷曾是右翼政党危地马拉共和国阵线的代表。Interview 28.

〔154〕 参见 Luis Rodolfo Ramirez & Miguel Angel Urbina, "Guatemala", in Julio B. J. Maier et al. eds., *Las Reformas Procesal Penales en America Latina*, 2000, p. 467.

1961 年，美国总统约翰·肯尼迪发起了争取进步联盟（Alliance for Progress）并创设了美国国际开发署。[155] 在冷战的背景下，争取进步联盟和美国国际开发署的地缘政治目标是促进经济发展以降低左翼团体等在发展中国家获取政权的风险。[156] 在 20 世纪 60 年代后半叶至 20 世纪 70 年代前半叶，美国国际开发署有两个项目集中于拉丁美洲的法律改革。[157]

直至 20 世纪 70 年代中期，美国国际开发署才关闭了这两个项目。首先，许多学者和福特基金会官员指责（拉美地区的）法律教育改革具有种族中心主义和帝国主义的特点，因为它们将美国模式强加于该地区；其次，这些项目所培训的安全部队及决策者时常为独裁军事政府工作，一些受训者甚至开始迫害美国国际开发署和福特基金会在本地区的盟友；最后，改革是否有效仍不得而知。[158]

随后 10 年，美国国际开发署在法律领域并未开展任何实质工作。[159] 而在 20 世纪 80 年代，游击队组织法拉本多·马蒂民族解放阵线（FNLM）开始在军事上压倒萨尔瓦多当地政府。尽管基于不同原因，里根政府和美国人权组织均开始关注该地区局势。里根政府拟向萨尔瓦多政府提供军事援助以协助打击游击队组织，并对抗共产主义在该地区的扩张。[160] 一些热点案件如 1980 年 12 月四名美国女教徒被萨尔瓦多军方杀害的案件为美国媒体大量报道，使萨尔瓦多和拉丁美洲

---

〔155〕 USAID History, available at http://www.usaid.gov/about usaid/usaidhist.html, last visited on June 7, 2007.

〔156〕 Thomas Carothers, *In the Name of Democracy: U. S. Policy Toward Latin America in the Reagan Years*, University of California Press, 1991, pp. 1-2, 197; Howard J. Wiarda, "Did the Alliance Lose Its Way, or Were Its Assumptions All Wrong from the Beginning and Are Those Assumptions Still with Us", in L. Ronald Scheman ed. , *The Alliance for Progress: A Retrospective*, Praeger, 1988.

〔157〕 第一个项目由美国国际开发署和福特基金会资助，主要支持拉美法学教育改革以及对拉美法律制度的研究。由美国精英法学院及自由派法学教授所组成的团体领导此一改革。参见 John Henry Merryman, "Law and Development Memoirs I: The Chilean Law Program", 48 *Am. J. Comp. L.* 481 (2000). 第二个关于"公共安全"的项目则重点对执法人员进行培训。Interview 5.

〔158〕 例如，参见 Interview 24（论及美国国际开发署在那次经历后不再想和警察一起工作）；Hugo Fruhling, "From Dictatorship to Democracy: Law and Social Change in the Andean Region and the Southern Cone of South America", in Mary McClimont & Stephen Golub eds. , *Many Roads to Justice: The Law-Related Work of Ford Foundation Grantees around the World*, Ford Foundation, 2000; James A. Gardner, *Legal Imperialism: American Lawyers and Foreign Aid in Latin America*, The University of Wisconsin Press, 1980; David M. Trubek & Marc Galanter, "Scholars in Self-Estrangement: Some Reflections on the Crisis in Law and Development Studies in the United States", 4 *Wis. L. Rev.* 1062 (1974).

〔159〕 Thomas Carothers, *In the Name of Democracy: U. S. Policy Toward Latin America in the Reagan Years*, University of California Press, 1991, p. 199.

〔160〕 Id. , pp. 16, 20-1.

的人权状况得到更多的关注。[161]

当里根政府请求拨款以向萨尔瓦多政府提供军事援助时，美国国会议员表达了他们对人权的关心。[162] 对里根政府而言，以一种更宽泛的方式表达不同选区的关注显然很有必要。[163] 因此，里根任命中美洲国家两党委员会负责制订在整个中美洲地区的政策。委员会建议增加军事援助、经济援助以及支持民主化等相结合。[164]

萨尔瓦多军方高调的谋杀案也引起了美国国务院官员的注意。他们认为，调查并起诉谋杀者最好的方式是帮助萨尔瓦多改善其司法系统。[165] 1983 年，国务院创建了一个涉及拉丁美洲和加勒比地区司法运作的跨机构工作组。律师及职业外交家出身、负责美洲事务的副国务卿詹姆斯·米歇尔（James Michel）被任命为该新机构的负责人。[166] 工作组决定不仅在萨尔瓦多，也在拉美其他国家开展工作。从一开始，工作组就被认为是一个长期的、区域性的民主发展计划。[167]

米歇尔认真对待了 20 世纪 60—70 年代那些针对美国在拉丁美洲法律改革方案的批评意见，并要求工作人员阅读那些批评意见。米歇尔确立了许多规划原则，包括允许各国自行改善司法系统而非强加美国模式，以及支持现有的地方机构而非新设。[168]

因为里根政府和其他美国选区主要关注的是萨尔瓦多，故为该国制订的司法改革方案于 1984 年推出。美国国际开发署系该方案的执行机构，与国务院许多官员密切配合。萨尔瓦多司法改革方案包括许多短期措施，如创设专门的调查机构和法医团队，以提高焦点案件的侦查水平；长期方案则包括创设法律改革委员会和司法培训项目。[169]

---

〔161〕 Id., pp. 21-2. 其他在萨尔瓦多发生并得到美国关注的热点案件包括 1980 年大主教罗梅罗（Romero）谋杀案和 1981 年喜来登（Sheraton）谋杀案。在喜来登谋杀案中，萨尔瓦多土地改革项目的主管及担任顾问的两名美国劳工总会与产业劳工组织的官员被谋杀。Id., p. 210.

〔162〕 Id., pp. 20-7.

〔163〕 Id., pp. 27-30.

〔164〕 Id., pp. 28-9. 在美国尼克松政执期间支持拉美军事政变及军政府的关键人物亨利·基辛格（Henry Kissinger）领导该委员会。

〔165〕 Interview 5.

〔166〕 Thomas Carothers, *In the Name of Democracy*: *U. S. Policy Toward Latin America in the Reagan Years*, University of California Press, 1991, p. 211.

〔167〕 Id., p. 211.

〔168〕 Id., p. 211; Interview 2. 另外两个原则侧重于具体、实际的目标，即明确与全面发展的目标挂钩，并仅对民选政府提供司法援助。

〔169〕 Thomas Carothers, *In the Name of Democracy*: *U. S. Policy Toward Latin America in the Reagan Years*, University of California Press, 1991, pp. 211-2.

在米歇尔和其他官员的游说下，美国国会提供了额外的司法援助资金。[170]
1985 年，美国国际开发署在下属的拉丁美洲和加勒比分局创设了一个司法行政办
公室，开始对该地区的其他国家包括玻利维亚、哥伦比亚、哥斯达黎加、多米尼
加共和国、危地马拉、洪都拉斯、巴拿马和秘鲁等提供援助。援助举措包括法
官、检察官、其他法律人员和警察的培训课程、案件管理、法律数据库及法律图
书馆的技术援助以及为司法部门提供实物和供给。一些培训和技术援助系由美国
国际开发署所支持的联合国小型办事处——联合国拉丁美洲犯罪预防和罪犯待遇
研究所（ILANUD）提供。[171]

因此，美国所资助的司法改革方案在 20 世纪 80 年代后半叶扩及整个拉丁美
洲。[172] 因国内政治及地缘政治之需要以及里根政府所设定的议程，该方案起源于
萨尔瓦多。而扩及其他国家，则是由米歇尔及其他国务院中低级官员和美国国际
开发署通过不同方式努力的结果。[173]

在 20 世纪 80 年代后半叶，美国国际开发署的官员会见了迈尔和宾德尔。[174]
这两位拉美法律人批评了美国国际开发署的改革方案，认为其对拉美刑事司法系
统提供了更多的资源但没有改变主结构的缺陷，即纠问式的刑事诉讼模式。[175] 在
花费更多资源前，美国国际开发署的官员应致力于以对抗式的刑事诉讼体系取代
纠问式的刑事诉讼体系。[176]

美国国际开发署的官员认为，迈尔和宾德尔的分析值得关注，原因如下：其一，
在无法确定其在拉美的工作是否产生重大影响前，美国国际开发署需要一些建议。[177]

---

〔170〕 Interview 2.

〔171〕 Thomas Carothers, *In the Name of Democracy*: *U. S. Policy Toward Latin America in the Reagan Years*, University of California Press, 1991, pp. 212-5.

〔172〕 对此些美国国际开发署司法管理项目的早期评估，参见 Jose E. Alvarez, "Promoting the 'Rule of Law' in Latin America: Problems and Perspectives", 25 *Geo. Wash. J. Int'l L. & Econ.* 281 (1991); Harry Blair and Gary Hansen, *Weighing in on the Scales of Justice*, in *USAID Programs and Operations Assessment Report*, No. 7 (1994).

〔173〕 正如卡罗瑟斯（Carothers）在其对里根拉美民主化政策的研究中所阐明的那样，司法管理项目及其他大部分民主项目的扩张（从萨尔瓦多向其他拉美国家）并非高层政策指示的结果。相反，此一扩张是"凑巧对该理念颇感兴趣的中低层官员所组成的非正式团队"努力的结果。Id., p. 216. See also Interview 3（早期直接参与这些项目的官员所作的类似描述）。

〔174〕 Interviews 3（在 20 世纪 80 年代末或 20 世纪 90 年代初，美国国际开发署官员注意到了宾德尔），Interviews 5（米歇尔团队的官员了解阿根廷，参与司法运行项目的某位成员在 1986 年或 1987 年首次去了阿根廷；迈尔此后则因一国际访问者项目来到美国）。

〔175〕 Binder, Perspectivas, pp. 211-5（消耗更多的资源在现有模式上，仅能改善此一具有根本缺陷之刑事司法模式的运行）。

〔176〕 Interviews 3 & 26.

〔177〕 关于 20 世纪 80 年代美国国际开发署在萨尔瓦多法律改革中成就的分析，参见 Margaret Popkin, *Peace without Justice*, Pennsylvania State University Press, 2000.

其二，美国国际开发署的许多官员认为，迈尔和宾德尔的分析具有内在的说服力。[178] 其三，迈尔和宾德尔系拉美本土的法学家，可依自己的分析对拉美刑事司法体系提出建议。因此，没有人可指责美国国际开发署将美国模式强加于人。[179] 其四，虽然迈尔和宾德尔不提倡采用美国式的刑事程序（1986 年草案和现代法典主要受 1939 年科尔多瓦省《刑事诉讼法典》和《德国刑事诉讼法典》的影响），但诸如明确区分起诉和审判职能、言词和公开审判以及检察官的灵活性和酌处权等理念与美国对刑事诉讼程序的理解有着很好的共鸣。[180]

但这并不意味着这两个团体可立即融洽合作：首先，在宾德尔看来，与美国人一起工作是个微妙的问题，因为其所怀有的左翼情感在一个不信任美国帮助且恐惧美国帝国主义的地区里被放大。[181] 此外，宾德尔不想只是简单地担任改革的技术顾问，因为对他而言，刑事诉讼改革仅是该地区更大的民主政治计划中的一部分。他希望在改革的现实内容上有实质的发言权。[182]

反过来，美国国际开发署的官员一开始无法确定他们是否可以信任迈尔和宾德尔。有些官员并不喜欢宾德尔希冀在改革过程中扮演积极主导者的想法。有些则认为迈尔和宾德尔过分狭隘地集中于法典改革，缺乏更广阔的视野。[183]

但在克服彼此间的不信任后，两个团队形成紧密的联盟，目标是以更对抗式的刑事诉讼法典取代纠问式法典。1990 年，时任美国国际开发署拉丁美洲和加勒比地区的助理署长并在之后担任署理署长的米歇尔支持这一项目。[184] 此外，在某些国家［包括卡尔·西拉（Carl Cira）和盖尔·莱切（Gail Lecce）］从事法治项目的美国国际开发署官员也支持该项目。[185] 直到 20 世纪 90 年代前半叶，美国国际开发署在拉丁美洲的国家使命即便不是全部也几乎全为取代纠问式的刑事诉讼法典。[186]

---

〔178〕 Interview 3（讲述了宾德尔在一次研讨会上的发言如何给作为受访者的美国国际开发署官员形成深刻印象，并解释美国国际开发署在那之后如何使整个中美洲的计划更注重刑事诉讼法典的改革）。

〔179〕 Interviews 2（询问依拉美观点创建的模式错在何处）；Interviews 3（宾德尔允许美国国际开发署官员在国内进行言词的、对抗的改革；他解释了此一做法的必要性以及为何此举并非在中美洲强加美国模式）；Interviews 31（美国国际开发署团队关注如何尊重当地的法律文化）。

〔180〕 Interview 3（在美国国际开发署官员看来，宾德尔的建议更加美国化，因为更为"言词和对抗"）。

〔181〕 Interviews 26 & 31.

〔182〕 Interview 26（阐释了宾德尔团队和美国国际开发署之间最初的紧张关系）。

〔183〕 Interviews 5（阐释了美国国际开发署官员和国务院对宾德尔及其团队的批评意见）；Interviews 26.

〔184〕 Interview 24.

〔185〕 Interviews 3, 5, 26 & 31.

〔186〕 Interview 31.

3. 第三个时期：20 世纪 90 年代早期至 2006 年

（1）南方活动者专家网络的强化、其他国际机构的加入以及美国参与国外法律改革的两种模式。

宾德尔和迈尔并不是拉丁美洲唯一推行对抗式法典的行动者。在 20 世纪 80 年代至 20 世纪 90 年代，拉美地区形成一重要的刑事诉讼网络，该网络的努力系对抗式法典传播的重要因素。网络成员系在刑事司法系统工作的拉美行动者，包括辩护律师、检察官、法官、教授、学生、立法会议员、顾问、法务指导、行政官员以及国际机构的官员。

维系网络成员关系的是他们共同倡导以对抗式法典作为解决拉美纠问式刑事司法系统中正当程序不足、效率低下以及缺乏责任感等问题的方法。[187] 网络成员们系法律的践行者，他们将部分经济、政治和/或象征性资源投入理念宣传，并互相认可为对抗式法典的改革者。

该网络不符合现有三大主要类型网络的任何一种。[188] 它不属于跨国政府网络，因为网络的大部分成员均非公职人员。[189] 它不属于认知共同体（epistemic community），因为法律人并不具彼德·哈斯（Peter Haas）传统意义上的科学家资格。[190] 因为网络成员具有共同的原则信仰，认为拉美刑事司法的运作需要民主化，且基于此一信仰认为应推动取代纠问式法典，故该网络确实具有倡导网络及跨国社会运动的现实元素。[191] 但因为所有成员均为专家，故后两个类型并不完全适用。

---

〔187〕 界定网络成员之间的关系非常重要，因为这是界定网络本身的关键所在。例如，参见 John Scott, *Social Network Analysis*, SAGE（适合关系资料的分析方法是网络分析。通过网络分析的方法，关系被界定为主体之间的联系）；Anne-Marie Slaughter, *A New World Order*, Princeton University Press, 2004, p. 14（网络是一种常态的、有针对性的关系模式）。

〔188〕 这个网络当然符合黑可罗（Heclo）对问题网络的界定，即"一个必须应对公共政策……某些方面且共享知识的团队"。参见 Hugh Heclo, "Issue Networks and the Executive Establishment", in Anthony King ed., *The New American Political System*, American Enterprise Institute for Public Policy Research, 1979. 但这一概念过于包容，须作更精确的分类以描述诸如拉美刑事诉讼网络的特性。

〔189〕 关于跨国政府网络，参见 Anne-Marie Slaughter, *A New World Order*, Princeton University Press, 2004.

〔190〕 彼德·哈斯（Peter Haas）认为，认知共同体定义的一大特征便是其成员拥有相同的因果信念，而此一信念源自于他们对领域中一系列核心问题实践的分析。参见 Peter Haas, "Introduction: Epistemic Communities and International Policy Coordination", in 46 *Int'l Org.* 1, 3（1992）. 拉美法律人网络并不符合认知共同体的界定，因为它未呈现前述定义特征。拉美法律人及法律学者的专业知识是他们对制定法的认识以及作出规范诉求的能力，而不是因果信念。迈尔也承认此点，称"我不是一个经验主义者"。Interview 31.

〔191〕 关于倡导网络，参见 Margaret E. Keck & Kathryn Sikkink, *Activists beyond Borders: Advocacy Networks in International Politics*, Cornell University Press, 1998, p. 1（跨国倡导网络的主要区别在于刺激其形成的原则理念或价值观念处于中心地位）。关于社会运动，参见 Charles Tilly, *Social Movements*, 1768-2004, Routledge, 2004（社会运动是普通民众通过一系列争议的表演、展示及活动对他人作出的集体诉求）。

鉴于此一网络系介于专家与倡导者网络或社会运动之间的混合体，本文将其界定为一种活动者专家网络。在这种网络中，专家因其专业知识而具有正当性及入门资格，并借此提出自己的原则信仰而未用于更广泛的社会运动。由于该网络的领导人均来自拉丁美洲，故本文将这一团体作一概念化标签，即"南方活动者专家网络"。

在 20 世纪 90 年代，成员通过组织会议、创设宣传和研究中心、创造研究机会、出版加强网络认识活动的刊物或举办相关讲座，以促进网络的发展。与此同时，其他国际机构参与了美国国际开发署在 20 世纪 80 年代便已启动的工作，支持整个拉丁美洲刑事诉讼改革及南方活动者专家网络的活动。这些机构包括美洲开发银行（IDB）、德国技术合作公司（GTZ）、阿登纳基金会（KAS）、西班牙国际合作署（AECI）以及联合国开发计划署（UNDP）。[192] 国际援助机构和众多银行也给予更多支持以推动改革浪潮，并为网络传播和活动提供了经费，使更多成员在宣传工作之外可维系生计。

我们可区分不同类型的网络成员。网络的中心是那些其他网络成员认为最为重要的改革者。[193] 在 20 世纪 90 年代的大部分时间里，至少有四人因各自不同的原因而处于网络的中心或者接近网络的中心：迈尔（因前文所述之活动）、宾德尔、路易斯·保利诺·莫拉·莫拉（Luis Paulino Mora Mora）法官和豪尔赫·奥万多（Jorge Obando）。

宾德尔之所以在 20 世纪 90 年代成为最重要的网络成员，部分是因为他参与起草了南美大部分司法区的法典。[194] 此外，他还不知疲倦地走遍整个拉丁美洲为对抗式的刑事诉讼改革游说，[195] 系许多美国国际开发署官员的拉美主要对话

---

〔192〕 Interviews 8, 9, 15, 26, 41 & 47. 对于（联合国工业开发组织）工业开发委员会及其他国际机构和银行为司法改革所做工作的描述，参见 Edmundo Jarquin & Fernando Carrillo eds., *Justice Delayed*, Inter-American Development Bank, 1998; Pilar Do-mingo & Rachel Seider eds., *Rule of Law in Latin America: The International Promotion of Judicial Reform*, Institute of Latin American Studies, 2001. 世界银行未在刑事司法领域作出任何实质性的指导工作，因为它认为刑事司法是一个政治问题。参见 Interview 20.

〔193〕 Hugh Heclo, "Issue Networks and the Executive Establishment", in Anthony King ed., *The New American Political System*, American Enterprise Institute for Public Policy Research, 1979, p. 107.

〔194〕 宾德尔至少在以下国家参与了刑事诉讼法典的起草或者向法典起草者提供了建议：玻利维亚、哥斯达黎加、多米尼加共和国、萨尔瓦多、危地马拉、洪都拉斯、巴拉圭和委内瑞拉。关于描述宾德尔在特定司法管辖区从事此一工作的访谈，例见 Interviews 6 (El Salvador), 26 (Venezuela), 31 (Bolivia), 33 (Honduras), 35 (Costa Rica), 39 (Guatemala) & 50 (Dominican Republic); Luis Salas, "Paraguay's Reform of Criminal Procedure: A Major USAID Achievement", available at http://www.usaid.org.py/democracia/archivos/Penal%20Reform%20Assesment%20by%20Salas.doc (Paraguay), last visited on Sep. 24, 2019.

〔195〕 Interview 33（宾德尔在许多地方非常卓有成效地促进此一改革理念）。

者，〔196〕建立了刑事司法研究网络和联系公民社会的咨询中心，〔197〕并在全拉丁美洲开展刑法与刑事诉讼法的培训。宾德尔还创设了一系列专业出版物，〔198〕是该网络最重要的跨国战略家，为地方改革者的法典起草及处理地方立法问题提供了诸多建议。〔199〕

莫拉·莫拉法官系哥斯达黎加前司法部部长及现任最高法院院长，在 20 世纪 90 年代亦是此一网络的中心。〔200〕他在几次刑事诉讼修改时担任顾问，〔201〕参加了研究计划，并在全拉美地区演讲。〔202〕在 20 世纪 80 年代，莫拉·莫拉对迈尔及其研究小组在阿根廷所做的工作非常感兴趣，这使得阿根廷和哥斯达黎加在刑事诉讼改革问题上形成联盟。〔203〕作为哥斯达黎加最高法院的法官，他对对抗式法典的改革提供了无条件的支持，这对确保改革的议事日程意义非凡。〔204〕

豪尔赫·奥万多系 20 世纪 90 年代接近网络中心的另一位哥斯达黎加法律人，他与美国国际开发署有 11 年的合作经验。1990 年，他来到萨尔瓦多，成为凯基（Checchi）办公室（美国国际开发署在司法改革领域的合作单位）的负责人。因为这一职位，豪尔赫·奥万多将许多拉美法律人带到萨尔瓦多工作，并在那创设了一个培训中心。〔205〕这扩大和巩固了刑事诉讼网络。但奥万多的主要贡献是他对国际援助的理解。他促使改革者适应美国国际开发署及其合作单位如凯基、DPK以及佛罗里达国际大学等的做法，进而可更好地使用国际机构的资源。〔206〕

南方活动者专家网络还具有其他三个显著特征：第一，除本文所论及的此一刑事诉讼网络最为重要的一些成员外，更应明白该网络还具有其他许多成员（至

---

〔196〕 Interview 5（宾德尔和卡尔之间的关系是法典之间关系的部分投影）。

〔197〕 关于网络机构的名单，参见 Instituto de Estudios Comparados en Ciencias Penales y Sociales, available at http://www.inecip.org/index.php? option＝content&task＝ view&id＝55, last visited on June 5, 2007.

〔198〕 主要有 the journals Pena y Estado 和 Revista Sistemas Judiciales（与美洲司法研究中心共同编辑）。参见 Instituto de Esutodios Comparados en Ciencias Penales y Sociales, available at http://www.inecip.org/index.php? option＝com content&task＝section&id＝9& Itemid＝33, last visited on June 7, 2007.

〔199〕 Interviews 6, 26 & 47.

〔200〕 他 的 简 历 参 见 http://www.poder－judicial.go.cr/transparencia/rendiciondecuentas/luispaulino/II% 20vitae.htm, last visited on June 5, 2007（以下简称 curriculum）。

〔201〕 莫拉·莫拉参与了哥斯达黎加 1996 年刑事诉讼法典的起草工作，向萨尔瓦多、巴拿马和巴拉圭的司法改革委员会提供建议，且是委内瑞拉司法运行 DPK 方案的顾问。

〔202〕 Curriculum.

〔203〕 Interviews 26（莫拉·莫拉曾是改革进程的领导者之一，并在其担任哥斯达黎加司法部长时便已最先对阿根廷团队的工作产生兴趣）；Interviews 62.

〔204〕 Interview 6. 出于类似的原因，前法官丹尼尔·冈萨雷斯·阿尔瓦雷斯（Daniel Gonzalez Alvarez）（另一个哥斯达黎加最高法院法官）也是网络的中心。

〔205〕 Margaret Popkin, *Peace without Justice*, Pennsylvania State University Press, 2000, p. 78.

〔206〕 Interview 26.

少几百人）。网络以分散的方式运作。图 5 描述了主要的网络成员和团队以及相互间的影响模式。

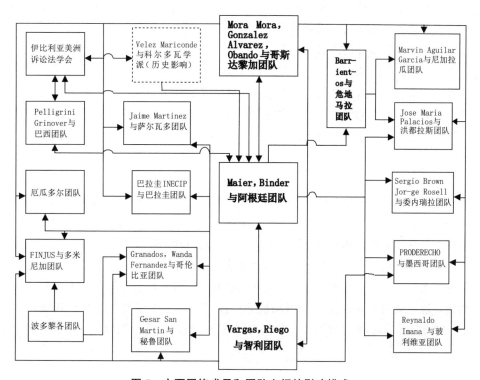

图5 主要网络成员和团队之间的影响模式

　　第二，网络是动态的，不仅因为规模和实力，还因为成员职位随时间的推移而变化。例如，迈尔在 20 世纪 90 年代后半叶开始对改革计划失去兴趣；[207] 奥万多离开了其在凯基的职位。自此，两者均不再是网络的中心。在此期间，两位智利法律人克里斯蒂安·瑞歌（Cristian Riego）和胡安·恩里克·巴尔加斯（Juan Enrique Vargas）成了该网络的中心。20 世纪 90 年代早期，瑞歌和巴尔加斯接触了迈尔和宾德尔并深受其观点影响，开始将精力主要集中于为智利创设一部对抗式的法典。[208] 在 20 世纪 90 年代后期，美洲司法研究中心（CEJA，最初在西班牙）在智利圣地亚哥成立，作为对许多美国官员希望建立支持及评价司法改革组

---

〔207〕　迈尔始终更以学术而非改革为导向，且他逐渐丧失参与拉美改革的兴趣。

〔208〕　Interviews 23 & 25.

织之设想的回应。[209] 美洲司法研究中心隶属美洲国家组织（OAS），资金来源多样（包括美国国际开发署），负责整个美洲地区的刑事诉讼改革评估。中心举办各种研究会及培训计划，发行出版物，并在刑事诉讼以外的领域也开展工作。[210] 作为美洲地区最负盛名、资金最为充裕的机构负责人，瑞歌和巴尔加斯理所当然地成为该地区最重要的两名改革者。[211]

第三，值得强调的是该网络并不具有同质性。虽然所有成员均认为纠问式刑事诉讼专横、低效且不透明，并主张以对抗式法典作为解决问题的一种方法，但他们对对抗式诉讼制度的某些方面的观点并不一致。例如，尽管模范法典和许多新法典深受大陆法系式"对抗式诉讼"的影响，但许多改革者包括哥伦比亚的巴瑞恩托斯、海梅·格拉纳多斯（Jaime Granados）和瑞歌更主要倾向于英美式的"对抗式诉讼"。[212]

此外，虽然模范法典依然具有影响力，但其他大陆法系的立法（如意大利法典和许多地区的法典）也发挥了作用。事实上，在该地区，网络成员谈论了多种模式，包括智利模式和哥斯达黎加模式，并研判何种模式最佳。[213]

为更好感受刑事诉讼网络，我们有必要论及其主要对手及批评意见，大体可分为四类：其一，一些国家部分的地方行动者（主要来自实务界和学术界）支持纠问式法典或者主张对抗性较弱的法典。他们主要是出于文化或维护现状的考虑。[214] 其二，因为犯罪在许多拉美国家已成为更具政治性的问题，一些地方政治

---

〔209〕　参见 Interviews 5（将一名美国国务院官员和一名前美国国际开发署官员称为美洲司法研究中心的共同教母）；Interviews 23；Interviews 24（解释为何会有机会创建美洲司法研究中心，因为一位曾在白宫工作的人希望为美洲第一次首脑会议提交一份法治倡议）；Interviews 62.

〔210〕　Interview 23.

〔211〕　巴尔加斯是美洲司法研究中心的执行董事，瑞歌则是美洲司法研究中心的主任。Centro de Estudios de Justicia de las Americas, available at http://www. cejamericas. org/, last visited on June 5, 2007.

〔212〕　参见 Interviews 23（解释海梅·格拉纳多斯因为在波多黎各学习所以受英美思想影响）；Id.（解释瑞歌和其他智利法典的起草者如何将预审阶段的公开、对抗听审和审判阶段的直接、交叉询问结合在一起，因为他们受到英美模式启发）；Interviews 39（描述塞萨尔·巴瑞恩托斯对英美制度的赞美，并倡导设立一种没有正式预审阶段且由陪审团审理的刑事诉讼程序）。

〔213〕　例如，参见 Interview 61（描述智利模式对秘鲁改革的影响）。美洲司法研究中心通过评估本地区的刑事诉讼改革，促进了最优做法的讨论。例如，参见 Cristian Riego, "Informe Comparativo: Proyecto de Seguimiento de los Procesos de Reforma Judicial en America Latina", *Centro de Estudios de Justicia de las AméricasFuente*: *CEJA*. (2005).

〔214〕　例如，参见 Interviews 23（说明内政部和一些法律学者及法官对智利改革的抵制）；Interviews 33（说明洪都拉斯的反对态度）；Interviews 34 & 36（哥伦比亚波哥大院长起草了先前的法典，学院反对哥伦比亚改革）；Interviews 38, 44 & 48［说明 1973 年《危地马拉刑事诉讼法典》的作者埃尔南·乌尔塔多·阿吉拉尔（Hernan Hurtado Aguilar）对在危地马拉采用更具对抗式色彩法典持反对意见］；and Interviews 60（描述在厄瓜多尔改革中的此种现象）。

家及警察开始抨击修改后的新法典，认为其正当程序导向太过于强烈。[215] 其三，在国际层面，许多美国国际开发署官员和其他国际机构的官员批评该网络，认为其过分强调对抗式法典，太过相信通过法律的力量可以改变行为，太过拘泥于某些具体的法典条款。[216] 其四，美国司法部（DOJ）对该网络及美国国际开发署批评意见极大。[217] 美国司法部并没有反对用对抗式法典取代纠问式法典。[218] 但它对新法典毫不关心。更希望推动美国式的对抗式诉讼改革，声称既有改革的正当程序导向过强，妨碍了美国司法部打击跨国犯罪。[219]

1993 年，当海外检察官发展、援助和培训办公室（OPDAT）开始在整个拉丁美洲培训检察官和其他法律工作者时，美国司法部也开始参与刑事诉讼的改革进程。[220] 在 20 世纪 90 年代，美国司法部力争在改革进程中扮演更积极的角色，认为司法部汇集更具实务经验的法律人，他们比美国国际开发署及其合作单位对刑事司法有着更深的理解。[221] 美国司法部还认为，更多部门参与改革进程将使其融入拉美检察官及其他法律工作者网络，这对打击触角伸至美国的犯罪不无裨益。[222]

一些受访者认为，美国司法部和美国国际开发署之间的这种争斗是华盛顿两

---

〔215〕 关于具体国家对此种现象的描述，参见 Interviews 45（Bolivia）；Interviews 23（Chile）；Interviews 46（Guatemala）& Interviews 61（Peru）；Angelina Snodgrass Godoy, *Popular Injustice*, Stanford University Press, 2006（Venezuela）；Margaret Popkin, *Peace without Justice*, Pennsylvania State University Press, 2000, pp. 191, 219–41（El Salvador）.

〔216〕 Interviews 5 & 19 ［前美国国际开发署官员和现任世界银行官员林恩·汉姆格瑞恩（Linn Hammergren）一直是此一立场最重要的代表〕.

〔217〕 参见 Interviews 4（描述这几年来美国司法部对改革的不满）；Interviews 5（美国司法部对美国国际开发署强烈的不满）；Interviews 12（批评美国国际开发署在巴拉圭的工作）.

〔218〕 Interview 21（海外检察官发展、援助和培训办公室曾致力于改革拉丁美洲的纠问制度）.

〔219〕 例如，参见 Interviews 1（描述美国司法部对巴拉圭刑事诉讼法典的批评，认为其对起诉设置了太多的障碍）；Interviews 12（批评宾德尔的作品过分保护被告）；Interviews 14（批评玻利维亚刑事诉讼法典关于电子监视的规定）；Interviews 42（海外检察官发展、援助和培训办公室声称他们明白自己的所作所为，因为他们更有经验，以美国模式为玻利维亚检察官编撰了一本教材）.

〔220〕 Interview 21（由于司法部没有得到任何外交事务的资金，海外检察官发展、援助和培训办公室的资金源自美国国际开发署或国务院）. Interview 12（但随着美国司法部和美国国际开发署之间关系的日趋紧张，海外检察官发展、援助和培训办公室的资金更多源自国务院［主要来自国际麻醉品和执法事务局（INL），而非美国国际开发署］）. Interview 21［国际刑事调查训练协助计划（ICITAP）是美国司法部自1986 年以来在拉美所做大量工作中的另一子项目］. Interviews 11 & 21（然而，它的工作主要集中于警察培训和维持，而非法典改革）.

〔221〕 Interviews 12；Interviews 14（描述美国司法部在刑事诉讼法典的起草和培训中启用更具实务经验的法律人，而非美国国际开发署的合作单位）；Interviews 21, 27, 42（美国司法部认为，因为他们有专业知识，故必须提供与刑事司法相关的技术援助）.

〔222〕 Interviews 21 & 27.

个机构之间典型的经济资源地盘争夺战。[223] 这种看法或许属实，但两者间的争斗亦反映了某种更深的鸿沟，体现了两套不同的理念，即美国为何涉身拉美的法律改革以及如何实现这一目标。

美国国际开发署对法律改革采用发展主义的方法，目的是通过建立各种机构以长期强化拉美的民主和经济。但美国司法部的目标则是消除或减少源于拉美国家并随后波及美国的犯罪活动。[224] 这意味着美国国际开发署在"一个更加稳定的拉丁美洲符合美国地缘政治利益"和"纯粹利他提供协助"两个目标间寻求平衡，而美国司法部则游离于"打击拉美犯罪只为保护美国利益"的现实主义立场和"主张打击这些犯罪不仅符合美国也符合拉美国家最佳利益"的自由主义立场之间。[225]

这些差异在美国转化为不同类型的改革推动力量，而这取决于哪一机构在特定项目上更具影响力。美国国际开发署的官员往往更了解且尊重文化差异，而美国司法部官员则对陌生的法律改革及实践知之甚少，倾向高压手段，总希望在拉丁美洲适用相同的美国式犯罪打击工具。[226]

由于美国国际开发署在此一领域的工作时间比美国司法部长，再加之美国司法部事实上只关心那些犯罪活动起源且可能波及美国的拉美国家，故美国国际开发署的工作方法对对抗式改革更具影响力。但近年来，美国司法部的参与变得愈发重要。例如，在洪都拉斯，因受到美国司法部的批评及反对，美国国际开发署

---

〔223〕 例如，参见 Interview 20（阐释了不同美国机构在参与国外法律改革中的紧张官僚关系）。

〔224〕 参见 Interviews 20（阐释了不同美国机构在参与国外法律改革中的主要、实质性的紧张关系，以及热衷法律实施的群体和着力长效法律改革之群体之间的紧张局势）；Interviews 21（美国司法部确认其在各国的优先事项是寻找源于国外但发生在美国本土的犯罪）；Interviews 24（阐释美国司法部和美国国际开发署在选择法律实施或输出美国制度中的对立，以及推动本土司法制度的发展与让境外国家自行选择之间的对立）；Interviews 30（美国司法部的目标不是发展）；Interviews 31（美国司法部寻求立竿见影的效果，而美国国际开发署则寻求中长期的效果）。

〔225〕 此外，我使用国际关系理论上的现实主义者及自由主义表述。参见 Interviews 12（海外检察官发展、援助和培训办公室方案的目标是为外国建立其处理国内犯罪的能力）；Interviews 21（美国司法部的工作目标是帮助外国发展其处理国内犯罪的能力，并帮其成为邻国及美国更好的合作伙伴）；Interviews 33（美国司法部倾向于外交政策和刑事司法的混合目标）。

〔226〕 例如，参见 Interviews 3（美国司法部的法律顾问往往非常年轻，缺乏国际经验）；Interviews 12（我们试图采用电子监视、窃听和卧底警探等，因为这些机制是现代的）；Interviews 24（很难向美国司法部的官员灌输他们到海外的原因不是输出美国模式，而是让各国决定他们所想要的司法类型。美国司法部的官员明确希望可输出美国刑事诉讼法典）；Interviews 29（美国司法部的风格不是建议而是要求）；Interviews 33（美国司法部的官员傲慢、笨拙、效率低下）。美国司法部官员在回应对他们强加美国模式的批评时说道，这在过去也许是事实，但他们现在以国际的标准开展工作。例如，参见 Interviews 12（美国国际开发署是正确的，美国司法部对所有国家均推行美国模式，这在文化上非常敏感，但此一情况已经改变，美国司法部现在公然宣扬国际标准）及 Interviews 27（美国司法部并没有强加美国模式而是按国际标准工作）。

所支持的新刑事诉讼法典未获通过。[227] 在哥伦比亚，美国司法部帮助起草法典。[228] 在巴拉圭，美国司法部曾试图改革由美国国际开发署支持并已获通过的对抗式法典。[229]

（2）级联法典，国内行动者的动机以及改革的适应性和技术特点。

迄今为止，本文阐明了谁是推动改革的主要跨国及国际法律行动者。但如何说服这 14 个不同国家本土法律界人士及立法机构通过对抗式的刑事诉讼法典以及国内行动者支持这些改革的动机何在？回答这些问题需对每一改革进行详细的个案研究，但许多共性还是不言而喻。

首先，在所有这 14 个国家中，美国国际开发署、其他国际行动者以及网络成员均组织论坛、研讨会和培训课程，并发行出版物以向本国领导人和法律界人士解释为何需以更对抗的法典取代纠问式法典。[230] 除为对抗式法典提供正当性依据外，网络演说者均强调改革进程具有区域化趋势，这与意大利、德国和葡萄牙具有相似之处。[231] 强调区域化趋势是卓有成效的，因为它对尚未推行改革的国家行动者产生某种趋同压力，进而促成法典级联效应。[232]

其次，在所有这些国家，网络成员和国际行动者发现至少有一位具有政治影

---

〔227〕 Interviews 3 & 33（解释美国司法部对新刑事诉讼法典的抵制以及最终如何消除抵制）；Interviews 4（美国司法部对《洪都拉斯法典》提出了修正案）。

〔228〕 Infra note 249.

〔229〕 Interview 12.

〔230〕 Interview 42（描述在玻利维亚的过程）。

〔231〕 意大利和葡萄牙分别在 1988 年和 1987 年通过了更具对抗色彩的刑事诉讼法典。虽然伊比利亚美洲模范刑事诉讼法典的起草者没有将这些法典作为渊源，但其后的改革者和法典起草者均参考了意大利和葡萄牙的新法典。例如，参见 Interview 62（描述意大利和葡萄牙法典对哥斯达黎加改革的影响）。

〔232〕 有证据证明拉美国家之间的这种法典级联效应。其一，我的许多受访者提及自尊及趋同压力，并用以解释改革的浪潮。例如，参见 Interviews 5（阐释了邻国改革进程影响了秘鲁的改革；秘鲁人认为，他们需要融入这个区域的发展趋势）；Interviews 6（哥斯达黎加和阿根廷的科尔多瓦省在 20 世纪 90 年代通过了新的刑事诉讼法典，他们谋求"最新"而非改变）；Interviews 13（阐释其他国家在推动刑事诉讼改革中也会产生趋同压力和欲望）；Interviews 33（解释洪都拉斯为何不想成为中美洲唯一未作改革的国家，尤其是所有兄弟国家均使其刑事司法系统现代化）；Interviews 49（许多拉美国家都已引入对抗式法典，哥伦比亚不可落后）；Interviews 60（区域的趋势是"新风尚"，赞同厄瓜多尔的改革进程）。其二，后发的改革提及区域趋势是改革的一个正当理由。例如，参见 Comision Redactora del Nuevo Codigo de Procedimiento Penal de Bolivia，"Exposicion de Motivos"，available at http://www.ncppenalbo-gtz.org/exposicion.htm（该改革融入伊比利亚美洲模范刑事诉讼法典所启动的拉美刑事司法现代化改革的趋势之中）。其三，后发的大多数改革更关注拉美洲的对抗式法典，而非英美或欧陆的法典。例如，参见 Interviews 33（拉美的改革是相互抄袭一切，因为重新创设一部刑事诉讼法典非常困难）；Interviews 35。其四，拉美刑事诉讼改革之间未有时间间隔以反驳此种法典级联效应。关于级联的概念，参见 Martha Finnemore & Kathryn Sikkink，"International Norm Dynamics and Political Change"，52 *International Organization* 887，902 - 4（1998）；Cass R. Sunstein，"Social Norms and Social Roles"，96 *Colum. L. Rev.* 903（1996）（规范级联在规范的迅速变化中发生）。

响力的当地人士倡导这些改革并提供政治支持。[233] 美国国际开发署和/或其他网络成员遂通过游说该国立法机构及其他关键角色以提供帮助。[234] 这些有影响力的人物或已是网络的成员，如哥斯达黎加的莫拉·莫拉和危地马拉的瓦斯奎兹·马丁内斯，而更多的情况下则是那些虽不属于网络成员但认为网络成员们的观点令人信服且具有政治吸引力，以及至少在某些情况下可借此推进事业的政客。[235] 例如，在玻利维亚，改革的主要支持者是司法部部长雷内·布拉特曼（Rene Blattmann）；在智利则为司法部部长索莱达·阿尔韦亚尔（Soledad Alvear），后担任国务卿；在哥伦比亚为总检察长路易斯·卡米洛·奥索里奥（Luis Camilo Osorio）；在萨尔瓦多为司法部部长雷内·埃尔南德斯·巴里恩特（Rene Hernandez Valiente），后担任最高法院大法官；在巴拉圭为总检察长路易斯·埃斯科瓦尔·帕埃拉（Luis Escobar Paella）；在委内瑞拉为一位有影响力的立委路易斯·恩里克·奥博托（Luis Enrique Oberto）。[236] 在一些国家，如智利和多米尼加共和国，非政府组织如和平市民基金会（Fundacion Paz Ciudadana）和制度与法规基金会（FINJUS）也为这些改革的进行提供了大量的政治支持。[237]

另一个解释对抗式改革传播的要素则为新法典在面对多重甚至相互矛盾需求时的适应性。改革的政治支持者往往具有不同的政治取向。例如，索莱达·阿尔韦亚尔在智利爱德华·弗雷（Eduardo Frei）和里卡多·拉戈斯（Ricardo Lagos）的中左派政府中任职；雷内·布拉特曼在玻利维亚贡萨洛·桑切斯·洛萨达（Gonzalo Sanchez Losada）的中右派政府中任职。而且，政治支持者们在对抗式改革应解决的问题方面也有不同的优先次序要求。莫拉·莫拉认为应首先减少未决羁押的人数比例；[238] 而奥索里奥则希望率先提高刑事司法系统的效率；[239] 奥博托

---

〔233〕 例如，参见 Interview 3（美国国际开发署从来没有独立工作，总有支持改革的地方行动者）。

〔234〕 例如，参见 Interviews 3（美国国际开发署在洪都拉斯国会的游说工作）；Interviews 26（解释网络成员如何与整个拉丁美洲的立法机构一起工作）。

〔235〕 参见 Interviews 19（作为一个改革者和伟大的法学家，埃德蒙·瓦斯奎兹很少解决问题，而更多地提出诉求）；Id.（雷内·埃尔南德斯·巴里恩特试图成为萨尔瓦多最高法院的首席大法官并适用此一法典）；Interviews 23（对阿尔韦亚尔小姐而言，刑事诉讼程序改革是一个巨大的政治弹射器，可使其成为智利拉各斯运动的领袖）。

〔236〕 Interviews 31，23，36 & 49；Margaret Popkin, *Peace without Justice*, Pennsylvania State University Press, 2000, p. 219；Luis Salas, "Paraguay's Reform of Criminal Procedure: A Major USAID Achievement" 6（2002）；Interviews 22 & 26.

〔237〕 Interviews 23 & 50.

〔238〕 Interview 35（审前羁押期限是哥斯达黎加改革的主要原因之一）。

〔239〕 Interview 36［乌里韦（Uribe）政府支持对抗式改革，因为它认为对抗式诉讼更符合加强打击犯罪的政纲］。

则希望可减少司法腐败。[240]

网络成员能将对抗式法典改革描述为一种可满足所有这些需求的路径，使其对持不同政见的政治行动者均具有吸引力。改革的适应性也使其对国际行动者具有吸引力，促使他们积极参与其中并推动地区经济、政治和机构的发展。

解释为何全拉丁美洲立法机构均通过对抗式法典的最后一个因素是因为他们认为这样的改革主要是技术型改革。[241] 即便南方活动者专家网络将改革视为拉美刑事司法系统民主化的一个政治项目，但改革者们更通常将自己界定为法律专家，为社会问题提供技术解决方案。起草法典确实是一项复杂的任务，往往需要专门的法律专家。

改革被视为单纯的技术变革，再辅以强有力的政治支持，使其更易于通过立法改革的三项议程。首先，技术委员会负责起草现行法典。委员会的人员组成因国家而异，既涉及不同的机构，如司法部代表、最高法院代表、检察官代表等，又涉及法典起草中不同类型、具有实质性差别的各种立场的代表。[242]

技术委员会完成其工作后，将成果提交立法机构下的专门委员会，如立法、刑事司法或司法行政委员会。[243] 此后，网络成员及其政治支持者必须说服专门委员会认同该法典是必要的，并讨论该委员会可能关心的任何问题。[244] 如果专门委员会批准该法律草案，则将进一步提交立法会全体会议。[245] 但鉴于改革的技术性、面对多种需求的适应性以及所获得的政治支持，大多数的立法机关均予以批准而未有激烈的争辩或深刻的分歧。[246]

---

〔240〕 Interview 26（腐败是委内瑞拉改革的主要原因之一）；Luis Enrique Oberto G.，"Sobre la Reforma Procesal Penal de Venezuela en el Marco de la Convencion Interamericana contra la Corrupcion"，in Edgardo Buscaglia et al.，*La Lucha Internacional contra la Corrupcion y sus Repercusiones en Venezuela* 65（1998）.

〔241〕 Interview 26.

〔242〕 Interviews 3（洪都拉斯的技术委员会）；Interviews 23（技术委员会在智利称为论坛）；Interviews 36（哥伦比亚的机构间委员会）；Interviews 49（阐释委员会在哥伦比亚和多米尼加共和国的创建过程）。一些国家设有两个委员会，一个更政治，一个更技术，以负责推动改革进程的不同方面。例如，参见 Interview 35（哥斯达黎加设有两个不同的委员会）。

〔243〕 例如，参见 Interview 33（描述洪都拉斯的这个过程）。

〔244〕 例如，参见 Interviews 3（美国国际开发署经费赞助与相关国会委员会的会议，一同逐条完成洪都拉斯的法典草案）；Interviews 23（阐述智利各种立法委员会在讨论法典草案时的冗长过程）；Interviews 39 & 44（应危地马拉议员之要求，迈尔和宾德尔的法典草案作了诸多修改）。

〔245〕 Interview 26.

〔246〕 Interviews 5（委内瑞拉国会的委员会如果对法典满意，则将毫无争议地通过国会批准）；Interviews 26；Interviews 33（洪都拉斯的两个主要政党均对改革投赞成票）；Interviews 35（因哥斯达黎加不同政治势力对改革的大力支持，立法大会几乎全票批准该法典）；Interviews 45（哥伦比亚国会政党之间达成改革是共识，因为总检察长支持它）；Interviews 50（危地马拉新法典的主要反对力量不是来自于国会，而是来自学术界）。

三、分析

（一）源自边缘国家的刑事诉讼改革浪潮

本文解释了对抗式刑事诉讼法典在整个拉美地区传播的主要因素。这一对抗式刑事诉讼改革浪潮是源自边缘国家传播的一个范例，因为南方活动者专家网络的拉美法律人是改革的智囊团和重要的倡导者。他们建议以对抗式法典取代纠问式法典作为解决诸多问题的方法，参与了对抗式法典的起草及实施，并在整个拉美地区、美国国际开发署以及其他国际行动者面前倡导改革。

我们可将拉美刑事诉讼改革浪潮以图6描述。

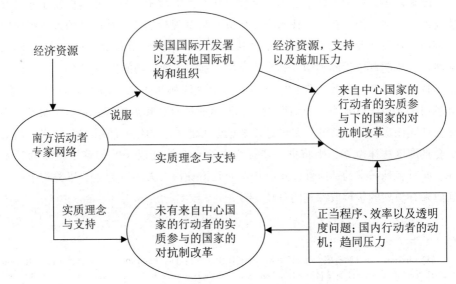

图6　拉美刑事诉讼改革浪潮（1991—2006年）

　一些改革（如阿根廷、智利和哥斯达黎加）系在未有中心国家行动者实质参与的情况下进行。[247] 这属于自边缘国家平行或半平行传播。而在其他一些国家的改革中，如玻利维亚、多米尼加共和国、厄瓜多尔、萨尔瓦多、危地马拉、洪都拉斯、墨西哥、尼加拉瓜、巴拉圭和委内瑞拉，南方活动者专家网络发挥至关重

---

　[247]　例如，参见 Interviews 3（美国国际开发署没有参与哥斯达黎加的刑事诉讼改革，甚至未在当时的哥斯达黎加设立大使馆）；Interviews 35［哥斯达黎加的改革主要是本国推动，经济支持上亦源自本国的资源；其后，银行尤其是（联合国工业开发组织）工业开发委员会通过贷款支持此一改革］；Interviews 5（美国没有涉足阿根廷的改革）；Interviews 23（详细解释智利如何在改革内容及经济支持上均通过本国内部主导）。

要的作用，但这些改革系在有中心国家其他行动者实质参与的情况下进行。一些中心国家如美国、德国和西班牙提供了经济资源和宣传。[248] 这则属于源自边缘国家的三角形传播。[249]

这一描述与我们对哪些国家采用或未采用新型对抗式法典而收集的数据是一致的。首先，基于本文的论点，我们可以预测，那些不承认本国刑事司法系统低效、正当程序及透明度不足的国家将不会采用新法典。古巴便是其一，这印证了前述预测。[250] 20 世纪 40—70 年代，现代法典在整个阿根廷及拉丁美洲仅获得有限成功，这也符合前述预测，因为军政府并不关心正当程序或程序的透明性，且犯罪现象并非当时社会的主要关注对象。[251] 墨西哥之所以直至近期方采用对抗式法典，亦是因为它的民主过渡要晚于其他拉美国家。[252]

其次，我们亦可预测，未有重要网络或者未认为网络论点具有说服力的国家，亦不太可能进行改革。巴拿马、乌拉圭和墨西哥（直到最近才通过对抗式法典）等并未采用对抗式法典，这佐证了前述论断。[253] 而拉美地区五个未采用对抗

---

〔248〕 Interviews 4（阐述美国国际开发署对洪都拉斯法典立法委员会的支持）；Interviews 5（提及美国参与了玻利维亚、厄瓜多尔、萨尔瓦多和尼加拉瓜的改革）；Interviews 24（美国国际开发署为《萨尔瓦多刑事诉讼法典》贡献甚巨）；Interviews 32（巴瑞恩托斯系美国国际开发署的顾问，亦是洪都拉斯和尼加拉瓜改革的重要推动者）；Interviews 42（美国国际开发署在玻利维亚改革中的作用是至为关键的）；Interviews 50（阐述美国国际开发署在多米尼加共和国刑事诉讼改革中的作用）。危地马拉改革是自边缘国家平行或半平行传播的范例。Interview 2（危地马拉的改革是内部进行的，未向任何美国人咨询）。但在后来的改革进程中，美国国际开发署支持了巴瑞恩托斯的工作。巴瑞恩托斯在法典正式通过前修订了该法典草案，参见 Cesar Crisostomo Barrientos Pellecer，*Poder Judicial y Estado de Derecho*，F & G Editores，2001，以及附随文本。

〔249〕 在这些例子中，有少数国家如哥伦比亚、洪都拉斯和巴拉圭，它们在一定程度上呈现了自中心国家传播的要素。来自于中心国家的行动者们参与了法典的起草。但考虑到来自于边缘国家的行动者们在法典起草中比来自于中心国家的行动者们扮演更为重要的实质作用，这些改革甚至更多呈现出源自边缘国家的三角形传播的要素。关于哥伦比亚，参见 Interviews 36（海外检察官发展、援助和培训办公室的两位官员在审前调查的规定中作了诸多改革，并认同海梅·格拉纳多斯及其团队所起草的证据开示规定）；Interviews 34 & 36（海梅·格拉纳多斯及其团队在起草哥伦比亚刑事诉讼法典中起主导作用）。关于洪都拉斯，参见 Interview 33（尽管美国的一位州检察官和西班牙法官曾与相关的立法委员会讨论过洪都拉斯的草案，但洪都拉斯法典最初的草案是在宾德尔的参与下由三名洪都拉斯人负责起草）。关于巴拉圭，参见 Interviews 26 & 47（关于受害人的程序权利，德国法学家舍内影响了巴拉圭法典的规定）；Luis Salas，"Paraguay's Reform of Criminal Procedure：A Major USAID Achievement"，available at http://www.usaid.org.py/democracia/archivos/Penal%20Reform%20Assesment%20by%20Salas.doc（Paraguay），last visited on Sep. 24，2019（虽然美国国际开发署在巴拉圭改革中发挥重要作用，对阿根廷亦有实质影响，但巴拉圭人根本上主导了此次改革的成果）。

〔250〕 Interview 62.

〔251〕 Id.

〔252〕 Interview 26.

〔253〕 Id.（在巴拿马，法律界人士领导改革的初步尝试，但未力争实现改革）；Id. and Interview 47（在乌拉圭，没有足够力量致力改革）；Id.（墨西哥对区域改革进程的了解极其有限）。但 2000 年后，制定对抗式法典成为墨西哥的一项立法议程。福克斯政府于 2003 年向墨西哥国会提交了一部对抗式法典草案。时下，美国国际开发署和网络成员们正在墨西哥全国各地推动对抗式改革。Interviews 33，51 & 52.

式法典中的三个，即巴西、古巴和巴拿马，其刑事诉讼系统已具有网络所建议的一些程序特征，但网络对其他方面的一些观点并未被接受。[254] 最后，鉴于法典级联效应取决于地区的趋同压力，拉美地区五个未采用对抗式法典中的四个，即巴西、古巴、乌拉圭和墨西哥（直到最近才通过对抗式法典），系传统上很少关注区域趋势的国家。[255]

（二）对本文论点的三个潜在质疑以及错误的原因

既然图已完整，我们有必要进一步研究对本文将刑事诉讼改革浪潮界定为"自边缘国家传播"之观点的三个潜在质疑。下文将这些质疑分别称为功能主义的质疑、南北仿效的质疑以及外部强加的质疑。

1. 功能主义的质疑

从严格的功能主义视角看，拉美法律人网络的作用是不相关的以及/或者多余的，因为刑事诉讼改革的实际驱动力源于所面临的问题，如犯罪率上升、对人权缺乏尊重，甚至仅为加强本地区民主化、经济自由化或源于冷战结束等社会政治现象。换而言之，在功能主义者看来，即便未有网络参与，改革亦将发生，因为这是解决问题及应对社会政治局势的唯一方法，或至少是最好的方法。[256] 而这种批评并不成立，因为一如前述，处理这些问题及应对社会政治局势有多种方法，且未有迹象表明采用对抗式法典必然是最好的方法。[257]

例如，应对犯罪率上升，其他的解决方法可以是增加警察数量、减少人群资

---

[254] 巴西已在 1941 年的《巴西刑事诉讼法典》中吸收了一些对抗式改革。参见 Ada Pellegrini Grinover，"Influencia do Codigo de Processo Penal Modelo para Ibero-America na Legislacao Latino-Americana：Convergencias e Dissonancias com os Sistemas Italiano e Brasileiro"，13 *Jornadas Iberoamericanas de Derecho Procesal* 541（1993）. 这使得提议通过一部全新的对抗式法典以解决诉讼低效、正当程序不足及透明度缺乏等问题的设想更加困难。巴西人还认为，本国国会是拉美地区批准立法最为麻烦的国会。正是因为这些原因，再加上巴西对拉美的趋势关注有限，这可以解释为何阿达·佩莱格里尼·格里诺威尔和她的团队仅是主张对 1941 年法典进行部分改革，而非设立一部全新的法典。Interview 53. 一如前述，古巴在 1898 年前尚属西班牙控制，从而吸收了 1882 年《西班牙刑事诉讼法典》的思想，包括确立公开、言词的审判。古巴认为，其已领先拉美其他国家，故很难倡导在该国通过一部全新的对抗式法典。Interview 47. 类似地，1986 年《巴拿马刑事诉讼法典》是该地区少数几个业已确立言词和公开审判且由检察机关负责审前调查的法典之一。但检察官在审前调查中亦扮演审判角色，改革者目前正推行在新法典中削减检察官的审判权。Interviews 47 & 57.

[255] Interviews 19（巴西的司法改革计划并不依赖于本地区或任何其他人）；Interviews 26（提及乌拉圭的这个现象）；Interviews 47（古巴和墨西哥与拉丁美洲没有或只有有限的对话）；Interviews 51（墨西哥向北方靠齐，而非南方）；and Interviews 55（有学者认为这是拉美刑事诉讼改革的趋势，乌拉圭已然落后，但这一论断在乌拉圭没有政治共鸣）。

[256] 我很感谢安德鲁·古斯曼（Andrew Guzman）向我强调了此点。

[257] 对改革效果的评估超出了本文的范畴，但迄今报告有好亦有坏。例如，参见 Cristian Riego，"Informe Comparativo：Proyecto de Seguimiento de los procesos de reforma judicial en America Latina"，*Revista Mexicana de Justicia*（2005）.

源不平等现象或者控制人口增长。这些措施至少有部分可潜在大量减少犯罪。[258]即便仅限于程序改革，以对抗式改革为核心的举措依然值得怀疑，例如扩大被告权利和放宽审前羁押是否为解决不断上升之犯罪率的最佳方法。

同样，在努力改善遵守人权标准上，除采用对抗式法典，还有诸多方法可以应对。许多国家可简单保留纠问制系统，而仅对审前羁押和强化被告权利保护等进行部分改革。这并不需要全面修改刑事诉讼法典以构建对抗制的特质，诸如言词审判、辩诉交易或者检察官主导的审前调查程序等。[259]

最后，历史表明，采用对抗式法典绝非适应诸如民主化或经济自由化趋势所必须。例如，在19世纪至20世纪，阿根廷、智利、哥伦比亚、乌拉圭和委内瑞拉在长期的民主化实践中时常辅于提高经济自由化之举措而未放弃纠问式法典。[260]

当然，这并不是说司法运行、人权或民主进程中所存在的种种问题无助于促进拉美法典的改革浪潮。正如本文通篇所解释的，所有这些均为南方活动者专家网络成功打开了政策窗口。问题的关键在于拉美地区应对这些问题的方法，即采用对抗式法典，并非唯一的选择甚至是必需的最佳选择。

2. 南北仿效的质疑

一如前述，本文将拉美地区改革浪潮的特性描述为自边缘国家传播的一个范例。而对此一观点的第二项质疑则认为，以对抗式法典取代纠问式法典的思想实际上并非本土产生，而是南北仿效即拉美行动者仿效美国或欧洲的结果。

这一质疑亦不成立。如果仿效美国在拉美刑事诉讼改革中发挥重要作用，则美国刑事诉讼程序理应成为改革的主要模版。但如本文通篇所述，情况并非如此。此外，拉美行动者因种种原因青睐美国模式的某些方面，但并非想简单地仿效美国的做法。例如，宾德尔时下非常青睐美国刑事审前程序中言词、公开的听审理念，而不愿遵循模范法典仍然许可的书面案卷制度，但持此一观点的原因在

---

〔258〕 例如，见 John J. Donohue III & Steven D. Levitt, "The Impact of Legalized Abortion on Crime", 116 *Q. J. Econ.* 379（2002）; Kenneth C. Land et al., "Structural Covariates of Homicide Rates: Are There Any Invariances Across Time and Social Space?", 95 *Am. J. Soc.* 922（1990）; Steven Levitt. "Understanding Why Crime Fell in the 1990s: Four Factors that Explain the Decline and Six that Do Not", 18 *J. Econ. Persp.* 163（2004）; Scott J. South & Steven F. Messner, "Crime and Demography: Multiple Linkages, Reciprocal Relations", 26 *Ann. Rev. Soc.* 83（2000）.

〔259〕 事实上，美洲人权机构并未将区域的人权条约诠释为应设立言词审判或者废除预审法官。故对既有的纠问制度进行部分改革仍有试验空间。乌拉圭便是此一实验的一个范例。参见 Interview 55.

〔260〕 关于拉美 1880—1930 年间经济自由化的概述，参见 Thomas E. Skidmore & Peter H. Smith, *Modern Latin America*, Oxford University Press, 2001.

于听审程序具有潜在的民主化要素，而非希望拉美的听审程序完全仿效美国。[261]

因仿效欧陆国家及其法律系统而影响改革的观点则有更多的证据支撑。一如前述，《德国刑事诉讼法典》对模范法典有极大的影响。而其后改革的法典则都借鉴了德国、意大利、葡萄牙和西班牙法典的规定。[262]此外，贝莱斯·玛瑞康德和迈尔均将对抗式法典视为现代化的课题，旨在帮助拉美国家追赶欧陆的潮流。[263]

但南北仿效的质疑即便立足欧陆依然不足为信，因为如本文在解读模范法典时所言，拉美法典的起草者们认真且颇具批判性地审查了欧陆各国的法典，并仅选择最符合拉美社会及政治现实需要的那些理念。此外，改革者们广泛选择欧洲不同司法区的法典，此举显然并非盲目复制某一国家的法典。例如，在德国，检察官负责审前调查；而在法国和西班牙，法官在严重的刑事案件中依然负责审前调查。但拉美网络主张应由检察官主导审前调查，因为他们认为这一设置能更好地起诉犯罪和保护被告权利。

一些改革者亦对欧陆法典态度微妙，比较有影响力的如宾德尔和巴瑞恩托斯（都参与起草了诸多法典）。他们积极抵制模范法典和《德国刑事诉讼法典》，认为其仍带有较强的纠问式色彩。[264]还有许多拉美刑事诉讼改革既不同于欧洲，也不同于美国，例如一些改革非常强调纠纷替代解决机制的适用或者强化被害人参与刑事诉讼。这也佐证了拉美刑事诉讼改革并非南北仿效的结果。[265]

最后，南北仿效亦不是为通过新法典而开启政策窗口的关键要素。以现代法典为例，我们不难看到，当代拉美刑事诉讼网络并非一开始便建议以对抗式法典取代纠问式法典，并认为欧陆很久以前就已抛弃纠问式的做法。如果拉美政治阶层和法律界一直坚信如此，则可预期的是，1939年科尔多瓦省《刑事诉讼法典》和现代法典的改革运动将朝纵深发展。但事实并非如此。换而言之，欧陆国家至少自1808年以来便一直适用对抗式法典。但拉美国家直至20世纪90年代方通过此类法典。此一时间间隔有效反驳了"仿效欧陆或美国（甚至比欧陆更早适用对

---

[261] Interview 26.

[262] Interview 33.

[263] Nota, p. 19（响应宪法自由理念而确立的新刑事诉讼法典）；Motivos, p. 25（阿根廷纠问式法典沿袭西班牙本国业已抛弃的《西班牙刑事诉讼法典》）；Maier, Derecho, p. 422；Exposicion, p. 651（1888年法典使该国的刑事诉讼落后了一个世纪，在文化上亦过时），p. 654（1888年法典背离普适的做法）。

[264] Interviews 26 & 39.

[265] Dominican Crim. Proc. Cod. (2002), Arts. 2, 27, 29, 31-3, 35-9, 40, 50, 52, 84-7, 118-25, 267-72, 282-3, 286-87, 296, 300-2, 318, 323, 331, 359-62 & 396.

抗式诉讼制度）系拉美改革主要驱动力"的观点。[266]

3. 外部强加的质疑

对本文观点（即将拉美地区改革浪潮的特性描述为自边缘国家传播的一个范例）的第三项质疑是认为该观点低估了源自中心国家行动者的作用。该质疑存在两种不同的形式：

第一种质疑形式是：当下的改革浪潮事实上属于自中心国家传播的范例，因为美国国际开发署和其他国际行动者促成了网络的形成及其在整个拉丁美洲的扩张。但应注意到，早在美国国际开发署和其他国际行动者对拉丁美洲刑事诉讼改革产生兴趣前，网络便已通过各种方式，诸如科尔多瓦程序学派、伊比利亚美洲诉讼法学会、1986 年草案以及模范法典等积极传播思想。故这一质疑可立即破除。即便承认美国国际开发署和其他国际机构的支持对网络的扩张至关重要，但这些机构之所以参与，原因在于他们信任网络成员的论点。从这个意义上讲，国际行动者的参与并不构成对源自边缘国家之传播观点的质疑；相反，它是自边缘国家三角形传播的完美例证。

第二种质疑形式是：对实际参与改革的个人进行访谈并非获得改革公正描述的最佳方法，因为这存在自我报告偏见的极大风险。这是我在整个访谈过程所一直考虑的严重问题。但访谈的方法附录表明，我通过访问不同的、具有竞争关系的群体，包括那些不支持美国在拉美地区利益的群体以及那些有理由过分强调美国行动者在改革中所发挥作用的群体，以谨慎地将自我报告偏见的影响减到最小。没有一个受访者质疑本文对改革进程基本轮廓的描述。该质疑不足为信的第二个原因便是，我亦依据其他文献和二次资源以形成并验证自己的观点，而这些信息源均无法证明"美国或其他中心国家秘密主导拉美改革"的观点。[267]

结　论

本文通过对拉美当代刑事诉讼改革浪潮的分析，做出了三大贡献：首先，本文回顾了 19 世纪至今拉美刑事诉讼的演变进程，介绍了正在进行之改革进程背后的知识渊源和理念，并解释了这些改革为何以及如何在整个拉丁美洲传播。鉴于

---

〔266〕　如果拉美的精英们并不知道这些趋势，则可以解释这一时间间隔。但一如前述，拉美的精英们知道 19 世纪欧洲的对抗式改革趋势，但因种种原因决定不步后尘。如果拉美法律精英在 20 世纪 90 年代比 19 世纪更强烈希望仿效欧洲大陆，则也可解释该时间间隔。但尚无证据证明此为事实。

〔267〕　例如，如果美国行动者们曾在背后主导大多数改革的调查分析及法典起草，则可预期所起草的法典会大量使用美国刑事诉讼模式。但一如前述，这与事实不符。

解释为何 14 个拉美国家在过去 15 年会采用相似的刑事诉讼法典，这本身是一个需要探究的重要且复杂的问题，因此这些改革如何在实践中运行的问题将留待未来研究。

其次，本文指出该改革浪潮背后的拉美法律人网络并不符合现有三大主要类型网络的任何一种。本文将该拉美法律人团体界定为南方活动者专家网络。

最后，本文明确了自边缘传播的概念，并阐明了拉美刑事诉讼改革浪潮如何契合这一概念的。拉美刑事诉讼程序改革中既有自边缘国家平行或半平行传播的情况，也有自边缘国家三角形传播的情况。

通过这些方式，本文的贡献在于将规则、规范和政策在世界尤其是整个拉美的传播进行了更通俗的理论化。"自边缘传播"以及对拉美刑事诉讼改革浪潮的诠释作为范例启发了以下重要问题：与自中心传播相比，自边缘传播有多频繁？在什么条件下自边缘传播会发生？不同的边缘或半边缘国家之间经济、政治和文化的不平衡是否与该类型的传播有关？何时以及为何来自于中心国家的行动者会接受来自于边缘国家的理念？自边缘传播在拉丁美洲和其他地区传播的区域进程中有什么作用？

虽然拉美刑事诉讼法典这一范例可以回答上述所有问题，但基于个案的研究不可能提供令人信服的答案。这种个案研究在某种程度上预示了未来研究的路径，并在识别更多此类传播类型时作为验证的素材。

方法附录

我为该项目进行了 62 次深入采访：2006 年 5—6 月，我在华盛顿特区进行了27 次面谈；2007 年 1 月，我在阿根廷布宜诺斯艾利斯进行了一次面谈；其余的采访则是在 2006 年 4 月—2007 年 6 月通过电话进行。受访者分别来自多米尼加共和国、厄瓜多尔、危地马拉、洪都拉斯、墨西哥、尼加拉瓜、巴拿马、巴拉圭、秘鲁、西班牙、乌拉圭、美国和委内瑞拉的不同城市。采访时间在半小时至四个半小时之间。有时，我会不止一次地采访某一人。我将此算作一次采访并且列出了最后一次采访的日期。

我答应我的受访者做匿名处理，为保护他们的身份，我只表明他们在受访时的职务或所属机构。如果显示受访者职务会导致身份泄露，则我将使用更宽泛的表述（如厄瓜多尔律师）。表 2 为采访编了号，并列明了采访日期和受访者的职务。

表2 采访日期和受访者的职务

采访编号	受访时的职务或机构归属	采访日期
1	美国国际开发署	04/26/2006
2	美国独立顾问	05/22/2006
3	前美国国际开发署官员	05/22/2006
4	美国国际开发署	05/22/2006
5	美国国务院	05/23/2006
6	州法院国家中心	05/23/2006；5/31/2006
7	卡内基国际和平基金会	05/24/2006
8	（联合国工业开发组织）工业开发委员会	05/24/2006
9	（联合国工业开发组织）工业开发委员会	05/24/2006
10	凯基＆咨询有限公司	05/25/2006
11	美国司法部	05/26/2006
12	美国司法部	05/26/2006
13	世界银行	05/30/2006
14	美国司法部	05/30/2006
15	（联合国工业开发组织）工业开发委员会	05/30/2006
16	美国国务院	05/31/2006
17	州法院国家中心	05/31/2006
18	美国司法部	05/31/2006
19	世界银行	06/04/2006；04/12/2007；04/16/2007
20	开放社会	06/05/2006
21	美国司法部	06/05/2006；06/07/2006
22	委内瑞拉法律教授	06/05/2006
23	美洲司法研究中心	06/06/2006
24	州法院国家中心	06/06/2006
25	美洲司法研究中心	06/07/2006
26	阿根廷律师	06/07/2006；06/08/2006；11/13/2006；06/04/2007

续表

采访编号	受访时的职务或机构归属	采访日期
27	美国司法部	06/07/2006
28	危地马拉犯罪学比较研究所	06/07/2006
29	美国国务院	06/20/2006
30	DPK 咨询	06/22/2006
31	佛罗里达国际大学	06/23/2006；07/06/2006
32	美国国际开发署	06/26/2006
33	美国独立顾问	07/03/2006
34	哥伦比亚律师	07/05/2006
35	哥斯达黎加独立顾问	07/06/2006
36	美洲司法研究中心	07/07/2006
37	美国国际开发署	07/10/2006
38	危地马拉法律教授	07/10/2006
39	美国国际开发署	07/11/2006；05/26/2007
40	（联合国工业开发组织）工业开发委员会	07/11/2006
41	德国技术合作公司	07/17/2006
42	玻利维亚独立顾问	07/20/2006
43	美国独立顾问	07/24/2006
44	危地马拉法官	07/31/2006
45	凯基 & 咨询有限公司	08/02/2006
46	危地马拉律师	08/08/2006
47	联合国开发计划署	08/15/2006；02/26/2007；05/17/2007
48	危地马拉法官	10/27/2006
49	哥伦比亚独立顾问	10/30/2006
50	危地马拉独立顾问	10/30/2006
51	美国独立顾问	11/06/2006
52	Proderecho（墨西哥）	11/10/2006

采访编号	受访时的职务或机构归属	采访日期
53	巴西法律教授	11/14/2006
54	阿根廷法官	01/03/2007；01/04/2007
55	前乌拉圭法官	02/23/2007
56	乌拉圭独立顾问	02/23/2007
57	巴拿马独立顾问	03/13/2007
58	秘鲁学术界	05/17/2007
59	Projusticia（厄瓜多尔）	05/21/2007
60	Projusticia（厄瓜多尔）	05/21/2007
61	Justicia Viva（秘鲁）	05/22/2007
62	哥斯达黎加法官	06/03/007

由于没有刑事诉讼程序改革者的姓名及住址簿，我使用滚雪球抽样技术来确定我的受访者。为了降低选择偏见的风险，我选择了两位互不合作且来自不同网络受访者作为种子——一位来自于拉丁美洲刑事诉讼网络，另一位来位于华盛顿特区、以美国为主导的国际援助团队。随着雪球越滚越大，我继续选择和采访受访对象，直至达到受访者的最低限额。这些受访者均十分了解此一研究的对象，即参与改革进程的主要国际机构和 19 个不同拉美国家刑事诉讼的状况。

为降低自我报告偏见的风险，我采访了来自具有竞争关系的团队和机构成员。对于不一致的信息，我的筛选依据是：①对该问题有直接了解的受访者所提供；②多数受访者所支持；或者③由对该问题的陈述为利益无涉的受访者所提供。我还将受访者所提供的信息与相关文献及二次资源进行比对。

我的受访者来自三组不同的群体。第一组包括对参与拉美刑事诉讼改革的一个或多个国际机构的工作有直接了解的对象。这些机构包括美国国际开发署、德国技术合作公司、阿登纳基金会、美国司法部、美国国务院、美洲开发银行、世界银行、州法院国家中心、美洲司法研究中心以及联合国开发计划署。

我对该组对象所提的问题主要有：受访者的背景；他们对哪个国际机构有直接了解；他们如何获得这种了解；问题中的机构是否参与了刑事诉讼改革；该机构参与了哪个国家的改革；该机构何时、为何以及如何参与改革；在该地区机构如何开展工作；该机构的组织机构如何；在这个地区机构工作的区域是什么；其他国际机构对拉丁美洲刑事诉讼改革做了什么。我把第一组成员称为"了解机构问题的人"。

第二组包括对一个或多个拉丁美洲国家刑事诉讼状况有直接了解的人。

我对该组对象提问的问题主要有：受访者的背景；他们对哪个拉美国家的刑事诉讼程序有直接了解；他们是如何获得这种了解的；问题中的国家是否已经有人提出对抗式法典项目；改革为何开始以及由谁开始；他们的主要支持者和反对者是谁；法典起草过程如何发生以及谁参与了该过程；哪个国际机构参与了改革进程；立法程序如何操作。我把第二组成员称为"了解国家问题的人"。

最后，第三组包含的对象是对机构和国家问题都有了解的人。表 3 总结了 62 个受访者的信息：

表 3　受访者的三种类型

受访者类型	人　数
了解机构问题的人	8
了解国家问题的人	20
了解机构和国家问题的人	34
总　计	62

表 4 总结了我的抽样样本中有多少个受访者对 19 个国家中的任一个有直接了解。因为我的许多受访者对该地区一个以上的国家有直接了解，所以总人数高于 62。

表 4　基于直接了解谈论各个国家的受访者人数

国　家	受访者人数
阿根廷	4
玻利维亚	14
巴　西	5
智　利	11
哥伦比亚	20
哥斯达黎加	9
古　巴	3

续表

国　　家	受访者人数
多米尼加共和国	7
厄瓜多尔	11
萨尔瓦多	11
危地马拉	19
洪都拉斯	6
墨西哥	10
尼加拉瓜	6
巴拿马	7
巴拉圭	5
秘　　鲁	7
乌拉圭	7
委内瑞拉	8

审判中心主义*的源与流

——以日本刑事诉讼为背景的制度谱系考**

施鹏鹏　谢　文***

引论：“审判中心”概念的提出及争议

自党的十八届四中全会提出“推进以审判为中心的诉讼制度改革”后，[1]理论界及实务界对“审判中心”的基本理论体系及制度框架进行了较充分的讨论，也大体凝练了中国刑事诉讼后续改革的基本导向。总体而言，理论界更关注的争点是“审判中心”的基本内涵及其所涉及的制度安排，而实务界则更关注“审判中心”所可能牵扯的职权配置以及权力秩序。2016年10月，最高人民法院、最高人民检察院、公安部、国家安全部、司法部联合印发《关于推进以审判为中心的刑事诉讼制度改革的意见》，在一定程度上明确了“审判中心”的基本内容，回应了理论界及实务界所关注的一些焦点问题，但总体较为平稳，主要还是对现有制度规范的重新梳理，未有太多改革突破，也因此受到了一定的批评。

事实上，“审判中心”的称谓并非中国学术界的原创，而是源自域外的舶来品。早在1999年，孙长永教授便在《现代法学》刊发大作《审判中心主义及其对刑事程序的影响》，较全面权威地阐释了“审判中心主义”的制度内涵，而核心思想渊源便源自日本法。[2]张凌教授在翻译日本著名学者田口守一教授所著的

　＊　考虑到中、日文字表述的差异，本文在同一意义上使用“审判中心”“审判中心主义”和“公判中心主义”。

　＊＊　中国政法大学司法文明专业2017级硕士研究生李佩云同学为本文的资料收集及翻译，也做了相当的贡献，在此表示谢意。

　＊＊＊　谢文，中国政法大学法律硕士学院2015级硕士研究生。

　〔1〕　完整的条款为“推进以审判为中心的诉讼制度改革，确保侦查、审查起诉的案件事实证据经得起法律的检验。全面贯彻证据裁判规则，严格依法收集、固定、保存、审查、运用证据，完善证人、鉴定人出庭制度，保证庭审在查明事实、认定证据、保护诉权、公正裁判中发挥决定性作用”。参见《中共中央关于全面推进依法治国若干重大问题的决定》。

　〔2〕　孙长永教授在界定“审判中心主义”时主要引用了日本有斐阁1979年所出版的《法律学小辞典》（〔日〕藤木英雄、金子宏、新堂幸司编：《法律学小辞典》，有斐阁1979年版，第284页）。参见孙长永：《审判中心主义及其对刑事程序的影响》，载《现代法学》1999年第4期。

经典教材《刑事诉讼法》时，也直接将日文中的"公判中心主義"一词直接翻译为"审判中心主义"。[3]中国高层决策者在酝酿"推进以审判为中心的诉讼制度改革"是否受到日本法思想的影响尚不得而知，但措辞的相似性尤其是改革背景及制度内涵的可参照性应引发中国学术界的高度关注。[4]事实上，二战后，日本刑事诉讼改革亦秉承"审判中心主义"的基本理论，将传统职权主义进行了对抗式的改造，由此形成了近代日本刑事诉讼非常独特的"混合式"框架。在比较法层面上，日本刑事诉讼改革的经验及教训均可为中国提供鲜活的素材，或可以借鉴，或可以批判性吸纳，或可以摆脱改革进程中所隐藏的陷阱。

更为重要的是，"审判中心"时下已成为刑诉理论界及实务界共同关注的焦点问题，但多数讨论者对"审判中心"概念本身却缺乏共同认知，故争鸣往往在误解中发生，"鸡同鸭讲"的现象亦颇为常见。可以预期，"审判中心"在未来很长一段时间将成为中国刑事诉讼改革的重要关键词，也势必会在更多的学术作品中反复出现，故概念混用甚至生搬硬套的现象将会不断加剧。正因为如此，笔者以为，很有必要对"审判中心主义"进行制度谱系的源流考察，回归精确的理论原点，澄清误解，正本清源，为后续严谨的学术研究提供必要的知识支撑。从这个意义上讲，本文的核心目的并非仅是提供一些比较法的素材，更主要是尝试探索制度的知识本源，而后者恰恰是当下刑事诉讼研究中较为欠缺的部分。

一、"审判中心主义"在日本的产生及发展

在日本，"审判中心主义"最早仅是作为一个学理概念，在1922年《大正刑事诉讼法》制定时便已提出。如松尾浩也教授所指，"在《大正刑事诉讼法》制定之时，'审判中心主义'是作为制约预审的原则，其意为审判是刑事程序的中枢。"[5]但由于这段时期，日本正处战乱，"审判中心主义"所涵盖的诸项原则在理论界并未引发过多的讨论，对刑事立法的影响也极其有限。而"审判中心主义"真正引发日本理论界及实务界高度关注并成为主导刑事诉讼改革主线的，还主要源自于二战后美国对战败国日本所进行的法律殖民化改革。

〔3〕 [日]田口守一：《刑事诉讼法》（第5版），张凌、于秀峰译，中国政法大学出版社2010年版，第379页。

〔4〕 事实上，有不少学者认为，中国当下的审判中心理念，便源自于日本法。例如卞建林、谢澍：《"以审判为中心"：域外经验与本土建构》，载《思想战线》2016年第4期；张建伟：《审判中心主义的实质内涵与实现途径》，载《中外法学》2015年第4期。

〔5〕 [日]松尾浩也：《刑事訴訟の理論》，有斐閣2012年版，第452页。

（一）制度背景：麦克阿瑟制宪与法律的殖民化

二战结束后，日本成为战败国，于 1945 年 8 月 15 日宣布接受《波茨坦公告》。以美国为首的联合国军队进驻日本，在东京成立以麦克阿瑟将军为首的联合国军总司令部，负责战后日本的重建及社会治理。1945 年 10 月 11 日，麦克阿瑟指令新成立的币原内阁起草新宪法草案，由松本丞治国务大臣为主任，成立了宪法调查委员会。1946 年 4 月 17 日，日本政府遵照麦克阿瑟所提出的草案纲要拟定了"宪法修改草案"，其中一项重要内容便是改革《大正刑事诉讼法》所实行的"职权主义检察官司法"。[6] 在美国主导的宪制改革中，日本大正时期的刑事诉讼法奉行职权主义，被视为"侦查权过于膨胀"，检察官、警察在侦查时滥用权力、踩躏人权的情况时有发生。[7] 因此，"改变传统的诉讼结构，引入当事人主义诉讼的核心要素"便成为"宪法修改草案"的一项重要内容。此一宪法草案对后续的刑事诉讼修改产生了决定性的影响。

"宪法修改草案"于 1946 年 6 月 20 日提交帝国会议通过，并于同年 11 月 3 日正式公布，次年 5 月 3 日开始实施，这便是《日本国宪法》。《日本国宪法》效仿英美国家的议会民主制，确立了三权分立制度，并强调保护人权，实施主权在民的政治体制。《日本国宪法》第 31~40 条特别规定了刑事诉讼的基本原则，包括正当程序、法院举行公正迅速的开庭审理、强制处分的令状主义、限制口供的证据能力及证明力，等等。不难看出，日本刑事诉讼改革的背景图层是美国主导下的法律殖民化，并非自然演进的结果。此后，日本刑事诉讼开始从传统的职权主义走向了颇具特色的"混合式诉讼"：既受到美国当事人主义的强烈侵袭，又无法完全摆脱固有的诉讼传统。"审判中心主义"不再仅仅是"制约预审"的一种原理，而是对这一改革进程的简要概括。[8]

（二）模式转型："审判中心主义"在日本的兴起

在"宪法修改草案"拟订的同时，日本司法省刑事局几乎在同一时间（昭和二十一年，即 1946 年 5 月 29 日）发布了名为《随着新宪法的颁布，就司法问题本省需要表明态度的事项》的文书，明确了《日本刑事诉讼法》修改的七大项内容，涉及侦查、公诉、预审、审判等。在"审判"一项，该《事项》第 1 条便明确规定"进行最小限度的审判准备，彻底实行审判中心主义，庭审考虑采用所谓

---

〔6〕 日语直译为"纠问主义"，但为便于比较研究，本文译为"职权主义"。参见 [日] 小田中总树：《现代刑事诉讼法论》，劲草书房 1977 年版，第 29 页。

〔7〕 [日] 西原春夫主编：《日本刑事法的形成与特色：日本法学家论日本刑事法》，李海东等译，法律出版社 1997 年版，第 35 页。

〔8〕 [日] 松尾浩也：《刑事诉讼の理论》，有斐阁 2012 年版，第 452 页。

的交叉询问制"〔9〕。"审判中心主义"遂成为二战后日本刑事诉讼改革的核心关键词，并在相当程度上成为日本制定新刑事诉讼法的主导思想。昭和二十二年（1947年）及昭和二十三年（1948年），日本先后出台了《第001次国会司法委员会第32号》文件以及《第002次国会司法委员会第22号》文件，均要求"在新刑事诉讼法中贯彻彻底的'审判中心主义'"。

昭和二十三年七月（1948年7月），现行的《日本刑事诉讼法》正式颁布，核心的修改内容可归纳为：确立起诉状一本主义、废止预审制度以及贯彻彻底的"审判中心主义"。而"审判中心主义"主要体现为：其一，案件的事实认定以及对被告人的罪责判定应在审判阶段进行，在整个刑事程序中，审判是中心，侦查及起诉仅为审判做准备；其二，刑事庭审应贯彻直接审理主义和言词辩论主义，保证被告人的对质权；其三，在所有的审判程序中，一审是中心，二审和再审应以一审为前提。故从某种意义上讲，"审判中心主义"是"一审的审判中心主义"。〔10〕

（三）后续发展：国民裁判员制度的引入与"审判中心主义"的实质化

从比较法的角度看，任何有悖诉讼传统的改革都是艰难而反复的，且往往会导致立法与实践的相背离。也正因为如此，尽管"审判中心主义"是战后日本刑事诉讼所极力推行的改革思路，但现实的情况与立法者设计的初衷有较大的偏离。松尾浩也教授将其概括为"精密司法"，即"侦查活动是以彻底的调查讯问为中心开始的，检察官掌握了详细的信息后，从证据的确凿性和追诉的必要性两个方面进行分析，继而在审判中辩护人进行充分的防御活动，法院力图查明深层次的真相，并根据该结果作出判决。通常在起诉的时候以书证为中心，大量使用书证也导致判决的有罪情形占压倒性的多数"。〔11〕从实证数据看，每年超过99%的定罪率时常令域外研究者感到惊讶。〔12〕一些评论认为，"解明真相"的精密司法，导致了"审判中心主义"的形骸化，审判过度依赖口供与卷宗，实践中侵害人权以及产生虚假供述的情况屡屡发生，犯罪嫌疑人、被告人的防御权保障极度弱化。因此，2004年的国民裁判员改革在某种程度上可称之为"审判中心主义"的二次革命：允许随机遴选的国民参与刑事审判，借由陪审团裁判技艺的精髓在实质上促使刑事诉讼从"侦查中心"走向"审判中心"。如后藤昭在《裁判员制

〔9〕　汪振林：《日本刑事诉讼模式变迁研究》，四川大学出版社2011年版，第152页。

〔10〕　[日]高田卓尔：《刑事訴訟法》（改訂版），青林书院新社1981年版，第18页。

〔11〕　[日]松尾浩也：《刑事诉讼的日本特色》，载《法曹时报》1994年第46卷第7号。

〔12〕　[日]松尾浩也：《日本刑事诉讼法》（上卷·新版），丁相顺译，中国人民大学出版社2005年版，第17页。

度在刑事司法中的机能》中所指出的，"（国民裁判员制度的引入有助于）①强化直接主义、言词主义，法院对事实的认定不依赖于搜查机关（即独立于搜查）；②对于裁判员而言，旨在实现'用眼看、用耳听的审理'，使裁判的公开原则实质化，审理对于被告人而言也更易于理解；③避免递交过度详细的证据清单，在审判前整理程序中便明确争议焦点，在审判时可以集中焦点迅速审理；④考虑到被告人的防御准备，以及审判前整理程序中对争议焦点以及证据的确定，在判决前对被告人拘禁的规定更为严格；⑤将自白任意性作为验证证据的手段，要求调查取证可视化，任意性判断本身也更加严格；⑥为了不让裁判员裁判成为附随品，引入了犯罪嫌疑人国选辩护人制度；⑦在审判前整理程序中证据开示范围的扩大，实质性地强化了被告人的防御权。"[13]

二、"审判中心主义"的界定及理论依据

（一）"审判中心主义"的界定

从词源上看，"审判中心主义"的日语表述为"公判中心主義"。美国密歇根大学法学院乔治（B. J. George）教授曾将其意译为"placing public trail at the center of attention"。但松尾浩也教授认为，这一翻译对于英美法学者而言仍颇为费解，难以准确把握"公判中心主義"的真实含义。韩国学者则将其译为"principle of open court priority"，仍有词不达意之嫌。德语中的"Hauptverhandlung"（庭审）可直译为"主要程序"，似乎也部分包含了"审判中心主义"的意涵。[14] 笔者也曾对"审判中心主义"的欧美表述进行了考证，发现最贴近的表述当属意大利卡塔尼亚大学恩佐·扎波帕拉（Enzo Zappala）教授在描述1988年意大利刑事诉讼改革所使用的措辞"Centralité du débat"（原文为法语，直译为"审判中心"，意大利语为 centralità del dibattimento，在意大利刑事诉讼法学界亦有此一表述），且主要含义与日本的"公判中心主義"几乎完全一致。[15] 颇为巧合的是，1988年意大利刑事诉讼改革[16]与日本二战后的刑事诉讼改革几乎秉承同一思路，即从传统的职权主义走向当事人主义，尝试进行诉讼模式的根本转型。因此，我们可以大胆揣测，"审判中心主义"应是传统职权主义国家（主要为日本

---

〔13〕 ［日］後藤昭：《刑事司法における裁判員制度の機能——裁判員は刑事裁判に何をもたらすか》，载後藤昭編：《東アジアにおける市民の刑事司法参加》，国際書院2011年版，第95页以下。

〔14〕 ［日］松尾浩也：《刑事訴訟の理論》，有斐閣2012年版，第452页。

〔15〕 Enzo Zappala, "Le Procés Pénal Italien Entre Systéme Inquisitoire et Systéme Accusatoire", in *Revue Internationale de Droit Pénal*, 1997.

〔16〕 关于意大利1988年"审判中心"的刑事诉讼制度改革，笔者将另行撰文研究。

和意大利）在尝试进行诉讼模式转型时对当事人主义下刑事程序（主要是庭审程序）优点的概括，并以此作为改革的目标指引相关的立法与实践。而这一词源背景对于准确理解日本"审判中心主义"的核心内涵及理论依据极有裨益，也可深刻对比并检讨中国当下"推进以审判为中心的诉讼制度改革"这一指导理念。[17]

日本权威法学辞典对"审判中心主义"的表述基本类似。如藤木英雄等所编著的《法律学小辞典》中对"审判中心主义"的定义是："审判的核心课题在于确定实体刑罚权存在与否以及其范围和量的大小。作出这样的实体判断必须要经过审判这一过程，而且原则上不能基于审判以外的程序来进行（此项可以参照旧刑事诉讼法中关于审判前置阶段的'预审'程序）。公开审判围绕着上述的课题，通过检察官和被告人（辩护人）相互主张其所认定的真相，并提出能保证该真相的证据资料以努力说服作为裁判者的法院的方式来推进。审判中心主义的核心是在庭审期内进行的程序，即审判程序。审判程序应当在当事人双方都在场的情况下公开进行，这便是近代刑事诉讼法的本质要求（公开审理主义）。"[18] 尾崎哲夫所编著的《法律用语辞典》中对"审判中心主义"的解释为："基于在公平法院的公开法庭中控辩双方提出证据并交互质证的直接主义，以及在预定的当事人展开言词辩论的程序中来不断实现对被告人的人权保障，据此发现真实。另外，'审判中心主义'的内容包括：①公开主义：以审判在公开的法庭进行为原则；②言词主义：为排除程序依书面等密室处理的做法，以言词进行为原则；③直接主义：仅能以法院直接调查的证据为裁判的基础为原则。"[19]

学者的看法也大体一致。例如松尾浩也教授认为，"'审判中心主义'原先是作为制约预审的原则，其意为审判是刑事程序的中枢。在现行刑事诉讼法制定时，预审已被废除，刑事庭审从职权主义转向了当事人主义，'审判中心主义'也被赋予了新的含义，指代现代刑事庭审的基本原则。"[20] 高窪喜八郎博士以及久礼田益喜博士认为，"所谓'审判中心主义'是指作为审判基础的材料，必须仅限于在审判中提交、收集。"[21] 庭山英雄、冈部泰昌则认为，"狭义的'诉讼'，仅指从提起公诉到判决确定这一段审判程序。在审判中确定检察官所主张的公诉事实是否存在，这就是'审判中心主义'。"[22] 应试新报编辑部所编著的

〔17〕 详见本文第四部分。
〔18〕 ［日］藤木英雄、金子宏、新堂辛司编：《法律学小辞典》，有斐阁 1979 年版，第 284 页。
〔19〕 ［日］尾崎哲夫：《法律用語がわかる辞典》，自由国民社 2005 年版，第 230 页。
〔20〕 ［日］松尾浩也：《刑事訴訟の理論》，有斐阁 2012 年版，第 452 页。
〔21〕 ［日］高窪喜八郎、久禮田益喜：《判例学說総覧·刑事訴訟法》，中央大学 1954 年版，第 7 页。
〔22〕 ［日］庭山英雄、岡部泰昌：《現代青林講義·刑事訴訟法》，青林書院 1994 年版，第 129~133 页。

《刑事诉讼法·刑事政策》一书则将"审判中心主义"解释为，"就公诉犯罪事实相关的审理以及裁判，应当在审理期限内，以审判程序作为中心进行。"[23]

可见，"审判中心主义"的基本含义在日本并无太多争议，是日本对当事人主义刑事程序优点的总体概括，并以此作为本国诉讼模式转型的参照模版。综合立法及学者的观点，我们可将审判中心主义的核心内容概括为：其一，刑事诉讼的核心应是一审庭审，[24] 庭审奉行公开、言词及直接原则；其二，涉及定罪、量刑的实体性事实，应由庭审予以确定，庭审外的程序不产生定罪效力。

（二）"审判中心主义"在日本的理论依据及所面临的挑战

尽管如前所述，"审判中心主义"主要是二战后美国刑事诉讼文化对日本强烈侵袭乃至殖民化输出的结果，但这在相当程度上改变了日本传统职权主义过分倚重审前程序、控辩力量显著失衡的诉讼格局，促使了日本刑事诉讼的现代化。因此，可以认为，这些现代化的诉讼原则和理念，是支撑"审判中心主义"的正当依据。

1. 对传统以侦查为中心的全面检讨

明治维新前，日本的刑事诉讼主要效仿同时期的中国，称为"律令时期"，奉行封建时代的刑事规则。依 1869 年 5 月《狱庭规则》之规定，庭审时法庭内按身份（官员、士人、百姓）区别座位，并允许拷问。明治维新后，日本开始效仿西欧，启动了刑事法治的近代化。1873 年法国法学家波瓦索纳特（ボアソナード）来日，协助开启日本近代法典的编纂工作。明治十三年（1880 年），《治罪法》正式公布，在内容上几乎仿照了法国《重罪法典》所确立的刑事诉讼模式，日本学者称为"预审主导的职权主义判事司法"。自 19 世纪 80 年代起，法国刑事诉讼在日本的影响逐渐式微，德国刑事诉讼取而代之，成为日本刑事诉讼的主要学习模版。1890 年所颁布的《明治刑事诉讼法》便深受德国刑事诉讼的影响，但职权主义的特征依然明显。在其后的发展过程中，日本的检察权开始逐渐扩大，并偏离了德国刑事诉讼所确立的起诉法定主义模式，转而走向国家追诉主义和起诉便宜主义并存。1922 年《大正刑事诉讼法》正式确立了这一起诉模式，标志着日本正式过渡到"检察官主导的职权主义司法"。无论是《治罪法》《明治刑事诉讼法》，还是《大正刑事诉讼法》，日本的刑事司法均延续了职权主义传统，

---

〔23〕 ［日］受験新報编集部：《刑事訴訟法·刑事政策》，法学書院 1970 年版，第 70 页。

〔24〕 需要特别说明的是，尽管许多日本学者在论及"审判中心主义"时并未强调以"一审"为中心，但无论之于行文逻辑，还是所援引的法律规范，均事实上是在"一审"的背景下展开。因此，可以说，"审判中心主义"事实上便是"一审的审判中心主义"。参见［日］受験新報编集部：《刑事訴訟法·刑事政策》，法学書院 1970 年版，第 71 页。

刑事诉讼带有较明显的"侦查中心",检控方处于优势地位,侦查程序对审判结果所带来的支配性影响倾向越来越强。[25] 搜查机关时常将所制作的书面材料或者预审结果在法庭上出示。在很多情况下,庭审自始至终都是以书面审理的方式进行。庭审功能虚化现象非常严重,往往仅是对搜查所确认的事实进行追认。二战后,美国占领日本,并将当事人主义刑事诉讼的核心理念全面贯彻至现行的《日本刑事诉讼法》中,主要包括:强化了直接言词原则(传闻证据排除)和对抗原则,具体表现为被告人有权出席法庭,并且与检察官在实质对等的立场下参与诉讼程序;确立职权分立原则,防止法官在庭审前产生预断;第一次开庭前的逮捕程序不在受案法院的,法官不得参与(现行《日本刑事诉讼法》第 280 条)、禁止请求证据调查,仅允许证据保全(现行《日本刑事诉讼法》第 197、226、227 条);起诉状中,不得附有使法官产生预断的资料(现行《日本刑事诉讼法》第 256 条第 4 项);庭审最终决定原则;对被告人的定罪量刑,原则上仅得在庭审中确定。由此,日本刑事诉讼又从"检察官主导的职权主义司法"走向"审判中心主义"。

2. 庭审正当化诸项原则的全面贯彻

一如前述,"审判中心主义"全面涵盖了庭审公开、直接言词、集中审理、平等对抗、迅速裁判等现代化刑事庭审的诸项原则。但许多庭审原则并非二战后首创,而在《治罪法》《明治刑事诉讼法》及《大正刑事诉讼法》中均有体现,如直接言词原则。但日本的刑事司法实践出现较明显的背离,秘密审判、书面审判在二战前的日本是较为常见的现象。这也是为何二战后,日本国会司法委员会的文件及法务大臣均要求"在新刑事诉讼法中贯彻彻底的'审判中心主义'"。从这个意义讲,二战后"审判中心主义"在日本的兴起,还因为原有刑事庭审的诸项原则在司法实践中得不到严格地贯彻。

受英美法影响所制定出的现行刑事诉讼法,在日本的司法实践中出现了一定程度的偏离,形成了独具特色的日本刑事司法制度。松尾浩也教授称其为"精密司法"。松尾教授比较了日本与美国刑事诉讼模式的差异:刑事诉讼程序的核心应当是侦查、提起公诉和审判三阶段有机的联合。抛开日本和美国刑事程序各自的利弊,仅从整体上来进行比较的话,美国可以说是"粗略司法"(rough justice),只要在全局上不犯错即可。而与此相对,日本实行的是一种深入到各个细节并在此基础上尽可能地发掘真相的一种"精密司法"(minute justice)。[26] 这样一种

---

〔25〕 〔日〕上口裕:《刑事訴訟法》,成文堂 2015 年版,第 246 页。
〔26〕 〔日〕松尾浩也:《刑事诉讼法的理论和现实》,岩波书店 2000 年版,第 59~60 页。

"精密司法"的具体含义是，"侦查活动是以彻底的调查讯问为中心开始的，检察官掌握了详细的信息后，从证据的确凿性和追诉的必要性两个方面进行分析，继而在审判中辩护人进行充分的防御活动，法院力图查明深层次的真相，并根据该结果作出判决。通常在起诉的时候以书证为中心，大量使用书证也导致判决的有罪情形占压倒性的多数。"〔27〕"精密司法"一词是集合了日本侦查、检察、审判实务中体现的刑事程序的特色而诞生的词汇。如果将西欧法的影响比作倾盆大雨的话，轻薄的渗水层之下隐藏着坚固的磐石，而这个磐石的实体就是"精密司法"。〔28〕由此可以看到，"审判中心主义"尽管在二战后成为主导日本刑事诉讼改革的主线，但所面临的实践挑战也是非常独特而艰巨的，背后反映了职权主义传统的深刻烙印。99%以上的定罪率也促使日本在21世纪初启动了新一轮的刑事司法改革。

三、"审判中心主义"的核心内容

如前所述，"审判中心主义"的核心内容可概括为：其一，刑事诉讼的核心应是一审庭审，庭审奉行公开、言词及直接原则；其二，涉及定罪、量刑的实体性事实，应由庭审予以确定，庭审外的程序不产生定罪效力。而这些内容在《日本宪法》及《日本刑事诉讼法》中均有明确的制度设定，主要体现为：

（一）庭审是刑事诉讼的核心

二战前，日本奉行传统的职权主义，审前程序对于案件裁判结果的影响几乎是决定性的。如《治罪法》基本上照搬法国《重罪法典》所确立的预审体制：预审法官既是侦查的总指挥，也是所受理案件的报告法官，在司法实践中预审法官的意见几乎等同于合议庭的意见。律师在审前程序不能接触犯罪嫌疑人，也无法查阅全部的卷宗材料，因此控辩双方力量的失衡在整个刑事诉讼程序中均较为凸显。《明治刑事诉讼法》和《大正刑事诉讼法》虽然吸收了德国刑事诉讼以及日本本土实践的一些优点，但职权主义的传统依然保留了下来，只是检察官取代原先的预审法官，成为刑事诉讼的主导者。应当说，早期的日本学者便意识到传统职权主义模式对被告人的人权保障力度不足，并提出了强化庭审功能的诸多见解，包括审判中心主义。但真正将审判中心主义贯彻至日本立法及司法实践方方面面的，还当属二战后日本刑事诉讼模式的当事人主义转型。改革后的日本刑事诉讼确立了起诉状一本主义，颇为极端地切断了原有的侦、审联系，强化了庭审

---

〔27〕 ［日］松尾浩也：《刑事诉讼的日本特色》，载《法曹时报》1994年第46卷第7号。
〔28〕 ［日］松尾浩也：《刑事诉讼法演讲集》，有斐阁2004年版，第279~285页。

的言词及对抗，并赋予辩方较充分的权利。"基于由此所获得的法庭上的新鲜的印象来形成慎重的确切的心证"，这是审判程序的基本。[29]

（二）起诉状一本主义与法官预断之防止

改革前，日本亦奉行全案移送制度。检察官在提起公诉的同时，应将侦查过程中所制作的所有案卷材料一并移交法院。法官在开庭前应对这些卷宗材料进行细致审查，并尽可能有效地把控案件的核心争点。全案移送制度有利于法官在法庭上进行诉讼指挥，引导双方当事人有效地发现真实，但也时常被诟病为容易导致法官未决先断。尤其是在日本传统的司法体制下，法官和检察官总体处于较为紧密的交接事务关系，容易挤压辩方的话语空间。改革后，日本构建了起诉状一本主义。依现行《日本刑事诉讼法》第 256 条之规定："提起公诉，应当提出起诉书。起诉书，应当记载下列事项：①被告人的姓名或其他足以特定为被告人的事项；②公诉事实；③罪名。起诉书，不得添附可能使法官对案件产生预断的文书及其他物品，或者引用该文书等的内容。"主流学说认为，这是为了实现"公平法院"（《日本宪法》第 37 条第 1 款）、保证审判中心主义真正落实的必要措施。由于法官不能事先接触证据，法庭调查的主导权将不得不转交至双方当事人，审判中的各项证据将反复由持不同主张的当事人进行检验，从而实现了审判中心主义。[30]

（三）公开、言词、直接、集中、迅速裁判等诸原则的确立

审判中心主义的确立，还意味着一系列现代庭审原则的引入及落实，如公开原则、言词原则、直接原则、集中审理原则及迅速裁判原则等。

1. 公开原则

公开原则，指审判应在公开的法庭内进行，除法律另有规定外，应允许一般国民进行自由的旁听。日本学说认为，公开主义可避免以往"从黑暗来、向黑暗而去"的秘密审判，将审判的公平、公正委于国民的监视，这也是《日本宪法》所宣扬的原则。依《日本宪法》第 82 条规定，"法院的审讯及判决应在公开法庭进行。""如经全体法官一致决定认为有碍公共秩序或善良风俗之虞时，法院的审讯可以不公开进行。但对政治犯罪、有关出版犯罪或本宪法第三章所保障的国民权利成为问题的案件，一般应公开审讯。"违反审判公开之规定的，构成绝对的

---

[29] [日] 熊谷弘、佐々木史朗、松尾浩也、田宫裕：《公判法大系Ⅱ》，日本評論社 1980 年版，第 6 页。

[30] [日] 田口守一：《刑事诉讼法》（第 5 版），张凌、于秀峰译，中国政法大学出版社 2010 年版，第 164 页。

控诉理由（《日本刑事诉讼法》第373条第3项），还可成为向高等法院申请上告的理由。

2. 言词原则

言词原则（日语又称为"口头主义"），指包括证据调查在内的审判程序应以言词的方式进行，以保证法官可形成鲜活的心证。言词原则旨在克服以往日本庭审的"书面主义"。在"书面主义"主导的庭审中，双方当事人不能对相关证人进行有效的质证，抗辩双方的对抗性大大降低，被告人的权利受到明显的侵害，庭审功能虚化现象非常严重。因此，言词原则是确保庭审功能得以有效实现的支撑性原则，也是《日本刑事诉讼法》所明确设立的基本原则。"①对证据材料的调查通过朗读进行（《日本刑事诉讼法》第305条）；②法官听取诉讼关系人的意见，认为情况适合时仅告知主要内容即可（《日本刑事诉讼规则》第203条第2款）；③判决原则上必须要基于口头辩论作出（《日本刑事诉讼法》第43条第1项）；④法官更换的情况下，必须要重新开始审判程序（《日本刑事诉讼法》第315条）；⑤必须在法定的例外情形下才可以任命或者委托其他法官行使职权（《日本刑事诉讼法》第316条）。"[31]

3. 直接原则

直接原则指法官仅得以在法庭上直接调查的证据作为判决的依据，禁止传闻证据进入法庭。直接原则原本是日本借鉴德国刑事诉讼所构建的原则，但在功能上与英美法系的传闻证据排除规则并无根本上的差异。因此二战后的日本刑事诉讼将此一原则沿袭下来，并成为"审判中心主义"的重要支撑机制。在直接原则下，法庭不得以不能直接接触的证据作为裁判的依据。如出现法官更换的情况，则亦必须重新开始审判程序。

4. 集中审理及迅速裁判原则

《日本宪法》及《日本刑事诉讼法》均规定了集中审理及迅速裁判原则，要求合议庭应尽可能连日开庭，尽快审结，如此既可避免冗长的诉讼程序损及被告人利益，也可保证各方当事人及法官记忆新鲜，有效发现案件真实。例如，《日本宪法》第37条第1项规定："在一切刑事案中，被告人享有接受法院公正迅速的公开审判的权利。"《日本刑事诉讼法》第1条规定："本法在刑事案件上，于维护公共福利和保障个人基本人权的同时，明确案件的事实真相，正当而迅速地适用刑罚令为目的。"《日本刑事诉讼规则》第179条第2项规定："法院对于审

---

〔31〕 ［日］廣瀬健二：《コンパクト刑事訴訟法》，新世社2015年版，第140页。

理需要 2 日以上的案件，要尽量连日开庭，必须集中审理。"

（四）一审核心地位的确立

在日本，公诉程序分为第一审、控诉审和上告审。尽管许多日本学者在论及"审判中心主义"时并未强调以"一审"为中心，但在"起诉状一本主义"的现行法之下，案件事实及定罪量刑便尤其体现在一审，[32] 控诉审仅是对一审判决的事后审查，而上告审则仅涉及法律适用问题。一审程序又可区分为庭审期间的程序和庭审外的程序。庭审外的程序最终也是为了庭审期间做准备，可称为广义上的"审判准备"。所谓的"审判中心主义"，严格意义上仅指一审的庭审期间程序，核心内容就是双方当事人围绕案件进行辩论，受诉法庭针对案件形成心证。[33]

四、日本"审判中心主义"的精髓与糟粕——兼谈中国刑事诉讼改革的方向

如松尾浩也教授所论及，"审判中心主义"的内涵并非一成不变，而是随着日本刑事诉讼的改革被赋予一些全新的内容。但如果说二战前"审判中心主义"概念的提出更多是为了克服传统职权主义的一些弊端，尤其是促使某些程序机制进行改良，内涵及外延均有模糊之处，那么二战后的"审判中心主义"便存在极为明显的当事人主义改革倾向，涵盖了日本刑事诉讼模式较彻底转型的某些主导思想和理念，概念的基本内容也明晰了许多。故在宏观比较法的层面上，二战后日本"审判中心主义"的刑事诉讼改革，便是从传统职权主义径直走向当事人主义的改革尝试，较为极端激进，而并非如传统的大陆法系国家（如法国和德国），仅是汲取某些当事人主义的合理要素，而非直接转向当事人主义。从这个意义上讲，我们有必要对二战后日本"审判中心主义"的改革进行学理评析，分析利弊，这对于中国时下"推进以审判为中心的诉讼制度改革"有着极为重要的理论及实践意义。

（一）日本"审判中心主义"改革的学理评析

毋庸讳言，"审判中心主义"的贯彻对二战后日本刑事诉讼的模式转型影响颇大，尤其是确立了庭审在刑事诉讼程序中的核心地位，减少了审前程序尤其是侦查程序对裁判结果的影响，强化了庭审中控辩双方的平等对抗，确保涉及被告

---

〔32〕［日］鸭良弼:《刑事訴訟法講義》，青林書院新社 1981 年版，第 157 页。
〔33〕［日］福井厚:《刑事訴訟法入門》，成文堂 1999 年版，第 247 页。

人罪责及量刑的实体性问题在庭审中得以解决。尤其是诸多现代化庭审原则的引入，在相当程度上促使了日本刑事诉讼的正当化。

但以美国刑事诉讼为模版的"审判中心主义"改革对日本刑事诉讼的影响并不如想象中的那般彻底和成功。固守于日本国民甚至法律学者心中的实质真实观，依然主导着日本刑事诉讼最核心的价值判断，这在相当程度上妨碍了当事人主义法律真实观在日本的真正落实。也正因为如此，许多在当事人主义国家行之有效的程序机制（如起诉状一本主义、交叉询问制度等），在日本却发生了较大的变异，甚至可以说"仅有其形，未得其实"，或者形成某种非驴非马的混合机制。这也是为何二战后至今，日本刑事诉讼并未真正走向当事人主义，反而日益步入"精密化""职权化"。[34] 事实上，日本人在传统观念里就存在一种对待事务极度认真近乎执着的态度。在日语里面有两个词分别为"真面目"（まじめ）、"一生懸命"（いっしょうけんめい），前者形容的是一种十分正经、一丝不苟的态度，后者形容的是尽全力甚至可以说是拼命的处事方法。这两个词汇用在日本人的生活与工作之中的频率十分之高，而且日本这个民族对于细节的极致追求很难有国家与之相提并论。于是如松尾浩也教授所深刻评论的，"意识被'侦查应非常仔细，起诉也应极为慎重'这样一种行为模式所支配。在日本，所谓的'真相'，是一种非常沉重且客观的存在。真相永远只有一个，保持着一颗热忱的心必定能求到真相。"[35] "审判中心主义"的诸项举措在具体的落实中也因此受到相当大的阻力。

第一，起诉状一本主义的虚化。在比较法层面，职权主义与当事人主义奉行不同类型的卷宗移送制度。大陆法系奉行的是"卷宗并送主义"，即检察官在起诉时要将起诉状以及在侦查过程中制成的笔录、鉴定报告以及搜集的证据全都移送给法官。法官在审判前便已详细阅读相关卷宗材料，以在庭审中主导庭审，发现真实。而英美法系实行的则是"起诉状一本主义"，法官消极中立，不能事先了解案情，控方在起诉时仅提交起诉状，不能附带其他证据。如前所述，日本在改革前奉行的也是"卷宗并送主义"，但二战后为贯彻"审判中心主义"改革而转向"起诉状一本主义"，"诉状不得添附可能使法官对案件产生预断的文书及其他物件，或引用该文书等的内容"（《日本刑事诉讼法》第 256 条）。日本的起诉状一本主义又与当事人主义国家有明显的不同。依《日本刑事诉讼规则》第 195 条规定，在第一次开庭后的准备程序中，法官的活动不再受到起诉状一本主义的

---

[34] ［日］松尾浩也：《刑事诉讼法的基础理论》，载《法院书记官研修所月报》1978 年第 29 号。
[35] ［日］松尾浩也：《刑事诉讼法演讲集》，有斐阁 2004 年版，第 167 页。

约束，法官可以进行争点整理和证据整理。在此过程中，法官可以命令提交书证或者物证。因此，日本的起诉状一本主义仅以第一次开庭为限。故在审判实务中，起诉状一本主义很难真正排除法官的预断，反而让庭审变得更为拖沓低效。

第二，卷宗裁判现象依然较为普遍。"审判中心主义"要求严格奉行直接言词原则，传闻证据应作较严格的排除。《日本刑事诉讼法》对此进行了确认，禁止在公开的庭审中以供述笔录代替相关人员的供述（第 320 条）。但《日本刑事诉讼法》第 326 条又设置了例外规定，即虽然是传闻证据，但是控辩双方"同意作为证据的书面材料或者供述，在经过考虑该书面材料写成时的情况或者作出供述时的情况后认为适当"时，可以作为证据。换言之，侦查过程中的供述笔录只要经律师同意便可直接移送法院作为证据。在司法实践中，律师多数会表示同意。原因是在日本近九成的案件为认罪案件，[36] 但并未有英美法系的认罪答辩程序，故辩护律师为避免因异议导致审判时间拖延、加重被告人负担而多数会选择与检察官配合，同意将侦查笔录作为证据在法庭上使用。研究表明，将近 3/4 的律师从未要求法官调查证据，对于检察官引用侦查过程中获取的证人笔录，几乎 2/3 的律师从未表示过异议。[37] 即便律师不同意将侦查笔录作为证据，笔录在庭审中的作用依然非常重大。在司法实践中，检察官主要依先前笔录所确立的问题对证人进行询问。如果证人的回答与先前的笔录存在冲突，且法官认为笔录更具可信度时，则依然可采纳该笔录作为证据（《日本刑事诉讼法》第 321 条）。法官在多数情况下还是更愿意采纳检察官的意见，并认为"笔录是在案件发生之后没有时间间隔、证人记忆还清晰的时候制作，故更具可信度"。[38] 松尾浩也教授描述到，"在审判中，经常是在征得对方同意的前提下，或者以证人丧失记忆、陈述矛盾为理由，使用侦查过程中制成的陈述笔录为证据。在许多案件中，'口头辩论'在很大程度上被用来朗读文书（或者是陈述主旨）。"[39] 这种起诉前详密且高完结度的搜查，以及负责公审的职业法官对待释明真相所具有的强烈责任感和孜孜不倦的态度支撑起了整个缜密的公审过程。在公审过程中，法官们不仅要认真探讨犯罪发生的事实和能够证明被告人就是犯人的证据，还不能忽视关于犯

---

〔36〕 ［日］松尾浩也：《日本刑事诉讼法》（下卷·新版），丁相顺译，中国人民大学出版社 2005 年版，第 36 页。

〔37〕 ［美］丹尼尔·傅特：《当事人进行主义——日本与美国》，王兆鹏译，载《法学丛刊》1999 年第 2 期。

〔38〕 参见《陪审制度の基礎知識》，载陪审裁判を考える会，http://www.baishin.com/01kiso/index.htm，最后访问日期：2018 年 5 月 14 日。

〔39〕 ［日］松尾浩也：《日本刑事诉讼法》（上卷·新版），丁相顺译，中国人民大学出版社 2005 年版，第 16 页。

罪的动机、原委、背景以及更具体的案情这一系列的证据。这样一种以详密的审理和判决为特色的公审中，多使用了在侦查过程中所获得的供述笔录，可以说侦查过程中制成的供述笔录成了缜密侦查和严谨的审理判决间的媒介。

第三，庭审技术的虚化。如前所述，二战后日本司法省刑事局在刑事审判改革问题上明确提出了"进行最小限度的审判准备，彻底实行审判中心主义，庭审考虑采用所谓的交叉询问制"。在相当程度上，交叉询问可促进庭审的平等对抗、强化直接言词原则，与审判中心主义具有共同的目的指向。但二战后日本在庭审技术设计上并未完全采用英美的交叉询问制度，而是"以当事人请求调查为原则，以法院职权调查为例外"，对证人证言的调查方式实行"交叉询问"与"职权询问"相结合，确保法官在审判中能做到充分审理进而发现真相。"审判长认为必要时，可以随时中止诉讼关系人对证人、鉴定人、口译人或者笔译人的询问，亲自对该事项进行询问，但不得因此而否定诉讼关系人依法询问证人等的权利"（《日本刑事诉讼法》第 201 条）。而所谓的交叉询问，还与英美法系国家有着本质的区别。事实上，日本刑事庭审实践几乎未出现过所谓询问与反询问的激烈交锋，甚至可以说反询问在日本的审判模式下形同虚设。控辩双方越是进行反询问，越容易产生对己方不利的证言，这也是为何当事人对反询问有一种自然的抵触心理。"日本的反询问与其说是对主询问所作供述的审查，不如说是要让法官借助证人对反询问者所作的供述以形成心证。"[40] 甚至有法官声称完全不在乎反询问的有效性，他非常相信侦查中的陈述，因为证人在审判中多数说谎。检察官和律师在询问证人时时常不知道随机应变，只是将其事先准备的问题清单逐一朗读完毕，询问者不在乎被询问者答什么，二者毫无关联交集，反询问只是形式而已。[41] 威格摩尔（John H. Wigmore）所断言的"交叉询问毫无疑问是人类有史以来为发现事实真相而创设的最佳装置"在日本并不适用。庭审技术的虚化也侧面反映了"审判中心主义"在日本所处的尴尬境地。

由此可见，二战后"审判中心主义"在日本的彻底贯彻，并未取得预期的效果。美国通过法律殖民化所输出的当事人主义受到日本本国诉讼传统的强力制约。由此所引发的若干必然追问是：比较刑事诉讼中所谓的"当事人主义优越论"是否存在?[42]"审判中心主义"所蕴含的当事人主义预设是否可成为引导职

---

〔40〕［日］青柳文雄：《日本人的罪与罚》，第一法规出版株式会社 1980 年版，第 156 页。

〔41〕王兆鹏：《路检、盘查与人权》，翰卢图书出版有限公司 2001 年版，第 230 页。

〔42〕Mar Jimeno-Bulnes, "American Criminal Procedure in a European Context", *Cardozo J. of Int'l & Comp. Law*, Vol. 21, 2013.

权主义国家刑事诉讼改革的指导思想？中国时下的"推进以审判为中心的诉讼制度改革"是否应该从日本的经验及教训中有所启发？

（二）中国刑事诉讼改革的批判性借鉴

尽管自党的十八届四中全会提出"推进以审判为中心的诉讼制度改革"后，中国理论界及实务界对"审判中心"这一命题投以大量的关注，但其实不少学者（包括我本人）对"审判中心"这一概念的制度谱系缺乏深入了解，不乏带有望文生义或者"夹藏私货"的偏差解读。在学理上，"审判中心"究竟是什么、不是什么，这是问题研究的起点。尽管如前所述，笔者无力探知中国决策层所提出的"推进以审判为中心的诉讼制度改革"与日本二战后的"审判中心主义"是否存在紧密的联系，但在比较法上，这两个国家在刑事诉讼转型时期所面临的问题是极为类似的，因此日本引入"审判中心主义"的经验及教训尤其值得中国学术界作一认真研判。

1. 审判中心是什么？

以日本二战后的改革为参照，结合中国刑事诉讼改革的基本背景，笔者认为，"审判中心"应指职权主义国家在刑事诉讼改革时所进行的模式转型，即从职权主义走向当事人主义，确立庭审在事实认定及定罪量刑方面的唯一核心地位，减少审前程序尤其是侦查程序对裁判结果的影响，强化了庭审中控辩双方的平等对抗。因此，审判中心既不涉及司法职权配置（如以法院为中心），也不是简单的庭审技术调整（如证人出庭制度），而是诉讼模式较为彻底的转型。事实上，"审判中心"与传统职权主义的"诉讼阶段"形成较尖锐的冲突。在当事人主义国家，如果刑事诉讼（Criminal Procedure）未作专门说明，便指庭审，但在职权主义国家则刚好相反，指从侦查至二审判决的整个过程。这并非简单的语义之争。在职权主义国家，审前程序与审判程序同样重要。案件事实的查明主要在审前程序，审判程序更多为证据复核，以及听取被告人意见。无论在审前程序，还是审判程序，证据的含义均是大体一致的。非法证据排除甚至主要在审前程序完成。尽管许多学者指出，"以审判为中心"并非忽视侦查、审查起诉程序，但事实上，日本二战后"审判中心主义"的改革本身便是强化刑事庭审在刑事诉讼中的唯一核心地位，本质上是反职权主义的。故依拙见，审判中心不宜作望文生义的解读，而应回归制度产生的本源，如此更能深刻地理解转型国家刑事诉讼在进行深层改革时所面临的困境及选择。

2. "推进以审判为中心的诉讼制度改革"是否可解决中国刑事诉讼的核心问题？

与二战后的日本相比，中国刑事诉讼面临着类似的问题，例如检控方较为强势、刑辩力量极为孱弱、书面证据大量涌入法庭、庭审言词性欠缺、刑事程序的正当性不足，等等。但这些问题是否可通过"推进以审判为中心的诉讼制度改革"予以解决？笔者对此感到疑虑，原因有三：其一，在比较法上，二战后日本的刑事诉讼改革均谈不上成功。如前所述，审判中心主义或许在一定程度上改变了日本传统职权主义的一些弊端，但并未从根本上改变日本的诉讼传统。无论是起诉状一本主义，还是对抗式的言词庭审，在日本刑事诉讼中的适用均存在不同程度的虚化，而与英美法系国家有着较大的区别。其二，中、日两国刑事诉讼所面临的共同问题，在大陆法系职权主义代表性国家也存在，但改革的路径并不必然走向当事人主义的"审判中心"，而可在职权主义基础之上吸收当事人主义的某些经验进行必要的技术改良。这也是法国、德国及其他一些代表性职权主义国家共同的做法。有比较法的学者称这种改良版的职权主义为"新职权主义"。其三，也是最为重要的，"审判中心"概念的提出或许具有相当的意义，但无法承载中国刑事诉讼改革的所有期待。事实上，中国刑事诉讼当下的要务并非建构所谓的"诉讼二元构造"或者"侦、审信息阻断机制"（事实上也不可能），而是确立了法庭在事实认定上的终局、权威地位（而非唯一核心地位），这无论是在当事人主义国家，还是在职权主义国家均是如此。因此，改革的核心应在于刑事司法职权的重新配置，让刑事裁判者回归独立、权威地位，而不再受制于传统的"分工负责，互相配合，互相制约"。从这个意义上讲，"新职权主义"所奉行的"检、警一体，法院居中"的权力格局以及递进式的诉讼阶段，无疑契合了这一发展方向。

3. "人民陪审员制度的实质化改革"或可成为突破口

饶有趣味的是，2004年日本启动了国民裁判员改革，学界称之为"审判中心主义"的二次革命。日本高层决策层希望借由陪审团裁判技艺的精髓在实质上促使刑事诉讼从"侦查中心"走向"审判中心"，这对于中国也是颇具启发意义的。笔者愿意不厌其烦地重复一贯的观点：中国或许可像日本一样，将人民陪审员制度实质化改革作为刑事司法改革的突破口，引入真正的陪审团审判，确立法庭在事实认定上的终局、权威地位。[43] 尤其是，陪审团所蕴含的"人民不会犯错"的

---

〔43〕 施鹏鹏：《审判中心：以人民陪审员制度改革为突破口》，载《法律适用》2015年第6期。

政治理念将"禁止我们将人民所作出的判决交由其他职权机构审查,不管该职权机构是何种机构"。[44] 司法因此获得至上的地位,既不受公权力的干预,也不受民间舆论的左右。"……虽然被证实有罪的被告人会对有罪判决不满意,但他们仍然表现顺从,因为他们不得不认识到他们无法动员亲友和普通公众反对这一判决。这种成功只有在对约束性判决的承认已制度化了的社会氛围中才能实现。这就是程序的贡献:它不需要个人确信他们得到了公正的对待,而是改变了当事人的期望结构和生存环境,通过这种方式将当事人在程序中整合起来,使得他们在最后除了接受决定以外别无选择(就像我们虽然不喜欢某种天气,还是无可奈何地接受了它)。"[45]

自不待言,审判中心乃至中国刑事诉讼改革的诸命题很难通过纯粹的比较法研究得出结论。但笔者仍要重申,本文最重要的目的还是尝试探索制度的知识本源,而非提供对策性的结论。笔者深信,任何学术研究或者学术讨论均必须以"求真"为起点,即能够准确反映被研究对象的真实情况,而非建立在臆想或误解之上,否则"真相"就会渐行渐远。从这个意义上讲,我们唯有先准确了解什么是"审判中心",方可进一步研究为什么以及如何"审判中心"。

---

〔44〕 Joan, Session 1997–1997, Rapport n°3232, p. 19.

〔45〕 〔德〕克劳斯·F. 勒尔:《程序正义:导论与纲要》,陈林林译,载郑永流主编:《法哲学与法社会学论丛》(四),中国政法大学出版社 2001 年版。

日本刑事诉讼中的"精密司法"现象及检讨

——兼谈中国刑事诉讼改革的方向性误区

施鹏鹏 李佩云*

引 言

与具有职权主义传统的代表性国家相比，日本刑事诉讼的发展较为蜿蜒曲折：明治维新前，日本主要取法中国，奉行封建时代的刑事规则，史称"律令时期"。明治维新后，法国法学家波瓦索纳特（ボアソナード）协助日本进行修法，启动了日本刑事法治的现代化进程。从《治罪法》《明治刑事诉讼法》，再到《大正刑事诉讼法》，日本虽先后效仿法、德，也夹杂不少本土的实践经验，但总体还是秉承职权主义传统。刑事诉讼带有较明显的"侦查中心"，检控方处于优势地位，侦查程序对审判结果所带来的支配性影响倾向越来越强。[1]搜查机关时常将所制作的书面材料或者预审结果在法庭上出示。在很多情况下，庭审自始至终都是以书面审理的方式进行。庭审功能虚化现象非常严重，往往仅是对搜查所确认的事实进行追认。二战后，美国占领日本，并将当事人主义刑事诉讼的核心理念全面贯彻至现行《日本刑事诉讼法》中，主要包括强化了直接言词原则（传闻证据排除）和对抗原则。被告人有权出席法庭，并且与检察官在实质对等的立场下参与诉讼程序；确立职权分立原则，防止法官在庭审前产生预断。第一次开庭前的逮捕程序不在受案法院的，法官不得参与（现行《日本刑事诉讼法》第280条）。禁止请求证据调查，仅仅允许证据保全（现行《日本刑事诉讼法》第197、226、227条）。起诉状中，不得附有使法官产生预断的资料（现行《日本刑事诉讼法》第256条第4项）；庭审最终决定原则。对被告人的定罪量刑，原则上仅得在庭审中确定。由此，日本刑事诉讼从"侦查中心"走向"审判中心"。

---

* 李佩云，中国政法大学证据科学研究院2017级硕士研究生。

〔1〕［日］上口裕：《刑事訴訟法》，成文堂2015年版，第246页。

　　但以美国刑事诉讼为模版的"审判中心主义"在日本的深入贯彻并未达到预期效果。固守于日本国民甚至法律学者心中的实质真实观，依然主导着日本刑事诉讼最核心的价值判断，这在相当程度上妨碍了当事人主义法律真实观在日本的真正落实。也正因为如此，许多在当事人主义国家行之有效的程序机制（如起诉状一本主义、交叉询问制度等），在日本却发生了较大的变异，甚至可以说"仅有其形，未得其实"，或者形成某种非驴非马的混合机制。这也是为何二战后至今，日本刑事诉讼并未真正走向当事人主义，反而日益步入"精密化""职权化"。

　　松尾浩也教授曾比较了日本与美国刑事诉讼模式的差异：刑事诉讼程序的核心应当是侦查、公诉和审判三阶段有机的联合。抛开日本和美国刑事程序各自的利弊，仅从整体上来进行比较的话，美国可以说是"粗略司法"（rough justice），只要在全局上不犯错即可；而与此相对，日本实行的是一种深入各个细节并在此基础上尽可能地发掘真相的一种"精密司法"（minute justice）。[2] 在"精密司法"下，"侦查活动是以彻底的调查讯问为中心开始的，检察官掌握了详细的信息后，从证据的确凿性和追诉的必要性两个方面进行分析，继而在审判中辩护人进行充分的防御活动，法院力图查明深层次的真相，并根据该结果作出判决。通常在起诉的时候以书证为中心，大量使用书证也导致判决的有罪情形占压倒性的多数。"[3] 从实证数据看，每年超过99%的定罪率时常令域外研究者感到惊讶。[4]"精密司法"可谓是集合了日本侦查、检察、审判实务中体现的刑事程序的特色而诞生的词汇。如果将西欧法的影响比作倾盆大雨的话，轻薄的渗水层之下隐藏着坚固的磐石，而这个磐石的实体就是"精密司法"。[5]

　　应当说，"精密司法"既涵盖了职权主义国家所呈现的一些共有现象，例如追求客观真实的司法传统、公权力机构在刑事诉讼中发挥较主导的作用、刑辩空间总体较为狭窄、被告人的权利受到较多的限制等，也呈现了日本刑事诉讼非常独特的一些现象，尤其是99%以上的定罪率。而这些现象出现在二战后的日本则显得尤为特殊，因为在比较刑事诉讼领域，许多学者[6]即便未将日本归入当事人主义国家，至少也称其为混合式模式的国家，受美国刑事诉讼的影响尤为巨大。

---

　　〔2〕〔日〕松尾浩也：《刑事訴訟の理論と現実》，岩波書店2000年版，第59~60页。

　　〔3〕〔日〕松尾浩也：《刑事訴訟の日本的特色》，载《法曹時報》1994年第46卷第7号。

　　〔4〕〔日〕松尾浩也：《日本刑事诉讼法》（上卷·新版），丁相顺译，中国人民大学出版社2005年版，第17页。

　　〔5〕〔日〕松尾浩也：《刑事訴訟法講演集》，有斐閣2004年版，第279~285页。

　　〔6〕例如法国著名的刑法学家冉·布拉戴尔（Jean Pradel）教授在《比较刑事诉讼》一书中的多个章节直接将日本归入当事人主义模式。参见Jean Pradel, *Droit Pénal Comparé*, Dalloz, 2002. 而在中国，绝大部分的学者将日本归为混合式的诉讼模式。

在此一背景下，日本刑事诉讼却出现了"强职权主义"的某些特征，这不能不说是一个有趣的比较法现象。而另一个同样有趣的问题则是，日本与中国在高定罪率问题上似乎呈现了某种相似性，[7]不可思议的高定罪率似乎值得我们对背后的原因认真作一比较法的探索。中国时下也在倡导"推进以审判为中心的诉讼制度改革"，不少学者主张学习美国的对抗式诉讼以进行诉讼模式的当事人主义转型，这与日本二战后的"审判中心主义"似乎也有某种契合之处，因此日本改革后的经验与教训尤其具有比较法意义。

有鉴于此，本文将着力探索日本刑事诉讼中的"精密司法"现象，研究形成这一特殊现象背后的深层原因。笔者还将以日本为例，深入考察职权主义国家在进行诉讼模式转型时所面临的风险及挑战，并期待印证/证伪一个一贯以来的学术观点，[8]即具有职权主义传统的国家在进行刑事诉讼制度改革时，更多应考虑在职权主义模式下进行技术改良，而非走向当事人主义或者介于两种模式之间的混合式诉讼，否则改革效果或许会与改革目标出现较大的背离，甚至背道而驰。

一、"精密司法"的含义及表现形式

（一）"精密司法"的含义

"精密司法"这一概念系由松尾浩也教授所创设，指在日本刑事诉讼中，"侦查以彻底的调查讯问为中心，检察官围绕确凿的证据进行审慎起诉，在审判中辩护人进行充分的防御，法院履行查明真相义务，大量使用书证导致有罪判决占绝对性优势"的一种司法现象。这一概念提出后，随即在日本学术界引发热议。应当说，"精密司法"所涵盖的日本刑事司法诸现象在日本学界并无太多争议，但这一新设的术语是否有必要、措辞表述是否恰当、是否可准确指代日本刑事诉讼的现状、是否存在价值预设等问题，则引发了较大的争议和批评。

例如田宫裕教授便指出，"精密司法"作为描述日本法特色的观点是无可非议的，但至少存在如下三个问题值得探讨：[9]其一，"为什么彻底的侦查、大量使用书证就称为'精密司法'？即使细致认真地进行侦查，但在审判中当事人没有进行充分的攻防，法院没有审理到底，正如许多再审无罪的案例所反映的那般，还不如说是粗糙的司法。"其二，"即使承认'精密司法'的精髓是适当的，

---

〔7〕 例如依 2016 年中国最高人民法院的工作报告，2015 年中国公诉案件的无罪判决率仅为 0.054%。

〔8〕 参见施鹏鹏：《为职权主义辩护》，载《中国法学》2014 年第 2 期。

〔9〕 ［日］田宫裕：《日本の刑事诉讼》，有斐阁 1998 年版，第 20 页。

但对于为何是适当的分析并不明确。"如果"精密司法"是"日本法文化本身的产物",那么就不难理解为什么有学者批判这是受"肯定现状论或者宿命论影响"的结果。其三,"正因为如此,依该理论很难展望日本法今后未来的发展。例如'精密司法'可能忽视程序的正当性,但精密而细致的程序为什么会违反'正当程序',这是一个不透明的领域。"田宫裕教授进一步指出,"精密司法"所代表的日本特色论从根本上源自于职权主义与当事人主义的二分论,尤其是将日本当事人主义化的失败作为认识的起点。但当事人主义化恰恰是为克服日本特色所酿成的问题,这是自相矛盾、令人费解的结果。[10] 小田中聪树教授则认为,"精密司法"论把"高度依赖侵犯人权的纠问式侦查程序和审判程序"抽象为日本刑事司法的基本特色。过于强调精密司法论是法文化的产物,而忽视了是"政策的产物"。[11] 平野龙一教授则对以实体真实主义为根基的"精密司法"论提出了反论,并主张"核心司法"论。平野龙一教授认为,如果主张或者采用参审制度,"侦查笔录也必须精炼、抓住要点、突出案件的核心。这种笔录可能也会对调查证据的方法、羁押时间的长短产生影响。而且,在审理时询问证人、反询问也不必强调是否精密,而要强调是否抓住了案件的核心问题。这不是'粗糙的公正',相反是'核心司法'。"[12]

可见,日本学界对"精密司法"的表述及理论依据或许存有不同看法,但对日本刑事司法的现状是达成高度共识的,这亦是松尾浩也教授借由"精密司法"概念所拟展现的日本刑事法特色。

(二)日本刑事诉讼中的"精密司法"现象

"精密司法"现象贯穿于日本刑事诉讼的全过程,这在侦查阶段主要体现为"代用监狱"与"另案逮捕"制度,在起诉阶段主要体现为审慎起诉原则,在审判阶段主要体现为庭审的虚化。

1. 侦查阶段:"代用监狱"与"另案逮捕"现象

二战后,《日本宪法》及《日本刑事诉讼法》均仿效美国,确立了"令状主义"原则,强化对侦查阶段犯罪嫌疑人的人权保障,包括赋予犯罪嫌疑人沉默权以及其他一系列相关的诉讼权利,但司法实践中却依然维系传统的职权主义侦查观,理论与实践呈现较明显的脱节,这尤其体现在日本非常独特的"代用监狱"

---

〔10〕 [日]田宫裕:《日本の刑事訴訟》,有斐閣 1998 年版,第 26 页。

〔11〕 [日]小田中聰樹:《刑訴改革論議の基礎の視点——"精密司法"論の検討を手掛かりとして》,载内藤謙等编:《平野龍一先生古稀祝賀論文集》(下卷),有斐閣 1991 年版。

〔12〕 [日]平野龍一:《参審制の採用 による"核心司法"》,载《法学家》1999 年第 1148 号。

与"另案逮捕"制度。

所谓"代用监狱"，是日本特定历史时期的产物，指 1908 年日本制定监狱法时，因当时的拘留所不足，因而允许在特殊情况下可以使用警察的留置场以代替拘留所，后来逐渐转变成常态化的现象。这意味着在许多案件的侦查过程中，警察可以在自己所能掌控的场所内进行讯问，犯罪嫌疑人的人身权利很难得到保障。"日律联"便曾表示："将警察的拘禁所当作犯罪嫌疑人的羁押场所是强迫犯罪嫌疑人自白的温床。"讯问方式也较为独特。侦查人员多数选择在密室里对犯罪嫌疑人进行讯问，自白供述笔录的记载并非一问一答式，而由侦查机关制作的如同"故事"一般的模式，[13] 因此犯罪嫌疑人一旦认罪，口供的自愿性及真实性便难以甄别。在多数情况下，犯罪嫌疑人会选择认罪，[14] 并形成较详尽的侦查笔录。而侦查笔录是法庭裁判的重要依据。有罪供述的证据能力在审判中多被法庭所接受，被排除和否定的情况极少。由此可见，尽管二战后日本极力效仿美国的当事人主义刑事诉讼，但却未能在根本意义上改变原有的职权主义传统，司法实践中侦查机关依然享有较大的侦查权，犯罪嫌疑人、被告人的口供在刑事诉讼中依然发挥较重要的作用。在特殊类型的犯罪案件中（如恐怖主义犯罪），犯罪嫌疑人在警察局的羁押时间甚至长达二十余天，且未有律师的协助，这在发达国家的刑事诉讼中确属罕见。

而"另案逮捕"则是对令状主义的变相虚化，指在特殊的刑事案件中，侦查机关为对某犯罪嫌疑人采取强制措施以实现侦查目的，而将该犯罪嫌疑人所涉嫌的另外案件提交批捕，以规避法官对本案司法审查的行为。例如，侦查机关认为犯罪嫌疑人可能涉嫌某重大案件 A（主案），但提请批捕的证据及理由均不足，便以与 A 案无关的轻微案件 B（另案）为由，提请对该犯罪嫌疑人采取强制措施。因而负责审查的法官拿到的仅是另案材料，故一般而言不可能认识到侦查机关侦查主案的意图。[15] 在司法实践中，侦查机关可利用另案获得逮捕证以控制犯罪嫌疑人，进而实施强制讯问获取主案的相关证据信息，以此架空法官对主案的司法审查。松尾浩也教授曾称，"日本的侦查方法崇尚的是一种一味追求与犯罪

---

〔13〕［日］加藤康荣：《起訴基準見直し論に対する一考察》，载《日本法学》2016 年第 82 卷第 2 号。

〔14〕例如 1994 年，在一审庭审程序中的终局阶段，全面坦白的公诉事实的案件比例是：地方法院为 91.9%（裁定合议事件 47.0%，法定合议事件 71.4%，独任审判事件 93.9%），简易法院达到 92.9%。参见［日］松尾浩也：《日本刑事诉讼法》（下卷·新版），丁相顺译，中国人民大学出版社 2005 年版，第 36 页。

〔15〕［日］松尾浩也：《日本刑事诉讼法》（上卷·新版），丁相顺译，中国人民大学出版社 2005 年版，第 120 页。

嫌疑人、知情人之间沟通内心的略带情绪化的手法。"[16] 这一略显轻描淡写的评论，较准确地反映了日本职权主义主导的侦查观。

2. 起诉阶段：审慎起诉原则

二战前，日本实施法国式的预审制度，法官对检察官的起诉权具有相当的控制权。案件是否起诉，以及以何种罪名起诉，法官均有一定的主导权。二战后，美国所主导的日本刑事诉讼改革废除了预审制度，公诉权交由检察官独自享有，确立了国家追诉主义、检察官起诉独占主义以及起诉便宜主义等若干重要原则。仅就刑事公诉而论，日本所构建的制度并未有太多的特色之处，许多主流国家亦是如此。但日本的检察官在提起公诉时却十分审慎，[17] 既有别于当事人主义国家，也有别于传统的职权主义国家，主要体现在如下三方面：

（1）严格的起诉标准。现行《日本刑事诉讼法》第247条规定："公诉，由检察官提起。"但《日本刑事诉讼法》对提起公诉的标准却未有明确的规定。鉴于明治时期曾有预审免诉率及无罪判决率累加高达50%的历史教训，日本检察官非常严格地把握起诉标准，要求"确凿的证据和获得有罪判决的可能性"。具体而论，检察官在案件侦查终结后对案件作出处理的基准是：①诉讼条件的有无；②犯罪成立与否；③犯罪嫌疑的有无；④有无免除刑罚的事由；⑤有无追诉的必要。其中"犯罪成立与否"是关于嫌疑事实的法律评价，凡不符合犯罪构成要件的，应当作出不起诉决定；"犯罪嫌疑的有无"即关于案件的证据判断，如果嫌疑事实缺乏证据证明，或者证据证明嫌疑人并非嫌疑事实的行为人，检察官应当决定不起诉。至于存在犯罪嫌疑时，决定起诉的证据标准，则要求"根据确实的证据，有相当大的把握可能作出有罪判决，才可以认为是有足够的犯罪嫌疑"。[18] 这一标准既显然有别于（或者更确切而言是远远高于）美国的"合理依据"（probable cause）标准，也与法国、德国的公诉标准有明显的区别。以德国为例，依《德国刑事诉讼法典》第152条第2款、第173条以及第203条之规定，

---

〔16〕 ［日］松尾浩也：《日本刑事诉讼法》（上卷·新版），丁相顺译，中国人民大学出版社2005年版，第147页。

〔17〕 例如1996年，日本全国检察厅处理的犯罪嫌疑人总数为2 514 212名，比前一年增加了2.2%。其中，被起诉的为1 122 399名（44.6%），不起诉的为677 479名（26.9%），移送给家庭法院的为276 852名（11.0%），移送及中止的为437 482名（17.4%）。如果单以起诉人员和不起诉人员来计算起诉率的话，达到62.4%。但是，这一数字包括因违反《道路交通法》（以及《汽车保管场所确保法》）而起诉的人员为903 469名（起诉率为93.9%），水分较大。故除去违反《道路交通法》重新计算后，起诉人员为218 936名，不起诉人员为618 735名，起诉率仅为26.1%。而尤其是业务上过失致伤或致死罪，起诉的有92 007名，而不起诉的有545 481名，起诉率仅仅为14.4%。

〔18〕 孙长永：《提起公诉的证据标准及其司法审查比较研究》，载《中国法学》2001年第4期。

提起公诉的标准为"足够的犯罪嫌疑"（hinreichender Verdacht）。而所谓"足够的犯罪嫌疑"是指"有罪判决比无罪判决更有可能"（Hinreichender Tatverdacht liegt vor, wenn eine Verurteilung wahrscheinlicher ist als ein Freispruch），即盖然性优势标准。可以看出，日本检察官所把握的公诉标准也远远高于德国，这也可以解释为何德国的无罪判决率高达20%，而日本则低于1%。

（2）严苛的内部审查。日本检察系统奉行上令下从的权力结构，以检事总长为顶点形成坚实的金字塔型中央集权组织。因外部监督机制较少（仅有检察审查会制度[19]和交付审判起诉程序[20]），检察系统内部构建了严密的监督机制。《日本检察厅法》第7~13条规定，"上级检察官对下级检察官有指挥和监督权、事务调取权和转移权以及职务代理权。"对于检察官作出的不起诉决定，上级检察机关可根据告诉人或告发人的请求进行审查，并可改变检察官不起诉的决定。上级检察官对于下级检察官起诉到法院的案件也要事先进行审查，主要涉及证据及法律适用，以尽可能将未来可能被判无罪的案件排除在起诉案件之外。[21]正如松尾教授所言，"日本奉行无一例外地实行国家追诉主义，具有极其鲜明的公共性质。而且，日本的检察官是在中央集权统治下展开活动的，因此，刑事追诉在全国表现出均质化的特征，这也成为高度精确刑事司法的原动力。"[22]严苛的内部审查将大部分可能的无罪案件提前处理，这也是日本有罪判决率高居不下的另一重要原因。

（3）严厉的绩效考核。在日本，刑事公诉是涉及公民个人自由、财产乃至生命的重大国家问题。检察官应站在公共利益的立场上追求案件真相。公诉决定是否正确，不仅关系到国家刑罚权能否准确得以实现，更关系到公民的基本人权能否得到政府的有效保障。因此，决策层设置了较严厉的绩效考核以规范检察官的职务行为，避免检察官错误提起公诉。例如重要案件的决定必须经过两至三个阶

---

〔19〕 按照日本《检察审查会法》的规定，检察审查会设在地方法院及其分院所在地，全国共207个。检察审查会的成员由该审查会辖区内具有众议员选举权的国民中抽签产生，11名成员构成，另有11名候补成员。通过选举，一人担任会长。检察审查员的任职为半年。检察审查会职权包括两方面：一是审查检察官不起诉是否适当；二是对检察业务的改进提出建议和劝告。检察审查会除了内乱、独占禁止法涉及的案件外，对其他案件均有审查权。

〔20〕 对滥用职权犯罪进行控告或者举报的人，当检察官对此不予起诉时，可以向法院请求将案件交付法院审判。但请求书必须经由检察官递交。如果检察官经过重新考虑，提起公诉的话，那么这一程序就此完结；如果依然维持了不起诉的决定，检察官就要将记载不起诉理由的意见书，连同各种文件和证据物品送交到法院。

〔21〕 ［日］土本武司：《日·蘭刑事訴訟の比較の考察》，载《比較法学》1993年第27卷第1号。

〔22〕 ［日］松尾浩也：《日本刑事诉讼法》（上卷·新版），丁相顺译，中国人民大学出版社2005年版，第151~152页。

段的协商，每年均要对处理过的案件进行事后监察等。检察官一旦错误提起公诉，则将受到负面的考核评价，并直接影响到今后的晋升及发展，这也在相当程度上导致检察官非常审慎地对待起诉。[23] 日本刑事司法界盛传一句谚语："一次无罪判决检察官尚可生存，第二次将面临不利后果。"在这样严厉的考核机制下，检察官不会轻易将存疑的案件移送审判。

3. 审判阶段：庭审虚化现象

二战后，日本在美国的影响下彻底贯彻"审判中心主义"，[24] 确立了庭审在刑事诉讼程序中的核心地位，减少了审前程序尤其是侦查程序对裁判结果的影响，强化了庭审中控辩双方的平等对抗，确保涉及被告人罪责及量刑的实体性问题在庭审中得以解决。尤其是诸多现代化庭审原则的引入，在相当程度上促使了日本刑事诉讼的正当化。但以美国刑事诉讼为模版的"审判中心主义"改革对日本刑事诉讼的影响并不如想象中的那般彻底和成功。从根本而论，日本刑事庭审中的"精密司法"现象主要体现为庭审的虚化，具体如下：

（1）"起诉状一本主义"的虚化。在比较法层面，职权主义与当事人主义奉行不同类型的卷宗移送制度。大陆法系奉行的是"卷宗并送主义"，即检察官在起诉时要将起诉状以及在侦查过程中制成的笔录、鉴定报告以及搜集的证据全都移送给法官。法官在审判前便已详细阅读相关卷宗材料，以在庭审中主导庭审，发现真实。而英美法系实行的则是"起诉状一本主义"，法官消极中立，不能事先了解案情，控方在起诉时仅提交起诉状，不能附带其他证据。如前所述，日本在改革前奉行的也是"卷宗并送主义"，但二战后为贯彻"审判中心主义"改革而转向"起诉状一本主义"，"诉状不得添附可能使法官对案件产生预断的文书及其他物件，或引用该文书等的内容"（《日本刑事诉讼法》第 256 条）。日本的"起诉状一本主义"又与当事人主义国家有明显的不同。依《日本刑事诉讼规则》第 195 条规定［该条已于平成十七年（2005 年）最高法院决定删除］，在第一次开庭后的准备程序中，法官的活动不再受到起诉状一本主义的约束，法官可以进行争点整理和证据整理。在此过程中，法官可以命令提交书证或者物证。因此，日本的"起诉状一本主义"仅以第一次开庭为限。故在审判实务中，"起诉状一本主义"很难真正排除法官的预断，反而让庭审变得更为拖沓低效。

---

〔23〕 徐尉：《日本检察制度概述》，中国政法大学出版社 2011 年版，第 85 页。
〔24〕 关于审判中心主义在日本的起源和发展，参见施鹏鹏、谢文：《审判中心主义的源与流——以日本刑事诉讼为背景的制度谱系考》，载《江苏社会科学》2018 年第 5 期。本部分的日文资料，由谢文及李佩云共同收集及商讨。

（2）卷宗裁判现象依然较为普遍。审判中心主义要求严格奉行直接言词原则，传闻证据应作较严格的排除。《日本刑事诉讼法》对此进行了确认，禁止在公开的庭审中以供述笔录代替相关人员的供述（第320条）。但《日本刑事诉讼法》第326条又设置了例外规定，即虽然是传闻证据，但是控辩双方"同意作为证据的书面材料或者供述，在经过考虑该书面材料写成时的情况或者作出供述时的情况后认为适当"时，可以作为证据。换言之，侦查过程中的供述笔录只要经律师同意便可直接移送法院作为证据。在司法实践中，律师多数会表示同意。原因是在日本近九成的案件为认罪案件，[25] 但并未有英美法系的认罪答辩程序，故辩护律师为避免因异议导致审判时间拖延、加重被告人负担而多数会选择与检察官配合，同意将侦查笔录作为证据在法庭上使用。研究表明，将近3/4的律师从未要求法官调查证据，对于检察官引用侦查过程中获取的证人笔录，几乎2/3的律师从未表示过异议。[26] 即便律师不同意将侦查笔录作为证据，笔录在庭审中的作用依然非常重大。在司法实践中，检察官主要依先前笔录所确立的问题对证人进行询问。如果证人的回答与先前的笔录存在冲突，且法官认为笔录更具可信度时，则依然可采纳该笔录作为证据（《日本刑事诉讼法》第321条）。法官在多数情况下还是更愿意采纳检察官的意见，并认为"笔录是在案件发生之后没有时间间隔、证人记忆还清晰的时候制作，故更具可信度"。[27] 松尾浩也教授描述道，"在审判中，经常是在征得对方同意的前提下，或者以证人丧失记忆、陈述矛盾为理由，使用侦查过程中制成的陈述笔录为证据。在许多案件中，'口头辩论'在很大程度上被用来朗读文书（或者是陈述主旨）。"[28] 这种起诉前详密且高完结度的搜查，以及负责公审的职业法官对待释明真相所具有的强烈责任感和孜孜不倦的态度支撑起了整个缜密的公审过程。在公审过程中，法官们不仅要认真探讨犯罪发生的事实和能够证明被告人就是犯人的证据，还不能忽视关于犯罪的动机、原委、背景以及更具体的案情这一系列的证据。这样一种以详密的审理和判决为特色的公审中，多使用了在侦查过程中所获得的供述笔录，可以说侦查过程中制成的供述笔录成了缜密侦查和严谨的审理判决间的媒介。

---

〔25〕［日］松尾浩也：《日本刑事诉讼法》（下卷·新版），丁相顺译，中国人民大学出版社2005年版，第36页。

〔26〕［美］丹尼尔·傅特：《当事人进行主义——日本与美国》，王兆鹏译，载《法学丛刊》1999年第2期。

〔27〕参见［日］陪审裁判を考える会：《陪審制度の基礎知識》，载 http://www.baishin.com，最后访问日期：2019年11月18日。

〔28〕［日］松尾浩也：《日本刑事诉讼法》（上卷·新版），丁相顺译，中国人民大学出版社2005年版，第16页。

（3）庭审技术的虚化。如前所述，二战后日本司法省刑事局在刑事审判改革问题上明确提出了"进行最小限度的审判准备，彻底实行审判中心主义，庭审考虑采用所谓的交叉询问制"。在相当程度上，交叉询问可促进庭审的平等对抗、强化直接言词原则，与审判中心主义具有共同的目的指向。但二战后日本在庭审技术设计上并未完全采用英美的交叉询问制度，而是"以当事人请求调查为原则，以法院职权调查为例外"，对证人证言的调查方式实行"交叉询问"与"职权询问"相结合，确保法官在审判中能做到充分审理进而发现真相。"审判长认为必要时，可以随时中止诉讼关系人对证人、鉴定人、口译人或者笔译人的询问，亲自对该事项进行询问，但不得因此而否定诉讼关系人依法询问证人等的权利。"（《日本刑事诉讼规则》第 201 条）而所谓的交叉询问，还与英美法系国家有着本质的区别。事实上，日本刑事庭审实践几乎未出现过所谓询问与反询问的激烈交锋，甚至可以说反询问在日本的审判模式下形同虚壳。控辩双方越是进行反询问，越容易产生对己方不利的证言，这也是为何当事人对反询问有一种自然的抵触心理。"日本的反询问与其说是对主询问所作供述的审查，不如说是要让法官借助证人对反询问者所作的供述以形成心证。"[29]甚至有法官声称完全不在乎反询问的有效性，他非常相信侦查中的陈述，因为证人在审判中多数说谎。检察官和律师在询问证人时时常不知道随机应变，只是将其事先准备的问题清单逐一朗读完毕，询问者不在乎被询问者答什么，二者毫无关联交集，反询问只是形式而已。[30]威格摩尔所断言的"交叉询问毫无疑问是人类有史以来为发现事实真相而创设的最佳装置"在日本并不适用。庭审技术的虚化也侧面反映了"审判中心主义"在日本所处的尴尬境地。

（4）集中审理原则的背离。日本刑事审判还奉行非常独特的"牙科诊疗式"审理模式，即每次开庭审判的时间间隔将近一个月，故一个案件从第一次开庭至裁判完结往往需花费数个月甚至更长时间。这与欧美现代庭审的集中审理原则存在较明显的差异。在实行陪审团审判的英美法系国家，普通公民组成的陪审团应在数天内迅速对案件作出判决，以保证心证的准确性。而在未实行陪审团审判的部分欧陆法系国家，因审前准备程序较为完善，庭审亦奉行集中原则，可在短期内迅速完成。与日本相比，这种类型的审判，可称为"内科治疗式"的审判。尽管日本的"牙科诊疗式"审理模式在学术界引发了一定的批评，但依然有不少支

---

〔29〕 ［日］青柳文雄：《日本人の罪と罰》，第一法规出版株式会社 1980 年版，第 156 页。

〔30〕 王兆鹏：《路检、盘查与人权》，翰芦图书出版有限公司 2001 年版，第 230 页。

持的学者。例如田宫裕教授便认为，[31] "牙科诊疗式"的审理模式并不会给证人记忆或法官心证造成困扰，因为审判极大依赖侦查过程中所搜集的书面证据。故宁可在公审间留有充足的间隔，等待一次公审的公审笔录完成，再以此为基础进行下一次的公审，这样也有利于当事人和辩护人为参加公审做好进攻防御的准备，保证控辩平衡。同时，这样的审理模式也能够减轻法官和检察官的事务负担，给法官对证据的正确认识和辨别留下足够充足的时间，防止对证据的当场即时印象带来的理解判断失误，更能保证精准定罪的实现。这也体现了日本"缜密审判"的精神所在。

二、日本"精密司法"现象的原因分析

日本刑事诉讼之所以呈现"精密司法"现象，原因较为复杂：一方面，尽管二战后美国向日本注入了当事人主义的价值观及程序规则，但这并没有从根本上改变日本固有的职权主义传统。随着司法实践的深入，许多在美国行之有效、大放异彩的制度在日本却发生变异，并没有发挥预期的功能，或者在本土化的过程中成为杂糅的混合体系，隐约呈现出了当事人主义的某些要素，但更多还是职权主义的基本形态，很多方面与欧陆传统职权主义国家具有趋同性。另一方面，日本也与大陆法系传统的职权主义国家（如法国、德国）存在相当的区别。日本文化传统中近乎极致的严谨、精密亦渗透到法律制度之内。无论是国民，还是政治家，均无法容忍丝毫的谬误，这尤其体现为严厉的考核制度，这在相当大程度上挤压了司法官的裁量空间。因此，日本刑事诉讼中的高定罪率现象，无论之于美国、英国等当事人主义国家，还是之于法国、德国等职权主义国家，均如同谜一般的难题，反倒是与中国有相当程度的共鸣。也正因为如此，日本刑事诉讼中的"精密司法"现象尤其值得中国学者进行深度的解析与批判性的思考。

（一）诉讼传统：实质真实观

松尾浩也教授在演讲中曾深刻地论及实质真实观在日本刑事诉讼中的独特地位，"在日本，所谓的'真相'，是一种非常沉重且客观的存在。真相永远只有一个，保持着一颗热忱的心必定能求到真相"[32]。这与传统的职权主义国家大体类似，以法国和德国为例。在法国刑事诉讼中，"实质真实"贯穿于程序的各个阶段：于审前程序，司法官（检察官及预审法官）负责查明案件真相，听取证人、受害人、犯罪嫌疑人等的供述及对质，并监督侦查者的工作以在必要时进行补

---

[31]　[日] 田宫裕：《日本の裁判》，弘文堂 1995 年版，第 166 页。
[32]　[日] 松尾浩也：《刑事訴訟法講演集》，有斐閣 2004 年版，第 167 页。

充；于审判程序，"审判长享有自由裁量权，可以凭借自己的荣誉和良心，采取自己认为有助于查明真相的任何措施"（《法国刑事诉讼法典》第 310 条）。司法实践中，审判长可以责令某些机关或个人向法庭提交各种审判长认为有助于查明案件真相的文件材料，也可以委托司法警官进行协助调查；审判长可以广泛听取案情说明，提供案情说明的人可以是那些未按规定手续受到传唤的人，可以是受到回避申请的人，可以是并无作证资格的人，甚至可以是各方当事人均已表示放弃听取其证言的证人；审判长甚至可以在证人不出庭的情况下下令宣读该证人的书面证言。除此之外，法国刑事诉讼在证明制度上亦采用最便于"揭示案件真相"的"证据自由原则"（liberté de la preuve），"证据并无形式上的限制，证据的证明力由法官依据内心确信进行确定"〔33〕。同样，在德国，"为查清真相，法院依职权应当将证据调查涵盖所有对裁判具有意义的事实和证据材料"（《德国刑事诉讼法典》第 244 条第 2 款）。职权主义国家之所以强调"实质真实"，核心原因是刑事诉讼涉及对公民个人的定罪量刑，可能由此剥夺他人的人身自由甚至生命，故查明事实、还原真相是刑事诉讼所应确立的核心价值目标。如我国台湾地区蔡墩铭教授所指："刑事诉讼既在于决定国家刑罚权是否存在，则应以真实之事实为裁判之依据，稗对于犯罪者科以应得之刑罚，并避免罚及无辜，是以实质真实之发见，向被认为刑事诉讼之目的。因之，所谓实质真实主义遂成为刑事诉讼之原理，而与职权主义发生密切关系。"〔34〕也因为如此，在职权主义刑事证明逻辑里，"任何对被告人作出的有罪判决，均必须查证：犯罪事实是否发生；犯罪事实是否为被告人所实施；以及被告人在何种情况下实施犯罪行为……所有对被告人的指控均应以证据为基础"〔35〕。证明便是"揭示案件真相，令法官达致内心确信，获得完全的确定性"。〔36〕在此一问题上，正如日本学者土本武司教授所言："正因为日本的刑事裁判尊重客观事实才获得了日本国民的理解，以体育竞赛式的拙劣诉讼技巧进行刑事裁判无法满足国民要求。当事人处分主义无论如何也不能符合国民的期待。在日本的刑事裁判中，发现实体真实的概念才是最为重要的，当事人主义、正当程序只有在为实体真实主义服务的限度内方有存在的空

---

〔33〕 施鹏鹏：《刑事诉讼中的证据自由原则及其限制》，载《浙江社会科学》2010 年第 6 期。

〔34〕 蔡墩铭：《刑事诉讼法论》，五南图书出版公司 2002 年版，第 26 页。

〔35〕 Mittermaier, K. J. A, "Traité de la Preuve en Matière Criminelle, Traduit Par", C. -A. Alexandre, *De Cosse et N. Delamotte*, 1848.

〔36〕 Mittermaier, K. J. A, "Traité de la Preuve en Matière Criminelle, Traduit Par", C. -A. Alexandre, *De Cosse et N. Delamotte*, 1848.

间，而它们都不是独立的目的。"〔37〕

（二）诉讼结构：国家权力主导

在日本的刑事诉讼中，国家权力机构处于较明显的优势地位。在侦查阶段，警察发挥主导作用，犯罪嫌疑人处于较弱势的地位。如前所述，"代用监狱"现象导致在许多案件的侦查过程中，警察可以在自己所能掌控的场所内进行讯问，犯罪嫌疑人的人身权利很难得到保障。警察还享有强大的侦查权以及强制措施适用权，除可采取诸如搜查、勘验、扣押等常规的侦查手段外，在特殊情况下还可实行无证逮捕，甚至利用"另案逮捕"变相架空令状原则的要求。侦查阶段所形成的卷宗对未来的起诉及审判影响至关重要。除警察外，检察官也可亲自参与讯问犯罪嫌疑人或询问证人，享有广泛的自由裁量权，仅在对于形势政策有利且有完全把握的前提下才进行公诉。在审判阶段，"交叉询问"虚化现象严重，法官依然主导庭审，应审查与犯罪相关的所有要件，在必要时"可以随时中止诉讼关系人对证人、鉴定人、口译人或者笔译人的询问，亲自对该事项进行询问"。不难看出，当事人主义所追求的"控辩平等对抗"在日本难以深入贯彻，国家权力主导着刑事诉讼的整个过程，这与法国及德国亦有类似之处。〔38〕例如在法国，侦查由国家警察及宪兵队负责，并形成完备的侦查卷宗，对后续的起诉及审判影响极大。实务部门在制作卷宗时遵循十分精密的规则，例如所获取的证据均按获取的顺序纳入卷宗，涉及实体问题的证据标注大写的字母 D 以及代表顺序的阿拉伯数字，如从 D1 一直至 D20000（特别重大的刑事案件），涉及被告人人格问题的证据标注大写的字母 B 以及相应的阿拉伯数字，涉及羁押的证据（主要用于申请临时羁押）标注字母 C 以及相应的阿拉伯数字，涉及程序问题的证据标注字母 A 以及相应的阿拉伯数字。这主要是便于共和国检察官、预审法官（或自由与羁押的法官）或者庭审法官在后续案件处理过程中能较全面把控各项证据材料，辩护律师及被告人总体处于较为消极的地位。直至 2014 年，法国方在欧盟指令的压力下允许律师在审前阅卷。〔39〕共和国检察官（轻罪案件）和预审法官（重罪案件）也享有强大的侦查权，并决定是否将案件移送审判。庭审奉行"审问制"，法官主导着庭审的进行，询问的规则也与英美法系的交叉询问有着较根本的区别。德国与法国类似，国家权力机构在刑事诉讼的整个进程中发挥着主导作用，检警一体化的构建以及法官的职权调查原则均彰显了公权力在发现案件真相方面的主动

---

〔37〕 ［日］土本武司：《刑事诉讼法要义》，有斐阁 1991 年版，第 32 页。

〔38〕 当然并不完全相同，法国和德国便不存在所谓的"代用监狱"或"另案逮捕"现象。

〔39〕 参见法国 2014 年 5 月 27 日第 2014-535 号法律。

性与能动性。

（三）民族精神：容错性低及其诱发的制度畸变

松尾浩也教授认为，日本的传统观念和社会价值取向是造成刑事诉讼程序"精密化""职权化"的重要原因。[40] 日本人在传统观念里就存在一种对待事务极度认真近乎执着的态度。在日语里面有两个词分别为"真面目"（まじめ）、"一生懸命"（いっしょうけんめい）。前者形容的是一种十分正经、一丝不苟的态度，后者形容的是尽全力甚至可以说是拼命的处事方法。这两个词汇在日本人的生活与工作之中的使用频率十分之高，而且日本这个民族对于细节的极致追求几乎很难有国家能与之相提并论。于是乎意识被"侦查应非常仔细，起诉也应极为慎重"这样一种行为模式所支配。这也可以理解为何日本刑事司法系统奉行非常严厉的绩效考核，容错性几乎为零。检察官一旦错误提起公诉，则将受到严厉的惩处，严重影响未来晋升空间。而由此引发的另一个奇特现象是：检方亦通过司法行政部门影响法官，希望法官能作出有罪判决。依《日本法院法》第80条之规定，最高法院是司法行政的最高监督者。原则上，司法行政不应也不会干扰审判权的独立运行，因为司法行政事务依法官会议的决议来执行。但司法实践中，因为日本法官面临着极其严重的"案多人少"困境，并无闲暇时间参与法官会议，故形成了最高法院事务总局全面掌握司法行政权的局面，"日本的法官会议仅仅只是对事务总局决定的事情进行追认的一个形式化的会议。"日本最高法院事务总局是以司法省为母体设立的机构，[41] 因此与同样以司法省为母体而建立的行政机关法务省及其附属机关检察厅有着极为密切的联系（俗称"判检交流"）。与战前大日本帝国宪法时代相同，事务总局与法务省、检察厅之间时常进行人事交流，司法和行政沆瀣一气，受到众多批评。因为事务总局事实上掌握了法官的人事权，因此可对法官的裁判形成实质影响。在司法实践中，检控方往往通过事务总局对法官施加压力，导致日本法官在刑事裁判时极难作出无罪判决，因为作出无罪判决的法官很容易被事务总局贬职至下级法院。最高法院事务总局还自称是"法官联合协议会"，时常召集法官并提供判决书的"模范解答"，公然干预司法裁判。[42] 也正是在这个意义上，日本的有罪判决率极高，法官在错

---

〔40〕 ［日］松尾浩也：《刑事訴訟法の基礎理論》，载《裁判所書記官研修所月報》1978年第29号。

〔41〕 原本日本在太平洋战争结束后便废止了司法省，但司法省的官僚绝大部分转移到了事务总局，因此事务总局也被戏称为"司法省的战后再编版"，成为拥有强大行政权力的司法行政中枢机构。参见［日］西川伸一：《日本司法の逆説 最高裁事務総局の"裁判しない裁判官"たち》，五月书房2005年版，第106~107页。

〔42〕 ［日］木佐茂南等：《テキストブック現代司法》（第6版），日本評論社2015年版，第153~155页。

案纠正中的作用并不明显，因此遭到了众多的批判。

三、日本刑事诉讼"精密司法"现象的观察及评论

如前所述，日本学术界对刑事诉讼中的"精密司法"现象褒贬不一。以平野龙一教授为代表的反对派便认为，日本的刑事诉讼与其说是"精密司法"，倒不如说是一种以笔录调查为核心的"核心司法"，[43] 甚至认为日本的刑事审判是令人绝望的。[44] 以松尾浩也教授为代表的支持派则认为，"精密司法"的刑事诉讼模式通过彻底侦查搜查证据，起诉限于有充分证据证明确实有罪的场合，公审中会用书面证据进行细致的认定，可以避免出现在美国刑事审判中常见的竞技化现象。[45] 从域外观察者的角度看，支持派与反对派的观点交锋，大体反映了当事人主义与职权主义的立场对立。两种诉讼模式孰优孰劣，这是比较刑事诉讼永远未解也不可能解决的难题。但无论是支持派，还是反对派，均在一定程度上忽视了日本刑事诉讼中的一些特有现象，有些弊端既非当事人主义，也非职权主义，而更多带有日本本土的色彩。因此，日本近年来刑事诉讼的改革走向可提供进一步的观察视角。

（一）日本刑事诉讼中当事人主义与职权主义的路线之争

几乎所有比较刑事诉讼的学者均有共识，当事人主义与职权主义并不存在孰优孰劣之分，仅与各国的诉讼传统有关。欧洲人权法院甚至还在判例中作了分析，"受害人是否可以阻碍公诉、证据是由双方当事人自行收集或由独立于当事人的法官收集等均不重要……职权主义与当事人主义并无优劣之分，仅取决于各成员国的法律传统。"[46] 但传统职权主义国家（如法国和德国）眼中的当事人主义，便是将严肃的刑事诉讼作为竞技场，带有太多的偶发性及戏剧性，喧嚣有余，精确不足。[47] 而当事人主义国家中的职权主义，更基本上是作为反面的存在，是刑讯逼供、超期羁押、律师地位低下、辩护权羸弱的代名词。[48] 这两种互为敌视的观点在转型国家时常作为对立思潮而存在，并争夺着刑事诉讼发展方向的主导权。二战前的日本，刑事诉讼主要学习法、德，秉承职权主义的发展方

---

〔43〕 ［日］田口守一：《刑事诉讼的目的》（增补版），张凌、于秀峰译，中国政法大学出版社 2011 年版，第 87 页。

〔44〕 ［日］平野龍一：《現代刑事訴訟法の診断》，载 ［日］平場安治编：《团籐重光博士古稀祝賀論文集》（第 4 卷），有斐閣 1984 年版。

〔45〕 ［日］松尾浩也：《私と刑事訴訟法の50年》，载《法律学者》1999 年第 1 期。

〔46〕 Cité par J. Pradel, "Défense du Système Inquisitoire", *Regards sur l'actualité*, n°300, 2004, p. 62.

〔47〕 J. Pradel, "Défense du Système Inquisitoire", *Regards sur l'actualité*, n°300, 2004, p. 62.

〔48〕 David Alan Sklansky, "Anti-Inquisitorialism", *Harvard Law Review*, April, 2009.

向，追求实质真实，彰显国家权力机构的主导地位。但二战后，美国强势干预日本的司法改革，在日本刑事诉讼中注入了当事人主义的核心要素，使日本成为非常独特的"混合型"诉讼模式。无论是二战前的职权主义，还是二战后的"混合型"诉讼模式，均存在一定的弊端，这在日本学术界引发了模式优劣之争。平野龙一教授便认为，日本传统职权主义以笔录调查为核心，忽视被告人的权利保障，庭审缺乏对抗，纠问的侦查结构及审判结构违背了正当程序的要义。而松尾浩也教授则认为，日本时下的精密司法现象是职权主义对当事人主义的胜利，是二战后日本司法实践对当事人主义的矫正，尽管也存在一定的问题，但总体优于当事人主义的竞技化现象。平野龙一教授和松尾浩也教授之争大体反映了日本新旧学派之争。[49] 传统学派更青睐当事人主义，希冀通过诉讼模式转型以改变日本刑事诉讼旧有的陋习，而新学派则在目睹二战后日本刑事诉讼坎坷转型以及失败教训后更务实地提出，改革或许应回到职权主义的传统。公允而论，日本二战后的刑事诉讼改革确实并未达到预期，许多当事人主义的核心机制在司法实践中沦为摆设，非但未能矫正既有的程序缺陷，反倒破坏了原有较成型的诉讼体系。所谓的混合机制并非理想中的"博采众家之长为己所用"，而可能陷入制度内在的深层逻辑混乱。这也是为何日本二战后的刑事诉讼并未如决策者所期待的真正走向当事人主义，反而日益步入"精密化""职权化"。

（二）日本"精密司法"现象与欧陆"职权主义"的差距

日本刑事诉讼中"精密司法"现象既有职权主义国家的一些共性，也体现了日本本土的诸多特色。如许多比较法学者所论及，无论"职权主义"，还是"当事人主义"，均仅是某种理想的类型化，事实上每个国家的"职权主义"或"当事人主义"形态均存在或多或少的差别。[50] 从域外观察者的角度看，日本"精密司法"所呈现的诸多奇特现象与欧陆代表性"职权主义"国家还是存在相当大的差距，尤其体现在诉讼认识观与权利保障体系方面。

在刑事司法领域，人们是否可依据理智的判断，并通过刑事程序达致立法者、公众及当事人所共同期待的目标——揭示案件真实（la manifestation de la vérité），这便是诉讼认识观的一个核心命题，或者说"刑事诉讼是否理性"。在此一领域，无论是法国，还是德国，均推崇实质真实，要求穷尽可能的手段探知事实的真相。但实质真实并非绝对的真实，既可能受制于司法主体的认知水平，也

---

[49] 松尾浩也是平野龙一的学生。

[50] Jimeno-Bulnes, "American Criminal Procedure in a European Context", *Cardozo J. of Int'l & Comp. Law*, Vol. 21, No. 2, 2013.

可能局限于案件证据的欠缺，还有可能受限于其他诉讼价值的制约（如非法证据排除）。因此，所谓的"真面目""一生悬命"作为生活及工作态度无疑是令人尊重的，但倘若由此而无法容忍刑事司法的丝毫谬误，则只能是适得其反。美国学者约翰逊（David T. Johnson）在研究日本的检察官起诉制度时曾实地考察了日本检察官的工作方式。例如日本检察官一旦"错误"起诉案件，将会受到上级和同事的一致谴责，且严重影响今后的职业生涯。一位日本检察官在 15 年的职业生涯中曾因起诉一起诈骗罪最终被判无罪而顶受了极大的舆论压力。此外，他也因此丧失了晋升的机会，如这位检察官所言，早年的败诉是无法治愈的伤疤。[51] 这种现象无论在法国还是在德国均是不可思议的。恰恰相反，法国和德国的检察官均具有一定的职务豁免权。例如法国检察官具有独立性和不可归责性（irresponsabilité）。所谓不可归责性是指检察官在履行职责时不得仅因诉讼结果而被追究刑事责任、民事责任或纪律惩戒责任。这是检察官保持独立地位的根本前提，也是检察系统不可分性的自然延伸。例如，在刑事诉讼中，即便检察院被判败诉，甚至被法院判处应向相关当事人进行损害赔偿，检察官个人也不应因此而承担高额罚款或者接受相关处分；在民事诉讼中，如果检察官以主当事人的身份参与诉讼，则相关费用也应由国库支付，而不应由检察官个人承担。检察官可能被追究刑事责任、民事责任或纪律惩戒责任的唯一原因是履行职责时犯有个人过错（faute personnelle），主要指实施了受贿、伪证或其他违反职业伦理的行为。德国亦类似。可以想象，德国的无罪判决率高达 20%，倘若以结果追责，则每年均有大量的检察官离职，这显然是无法想象的后果。可以看到，日本精密司法的诸多现象，尤其是高定罪率，首先源自于零容错率的理想主义诉讼认识观。

犯罪嫌疑人、被告人的权利保障体系也是日本与欧陆职权主义国家的差距所在。毋庸讳言，在欧陆法史上，职权主义曾经是秘密审判、书面审判、口供至上的代名词，犯罪嫌疑人、被告人处于孤立的地位，并可能因存在一定的犯罪嫌疑而科以酷刑。但随着政治环境的变化、启蒙思想的冲击以及刑事实践的演进，职权主义早已发生质的变化。学说通常以法国大革命为界限将职权主义的历史发展一分为二：大革命前的职权主义，称为传统的职权主义，主要以教会法、1670 年《刑事法令》等为代表性的法律文本，强调实质真实，赋予公权力机关强大的侦查权、公诉权、预审权以及裁判权，被告人总体处于较弱势的地位；大革命后的职权主义，则称为"新职权主义"，以拿破仑的《重罪法典》为经典法律文本，仍以实质真实为导向，

---

[51] ［美］戴维·T. 约翰逊：《日本刑事司法的语境与特色——以检察起诉为例》，林喜芬等译，上海交通大学出版社 2017 年版，第 332～333 页。

但有意识地构建更具"透明""对抗"及"人权保障"色彩的程序机制。如前文所论及，日本以高定罪率为标志的精密司法，很大程度上便立足于犯罪嫌疑人的口供。九成以上的犯罪嫌疑人在审前阶段认罪，且律师并无异议。警察可在非中立场所讯问犯罪嫌疑人，且最长的时间可达20天。犯罪嫌疑人的权利保障体系形同虚设，这不仅在发达国家中独一无二，即便在发展中国家也是极为罕见的。相比而言，欧陆职权主义国家早已构建了相当完备的权利保障体系，甚至在许多方面比当事人主义国家有过之而无不及。还以法国的权利保障体系为例，在宪政层面，法国"宪法性文件"以高度抽象、凝练的方式确立了刑事诉讼的基本权利谱系。为使这些基本权利谱系司法化，宪法委员会在1999年1月22日涉及国际刑事法院的一个重要判决中以更具体明晰的方式明确了这些基本权利，主要包括：诉诸司法的权利、平等权、住宅不受侵犯的权利、无罪推定权、辩护权以及个人自由不受侵犯的权利。在程序法层面，《法国刑事诉讼法典》序言篇明确规定了权利保障原则，"在整个刑事诉讼过程中，司法权力机关应当注意告知并保障被害人的权利。"《法国刑事诉讼法典》的各个章节及各级刑事法院的判例事无巨细地对当事人的基本权利进行了罗列，并确立了"损害当事人基本权利的程序无效制度"，即职权机关的行为因损及当事人的辩护权、尊严权、形体完整权以及其他国际公约、宪法、法律、条例等所赋予的基本权利的，程序无效。因损害当事人辩护权而导致的程序无效事由包括：法官在被告第一次出庭时未提醒被告享有不作任何声明之权利的；在对质或询问当事人时律师未在场的；在讯问及判决前，相关案卷材料未交由律师查阅的；未告知被告有受律师协助权利的；在讯问笔录上未注明律师有权传唤证人及使用相关案卷材料的；等等。损害尊严权及形体完整权则主要体现在审前的强制措施程序中，尤其是在拘留、搜查、扣押、临时羁押、电话窃听等侦查手段的适用中。以拘留措施为例，以下各种行为均构成损害当事人基本权利的程序无效事由：司法官延缓告知或未告知拘留相关信息的；未将延长拘留期限告知被拘留人的；对延长拘留未说明理由且事先未将利害关系人带至负责监督这一措施的司法官面前的；超过法定拘留期限的；延缓告知被拘留者权利的；等等。除程序无效外，《欧洲人权公约》《法国宪法》以及《法国刑事诉讼法典》还设置了多元化的权利救济机制，主要包括：欧洲人权法院的权利救济机制、法国宪法委员会的违宪审查制度、非法证据的正当性限制、上诉及非常上诉等。由此可见，日本当下刑事诉讼中所存在的许多弊病，主要还带有浓厚的本土色彩，与职权主义本身关系不大。

（三）后续改革及其观察

2004年，日本启动了国民裁判员改革，允许随机遴选的国民参与刑事审判，旨在借由陪审团裁判技艺的精髓在实质上促使刑事诉讼从"侦查中心"走向"审判中心"，并增进公民的司法信任。学者后藤昭在《裁判员制度在刑事司法中的机能》一文中指出，"（国民裁判员制度的引入有助于）①强化直接主义、言词主义，法院对事实的认定不依赖于搜查机关（即独立于搜查）；②对于裁判员而言，旨在实现'用眼看、用耳听的审理'，使裁判的公开原则实质化，审理对于被告人而言也更易于理解；③避免递交过度详细的证据清单，在审判前整理程序中便明确争议焦点，在审判时可以集中焦点迅速审理；④考虑到被告人的防御准备，以及审判前整理程序中对争议焦点以及证据的确定，在判决前对被告人拘禁的规定更为严格；⑤将自白任意性作为验证证据的手段，要求调查取证可视化，任意性判断本身也更加严格；⑥为了不让裁判员裁判成为附随品，引入了犯罪嫌疑人国选辩护人制度；⑦在审判前整理程序中证据开示范围的扩大，实质性地强化了被告人的防御权。"[52]

但日本的国民裁判员制度改革是否能从根本上改变刑事诉讼中的精密司法现象？从实证数据上看，自 2009 年 5 月 21 日制度开始正式施行至 2012 年 5 月，日本已经有 3884 名被告人接受裁判员审判，其中 3769 人被判有罪，10 人被判部分有罪，18 人被判无罪，4 人被移送家庭法院，其余 83 人检察机关撤销公诉，或移送其他法院处理（根据《少年法》第 55 条移送家庭法院除外），定罪率约为 97.03%，[53] 有所下降，但总体并不明显。原因既可能是制度运行不久，效果尚未显现，也可能是国民裁判员改革制度并未深层涉及精密司法的诸项要素，尤其是日本国民的容错意识依然并未得到根本的改变。但国民裁判员制度对于改变日本传统的诉讼结构，尤其是深入贯彻审判中心主义所蕴含的诸项现代诉讼原则等均大有裨益，值得中国学者认真研判。

四、中国刑事诉讼改革的方向性误区及克服

因囿于语言，笔者以往更关注欧美主流国家的刑事诉讼，尤其是职权主义代表性国家，对日本刑事诉讼的了解则仅限于法典及若干教材，隐约感觉日本应是界于当事人主义及职权主义之间的混合体制，总体更偏向当事人主义，一些技术设计颇有英美法系的风格，包括起诉状一本主义、审判中心主义、交叉询问规则等。但随着研究的深入，笔者很惊讶地发现，日本刑事诉讼中的精密司法现象，主要还带有

---

〔52〕［日］後藤昭：《刑事司法における裁判員制度の機能——裁判員は刑事裁判に何をもたらすか》，载［日］後藤昭编：《東アジアにおける市民の刑事司法参加》，国際書院 2011 年版。

〔53〕参见日本裁判员审判网，http://www.saibanin.courts.go.jp/vcms_lf/diagram_1-55.pdf，最后访问日期：2017 年 11 月 5 日。

明显的职权主义色彩，部分夹杂着日本一些独具特色的做法，后者既不同于英美法系国家，也不同于代表性的职权主义国家，但却与中国有惊人的相似之处。还以定罪率为例。日本的无罪率不到1%，而中国公诉案件的无罪率甚至仅为0.05%，且逐年呈下降之势。且日本高层及国民的低容错率心态，与中国"实事求是""有错必纠"的司法理念也颇有契合之处。因此，日本刑事诉讼中的精密司法现象，值得中国理论界及实务界认真关注和研究。

（一）所谓"精密司法"及高定罪率不是刑事诉讼改革的目标

著名的比较法学家亨利·梅利曼（John Henry Merryman）教授曾说，"如果我是无辜的，我更愿意在大陆法系的法庭接受审判，但如果我是有罪的，则更愿意在普通法系的法庭接受审判。"[54] 这在一定程度上反映了职权主义国家在查明真相方面的优势。但也如同梅利曼教授所言，查明真相既包括将真正的罪犯绳之以法，也包括还无辜的公民以清白。因此，日本的"精密司法"及其"高定罪率"不应是中国刑事诉讼改革的目标。[55] 笔者一贯认为，中国刑事诉讼应秉承实质真实的司法传统，[56] 但实质真实并不意味着"实事求是""有错必纠""终身追责"，否则将给法务人员带来沉重的压力。就如同日本，无论是检察官，还是法官，一起所谓的"错案"可能导致终身受累，由此引发的结果便可能是检察官的公诉标准过高，法官亦不敢轻易作出无罪判决，检、法关系处于紧张状态，事实上这也违背了刑事诉讼的基本规律。中国近年来公诉案件的无罪判决率逐年降低，起诉率则大体维持在稳定状态，但这并不能说明起诉的质量极高，恰恰相反，不少案件存在质量的隐忧。因此，片面追求高定罪率，或者以高定罪率为指向的考核机制，均有检讨的余地。

（二）当事人主义或混合式诉讼不是刑事诉讼改革的方向

二战后日本刑事诉讼的改革走向再次印证了笔者一个一贯以来的观点，即具有职权主义传统的国家在进行刑事诉讼制度改革时，更多应考虑在职权主义模式下进行技术改良，而非走向当事人主义或者介于两种模式之间的混合式诉讼，否则改革效果或许会与改革目标出现较大的背离，甚至背道而驰。无论是起诉状一本主义，还是交叉询问，这些表面上极具吸引力的制度，在日本均未发挥良好效果。中国1996年的《刑事诉讼法》修改曾尝试改变原先的"全案移送"制度，引入"主要

---

〔54〕 John Henry Merryman & Rogelio Pérez-perdomo, *The Civil Law Tradition: An Introduction to the Legal Systems of Western Europe and Latin America*, Stanford University Press 2007.

〔55〕 国内理论界及实务界对日本的精密司法存在一定的误解，如刘文峰：《日本精密司法经验与启示》，载《人民检察》2014年第11期；刘静坤：《迈向精密化的司法》，载《人民法院报》2014年3月27日，第2版。

〔56〕 施鹏鹏：《为职权主义辩护》，载《中国法学》2014年第2期。

证据复印件移送"制度，这便是受日本起诉状一本主义的启发。[57]但实践表明，"主要证据复印件移送"制度的改革是不成功的，非但没有解决原先法官的预断问题，还加重了检察官的负担。这也是 2012 年《刑事诉讼法》再修改又恢复原先的"全案移送"制度的原因所在。职权主义国家刑事诉讼的一大特征便是具有非常完整的书面卷宗，囊括了审前侦查所涉及的所有证据材料，包括犯罪嫌疑人供述、证人证言、物证、书证等。这些卷宗材料可为检察官及法官提供必要的指引，并不必然损及庭审的言词性。事实上，英美法系国家近几十年也开始重视卷宗材料的制作。[58]中日两国共同的教训表明，缺乏当事人主义的土壤而盲目引入的诉讼制度，势必难以成功。此外，交叉询问技术对中国理论界及实务界也颇具诱惑。时下，中国不少学者尤其是刑辩律师极为推崇交叉询问技术，认为这是强化庭审对抗、促进控辩平等以及发现案件真相极为有效的手段，并希望能够在某种程度上影响立法改革。但事实上，职权主义传统的国家引入交叉询问，势必面临着学理及技术两个层面的症结：一方面，在学理层面，职权主义下的裁判事实由国家垄断，无法区分所谓的"控方案件"和"辩方案件"，也无从确定主询问与反询问的顺序与主体；且追求实质真实是职权主义刑事诉讼的核心价值所在，在此一目标统摄下不可能禁止法官的依职权询问。法官的心证还主要以证实为导向，难以与英美法系的"证伪"进行融合。另一方面，在技术层面，交叉询问要求在庭前确立双方的证据开示，制定非常详细的交叉询问规则（尤其是诱导性询问规则），这与职权主义的庭审规则存在明显的冲突。所以无论是过去的日本，还是将来的中国，都不可能全面引入交叉询问技术。与主要受德、日影响的刑事实体法相比，中国的刑事诉讼改革带有较明显的当事人主义导向，这应当是一种非常奇怪的现象。刑诉学界的主流观点还是希望通过诉讼模式的根本转型从根本上克服中国刑事诉讼的诸项弊端，初衷是好的，但结果却极有可能背道而驰。日本刑事诉讼的当事人主义改革便是重要例证，中国应引以为戒。

（三）重新认识职权主义及其定位

笔者在以往的多篇文章中均呼吁重新认识职权主义，将新职权主义作为中国刑事诉讼改革的重要选项，核心理由便是当事人主义所倡导的形式真实（法律真实）、司法竞技等诸理念，与中国向来所秉承的客观真实（实质真实）、职权判定等形成尖锐冲突。激进式的变革既无助于克服中国刑事诉讼的现有弊端，还可能导致程序杂糅失序，甚至呈钟摆式的变动，让决策层及公众失去信心。与日本类似，中国刑

---

〔57〕 事实上当时也有一些学者主张直接引入起诉状一本主义。

〔58〕 Dominique Inchauspé, *l'erreur Judiciaire*, PUF, 2010.

事诉讼现有诸多弊端（如证人不出庭、庭审虚化等），均带有较强的本土色彩，既不同于当事人主义国家，也不同于职权主义国家，完全可在职权主义框架下进行改良，而无需另辟蹊径。从这个意义上讲，笔者的观点与松尾浩也教授类似，改革应当立足职权主义传统。

余 论

笔者在最初接触"精密司法"这一概念时也曾望文生义，认为这或许指代司法结构设计的精密化或者司法程序运行过程的精密化，事实上远非如此。"精密司法"所涵盖的诸项内容，从根本上反映了日本刑事诉讼的核心特质，不少与"精密"无涉，这与中文的字面意义相差甚远。由此可见，任何学术研究或者学术讨论均必须以"求真"为起点，即能够准确反映被研究对象的真实情况，而非建立在臆想或误解之上，否则"真相"只会渐行渐远。对此，吾等应引以为戒。

意大利现代刑事诉讼的形成[*]

[意] 伦齐·欧兰蒂[**] 著

施鹏鹏 张玄[***] 译

引 言

意大利的刑法文献仍缺乏对诉讼法近代史的梳理。本文是一位积极法学家所做的反思，主要针对法律规范极不稳定的时期，就如同现在一般。

20世纪60、70年代，有诸多优秀的诉讼法著述，这些著述植根于意大利颁行的前两部刑诉法典（1865年、1913年）；然而，1988年改革后的学术论文似乎偏离了制度的历史重构这一方向。意大利背离传统，抛弃了所谓的混合式诉讼模式。因此，将欠缺可比性基础的法律进行对比是毫无意义的。坦率而论，在过去几十年间，学者们所进行的制度重构更多仅是编纂，且显得肤浅，因此作一比较也并无不妥。况且，无人可即兴创作历史。但讲究实效的法学家以爱好者的身份进行历时性的比较法研究却几乎毫无问题。

因此，历史学家对我们刑事诉讼近代史的创设性研究便极有裨益。这是一次非常有启发意义的对话机会。例如，我将论及马里奥·斯布里科利（Mario Sbriccoli）及其对法西斯主义时期的刑事司法的研究，[1] 马尔科·米莱蒂（Marco Miletti）及其对1913年法典的一篇精彩专论，[2] 洛雷达纳·嘉拉蒂（Loredana Garlati）对《洛克法典》传承所编纂的论文集[3]以及距今最近的马里奥·皮萨尼（Mario Pisani）[4]

---

　*　本文原题为"个人权利与意大利共和国刑事诉讼"（Diritti individuali e processo penale nell'Italia repubblicana），系作者于2010年11月13日至14日在费拉拉进行演讲的演讲稿，后刊载于《巴西刑事诉讼法杂志》（*Revista Brasileira de Direito Processual Penal*）2016年第9期。

　**　Renzo Orlandi，意大利博洛尼亚大学刑法学教授。

　***　张玄，上海外国语大学法学院2016级硕士。

〔1〕　Si veda, in particolare, SBRICCOLI 1999.

〔2〕　MILETTI 2003.

〔3〕　GARLATI 2010.

〔4〕　PISANI 2008.

及恩尼奥·阿莫迪奥（Ennio Amodio）[5]的论文。

本文便以保护个人权利为主线，遵循费拉拉城朋友们所提出的重述意大利共和国刑事诉讼改革史的理念。漫长的历史中既怀有对未来的美好向往和乐观期许，也不乏因循守旧及恢复旧制度的反向推力。无论如何，这对学者而言是一段颇具启发意义的历史，因为其展现出了意大利在刑事司法领域过去及现在固有的危机。当然，了解意大利这些现象并不能让人宽慰，例如，20世纪50年代，意大利的刑事诉讼程序因过分拖沓而备受苛责，刑事辩护尤其在预审阶段处于边缘地位，对人身自由的保护亦不充分。但回顾历年争论中所提出的问题，深入剖析自20世纪40年代中期以来刑事诉讼改革框架中的政治和社会背景，省思推行任何重大改革均或迟或晚产生的失败感，这些均颇具重大意义。

主要的刑法期刊为我们的思考提供了丰富的素材。尤其是20世纪40年代及50年代的期刊，鲜有学者进行研究。但确切而言是在法西斯主义倒台和战后初期，刑事诉讼改革的议题方在这一重大历史转折时期带着典型的希望和恐惧得以阐释。从1944年到1955年（第一次重大刑事诉讼改革的年份），这一时间段为意大利刑事诉讼的改革奠定了理想的基础。

20世纪60年代后，历史不再如此神秘，但仍值得一述，这对致力于刑诉法研究的年轻人大有裨益。整个时期漫长，但在多个方面不乏令人激动的主线，仅需稍加提示，一些年轻人便可记忆犹新。源自1961年9月威尼斯会议并于1962年通过的"卡尔内卢蒂草案"（progetto Carnelutti）[6]，其影响了刑事诉讼改革的争论；1964年分别在莱切和贝拉焦举行的历史性会议，颇具勇气的宪法判例促进了保障性的改革，并为立法者提供了指引。接下来则是长达20年的立法：从20世纪70年代反恐怖主义紧急状态立法，到20世纪80年代初反黑手党紧急状态立法。这段时期同时也是司法官合法性严重下滑的阶段（尤其是托尔托拉案件），最后则是1988年的刑事诉讼改革。

从新法典生效至今仅隔20年，因与研究对象十分接近，记忆尚十分鲜活，所以很难称其为历史。但随着保障机制的启动，简而言之，即1988年法典所蕴含的诸多曲折且相互矛盾之规定的兴衰，反对改革的意愿及尝试时而有之。因此，我们有必要进行阶段划分，以在不断变革的刑事诉讼中发现其主线。

个人权利的主题可以作一客观化的表述，即依比例原则、如何确定强制力行使的范围及其正当性依据。或者是在诉讼主体权力、职能以及权利层面，个人可

---

[5]　AMODIO 1997.
[6]　CARNELUTTI 1963.

以对抗强制力。正如诸位在绪论结束后所见，这正是意大利的主流学说。大部分争论均围绕着辩护职能的预留空间及控诉职能的相关限制。《意大利宪法》第 24 条第 2 款所规定的不受侵犯的辩护权本身吸收甚至超越了非诉讼主体所享有的其他个人权利（主要指被害人或者偶然间卷入侦查及取证活动的个人）。

一、阶段化提议

我们既不可能一眼看尽近七十年的历史，也不建议过分详细关注自共和国成立以来诸多关于刑诉改革的争论和学说。但如果将这一漫长的历史跨度分成若干高度一致的时间段，则相关分析便不再复杂，叙述也更易于理解。

以此为目标，我认为区分三个阶段足矣：第一阶段从法西斯主义倒台到 20 世纪 50 年代末，第二阶段从 20 世纪 60 年代初到 20 世纪 80 年代末的刑事诉讼改革，最后则是从 20 世纪 80 年代末的改革至今。

我在区别三个因素即政治社会环境、学说风格及相应的改革结果的基础上提出阶段划分的设想。

第一阶段（1944—1961 年）始于战争时期。法西斯政权倒台加上战争灾难，整个国家风雨飘摇、动荡不安，但仍然饱含热情地推动国家重建与制度重构。从今天的观点看，当时的刑法体系仿若危房，亟待推翻再造或重构。学说风格是法西斯时代典型的技术法律风格，在一系列学术争论中最具影响力的学者有乔瓦尼·莱昂内（Giovanni Leone）、雷莫·潘纳因（Remo Pannain）、朱塞佩·萨巴蒂尼（Giuseppe Sabatini）和阿尔弗雷多·德·马尔西科（Alfredo De Marsico）。关于立法动议和草案，需要论及两个提案。按时间顺序，第一个提案明确提出，1930 年《刑事诉讼法典》中的政体已经瓦解，应该由 1913 年自由主义法典取而代之；另一个相对不太激进的提案则指出，部分改革《洛克法典》可以更好地适应新民主制度。

第二阶段（1962—1989 年）始于意大利的"经济奇迹"时期。在刑事改革方面，意大利存在一种乌托邦式的设计，即超越受法国《重罪法典》影响而构建的传统混合式诉讼模式，以对抗式模式（adversary）取而代之。1962 年是转折的一年。1 月份，时任的司法部部长戈内拉（Gonella）委托年逾八旬的弗朗切斯科·卡尔内卢蒂（Francesco Carnelutti）起草新的刑事诉讼法典，该任务顺应时代变革，在卡尔内卢蒂的周围聚集了一批法学家，诸如贝拉维斯塔（Bellavista）、孔索（Conso）、科尔代罗（Cordero）、德利塔拉（Delitala）、德·卢卡（De Luca）、福斯基尼（Foschini）、努沃洛内（Nuvolone）、萨巴蒂尼（Sabatini）和瓦萨利

（Vassalli）。其中，除了朱塞佩·萨巴蒂尼和朱利亚诺·瓦萨利外，其余学者均未参加由乔瓦尼·莱昂内主导的历时 15 年的讨论。卡尔内卢蒂亦未在这些讨论中发挥重要作用，至少从 20 世纪 40、50 年代主要刑法期刊的辩论来看是如此。[7] 正是在这个阶段，受卡尔内卢蒂人生最后时期所提出的存在主义及反形式主义之主张的强力推动，彻底改革刑事诉讼法典的思想开始萌芽。这种思想为当时的年轻学者所接受，尤其是佛朗哥·科尔德罗（Franco Cordero），后者成为意大利对抗式诉讼改革的积极倡导者。整个 20 世纪 60 年代均充斥着未来主义的方案。

意大利在这一阶段正经历快速而深刻的社会变革。"经济奇迹"时期的意大利，国内人口大量从南部迁移至北部。城市化[8]进程的加速，伴随着由其所引发的贫困、社会紧张及异常状况，农业传统亦逐渐让位于大工业生产的现代文明。意大利不得不面对未有先例且极具隐蔽性的新型犯罪形式：劫取财物、毒品交易、绑架和国内恐怖主义的犯罪案件剧增。而传统做法几乎未受"1955 年小改革"（卡尔内卢蒂所称）的影响，规范杂乱无章、缺乏系统性，不足以应对福利社会下典型犯罪的高速增长，也无力保障被告人辩护应有的效果。

从诉讼改革动议看，在 1962—1988 年期间，许多改革草案已提交至议会。理论界乃至实务界内均进行了热情且激烈的争论。不同时间段有着不同的建议案。各种建议案之间相互区别且往往彼此矛盾，但共同思想是对刑事诉讼进行激进的、体制性的改革，即《洛克法典》不应仅在一些方面进行修改，也不能以 1913 年的法典取而代之，而应遵循宪法及时代的需求制定新法典。支持这一改革方案的主要是在卡尔内卢蒂委员会内有短期经历的学者。之后又涌现出了一批学者，如詹多梅尼科·皮萨皮亚（Giandomenico Pisapia）和德尔菲诺·西拉库萨诺（Delfino Siracusano），他们对改革的后续进程发挥了重要的作用。

与此同时，从 20 世纪 60 年代末至 20 世纪 70 年代间成长起来的新一代法学家，他们与意大利宪法法院的判例共同成长，并深谙规则对于维护基本权利的特

---

〔7〕 从这个时期学术期刊上的研究来看，卡尔内卢蒂的言论主题涉猎各个领域，但作为法学家几乎未发表过任何有关刑诉改革的观点立场。卡尔内卢蒂在大学教学的最后阶段（1946 年）即 67 岁时方"皈依"刑事诉讼法。该时期涉及刑诉改革的唯一论题参见 CARNELUTTI 1945，其建议对重罪法庭进行改革，将被告人的定罪权归还陪审团，但陪审团的裁决对合议庭仅具有建议效力（不具约束力）。这是一个注定要搁浅的提议。20 世纪 40 年代末及接下来的 10 年，在为数众多的刑诉改革会议中，卡尔内卢蒂几乎完全缺席。他第一个涉及刑事诉讼改革的重要言论可追溯至 1958 年，参见 CARNELUTTI 1958, p. 333 ss.

〔8〕 农村人口大量涌入城市，尤其是意大利北部城市。从都灵人口普查的结果来看，1951 年大约有 70 万居民，1961 年超 100 万（+42%），1971 年达到 120 万（+70%）。米兰，从 1951 年的 120 万到 1961 年的 150 多万（+25%），1971 年超过 170 万（+41%）。博洛尼亚，1951 年 34 万，1961 年将近 45 万（+30%），1971 年大约 50 万（+47%）。罗马，1951 年的 160 万，1961 年的 200 多万（+25%），1971 年达到将近 280 万（+75%）。而且，从 1951 年到 1971 年，意大利人口从 4700 万增长到 5300 万（+13%）。

殊价值。这是一代绝对信仰共和国宪法价值的法学家。

他们效仿 20 世纪 50 年代许多高瞻远瞩且积极活跃的学者（尤其是朱利亚诺·瓦萨利），改变了这一时期刑诉著述的风格。这里还要提及朱利亚诺·阿马托（Giuliano Amato）对个人自由的专题性研究、尼奥·阿莫迪（Ennio Amodio）对刑事判决理由的专题性研究、维托里奥·格雷维（Vittorio Grevi）对不得强迫自证其罪（nemo tenetur se detegere）的专题性研究、马西莫·诺比利（Massimo Nobili）对自由心证原则的专题性研究、马里奥·基亚瓦里奥（Mario Chiavario）对依《欧洲人权公约》提起诉讼及其对个人保障的专题性研究、朱利奥·伊卢米纳蒂（Giulio Illuminati）对无罪推定原则的专题性研究，以及保罗·费鲁阿（Paolo Ferrua）对言词原则的专题性研究。这些作品均产生于我们所讨论的这一时间阶段，可以说学者们从那些年改革的紧张氛围中汲取灵感，"梦想"出一套全新的诉讼模式。与此同时，他们也伴随并促成了法典的重新编纂，在发展中为各种解决方案提供了理论及理想的支持。

第三个阶段始于 1989 年。这里我们可以确定一个明确的日期——1989 年 10 月 24 日，即新法典生效的第一天。如同前文多次重复论及的，意大利共和国的第一部刑事诉讼法典已然成为一段副歌（refrain）。新法典于公布一年后生效，但当时的政治环境并不稳定（1986—1989 年间，政府领导层更迭了 4 次），司法官陷入了严重的合法性危机（围绕托尔托拉案件展开了一系列争论，甚至引发了追究司法官民事责任的 1987 年全民公决）。国际环境风云巨变（苏联解体），不久后也影响了国内的政治形势。

由于距离当下委实太近，我们无法以若干简明线索把握这二十年的内涵。意大利刑事诉讼改革在这 20 年间历经无数变化，但仍值得进行重构与体系化的叙述。如我们所知，1988 年的改革很快受到严重的阻挠。在过去几十年里，宪法法院均以捍卫者的身份出现。也许带有弥补的考虑（ratio compensandi），宪法法院分别于 1992 年 2 月和 5 月作出了两个著名的判决，对来自司法官（尤其是提起违宪审查者）批判新法典的声音予以了回应。

改革导致了诉讼主体之间的失衡，并反常地加剧了控辩对立。到 20 世纪 90 年代中期时，该矛盾演变为法官和法庭各主体的公开敌对。

在我看来，对刑事诉讼法典各方面无休止的改革或者也可以说反改革，至少在某些方面源自于诉讼当事人之间的不平衡性。从 20 世纪 90 年代起，其他国家的诉讼制度立法至少在一定程度上并未有类似的紧张境况（如法国、西班牙、德国和奥地利），并呈现出了开放式的运营规划。

此外，这一阶段的另一个特点便是判例的重要性与日俱增，这在逻辑上与法律的持续不稳定状况息息相关（其他国家亦有相同经历）。国家成文法的核心地位逐渐削弱：一方面是由于宪法对法律的统摄，另一方面则是意大利在当前的国际环境下让渡出了一部分主权。因此，法律解释以及适用具体规则的法官发挥着越来越重要的作用。

这也体现在当前法学著述的质量和风格，许多著述立足宪法法院、欧洲人权法院和欧盟法院所提供的信息，致力于研究判例的走向以及最新的立法评论。在我看来，原因便是学术创作转向更加部门化的主题，且为倾向性的专业化及编纂工作所加剧。20 世纪 60、70 年代的学术作品中极少或几乎不存在概念整理的要求，但也不乏审视旧主题或反思新主题的契机，尤其是在欧盟决议以及《欧洲人权公约》和欧洲人权法院判决对国内法的影响与日俱增的情况下。

二、第一阶段的诉讼改革（1944—1961 年）

法西斯倒台之后，一些刑事诉讼方面的新法律拉开了第一阶段诉讼改革的序幕。意大利用两年的充裕时间进行了全民公决，意大利共和国由此产生。回溯这段历史很有必要，因为在这一时期，受个人权利不受侵犯理念的影响，程序法进行了一系列修改。

当时意大利还处于交战状态，北部被德军占领，甚至还存在审判法西斯头目的特别法官（高等法院）。[9] 总之，这不是自由主义刑事诉讼改革的理想环境。但第一个涉及拘留犯罪嫌疑人（Fermo di indiziato di delitto）的重要立法可追溯至 1944 年 1 月。[10] 同年 8 月，涉及预防性羁押（custodia preventiva）期限、具有权利保障性质的立法规定得以出台。[11] 在接下来的 9 月，检察官归档不诉的权力（il potere di archiviazione）交由预审法官进行监督。归档不诉的权力本应归属刑事裁判权，但因政治原因直接交由行政机关行使。[12] 被告人在庭审中的辩护权得到更好的保障。[13]

可以看到这些举措均是对 20 年司法专制文化的首次回应。虽然均是临时措

---

〔9〕 Istituita con il d. lgs. lgt. 13 settembre 1944, n. 198.

〔10〕 R. d. l. 20 gennaio 1944, n. 45 recante "Norme relative al fermo di indiziati di reato e di individui pericolosi per l'ordine sociale e la sicurezza pubblica".

〔11〕 Art. 6 d. lgs. lgt. 10 agosto 1944, n. 194.

〔12〕 L'art. 6 d. lgs. lgt 14 settembre 1944, n. 288 modifica l'articolo 74 c. p. p. 1930.

〔13〕 L'art. 7 modifica gli artt. 468 e 469 c. p. p. 1930, sopprimendo i limiti temporali originariamente previsti per l'arringhe difensivo.

施，但从刑事立法改革的整体看，（这些举措）不仅急迫而且必要。1944 年 9 月的《摄政官立法令》（Il decreto legislativo luogotenenziale：D. Lgs. Lgt.）*第 1 条明文（expressis verbis）规定了立法目的，在新刑法典和新刑诉法典颁布前，可对旧法典的相关条文进行修改。

此外，法西斯倒台后，因其所产生的环境变化，深嵌于刑事司法内部的专制滥权得以涤清，这也是保守派法学家所普遍坚持的主张。1945 年雷莫·潘纳因写道，"1930—1942 年间的法典改革问题于 1943 年 7 月 26 日上午直接爆发。"他又立即补充道："那天的一切均是合理正当的。但很快趋于冷静与反思，并开始以不同的方式讨论面临的问题。"[14]

事实上，第一个动议是恢复法西斯之前的旧制度。1945 年 1 月，图皮尼（Tupini）部长所成立的委员会通过多数票表决希望恢复"致力革新"的 1913 年法典。[15] 但也有少数学者及司法人员倾向于维持现状，并逐步清除法西斯主义在司法领域的专制干涉。

在恢复旧制度的反对者当中，最著名的当数乔瓦尼·莱昂内。在 1945 年一个重要发言的开篇语（incipit）中，乔瓦尼·莱昂内指出，"这篇文字旨在说明，尽管有些相反的表象，但一些具有自由主义渊源的传统刑事司法原则如何在过去的 20 年里为几乎所有的意大利法学家所普遍坚持和积极捍卫"[16]。

其他一些权威法学家，如雷莫·潘纳因[17]、弗朗切斯科·桑托罗·帕萨雷利（Francesco Santoro Passarelli）[18]、皮耶罗·卡拉曼德雷伊（Piero Calamandrei）[19]、朱塞佩·萨巴蒂尼[20]等，亦坚持类似立场，并在接下来数年逐渐为人所接受。1947 年意大利召开了主题为刑事诉讼法典改革的全国法律大会（Congresso nazionale giuridico-forense）。会上，乔瓦尼·莱昂内为部长委员会后续几年修改法西斯刑法的工作划定了路线。思想是保留 1930 年《意大利刑事诉讼法典》，并依民主国家

---

* 《摄政官立法令》是意大利王国时期由部长会议通过、国王代理人颁布的具有法律效力的法令。——译者注

[14] PANNAIN 1945, p. 5.

[15] Così riferisce PANNAIN 1945, p. 57.

[16] LEONE 1945, p. 23. 之于法西斯刑法，德罗古（Delogu）亦有类似的结论。我们可以从他的作品中看到，"……法典的基本脉络并非源自于反自由主义的原则，政治的渗透更多涉及其他更具体的问题或者个人的犯罪形态。"（p. 193）

[17] PANNAIN 1944, p. 35 ss.

[18] SANTORO PASSARELLI 1945.

[19] CALAMANDREI 1945.

[20] SABATINI 1945.

的需求作出必要调整。[21] 莱昂内提出的改革触及诉讼结构［废除简易预审（l'istruzione sommaria）；保证一般诉讼的正式预审；扩大直接传唤案件的适用范围；对上诉规则进行更具保障性的改革］，以及诉讼职能的变化（检察官的部分权力移交至法官；辩护人的职能得以强化，可在一定范围内查阅卷宗；相对于检察官的起诉权，被害人亦被赋予刑事起诉权，附属于检察官的公诉权），但这些重大而深刻的变革很难得到政治家和立法者的认可。基于这一原因，会议结束后形成了冗长的 45 个要点动议，列明为充分保护个人权利而迫切需要进行修改的部分：尤其是辩护人参与某些正式预审的权利；恢复绝对程序无效制度，以防止可能的司法职权滥用；规定预防性羁押时限届满后不得延期；对限制人身自由的措施提出异议的权利；取消了逃犯在押义务是上诉许可前提的规定；法官有义务对自诉请求作出裁判。

以上是 20 世纪 50 年代初部长委员会改革草案的要点，乔瓦尼·莱昂内在该委员会中展现了无可争辩的领导力。

在 1952 年 11 月 13 日的会议上，佐利（Zoli）部长向众议院提交了一份法律草案：[22] 这是第一部刑事诉讼改革草案，同时考虑了四年前生效的《意大利宪法》。但在立法的最后阶段（1953 年 3 月 23 日），草案仅在议会两院中获得一个议院的批准。该法律草案连同一些有利于辩护律师及当事人的修正案被推延至下一届立法议会。[23] 最终，该法律草案于 1955 年 6 月成为法律，即 1955 年 6 月 19 日第 517 号法律，第一次刑事诉讼的大改于同年 7 月中旬生效。新法共计替换了 118 个条文，新增 18 条规定；但在数字之外，1955 年的改革改变了个人与司法职权机关之间的平衡状态，即便从学术的观点来看亦是如此。

辩护权保障的扩展引发了第一批评论者的警惕。在雷莫·潘纳因看来，"7 月 15 日生效的法律受到邪恶团队蛊惑性原则的影响，完全忽略了国家利益并对罪犯采取一种卑躬屈膝的态度。"[24] 阿尔弗雷多·德·马尔西科则对不断强化的辩护权保障表示欢迎，但对由此引发的司法活动的大量增加以及司法审判活动的失灵表示了担忧。[25]

1956 年 4 月，宪法法院开始运行，旨在在刑事诉讼法提供保护的边界领域里

---

〔21〕 LEONE 1947, p. 442 ss.

〔22〕 La relativa relazione è pubblicata in *Arch. pen.* 1952, p. 406.

〔23〕 Come affermato dal ministro DE PIETRO 1954, p. 569 ss.

〔24〕 PANNAIN 1955, p. 371.

〔25〕 DE MARSICO 1955, p. 482.

发挥保障个人权利的一线作用。值得一提的是，在宪法法院第一个工作年度所作出的 34 个判决中，未有一起涉及刑事诉讼法典（较多涉及的是关于公共安全的唯一一部法律，其他的则是实体刑法规范）。因此有必要承认，从《意大利宪法》实际适用第一年的首要影响看，前一年成熟的刑诉改革展现了毋庸置疑的生命力。

在 20 世纪 50 年代后半期，刑事诉讼改革的讨论逐渐降温。在期刊目录上，该主题不再像 20 世纪 50 年代前半期一样占据版面，关注的主题转向刑法改革和刑事执行。[26]

但几年后，即下个 10 年伊始，新刑事诉讼法的极度复杂导致案件出现令人难以忍受的拖延，并由此引发各种不满。争论的主要主题变成诉讼结构、各个诉讼阶段的目的以及各诉讼主体之间的职权配置。重心从权利及相应的保障转向诉讼功能和相应的主观情况。

1961 年 9 月，弗朗切斯科·卡尔内卢蒂在其组织的威尼斯会议上道出了不满。[27]

如前所述，卡尔内卢蒂实际上并未参与导致 1955 年改革的学术论战，[28] 但他在如此高龄的时候依然投身刑事诉讼改革的原因令人费解。这至少有一部分原因是 1955 年成为众议院议长的乔瓦尼·莱昂内被迫隐退，不再拥有像前些年那样在学术界的影响力。[29] 在那个时代的法学家中，无人敢于挑战或者能够撼动莱昂内所拥有的地位。20 世纪 60 年代初，弗朗切斯科·卡尔内卢蒂进行了尝试并取得了成功，他非常不认可这位来自那不勒斯的同行兼对手。[30]

---

〔26〕 比如意大利全国社会预防与防护中心（Centro nazionale di prevenzione e difesa sociale）于 1958 年及 1959 年分别举办的全国性学术研究会议便探讨了一些最急迫的刑法改革问题。

〔27〕 参见德·卢卡 1961 年的研究。

〔28〕 但在 1953 年 4 月学术研讨会的发言中，卡尔内卢蒂对当事人主义的诉讼模式持怀疑态度，认为"这十分危险，因为对意大利而言过于精巧"（如果考虑到卡尔内卢蒂在十余年后所提出的动议，则此一观点令人感到啧啧称奇）；cfr. *Atti del Convegno Nazionale di alcune fra le più urgenti riforme della procedura penale* (1954), p. 81.

〔29〕 1955 年 5 月 10 日，莱昂内当选为众议院议长，并在随后的立法机构中担任了两项职务（直到 1963 年 5 月 15 日）。

〔30〕 关于这两位伟大诉讼法学家的交恶关系，可在莱昂内 1962 年的作品中清晰地看到（第 15 页及以下），莱昂内不无挖苦地抨击这位同行，"我在修订《刑事诉讼法原论》一书时并未阅读他的作品。"而卡尔内卢蒂尤甚，以轻蔑的口吻评价莱昂内，"他什么也不会，仅是讲一些我们在罗马大学所教授的课程"（CARNELUTTI 1960, p. 2）。莱昂内非常严厉地评判了卡尔内卢蒂为改革所作的努力，参见 PISANI 2010, p. 88, note 12 e 13.

三、第二阶段：从卡尔内卢蒂草案到新刑事诉讼法典的生效（1962—1989 年）

以卡尔内卢蒂所组织的威尼斯会议为标志，改革刑事诉讼的兴趣重新被点燃，虽然一开始仅限于几个受邀参会的对话者。[31] 几个月后，即 1962 年 1 月，与会的司法部部长戈内拉组建刑事诉讼法典改革委员会，并请求卡尔内卢蒂担任委员会主席。[32] 在其强势人格的领导下，委员会缺乏团队意识。[33] 1962 年 2 月，在委员会第一次会议后，卡尔内卢蒂非常迅速地起草了"最初的改革草案"，并交由最高法院的尼古拉·雷亚莱（Nicola Reale）和朱利亚诺·瓦萨利两位法官审阅。在经充分修改之后，草案于同年 5 月及 9 月提交委员会的后续会议进行讨论。

当时的政治社会背景已不同于 20 世纪 50 年代。探索诉讼改革的智识路径也有别于旧时。如前所述，与前些年的讨论相比，卡尔内卢蒂所提出的改革动议非常创新。前些年的讨论主要局限于恢复旧法典（1913 年法典）或者改革现行法典以适应宪法原则，但从未因意大利共和国新政治气候之需要，或者受民主价值之影响，而认为应颁布新刑事诉讼法典。[34]

卡尔内卢蒂并未因改革的政治原因而感到困扰，他推动了深化改革的需求。在法律草案的引言中，他写道，"我坚信，意大利过去 30 年所进行的诉讼法研究已足以甚至要求对现行法典所依据的原则进行非常深入的修改，（这一修改）甚至不可能通过恢复旧法典实现。相反，我们需要勇敢地制定出一部新法典。"

卡尔内卢蒂的法律草案由 227 个条文组成，这是意大利刑事诉讼改革史上的一个重要转折点。草案的主要特点是重构了一审的诉讼程序，明确将检察官的预先调查（旨在提起控诉）和最终的审判阶段（以实体判决为目的）区分开来。如此，受法国 1808 年《重罪法典》影响、经意大利统一后所颁布的三部法典（1865 年、1913 年和 1930 年）所确立的传统诉讼模式被彻底摒弃了。

依卡尔内卢蒂所述，改革需要思想和理论根基（诉讼法的研究），而不是宪

---

〔31〕 不仅是普通的会议，更是头脑风暴式的研讨会。参加者除了卡尔内卢蒂外，还有学者、律师以及地方法官和最高法院法官。

〔32〕 威尼斯会议与新委员会的诉讼改革思想之间的联系可参见 Carnelutti（cfr. CARNELUTTI 1963, p. 5, che riproduce il progetto da lui redatto）. 关于卡尔内卢蒂委员会以及对当时大气候的影响，参见 VASSALLI 2010, p. 9 ss.

〔33〕 Come ammette lo stesso Carnelutti（in CARNELUTTI 1963, p. 5）. l'esperienza di codesta Commissione è efficacemente ricostruita da MAZZA 2010, p. 153 ss.

〔34〕 这一思想鲜有拥护者，但其中便有加奈里教授，GUARNERI 1950, p. 453 ss. 加奈里是帕尔马大学刑事诉讼法的教授，一位被低估的学者。他批评现行法律和宪法预设的权利之间存在巨大断层，并认为当下所讨论及采取的举措远远不足以弥补这一断层。

政基础。为说明和强调这一革命性法律改革提案的政治价值，卡尔内卢蒂委员会内最年轻的成员佛朗哥·科尔德罗进行了充分的论证。1964 年 5 月和 10 月，意大利全国社会预防与防护中心分别在莱切和贝拉焦两个城市组织了一场主题为"刑事诉讼改革指导标准"的大会，佛朗哥·科尔德罗充分利用这一时机表达了观点。

在最后的动议中，我们注意到对审前程序的推进方式存在不同意见，但所有人均同意是时候废除二元的预审设置（即预审法官的正式预审和并行的检察官的简易预审）。但以何种方式实现程序的简化存在不同意见，该论战分为三大阵营：①取消简易预审，保留正式预审，并提供充分的辩护保障（由彼得罗·努沃洛内提出，乔瓦尼·莱昂内也赞成此观点）；②取消正式预审，推广简易预审，并提供《意大利宪法》第 24 条所规定的辩护保障 [法官朱塞佩·阿尔塔维斯塔（Giuseppe Altavista）和吉罗拉莫·塔尔塔廖内（Girolamo Tartaglione）的提议，同时也得到乔瓦尼·孔索的支持]；③引进卡尔内卢蒂式的预先调查（佛朗哥·科尔德罗的提议）。[35]

同一时期，各种狂热的改革动议又充斥着议会。卡尔内卢蒂的法律草案并没有转化为立法提案，但他坚持法典应重构并完全重写，而不仅是修改其中的一部分内容。1955 年的大改不足以保证刑事追诉的必要效率，同时也不足以推行《意大利宪法》所确认的权利不可侵犯原则。重新编写法典需要议会和政府工作的分离：可以实现此一目的的机制是委托立法（la legge-delega），但直到 20 世纪 60 年代初才开始尝试。第一次尝试在 1963 年，涉及四部法典。但只有刑事诉讼法典的委托立法在接下来的数年内得以运行。从 1963 年到 1974 年，议会向连续多届政府提交了十余个委托立法建议。1963 年 10 月 10 日，[36]博斯科（Bosco）部长向众议院提交的法律草案涉及 13 项指令；但到 1974 年 4 月 3 日，参议院最终批准的委托立法达到 85 项。[37]

当时的共识是，诉讼改革本质上是场域内各力量之间的平衡问题。本阶段的所有法律草案均期待推行当事人主义诉讼制度：追求当事人之间的地位平等，颂扬预审阶段的辩护保障，以及审判阶段适用对抗、言词及集中审理原则。在宪法所确认的各种不受侵犯的权利中，辩护权无疑处于最首要的位置。超出前述 1955 年改革所划定的界限，意味着将推翻原先想保留的"混合式"或"两阶段式"的

---

〔35〕 因报告人的勇气及高效的发言，莱切-贝拉焦会议成为诉讼改革无数次争论中质量最高的巅峰。文件汇编刊载于 *Criteri direttivi* 1965，最终动议参见第 405~406 页。

〔36〕 Il testo, con la relazione, è pubblicato in *Riv. it. dir. e proc. pen.* 1963, p. 110 ss.

〔37〕 Legge 3 aprile 1974, n. 108. Testo e relazione in *Riv. it. dir. e proc. pen.* 1974, p. 400 ss. Una ricostruzione molto ben documentata degli atti parlamentari sfociati nella l. delega del 1974 è offerta da CONSO 1989, p. 3 ss.

诉讼模式（"misto"o"bifasico"）。

在我看来，促使立法者起草新的刑诉法典而非改革现行规范的重要原因便在于此。继续在职权主义的道路上行走（恩尼奥·阿莫迪奥的措辞），意味着预审阶段的重要性增加，同时亦会加剧诉讼的冗余。

在这个意义上，宪法法院也逐渐确认调查阶段的辩护权。在20世纪60年代的判例中，意大利宪法法院极大地强化了辩护人参与正式预审、简易预审，甚至由警察主导的预先调查阶段的保障措施。在这些判例中，宪法法院最时常援引以评价非法性标准的条款当属第24条第2款，通常还结合第3条，以审查不同阶段被告人所受到的不合理差别待遇，或者缩减辩护人与检察官之间的距离。当然，对于普通法律与不可侵犯的权利（如人身自由权、自由秘密的通信和通讯权、无罪推定权等）之间存在冲突的，宪法法院也有少量的判例涉及。移送违宪审查的法院通常认为，符合宪法价值的要求，本质上便是实现辩护权，以及最终调整控辩之间的平衡。强化辩护保障是意大利刑事诉讼近年来发展的典型特征，有别于同时期的其他国家，如德国。[38]

1974年的委托立法开篇第1条便规定，"承诺"本法生效两年内编订新的刑事诉讼法典。新法典由詹多梅尼科·皮萨皮亚教授主持的委员会负责起草，但法典的编纂工作推迟了两年即到1978年才就绪。此时的氛围不利于带有保障特质的改革。意大利正处于全面反恐怖主义的紧急状态中，立法动议恰逢持续数年的紧急状态。我们很惊讶地注意到，在刑事诉讼改革的委托立法获批一周后，政府公布了"刑事司法紧急措施"法令，[39]以应对绑架他人以勒索财物这一猖獗的犯罪：这是20世纪70年代所批准的一系列紧急状态法律中的第一个。

但局势的反转并没有改变迈向更缓和刑事诉讼的改革走向。可以这么说，一些紧急措施为法律建议案提供了思想渊源，并部分转化为委托立法的指令或者皮萨皮亚委员会所讨论或制定的条文。例如，1975年第152号法律（即雷亚莱法，最具争议的紧急状态法之一）受1974年委托立法指令的启发，在刑事诉讼改革前[40]允许为必要的预防可适用"社区监护"制度（tutela della collettività）。[41]类似的

---

〔38〕 从1952年起，德国联邦宪法法院（Bundesverfassungsgericht）在保护所有诉讼参与人尊严（不仅仅是被告人）方面便可援引比例原则修改诉讼法。

〔39〕 D. l. 11 aprile 1974, n. 99（conv. nella l. 7 giugno 1974, n. 220）.

〔40〕 此外，雷亚莱法律的起草者深知该法律的特殊性与临时性，故第35条规定，在新刑事诉讼法典生效之前适用本法的规定。

〔41〕 更准确地讲是1974年委托法律第54号指令第2条。Il particolare è rilevato da Corte cost. 1/1980, che dichiara parzialmente illegittimo l'art. 1 della citata l. n. 152 del 1975.

佐证如 1977 年第 534 号法律（对刑事诉讼法典进行了修改），该法律修改了皮萨皮亚委员会所构想的程序无效规则。总之，紧急状态时期并没有中断刑事诉讼改革的进程。正如瓦萨利所言，即便在 1979 年，司法部长莫利诺（Morlino）"因特别立法变更而暂停工作"，（刑事诉讼的立法改革进程依然没有停止）。[42]

今天我们可以说新法典的批准时间仅是推迟了几年。1983 年末，在恐怖主义紧急状态结束后，经司法部长马丁纳佐利（Martinazzoli）提议，刑事诉讼的改革工作重新启动。马丁纳佐利部长创设了由皮萨皮亚教授所主持的委员会，这是立法工作连续性的一个标志，改革汲取了 1974 年委托立法及 1978 年立法草案的成熟经验。

1987 年 2 月新的委托立法起草完成，共设 105 条指令。[43] 此后在不到一年的时间内便起草完成了新法典的草案。[44] 1988 年 9 月底，新法典的最终版本得以公布，并于同年 10 月 24 日刊登于官方公报的普通增刊中。

法典的编纂得以迅速完成，原因是皮萨皮亚委员会很大程度上汲取了前十年的改革成果。但这并不能说明一切。我认为，如果不是因为意大利法官突然处于严重的合法性危机中，则新法典的出台将更加艰难。在我看来，托尔托拉案件之后的争论（1983 年）以及随后追究法官民事责任的全民公决（1987 年），这两个事件推动了已讨论近三十年的激进式的诉讼改革，并使之成为现实的法律规范。

1989 年 10 月 24 日，新《意大利刑事诉讼法典》得以生效，且与卡尔内卢蒂所倡导的当事人主义调查理念呈现极大的相似性。法典的主导理念便是将审前程序与审判程序作明确分离，通过控辩双方权力（权利）关系的重新平衡以实现辩护权。检察官是预先调查程序中毋庸置疑的主导者，但他在该阶段所获得的证据材料通常仅是为了准备提起控诉，并向庭审法官提交支持控诉的证据和充分理由。预审阶段与审判阶段的分离改变了诉讼主体之间的竞争关系。但由于司法职权机关内部的阻力，我们很快意识到这种新的平衡难以实现。

四、第三阶段：意大利共和国第一部法典的施行（1989—2010 年）

从意大利共和国第一部法典生效至今已有二十余年。从维护个人权利为标志的诉讼改革角度看，该阶段为我们的反思提供了充足的历史素材。

---

[42] VASSALLI 2010, p. 12.

[43] Approvata con l. 16 febbraio 1987, n. 81.

[44] 1988 年 1 月 29 日，部长理事会将法典草案提交议会两院，由专门负责发表委托立法指令意见的委员会进行审查。

此时，冷战已经结束，市场开始全球化。这一政治社会背景的重大变革对国家主权产生了深刻影响，同时也影响了法源的性质。[45]

在学说风格方面，如今我们很难确定何种风格占据主导地位，这是距离现今太近惹的祸。但不管怎样，我们可以看到新法典是如何生效，以及随之而来的众多修改是如何让研究者和评论者陷入狂热注释之中的。因此，并没有太多时间对诉讼制度进行分析或系统评估。此外，在1988年改革的前三十年，紧张的局势激发学者们创作出最佳的学术论文，但新法典的出台并没有面临类似的紧张局势。很难对当下学说风格做一分析，但至少有一定预测的空间。重返第一阶段的技术风格已不太可能。因为导致20世纪六七十年代许多学者放弃这种写作方式的原因现在依然存在。第二阶段典型的宪法分析方法在该阶段也暴露出其局限性。意大利法官直接适用超国家的法律，以及欧洲法院（包括欧洲人权法院和欧盟法院）对国内法的重要影响，均对理论反思提出了新的挑战。法源的多样性及差异性使法律解释变得复杂，且与单一的国家法源相比，这让制度的系统性重构变得更加困难。刑事诉讼诸原则的分类也需依欧盟条例及欧洲法院（包括欧洲人权法院和欧盟法院）判例所确立的观点进行审查。在这一方面，这有益于与其他国家的实际情况进行比较（至少与欧洲最重要的一些国家），适当的距离也可让我们从外部视角对本国的诉讼法进行审视。这种遥远的距离也可让我们从类似或差异的文化、政治和宗教角度去了解其他国家与本国的深刻联系。且从国内法狭隘的视野看，这种距离可为我们提供一些预先设定的法律规范，作为毋庸置疑的解决方案以及不可或缺的前提条件。[46]基于相同的原因，历史比较同样十分必要，可以从中获得诉讼制度起源与发展的宝贵著述。最后，对刑事司法制度具体效果的研究亦非常重要，因为对法律规范或判例规则好坏的评估不能仅看其是否符合抽象原

---

〔45〕 全球化时代，国家法的重要性逐步丧失，这一现象涉及司法的各个领域，当然也包括刑事领域。参见 FERRARESE 2010, alla quale si rinvia anche per la ricca bibliografia sui riflessi che la globalizzazione economica è capace di irradiare sulle istituzioni pubbliche nazionali. Si vedano, inoltre, sul declino dello Stato nazionale CASSESE 2002 e GROSSI 2006, p. 279 ss.

〔46〕 意大利刑事诉讼方面的文献对共时性的比较开始较晚。除一些幸运的例外外（主要涉及与普通法的比较），到目前为止，对属于大陆法传统其他国家刑事司法体系的研究极少。这与我们国家刑事诉讼法更容易进行比较。不同的是，在民事诉讼领域，从朱塞佩·基奥文达（Giuseppe Chiovenda）开始，甚至更早的卢多维科·莫尔塔拉（Ludovico Mortara），学术研究早已在比较中获得了勃勃生机。关于此一领域非常有启发意义的精彩总结，参见 DENTI 1979, p. 334 ss. 如今，刑事诉讼需要弥补这种延迟，不仅是基于文化的原因，更是出于实践的需要。例如在适用欧洲逮捕令时，有必要确定外国法是否阻碍了引渡交付（esemplare, al riguardo, Cass. s. u. 30 gennaio 2007, n. 4614, Ramoci）。此外，如果欧洲人权法院判处某一其他成员国因违反公正程序而有罪时，意大利需要对该国的诉讼法有充分了解，才能了解欧洲人权法院判决中的论据，以为将来可能的意大利政府进行辩护。欧盟法院对外国法律规范先决问题的判决亦类似。

则，这些抽象规则并不会出现在日常生活中。刑事诉讼是一门实践科学，亦应通过对量化数据的评估（如因过诉讼时效而不追诉的案件数量、归档不诉或者促成和解的案件数量等），以评价某些技术规范是否恰当。

最后是关于改革后的适用。意大利共和国的第一部刑事诉讼法典诞生于"去法典化"的时代（età della decodificazione）。但这一貌似相互矛盾的做法却符合意大利的现实需求。程序法比实体法更需要协调统一的法律规范体系，"法典"这种形式仅是一种狭隘、有限的容器。1988 年完成的法典远非是一成不变的完整模式，如代表性的 1930 年法典，后者在大约 1/4 的世纪里基本保持不变。这一时期的改革从未间断，源自于一系列具有法律性质（如宪法法院对违宪行为的警告或宣告、欧洲人权法院的有罪判决、欧盟法院的判决、框架性决议和欧盟指令）或超法律性质（轮换的政客通过干预刑事诉讼法来平息媒体对社会恐慌的报道）等难以控制之因素的推动。以 1989 年 10 月 24 日为分界线，刑事诉讼法历经多次修改。进行部分的改革似乎是当下修改刑事诉讼法的唯一方法。[47]制定新法典需要一个可长期自我节制的新乌托邦，但我们所处的并不是乌托邦时代，而是一种实用主义的短期平衡。

总而言之，"期待通过制订新法典并依体系的一致性以促进刑事诉讼规范的稳定性"的想法已然被否定。事实上，改革后，规范的不稳定性不断增加，[48]未来的不确定性也在加剧。但可以理解的是，革新祛除了理想主义的压力。至少从卡尔内卢蒂草案开始，这样的乌托邦理想在过去数年内均存在。很快，新法典所带来的喜悦与未知的压抑恐惧形成鲜明对比。"司法机器"良好运行的现实需求取代了起草阶段的热情。[49]改革成为论战的主题：有些人在保障层面上捍卫这部法典，或者希望进行完善；而有些人则持反对立场，认为改革是对犯罪的妥协，会对社会产生致命影响。因此改革后又出现了许多再改革的尝试，不乏个案的推动，均取得了成功。这些基于个案的改革几乎均是因为具体的诉讼案件或者丑闻

---

〔47〕 最近有两次重新编撰 1988 年法典的尝试，均以徒劳告终。2005 年，由安德烈亚·安东尼奥·达利亚（Andrea Antonio Dalia）教授主持的部长级委员会重新编纂了刑事诉讼法典，意图调整以及合理化已经陈旧的法律规范。但该编纂的法典从未列入立法动议。2008 年 2 月，朱塞佩·里乔（Giuseppe Riccio）教授主持的委员会完成了一份委托立法草案，但遇到了类似的情况。

〔48〕 据《24 小时太阳报》的统计（edizione del 30 novembre 2009, p. 9），在过去的 20 年里，法典共计进行了 1016 处修改，其中 846 项是立法者提出的动议，170 项是因为宪法法院的判决。

〔49〕 恩尼奥·阿莫迪奥在一篇题为《刑事诉讼》（Processo penale, 1997）的有趣论文中倾向于认为，后法典时期部门机关所处的主导地位，这是新法典突然失败的原因。在阿莫迪奥看来，如果大学学者和法学家在改革适用的敏感时期未被排除在与立法者的对话之外，那么情况将变得完全不同（cfr. in particolare, pp. 380–3）。但我认为，当时对新法典的负面评价多数来自司法部门的现职法官，而非在司法部法律部门任职的工作人员。

撼动了公共舆论以获得"正当性"。

由此所引发的一系列变革因缺乏完善的指导路线，甚至很难予以说明。然而在这一法律规范曲折发展的第三阶段，我们还是可以区分出一些特殊的时期。

为阐释方便，我提出了四个时期的细分方式："试验的 3 年"，从 1989 年到 1992 年；"净手运动"时期，从 1992 年到 1997 年；"公正程序"时期，从 1997 年到 2001 年；"安全沉迷"时期与欧洲司法区的开启，从 2001 年至今。

（一）试验的 3 年（1989—1992 年）

1987 年的委托立法（第 7 条）授权政府在新法典生效的 3 年内，"依第 2 条及第 3 条所规定的原则和指导标准颁布补充性或修正性的规定"。立法者意识到新法典在实践过程中必然遭遇困难，所以在此之前便适时地认可了委托立法的溯及力（Ultrattività della legge）。政府通过颁布委托立法这一快捷路径，满足新法典在实际适用过程中所需要的修正或补充需求。在无数次调整中，政府仅获益一次，且意义不大。[50] 更重要的是在诉讼主体激烈对抗中孕育了不断成熟的创新点。

如前所述，生效后的法典对刑事侦查的内部关系作了重大改革。这些改革是实践和思想相互碰撞以及前部法典长期积淀所形成的结果。时下，主要是检察官抱怨新法典的不合理性。他们公开批评将审前程序和审判程序僵化分离的做法，谴责一些荒谬的证据禁令使法庭上的控诉变得更为困难。这种不适促使他们向宪法法院提起违宪审查，以期解决审前程序和审判程序严格分离的问题。而这种分离对于系统的平衡至关重要，因为它是新刑事诉讼体系的横梁。很快，刑事诉讼改革的命运掌握在宪法法官的手中。1992 年，意大利宪法法院作出三个著名的判决（第 24、254、255 号），明确反对刑事诉讼法的这次改革。在卡帕奇（Capaci）和德·阿梅利奥路（Via D'Amelio）两次屠杀案所引发的群情激奋后，政府也采取了相同的路线，批准了一项行政法令（即 1992 年第 306 号行政法令，后变为 1992 年第 356 号法律），进一步强化了预先调查在法庭审判中的作用。检察官的地位被过分夸大：不仅主导侦查阶段，还主导着整个诉讼进程。辩护人的地位相应地被削弱，甚至边缘化。

（二）"净手运动"时期（1992—1997 年）

关于 1992 年末之后的政治贿赂案件是如何结束的，是否按照 1989 年法典预先确定的规则查明刑事责任，我们不得而知，仅能凭借想象。当然，反改革的措

---

〔50〕 Con il d. lgs. 14 gennaio 1991，n. 12（有关刑事诉讼法及相关规定的补充和修正）。

施极大地强化了检察机关的控诉职能，并由此促进了预先调查对判决结果的影响。特别是由检察官单方面收集、未经对席庭审质证的证据可作为指控证据，指控效率令人生畏。

同样可以肯定的是，规范背景的变化导致诉讼主体之间的失衡，这是控辩双方病态冲突的根源：职能之间的冲突演化成司法官和律师之间的公开对抗，国家司法官协会的司法官与刑庭律师的公开对抗。此外，即便之于社会，也仅能通过"社会危险""打击敌人"（腐败的政客、黑手党等）等传统论据来为职能失衡提供正当性解释。当危险感减弱或消失时，这种失衡便不可能再被接受，因为即便对强化保障理由并不敏感的公共舆论，也能感受到过度的"热情"可能沦为独裁。

（三）"公正程序"时期（1997—2001 年）

"净手运动"时期司法官和律师之间冲突的恶化，促使立法者颁布了两项值得注意的立法动议：第一个法律，首先是在预先调查阶段，特别是在预防性诉讼（procedimento cautelare）中，强化了辩护人的地位（1995 年第 532 号法律）；其次是确认了被告人有与指控者对质的权利（1997 年第 267 号法律）。[51]

第二个法律则与 1992 年的反改革公然对抗。事实上，这部法律提出了重新恢复 1988 年刑事诉讼改革精神的问题。司法官们的反应非常迅速。在几个月的时间内，1997 年第 267 号法律受到了大量的违宪审查异议（超过百起）。在这种情况下，宪法法院对提出违宪审查请求法官的异议颇为敏感，所作出的判决（1998 年第 361 号判决）以中立的态度确立了被异议法律的保障范围。结果是议会和宪法法院之间出现了争议，导致一年后《意大利宪法》第 111 条被修改，即"公正程序"的改革（1999 年第 2 号宪法性法律）。

修改《意大利宪法》第 111 条是为了赋予《欧洲人权公约》第 6 条（"公正程序"条款）以正式的宪法地位。为严谨起见，修改后的第 111 条第 4 款规定，"禁止依被告人的庭前供述定罪。被告人可自行选择撤销此前接受讯问时所作的供述。"从字里行间我们可以看出对可用规则的直接回应。后者自 1992 年后便允许将未在法庭上重复的有罪供述作为定罪依据，甚至仅是因为被告人行使了沉默

---

〔51〕 但令人感到惊讶的是，1997 年的立法动议仅是修改了第 513 条。显然，因腐败被提起诉讼的政客希望限制法官将检察官所收集的（庭前）指控供述作为有罪证据。相关规定（第 500 条）同样严重违反了对席原则，因为它允许使用证人在预先调查阶段所提供的证言，如果该证人在此后的诉讼过程中未作回答或者未改变先前证言。我们因此可以说，司法警察的证词及其在侦查阶段所收集的供述是完全相同的（第 195 条第 4 款）。1997 年的立法动议片面且限于局部，仅是针对个别情况，具有人法的（异常）色彩。它体现了司法与政治之间艰难且异常的关系，这种关系支配了接下来的 10 年。

权便能够将其转化为证据。

这两项立法举措再一次重新设定了诉讼主体之间的力量平衡，这至少在一定程度上推行了公正程序理念。

2000 年第 397 号法律详细规定了辩护调查（le indagini difensive），意图使当事人辩护律师的地位更接近于检察官。

此后很快，2001 年第 63 号法律将公正程序条款在书面证言方面所确立的原则转化为一般的法律规范（第 111 条第 3~5 款）。宪法法院被迫超越 1992 年的判例，确立新的合宪性标准。[52]

（四）"安全沉迷"时期与欧洲司法区的开启（2001—2010 年）

21 世纪伊始，个人权利主题迎来了新的发展阶段。2001 年 9 月的悲剧几乎促使所有西方国家均制定特别法以应对国际恐怖主义。侦查技术必须面对新的挑战。恐怖主义所带来的巨大风险（惊人的破坏）迫使我们有必要准备特殊手段以预防犯罪，而不仅仅是对之进行刑事处罚。反恐行动转移至警察的主动作为以及情报收集，司法审查所固有的保障力度因而被削弱。在立足协商的新司法合作理念框架下，公众安全对法律提出了新的要求。

采取增加安全感的举措，没有政客不对这种保障保持警惕。这一论断也适用于欧洲政治。例如，我认为如果没有 2001 年 9 月 11 日的恐怖袭击，我们就不会有欧洲逮捕令的框架决定（2002 年），也不会有为更有效应对跨国犯罪而颁布的促进欧盟各国警察、法官合作的措施。

由于社交媒体的滥用，安全意识变成一种执念，这种意识甚至比跨国犯罪还有更强的感染力和传播力。受预防刑法的影响，新的应对模式得以产生，并具有鲜明的特点：在刑事实体法方面，惩罚性明显提前；在程序法层面，为均衡危险而适用相关的预防机制。

因为预防和惩罚之间的界限发生变化，由此传统的刑法保障（garantismo penale）和个人权利保护应重新予以权衡。[53] 可以在立法中找到大量关于非法移民、劳动安全、道路交通、环境污染、家庭暴力和性关系方面的例证（并非意大利独有）。我们同样可以看到犯罪预防诉讼程序中关于扣押和没收条款的修改（1965 年第 575 号法律）。从这部刑事诉讼法典中可以找出几个具有预防性倾向的例证：如第 275 条第 3 款列举了大量举措，对造成社会恐慌犯罪（的个人）进行预防性

---

〔52〕　Si vedano, in particolare, sent. 32/2002 e ord. 36/2002.

〔53〕　Illuminanti, al riguardo, le riflessioni di HASSEMER 2006, p. 322 ss. e, più recentemente, ID. 2009, soprattutto alle pagine 70 ss.

羁押被推定为是恰当的。

在新的政治社会背景下，个人权利所面临的威胁主要来自社会管控机构（警察和检察官）所采取的预防性举措：通常是未有刑事诉讼保障机制的行政举措（除了预防犯罪的诉讼程序外，安全意识还影响了1998年第286号关于非法移民管控程序行政法令的规定。此后，该行政法令为不同的"一揽子安全措施"所反复修改）。

安全刑法开创了个人权利的新阶段，欧洲人权法院在人权保护方面的作用越来越重要。尽管受到程序法学说的质疑，[54] 但随着时间的推移，欧洲人权法院逐渐形成了注重个人权利"本质"的判例法。欧洲人权法院不时地审查公权力机构的具体行为，这赋予法院判决延展性，恰恰是我国宪法法院判决所欠缺的。虽然意识到依靠超国家的司法权存在固有的风险，但我认为，意大利最高层级的法院（最高法院和宪法法院）承认欧洲判决对国内法的影响[55]以及《欧洲人权公约》及其相关原则具有准宪法地位等，[56] 均值得赞赏。同时，这种认可也展示出对个人权利问题的不同视角。从长远看，欧洲人权法院对限制个人保护的相关论述（基于比例原则，而非合理标准）终将影响意大利的判例和学说。

结　语

长篇论述后，我们可以梳理出主线，几行文字便足以揭示其含义。

法西斯倒台后，仍处于战争之中的意大利急需清除以往诉讼制度中典型的独裁元素。《意大利宪法》的个人主义导向意味着有必要进行改革，但改革最初存有幻想，仅对《洛克法典》进行了部分修改。

改革的中心主要是辩护权，正如《意大利宪法》第24条第2款之规定，"在诉讼的任何状态和阶段中，辩护权都是不可侵犯的"。对辩护权的保障很快使兴趣点（和争议中心）转移至诉讼主体的内部关系上。如此，个人权利的实现便成为控辩职能的辩证关系，以及如何在当事人主义和职权主义之间作出选择。

可以这么说，围绕意大利刑事诉讼改革的争论带有合作的色彩，且具有强烈

---

〔54〕　批判欧洲人权法院判决理由中（判例和学说）的倾向，参见 FERRUA 2010, p. 406 ss.

〔55〕　参见欧洲人权法院在涉及意大利的斯德维奇（Sejdovic）案（2006）、多里戈（Dorigo）案（2007）和德拉西（Drassich）案（2009）中的有罪判决。可以看到，欧洲人权法院判处意大利有罪的判决可作为国内判决的依据。

〔56〕　参见2007年第348号及第349号判决。这两个判决，依据《意大利宪法》第117条第1款之规定，赋予《欧洲人权公约》之原则"第三方强制规范"（norme interposte）的效力，可以此为依据审查意大利法律的合规范性问题。还需要指出的是，从2009年12月1日起，由于《里斯本条约》第6条的修改，《欧洲人权公约》已经成为欧共体法律中不可或缺的组成部分。

的意识形态特点。特别是自 20 世纪 60 年代初起，以卡尔内卢蒂草案为拐点，个人权利主题便被纳入且混同在当事人主义与职权主义的争论之中。实现诉讼主体的参与，这同时也是保护个人权利免受警察及司法活动威胁或压制的主要途径。

在 20 世纪 60、70 年代，宪法法院亦秉承相同的方向，主要围绕《意大利宪法》第 24 条第 2 款，通常也结合第 3 条，构建了一套刑事诉讼判例。合法性问题主要依据合理标准（明显的政治性）来审查，而不是立足被侵犯的权利与强制性措施目标之间的比例原则（更强的法律性）。[57]

1989 年生效的刑事诉讼法典在一开始是失败的，加剧了诉讼主体之间的对立。"净手运动"后的冲突和论战暂时成为正当程序宪法改革的组成部分（1999年）。但令局势紧张的缘由并没有消失，如律师与司法官之间的误解持续不断。再加上过去 10 年里，司法官与政府政客之间的矛盾又进一步加剧。

刑事预防体系的发展（特别是从 2001 年开始）和安全意识的传播，要求在明确区分预防和惩罚（至少理论上）的基础上对传统的保障类型进行厘清。同时，利用现代技术资源的侦查方法为个人权利开辟了前所未有的前景，但个人权利不能简化为辩护权。也许正因为如此，迄今为止个人权利仍处于刑事诉讼的边缘地带，并未引发过多关注。这让我想起了隐私权，该权利很难找到宪法依据。

欧洲司法权在意大利的开启以及国际司法合作的新背景，这些均对个人权利提出了全新的挑战。个人权利保护通常可在欧洲人权法院的判例中找到合适答案，它们可为意大利法官提供效仿模版（尤其是在论证方面）。

参考文献

AMODIO E. (1997), "Processo penale", in *Giuristi e legislatori. Pensiero giuridico e innovazione legislativa nel processo di produzione del diritto*, Atti dell'Incontro di studio, Firenze, 26–28 settembre 1996, a cura di Paolo Grossi, Milano: Giuffrè, pp. 363–383.

Atti del Convegno Nazionale di alcune fra le più urgenti riforme della procedurapenale (1954), Bellagio, 24–26 aprile 1953–Milano, 28–30 novembre 1953, Milano: Giuffrè.

CALAMANDREI P. (1945), "Sulla riforma dei codici — La truffa delle etichette", in *La Nuova Europa*, 4 marzo, c. 3–4.

CARNELUTTI F. (1945), "l'equità nel giudizio penale (Per la riforma della Corte d'Assise)", in *Giust. pen.*, III, c. 1–11.

CARNELUTTI F. (1958), "Crisi della giustizia penale", in *Riv. dir. proc.*, pp. 333–363.

---

〔57〕 如前所述，这一标准在 20 世纪 50 年代初的德国宪法法院便开始适用。

CARNELUTTI F. (1960), *Principi del processo penale*, Napoli: Morano.

CARNELUTTI F. (1963), *Avvertenza al volume Verso la riforma del processo penale*, Napoli: Morano.

CASSESE S. (2002), *La crisi dello Stato*, Roma: Laterza.

CONSO G. (1989), "Precedenti storici e iter della legge n. 108 del 1974", in CONSO G. , GREVI V. , NEPPI MODONA G. , *Il nuovo codice di procedura penale. Dalle leggi delega ai decreti delegati, I, La legge delega del 1974 e il progetto preliminare del 1978*, Padova: Cedam, pp. 3–75.

"Criteri direttivi per una riforma del processo penale" (1965), *Atti del Convegno di studio Enrico De Nicola*, Lecce, 1964, Centro nazionale di prevenzione e difesa sociale, Milano: Giuffrè.

DE LUCA G. (1961), "Il convegno di Venezia sulla riforma del processo penale", in *Riv. it. dir. e proc. pen.* , pp. 1040–1041.

DE MARSICO A. (1955), "Problemi della giustizia penale", in *Arch. pen.* , pp. 481–493.

DE PIETRO (1954), "Relazione alla Camera dei deputati", in *Riv. pen.* , p. 569 ss.

DELOGU T. (1945), "l'elemento politico nel codice penale", in *Arch. pen.* , pp. 161–195.

DENTI V. (1979), "Diritto comparato e scienza processuale", in *Riv. dir. proc.* , pp. 334–364.

FERRARESE M. R. (2010), *La governance tra politica e diritto*, Bologna: Il Mulino.

FERRUA P. (2010), "Il giudizio penale: fatto e valore giuridico", in FERRUA P. , GRIFANTINI F. M. , ILLUMINATI G. , ORLANDI R. , *La prova nel dibattimento penale*, Torino: Giappichelli, pp. 317–422.

GARLATI L. (2010), *l'inconscio inquisitorio. l'eredità del codice Rocco nella cultura processualpenalistica italiana*, Milano: Giuffrè.

GROSSI P. (2006), "Globalizzazione, diritto, scienza giuridica", in ID. , *Società, diritto, Stato*, Milano: Giuffrè.

GUARNERI G. (1950), "Osservazioni sul progetto di modificazioni per l'aggiornamento del Codice di procedura penale", in *Arch. pen.* , pp. 453–472.

HASSEMER W. (2009), *Warum Strafe sein muß. Ein Plädoyer*, Berlin: Ullstein.

HASSEMER W. (2006), "Sicherheit durch Strafrecht", in *Strafverteidiger*, pp. 321–332.

LEONE G. (1945), "La scienza giuridico-penale nell'ultimo ventennio", in *Arch. pen.* , pt. I, pp. 23–28.

LEONE G. (1947), "Sulla riforma del Codice di Procedura Penale", in *Arch. pen.* , pp. 442–470.

LEONE G. (1962), "A proposito di alcuni giudizi del prof. Carnelutti", in *Riv. it. dir. e proc. pen.* , pp. 15–25.

MAZZA O. (2010), "l'illusione accusatoria: Carnelutti e il modello dell'inchiesta preliminare di parte", in *Rivista di diritto processuale*, Vol. 64, N°5, 2009, págs. 1185–1196.

MILETTI M. N. (2003), *Un processo per la terza Italia. Il Codice di procedura penale del 1913*, Milano: Giuffrè.

PANNAIN R. (1944), "La riforma della legislazione", in *Annali della Facoltà giuridica*, Università degli Studi di Camerino, XVI, pp. 15–49.

PANNAIN R. (1955), "La riforma della procedura penale", in *Arch. pen.*, pt. I, pp. 370–374.

PANNAIN R. (1945), "Notizie e spunti sulla riforma dei codici penali", in *Arch. pen.*, pt. I, pp. 56–61.

PISANI M. (2008), "Il lungo cammino del codice 1988", in *Manuale di procedura penale*, Bologna: Monduzzi.

PISANI M. (2010), "Variazioni in tema di bozza Carnelutti per un nuovo c. p. p. ", in *Riv. dir. proc.*, pp. 83–91.

"Primi problemi della riforma del processo penale" (1962), *Atti del Convegno "La riforma del processo penale"*, Venezia, 1961, a cura di Giuseppe De Luca, Firenze: Sansoni.

SABATINI G. (1945), "La riforma del codice di procedura penale", in *Rassegna giuridica*, n. 1.

SANTORO PASSARELLI F. (1945), "È tempestiva la riforma?", in *Il Domani d'Italia*, 3 febbraio.

SBRICCOLI M. (1999), "Le mani nella pasta e gli occhi al cielo. La penalistica italiana negli anni del fascismo", in *Quaderni fiorentini*, 28, pp. 817–850.

VASSALLI G. (2010), "Introduzione", in *GARLATI* (2010), pp. 9–22.

第四编

刑事诉讼模式的制度与技术

欧洲近代刑事证据制度的形成：一个编年史的论纲

施鹏鹏

引 论

司法证明从来不是纯粹的法律问题，而是一个国家既定历史时期传统、宗教、政治、经济、社会、教育、文化、人口文明以及主流意识形态等复杂因素影响下的产物。法国著名社会学家莱维-布吕尔（Lucien Lévy-Bruhl）教授在考察司法证据与人类社会的关系时曾言，"如果某种主张或发现可融入社会群体，则视为得到证明。所有证据在智识体系之外，均具有某种社会功能，即令人接受其所证明的观点。"[1]故从根本而论，司法证明以揭示案件真相为目的，但案件真相在社会团体中的"可接受性"成为证明方法合理性的核心所在，"按照唯一的理智来说，并没有任何东西其本身是正义的；一切都随时间而转移。习俗仅仅由于其为人所接受的缘故，便形成了全部的公道；这就是它那权威的奥秘的基础了。"[2]

也正因为如此，在人类漫长的历史中，刑事证据制度总伴随着外部环境的变化而在"传承"与"割裂"之间交替更迭，呈现某种"否定之否定"[3]的态势。莱维-布吕尔教授在其大作《司法证据——基于法社会学的研究》[4]一书中曾将刑事证据制度的演进史一分为二：非理性证据制度（irrationnel）与理性证据制度（rationnel）。前者主要指代以神意裁判、决斗、宣誓等为主要证明手段的证据制度，后者则主要指代以物证、书证、人证等为主要证明手段的证据制度。这种分

---

[1] Henri Lévy-Bruhl, *La preuve judiciaire*, *Étude de sociologie juridique*, Librairie Marcel Rivière et Cie, Paris, 1964, p. 22.

[2] Pascal, *Pensées*, Paris, Garnier-Flammarion, 1976, éd. Brunschwicg, fragment, n°294-260.

[3] 此处借用了何家弘教授的表述，参见何家弘：《从司法证明模式的历史沿革看中国证据制度改革的方向》，载《法学家》2005年第4期。

[4] Henri Lévy-Bruhl, *La preuve judiciaire*, *Étude de sociologie juridique*, Librairie Marcel Rivière et Cie, Paris, 1964.

类方式简单清晰，在理论界具有广泛的影响力。但遗憾的是，"理性/非理性"的二分法过于粗糙，既未能准确道明每种刑事证据的核心特质，还容易形成优劣评判的前见，忽视了特定历史条件下人类认知水平的限制以及社会群体认同的复杂性。更为严重的是，"非理性证据"与"理性证据"的划分刻意强调了刑事证明制度的发展与割裂，却抹杀了两者之间的继承与共存。事实上，许多"非理性证据"在近代的刑事证据制度中依然存在，只不过以更加"隐秘"的方式，或者转化为某种证明的理念。

法国著名的刑法学家皮埃尔·布扎（Pierre Bouzat）教授则将人类社会刑事证据制度的演进分为四个阶段："第一阶段为'宗教证据'阶段，即通过神意裁判、宣誓或'上帝判决'来运用证据。第二阶段为'法定证据阶段'，立法者确定一套具有严格证明力位阶的规则体系。其中，口供系'证据之王'，置于该体系的最顶端，通常由暴力手段获得（酷刑或拷问）。第三阶段为'情感证据'阶段（即自由心证阶段），与人本主义思想的出现相对应。在此一阶段，法官或陪审团依自由心证裁断，矫正了以往的残暴做法。第四阶段为'科学证据'阶段。随着科学尤其是人类科学的发展，同时也因受到实证主义法学派的影响，科学证据开始出现，并取代了过去一些经验式的证据调查方法。"[5] 相比而言，"四阶段说"更为精细，凸显了每一历史时期刑事证据制度的核心特质，在学术界具有极强的代表性及影响力，几近奉为通说。然而也应看到，学者将刑事证据的历史演进高度抽象凝练虽有助于将复杂的理论问题简单化，并促成研究范式的形成，但也容易忽视制度发展过程中繁芜不一的规则设定以及同一阶段不同地区在制度构建上的个性。

因此，本文将尝试采用编年史的研究方法解读欧洲近代刑事证据制度的形成。首先，笔者先解释两个前提问题：①为什么编年史？②为什么欧洲？

（一）为什么编年史？

在方法运用上，传统撰写编年史的历史学家仅是将特殊年份特别重要的历史事件如实记录下来，严格以年份的次序呈现，并不过多探究历史事件的社会情境以及各种历史事件之间的可能关联。这种记录型的"研究"虽可直观清晰展现历史发展的脉络，却无法回答历史事件因何产生以及后续发展。因此，新派历史学家在编年史方法的运用上不仅关注"过去事件的真实存在"以及各种历史事件的时间次序，更关注历史事件产生的"历史情境"以及"同时代人的感知"，"（历

---

〔5〕 Pierre Bouzat, "La loyauté dans la recherche des preuves", in *Problèmes contemporains de procédure pénale. Recueil d'études en hommage à Louis Hugueney*, Paris：Sirey, 1964, pp. 155-6.

史事件）是由面向过去的回顾和面向将来的期望这双重眼光建构的。往后看时，事件被看做是过去发展的最终结果，往前看时，它为发展展开了新的可能性。这样，历史从每一种新的历史的现在，即作为历史事件中心的现在，来重新构成它自身。”“历史事件的意义往往并不在于发生的事件本身，而在于同时代人对它的感知……但是，在许多情况下，当时认为具有历史意义的事件后来记起来时完全不同于一开始的那种解释……这些事件打破了一种现有的期望。……对于历史意义的确定而言，起决定作用的可能并不是先前的期望因某个事件的发生而实现了，而是某个事件承载了我希望称之为‘预期结构’的东西。”〔6〕

近代刑事证据制度的演进史同样不仅是某一些重要历史事件的发生（如 1215年第四次拉特兰宗教会议废除了神意裁判、1789 年法国大革命废除了法定证据制度等），更面临着两大追问：其一，证据制度重大变革中的历史情境，包括过去的回顾、现实的诱因以及将来的展望；其二，证据制度重大变革中的社会接受，包括同时代人的预期以及现代的客观评价。因此，编年史方法的应用之于刑事证据制度演进史的研究显得尤为重要。

（二）为什么欧洲？

“存在着一个欧洲文明，在欧洲各国的文明中普遍地存在着一种一致性；虽然在时间、地点和环境方面千差万别，但这个文明最初都起源于那些几乎完全相似的事实中，到处都是根据同样的原则向前发展，并几乎到处都会产生相似的结果。”〔7〕从古代至中世纪，再到现代，欧洲的政治、机构和法律呈有意识或无意识的趋同性，并经历了类似的发展阶段。故主流的比较法学者一直将欧洲法律传统视为单一的实体，〔8〕而普通法系与大陆法系之间的传统区分是在一种性质高度一致的法系即西方法律传统或者更确切地讲依专业法律而治的法系中所进行的再划分。〔9〕在刑事证据领域，欧洲诸国几乎均经历了典型的神意裁判、罗马教会证据制度/邻里裁判、法定证据制度以及自由心证制度的历史演进，构建了世界主流的证明模式，并影响了亚洲、非洲、拉美等其他国家。故研究欧洲近代刑事证据制度的形成系分析人类社会刑事证明模式演进的重要范例。

---

〔6〕［德］L. 赫尔舍尔：《新编年史：一种史学理论的纲要》，陈新译，载《世界哲学》2003 年第 4期。

〔7〕［法］基佐：《欧洲文明史》，程洪逵、沅芷译，商务印书馆 2005 年版，第 2 页。

〔8〕［美］哈罗德·J. 伯尔曼：《法律与革命（第 1 卷）西方法律传统的形成》，贺卫方等译，法律出版社 2018 年版，第 10~14 页。

〔9〕 Ugo Mattei, "Three Patterns of Law: Taxonomy and Change in the World's Legal Systems", *American Journal of Comparative Law*, 1997.

中国学界时下对刑事证据制度的研究更多是英美证据理论的引入，这主要是因为主流学者受英美法的文献影响较大，而在证据学领域，英美法系相对成型、体系、逻辑的证据规则也更利于学习、研判及借鉴。但应看到，英国证据法仅是欧洲刑事证据制度的一个特例，虽可能提供必要的智识支撑，但难免具有片面性，且与中国时下的职权主义诉讼构造存在较大的冲突。因此，从学术价值看，全面、深刻了解欧洲刑事证据制度的历史与现状实属必要。也正因为如此，本文拟精确还原欧洲近代刑事证据制度的形成史，客观解读每一重大证据制度变革背后的核心动力并进行理论提升，希冀对中国时下的刑事证据立法提供必要的思想渊源和智识贡献。需要特别指出的是，本文所研究的命题，并非某一国家的具体证据制度，而是一种证据文明的整体演进。欧洲近代刑事证据制度的形成与分野，亦引领着国际刑事证据制度发展的主流，成为证据理论研究的基本范本。故唯追根溯源，方可揭示背后深刻的理论规律。

一、古代欧洲（含中世纪早期）的刑事证据制度

一如前述，主流学说将欧洲古代法中的刑事证据界定为"非理性证据"或者"宗教证据"。这一观点总体还是符合历史现状的，但容易造成三大认识误区：其一，在证据形式上误认为古代欧洲法中并未有理性证据，法官总是诉诸超自然或神明的力量以探求案件真相。真实情况并非如此。在古代欧洲法中（无论成文法或者习惯法），证人证言甚至文书证据等"世俗"或者"理性"的证据形式依然广为使用。[10]裁判者在司法实践中仅在未有此些证据的情况下方诉诸宗教证据以查明真相。其二，在发展阶段上忽视神意裁判的实质变化。在学术表述上，"神意裁判"仅是宽泛的称呼（法语：Jugement de Dieu，德语：Gottesurteil，英语：Judgement of God），但在不同国家有着不同的表现形式，尤其是在不同历史阶段呈现不同的内容，且有实质性的区别。[11]在早期的客观神判（jugement de Dieu objectif）时代，法官仅得以中间裁决（la décision interlocutoire）的方式决定适用某一类型的神明裁判方式，但对具体的裁判结果并无掌控力。裁判者的作用消极机械，不得对抗神启（révélation）的结果。而在后期的主观神判（jugement de Dieu subjectif）时代，裁判者开始假借上帝之名介入刑事裁判，听取各方当事人

---

〔10〕 Roger Henrion, "La preuve en droit romain", in *La Prevue en droit*, Études publiées par Ch. Perelman et Foriers, Bruylant, Bruxelles, 1981, p. 59 et s; F. L. Ganshof, "La preuve dans le droit franc", in *La Preuve*, *Recueils de la Societe Jean Bodin*（Vol. 4）, Paris, 1965, p. 71 et s.

〔11〕 Robert Jacob, "Le jugement de Dieu et la formation de la fonction de juger dans l'histoire européenne", in *Archives de Philosophie du Droit*, tome XXXIX, 1994, p. 87.

陈述，审查各类证据并作出判决。司法权逐渐以"神授"的方式独立运行，并在一定程度上超脱于王权之外。其三，在制度存续上容易将古代与中世纪早期的类似做法割裂开来。事实上，许多神明裁判方式一直存续至中世纪早期，宣誓制度更是适用至今（尽管形式与功能均发生根本的变化）。这给编年史的学术研究带来一定的技术困难。因此，本文在不产生误读的情况下，依然沿袭传统的时代划分，彰显不同历史阶段证据制度的核心特质，对非核心的证据样态或非重点的历史阶段作简略式的描述，以在有限篇幅的情况下作精炼的历史还原及理论提升。

（一）单方的神意裁判：司法考验

单方的神意裁判，指刑事被告一方接受法定形式的考验，以特定"神启"表征确认其无罪或排除嫌疑的证明模式。这种证明方式在古代欧洲颇为盛行，但形式极为多样，主要包括：沸水考验，被告将手伸入充满沸水的锅中取出物品，如未烫伤，则为无罪，反之则有罪；烙铁考验，被告手握烙铁或者在烧红的犁铧上行走，受伤部分在一段时间后痊愈的，则无罪，留有伤疤的，则有罪；冷水考验，将被告投入河中，浮于水面的，即有罪，因为纯洁的河水不能容下有罪之人，反之则无罪。类似的单方神意裁判形式在古代欧洲还有很多，这些司法考验方式均具有痛苦或侮辱的特征，在罗马法时代通常仅适用于奴隶、农奴或异教徒。但随着罗马帝国的坍塌以及蛮族的入侵，罗马法所承认的证据形式日趋衰微，单方的神意裁判在欧洲中世纪早期达到鼎盛。

研究欧洲单方神意裁判最重要的法律文献为《瓦拉迪安斯记录文书》（*RegestrumVaradiense*），这是匈牙利国王安德烈二世（1205—1235年）在位期间由奥拉迪亚（即时下罗马尼亚的奥拉迪亚地区）匈牙利神庙的教士所著。古匈牙利法院每年均会将部分案件的当事人送至神庙进行烙铁考验，《瓦拉迪安斯记录文书》便记载了奥拉迪亚地区每年进行神意裁判的案件数量。稍显遗憾的是，这份法律文献并未记录铬铁考验的程序细则，但在神意裁判的年代里，文书极少流传，更遑论司法记录文书，故《瓦拉迪安斯记录文书》亦是十分珍贵的史料。

著名法史学家范·卡内冈（Van Caenegem）对此作了细致的研究：[12]

---

〔12〕 Van Caenegem, "La preuve dans le droit du moyen âge occidental", in *La Preuve*, *Recueils de la Societe Jean Bodin* (Vol. 4), Paris, 1965, p. 699.

表1 《瓦拉迪安斯记录文书》适用神意裁判的案件情况

年　　份	适用神意裁判的案件数量/起
1208 年	4
1213 年	63
1214 年	44
1215 年	40
1216 年	13
1217 年	10
1219 年	60
1220 年	45
1221 年	43
1222 年	22
1226 年	11
1229 年	16
1234 年	11
1235 年	7
总　　计	389

　　这些神意裁判的案件既包括刑事案件，也包括民事案件（当时刑事诉讼与民事诉讼并未严格区分），刑事案件主要为盗窃案和投毒案。神意裁判的结果包括：被告无罪、有罪、原告撤回控告以及当事人和解。在司法实践中，被告通常会找一位奴隶代为接受烙铁考验。《瓦拉迪安斯记录文书》记录了案件的处理结果（389 起案件中，308 起有结果记录）：

表2 《瓦拉迪安斯记录文书》关于神意裁判案件处理结果的统计

案件处理结果	数量/起
无　罪	130
有　罪	78
当事人之间形成合意	75
原告撤诉	25

（二）双方的神意裁判：司法决斗

双方的神意裁判，顾名思义，即指涉讼当事人双方均应接受神的考验，神力将庇佑无辜者获胜的原始证据形式。当事人在司法决斗中通常使用最原始的武器：盾牌与棍棒。东歌特人（les Ostrogoths）最早承认司法决斗，后在国王狄奥多里克（Théodoric le Grand）的影响下废弃。从勃艮第人、6世纪后的撒利克法兰克人以及里普利安法兰克人的法律（大概在公元7世纪）之中均可以看到这种证据形式。尽管《萨利克法典》最早的版本中并未涉及司法决斗，但法兰克人在公元6世纪将决斗作为刑事证明的一种主要方式，"6世纪的晚期书面记录并非一项革新，而是遭暂时压制的习惯之复兴。"[13] 史料表明，大约6世纪至9世纪的早期阶段，绝大多数欧洲大陆的日耳曼民族中均将决斗作为刑事裁判的重要证明方式，并影响了英国和北欧。中世纪早期，随着封建制度的发展以及骑士文化的兴起，司法决斗成为骑士阶层最热衷的纠纷解决方式，且逐渐演变为某种激进的生活方式与尊严象征。"战争和单人决斗仍然是人们灵魂中占支配地位的激情。试图对他们钟爱的凶残想法进行任何改善，都会遭遇他们最极端的蔑视和愤慨。然而，其中一些思想比较开明的人，极力想把这种勇气的迸发和军事暴力引向对它本身的克制和对它自身滥用的矫正上去。他们自己组织起军事性的社团来救济受到伤害的无辜者，抚慰所有的压迫和冤抑，保护弱者和不能自卫的人尤其是妇女；制止虐待，推进公用事业和公共安全的改进。……这就是骑士制度和骑士侠义精神的源流。""当爱和宗教联系在一起，在武士骄傲的头盔上闪耀着光环，骑士精神把它的支持者从碍手碍脚的司法体制中解脱了出来。尽管骑士们充满敌意的对抗不太会被认为是寻求上帝裁决的神裁，但是，从个人的技能和在战争、爱情中的优越地位而来的声名中，滋长了虚荣和自负。这种自负使战士们不再关注当初创设这一制度时赋予这种制度的那些美好而精致的情感了。"[14]

在司法实践中，司法决斗广泛运用于各种类型的案件。例如11世纪意大利的法律书籍《伦巴第法文集》便列举了23种"可能导致司法决斗的行为"，包括叛逆罪、性犯罪（如通奸和乱伦）、纵火罪、投毒罪、证言冲突、对书证的异议、财产案件，以及一定金额以上的盗窃罪。[15] 这份罪名列表足以说明司法决斗适用

---

〔13〕Heinrich Bruner, *Deutsche Rechtsgeschichte*（vols: 1, 2nd edn, Leipzig, 1906, repr. Berlin, 1961; 2. rev. Claudius von Schwerin, Berlin, 1928, repr. Berlin, 1958），2, p.556. 转引自［英］罗伯特·巴特莱特：《中世纪神判》，徐昕、喻中胜、徐昀译，浙江人民出版社2007年版，第135页。

〔14〕［英］约翰·基甸·米林根：《西方决斗史》，荀峥译，中央编译出版社2012年版，第44页。

〔15〕［英］罗伯特·巴特莱特：《中世纪神判》，徐昕、喻中胜、徐昀译，浙江人民出版社2007年版，第138页。

的广泛性：既有针对人身的犯罪，也有针对财产的犯罪；既有刑事案件，也有民事案件以及政治案件。概而论之，中世纪欧洲大部分国家适用司法决斗的案件类型主要包括：恶性极大且秘密实施的犯罪，如叛逆罪、纵火罪和投毒罪；证据之间有争议的刑事案件；恶性不大但秘密实施的犯罪，如盗窃。轻微案件则通常不适用决斗。英国在1066年诺曼征服之后引入司法决斗，但具体时间不明。司法决斗在英国不仅用于刑事诉讼，也用于民事诉讼，尤其是涉及不动产争议的案件。

（三）宣誓涤罪

宣誓涤罪是具有特殊性质且存续时间最长的一种神意裁判方式，指被告以特别虔诚的宗教方式，立足忠诚品格、宗教信仰或对已知或未知力量的恐惧（伪誓）而作出的事实论断，旨在证明自己无罪或起诉无依据的证明方式。宣誓在欧洲范围内广为盛行，但形式不一，较为常见的通常为共同宣誓，即除被告外，还应有一名或数名共同宣誓者（司法实践中最为常见的是被告的父母或近亲属）作出支持被告的论断。从诉讼地位上看，共同宣誓者类似于品格证人，但无需就作证内容接受讯问，而仅需发表支持被告的论断。不同国家或地区对共同宣誓者的数量要求并不相同，有3个、5个、7个或12个，英国伦敦甚至可以达到36个共同宣誓者。宣誓通常在圣地进行，此前还应摆设祭品及举行宗教仪式。宣誓者在宣读誓词的同时往往还要接受考验，例如喝下"用于宣誓的圣水"，以检验誓言的真实性。与其他神意裁判方式不同，宣誓不能立即区分有罪和无罪之人，对伪誓者的处罚通常较晚进行。如果在宣誓后至作出判决前的一段时间里，宣誓者遭遇一连串事故，则构成伪誓，反之则不构成。

（四）宗教证据的核心特质

在欧洲的初民社会，宗教证据形式多样，且地区差异性极大，但仍然蕴含着一致的核心特质：其一，证明方式带有明显的非理性色彩，主要借助神明等超自然力量，证据的客观性及关联性不足，非逻辑化的因果关系在证明手段与待证对象之间形成明显割裂，现代意义上的演绎与归纳逻辑远未运用至对案件事实的判断。其二，证据形式法定，法官的权力极为受限。在神意裁判下，法官与当事人一样，亦是被动的旁观者，仅能决定神意裁判的方式，但无法左右裁判的结果。直到中世纪中后期，随着人类文明的发展，客观神意裁判方逐渐演变为主观神意裁判，法官的主观能动性及权威的裁判权才逐渐得以彰显。其三，证明责任分配无序，主要由被告承担。在宗教证据制度下，具有犯罪嫌疑的被告人应接受司法考验，证明自己无罪。而在一定情况下（如司法决斗），原、被告承担相同的证明责任。在一些极端情况下，证人甚至法官也须承担一定的证明责任。其四，证明过程与裁判过程融为一体，证明即诉讼。故在欧洲的初民社会，神意裁判既可以解读为证明方式，也可以解读为裁判方式，还可以解读为某种宗教仪式，三者在功能上并无实质差别。其五，证明手段原始、残忍，经常与刑事处罚融为一体。在附司法考验的神意裁判中，许多刑事被告无法通过"神明"的考验，在证明过程中即接受"神明"的处罚，致残乃至丧命。现存的一些史学资料记录了许多因接受水刑、烙铁刑、毒刑、食物刑、司法决斗而丧命的案例。即便到了中世纪早期，欧洲每年仍有为数众多的刑事被告死于神意裁判，尤其是司法决斗。[16]

（五）宗教证据的可接受性

宗教证据在人类社会的古代法中具有普适性，不仅在欧洲盛行，在同时期的亚洲、非洲、拉美等亦有类似的制度设计。究其制度的根本原因，文明程度低、认知能力弱系核心所在。一如前述，欧洲古代法中亦设有诸多理性证据形式，如证人证言和文书证据，但在司法实践中很受局限。证人证言极易作假，故往往辅以宣誓或司法考验。而文书证据则囿于一般大众较低的教育文化水平，很难在初民社会普遍适用。但正如冉-菲利浦·莱维（Jean-Philippe Lévy）教授所追问，"现代的理念很难理解为何人类社会在如此漫长的时间内对这些相当乏力的调查手段赋予一定的证明力，结果更多具有或然性，而非调查所得的真相。但事实真相却往往与考验的结果吻合。"[17] 初民社会也普遍接受这些非理性的宗教证据。冉-菲利浦·莱维教授谨慎地作出了解释，"一些设考验的神意裁判应用了某种经验的物理或化学方法，或者说神明时代的'科技证据'。这些神意裁判立足经验或无意识的心理学方法：真正的罪犯不敢接受考验，而倾向于认罪，或者即便不认罪，一开始也显得心虚，极易失败……而在外部氛围，公共舆论及立法者时常鼓吹神意裁判的正当性，这也令被告不敢说谎或者提供虚假证词。当然，神意裁判也会导致一些错案，但受害人却时常听之任之，因为他们内心深处认同超验的启示，并判定冥冥之中，自有天意。"[18]

有一些学者［尤其是秉承社会人类学观点的学者，比较有代表性的如彼得·布朗（Peter Brown）和保罗·海厄姆斯（Paul R. Hyams）］）则尝试以神判运作所处的共同体类型即社会类型来解释其运作和消亡。他们认为，"（神判是）某些

---

〔16〕 ［英］约翰·基甸·米林根：《西方决斗史》，荀峥译，中央编译出版社2012年版，第40页及以下。

〔17〕 Jean-Philippe Lévy, "l'évolution de la preuve, des origines à nos jours", in *La Preuve*, *Recueils de la Societe Jean Bodin* (4 vols), Paris, 1965, p. 17.

〔18〕 Jean-Philippe Lévy, "l'évolution de la preuve, des origines à nos jours", in *La Preuve*, *Recueils de la Societe Jean Bodin* (4 vols), Paris, 1965, p. 17.

难题的一种令人满意的解决方法……在其社会背景中是理性的"，"在'面对面的小型群体'构成的世界中，神判是'一种［达成］共识的工具'。它是缓慢的、弹性的和治疗性的，即它'对群体的紧张情绪适用一种深思熟虑的抚慰'，并'使人心平气和，缔造安宁'。"〔19〕

尽管各学科门类的学者从不同的研究角度对有限的历史素材进行了差异化分析，但有一点结论大体一致，即神意裁判在特定历史条件下具有"可接受性"，至少对于普通的大众阶层而言如此。〔20〕从程序法的角度考量，这种裁判形式的"可接受性"源于社会治理中纠纷解决的必要性以及有限条件下证据形式的稀缺性。在国家权威尚未完全形成前，社会群体对宗教的原始服从成为纠纷解决的重要保障机制，有效地遏制了人类群体的越轨行为，使社会运作有序进行。故神意裁判所展现的结果未必理性准确，但却获得公众的普遍接受。在此一问题上，卢曼有着精辟的论述，"对决定合法性的承认并非基于当事人是否确信决定的必然性、正确性和正义性。与此相反，程序向相关的个人提供了一个学习过程，让他们接受程序的结果并作为将来行为的依据。唯一重要的是外部意义上的成功。虽然被证实有罪的被告人会对有罪判决不满意，但他们仍然表现出顺从，因为他们不得不认识到他们无法动员亲友和普通公众反对这一判决。这种成功只有在对约束性判决的承认已制度化了的社会氛围中才能实现。这就是程序的贡献：它不需要个人确信他们得到了公正的对待，而是改变了当事人的期望结构和生存环境，通过这种方式将当事人在程序中整合起来，使得他们在最后除了接受决定以外别无选择（就像我们虽然不喜欢某种天气，还是无可奈何地接受了它）。"〔21〕

（六）神意裁判制度在欧洲的衰微及消亡

神意裁判在欧洲古代乃至中世纪早期的刑事证明中占据主导地位，但持续受到一些精英人士的批评。9世纪，法国里昂大主教阿戈巴尔德（Agobard）便认为，"忠实的信徒不应当相信全能的上帝会希望通过沸水或热铁来揭示人们现实生活中的秘密。""它是一项人类的发明，一种上帝从未指示、从未期望的证明，且正如可论证的那样，一种并未通过圣徒或任何忠实信徒的范例而引入的证明……倘若上帝规定了神判。""那么他就不会命令每一城市设立法官和治安法官，那些否认指控之人将由证人证明有罪，或是在没有证人的情况下，案件以宣

---

〔19〕［英］罗伯特·巴特莱特：《中世纪神判》，徐昕、喻中胜、徐昀译，浙江人民出版社2007年版，第50页。

〔20〕需要特别提及的是，神意裁判在当时也存在一些反对者，尤其是精英阶层，下有详述。

〔21〕［德］克劳斯·F. 勒尔：《程序正义：导论与纲要》，陈林林译，载郑永流主编：《法哲学与法社会学论丛》（四），中国政法大学出版社2001年版。

誓来终结。"〔22〕阿戈巴尔德大主教因此认为："倘若一切未来之事皆不确定，则试图通过可憎的决斗令不确定之事确定下来是何等惊人的愚昧。"〔23〕当然，尽管这样的质疑声音始终存在，但囿于时代背景始终未能成为主流。直至12世纪，神意裁判方开始遭遇致命的危机，并主要体现为两方面的迹象：一方面，欧洲许多国家的统治者开始展现出对神意裁判这种非理性证明制度的不信任，担心真正的罪犯逃脱公正严厉的惩罚，进而危及国家统治秩序。例如在英国，12世纪前夕，50位被控在王室树林里犯罪的被告接受了铁刑考验，但无人受到任何损害，最终无罪释放。英王威廉二世对此一结果非常震怒，怀疑教士们安排了这一考验，严重损害了王权及王室威望，因而发誓不再适用这种证明方式。而另一位英王亨利二世亦对神意裁判持敌对态度，分别于1166年及1177年下令，规定成功通过冷水考验而证明有罪或无罪的被告，如果存在目击证人，则此一考验不得作为证据使用。法国、意大利、西班牙等国家的许多城镇率先获得国王的"授权"，不在本地区适用单方的神意裁判以及司法决斗，且几乎扩及整个欧洲。另一方面，欧洲知识界（主要为神学家）也开始对不同形式的神意裁判展开深刻程度不一的批判性思考，一些极有影响力的学术著作不仅对权力阶层也对底层民众产生重大的影响。沃尔姆斯的主教布克哈德（Burchard de Worms）在《沃尔姆斯教会家庭法》中便曾对宣誓涤罪这种神意裁判方式大加批判。他通过对案件的梳理得出结论，商人阶层更愿意进行宣誓涤罪，因为伪誓太过容易，却未有明显的"神力"制裁。但这位主教认为，司法决斗更能彰显神明意志。布鲁日的主教加尔伯特（Galbert de Bruges）亦持类似观点。加尔伯特讲述了一个案例：来自爱登堡（Aardenburg）的骑士兰伯特（Lambert）被控于1127年谋杀了查尔斯·乐·邦（Charles le Bon），但兰伯特顺利通过烙铁考验。但随后，兰伯特又涉嫌另一起刑事案件并参与司法决斗，最终被击杀。加尔伯特评论道，兰伯特无疑是有罪的，但之所以第一次逃脱了铬铁刑，是因为上帝给他一个改邪归正的机会，但他没有珍惜这次恩赦，终究被杀。但加尔伯特作为法兰德斯的法务人员，丰富的实务经验让他感觉单方神意裁判太过宽松，容易纵容真正的罪犯，故他认为应将司法决斗作为普适的证明手段以取代单方神意裁判。有更多的欧洲知识精英反对所有的神意裁判方式，例如皮埃尔·勒·尚特雷（Pierre le Chantre）在1191—1192年的《浓缩的天主之

---

〔22〕［英］罗伯特·巴特莱特：《中世纪神判》，徐昕、喻中胜、徐昀译，浙江人民出版社2007年版，第96、97页。

〔23〕［英］罗伯特·巴特莱特：《中世纪神判》，徐昕、喻中胜、徐昀译，浙江人民出版社2007年版，第97页。

言》（*Verbum abbreviatum*）中便一针见血地指出，在烙铁考验中取胜的，比的是结茧的手，在冷水考验中取胜的，比的是呼吸调节，而在决斗中取胜的，比的是训练制胜。[24] 直至 12 世纪下半叶，欧洲神学家反对神意裁判的声音成为主流，并最终影响了立法〔例如，胡古齐奥（Huguccio）的学说便对教皇英诺森三世产生重大影响，并直接导致第四次拉特兰会议第 18 条教规的出台〕。

我们依然对欧洲神意裁判制度的消亡作一编年史的描述：首先是单方神意裁判。意大利大部分的北部城市，单方神意裁判在 12 世纪左右消亡，其余城市则相对相晚，伊斯特拉半岛的弗里乌为 1234 年，贝内文托为 1230 年，利士里亚的阿普里卡莱为 1267 年。尤值一提的是，1231 年，意大利国王腓特烈二世颁布法令，禁止再次适用神意裁判。在西班牙，单方神意裁判接近 13 世纪中叶才完全废除 1247 年的《韦斯卡法典》（Code de Huesca）。在葡萄牙，单方神意裁判消亡的时间分别是：夫来索为 1152 年，梅尔加苏为 1181 年，乌罗什为 1182 年，圣克鲁斯为 1125 年。在法国，中部地区的单方神意裁判较早消亡，例如图鲁兹地区为 1159 年，而北部地区则消亡较晚，大概为 12 世纪末期以及 13 世纪早期。在法兰德斯，单方神意裁判在 12 世纪下半叶便几乎为司法官调查制度（veritas scabinorum）所取代，最后一次提及单方神意裁判（火刑）的时间为 1208 年。在德国，单方神意裁判消亡较晚，1220—1235 年的《萨克森明镜》（*Sachsenspiegel*）依然规定了此一证明制度。直至 13 世纪下半叶甚至 14 世纪初，仍有一些法律规定了单方神意裁判，如《莱比锡地方法》（Richtsteig Landrechts，大约为 1325 年）。在斯堪的纳维亚地区，瑞典约在 13 世纪中叶废除了单方神意裁判，挪威大概为 1248 年（1247 年登基的哈康国王颁布法令废除了烙铁刑），丹麦为 1216 年（瓦尔德马二世的国王法令废除了烙铁刑）。在匈牙利和斯拉夫国家，单方神意裁判适用了相当长的时间：匈牙利大概于为 13 世纪末，波兰为 14 世纪初，卡西米尔为 14 世纪中叶，塞尔维亚为 1354 年，波希米亚为 1355 年（查尔斯四世的《卡洛琳娜王室法令》），克罗地亚为 14 世纪。

较之于单方神意裁判，司法决斗消亡的时间较为靠后，这主要是因为许多欧洲国家的骑士阶层（特别是伦巴第人和日耳曼人）特别崇尚决斗，将其视为勇气和荣誉的象征。因此，第四次拉特兰会议对司法决斗的影响远不如单方神意裁判来得如此极端。即便教会教义持反对态度，欧洲许多城镇的行政首长亦以地方法令的形式予以禁止，但司法决斗在欧洲的民间仍然相当盛行。故法史学家几乎无法准确提供欧洲各国司法决斗消亡的具体时间，而仅能作出粗略的估计：意大利

〔24〕 Van Caenegem, "La preuve dans le droit du moyen âge occidental", in *La Preuve*, *Recueils de la Societe Jean Bodin*（4 vols），Paris, 1965, p. 713.

和西班牙大概为 14 世纪初。葡萄牙于 14 世纪及 15 世纪出台王室法令禁止司法决斗，但即便至 15 世纪，许多贵族依然热衷以司法决斗来裁决刑事争讼。法国，路易九世曾禁止在其领地内进行司法决斗，但 1306 年，菲利浦九世迫于贵族压力又重新引入司法决斗。在整个 14 世纪，法国的不少地区均存在司法决斗的案例。英国则相对特殊，12 世纪，司法决斗便开始衰微。自 13 世纪初，司法决斗便由刑事陪审团所取代，司法决斗仅在理论上存在，在司法实践中极少发生。法兰德斯于 1116 年便废除了司法决斗，但直至 14 世纪，仍有不少司法决斗的个案发生。在德国和匈牙利，直至中世纪末，司法决斗仍然大量存在。

需要特别指出的是，宣誓涤罪在欧洲绝大部分国家一直延续至今，只不过性质和功能均发生极大的转变：不再是具体的证据形式，而是证人作证的前置程序。证人宣誓后作伪证的，将受到伪誓罪的刑事处罚。被告则通常有权不进行宣誓。

（七）宗教证据对欧洲近代刑事证据制度的影响

从时下既有的学术成果看，神意裁判对欧洲近代刑事证据制度的影响被严重低估，这可能是因为年代久远，刑事证据的历史传统在漫长的制度进化中得以稀释，且现代人眼中的"非理性"证据形式似乎很难与当下理性揭示案件客观真相的诉讼目标相共存。但正如美国著名的法史学家伯尔曼（Harold J. Berman）所言，"这就是整个历史的统一性，任何力图了解它的某个片断的人都必须意识到，他的第一个句子就撕裂了一张没有接缝的网。"[25] 宗教证据的某些"基因"以隐性或显性的方式根植于欧洲近代的刑事证据制度中。例如，神意裁判制度孕育着证据自由原则的核心要素，并为欧洲独立的刑事司法体制奠定信仰的基石。一如前述，从罗马帝国后期到公元 12 世纪，主观神判逐渐取代客观神判，巫师开始假借上帝之名介入刑事诉讼，听取各方当事人陈述，审查各类证据并据此作出裁断，罗伯特·雅克伯（Robert Jacob）教授称之为"神谕裁判"。[26] 神谕裁判始于弥撒，礼拜仪式为颂扬神之裁判者。之后则为以水驱魔，并告诫各方当事人："耶稣基督的身体与鲜血今日用于考验"（Corpus hoc et sanguis domini nostri Jesu Christi sit tibi as probationem hodie）。仪式后，巫师开始履行刑事裁判者的职权，对证据的证明力作出一定程度的"自由"评价。雅克伯教授认为，神谕裁判系人类司法史上相当重要的一个发展阶段，为现代刑事司法制度带来了诸多核心特质，包括

---

〔25〕 ［美］伯尔曼：《法律与革命——西方法律传统的形成》，贺卫方等译，中国大百科全书出版社1993 年版，第 57 页。

〔26〕 Robert Jacob, "Le jugement de Dieu et la formation de la fonction de juger dans l'histoire européenne", in *Archives de Philosophie du Droit*, tome XXXIX, 1994, p. 87.

刑事司法之于行政权的独立。事实上，现代刑事诉讼在宗教与世俗分离时并未消除裁判中对"神力"的诉诸。故中世纪后期刑事程序的转变与其说是对神的"驱逐"，毋宁说是对神的"重构"。法官保留了对"神"之权力的生动记忆。这可在欧洲普遍以"末日审判"或"耶稣受难记"为法庭背景图腾中得以佐证。刑事法官在作出裁判的一刻超越凡尘，注入了神的力量，刑事司法权之于王权，如同神权之于世俗权，崇高而独立。这也是为何许多未经历欧洲"从神至人"诉讼发展阶段的国家，迄今难以确立刑事司法的真正独立。神谕裁判亦是法官自由心证的雏形。巫师在诉讼中须听取各方当事人意见，对各类证据进行细致审查，以去粗取精、去伪存真，并最终形成证据链条。这类似于现代自由心证制度中的"裁判者通过直觉从证据裁量到责任伦理的过程"。又如宣誓制度。12 世纪后，宣誓涤罪受到罗马教会诉讼的冲击而发生功能的根本转变：利害关系人的誓词不再是证明案件真相的直接证据，而是佐证证言真实性的辅助证据。但与其他形式的神意裁判不同，宣誓在欧洲的刑事司法中一直占据重要位置，且仍然发挥着积极作用。从根本而论，对上帝的敬畏与信仰以简约的形式（誓词）体现在刑事司法的裁判中，彰显了法庭的庄重与权威。如涂尔干（Émile Durkheim）所言，"不管宗教生活以什么样的形式出现，它的目的都是为了把人提升起来，使他超越自身，过一种高于仅凭一己之利而放任自流的生活：信仰在表现中表达了这种生活，而仪式则组织了这种生活，使之按部就班地运行。"这大概也是欧洲刑事裁判核心特质的一大体现。

二、中世纪后期欧洲的证据与证明

中世纪后期，宗教证据逐渐式微，理性的刑事证明制度开始占据主导地位。从 12 世纪至 16 世纪，欧洲各国的法学家们开始尝试多种全新的证据形式，并形成了三种差异程度各异的证据制度：一是罗马教会证据制度，在意大利全境、法国及西班牙的部分城镇适用；二是调查证人的证据制度，在德国、荷兰、苏格兰以及法国部分城镇适用；三是邻里裁判的证据制度，在英国、诺曼底、法兰德斯、斯堪的纳维亚等国适用。16 世纪后，罗马教会证据制度在欧洲大陆成为主流，且一直延续至今，而英国则另辟蹊径，构建了以陪审团为核心的证据规则体系。

（一）欧洲构建理性刑事证明制度的尝试

一如前述，非理性证据形式在中世纪中后期几乎为所有欧洲国家所摒弃，取而代之的是以发挥法官理性智识为核心的理性证据形式。总体而论，这一阶段的理性证明制度具有一些全新的核心特质：其一，纯粹"形式主义"（formalisme）的裁判制度开始消亡，庭审不再是充满宗教色彩的语言、仪式和管理，现代意义上的证人、物证及书证得到极大发展和运用；其二，司法官享有极大的侦查权，在证据的收集、审查和运用上发挥积极主动的作用；其三，程序公开原则逐渐萎缩，取而代之的是秘密侦查、秘密作证以及秘密合议；其四，证明责任构建上开始奉行"谁主张，谁举证"（onus probandi incumbit ei qui dicit）的原则；其五，立法者对证据形式及证明力作了严格的等级设定，法官在裁判中严格受证据规则的限定，仅得依法律所确定的证据形式或证据形式组合作出有罪或者无罪的判决；其六，刑讯及酷刑获得合法地位，并广泛适用于特别严重的刑事案件。

在理性刑事证明制度建构初期，欧洲各国的法学家殚精竭虑，尝试从不同的思想渊源汲取灵感，建构合乎社会发展期待的证据形式。其中，古罗马法及《查士丁尼法典》获得欧洲诸多法律人尤其是意大利学派的青睐，智者法下的罗马教会诉讼开始成型，并深刻影响了教会法院的刑事司法实践，此后这套程序与证据制度逐渐移植入世俗法院，在16世纪成为欧洲大陆通行的模式。比利时法史学家约翰·吉利森（John Gilissen）总结了欧陆刑事证据制度日益趋同的核心原因：[27]其一，欧陆各国普遍接受了"一般的成文法"（gemein geschriebenes recht）。中世纪后期的罗马法学者及教会法学者在"一般的成文法"中构建了法定证据制度，后者系罗马教会智者法的重要组成部分。这套刑事证明制度最早在意大利、西班牙和法国的中部实施，后逐渐扩及德国、比利时以及欧洲大陆的其他国家。英国虽抵制智者法的入侵，拒绝将其列入"一般法"（ius commune），但罗马教会诉讼对英国的影响一直持续进行，直至1640年后，普通法在英国的法律体系中占据主导地位，英国的刑事证据制度方完全独立，并在世界范围之列独树一帜，产生极为重大的影响。需要特别提及的是，欧陆智者法对刑事司法实践的影响主要源自于大学里的职业法学家。各高级法院如法国高等法院、普鲁士帝国枢密院等，其法官也主要由大学里的职业法学家担任。欧陆的这一传统一直延续至今。其二，意大利学派的影响。法定证据理论创设于13世纪及14世纪，而在这一领域产生重大影响的学者几乎均为意大利人，经典作品也几乎均用拉丁文所写，例如丹克雷德（Tancrède）及其著述《司法令状》（Ordo judiciarius，大约为1215年），阿尔贝图斯·德·甘地纳（Albertus de Gandina）及其著述《论罪行》（Tractatus maleficiorum）以及代表性学者辛纳斯（Cynus），巴特勒（Bartole）以及巴尔德（Balde）等。而15世纪及16世纪的意大利学者对智者法中的刑事证据理论并未做过多的创新，而仅是予以精细、深化，例如，安格鲁斯·德·阿雷肖（Angelus de Aretio）

---

〔27〕 John Gilissen, "La preuve en Europe du XVIe au début du XIXe siècle", in *La Preuve*, *Recueils de la Societe Jean Bodin*（Vol. 4），Paris, 1965, p. 766 et s.

的《恶行论》（*Tractatus de maleficiis*）、伊波利特·德·玛尔斯尔（Hippolyte de Marsile）的《刑事案件实务》（*Practica causarum criminalium*）。一些在 16 世纪下半叶所出版的意大利证据理论著述在欧洲流传甚广、影响极大，如雅克毕·蒙洛基（Jacobi Menochii）的《法官对刑讯及案件的裁判》（*De arbitrariis iudicum quaestionibus et caussis*，1572 年，佛罗伦萨），蒙洛修斯（Menochius）的《推定、猜测、痕迹及物证论》（*De praesumptionibus, coniecturis, signis et indiciis commentaria*，六卷本，1609—1617 年，威尼斯），玛斯卡尔都斯（Mascardus）的《证明结论》（*Conclusiones probationum*，三卷本，1584—1588 年，威尼斯），法琳娜修斯（Farinaccius）的《证明与刑事理论和实践》（*De testibus et le Praxis et theorica criminalis*）等。欧洲其他国家的学者在论证相关证据问题时绝大部分均援引意大利学者的著述，甚至原文照搬。意大利学派对于中世纪后期欧陆刑事证据理论及实践的趋同化居功至伟。其三，古典自然法思想的影响。格劳秀斯、普芬多夫（Pufendorf）、多玛（Domat）等古典自然法学派学者在欧洲刑事证据领域引入了诸多启蒙思想，并孕育着近代刑事证明理论的目标和路径。无罪推定、排除合理怀疑、保障被告人权等现代刑事证明制度的核心要素并非法国大革命后方创设，而早已孕育于中世纪后期欧洲的学术思想及司法实践中。其四，成文法令的影响。神圣罗马帝国 1532 年查理五世所颁布的《加洛林纳刑典》、西班牙 1566 年菲利浦二世所颁布的《新法律汇编》（*Nuova Recopitolacion de las Leyes*）、法国 1670 年路易十四所颁布的《刑事法令》等均包含了大量的证据条款，在欧洲乃至世界范围之列产生极为重要的影响，成为欧陆各国立法者确立本国刑事证明制度的重要参照模版。1500 年后，除沙俄、英国等极少数国家外，欧洲各国的刑事证据制度基本类似，并一直延续至 18 世纪末。

（二）罗马教会刑事证据制度的核心内容

近代学者将罗马教会刑事证据制度[28]概称为"法定证据制度"，因为自 13 世纪起，欧洲各主要国家的立法者相继在刑事证据立法[29]上确立了十分精确的证明力等级体系，详细规定了每种证据形式的可采性、不同种类证据在诉讼中的证明力以及证据间出现证明力冲突时的优先取舍问题。法定证据制度包括三项核心

---

〔28〕 在中世纪中后期，法定证据制度亦适用于民事诉讼。事实上，欧洲不少国家的民事诉讼至今依然奉行法定证据制度。

〔29〕 最为典型的当属 1532 年神圣罗马帝国皇帝查理五世所颁布的《加洛林纳刑典》。法国 1670 年的《刑事法令》虽未冠以法定证据制度的表述，但基本理念是类似的，只不过更加隐晦。如《刑事法令》第 19 编第 1 条规定了适用酷刑所需要的证据，第 25 编第 5 条规定了口供在一些情况下的精确定位。意大利在同一时期也盛行法定证据制度，法学家阿尔贝图斯·德·甘地纳在《论罪行》一书中便专设两章以阐释这一套复杂的证明制度。

内容：其一，法定的证据形式；其二，法定的证明力规则；其三，也是较为特殊的，刑讯程序中酷刑的应用。

1. 法定的证据形式

欧洲各国的立法明确规定了具有证据资格的证据形式，具体包括书证、证人证言、口供、推定、现场调查以及专家鉴定。

（1）书证。书证在刑事诉讼中的运用相对有限，仅适用于阴谋暴乱罪（complot contre l'État）、异端罪（hérésie）、伪造罪（faux）、暴力罪（usure）以及文书恐吓罪（menaces écrites）等。但在民事诉讼中，中世纪中后期的书证得到极大的发展，既包括公证文书（instrumenta publica），也包括私人文书（instrumenta privata），其证明力甚至凌驾于证人证言之上，即所谓的"文书优于证言"规则（lettres passent témoins）。

（2）证人证言。证人证言的适用须遵循如下规则：其一，证人应具有作证资格，即不在回避之列。回避事由主要包括证人的情感状况，如爱慕（l'affection）、恐惧（la crainte）、仇恨（l'inimitié capitale）等，证人的身体或名誉状况，如年衰（la faiblesse de l'âge）、精神衰弱（faiblesse de l'esprit）、失誉（l'infamie）等，或者证人与案件的利害关系，如个人利益（intérêt personnel）、亲属关系（la parenté）、穷困潦倒或乞食等。罗马法学家依《学说汇纂》总结了证人的作证资格：身份（Conditio）、性别（sexus）、年龄（aetas）、判断力（discretio）、声誉（fama）、财产（fortuna）、忠诚（fides）。其二，证人证言应具有"说服力"（concluante），严格适用传闻证据排除规则。具体而论，证人须亲眼指控事实的发生，而不得转述或以听闻事实作证。证人在侦查、核实证据（les récolements）以及对质（les confrontations）过程中必须履行法律所规定的各种程序。其三，两人作证规则。即至少有两名证人对同一指控事实及情节提供证言，且在根本内容上具有相似性。在中世纪中后期，两人作证规则系铁律，如拉丁法谚所云，"仅有一人作证，即无证人作证"（testis unus, testis nullus）。这一规则甚至沿袭至今。其四，证人有作证义务。在智者法下，证人作证是公共职责（officium publicum），法官可以强制证人作证。日耳曼及中世纪一些国家的习惯法虽未规定此一义务，但证人不作证或作伪证可能导致决斗。

（3）被告口供（l'aveu）。在罗马教会诉讼中，被告口供系极其重要的证据形式，长期被冠以"证据之王"的美誉。在侦查能力较为低下、取证技术较为粗糙的中世纪，这也是刑讯及酷刑制度设立并在后期盛行的基本动因。许多近现代的法学家和启蒙思想家在批判中世纪刑事证据制度时时常以酷刑及口供为切入点，披露各种残暴的刑讯手段，以抨击旧制度刑事司法的黑暗和残忍。从现代人权法治的角度看，这样的批判自是成立，但回归历史背景，我们发现，仍有不少批判性的观点存有误解，系建立在对中世纪被告口供制度片面甚至错误的认知之上。例如，在罗马教会诉讼中，原则上，被告的口供应自愿作出，不得强迫自证其罪。仅在特别严重的刑事案件（可能判处死刑）且存在证明力较强的不利证据指向被告时，法官方可裁定对其适用酷刑。即便在这一情况下，口供亦应在被告身体恢复后经重新讯问方可成为证据。

（4）推定（les présomptions）。推定即法官从一个已知事实得出另外一个未知事实的逻辑过程。18 世纪法国著名的法学家尤斯（Jousse）在论及刑事诉讼中的推定时写到，"如果就主要事实作证的证人证言并不能证明案件事实本身，而可证明其他事实，且这一事实与主要事实存有关联并可予以证明，则法官将依智识分析适用之。"[30] 主流学说将推定分为法律推定（les présomptions de droit）和事实推定（les présomptions de fait）。法律推定，顾名思义，即立法所明确设定的必然逻辑结果，通常具有不可反驳性（irréfragable）。例如，法律规定，一定年龄以下的未成年人不追究其刑事责任。当然也有一些法律推定是允许当事人提出相反事实予以反证，如立法在夜袭（attaque nocturne）案件中或者在暴力行窃（vol avec violences）案件中关于正当防卫（légitime défense）的推定。[31] 事实推定又称为征凭推定（les présomptions des indices），指根据一定的事实（征凭）推断出某些结论，并据此判定犯罪事实是否存在以及被告有罪与否的逻辑过程。在法定证据制度中，事实推定占据举足轻重的地位，立法作了极其详尽的规定和分类。依证明力强弱，征凭（indice）可分为确实的征凭（indices manifestes）、强证明力的征凭和弱证明力的征凭。欧洲各国的立法、惯例及判例对三者作了详细的规定。例如在凶杀案件中，确实的征凭必须是两名证人看到被告手持利刃从发出尖叫或发现尸体的房间中逃出。已被证实的威胁则是强证明力的征凭。弱证明力的征凭主要指"那些与犯罪事实及犯罪情节无关，但涉及被告的个人状况，证明其可能实施被控之罪行的事实"。[32] 立法者特别规定了如下数种弱证明力的征凭：被告实施犯罪可能获得利益、声名狼藉（sa mauvaise renommée）、装聋或假装健忘

---

[30] André Laingui et Arlette Lebigre, *Histoire du droit pénal*, tome II, *La procédure criminelle*, Cujas, Paris, 1979, p. 112.

[31] André Laingui et Arlette Lebigre, *Histoire du droit pénal*, tome II, *La procédure criminelle*, Cujas, Paris, 1979, p. 112.

[32] André Laingui et Arlette Lebigre, *Histoire du droit pénal*, tome II, *La procédure criminelle*, Cujas, Paris, 1979, p. 112.

（l'affectation de surdité ou d'amnésie）。此外，在司法实践中，即便不存在上述事实，但被告对于犯罪的调查显示出过分的热情，也可以作为弱证明力的征凭。缪亚·德·乌格朗（Muyart de Vouglans）甚至将"将被告相貌作为弱证明力征凭"，成为意大利实证法学家"犯罪人"（l'homme criminel）理论的先驱。

此外，立法者还通常以列表形式详尽地区分了可适用于所有犯罪的一般征凭（les indices communs）以及仅适用于某些犯罪的特别征凭（les indices particuliers），并据此确定证明力（la valeur probante）。例如《加洛林纳刑法典》便规定，下列征凭为一般征凭，可适用于所有犯罪：被告在诉讼外的供认（confession extrajudiciaire）、与被害人有深仇大恨、被告的威胁行为、逃逸、公众舆论（la voix publique）、与被害人的交易、被告犯罪的利益、被告隐匿、未揭发犯罪（la non-révélation du crime），甚至是共同犯罪案件中经证实的合意（l'approbation témoignée），等等。

（5）现场取证（la descente sur les lieux）和专家鉴定。现场取证主要用于查证法官记录中所载明的犯罪要件（le corps du délit）。专家鉴定则与现代的刑事鉴定制度并无太大差异。鉴定意见仅供法官参考，并无强制约束力。

2. 证据的证明力

法定证据制度的核心特质便在于对各种证据形式的证明力作预先约定，以此约束法官在证据运用、事实认定及司法裁判中的专权。依证明力强弱，证据分为三类：确实的证据、半证据和不完整的证据。

（1）确实的证据（La preuve pleine ou manifeste）。在刑事审判中，法官仅可凭一份确实的证据便可作出有罪判决，甚至是死刑判决。依中世纪的立法、惯例及学说，确实的证据主要包括：

· 无争议或者经公证的书证。

· 两份相互印证的证人证言。[33]

· 有确实征凭的事实推定。需要特别指出的是，在16世纪前，理论界及实务界对推定的证明效力存有较大争议。但16世纪后，这种争议便不复存在，只要有确实的征凭，法官便可判处有罪判决，甚至是死刑判决。

· 被告口供。被告口供是否为确实的证据，这在中世纪的理论界及实务界亦存有较大争议。尽管拉丁法谚云，"之于可判处死刑之人，不得听取其证言"（nemo auditur perire volens），但中世纪中后期的司法实践普遍将被告

---

[33] 一如前述，两名证人均应亲眼看见案件事实，且不在回避之列。这在司法实践中极为罕见，故中世纪的学者戏称其为"稀禽"（rarae aves）。

自愿的供述作为确实证据，法官可据此定罪甚至判处死刑。[34] 学者们的意见也不统一。尤斯便认为，"在刑事诉讼所能获得的证据中，被告的供述是最具证明力且最为确定的。" 布兰·杜·帕尔克（Poullain du Parc）则持反对观点，认为口供可能有悖于真相，"……尽管并未精神错乱，但一位心存悔意的无辜者在受到对其不利敕令的惊吓仍可能受到不利判决；恐惧可能使他承认了并未做过的犯罪行为。" 因此，布兰·杜·帕尔克认为，口供需要强证明力的征凭（indicesgraves）或者证人证言等证据进行补强。[35]

（2）半证据（la preuve semi-pleine）。与确实的证据不同，法官不得仅凭半证据便作出死刑判决，而仅得作出刑讯判决（un jugement de question），或者更充分查明之判决（un jugement de plus amplement informé），或者作出低于所控刑罚的有罪判决。如果法官作出刑讯判决，则将对被告适用酷刑，依酷刑所得的供述作进一步的判决考量。半证据主要包括：单一证人的证言，或者强证明力的征凭。

（3）不完整的证据（La preuve imparfaite）。不完整的证据证明力最弱。法官不得依据此一类型的证据作出有罪判决，亦不得作出刑讯判决，仅可据此发布传唤令（un décret d'ajournement personnel）或者拘提令（un décret de prise de corps）。不完整的证据主要由弱证明力的征凭（les indices légers）构成。

需要特别澄清的是，时下仍有不少学者（既包括欧美学者，也包括中国学者）认为，半证据或不完整的证据可经过简单的算术叠加构成证明力层级较高的证据。[36] 之所以存在这一误解，主要受法国著名启蒙思想家伏尔泰的误导。1763 年 5 月 3 日，伏尔泰在写给达米拉维尔（Damilaville）的信中描述了卡拉案件的判决情况。他写道，"图卢兹高等法院承认半证据、1/4 证据和 1/8 证据，以至于 8 位传播流言者仅构成毫无依据的嘈杂声，但却成为一个（可定罪的）完全证据。"[37] 但正如埃斯曼所言，"伏尔泰并不了解现行法，不完全了解法定证据制度在整个证明体系中的作用"，而这恰是"他攻击最猛烈的地方"。[38] 事实上，在法定证据制

---

〔34〕 尽管法国 1670 年《刑事法令》并未将被告口供作为确实的证据，但司法实践中仅凭口供便定罪的案件也相当之多。

〔35〕 André Laingui et Arlette Lebigre, *Histoire du droit pénal*, *tome II*, *La procédure criminelle*, Cujas, Paris, 1979, p. 114.

〔36〕 例如何家弘：《对法定证据制度的再认识与证据采信标准的规范化》，载《中国法学》2005 年第 3 期。

〔37〕 Cité par Tricaud F, "Le procès de la procédure criminelle à l'âge des Lumières", in *Archives de philosophie du droit*, Vol. 39, 1995, p. 153.

〔38〕 Esmein, A., *Histoire de la procédure criminelle en France*（et Spécialement de la procédure inquisitoire depuis le XIIIsiècle jusqu'à nos jours）, Paris, 1882, rééd. Verlag Sauer et Auvermann KG, 1969, p. 368.

度下，"半证据并不意味着可推断出半个事实，同理，两个不肯定不能构成一个肯定，两个半证据也不能构成一个充分的证据。"〔39〕这是中世纪欧洲理论界及实务界的通说，卡拉案件仅是极端的个案。

3. 刑讯程序（la question）与酷刑（la torture）

酷刑产生于13世纪，系基督教会和世俗王权集权统治的重要手段。较之于神意裁判，这种取证方式更为合理、理性，故几乎在所有的欧洲国家〔40〕适用，且持续时间极长，直至18世纪末期才逐渐消亡。中世纪中期欧洲的罗马法及教会法学者普遍认为，酷刑是一种正当的侦查手段，对于保障良好的刑事司法必不可少。〔41〕16世纪起，欧洲各国的刑事立法几乎均将酷刑作专章规定（如前所论及的《加洛林纳刑法典》和1670年法国的《刑事法令》，〔42〕以及1567年西班牙的《新法典编纂》等）。欧洲刑事法学者对酷刑的研究更是达到顶峰。较具代表性和影响力的作品，如13世纪的佚名作品《论酷刑》（*Tractatus de tormentis*，大约写于1263—1286年），13世纪末阿尔伯特·甘迪努斯（Albert Gandinus）的《论犯罪》（*Tractatus de maleficiis*），1484年海因里希·克雷默和耶科布（Heinrich Kraemer and Sprenger）所撰写的《女巫之槌》（*Malleus maleficarus*），1580年冉·布丹（Jean Bodin）的《巫师的魔鬼附身狂想》（*Démonomanie des sorciers*），1588年意大利罗马的律师法里纳修斯（Farinaccius）所撰写的《刑事理论与实务》（*Praxis et theorica criminalis*），等等。此外，波伦亚学派在评注《狄奥多西法典》和《学说汇纂》时亦对罗马法中的酷刑理念作了较具深度的阐释。从根本而论，酷刑系中世纪刑事法学者最热衷的学术命题。

不同欧陆国家对刑讯及酷刑的适用细则规定有所不同，但机理基本类似。法国1670年《刑事法令》第19编便对刑讯及酷刑作了极为详尽的规定，可作为欧陆国家的典型范本加以研判。1670年《刑事法令》将"刑讯"分为两种：预备刑讯（la question préparatoire）和预先刑讯（la question préalable）。尽管名称类似，但两种"刑讯"程序的功能和目的完全不同：预备刑讯是在最终判决作出前，法官为获得被告口供、掌握更充分的证据以证明被告有罪而下令适用的一种预审措施；

---

〔39〕 Denisart, *Collection de décisions nouvelles et de notions relatives à la jurisprudence actuelle*, Vol. 3, 1768, V semi-preuve, tome 3, p. 71.

〔40〕 包括英国。很多秉承"英美法中心主义"的学者否认此点，但存有误解，下有详述。

〔41〕 但中世纪后期（尤其是17世纪后），开始有不少学者反思这一制度的正当性，并对滥用酷刑的现象进行了严厉地抨击。

〔42〕 法国1670年《刑事法令》在立法讨论期间，几乎所有的学者对酷刑的适用均有批评意见，但拉曼翁（Lamoignon）和普索（Pussort）一致认为，酷刑外的其他预审手段对于侦破重大的刑事案件并不得力，故法令最终保留了酷刑的相关规定。

而预先刑讯则是对已经判处死刑的被告所采取的预审措施，旨在"揭露被告的共犯"。前者由中间裁决决定，后者则由终局判决确定。两种刑讯程序本质上均属预审手段，但因方式严酷而纳入法令的刑罚编。而本文所论及的仅为预备刑讯。

1670 年《刑事法令》第 19 编第 1 条规定了适用预备刑讯程序的三大要件：①被指控的罪名应判处死刑；②犯罪事实确实存在；③存在不利于被告的重要证据。司法实践中最为突出的问题是第三个要件，一如前述，法官仅在掌握对被告不利的半证据下，方可启动刑讯程序并对被告科以酷刑。此一半证据可以是经两名证人证实的被告庭外供认（la confession extrajudiciaire），也可以是一份证人证言且辅以征凭，尤其是证明被告声名狼藉的征凭，也可以是所有确实的征凭。"这些征凭与主要事实具有紧密直接的联系（……）：例如，在盗窃案件中，如果发现被告持有被盗财物，或者发现被告在被盗地方拿走被盗物品（……），或者被告在尸体附近被抓且手中握剑，试图逃逸……"[43]如果法官未遵守前述条件而非法对被告适用酷刑，则应承担责任，甚至是刑事责任。被告也可对适用预备刑讯的中间裁决提起上诉。上诉一旦获得批准，则被告便不再交由一审法院的法官处置（巴黎刑事法院除外），上诉法院是唯一有权进行刑讯的法院。立法者希望通过这些程序机制以限制刑讯案件的数量。

预备刑讯存在多种形式，各地刑事法庭的做法有所不同。例如巴黎采用灌水（l'eau）或者夹棍（brodequins）；在雷恩，受刑者应佩戴在火中烤过数次的脚镣，或者在被告脚上负重并将其吊起等；法兰德斯则同样采用灌水；意大利则采用悬吊（suspension）。15 世纪的学者伊波利特·德·玛尔斯尔（Hippolyte de Marsiliis）便曾专门研究了欧洲的十四种酷刑模式。在预备刑讯期间，书记官应认真记录酷刑的进程及强度。如果法官在适用酷刑时超出必要限度而致使受刑人死亡的，则应承担责任：如果存在主观的欺诈，则法官将被科处死刑；相反，如果并非有意为之，则法官应依过错的严重程度接受惩罚。正如阿尔贝图斯·德·甘地纳所言，此举的目的在于保障被告安然无恙以便执行随后的免诉或者死刑判决。依惯例，预备刑讯还必须有医师参与。当然，审慎义务（devoirs de conscience）及怜悯之心（compassion）促使法官在刑讯中保持节制，这比"可能追究法官责任"更为有效："刑讯中的节制或粗暴完全取决于法官的考虑、裁量以及审慎。但是好的法官往往对受刑人怀有怜悯之心，并应充分考虑被告的年衰、稚嫩及精

---

〔43〕 André Laingui et Arlette Lebigre, *Histoire du droit pénal*, *tome II*, *La procédure criminelle*, Cujas, Paris, 1979, p. 117.

力。"[44]

刑讯结束后，被告将置于火旁的一个床铺上。1670年《刑事法令》规定，法官必须立即针对被告在刑讯中所承认或者否认的犯罪事实进行新一轮的讯问。有些国家如意大利则在刑讯后给被告预留了一个回答新一轮讯问的期限，通常为24小时，这是因为，如果被告立即承认其在刑讯中所作的口供，则该行为被推定为因畏惧酷刑或者受疼痛的影响而为之。如果被告在刑讯中承认了被指控之犯罪，并在随后的讯问中确认了这一口供，则该口供补强了此前所收集的各种不利于被告的证据，法官可据此作出有罪判决；如果被告在刑讯后否认了之前的口供，并声称系由酷刑的暴力迫使其招供，则此一口供"不能作为证据"。除流刑外，被告不得科处其他任何刑罚。但在司法实践中，如果法官在刑讯中所获得的口供十分精确和详细，以至于可判定"被告如若并未参与犯罪，绝计不可能了解得如此确切"，则法官可以宣判被告有罪，而无需考虑被告翻供。特别需要指出的是，依1670年《刑事法令》第19编第12条之规定，"即使出现新的证据，也不能对被告就同一事实适用两次刑讯。"

（三）中世纪中后期英国独特的刑事证明制度

一如前述，在中世纪早期，欧洲各国刑事证据制度的演进虽在时间和细节上存有诸多差异，但总体的趋势是一致的。但自12世纪起，罗马教会诉讼对英国的影响远不如在欧洲大陆，并逐步形成两大截然不同的刑事证明模式：欧陆以法定证据制度为核心，构建了严格的证据等级体制，而英国则以陪审团为中心，构建了邻里作证制度及后续纷繁复杂的刑事证明规则。

邻里作证并非英国所独有。欧陆许多国家在智者法时代亦确立了类似的制度以确定被告的犯罪事实及罪责轻重。例如在12世纪的法兰德斯，法庭由2名负责调查真相的法官及5名邻里证人组成。在丹麦，瓦尔德马二世（Valdemar II）通过国王法令废除了烙铁刑，而改由12名公民组成陪审团对罪责问题进行裁判（1216年前后）。此后，随着罗马教会诉讼在欧陆的日益盛行，其他欧洲国家的邻里作证制度逐渐衰微乃至灭亡，唯有英国保留了下来，并将其发扬光大，确立了以陪审团为中心的刑事证据法则（Evidence Law）。何家弘教授认为，"影响二者走向不同道路的原因可能包括以下几点：其一，英国最早的法律传授是以岛国自己的法律为基础的，是在13、14世纪伦敦那四个具有授予律师资格权的法律协会里进行的；而在欧洲大陆，19世纪之前讲授的唯一法律就是罗马法和教会法。其

---

[44] André Laingui et Arlette Lebigre, *Histoire du droit pénal*, tome II, *La procédure criminelle*, Cujas, Paris, 1979, p. 119.

二，早在爱德华一世时期，英国的法官就不再由深受教会法熏陶的教士来担任了，而是由在王室法院中接受普通法训练的世俗律师来担任了；而在欧洲大陆，很多的法官都是在意大利带有浓厚宗教色彩的大学中接受过罗马法和教会法教育的人。其三，英国比欧洲大陆更早确立了王室的中央权力，因此英国国王得以推行陪审团审判模式；而欧洲大陆的那些小国则不得不在寻求其统治时借助罗马法的力量。在这一发展过程中，英国国王为了加强统治使用了外来的日耳曼陪审制度；德国和法国的君主们则使用了外来的罗马法维护其统治，于是就导致了'纠问式'诉讼制度的迅速确立。"〔45〕这些原因分析有一定的道理。但从编年史的角度看，我们还可作更精准的深入分析。在历史上，英国比欧洲大陆诸国更早确立了王室集权体制，因此非理性证据形式所面临的危机比其他欧洲国家来得更早，大约为 1170 年前后。此时，罗马教会诉讼仍在创设阶段，尚未在英国教会法院里盛行。事实上，英国教会法院对该证明制度是否有效仍深存疑虑，故在此一背景下，邻里裁判成为教会法院的首选。如著名的法史学家范·卡内冈所言，"我们可以设想，如果在当时，罗马教会程序已然成熟，或者说英国旧证据形式的危机未如此急迫，罗马教会程序便极有可能在英国适用并发展。"〔46〕

自 13 世纪起，英国的刑事审判方式转向对抗制，邻里作证逐渐转变为陪审团审判。司法实践中，法官为防止陪审团受证人证言的诱导产生错误判断，或者保证陪审团的讨论集中于案件争点，会适时作简单声明，并记录在案。〔47〕久而久之，判例法（尤其是 15 世纪后）开始确立证据规则，主要是证人作证规则和书证运用规则，并扩及适用于未设陪审团的刑事法庭。不少证据规则与欧陆的法定证据规则有契合之处，如证人作证规则、传闻证据排除规则、原始文书规则（最佳证据规则）等。

需要特别指出的是，法国大革命后，英国刑事诉讼及证明制度成为欧陆启蒙思想家最青睐的理想模型，伏尔泰、贝卡里亚、孟德斯鸠等均不吝赞誉之辞，普遍将其视为理性的纠纷解决方式，并主张予以效仿。不少学术观点不仅在当时欧洲影响极大，在时下的中国亦成为主流通说。但应看到，大革命前后的欧陆启蒙思

---

〔45〕 何家弘：《司法证明方式和证据规则的历史沿革——对西方证据法的再认识》，载《外国法译评》1999 年第 4 期。

〔46〕 Van Caenegem, "La preuve dans le droit du moyen âge occidental", in *La Preuve, Recueils de la Societe Jean Bodin* (Vol. 4), Paris, 1965, p. 752.

〔47〕 Joüon DES Longrais, "La preuve en Angleterre depuis 1066", in *La Preuve, Recueils de la Societe Jean Bodin* (Vol. 4), Paris, 1965, pp. 232–3；John Langbein, "Historical Fondations of the Law of Evidence: A View from the Ryder Sources", *Columbia Law Review*, 1996.

想家普遍带有明显的"立场预设"，"贵远贱近"的倾向十分明显，对英国刑事证明制度的描述亦有失客观，有过分美化之嫌。例如不少学者认为旧制度时期英国刑事诉讼未设酷刑制度，酷刑系欧陆法定证据制度的"特产"，其实情况并非如此。在英国，"各种法令以及亨利八世的国家法均允许在侦查阶段使用酷刑。"[48] 即便秉承"英美法中心主义"的学者大部分也不否认此点，但更多认为"酷刑系政治目的"，如布莱斯通（Blackstone）大法官在论及英国的酷刑制度时便曾言，"酷刑在英国立法中闻所未闻，主要是一种国家手段，而非法律工具。"[49] 约翰·斯宾塞（John Spencer）教授尽管承认"英王（尤其是都铎王朝和斯图亚特王朝）可专门授权对犯罪嫌疑人实施酷刑"，但亦援引朗本教授的研究作为补充，"酷刑在英国通常是例外的、非正式的、秘密的，从未制度化"，这与欧陆将酷刑作为预审常规手段有根本的区别。[50] 但事实并非如此。朗本教授在其《酷刑与证据法》这本大作中其实便提供了自相矛盾的素材。他分析了英国从 1540—1640 年 100 年间的 80 起案件，其中 1/4 属于普通的刑事案件（谋杀和盗窃）。在这些案件的侦查程序中，侦讯人员时常对犯罪嫌疑人采用酷刑以获取有罪供述。他还专门列举了在一起入室盗窃案中，侦讯人员对犯罪嫌疑人施以酷刑，"直至作出最佳证言以供述事实"。[51] 如福柯（Michel Foucault）在《规训与惩罚：监狱的诞生》一书中写道，"奇怪的是，英国是酷刑消失得最迟缓的国家之一。其原因也许是，陪审团制度、公开审讯制度和对人身保护法的尊重使其刑罚具有一种楷模形象。毫无疑问，最重要的原因是，英国在 1780—1820 年的大骚乱时期不愿削弱其刑罚的严峻性。"[52]

（四）对法定证据制度的若干误解及厘清

总体而论，欧陆的法定证据制度在中国证据法学界鲜有较为深刻、全面的研究，[53] 且不少有理解上的误区及偏差，原因主要有四：其一，法定证据制度主要

---

[48] Langbein, H., *Torture and the Law of Proof* (*Europe and England in the Ancien Régime*), The University of Chicago Press, 1976, p. 81.

[49] Cité par Renée Martinage, *Histoire du droit pénal en Europe*, *Que-sais-je?*, PUF, 1998, p. 37.

[50] Langbein, H., *Torture and the Law of Proof* (*Europe and England in the Ancien Régime*), The University of Chicago Press, 1976, p. 73.

[51] Langbein, H., *Torture and the Law of Proof* (*Europe and England in the Ancien Régime*), The University of Chicago Press, 1976, p. 88 et s.

[52] [法] 米歇尔·福柯：《规训与惩罚：监狱的诞生》，刘北成、杨远婴译，生活·读书·新知三联书店 1999 年版，第 15 页。

[53] 比较有代表性的，如何家弘：《对法定证据制度的再认识与证据采信标准的规范化》，载《中国法学》2005 年第 3 期；王亚新：《刑事诉讼中发现案件真相与抑制主观随意性的问题——关于自由心证原则历史和现状的比较法研究》，载《比较法研究》1993 年第 2 期；张友好：《经验与规则之间：为法定证据辩护》，载《中国刑事法杂志》2005 年第 6 期。台湾地区学者亦有涉猎，如陈朴生：《刑事证据法》，三民书局 1979 年版；林钰雄：《严格证明与刑事证据》，法律出版社 2002 年版。

为欧陆理论，且又以意大利实证法学派及法国 1670 年《刑事法令》最为典型。时下国内精通拉丁语、意大利语和法语的证据法研究者尚少。国内证据法学者对法定证据制度的了解更主要立足英美法学者的研究，不免带有"英美法中心"的预判和前见。其二，近代各主要发达国家的刑事诉讼普遍奉行自由心证制度，而欧陆的自由心证系建立在对法定证据制度的反思及批判之上，容易造成法定证据制度系"非理性、落后、野蛮"之证明制度的印象，进而影响对制度本身内涵的客观理解。其三，中国学术界对法定证据制度的一些思想误区部分还源自于中世纪欧陆启蒙思想家的批判性论点。一个鲜为人知却无可争议的事实是：欧陆启蒙思想家普遍缺乏证据及诉讼法的专业知识，其对法定证据制度的诟病更多源自对旧制度的控诉，不少批判缺乏资料支撑，甚至源自错误的史料，逻辑论证也显得片面简单。其四，受职权主义传统影响，欧陆学术界对刑事证明制度的研究确实远不如英美证据法精细，甚至也很少有学者专门出版证据法方面的教材和论著，这加大了域外法研究者深入了解欧陆证据制度包括法定证据制度的难度。

从目前中国既有的学术成果看，对法定证据制度的误解主要集中在如下三个核心论断：

第一，法定证据制度的核心并非通过证明力的算术累加达致定罪判决。具体而论，确实的证据、半证据和不完整的证据仅是证据分类，不能简单地加减转换。两个半证据不会转变为确实的证据，理论上也不存在所谓的 1/4 证据或 1/8 证据，[54] 伏尔泰所批判的卡拉案系非常极端的个案，并非司法实践的通例。

第二，酷刑在法定证据制度下既非通例，也非核心所在。时下对法定证据制度的另一极大误解便是酷刑泛滥，被告人权普遍未获尊重，这也是时下反思及检讨中世纪刑事证明制度的重要论据。但应注意到，绝大多数的欧洲法律均对酷刑适用设立了极高的门槛，例如法国 1670 年《刑事法令》规定，适用刑讯程序应符合三个条件：指控的罪名应判处死刑、犯罪事实确实存在以及存在不利于被告

---

〔54〕 相关误解，参见何家弘：《对法定证据制度的再认识与证据采信标准的规范化》，载《中国法学》2005 年第 3 期。特别需要指出的是，何家弘教授援引了法国 19 世纪著名刑事法学家波尼厄尔（Bonnier）的经典作品《论刑事证据与民事证据的理论和实务》（*Traité Théorique et Pratique des Preuves en Droit Civil et Criminel*）中的论述，"如果一个证言受到对方的质疑，那么法官将酌情减低其证明价值。法官不会一笔勾销该证言的价值，而是酌情将其降低为 1/8、1/4、1/2 或 3/4 个证言。这些降低了价值的证言需要其他证据佐证才能构成一个完整的证言。假设在一起案件中，一方当事人的四个证言都受到对方的质疑。根据质疑的情况，其中两个证言的价值减半，一个减为 1/4，一个减为 3/4，那么加在一起，就是两个证言。由于两个良好的证言就可以构成一个完整的证明，所以，尽管这四个证言都在不同程度上受到对方的质疑，但是仍然可以构成一个完整的证明，法官仍然可以据此作出判决。"何教授的引注为第 243 页，可能系笔误，实际应为第 376 页，原文所论述的也是卡拉案。E. Bonnier, *Traité Théorique et Pratique des Preuves en Droit Civil et Criminel* Henri Plon Éditeur et Marescq Ainé Éditeur, 1873, tome 2, p. 376.

的重要证据。法官违法适用酷刑的，将追究责任，导致被告死亡或残废的，还可能被判处死刑。此外，被告还享有上诉权，对被告不得重复使用酷刑。当然，从现代的眼光看，酷刑自是侵害被告的基本人权，违反强迫自证其罪的特权，但在中世纪，欧陆刑事司法禁止法官仅通过一般的征凭或者推定对被告予以定罪，控方承担了极为沉重的证明责任。侦查手段不发达、证明大量依赖口供等现实情况加剧了此一难题。对此，司法实践作出了相互矛盾的调整：一方面通过剥夺被告的正当程序权以方便定罪；另一方面又通过"酷刑"这一制度减少错误指控的可能。故从根本意义上讲，酷刑并非法定证据制度的固有组成部分，而是该制度失灵时"极为扭曲的反作用力"（contrecoup pervers）。这也是为何 16 世纪系酷刑适用的顶峰，恰恰也是法定证据制度衰微、自由心证制度萌芽的重要历史时期。故不管从历史的角度看，还是从法律的角度看，酷刑的出现均是对被告极为有利的证据制度，因为可避免其进入后续侦查的各种程序环节，以及可能的错判。而另一个重要佐证则是，同时期的英国虽未适用法定证据制度，但酷刑在重大刑事案件的裁判中依然存在。

第三，法定证据制度与自由心证制度之间并无绝对的鸿沟，在多数情况下存有交叉，仅有主次之分。在法定证据制度下，法官在证据形式的选择和适用上依然享有一定的裁量权，对犯罪事实与证据（尤其是征凭）仍应审慎审查，且作必要的智识分析，以避免错案发生。而在自由心证制度下，一些对证据形式及证明力进行约定的规则仍然存在，如近亲属作证豁免、原件证明力优于复印件、事实推定与法律推定的效力设定等。事实上，法国时下的民事诉讼依然奉行法定证据制度。在刑民交叉案件中，我们可发现两种截然不同的证明制度在现代诉讼的框架下并行不悖地运行，并无突兀之感。

当然，随着人权意识的觉醒，法定证据制度所蕴含的诸多弊端受到启蒙思想家和法学家的诸多批判，并自 16 世纪起开始走向衰微，18 世纪法国大革命后为自由心证制度所取代。

（五）法定证据制度在欧洲的衰微和消亡

法定证据制度在欧洲的衰微始发于 17、18 世纪兴起的酷刑废除运动，并终结于法国大革命胜利后英国陪审团及自由心证制度在欧洲大陆的引入。

1. 酷刑废除运动

16 世纪著名的人文主义思想家蒙田（Michel de Montaigne）在《随笔全集》（*Essais*）中写下脍炙人口的论断，"酷刑是地狱般的危险发明，它更多是一种忍耐力的考验而非真相。确切而言，酷刑是一种充满危险且不确定性的手段。一个人在承受不了痛苦折磨时又有什么不会做呢?"[55] 蒙田并非首个酷刑的反对者。同时期在鲁汶大学授课的西班牙人文主义者玖恩·维夫斯（Jean Louis Vivès）亦曾在评述奥古斯汀《万民法》时以基督教、人文及逻辑之名予以谴责，"无论支持与否，酷刑均一文不值。"[56] 16 世纪的意大利刑法学家如卡索尼（Casoni，1557 年），扎瓦塔利（Zavattari，1584 年），玛斯卡尔迪（Mascardi，1584 年），芒吉尼（Mancini，1604 年）等均指出了适用酷刑的危险，认为通过酷刑获取口供违背基督教义、司法科学、理性及公平等原则。荷兰人冉·威尔（Jean Weyer）更是在 1563 年写就了著名的书稿《恶魔的骗术》（*De praestigiis daemonum*），对冉·布丹的《巫师的魔鬼附身狂想》一书进行了尖锐批评，并大获成功。当然，早期反对酷刑的学者通常以女巫诉讼为分析范本，认为此类案件中酷刑适用过于残忍、荒谬、违背基督教的基本教义。

第一个对酷刑进行系统批评的欧洲学者是阿纳姆的阿米尼乌斯派牧师冉·德·格雷夫（Jean de Grève），他在 1624 年出版了《法院改革》（*Tribunal reformatum*）一书，对酷刑适用进行了深刻的剖析和批判。鲁汶大学教会法著名教授凡·埃斯本（Z. B. Van Espen）于 1700 年出版了《统一教会法》（*Jus ecclesiasticum univer-sum*），亦对酷刑的滥用发表了诸多精辟见解，并为八十余年后的贝卡里亚所援引。但这一时期的大部分学者并不敢直接主张将酷刑予以废除，如法国学者图雷耶（Tourreil）在 17 世纪末的作品《论酷刑》（*De la torture*）中所得出的结论，"酷刑，虽不人道，但之于我们认知的脆弱却不无裨益且与之适应。"[57]

18 世纪末，酷刑废除论方在欧洲兴起，并成为欧陆学界的主流学说。伏尔泰、贝卡里亚、孟德斯鸠等均是酷刑废除论的先驱者和文明程序的倡导者。[58] 孟德斯鸠在抨击酷刑制度时援引了英国所提供的正面经验。在《论法的精神》一书中，孟德斯鸠指出，我们今天看到一个非常警察化的国家（英国）抛弃了这种制度而并未造成任何不便。因此，从本质上而言，酷刑并不是必需的。孟德斯鸠希望将政治变革理想建立在"驱益"这一牢固的精神基础之上，并宣扬自然法中的理性变革热情，"多少聪慧的人们、多少才华洋溢的天才都写下了反对这种实践

---

[55] Livre II, ch. 5: De la conscience. Première édition en 1595. Cité par John Glissen, "La preuve en Europe du XVIe au début du XIXe siècle", in *La Preuve*, *Recueils de la Societe Jean Bodin*（Vol. 4），Paris, 1965, p. 794.

[56] Cité par John Glissen, "La preuve en Europe du XVIe au début du XIXe siècle", in *La Preuve*, *Recueils de la Societe Jean Bodin*（Vol. 4），Paris, 1965, p. 794.

[57] Cité par John Glissen, "La preuve en Europe du XVIe au début du XIXe siècle", in *La Preuve*, *Recueils de la Societe Jean Bodin*（Vol. 4），Paris, 1965, p. 794.

[58] 更详细的介绍，参见施鹏鹏：《贝卡利亚刑事诉讼思想论略》，载《暨南学报（哲学社会科学版）》2008 年第 3 期。

的论著，我不敢对此进行品头论足……我听到了理性的声音在呼唤。"贝卡里亚同样创造性地将功利主义的经验原则与自然法的理性主义结合起来，全面、有力地揭示了酷刑制度的"无用性"与"野蛮性"。在功利主义经验原则方面，贝卡里亚首先援引了英国、古罗马以及瑞士的成功范例来作为自己的功利主义论据。贝卡里亚指出，"这些真理也已为英国所接受，在那里，文字的光荣、贸易和财富——也就是实力的崇高地位，美德和勇敢的典范，使我们完全相信他们法律的优良。""他们（罗马立法者）仅仅对少数完全被剥夺了人格的奴隶才采用刑讯。""在瑞士，刑讯已经被废除，被欧洲一位最贤明的君主所废除。"[59] 在功利主义者看来，政治改革与司法改革的热情须以现实的考量为基础。通过介绍域外成功的范例，贝卡里亚旨在表明其所建构之理性程序并非空中楼阁，而旧制度所奉行的酷刑制度亦不是万世不易之真理，废除酷刑制度已势在必行，这早为域外成功经验所证实。其次，贝卡里亚基于无罪推定的司法原则，指出"如果犯罪是肯定的，对他只能适用法律所规定的刑罚，则没有必要折磨他，因为他交代与否已经无所谓了。如果犯罪是不肯定的，就不应折磨一个无辜者，因为在法律看来，他的罪行并没有得到证实。"[60] 无罪推定原则应当排除适用各种酷刑性质的刑讯措施。再次，贝卡里亚基于人的体质指出：酷刑并无助于发现案件事实，相反，"这种方法却能保证强壮的罪犯获得释放，并使软弱的无辜者被定罪处罚"[61]。最后，贝卡里亚还攻击了"酷刑可以洗涤耻辱"的思想。在贝卡里亚看来，这种理念是对宗教炼狱教义的荒唐滥用，这位意大利人不无讽刺地说，"有人认为，作为一种感觉的痛苦可以洗刷纯粹作为一种道德关系的耻辱。难道痛苦是一块试金石吗？难道耻辱是一种肮脏的混杂物吗？"[62] 在贝卡里亚看来，酷刑制度不但"无用"而且"危害极大"，必须坚决废除，其中并无任何协商余地。在自然法的理性原则上，贝卡里亚强调人性情感。其试图通过一种感觉主义（sensualiste）的方法来理解酷刑问题。贝卡里亚深深了解到，"我们意志的一切活动永远是同作为意志源泉的感受印象的强度相对称的，而且每个人的感觉都是有限的。"[63] 这就是为何人们一旦面临酷刑，"痛苦的感受占据人的整个感觉，给受折磨者留下的唯一自由只是选择眼前摆脱惩罚最短的捷径。"[64] 因此，对于有罪者和无罪者

---

〔59〕［意］贝卡里亚：《论犯罪与刑罚》，黄风译，中国大百科全书出版社1993年版，第36页。
〔60〕［意］贝卡里亚：《论犯罪与刑罚》，黄风译，中国大百科全书出版社1993年版，第31页。
〔61〕［意］贝卡里亚：《论犯罪与刑罚》，黄风译，中国大百科全书出版社1993年版，第33页。
〔62〕［意］贝卡里亚：《论犯罪与刑罚》，黄风译，中国大百科全书出版社1993年版，第35页。
〔63〕［意］贝卡里亚：《论犯罪与刑罚》，黄风译，中国大百科全书出版社1993年版，第32页。
〔64〕［意］贝卡里亚：《论犯罪与刑罚》，黄风译，中国大百科全书出版社1993年版，第32页。

而言，"两者间的任何差别都被这种号称可发现真相的同一手段所掩盖了。"[65] 据此，贝卡里亚不无挖苦地写道，"（法官）可以根据一个无辜者筋骨的承受力和皮肉的敏感度，计算出会使他认罪的痛苦量。"[66] 在回答"应当考虑到，这些秘密、不为所知的酷刑手段既专衡地适用于有罪之人，也专衡地适用于无罪之人"问题时，贝卡里亚借用了法律的用词，"你们忍受痛苦吧！如果说自然在你们身上创造了一种不可泯灭的自爱精神，并赋予你们一种不可转让的自卫权利的话，那么，我为你们创造的则是一种恰恰相反的东西，即勇敢地痛恨自己。我命令你们指控自己，即使骨位脱臼，也要讲实话。"[67] 贝卡里亚毫不掩饰地表露了其对这种"野蛮""非人性"制度的厌恶之情，"这种臆想的真相尺度造成的致命弊端，而只有食人者才需要这种心度。""没有人会使自己的思想超越生存的需要，没有人愿意服从这种秘密、混乱的方式。但酷刑的习惯是对人思想的暴虐，使他畏惧，使他退缩。"[68]

在启蒙思想家和法学家的推动下，欧陆各国于 18 世纪下半叶至 19 世纪上半叶纷纷以立法的方式废除酷刑。早期废除酷刑的法律文件往往设有保留性条件。例如第一个废除酷刑的欧陆国家瑞典在 1734 年的法典中明确规定，酷刑在刑事诉讼中不再适用，但一些特别严重的犯罪除外。在两西西里王国，查尔斯三世（Charles III de Bourbon）于 1738 年下令严格限制酷刑适用，但直至 1789 年才最终废除这一制度。第一个通过立法完全废除酷刑的欧陆国家是普鲁士，腓特烈二世在 1740 年继位时便曾下令禁止适用酷刑，但谋害君主罪、叛国罪、谋杀多人的犯罪不在此列，1754 年，腓特烈二世在一起错案后决定完全废除酷刑。其他欧洲国家也相继废除酷刑，如丹麦于 1770 年及波兰于 1776 年废除酷刑。法国于 1780 年废除了预备刑讯，1788 年废除了预先刑讯，但受到高等法院的抵制。数年后，路易十六又通过御前会议恢复预先刑讯，因为高等法院的报告表明此一预审措施之于司法实践确有必要。法国大革命后，制宪会议最终通过 1789 年 10 月 8—9 日的法令将酷刑予以彻底废除。在法国大革命及之后法兰西帝国的影响下，一些法国的附庸国也相继废除酷刑：荷兰和瑞士于 1798 年废除酷刑，西班牙则于 1808 年废除。但瑞士又于 1815 年重新启用酷刑，成为欧洲最后一个在法律上废除酷刑的国家（直至 19 世纪中期）。

---

[65]　[意] 贝卡里亚：《论犯罪与刑罚》，黄风译，中国大百科全书出版社 1993 年版，第 33 页。
[66]　[意] 贝卡里亚：《论犯罪与刑罚》，黄风译，中国大百科全书出版社 1993 年版，第 33 页。
[67]　[意] 贝卡里亚：《论犯罪与刑罚》，黄风译，中国大百科全书出版社 1993 年版，第 32 页。
[68]　[意] 贝卡里亚：《论犯罪与刑罚》，黄风译，中国大百科全书出版社 1993 年版，第 34 页。

2. 法定证据制度的最终废除

随着酷刑废除运动的兴起，法定证据制度亦在欧陆各国受到普遍质疑，这主要是因为判例对征凭以及事实推定的普遍适用以及在理念上受到古罗马法人本主义（亚里士多德的理性与辩证法以及西塞罗的自然法）的影响。欧陆启蒙思想家亦开始对职权主义诉讼与法定证据制度进行批判，认为此套程序机制和证明系统根本不能揭示案件真相，"仅是一套获取被告口供的强力机器。"[69] 其中，最具代表性的还是意大利著名的启蒙思想家贝卡里亚。

贝卡里亚认为，理性程序的核心在于理性的证明系统。因此，建构理性的证明系统对于构架现代型刑事诉讼程序至关重要。贝卡里亚批评了传统的"相互依赖证据系统"（le système des preuves interdépendantes），认为，"在计算某一事实的确定程度时，例如，衡量犯罪嫌疑的可靠性时，可使用得上这样一个一般的定理：如果某一事件的各个证据是互相依赖的，即各种嫌疑只能相互证明，那么援引的证据越多，该事件的或然性就越小，因为可能使先头证据出现缺陷的偶然情况，会使后头的证据也出现缺陷。如果某一事实的各个证据都同样依赖于某一证据，那么，事件的或然性并不因为证据的多少而增加或减少，因为所有证据的价值都取决于它们所唯一依赖的那个证据的价值。"[70] 因此，贝卡里亚主张建立独立、理性的证据系统，"如果某一事实的各个证据是相互独立的，即各个嫌疑被单个地证实，那么，援引的证据越多，该事件的或然性就越大。因为，一个证据的错误并不影响其他证据。"但关键问题在于：应达到何种程度的或然性标准方可对被告人进行定罪量刑？贝卡里亚认为，"我在犯罪问题上讲或然性，而为了足以科处刑罚，犯罪则应当是肯定的。"[71] 贝卡里亚进一步指出，这里所谓的"肯定"更主要涉及司法上的良知（bon sens）问题，而非纯粹数学意义上的肯定，"我们称之为确实性，因为每个具有良知的人都必须接受一种行事所需不期而然的习惯……证实某人是否犯罪所要求的肯定性，是一种对每个人生命攸关的肯定性。"[72] 应当承认，"就证据在道德上的确实性而言，感觉它比明确加以界定要容易一些"，尤其是在证人证言的评价上。"权衡证人可信程度的真正尺度，仅仅在于说真话和不说真话同他的利害关系……证人的可信程度应该随着他与罪犯

〔69〕 Esmein, A., *Histoire de la procédure criminelle en France（et Spécialement de la procédure inquisitoire depuis le XIIIsiècle jusqu'à nos jours*）, Paris, 1882, rééd. Verlag Sauer et Auvermann KG, 1969, p. 282.

〔70〕 ［意］贝卡里亚：《论犯罪与刑罚》，黄风译，中国大百科全书出版社 1993 年版，第 19 页。

〔71〕 ［意］贝卡里亚：《论犯罪与刑罚》，黄风译，中国大百科全书出版社 1993 年版，第 19 页。

〔72〕 ［意］贝卡里亚：《论犯罪与刑罚》，黄风译，中国大百科全书出版社 1993 年版，第 19 页。

间存在的仇恨、友谊和其他密切关系而降低。"[73] 而为了对各种证据的证明力进行准确判断，法院或者陪审员仅可依据理性的良知加以判断。贝卡里亚所主张的理性证明系统已经相当接近于近代的自由心证制度。在贝卡里亚看来，裁判者基于"良知"而达致对案件事实的"确信"，这才是最为理性的证据证明系统。

大革命初期，部分政治人物和法学家曾试图在法定证据制度与自由心证之间寻求折衷道路，构建"相对的自由心证制度"（l'intime conviction relative）。持此一观点的代表性人物包括罗伯斯比尔（Robespierre）和特罗塞（Trochet），例如，罗伯斯比尔便主张，如果法定的证据形式不存在，则不得对被告进行定罪；而如果法定证据与法官的心证以及司法认知相冲突，亦不得对被告进行定罪。[74] 但此一观点遭到严厉的批判，孔多塞（Condorcet）和杜尔哥（Turgot）在通信中便深刻地指出，这是自由心证在法定证据制度弥留之际的危险变异。[75] 在 1791 年 1 月 18 日的会议中，制宪会议最终通过了以陪审制、言词预审以及自由心证为基础的刑事诉讼改革草案。自此，"绝对的自由心证制度"（l'intime conviction absolue）在法国得以确立。1808 年的《重罪法典》第 343 条以更明确的方式提出了自由心证原则，"在重罪法庭休庭合议前，审判长应责令宣读下列训示，并将内容大字书写成布告，张贴在合议室最显眼处：法庭并不考虑法官通过何种途径达成内心确信；法律并不要求他们必须追求充分和足够的证据；法律只要求他们心平气和、精神集中、凭自己的诚实和良心，依靠自己的理智，根据有罪证据和辩护理由，形成印象，作出判断。法律只向他们提出一个问题：你们是否形成内心确信？这是他们的全部职责所在。"而该条款也成为学术界定义自由心证时最频繁援引的对象。《重罪法典》在国际范围内产生了重大而深远的影响。此后，原先适用法定证据制度的欧洲国家几乎均效仿《重罪法典》确立了自由心证制度。直至 19 世纪末，自由心证已成为欧陆刑事证明的通用制度，甚至影响了拉美、日本乃至中东。

（六）法定证据制度对欧洲近代刑事证据制度的影响

法定证据制度对欧洲近代刑事证明理论产生较大的影响，不少技术设计依然融汇于时下的自由证明之中。[76] 比较典型的范例主要包括：其一，法律对部分证

---

〔73〕 [意] 贝卡里亚：《论犯罪与刑罚》，黄风译，中国大百科全书出版社 1993 年版，第 19 页。

〔74〕 Séance du 3 janvier 1791, Archives Parlementaires, T. XXII, pp. 10-1.

〔75〕 Astaing A, *Droits et garanties de l'accusé dans le procès criminel d'Ancien Régime* (*XVème-XVIIIème siècle*), *Audace et pussilanité de la doctrine pénale française*, Thèse Université de Montepellier I, 1996, p. 368.

〔76〕 Robert Legros, "La preuve légale en droit pénal", in *La preuve en droit*, Études publiées par Ch. Perelman et P. Foriers, Bruxelles, 1981, p. 151 et s.

据形式要件进行了设定。例如笔录须附签名方为有效，证人作证原则上须经宣誓，不具诉讼认知能力的公民（如儿童、智障）不得出庭作证。其二，法律对部分罪名的证明要件进行了设定。如《法国刑事诉讼法典》第 537 条第 1 款规定，违警罪以笔录或报告证明，或在没有笔录或报告的情况下由证人证明，或在证人的佐证下以笔录或报告证明。其三，法律对部分证据形式的证明力进行了设定。在涉及劳动工伤、税收、城市规划等刑事案件中，行政部门的笔录具有更高的证明力，除当事人可证明该笔录系伪造或者通过"伪造确认"这一复杂程序确定该笔录系伪造，否则法官得接受之（《法国刑事诉讼法典》第 646 条及以下）。

更为重要的是，法定证据制度在人类历史上实现了从非理性司法向理性司法的跨越，创设了一种更为有效查明案件真相的方法。尽管从现代的角度看，这种将典型经验法则和逻辑法则上升为普遍法律规范的做法无法应对刑事司法中千差万别的个案，僵化呆板的证明力等级设定及严格苛刻的定罪标准势必抹杀司法官在具体个案中的智识和理性，但在中世纪的历史条件下，犯罪形式和手段远不像现代这样复杂，侦查手段和水平也极其有限，且司法官的职业素养和法律水平参差不齐，缺乏有效的制约手段，故这种立足不完全归纳逻辑的立法方式虽简单粗糙，但在中世纪的历史背景下却行之有效，且判决的稳定性和可预见性之于解决社会冲突、维护稳定秩序亦至关重要。尤值一提的是，法定证据制度还促成职权主义国家设立更为完备的侦检机构以及赋予法官在量刑上更大的自由裁量权：一方面，立法对定罪证据的严格要求及沉重的证明责任设定势必要求欧陆各国设立更强大的侦检机构以及赋予侦检人员更大的权力以进行证据收集。这可以理解为何欧陆的警检机构远比英国更为发达。先哲孟德斯鸠对法国旧制度刑事诉讼的各种程序设计大加批判，但亦承认，"现在我们有一项很好的法律，那就是：根据法律，君王是为着执行法律而设的，所以每一个法庭应由他委派一个官员，用他的名义对各种犯罪提起公诉。"[77] 另一方面，法官在法定证据制度下虽无罪责认定的裁量权，但享有适用刑罚的专权（尤其是中世纪后期），可依据被告人格及案件的具体情况进行刑罚的个别化，判决通常有利于被告。在司法实践中，法官常为避免适用死刑或其他严苛刑罚而"废法"。[78]

当然，总体而论，现代刑事证明制度还是以自由证明为主，法定证明更多仅是例外，不宜过分夸大法定证明的实践意义，也不宜望文生义，将英美证据法则、心证制约机制与法定证据制度等风马牛不相及的概念混为一谈。令人担忧的

---

〔77〕［法］孟德斯鸠：《论法的精神》（上册），张雁深译，商务印书馆 1961 年版，第 82 页。
〔78〕 施鹏鹏：《为职权主义辩护》，载《中国法学》2014 年第 2 期。

是，时下中国刑事法官在证据层面较大的自由评价权正孕育着这样的理论趋势。[79]

三、近代欧洲的证据与证明

法国大革命后，大陆法系国家开始在刑事司法领域中放弃法定证据体系，并转而适用自由心证制度。直至 19 世纪下半叶，自由心证原则已在大陆法系各主要国家得到普遍承认。"自由心证作为一项实定法原则在各国诉讼制度中的确立被认为是西方法制度近代化的标志之一。"[80] 自由心证制度在欧洲的确立系诸多复杂原因的结合体，简而论之有四：其一，客观条件。科技发展和人类认知水平的提高使法官自由心证成为可能和必要。王亚新教授对此作过精准的阐释，"物理学、化学、医学、生物学的发达带动了法医学、弹道学等与证据的科学鉴定直接关联的学科进步，在中世纪并不十分重要的物证一跃成为诉讼中发现真相的最有力武器之一。在这种情况下，传统的法定证据制度中区别证据价值高低的标准失去了意义：间接证据的证明力未必比直接证据低；而复数证人的证言也不一定比单个证人的证言可靠……诸如此类新的经验在诉讼实践中日益为人们所认识。将不同证据的价值加以绝对化并设定统一的基准，以法律规则的方式强制法官执行的法定证据原则开始丧失其存立的基础。人们认识到：证据价值只能在具体的案件中根据个别的情况去确定。如果说存在客观的法则，这种法则的数量是无尽的，只能在实际存在的各个案件中去作分别探求。离开了具体情况具体分析就很难达到发现真实的诉讼目的。自由心证原则关于任何证据的价值在法律上都是平等的、证据的具体价值最终应由法官加以具体确定的法理，就是立足于这种认识之上的。科技进步带来的'证据法革命'可以说正是法定证据原则衰亡、自由心证原则出现的历史客观条件。"[81] 其二，理论基础。启蒙思想家及法学家的推动，尤其是波尔·罗亚尔（Port Royal）的哲学理念影响了贝卡里亚的情感确信理论，成为欧陆构建自由心证制度的理论基础。贝卡里亚在《论犯罪与刑罚》中所强调的"理性""良知""道德上的确实性"等均是欧陆学者论证自由心证正当性的重要关键词。其三，配套机制。不少学者（包括欧陆学者）认为，近代欧陆各国

---

〔79〕 何家弘：《对法定证据制度的再认识与证据采信标准的规范化》，载《中国法学》2005 年第 3 期；陈瑞华：《以限制证据证明力为核心的新法定证据主义》，载《法学研究》2012 年第 6 期。

〔80〕 王亚新：《刑事诉讼中发现案件真相与抑制主观随意性的问题——关于自由心证原则历史和现状的比较法研究》，载《比较法研究》1993 年第 2 期。

〔81〕 王亚新：《刑事诉讼中发现案件真相与抑制主观随意性的问题——关于自由心证原则历史和现状的比较法研究》，载《比较法研究》1993 年第 2 期。

之所以在裁判中引入自由心证的概念，源自于 1789 年大革命后英国的陪审团制度经由法国传播至欧洲大陆其他国家。[82] 这种理论具有一定的迷惑性，因为除时间节点高度吻合外，该观点还可以解释为何欧陆启蒙思想家对中世纪法官专横的反思反倒催生了更具裁判权力空间的自由心证制度。但立足严谨的法史资料而论，自由心证的历史生成远未如此简单。[83] 唯一可以肯定的是，重罪陪审团在欧陆的引入，在很大程度上实现了刑事裁判权的主体回归、催化了欧陆传统庭审结构的改革以及确立现代的刑事庭审原则。"在新的诉讼构造下，搜集充分和确实的证据并在公开的法庭上展示出来，进行关于被告有罪的证明是警察和检察官的任务。被告及其辩护人则对这种证明活动加以质疑、反驳或提出关于被告无罪或罪轻的证据。陪审团作为具有中立、公正立场的第三者，通过双方当事者的当庭辩论，逐渐形成关于被告是否有罪的内心确信，并据此作出有法律效力的事实认定。"[84] 其四，制度推广。陪审制及自由心证制度在 1808 年的《重罪法典》中得以确立，并随着拿破仑及法兰西帝国在欧洲的征程而推及整个中欧和西欧，尤其是在占领区和附庸国。此后，许多欧洲国家虽然也制定了本国的刑事诉讼法典，但均不同程度受到《重罪法典》的影响（如 1864 年的《普鲁士刑事诉讼法典》、1877 年的《德意志帝国刑事诉讼法典》等），自由心证制度在大陆法系国家遂成为通例。

（一）自由心证的制度体系[85]

因语言翻译、法系差异以及理论误读等种种原因，自由心证存在严重的语义混用。中国学术界至少在三个不同的层面上使用"自由心证"这一概念，包括证明标准、证明模式以及证明力评价手段，这种理解其实是模糊混杂的，且多有谬误。从根本意义上讲，自由心证[86]是探索事实真相的直觉感知模式，指法官通过证据自由评价实现从客观确信至判决责任伦理的跨越。故自由心证的核心目的是作出有罪或无罪的判决，完成法官本身所负有的判决责任伦理，而非解决证据资

---

〔82〕 Clara Tournier, *l'intime Conviction du Juge*, PUAM, 2003, p. 1.

〔83〕 更详细的研究，参见施鹏鹏：《刑事裁判中的自由心证——论中国刑事证明体系的变革》，载《政法论坛》2018 年第 4 期。

〔84〕 王亚新：《刑事诉讼中发现案件真相与抑制主观随意性的问题——关于自由心证原则历史和现状的比较法研究》，载《比较法研究》1993 年第 2 期。

〔85〕 更完整的研究，参见施鹏鹏：《刑事裁判中的自由心证——论中国刑事证明体系的变革》，载《政法论坛》2018 年第 4 期。本文基于行文逻辑完整性的考虑，援引了其中的部分论断。

〔86〕 在学说上，自由心证具有广义、狭义之分。广义的自由心证，又称为自由心证的制度体系或者情感证据制度，包括证据自由、证据自由评价以及判决的责任伦理；狭义的自由心证，又称为内心确信，专指判决的责任伦理。为避免术语混用，本文如未专门指出，则对自由心证作狭义解释。

格、证明标准或者进行证明力的评价。但自由心证又必须以证据自由（la liberté de la preuve）及证据自由评价（l'appréciation libre de la preuve）为前提。所谓"证据自由"，指在刑事诉讼中，法律及判例原则上不对证据形式作特别要求，犯罪事实可通过各种形式的证据予以证明。而"证据自由评价"，则指法官通过理性推理对各种证据形式的证明力进行评断，以为判决提供客观依据。三者关系紧密，具有共生性（consubstantialité），构成了自由心证的制度体系，但不可混为一谈。

1. 证据自由[87]

"证据自由"，指证据形式自由，即将证据能力与证据形式作一清楚切割，允许通过任何证据形式证明犯罪事实。欧陆刑事诉讼之所以确立证据自由原则，依据有四：刑事犯罪的特殊属性、自由心证制度体系的必然要求、提高打击犯罪效率的需要以及揭示案件真相的要求。

首先是刑事犯罪的特殊属性。刑事犯罪具有偶发性及不可预期性之特点。犯罪事实发生的时间、地点及方式均无从预判，查证犯罪的证据形式亦难以预先确定（prédéterminer）。这与民事、商事或者劳动纠纷有着根本不同。例如，在民事、商事或者劳务合同中，当事人往往会事先以书面的形式确定契约权利及义务，此一书面文件便是双方当事人在纠纷发生前所预定的证据形式。尽管纠纷未必发生，但如果发生且诉诸司法，则书证及"书证优先效力"原则便适用于此一民事、商事或劳务纠纷案件。当事人甚至可在证明手段上达成合意（学说上称为证据契约：Beweisvertrage）。[88] 但在刑事诉讼中，证据具有很强的个案属性，每一刑事案件几乎都有不同的犯罪证据链条。任何类型的证据形式都有可能在个案中发挥关键作用。我们已在不计其数的案例、侦查报告甚至小说、电影中得以佐证，刑事案件的"戏剧性"及"猎奇性"很大程度上便源自于其无法预计的"可能性"。由此可见，从证明的角度看，立法者几乎不可能从一般意义上预判在何种类型的刑事案件中某一证据形式对揭示真相有着决定性的意义。受害人、侦查机关及犯罪嫌疑人亦不可能对证明手段或者证据形式达成合意（口供原则上不得作为定案的唯一依据）。刑事证据自由的设立，无疑是刑事犯罪特殊属性的必然结果。

---

[87] 更完整的研究，参见施鹏鹏：《刑事诉讼中的证据自由及其限制》，载《浙江社会科学》2010 年第 6 期。本文基于行文逻辑完整性的考虑，援引了其中的部分论断。

[88] 尤其参见德国学者的研究，例如 Karl Wilhelm Eickmann, *Beweisvertrage im Zivilprozess Studienverlag*, N. Brockmeyer, 1987.

其次是自由心证制度体系的必然要求。自由心证的证明体系要求法律对证据形式和证明力不作任何预设，由法官自由判断。"不仅一个个孤立的证据能够证明何种事实以及证明程度如何，由法官自由判断，而且所有证据综合起来能否证明起诉的犯罪事实或其他有关事实以及证明程度如何，也由法官自由判断。在相互矛盾的证据中确定何者更为可信，同样由法官自由决断，不受其他限制。"[89]其裁判者必须通过证据调查排除任何可能的怀疑，并达致真正的"内心确信"（certitude intime）。[90]

再次是提高打击犯罪效率的需要。刑事证据立法游离于"惩罚犯罪"与"保障人权"之间，两者不可偏颇，这与刑事诉讼立法及司法的目标导向完全一致。面对"狡猾"（inventif）、"奸诈"（habile）、"危险"（dangereux）的罪犯，发现犯罪、查清犯罪行为实施者以及确定刑事罪责等便成为一项系统而复杂的"工程"（travaux），因为罪犯总是极力掩盖自己的罪行，消除犯罪现场痕迹，销毁所有可能与犯罪事实相关的证据，误导侦查方向等。为有效惩罚犯罪，尽快恢复受损的社会秩序，司法职权机关必须拥有更犀利的手段以应对之。这在刑事证据立法上便体现为证据自由原则，即司法机关可通过各种证据形式证明犯罪事实。所谓"证据越难获得，越应降低证据调查的难度"，刑事追诉拟推翻无罪推定，这就要求对证据进行"最广泛""最有效"的收集。[91]正如刑法学大家埃利（Hélie）所言，证据自由的功用便在于"有效证实犯罪分子所试图掩盖的犯罪行为，揭开其中的阴影，重新发现那些被几近擦拭的犯罪痕迹"。[92]近十余年来，随着有组织犯罪尤其是恐怖活动犯罪在全世界范围内的迅速蔓延，各国刑事立法纷纷采取应对措施，多元化的侦查策略及手段以及配套的、更为宽松的证据自由俨然已成为打击此类犯罪的重要手段，且有不断增强之态势。证据自由之于提高打击犯罪效率的功用在此一极端的情况下一览无余。

最后则是揭示案件真相的要求。司法上的"真相"与历史学或自然科学意义上的"真实"及哲学意义上的"真理"等均有显著区别。如卡尔波尼埃（Carbonnier）教授所指出的，"在司法领域中，我们不能损害真实……但达致绝对的

---

〔89〕 龙宗智：《印证与自由心证——我国刑事诉讼证明模式》，载《法学研究》2004 年第 2 期。

〔90〕 Jean-Denis Bredin, "Le doute et l'intime Conviction", in *Droits*, 1996, n°23.

〔91〕 Jean Pararin, "Le particularisme de la théorie des preuves en droit pénal", in *Quelques aspects de l'autonomie du droit pénal*, *Étude de droit criminel* (sous la direction et avec une préface de G. Stefani), Dalloz, 1956, p. 44.

〔92〕 F. Hélie, *Traité de l'instruction criminelle*, Tome I, 2ème éd. , 1866, Charles Hingray, Librairie-éditeur, Paris, p. 330.

真实依然只是理想状态下的价值诉求。"[93] 拉伽尔德（Lagarde）教授则进一步指出，（在司法领域中）真相便是"通过法定的程序达致不可撤销的结论"。[94] 尽管立场和观点均有所区别，但有一结论毋庸置疑，即"与其他部门法相比，刑法对真相的要求更为迫切"。[95]"揭示真相"作为刑事诉讼的根本目标应是中立的，既适用于作为追诉者的司法职权机关，亦适用于被推定为无罪的被告及辩护人。梅尔勒（Merle）及维蒂（Vitu）教授在论及证据自由原则时曾深刻地指出，"证据自由自然为打击犯罪而设，但并不意味着被追诉者不得通过各种证据形式为自身辩护"，两者其实均服务于一个目标，即揭示案件真相。[96] 考虑到在刑事诉讼的特定场景下，辩方之于控方在证据调查方面显然处于弱势地位，如果再对证据形式加以严格要求，则"真相"极有可能沦为"单极的事实"（monopole），而非"客观真相"（la vérité objective），这显然与刑事诉讼"两造结构"的精神实质（essence）相悖。所谓"兼听则明，偏信则暗"，证据自由在提高控方打击犯罪效率的同时，亦增强了辩方有效辩护的力度，从某种意义上讲，力量的均衡亦是揭示真相的必要前提。

2. 证据自由评价

法官对证据证明力的自由评价包括两方面：一为批判性审查，二为事实推定。前者系法官理性的智识评价，后者则为法官的审慎认知。

（1）理性：批判性审查（l'examen critique des preuves）。对证据进行批判性审查，系法官在刑事诉讼中作出罪责裁判的核心任务。"在此一问题上，审慎的法官应如智者一般，首先应持不信任的态度或者临时的怀疑，仅将心证立足于对证据的充分审查之上。"[97] 证据的审查过程虽涉及人类行为与社会现象，但自然科学的方法仍然适用，包括演绎法、归纳法与逻辑推演。所不同的可能仅是证据审查程序立足于一套精心制作、高度形式化及制度化的程序规则，且最终将形成某一确定的诉讼结果，而自然科学则未有此一相应规则，也无需得出确切的结果。故法官如同自然科学家一般，在特定案件中自由地获悉各种证据，且基于理性的

---

〔93〕 J. Carbonnier, *Droit civil*, *Introduction*, coll. Thémis, 25ème éd., PUF, 1997, p. 309.

〔94〕 X. Lagarde, "Vérité et légitimité dans le droit de la preuve", *Droits*, n°23, 1996, p. 32.

〔95〕 Jean Pararin, "Le particularisme de la théorie des preuves en droit pénal", in *Quelques aspects de l'autonomie du droit pénal*, *Étude de droit criminel* (sous la direction et avec une préface de G. Stefani), Dalloz, 1956, n°2, p. 12.

〔96〕 R. Merle et A. Vitu, *Traité de droit criminel*, *Procédure pénale* (tome 2), 5e édition, CUJAS, 2001, p. 164.

〔97〕 François Gorphe, *l' appréciation des preuves en justice：essai d'une méthode technique*, Paris：Sirey, 1947, p. 69.

逻辑判断评价这些证据。以此为前提，法官会形成对特定被告有罪或无罪的推测。此后，法官将依程序规则听取其他证人或调取物证书证以验证这一推测。"把诉讼程序的各个阶段，理解为认识事实的进程，这类似于物理学中的测定实验——为了测定一个数值（经过数次测量），采用特定的方法进行数次测量（每一次测量产生一个稍微不同的结果）。它们类似于化学实验，为确定每个实验最后会获得相同结果而重复数次相同的过程。此类程序具有重大意义及证明价值。未有大量、重复的实验，则不能认为事实已为科学所证明。"[98]

以证人证言为例。受中世纪宗教理念的影响，证人证言一直是职权主义国家刑事诉讼最频繁适用的证据形式。但证人证言的证明力并不以数量取胜，而主要取决于证人对事实的认知程度以及证人本身的品格。故对证人证言的批判性审查主要包括诉讼事实认知能力、证人品格以及证人与其他证据形式之间的印证。所谓诉讼事实认知能力，是证人了解及判断案件事实的能力。在司法实践中，诉讼事实认知能力不足将导致证人证言证明力下降。例如儿童作证，鉴于儿童的心智并不成熟，无法认知证人证言在案件事实查明中的重要作用，且容易夸大事实，法官在审核此一证据时应充分考虑此点。《法国刑事诉讼法典》便规定，"不满16周岁的儿童，可以不经宣誓而提供证词"（第108、335-7、447、536条），在司法实践中，法官通常仅将儿童的证词作为辅助信息。证人品格则主要涉及公民道德意识。在欧陆刑事诉讼中，被剥夺公权、民事权或亲权的个人在出庭作证时无需宣誓，其所提供的证言亦仅具有辅助效力。证人证言还应与其他证据形式进行比照印证。证人证言具有相对性和脆弱性，"法官的心证要求证人证言更为明确、严谨，不能遗漏证据链条中的任何一环……但永远不要期待证人证言有着数学般的准确……法官可通过证言与其他证据之间的对照填补推理的空白，以提高情感确定的程度。"[99] 以1991年法国著名的奥玛谋杀案为例。1991年6月24日，法国南方小镇穆甘（Mougins）发生了一起凶杀案：富有的寡妇居斯兰纳·玛绍尔（Ghislaine Marchal）死于家中地窖，身上有一钝器伤及木制檩条所形成的若干打击伤。地窖的大门紧闭，血流满地，门上留下一段血句"OMAR M'A TUER"（奥玛杀了我）。经法医鉴定，血液系受害人玛绍尔所留下，宪兵队推断，血字应为受害人"临死前的信息"，故玛绍尔家中的园丁奥玛成为最大的嫌疑犯。奥玛系摩洛哥人，宪兵队因担心他逃逸，于6月25日将其刑事拘留。奥玛辩称案发时正在住所附近，有不在场证明，但宪兵队找到一个极为重要的控方证人米海依尔·

---

〔98〕 T. Kiraly, *Criminal Procedure—Truth and Probability*, Budapest, 1979, p. 48.

〔99〕 Clara Tournier, *l'intime Conviction du Juge*, PUAM, 2003, p. 118.

毕利奥蒂（Mireille Billioti）。毕利奥蒂称，"6月23日11：30至12：45~50左右，我在阳台上一直守候着我女儿的到来，格拉斯路方向，但没有看到奥玛先生。"该证据最终获得采信，陪审团判处奥玛18年有期徒刑。但辩方律师雅克·维尔治（Jacques Vergès）在判决4年后重新向毕利奥蒂取证，这位证人无法解释如何一边做饭，一边守候在阳台。维尔治律师还发现毕利奥蒂曾得过大脑血管病症，注意力难以集中，认知能力也有问题。奥玛谋杀案因此成为法国20世纪90年代最具戏剧色彩的悬案。迄今依然有不少法国民众坚持认为，这是法国种族歧视所造成的冤假错案。可见，证人证言的批判性审查极为重要，法官应认真判断。

（2）认知：事实推定。推定，便是"法律或司法官依已知之事实推断未知之事实所得的结果"。[100] 推定分为法律推定和事实推定，前者由法律明文规定，后者则立足法官认知，系证明力评价的重要补充。《法国民法典》第1353条便规定，"非法律上的推定，由司法官依其学识与审慎自定之，司法官仅应承认重大、准确、相互印证的推定……"从根本而论，对证据的批判性审查追求某种严格的客观性，而事实推定则属法官的主观认知范围之列，两者在司法实践中均不可或缺。事实推定以司法官的"学识"为前提，包括但不限于经验常识，还涵盖已证事实、相邻事实、职业思维以及专业研判等。[101] 司法官在运用事实推定时应"审慎"，避免陷入主观臆测。例如在前述奥玛谋杀案中，控辩双方围绕犯罪现场的血迹展开激烈争辩。辩方认为，OMAR M'A TUER（奥玛杀了我）具有明显的拼写错误（正确的拼写应为OMAR M'A TUÉ），受害人玛绍尔受过良好教育，生前又喜好猜字游戏，不可能犯如此低级的拼写错误，唯一的可能是：凶手用受害人的手写下血字，嫁祸于奥玛。但合议庭通过鉴定，发现血字的笔迹与受害人玛绍尔的笔迹一致，遂依"相互印证"原则，对辩护意见不予采信。而在另一起谋杀案中，被告T先生涉嫌于1997年3月21日杀害其儿子，控方向法庭所提交的证据仅包括T夫人通过录音所获得的被告认罪供述、数份证人证言表明T先生系其儿子的最后接触人以及T先生的暴力前科，但没有找到尸体，也未发现犯罪工具。但滨海阿尔卑斯（Alpes-Maritimes）重罪法院在排除了T先生儿子离家出走及被他人绑架的可能后判定T先生罪名成立，处20年有期徒刑。[102]

需要特别指出的是，事实推定仅能达致某种盖然性优势的证明标准，需要其

---

〔100〕　Robert Joseph Pothier, *Traité des obligations*, Publisher：Langlet & Cie, 1835, No. 840.

〔101〕　关于经验法则，参见 Michele Taruffo, "Considerazioni sulle massime d'esperienza", *Evidence Science*, Vol. 17, 2009, p. 162, 中译本，［意］米歇尔·塔鲁夫（Michele Taruffo）：《关于经验法则的思考》，孙维萍译，载《证据科学》2009年第2期。

〔102〕　Clara Tournier, *l'intime Conviction du Juge*, PUAM, 2003, p. 122 et s.

他证据进行补强。"不同的方法，或者是司法的，或者是技术的，或者是逻辑的，或者是心理的，只要必要，即便在不甚复杂的案件中，亦应发挥作用……每种证据适用不同的方法，但（法官）必须对证据的整体作出评价，予以系统化并抽象出所有证据的关系。（法官）正是立足这些关系以判断被告是否有罪。"[103]

3. 判决责任伦理

法官的判决责任伦理既包括不得拒绝裁判的职责要求，也包括存疑有利被告的判决责任。

（1）裁判义务。法官不得拒绝作出裁判，这是近代法治国司法制度的通例。在民事诉讼中，法官不能以法无明文规定为由拒绝裁判。如我国台湾地区"民法"第1条规定，民事法律所未规定者，依习惯；无习惯者，依法理。《法国民法典》第4条规定，审判员借口没有法律或法律不明确不完备而拒绝受理者，得依拒绝审判罪追诉之。在刑事诉讼中，法官亦不得以程序性事项、实体性事项或者其他事由拒绝作出裁判，否则将违反职业伦理甚至构成犯罪行为（如《法国刑法典》第185条所规定的拒绝裁判罪）。

故刑事法官在对各种类型的证据进行证明力评价后，必须在法定期限内形成心证，并作出有罪或者无罪的公正判决，以完成法官的判决责任伦理。为保障裁判者可通过证据自由评价顺利实现"从客观确信至判决责任伦理的跨越"，各国刑事诉讼普遍设置了两个极为重要的程序原则：集中审理原则和合理期限原则。集中审理原则又称为连续审理原则（principe de continuation），指法庭对案件的审判应当持续不断地进行，一气呵成，至审结为止。该原则的主要目的是为了实现迅速审判，保证裁判人员进行准确心证，以避免裁判人员因时间拖延而记忆模糊，从而加大心证难度；合理期限原则是指"所有人均有权在合期期限内接受审判"（《欧洲人权公约》第6-1条），否则须予以释放。例如《法国刑事诉讼法典》规定，在立即出庭程序中，法庭应在对被告采取临时羁押措施后1个月内作出实体判决，但可延长1个月。超过此一期限，法庭得依被告之请求予以释放（第397-3条）；在轻罪案件中，如果对被告采取临时羁押措施，则案件应在移送的2个月内进行实体审理，否则应释放被告（第179条第4款）。在例外情况下，法院可以以载明理由之裁决延长羁押期限，但最长不得超过2个月。如果被告在此一期限内依然未获裁判，则应立即予以释放；在重罪案件中，预审结束后的等

---

〔103〕 François Gorphe, *l' appréciation des Preuves en Justice*: *Essai d'une Méthode Technique*, Paris: Sirey, 1947, p. 69.

待期限最长不得超过 1 年，但预审庭还可继续延长 6 个月（第 215-2 条）。[104]

（2）存疑有利被告。法官在心证过程中存有怀疑（la doute）的，应作出对被告有利的判决，这是刑事法官裁判责任伦理的要求。但究竟何为"怀疑"？须达致怎样程度的"怀疑"？各国学说与判例有较大的争议。英美法系与大陆法系在此一问题上的立场并不相同。英美法系的主流学说以"排除合理怀疑"（beyond a reasonable doubt）为依托，主要包括两种理论：其一，情感确信说。持此一观点的学者认为，所谓的"排除合理怀疑"，系情感上的确信（moral certainty）。例如，证据学鼻祖吉尔伯特（G. Gilbert）在《证据法》（*The Law of Evidence*）一书中写道，"对证据完全的确信依赖于个人所产生的清晰明确的感知。"[105]此为"情感确信说"的重要理论渊源。判例将此一学说解读为，"陪审团如此确信，仿佛在处理生活中最重要的事情时能毫不犹豫地作出决定并采取行动。"[106]其二，量化比例说。英美证据学的另一大家摩菲（Peter Murphy）则主张用量化的比例解释"排除合理怀疑"。摩菲认为，"在刑事诉讼中，当控方的主张证明达到 49% 的可能性，辩方的主张为 51% 的可能性时，辩方胜诉；当控方的主张证明达到 51% 的可能性，辩方的主张为 49% 的可能性时，仍然是辩方胜诉，应当作出无罪判决；只有当控方的主张证明到远远超过 90% 的可能性之时，控方才能胜诉。"[107]而大陆法系国家总体采用更高的"怀疑"标准，例如法国最高法院刑事庭数次在判例中提出了"重大怀疑"（la doute sérieux）理论，"既然这些情况在本质上导致了对有罪的重大怀疑……（应予以无罪释放）。"[108]尽管《法国刑事诉讼法典》最终未将"重大怀疑"写入其中，但正如冉-德尼·布勒丹（Jean-Denis Bredin）教授所言，"在司法实践中，所有人都知道，没有重大的怀疑，撤销（判决）绝不可能。重大的怀疑，是一个'强化'的怀疑，一个能导致无罪高度可能性（probabilité d'innocence）的怀疑，而不仅仅是无罪一般可能性（possibilité d'innocence）的怀疑。"[109]尤值一提的是，意大利于 2006 年引入英美法系的"排除合理怀疑的证明标准"（prova "al di là di ogni ragionevole dubbio"），将其写入《意大利刑事诉讼法典》第 46 条。《意大利宪法》第 25 条第 2 款、第 27 条第 2 款及第 3 款亦规定，"只有在排除合理怀疑后仍能证明有罪才可对被告

---

[104]　施鹏鹏：《法律改革，走向新的程序平衡?》，中国政法大学出版社 2013 年版，第 306~307 页。

[105]　G. Gilbert, *The Law of Evidence*, Joseph Crukshank, 1805, p. 2.

[106]　U. S. Sixth Circuit District Judges Ass'n, Pattern Criminal Jury Instructions §§ 1. 03（4）&（5）（1991）.

[107]　Peter Murphy, *Murphy on Evidence*, Blackstone Press Limited, 1997.

[108]　Cass. crim. , 29 mars 1984; Cass. , 27 février 1957, Bull. Crim. , 1957, n°200.

[109]　Jean-Denis Bredin, "Le doute et l'intime conviction", in *Droits*, 1996, p. 21 et s.

人宣告有罪。"但在具体的司法实践中，意大利职业法官的思维方式依然如故，大抵秉承"重大或高度怀疑"的心证标准，排除合理怀疑的标准名存实亡。[110]

故"存疑有利被告"中的怀疑，并不是哲学意义上或怀疑论者（sceptique）的"怀疑"。皮浪（Pyrrho）所秉承的"不能肯定，亦不能坚信否定，应保持怀疑，不作任何决定，悬搁判断"的怀疑主义论在刑事司法中便是违背了法官的判决责任伦理。自由心证中的"怀疑"应是"方法的怀疑"（le doute méthodique）、"临时的怀疑"（le doute provisoire），法官通过理性与认知予以逐一排除，并达致"事实的真相"。可见，"要成为一位好法官是非常困难的，尤其是在明智而有序地'认知与把握'怀疑和自由心证方面"[111]。

（二）自由心证的制约机制

如前所述，法定证据制度最大的缺陷便在于将不同类型证据的证明力以法律的形式绝对化，强制法官无视案件的具体情形对证据进行机械的评价。而中世纪的欧陆刑事司法禁止法官仅通过一般的间接证据或者推定对被告予以定罪，这便将经验的事实法律化。因为在绝大部分的司法实践中，直接证据的证明力要高于间接证据或者推定。但这只是一般的、相对的情况。刑事案件的发生总是千差万别，诉讼实践中出现间接证据或推定证明力高于直接证据的情况也是完全有可能的。故在法定证据制度方面，控方承担了极为沉重的证明责任。侦查手段不发达、证明大量依赖口供等现实情况加剧了此一难题。对此，司法实践作出了相互矛盾的调整：一方面通过剥夺被告的正当程序权以方便定罪；另一方面又通过"酷刑"这一制度减少错误指控的可能。这也是中世纪职权主义刑事诉讼备受批评的核心所在。大革命后，法国制宪会议创设了自由心证制度，允许法官通过理性与认知实现从客观确信至判决责任伦理的跨越，这无疑是司法证据制度的一大飞跃。但法官也因此拥有了接受证据、评价证据以及事实认定的专权。因此，立法者在法官心证形成的各个阶段设定了制约机制，防止法官滥用权力。

1. 证据自由的正当性（la loyauté）限制[112]

一如前述，在刑事诉讼中，证据形式是自由的，但证据调查方式却必须合法、正当。后者构成了对刑事证据自由原则的正当性限制。然何谓正当性？法国

---

〔110〕 Federico Picinali, "Is 'Proof Beyond a Reasonable Doubt' a Self-Evident Concept? Considering the U. S. and the Italian Legal Cultures towards the Understanding of the Standard of Persuasion in Criminal Cases", *Gobal Jurist*, Vol. 9, 2009, pp. 1-28.

〔111〕 Jean-Denis Bredin, "Le doute et l'intime conviction", in *Droits*, 1996, p. 21 et s.

〔112〕 更完整的研究，参见施鹏飞：《刑事诉讼中的证据自由及其限制》，载《浙江社会科学》2010 年第 6 期。本文基于行文逻辑完整性的考虑，援引了其中的部分论断。

著名的刑法学教授布扎（Pierre Bouzat）先生给出了一个十分准确的界定，"所谓正当性，系证据调查所应秉承的方式，即尊重个人权利、合乎司法尊严。"〔113〕

（1）个人权利保护。从比较法的角度看，个人权利保护是构成刑事证据自由正当性限制最为重要的缘由。这在国际条约、各国宪法及刑事诉讼法中均有明确规定，判例亦常有更为详尽的解读。例如，《世界人权宣言》第 5 条规定："任何人不得科以酷刑，或施以残忍的、不人道的或侮辱性的待遇或刑罚。"〔114〕 第 12 条规定："任何人的私生活、家庭、住宅及通信不受任意干涉……人人有权享受法律保护，以免受这种干涉或攻击。"《欧洲人权公约》第 3 条规定："不得对任何人施以酷刑或者是使其受到非人道的或者是侮辱的待遇或者是惩罚。"第 8 条第 1 款规定："人人有权享有使自己的私人和家庭生活、家庭和通信得到尊重的权利。"德国对刑事诉讼中个人权利的保护则主要体现在《德国基本法》和《德国刑事诉讼法典》中。〔115〕《德国基本法》第 1 条第 1 款规定："人的尊严不可侵犯。"第 2 条规定："个人享有个性自由发展的权利，但不得侵害他人权利，亦不得违反宪法秩序和道德规范。个人享有生命和身体不受侵犯的权利。人身自由不可侵犯。"《德国刑事诉讼法典》对证据调查中的个人权利保护亦作了相对详尽的规定。例如《德国刑事诉讼法典》第 81a 条规定了犯罪嫌疑人形体完整权，"未有法官命令，不得对犯罪嫌疑人进行身体检查或验血"。第 136a 条规定了犯罪嫌疑人的意志自由权，"不得使用药物、欺骗或催眠等方式获得定罪证据"，等等。法国对刑事诉讼证据调查中的个人权利保护主要体现在最高法院刑事庭的判例中。〔116〕 例如个人形体完整权与意志自由权。法国最高法院刑事庭的判例禁止为获口供而使用形体暴力，或者为获口供而使用摧毁或削弱个人意志的侦查手段如催眠。〔117〕 在 1949 年著名的"戊硫巴比妥"案件（l'affaire du penthotal）中，〔118〕 判例

---

〔113〕 Pierre Bouzat, "La loyauté dans la recherche des preuves", in *Problèmes contemporains de procédure pénale. Recueil d'études en hommage à Louis Hugueney*, Paris：Sirey, 1964, p. 172.

〔114〕 Résolutions adoptées le 10 déc. 1948 par l'Ass. Gén. De l'O. N. U. V. Reuter et Gros, *Traités et documents diplomatiques*, PUF, 1960, p. 103 et s.

〔115〕 更详细的研究，参见李倩：《德国刑事证据禁止理论问题研究》，载《中外法学》2008 年第 1 期。

〔116〕《法国宪法》及《法国刑事诉讼法典》亦有十分简略的规定，如《法国宪法》第 66 条规定"司法权力机构系个人自由之保障"；《法国刑事诉讼法典》第 63~64 条禁止警察长时间进行讯问；《法国刑事诉讼法典》第 172 条规定了任何侵害辩方权利的预审行为无效，等等。但与判例相比，法律文本显得苍白、薄弱。Pierre Bouzat, "La loyauté dans la recherche des preuves", in *Problèmes contemporains de procédure pénale. Recueil d'études en hommage à Louis Hugueney*, Paris：Sirey, 1964, p. 162.

〔117〕 V. Décret du 26 jan. 1922 (J. O. 27 janv.) à propos de l'affaire des "lettres anonymes de Tulle".

〔118〕 Trib. Corr. Seine 23 févr. 1949, Rec. Sirey 1950, II, 149, note LÉGAL; C. Alger 18 déc. 1948, D. 1949. J. 382, note VOUIN.

亦将"麻醉讯问"列入侵害个人意志自由权的非法证据之列，应予排除。又如私生活权。判例认为，如果证据收集侵犯了公民的住宅权或者通讯秘密权，则视为非法证据，应予排除。[119] 最后则是辩护权。法国判例将辩护权视为刑事诉讼中个人基本权利的核心所在，且赋予相当广泛的内涵及外延。有学者甚至将法国的证据自由限制模式定性为"辩护权限定模式"，以区别于德国的"基本权限定模式"、意大利的"程序合法性限定模式"、荷兰的"可采证据枚举模式"。[120] 因此，在法国，非法电话窃听、不当诱惑侦查、非法录音录像等均视为严重侵害了公民的辩护权，列入非法证据之列。[121]

（2）司法尊严限制（la dignité de la justice）。司法是社会正义的捍卫者，自是不能"为达目的，不择手段"（la fin justifie les moyens）。如布扎教授所言，"司法应获得尊重与信赖……应极具尊严、不辞劳苦地与罪犯作斗争……司法机关本身不得使用违法或违反社会伦理底线的手段以打击犯罪。"[122] 因此，各国刑事诉讼法及判例对司法机关采取诸如诱惑侦查、暴力或"软"暴力刑讯等证据调查方式都持反对或至少是十分谨慎的态度。例如在诱惑侦查方面，司法机关原则上只得在十分特殊的刑事案件（主要是毒品交易案件）中适用以获取证据，否则证据不可采。甚至在毒品交易等刑事案件中，司法机构亦得严格区分机会提供型与犯意诱发型两种情况，后者构成对公正程序的侵犯。欧洲人权法院在 1998 年 6 月 9 日的卡斯特罗诉葡萄牙（Castro V. Portugal）一案中便认为，犯意诱发型的诱惑侦查手段显然违反了《欧洲人权公约》第 6-1 条有关"公正审判"的规定。"即使为了打击毒品犯罪，亦应限定使用秘密侦查员，且应确立相应的保障举措。《欧洲人权公约》第 6-1 条所规定的公正审判权不能因寻求侦查上的便利而牺牲，警察教唆而获得的犯罪证据不能以公共利益作为正当依据。"[123]《德国刑事诉讼法典》亦对诱惑侦查的适用作了严格的限定：在侦查麻醉物品、武器非法交易以及伪造货币、有价证券领域内的犯罪时，允许派遣秘密侦查员侦查犯罪行为，而且这种秘密侦查员可以以"特殊身份"参与"法律关系交往"，并且"为了建立、维护这一身份，在不可避免的时候允许制作、更改和使用相应的证书"。该法第

---

[119] C. Colmar 12 juin 1953, Gaz. Pal. 1953. I. 154.

[120] Emmanuel Molina, *La liberté de la preuve des infractions en droit français contemporain*, Presses Universitaires d'Aix-Marseille, 2001, pp. 35-7.

[121] C. Poitiers, 16 janv. 1960, JCP. 1960. II. 11599, note Chambon.

[122] Pierre Bouzat, "La loyauté dans la recherche des preuves", in *Problèmes contemporains de procédure pénale. Recueil d'études en hommage à Louis Hugueney*, Paris: Sirey, 1964, p. 165.

[123] Arrêt du 9 juin 1998, Recueil des arrêts et décisions. 1998-IV, p. 1452 et s.

110 条第 b、c、d、e 项还分别对实施包括诱惑侦查等在内的秘密侦查的条件、程序以及获得的证据之使用规则作出了规定。法国的情况则稍显复杂。在普通犯罪中，诱惑侦查以意志自由为限，即警察在犯罪行为发生过程中如果积极主动并使用各种策略、压力，影响了犯罪嫌疑人的自由意志，则调查程序无效，证据不可采，反之则有效。但在毒品交易犯罪中，限制则较少：在共和国检察官的授权及监督下，警察、宪兵队以及海关工作人员可进行"陪同运输"（livraisons accompagnées），即"亲自获得、持有、运输或移送"这些毒品或违禁品。前述侦查人员亦可向毒品交易人员提供具有"司法性质的手段"（如行政授权、开户、提供资金来源等）以及运输、存货、保留、交易毒品等方面的便利方式。如此，"司法警察参与行为的唯一限制便是'共和国检察官的合法授权'"（《法国刑事诉讼法典》第 706-32 条第 2 款）。在暴力或"软"暴力刑讯方面，各国的态度是完全一致的，即严格禁止以酷刑或者残忍的、不人道的以及侮辱性的待遇或刑罚以获取证据。

2. 心证责任伦理的限制

在自由心证制度下，法官应立足控辩双方所提交之证据，依理性及良知作出审慎判断，并作出最终的判决。但法官心证责任伦理的形成必须以判决理由的形式公开，并对当事人及社会公众负有说服义务。

（1）判决理由公开。判决理由系裁判者据以评价证据、认定事实及适用法律的缘由。在现代法治国家，判决理由公开已是现代法治国家程序正义的基本构成要件。如贝勒斯（Michael D. Bayles）所言，"提供裁决理由尽管不……那么古老和悠久，但对于法律程序公正性的维护而言，却仍是一项极为重要的程序保障。"[124] 判决理由公开更是制约裁判者自由心证的重要程序机制，"既是反对专断的判决的保证，也许还是作出深思熟虑的判决的保证。"[125] 法官在判决理由书中应详细阐明证据的接受、证据证明力的裁量、证据与事实的相关性评价、证明责任的分配及履行等，判决理由应清晰可靠，不得出现理由不充分或相互矛盾的情况。[126] 如梅尔勒和维蒂教授所言，"法官在形成心证前必须进行推理，而阐明判决理由则是唯一可说明这一思维方式的手段……唯有如此，法官自由心证的公正性才可得以有效保障。"[127]

〔124〕 陈瑞华：《走向综合性程序价值理论——贝勒斯程序正义理论述评》，载《中国社会科学》1999 年第 6 期。

〔125〕 ［法］勒内·达维德：《当代主要法律体系》，漆竹生译，上海译文出版社 1984 年版，第 132 页。

〔126〕 Cass. crim. , 1er octobre 1985, Bull. crim. , n°310.

〔127〕 Merle R. et Vitu A. , *Traité de droit criminel*, Tome 2: procedure pénale, 5è éd, Paris, Cujas, 2002, n° 166 et 167.

但需要特别指出的是，在适用陪审团的国家里，判决理由与陪审员的"非专业性""集体合议"及"集中庭期"产生激烈的矛盾。欧陆各国通常采用问题列表制度予以解决。所谓问题列表制度，即指在陪审团审判中，审判长依法律规定将案件进行细化分解，制作一定数量的问题，要求陪审团作出"是"或"否"的回答，以决定被告人行为是否构成犯罪，是否有减刑情节等。例如在法国，现行《法国刑事诉讼法典》第 348 条规定："审判长宣读法庭及陪审团应当回答的问题。如在起诉决定的行文中已经提出这些问题，或者被告人或其辩护人放弃要求宣读，则可不进行问题宣读。"第 349 条规定："每一项主要问题均按照以下方式提出，'被告人是否因实施了这一行为而有罪？'""对起诉决定主文中特别列举的每一特定事实，均应提出一个问题。""对每一项加重情节均应单独提出一个问题。""对每一项免除刑罚或减轻刑罚的法定原因，如其被援用，亦应单独提出一个问题。"第 349-1 条规定，"如果被告人援引《法国刑法典》第 122-1 条第 1 款、第 122-2 条、第 122-3 条、第 122-4 条第 1 款及第 2 款、第 122-5 条第 1 款及第 2 款、第 127 条所规定的不负刑事责任的原因时，对起诉决定的主文中专门涉及的每一事实均应按照以下方式提出两个问题：①被告人是否实施了该行为？②就此行为，被告人是否享有《法国刑法典》第 X 条规定的不负刑事责任的利益，依照该条之规定，'……的人不负刑事责任'？""审判长经各方当事人同意，得就指控被告人的全部事实仅提出一个有关不负刑事责任的问题。""除被告人或其辩护人表示放弃之外，依本条之规定提出的问题应宣读。"第 350 条规定："如经法庭审理发现有移送裁定书中没有提及的一项或数项加重情节，审判长应提出一个或几个专门问题。"第 351 条规定："如经法庭审理认定，对犯罪事实应当认定的法定罪名与起诉决定书中所认定的罪名不同，审判长应当提出一个或数个补充的问题。"双方当事人均有权阅读陪审团对问题列表的回答，从而可在一定程度上了解陪审团的事实认定及逻辑过程。从根本而论，问题列表相当于"简明的判决理由书"，可在一定程度上阐明陪审团据以作出裁判的理由，已成为协调陪审制与判决理由制度的一种重要制度模式。

（2）说服义务（un devoir de persuasion）。刑事司法"有一个独立性的、自律的所谓的'法的空间'得以形成和维持。这个法的空间既相对独立于国家和社会，同时又将这两者有机地结合起来"。[128]法官系"法空间"的主导者，既享有至上的裁判权，又负有某种"说服义务"。从根本而论，判决的权威不能只依靠

---

〔128〕 王亚新：《社会变革中的民事诉讼》，中国法制出版社 2001 年版，第 40 页。

国家的强制力予以维系，而更多地应以理性说服的方式令当事人及社会大众接受和服从，这也是心证责任伦理的要求。这就要求法官在心证形成过程中应逻辑理性，严格恪守职业伦理，对所有证据进行周密的批判性审查，结合长期实务经验的司法认知，作出最具说服力的判决——既说服"特殊听众"，又要说服"普遍听众"，而"在具体背景下，正义规则的成功运用在很大程度上取决于听众的感情"。[129]

但在任何国家，普通公众与专业法官因智识、职业和经历差异均存在某种程度的认知"断层"（abîme）。例如，在一些敏感的刑事案件中，普通公民的认知与专业法官的心证可能相差甚远。公众可能认为法庭制裁了或过分制裁了并未对社会真正造成损害或对社会造成损害不大的行为，或者，法庭并未制裁或未有力制裁对社会真正造成极大损害的行为。因此，大革命后，法国在刑事诉讼中引入了英国的陪审制，尝试以陪审员的"平民理性"裁断案件，以契合社会公众的经验思维和正义观感，强化心证的说服义务，取得了不错的效果。[130]此举也影响了欧洲大陆诸多国家。[131]而之于奉行职业法官裁判的职权主义国家，唯有加强法官的心证说理以及审慎认知的职业伦理方可完成说服公众的义务。

（三）自由心证的挑战：科技证据的兴起

从根本而论，人类社会刑事证明制度的每次演进均系认知水平不断提高的结果，科学技术的发展自是功不可没。进入 20 世纪之后，高科技证据更是在刑事诉讼中广泛运用，DNA 证据、电子证据、微证据、心理测试等非传统的证据形式广泛进入刑事诉讼，掀起了所谓的"证据学革命"，以至于一些学者惊叹"科技证据"时代已经来临。[132]科技证据的兴起对法官的"自由心证"产生重要挑战：因智识所限，在许多刑事案件中，法官对新型科技证据的了解未必深刻，鉴定人在法庭上成为事实的法官，裁判者对证据证明力的自由评价权因此受到了极大的限制，"当用自然科学的知识可确定一事实时，此时法官的心证即无适用之余地"，"也不能用法官主观的确信来代替客观上尚未被证实的科学证据"。[133]

此外，科技证据还在很大程度上改变了传统的证明结构，并悄然确立了一些

---

〔129〕 吕世伦主编：《现代西方法学流派》（下卷），中国大百科全书出版社 2000 年版，第 727 页。

〔130〕 法国新近又扩大了陪审制的适用范围，轻罪案件亦可适用陪审团审判，详见 Guillaume Halard et Kévin Audureau, "Contribution à la connaissance des jurys criminels", in *RSC* 2012, p. 523 et s.

〔131〕 详见施鹏鹏：《陪审制研究》，中国人民大学出版社 2008 年版。

〔132〕 *La preuve pénale：internationalisation et nouvelles technologies*, Sous la direction de Olivier de Frouville, Droit et Justice, 2007.

〔133〕 沈德咏主编：《刑事证据制度与理论》，法律出版社 2002 年版，第 273 页。

"法定证据规则"，如 DNA 证据在人身识别上的优先效力、固定场所录音录像较之于目击证人辨认的优先效力、各种鉴定意见较之于传统证据的优先效力等，法官在个案中的智识评价和理性认知也受到诸多限制，在一些案件中甚至需要专家辅助人予以协助。当然，这并不意味着自由心证制度已然衰微，相反，法官在非法证据排除、犯罪要件证明、证据证明力评价、证明链条形成以及排除合理怀疑等领域依然发挥至关重要的作用。故科技证据之于自由心证更多的是辅助作用，而非取而代之。

（四）英国近代的刑事证据法

一如前述，英国证据法系陪审制不断发展的产物。但在 18 世纪前，尽管欧陆启蒙思想家普遍将英国刑事诉讼视为典范，其实有过分理想化之嫌。[134] 此时的英国刑事诉讼还主要是"被告陈述式的审判"，并不如想象中的"正当"。英国的对抗式诉讼程序、陪审团审判程序、被告权利保障体系以及现代意义上的证据规则基本上是 18 世纪甚至 19 世纪之后方相对成熟，且经历了极为艰难的转型。18 世纪之前的英国刑事审判中主要设有四种证据规则：品格证据规则、印证规则、自白任意规则及传闻证据规则。[135] 但此类规则极其抽象复杂，陪审团难以准确理解及适用。[136] 18 世纪后，随着陪审团制度的日趋完善，为保障平民陪审员在事实认定上的准确性以及对职业法官权力作出必要的规制，刑事证据规则体系亦开始变得复杂精细，尤其是证据可采性规则以及非法证据排除规则。但朗本教授依然认为，这套貌似面面俱到的证据规则体系太过繁芜丛杂、可操作性极差。他抨击道，"具有反讽意味的是，英国在 18 世纪后期便开始创设一套极其糟糕、在欧洲大陆早已废弃不用的证据法。"[137] 19 世纪末，英国开始将证据规则成文化，例如 1898 年颁布的《刑事证据法》（经过 1965 年、1979 年、1984 年、1989 年和 1999 年的多次修订）、1984 年的《警察与刑事证据法》、1988 年的《刑事司法法》、2003 年的《刑事审判法》等。但判例依然是证据法最为重要的渊源。

---

〔134〕 施鹏鹏：《为职权主义辩护》，载《中国法学》2014 年第 2 期。

〔135〕 更具体而论，第一条规则是，被告人和他的妻子无资格作证；第二条规则是，供述必须出于自愿；第三条规则是，除被害人关于其死亡原因的临终遗言之外，传闻证据一律加以排除；第四条规则是，品格证据通常都被认为与案件无关。详见易延友：《证据法的体系与精神——以英美法为特别参照》，北京大学出版社 2010 年版，第 32~33 页。

〔136〕 朗本教授在此一问题上有较为深刻的研究，参见 John H. Langbein, *The Origins of Adversary Criminal Trial*, Oxford University Press, 2003, p. 253.

〔137〕 John H. Langbein, "The English Criminal Trial Jury on the Eve of the French Revolution", in Antonio Padoa Schioppa ed. , *The Trial Jury in England, France, Germany 1700-1900*, Duncker & Humblot, Berlin, 1987, p. 33.

英国近代刑事证据法的内容十分丰富，主要包括：证据可采性规则、证明责任分配规则、证明标准规则、补强证据规则等。每项规则在成文法及判例中均有极为丰富的内涵，这在国内学术界已有极为成熟的研究，这里不再赘述。需要特别指出的是，复杂的证据规则反映了英国法对错误适用证据的极大敏感性以及法律对事实认定者证据分析活动的控制意图。[138] 而这套普通法的证据制度并非逻辑理性的产物，而系历史演进中经验法则的沉淀，这与法国大革命后欧洲大陆的"理性建构"逻辑形成鲜明对比。恰如英国法史学权威威廉·霍茨沃斯爵士（Sir William Holdsworth）所言，"（英国证据法则）从不是理性过程的产物。"[139]

结 语

如范·卡内冈教授所言，很难将欧洲近代刑事证据的发展归结为某一因素。[140] 传统观点认为，中世纪古罗马法学家、教会法学家的共同努力创设了理性证据形式，并将非理性证据驱出历史舞台，16 世纪以降启蒙思想家及法学家的共同努力创设了自由心证制度，并将法定证据制度驱出历史舞台。但如此简单的逻辑演绎很难精准反映欧洲刑事证据制度发展的原动力及深层原因。勒·布拉斯（G. Le Bras）写道，"（欧洲证据的发展）并非思想者的创设，而是社区。社区无时无刻不充斥着怀疑与需求、反抗与创设。"[141] 正是社会结构的深层变革以及社会阶层的智识探索共同推动了欧洲现代刑事证据的转型。中世纪，在智识领域，欧洲经历了神学与哲学的双重洗礼：从古罗马法的逻辑学、论辩技艺到近代大学的产生。罗马教会诉讼成为某种必要选择；在制度领域，欧洲经历了君主政体的兴起与罗马教廷的统治，集权制促使市镇确立极为发达的法律规则，以保障社会及经济的稳定和发展；在科技领域，认知水平的不断提高亦是理性证据取代非理性证据的必要前提。而到了近代，科技水平的进一步提高、启蒙思想家、法学家的推动、近代国家秩序的维护、人权保护理念的兴起，社会结构的深层变革亦深刻影响着自由心证的证明制度。

当然，在比较法层面，近代欧陆的刑事证明制度与英国的刑事证据法的差别并未如想象中巨大，许多证明规则在功能上并无实质区别。故刑事证明制度的研究早已跨越了纯粹的国别界限，而融入诸多更具学术意义的分析范式，例如博比

---

〔138〕 Mirjan Damaška, *Evidence Law Adrift*, Yale University Press, 1997, p. 24.

〔139〕 Holdsworth Sir William, *A History of English Law*, T. IX, 1926, p. 128.

〔140〕 Van Caenegem, "La preuve dans le droit du moyen âge occidental", in *La Preuve*, *Recueils de la Societe Jean Bodin*（Vol. 4）, Paris, 1965, p. 752.

〔141〕 G. Le Bras, Prolégomènes, Paris, 1955, p. 14.

奥（Norberto Bobbio）的逻辑学、佩雷尔曼的新修辞学、杰克森（B. S. Jackson）的符号学、莱维-布吕尔的社会学等。真相，存在且唯一。法学家们的责任便致力于创设各种更有效的证明制度，以民众可接受的方式揭示真相。故司法证据与科学证据存在某种共同点，即无止境的探索，司法证明的演进历史也佐证此点。

颇为有趣的是，欧洲各国的法律人立足本国的司法传统及法律文化，经过数千年的探索构建了形式多样却功能类似的刑事证明制度，并逐渐演变为世界刑事证明的范例。谚云，条条大路通罗马。从这个意义上讲，我们也可以说，制度的历史生成，既是偶然的，也是必然的，既是差异的，也是相通的。

美国证据法的百年改革史：塞耶的胜利*

[美] 埃莉语·斯威夫特** 著

施鹏鹏　叶　蓓*** 译

本文回顾了过去百年来影响证据法改革的初审法院裁量权之争，这场争论的历史由三位证据法领域杰出的人物所主导：詹姆斯·布拉德利·塞耶（James Bradley Thayer）、约翰·亨利·威格摩尔（John Henry Wigmore）和埃德蒙·S.摩根（Edmund S. Morgan）。现在，这些学者的著作对于证据法的学生而言正变得越来越不知名。他们对改革运动所做出的贡献，以《联邦证据规则》的出台为顶峰，这些或许也不再为人们所称道。因此，这篇涉及百年史的研讨会论文旨在纪念那些 20 世纪早期的证据法改革家，并简要评述持续至今的初审法院司法裁量权争论，以警惕当下看似不可逆转的司法裁量权扩大趋势。

塞耶教授无疑是最伟大的证据法学者之一，他的著作开启了 20 世纪证据法的改革史。[1] 塞耶的学术贡献分为两部分：首先，他将证据法领域限缩为仅研究初审法院决定采纳或排除证据的规则；其次，他建议对证据法进行改革，以使上诉法院不再处心积虑地设计各种具体、详细的理论规则（doctrinal rules）来控制下级法院。塞耶主张设立一套宽泛规则的制度，既能保证初审法院判决的充分灵活性，也能在很大程度上使之免受上诉法院的复审。

塞耶呼吁"扩大司法裁量权，并彻底简化证据法"，[2] 这一直是 20 世纪后续时期证据法改革的核心主题。众所周知，威格摩尔教授是整个 20 世纪前半叶顶尖的证据法编纂者和学术权威。[3] 他支持扩大司法裁量权，在他看来，这意味着初

＊　原载 One Hundred Years of Evidence Law Reform：Thayer's Triumph，原载《加利福尼亚法律评论》2000 年第 88 期 [88 *California Law Review* 2437（2000）]。

＊＊　Eleanor Swift，美国加州大学伯克利分校法学院教授。

＊＊＊　叶蓓，中国政法大学法学实验班 2014 级在读硕士生。

〔1〕　See, e.g., William Twining, *Theories of Evidence：Benthamand Wigmore*, Stanford University Press, 1985, pp. 5-6（塞耶"通过他的教学、证据案例教科书……和他大量历史及分析性的论文产生了极大影响……"）。

〔2〕　Id., p. 7.

〔3〕　威格摩尔完成了塞耶毕生都未完成的事情——一部完整的证据法论著。这部多卷式的论著极受欢迎，以至于在 1904—1940 年重印三版，至今仍被证据法学界的领军人物修订使用。可参见注 66~73 及附随文本。

审法院在证据方面的判决可免受上诉法院的复审。但与塞耶不同，威格摩尔认为应该确立细化而非宽泛的规则，以指引初审法官作出判决。因此，他反对另一位伟大证据法改革家摩根教授的方案。摩根教授是 20 世纪 30 年代《模范证据法典》草案的报告人。〔4〕这部法典是一次简化证据法并扩大初审法官审判权的全面尝试，但并未被任何一个司法区所采用。威格摩尔的反对，以及初审法院裁量权的实质扩大，是这部法典失败的重要原因。尽管这部法典在证据法方面的改革举措并未付诸实践，但它仍在之后涉及初审法院裁量权及证据法法典化的争论中发挥了重要作用。

证据法法典化的不懈努力终究在 1974 年国会所通过的《联邦证据规则》中达到顶峰。起草这些规则的咨询委员会的目的是寻求统一而非改革，摒弃了《模范证据法典》某些规定更倾向于证据采纳主导（pro-admission）的激进改变。在这一点上，起草者们成功了。《联邦证据规则》已被大约 40 个州所采纳（有些修改），在 20 世纪的最后 25 年主导了证据法领域。《模范证据法典》立足于更传统的实体性原则以强化司法裁量权。与之相比，《联邦证据规则》的起草者们进行了一定程度的缓和，同时在一些规则的文本中增加了具有裁量意义的术语。在更近的一段时间，随着《联邦证据规则》修正案的通过、美国联邦最高法院对《联邦证据规则》的解释以及对初审法院判决既有理论限制（doctrinal limits）的逐渐消解，裁量权扩大已势不可挡。因此在 20 世纪末，似乎是塞耶扩大司法裁量权的主张取得了胜利。但本文认为，这一胜利可能对美国审判制度以及公平、平等和自由等价值构成严峻挑战。这一挑战很容易在诸如处理传闻证据、专家证言以及证明行为的品性证据案件中清晰可见。

一、采纳或排除证据之"司法裁量权"含义的初步讨论

对塞耶、威格摩尔和摩根而言，扩大法官采纳或排除证据的"裁量权"意味着，使这类判决免受普通法系上诉法院的审查。在普通法先例中，上诉法院往往通过详细的法律规则以及以发现初审法院判决错误为由，控制大量案件的裁判结果。〔5〕这三位改革家改革方案的核心在于，限制对初审法官采纳或排除证据判决

---

〔4〕 1942 年《模范证据法典》。

〔5〕 塞耶描述了上诉审查和制定精细证据规则的危害：证据规则包含着许多类型的主规则例外，这些例外又可进一步作精细化划分，最终形成诸多细致、难以减少的细节，以致法院无从下手……或者不知从例外还是从一般的原则中寻找控制性的规则……参见 James Bradley Thayer, *A Preliminary Treatise on Evidence at the Common Law*, Little, Brown, and Company, 1898, p. 512（以下简称 Thayer, *Preliminary Treatise*）.

的上诉审，或者完全予以禁止。[6] 如果没有这个古老的先例，未有对上诉审查和撤销案件的恐惧，初审法院将会更自由地在判决中采纳证据，并因此能对特定案件的具体事实和法庭进展有更充分的回应。

塞耶和摩根也提倡，为促进初审法院裁量权的行使，证据法应当由原则而非详细的规则组成，但威格摩尔并不赞同。[7] 在这一背景下，"裁量权"一词有其特定的含义。这不能与该词的其他用法相混淆，比如法官参与"弥补法律空隙的司法'立法'（interstitial judicial 'legislation'）……在可能的行为控制标准间作出选择"的权力。[8] 它也不是指作出判决"不受权威标准的控制……"[9] 正如塞耶和摩根所主张的，也是当下证据法所理解的，采纳或排除证据的裁量权行使具有特定及显著的特征。

（一）采纳或排除证据之"司法裁量权"的界定

首先，依华尔兹（Jon R. Waltz）教授的表述，行使采纳或排除证据的司法裁量权便是指作出"有指导性的"（guided）判决。[10] 法官作出采纳或排除（证据）的选择并非不受既有原则的约束。相反，法官对结果的选择虽有一定的灵活性，但仍受证据法规则中体系化标准的限制。这些标准可能来自于法典或者上诉法院

---

〔6〕 在下面这段话中，塞耶最直接了当地表达了他对裁量权的看法：当下，在适用诸如这样的标准时（考虑到混淆、误导陪审团或者令陪审团的思绪疲惫），最主要的上诉应是作出合理判决（sound judgment）。我们的律师至少为法官的裁量权呼吁了六七个世纪。不能轻易对涉及这些问题的判决进行重审，一旦进行重审，则不得不以广泛的方式作出判决。上诉判决必须说明裁量权是否被不当行使或者滥用了。Id.，p. 516.

〔7〕 摩根赞同塞耶对裁量权的所有观点，这体现在《模范证据法典》中。他在《模范证据法典》的序言中写道：《模范证据法典》所使用的原则性立法语言为（法官）在特定案件情形中作出诚实判断提供了广阔空间……整部法典都贯穿了如下原理，即初审法官引导和控制庭审，（法官的）行为具有终局性，除非因滥用裁量权对败诉方的实体权利造成实质侵害。参见 Model Code, pp. 14-5. 威格摩尔则只接受塞耶裁量权的部分观点。他提倡更具体的规则而非一般性原则，因为他认为，这样更清楚易行且没有争议，同时也可为律师准备庭审提供可预测性。但无论如何，按这些规则所作出的判决应完全免于上诉审查，从而保护初审法院的自由免受先例约束。

〔8〕 Jon R. Waltz, "Judicial Discretion in the Admission of Evidence under the Federal Rules of Evidence", 79 *Nw. U. L. Rev.*, 1985, pp. 1097-100. 自塞耶、摩根和威格摩尔的时代以来，有关初审法院采纳证据裁量权的著作大量涌现，如参见 Kenneth Culp Davis, *Discretionary Justice: A Preliminary Inquiry*, Sage Publications, 1969; Victor J. Gold, "Limiting Judicial Discretion to Exclude Prejudicial Evidence", 18 *U. C. Davis L. Rev.*, 1984, p. 59; David P. Leonard, "Power and Responsibility in Evidence Law", 63 *S. Cal. L. Rev.*, 1990, p. 937; Thomas M. Mengler, "The Theory of Discretion in the Federal Rules of Evidence", 74 *Iowa L. Rev.*, 1989, p. 413. 其他关于初审法院裁量权的有用文章包括 George C. Christie, "An Essay on Discretion", *Duke L. J.*, 1986, p. 747 and Maurice Rosenberg, "Judicial Discretion of the Trial Court, Viewed from Above", 22 *Syracuse L. Rev.*, 1971, p. 635.

〔9〕 Leonard, "Power and Responsibility in Evidence Law", 63 *S. Cal. L. Rev.*, 1990, p. 943. 里奥纳德（Leonard）教授在罗纳德（Ronald J. Dworkin）教授作品的基础上定义了这种"强大的"（strong）裁量权。Id., pp. 942-3.

〔10〕 Waltz, "Power and Responsibility in Evidence Law", 63 *S. Cal. L. Rev.*, 1990, p. 1103.

规则，且法官必须予以适用并登记在案。

现代证据法中指导裁量权的首要范例便是《联邦证据规则》第403条，本条确立了适用于绝大多数初审法院判决的排除规则：证据虽然具有相关性，但可能导致不公正的偏见、混淆争议或误导陪审团的危险大于该证据可能具有的价值时，或者考虑到过分拖延、浪费时间或无需出示重复证据时，也可以不采纳。[11]

尽管未作出界定，但该条明确了法官在决定是否采纳或者排除证据时应考虑的标准：证据的证明价值、不公正的损害危险等。此外，该条也确立了如下标准：法官排除证据时必须比较权衡，确保被排除的证据危险远甚于其价值。初审法官必须仅考虑这些标准，且必须公开遵循《联邦证据规则》证据采纳主导的标准（pro-admission standard），除非有要求采纳或者排除的绝对规则。

其次，裁量权也隐含着功能性的思维过程（a functional mental process），要求法官运用一些非机械化的标准和规则来进行判断。[12] 比如，（初审法官）依《联邦证据规则》第403条评估某一呈堂证据（an offered item）的"证明价值"（probative value）时，需要预判该证据与待证争点之间的推论可能性以及该证据在案件背景下所产生的证明影响。法官也必须评估证据对陪审团判决所可能产生的危险性（the quality of the danger），比如"不公正的偏见"（unfair prejudice），并在特定案件背景下评估该危险的可能性及危害程度。在乔治·克里斯汀教授（George Christie）看来，以"利益平衡"（interest balancing）或者"要素分析"（factor analysis）的形式，将证据证明价值和这些危险作一比较，已然成为让司法判决"更明智处理时常相互冲突之公共政策规则"（more sensible accommodations of the often conflicting imperatives of the public policy）的主导方法。[13]

最后，裁量权的第三个突出特征，也是塞耶、威格摩尔以及摩根所深刻领悟的，即遵循尊重的上诉审查标准（a deferential standard of appellate review）。评论者已将裁量权描述为一个"审查-限制概念"（review-restraining concept）。[14] 因

---

〔11〕《联邦证据规则》第403条。

〔12〕 See Ronald M. Dworkin, "The Model of Rules", 35 *U. Chi. L. Rev.*, 1967, pp. 14-32. 维克多（Victor J. Gold）教授描述了以下判断过程：首先，法官根据经验判断一般陪审员对所涉种类证据的反应。其次，基于陪审员们的特定背景，法官必须敏锐感知他们在本案中可能作出的反应。最后，必须考虑证据提供的特定背景。Victor J. Gold, "Limiting Judicial Discretion to Exclude Prejudicial Evidence", 18 *U. C. Davis L. Rev.*, 1984, p. 69.

〔13〕 Christie, "An Essay on Discretion", *Duke L. J.*, 1986, p. 765.

〔14〕 Leonard, "Power and Responsibility in Evidence Law", 63 *S. Cal. L. Rev.*, 1990, p. 942. 罗森博格（Rosenberg）教授论述了初审法院裁量权的这一特征，参见 Maurice Rosenberg, "Judicial Discretion of the Trial Court, Viewed from Above", 22 *Syracuse L. Rev.*, 1971, p. 638.

此，它确保了大量初审法院的判决得以容忍，上诉法官无需亲自作出裁判。如果上诉法官对《联邦证据规则》第403条中的判决重新采取非尊重的审查标准，可仅因不同意裁判结果便推翻初审法院的判决，那么他们将不得不在如下两种方法中择一证明自己的判决：或者将指引初审法官判决要素（仅就《联邦证据规则》第403条而言，即上文所论及的预测、评估及比较的过程）重新适用于案件的特定事实，或者提出一个更严谨的、结果导向型的教义式标准，当相似事实出现时，初审法院均应予以适用。[15]

任何一种适用非尊重上诉审查标准的方法，均会产生不利后果。对初审法官依照《联邦证据规则》第403条之规定综合各项要素所作出的采纳或排除证据的判决，如果上诉法院进行重新审理，则将大量耗费司法资源，导致更多错误的判决，并使整个司法系统丧失终局性。而同样重要的一点是，初审法官也许在这些问题上（采纳或者排除证据）能比上诉法院作出更好的判决。初审法官更接近进行必要预测及评估所立足的案件直接事实，而上诉法院却无从对案件的情况进行充分考虑。初审法院也有更多作出此类判决的实践经验。此外，考虑到相关判决的事实特殊性（fact-specificity），此类判决几乎不具有先例效力。[16]里奥纳德（Leonard）教授认为，鉴于将裁判规则适用于案件事实的复杂性，上诉法院甚至不能决定初审法院的判决是对是错。[17]只有在极少数情况下，控制裁判结果的预测和评价存在着明显的对错。第二种类型的非尊重审查，即上诉法院强加结果导向型的教义式标准，因此会非常虚幻。如同塞耶、威格摩尔以及摩根所批判的，这将导致审判的进行变得僵化、脱节且缺乏创造力。[18]

正如塞耶、威格摩尔以及摩根所主张的那样，对裁量权的尊重上诉审查更受限制。撤销初审法院判决的原因不应当是上诉法院不同意判决结果，而仅能是初审法院"滥用"其裁量权。这种裁量权滥用主要包括以下情形：法院在作出判决的过程中未适用所要求的规则、曲解规则的应有之义，或者造成明显不符逻辑及

---

〔15〕 比如，（在被告因超速而被控承担责任的案件中）初审法官采纳或排除车祸发生之前一定距离被告车速的证据，上诉法院往往会审查该判决。上诉法院可能会声明一条明线规则，即不采纳一定距离内被告的速率，而不是简单尊重初审法院对证明价值以及偏见或误导陪审团风险的估计，如参见 Euson v. Starrett, 277 F. 2d 73, 77, 1960（说明了在没有其他证据的情况下，1英里、1/2英里以及3/4英里的距离离事故"太遥远"）。

〔16〕 这些因素是论证初审法院相对广泛裁量权以及上诉法院尊重的因素，即便两个法院存在意见分歧。一般性的论述，参见 Christie, "An Essay on Discretion", *Duke L. J.*, 1986, pp. 772-8（在尊重陪审团事实认定上阐释了这一论据）。

〔17〕 Leonard, "Power and Responsibility in Evidence Law", 63 *S. Cal. L. Rev.*, 1990, pp. 1004-5.

〔18〕 "想在司法判决中寻求客观性，则别无选择仅得接受一定的简化甚至带有人为的因素。"Christie, "An Essay on Discretion", *Duke L. J.*, 1986, p. 778（再次比较了陪审团的判决和正式的司法判决）。

案件事实影响的后果。[19] 在这一标准下，大量案情相似的初审法院判决会被维持，但上诉法院可以行使撤销权以释明规则、排除初审法院不应考虑的因素以及要求判决的作出必须记录在案以强化说理。[20] 从而，详细的、结果决定型的教义式标准将不再适用。

（二）绝对的判决：明线规则的不同方法

很有必要将规定和指引裁量权行使的规则与另一种类型的证据规则区分开来，即所谓的明线规则，对采纳及排除证据的判决进行教义化的绝对监督，而非进行证明价值的评估。这些绝对规则从两个方面约束初审法院的裁量权：有些确立了司法事实认定的强制性规定，[21] 有些则确立初审法官识别特定相关性理论的强制性规定。[22] 在这两类绝对规则下，初审法官的任务便是确定呈堂证物是否符合其中某一教义化类型。是否"符合"哪一类绝对规则，决定了后续的采纳或排除。因此，这里并未涉及前文所论及的裁量权行使。这不是因为绝对规则应机械适用。它们仍要求初审法官进行非常审慎但区别化的考量。最重要的是，（绝对规则）并不明确承认（初审法官）在采纳证据的判决中对证据证明价值的评估。相反，教义化的绝对规则立足对证明价值的一般化立法判断，确定了明线规则的界限。例如，初审法官不会为采纳证据而预估传闻证言的证明价值。他们会将其纳入明线规则的绝对例外以进行事实认定。在绝对规则下，（初审法官）同样也不需考虑更多的案件背景。在绝对规则的起草过程中，（立法者）已考虑到《联邦证据规则》第 403 条中的证明价值和风险。关于绝对规则和自由裁量的思维区别，本文将在第五部分作进一步论述，并讨论近年来随着《联邦证据规则》第 403 条的适用，明线规则呈衰微的趋势。

（三）裁量权的收益及损耗

赋予初审法官采纳或排除证据的裁量权兼有收益及损耗。一些评论者认为，

---

[19]　See Waltz, supra note 8, p. 1104. 华尔兹（Waltz）教授也论及："'滥用'这一称谓不当，暗指几乎未有正当依据或者达到预期的司法恣意。" Id., pp. 1103-4. 在这一界定下，上诉法院有权在某些事实上替代初审法院的判决。"只能说，上诉法院有时候会行使凌驾于初审法院的权力以进行事后规劝（second-guess）。至于什么情况下行使以及不行使往往是非常主观的。" Christie, supra note 8, p. 757. 尽管如此，对裁量权滥用尊重的审查标准，极大地减少了这些事后规劝判决的数量，并且将它们仅限于那些初审法官看似误解裁量权行使要义的案件中。

[20]　里奥纳德教授主张上诉法院施加内外限制，在"以判断而非制定规则为基础的证据制度中"，作为"重大责任"的一部分。Leonard, "Power and Responsibility in Evidence Law", 63 *S. Cal. L. Rev.*, 1990, p. 988.

[21]　最恰当的例证莫过于《联邦证据规则》第 801a 条规定的"传闻证据"以及第 801d、803 条和第 804 条规定的传闻证据免除与例外。参见《联邦证据规则》第 801、803、804 条。

[22]　最恰当的例证莫过于《联邦证据规则》第 404b 条所允许使用的特定行为。

初审法院裁量权的尊重上诉审查，能减少上诉的时间和精力耗费，从而提升司法的经济性。[23] 裁量权的拥趸者们也主张，诉讼中所出现的许多问题，包括采纳或排除证据，均要求立足特定案件背景作出个别化、灵活性的判决；"这涉及多方面（multifarious）、稍纵即逝（fleeting）、特殊（special）以及细微（narrow）的事实，完全与一般性无涉……"[24] 将这些判决强行塞入僵硬的规则，会增加错误和不公。[25] 并且一旦个别化的判决需求被承认，则初审法院将处于作出判决的优势地位，需要考虑案件的背景和具体事实。这发挥着查找真相（truth-seeking）的功能，因为"这些规则为初审法官确立了空间，使其对特定案件的复杂性和唯一性保持敏感，这比在封闭、完整的系统中仅进行机械适用的规则要更有利于发现真相"。[26]

裁量权和尊重审查的损耗同样众所周知，即存在如下隐忧：裁量权可能被任意、不公地行使；宽泛和模糊的原则将使准备庭审的当事人无法预测证据裁判的结果，并造成同案不同判（inconsistent outcomes）；且同案不同判或者法官基于个性所偶然作出的判决结果，会被视为不公正，进而导致司法公信力丧失（a loss of confidence in the judicial system）。[27] 而更令人困扰的担忧是，初审法官虽然更接近案件背景和事实，但委实无能力作出诸如《联邦证据规则》第403条所要求的如此精妙（subtle）且深奥（profound）的判决。[28]

在这场围绕初审法院裁量权的争论中，前所论及的利益和损耗均有其道理。而事实上，这可能也是这场漫长的争论贯穿整个20世纪的原因。本文并不打算解决这场一般性的争论，也不会再次论及支持利益及损耗的各自论据，但本文将简要考察（裁量权）在具体证据规则中的利益及损耗，并在第四部分中对传闻证据、专家证言以及证明行为之品性证据的发展趋势所造成的有害结果提炼一些结论。我们首先从20世纪伊始，开启这场持久论争的伟大证据法学者们谈起。

---

〔23〕 Rosenberg, "Judicial Discretion of the Trial Court, Viewed from Above", 22 *Syracuse L. Rev.*, 1971, p. 660.

〔24〕 Id., p. 662.

〔25〕 See Leonard, "Power and Responsibility in Evidence Law", 63 *S. Cal. L. Rev.*, 1990, pp. 999–1000.

〔26〕 Mengler, "The Theory of Discretion in the Federal Rules of Evidence", 74 *Iowa L. Rev.*, 1989, p. 460.

〔27〕 See Leonard, "Power and Responsibility in Evidence Law", 63 *S. Cal. L. Rev.*, 1990, pp. 991–5.

〔28〕 See Gold, "Limiting Judicial Discretion to Exclude Prejudicial Evidence", 18 *U. C. Davis L. Rev.*, 1984, p. 91（《联邦证据规则》第403条提出了预测人类认知行为的复杂问题，法院对此一直反应迟钝）；Mengler, "The Theory of Discretion in the Federal Rules of Evidence", 74 *Iowa L. Rev.*, 1989, p. 461（引用一项研究表明，法官们对于何为导致偏见的证据有很大分歧）。

二、改革的开端：塞耶对"证据法"（Law of Evidence）的定义

1898 年，哈佛大学法学院教授詹姆斯·布拉德利·塞耶将其证据法的论文以单卷本发表，题为"普通法证据初论"。他的目的是澄清哪些是证据学科的一般原则，并将那些事实上属于其他部门法的广泛主题剔除出去，他希望通过这一努力，将证据法精简为更易于进行亟须改革的研究领域。塞耶打算另写一卷来继续这项工程，"用类似但更具直接操作性的形式，简要陈述既有的证据法。"[29] 但他没能完成第二卷，因为 1902 年，71 岁的塞耶突发心脏病离世。

塞耶在《普通法证据初论》的数章中提出了狭义的"证据法"定义，为过去的一百年确立了研究的论域。他的定义如今看来很普通："（证据法）首先决定在诸多证明事项中……哪些事项不应纳入其中。这一排除功能是我们证据法的独特所在。"[30] 塞耶坚持认为证据领域应仅限于排除规则，该观点在学术上立足于两项基础，即在准备证据案例教科书及预期的论著所进行的判例法研究，以及他本人对陪审团起源的历史研究。

（一）限缩构成"证据法"的案件种类

在案例研究中，塞耶对证据教材中通常会讨论的案件进行了清理。他发现"我们的（证据法）书中有大量、数不胜数的案例，虽然肯定与证据有关……却与证据法毫无关系"[31]，即他们认为证据不可采，仅仅是由于证据与实体法原则或者主导特定案件的诉求不相关，而在我们今天看来这是逻辑上毫无关联的证据。但在塞耶前的诸多重要论著却将这些案件纳入证据法领域。[32] 这些论著立足于与实体法相关的原则，长篇累牍地分析了可采与不可采的证据种类。因此，塞耶的成就便是将专注点脱离"纯粹理性的命题"，[33] 而是立足真正的排除规则。时至今日，这依然为证据法划定了论域。

塞耶也明确指出那些他认为不属于证据法领域的庞大法律部门，其中包括那些与采纳或排除证据无涉、用以控制陪审团裁决过程的普通法规则。早期的证据

---

〔29〕 Thayer, *Preliminary Treatise*, p. 5.

〔30〕 Id., p. 264. 在这篇文章中，塞耶也描述了证据法的其他功能，即规定举证方式以及确定证人的资格和权利。

〔31〕 Id., p. 269.

〔32〕 See, e. g., Thomas Starkie, *A Practical Treatise on the Law of Evidence and Digest of Proofs in Civil and Criminal Proceedings*, P. H. Nicklin & T. Johnson, 1830. 这部三卷本的著作中有两卷专门阐述实体法原则［将主题按字母顺序归类，如放弃（abatement）、串通（conspiracy）和恶意（malice）］，以及有关证明形式是否满足法律要件的案件。

〔33〕 Thayer, *Preliminary Treatise*, p. 269.

法论著同样将这些规则纳入其中，但塞耶坚持将它们从证据法中分离出来。塞耶在《普通法证据初论》一书中设有若干章节，专门论述"陪审团审判中的法律与事实"（Law and Fact in Jury Trials）、"司法认知"（Judicial Notice）、"推定"（Presumptions）、"举证责任"（The Burden of Proof）和"口头证据规则"（The Parol Evidence Rule）。在每一章中，塞耶均通过对判例法精心细致的分析，论证"证据法是如何变得超额负荷，以至于将自己淹没于本属于其他部门法的领域……"[34]

公允而论，塞耶对证据法领域的界定取得了成功，当下证据案例教科书所刊印的绝大多数材料以及课堂上所花费的绝大多数时间，都聚焦于规制证据采纳的广义排除规则，当然也包括排除规则的例外。[35]

（二）将证据法理解为陪审团制度之子

塞耶对陪审团的发展史进行了研究，并以此为依据对为何这些排除规则在18世纪甚至17世纪的英国蓬勃发展作出了解释。塞耶在《普通法证据初论》的前四章中回溯了英国陪审团审判制度的发展：从早期的日耳曼证据理念及审判模式，经由数个世纪的英国法，受到了诺曼王权观念的严重影响。在这一发展过程中，最令塞耶感兴趣的是陪审团的演变：从以自身所了解到的事实为依据进行案件裁判的市民团体，演变为仅以在法官面前公开出示的证据为依据作出裁判的机构。[36] 塞耶对证据法的观点深受陪审团这一发展的影响。但陪审团最重大亦最卓著的衍生制度便是排除规则，这是英国"证据法"的核心所在。

让我们设想一下，假如小陪审团保留早先的程序方法会发生什么……如

---

〔34〕 Id., p. 4.《普通法证据初论》第十一章"最佳证据规则"，是塞耶将那些不符合他对证据法界定的所谓规则剔除出证据法领域这一任务的极佳例证。塞耶按其应有之义将此规则描述为"依案件性质通常必然产生的最佳证据"；讨论证据法领域最前沿著作中如何论证最佳证据（塞耶注意到格林列夫用包含六小节的一章对此作了专门论述）；回溯"最佳证据"（best evidence）这一术语的历史起源；分析最佳证据规则的三大"重要例证"，结果却发现它们并无共同起源；主张该术语"在任何意义上"都不是"一种有用的排除规则"（a working rule of exclusion），并应予以废弃；但认为，随着裁量权的扩大，它作为广义的道德原则，仍可能具有指导法院裁量权的重要性。Id., pp. 486-505. 在第十一章，塞耶似乎预见到了《联邦证据规则》第403条指引规则的一个论据："从道德层面而论，任何人均可提供的证据形式，是该证据形式得以采纳的重要依据，这符合公平证明的要求……" Id., p. 507.

〔35〕 诚然，塞耶试图从证据法领域剔除的一些主题仍出现在一些现代的著述中，目前的案例教科书也有专章论述。一些学者会主张这些主题属于证据法领域。如果证据法被理解为规制法官、陪审员以及控辩双方权力划分的所有规则，而不仅仅是排除证明证据的规则，那么塞耶也会同意该观点。这一更宽泛的观点在目前的法学教育中处于优势地位，因为划分法官与陪审团功能的原则，无法纳入其他法学研究中的常见教学主题。

〔36〕 据塞耶所述，这一要求的重要原因是重审动议（the motion for a new trial）的出现，法官以此对看似不可审查的陪审团事实认定权进行控制。对是否进行重审的裁决，要求法官了解陪审团原先认定的证据。参见 Thayer, *Preliminary Treatise*, 1898, pp. 173-4. 此后，法官开始要求，宣誓后，陪审员向陪审团传达的任何私人信息，均应在法庭上公开说明。塞耶援引了形成该原则的1650年、1656年以及1702年的案例。See Id., p. 174.

果（陪审团）并非在法官面前公开听取证人证言，而是在未有任何司法监督的情况下私下听取他们的说法，那么显而易见的是，我们的证据法将永远不会形成……正是对证据导入陪审团这一程序的司法监督和控制，使美国的司法系统得以产生；想要理解美国的司法系统，则必须时刻牢记这一事实。[37]

在另一个段落里，暗含着塞氏幽默及其对学科深沉的热爱，塞耶描述了这一证据法研究方法的最后结论：

一位知名作者在一部著名论著的结尾中告诉我们，"学生将不会错失这一部门法的协调与美感……在研究它的诸多公认原则中便可以感受到，如同欧斯金勋爵士（Lord Erskine）所言，'它们是建立在宗教的仁爱、自然哲学、历史真相以及日常生活经验的基础之上'。"我认为，更公正、确切地说，我们的证据法是不合逻辑但绝非荒谬的混杂体系（patchwork）；证据法是陪审团制度的产物，除此之外既不值得钦慕，也不容易理解。精明的律师在解决实务问题时，主导着由未受训练普通公民担任事实认定法官的法庭，从而形成了大量的判决，最终构成了我们的证据法。[38]

塞耶相信，这一混杂体系充满着"需要掌握的……在一般原则指引下可阐明、简化和激活……的睿智原理（good sense）"。[39] 这是塞耶在 1902 年去世时尚未完成的任务。[40]

（三）聚焦一般的排除规则

塞耶在《普通法证据初论》一书中时常援引的一段话，也是他所认为一个理

---

〔37〕 Id., pp. 180-1.

〔38〕 Id., pp. 508-9（脚注省略）。

〔39〕 Id., p. 509.

〔40〕 塞耶的研究文献中有其逝世那年写于 1902 年年初的备忘录："只有一个计划要完成。如果没有它，细微的日常琐事耗尽了所有时间……这计划就是证据法的第二卷（the 2nd volume of Evidence）。"参见 The Harvard Law School Association, *The Centennial History of the Harvard Law School*, 1918, p. 283. 在马萨诸塞州殖民协会纪念仪式上发表并在《哈佛法律评论》出版的一个感人演讲中，杰里迈亚·史密斯（Jeremiah Smith）阐述了他对塞耶教授之所以没能完成其更浩大著作原因的看法。他说《普通法证据初论》中那些"遮蔽并混淆主要话题"的论题耗费了研究和写作的大量时间。参见 Jeremiah Smith, "James Bradley Thayer", 15 *Harv. L. Rev.*, 1902, pp. 602-4. 史密斯相信，他们的研究成果有巨大的价值，在塞耶那一代人中，他们的成果是无人企及的。塞耶也是一个完美主义者，害怕写作不成熟或出版过早。在史密斯看来，塞耶的作品因此就需要更久的时间来完成。此外，史密斯洞察塞耶的性格，他写道，塞耶"不断或者说几乎是每天把自己的作品置之一旁，向其他作者提供帮助，而且往往是那些论域与法律不沾边的人"。Id., p. 605. 此处的演讲者应为塞缪尔·威利斯顿（Samuel Williston），是原作者引用错误。——译者注

性证据制度所应包含的两个最基本的命题：首先，"一个原则，即禁止采纳任何无关、逻辑上不具有证明力的证据。"其次，"另一原则……除非被一些法律规则或原则所排除，否则所有逻辑上具有证明力的证据均可被采纳。"[41] 在 20 世纪的每项重大改革中，这些命题被重新整塑为相关性规则（the rule of relevance），这是塞耶的又一胜利。[42]

然而在普通法的发展过程中，适用各种排除规则的相关性一直未被视为证据可采性的基本要求。因此，适用排除规则而导致的相关证据缺失，并不需要明确的解释。相反，在典型的普通法风格下，"情况是……法官时不时地排除了一件又一件的证据……并逐渐认同这种规则下的排除。"[43] 塞耶相信，如果这两个证据相关性的基本命题能处于优势地位且时刻铭记在心，则这样的普通法传统将得以改善。

在《普通法证据初论》的结尾处，塞耶简要论述了他所认为的排除规则的研究对象和改革。首先，他指出，建构一套庞大且不确切的原则以让法官享有排除证据的裁量权，这与相关性仅具有"轻微"或"极小"的联系。这套原则可能让案件复杂化，或者让陪审团产生混淆、受到误导或者精神疲惫不堪。[44] 接着塞耶简要描述了禁止采纳传闻证据的原则[45]以及排除规则的例外制度，如谋杀案中的临终陈述、教区记录（parish records）、声誉（reputation）以及最古老例外中的旧文据（ancient writings being among the oldest exceptions）。[46] 塞耶对另外两个主要的排除规则即禁止提供意见证据（the giving of opinion evidence）及品性证据（character evidence）进行了更为简要的论述。他认为这两种排除原则均源于陪审团审判制度。关于意见证据规则，塞耶写道，"这是让陪审团形成意见，并得出推论和结论，而非针对证人。证人仅是向陪审团或者法官提供原始的事实材料，供他们进行思考判断。"[47] 关于品性证据规则，塞耶甚至说得更少。这是一条仅限于英语国家的现代法庭规则，"禁止将一个人的一般声誉或实际品性作为推断其行为的基础"[48]。

---

〔41〕 Thayer, *Preliminary Treatise*, 1898, p. 265.

〔42〕 见后注 68 和 101 以及相应文字。

〔43〕 Thayer, *Preliminary Treatise*, 1898, p. 265.

〔44〕 Id., p. 516.

〔45〕 "同时作为目击证人和审判者的陪审员，只有通过其他证言或证人（比如亲自得知他们正在陈述的真相而不仅是道听途说）才能得到支持。" Id., p. 519.

〔46〕 Id., pp. 519-21.

〔47〕 Id., p. 524.

〔48〕 Id., p. 525.

这些重大的排除规则，如证据证明价值不足、传闻证据、意见证据以及品性证据等，至今仍是证据法关注的重点。在《普通法证据初论》中，塞耶并没有对这些排除规则所蕴含的内在智慧提出异议。但他的批评直接指向"繁芜、僵硬的（普通法）规则及其例外"，（这些规则和例外）剥夺了法院作出采纳或排除证据判决的灵活性和创造性。[49]

三、塞耶对司法裁量权的观点：证据法通病的治愈良方

塞耶主张由法院而不是立法机关来简化和重新阐释证据规则，他追求一个简单的规则体系，"直接指向审判的核心，易于掌握和应用，而不是追求细致或精确的细节，也不应过于僵化。"[50]他预见到，立法可能有必要赋予法院这一广泛的权力。他认为，律师是这些改革尝试最大的障碍，因为他们持保守的职业态度，不想改变。[51]

证据法改革的核心是拓宽（法官）在适用规则上的司法裁量权，扩大对"那些热衷于将规则适用推致极端的律师行为"的司法控制，[52]以及确立尊重的上诉审查标准。[53]塞耶认为，美国的制度在一些方面应该与英国类似：如初审法官运用影响力来审查证据争议，上诉法院"在很大程度上"自由解释证据规则，并拒绝干预下级法院的判决，除非"存在权力滥用或者有明显且重大的错误……"[54]在美国，证据错误的诉求在上诉中以抽象的方式提出，导致形成过度技术化的规则，滋生了"延迟与诡骗"（delay and chicane），而非"像英国的法院系统，普遍允许通过更具弹性的程序"使上诉法院关注案件的"总体正义"。[55]在塞耶看来，由于审判过程的艰难与混乱，扩大初审法院依每个案件具体事实的自由裁量权便有了正当依据。时间的紧缺和对抗竞争的压力要求进行规则的简化，本质上作为一般原则以"引导法官作出正确判决，而不是以细微的规则约束他"。[56]

在《普通法证据初论》中，塞耶未能阐释如何将初审法院裁量权纳入证据规

---

[49] Id., p. 527. 普通法的证据规则让法官难以抉择，"在对新问题作出判决时，对于构成所有现代证据理论基石的理性原则，是否对其范围及延展性作出界定，或者在陪审团制度的适用中对这些原则进行审查和限定。"Id.

[50] Id., p. 529.

[51] 塞耶赞同并引用西奥多·培根（Theodore Bacon）在1986年耶鲁法学院毕业班的演说："现代社会没有一个阶级比我们更保守、更胆小、更坚决地抵制改变现有的法律。"Id., p. 532.

[52] Id., p. 528.

[53] Id., p. 516.

[54] Id., p. 528.

[55] Id., p. 529.

[56] Id., p. 530.

则体系的观点。[57] 他的简短评论确实能表明基本立场，即赋予初审法院更多采纳或排除相关证据的自由，让法官可对证明价值作灵活考量，而非适用更严格及绝对的规则。例如，就传闻证据规则而言，随着传闻例外的增加和扩张，塞耶认识到某种紧张气氛，直到今天传闻证据的改革者们依然还在宣扬，即是否尊重普通法判例历史所形成的特定传闻禁止的理论例外，或者从"相关即可采"（whatsoever is relevant is admissible）这一首要原则中延伸出证据可采性的一般理论。[58] 他建议但其并未形成一套基于情境可靠性（circumstantial reliability）的可采性理论，而这套理论显然必将扩大法院的裁量权：

> 传闻陈述往往因获取情境而获得较高的可信度……一旦缺少感知证人（the perceiving witness），则（传闻陈述）将因足够的可信度而成为证据，因此，传闻证据可采很可能以这样的形式塑造我们的法律……[59]

关于意见证据，塞耶推演出一套立足特定案件证明价值判断的证据可采性原则，"有理由说，最主要的是，任何排除意见证据的规则都仅适用于法庭认为（该意见证据）于陪审团无益的情况。"[60] 他坦承承认，依该规则所作的判决不受审查，"这样的原则必须容许判决中极其广泛的差异……具有这一特征的判决结论通常不应……作为上级法院审查的对象。"[61] 在塞耶看来，如果适用不尊重的上诉审查，则法院将"以过于严厉的手段"作出判决，且判决的数量将极其"不合理的增长"。[62] 最后，塞耶似乎接受应排除证明行为之品性证据的一般规则。但他通过权衡证据的证明价值和潜在危险来论证该规则的合理性，"毫无疑问，倘若仅作为某种原因，则（品性证据）往往可为推论提供良好的依据；另一方面，除用于质疑某人或者指控其偏见、恶意外，品性证据则带有过多的猜测色

---

〔57〕 在第十二章的末尾，塞耶列出了应指引初审法官管理陪审团审判案件的八大原则。其中三个涉及排除规则：①陪审团必须"尽可能"看到和听到他们被请求采信的证人陈述；②陪审团也不应被迫听取过度拖延案件、混淆或误导他们的证据；以及③陪审团可以听取"任何有可能起到实质性帮助的特别授权"之人的意见。Id.，p. 536. 塞耶剩下的五大原则是：采纳经交叉询问的宣誓证人证言；陪审团对书证（writings）的检查；在法庭和所有当事人面前公开采纳证言；庄重文件执行及其解释的必要展示；以及法院有权审查和排除陪审团裁决，以防严重不公，并确保合乎法律规则和理性。Id.

〔58〕 Id.，p. 522.

〔59〕 Id.，p. 523.

〔60〕 Id.，p. 525. 如果需要专门训练和知识，那么应当允许有这一技能的证人发表他们的意见。除此之外，只有基于"特殊观察机会"（special opportunities of observation）的外行意见（lay opinions），才对陪审团有用。Id.，p. 524.

〔61〕 Id.，p. 525.

〔62〕 Id.

彩且证明力太过轻微，无法安全地使用……"〔63〕

有不同意见认为，法官可能不适合他所倡导的广泛裁量权，塞耶对此作了回应，他认为，这是对联邦及州高层级法院天真的信任。〔64〕塞耶还强调了已赋予法官裁量权的广度，包括量刑、藐视法庭、动议、推定规则、司法认知以及一般意义上的庭审引导权。〔65〕简而言之，塞耶绝对信任初审法官有能力作出采纳或排除证据的判决，就像他们可以控制庭审的其他诸多方面一样。塞耶所倡导的"立足个案证明价值判断以作出采纳或排除证据的判决"以及"限制上诉法院复审这些判决"的一般原则，影响了接下来一百年的改革尝试。

四、《模范证据法典》：摩根 V. 威格摩尔

约翰·亨利·威格摩尔和埃德蒙·S. 摩根，这两位是下一代证据法学者和改革家们的领军人物，都致力于深度研究塞耶对证据法的见解。威格摩尔在西北大学法学院任证据法学教授，师从塞耶，在塞耶去世的两年后出版了四卷本的《论普通法审判中的证据制度》（*A Treatise on the System of Evidence in Trials at Common Law*）。〔66〕这部论著向塞耶致以崇高敬意，论著的序言坦言，塞耶的历史性成就"为该领域所有后继研究树立了榜样并划定了界限"。〔67〕在论著的第一卷第一编第二章及第三章中，威格摩尔将塞耶的两个基本命题作为现代证据制度的公设，即"只有具有合理证明价值的事实才能被采纳"和"所有具有合理证明价值的事实均可被采纳，除非被一些特定的规则所禁止"。〔68〕

摩根，另一位伟大的人物，曾在塞耶去世后前往哈佛法学院学习，他的学术深受塞耶思想和教学的余荫。1934 年，时任哈佛大学法学院教授的摩根，与约翰·M. 马圭尔（John M. Maguire）教授一同将塞耶的重要案例书修订为《摩根和马圭尔：证据法案例》（*Morgan and Maguire, Cases on Evidence*），这本书在新修订者与作者的努力下已经出版到第九版。摩根在为《模范证据法典》所著的序言中多次提到塞耶对该领域的贡献，并且完全采纳塞耶关于"美国证据法应关注证据

---

〔63〕　Id.

〔64〕　See Id., p. 537. 如果法官不合适，鉴于绝大多数州法官没有终身任期，塞耶建议改变"法官的产生"，这是"迅速而容易"达成的。Id. 此处塞耶的处方看似非常天真。

〔65〕　见前注。

〔66〕　John Henry Wigmore, *A Treatise on the System of Evidencein Trials at the Common Law*, Little, Brown and Company, 1904.（以下简称 Wigmore, *On Evidence*）.

〔67〕　Id., at xii.

〔68〕　Id., pp. 31-4.

可采性而非证明力"的观点。[69] 但在起草证据规则的路径上，威格摩尔和摩根并非仅是有所分歧，而是尖锐对立。

（一）改革的两种不同路径

在 20 世纪的前三十年，威格摩尔与摩根都赞同塞耶所主张的"证据相关性居首"的伟大见解，认为应亟须对证据法进行理性化。他们也一致同意，有必要保障初审法官对法律的适用免受上诉法院的详细审查，但两位学者在改革的一般路径上（的看法）差别很大。威格摩尔坚信，对现有判例进行分析、评估，并重新融入多数规则，可为这些规则寻求正当依据。摩根则对现有判例的合理性没有如此信心，他想重新设计一套广泛的原则，并起草为法典。

威格摩尔在论著中对所主张的路径进行举例说明，他不想成为法律改革的推手。相反，他设想了三个雄心勃勃的目标：首先，将英美证据法解释为缜密的原则和规则体系；其次，解决司法判例的大量冲突，使其与这些原则和规则保持一致；最后，为查明美国 50 个独立司法辖区的法律现状而提供所有材料。[70]

然而威格摩尔仍心系改革，他查找并强调最广为接受的排除规则原因，寻求"拯救法律生存未来"的路径。[71] 他对这些原因提出了最具影响力和最清晰的司法阐述；整理出赞成和反对多数派观点的州法院和联邦法院的判例；"通过大量交叉引用"追踪"变色龙式规则应用"的根源。[72] 威格摩尔的不朽作品说明了什么是证据法，并奠定了未来改革的基础，其中包括他自己在 1910 年发表的第一版法典和 1935 年再版的第二版法典。[73]

尽管该著述广为流传且产生合理化的效果，但它并没有让证据法的批评者（包括摩根）满意。20 世纪 30 年代初，美国法律协会（The American Law Institute）拒绝重述证据法，主要原因是：证据规则本身在许多重要的案例中存在缺陷，以致它们并非发现真相的手段而是压制真相……重述证据法将是浪费时间或者更

---

[69] 参见 Edmund S. Morgan, "Foreword to Model Code of Evidence", 1 *Am. L. Inst.*, 1942.

[70] Wigmore, *On Evidence*, at vii. 威格摩尔专著中出现的历史与法律背景，在查尔斯·艾伦·莱特（Charles Alan Wright）与肯尼斯·W. 格雷厄姆（Kenneth W. Graham JR）合著的《联邦惯例与诉讼》（*Federal Practice and Procedure*, 1977）第 5001 页中有所描述。他们写道，威格摩尔"认为自己从因杰克逊式民主而置于法官席的暴民手中，拯救了大体健全的普通法规则"。Id.

[71] Wigmore, *On Evidence*, at viii.

[72] Id., at, x. 威格摩尔在其为卷一写的序言中，引用了美国律师协会主席对法律现状的批判：法官可以以任何方式决定几乎所有问题，并仍受到一系列案例的支持。判例是我们的柜台，里面却没有硬币。我们大部分法律依据是赌博式的案件匹配或不匹配，很少涉及或不涉及智识活动。法律不再是有关原则的问题，而正变为纯粹的模式问题。

[73] John Henry Wigmore, *Wigmore's Code of the Rules of Evidence in Trials at Law*, Little, Brown and Company, 1935.

糟；……我们需要对现有法律进行彻底的修改。恶法无法通过说明而治愈。[74]

摩根将现行法描述如下：

> 证据规则已经在各式各样的案例中得到发展，其中后续的法官觉得自己
> 受遵循先例（stare decisis）理论的限制：不仅要遵循前人的判例，也要避免
> 简单适用这种判例而产生的荒谬……他们牢记以往规则的限制、改良以及例
> 外，这使得证据法呈杂乱无章且不规则的发展，规则与规则之间似乎没有合
> 理联系。[75]

1939 年，美国法律协会在卡内基公司所提供的 40 000 美元的资助下展开了证据法重修的研究，该项目也就是后来众所周知的《模范证据法典》，由摩根教授担任报告者，委员会成员包括一些著名的教授、法官以及独立的执业律师。威格摩尔被聘为"首席顾问"，位居六十余名顾问之首，他并未参加委员会的会议，但他的看法、评论和批评均为团队所知悉。尽管威格摩尔和摩根在一些实质问题上存在不同意见，但法典的形式才是两位学者之间最尖锐的分歧。而在法典形式争论的背后，无疑是对初审法院裁量权内容的根本分歧。

（二）目录、教义还是法典？

在摩根的指引下，美国法律协会建议采用法典的形式，或者"一系列以一般性表述涵盖证据法更广泛部门及分支的规则，而不拟为特定情况拟定拇指规则（rules of thumb）……"[76] 摩根认为，采纳这种具有一些指引标准的一般性规则，将使初审法官的判决仅在滥用裁量权时受到审查，"这为……合理判决留下了很大空间；（规则）并不会以详细的限制阻碍（初审法官），而倾向于阻止无用的上诉"[77]。

1940 年，美国法律协会尝试起草的第一部法典草案面世。但威格摩尔拒绝了这种设立一般性规则的构想，而是提出了一个不同的版本，类似于他自己先前所出版的法典。威格摩尔的版本涉及详细的指示和限制，这也正是摩根一直所公开指责的。威格摩尔写到，这些新规则"不能只是抽象，而必须明确应对所有具体规则，对大多数司法区已通过的某一抽象规则进行例证适用；法典对这些规则应予以明确肯定或否定"[78]。威格摩尔相信，他提供的法典版本将为执业律师提供

---

[74] Model Code, 1942, p. 5.

[75] Morgan, "Foreword to Model Code of Evidence", 1 *Am. L. Inst.*, 1942, p. 5.

[76] Id., p. 13.

[77] Id.

[78] John H. Wigmore, "The American Law Institute Code of Evidence Rules: A Dissent", 28 *A. B. A. J.*, 1942, p. 23.

特定且必要的实践指引。他还认为，应设立一套详细具体的规则而非一般的原则：

> 如果有人提出异议，认为证据法不应保留细微、详尽的规则体系，那么我的回答是：首先，无论是法官，还是律师，均需要它们的引导，以遵循通常的惯例在审判中实现快速且无争议地解决案件；其次，律师也需要它们，以沿袭预期的正常路线准备庭审证据……[79]

此处很难详细说明威格摩尔法典的细枝末节，也很难将之与摩根及委员会的工作相比较。威格摩尔的法典超过 500 页，包含 241 条规则，每条规则下均设为数众多的条款；《模范证据法典》则设 116 条规则，篇幅少于 300 页（其中还包括长篇的评论）。下面一个具体的例子可能有助于说明两者在形式上的差异以及由此所产生的实质差异。在摩根的草案中，最佳证据规则（第 602 条）要求当事人出示书证原件（original writings），除非适用某些例外规定。《模范证据法典》第 602 条简单、笼统地界定了这些例外：如果原件"因某些原因当下无法获得，但举证人存在重大过失或不当行为的除外……或者要求举证人出示书证不公平或不适当"。[80] 这条规则提供了一般性的标准：无法获得、不公平或不适当。初审法院可以逐案进行判断。威格摩尔认为，这些"草率"的条款对"广泛的日常主题"几乎提供不了指引，"而一些早已通过经验总结衍生出来的'拇指规则'却指引着从业者进行审判准备。"[81] 因此，威格摩尔在他的法典中为第 139 条下设了 10 个子条款，长达 6 页，详细列明准许不出示原始书证的具体情形。[82] 每种情况均作了专业化及技术化的界定，对每个措辞也进行了不同的解释。

摩根称威格摩尔的方法为编纂目录，试图"细查所有法院已作出回答的相关问题，并在每个案件中对初审法官产生强制"，这会"导致冗长、笨拙的立法，事实上是对证据法的重述……这让重述变为立法，导致其僵硬并束缚法律的正常发展"。[83]

威格摩尔了解这些一直困扰普通法的危险，但他认为他所设计的规则"仅是裁量性的，而非强制性的"，虽具有详尽的特质，但目的是"指引，而非束缚"。

---

〔79〕 ALI, Code of Evidence, Tentative Draft No. 1 112, 1940 (Appendix: Statement by John H. Wigmore).

〔80〕 Model Code, p. 298.

〔81〕 Wigmore, "The American Law Institute Code of Evidence Rules: A Dissent", 28 *A. B. A. J.*, 1942, p. 26.

〔82〕 Wigmore, *Wigmore's Code of the Rules of Evidence in Trials at Law*, Little, Brown and Company, 1935, pp. 228-34.

〔83〕 Morgan, "Foreword to Model Code of Evidence", 1 *Am. L. Inst.*, 1942, p. 12. 威格摩尔预言执业律师将不会接受该法典，参见 Wigmore, "The American Law Institute Code of Evidence Rules: A Dissent", 28 *A. B. A. J.*, 1942, p. 28.

威格摩尔意图通过立法命令，"禁止审查初审法官对这些规则的适用，除非存在极端情况……"[84]，从而对上诉法院重新适用与解释这种广泛而细致条文的必然趋势进行遏制。

很显然，威格摩尔和摩根对法典形式的争论，其背后是更深层次的实质问题。能否真正地信任初审法院，"自由裁量"地采纳或排除证据？规则应提供多大程度的指引，以控制这种裁量权的行使？威格摩尔显然想通过他所设计的、包含详细指示的规则，对初审法院的裁量权进行塑形，甚至是限制。摩根认为，裁量权要求在宽泛标准引导下的合理判断。美国法律协会的另一位顾问——查尔斯·E. 克拉克（Charles E. Clark）法官——建议初审法官甚至可以行使比摩根所设想的更自由的裁量权，他主张，规则应作极其广泛和普遍的授权，所有的细节均交由初审法官进行自由裁量。[85] 摩根以如下措辞总结了他的主张在三种方式之争中的胜利："在目录、教义和法典的选择中，协会决定支持法典。"[86]

（三）法典所采纳的司法裁量权

《模范证据法典》涵盖了现有证据法中的一些极端变革。例如，法典废除了所有的证人失格条款，并规定无论陈述者（declarant）能否出庭接受交叉询问，该传闻证据均可采。[87] 正如摩根所坦诚主张的那样，这部法典以上诉法院及当事人双方为代价，旨在恢复初审法官"作为审判主导者的历史角色"。[88] 法典的多个条文说明了此点。《模范证据法典》第105条极大扩展了法官对一系列事项的控制权，如出示证据的顺序、可为重要事项作证的证人数量、诱导性问题的使用以及交叉询问的范围等。[89]《模范证据法典》第8条允许法官总结证据，并对证

〔84〕 Wigmore, "The American Law Institute Code of Evidence Rules: A Dissent", 28 *A. B. A. J.*, 1942, p. 26.

〔85〕 克拉克法官的立场仅在美国法律协会的会议记录中作了简单描述，参见 26 *A. B. A. J.*，1940，p. 476. 摩根认为，克拉克法官的做法太开放和抽象，"仅在初审法官的判决是终局且不受复审的情况下才起作用。否则在每种新情况中适用一般原则均会引发上诉。" Morgan, "Foreword to Model Code of Evidence", 1 *Am. L. Inst.*，1942, p. 13. 莱特和格雷厄姆认为，法典编纂以及法典对法官控制的争论，都是杰克逊式民主和精英主义、进步价值观之间更广义政治争论的一部分。Wright & Graham, *Federal Practice and Procedure*, St. Paul (Minn.): West Publishing Co., 1977, p. 5005.

〔86〕 Morgan, "Foreword to Model Code of Evidence", 1 *Am. L. Inst.*，1942, pp. 12-3.

〔87〕 See Model Code, Rules 9 and 503.

〔88〕 Morgan, "Foreword to Model Code of Evidence", 1 *Am. L. Inst.*，1942, p. 13.

〔89〕 第105条授权初审法官"自由裁量"决定诸多事项，开篇即为："法官自始至终控制审判的进行，从而使证据诚实、迅速且以易于理解的方式出示……" Model Code, Rule 105. 因为没有明确定义裁量权这一术语，威格摩尔严厉批评该条规则：我们可以推断，起草者们自己都不清楚什么是他们所谓的"自行决定"（in his discretion determines）。记录在案的初审法官超过5000名，每隔6年左右就有大概20%的人是新上任的，想到这里，那些被提议应赋予广阔"裁量权"的领域，将使证据法重新陷入原始混沌状态，正如创世记1-2描述的"空虚混沌"，这不是改革，而是毁灭。难道不是吗？

据价值及证人的可信度发表意见，这与英国的做法相同。[90]《模范证据法典》第6、7条规定，除不当判决可能对结果产生实质性影响外，不得因证据错误下令撤销原判决。[91] 因此"整部法典贯穿着这样的理论，即初审法官……的行为具有终局性，除非法官滥用裁量权导致败诉方的实质权利招致重大减损"。[92]

该法典在多个领域赋予初审法官明确的裁量权。《模范证据法典》第303条赋予法官排除证据的裁量权，排除理由非常类似于《联邦证据规则》第403条的规定：如果证明价值小于过度耗时的风险、不当偏见的实质危险、混淆争点、误导陪审团或者不公平的突袭，则证据将予以排除。摩根在序言中也提到了《联邦证据规则》第602条中的法院裁量权，该规则规定，无法获得书证（原件）的，可采用次生证据（secondary evidence）。[93] 序言还提到《联邦证据规则》第519条，该规则规定，如果对方当事人未收到复印本，则法官可依裁量权排除某些书证。[94]

正如威格摩尔所预言的，作为保守派的执业律师对《模范证据法典》的反应充满了敌意，尤其是许多律师对初审法官强化的权力感到不安。[95] 美国法律协会咨询委员会的一些成员，包括亚拉巴马州第十巡回法院首席法官 J. 罗素·麦克尔罗伊（J. Russell McElroy），发表了数篇文章以捍卫法典。[96] 麦克尔罗伊的文章试图打消对《联邦证据规则》第303条所赋予的一般裁量权的顾虑，尤其是初审法官可依该规则排除与支持或削弱证人可信度相关的事实，以及初审法官有权允许在直接询问的范围之外进行交叉询问。[97] 然而这些辩护并没有说服力，《模范证据法典》并未被美国任何司法区所批准。

然而，后继的证据法改革者们均受到了《模范证据法典》的影响，可能是积极影响，也可能是消极影响。摩根想要"简化初审法官工作，同时为其作出采纳或排除证据的判决提供实质性指引"的目标，为《联邦证据规则》所继承。但《模范证据法典》中一些极端背离普通法的条款被废弃了，其中包括摩根认为初

---

［90］　See Model Code, Rule 8.

［91］　Model Code, Rules 6 and 7.

［92］　Morgan, "Foreword to Model Code of Evidence", 1 *Am. L. Inst.*, 1942, p. 15.

［93］　See supra text accompanying note 80.

［94］　Model Code, Rule 519.

［95］　莱特和格雷厄姆认为，摩根为《模范证据法典》写的序言坦率表明了改革者的观点，即挑选几位"好人"（good men）并赋予他们极大的自由裁量权，对此"绝大多数律师可能吓了一大跳"。Wright & Graham, *Federal Practice and Procedure*, St. Paul（Minn）：West Publishing Co., 1977, p. 5005.

［96］　See J. Russell McElroy, *Some Observations Concerning the Discretions Reposed in Trial Judges by the American Law Institute's Code of Evidence*, *Model Code*, Philadelphia, PA, p. 356.

［97］　See Id., pp. 360-8.

审法官应是"审判主导者"的观点。《联邦证据规则》的起草者们并不希望重蹈《模范证据法典》的覆辙，因此所制定的规则仅是"（既有）判例法的权威汇编……"[98]与此同时，《联邦证据规则》的起草者们还极大赋予了初审法院的裁量权。

五、塞耶的现代化身：《联邦证据规则》中的司法裁量权

《联邦证据规则》从开始制定到最后结束共花了 14 年的时间。此次立法吸取了《模范证据法典》及所有后续希望制定全美国统一证据法的失败改革教训，制定过程也是紧张的专业及政治活动。[99]《联邦证据规则》的继任咨询委员会由联邦司法会议任命，于 1961 年启动。国会最终于 1974 年 12 月批准了《联邦证据规则》，并于 1975 年 7 月 1 日生效。[100]

《联邦证据规则》得益于塞耶和摩根的遗产，规则的核心是塞耶在《普通法证据初论》一书中所阐释的两大基本命题：任何不相关的证据均不可采，以及任何相关的证据均可采，除非被某一规则或其他立法文件作特别排除。[101]塞耶所呼吁的赋予初审法院更大的裁量权也得到明显的回应。《联邦证据规则》第 403 条确立了广泛授予裁量权的系列排除标准，这与塞耶所讨论的标准以及摩根在《模范证据法典》第 303 条所总结的标准几乎相同，但它设立了更高的标准，即排除的正当依据应是危险必须"极大地"（substantially）超过证明价值。[102]《联邦证据规则》第 102 条劝诫法官，这些规则"将用以保证公正施行，消除不合理的耗费和延误，促进证据法的发展壮大，以实现确定事实真相，公正处理诉讼"。[103]一些评论者也思索使用这一表述，为赋予法官巨大灵活性及裁量权的规则体系提供一般性的正当依据。[104]《联邦证据规则》第 103 条确立了对初审法官判决终局性的保护，"除非影响到当事人的实体权利，否则对采纳或排除证据的判决不得认定为错误……"，这与塞耶的主张以及《模范证据法典》第 6、7 条的规

---

〔98〕 Wright & Graham, *Federal Practice and Procedure*, St. Paul（Minn.）：West Publishing Co., 1977, p. 5007.

〔99〕 一段简短而动人的《联邦证据规则》起草历史可见于 Wright & Graham, *Federal Practice and Procedure*, St. Paul（Minn.）：West Publishing Co., 1977, p. 5006.

〔100〕 See Act of Jan. 2, 1975, Pub. L. No. 93-595, 88 Stat. 1926, 1975.

〔101〕 See Fed. R. Evid. 401, 402.

〔102〕 See supra text accompanying note 10.

〔103〕 Fed. R. Evid. 102.

〔104〕 See, e. g., Mengler, "The Theory of Discretion in the Federal Rules of Evidence", 74 *Iowa L. Rev.*, 1989, pp. 438-9.

定相同。[105]

但《联邦证据规则》没有体现摩根关于加强初审法官控制审判过程权力的观点，[106] 不过某些条文确实特别授权（初审法官）运用自由裁量以决定采纳或排除证据。华尔兹教授在《联邦证据规则》获批 10 年后的一篇文章中分析了这一明确且更多法典化指引的裁量权。[107] 对于"《联邦证据规则》所确立的空前灵活的证据采纳规定"，不少人表示了担忧。[108] 华尔兹教授的论文作了回应，他认为这种担忧没有道理，华尔兹教授分析了那些出现"裁量权"一词的规则，[109] 以及那些使用诸如"为司法公正""为审判之利益"以及"可以"等特殊表述似乎进行了裁量权授权的规则。[110] 华尔兹作了全面的总结，"《联邦证据规则》中绝大多数的自由裁量授权规定均附有适当的指导原则，法院总体应予以遵循。"[111]

但在新近的发展中，《联邦证据规则》确立了若干限制初审法官裁量权的明线规则，从中可以觉察到（初审法官）过度的裁量权。其中最重要的是传闻证据的排除规则[112]、采纳传闻证据的绝对例外[113]以及特定行为实例以证明（被指控）

---

〔105〕 Fed. R. Evid. 103. 在无害错误（harmless error）的概念下，初审法官（的裁决）免于撤销；无害错误是指那些极有可能不影响结果的错误。如参见 United States v. Harrison-Philpot, 978 F. 2d 1520, 1527（9th Cir. 1992）［citing United States v. Brown, 880 F. 2d 1012, 1016（9th Cir. 1989）］。

〔106〕 并未像《模范证据法典》第 105 条那样进行全面授权。参见 supra text accompanying note 89.

〔107〕 See Waltz, "Judicial Discretion in the Admission of Evidence under the Federal Rules of Evidence", 79 *Nw. U. L. Rev.*, 1985, pp. 1109-19.

〔108〕 Id., p. 1099.

〔109〕 在这些规则中，有四条规则涉及程序性事项，而非采纳证据；第 608b 条授予（初审法官）采纳"以弹劾为目的、为证明不诚实品格而提交的特定行为外在证据"的裁量权，这些证据"最通常情况下被予以排除而非采纳的"，而且"有关法庭指定证人的第 706 条也很少适用"。Id., p. 1109.

〔110〕 See Id., pp. 1109-19.

〔111〕 Id., p. 1119. 一些联邦证据规则采用了酌定的措辞，实际上调和了《模范证据法典》所提议的设立更多明线规则的激进态度。例如，《模范证据法典》第 401 条规定，采纳外行和专家意见的裁量标准不受限制，而《联邦证据规则》第 701、702 条分别规定，审判应查明外行意见是"有用的"，专家意见"将协助"事实审理者（否则不予采纳）。《模范证据法典》第 106 条将弹劾证人可信性的有罪证明，限制在那些有关欺诈或虚假陈述的犯罪中，而《联邦证据规则》第 609 条则允许，在自由裁量标准下，所有重罪均可采纳。《模范证据法典》第 503 条明确采纳所有无法找寻证明陈述者的传来陈述，而《联邦证据规则》既没有宽泛的例外，也没有创造灵活的、自由裁量的剩余例外。

〔112〕 《联邦证据规则》第 801 条将那些旨在证明所主张之事实的庭外陈述作为传闻予以排除，还规定了以事实为依据、"旨在证明主张事实"的标准，用于将排除标准适用于庭外行为。参见《联邦证据规则》第 801 条。

〔113〕 《联邦证据规则》第 801d、803 条以及第 804 条，对那些可能因排除规则豁免或例外而被采纳的陈述作出了明确界定。仅有两个例外，即商业和公共记录，允许初审法官根据更具裁量空间的"不可信"标准，将明确可采的传闻证据排除在外。参见《联邦证据规则》第 807 条关于裁量性剩余例外的论述。

行为并非一贯品性的强制要求。[114]《联邦证据规则》修正案、联邦最高法院对现行《联邦证据规则》的解释以及初审法院对证据采纳绝对限制的无视倾向，均呈现出初审法院在这些明线规则下裁量权过度的趋势，上诉法院对初审法院判决的尊重使这一趋势成为可能。因此，这可能被认为与塞耶、威格摩尔以及摩根的观点相吻合。但确实如此吗？本部分将考察在传闻证据、专家意见证言以及用以证明行为与品格一致的特定行为领域，《联邦证据规则》是在何处以及如何引入过度的裁量权。第六部分将进一步讨论过度裁量权的损耗，包括可能对美国司法体系基础制度价值产生潜在的威胁。

（一）裁量权的适用对传闻证据采纳绝对限制的削弱

《联邦证据规则》独开生面，授权初审法院依自由裁量采纳传闻证据，而非依强制规定。咨询委员会起草者承认，当下的《联邦证据规则》第807条[115]是一次大胆的尝试，是剩余例外或者是兜底条款。但也并非过于鲁莽，因为咨询委员会试图将其仅限定在"例外情况下"适用，即传闻证据具有较高证明价值且有必要。这条规则并非用以创设"传闻规则的重大司法修订，包括现有的例外性规定"。[116] 但法院未能遵守咨询委员会的告诫，这也是有据可查的。麦玛·雷德尔（Myma Raeder）教授在1992年的一项研究表明，所提供的半数以上的案例均依剩余例外采纳了传闻证据。[117] 雷德尔教授也证明，剩余例外既是对现有例外理论限制的扩大，也在掩盖"引入其他类型传闻证据（的做法），公然对抗仅在特定例外下方可采纳的强制规定"。[118] 她总结道，上诉判决无力阻止"司法裁量权全面侵蚀传闻证据规则……因为上诉法院仅在（初审法官）滥用裁量权和无害错误时才可对这种采纳传闻证据的判决进行审查"。[119]

---

〔114〕 参见《联邦证据规则》第404b条规定。

〔115〕 第807条规定，其他例外：不属于第803条或第804条列举的各种例外形式，但有类似情况保证真实性，则不依传闻证据规则予以排除，如果法庭确定：①该陈述作为重要事实的证据提供；②与证据提出者通过合理努力所能获得的任何其他证据相比，该陈述在其所要证明问题上更具有证明力；以及③采纳这些陈述作为证据更符合本证据规则的总体目的和司法利益。但只有在审判或者听审之前，证据提出者就提供该陈述的意图、该陈述的细节，包括陈述人的姓名和住址，向对方当事人进行了合理通知，以使该当事人有公平的机会对此进行回应的情况下，该陈述才具有可采性。参见《联邦证据规则》第807条。

〔116〕 S. REP. No. 93-1277, 1974, p. 20, reprinted in 1974 U. S. C. C. A. N. 7051, 7066.

〔117〕 See Myrna S. Raeder, "Commentary: A Response to Professor Swift", 76 *Minn. L. Rev.*, 1992, pp. 507-14.

〔118〕 Id., pp. 515-6. See also Randolph N. Jonakait, "The Subversion of the Hearsay Rule"; "The Residual Hearsay Exceptions, Circumstantial Guarantees of Trustworthiness, and Grand Jury Testimony", 36 *Case W. Res. L. Rev.*, 1986, p. 431.

〔119〕 Raeder, "Commentary: A Response to Professor Swift", 76 *Minn. L. Rev.*, 1992, p. 517.

初审法院在绝对例外的情况下同样也运用裁量权，作出采纳或排除传闻证据的判决。麦玛·雷德尔教授在 1992 年所进行的另一项研究中发现，初审法院使用了若干技艺以扩大传闻陈述的采纳，包括使用"可靠性的间接保证"，明确考虑传闻供述的可信性。[120] 为举例说明（初审法官）公然运用裁量权采纳不符绝对例外的传闻证据，该研究枚举了虐童受害者在应激陈述例外下提供的证言，该证言是在受到感官压力以及逼迫的情况下所作的激动供述。[121] 法院明确认为，在所涉的每个案件中证言得以采纳，是因为它"可靠"，或者因为"陈述本身具有内在的可靠性"，符合绝对例外的情形。[122]

当法官运用这样的裁量标准采纳传闻证据时，便从根本上以法院对传闻陈述人的可靠性评估取代绝对的"匹配"，如此绝对例外的约束便荡然无存了。这就扩大了法官逐案进行全面可信性评估的范围，增加了结果的不一致性以及潜在的不公平性。这同样违反了对初审法院的绝对限制，即初审法院仅得以认定"不可信"作为排除传闻供述的依据，除非符合例外规定。[123] 当然，我们无从得知，法院在这种情况下有多大概率明确将"可信性"标准作为采纳证据的依据，这样的证据判决绝大多数无法记入任何官方记录，如果记入官方记录，则上诉法院要么没有发现错误，要么没有发现可撤销原判决的错误，几乎没有任何能阻止这种对绝对限制的持续侵蚀。

---

〔120〕 Eleanor Swift, "The Hearsay Rule at Work: Has It Been Abolished De Facto by Judicial Decision?", 76 *Minn. L. Rev.*, 1992, pp. 473-91. 另外两种技艺对绝对表述进行新解释，以回应反复出现、目前有用且往往必要的事实类型，回应传闻证据以及绝对规则标准的自由适用。研究表明，虽然这种行为并不意味着废除传闻排除规则，但"存在颠覆绝对结构"例外的"残余的威胁"。Id., p. 490.

〔121〕 See Id., pp. 491, 492 n. 57, 495 & n. 69.

〔122〕 Id., pp. 491, 492 n. 57. 伊利诺伊州法院意见的调查研究表明，适用自发陈述例外已明确引入对"伪造动机"（motive to fabricate）的考量，这往往导致在未发现如此动机的情况下，传闻陈述不满足"没时间伪造"例外的明确要求而仍被采纳，参见 Peter F. Valori, "The Meaning of 'Bad Faith' under the Exceptions to the Hearsay Rule", 48 *U. Miami L. Rev.*, 1993, pp. 481, 494-5.

〔123〕 有学者认为，联邦最高法院在"美国诉帝纳波利"一案（United States v. DiNapoli）中，为《联邦证据规则》第 804b 条第 1 小项增加了"可信度"（trustworthiness）要求，排除了被告人所作的传闻陈述，并由此使传闻证据规则接受司法审查，参见 Valerie A. DePalma, "United States v. DiNapoli: Admission of Exculpatory Grand Jury Testimony against the Government under Federal Rule of Evidence 804（b）（1）", 61 *Brook. L. Rev.*, 1995, pp. 543-88. 此外，第九巡回法院在"美国诉庞蒂切利"（United States v. Ponticelli, 622 F. 2d 985, 9th Cir. 1980）一案的意见出台后出现了一批案例，法院根据《联邦证据规则》第 803 条第 3 项的规定以缺少"事件"的"同时性"排除了一些精神状态的陈述，因而主张伪造动机的恶意。第 803 条第 3 项本身并没有这样的要求。增加这样的恶意分析，将传闻证据可信性的问题从陪审团转移到法官面前，这违反了《联邦证据规则》的本意。参见 Valori, "The Meaning of 'Bad Faith' under the Exceptions to the Hearsay Rule", 48 *U. Miami L. Rev.*, 1993, pp. 505-7.

（二）联邦最高法院对《联邦证据规则》第 702 条的解释扩大了初审法院的裁量权

在适用《联邦证据规则》第 702 条[124]采纳专家证言的案件中，联邦最高法院明确了综合多因素且愈发自由的判决过程。从 1993 年道伯特诉梅里尔·道药品公司案（Daubert v. Merrell Dow Pharmaceuticals, Inc.）[125] 开始，联邦最高法院便对《联邦证据规则》是否取代严格的弗赖伊学说标准（the Strict Doctrinal Frye Test）作出回答。从 1923 年起，弗赖伊标准便是科学证据可采性的主导性标准。弗赖伊认为："（专家）推理所得出的……科学原理或发现……必须在其所属特定领域获得普遍接受，方可认为得到充分的确立。"[126]

联邦最高法院认为，尽管《联邦证据规则》第 702 条并未明文排斥弗赖伊标准，[127]但它确实要求"科学性"（scientific）知识须建立在有效科学的基础之上，并因此才能获得"证据可靠性"（evidentiary reliability）。[128] 道伯特案件的多数派意见明确了初审法院确定科学有效性（scientific validity）所应考量的要素。这就要求初审法院应考虑这样一些困难及复杂的问题，例如该知识原理或应用是否已通过测试、该理论或技术是否经过同行评议、该技术已知或潜在的错误率以及该技术或理论在科学界的接受程度。[129] 多数派意见强调，这一审查应是灵活的，应聚焦于作为专家证言基础的原理和方法，而不是针对所得出的结论。[130]

多数派意见也强调了初审法院可以运用自由裁量权以应对稍显可怕的任务，"我们相信联邦法院的法官有能力进行这一审查。审查会受到许多因素的影响，我们不打算设立一个明确的清单或标准。"[131] 道伯特案件的判决也存在反对意见。依联邦首席大法官伦奎斯特（William Rehnquist）和联邦大法官史蒂文斯（John Paul Stevens）所写，少数派意见对联邦初审法官是否可胜任多数派所委付的审查任务缺少信心："我并不信任任何联邦法官。但我不知道某一理论的科学地位取决于其'可证伪性'是何意，我怀疑某些法官同样也会感到困惑。"

---

〔124〕《联邦证据规则》第 702 条规定：专家证言：如果科学、技术或其他专业知识将有助于事实审判者理解证据或确定争议事项，凭其知识、技能、经验、训练或教育有资格成为专家的证人可以用意见或其他方式作证。

〔125〕 509 U. S. 579（1993）.

〔126〕 Frye v. United States, 293 F. 1013, 1014（D. C. Cir. 1923）.

〔127〕 509 U. S. pp. 588-9.

〔128〕 Id. , p. 590.

〔129〕 Id. , pp. 593-5.

〔130〕 Id. , pp. 594-5.

〔131〕 Id. , p. 593. 塞耶认为初审法官"适合"被授予其所主张的裁量权，联邦最高法院的信心与此言论遥相呼应。

我并非质疑《联邦证据规则》第 702 条要求法官承担某些守门人责任……但我并不认为，它要求法官有义务或有权力成为业余科学家以便履行这一职责。[132]

本文不拟解决联邦大法官们围绕这一问题的争论，道伯特案强加于初审法院的职责已经引起了学术界和实务界的诸多关注。重要的是，联邦最高法院在最近的判决中，既确认也扩大了初审法院在采纳专家证言时的裁量权。在通用电力公司诉乔伊纳（General Electric Co. v. Joiner）一案[133]中，联邦最高法院明确拒绝了更"严格"的上诉审查标准，认为滥用裁量权的标准适用于初审法院排除专家证言的判决，甚至是该排除导致原告案件被驳回。联邦最高法院强调，上诉法院尊重是"审查滥用裁量权的标志"。[134] 在卡姆赫轮胎公司诉卡麦克海尔（Kumho Tire Co. v. Carmichael）[135] 一案中，联邦最高法院在道伯特标准的基础上扩大了对《联邦证据规则》第 702 条的解释，认为初审法院确定证据可靠性的"守门人义务"适用于《联邦证据规则》所列举的所有类型专业知识证言，包括科学知识、技术知识及其他。[136] 此外，联邦最高法院认为，"如果有助于确定证言的可靠性，则初审法院可以考虑道伯特标准所提到的一个或多个特定要素。"[137] 且联邦最高法院明确指出，它希望上诉法院尊重这些采纳或排除证据的判决，给予初审法院最广泛的裁量权以选择是否适用道伯特标准的要素，形成判定可采性问题的程序并得出结论。[138]

乔伊纳案和卡姆赫轮胎公司案共同为初审法院层级所作出的极其复杂和困难的司法判决划定了一个区域，现在看来在实践中几乎能免于上诉审查。很难想象道伯特要素的选择或应用会产生错误。[139] 联邦最高法院这些判决对结果的可预测性、一致性以及公正性的影响，将在本文第六部分讨论。

---

〔132〕 Id. , pp. 600-1（Rehnquist, J. , 部分同意，部分反对）。

〔133〕 522 U. S. 136 (1997).

〔134〕 Id. , p. 143.

〔135〕 526 U. S. 137 (1999).

〔136〕 Id. , p. 141. 如果该证言的事实基础、数据、原理、方法或其适用受到足够质疑，初审法官必须确定证言是否"在相关学科具有知识和经验的可靠基础"。Id. , p. 149（引文省略）。

〔137〕 Id. , p. 141.

〔138〕 初审法院在决定如何测试专家证言的可靠性时，以及决定是否和何时通过专门报告或其他程序来调查可靠性时，或者决定专家的相关证言是否可靠时，必须具有同样的（裁量权）范围……因此，道伯特案的特定要素在个案中是否为可靠性的合理标准，就成了法律授予初审法官广泛决定权的问题。

〔139〕 持赞同意见的斯卡利亚大法官、奥康纳大法官和托马斯大法官，描述了一种可能的错误类型："尽管……道伯特要素不是圣经，但在个案中，未适用其中任意一个要素可能是不合理的，因此是对裁量权的滥用。"Id. , p. 159. 同时上诉法院认为，完全不考虑道伯特要素，可能构成裁量权的滥用。如参见 Black v. Food Lion, Inc. , 171 F. 3d 308, 312 (5th Cir. 1999).

（三）初审法院裁量权扩大至证明行为之品格证据的采纳

国会新近制定的《联邦证据规则》第413～415条，[140] 允许使用特定行为的品格证据来证明行为。这些条款规定，无论在刑事案件中，还是在民事案件中，只要被告人被控分别实施了性侵犯或性骚扰，则其他性侵犯和儿童性侵害的行为均可因相关目的而被采纳。[141] 这一相关目的包括从个人的总体品格特性或倾向进行推论，以证明该人依这一品格特性或倾向实施了被指控的犯罪或行为。但在适用这些规则时，初审法院必须适用《联邦证据规则》第403条，以保障正当程序和刑事被告人的平等保护权。[142] 这意味着，《联邦证据规则》第413～415条要求初审法院经三个步骤行使裁量权：其一，在个案中确定从品格到行为之推论的证明价值；其二，确定如果采纳先前行为会否产生《联邦证据规则》第403条所规定的危险；其三，在证明价值和这些危险之间进行权衡。

因此，这些规则取消了禁止控方使用刑事被告人品格以证明其行为的既有明线规则，至少对这两种类型的犯罪而言如此。[143]《联邦证据规则》第413～415条的一些支持者认为，考虑到起诉此类罪行的难度以及受性侵妇女的社会刻板印象（societal stereotyping），尤其需要引入其他性侵犯行为或儿童性侵害行为的证据。[144] 也有讨论意见主张将品格-行为的推论证据作更普遍的适用。[145] 但到目前为止，即使是在性侵犯或性侵害的案件中，各州并没有跟随联邦的脚步采纳其他

---

〔140〕 这些规则是1994年《暴力犯罪控制和法律实施法令》的一部分，Pub. L. No. 103–322, 108 Stat. 1796, 1994. 这些规则的批准在证据法专家之间引起了激烈争论，如参见 Aviva Orenstein, "No Bad Men!: A Feminist Analysis of Character Evidence in Rape Trials", 49 *Hastings L. J.*, 1998, p. 663; Roger C. Park, "The Crime Bill of 1994 and the Law of Character Evidence: Congress Was Right about Consent Defense Cases", 22 *Fordham Urban L. J.*, 1995, p. 271.

〔141〕 最主要的是以下规定：《联邦证据规则》第413a条规定，在被告人被指控性侵犯的刑事案件中，法院可以采纳关于被告人实施了任何其他性侵犯的证据。该证据可以在任何与之相关的事项上加以考量。《联邦证据规则》第413条与第414条规定相同，只不过第414条适用于猥亵儿童罪。第415条规定了涉及性侵犯或者儿童性侵扰的民事案件中的类似行为，并规定（该类似行为）可像第413条和第414条一样被采纳。参见 Fed. R. Evid. 413–5.

〔142〕 See, e. g., United States v. Enjady, 134 F. 3d 1427 (10th Cir. 1998).

〔143〕 《联邦证据规则》第404、405条反映了英美证据法的这一基本原则，并在所有州司法区内有其对应的规则。在刑事审判中，这些规则仅允许非常有限地使用品格-行为推论，并且仅以刑事被告人先提出为前提。此外，绝不能用特定行为来推断品格。参见《联邦证据规则》第404、405条。

〔144〕 See, e. g., David R. Bryden & Roger C. Park, "'Other Crimes' Evidence in Sex Offenses Cases", 78 *Minn. L. Rev.*, 1994, p. 529.

〔145〕 See generally Roger C. Park, "Character at the Crossroads", 49 *Hastings L. J.*, 1998, pp. 717–77 ［品格证据规则是如此令人沮丧，以至于很容易让人完全放弃，转而求助于我所说的"自由平衡"（free balancing），即第403条的方法，这或许是反转的天平］。

特定行为以证明品格。[146] 对初审法官根据《联邦证据规则》第 403 条所确立的自由裁量标准采纳品格－行为推论证据的需求评估，应考虑初审法院行使裁量权的风险，这将在下文第六部分中讨论。

许多评论者认为，初审法院对刑事被告人已自行采纳品格－行为证据，且适用的案件远非《联邦证据规则》第 413～415 条所规定的类型。他们之所以能如此为之，并非通过明确改变联邦证据规则，而是宽松适用《联邦证据规则》第 404 条 b 项所规定的绝对标准和类似的州法律。《联邦证据规则》第 404 条 b 项允许采纳某些特定行为，但前提必须是该特定行为因某些理论与控方案件存在关联，而非根据品格－行为推论。[147] 该规则本身罗列了许多最突出、最普遍且与品格无关的理论，如动机、机会、意图、预备、计划、知识和身份。初审法院的任务便是确定具体案件背景下是否存在非品格的有效关联性理论。

该任务是上文所提到的要求初审法官作绝对化思考的一个例证。为防止不当采纳特定的行为证据（不当是因为它仅构成品格－行为推论），法官应严格遵守《联邦证据规则》第 404 条 b 项的强制规定。法官必须仔细审查与品格无涉的关联性理论，并坚持认为该理论在案件中具有独立意义，即独立于"倾向"（propensity）这一泛化概念，后者仅产生品格－行为推论。例如，当特定行为表明"计划"或"意图"所形成的关联理论并未有案件事实作支撑，则该特定行为证据有可能导致事实裁判者作出纯倾向性的推理。

对于《联邦证据规则》第 404 条 b 项中"计划"（plan）这一强制性规定的司法解释，爱德华·伊姆温克里德（Edward Imwinkelried）教授一直是最直言不讳的批评者之一，他认为："'计划'一词已成为不良品格的委婉说法。"[148] 这种"计划"关联性理论的滥用，最频繁出现于所提出的先前行为与所被指控的犯罪在内容和背景上大体类似：

---

〔146〕　但加利福尼亚州最近修订了《证据法典》，允许采纳对他人实施家庭暴力的先前行为（作为证据），以证明案件所指控的暴力行为。Cal. Evid. Code § 1107（vest 2000）.

〔147〕　《联邦证据规则》第 404b 条适用于民事案件和刑事案件，但绝大多数判例法是控方对刑事被告人使用。该条规定：其他犯罪、过错或行为的证据不能用来证明某人的品格以说明其行为的一贯性。但是，如果出于其他目的，如证明动机、机会、意图、预备、计划、知识、身份，无过失或意外事件等，经被告人请求，刑事案件的控方在审判前或者审判中（法院给予合理原因对未能进行审前通知予以了谅解）应合理告知该种证据在审判中出示的一般性质，则可予以采纳。

〔148〕　Edward J. Imwinkelried, "Using a Contextual Construction to Resolve the Dispute over the Meaning of the Term 'Plan' in Federal Rule of Evidence 404（b）", 43 *U. Kan. L. Rev.*, 1995, pp. 1005-9,（以下简称 Imwinkeried, *Using a Contextual Construction*）; see also Edward J. Imwinkelried, "The Plan Theory for Admitting Evidence of the Defendant's Uncharged Crimes: A Microcosm of the Flaws in the Uncharged Misconduct Doctrine", 50 *Mo. L. Rev.*, 1985, p. 1.

控方只需表明被指控的行为和未被指控的行为具有显著相似性，且实施行为的时间接近。实施方法上的相似性并不需要显著得足以指出被告人便是所有这些犯罪行为的实施者。法院也无需……确定所有这些犯罪是否有一个共同目标……在盗窃、与毒品相关的不当行为和性犯罪指控中，适用这种计划理论的倾向特别突出……

检察官含蓄地说：“被告人最近做过一次；因此，被告人又做了一次。”[149]

一项针对“采纳其他特定行为以证明犯罪目的”的案例研究也说明了这个问题。[150] 该研究发现毒品案件的例子最为突出，“先前的毒品行为证据只要能证明‘犯罪目的’，则无需经过审查，依据是该证据并未涉及法律禁止的推论。”[151] 该研究枚举了很多这样的案例，刑事被告人的其他行为仅在泛化的倾向推理下与被指控的犯罪存在联系：

在美国诉基尔斯·埃勒米一案（United States v. Kills Enemy）中……法院采纳了一些先前销售大麻的证据，以证明被指控持有并意图销售可卡因的被告人是否具有实施可卡因犯罪的犯罪意图（mens rea）。通常而言，法院在不使用倾向推论的情况下，无法解释销售大麻的证据如何增加被告人持有可卡因并意图犯罪的概率。事实上，在《联邦证据规则》第404条b项所涉及的案件中，法院无法解释其推理情况的普遍性。[152]

之所以如此宽松地适用《联邦证据规则》第404条b项的绝对规定，是因为法官认为，刑事被告人的其他特定行为可高度证明其后续行为，即使这些行为不完全符合《联邦证据规则》第404条b项的绝对规定。尽管法院没有明确赞同品格-行为推论，但他们含蓄地这样做了。他们在类似品格推论（character-like inference）中寻找其他行为所产生的证明价值。在放宽《联邦证据规则》第404条b项限制的同时，也就意味着支持初审法院应享有更大的裁量权。[153]

六、塞耶的胜利？初审法院裁量权过度的新病症

在前文所讨论的证据法三个领域中，均有充分理由担心初审法院过度裁量权

---

[149] Imwinkelried, *Using a Contextual Construction*, pp. 1011-2（脚注省略）。

[150] See Andrew J. Morris, “Federal Rule of Evidence 404（b）: The Fictitious Ban on Character Reasoning from Other Crime Evidence”, 17 *Rev. Litig.*, 1998, p. 181.

[151] Id., p. 190.

[152] Id., p. 191（脚注省略）。

[153] See, e. g., Park, “Character at the Crossroads”, 49 *Hastings L. J.*, 1998, pp. 756-79.

的问题。本文将仅提出部分原因，尤其是将阐释第一部分所论及的裁量权损耗问题。此外，初审法院过度的裁量权，也将挑战美国司法裁判制度的一些基础价值观。也许这些观念应当受到挑战，但对这些挑战不应熟视无睹。

首先，在传闻证据领域，允许初审法院通过行使裁量权采纳传闻证据，是对传统传闻证据规则的根本悖离。《联邦证据规则》的起草者们的确考虑过放弃绝对例外制度，"赞成根据个案背景进行个别化处理……通过对证据的证明力与偏见、浪费时间以及可获得更优证据的可能性进行权衡，来决定可采性。"[154] 因为传闻证据的证明力取决于对陈述者证言品质的评价，因此每个法官对不同陈述者可靠性（或不可靠性）的判断可能会有很大不同。因此，法典的起草者们以此处所讨论的类似理由拒绝了这一建议，即初审法院裁量权的代价，"减少判决的可预测性，增加准备庭审的难度……"[155] 法典的起草者们认为，如果这种潜在决定结果的裁量权依托于某一人，则存在偏见和不公正的各种风险。因此，法典的起草者们不愿意仅依托初审法官作出可信的判决。[156] 也有学者认为，自由裁量的传闻证据规则将产生放任证据采纳的动力，导致案件建立在已知基础事实较少的传闻陈述（这将冒着重大的信用风险）或者预先准备的书面陈述。[157] 从以到庭证人提供证言为前提的制度，变为越来越依赖传闻证据的制度，这引发了正当程序的宪法议题以及刑事诉讼中的对质权问题。即便在民事案件中，宽泛的证据采纳将减少交叉质询的机会，使承担举证责任的一方受益，尤其是寻求政府干预改变现状的一方。改变对证人进行交叉质询的做法，以及变更当事人双方举证责任的传统分配，是对美国审判制度公正性的基础价值观发起的挑战。

其次，在专家证言领域，联邦最高法院在道伯特案、乔伊纳案和卡姆赫轮胎公司案中所表明的上诉法院尊重的观点，也会造成初审法院裁量权过度的问题。初审法院就专家证言可靠性所作出判决的方法，以及这些判决所产生的后果，均将导致判决的一致性和可预测性缺失。可以想象，在一系列案件中，同样的专家基于相同的知识来源提供同种类型的科学证言。后续的初审法院可能根据卡姆赫轮胎公司案选择不同的道伯特要素，对同一专家证人的证言通过不同的适用，得出采纳或排除的不同或不一致的结果。依滥用自由裁量的审查标准，上诉法院将

---

[154] Fed. R. Evid. 801 advisory committee's note.

[155] Id.

[156] 咨询委员会引用詹姆斯·查德本（James Chadbourn）教授的话，描述此种裁量权，"完全非典型的，不同寻常的"。Id.（引文省略）。

[157] See Eleanor Swift, "Abolishing the Hearsay Rule", 75 *Caif. L. Rev.*, 495, 1987, pp. 518-9.

支持这些不一致的结果。[158] 事实上，这种不一致性确实无可避免，因为联邦最高法院在卡姆赫轮胎公司案的判决中强调，联邦最高法院不会按"专家类别或证据类别的案件子集"将道伯特标准提炼为一条强制规则进行适用。[159]

在乔伊纳案中，尽管上诉法院认为，初审法院错误地对科学方法适用了道伯特标准，因为该科学方法与原告专家证人证言中所实际使用的方法并不相同，但联邦最高法院仍拒绝认定初审法院滥用裁量权。[160] 在上诉审查中，如果初审法院并不需要在实际提供的专家证言以及实际使用的方法中适用道伯特标准，那么采纳或排除证据的判决将无法预测，结果也将不一致，表面和结果的不公正将加剧。在接下来的卡姆赫轮胎公司案判决中，最高法院粗略且毫无说服力地提到初审法院裁量权不受限制的好处：可依具体案件的事实作出个别化的判决，[161] 以及司法经济。[162]

---

〔158〕 伦道夫·N. 乔纳凯特（Randolph N. Jonakait）教授认为，当某种科学证据缺乏可靠性共识时，允许基于这种证据对专家证言的采纳作出不同判决，且这在裁量权滥用审查标准之下也是必需的，参见 Randolph N. Jonakait, "The Standard of Appellate Review for Scientific Evidence：Beyond Joiner and Scheffer", 32 *U. C. Davis L. Rev.*, 1999, pp. 289, 301-2（"即使对同种证据如此不同、耗时的处理看起来不公正或不明智，上诉法院也无权采取统一的方法"）。

〔159〕 Kumho Tire, 526 U. S. p. 150（1999）.

〔160〕 See General Electric Co. v. Joiner 522 U. S. 136, 151-5（1997）（Stevens, J., 部分同意，部分反对）; Joiner v. General Electric Co., 78 F. 3d 524, 531-33（11th Cir. 1996）, rev'd, 522 U. S. 136（1997）. 就此一争议，初审法院采用了自己的方法，并相互隔离地审查了四项流行病学研究。然后得出结论，它们中没有一个能为原告的专家结论提供可靠支持。争议认为，法院这样做时忽略了一个事实，专家们在"评估证据"时使用了在他们领域中得到支持的不同方法。上诉法院在推翻地区法院（的判决）时指出："地区法院只部分评估了所依赖的研究，而不是整体审查某一专家意见以筛选出纯粹的推断……因而排除了这一证言，因为它从研究中得出了不同于任一专家的结论。" Id., p. 533. 乔纳凯特教授认为上诉法院的判决具有说服力。Randolph N. Jonakait, "The Standard of Appellate Review for Scientific Evidence：Beyond Joiner and Scheffer", 32 *U. C. Davis L. Rev.*, 1999, p. 332.

〔161〕 See Kumho Tire, 526 U. S. p. 150（1999）. 为论证上诉法院尊重初审法院适用《联邦证据规则》第403条的正当性，联邦最高法院解释了其强调尊重的理由："有太多的在审案件取决于本案的特定情况。" Id. 但人们想知道，根据道伯特案和卡姆赫轮胎公司案的判决，怎样的判决"特殊性"能为上诉法院如此尊重初审法官提供正当理由。上诉法院可以依初审法院的标准获得专家证言，因为许多采纳该种证言的判决是在以专家证言为基础的简易判决中作出的。并且即使该专家证言是在审判中首次提出，评估专家知识的科学性不受举止（demeanor）和法庭微妙关系（the contextual subtleties of the courtroom）的影响，也不受证据进展的影响，尽管这一证据进展的确能使法官更好地适用《联邦证据规则》第403条的权衡规则。参见 526 U. S. p. 150.

〔162〕 See Kumho Tire, 526 U. S. pp. 152-3（1999）. 但所指的司法经济似乎并不真实。联邦最高法院认为，初审法院在"普通"（ordinary）案件中未调查专家证言而依裁量权选择予以采纳，这既能节省成本，也能受到上诉法院尊重的支持。但依《联邦证据规则》第201条所规定的司法认知（judicial notice），这种"普通"专家意见通常情况下早就被采纳。其实，道伯特案、乔伊纳案以及卡姆赫轮胎公司案真正要求的，是有关思维科学有效性问题的诉讼，而非上诉法院的指引。只有在排除原告专家，并批判对被告方的简易判决时，才能节约司法资源。关于对乔伊纳案和卡姆赫轮胎公司案中滥用裁量审查标准的彻底批判，参见 Randolph N. Jonakait, "The Standard of Appellate Review for Scientific Evidence：Beyond Joiner and Scheffer", 32 *U. C. Davis L. Rev.*, 1999, pp. 304-35.

对于初审法院在采纳或排除专家证言方面的过度裁量权，联邦最高法院持力挺的态度，挑战了美国审判制度中其他主体的权威。它允许初审法院在某几类实体性的案例中，通过控制必要科学证言的使用，以有效界定实体法。例如，我们可从道伯特案和乔伊纳案推论，至少是在毒物侵权案件中，初审法院正在适用一个不明确但未成文的明线规则，即如果未有发表的流行病学研究证实某有毒物质与原告的医疗条件之间存在因果关系，那么主张存在这种因果联系的专家证言将被排除。[163] 未有此一证言，陪审团将无法审理原告的案件。在实体性案件中增加核心要素的权力，似乎应由上诉法院或立法机关行使更为合适。

这种做法也挑战了争议事实问题由陪审团认定的传统权力。也许这一挑战是科学进入法庭的必然结果。达马斯卡教授注意到，"证据科学化"（scientization of proof）扭曲了美国的制度，因为陪审团审判的特点（"传统的审判理念应是连续、高潮迭起的活动"，当事人掌控举证过程，强调激烈的对抗制）与基于科学复杂性的判决相对立。[164] 此外，陪审团对非科学证据可靠性的判断立足普通的迹象，而这一能力（在科学证据方面）是存在问题的。[165] 如果陪审员消化科学专家证言的能力在越来越多的案件中受到质疑，那么便应寻求方法，以解决陪审团审判与这种专家证言使用必要性之间的紧张关系。对初审法院行使采纳或排除专家证言的裁量权不予审查，这并不是解决问题的最佳办法。

最后，在品格证据领域，不将采纳品格-行为推论证据的裁量权赋予初审法官个人，这是有重要原因的。为避免在判断这种证据证明价值时的极端难度和不确定性，这一直是明线排除规则的主要理由。在表明某人"品格"的特定先前行为与表明实施所指控罪名的"品格"之间进行概率评估，这充满了不确定性。草率的概括（Off-hand generalizations），诸如"此前曾实施违法行为的人倾向于或者热衷于再次实施类似行为"，仅可能支持一个初步的判断，即某个先前行为与所拟证明的行为"有关"，因为《联邦证据规则》第 401 条所规定的相关性概率标准（"任何倾向"）太低了。[166] 但如果法官在相关性之外还拟认定（先前行为

---

[163] 露辛达·M.芬利（Lucinda M. Finley）教授认为，联邦最高法院通过道伯特案、乔伊纳案以及卡姆赫轮胎公司案三部曲，授权初审法院发挥有力的把关作用，"进入有争议的科学领域"，并创设出具有严重误导性的要求，即在毒物侵权案件中，专家证言的依据必须建立在"证明所述产品至少会使原告遭受的疾病风险加倍的流行病学研究"的基础之上。Lucinda M. Finley, "Guarding the Gate to the Courthouse: How Trial Judges Are Using Their Evidentiary Screening Role to Remake Tort Causation Rules", 49 *Depaul L. Rev.*, 1999, pp. 335, 346-8.

[164] MiRjan R. Damaška, *Evidence Law Adrift*, Yale University Press, 1997, p. 145.

[165] See Id., p. 146.

[166] See Fed. R. Evid. 401.

的）证明价值，则需要对"倾向"作更具体的概括以及对该概括有效的概率作更明确的估计。似乎没有充分的理由相信，初审法官近年来更能胜任这样的概率估计，或者偏差变得更小。[167]

对能力的担忧并不是允许法官作出品格概率估计的唯一问题。对犯罪行为的品格推论，甚至是那些累犯统计（recidivism statistics）可提供一定论据支持的品格推论，均立足于对人类群体长时间行为方式的概括。对某一类人，或者对这类人重复行为的频率作出判断，传统上并不能成为将人送进监狱的正当理由。[168] 如果基于人的种族或阶层而作出倾向模式的判断，则该判断既不准确，也不道德。[169] 美国刑法的一个基本原则是，人们因他们的行为，而非个性，或者某一独立、可辨识的团队成员资格而被审判。[170] 证据法对品格证据的禁止以及无罪推定原则（的要求），要求控方承担出示特定行为证据的责任，以证明刑事被告人实施了所被指控的犯罪。采纳其他行为证据以证明被告的倾向，将事实上减轻这种证明负担，但也因此挑战了构成美国刑事司法制度根基的道德规范。审判行为而非行为人（judging the act, not the actor），对该自由原则所造成的危害不能逐案计算，也不能成为"证明价值"和"造成损害"权衡过程中的因素。排除证明行为之品格证据的明线规则，能成为这些道德规范的例证，并传达相关要旨。[171]

---

〔167〕 帕克教授提到了一个令人信服的案例，对法官有能力作出这些估计的观点进行了反驳。参见 Park, "Character at the Crossroads", 49 *Hastings L. J.*, 1998, pp. 744-5. 但他枚举这个案例的目的是为了说明陪审团更能胜任，至少能减少司法腐败（judicial venality）、压迫（oppression）、徇私舞弊（favoritism）、政治压力（political pressure）和贪污（corruption）的风险。还参见 Peter Tillers, "What Is Wrong with Character Evidence?", 49 *Hastings U.*, 1998, pp. 781-90.

〔168〕 米格尔·A. 门德斯（Miguel A. Méndez）教授指出，累犯率说明了被告人相比从大众中随机挑选的人更可能实施谋杀的程度。但这种概率并未告诉我们"被告人因为曾经谋杀而更可能会实施谋杀的程度"。Miguel A. Méndez, "Character Evidence Reconsidered: 'People Do Not Seem to be Predictable Characters'", 49 *I-Asnngs L. J.*, 1998, pp. 871-4.

〔169〕 凯瑟琳·K. 贝克（Katharine K. Baker）教授坚持认为品格证据是有害的，因为它狭隘地对人"分类"，确定社会刻板印象（social stereotypes），并放大潜在的偏见，尤其是针对那些与判决作出者不同类型的人。参见 Katharine K. Baker, "A Wigmorian Defense of Feminist Method", 49 *Hastings L. J.*, 1998, pp. 861, 862-5.

〔170〕 缇乐斯教授主张，品格证据规则"基于人性自主的考量而存在"，因而他主张法律应把人当作"自治和自我管理的生物"。Tillers, "What Is Wrong with Character Evidence?", 49 *Hastings L. J.*, 1998, pp. 793-5. 因此，除非一个人的品格是可自主选择的，否则因品格而惩罚一个人是不道德的。缇乐斯旨在说明，其实品格和自主之间没有必然矛盾（no necessary inconsistency）。参见 Id., pp. 811-2. 但他尚未主张摒弃一般性的品格证据规则。参见 Id., pp. 830-4.

〔171〕 这是排除品格-行为推论证据之明线规则的价值之一，而帕克教授在分析当前排除规则的成本和收益时并未提及。参见 Park, "Character at the Crossroads", 49 *Hastings L. J.*, 1998, pp. 744, 751-4. 但他确实提到了当前品格证据规则正扮演着"道德教师"（moral teacher）角色。Id., p. 744.

结　论

我们无法得知塞耶是否会同意本文的观点，即当下，我们在适用证据规则方面存在过度的初审法院裁量权。我们也无法预测，如果他在20世纪末的今天依然笔耕不辍，那么他对过度裁量权挑战审判制度的基本命题会作何反应。塞耶在一百年前所呼吁的根本改革（即摒弃具体、详细的规则，以推动自由裁量标准）已经实现，但评价初审法院裁量权利弊的背景已经与塞耶所处的时代大不相同，不仅社会在变化，审判的案件类型及其引发的议题也在变化。

我们的社会因种族、经济以及新近以来的技术差异正变得越来越支离破碎，这些高识别度、高政治化的分界线引发了重要的法律议题，并极大地改变了诉诸法庭的案件种类。本文所讨论的证据规则运用，对其中某些频发的案件通常有（或似乎有）决定性的影响。例如，涉毒和其他涉枪的犯罪案件促成了（法官在）传闻证据和品格证据采纳裁量权方面的扩张，这加剧了种族的刻板印象和偏见。对高科技企业环境危害和毒物侵权的集团诉讼，依赖于科学专家证言的采纳，以建立企业行为与损害结果之间的因果联系。因此在此类案件中，授予初审法院在采纳或排除决定性证据时不受审查的裁量权，其具有的法律和政治意义远远超出塞耶的想象。初审法院的裁量权是否应通过侵蚀过去一百年里界定美国审判制度的明线规则，以继续扩大初审法官的权力？需要我们注意的是，在一个按种族、经济以及日趋技术化划分的社会中，这是一个涉及证据和裁判正当运用的问题。

比较法中的"米兰达规则"*

[美] 史蒂芬·沙曼** 著

施鹏鹏 刘 越*** 译

一、导论

历史上，无论是以对抗式为特征并植根于英国普通法体系的当事人主义，[1]还是建立在罗马法和教会法之上并以欧洲大陆传统为基础的职权主义，[2]（被告人）认罪供述在所有刑事司法系统中都是"举世无双的最佳证据"。[3]欧陆职权主义明确规定了"正式的证据规则"，对于现行犯或者有间接证据证明存在严重犯罪嫌疑时，可以对犯罪嫌疑人适用酷刑。[4]尽管英国普通法很少适用酷刑，[5]但依法律授权的程序，犯罪嫌疑人经常受到治安法官的审讯。[6]当刑事被告人不

---

* 原文 Miranda in Comparative Law，原载《圣路易斯大学法学杂志》2001 年第 2 期（45 *Saint Louis University Law Journal* 581）。译者感谢作者免费提供本文的翻译授权。

** Stephen C. Thaman，美国圣路易斯大学法学院教授，学术专长为比较刑事诉讼。除母语英语外，沙曼教授还精通德语、法语、西班牙语和俄语，对欧陆刑事诉讼的研究尤为精深。

*** 刘越，中国政法大学证据科学研究院 2017 级证据法学研究生。

〔1〕 关于对英国早期刑事诉讼中强迫被指控者作出供述的系统讨论，参见 John H. Langbein，"The Privilege and Common Law Criminal Procedure：The Sixteenth to the Eighteenth Centuries"，in R. H. Helmholzetal.，*The Privilegeagainst Self-incrimination：Its Origins and Development*，Chicago：University of Chicago Press，1997（以下简称 Langbein，*The Privilege*）。

〔2〕 根据法国 1670 年《刑事法令》的规定，认罪供述是"最优证据"。"在刑事案件的所有证据中，被告人的认罪供述是最具证明力、最确定的（证据）；因此，这一证据是充分的证据……这样的认罪供述是所能期待、最完整的证据。" Adhemar Esmein，*A History of Continental Criminal Procedure with Special Referenceto France*，Little，Brown and Company，1913，p. 263

〔3〕 这个表述源自俄罗斯帝国 1864 年以前的法律。引自 Samuel Kucherov，*The Organ Soviet Administration of Justice，Their History and Operation*，Leiden：E. J. Brill，1970，p. 610.

〔4〕 参见《加洛林纳刑法典》第 23、25~27 条。对于这些条款的翻译，参见 John H. Langbein，*Prosecuting Crime in the Renaissance*，Harvard University Press，1974，pp. 273-5（以下简称 Langbein，*Prosecuting Crime*）。

〔5〕 John H. Langbein，*Tortureand the Lawof Proof：Europe and Englandin the Ancient Regime*，Chicago：University of Chicago Press，1977（以下简称 Langbein，*Torture*）。

〔6〕 Marian Bail Statute，1554-5，1 & 2 Phil. & M.，c. 13（Eng.），reprinted in Langbein，*Prosecuting Crime*，pp. 256-7.

能证明自己无罪时，则他在治安法官前的有罪供述便作为证词予以承认。[7] 当时的权威观点认为，在英国，反对强迫自证其罪的特权仅保护那些经过宣誓且被强制要求作证的被告人，而不适用于未经宣誓、由治安法官讯问的被告人。[8] 虽然英国 16、17 世纪治安法官审讯犯罪嫌疑人的制度被认为是"一种迫使被告人自证其罪的审前调查制度"[9]，但是讯问人员可以使用强制手段、酷刑、威胁或承诺，通常会让被告人作出非自愿性供述，因而违反了反对强迫自证其罪的原则。[10]

事实上，犯罪嫌疑人拒绝向治安法官陈述事实也许是愚蠢的，因为这样他们便不能在审判中作证，且 19 世纪前也没有律师为他们辩护。[11] 即使在非谋杀的案件中，刑事被告人也时常面临死刑，因此，能让陪审团产生怜悯的唯一途径就是发言，并希望陪审团即便在被告人罪行已得到充分证明的情况下仍能进行"虔诚的伪证"（pious perjury）。[12] 在某些情况下，向陪审团承认有罪甚至可能会减轻罪责或无罪释放。[13] 对被告人的程序性约束，例如威胁科以严厉刑罚，同时一开始期待陪审团以及在有罪判决作出后，期待法官减轻罪责并施以怜悯，这都是英美辩诉交易的根源。这些程序性约束被视为普通法对欧陆酷刑制度的回应。[14] 英国审前由治安法官实施调查的制度被移植到美国，并在美国盛行，一直持续至 19 世纪末，（在此一制度下）被告人不能提供证言为自己辩护。[15] 不过美国人在从英国引入这一制度时，对反对自我归罪特权怀有崇高的敬意，这源自于清教徒和其他异教徒对星座法庭和高等宗教法庭等职权主义法庭的反抗。[16] 美国最终将这一

---

〔7〕 Albert W. Alschuler, "A Peculiar Privilege in Historical Perspective", in R. H. Helmholz et al., *The Privilege against Self-incrimination: Its Origins and Development*, Chicago: University of Chicago Press, 1997（以下简称 Alschuler）.

〔8〕 Alschuler, pp. 186-7, 193.

〔9〕 Langbein, *The Privilege*, p. 91.

〔10〕 关于殖民地美洲治安法官在审前讯问时所施加的内在压力和禁止酷刑之间的模糊界限，参见 Eben Moglen, "The Privilege in British North America: The Colonial Period to the Fifth Amendment", in R. H. Helmholz et al., *The Privilege against Self-incrimination: Its Originsand Development*, Chicago: University of Chicago Press, 1997（以下简称 Moglen）.

〔11〕 Langbein, *The Privilege*, pp. 83-7. 朗本称之为"被告人说话式"的庭审，同上。

〔12〕 Id., pp. 93-4.

〔13〕 同上。1864—1917 年的沙皇俄国设有陪审团制度。研究表明如果被告人在审判中完全认罪，则陪审团更可能作出无罪判决或减轻其罪责，参见 Stephen C. Thaman, "Europe's New Jury Systems: The Cases of Spain and Russia", 62 *Law & Contemp. Probs.* 233, 246 n. 70 (1999)（以下简称 Thaman, *Europe's New Jury Systems*）.

〔14〕 See generally John H. Langbein, "Torture and Plea Bargaining", 46 *U. Chi. L. Rev.* 3 (1978).

〔15〕 See Moglen, pp. 114-7; Alschuler, pp. 198-9.

〔16〕 See Moglen, pp. 128-38（需要注意的是，对异教徒审判的高尚原则并未引入对普通罪犯的审判）.

保护机制纳入《美国联邦宪法》第五修正案,其规定:"任何人……不得在任何刑事案件中自证其罪……"[17]

在 19 世纪末前的美国,无论是有罪判决,还是无罪判决,被告人均未有上诉权,[18]因此也没有反对自我归罪特权的司法强制机制。但早期的案件确实表明,警察的强制性讯问[19]是《美国联邦宪法》第五修正案所规制的一个领域,且这种强制性讯问所获得的口供应予以排除。[20]自欧洲大陆废除酷刑以来,美国和欧洲法学界似乎都有两个惯例:[21]其一,通过酷刑或其他强制力、暴力、欺骗、承诺或威胁所获得的非自愿性口供违反了法律的规定,应适用严格的非法证据排除规则;其二,警察和其他调查机关继续采取上述的策略诱使犯罪嫌疑人认罪的,同样应予以排除。

在美国,联邦最高法院此前受自己判例的限制,不得处理违反《美国联邦宪法》第五修正案关于反对强迫自证其罪特权之规定的强制口供问题,因为"第五修正案"尚未被承认对各州具有约束力。[22]随后,联邦最高法院为供述的自愿性制定了一个"正当程序"标准。在 1936—1964 年之间,联邦最高法院审理了来自各州庭审共计 35 起涉及警察讯问被告人策略存在争议的认罪案件。[23]这些案件涉及:彻头彻尾的酷刑、[24]审讯时间过长、[25]压迫性的监禁条件以对犯罪嫌疑人施压、[26]暴力威胁以及其他引起不良反响的手段。[27]

---

〔17〕《美国联邦宪法》第五修正案。

〔18〕 See United States v. Scott, 437 U. S. 82, 88 (1978).

〔19〕 联邦大法官戴(Justice Day)在威克斯诉美国 [Weeks v. United States, 232 U. S. 383 (1914)] 一案中对 20 世纪初期美国执法的声誉作出了描述:美国的执法机构通过非法扣押和强迫口供获得有罪判决。而强迫口供通常是在对被告人施以未经令状授权之行为所获得,侵害了《美国联邦宪法》所保障的被告人权利。而这种趋势在法院的判决中未受到任何制裁。法院的判决本应无时无刻肩负支撑宪法的重责。因此,对于这样的判决,任何符合条件的个人均有权提起上诉,以维护宪法所保障的基本权利。Id., p. 392.

〔20〕 See Bram v. United States, 168 U. S. 532, 557-8 (1897).

〔21〕 欧洲大陆的司法酷刑大体是在 18 世纪中叶被废除。参见 Langbein, *Torture*, p. 10.

〔22〕 See Twining v. New Jersey, 211 U. S. 78, 93 (1908).

〔23〕 Stephen A. Saltzburg & DanielJ. Capra, *American Criminal Procedure*, St. Paul, Minn. : West Group, 2000 (以下简称 Saltzburg & Capra).

〔24〕 See Brown v. Mississippi, 297 U. S. 278, 281-2 (1936) (在各种酷刑方法中包括反复鞭打和吊挂树上)。

〔25〕 See Ashcraft v. Tennessee, 322 U. S. 143, 150 (1944) (让被告人接受 36 小时的审讯)。

〔26〕 See Watts v. Indiana, 338 U. S. 49, 52-3 (1949) (涉及警察持续施以压力); Malinski v. New York, 324 U. S. 401, 403 (1945) (剥去被告人衣服,让其赤裸); Haynes v. Washington, 373 U. S. 503, 507 (1963) (单独监禁被告人,拒绝让其打电话)。

〔27〕 See Payne v. Arkansas, 356 U. S. 560, 564-5 (1958) (涉及不给食物和暴力威胁); Lynum v. Illinois, 372 U. S. 528, 533 (1963) (威胁切断对孩子的经济援助); Rogers v. Richmond, 365 U. S. 534, 536 (1961) (威胁讯问患有关节炎的妻子)。

当美国联邦最高法院最终承认《美国联邦宪法》第五修正案关于反对自我归罪特权的条款对各州具有约束力时，[28] 警察对被监禁犯罪嫌疑人的审讯问题便再次以隐含的方式纳入第五修正案的条款之中。在米兰达诉亚利桑那州（Miranda v. Arizona）一案的判决中，联邦最高法院以 5：4 判定[29]"应保证个人依《美国联邦宪法》第五修正案享有不被强迫自证其罪的特权"。[30] 联邦最高法院指出了20 世纪 30 年代所盛行的"警察暴力"和"刑讯逼供"，强调当时警方主要采取心理策略诱供，并提及介绍这些策略的"各种警察手册和教科书"。[31] 联邦最高法院发现，"在未有恰当保障措施的情况下，对犯罪嫌疑人或被告人的羁押审讯过程本身便蕴含着足以摧毁个人抵抗意志的强制力，迫使他作出供述发言。如果在自由状态下，他便不会如此为之。"因此，联邦最高法院阐释了"米兰达警告"，这在当下已为全世界所知。"米兰达警告"是警察羁押讯问的先决条件：在讯问前，被讯问对象必须被告知他有权保持沉默，他所作的任何陈述可能会被用作对他不利的证据，而且他有权要求律师在场，或者委托律师或指派律师。被告在自愿、知情和明智的情况下，可以放弃行使这些权利。但在诉讼任何阶段，被告人均可以以任何方式表明他希望在陈述前咨询律师意见，此时不得再讯问。同样，如果被告人单独一人，且以任何方式表明不希望接受讯问，则警察不得进行讯问。被告人可能已经回答了一些问题或者自愿作了一些陈述，但仅这一事实并不能剥夺他拒绝回答任何进一步讯问的权利，除非他在咨询律师意见后同意继续接受讯问。[32]

有学者评论称，米兰达案件的判决是《美国联邦宪法》第五修正案"两个互相矛盾的规定"之间的妥协：①仅当（被告人）有权"保持沉默，除非可在不受限制的情况下依自己意愿说话"，不受强迫自证其罪的特权方可得以实现；②（不受强迫自证其罪的）特权"并非保护被告人保持沉默的权利，而仅是让他免于遭受不当的讯问方法"。[33] 只要被讯问者已被正确告知权利，但他放弃了沉默权以及获得律师帮助的权利，米兰达案件的审判法庭就会认为，即便未有律师在场，

---

〔28〕 Malloy v. Hogan, 378 U. S. 1, 6 (1964)（通过《美国联邦宪法》第十四修正案的正当程序条款合并了反对自证其罪特权）。

〔29〕 Miranda v. Arizona, 384 U. S. 436 (1966).

〔30〕 Miranda v. Arizona, 384 U. S. 439 (1966).

〔31〕 Id. , pp. 446, 448.

〔32〕 Id. , p. 467.

〔33〕 Alschuler, pp. 181-2.

警察依然可以进行羁押讯问，而无论这本身便具有压迫性元素。[34] 法庭还限制了在羁押案件中的权利告知要求。[35]

尽管如大多数人所指，美国最专业的警察部队——联邦调查局多年来一直在使用与米兰达相类似的权利告知，而且没有发现任何阻碍刑事调查的情况，但米兰达案件的判决依然饱受争议。[36] 这不仅仅是因为判决的表决结果为 5∶4，还因为美国国会在两年后试图通过立法推翻这个判决。[37] 这一判决原本要回到美国联邦最高法院在 1936—1964 年合并前判例所确定的"自愿性"标准。受斯卡利亚大法官协同意见（concurring opinion，源自于英美习惯法，当法官同意主要意见书的决定，但是他同意的理由与其他法官不同时，法官可以独立撰写协同意见书，以陈述自己的意见）的影响，[38] 美国律师和联邦法官一直无视议会的法律。其后，这部联邦法律的合宪性问题被提交至联邦最高法院。在迪克森诉美国（Dickerson v. United States）一案[39]中，美国联邦最高法院确认米兰达警告源自于《美国联邦宪法》第五修正案，将之与先前引发合宪性诉讼的判例法区分开来，后者认为米兰达警告是"预防性"的，"本身并非受宪法保护的权利。"[40]

但在 1966—2000 年期间，美国联邦最高法院就质疑米兰达警告合宪性的问题作出了若干判决，这些判决已经明确并限制了米兰达警告的适用性以及排除违反米兰达警告所获得之供述的补救措施。联邦最高法院还判定，如果被告人在庭审中作出了与先前不一致的供述，则检控方可以使用违反米兰达警告所获得的供述来弹劾被告人（供述的可信度）。[41] 联邦最高法院还允许警察和检察官依违反米兰达警告之供述获取其他证据，即使该供述本身无法在审判中使用。[42] 联邦最高法院甚至还允许，在警察先前已经违反米兰达警告进行了讯问并促使被告人作出认

---

〔34〕 法庭还指出，警察不需要"'驻所律师'来随时为犯人提供建议"，并暗示只要警察没有讯问犯罪嫌疑人，即使该犯罪嫌疑人请求获得律师帮助，警察也可不传唤"法庭指定"的律师。Miranda, 384 U. S. p. 474.

〔35〕 Id. , p. 478.

〔36〕 Id. , p. 483. 1848 年的英国《杰维斯法》（Jervis's Act）规定，对于所有的囚犯，无论是在审判前还是审判期间，均必须告知其享有保持沉默的权利，任何供述均可能作为证据使用。参见 Henry E. Smith, "The Modern Privilege: Its Nineteenth-Century Origins", in R. H. Helmholz et al. , *The Privilege against Self-incrimination: Its Origins and Development*, Chicago: University of Chicago Press, 1997, pp. 169-70.

〔37〕 18 U. S. C. § 3501 (1994).

〔38〕 See Davis v. United States, 512 U. S. 452, 462 (1994) (Scalia, J. , 反对意见).

〔39〕 120 *S. Ct.* 2326 (2000).

〔40〕 *Dickerson*, 120 *S. Ct.* p. 2333.

〔41〕 Harris v. New York, 401 U. S. 222, 226 (1971).

〔42〕 Michigan v. Tucker, 417 U. S. 433, 451-2 (1974).

罪供述的情况下，允许检控方使用重新进行合法米兰达警告后的被告人供述。[43]

这些判决的结果是，警察部门经常在不给予米兰达警告的情况下讯问嫌疑犯，因为他们知道这些供述可以用来反驳作证的被告人（从而可以阻止他或她作证），并且如果这些供述是用来确认给予过正确警告后所作的供述，仍可以被采用。[44] 美国联邦最高法院还容忍警察公然使用欺骗手段，诱骗犯罪嫌疑人和警察或其代理人交谈。例如，卧底警察或警方线人可在监狱讯问被监禁的犯罪嫌疑人而无需给予任何告示，只要该犯罪嫌疑人并不知道讯问者为警方工作。[45] 警察或监狱看守也可以拒绝告知被监禁的犯罪嫌疑人有权委托律师，甚至阻止律师接触犯罪嫌疑人。[46] 尽管如果犯罪嫌疑人行使沉默权或者获得律师帮助的权利，则警察必须停止审讯，但美国联邦最高法院认为，如果犯罪嫌疑人仅主张沉默权，则警察可以稍后再次进行讯问。[47] 如果犯罪嫌疑人主张获得律师帮助的权利，则除非他自愿主动进行随后的谈话，否则警察不得再次试图让犯罪嫌疑人放弃权利。[48]

在被告人被正式提起指控后，美国联邦最高法院制定了更为严格的警察讯问规则。在米兰达案件判决之前，联邦最高法院认为，无论是警察，还是警方的卧底特工，都不得向被指控的犯罪嫌疑人提问，即使该犯罪嫌疑人未被羁押，未意识到提问者是警察。[49] 如果未有律师在场，则警察不得对被起诉的被告人提问，这个貌似的铁律在后来的联邦最高法院判例法中有所松动。例如，联邦最高法院允许将"监狱线人"（可能是警方的卧底线人）秘密安插在被告人所在的监狱，只要他们不主动向被告人提问即可。[50] 只要被起诉的囚犯未被传讯或者要求会见律师，则联邦最高法院也允许警察在对其进行合适的米兰达警告之后进行讯问。[51] 最后，美国联邦最高法院允许（警察）向被起诉的囚犯提问指控罪名以外的其他

---

〔43〕 Elstad Oregon v. Elstad, 470 U. S. 298, 318 (1985).

〔44〕 See California Attorneys for Criminal Justice v. Butts, 195 F. 3d 1039, 1049–50 (9th Cir. 1999); People v. Peevy, 953 P. 2d 1212, 1214 (Cal. 1998).

〔45〕 Illinois v. Perkins, 496 U. S. 292, 300 (1990).

〔46〕 Moran v. Burbine, 475 U. S. 412 (1986).

〔47〕 Michigan v. Mosley, 423 U. S. 96, 106–7 (1975).

〔48〕 Edwards v. Arizona, 451 U. S. 477, 484 (1981). 值得注意的是，联邦最高法院认为，如果被告人提出了诸如"现在我将面临什么情况"的问题，则可以启动"再次讯问"。参见 Oregon v. Bradshaw, 462 U. S. 1039, 1045 (1983). 爱德华兹规则（Edwards Rule）甚至可适用于对未被指控之犯罪嫌疑人的讯问以及对逮捕以外其他罪名的讯问。Arizona v. Roberson, 486 U. S. 675, 677–8 (1988).

〔49〕 Massiah v. United States, 377 U. S. 201, 206 (1964).

〔50〕 United States v. Henry, 447 U. S. 264, 272 (1980); Kuhlmann v. Wilson, 477 U. S. 436, 460 (1986).

〔51〕 Patterson v. Illinois, 487 U. S. 285, 297 (1988). 与密歇根诉杰克逊〔Michigan v. Jackson, 475 U. S. 625, 626 (1986)〕一案相比，被告人已经被传讯并请求律师协助。

罪行问题。[52]

本文将探讨国外警察、检察官、预审法官（investigating magistrate）[53]或调查法官（judges of the investigation）[54]在讯问犯罪嫌疑人和被告人时所确立的保障机制。我将把美国的米兰达警告与其他国家在讯问犯罪嫌疑人时的警示进行对比，并讨论这一警示的宪法或法律地位。我还将进一步讨论（各国）应在何时给予这样的警示，以及如果被告人主张沉默权或者律师帮助权后，警察或其他官员应在何种程度上可以重新予以警示，违反这一警示义务所获得的供述或据此所取得的其他证据是否可在法庭上使用，或者以此为依据启动进一步的调查或起诉第三人。简而言之，这篇文章将把美国法和其他职权主义的传统民主国家的法律进行比较和分析，并评估通过比较所获取的结论。比较主要集中于英国、法国、德国、意大利、俄罗斯和西班牙等国家。

二、比较法中警察讯问前的权利告知

（一）导论

尽管现代宪法和刑事诉讼法典均保障了保持沉默的权利以及禁止使用强迫自我指控技术的保障机制，但在警察审讯的背景下如何解释这些权利仍有待作进一步考察。在不同的刑事司法体系中，警察发挥着不同的作用，在诸如英国、美国等普通法体系国家中，警察是主要的刑事侦查人员，因此也是犯罪嫌疑人的主要讯问人。在后职权主义制度中，警察的主要职责是逮捕犯罪嫌疑人、保护犯罪现场和证据以及询问目击证人，[55]随后案件便转交至检察官。检察官依不同国家以及犯罪类型进行案件调查，或者将案件交给预审法官，[56]或者直接交给审判法院

〔52〕 See McNeill v. Wisconsin, 501 U. S. 171, 176（1991）. 甚至是"监狱线人"也可对受到指控、被监禁的被告人就此类的"其他犯罪"进行积极的秘密讯问。Maine v. Moulton, 474 U. S. 159, 180（1985）.

〔53〕 预审法官是法院系统内受过法律训练的官员，在国外若干司法区专门负责严重刑事案件的调查。对于依然设有预审法官的国家，本研究主要侧重于法国、西班牙和荷兰。"预审法官"最早来源于法国，是欧洲传统职权主义中占据主导地位的调查官员，关于对职权主义刑事调查模式下这一关键人物的讨论，参见 Jean Pradel, Proctdure Penale, CUJAS, 1997, pp. 26-31（以下简称 Pradel）.

〔54〕 我使用的"调查法官"一词，指的是在废除"预审法官"的国家（如德国和意大利）里，有权在审前程序中授权实施侵犯个人隐私和形体完整之侦查行为（如搜查、没收和窃听等）或者有权询问证人或讯问被告人的法官。法国刑事司法和人权委员会在 1991 年的报告中也使用了这一表述。Commission Justice Penale Et Droits de l'homme, *La Mise en Etat des Affaires Pënales*：*Rapports* 31（Fr. 1991）（以下简称 *La Mise en Itat des Affaires Ptnales*）.

〔55〕 See C. P. P. -Italy §§ 347-55, Stpo-Germany § 163（1）, L. E. Crim-Spain § 282.

〔56〕 See C. P. P. -Italy § 347；Stpo-Germany § 163（2）；L. E. Crim-Spain §§ 284, 286；Code de Proctdure Pinale［C. PR. Pin.］§§ 54-57（以下简称 Pën-France）, translated by author, unless otherwise noted, from Codede Procedure Penale（Dalloz ed., 42d ed. 2001）.

依速裁程序、简易程序或者简化程序进行审判。[57]

如果检察官或预审法官同意提起刑事诉讼，则他/她有权力甚至有义务再次询问目击证人以及讯问被告人。在欧陆法系几乎所有的国家中，警察均可在将案件转交给正式调查官员前讯问犯罪嫌疑人。通常情况下，正式的调查官员（无论是检察官、调查法官还是预审法官）的作用是给被告人提供机会，以确认或撤销其先前向警察作出的认罪供述。虽然正式的调查官员可以通过委托调查，授权司法警察采取进一步的调查措施，但这往往不涉及对被告人的讯问。[58]

欧陆较具特殊意义的是法国程序：在启动刑事诉讼前，警方可以拘禁犯罪嫌疑人长达48小时，这就是所谓的"拘留"（garde à vue）。[59] 但2000年6月《法国刑事诉讼法典》的修改极大地扩大了刑事拘留程序中犯罪嫌疑人的权利。*

接下来我将研究欧洲主要司法区在警察讯问前的保护性措施，并讨论法官或检察官在进行正式讯问时可提供的额外保障。

（二）警方讯问前所要求的告诫

1. 意大利

1988年的《意大利刑事诉讼法典》设有对犯罪嫌疑人在面对警察、检察官或者法官讯问时最极端的保护机制。总体而言，必须对犯罪嫌疑人进行权利告知，诸如保持沉默的权利，而无论审讯主体是谁。[60] 涉及司法警察讯问（仅可收集所谓的概要信息）的条款规定如下：

（1）司法警官（……）可从未受逮捕或未被采取第384条所规定之拘留措施（如非现行犯的羁押）的犯罪嫌疑人处获得有助于侦查工作的概要信息。

（2）在获取概要信息前，司法警察应要求犯罪嫌疑人指定一名辩护人。犯罪嫌疑人未指定的，应依第97条第3款之规定予以处理（依职权指定辩护律师）。

（3）收集概要信息时，辩护律师应在场，司法警察应及时予以通知。辩护律师有义务在实施此一侦查行为时到场。

（4）如果未找到辩护律师，或者辩护律师未到场，则司法警察可请求公

〔57〕 关于意大利和法国程序的一些评论，参见 Stephen C. Thaman, "Symposium on Prosecuting Transnational Crimes: Cross-Cultural Insights for the Former Soviet Union", 27 *Syracuse J. Int'l L. & Com.* 1, 5-9 (2000)（评论议题为辩诉交易和证人作证豁免）。

〔58〕 在意大利，如果犯罪嫌疑人未被羁押且律师在场的情况下，公诉人可以委托司法警察进行调查，但进行这些调查前应进行沉默权及其他权利的告知。C. P. P. -Italy § 370 (1).

〔59〕 C. PR. Ptn. -France § 77, para. 1.

* 原作者有误，应为2000年6月15日"关于加强无罪推定及被害人保护"的法律修改。——译者注

〔60〕 C. P. P. -Italy § § 64 (3), 65 (2).

诉人依第97条第4款之规定予以处理（依职权指定辩护律师）。

（5）在犯罪现场，或者在犯罪实施过程中，司法警官可在辩护律师未到场的情况下向犯罪嫌疑人收集有用的信息及线索，以尽快达致侦查的目的，即使该犯罪嫌疑人已被当场逮捕或者依照第384条之规定予以拘留。

（6）依第5段之规定，对在犯罪现场或者在犯罪实施过程中未有辩护律师参与情况下所获得的信息及线索，禁止记录在案或者作为证据使用。

（7）司法警察也可听取犯罪嫌疑人的自行供述，但该供述不得在审判中使用，第503条第3款的规定除外（涉及弹劾）。[61]

在意大利，犯罪嫌疑人不仅应被告知有保持沉默的权利，且在未有律师的情况下，所作的任何供述均不得在法庭上使用。因此，犯罪嫌疑人、被告人不是控方证据的来源。依《意大利刑事诉讼法典》之规定，在任何讯问的期间，"犯罪嫌疑人、被告人可以请求任何他认为有助于辩护的人员协助解释……"[62]

在刑事诉讼法典中，意大利立法者对警察作为取证者的极度不信任，在其他地方也是显而易见的。《意大利刑事诉讼法典》的另一条款禁止警察在法庭上以证人先前供述与庭上供述不一致为由对证人的可信度进行弹劾。[63]当然，告知沉默权的规定也适用于检察官[64]及调查法官的讯问。[65]

2. 西班牙

西班牙立法机构于1978年对《西班牙刑事诉讼法典》进行了修订。这些修订使《西班牙刑事诉讼法典》的相关规定符合之前所论及的宪法条款，[66]并改变了西班牙以往对犯罪嫌疑人和被告人的职权主义讯问方式。修改的结果是，下列条款规定对被逮捕或采取预防性羁押的犯罪嫌疑人或被告人必须予以告诫：

任何被羁押或监禁的个人均应以可理解的方式立即告知他所被指控的罪名，

---

〔61〕　C. P. P. ‑Italy § 350（2）‑（7）.

〔62〕　C. P. P. ‑Italy § 65（1）para. 1.

〔63〕　《意大利刑事诉讼法典》第195条第4款规定，司法警官及司法警员不得就证人作证的内容作证。然而该条款被意大利宪法法院宣布为违宪。参见 Corte cost. , sez. un. , 31 jan. 1992, n. 24, Giur. It. 37, 114.

〔64〕　C. P. P. ‑Italy §§ 294（6）, 364, 388.

〔65〕　C. P. P. ‑Italy §§ 294（4）, 302, 391; See Vittorio Grevi, "Diritto al silenzio ed esigenze cautelari nella disciplina della liberta personale dell'imputato", in *Liberta Personalee Ricerca Della Prova Nell'a'tuale Assetto Delle Indagini Preliminari* 9‑10（1995）.

〔66〕　Muerza Esparza, *Ley de Enjuiciamiento Criminal y Otras Normas Procesales*, Aranzadi Editorial, 1998, pp. 15‑25, 18. 依据这些宪法条款之规定，《西班牙刑事诉讼法典》带有旧职权主义色彩的条款（如第387条所规定的预审法官应"告诫"犯罪嫌疑人以"准确、清楚且诚实的方式说出真相"）被裁定为违宪。参见 Vicente Gimeno Sendraetal.

以及被剥夺自由的原因、所享有的权利，尤其是如下权利：

（1）保持沉默的权利。如果犯罪嫌疑人、被告人不愿意，可以保持沉默，不回答向其所提出的任何问题，或者仅在法官面前陈述。

（2）不自证其罪以及不认罪的权利。

（3）指定律师的权利。无论是警察讯问，还是司法官员讯问，犯罪嫌疑人、被告人均有权要求律师在场提供帮助，或者在辨认程序中要求律师介入，而无论辨认对象为何。如果被羁押者或者被囚者未指定律师，则官方将为其指定。[67]

尽管在西班牙，被告人在预审法官讯问时有权要求律师在场，但西班牙宪法法院判定，如果被告人未被羁押且已依法进行权利告知，则可放弃这一权利。[68]

3. 德国

1964 年，在米兰达案件判决的两年前，《德国刑事诉讼法典》作了修订，规定了以下告诫条款，适用于法官、检察官或警察的讯问。[69]

在第一次讯问开始时，被告人应被告知所被指控的行为，以及涉嫌违反哪一刑法条款。被告人应被告知，法律既允许他对指控作出回答，也允许他不对案件发表任何意见，且在讯问前的任何时候均可以向指定的辩护律师进行咨询。他也应被告知，可以提出特定证据以证明自己无罪。在适当的案件中，被告人应被告知，可以提交书面供述。[70] 但与意大利和西班牙不同，德国的犯罪嫌疑人、被告人在警方讯问期间未有律师在场权。[71] 但在检察官或调查法官讯问期间，被告人有权让他的律师在场。[72]

---

〔67〕 L. E. Crim. –Spain § 520（2）（a–c）.

〔68〕 S. T. C. , Dec. 13, 1999（10 Actualidad Penal, No. 10, 405）.

〔69〕 See Claus Roxin, "Ober die Reform des deutschen Strafprozeßrechts", in *Festschrifr für Gerd Jauch Zum* 65 *Geburtstag* 184（1990）（以下简称 Roxin）.

〔70〕《德国刑事诉讼法典》第 136 条第 1 款。《德国刑事诉讼法典》第 163 条第 4 款明确规定，第 136 条第 1 款适用于警察第一次讯问犯罪嫌疑人。德国法院认为，虽然警察的权利告知应使用法律所规定的措辞，但如果警察使用另外的表述，也可明确向犯罪嫌疑人解释其享有反对自证其罪的特权，则由此所获得的供述将不会被排除。参见 Kleinknecht & Meyer–Gobner，§ 8, p. 466. 米兰达判决本身也表明，法院允许警察进行"完全有效的类似"权利告知：Miranda v. Arizona, 384 U. S. 444（1966）.

〔71〕 犯罪嫌疑人在审讯过程中确保获得律师在场的唯一方法就是在整个警察羁押期间拒绝说话。参见 Barbara Huber, "Criminal Procedure in Germany", in John Hatchard et al. , *Comparative Criminal Procedure* 121（1996）. 审判米兰达案件的法院也没有强迫警察在羁押期间为犯罪嫌疑人提供律师，参见 Miranda, 384 U. S. p. 474.

〔72〕 Kleinknecht & Meyer–Gobner, p. 615（§ 20）.

4. 法国

截至目前，法国是西欧诸国中对刑事案件犯罪嫌疑人在面对警察讯问时保障最为单薄的国家。犯罪嫌疑人不仅不会被告知他们有权保持沉默，且在拘留 24 小时的期限届满后，他们才允许和律师交流。[73] 依 2000 年 6 月 15 日 "关于加强无罪推定及被害人权利保护" 的法律，警察在拘留阶段讯问的相关规定如下：

任何被拘留者应立即由警官或者在警官的监督下由警员告知其被调查之罪名的性质、第 63-2 条、第 63-3 条以及第 63-4 条所规定之权利以及第 63 条所规定的拘留期限。被拘留者还应被立即告知他有权不回答调查人员所提问的问题。[74]

从拘留一开始，直到 24 小时的期限届满，被拘留者可以要求与律师交谈。如果被拘留者不能指定律师，或者无法联系到他所指定的律师，则可以请求由律师协会指定一名律师。

这一请求应以各种可能的方式、无延迟地告知律师协会。

指定的律师可以在保证会见秘密的情况下与被拘留者交谈。司法警官或者在其监督下的司法警员应告知律师所调查之罪名的性质以及推定的实施日期。

会见不得超过 30 分钟，会见结束后，律师对于认为恰当的案件可以提交书面意见，意见应载入笔录。在拘留期间，律师不得向任何人透露会见内容。[75]

虽然 2000 年的法律修改提高了犯罪嫌疑人在接受警方讯问时的地位，规定应在讯问开始前告知犯罪嫌疑人有权拒绝回答问题，并允许会见律师。但这一制度的保护力度仍然小于意大利、西班牙和德国。犯罪嫌疑人在讯问期间仍然未有律师在场权。[76] 此外，《法国刑事诉讼法典》并未规定绝对的沉默权。相反，它规定的是不回答特定问题的权利，非常类似于美国的证人在他人的审判中或大陪审团前作证所享有的权利。

---

〔73〕 Seeformer C. PR. Ptn. –France §§ 63–1, 63–4.

〔74〕 C. PR. Ptn. –France § 63–1, as amended by Law No. 2000–516 of June 5, 2000, discussed C. P. P. –Italy §§ 64（3）, 65（2）.

〔75〕 C. PR. PIN. –France § 63–4, as amended by Law No. 2000–516 of June 5, 2000, discussed C. P. P. –Italy §§ 64（3）, 65（2）.

〔76〕 See Pradel, p. 397.

虽然从 1897 年起，法国的被告人便有权在预审法官的讯问过程中会见律师，[77] 并在咨询律师意见后保持沉默。[78] 但从 1993—2000 年期间，预审法官没有义务在讯问前便告知被告人有权保持沉默。[79]

5. 英格兰和威尔士

在英格兰和威尔士，法律规定了"值班律师"制度，值班律师进驻监狱，能随时与被捕的囚犯交流。[80] 根据《警察和刑事证据法》（PACE）以及《执法手册》第 C 部分第 58（1）节之规定，"任何被警察拘留的个人，只要他提出要求，随时有权秘密地咨询律师意见"，且应在实施逮捕时立即告知这一权利。在 1995年前，被逮捕的犯罪嫌疑人应被告知：除非他愿意，否则不必说话，但他所说的任何言论均可作为指控证据。但 1994 年《刑事司法与公共秩序法》通过后，情况发生变化。《刑事司法与公共秩序法》引入了如下规定，修改了告诫事项或者说"警示事项"：

> 有理由怀疑某人犯罪的，警察在向他提出有关犯罪的问题时，或者正是他对问题的回答构成怀疑事由而导致了进一步的发问，如果此时无论犯罪嫌疑人作出回答或者保持沉默（如拒绝回答问题或者无法作出满意答复）均可能在法庭上作为指控证据，则应向其发出警示（……）[81]
>
> ……
>
> 警示措辞如下：
>
> 你不必供述。但如果你在接受讯问时未提及你日后在法庭上赖以作证的事实，这将对你的辩护产生不利。你所讲的一切可能会在法庭上用作证据。细微的偏差并不违反警示的要求。[82]

《刑事司法与公共秩序法》重新允许检察官、陪审团或法官在审判时使用被逮捕者的沉默，撤销了原先禁止此一做法的 1898 年法律。[83] 虽然值班律师制度

---

〔77〕 Id. , p. 537.

〔78〕 La Mise en Itat desAffaires Ptnales, *Commission Justice Ptnale et Droits de l'homme*, La Mise en Itat desAffaires Ptnales：Rapports 31（Fr. 1991），p. 56

〔79〕 Vogler, p. 32.

〔80〕 See Richard Hatchard, "Criminal Procedure in England and Wales", in John Hatchard et al. , *Comparative Criminal Procedure* 193（1996）（以下简称 Hatchard, *Criminal Procedure in England and Wales*）.

〔81〕 PACE-England §10. 1.

〔82〕 Hatchard, *Criminal Procedure in England and Wales*.

〔83〕 The Criminal Evidence Act 1898, See Hatchard, *Criminal Procedure in England and Wales*, p. 190.

能切实有效地保障被监禁的犯罪嫌疑人在警察讯问前与律师交谈,[84]不像在美国,警方没有义务为这样的会见提供便利,[85]但英国对行使沉默权可进行使用或评论的警示,保护力度显然不如美国的米兰达警告。[86]

6. 俄罗斯

尽管《俄罗斯宪法》和《俄罗斯刑事诉讼法典》均未明确规定警方在讯问前是否应明确告知犯罪嫌疑人有获得律师协助以及保持沉默的宪法权利,[87]但在1993年和1994年俄罗斯九个地区重新引入陪审团审判制度后,法庭开始要求应作出警示。[88]在1996年的一个咨询判决中,俄罗斯联邦最高法院批准了这一做法。[89]

7. 其他国家

在荷兰,警察可以以讯问为目的拘留犯罪嫌疑人6个小时,经检察官同意后拘留时间可延长至72小时。不过荷兰严格要求应告知犯罪嫌疑人享有沉默权。[90]加拿大联邦最高法院也认为,被告人应被告知享有获得律师帮助权和保持沉默的权利,因为"在拘留阶段法律告知最重要的功能便是确保被告人理解自己的权利,其中最重要的便是沉默权"[91]。最后,德国联邦最高法院在1992年所作的一份比较法概览中指出,在丹麦,亦应进行不得强迫自证其罪的告示。[92]

(三)警示的时间

米兰达警告仅在犯罪嫌疑人"被羁押或者以其他显著方式被剥夺行动自由后"方才适用,[93]而几个欧洲国家则要求一旦刑事调查可能使某人成为犯罪嫌疑

---

〔84〕 See RCCJ REPT. , pp. 37-38(对值班律师与警察部门关系过于密切的现象进行了批评)。

〔85〕 警察甚至可能会欺骗律师,以防止他们试图会见被羁押的犯罪嫌疑人。参见 Moran v. Burbine, 475 U. S. 412, 427 (1986).

〔86〕 See Doyle v. Ohio, 426 U. S. 610, 619 (1976)(讨论犯罪嫌疑人援引米兰达权利是否违反了正当程序)。

〔87〕 参见对《俄罗斯宪法》条款的讨论。《俄罗斯宪法》第51 (1)条规定,"任何人不得被强迫自证其罪……"第49 (2)条规定:"被告人不必证明自己无罪。"第48 (2)条规定:"任何被逮捕、预防性羁押或者被控实施犯罪行为的个人自被逮捕、预防性羁押或被提起正式刑事指控时均有权获得律师的协助。"参见 Topornin et al. , p. 260, 265 & 274.

〔88〕 See Stephen C. Thaman, "The Resurrection of Trial by Jury in Russia", 31 Stan. J. Int'l L. 61, 91-2 (1995)(以下简称 Resurrection).

〔89〕 Thaman, Europe's New Jury Systems, p. 242 n. 47.

〔90〕 Stewart Field et al. , "Prosecutors, Examining Judges, and Control of Police Investigations", in Phil Fennell et al. , Criminal Justicein Europe: A Comparative Study 232 n. 26 (1995)(以下简称 Field).

〔91〕 R. v. Herbert 77 C. R. 3d 145, 在 Craig M. Bradley, The Failure of the Criminal Procedure Revolution, University of Pennsylvania Press, 1993, p. 114 讨论(以下简称 Bradley).

〔92〕 BGHST 38, 215 (229-30).

〔93〕 Miranda, 384 U. S. 444 (1966).

人时，就必须进行沉默权警示。[94] 在 1992 年的一起案件中，德国联邦最高法院明确指出，对于涉嫌醉驾导致车辆严重毁损的犯罪嫌疑人，在未被羁押的情况下碰到街上巡逻的警察，但仍应被告知享有沉默权。[95] 德国联邦最高法院在承认米兰达判决"特殊重要性"的同时，亦指出美国联邦最高法院在柏克莫诉麦卡蒂（Berkemer v. McCarty）一案[96]中判定，即便犯罪嫌疑人被临时拘留，米兰达警告也不适用于羁押场所之外的汽车站。德国联邦最高法院拒绝遵守柏克莫案的判决，强调德国的警示具有更广泛的适用范围。[97] 同样在意大利，无论犯罪嫌疑人、被告人是否被羁押，均享有同样的权利，[98] 包括在未有律师在场以及未被告知享有沉默权的情况下，有权不接受警察的讯问。[99]

尽管应承认，英格兰和威尔士对于未被羁押犯罪嫌疑人的警示不如米兰达警告保护力度大。[100] 但英国法院认为，卧底警察或线人在未进行"告示"前不得对本区域内的犯罪嫌疑人提问。

我们认为，虽然《执法手册》第 C 部分将权利主体扩大到未被羁押的犯罪嫌疑人，但这条规定很显然是为了保护那些容易受到或自认为会受到警察虐待或压力的犯罪嫌疑人。而这样的犯罪嫌疑人通常均是被羁押者。但如果犯罪嫌疑人未被羁押，且正受到以取证为目的之警察的讯问，则《执法手册》第 C 部分的相关规定将适用。在这种情况下，警察和犯罪嫌疑人的地位是不平等的。警察处于优势地位，犯罪嫌疑人可能受到恫吓或损害。[101]

在女王诉克里丝多和怀特（R. v. Christou & Wright）一案[102]中，警方突击行动逮捕了盗窃财物的销赃者，法院认为不需要进行权利告知。但在随后的一个案件中，法院认为，正在与被告人协商购买盗窃车辆的卧底警察在进一步追问被告

---

[94] "关注"标准（A "focus" test）曾适用于"埃斯科韦多诉伊利诺伊州"（Escobedo v. lllinois, 378 U. S. 478, 490-1, 1964）一案，在警察调查中，如果某人可能成为犯罪嫌疑人时，则应告知其享有《美国联邦宪法》第六修正案所规定的获得律师帮助权。但这一标准仍然要求警方"关注"个人被羁押。

[95] BGHST 38, 215 (218).

[96] 468 U. S. 420, 440 (1984).

[97] BGHST 38, 215 (230). 关于对羁押警示进行限制与国际法上公认的正当程序含义不符的观点，参见 Wilfried Bottke, "'Rule of Law' or 'Due Process' as a Common Feature of Criminal Process in Western Democratic Societies", 51 *U. Pitr. L. Rev.* 419, 447-8 (1990).

[98] C. P. P. -Italy § 61.

[99] See Stephen P. Freccero, "An Introduction to the New Italian Criminal Procedure", 21 *Am. J. Crim. L.* 345, 360 (1994).

[100] R. v. Nelson and Rose, Crim. L. R. 814, 815 (C. A. 1998). 法院认为，海关官员怀疑被告人携带的公文包里有假的隔层，在对被告人进行讯问前，必须给予被告人必要的警示。

[101] R. v. Christou & Wright, 3 W. L. R. 228 (1992).

[102] 3 W. L. R. 228 (1992).

人何时偷盗汽车时，需要进行权利告知。[103]

根据《西班牙刑事诉讼法典》第520条第2款的规定，仅在被羁押或者身处羁押场所时，才进行法定的权利告知。在美国，只有被羁押且受到讯问时，才必须进行"米兰达"的权利警告。[104]

欧洲大陆的刑事诉讼法典严格区分警察或者司法官员询问证人与讯问犯罪嫌疑人或被告人的程序。警察和其他调查人员通常告诫证人，有义务如实作证，否则可能被科以伪证罪，[105]而对于犯罪嫌疑人，因其享有不得强迫自证其罪的特权，故不得以这样的方式强迫他作出供述。

如果警察事实上有理由怀疑某人实施了犯罪行为，但却强迫他以证人的身份作出供述，这种做法为欧洲所有国家所禁止。[106]在西班牙，宪法法院认为，预审法官对于"有或多或少理由证明可能实施了应受刑事处罚行为"但未受羁押的个人，不得"作为证人"进行讯问。在这种情况下，未被羁押的被告人可以"行使最广泛内容的辩护权"。西班牙宪法法院在评论"旧职权主义诉讼程序"时指出：

> 预审法官在讯问时不会告知犯罪嫌疑人所调查的内容，不会让他知道是什么以及为什么让他存在犯罪嫌疑，不会让犯罪嫌疑人自我辩护，不会为他提供律师帮助，这种讯问方式会诱使犯罪嫌疑人作出不利于他自己的供述，包括非自愿性的认罪供述，而如果在另外类型的讯问中则本可以避免如此。1978年宪法及同一年的刑事诉讼法典改革与旧职权主义诉讼程序的这些残余不相兼容。[107]

俄罗斯宪法法院最近也谴责如下做法，即警察将犯罪嫌疑人作为"证人"逮

---

〔103〕 R. v. Bryce, 4 All E. R. 567, 571-3 (1992). 法院以缺乏必要的告知为由排除了被告人的供述。

〔104〕 警察之间的对话不会"合理地可能诱发被告人的有罪回答"，这并不构成"讯问"。Rhode Island v. Innis, 446 U. S. 291, 302 (1980)；Pennsylvania v. Muniz, 496 U. S. 582, 601 (1990). 登记问题（Booking questions），1990年，在宾夕法尼亚州诉穆尼兹（Pennsylvania v. Muniz）一案中，联邦最高法院确立了"日常登记"的例外，允许执法人员在登记或审前服务时，在未给予米兰达警告的情况下询问一般的个人信息。——译者注

〔105〕 关于意大利证人作证的义务，参见《意大利刑事诉讼法典》第198条；法国证人作证的义务，参见《法国刑事诉讼法典》第105条及第109条，以及布拉戴尔教授的教材，Jean Pradel, *Procedure Penale*, Cujas, 1997, pp. 26-31（以下简称PRADEL）. 预审法官是法院系统内受过法律训练的官员，在国外若干司法区专外负责严重刑事案件的调查。对于依然设有预审法官的国家，本研究主要侧重于法国、西班牙和荷兰。"预审法官"最早来源于法国，是欧洲传统职权主义中占据主导地位的调查官员，关于对职权主义刑事调查模式下这一关键人物的讨论，参见PRADEL, p. 348. 同样参见《德国刑事诉讼法典》第57条、《西班牙刑事诉讼法典》第410条及第434条。

〔106〕 See 1989 Bull. Crim. No. 258. See PRADEL, p. 536.

〔107〕 S. T. C., July 19, 1989 (B. J. C., No. 135, 1130, 1135-6).

捕，且在未作权利告知及律师协助的情况下进行讯问。[108] 俄罗斯宪法法院宣布《俄罗斯刑事诉讼法典》第 47 条第 1 款违宪，因为它限制了被指控者或者被签发预防性羁押令者获得律师帮助的权利。[109]

依德国联邦最高法院，"如果讯问开始时便已存在严重的嫌疑，足以严肃地认为被讯问者系所调查之犯罪的实施者"，则应对其进行《德国刑事诉讼法典》第 136 条[110]所规定的权利告知。[111] 德国判例区分"讯问"和"信息询问"。如果警察只是询问，以确定是否有足够的证据表明存在犯罪行为，或者现场询问民众，以确定他们是否为目击证人或是肇事者，则没必要进行权利告知。否则，严肃的权利告知将会把完全无辜的民众视为犯罪嫌疑人，并阻碍他们今后与警方合作。[112]

在英国和荷兰，警察通过"非正式交谈"以规避米兰达式的警告，例如在逮捕后或者搜查中的犯罪嫌疑人家里，或者在开往警局的警车内，或者在正式讯问开始前的会见室里。[113] 荷兰联邦最高法院还判定，在对犯罪嫌疑人进行权利告知前，这种"交谈"以及"主动突袭"无需予以禁止。[114] 德国警方过去也时常在权利告知前进行这样的"交谈"，直到联邦最高法院针对这类案件确立了强制性的排除规则。[115]

似乎只有意大利对警察设置了障碍，防止警察以"信息访谈""聊天"为借口，或者以"证人的身份"讯问犯罪嫌疑人，规避应告知犯罪嫌疑人享有沉默权以及获得律师帮助权的责任。《意大利刑事诉讼法典》第 350 条第 7 款规定，在

---

〔108〕 Sobr. Zakonod R. F. , 2000, No. 27, Art. No. 2882. See Thaman, *Resurrection*, 103, p. 91.

〔109〕 Sobr. Zakonod R. F. , 2000, No. 27, Art. No. 2882 (Constitutional Court of the RF June 27, 2000), available at http://ks. rfnet. ru/pos/p 1lI_00. html.

〔110〕 《德国刑事诉讼法典》第 136 条第 1 款。《德国刑事诉讼法典》第 163 条第 4 款明确规定，第 136 条第 1 款适用于警察第一次讯问犯罪嫌疑人。德国法院认为，虽然警察的权利告知应使用法律所规定的措辞，但如果警察使用另外的表述，也可明确向犯罪嫌疑人解释其享有反对自证其罪的特权，则由此所获得的供述将不会被排除。参见 Kleinknecht & Meyer-Gobner，§8，p. 466. 米兰达判决本身也表明，法院允许警察进行"完全有效的类似"权利告知，*Miranda v. Arizona*：384 U. S. 444 (1966).

〔111〕 BGH Sty 8, 337 (338).

〔112〕 See Raimund Baumann & Harald Brenner, *Die Strafprozessualen Beweisverwertungsverbote*, R. Boorberg, 1991. 如果仅是提出"信息询问"方面的问题，则所获得的自发性供述不会被排除。参见 Claus Roxin, *Strafverfahrensrecht*, Müller Jur. Vlg. C. F. , 1995. 德国联邦最高法院在几年前便裁定，这并非"讯问"被告人以了解他向警察或检察官所作出之先前供述的内容，或者该供述是否为真。BGHST 7, 73, cited in Kleinknecht & Meyer-Gobner, 58, §15, p. 467.

〔113〕 Field, p. 232.

〔114〕 Id.

〔115〕 See Craig M. Bradley, "The Exclusionary Rule in Germany", 96 *Harv. L. Rev.*1032, 1052 (1983). 20 世纪 80 年代的一项研究表明，德国警察经常忽略要求权利告知的规定。

未有律师在场的情况下，犯罪嫌疑人自发向警察作出的供述不可采。[116]

（四）行使获得律师帮助权或沉默权的效力

对于被告人援引沉默权或者获得律师帮助权的，美国联邦最高法院对警察的限制似乎比许多欧洲大陆司法区更具实质性。在美国，如果犯罪嫌疑人在米兰达警告后表示希望保持沉默，则警察必须停止讯问。但如果经过足够长的时间后，特别是警察需要审讯其他的罪行，则可再次讯问犯罪嫌疑人。[117]但在英格兰和威尔士，（即便犯罪嫌疑人表示希望保持沉默）警察仍可向犯罪嫌疑人提问，只是犯罪嫌疑人不必回答。[118]

在美国，联邦最高法院在爱德华兹诉亚利桑那州（Edwards v. Arizona）一案[119]中判定，如果犯罪嫌疑人援引获得律师帮助的权利除非他自己"主动"要求作进一步交谈，否则警方通常不得再作进一步的讯问。[120]在德国，对于犯罪嫌疑人援引获得律师帮助权后警察仍继续讯问的情况，联邦最高法院认为：

> 在这种情况下，只有被告人再次被权利告知后仍明确表示自己同意继续审讯，警察方可在被告人未与辩护律师作初步咨询的情况下继续进行讯问。但警察此前必须尽心尽力以有效的方式协助被告人和辩护律师联系。所有这一切均是必需的，因为被告人，特别是在被逮捕的情况下，容易对案件产生困惑，并因不熟悉的环境而导致压力和焦虑情绪。
>
> ……

这里也存在警察未尽心尽力提供协助的情况。当然，警察通常而言不会推荐某一特定的辩护律师，以避免形成他与该律师具有密切工作关系的印象。如果警方一开始便假装帮助被告人和律师建立联系，但仅是"表面功夫"，并利用这一可预期的无用功以及被告人因此产生的失望情绪以继续进行讯问，这是不允许的。例如警察只给犯罪嫌疑人一本汉堡当地的电话簿，虽然在"律师事务所办公室"一栏下可以找到诸多电话号码，但这是徒劳无益的，尤其是被告人不懂德

---

〔116〕 C. P. P. -Italy § 350(2)-(7).

〔117〕 Michigan v. Mosely, 423 U. S. 96, 106 (1975).

〔118〕 See RCCJ REPT. , § 21, p. 13.

〔119〕 451 U. S. 477, 484 (1981). Edwards v. Arizona, 451 U. S. 477, 484 (1981). 值得注意的是，联邦最高法院认为，如果被告人提出了诸如"现在我将面临什么情况"的问题，则可以启动"再次讯问"。参见 Oregon v. Bradshaw, 462 U. S. 1039, 1045 (1983). 爱德华兹规则甚至可适用于对未被指控之犯罪嫌疑人的讯问以及对逮捕以外其他罪名的讯问。Arizona v. Roberson, 486 U. S. 675, 677-8 (1988).

〔120〕 Oregon v. Bradshaw, 462 U. S. 1039, 1045-6 (1983).

语，他根本不可能与律师电话联系。真正能提供帮助的是紧急律师服务中心的电话号码，但警察并未告知。[121]

（五）未进行权利告知情况下所作供述的排除

1. 程序无效理论

欧洲的后职权主义制度传统上将诉讼行为实施中的"错误"视为"程序无效"，即不具有任何法律效力，即便在时下看来，这些错误的诉讼行为已侵害了宪法所保护的基本权利。在法国，违反《法国刑事诉讼法典》或其他刑事诉讼条款所规定的实质程序、损及所涉当事人利益的，构成程序无效。[122]但这一"违反"必须"损及所涉当事人利益"，[123]而不"仅仅"是违反程序规定。程序无效的后果是，受污染证据的文件应从预审卷宗中撤除。预审卷宗在历史上是存储所有庭审可采证据的材料袋。[124]《法国刑事诉讼法典》并未明确规定，损及拘留保护机制会导致程序无效，但对于被告人而言，证明警察在拘留讯问前违反了权利告知的规定并因此应排除相关供述是极为困难的。[125]

例如法国最高法院认为，警察在讯问前未让被告人签署文件、以证明被告人已被告知拘留讯问前的各项权利，（这一情况）并不损及被告人的权利。[126]因为被告人确实已被告知所享有的各项权利，故供述不会被排除。[127]而另一方面，法国最高法院在新近的一个判例中判定，因未有翻译而在拘留前未进行权利告知的，这损及犯罪嫌疑人的权利，故所作的供述应予以排除。[128]

《意大利刑事诉讼法典》区分了"绝对无效"（类似于美国法院所称的"明显错误"）和"相对无效"。"绝对无效"包括管辖错误、侵害检察官的公诉垄断权以及违反获得律师帮助权的强制性规定。"相对无效"则涉及预先调查或预审的其他程序规则。[129]与违反其他一些程序规定不同，"绝对无效"不能通过错

---

[121] BGHST, 42, 15 (19-20). See also BGHST, 38, 372 (373). 在这个案件中，尽管警察已经知道辩护律师是谁，但依然拒接给被告人联系辩护律师的机会。一旦被告人有机会与律师交谈，则警方重新讯问被告人的权利便得到普遍认可。参见 BGHST, 42, 170 (173-4)。

[122] C. PR. PIN. -France § 171; see also C. P. P. -Italy § 177（包含类似的表述）。

[123] C. PR. PIN. -France § 802.

[124] C. PR. PIN. -France § 174 para. 3. 在荷兰，即便是强迫获得的口供亦不得在预审法官的预审卷宗中撤除。该口供是否可在庭审中使用，由审判法官在庭审中作出决定。参见 Field, p. 242.

[125] PRADEL, p. 398.

[126] 这个判决是依据 2000 年改革前的《法国刑事诉讼法典》第 63-1、64 条和第 66 条作出。2000 年的法律改革引入了类似米兰达警告的制度。C. PR. PIN. -France § 63-4, as amended by Law No. 2000-516 of June 5, 2000, discussed C. P. P. -Italy § § 64（3），65（2）。

[127] Crim. Dec. 6, 1995, No. 369, pp. 1082, 1083.

[128] Crim. Dec. 3, 1996, No. 443, pp. 1297, 1298.

[129] C. P. P. -Italy § § 178-81.

误程序的矫正以进行"净化"。[130]

2. 证据的不可用

然而，欧洲后职权主义制度的现代发展趋势是偏离旧的"程序无效"理念，而走向以法律和宪法为基础的证据排除规则，防止违法收集的证据成为判决或者定罪的依据。[131]《意大利刑事诉讼法典》引入了非常严格的非法证据排除规则，称之为"证据不可用"（inutilizzabilità），规定"违反法律禁令所获得的证据不可用"。[132]同样，在西班牙，"侵害基本权利或自由而直接或间接所获得的证据不产生任何效力。"[133]

应记住，意大利对所有供述均适用更专门的"不可用"规则：无论是自发的供述，还是被诱导的供述，只要警察在未有辩护律师在场的情况下讯问犯罪嫌疑人或被告人，即构成证据不可用。[134]尽管意大利似乎设有对犯罪嫌疑人、被告人供述极其严格的非法排除规则，但权威观点认为，如果警察未告知被讯问者享有沉默权，这并不会导致供述因此被排除，据此所作出的有罪判决也不会被推翻。[135]因此，意大利各高等法院似乎将讯问期间未有律师在场视为侵害基本权利的行为，将导致证据"不可用"，但各高等法院仅将未告知沉默权视为"程序无效"或者是立法所规定的取证错误，不必然导致供述被排除。[136]

要触动西班牙法律所规定的非法证据排除规则，则取证过程必须有对"基本

---

〔130〕 C. P. P. -Italy §§179, 183, 184. See Elizabeth M. T. Di Palma, Riflessioni sulla sfera di operativit della sanzione di cui all'art. 191 c. p. p. , in Vincenzo Perchinunno ed. , *Percors di Procedura Penale*, *Dal Garantismo Inquisitorioaun Accusatorio Non Garantito*, Giuffrè, 1996, pp. 113, 116–7.

〔131〕 例如，《加拿大权利与自由宪章》第24条第2项规定："……对于通过侵害或拒绝受宪章保护的任何权利或自由的方式获取的证据，法院考虑了所有情节，认为在诉讼程序中采纳该证据将有损司法审判声誉，则应当将该证据予以排除。"参见 Bradley, p. 113. 这种表述类似于美国联邦最高法院早期将第四修正案的非法证据排除根植于"司法正当"（judicial integrity）理论。参见 Elkins v. United States, 364 U. S. 206, 222（1960）. 美国联邦最高法院已经反对这一理由，并认为以违反宪法为由排除所获得的证据是由于对警察的威慑作用。参见 United States v. Leon, 468 U. S. 897, 919（1984）.

〔132〕《意大利刑事诉讼法典》第191条第1款。"不可用"是因为违反实质性规定进行取证所导致的制裁，而"程序无效"则是指定取证程序存在错误所导致的制裁。参见 Sergio Ramajoli, *La Prova Nel Processo Penale*, CEDAM, 1995, pp. 20–4（以下简称 RAMAJOLI）.

〔133〕 Ley Organica Del Poder Judicial［L. O. P. J.］§11.1（以下简称 L. O. P. J. -Spain）, translated by author from Muerza Esparza, p. 304.

〔134〕 C. P. P. -Italy §§63, 350(6)–(7); see C. P. P. -Italy §350(2)–(7).

〔135〕 See Marilena Colamussi, "Interrogatorio dell'imputato ed Omesso Avvertimento Della Facolta di non Respondere", in Vincenzo Perchinunno ed. , *Percorsi di Procedura Penale*, *Dal Garantismo Inquisitorio a un Accusatorio non Garantito*, Giuffre, 1996（援引意大利联邦最高法院1991年11月12日的判决）.

〔136〕 Id. , p. 16（批评了这一判例）.

权利或自由"的侵犯，而不仅是违反了技术性的程序规定。[137] 西班牙高等法院的判例已经多次明确表明，未告知犯罪嫌疑人、被告人沉默权以及获得律师帮助的权利，即构成对《西班牙宪法》第 17 条第 3 款以及第 24 条第 1 款所规定之宪法权利的侵害，如有必要，可依《西班牙司法机构组织法》第 11 条第 1 款之规定排除所获得的证据。[138] 西班牙最高法院指出：

> 应重申判例法所确立的立场：考虑到《西班牙宪法》以及第 24 条将无罪推定作为一项基本权利，被告人在警察前供述而未有《西班牙宪法》第 17 条所规定的保障，即未有律师在场，这并不构成推翻无罪推定的充分理由。[139]

西班牙宪法法院也判定，采信侵害"基本权利和自由"的证据损害了对抗式审判双方当事人的平等地位：

> 考虑到侵害基本权利所获得的证据不可采，如果程序上接受就意味着忽视审判的正当"保障"（《西班牙宪法》第 24 条第 2 款），也意味着在制度上确认一种令人无法接受的审判双方当事人不平等（《西班牙宪法》第 14 条），还意味着一方通过侵害另一方基本权利而获得证据的不法利益，并由此产生不平等。[140]

俄罗斯也设有非法证据排除规则，根植于《俄罗斯宪法》之中。[141] 1993 年重建陪审团审判的法律将宪法条款移植入立法。[142] 依该条款之规定，未依《俄罗斯宪法》第 51 条之要求对犯罪嫌疑人、被告人进行权利告知的，供述应予以排除。自 1993 年以来，在俄罗斯陪审团所审理的案件中，法官在 1/3 至 77%的案件

---

[137] 类似于，西班牙也将违反普通法律所获得的"非法证据"（prueba iltcita）与违反宪法性法律所获得的"禁止证据"（prueba prohibida）区分开来。Vicente Gimeno Sendraetal. , p. 384. 美国判例也有相似之处，通常只有在违反"宪法"权利而不仅仅是法定权利的情况下方会被排除。参见 Saltzburg & Capra, pp. 456-9.

[138] S. T. S. , Feb. 7, 1992（R. J. , No. 1108, 1409-10）.

[139] S. T. S. , Feb. 11, 1998（R. J. , No. 175, 1865, 1867）.

[140] See B. J. C. , March 26, 1996,（B. J. C. , No. 49, 133, 137-8, 180）.

[141] 《俄罗斯联邦宪法》第 50 条第 2 款规定："在司法裁判中，不允许使用违反联邦法律所获取的证据。"

[142] 《俄罗斯刑事诉讼法典》第 69 条第 3 款规定："违反法律所获得的证据不具有法律效力，不得作为指控依据，也不得用于证明本法典第 68 条所列举的情形。"有关犯罪构成要件的证明，也参见 Stephen C. Thaman, "Das neue Russische Geschworenengericht", 108 ZSTW 191, 196 n. 31, 199（1996）.

中排除了证据,[143] 其中包括违反俄罗斯式米兰达警告的案件。[144] 尽管如此,俄罗斯联邦最高法院也撤销了若干因排除被告人有罪供述而导致无罪的判决,原因是俄罗斯联邦最高法院认为原审法官非法排除了证据,因而损害了控方的权利。[145]

此外,俄罗斯联邦最高法院也撤销了其他一些判处被告人无罪的判决,原因是原审法庭以警察违反了权利告知的要求或者施以强制手段获得被告人的认罪供述为由,撤销了被告人口供这一证据。这些撤销原判决的决定立足于如下事实:被告人或其辩护律师告诉陪审团,警察使用了非法的讯问策略。但俄罗斯联邦最高法院认为,在陪审团审判中,这是与犯罪构成要件证明无关的材料。[146]

3. 证据排除的比例标准

西班牙最高法院认为,如果违法行为并未侵害基本权利,则实质真实原则[147]占主导地位,证据具有可采性。[148] 德国联邦最高法院则在涉及米兰达式警告的案件中进行利益平稳:

> 本法庭同意上诉法院的解释,即警察违反《德国刑事诉讼法典》第136条第1、2款和第163a条第2、4款所规定的警告义务,这是证据禁止的依据,也是被告人提起撤销之诉的根本所在。(……)本法庭因此对原先的判例作出调整(……)。
>
> 《德国刑事诉讼法典》对证据使用的禁止未作确定性的规制(……)。对某一被禁止的取证行为是否导致证据使用禁止,这依个案所援引的条款及事实作区别裁判(……)。判决依综合权衡决定是否证据使用禁止(……)。违反程序的严重程度、所涉当事人合法权利的重要性以及不应不惜一切代价调查真相等均在考虑之列(……)另一方面也必须考虑证据使用禁止会妨碍真

---

〔143〕 See Thaman, "Europe's New Jury Systems: The Cases of Spain and Russia", in *World Jury Systems*, edited by Neil Vidmar, Oxford University Press, 2000, p. 242 n. 47.

〔144〕 See Thaman, Stephen C., "The Resurrection of Trial by Jury in Russia", *Stanford Journal of International Law*, Vol. 31, No. 61, 1995, p. 91.

〔145〕 Id.

〔146〕 See Thaman, "Europe's New Jury Systems: The Cases of Spain and Russia", in *World Jury Systems*, edited by Neil Vidmar, Oxford University Press, 2000, p. 284 n. 82.

〔147〕 职权主义国家刑事诉讼的传统目标是查明真相,这一原则现在仍然是欧洲大陆刑事诉讼的核心。Albin Eser, "Funktionswandel von Prozeßmaximen", 104 *ZSTW* 361, 362 (1992). See also C. PR. PIN. -France § 81 (1).

〔148〕 但之于不受无理搜查和扣押这一美国宪法权利的适用,美国联邦最高法院认为,"对非法证据排除规则这一制裁形式不受限制地适用以强化政府正当作为的理想,将妨碍法官和陪审团发现案件事实真相的功能,这是不可接受的。"United States v. Leon, 468U. S. 897, 907 (1984).

相发现（……）依德国联邦宪法法院的判例，国家必须在宪法层面保障司法的管理及有效运行，否则正义便无从实现（……）如果所违反的程序条款不是或主要不是用于保护被告人，则不太可能对证据使用进行禁止（……）相反，如果所违反的程序条款系保障刑事追诉中犯罪嫌疑人或被告人程序地位的基础性条款，则禁止证据使用是恰当的。

在刑事诉讼中，任何人不得违反不强迫自证其罪的原则，即沉默权，是公认的刑事诉讼基本原则（……）这在《公民权利和政治权利国际公约》第14条第3款第g项中已有明确表述。对沉默权的承认，反映了对人性尊严的尊重（……）它保护被告人的人格权，是公正审判必不可少的组成部分（……）。

与审判阶段相比，被告人在警察第一次讯问时处于更严重而非更轻微的不假思索自证其罪的危险状态（……）在审判阶段，被告人可以冷静地准备供述，寻求法律建议，而且还有辩护律师提供帮助，但在警察第一次讯问时，被告人通常毫无准备，没有人为其提供法律建议，也脱离了其熟悉的环境。被告人因不适应环境而感到压力和害怕，并混淆了案件真相的情况并不罕见。在审判阶段，被告人在辩护律师的协助下可平心静气地进行供述。但在警察的第一次讯问时，被告人通常被剥夺受这种影响的可能性，如果作证行为发生改变，就会在之后的审判阶段产生重大的事实影响。

但即便未有指示、在讯问一开始便知道自己并无义务进行供述的人，不应享有与不了解沉默权的人同等程度的保护。故为确保此点，应依据《德国刑事诉讼法典》第136条第1款、第2款、第163a条第4款、第2款之规定对犯罪嫌疑人进行权利告知。但作为例外，证据使用禁止不再适用。价值权衡导致此一结果，本案继续进行庭审的利益具有优先性。如果庭审法官首先通过对证据的自由评价，判定被告人在讯问之初便知道自己享有沉默权，那么在判决中，他可使用被告人在未有警示情况下对警察所作供述的内容。否则，法官必须禁止使用这一证据。[149]

在西班牙，如果侵害了实质性的宪法权利，则将导致证据排除，而在德国，这仅是决定是否证据排除的第一步。在德国，因未进行权利告知而侵害了犯罪嫌疑人实质性权利的，如果有证据证明被告人已了解保持沉默及与律师交谈的宪法

---

[149]　BGHST, 38, 214 (219–22, 224–5, 227–30).

权利，则该行为（未进行权利告知）视为无害，不会导致证据排除。[150] 德国法院还将犯罪的严重程度作为权衡要素：如果所调查之罪行的严重程度远远超过了侵权行为的严重性，则允许使用侵害基本权利所获得的证据。[151]

4. 逐案公正标准：英国的方法

英格兰和威尔士未在立法中设置全面的非法证据排除规则。与德国相同，英国依《警察与刑事证据法》第 78 条第 1 款之规定设置了逐案公正标准，以决定（某证据）是否予以排除。具体规定如下：

> 在任何程序中，如果法庭考虑到所有情况，包括取证的情况，认为采纳某一证据会对诉讼的公正性产生不利影响，不应如此为之，则该法庭可拒绝控方所提出的证据（……）[152]。

如果未进行所要求的权利告知或者侵犯了犯罪嫌疑人获得律师帮助的权利而获得口供，在未有其他"压迫"行为存在的情况下，[153] 审判法庭应确定使用该供述是否会导致"不公正"审判。在一起案件中，被告人在未获律师帮助的情况下被讯问了四次，违反了《警察与刑事证据法》第 58 条，但原审法庭却依然认为证据可采，被告人被判的罪名成立。[154] 对此，英国上诉法院判定："在本案中，上诉人被不恰当地剥夺了某一最重要也是最基本的公民权利"，并撤销了有罪判决。上诉法院认为，原审法院未在侵权行为严重性与侵权的可能原因之间作出恰当的权衡。[155] 在进行逐案权衡时，英国法院和德国法院一样，会考虑未进行权利

---

〔150〕 另一方面，必须在讯问前对所有在押犯罪嫌疑人进行米兰达警告，"《美国联邦宪法》第五修正案所规定的特权对于我们的宪法规则体系是如此根本，给予充分警告作为此一特权有效的权宜做法是如此简单，因此我们不会在个案中暂停以询问被告人：在未给予警告的情况下，他是否知晓他的权利。" Miranda, 384 U. S. 468（1966）.

〔151〕 德国联邦最高法院承认扣押和阅读私人日记侵犯了《德国联邦宪法》第 1 条所规定的人的尊严权利以及第 22 条规定的"人格自由发展"的权利。在一场伪证罪的起诉中，这种扣押行为所获得的指控证据被排除。BGHST, 19, 325（330-3）. 而另一方面，在一起残忍的谋杀案件中，法院拒绝排除日记证据。BGHST, 34, 397（401）. 美国联邦最高法院也根据犯罪的严重性作出了一些区分。例如，未依载明合理理由之令状入侵住宅以防止证据被毁损的，如果所拟查明的案件属于轻微犯罪，则这一搜查行为是被禁止的。参见 Welsh v. Wisconsin, 466 U. S. 740, 750（1984）. 类似地，在未有逮捕令的情况下，实施逮捕的官员对未在其面前发生的轻罪行为实施者在公开场所予以逮捕，这通常也是不被允许的。但在同一情况下，未有逮捕证的重罪逮捕则是可以的。参见 United States v. Watson, 423U. S. 411, 418（1976）.

〔152〕 《警察与刑事证据法》第 78 条取代了英国旧的判例法，后者除非非自愿供述外并未设有任何非法证据排除的规定。参见 Seabrooke & Sprack, p. 139.

〔153〕 根据《警察与刑事证据法》第 76 条之规定，因"压迫"而获得的非自愿供述应予以排除。

〔154〕 R. v. Samuel, 2 All E. R. 135, 147（C. A. 1988）.

〔155〕 Id. , p. 147.

告知是否基于恶意以及犯罪嫌疑人是否已经了解可保持沉默的权利。[156]

如果警察在讯问犯罪嫌疑人时对指控罪名的性质进行了欺瞒，则英国法庭可依《警察与刑事证据法》第78条之规定排除犯罪嫌疑人的口供。在一起案件中，一名男子被警察欺骗，以为仅是因抢钱包而受到讯问，而未被告知受害人即一名老妇人因此严重摔伤，并已在医院死亡。上诉法院判定，这一做法严重侵害了犯罪嫌疑人的权利，唯有排除证据方是正确的救济办法。[157]德国、西班牙、法国和意大利均在立法中规定了米兰达式的警告，要求告知犯罪嫌疑人所指控罪行的性质，但设有例外。例如在德国，如果披露罪名将妨碍警方处理案件，则允许警察隐瞒罪行的确切性质。[158]

5. 其他国家

如果警察在讯问前未满足犯罪嫌疑人会见律师的请求，则加拿大似乎实施非常严格的非法证据排除规则。（在一起案件中）犯罪嫌疑人已然提出"在我看到我的律师前不会再说任何事情"，但仍然受到讯问。加拿大联邦最高法院援引《加拿大权利与自由宪章》第10b条的规定排除了这一供述，并撤销了原有罪判决。《加拿大权利与自由宪章》第10b条给警察设下了如下义务，"除非被羁押者有合理的机会与律师保持联系并获得律师的咨询意见，否则警察必须停止讯问或任何尝试从被羁押者处获得证据的做法。"[159]

（六）毒树之果

如果未进行米兰达式的警告，则从犯罪嫌疑人处所获得的口供不得在庭审中用作指控证据。这必然引发一个问题，即通过这样供述所获得的信息可否用于引导侦查方向？例如，这些供述能否成为获得搜查令或批准进行电话窃听的依据，[160]或者当被告人在庭审中作出相反供述时可否作为弹劾证据。[161]如果犯罪嫌疑人、被告人在未给予合法的权利告知时作了供述，此后又进行了合法的权利告

---

[156]　See R. v. Alladice, 87 Crim. App. R. 380 (1988), cited in Seabrooke & Sprack, pp. 130-1.

[157]　R. v. Kirk, IW. L. R. 567 (C. A. 2000).

[158]　See Kleinknecht & Meyer-Gobner, p. 467, §13. 据此可以推测，该规定禁止通过欺骗引诱被告人认罪并据此定案的方式。但德国联邦最高法院在一起案件中维持了有罪判决：在该案件中，警察谎称他们正在调查的"失踪人员"已经死亡，此时被告人还正作为证人接受询问。但直到警察真正发现"失踪人口"死亡后，方在被告人作出有罪供述前给予权利告知。BGHST, 8, 337 (338-9).

[159]　Queen v. Manninen, 58 C. R. 3d 97, 104 (1987), cited in Bradley, p. 116.

[160]　美国联邦最高法院已经裁定，在米兰达警告存在瑕疵的情况下，依所获得之供述的线索而发现的证据，不在米兰达证据排除规则的适用范围之列。参见 Michigan v. Tucker, 417 U. S. 433, 450 (1974) (发现证人). 还参见 United States v. Gonzalez-Sandoval, 894 F. 2d 1043, 1048 (9th Cir. 1990)；United States v. Elie, 111 F. 3d 1135, 1142 (4th Cir. 1997).

[161]　See New York v. Harris, 495 U. S. 14, 21 (1990).

知,被告人、犯罪嫌疑人又重复了此前非法供述中所交代的事实,则第二份供述将予以采纳。[162]

西班牙法院多次援引"毒树之果"学说。[163] 在 1992 年西班牙最高法院所作出的一起判决中,被告人对原有罪判决提起上诉。在原判决中,警方在被告人未有律师协助的情况下获得供述,并据此在车库里找到武器,被告人因此被判处构成武装恐怖主义团伙成员及持有军事武器及爆炸物罪名。

通过直接或间接侵害或削弱基本权利而不当或非法获取的证据,如果符合《西班牙司法机构组织法》第 11 条第 1 款的规定,则可以使用。前述法律条款所规定的直接或间接条件仅指所获证据的非法性源自于其他直接侵害基本权利的行为。

因此,可列举一个学术案例:警察在讯问犯罪嫌疑人时侵犯了他的基本权利,但通过司法令状获得进入并搜查住宅的允许,因而发现了用于抢劫的武器以及赃物,或者麻醉物。这类案件的问题在于确定非法的效力是否依英美法的"毒树之果理论"辐射至所有证据,或者相反,非法与合法之间并不存在相关性,因此后者可以用于推翻无罪推定(即定罪)。

如果将此类案件区分为仅为了解案件事实的案件和为验证案件事实的案件(比如,犯罪嫌疑人已经放好相关物件并可支配和控制,警方的目的便是发现这些物件,并从中得出不利于被告人的证明后果),则这样的学说方案便是合理的。在第二种情况下,证据是非法的。而在第一种情况下,由于口供的内容未有证明意义,即便在间接证据的层面上也不能被视为非法获得的证据。[164]

在德国,如果因违反《德国刑事诉讼法典》第 136 条及第 243 条第 4 项第 1 款所规定的权利告知要求而导致口供不可采,则由该口供所获得的后续证据是否

---

[162] See Oregon v. Elstad, 470 U. S. 298, 306-7 (1985). 奥康纳大法官在埃尔斯塔德(Elstad)案件中解释了为什么米兰达警告存在瑕疵情况下所获得的"果实"依然具有可采性:"米兰达证据排除规则……比第五修正案本身适用范围更广泛。即使在未违反第五修正案的情况下依然可能触动该排除规则。第五修正案禁止在控方案件中仅使用强迫性证言。"Id., 306-7. 由于联邦法院在美国诉迪克森一案中已不再使用这一表述,故这一判例法是否可以完全适用令人困惑。2000 年 9 月 28 日,以色列的德里普斯(Dripps)教授和诺瓦克(Nowak)教授在圣路易斯大学法学院的奇尔德斯讲座(Childress Lecture)中对此进行了讨论。

[163] 这一术语最早由弗兰克福特大法官在纳尔多诉美国(Nardone v. United States, 308 U. S. 338, 341, 1939)一案中所创设。

[164] See STS, Feb. 7, 1992 (R. J., No. 1108, pp. 1409-10). 但似乎有些判例法允许使用瑕疵供述之"果实",只要这些瑕疵供述的"间接"果实并非发现罪行的唯一依据,参见 Vicente Gimeno Sendra et al., p. 507.

也应排除，学说对此语焉不详。[165] 但德国学者确实意识到"独立来源"[166]和"必然发现"[167]学说之间的区别，要求警方"清白"做事。[168] 因此应看到，与非法无涉的"独立来源"证据是一条"干净之路"，而相应的，"必然发现"是一条"假设的干净之路"。[169]

欧洲人权法院在一些判例中指出，如果警察此前未进行合法的权利告知，或者侵害了律师的协助权，且在获得有罪供述后才进行了米兰达式的警告，则供述应予以排除。在 1991 年英国的一起案件中，一名女子因谋杀罪指控被捕，并接受了两次讯问，但律师仅在其中的一次讯问中到场，上诉法庭作出告诫：

> 第一份供述是麦戈文（McGovern）女士在被剥夺律师帮助权的情况下作出，因此很可能不可靠。如果当时有律师在场，则讯问将被终止，因为麦戈文的情绪非常焦点。讯问非常迅速，未履行法定的手续，因为警察急于找到失踪的妇女，这增加了供述不可靠的风险。

> 第二次讯问在第二天进行，符合法律规定，且有律师在场。但这次供述是第一次讯问的直接结果。且上诉人的律师并未被告知，上诉人在被带至警察局时曾被错误地剥夺了律师帮助权。如果律师当时获悉此一情况，则会立即发现第一次供述存疑，且极有可能不会允许进行第二次讯问。

> 法院认为，先前违反法律及执行守则的行为导致第二次讯问的内容亦不可用。法院还补充到，当被告人在第一次接受讯问时对犯罪同伙作出了一系列供述，则这些供述极有可能在第二次讯问时对被告人产生影响。因此，如果法院认定第一次讯问违反了相关规定以及违反了《警察与刑事证据法》第

---

[165] See Kleinknecht & Meyer-Gobner, §20, p. 469.

[166] 在美国的判例中，如果有合法独立的来源可最终发现及扣押相关物品，则第一次非法搜查到的证据具有可采性。参见 Murray v. United States, 487 U. S. 533, 537（1988）. 霍姆斯大法官在西尔沃索恩木材公司诉美国（Silverthorne Silverthorne Lumber Co. v. United States, 251 U. S. 385, 392, 1920）一案中首次使用了"独立来源"一词。

[167] 在美国的判例中，如果非法扣押的证据可通过合法的方式最终不可避免地被发现，则该证据具有可采性。参见 Nix v. Williams, 467 U. S. 431, 444（1984）.

[168] 与美国不同，德国的非法证据排除规则则并不完全基于对警察的威慑。United States v. Leon, 468 U. S. 897, 919（1984）. 相反，德国非法证据排除规则所关注的是美国联邦最高法院过去所论及的"司法正当"。关于司法公正的讨论，参见 Thomas Weigend, "Germany", in Craig M. Bradley ed., *Criminal Procedure: A Worldwide Study*, Carolina Academic Press, 1999（以下简称 Weigend, *Germany*）.

[169] 加拿大也采用"必然发现"原则。在一起案件中，被告人请求会见某一特定的律师，但警察未能与该律师取得联系。尽管如此，警察还是讯问了被告人，被告人认罪。依被告人的认罪供述，警察找到了行凶的武器。加拿大联邦最高法院排除了被告人的有罪供述，但认为警察"在不违反宪章的情况下将毫无疑问地找到这把刀"。R. v. Black, 70 C. R. 3d 97, 117（1989）, See Bradley, p. 116.

58 条，则也应认定此后的讯问亦类似地受到了污染。

依《警察与刑事证据法》第 76 条之规定，两份供述均应予以排除。证据被排除后，便再无可靠证据可指控麦戈文，因此上诉请求成立，撤销原有罪判决。[170]

前述案件如果发生在美国，则情况可能有所不同。美国联邦最高法院明确阐释了"公共安全例外"，允许警察在紧急状态下未经合法的权利告知（米兰达式的警告）即进行讯问。[171] 但英国上诉法院在本案中指出，这种情况下（紧急状态）所采信的证据要比非紧急状态下所获得的证据更不可靠。德国法院还认为，警察先是阻碍犯罪嫌疑人联系律师并获得非法口供，随后又进行正当的权利告知获取新的口供。后一口供与先前的口供并非独立关系。[172] 但应强调的是，前述英国和德国的判决并不必然与美国法的要求不同，因为在起诉前[173]或起诉后[174]拒绝被告人咨询律师请求的，也将使后续的供述不可采。

在意大利，未有律师在场所获得的供述在法庭上不能用于指控被告人本人，但当且仅当被告人先前已被告知可获得律师协助的权利，这些供述方可用于弹劾被告人或者非审判的其他目的。[175] 有权威观点认为，这类供述可在审前程序中作为对犯罪嫌疑人适用预防性羁押或其他保护性措施的依据，或者据此决定是否启动速裁程序。[176] 这类供述同样可用于指控第三方被告人。[177]

（七）行使沉默权可否作为证据使用

最后还有一个问题，即在欧洲，如果犯罪嫌疑人、被告人在被告知享有沉默权之后决定不再作出任何供述，则后果如何？在美国，如果被告人拒绝以自己的名义作证，则陪审团不得将该事实作为证明被告人有罪的证据。[178] 关于犯罪嫌疑人在审前程序中保持沉默的，美国联邦最高法院认为，检方可以对犯罪嫌疑人在

---

〔170〕　R. v. McGovern, Crim. L. R. 124, 125 (1991).

〔171〕　See New York v. Quarles, 467 U. S. 649 (1984).

〔172〕　"但这一讯问与先前的讯问存在直接关联。除其他外，它的目的是以可采证据的形式来固定此前的有罪供述。"参见 BGHST, 38, 372 (375).

〔173〕　See Edwards v. Arizona, 451-77 (1981).

〔174〕　See Massiah v. United States, 377 U. S. 201 (1964); Brewer v. Williams, 430 U. S. 387 (1977).

〔175〕　See Rachel Van Cleave, "Italy", in Craig M. Bradley ed., *Criminal Procedure: A Worldwide Study*, Carolina Academic Press, 1999.

〔176〕　Id.

〔177〕　Id.; see also Ramajoli, p. 42.

〔178〕　Griffin v. California, 380 U. S. 609, 613 (1965); Carter v. Kentucky, 450 U. S. 288, 298 (1981).

逮捕前、在面临指控证据时，[179] 或者在逮捕后、米兰达警告前[180]保持沉默的态度作出评论。但联邦最高法院认为，在进行米兰达警告后，如果犯罪嫌疑人、被告人保持沉默，则检控方不得对此发表评论或者利用这一沉默，否则就违反了正当程序。[181]

在法国刑事诉讼中，犯罪嫌疑人、被告人在调查期间保持沉默的，传统上可能导致对他的不利推论，[182] 而在德国，权利告知后犯罪嫌疑人保持沉默的，不能作为证据使用。在 1965 年德国的一起案件中，被告人因盗窃电话亭被捕。在警察讯问时，被告人保持沉默，但其后在预审法官面前作出辩解。德国联邦最高法院认为：被告人是否有权不对案件作出陈述，以及是否完全禁止因被告人沉默作出不利推定，这均存在疑问。尤其是当被告人在整个司法程序中仅是部分保持沉默，或者在司法审讯中仅是一次或几次保持沉默。但在本案中，法庭无需回答这一问题。

任何案件，包括本案，如果被告人不管出于何种理由均坚信应在司法审讯阶段方开始对案件作出陈述，因而在被逮捕及之后的警察讯问均行使沉默权，则据此作出的不利推定便为不合法。

与之相反的观点则以法律不允许的方式限制了被告人不对案件进行陈述的权利。因为这意味着知道这一观点的被告人将被迫在警察的第一次讯问时便立即作出陈述，否则将面临在后续的司法诉讼中因讯问阶段的表现而被不利推定的风险。推出这一结论的解释违反了《德国刑事诉讼法典》第 136a 条规定，即从根本上禁止强制侵害被告人意思决定的自由。

刑事诉讼法对无辜的被告人也必须保持公正，即使这样的被告人可能因各种天差地别的理由而认为应在法官而非警察面前对案件进行陈述。然而，因害怕这种态度可能导致证据评价对自己不利，被告人在许多案件中几乎不可能如此为之。因此，被告人在警察面前保持沉默的权利受到了限制，这是无法令人接受的。对于实际有罪的被告人亦是如此。在最终的有罪判决作出前，每个人均应视为无罪。[183]

---

〔179〕 See Jenkins v. Anderson, 447 U. S. 231, 238-9 (1980).

〔180〕 See Fletcher v. Weir, 455 U. S. 603, 609 (1982).

〔181〕 See Doyle v. Ohio, 426 U. S. 610, 619-20 (1976).

〔182〕 Vogler, p. 32. 沃格勒（Vogler）教授指出，"审判程序的性质意味着在实践中被告人几乎不可能保持沉默"。但如果被告人真的如此为之，那么就如同 1945 年的马绍尔·弗丹（Marshall Pftain）审判以及 1962 年阿尔及利亚危机时期的萨朗将军（General Salan）审判一样，"这可能会导致不利的推论。"

〔183〕 BGHST, 20, 281 (282-3).

1999 年，德国联邦最高法院还在判例中指出，不得因被告人拒绝作证而作出有罪推论，同样不得因为他拒绝放弃他姐姐法定近亲属作证豁免权而作出有罪推论。[184]

在普通法国家，被告人未提供任何证据的，控方不得予以置评，也不具有任何独立的证明力。[185] 但英国的情况发生了变化，先是 1988 年《刑事证据法》的颁布（适用于北爱尔兰），[186] 再则是 1994 年的《刑事司法与公共秩序法》（适用于英格兰和威尔士）。《刑事司法与公共秩序法》规定：

（1）如果在任何针对被告人的诉讼中，有证据证明：

①被起诉前的任何时间，被告人曾被正调查犯罪事实是否发生以及谁实施了犯罪行为的警察所警告讯问，但并未提及任何可在诉讼中进行辩护的事实；或②被告人在被提起公诉或被正式告知可能受到公诉时，没有提及任何在接受讯问、公诉或正式告知可能被公诉的情况下正常应期待提供的事实。在这种情况下适用下面第 2 项的规定。

（2）本项适用于：

①法庭裁决被告人是否需要答辩；②法庭或陪审团在裁决被告人指控罪名是否成立时，可以从被告人未提供应当提供的事实作出推论。[187]

《刑事司法与公共秩序法》的其他条款也规定，如果犯罪嫌疑人被当场抓获，[188] 或者身处犯罪现场，[189] 则应回答警察的提问。在前述情况下犯罪嫌疑人拒绝回答警察提问的，可以进行评论或者用以作出适当推论。

北爱尔兰、英格兰和威尔士的被告人就这些法律向欧洲人权法院提起了诉讼。在莫里诉英国（Murray v. United Kingdom）一案[190]中，被告人在劫持人质现场被逮捕。警察向他进行权利告知：沉默将在法庭上作为对他的不利证据。被告人根据律师的建议拒绝作出任何供述。被告人因此在庭审中被判有罪，职业法官

---

〔184〕 See Stpo-Germany § 52（3）；BGHSTV, 5, 234.

〔185〕 See Seabrooke & Sprack, pp. 73-4, citing Criminal Evidence Act 1898 §1（b）and R. v. Martinez-Tobon, 1 W. L. R. 388（1994）.

〔186〕 参见欧洲人权法院在穆雷诉英国（Murray v. United Kingdom）一案中对这部法律的讨论, 22 E. H. R. R. 29, 36（1996）. 该法律是为解决北爱尔兰的"动乱"而制定。

〔187〕 See Criminal Justice and Public Order Act（以下简称 CJPOA-England）§ 34（1）（2）, cited in Seabrooke & Sprack.

〔188〕 例如，在犯罪嫌疑人所在地方发现了与犯罪现场有关的证据。参见 CJPOA-England § 36.

〔189〕 CJPOA-England § 37.

〔190〕 Murray v. United Kingdom, 22 E. H. R. R. 29, 36（1996）.

依沉默作出了不利于被告人的推论。[191] 被告人主张：北爱尔兰法令是《刑事司法与公共秩序法》的原型，侵犯了他的沉默权以及英国普通法所保护的无罪推定原则。[192] 欧洲人权法院讨论了大赦国际（Amnesty International）所提供的"法庭之友法律意见书"。这份意见书指出：

《公民权利和政治权利国际公约》第 14 条第 3 款第 g 项明确规定了被告人"不被强迫作出不利于自己的证言或强迫承认犯罪"；《前南斯拉夫问题国际刑事法庭诉讼程序与证据规约》第 42 条第 A 款专门规定了犯罪嫌疑人有权保持沉默；联合国国际法委员会提交给联合国大会的《国际刑事法院规约（草案）》第 26 条第 6 款第 a 项第 i 小项将沉默权表述为："不得将沉默作为决定有罪或无罪的考量根据。"[193]

欧洲人权法院认为，反对自我归罪的特权是"《欧洲人权公约》第 6 条公正程序理念的核心所在"，[194] 但拒绝在所有案件中禁止适用这一沉默：一方面，不言而喻，法官如果仅是或主要依据被告人的沉默、拒绝回答问题或者拒绝自行举证而判定被告人有罪，这显然违反了豁免条款；另一方面，法庭认为同样明确的是，这些豁免条款不能也不应阻止在明显需要被告人作出解释的情况下，被告人保持沉默将可能使法官在评价控方证据证明力时以此作为考量要素。[195]

此后，欧洲人权法院又受理了一起涉及《刑事司法与公共秩序法》第 34 条的案件。在该案件中，被告人因违反麻醉品的规定而被逮捕。在律师的建议下，也部分因为当时正处于毒瘾状态，被告人行使了沉默权。[196] 案件由陪审团进行审判。陪审团得到指示，依《刑事司法与公共秩序法》第 36 条之规定，被告人的沉默可作为有罪的证明。在这起案件中，欧洲人权法院认为，将被告人的沉默作为证据适用违反了《欧洲人权公约》第 6 条的规定，因为与莫里案不同，陪审团并未得到指示，沉默不得成为证明被告人罪行的唯一证据。控方未对被告人罪责进行初步证明，不足以因被告沉默作出有罪推定。欧洲人权法院还认为，被告人

---

〔191〕 Murray v. United Kingdom, p. 34. 在北爱尔兰，因案件涉嫌所谓的恐怖主义，陪审团暂停审理。参见 Sean Doran et al. , "Rethinking Adversariness in Nonjury Criminal Trials", 23 *Am. J. Crim. L.* 1 (1995).

〔192〕 《欧洲人权公约》第 6-2 条明确规定了无罪推定，第 6-1 条则规定了公平审判的权利。欧洲人权法院解释说，该两个条款包含了保持沉默的权利。Funke v. France, 1 C. M. L. R. 897, 909-10 (1993).

〔193〕 Murray v. United Kingdom, 22 E. H. R. R. § 42, pp. 58-9.

〔194〕 Murray v. United Kingdom, § 45, p. 60.

〔195〕 Murray v. United Kingdom, § 47, p. 60.

〔196〕 Condron v. United Kingdom, Crim. L. R. 679 (2000), available at http://www. dhcour. coe. fr/hudoc/ViewRoot. asp? Item--0&Action=Html&X=1 111181321 &Notice=0&Noticemode=&RelatedMode=0.

的证词表明，辩护律师建议他们不要发言，这也使本案有别于莫里案。[197]

一些英国法院也认为，被告人对警察未提及的某些事项，却在此后的庭审证言中作为立论依据。对此，法官不得指示陪审团就这一事实作出有罪推论。[198]

三、结论

在欧洲各主要民主国家的司法区内，详解他们在"米兰达权利"方面的法律和判例（例如在刑事诉讼中应对犯罪嫌疑人、被告人进行权利告知，包括他们有权保持沉默，以及有权在讯问前咨询律师的意见）就可以发现，美国联邦最高法院在美国诉迪克森（United States v. Dickerson）一案[199]中驳回对米兰达制度合宪性审查的请求是完全正确的。米兰达警告不仅是美国警察讯问中公认的程序，而且正如本文所解读的，这一制度多年来一直被先前奉行职权主义传统的国家所采纳或加强，如德国、意大利、西班牙和近期的法国，这些国家现在均承认米兰达式的警告具有宪法地位。[200]后职权主义的欧陆国家似乎正朝着给犯罪嫌疑人在面对警察及其他执法官员时更多的保护这一方向发展。颇为讽刺的是，英国作为欧洲最主要的普通法国家在这一领域呈退化趋势，体现在1994年所通过的《刑事司法与公共秩序法》第34条，该条款允许对犯罪嫌疑人行使沉默权的事实进行评论。与欧陆其他国家相比，这给犯罪嫌疑人更大的压力去接受审讯。[201]

在意大利和西班牙，犯罪嫌疑人在接受警察、检察官或法官讯问时有权要求律师在场。这一权利在英国、美国、法国和德国均未确立。[202]最后，意大利在排除警察非法讯问犯罪嫌疑人所获取之口供方面迈进了很大的一步，尝试将"讯

---

[197] Murray v. United Kingdom, at §§ 57, 60, 61, 66 & 68.

[198] 例如在一起案件中，被告人拒绝与警方对话，但后来提供了一份简短的书面声明，声称他在自卫时伤害了被害人。在审判中，被人提供了更多关于其遭受被害人袭击的细节。法官指示陪审团，他们可以将被告人未将这些细节告诉警察的事实作为认定被告人有罪的间接证据。上诉法院则认为，在这种情况下，法庭本应依普通法规则指示陪审团，不应从被告的沉默中作出任何推论。R. v. McGarry, 1. r. r. 1500,（C. A. 1999）. Id., pp. 1505-6.

[199] 120 S. Ct. 2326（2000）.

[200] 参见前面第三章第二节的讨论。

[201] See The Criminal Evidence Act 1898, see Hatchard, *Criminal Procedure in England and Wales*, p.190 以及附随文本。法国仍然是例外。被告人行使沉默权的，依然可作出有罪的推论。参见 Vogler, p. 32. 沃格勒教授指出，"审判程序的性质意味着在实践中被告人几乎不可能保持沉默。"但如果被告人真的如此为之，那么就同如1945年的马绍尔·弗丹审判以及1962年阿尔及利亚危机时期的萨朗将军审判一样，"这可能会导致不利的推论。"

[202] 参见本文第三部分第二小部分的讨论。

问"完全纳入犯罪嫌疑人自卫的工具。[203] 在意大利、德国和英国，无论犯罪嫌疑人是否受到羁押，均应对其进行米兰达式的警告，这比米兰达规则本身设定了更多的保护。[204]

因此，如果美国有兴趣对讯问的相关法律进行修改，则有两个方面可以选择：它可以回到（历史上）更具职权主义色彩的程序，旨在使犯罪嫌疑人成为指控自己之证据的主要来源，或者美国可以像欧陆诸国一样，远离传统的职权主义模式，强化犯罪嫌疑人、被告人在面对警察和其他执法官员审前讯问时获取律师协助的权利，赋予犯罪嫌疑人、被告人更多的个人自决权，以决定是否发言为自己辩护，或者承认有罪，以得到法庭的宽大处理。

各国不同的制度对犯罪嫌疑人决定进行自我辩护或者是认罪产生怎样的影响？在英格兰和威尔士，《刑事司法与公共秩序法》第 34 条通过前，大多数犯罪嫌疑人会选择与警方交流，[205] 美国的情况也大体如此。[206] 不管设立何种权利告知制度，大多数欧陆国家的被告人选择在审前与审讯者谈话并在审判中作证，这也不是什么秘密。[207] 但无论被告人是否选择作出供述，这毫无疑问更多是因为刑事司法体系的程序现实，而非权利告知制度的性质。最后，被告人认为选择认罪或者作证可以获得相对更多的利益。例如，欧陆国家的审判程序通常不会像大多数美国的审判程序一样区分为定罪和量刑两个阶段。因此，在确定罪责问题前，法庭必须听取可能从轻处理的证据。这导致欧陆大多数国家的被告人在庭审前和庭审中都会选择作出陈述。[208]

---

[203] See C. P. P. -Italy § 350(2)-(7).See C. P. P. -Italy § 65（1）para. 1. 参见《意大利刑事诉讼法典》第 195 条第 4 款规定，司法警官及司法警员不得就证人作证的内容作证。然而该条款被意大利宪法法院宣布为违宪。参见 Corte cost. , sez. un. , 31 Jan. 1992, n. 24, Giur. It. 37, 114. See C. P. P. -Italy § § 294（6）, 364, 388. See C. P. P. -Italy § § 294（4）, 302, 391；See Vittorio Grevi, "Diritto al silenzio ed esigenze cautelari nella disciplina della liberta personale dell'imputato", in *Libertà Personalee Ricerca Della Prova Nell'a'tuale Assetro Delle Indagini Preliminari*, 1995 以及附随文本。

[204] 参见本文第三部分第三小部分的讨论。

[205] 在大城市的警察辖区内，14%～16%的人保持沉默，而在省级地区，这个比例下降到 6%～10%。在大城市里，不服罪的被告人中有 29%保持沉默，而 17%的人承认有罪。参见 RCCJ REPT. , p. 53.

[206] 在美国，理论界有一些声音认为，米兰达告诫的实施阻碍了执法机关获得有罪供述的能力，也有许多学者认为，这几乎未有影响。参见 Saltzburg & Capra, pp. 652-3.

[207] See Mirjan Damaška, "Evidentiary Barriers to Conviction and Two Models of Criminal Procedure", 121 *U. Pa. L. Rev.* 506, 527（1973）.

[208] Mirjan R. Damaška, *The Faces of Justiceand State Authority*, Yale University Press, 1986. 一些德国改革者建议将审判分为定罪和量刑两个阶段，以便于更好地保障被告人在诉讼过程中保持沉默的权利，参见 Roxin, pp. 197-8. 我们可以认为，相比今天的美国，"被告人说话式"的审判形式更大程度上存在于欧洲大陆，参见 Langbein, *The Privilege* 以及附随文本。

在美国，众所周知，90%以上的案件被告人选择认罪，实行认罪答辩程序。[209] 但我们真正应检讨，以警察为主导、在监狱内审讯、未有律师参与，这套制度在我国的刑事司法运行中是否还有必要。美国、英格兰、威尔士、法国和德国的警察均可在未有律师在场的情况下讯问犯罪嫌疑人，这意味着警察在犯罪嫌疑人有效放弃律师协助权和沉默权后可以使用米兰达判决意见书中所载明的许多心理策略（较少使用强制，更多是欺骗、承诺或威胁）。[210] 我们经常可以在美国读到一些媒体报道：无辜的被告人承认实施了严重的犯罪甚至有时是可判处死刑的谋杀罪，原因是被告人在放弃米兰达权利后屈服于警察的讯问压力或者受到了欺骗。[211] 这类案件在其他国家同样也出现。[212] 尽管俄罗斯设有全新的米兰达式警告制度，但俄罗斯的警察和调查人员仍因适用酷刑强迫审前被羁押者作出认罪供述而臭名昭著。[213]

意大利将警察讯问排除在可采指控证据之外的做法值得认真考虑。美国或许也可采用意大利的这种立法方式，仅在犯罪嫌疑人主动提出或者仅当他们认为有助于辩护的情况下方允许警察进行讯问。[214] 这意味着讯问犯罪嫌疑人或被告人不再是调查其罪行的一种手段。依职权主义的表述，查明真相将更多依赖于证人证言和间接证据。

---

〔209〕 Wayne R. La Fave, Jerold H. Israel & Nancy J. King, *Criminal Procedure*, West Pub Co. , 2000.

〔210〕 See Miranda, 384 U. S. 447（讨论警察手册中的方法等）。一个绝佳的例证便是被告人在放弃米兰达权利后，警察使用了欺骗和诡计，有罪判决最终得以维持，参见 Miller v. Fenton, 796 F. 2d 598, 612（3d Cir. 1986）以及 Green v. Scully, 850 F. 2d 894, 904（2d Cir. 1988）. 这些方法"可恰切地描述为形体上的威胁，在暴力的边缘处徘徊"，包括咒骂、深夜审讯、对犯罪嫌疑人撒谎，例如他们有能力并愿意让犯罪嫌疑人被判处更低的刑罚。Akhil Reed Amar & Rene B. Lettow, "Fifth Amendment First Principles: The Self-Incrimination Clause", 93 *Mich. L. Rev.* 857, 873（1995）, citing David Simon, *Homicide: A Yearonthe Killing Streets*, Bantam Doubleday Dell Audio Publishing, 1991, pp. 199—220（以下简称 Amar & Lettow）.

〔211〕 See Stephen C. Thaman, "Is America a Systematic Violator of Human Rights in the Administration of Criminal Justice?", 44 *ST. Louis U. L. J.* 999, 1010（2000）（以下简称 Thaman, *America*）.

〔212〕 Andreas Ulrich, "Wer Totete Johanna Schenuit?", 25 *Der Speigel* 72（2000）.

〔213〕 See *Human Rights Watch: Confessionsat Any Cost: Police Torturein Russia*, Human Rights Watch, 2000, p. 21. 俄罗斯警察最喜欢的方法是殴打和窒息。这些方法曾为芝加哥地区的警察所使用，在一起谋杀案件中强迫9名犯罪嫌疑人认罪，其中有一些是无辜的，但仍被判处死刑。Steve Mills & Ken Armstrong, "The Failure of the Death Penalty in Illinois: A Tortured Path to Death Row", *Chi. Trib.* 1（Nov. 17, 1999）.

〔214〕 See C. P. P. -Italy § 65（1）para. 1. 参见《意大利刑事诉讼法典》第195条第4款规定，司法警官及司法警员不得就证人作证的内容作证。然而该条款被意大利宪法法院宣布为违宪。参见 Corte cost., sez. un., 31 Jan. 1992, n. 24, Giur. It. 37, 114. See C. P. P. -Italy §§ 294（6）, 364, 388. See C. P. P. -Italy §§ 294（4）, 302, 391; See Vittorio Grevi, "Diritto al silenzio ed esigenze cautelari nella disciplina della liberta personale dell'imputato", in *Liberta Personalee Ricerca Della Prova Nell'a'tuale Assetro Delle Indagini Preliminari*, 1995. 这可以通过在审前阶段让被告人在法官面前作出供述来实现，正如一些州在证人作证方面的做法一样。See Mo. Rev. Stat. §§ 25. 12, 25. 14（1980）.

其他的选择包括由法官替代警察进行讯问，这又回到了普通法系治安法官的某种变体，或者引入欧陆国家的"调查法官"或"预审法官"。[215] 许多美国的评论家建议设立司法官讯问犯罪嫌疑人的制度，并允许在犯罪嫌疑人拒绝回答的情况下对这一沉默进行评论。[216] 这可能意味着沿着英国《刑事司法与公共秩序法》的方向修改权利告知制度。[217] 一些学者认为，如果犯罪嫌疑人在现场被抓或者有足够和/或表面上罪责证据确凿的案件，则可限制这样的强制供述。[218] 有些观点甚至走得更远，主张回到纯职权主义的司法官强制讯问制度，犯罪嫌疑人保持沉默的，不仅可在审判中作为指控证据，甚至还可以以藐视法庭罪进行刑事处罚。[219] 因

---

[215] 参见英国1987年《刑事司法法》。参见 RCCJ REPT. See Cf. Stpo-Germany § 60（2）；L. E. Crim-Spain, translated by author from Muerza Esparza.

[216] 这当然需要推翻 Griffin v. California, 380 U. S. 609（1965）Griffin v. California, 380 U. S. 609, 613（1965）；Carter v. Kentucky, 450 U. S. 288, 298（1981）. 经典条款见下：Paul G. Kauper, "Judicial Examination of the Accused-A Remedy for the Third Degree", 30 *Mich. L. Rev.* 1224（1932）；Walter V. Schaefer, *The Suspect and Society: Criminal Procedure and Converging Constitutional Doctrine*, Northwestern University Press, 1967；Henry J. Friendly, "The Fifth Amendment Tomorrow：The Case for Constitutional Change", 37 *U. Cin. L. Rev.* 671, 713, n. 180, discussed in Yale, Kamisar, "On the 'Fruits' of Miranda Violations, Coerced Confessions, and Compelled Testimony", 98 *Mich. L. Rev.* 929, 931-2（1995）. See also Marvin E. Frankel, *Partisan Justice*, Hill and Wang, 1980, pp. 98-9. Professor Dripps has also advocated moving in this direction. See Donald A. Dripps, "Foreword：Against Police Interrogation and the Privilege against Self-Incrimination", 78 *J. Crim. & Criminology* 699, 730-1（1988）.

[217] Hatchard, *Criminal Procedure in England and Wales.* See The Criminal Evidence Act 1898, See Hatchard, *Criminal Procedure in England and Wales*, p. 190. See RCCJ REPT. , pp. 37-8（对值班律师与警察部门关系过于密切的现象进行了批评）。参见 Moran v. Burbine, 475 U. S. 412, 427（1986）. 警察甚至可能会欺骗律师，以防止他们试图会见被羁押的犯罪嫌疑人，参见 Doyle v. Ohio, 426 U. S. 610, 619（1976）（讨论犯罪嫌疑人援引米兰达权利是否违反了正当程序）。

[218] Cf. Alschuler, pp. 182, 203. 16世纪的德国，在对一个人适用酷刑之前，同样需要相同类型的合理理由。参见 Langbein, *Torture* 以及附随文本。这种情况便相当于审判前对证明责任的某种倒置，甚至可以认为，这抹杀了无罪推定。但欧洲人权法院在一定程度上接受了证明责任的倒置，参见 Salabiaku v. France, 13 E. H. R. R. 379（1991），and Pham Hoang v. France, 16 E. H. R. R. 53（1993）.

[219] Amar & Lettow, pp. 898-99. 这两位学者提出，说谎的犯罪嫌疑人应当因伪证罪而被起诉，甚至还建议加重对伪证罪的刑事处罚。Amar & Lettow, p. 899 n. 191. 问题在于，在对犯罪嫌疑人的审判中，供述不具可采性，但其他因强迫口供所获得的证据则是可采的。Amar & Lettow, p. 858. 不应鼓励警察采取这样的讯问方式。但阿玛尔（Amar）和莱托（Lettow）仍然认为，非法讯问的"果实"应予以采纳，因为这些证据会在法官的"文明"审讯中被"必然发现"。Amar & Lettow, p. 908 n. 227. 律师应排除在司法审讯之外。Amar & Lettow, p. 899 n. 192. 对于阿玛尔和莱托改革提议理论基础的批判，参见 Kamisar. 在我看来，像阿玛尔和莱托这样的提案将被所有西欧国家认为侵害了人权。此外，这样的提议可能违反《欧洲人权公约》第6条的规定，参见 discussions of Murray v. United Kingdom and Condon v. United Kingdom, in text accompanying Murray v. United Kingdom, 22 E. H. R. R. 29, 36（1996）. p. 34. See Sean Doran et al. , "Rethinking Adversariness in Nonjury Criminal Trials", 23 *Am. J. Crim. L.* 1（1995）.《欧洲人权公约》第6-2条明确规定了无罪推定，第6-1条则规定了公平审判的权利。欧洲人权法院解释说，该两个条款包含了保持沉默的权利。Funke v. France, 1 C. M. L. R. 897, 909-10（1993）. See Murray v. United Kingdom, 22 E. H. R. R. § 42, pp. 58-9. See Condron v. United Kingdom, Crim. L. R. 679（2000）, available athttp://www. dhcour. coe. fr/hudoc/ViewRoot. asp? Item--0&Action=Html&X=1 111181321 &Notice=0&Noticemode=&RelatedMode=0. See Murray v. United Kingdom, § 45, p. 60；§ 47, p. 60, at §§ 57, 60, 61, 66 & 68.

此颇为反讽的是，当后职权主义的欧陆国家正在质疑实质真实[220]作为刑事司法指导原则的核心地位时，传统的普通法司法区却朝着更职权主义以及崇尚实质真实原则的方向迈进。[221]

废除警察讯问制度必然给警察部门带来更大的压力，迫使他们进行更详尽也更昂贵的刑事调查，但却并不必然导致有罪判决减少。在米兰达案件后，美国联邦最高法院很少对类似的案件作出判决，而其中警方讯问的主要原因是确定实施谋杀的凶手。更通常的情况是收集从重情节的证据，甚至可能因此判处死刑。[222]许多案件的认罪供述并不主要用于查明事实，而是便于适用更严厉的刑罚。美国在全世界范围内饱受诟病，不仅因为它适用死刑，还因为它对非暴力犯罪肆意适用刑期极长的量刑，包括无期徒刑。[223] 这些严苛惩罚的威胁也促使了美国辩诉交易制度的发展：诱使被告人进行认罪答辩，以尽量减少所受的刑罚。[224]

在一套罪犯可能面临严酷、非人道刑罚的体系里，我们可否合理地通过强迫他们更大程度地接受讯问、允许对他们的沉默进行评论或者作为证据使用，从而让犯罪嫌疑人、被告人协助参与对自己的定罪？[225] 警察也有权对青少年和弱智者进行讯问。这些残弱人士尤其不了解自己的宪法权利，也容易被诱使供认并未实

---

〔220〕 提倡实质真实原则的文章包括 Marvin E. Frankel，"The Search for Truth：An Umpireal View"，123 *U. Pa. L. Rev.* 1031（1975）；Thomas L. Steffen，"Truth as Second Fiddle：Reevaluating the Place of Truth in the Adversarial Trial Ensemble"，*Utah L. Rev.* 799（1988）.

〔221〕 法国（《法国刑事诉讼法典》第 310 条）和德国（《德国刑事诉讼法典》第 244 条第 2 款）的庭审法官在审判中都有义务查明真相。西班牙法官（《西班牙刑事诉讼法典》第 683 条）和俄罗斯的陪审团（《俄罗斯刑事诉讼法典》第 429 条第 1 款）的角色是强化取证的对抗性以发现真相。意大利的立法机构试图将庭审法官转变为消极的裁判者，没有义务揭露真相，但意大利最高法院的判决已经推翻了这一点。意大利最高法院的判例明确强调审判法官仍有义务发现真相。Cass. Penale，10 Oct. 1991，n. 648，1258. 相关讨论可参见 Hans-Heinrich Jescheck，"Grundgedanken der neuen italienischen Strafprozejfordnung in rechtsvergleichender Sicht"，in *Festschrift für Arthur Kaufmann zum 70 Geburtstag*，659，663（1993）. 关于实质真实原则 "负担过重" 的观点，参见 Bernd Schüinemann，"Reflexionen über die Zukunft des deutschen Strafverfahrens"，in *Strafrecht*，*Unternehmensrecht*，*Anwaltsrecht*，*Festschrift for Gerd Pfeiffer*，461，475（1988）. 关于欧洲背离实质真实原则的走向以及缺乏持续动力的观点，参见 Thomas Weigend，"Die Reform des Strafverfahrens，Europdische und deutsche Tendenzen und Probleme"，in 104 *ZSTW* 486，488-96（1992）（以下简称 Weigend，*Reform*）.

〔222〕 事实上，针对米兰达案件本身，目击证人已经辨认出了米兰达和另一个合并案件（Vignera v. New York）的被告人。此外，在加利福尼亚诉斯图尔特一案（California v. Stewart）中，被告人抢劫杀害受害人得到的现金支票，以及在搜查他公寓时所发现该罪及其他类似犯罪的证据已被证实，斯图尔特被判处死刑。384 U. S. pp. 456-7.

〔223〕 See Thaman，*America*，pp. 1000-1，1021-3. 即使在经济繁荣时期，比如当下，犯罪率呈下降趋势，但美国的人均监禁儿童数可能比世界历史上的其他任何国家都多。参见 Thaman，*America*，p. 1015.

〔224〕 See Thaman，*America*，pp. 1015-16.

〔225〕 世界上日益增进的共识是死刑本身侵犯了人权。ECHR，at Protocol 7. See Second Optional Protocol to ICCPR.（G. A. Res. No. 44/128，15 December 1989），引自 BASSIOUNI，p. 20.

施的犯罪行为。因此，如果依这样的认罪供述判定谋杀罪成立，他们将被判处死刑。[226]

实质真实原则，或者是执法机关查明真相的义务，是从适用酷刑以强迫认罪的制度中发展起来的，这并非巧合。这套制度的特点便是不仅对普通罪犯甚至是异议者均进行野蛮的对待，它的目标是刑罚，而非真相。也许查明真相最好的手段是通过宽恕、同情或原谅来诱导。南非共和国在种族隔离统治期间对于那些诚实坦露他们共谋参与实施可怕罪行的个人给予大赦，这是美国实质真实论者应研究的一个范例。我们还可以研究荷兰的职权主义诉讼，未有平民参与，大量的书面审判，大多数的被告人均选择认罪。这种情况也发生于自由主义的社会中，由或多或少带有自由主义且富有同情心的检察官和法官主导。[227]

只要美国继续对那些承认实施严重谋杀（大多数人是有罪的）的罪犯科以死刑，或者对其他重罪案件的罪犯科以漫长的徒刑，则美国所确立的允许警察在未羁押的情况下无需任何警告便可进行讯问，或者在羁押的情况下对未有律师协助便放弃权利的犯罪嫌疑人进行讯问的制度，极易被警察和检察官操纵。因此，我们应依《意大利刑事诉讼法典》所构架的制度方向进行修改。[228]一旦我们加入文明世界，开始将罪犯视为我们的孩子；一旦我们认识到，是因为我们家庭和社区的教育，以及在进入学校和教会后，他们才成为罪犯。只有这样，我们才会同情他们，并试图解决根源性的问题，而非动用刑罚。只有当违法者意识到，他们将得到公平和同情的对待，他们的罪行将得到人道的惩罚，他们有可能恢复名誉并重新融入社会，他们才更有可能说出真话。[229]

---

[226] 美国联邦最高法院对 18 岁以下未成年人和弱智人士科以死刑，这一做法受到了海外的严厉谴责。Thompson v. Oklahoma, 487 U. S. 815, 838 (1988)；Penry v. Lynaugh, 492 U. S. 302, 340 (1989). See also Thaman, *America*, p. 1023.

[227] 大多数的荷兰被告人选择认罪。针对这一现象，1978 年，致力于外国与国际比较法的马克斯·普朗（Max Planck）研究所在其未曾发表的研究中称，荷兰被告人乐于认罪的原因在某种程度上是基于如下事实：荷兰法官通常并不适用最高刑期，以及"用社会综合的观念来审理案件，不带任何个人情感"。在刑事处罚的类型和幅度上，荷兰也比德国更为宽松。危险并未如此严重。被告人可以接受等待的一切。因此，他接受刑事处罚。参见 Ingrid Van de Reyt, "Niederlande", in Walter Perron, ed. , *Die Beweisaufnahme im Strafverfahrensrecht desAuslands*, Edition Iuscrim, 1995, pp. 284, 314.

[228] See C. P. P. -Italy § 350(2)-(7).

[229] 在这一方面，一个富有同情心的量刑交易体系，会奖励真诚接受真相的被告人一个人道的惩罚，这不能被视为正当程序的终结，但在受害人（大部分被判刑的罪犯实施了无受害人的犯罪）适当参与的情况下，这可以作为恢复司法和平的手段，促进罪犯与受害人及社会达成和解。关于这一方法，参见 Weigend, *Reform*, pp. 493-501. 也可参见 Roxin, pp. 195-6.

第五编

中国刑事诉讼模式的转型

庭审实质化报告：国际经验与中国实践

——主要以"三项规程"为中心*

施鹏鹏　周　山**　应　雪***

一、庭审实质化的提出

（一）背景

时下，中国的司法体制改革已逐渐从初步的政策理念深入到系统的制度部署。党的十八届四中全会提出要"推进严格司法，坚持以事实为根据、以法律为准绳，推进以审判为中心的诉讼制度改革"，引人瞩目。2016 年 6 月 27 日，中央全面深化改革领导小组第 25 次会议通过了由最高人民法院、最高人民检察院、公安部、国家安全部、司法部联合制定的《关于推进以审判为中心的刑事诉讼制度改革的意见》，从基本原则、制度机制、程序规则等方面对此项诉讼制度改革提出指导性要求，进一步指明了改革方向。

2017 年 2 月 27 日，最高人民法院党组副书记、常务副院长沈德咏在四川省成都市中级人民法院调研，出席以审判为中心的刑事诉讼制度改革调研座谈会时指出，要全面推进以审判为中心的刑事诉讼制度改革，切实维护司法公正，要立足国情实际，尊重司法规律，兼顾惩罚犯罪与保障人权，确保证据裁判、非法证据排除、疑罪从无、程序公正等法律原则落到实处。并加快制定"庭前会议规程""非法证据排除规程"和"法庭审理规程"，通过这三项制度的构建和实施，积极推进庭审实质化、司法证明实质化和控辩对抗实质化，充分发挥庭审在查明事实、认定证据、保护诉权、公正裁判中的决定性作用。同年 6 月 6 日，最高人

---

　* 本报告完成于 2017 年，彼时《中华人民共和国刑事诉讼法》及《人民检察院刑事诉讼规则》均未再修改。但 2018 年《中华人民共和国刑事诉讼法》的再修改主要涉及刑事诉讼与监察体制的衔接，基本与本文的核心内容无涉，法条的内容也未发生变化，只是条款数发生变化。我们将在引注中注明。

　** 周山，中国政法大学证据科学研究院 2016 级博士研究生，太原科技大学法学院教师，主要研究方向：刑事诉讼法学、证据法学。

　*** 应雪，中国政法大学人文学院 2016 级逻辑学研究生。

民法院研究制定了深化庭审实质化改革的"三项规程"〔1〕，并下发《在全国部分法院开展"三项规程"试点的通知》，确定 18 个中级人民法院及其所辖的部分基层人民法院为试点法院，于 6—8 月期间为每项规程各选取 10 件以上（一审）案例进行试点。同年 7 月 11 日，沈德咏在全国高级法院院长座谈会上强调，最高法将全面推行"三项规程"试点工作，进一步推进庭审实质化。这是庭审实质化的提出及"三项规程"试行的重要背景。

"三项规程"是确保中央部署的推进以审判为中心的刑事诉讼制度改革落地的实际举措，是将中央改革精神具体化为法庭审判规程的重要载体，其出台意味着我国庭审实质化改革面向全方位纵深发展，体现了最高人民法院在刑事司法改革中主动作为、勇于担当的司法改革精神，标志着以审判为中心的刑事诉讼制度改革已经推进到认识更加深刻、实践趋于规范、效果逐步凸显的新阶段。

（二）"三项规程"的制定及试点单位情况

在被最高法院确定为"三项规程"试点法院后，各试点法院均高度重视，迅速行动，坚持以问题和目标为导向，积极成立试点工作领导小组，制定试点工作方案，严格落实各项试点措施，力争为试点工作提供有益经验。通过对《庭前会议规程》《非法证据排除规程》《法庭调查规程》的精准试点，初步实现了确保庭审高效集中，切实保障被告人权益的改革目标。表 1 是各试点法院对"三项规程"的基本实施情况：

表 1　各试点法院对"三项规程"的基本实施情况

试点单位	成效或问题	庭前会议	非法证据排除	法庭调查
淄博中院	取得的成效	（1）部分案件可以由法官助理主持庭前会议。 （2）灵活确定庭前会议召开地点。 （3）明确庭前会议的主要内容。 （4）做好庭前会议与庭审的衔接工作。		（1）明确应当出庭作证的人员的范围。 （2）明确对证人、鉴定人的出庭作证程序。 （3）注重对量刑情节的调查和辩论。

---

〔1〕　即《人民法院办理刑事案件庭前会议规程（试行）》（以下简称《庭前会议规程》）、《人民法院办理刑事案件排除非法证据规程（试行）》（以下简称《非法证据排除规程》）和《人民法院办理刑事案件第一审普通程序法庭调查规程（试行）》（以下简称《法庭调查规程》）。

试点单位	成效或问题	庭前会议	非法证据排除	法庭调查
淄博中院	存在的问题	（1）法官助理对控辩双方的争议焦点归纳不准确。 （2）法官助理应对庭前会议突发情况的能力不足。	申请排除非法证据的案件数量不足，且大多不能提供相关线索或材料。	控方协助通知有关人员到庭积极性不高。
成都中院	取得的成效	（1）召开方式：绝大多数由法官主持，法官助理主持的共3件。 （2）被告人没有委托辩护人的，一律为其指派法律援助律师。 （3）辩方在开庭前将收集的全部证据材料移送人民法院。 （4）展示证据时只需说明有争议的证据名称和主要异议即可，不应宣读主要内容。 （5）召开庭前会议前，完全可以让被告人阅卷。 （6）展示证据后，应当禁止控辩双方单独接触证人。 （7）以远程视频的方式召开庭前会议具有可行性。	（1）依照"宽进严出"的标准，只要说明谁在何时用何种方法非法取证，法官就会召开庭前会议进行核实。 （2）如果提出"排非"申请的被告人没有辩护人，应当通知法援机构指派律师为其提供辩护。 （3）可以播放询问同步录音录像，但不应通知侦查人员等有关人员参加庭前会议。	（1）当庭说明争议点、法庭经合议后的处理结果及理由，当庭询问控辩双方意见，准许其补充有关理由和证据。 （2）适当采取强制到庭措施，有时也会促进证人的出庭。 （3）对于无正当理由拒不出庭的关键证人，法院签发强制出庭令，并由公安机关协助执行。 （4）对于不愿委托律师或无钱委托律师，一律为其指派律师。
	存在的问题		对于"威胁"类非法取证的情形难以认定。	（1）控辩双方提出异议的方式不规范。 （2）对滥用异议权的处理方式规定不明确。

续表

试点单位	成效或问题	庭前会议	非法证据排除	法庭调查
兰州中院	取得的成效	（1）明确庭前会议解决事项：组织控辩双方展示证据，归纳争议焦点，开展附带民事调解。 （2）明确庭前会议适用范围：限于证据材料较多，案情疑难复杂，社会影响重大或控辩双方存在较大争议。 （3）明确庭前会议启动主体：审判人员以及控辩双方。 （4）明确庭前会议主持人员及参加人员：由承办法官或其他合议庭组成人员主持；公诉人、辩护人应当参加。 （5）明确庭前会议效力：控辩双方就有关事项达成一致意见，又在庭审中提出异议的，没有正当理由，法庭不再对有关事项进行处理。	（1）侦查人员的出庭率及质量得到了明显的提高。 （2）公诉人就被告人供述取证合法性出示了相关文件进行举证、质证。	（1）完善庭前会议和庭审的衔接机制。 （2）重申了先调查原则。 （3）规范证据举证、质证程序。
	存在的问题	（1）会议内容的疑问。 （2）回避申请的疑问。 （3）被告人参加庭审会议困难。	（1）证人因身体、环境等原因出庭作证难。 （2）证人证言具有不确定性，驾驭庭审困难。 （3）取证合法性证据移送难。	（1）法院受客观条件的限制，无法保证证人、鉴定人到庭。 （2）旁听人员还不知道指控内容法庭就宣读庭前会议报告，庭前会议报告应当在法庭调查开始前宣读。

试点单位	成效或问题	庭前会议	非法证据排除	法庭调查
兰州中院				（3）滥用质证权利。 （4）没有明确对被告人的发问规则，不利于保障被告人权利。
湖州中院	取得的成效	（1）明确适用范围：证据材料较多、案情疑难复杂或者社会影响重大、争议较多、卷宗材料较多的案件。 （2）充分听取控辩双方对程序性事项的意见，有效展示证据，明确了争议焦点。	（1）组织控辩双方充分举证，充分保障被告人的合法权益，有效防止冤错案件。 （2）侦查人员、鉴定人和有专门知识的人到庭说明情况提出意见，有利于查明案件事实。	通过推动证人、鉴定人、侦查人员、专门知识的人出庭作证，有效查明案件事实。
	存在的问题	有部分辩护人不愿意在庭前会议发表对证据的意见。	（1）此类案件数量较少。 （2）侦查人员依法取证的意识较低。	出庭的证人、鉴定人、侦查人员多为公诉机关或法院通知，被告人、辩护人申请的相对较少。
哈尔滨中院	取得的成效	（1）试点案件都要经过庭前会议。 （2）确保每名被告人都有律师为其提供辩护。	试点案件都要有非法证据排除或者证人、鉴定人、侦查人员出庭。	通知证人、鉴定人、侦查人员到庭接受控辩双方质询，有效贯彻了言词原则。
	存在的问题	庭前会议不规范，违背了庭前会议规程展示证据目录的规定。		辩护权保护不充分。

续表

试点单位	成效或问题	庭前会议	非法证据排除	法庭调查
上海二中院	取得的成效	(1) 明确了庭前会议的适用范围：涉及非法证据排除、敏感类案件、可能导致庭审中断的案件。 (2) 明确了庭前会议的主持人员以及组成人员：10件由审判长主持、所有合议庭人员都参加，只有3件是由承办法官个人主持。	(1) 充分保障了被告人对非法证据排除申请的权利，对于提供的线索或者材料不符合要求的，法院再告知其补充提交。 (2) 被告人申请排除非法证据，但没有辩护人的，通知法律援助机构指派律师为其辩护。 (3) 法庭根据被告人及辩护人排除非法证据的要求，有针对性地开展法庭调查。	(1) 对于召开庭前会议的案件，法庭调查开始前应当宣读庭前会议报告主要内容，对于控辩双方的争议点，进行法庭调查。 (2) 根据案件情况采取"先证后供"或"先供后证"的讯问、发问方式。 (3) 申请证人、侦查人员出庭，让证人在庭审中接受控辩审三方询问。 (4) 完善证人保护程序。 (5) 根据被告人是否认罪，采取不同的举证、质证方式。
	存在的问题	(1) 庭前会议的主持人员与参与人员不明确。 (2) 庭前会议是否涉及案件实体问题的审理及如何进行证据展示不明确。 (3) 庭前会议的内容和程序尚未完全明确。	(1) 侦查人员出庭积极性不高。 (2) 部分证据材料缺失。 (3) 未能注意被告人供述与物证、书证的区别。 (4) 现阶段裁判文书中如何表述法院对证据合法性的审查、调查结论，并没有成熟的参考框架。	(1) 部分权利是否需要在庭审时再告知不明确。 (2) 证人出庭时，控辩双方的质证时间不明确。 (3) 被害人诉讼代表制度没有进行试点。

试点单位	成效或问题	庭前会议	非法证据排除	法庭调查
上饶中院	取得的成效	开庭前会议 10 次,上诉 3 件,当庭宣判 2 件。		(1) 控辩双方申请对己方有利的证人出庭所支出的必要费用,应该由控辩双方承担。 (2) 审判期间,被告人提出新的立功情节或提供相关线索或材料的,法院可通知检察院补充侦查或可依职权向相关部门调取。
	存在的问题	(1) 可以由一名法官或法官助理甚至陪审员组织召开。 (2) 涉及实体问题的案件,庭前会议要由法官召开甚至合议庭人员都要参加。 (3) 在法庭调查前宣读庭前会议报告不宜强行规定。	(1) 在非法证据排除程序中增加辩论程序。 (2) 对于被告人申请"排非"所要提供的线索、材料,不能要求过高,具体标准由法官掌握。 (3) 在涉及侦查人员是否刑讯的"排非"中,侦查人员出庭基本不起作用。 (4) 证人、被害人难以寻找,出庭作证困难。 (5) 证人保护制度不完善。	

续表

试点单位	成效或问题	庭前会议	非法证据排除	法庭调查
宿迁中院	取得的成效	（1）充分运用庭前会议，确保庭审高效集中。 （2）在证据展示方面，原则上仅展示证据目录和证据的简要内容。	（1）严格试点《非法证据排除规程》，切实保障被告人权益。 （2）在可能存在非法取证的情形下，可将相关线索或材料移送检察机关，如果检察机关主动撤回，应以书面方式说明，不再召开庭前会议或启动"排非"程序。	（1）积极试用庭审调查规程，确保庭审在事实查明、认定证据、保护诉权、公正裁判中的决定性作用。 （2）法官在庭审中对证据举证、质证形式的主导作用。
	存在的问题		侦查人员、关键证人、专家证人等出庭方面试点案件和内容较少。	
太原中院	取得的成效	试点中召开庭前会议的情形更加普遍，极大地提高了庭审效率。	证人、鉴定人到庭作证率更高，侦查人员到庭说明情况也成为刑事审判的一个新常态。	提高了法庭对质证认证、控辩对抗和依法裁判的实质化管理，庭审形式化的弊病有了明显扭转。
	存在的问题	（1）庭前会议上征求示证对方的意见应当如何把握，没有明确的规定。 （2）在有多名被告人参加庭前会议的情况下，为防止串供应采取的"必要措施"规定不明确。	（1）非法证据的概念不统一，给法庭对非法证据的审查排除带来困扰。 （2）侦查机关讯问被告人的同步录像录音在证据体系中的地位作用不够明确。	（1）适用普通程序审理的一审案件当庭宣判率不高。 （2）法庭认证问题是实践中的难点，即在庭上对不采纳的证据如何准确说明理由。

试点单位	成效或问题	庭前会议	非法证据排除	法庭调查
海口中院	取得的成效	（1）大力推行庭前会议规程试点工作，确保庭审高效进行。 （2）9件适用庭前会议的案件均制作了庭前会议报告并在法庭调查前进行宣读。 （3）对达成一致意见的证据在庭审法庭调查前予以简单说明证据名称即可。	（1）积极规范非法证据排除申请程序，落实主动告知机制。 （2）告知被告人享有申请权，并主动与检察机关沟通协调。 （3）保证每个案件的被告人都享有两次申请排除非法证据的权利。	始终坚持贯彻证据裁判原则，严格规范法庭调查程序，逐步完善举证、质证、认证工作，不断提高庭审质效。
	存在的问题	（1）应明确应当参加庭前会议的诉讼参与人不仅仅限于被告人。 （2）庭前会议应由主审法官主持更为适当。 （3）庭前会议的不公开进行，有悖于公开审判的法治精神。	（1）对排除非法证据是否可以申请复议，以及复议决定是否由同一合议庭作出等问题还没有明确规定。 （2）非法证据排除难度很难减弱。应当设立一定的标准适度减轻被告人所承担的责任。	（1）公诉人讯问问题过多和讯问时间过长，一定程度上影响了庭审效率。 （2）被告人对出庭说明情况的侦查人员可否发问的问题未作明确规定，并建议被害人陈述完毕后应当退庭。 （3）对采用技术侦查措施收集的证据如何出庭出示没有明确规定。 （4）应当尽快完善远程视频作证机制。 （5）鉴定人出庭作证比例较低。

续表

试点单位	成效或问题	庭前会议	非法证据排除	法庭调查
廊坊中院	取得的成效	（1）召开庭前会议的原因：辩方提出非法证据排除申请、案件疑难复杂、证据材料较多。 （2）启动主体：均由承办法官依职权启动。 （3）主持主体：没有法官助理主持召开。 （4）召开地点：审判庭、法官办公室、羁押场所。 （5）公诉人、辩护人均积极参加。 （6）全部实现了解决程序事项的要求。	（1）启动排非程序，排除证人在侦查期间证言一件。 （2）启动排非程序，没有排除被告人在侦查期间供述的两件。 （3）无论是否排除被告人在侦查期间的口供，均能保障庭审程序顺利进行，没有发生阻断诉讼程序的现象。	（1）控辩双方无争议的证据简化审理适用到位，大大提高庭审的效率。 （2）控辩双方有争议证据和关键证据重点审理到位。
	存在的问题		（1）辩护人对侦查人员出庭发问的态度表现不一。 （2）公诉人发问比较积极但过于原则，控辩双方的发问有待于进一步规范。 （3）启动排非程序认定难。 （4）侦查人员出庭难。	
泉州中院	取得的成效	（1）健全完善庭前会议制度，充分发挥庭前会议功能。 （2）通过庭前会议梳理争议焦点。	（1）细化完善排非程序，倒逼侦查起诉源头规范。 （2）保障被告人和辩护律师的诉讼权利。	切实发挥庭审功能，充分听取控辩双方意见，强化证据补查补证工作，严格实行"疑罪从无"。

试点单位	成效或问题	庭前会议	非法证据排除	法庭调查
泉州中院	存在的问题	（1）庭前会议主要是由法院依职权决定召开，控辩双方对法院召开庭前会议均无异议。应进一步细化完善控辩双方提请召开庭前会议的规定。（2）大部分案件被告人并未参加庭前会议。（3）对于庭前会议报告在公诉人宣读起诉书之前还是之后宣读的规定尚不明确。	（1）经常出现辩方在庭审中才申请排除非法证据的情况。（2）非法证据以及排除非法证据的认定标准比较模糊	（1）被害人作为诉讼主体参与庭审的相关配套规定尚未细化。（2）没有系统构建定罪和量刑相对独立的法庭调查程序。（3）侦查人员出庭时的着装规范，未作明确说明，发问顺序和方式也较为混乱。
松原中院	取得的成效	（1）提高了庭前会议的召开比例，在8起案件中召开了庭前会议，并且取得了良好的效果。（2）解决了证据材料较多，案情疑难复杂，社会影响重大、控辩双方对事实证据存在较大争议等问题。	共有两起案件被告人申请排除非法证据。	
	存在的问题	（1）建议根据案件情况来决定是否通知被告人参加庭前会议。（2）建议明确庭前会议由具体承办案件的审判人员主持更为妥当。	（1）非法证据排除存在启动难、证明难、认定难、排除难的问题。（2）应当建立科学的证明责任规则，应当将非法证据证明责任完全交由控方承担。	（1）庭外调查核实证据的范围没有规定。（2）调查证据的范围没有作出规定。（3）庭外调查核实证据的处理没有作出规定。

续表

试点单位	成效或问题	庭前会议	非法证据排除	法庭调查
台州中院	取得的成效	(1) 通过召开庭前会议，处理了大量可能导致庭审中断、拖延和影响庭审质效的突出问题。(2) 羁押必要性审查、事务性磋商等事项均可以在庭前会议中予以解决。(3) 案件均是由案件承办人主持召开。(4) 公诉人、辩护人应当参加，对于没有委托辩护人的，应当为其指派法律援助。	(1) 充分告知被告人有申请排除非法证据的权利。(2) 明确申请人的初步举证责任。(3) 充分保障被告人的辩护权。(4) 明确排非程序启动的非法证据证明标准。	(1) 规范侦查人员出庭。(2) 解决经济补助问题。(3) 建设隐蔽作证室。
	存在的问题		在实践中，被告人及其辩护人不一定提出排非申请，为防范冤假错案，建议明确规定法院依职权启动排非程序。	(1) 证人普遍不愿意出庭作证，强制出庭存在一定难度。(2) 现阶段当侦查人员出庭说明情况时不宜赋予被告人发问权。(3) 应当分析当庭证言与庭前证言的区别。
西安中院	取得的成效	(1) 以被告人参加庭前会议为原则，不参加为例外。(2) 一般应由承办法官主持。(3) 庭前的证据展示仅展示证据目录。	(1) 明确侦查机关、公诉机关在非法证据排除中的责任。(2) 被告人、辩护人所提供的"线索"或"材料"必须具体、明确。	(1) 通过庭审确认庭前会议达成一致的事项，对争议的事项及证据在庭审中重点调查。(2) 合议庭对证人出庭的必要性进行审查。

续表

试点单位	成效或问题	庭前会议	非法证据排除	法庭调查
西安中院	取得的成效	（4）庭前会议报告的制作尽可能简要、明了，并在庭审前向合议庭报告。	（3）明确"重大案件"的范围。	（3）关于对证人出庭作证的发问，申请方和相对方交替进行。 （4）对于被害人较多的涉众型案件，被害人可以推选若干代表人参加庭审。
	存在的问题	实施方略比较粗糙，配套性的制度没有进一步细化完善。	（1）非法证据排除的案件相对较少。 （2）由被告人启动排非程序的案件数量较少。	侦查人员在庭审中接受询问的内容和限度还有不同认识，直接影响到侦查人员出庭的积极性。
温州中院	取得的成效	（1）18件试点案件中有7件试点案件召开庭前会议。 （2）均由法院依职权召开。 （3）未出现控辩双方违反庭前会议所达成的一致意见的情况。	（1）收到非法证据排除申请2次。 （2）出庭作证的人的比例提高。 （3）在每一起案件起诉书送达环节均附申请排除非法证据告知书。	（1）2件案件试行了被害人代表制度并在一件案件中尝试通过网络会议视频连线的方式保障被害人参与庭审。 （2）7件案件召开庭前会议且均在法庭调查前宣读庭前会议报告。 （3）证人、鉴定人、侦查人员和有专门知识的人出庭作证，实际到庭比例高。
	存在的问题	（1）退赔赃款赃物、选任被害人诉讼代表可作为程序性事项处理。 （2）因排非申请而召开庭前会议的情况下，由承办法官主持且合议庭其他成员共同参加，更为合适。	（1）在被告人、辩护人未提供明确的线索时，通过阅卷主动对证据收集合法性进行调查核实可行性不强，且无法得到检察机关的配合。 （2）非法证据排除申请较少，试点期间无被告人申请排除非法证据。	（1）对于刑事被害人代表人的推选及指定均未作详细的规定。 （2）控辩双方申请证人到庭作证的积极性不高。 （3）建议将侦查人员增补为保护性措施的对象。

续表

试点单位	成效或问题	庭前会议	非法证据排除	法庭调查
黄石中院	取得的成效	（1）试点案件35件，其中27件案件召开了庭前会议，比例较高。 （2）把律师的合理意见作为改革的突破口和着力点。	（1）2件案件启动排除非法证据程序。 （2）明确20种应予排除，不能作为定案依据的非法取证的情形。	（1）32名证人、鉴定人、侦查人员出庭作证，出庭率较高。 （2）启用证人视频隐蔽变声系统。 （3）提高了庭审驾驭能力以及法官综合审判素质。
	存在的问题		启动排非程序的案件较少。控辩双方对于排非申请的意识程度不高。	由于各种原因，仍然存在证人出庭作证难的问题。

由以上表格可知，"三项规程"的内容细致、全面、科学，并且充分吸收了各地法院的审判经验，可操作性强，大大细化甚至纠正了《中华人民共和国刑事诉讼法》（以下简称《刑事诉讼法》）及司法解释对庭前会议、法庭调查和"排非"调查程序的规定，对构建更加实质化、规范化、精密化的刑事庭审程序具有重要导向意义。下文笔者将结合各试点法院试行工作的总结报告，对"三项规程"的制度内容、功能及具体试点情况作一详细分析，期冀为庭审实质化改革目标的实现提供智力支持，推动以审判为中心的刑事诉讼制度不断完善。

二、庭前会议规程的实施状况

从2012年修订的《刑事诉讼法》增加的第182条第2款[2]，标志着我国庭前会议制度正式在立法上确立，也初步构建了我国庭前会议程序的雏形，一直到2016年"两高三部"颁布《关于推进以审判为中心的刑事诉讼制度改革的意见》（第5～10条）专门就庭前会议的一系列具体问题予以明确，着重丰富了庭前会议程序的功能内涵与运行机制，庭前会议规则作为一项代表着高效、节约司法资源的诉讼制度被确定下来，并满足了保障法庭集中审理、实现庭审实质化之改革目标的需要。

（一）简介

1. 庭前会议的概念及功能

庭前会议是指当事人双方在法官的主持下为案件审理及庭审的顺利进行作出

---

〔2〕 现为第187条第2款。

准备性工作的程序，主要内容包括证据开示、核对出庭证人名单、非法证据排除申请的提出、整理庭审争点等程序性事项，大多数时候都没有展开实质性调查证据的工作。其主要功能首先是保障庭审实体发现功能的纯粹化，避免因程序性事项或证据突袭等干扰法庭的集中审理，[3]以缓解法庭审判压力；其次是庭前会议给予了控辩双方参与解决程序性事项的机会，合乎程序正义；最后是法官在庭前对可能影响公正审判的问题听取意见，有助于确定庭审主要争议点，把握庭审重点，妥善安排庭审进程，提高庭审效率，保证庭审质量。

2. 庭前会议的发展历程

（1）庭前会议制度的创设。我国在 2012 年以前，尚无庭前会议规则的概念及实践，直至 2012 年《刑事诉讼法》仅有第 182 条[4]对这项制度设计予以规定，对其进行概念解析，规定了参会主体及会议内容，可谓一项制度改革的突破。

（2）庭前会议制度的细化。但是之后通过的《人民检察院刑事诉讼规则》第 430条[5]、第 431 条[6]、第 432 条[7]及《最高人民法院关于适用〈中华人民共和国刑事诉讼法〉的解释》（以下简称《刑诉法解释》）第 99 条[8]、第 183 条[9]、第 184条[10]对庭会议制度作了细化规定，详细阐述了召开庭前会议的情形种类、会议

---

[3] 施鹏鹏、陈真楠：《刑事庭前会议制度之检讨》，载《江苏社会科学》2014 年第 1 期。

[4] 现为第 187 条。

[5] 现为第 394 条。《人民检察院刑事诉讼规则》第 394 条规定：人民法院通知人民检察院派员参加庭前会议的，由出席法庭的公诉人参加。检察官助理可以协助。根据需要可以配备书记员担任记录。人民检察院认为有必要召开庭前会议的，可以建议人民法院召开庭前会议。

[6] 现为第 395 条。《人民检察院刑事诉讼规则》第 395 条规定：在庭前会议中，公诉人可以对案件管辖、回避、出庭证人、鉴定人、有专门知识的人的名单、辩护人提供的无罪证据、非法证据排除、不公开审理、延期审理、适用简易程序或者速裁程序、庭审方案等与审判相关的问题提出和交换意见，了解辩护人收集的证据等情况。对辩护人收集的证据有异议的，应当提出，并简要说明理由。公诉人通过参加庭前会议，了解案件事实、证据和法律适用的争议和不同意见，解决有关程序问题，为参加法庭审理做好准备。

[7] 现为第 396 条。《人民检察院刑事诉讼规则》第 396 条规定：当事人、辩护人、诉讼代理人在庭前会议中提出证据系非法取得，人民法院认为可能存在以非法方法收集证据情形的，人民检察院应当对证据收集的合法性进行说明。需要调查核实的，在开庭审理前进行。

[8]《刑诉法解释》第 99 条规定：开庭审理前，当事人及其辩护人、诉讼代理人申请排除非法证据，人民法院经审查，对证据收集的合法性有疑问的，应当依照《刑事诉讼法》第 182 条第 2 款（现为第 187 条第 2 款）的规定召开庭前会议，就非法证据排除等问题了解情况，听取意见。人民检察院可以通过出示有关证据材料等方式，对证据收集的合法性加以说明。

[9]《刑诉法解释》第 183 条规定：案件具有下列情形之一的，审判人员可以召开庭前会议：①当事人及其辩护人、诉讼代理人申请排除非法证据的；②证据材料较多、案情重大复杂的；③社会影响重大的；④需要召开庭前会议的其他情形。召开庭前会议，根据案件情况，可以通知被告人参加。

[10]《刑诉法解释》第 184 条规定：召开庭前会议，审判人员可以就下列问题向控辩双方了解情况，听取意见：①是否对案件管辖有异议；②是否申请有关人员回避；③是否申请调取在侦查、审查起诉期间公安

展开的主体和内容以及庭前会议规则的简单效力。然而此时关于庭前会议规则的规定仍有很多模糊与欠缺之处。2016 年 7 月，最高人民法院、最高人民检察院、公安部、国家安全部和司法部联合发布的《关于推进以审判为中心的刑事诉讼制度改革的意见》中对庭前会议的规定限定在适用普通程序审理的刑事案件，此外并无任何新意。

（3）庭前会议制度的完善。2017 年，我国又出台两部法规，即 2017 年 2 月最高人民法院发布的《关于全面推进以审判为中心的刑事诉讼制度改革的实施意见》（以下简称《实施意见》）和 2017 年 6 月"两高三部"颁布的《关于办理刑事案件严格排除非法证据若干问题的规定》（以下简称《严格排除非法证据规定》），对庭前会议制度作出了一些完善，尤其是审判人员在庭前会议中对程序上争议点能够采取具有法律效力的决定性措施，明确了庭前会议的效力，这弥补了我国之前庭前会议规则的不足。

3. 庭前会议制度的基本构造

综观以上我国关于庭前会议的制度和规则，可勾勒出其基本构造：

（1）庭前会议的适用范围。根据《刑诉法解释》第 183 条的规定，庭前会议适用于如下几类案件：当事人及其辩护人、诉讼代理人申请排除非法证据的；证据材料较多、案情重大复杂的；社会影响重大的；需要召开庭前会议的其他情形。由此可知，庭前会议并非所有案件的必经程序，主要适用于重大、复杂或者当事人提出证据异议的案件。

（2）庭前会议的启动。依我国《刑诉法解释》第 183 条的规定，公诉人、当事人和辩护人、诉讼代理人均可以提出启动庭前会议的申请，但是否召开庭前会议由审判人员根据案件具体情况决定。故我国庭前会议的启动模式是审判人员依职权启动的单轨制模式。

（3）庭前会议的参与者。依我国新修订的《刑事诉讼法》及相关司法解释，庭前会议的主持者是审判人员。《实施意见》规定，法院在庭前会议中不仅需要处理某一案件中的具体争点，还需要对整个案件是否达到起诉标准展开审查。对于明显事实不清、证据不足的案件，法院有权建议控方补充侦查或者撤回起诉，也

机关、人民检察院收集但未随案移送的证明被告人无罪或者罪轻的证据材料；④是否提供新的证据；⑤是否对出庭证人、鉴定人、有专门知识的人的名单有异议；⑥是否申请排除非法证据；⑦是否申请不公开审理；⑧与审判相关的其他问题。审判人员可以询问控辩双方对证据材料有无异议，对有异议的证据，应当在庭审时重点调查；无异议的，庭审时举证、质证可以简化。被害人或者其法定代理人、近亲属提起附带民事诉讼的，可以调解。庭前会议情况应当制作笔录。

可以多次召开庭前会议。[11] 另根据《刑诉法解释》第 183 条第 2 款规定，"召开庭前会议，根据案件情况，可以通知被告人参加"，故被告并不是必须参与庭前会议。对于是否必须有其他参与人，法律及相关司法解释均语焉不详。《实施意见》只是明确了相关主体的权利，检察院可以撤回证据，被告人及其辩护人可以撤回证据排除的申请。[12]

（4）庭前会议的内容。根据我国《刑诉法解释》第 184 条的规定，庭前会议所涉事项包括案件的管辖、人员的回避、证据的提出与排除、出庭的证人及专家的构成、审判的公开或延期等与庭审有关的程序性事项，对庭前会议中无异议的证据可在庭审中简单举证和质证。

（5）庭前会议的方式。依《刑诉法解释》第 99 条、《人民检察院刑事诉讼规则》第 431 条、第 432 条[13]的规定，庭前会议中控辩双方仅对管辖、回避、调取证据、提出证据异议等与审判相关的程序性问题提出和交换意见，因而庭前会议是不公开的内部协商会议与信息交流程序，控辩双方对抗性不足，属非正式程序。

（6）庭前会议的结果。《严格排除非法证据规定》第 26 条[14]增强了庭前会议的实际效果，特别是赋予法官不同的职权和解决方案，包括可直接依法作出处理等实质性处置的权力。不再是仅根据新修订的《刑事诉讼法》第 182 条第 2 款[15]及《刑诉法解释》第 184 条之规定，只能对管辖、回避、调取证据、提出证据异议等与审判相关的问题"了解情况，听取意见"。除此之外，依据新修订的《刑事诉讼法》及相关司法解释，双方当事人在庭前会议中未提出相关事项或者某些程序性异议的，并不视为弃权，在之后的庭审中仍可以提出。[16]

---

〔11〕《实施意见》第二部分第 8 条规定：人民法院在庭前会议中听取控辩双方对案件事实证据的意见后，对明显事实不清、证据不足的案件，可以建议人民检察院补充侦查或者撤回起诉。对人民法院在庭前会议中建议撤回起诉的案件，人民检察院不同意的，人民法院开庭审理后，没有新的事实和理由，一般不准许撤回起诉。

〔12〕《实施意见》第二部分第 7 条第 2 款规定：对案件中被告人及其辩护人申请排除非法证据的情形，人民法院可以在庭前会议中核实情况、听取意见。人民检察院可以决定撤回有关证据；撤回的证据，没有新的理由，不得在庭审中出示。被告人及其辩护人可以撤回排除非法证据的申请；撤回申请后，没有新的线索或者材料，不得再次对有关证据提出排除申请。

〔13〕现为第 395 条及第 396 条。

〔14〕《严格排除非法证据规定》第 26 条规定：公诉人、被告人及其辩护人在庭前会议中对证据收集是否合法未达成一致意见，人民法院对证据收集的合法性有疑问的，应当在庭审中进行调查；人民法院对证据收集的合法性没有疑问，且没有新的线索或者材料表明可能存在非法取证的，可以决定不再进行调查。

〔15〕现为第 187 条第 2 款。

〔16〕虽然《刑诉法解释》第 97 条规定"人民法院向被告人及其辩护人送达起诉书副本时，应当告知其申请排除非法证据的，应当在开庭审理前提出，但在庭审期间才发现相关线索或者材料的除外"，但是对于其他程序性事项，新修订的《刑事诉讼法》及司法解释未有相应的程序性细则。故可以认为双方当事人在庭前会议中未提出相关事项或者某些程序性异议的，并不视为弃权，在之后的庭审中仍可以提出。

（二）试点情况介绍

《庭前会议规程》是最高人民法院为贯彻落实《关于推进以审判为中心的刑事诉讼制度改革的意见》而推行的重大举措，该规程完善了关于庭前会议的程序性规定和实体性规定，搭建了庭前会议的制度架构，对于确保法庭集中、持续审理，提高庭审质量和效率具有重要意义。最高人民法院确定了廊坊市、太原市、松原市、哈尔滨市、上海市（二中院）、宿迁市、湖州市、台州市、泉州市、上饶市、淄博市、黄石市、广州市、海口市、成都市、西安市、兰州市等 18 个中级人民法院及其所辖的部分基层人民法院为试点法院。

1. 试点法院〔17〕庭前会议的实证分析

按照最高人民法院的部署，《非法证据排除规程》的试行期限为 3 个月（2017 年 6—8 月）。各试点单位高度重视，在试点案件中单独适用了《庭前会议规程》或者与《法庭调查规程》《非法证据排除规程》一并予以适用。以下是对试点单位适用情况的简要统计：

试点工作开展的 3 个月间，除江西上饶市、江苏宿迁市与浙江台州市三地中院未对适用"三项规程"案件的总数进行汇报，而仅对分别适用三个规程的案件数量进行了归纳，江西省高院试点未对数据进行总结外，在全国剩余的 14 个试点法院中，共有 422 件案件落实了"三项规程"中的一个、两个或者三个，落实《庭前会议规程》的案件有 307 件。排除以上 4 个地方法院，全国对《庭前会议规程》的落实率为 72.75%，可见总体落实数量超过所有适用"三项规程"案件的半数，效果值得肯定，体现了《庭前会议规程》具备可推广性。

在启动庭前会议的案件中，对各试点的启动原因与启动方式，统计如下（见表 2）：

表 2 各试点的启动原因与启动方式

试点单位	适用案件数量	庭前会议启动方式	庭前会议的启动原因	庭前会议的处理结果
湖州中院	6		召开庭前会议的 6 个案子都是证据材料较多、案情疑难复杂或者社会影响重大、争议较多、卷宗材料较多的案件。	

---

〔17〕 为了表述的方便，以下谈到的各地中院，均包括该中院及其下辖的试点基层法院。

试点单位	适用案件数量	庭前会议启动方式	庭前会议的启动原因	庭前会议的处理结果
淄博中院	20			
成都中院	65		试点中 13 件申请排除非法证据的案件	有 3 件被告人在庭前会议中撤回了申请；有 5 件通过庭前会议的核实，法官对取证合法性是没有疑问的，虽然被告人坚持"排非"申请，但法庭以"没有疑问"为由，决定在庭审中不启动"排非"调查程序。
哈尔滨中院	51		2 件基于排除非法证据事由	
			6 件基于是否构成自首或立功不清事由	
			7 件基于案件起因不清或者证据单薄等事由	
海口中院	9			
黄石中院	27			
上饶中院	16		基于排除非法证据事由 2 件	
兰州中院	17	被告人申请	4 件基于非法证据排除召开庭前会议的案件	
			12 件因证据材料较多召开庭前会议的案件	
			1 件因为申请不公开审理	决定不公开审理。
			1 件因社会影响重大召开庭前会议的案件	

续表

试点单位	适用案件数量	庭前会议启动方式	庭前会议的启动原因	庭前会议的处理结果
廊坊中院	19	被告方提出	3 件非法证据排除申请，占 15.8%	
			16 件因案件疑难复杂、证据材料较多召开庭前会议，占 84.2%	
泉州中院	18			
松原中院	8			结果是有 2 起决定在庭审中启动非法证据排除。
上海二中院	13		3 件基于申请排除非法证据	
			5 件基于证据材料太多	
			2 件基于身份敏感	
			4 件基于社会影响力大	
			1 件基于指定管辖	
太原中院	33			
温州中院	7	被告方申请	1 例主要解决非法证据排除问题（未明确是否为被告人在庭前会议提出申请）	
		公诉人当庭提出并撤回证据	1 例由公诉人当庭提出非法证据排除，并撤回证据（不是真正的在庭前会议中申请排非）	
西安中院	14		3 件申请排除非法证据	均在庭前会议中予以驳回。
宿迁中院	21			

试点单位	适用案件数量	庭前会议启动方式	庭前会议的启动原因	庭前会议的处理结果
台州中院	71		36件进行证据展示，归纳争点	
			5件基于排非申请	5件均启动排非程序，1件通过庭前会议，公诉人同意撤回部分被告人供述。
			29件解决管辖、证人出庭等程序性事项的	

注：①说明：表中的空白部分是由于该法院试点报告中对于召开庭前会议的方式、理由以及召开庭前会议的结果并未提及；个别法院试点报告对于庭前会议的人员参与情况、召开地点、召开次数会有涉及，如有需要，会在下文核心问题探讨过程中进行引用。

②庭前会议的启动。基于"排非"的案件数量（36件）占所有召开庭前会议的案件总数（273件）的13.2%；基于案件证据多、需要总结争议焦点或者社会影响力大、犯罪嫌疑人身份敏感而召开庭前会议的案件（82件）占所有案件总数（126件）的65.1%；基于证据单薄、案件起因不清而展开庭前会议的案件（7件）占所有案件（51件）的13.7%；基于管辖、证人出庭等程序性事项而召开庭前会议的案件（30件）占所有案件（84件）的35.7%；基于自首立功等情节不清而召开庭前会议的案件（6件）占所有案件（51件）的11.8%。[18]通过以上的不完全统计，我们可以大致得出召开庭前会议的原因多集中在案件证据多、案情复杂等一些程序性事项，而庭前会议制度对于这种复杂案件证据的提前梳理及对争议的提前总结，对于提高庭审效率、辅助庭审解决案件核心争议问题起到了显著作用，这种作用为各个试点法院所称道；基于"排非"申请而召开庭前会议的案件数量虽然不多，但是却基本广泛分布在各个试点法院中。就目前的统计而言，庭前会议中"排非"申请仅有被告方提出，没有控方在这一阶段提出"排非"申请的情况，而仅在庭审中会出现控方申请"排非"的情况（这种情况与庭前会议申请"排非"无关，统计时未将其计算在内）。

③庭前会议的申请事项的处理结果。在所有基于"排非"申请的案件（29件）中，有8件被告方的申请被驳回，有7件被决定在庭审中启动"排非"程序（有1件公诉方决定

---

〔18〕 由于各法院给出的数据有限，百分比数据统计的基数仅是包含基于该原因而召开庭前会议的案件的法院召开庭前会议案件的总数。

撤回证据），有 3 件被告方撤回申请。[19]虽然各法院试点报告提供的数据不全面，但是我们可以大致获悉，在一般情况下，庭前会议中提出的"排非"申请多数情况下会被驳回，但是也可能因为控辩双方坚持不一致的意见，使法官无法采纳也无法排除某项证据，法院会决定在庭审中启动"排非"程序。少数情况下，诉讼一方会进行妥协（被告方撤回申请或者公诉方撤回部分证据）。庭前会议对于案件中的程序性事项的解决起到了重要作用，诉讼双方通过对案件中程序性问题，例如是否公开审理、管辖等问题进行解决，有效提高了庭审的效率，方便法院对案件实体问题的集中审理。

2. 试点法院庭前会议成效的典型案例

【案例1】基于申请排除非法证据而召开的庭前会议的刘阳等7人贩卖、运输毒品、骗取贷款案

简介：郑昌龙、于月、张进、刘阳等7人贩卖、运输毒品、骗取贷款案，我院召开了由公诉人、7名辩护人和被告刘阳参加的庭前会议，并通知侦查人员宋吉或到会说明情况。郑昌龙的辩护人提出，被告人于月到案后在禁毒支队办案区非法滞留6天，后被送看守所羁押，属于非法拘禁，于月的供述应予排除。公诉人同意辩护人的意见，并表示在开庭时不出示这部分供述。郑昌龙的辩护人还提出，被告人张进受到疲劳审讯，第二次、第三次讯问间隔5个小时，且存在引供、诱供，所作的供述不真实，应当排除。公诉人认为不属于疲劳审讯，且讯问时采取的问话技巧不能认定为引供、诱供。双方对排除张进供述未达成一致。合议庭认为，对于月的供述，侦查机关确实存在未经审批拘留而对于月非法拘禁的行为，对控辩双方达成一致的意见予以确认；对张进的供述，公诉人的意见成立，对张进供述取证的合法性合议庭没有疑问，拟在开庭时宣布不对张进供述的取证是否合法的问题启动庭审调查。在庭前会议中，被告人刘阳及其辩护人提出，刘阳到案后被行政拘留，但没有送拘留所执行，一直羁押在禁毒支队办案区，9天后才被刑事拘留并送所执行，在此期间受到了宋吉或的刑讯逼供。辩护人认为，行政拘留刘阳之后送看守所之前，刘阳的供述羁押地点非法，应予排除；刘阳在此期间受到刑讯逼供，送看守所后的供述一直都有宋吉或参加讯问，这些重复性供述都应排除。公诉人同意辩护人关于刘阳送看守所之前所取供述予以排除的意见，明确表示在开庭时不出示这部分供述，控辩双方对排除刘阳送看

---

〔19〕 由于每个法院的试点报告提供的基于"排非"申请而召开庭前会议的案件的处理结果数据不全，所以我们无法使所有反映处理结果的案件的加和总数与所有基于"排非"申请而召开庭前会议案件的总数一致。

守所之前的供述达成一致。对辩护人提出的刘阳受到刑讯逼供的问题，公诉人出示了刘阳入所体检表，证明刘阳入所时没有外伤，申请侦查员宋吉或到会说明情况，宋吉或称对刘阳没有刑讯逼供。庭前会议后，合议庭经仔细核对讯问录像，发现宋吉或多次扇刘阳耳光，并将刘阳以上厕所的名义带离审讯室，1 小时 30 分钟后，重新回到审讯室讯问，刘阳开始供认贩卖毒品事实。合议庭认为，对控辩双方对刘阳送看守所之前所取供述予以排除达成一致的意见可予确认。因讯问录像记载了宋吉或对刘阳扇打耳光的行为，且将刘阳带离审讯室 1 小时 30 分钟，之后回到审讯室刘阳开始供认犯罪。根据上述证据已经能够确认刘阳受到了刑讯逼供。根据重复性供述排除规则，刘阳所有的供述均应排除。

评价：哈尔滨中院在该案中对庭前会议制度的适用具有典型意义。

第一，严格依照《庭前会议规程》第 2 条规定召开庭前会议，并在庭前会议前充分保障诉讼双方了解庭前会议的内容的权利，庭前会议中保障了被告方申请排除非法证据的权利，充分听取了控辩双方的意见。

第二，庭前会议富有成效。庭前会议不是"走过场"，控辩双方对"排非"在多项证据上达成了一致意见，达到了被告方撤回"排非"申请或者控方撤回证据的结果，而对于各方争执的证据，如果是不能确定证据合法性的案件，会决定在庭审中启动"排非"程序，体现了庭前会议对于"排非"程序适用的重要作用。

第三，庭前会议不解决案件的实质性问题而仅解决程序性问题。虽然非法证据排除属于程序性裁判，是"与犯罪行为是否发生、嫌疑人是否实施犯罪的刑事责任等问题无关，其所针对的是警察侦查取证诉讼行为是否正当、是否符合程序性的规定、有无侵犯公民的基本权利、所得证据是否可采这一程序性争议"，但是其属于"审中之审"，"存在于法庭审理程序之中，与庭审程序关系密切"，[20]应当"以程序听证的方式解决程序性争议"，[21]所以不能在庭前会议解决非法证据的排除问题。虽然会有一部分证据通过庭前会议被阻止进入庭审，但那并不是通过非法证据排除程序。其原因一是法官对于证据的合法性已经形成内心确信，法官认定证据合法，同意控方意见或者辩方意见，即使控辩坚持启动"排非"程序，法院也不会启动。本案中，法院对控方的内心确信（对证据合法的确信）体现在"双方对排除张进供述未达成一致……对张进的供述，公诉人的意见成立，对张进供述取证的合法性合议庭没有疑问，拟在开庭时宣布不对张进供述的取证

---

[20]　高咏：《非法证据排除的证明问题研究》，中国财政经济出版社 2014 年版，第 59 页。

[21]　高咏：《非法证据排除的证明问题研究》，中国财政经济出版社 2014 年版，第 58 页。

是否合法的问题启动庭审调查"。这种情况下，法官多数会作出驳回辩方"排非"申请的决定。当然，法院也对辩方形成内心确信（对证据非法的确信），本案中是在"庭前会议后，合议庭经仔细核对讯问录像……根据重复性供述排除规则，刘阳所有的供述均应排除"，但是这种确信必须是在庭审中进行，因为如果是在庭前会议就确信了辩方的说法，那么就相当于在庭前会议就排除了非法证据，由于报告中对于控方证据的排除未说明是在庭前会议还是在庭审中，我们根据《庭前会议规程》第1条，庭前会议"不处理定罪量刑等实体性问题"之规定，以及非法证据排除对定罪量刑的影响之大、关系之密切，认为该排除非法证据的举措发生于庭审过程之中。二是控辩双方达成一致意见（致使辩方撤回"排非"申请或者控方撤回证据，使得一部分"排非"申请在庭前会议就得以解决，一部分证据自庭前会议始而不进入庭审程序，只不过这不是"排非"程序），除这两种情况外，法官就会决定在庭审中启动非法证据的排除程序。

第四，本案中，公诉机关会因为同意被告方对于某项证据的意见而决定撤回该证据并且不在庭审中出示这份证据，这种做法是否完整？如果一项证据的合法性有问题，单纯让公诉机关撤回仅会使得该项证据被排除，但却不能使侦查、预审犯罪嫌疑人的侦查人员受到谴责，进而不能降低非法证据的产生概率。《庭前会议规程》第9条第2款规定，"对于前款规定中可能导致庭审中断的程序性事项，人民法院应当依法作出处理，在开庭审理前告知处理决定，并说明理由"，所以只有将公诉机关开始提出非法证据并于之后进行撤回的过程，尤其是非法证据的内容通过庭审这种公开的形式进行展现与说明，才能起到公开谴责侦查机关非法取证与检察机关怠于监督的作用，才能有助于犯罪嫌疑人在侦查阶段受到更加透明与合法的侦查、预审程序，督促检察机关尽职履行侦查监督职责。

【案例2】 典型的驳回"排非"申请的案件

西安中院：提出非法证据排除申请的案件共有3件，均召开了庭前会议。一件案件在庭前会议中，被告人及其辩护人未提出具体明确的线索、材料，公诉人出示了讯问同步录音录像等证据后，对非法证据排除申请予以驳回。后被告人自愿认罪，一审法院适用认罪认罚从宽制度进行了审理。一件案件中，被告人及其辩护人申请排除非法证据，经过庭前会议公诉人对证据的合法性进行了说明，合议庭驳回了排非申请。另一件案件中，被告人及其辩护人申请排除非法证据，庭前会议中，公诉人提供了审查起诉阶段的讯问笔录、庭审笔录等证据，但控辩双方对被告人供述的收集是否合法未达成一致意见。后法庭经调查认为，没有证据证明侦查人员对被告人有刑讯逼供及言语威胁行为，被告人的供述一致、稳定且均为无罪供述，且其在侦查终结前、审查起诉阶段及本案第一次审理过程中均未提出非法证据排除申请。法庭经审查，对被告人供述收集的合法性没有疑问，驳回了该排除非法证据的申请。

评价：不可小觑的是，多数基于"排非"申请而召开的庭前会议都驳回了被告人的"排非"申请，这也是数量和比重都很大的一种处理结果，个中缘由，值得深思。

（三）试点运行中反映的突出问题

《庭前会议规程》试行的3个月在推进试点单位"庭审实质化改革"、提高庭审效率上起到了重要的促进作用，这无疑是值得肯定的，但同时也暴露出一些突出问题，需要作出理论上的反思和进行审慎的对待。

1. 启动庭前会议的权利告知出现欠缺

《庭前会议规程》第2条赋予了控辩双方启动庭前会议的申请权，但长期以来，包括试点工作期间，各试点法院召开庭前会议主要是由法院依职权决定召开，很少因控辩双方申请而召开，如此会侵犯控辩双方启动庭前会议的权利。由于权利告知是权利的属性，是权利得以救济的基础和前提，故应进一步完善对被告人、辩护人等诉讼参与人的送达程序和告知程序，进一步细化和完善送达、告知控辩双方提请召开庭前会议的相关规定。

2. 庭前会议的主持人员范围有待进一步的拓宽

庭前会议由谁主持？法官助理到底能否胜任？《庭前会议规程》第3条第1款规定，"庭前会议由承办法官或者其他合议庭组成人员主持"，其中并未赋予法官助理主持庭前会议的权利。但是实践中，很多法院反映一些水平较高的法官助理可以审理简单案件或者涉及程序性问题的案件，但是重大疑难复杂案件不能由法官助理主持，因为法官助理对控辩双方的争议焦点不敢归纳或者归纳不准确，应对诸如被告人在庭前会议上突然提出排除非法证据申请、调取新证据申请等突发情况的能力不足。

我们认为，庭前会议对于案件程序性事务的决定具有相当重要的影响力，庭前会议的法官享有相当大的职权，这意味着其所承担的责任相当重大，这种责任需要具有较高法律素养和专业知识的人才可以承担，[22] 故庭前会议应当由承办法官与合议庭主持。但是，在现有的法规中，已经有关于法官助理的任务的规定，

---

〔22〕 汤景桢：《刑事庭前程序研究》，上海人民出版社2016年版，第192页。

在《中华人民共和国人民法院组织法》第 48 条规定，"人民法院的法官助理在法官指导下负责审查案件材料、草拟法律文书等审判辅助事务。"最高人民法院《关于完善人民法院司法责任制的若干意见》第 16 条规定，"合议庭审理案件时，承办法官应当履行以下审判职责：①主持或者指导法官助理做好庭前会议、庭前调解、证据交换等庭前准备工作及其他审判辅助工作……"所以尽管庭前会议应当由承办法官与合议庭主持，但是法官助理主持简单案件的庭前会议，至少在主审法官的指导下主持简单案件的庭前会议是有法可依的，且允许法官助理主持一些简单案件或所涉争议小的案件的庭前会议，这样能够充分挖掘法官助理的审判资源潜力，提高司法资源的利用效率，方便法官集中精力处理审判事务。[23] 所以，《庭前会议规程》第 3 条的规定是一个原则性规定，不必更改，但是为了体现法律体系的统一性，实现《庭前会议规程》与现有法律规定的呼应，对于《庭前会议规程》规定的庭前会议的主持人员的范围在一定条件下，应进一步拓宽。

3. 庭前会议的参与人员应当进一步明确

《庭前会议规程》对于庭前会议可能涉及的人员，例如被告人、人民陪审员、被告人亲戚、朋友以及被害人，是否应当参与庭前会议没有明确规定。这就为司法实践出了难题，在法院的试点报告中多次提及应当让上述人员参与庭前会议，那么上述人员是否应当出席？或者在何种条件下应当参与庭前会议？

第一个难题，被告人是否应当出席庭前会议？《庭前会议规程》没有硬性要求被告人到庭，而是以被告人申请作为被告人是否到庭的条件。但在司法实践中，很多法院认为，庭前会议要解决是否申请程序性问题，还要在庭前会议上展示证据目录，同时对于庭前会议中达成一致意见的事项，法庭在调查前，要向控辩双方核实后，当庭确认，如果被告人不参加庭前会议，那么可能剥夺被告人的权利，所以一些法院建议要求被告人"应当"参与庭前会议。我们认为，虽然被告人的出席并不能解决案件的实体问题，被告人未出席的情况下也可以得出庭前会议报告，庭审中也可以根据新理由、新证据，对一些程序性事项作出新的裁判，但是被告人不出席庭前会议会影响法官充分听取控辩双方对于《庭前会议规程》第 9 条规定的程序性问题的意见，影响被告人关于程序性问题的诉讼权益，易产生被告人在庭审中继续提出程序性问题的状况，从而降低庭前会议解决程序性问题的效率与效果。更何况，"目前，当事人请不起律师的现象极为普遍，相对较高的法律服务收费往往使那些经济有困难的当事人望而却步。而我国的法律

---

〔23〕 任少华、刘新、方君：《让庭前会议成为庭审"制高点"——湖南省长沙县法院庭前会议工作创新纪实》，载《民主与法制》2016 年第 2 期。

援助制度刚刚起步，还无法切实保障每一位经济困难的当事人都平等地得到法律服务"〔24〕且"诉求争点整理和附带民事诉讼赔偿问题涉及辩护人与被告人或附带民事诉讼代理人与被代理人之间的信任度、责任承担、无权代理事项等"，庭前会议还可能"要解决涉及不宜由辩护律师代理或律师不愿代理的事项"，当被告人无辩护律师代理的情况下，若不赋予其参与庭前会议之权利，上述问题就会更加凸显，庭前会议就会成为一种虚设。〔25〕而且，在多被告人案件中，部分被告人有律师辩护，部分被告人没有律师辩护的情况下，仅允许申请参与庭前会议的被告人参与庭前会议，会使那些没有辩护律师代理也未申请参会的被告人的意见无法在庭前会议中展现，从而会违反平等保护原则。对于那些应当到庭但基于客观原因无法到庭的被告人，应当采用远程视频的方式，方便被告人参与庭前会议，这一做法在成都等多个试点法院中已经进行实践并被验证是可推行的。

因此《庭前会议规程》第3条规定的被告人申请参与庭前会议而应当允许其参会的规定并未出错，只是需要进一步拓宽，增加"对于无辩护律师或法律援助的被告人，应当通知其参与庭前会议，由于客观原因不能到庭的采用远程视频模式方便被告人参与会议"等规定。

第二个难题，人民陪审员应否出席庭前会议？《庭前会议规程》第9条列出审判人员需要向控辩双方了解"是否申请有关人员回避"。至于可以申请何人回避，《刑诉法解释》第二章第32条对此作出规定，"本章所称的审判人员，包括人民法院院长、副院长、审判委员会委员、庭长、副庭长、审判员、助理审判员和人民陪审员。"但是，《庭前会议规程》第3条并未要求人民陪审员到场，那么实践中出现了这样的困境：在人民陪审员未出席庭前会议的情况下，庭前会议如何询问控辩双方是否申请对人民陪审员的回避？我们认为，庭前会议不解决实体性问题，而在回避问题的解决过程中，会涉及对人民陪审员与案件之间利害关系的调查，会涉及一部分实体问题，所以对于人民陪审员是否回避的问题不能在庭前会议中解决，而仅仅是要对陪审员回避申请的知晓以及决定是否在庭审中处理这一回避问题，人民陪审员的回避问题应当仅在庭审中予以解决。而且人民陪审员制度的核心就在于"司法民主化"，〔26〕通过陪审员参与庭审防止法官对案件事

---

〔24〕 姜淑华、解永照：《法治视野下的刑事诉讼问题研究》，中国政法大学出版社2016年版，第181页。

〔25〕 陈文：《我国刑事庭前会议程序"一体化"模式思考》，载卞建林、陈旭主编：《法治中国视野下的刑事程序建设》，中国人民公安大学出版社2015年版。

〔26〕 张卫平：《陪审制：又一张改革抛饼？》，载何家弘主编：《法学家茶座》（第41辑），山东人民出版社2014年版。

实的错误把握，所以陪审员不应在庭前会议知晓案件，但是由于庭前会议会处理申请人民陪审员的回避问题，所以应当为控辩双方提供人民陪审员的名单及简介，为控辩双方申请人民陪审员回避提供方便。

第三个难题，被告人亲戚、朋友或被害人能否参与庭前会议？《庭前会议规程》没有明确提及这一问题。这一问题影响庭前会议中双方协商一致的程度，例如被告人亲属及朋友的支付能力、被害人对于被告方的谅解程度都需要双方面对面的沟通与协调，为庭审中民事赔偿协议的达成、刑事和解的启动打下基础。于是，为了能更好进行调解，一些试点法院建议通知当事人近亲属、村居干部等能有效促进调解工作的人员参加，在《庭前会议规程》第 3 条第 2 款中增加规定："可以通知有利于促进调解的其他人员参加。"我们认为，刑事和解的达成基于犯罪嫌疑人犯罪后认罪态度的认定，影响定罪量刑，所以属于案件的实体性问题，其仅应在庭审中加以解决，庭前会议中法官只能听取被告方与被害人的意见，决定是否在庭审中启动刑事和解程序或者民事调解程序。对于庭前会议的主持法官能否对上述人员参与庭前会议作出决定，根据《庭前会议规程》第 9 条的规定，"审判人员可以就"程序性事项"了解情况，听取意见"，所以是一种"广开言路、兼听则明"的了解案件的方式，[27] 所以只要上述人员的出席能够促使庭前会议更好地决定是否在庭审中进行刑事和解程序，那么主持庭前会议的法官就可自由决定是否安排被害人或被告人的亲属、朋友出席庭前会议。同样，只要法警在场能够促使庭前会议更加安全地召开，则可以由庭前会议主持人决定法警是否在场，所以对于《庭前会议规程》第 6 条第 2 款"被告人参加庭前会议，应当有法警在场"之规定，可以不予以硬性规定，由法官对此问题进行自由裁量即可。

第四个难题，控辩双方申请主持会议的合议庭组成人员、法官助理、书记员申请回避，在未作出回避决定的情况下，上述人员能否继续主持或者参与庭前会议？庭前会议是否还应当继续进行？我们认为，庭前会议的功能就在于解决案件的程序性事项、听取控辩双方的意见、总结争议焦点，当庭前会议的正常程序因为案件主持人员的回避问题尚未解决而不能正常进行时，庭前会议的作用注定不能实现，这时应当终结庭前会议程序，进入庭审阶段，因为继续解决庭前会议中主持法官应否回避的问题只会拖延案件处理的进度。

第五个难题，辩护人或者公诉人不出席庭前会议的问题。《庭前会议规程》第 3 条第 2 款规定："公诉人、辩护人应当参加庭前会议。"但实践中却经常出现

---

〔27〕 杨宇冠等：《非法证据排除规则在中国的实施问题研究》，中国检察出版社 2015 年版，第 304 页。

辩护人、公诉人拒绝出席的情况，对此，利用什么办法可以让辩护人、公诉人出席庭前会议？视频方式在此能否运用？《人民检察院刑事诉讼规则》第430条规定，"人民法院通知人民检察院派员参加庭前会议的，由出席法庭的公诉人参加，必要时配备书记员担任记录。"所以，公诉人有义务出席庭前会议，其没有否定权。同时，这也是对辩方的制约与平衡，这是保障控辩平等原则的必然要求。控辩平等对抗包含对抗的平等，"要使诉讼结构得到合理的维持，必须确保控诉与辩护只能保持相对的平衡，作为一对相互矛盾和冲突的诉讼职能"[28]，所以仅有一方出席庭前会议违反控辩平等原则，公诉方有出席庭前会议的义务，所以公诉方无出席的否定权，《庭前会议规程》需要对不出席庭前会议的公诉人进行责任的追究，明确问责方式。《庭前会议规程》对于辩护人出席庭前会议的义务同样没有明确的规定，但是对于辩护律师不出庭我们可以分为被告人聘请了辩护律师与未聘请辩护律师两种情况，对于未聘请辩护律师的情况应另当别论，但聘请了辩护律师而律师不出席庭前会议的情况则属于律师不履行辩护义务，这会使被告人受到不公正的判决，使被告人正当的诉讼利益受损，且丧失为辩护支出的辩护费用。在实践中，有的试点法院已经探索出如何解决这一问题的方法，即将辩护人拒绝参加庭前会议的情况向被告人及被告人家属告知，被告人及其家属了解情况及有关法律规定后，大部分会认为其辩护人不履行其应尽职责，就会提出解除与其律师的委托关系，另行委托律师，或者自行辩护，这样就能够保证辩护人出庭。[29] "从立法技术上说，法律条文在赋予权利人义务时也应该赋予相应的责任"，即使会出现"有条无法"的情况，那也仅是一种"立法技术的需要"，[30] 所以对辩护人不履行辩护职责、不维护被告人合法权益的行为应当进行责任追究，在立法中予以规定。同时随着互联网技术的发展，建议法官通过远程视频方式解决因为客观原因导致的公诉人、辩护人不能出庭的情况。

4. 庭前会议对证据的开示程度不应达到庭审质证程度

《庭前会议规程》第18条第1款规定："庭前会议中，对于控辩双方决定在庭审中出示的证据，人民法院可以组织展示有关证据的目录，听取控辩双方对在案证据的意见，归纳存在争议的证据。"但是在实践中有的辩护人不愿意展示证据，在个别基层法院的证据开示过程中，又"走向另一个极端"，要求辩护人将

---

[28]　陈卫东主编：《模范刑事诉讼法典》，中国人民大学出版社2011年版，第21~22页。

[29]　参见《河北省廊坊市中级人民法院关于开展"三项规程"试点工作小结》。

[30]　汲广虎、朱辉：《〈刑事诉讼法〉第40条再检视——兼就〈刑法〉与修改后〈刑事诉讼法〉的衔接问题研究〉一文商榷》，载《中国检察官》2016年第11期。

证据完整地出示一遍，审判人员征求辩方意见，与庭审质证无异，进行了实体审理，明显违背了《庭前会议规程》展示证据目录的规定。在庭前会议，证据初步开示的程度应当是什么样的？仅展示证据目录就可以总结出争议焦点吗？对案件争议焦点的总结势必会涉及案件实体问题吗？对此我们认为，在刑事诉讼中多数案件争议焦点的总结不一定需要证据的完整开示与类似庭审中的"质证"环节，通过对证据目录的展示就可以归纳出争议焦点，而且如果通过证据目录的展示仍不能总结争议焦点，那么法官有权通过自身的自由裁量权对证据开示的程度进行把控，只要能够促进案件争议的总结，使得庭审只解决有争议的问题与证据，这样的证据就可以进行开示。

5. 庭前会议报告与庭审的衔接方式有待进一步强化

《庭前会议规程》第 24 条第 2 款明确了庭前会议的效力，"控辩双方在庭前会议中就有关事项达成一致意见，又在庭审中提出异议的，除有正当理由外，法庭一般不再对有关事项进行处理。"然而，在试行中发现一方当事人（律师）对庭前会议持敷衍应付的态度，在庭审时甚至单方面推翻其在庭前会议中的意见。比如，个别辩护人出于各种原因，在庭前会议不申请回避、不提供新的证据材料、不申重新鉴定，直至庭审中才提出，视庭前会议为虚设。如何进一步强化庭前会议报告的地位和效力？如何具体实现庭前会议与庭审的衔接？《庭前会议规程》明确了庭前会议的效力，其不仅仅是了解案件情况、听取双方意见而且是对诉讼中的程序性问题的处理起到确定性的作用，一改因新修订的《刑事诉讼法》对于庭前会议效力的规定含糊其辞而导致的"法官对庭前会议效力的认识不一致"现象[31]以及由此对庭前会议质量与效率而产生的影响。在庭前会议效力确定的情况下，庭前会议与庭审的联系本该相当稳固，庭审中本不会出现推翻、重复庭前会议内容的现象，但是实践中却出现了上述对庭前会议不加重视及对庭前会议的决定不加遵从的现象，我们认为这是因为对于遵守庭前会议决定的义务还未规定相应的责任，比如对庭前会议不积极而庭审中又推翻庭前会议决定的辩护人予以警告、罚款等责任。

6. 庭前会议中是否讨论申请退赔赃物问题？

庭前会议中，审判人员就程序性事项向控辩双方了解情况，《庭前会议规程》第 9 条进行了不完全列举。那么程序性事项包括的仅仅是《庭前会议规程》第 9 条列举的项目吗？在实践中，有的试点法院认为，申请退赔赃款赃物也属于程序

---

〔31〕 张燕龙：《庭前会议程序的衔接机制研究》，载《法学杂志》2015 年第 12 期。

性事项，对庭审的集中进行和提高当庭宣判率均有价值，那么能否在庭前会议增加对"申请组织赃款赃物退赔"一项的讨论呢？[32] 但正如该法院在报告中所写的，退赔的结果对被告人量刑具有重要意义，[33] 所以这一问题与案件有关，如果在庭前会议中解决了赃款赃物的退赔问题，那么就会违背庭前会议制度的初衷，即庭前会议不解决涉及定罪量刑的实体性问题。试点法院在庭前会议中就解决退赔问题是不正确的，其仅可以对庭审中解决退赔问题的必要性进行判断，对庭审解决退赔问题进行安排，一切实体性问题都要在庭审中解决。

同样，对于能否在庭前会议中讨论"申请解决刑事附带民事诉讼调解或刑事和解"这一问题，也是一样的。在庭前会议中讨论"申请刑事附带民事诉讼调解或刑事和解"能先行固定未达成调解或和解案件的赔偿意向和争议焦点，为庭审的顺利进行奠定基础，所以可以在庭前会议听取双方对于调解与和解的意见，决定在庭审中是否进行民事调解与刑事和解程序，但是调解或和解的程序只能够通过庭审进行解决，调解与和解的协议也是通过庭审的裁判予以确定。

对于一些法院提出的被告方提出变更强制措施的申请，是否由法院在庭前会议中作出准许的决定，即"申请进行羁押必要性审查"能否在庭前会议进行讨论这一问题，因为新修订的《刑事诉讼法》第93条[34]规定，"犯罪嫌疑人、被告人被逮捕后，人民检察院仍应当对羁押的必要性进行审查"，所以进行羁押必要性审查的主体是检察机关。虽然现阶段对于羁押必要性审查的启动方式存在争议，但是启动的主体或者所申请的审查主体应该是检察机关，所以这一问题不应作为庭前会议中应当讨论的问题。

7. 检、法关系有待调整，避免使辩方处于举证、辩护不利的地位

实践中出现了一个问题，即在庭前会议中，公诉人往往申请补充证据，形成辩护人帮助公诉人发现案件证据的局面。[35] 这不利于庭前会议的高效率进行，也不利于辩方辩护思路的展开。如何对刑事诉讼司法构造中的检法关系进行修改，关系到控辩双方的平等对抗。对于检察机关申请调取证据，《庭前会议规程》在第14条、第15条第2款中进行了规定，"控辩双方申请重新鉴定或者勘验，应当说明理由，人民法院经审查认为理由成立、有关证据材料可能影响定罪量刑且不

---

〔32〕 参见《温州市法院关于"三项规程"试点案件的分析报告》。

〔33〕 例如，在温州法院的两件试点案件，经办法官于庭前会议召集被告人家属（辩护律师）和被害人就赃款赃物退赔事宜进行协商，被害人获足额赔偿并出具恳请对被告人从轻量刑的意见。

〔34〕 现为第95条。

〔35〕 例如，在甘肃兰州的被告人马一四么二力贩卖毒品一案中，因双方对于证据争议较大，公诉人以补充证据退查的方式要求延迟开庭，导致案件审理拖延。

能补正的，应当准许；认为有关证据材料与案件无关或者明显重复、没有必要的，可以不予准许。""被告人及其辩护人申请向证人或有关单位、个人收集、调取证据材料，应当说明理由，人民法院经审查认为有关证据材料可能影响定罪量刑的，应当准许；认为有关证据材料与案件无关或者明显重复、没有必要的，可以不予准许。"从规定中可以看出，法官对于控辩双方补充证据的申请享有较大的裁量权。但是，为什么单单检方申请补充证据的行为会使辩方饱受困扰，而辩方申请补充证据的行为不会使检方的公诉行为受到牵制呢？此原因没有在试点报告中明确体现。我们认为，由于检、法关系密切，相互配合的关系强过相互制约的关系，使得控辩双方不平等。《刑事诉讼法》经过 1996 年的修改使检法关系得到了一定程度的割断，但是并未根本割断。于是，我们推测《庭前会议规程》试行期间出现上述问题的原因，是在检方申请调取证据进行补充之时，法官多数情况下会同意，而辩方申请补充证据之时，法官多数情况下拒绝了。

为了改变这种现状需要从根本上变革控辩审三方的关系。对于检、法关系的构建，目前有"监督本位模式"与"审判中心模式"两种模式，但是前一种不仅在学术界饱受争议，而且在实践中也缺乏法律的指引，推行相当困难；第二种由于法官的职业特权基本未得到落实，职业伦理准则也并未完整地建立起来，所以距离"法官独立"这一审判中心主义的基本目标尚存较大距离，而检察权的准司法化，即检察机关司法性权力的剥离存在制度上和实践中的双重困难。检、法关系的重新构建关系到"一府两院"的国家架构，关系到公、检、法在办理刑事案件时"分工负责、互相配合、互相制约"的宪法规则，关系到党对国家归口管理体制的调整，所以检、法关系的重构涉及面很广，实质上是一个宪政体制调整问题。有的学者提倡一种介于两者之间的检法关系模式，依据宪法的目的，进行"合目的性的考虑配置司法职权"，对于一项职权可以设置成"检、法两院并行设置、均衡互动"的体制，希望"在检、法两院的关系中导出一种内生性的分权制衡框架"。[36] 我们认为，对于检、法两院关系的重新构建的道路虽然很艰难与漫长，但是我们所追求的目标不应当改变，即在司法的过程中实现法官中立，控辩双方平等对抗，而不应偏向控辩任何一方，从而实现司法公正。

三、法庭调查规程的实施状况

庭审实质化是"以审判为中心"的刑事诉讼制度改革中最核心的内容，"三

---

〔36〕 史溢帆：《司法改革中的检、法关系：进路、反思与前瞻》，载《四川大学学报（哲学社会科学版）》2011 年第 3 期。

项规程"的构建与实施是深化庭审实质化改革的重要突破口。《法庭调查规程》作为"三项规程"中最主要的构成部分，也是本次庭审实质化改革的一大亮点，体现了庭审过程中司法证明实质化、控辩对抗实质化的特点及趋势，其内容及实施状况决定了《庭前会议规程》《非法证据排除规程》能否真正发挥应有作用。《法庭调查规程》的出台，象征着我国刑事司法实践在改革理念和制度构建方面不断先进化、精细化，是庭审实质化改革进程中的重要进步。

（一）简介

1.《法庭调查规程》的制定背景

最高人民法院为贯彻落实《关于推进以审判为中心的刑事诉讼制度改革的意见》，结合如下因素，制定本规程：

（1）立足审判实践，解决庭审虚化问题。近年来，各地审判实践均反映出较为严重的庭审虚化现象，普遍存在案件事实和被告人的刑事责任并非通过庭审方式认定，甚至不在审判阶段决定，庭审单纯"走过场"，沦为对侦查阶段的确认程序。而庭审虚化尤其表现在法庭调查过程的虚化，如应当出庭的证人、侦查人员等未出庭，法官过分依赖案卷笔录，法庭调查程序不规范，举证、质证规则笼统粗疏，调查秩序混乱，控辩双方庭审力量不均衡，刑事辩护较为孱弱等。以上种种，不仅影响了法庭调查效果，阻碍法官查明案件事实，更消解了庭审的实体功能，使庭审流于形式，甚至成为许多冤假错案的病兆，严重危害司法公正。为消除此种弊窦，走出庭审虚化的迷局，须采取有效的破解方案，《法庭调查规程》应运而生。

（2）细化现有规范，完善法庭调查规则。从立法层面来看，现行法规涉及法庭调查部分的规定较为模糊粗糙，缺乏具有普遍指导意义的行为细则，不同法院的具体操作流程各有殊异，或依法官审理习惯，或当庭视情况而定，如法官庭审控制能力较弱，法庭调查则极易陷入无序无效的状态，难以发挥其应有的功能，从而降低庭审质效。《法庭调查规程》的出台正是回应了理论界及实务界对此的思考与认识，特别是进一步细化了现有庭审规范，将证明重心置于质证阶段，围绕有效质证建立了更加具体、精细的质证规则，为司法实务人员提供了较为完备细致的规范指引。

（3）推进制度探索，落实庭审实质化改革。"以审判为中心"的诉讼制度改革确立了刑事庭审在证据审查及事实认定中的核心地位，也对刑事庭审的实质化提出了更高的要求。要真正确保庭审在查明事实、认定证据、保护诉权、公正裁判中发挥决定性作用，使"案件事实查明在法庭、诉讼证据质证在法庭、辩诉意见发表在法庭、裁判理由形成在法庭"[37]，必须制定一套可操作性强的实施细则，以规范法庭调查程序，提高庭审质量和效率，实现庭审功能的最大化。《法庭调查规程》在总结传统庭审经验的基础上，从规范层面对庭审实质化的落实作出了有益探索，极具必要性与现实性。

（4）贯彻新发展理念，实现精细化司法。随着我国司法改革的深入发展，司法理念也在与时俱进，不断更新。在新一轮司法改革背景下，无论是司法实践部门还是社会大众均期待更为精细化的程序设计，更为合理有序的制度安排，以通过程序正义实现实体公正。《法庭调查规程》秉承先进化、精细化的司法理念，用制度创新推动司法观念的更新，为审判实践由粗放式司法转向精细化司法提供规则的助益。

2. 《法庭调查规程》的现实意义

（1）摆脱证人、侦查人员普遍不出庭的困境。近些年来，从各地审判实践所反馈的情况看，庭审虚化是较为多见的现象，最典型的当属证人、侦查人员普遍不出庭。以证人出庭作证为例，来自基层法院的数据显示，一些地方证人出庭的比例尚不足 1%。[38]早在 2012 年《刑事诉讼法》修改前，左卫民教授等曾对 S 省省会 C 市法院系统的 19 个刑庭进行调查，调查显示，C 市法院系统证人出庭率处于极低的水平。在 19 个样本中，有 9 个刑庭没有证人出庭，有证人出庭的案件为 26 起、68 名证人，以全年其他及中院的全部 6810 起刑事案件为基数，证人出庭率仅为 0.38%。[39]有鉴于此，2012 年《刑事诉讼法》修改的一项重要内容就是采取措施提高证人出庭率，如第 187 条规定的"关键性证人出庭作证制度"及第 188 条规定的"强制到庭制度"，但实施效果并不理想。据最高人民检察院《关于 1—4 月全国检察机关侦查监督、公诉部门执行修改后刑诉法情况通报》（高检诉 [2013] 33 号），全国范围内证人出庭比例为 0.12%。新《刑事诉讼法》修改后，陈光中教授等曾开展关于"庭审实质化与证人出庭作证实证研究"的项目，主要内容为在浙江省温州市法院（及瑞安、平阳两个基层法院）和北京市西城区法院进行试点。调研发现，各个试点法院的证人实际出庭率非常低，一审法院有证人证言的案件中证人出庭率最高不超过 2.3%，最低仅为

---

〔37〕 最高人民法院于 2015 年 2 月发布的《关于全面深化人民法院改革的意见——人民法院第四个五年改革纲要（2014—2018）》提出了"四个在法庭"。

〔38〕 吴兢：《证人出庭率低困扰司法公正》，载《人民日报》2006 年 6 月 1 日，第 10 版。

〔39〕 左卫民、马静华：《刑事证人出庭率：一种基于实证研究的理论阐述》，载《中国法学》2005 年第 6 期。

0.33%。二审法院有证人证言的案件中证人出庭率最高也仅有 7.38%，最低仅有 1.35%。[40] 可见，证人出庭情况仍无明显好转，新《刑事诉讼法》的修改收效甚微。

证人不出庭，言词证据基本以书面的形式进入法庭，这无疑给庭审证明造成极大的阻力，首当其冲的便是质证过程的有效性，主要表现在对被告人质证权的损害及对法官准确认证的阻碍。作为被告人的一项基本权利，质证权是指刑事被告人出席法庭审判，对控方出示的证据进行质疑、询问、反驳的权利，它是公正审判原则和正当程序原则的内在要求。质证权内涵中最核心的内容是"面对面规则"，即被告人有权要求与对其提供不利证言的证人面对面，使其接受来自辩护方的询问与质证。但如果证人只作证却不出庭，被告人便无法与证人进行"面对面"的辩论，丧失了当庭质疑、反驳证人的机会，这无异于变相地剥夺了被告人的质证权，严重破坏了程序公正。而且，在证人不出庭的情况下，辩护方无法通过与证人对质来直观地揭露虚假证言，只得借助于寻找书面证词与其他证据之间的矛盾以降低证言的可信性、动摇法官心证，这无形中减少了辩护方证明的手段和途径，压缩了辩护空间，增加了证明难度。更重要的是，证人不出庭，庭审难以形成有效的质证与对抗，直接削弱了庭审的证明功能，阻滞了法官对事实的认定，加大了其错误裁判的风险。

证人不出庭的负面效应在主要依靠言词证据定罪的案件中影响尤甚，如存在被害人证人的性侵案件及只有"一对一"口供的贿赂型案件。在被害人为证人的性侵案件中，被害人的证词是对被告人进行有罪判决的主要依据，而法庭一般会出于保护被害人、防止二次伤害的考虑使其免于出庭。但实践中存在大量此类案件中被害人说谎的情形，故这一考量不足以成为限制被告人质证权的当然理由。事实上，在处理证人的保护和被告人质证权的保障关系上，欧洲人权法院曾作出相关判例以明确其态度。[41] 判例指出，为保护证人而拒绝被告人质证的要求，必须证明存在提供保护的必要性且理由充分。而且，即便面对面的质证因保护证人利益而难以实施，法院也应当积极采取如视频传输等保障措施，将对被告人质证权的损害降到最低，径直剥夺被告人的质证权，有违公约规定。本案中受到性侵的被害人是四名未成年人，通常看来具有更充分的不出庭理由，但欧洲人权法院

---

〔40〕 陈光中、郑曦、谢丽珍：《完善证人出庭制度的若干问题探析——基于实证试点和调研的研究》，载《政法论坛》2017 年第 4 期。

〔41〕 Bocos-Cuesta 一案，选自林钰雄：《对质诘问之限制与较佳防御手段优先性原则之运用：以证人保护目的与视讯讯问制度为中心》，载《台大法学论丛》2011 年第 4 期。

仍然否定了原判决法院拒绝被告人质证的做法，立场坚定地强调应尽可能地保障被告人的质证权。在"一对一"证据的贿赂型案件中，证据信息的来源非常有限，直接证据一般仅限于双方的供述，如果行为人的言词证据不一致，对行为是否存在、性质如何等问题很难通过其他证据予以证明。被告人为逃避惩罚，往往会拒不承认，若此时相对人不出庭作证，仅有的证据又存在矛盾，案件证明则会陷入困境，难以为继。

此外，在非法证据排除程序[42]中审查证据收集的合法性时，侦查人员的出庭对证据认定及案件证明至关重要。虽然2012年《刑事诉讼法》第57条第2款[43]确立了侦查人员出庭制度，但该规定在具体实施中却困难重重。首先，程序启动的不平等性：该条只规定了检察院提请的通知程序、法院通知程序、侦查人员要求程序，却未赋予辩护方启动权。在证据合法性调查程序中，证明义务虽然在控诉方，但辩护方却没有该项程序的启动权，这直接导致其丧失了对侦查人员质证的权利，更无法提供存在非法取证行为的证据。其次，出庭身份的特殊性：侦查人员既是追诉犯罪的公务人员，又是亲历犯罪现场情况及证据收集过程的证人，而法条规定"出庭说明情况"而非"出庭作证"，似乎暗示了侦查人员出庭是对职权行为的单向性说明，并未明确其是否要遵守证人出庭作证的相关规定。最后，质证方式的不确定性：鉴于其身份的特殊性，应采取何种方式对其进行质证，规定尚付阙如。事实上，侦查人员未能出庭除立法方面的缺陷外，更深层次的原因是按照我国司法体制的职权配置，法官并没有指挥侦查人员的权力，因而在庭审的过程中，法官很难直接要求侦查人员出庭作证。

（2）规范质证规则，健全质证机制。曾有法官实务工作者以其所在市法院2014年刑事案件庭审评查、案件质量评查为实证样本，对刑事庭审整体运行现状进行考察。数据显示，在当年X市法院共组织的25件庭审评查中，庭审重点把握不足、事实调查不充分的9件，占36%；掌控庭审节奏、处理突发事件等驾驭能力方法不足的8件，占32%；质证环节繁简不分、详略不当的6件，占24%。调查结果发现，当法官庭审能力欠佳时，质证顺序、方式等规则的缺失将会加剧庭审虚化，妨害判决公正和庭审效率。[44]更有律师实务人员直言，"当我们还没有一个完善、规范、细致的庭审规则，没有对证人的诚信作出有效规范的背景

---

[42] 非法证据排除程序本质上也是质证程序。在我国，侦查人员出庭主要是解决证据收集的合法性问题，此一部分独立性较强，相关问题更为复杂，因篇幅所限，本文仅对其涉及质证程序的部分进行论述。

[43] 现为第59条第2款。

[44] 高伟：《刑事庭审方法的分段式检讨与续造》，载《法律适用》2016年第6期。

下，即使证人出庭也很难达到我们预期的效果。"〔45〕由此观之，作为庭审指挥者的法官亟须一套操作性强的质证规则作为规范指引，以帮助其更好地把控质证这一庭审的中心环节。而对于辩护方来说，完备细致的质证规则一方面可以规范控方的质证行为，另一方面更重要的是可以保障辩护方有充分质证的机会和时间，能够对争议事实和关键证据与控方展开实质有效的对抗。

目前我国的庭审质证规则都相对简单，有些内容甚至还是空白，如关键证据、争议证据质证的模式，非法证据排除程序在庭审中的位序，证人之间、同案被告人之间的对质，规范法官不得随意干预质证过程等。具体而言，由于目前我国庭前会议尚属于初期实施阶段，其组织展示证据、归纳争议焦点的功能并未得到有效发挥，甄别、筛选关键证据及争议证据的能力较弱，导致庭审中质证过程杂乱无章。实践中控辩双方或不加区分地将所有证据一一出示质证，或仅单纯出示证据，而未发表有效的质证意见，使质证过程流于形式；在庭审实务中，对证据的三性问题往往不分先后顺序而一并调查，没有逻辑上的层次之分，"法庭调查和质证缺乏条理性和针对性，难以真正展开观点交锋，有时甚至会使质证过程演变为各说各话，造成一种混乱无序的状况。""另一重大缺陷在于：由于证据调查缺乏层次性，无法过滤不具有证据能力的证据，因而不具有证据能力的证据也得以在法庭上出示、质证，容易对法官的心证造成'污染'。"〔46〕当前，我国被告人的质证权尚未获得完全的保障，证人之间、同案被告人之间的对质更无从谈起。实践中一些法官认为对证据的辩论应放在法庭辩论阶段进行，从而过度限制被告人及其律师在法庭调查阶段的质证，任意打断律师的质证意见，造成无效质证的局面。

针对上述较为典型的庭审虚化现象，《法庭调查规程》作出了相应对策性的规定，下文将对《法庭调查规程》的主要内容作一简要分析。

3. 《法庭调查规程》的主要内容

《法庭调查规程》共53条，主要内容大体可分为两个方面：一是一般原则性规定，包括证据裁判原则、居中裁判原则、集中审理原则、诉权保障原则、程序公正原则，为法庭审理确立了纲领性的基本的遵循与指导思想；二是具体程序性规定，规范了开庭讯问、发问的方式及顺序，细化了证人、鉴定人等出庭作证制度，完善了各类证据的举证、质证、认证规则。

其进步之处主要体现在以下几点：

---

〔45〕 邹佳铭：《刑事案件如何质证（上）》，载 http://mp. weixin. qq. com/s/UVjDtVdqAA-4JVy2KW5z9Q，最后访问日期：2017年12月1日。

〔46〕 万毅：《证据"三性"质证宜采分层递进调查模式》，载《检察日报》2017年11月19号，第3版。

（1）公诉方不得选择性移送和出示证据。关于公诉方的举证行为，《刑事诉讼法》第 172 条[47]规定，"人民检察院认为犯罪嫌疑人的犯罪事实已经查清，证据确实、充分，依法应当追究刑事责任的，应当作出起诉决定，按照审判管辖的规定，向人民法院提起公诉，并将案卷材料、证据移送人民法院。"此处并无规定案卷材料、证据的性质和范围，是否应包括对被告人有利的无罪和罪轻证据，尚未明确。《人民检察院刑事诉讼规则》第 360 条对检察院移交对被告人有利的证据材料作出规定，但在司法实践中，该条的执行情况不尽人意，公诉机关隐瞒对被告人有利证据的现象并不鲜见。为解决公诉机关选择性地移送、出示证据，保障被告人权利，避免冤假错案的发生，2012 年《刑诉法解释》第 224 条赋予了法院调取证据材料的权力。而事实上，即便被告人、辩护人发现公诉机关确有未移交的无罪或罪轻证据而申请法院调取，也往往由于公诉机关的强势或法院的消极而使此项权利落空。对此，《法庭调查规程》第 2 条[48]作出创新性规范，将所有证据随案移送并当庭出示作为检察机关的强制性义务予以规定，防止其在诉讼利益驱使下任意取舍证据，使法官被片面的证据一叶障目而丧失中立裁判的立场，形成与控方共同对抗辩方的局面。该条保证了法官能全面掌握和审查关乎被告人的所有证据，也在一定程度上弥补了辩方举证力量的不足，为充分质证和公正裁判奠定基础。

（2）规定关键证据、争议证据的质证模式。《法庭调查规程》对关键证据、争议证据质证模式的规定是细化质证规则的一大亮点。2012 年《刑诉法解释》第 218 条规定："举证方当庭出示证据后，由对方进行辨认并发表意见。控辩双方可以互相质问、辩论。"实践中，通常是控方出示一个或一组证据，陈述其所要证明的事实后，接着出示下一个或下一组证据。在此期间，辩护人的质证意见常受制于法官而未能充分展开，须至法庭辩论阶段方可对事实、证据及法律适用问题综合回应。控辩双方举证、质证在时间上的错位极易导致证明过程在逻辑上的裂解，使证明效果大打折扣，进而妨碍法官心证。《法庭调查规程》第 31 条要求对影响定罪量刑的关键证据、争议证据单独举证、质证，一证一质，如此，辩方便可即时反驳控方出示的证据，保证有效的质证时间。该条对举证的顺序、方式、与质证衔接等规则的细化规定，对法庭调查中证据质证的模式化、类型化处理，

---

[47] 现为第 176 条第 1 款。

[48] 《法庭调查规程》第 2 条规定：法庭应当坚持居中裁判原则，不偏不倚地审判案件，保障控辩双方诉讼地位平等。公诉案件中，人民检察院承担被告人有罪的举证责任，被告人不承担证明自己无罪的责任。人民检察院应当随案移送并当庭出示被告人有罪或无罪、罪轻或罪重的所有证据，以及证明取证合法性的证据材料，不得隐匿证据或者人为取舍证据。

为法官解决庭审中混乱错杂的证据出示提供了有力的操作指引，保证了整个质证过程节奏紧凑、条理清晰、重点突出。

（3）放宽证人出庭的条件，扩大出庭证人的范围。《刑事诉讼法》第187条对应当出庭作证的证人、鉴定人、侦查人员的范围作出规定，[49]但该条规定存在较多问题，在审判实践中并未达到预期效果。仅就证人出庭而言，《刑事诉讼法》第187条第1款[50]将"公诉人、当事人或者辩护人、诉讼代理人对证人证言有异议""证人证言对案件定罪量刑有重大影响"作为证人出庭的实质性标准，却又规定"人民法院认为证人有必要出庭作证"的条件，使这一刚性条款变为弹性规则，弱化了该条的适用力度。而在实践中，法官往往过度依赖案卷笔录，部分法官认为在卷证据足以定案，没有必要再让证人出庭，且为避免证人当庭翻证等不确定因素造成诉讼拖沓，法官也不愿证人出庭。[51]这样一来，证人能否出庭依赖于法官的主观性判断，导致各地审判中证人出庭的标准不一，客观上限缩了证人出庭的范围。《法庭调查规程》第13条[52]针对此一问题作出了修改，删掉了"人民法院认为证人有必要出庭作证"的条件，仅保留前两项实质性标准作为确定关键证人出庭的范围，限制了法官的自由裁量权，确保证人能够出庭作证；而且创设性地将出庭作证的主体范围扩大到被害人，以更好地保障被告人的质证权，实现有效质证。

（4）确立侦查人员的证人身份，赋予辩方申请侦查人员出庭的权利。"目前，

---

〔49〕 现为第192条。《刑事诉讼法》第192条规定：公诉人、当事人或者辩护人、诉讼代理人对证人证言有异议，且该证人证言对案件定罪量刑有重大影响，人民法院认为证人有必要出庭作证的，证人应当出庭作证。人民警察就其执行职务时目击的犯罪情况作为证人出庭作证，适用前款规定。公诉人、当事人或者辩护人、诉讼代理人对鉴定意见有异议，人民法院认为鉴定人有必要出庭的，鉴定人应当出庭作证。经人民法院通知，鉴定人拒不出庭作证的，鉴定意见不得作为定案的根据。

〔50〕 现为第192条第1款。

〔51〕《四川省成都市中级人民法院关于"三项规程"试点工作的总结》报告中提到，在试点案件中，有些证人的庭前证言更具真实性，证人出庭不仅不利于查明案情，反而会影响案件的公正处理。原因主要有三点：一是在侦查阶段作证时，距离案发时间近，客观上证人的记忆更准确，而审判阶段距案发时间较远，证人的记忆可能不准确；二是侦查阶段的取证通常比较及时，证人一般尚未受到被告人或被害人一方的影响，主观上能够如实作证，而到审判阶段后，有些证人可能受到了不同程度的威胁或利诱，导致其在法庭上作伪证；三是受传统文化的影响，一般的证人通常对公安机关和警察具有一定的畏惧感，不敢作伪证，而法庭较为中立、平和、理性，证人对法庭缺乏敬畏和尊重，甚至会作伪证。但笔者认为，以上原因均不足以成为排斥证人出庭的理由，因为庭前证言同样可能因证人记忆模糊、被恐吓收买、被非法取证、对侦查机关恐惧反感而丧失真实性。促使证人出庭，既是为了保证被告人的质证权，也是为了审查侦查人员是否有使用非法方法获取证人证言的行为，对其侦查活动起到规范作用。

〔52〕《法庭调查规程》第13条第1款规定："控辩双方对证人证言、被害人陈述有异议，申请证人、被害人出庭，人民法院经审查认为证人证言、被害人陈述对案件定罪量刑有重大影响的，应当通知证人、被害人出庭。"

被告人翻供和证人翻证问题较为突出，证据瑕疵较为常见，证据收集合法性经常面临争议，诸如此类的证据争议大多需要侦查人员出庭才能妥善解决。"[53] 侦查人员出庭作证，是对证据裁判原则的贯彻，也是实现证明实质化的重要切入点。对于侦查人员出庭作证，《刑事诉讼法》第 57 条[54]只规定了在证明证据收集的合法性时，侦查人员应出庭说明情况，且只赋予了检察院、法院和侦查人员程序启动权。对此，《法庭调查规程》第 13 条第 3 款[55]作出突破性的补充，增加了当控辩双方对侦破经过、证据来源、证据真实性或证据收集合法性等有异议时，可向法院申请侦查人员或有关人员出庭。该规定首次赋予了辩方申请侦查人员出庭的权利，且理由不再仅限于证据的合法性，这一重大发展使得"控辩双方对于事实调查的范围、内容和方法，均享有平等的请求权、证明权和辩论机会"。[56]

（5）完善发问规则，增强庭审对抗。《法庭调查规程》第 24 条[57]、第 8 条第 2 款[58]对证人之间、同案被告人之间的对质规定也是健全质证机制的重要进步。通常，能够出庭的证人大都对案件的定罪量刑等关键事实有着重大影响，证人之间可以互相发问，对于准确地定罪量刑具有积极的意义。同案被告人之间可以当庭对质和发问，有利于进一步挖掘共同犯罪人在共同犯罪中的地位、作用等案件事实，保障被告人的质证权。此外，《法庭调查规程》第 26 条第 1 款进一步规定"有专门知识的人可以与鉴定人同时出庭，在鉴定人作证后向鉴定人发问，并对案件中的专门性问题提出意见"，鉴定人与有专门知识的人之间可以相互发问，有助于对鉴定意见的质证，使法官对专业性问题有更深入的理解，推动法庭调查顺利进行。

（6）明确非法证据排除在庭审中的位序。《法庭调查规程》第 47 条规定："收集证据的程序、方式不符合法律规定，严重影响证据真实性的，人民法院应

---

〔53〕刘静坤：《论司法证明实质化——以侦查人员出庭作证为切入点》，载《法律适用》2017 年第 3 期。

〔54〕现为第 59 条。

〔55〕《法庭调查规程》第 13 条第 3 款规定："控辩双方对侦破经过、证据来源、证据真实性或者证据收集合法性等有异议，申请侦查人员或者有关人员出庭，人民法院经审查认为有必要的，应当通知侦查人员或者有关人员出庭。"

〔56〕张保生：《非法证据排除与侦查办案人员出庭作证规则》，载《中国刑事法杂志》2017 年第 4 期。

〔57〕《法庭调查规程》第 24 条规定："证人证言之间存在实质性差异的，法庭可以传唤有关证人到庭对质。审判长可以分别询问证人，就证言的实质性差异进行调查核实。经审判长准许，控辩双方可以向证人发问。审判长认为有必要的，可以准许证人之间相互发问。"

〔58〕《法庭调查规程》第 8 条第 2 款规定："被告人供述之间存在实质性差异的，法庭可以传唤有关被告人到庭对质。审判长可以分别讯问被告人，就供述的实质性差异进行调查核实。经审判长准许，控辩双方可以向被告人讯问、发问。审判长认为有必要的，可以准许被告人之间相互发问。"

当建议人民检察院予以补正或者作出合理解释；不能补正或者作出合理解释的，有关证据不得作为定案的根据。"该条明确了证据审查的层次，即对证据收集的合法性应先行当庭调查，以过滤掉不具有证据能力的证据，避免其内容对法官心证造成影响。

（二）实施状况

2017年6月6日，最高人民法院下发《在全国部分法院开展"三项规程"试点的通知》，确定18个中级人民法院及其所辖的部分基层人民法院为试点法院，于6—8月期间为每项规程各选取10件以上（一审）案例进行试点。各试点法院均高度重视，按照司法证明、控辩对抗、依法裁判实质化的要求，精心组织，精准推进，统筹安排，周密部署。在省高院的指导和各政法机关的配合下，完成了试点任务，积累了一定的经验，取得了阶段性成果。此一部分将对《法庭调查规程》的实施状况做一分析介绍。

1.《法庭调查规程》适用情况概览

（1）证人等出庭作证的实证分析。从试点法院工作总结报告可以看出，各试点均将落实证人、鉴定人、侦查人员、有专门知识的人以及被害人出庭作证作为试行《法庭调查规程》的工作重点。表3是对试点法院证人等出庭作证情况的简要统计：

表3 试点法院[59]证人等出庭作证量化统计

试点法院	出庭作证情况（件数或人数或次数）					
	侦查人员	证 人	鉴定人	有专门知识的人	被害人	总 计
湖州中院	出庭作证率比去年同期上升三倍以上					32人
淄博中院	5件					5件
成都中院						51件
哈尔滨中院	19人	40人	10人			69人
黄石中院						32人
上饶中院	6次	4次			2次	12次
兰州中院	1件7人					1件7人
廊坊中院	5件					5件

---

〔59〕 为了表述的方便，以下谈到的各地中院，均包括该中院及其下辖的试点基层法院。

试点法院	出庭作证情况（件数或人数或次数）					
	侦查人员	证 人	鉴定人	有专门知识的人	被害人	总 计
泉州中院	2件2人	7件7人		2件2人	3件3人	14人
松原中院	10件11人	16件19人	4件6人	2件	9件36人	至少74人
上海二中院	3件	3件			1件	7件
太原中院	3人次	10人次	2人次			15人次
温州中院	5人	5人	6人	1人	2人	12件19人
西安中院	3件6人	4件7人	2件4人			17人
台州中院	5件	3件	7件		1件	16件
广州中院	590件[60]					
海口中院	2件					
宿迁中院	暂　无					

注：表格中数据除广州市外均来源于各试点法院"三项规程"试行总结报告。

这里有几个问题需要说明：其一，在表3的统计中，个别试点单位由于时间短、任务重、典型案件少、重视不够等因素，在其试点总结报告中未反馈证人等出庭作证的具体数据，故此一内容暂付阙如。其二，有些试点法院地区案件量相对较少，如海口中院在试点期间受理的刑事一审案件数只有22件，可以适用"三项规程"的案件仅有11件，这在一定程度上制约了"三项规程"的试行，未能达到开展试点工作的最大效果。其三，以上统计数据并未区分证人等出庭作证的申请主体，未能直观地反映控辩双方申请证人等出庭及其实际到庭的对比情况。笔者试作一推测，控方申请或法院通知证人等到庭的实现率应高于辩方。

---

〔60〕 王珊珊：《广州中院深入开展"三项规程"改革试点工作》，载《人民法院报》2017年8月10日，第1版。

表4　证人等出庭作证庭审效果一览

试点法院	案　由	出庭作证情况	庭审效果
上海二中院	故意杀人案	证人出庭	证人出庭对于查明此罪彼罪的关键事实起了重要作用。控辩双方对证人当庭发问，有助于法庭进一步查明事实，使相关事实更加清楚，证据更加确实、充分，最终达到排除合理怀疑的证明标准。
	非法经营案	证人出庭	通过证人出庭，法庭查明了被告人的立功情节。
	贩卖毒品案	侦查人员出庭	侦查人员出庭对于查明事实、认定证据起到了关键作用。
	运输毒品案	侦查人员出庭	对相关书证进行了补强，便于法庭了解事实。
	贩卖毒品案	侦查人员出庭	整个庭审非常流畅，证人隐蔽出庭作证环节在公诉人举证阶段顺利进行，被告人在侦查人员作证后对起诉书指控的事实均没有异议，得到了较好的庭审效果。
湖州中院	盗窃案	侦查人员出庭	侦查人员出庭说明被告人的抓获经过，使得不认罪被告人当庭认罪。
	故意杀人、绑架案；抢劫案	鉴定人出庭	通过鉴定人出庭作证对尸体检验鉴定情况作出说明，现场展示了被害人的伤口特征，明确被害人的致命伤、形成刀伤的作案工具以及从创口特征判断得出的砍击刀数、用力程度，清晰直观地证实了被告人作案的手段、恶性程度。
	非法收购、出售珍贵、濒危野生动物案	鉴定人出庭	鉴定专家就涉案物种参照我国何种级别重点保护动物管理等问题一一作出解释，被告人当庭表示认罪伏法。

续表

试点法院	案　由	出庭作证情况	庭审效果
湖州中院	盗窃案	有专门知识的人出庭	通知供电公司工作人员出庭介绍了所窃电量的核算方法、核算标准和依据，对于法庭查明事实及认定盗窃金额具有很大的帮助。
	放火案	有专门知识的人出庭	公诉机关申请消防大队具有专门知识的人对于该案学校房屋内的燃烧是否具有向外扩散，即是否具有危害公共安全的可能进行说明，以专业的解释回应了辩方的疑问。
哈尔滨中院	故意杀人案	证人出庭	查清了案件起因和杀人动机，认定被害人在案件起因上不存在过错。
	故意杀人案	侦查人员出庭	认定被告人具有自首情节。
	故意杀人案	鉴定人出庭	明确了被害人的死因。
兰州中院	抢劫案	侦查人员出庭	被告人、辩护人提出非法证据排除申请存在异议，法庭审查后认为侦查人员确有必要出庭。侦查人员依法出庭说明情况，并接受法庭、公诉人、辩护人等的询问。侦查人员出庭后法庭调查证据收集合法性变得更具有针对性。
廊坊中院	故意杀人案	证人出庭	诉讼代理人申请两名证人出庭，证实被告人预谋故意杀人。
	故意伤害案	证人（被告人妻子）出庭	证实被害人在案发起因上存在过错。
泉州中院	诈骗案	侦查人员出庭；有专门知识的人出庭	对被告人的抓捕过程及入所伤情、住院病情等情况展开调查，法院认为现有证据不能证明被告人庭前供述收集程序合法，不能排除存在以非法方法收集证据的情形，将被告人的庭前供述排除，在庭审中未予以出示、质证。

试点法院	案　由	出庭作证情况	庭审效果
松原中院	交通肇事案	鉴定人出庭；有专门知识的人出庭	在发现鉴定意见中存在的问题后，法庭依职权通知了鉴定人出庭，同时通知了1名有专门知识的人出庭，对鉴定意见发表意见。通过有专门知识的人质证，法庭最终认为鉴定意见不能作为认定被告人有罪的证据。
西安中院	—	证人出庭	3件系被告人及其辩护人申请，1件系公诉机关申请；由合议庭对证人出庭的必要性进行审查，确定是否属于关键证人；法庭通知证人出庭，由申请证人出庭的一方进行协助；在庭审中首先由证言对其有利的一方对证人发问，然后由另一方发问，最后由法庭发问。
	—	侦查人员出庭	3个案件均系法庭依职权通知侦查人员出庭；公诉人、辩护人可以向侦查人员发问，被告人不能向侦查人员发问；侦查人员主要就案件受理、摸排线索及抓获经过进行说明，还原案件侦破过程，解决了被告人及其辩护人提出的是否构成自首、立功情节等问题。
	毒品案	鉴定人出庭	由公诉人申请鉴定人出庭说明，确定公诉机关指控的毒品犯罪涉及的毒品与鉴定所用毒品同一。
	故意伤害案	鉴定人出庭	由辩护人申请鉴定人出庭对伤情鉴定情况作出说明，接受控辩双方的发问。
台州中院	交通肇事案	证人通过装有隐蔽作证系统的作证室出庭作证	采用隐蔽作证系统不暴露外貌、真实声音等保护措施，打消了证人的顾虑。庭审时，证人进入与法庭连接的远程视频证人出庭作证室接受询问。
	强奸案	鉴定人出庭	对关键证据进行有效质证，公诉机关最终申请撤回起诉。

续表

试点法院	案　由	出庭作证情况	庭审效果
台州中院	寻衅滋事案	鉴定人出庭	被告人自愿当庭认罪，赔偿了被害人的经济损失并取得被害人的谅解，避免了双方当事人矛盾的进一步激化。
	寻衅滋事案	鉴定人出庭	辩护人对鉴定意见有异议，申请重新鉴定，但合议庭在开庭前通过审查鉴定意见并与鉴定人沟通，决定通知鉴定人出庭作证，使控辩双方对鉴定意见有了更充分的认识，避免了重复鉴定。
淄博中院	—	鉴定人出庭	当庭解答控辩双方对鉴定意见的异议，有效消除对鉴定意见权威性的质疑，准确查明案件事实，解决了控辩双方的争议，避免重复鉴定或后续鉴定。
成都中院	毒品案	侦查人员出庭	负责毒品称量的警察出庭作证，解决了毒品的多份称量笔录存在不一致的问题。

注：表格中案件均来源于各试点法院"三项规程"试行总结报告。

涉及关键证人的典型案例及评析。阿卜杜沙拉木·阿卜杜克力木故意杀人案[61]中，关键目击证人沙吉旦木·热依那洪出庭作证，控辩双方分别对证人进行发问，证实案发时被告人在刺戳被害人后还有一个"拧"的动作，加重了被害人伤势，最终导致其死亡。被告人王燕青故意杀人案[62]中，关键证人出庭，最大限度地还原了案件客观真实性。被告人陈建楠故意杀人一案[63]中，被害人以证人身份出庭，经控辩双方对被害人简明扼要地逐一发问，使被告人陈建楠实施犯罪的发展经过、具体细节等清晰地展现在法庭之上，便于法庭查明事实。在成都中院一起贩卖毒品的试点案件中，购毒者系关键证人，经法院通知后拒不出庭。法院

---

[61]　根据《上海市第二中级人民法院"三项规程"试点工作情况汇报》，该试点案件的案号为（2016）沪02刑终63号，但笔者据此案号在"北大法宝"法律信息数据库中检索，相对应的案件为"陈某某盗窃案"，而非"阿卜杜沙拉木·阿卜杜克力木故意杀人案"，此处应是上海二中院试点工作总结报告中有差误。

[62]　试点案件（2017）沪02刑初16号。

[63]　试点案件（2017）沪02刑初30号。

签发强制出庭令，并由公安机关协助执行，但法院和公安机关均未再查找到该证人。最终，法庭因无法查实证言的真实性而未采信该证人证言，且作出因证据不足、指控的贩卖毒品罪不能成立的判决，被告人仅构成非法持有毒品罪。由上可见，关键证人是否出庭作证，对于查明关系定罪量刑的事实起到至关重要的作用，甚至直接影响到案件的最终判决。关键证人出庭作证，有助于法庭更加清楚直观地了解相关事实，使证据更加确实、充分，最终达到排除合理怀疑的证明标准。

侦查人员出庭的典型案例及评析。被告人张雅俊贩卖毒品一案[64]中，侦查人员隐蔽出庭作证在公诉人举证阶段顺利进行，被告人在公诉人作证以后对起诉书指控的事实均没有异议，整个庭审过程非常流畅。被告人张涛涛、丁玉奎抢劫一案[65]中，被告人、辩护人申请非法证据排除，因本案客观证据较少，仅现场一枚指纹指向一名被告人，故二被告人的有罪供述对案件事实的认定至关重要。庭审中二被告人翻供并作无罪辩解，要求启动证据合法性调查程序。公诉人就被告人供述的取证合法性出示了入所体检表、审讯视频等进行举证、质证，辩方对被告人供述及同步录音录像提出强烈质疑，控方申请7名侦查人员出庭作证证明取证合法性并对瑕疵证据作出说明，控辩双方充分质证，经合议庭休庭评议后，当庭确认二被告人供述并非刑讯逼供所取得，该证据取证过程合法。该案件的"排非"程序持续时间长达半日，在庭审当中取得了良好的效果。面对被告人、辩护人的直接发问，倒逼侦查人员在侦查阶段真正做到合法取证。上诉人刘宝来受贿案[66]中，两名侦查人员出庭说明收集行贿人证言的情况，但其只是原则上说明是依法取证，对取证的具体过程等相关情节和对辩护人发问的相关问题并未予以回答，最终，行贿人证言被法庭排除。此案在发回重审后的一审诉讼中，行贿人证言也未能进入法庭调查程序。因此，侦查人员出庭作证不仅有利于法庭保护被告人的合法权利，也对侦查人员的取证行为起到了一定震慑作用，更在证据较为单薄的案件中起到加强证明的作用，防止冤、假、错案的发生。另外，在毒品等特殊案件中，为保护侦查人员而采取隐蔽出庭作证，相比之前一概使其免于出庭也是一大进步。

（2）庭审程序规则适用的实证分析。除证人等出庭作证外，试点法院在庭前会议与庭审的衔接、关键证据与争议证据的举证质证以及讯问、发问的程序规则

---

〔64〕 试点案件（2017）沪0109刑初417号。

〔65〕 选自《甘肃省兰州市中级人民法院刑事诉讼制度改革"三项规程"试点工作总结》。

〔66〕 选自《河北省廊坊市中级人民法院关于开展"三项规程"试点工作小结》。

等方面也根据《法庭调查规程》的规定积极探索试行，取得了良好的效果（见表5）：

表5　质证等程序规则适用效果一览

试点法院	案　由	法庭调查重点	庭审效果
上海二中院	集资诈骗案	发问、讯问及举证、质证。	针对争议证据、事实展开法庭调查。
	受贿案	对争议证据展开重点举证、质证。	提高了庭审效率。
	盗窃案	庭前会议与庭审的衔接、质证的方式、庭审中对证据收集合法性的调查。	当庭作出关于证据收集合法性的决定；庭审中证据展示过多，庭前会议的预期目的没有完全达到。
	运输毒品案	对被告人认罪认罚进行处理后，简化了发问、讯问及举证、质证。	当庭宣判，提高了庭审效率。
兰州中院	抢劫案；受贿、巨额财产来源不明案	举证。	借助法庭多媒体设备展示控辩双方的书证、物证、视听资料等证据，使得证据的展示更加清晰直观。
廊坊中院	故意杀人、放火、侮辱尸体、盗窃案	关键证据的举证、质证。	围绕现场勘查笔录、物证、被告人口供等关键证据，就被告人黄建龙是否构成自首、被害人是否存在过错等问题进行了多轮次激烈质证、辩论。

注：表格中案件均来源于各试点法院"三项规程"试行总结报告。

从以上表格可以看出，不同法院的实际情况和效果不尽相同，多数法院试行状况成效明显，但也有法院试行工作缺乏实质内容，收效较小。但总体来看，证人等出庭作证状况较以往有了显著改观，证人出庭率及出庭作证案件数明显提升，侦查人员出庭也成为刑事庭审的新常态。而且，细化后的程序规则具有更强的操作性与实践性，给庭审中的诉讼主体以明确指引，尤其是质证规则的完善大大提高了庭审效率，进一步推动庭审有序高效进行。然而，除上述庭审效果较为理想的方面外，《法庭调查规程》的试行也反映出不少问题，下文将进行详细论述。

2. 《法庭调查规程》试行所反映的突出问题

虽然《法庭调查规程》取得了一定的成效，促进了庭审实质化的落实，但同时也暴露出诸多亟待解决的细节性问题，有些是业已存在的顽症痼疾，有些是试点发现的新问题。《法庭调查规程》的试行，为学界及实务界共同探讨这些问题开放了一个路径：

（1）关于庭前会议与庭审的衔接问题。首先，部分权利是否需要在庭审时再告知？通常情况下，对庭前会议中控辩双方已达成一致的程序性事项和决定，在法庭调查开始前，审判长只需要宣布庭前会议报告的主要内容即可。但是针对回避权，尽管庭前会议中被告人及辩护人没有提出回避请求，但庭审中有可能会再提出回避申请。对此，在庭审中，是否要再详尽告知被告人及辩护人有申请合议庭组成人员、法官助理、书记员、公诉人等人员回避的权利，并征询其是否提出回避申请？如果要告知，怎样告知？《法庭调查规程》对此没有明确，实践中每个法官对操作方式的理解也不一样，如何做好二者的衔接需要进一步明确。

（2）被害人作为诉讼主体参与庭审的问题。《法庭调查规程》主要是在传统控、辩、审模式的基础上对法庭调查予以进一步细致规定，对被害人以诉讼主体身份参加法庭审理的仅在第7、9、12条中有所涉及，其余规定仅是针对被害人出庭作证的情况。因此，在被害人作为诉讼主体出庭的新型刑事诉讼模式下，如何有效展开法庭调查，是试点法院所面临的新挑战。对于被害人参加法庭审理的，其是否可以委托诉讼代理人参加庭审而本人不出庭？被害人提起附带民事诉讼的，在庭审及文书写作中如何称呼？称为被害人、附民原告或被害人及附民原告？被害人委托诉讼代理人的，是否需要在委托合同中明确授权其同时代理刑事和民事诉讼，或在刑事和民事诉讼中分别提交委托手续？试点中也有出现被害人参与后，庭审效果适得其反的情况。如非法集资类案件中，确实被害人有较强的意愿参加庭审，但此类案件的被害人往往年龄较大，如果准许其中的代表参与庭审，一方面由于其作为当事人情绪激动，可能影响庭审秩序；另一方面这些被害人文化素质普遍偏低，即使参与庭审，对于查明案件事实、维护被害人群体合法权益的作用也不大。因此，关于被害人作为诉讼主体参与庭审的问题有待进一步讨论。

（3）证人出庭难仍然是审判实践中面临的突出问题。事实上，在试点过程中，证人、侦查人员、鉴定人的出庭率和出庭作证效果与庭审实质化改革的要求还有不小差距，多数试点法院证人等出庭率仍然较低。首先，出庭作证的多为公诉方申请或法院通知，被告人、辩护人申请的相对较少。其次，控方协助有关人员到庭的积极性不高。《法庭调查规程》第13条第5款规定："人民法院通知证人、被害人、鉴定人、侦查人员、有专门知识的人等出庭的，控辩双方协助有关人员到庭。"但控辩双方如何协助、证人如果不配合如何处理等并没有明确规定，以至于实践中检察机关常以缺乏具体措施、《法庭调查规程》系法院内部规定为由推脱履行责任。例如在兰州中院试点案件宋心民故意杀人一案中，辩护人申请本案的关键目击证人出庭，该目击证人的证言能直接影响本案的定性。其证言支持公诉方的指控，属于对控方指控有利的人员，而控方以该证人已有证言在卷为由，不愿履行相关协助义务。再次，侦查人员出庭，其出庭身份、发问规则、如何着装等具体规定尚待明确。此一问题在本文第四部分"《非法证据排除规程》的实施状况"中有更为详细的分析，此处不再赘述。最后，有专门知识的人提供质证意见或解释意见，其出庭应安排在什么时间？比如，是否在公诉人出示鉴定意见并申请鉴定人员出庭后，有专门知识的人就可以出庭？还是等辩方举证时才出庭？这些程序需要进一步合力构造。

（4）当庭异议的规范问题。首先，控辩双方在庭审中如何提出异议？采用口头提出"我反对"，有模仿影视作品中西方庭审模式之嫌，不够严肃，且口头打断易扰乱庭审纪律；采用举手的方式，有时可能审判长没看到，或故意视而不见，导致异议制度落空。其次，辩护人在质证过程中滥用质证权、异议权如何进行规制？在兰州中院试点案件林秀菊虚开增值税专用发票、骗取出口退税、陈伟安骗取出口退税一案中，经过两次庭前会议，控辩双方已经达成集中出示大部分证据，对辩护人要求单独示证的部分证据逐一出示的意见。但在庭审中，辩护人要求所有证据一证一示一质，有借庭审逐一示证补其阅卷不力之嫌。对于此种拖延诉讼进度的行为，暂无相关规定予以规制。类似情况发生在成都中院的一起试点案件中，无论公诉方主张什么，辩方都提出异议，严重影响了庭审秩序。最后，审判长对异议作出处理后，申请方不服的，应当如何处理，目前也无规定。

（5）对控辩双方无争议的关键证据的质证方式问题。《法庭调查规程》第31条规定："对于可能影响定罪量刑的关键证据和控辩双方存在争议的证据，一般应当单独举证、质证，充分听取质证意见。对于控辩双方无异议的非关键性证据，举证方可以仅就证据的名称及其证明的事项作出说明，对方可以发表质证意见。"根据该条规定，即使控辩双方无异议的关键证据也应当单独举证、质证。但试点法院报告表明，控辩双方的依据不同、标准不同、诉讼目标不同，所指向的关键证据也不相同，对此很难达成实质的统一。大多案件是法庭将许多客观证据归纳为关键证据，而多数现场勘查笔录、鉴定意见等客观证据，虽关系到定罪量刑这一实质问题，却又与控辩双方的证据争议意见、焦点问题不交织。从庭审效果来看，控辩双方无异议的关键证据一证一质，与控辩双方有争议的关键证据一证一质，其对抗程度形成了鲜明的反差，前者不仅弱化了实质对抗效果，更严重影响了庭审效率。是否对所有关键证据均单独举证、质证，值得商榷。

（6）法官的庭外调查权问题。根据《法庭调查规程》的规定，对控辩双方无异议的问题可以简化调查和辩论，但实践中也存在辩方对指控的罪名无异议，而法庭认为指控罪名不当，或控辩双方无争议的事实和证据法庭却有异议的情形。当指控的罪名较轻，法庭拟认定更重的罪名时，应当如何组织控辩双方进行调查？对于控辩双方达成一致意见的事实和证据，法庭对其展开调查的依据及边界如何？控辩双方与法庭的观点不一致时，法庭是否需要在调查和辩论阶段详细阐明理由？这些问题仍值得深入研究。

（7）关于独立量刑程序的完善。关于定罪程序和量刑程序的相对独立性，《法庭调查规程》仅在第44条中规定"被告人及其辩护人参加量刑事实、证据的调查，不影响无罪辩解或者辩护"，但并未系统构建定罪和量刑相对独立的法庭调查程序。是围绕定罪展开法庭调查、法庭辩论后，再围绕量刑展开法庭调查、法庭辩论？还是在法庭调查中分别就定罪、量刑展开调查，后在法庭辩论中再对定罪、量刑展开辩论？目前该问题尚无具体规定。

（8）法庭认证问题是实践中的难点，即在庭上对不采纳的证据如何准确说明理由。例如案件中被告人认罪悔罪，但辩护人提出证据收集上存在一系列瑕疵，需要作出说明和解释，但这种证据问题在庭前会议中一般不会提出，证据的补强、完善工作往往不到位，导致在法庭上认证难以完成，这也使得一审案件当庭宣判难以实现。

（三）经验与教训

1. 试点取得的经验

《法庭调查规程》虽尚有不少的问题有待解决和完善，但其取得的成果也不容忽视，有很多值得借鉴的有益经验和值得推广的可行做法：

（1）注意沟通协作，凝聚试点改革合力。推进庭审实质化改革需要进一步完善分工负责、互相配合、互相制约的原则。这是一项系统工程，只有政法各部门各司其职、密切配合、合力推进，才能真正推动司法改革的前进。自试点工作开展以来，各试点法院均积极争取党委重视，成立改革领导小组，定期研究试点工作中需要协调解决的重大问题。并注意同政法其他部门和律师的主动沟通和积极协调，希冀在相关制度上得到检察机关、公安机关以及律师更多的理解与支持：如协调政法其他部门和律师共同学习《法庭调查规程》，避免法院一家"自弹自唱"；在政法机关等相关培训活动中增加《法庭调查规程》的内容，由法院安排业务骨干对检察官、侦查人员和律师进行精准辅导；对试点工作中部门之间的认识分歧和各自难处充分尊重，注重在党委领导下通过中央政策解读、法律精神体悟、共同理念塑造达成共识。强化配合、协同推进、增进改革共识、凝聚各家力量，共同推动试行工作的有力开展。

（2）坚持以机制创新为核心，积极推出配套制度。为更好地落实《法庭调查规程》，各试点法院结合本院审判经验及实际情况，制定相关配套细则，加大《法庭调查规程》的实施力度。例如湖州中院牵头与市公安局、市人民检察院会商，出台了《关于人民警察出庭作证若干问题的会议纪要》《关于刑事案件关键证人询问录音录像工作的会议纪要》；上饶中院起草了《人民警察出庭作证的意见》《关键证人询问录音录像工作的若干意见》两个配套文件；廊坊中院出台了《关于刑事公诉案件关键证人、鉴定人出庭作证的若干规定》《关于人民警察出庭若干问题的规定》《关于加强刑事诉讼指定辩护工作的意见》《刑事一审案件适用普通程序庭审规范》和《关于推进以审判为中心的刑事诉讼制度改革相关费用报销与发放的暂行规定》等实施意见。这些配套制度充分体现了《法庭调查规程》的试点要求，从制度规范层面为相关职能部门试点工作的健康有序开展提供了支持。

（3）探索创新证人出庭作证方式，完善证人出庭的物质及安全保障。为提高证人的出庭作证率，保障出庭人员的合法权益，一些试点法院设置了远程作证室，安装同步录音录像及语音转换系统，先行运用了视频作证、不公开作证等证人出庭的全新方式，对特殊情况下出庭作证的证人外貌、声音予以遮蔽、转换。例如吴兴法院在窦某某、朱某某贩卖毒品一案审理中，为保护从事缉毒等特殊任务的侦查人员，法庭采用了不暴露外貌的隐蔽方式让侦查人员出庭作证，既充分保护了侦查人员的人身安全，又有效保障了被告人的质证权利，取得了良好的庭审效果和诉讼效果。又如黄岩法院李克忠交通肇事一案，证人因担心被告人报复不愿出庭作证，法院采用隐蔽作证系统不暴露其外貌、真实声音，打消了证人的顾虑，在庭审时进入与法庭连接的远程视频证人作证室接受询问。在对出庭人员的物质保障方面，试点法院尝试通过建立更为快速、便捷、灵活的出庭补助制度，不局限于交通、误工补助的范围和核票报销的方式，以较为优厚或固定标准的经济补助提高证人、侦查人员、鉴定人到庭参加诉讼的积极性。例如湖州中院讨论通过《证人、鉴定人出庭费用报销制度》，制定证人等出庭费用补助申请、发放的工作规程，简化出庭费用的报批流程，缩短下放时间；并投入专门的经费，在法庭设置专门的证人休息室、作证室，对法庭设施进行改造，完善视频与音频录制功能，使之适应证人出庭作证的要求。

（4）充分发挥庭前会议的功能，提高庭审质效。对于召开庭前会议的案件，法庭调查开始前应当宣布庭前会议报告的主要内容。对于庭前会议中达成一致意见的事项，法庭向控辩双方核实后当庭予以确认，对于是否申请管辖异议、是否申请有关人员回避、是否申请不公开审理、是否申请排除非法证据、是否申请提供新的证据材料、是否申请重新鉴定或者勘验及是否申请证人、鉴定人、侦查人员、有专门知识的人出庭等程序性事项，在法庭审理时，向控辩双方核实后当庭予以确认。对于未达成一致意见的事项，法庭结合庭前会议归纳的争议焦点，针对存在的问题展开法庭发问、讯问、质证、认证，进行法庭调查。例如上海市二中院在审理原上海仪电（集团）有限公司监事会主席、上海市经济和信息化委员会主任李耀新（正局级）受贿案，及国太投资控股（集团）有限公司和徐勤等十名被告人（即中晋系）集资诈骗案中，按照《庭前会议规程》要求，通过庭前会议组织控辩双方展示证据，明确案件事实和证据争议点，保障了庭审程序的集中、持续、高效审理。尤其是中晋案，该案因集资诈骗金额特别巨大，被害人人数达 1.2 万余名，维稳形势非常严峻，引起社会广泛关注。法院通过庭前会议明确了争议点，庭审时就该案件中有异议的焦点问题进行了重点调查、举证、质证，仅用一天时间就圆满完成了法庭审理，取得了较好的庭审效果。

2. 应当吸取的教训

诚如上述，《法庭调查规程》的试行取得了不俗的成绩，切实推动了庭审实质化改革向纵深发展，但在肯定其成果的同时，试行中出现的问题也值得审慎对待：

（1）关于强制证人出庭的问题。《法庭调查规程》第 15 条规定："人民法院通知出庭的证人，无正当理由拒不出庭的，可以强制其出庭，但是被告人的配偶、父母、子女除外。强制证人出庭的，应当由院长签发强制证人出庭令，并由法警执行。必要时，可以商请公安机关协助执行。"但该项措施在落实过程中存在一定的障碍。审判实践中，证人下落不明的现象普遍存在，导致证人出庭作证通知书和强制证人出庭令等文书无法送达。该条虽然规定了必要情况下可以商请公安机关协助执行，但由于缺乏制度规范和具体操作细则，实践中公安机关配合协助执行的情况较少。即使公安机关愿意协助，对于协助执行的具体措施亦未有明确的规定，导致其协助执行工作难以落实。对此，笔者建议尽快完善强制证人到庭规则。例如与公安机关协调制定共同遵循的操作规则，规则中应当对于公安机关协助强制证人到庭的范围作出区分：对于影响定罪量刑的关键证人，应当明确公安机关必须协助查找，必要时可动用侦查手段协助执行；而且，强制出庭令的范围可以适当扩大，如针对证人出于担心得罪人的心理不愿出庭的，也可以采取向其送达强制出庭令的方式，如此可以给证人设置出庭的理由，从而达成证人出庭的效果。

（2）关于采用技术侦查措施收集的证据的质证问题。根据《法庭调查规程》第 35 条，采用技术侦查措施收集的证据，应当当庭出示。法庭决定在庭外对技术侦查证据进行核实的，可以召集公诉人和辩护律师到场。在场人员应当履行保密义务。但这一条款不便操作，因其对采用技术侦查措施收集的证据应如何当庭出示并无明确规定。实践中，通常是公诉人员将在技侦部门查阅或听取的监听资料等，通过摘要记录的方式向法庭出示，而没有对原始的技侦资料进行出示。对此，被告人和辩护人常提出质疑。而法庭决定在庭外对技术侦查证据进行核实的，公安机关的技侦部门只允许审判人员及公诉人员到场核实。对此，笔者建议最高人民法院与公安部协商，应当允许辩护律师到场一同核实相关技侦证据，或对录音证据提出质疑的，法庭认为有必要进行声纹鉴定的，应当进行声纹鉴定。否则，对于此类证据的质证便形同虚设，背离了庭审实质化改革的初衷。

（3）关于证人证言的采信问题。在试点中发现，有的案件中证人的庭前证言更具真实性，证人出庭不仅不利于查明案情，反而会影响案件的公正处理。原因主要有三点：一是在侦查阶段作证时，距离案发时间近，客观上证人的记忆更准确，而审判阶段往往距离案发时间较远，证人的记忆可能不准确。二是侦查阶段的取证通常比较及时，证人一般尚未受到被告人或被害人一方的影响，主观上能够如实作证，而到审判阶段后，有些证人会受到被告人或被害人一方不同程度的威胁或利诱，导致其在法庭上作伪证。三是受传统文化的影响，证人通常对公安机关和警察具有一定的畏惧感，不敢作伪证，而法庭较为中立、平和、理性，证人对法庭缺乏敬畏和尊重，甚至会作伪证。例如在一件试点庭审中，证人的当庭证言否定了庭前证言，一审根据当庭证言作出裁判，二审发回重审后，公安机关进行补充侦查时，该证人承认受被告人家属利诱，在庭审中作了伪证。此类问题的解决，一方面有赖于控辩双方发问技术的提高，能够做到通过连环发问揭示证人的谎言；另一方面可以通过在侦查阶段对关键证人取证时同步录音录像等方法，固定证人的作证过程，便于弹劾当庭证言；此外，还应通过追究证人的伪证责任，发挥刑罚特殊预防与一般预防的功能。但是对于在侦查阶段作伪证，在庭审中如实作证的，是否需要追究证人的伪证责任，是值得思考和关注的问题。

四、《非法证据排除规程》的实施状况

非法证据排除，历来是刑事司法实践中的焦点问题，是学术界倾注了大量心血予以检讨的问题，也是庭审实质化改革成功与否的重要检验标准。十八届四中全会审议通过的《中共中央关于全面推进依法治国若干重大问题的决定》（以下简称《决定》）明确提出："推进以审判为中心的诉讼制度改革，确保侦查、审查起诉的案件事实证据经得起法律的检验。全面贯彻证据裁判规则，严格依法收集、固定、保存、审查、运用证据"。可见，庭审实质化改革的成功，证据裁判规则的彻底贯彻，在很大程度上有赖于非法证据的依法排除。在此意义上，出台旨在规范人民法院排除非法证据程序的规程就成为十分重要而又迫切的问题。《非法证据排除规程》应运而生。

（一）简介

1. 《非法证据排除规程》的制定背景

为实现依法惩治犯罪与切实保障人权的并重，中央在全面依法治国的大背景下为司法改革绘制了蓝图。十八届三中全会指出，"完善人权司法保障制度……严禁刑讯逼供、体罚虐待，严格实行非法证据排除规则。"十八届四中全会进一步提出，"加强对刑讯逼供和非法取证的源头预防，健全冤假错案有效防范、及时纠正机制"。这必将对刑事证据制度及改革产生深远的影响。《非法证据排除规程》的出台，主要是基于以下考虑：

（1）防止冤假错案。人民法院办理案件，应当以事实为根据。但在刑事诉讼中，案件事实是要通过证据来还原的。可以说，证据是决定办案质量的关键因素。近年来引起极大社会影响的"聂树斌案""赵树海案""张氏叔侄案"及"呼格案"等冤假错案，无一不是在案件事实认定方面出现了问题，无一不与刑讯逼供等非法取证问题相关，归根结底，是在证据的依法认定方面出现了问题。《非法证据排除规程》的出台，即是要为人民法院排除非法证据提供指引，明确非法证据的认定和排除标准，有助于法官准确认定案件事实，切实防范冤假错案的发生，真正发挥司法是守护正义的最后一道防火墙的作用。

（2）完善非法证据排除规则。从 1996 年《刑事诉讼法》对非法证据排除的

点滴触及，到 2010 年"两高三部"对非法证据排除规则的正式确立，再到 2012 年《刑事诉讼法》对非法证据排除规则的立法确认，非法证据排除规则已然在我国立法和司法实践中生根发芽，并不断成长。毫无疑问，这对于遏制实践中的刑讯逼供等非法取证现象具有积极作用，对于促进刑事司法文明的进步具有重要意义。但不可否认的是，由于法律的规定仍然较为原则，致使各地人民法院对非法证据的认定和排除仍然存在一定的分歧，甚至是存在着较大的差异。《非法证据排除规程》的出台，即是在结合现实的基础上，针对实践中反映较为突出的问题作出有针对性的规定，既统一认识，又便于操作。

（3）促进庭审实质化改革。以审判为中心的诉讼制度改革，核心在于实现庭审的实质化。《人民法院第四个五年改革纲要（2014—2018）》提出了"四个在庭"[67]的改革目标。庭审实质化改革，应当认真贯彻证据裁判原则，严格实行非法证据排除规则，切实解决司法实践中长期存在的庭审虚化[68]等问题。这也是推进以审判为中心的诉讼制度改革的关键。非法证据排除规则的实施，能够促使控辩双方在庭审中对证据合法性争议展开充分辩论，确保庭审在查明事实、认定证据、保护诉权、公正裁判方面发挥决定性的作用。

（4）推进司法理念的创新。《非法证据排除规程》是在新一轮司法改革的大背景下出台的。这就要求《非法证据排除规程》必须体现新时期的司法理念。《非法证据排除规程》的出台，摒弃了传统的"重实体、轻程序""重打击、轻保护"等旧的思想观念，体现了新时期的司法理念，力求确立事实认定符合客观事实、办案结果符合实体正义、诉讼过程符合程序正义的法律制度，为人民法院办理刑事案件提供更加规范的操作指引。

2. 我国非法证据排除规则的发展

我国非法证据排除规则经历了从无到有、从简单到复杂、从不完整到完善的发展历程，因此有必要对非法证据排除规则确立的历程作一简单梳理。

（1）1979 年《刑事诉讼法》对非法证据的触及。必须承认的是，直到今天，非法证据排除规则在我国都主要是用来遏制刑讯逼供的非法取证方法的。实际上，毛泽东同志早在 1940 年就明确指出："对任何犯人，应坚决废止肉刑，重证据而不轻信口供。"[69] 1956 年，彭真同志在全国公安厅局长会议上强调指出，

---

〔67〕 是指诉讼证据质证在法庭、案件事实查明在法庭、诉辩意见发表在法庭、裁判理由形成在法庭。

〔68〕 关于庭审虚化，何家弘教授在实证研究的基础上，将其总结为"举证的虚化、质证的虚化、认证的虚化、裁判的虚化"四个方面。参见何家弘：《刑事庭审虚化的实证研究》，载《法学家》2011 年第 6 期。

〔69〕 参见《公安部关于坚决制止公安干警刑讯逼供的决定》（公发〔1992〕6 号）。

"反对刑讯逼供，禁止肉刑。"不过囿于时代和法律制度，禁止刑讯逼供的要求并未得以落实。为了遏制司法实践中较为严重的刑讯逼供现实，1979 年《刑事诉讼法》第 32 条规定："审判人员、检察人员、侦查人员必须依照法定程序，收集能够证实被告人有罪或者无罪、犯罪情节轻重的各种证据。严禁刑讯逼供和以威胁、引诱、欺骗以及其他非法的方法收集证据……"这应该说是我国刑事诉讼立法对"非法证据"的首次触及。不过这里的规定主要是用来遏制刑讯逼供的，并且也未形成"非法证据排除"的观念。更遗憾的是，受传统观念的制约，[70] 再加上缺乏配套的制裁措施，致使《刑事诉讼法》的规定在实践中并未得到很好的贯彻，以至出现了刑讯逼供虽臭名昭著却屡禁不止的怪象。

伴随学术界对"非法证据"的研究以及司法实务部门对刑讯逼供等非法取证行为的治理，非法证据排除终于在有关规范性文件上得以显现。1994 年最高人民法院出台的《关于审理刑事案件程序的具体规定》[71] 第 45 条曾规定："严禁以非法的方法收集证据。凡经查证确实属于采用刑讯逼供或者威胁、引诱、欺骗等非法的方法取得的证人证言、被害人陈述、被告人供述，不能作为证据使用……"这是我国最高司法机关首次明确否定了"非法证据"的资格，值得肯定。

（2）最高人民法院《关于执行〈中华人民共和国刑事诉讼法〉若干问题的解释》（以下简称 1998 年《刑诉法解释》）对非法言词证据排除规则的确立。对待刑讯逼供等非法取证方法，1996 年《刑事诉讼法》基本遵循了 1979 年《刑事诉讼法》的立法体例，第 43 条规定："……严禁刑讯逼供和以威胁、引诱、欺骗以及其他非法的方法收集证据……"尽管在法律修改过程中，许多学者希望采用"原则排除+特殊例外"的方式在立法上确立非法证据排除规则，但此类建议并未被立法机关采纳。[72] 可见，立法上也只是对刑讯逼供等非法取证方法予以原则性禁止，但并未明确侦查人员、检察人员采用以上非法取证方法所获得证据的证据能力以及审判人员能否将此类证据作为定案的根据。由此，也就引发了关于此类"非法证据"之证据能力的诸多争论，也留给了法官自由裁量的空间。

---

〔70〕《公安部关于坚决制止公安干警刑讯逼供的决定》指出：严禁刑讯逼供，虽已三令五申，但至今没有得到根本解决，究其原因，首先是一些领导干部对刑讯逼供的严重危害认识不足，制止不力，甚至有意无意地纵容、袒护。他们错误地认为在办案中发生刑讯逼供是难免的，对少数干警的刑讯逼供行为往往睁一眼闭一眼，不加制止；对刑讯逼供案件查处不力，大事化小，小事化了，把查处刑讯逼供与调动干警办案积极性对立起来。

〔71〕 已于 2013 年失效。

〔72〕 戴长林等：《中国非法证据排除制度：原理·案例·适用》，法律出版社 2016 年版，第 6 页。

针对实践中的乱象，最高人民法院以出台司法解释的方式予以规范。1998年《刑诉法解释》第61条规定："严禁以非法的方法收集证据。凡经查证确实属于采用刑讯逼供或者威胁、引诱、欺骗等非法的方法取得的证人证言、被害人陈述、被告人供述，不能作为定案的根据。"由此，对于刑讯逼供等非法取证方法，不仅有了立法上的禁止性规定，还有了排除后果的规定。不过需要说明的是，司法解释的这一规定只是确立了对证人证言、被害人陈述、被告人供述等非法言词证据的排除，而对于以非法方法获取的物证、书证等实物证据的证据能力问题，司法解释并未涉及。应当说，最高人民法院对非法言词证据排除的这一尝试，是我国非法证据排除规则发展上的一大进步，是我国在促进程序公正、保障人权道路上迈出的一小步。然而，实践中对此并未给予应有的回应，非法证据排除的效果并不能令人满意。正像有的学者谈到的，司法解释在立法技术上不够完善，对非法证据排除的标准规定为"查证属实"，这一标准显然过高，难以达到，从而使得非法证据排除规则在司法实践中基本上没能得到真正实施。[73]

（3）2010年"两个证据规定"对非法证据排除规则的正式确立。司法实践中暴露出来的一系列冤假错案，在社会上产生了极大的负面影响，而在这些冤假错案中，刑讯逼供等非法取证方法均扮演了极不光彩的角色，针对这种情况，最高法等部门加快了非法证据排除规则的出台。2010年6月13日，最高法、最高检、公安部、国家安全部和司法部联合发布了"两个证据规定"，即《关于办理死刑案件审查判断证据若干问题的规定》（以下简称《办理死刑案件证据规定》）和《关于办理刑事案件排除非法证据若干问题的规定》（以下简称《非法证据排除规定》）。"两个证据规定"的出台，标志着我国非法证据排除规则的正式确立，学界对此给予高度评价，陈光中先生谈道，"这是我国司法制度改革中的一件大事，是我国刑事诉讼制度进一步民主化、法治化的重要标志。"[74]樊崇义教授认为，"两个规定倡导程序正义，凸显程序价值，坚持程序裁判，为实现公平正义指出了最终途径和方法。"[75]

《非法证据排除规定》搭建了我国非法证据排除规则的基本框架，并影响了后来证据制度的立法。首先，《非法证据排除规定》不仅确立了非法言词证据的排除规则，尤其是肯定了非法实物证据的排除规则，这无疑是对1996年《刑事诉

---

〔73〕 参见张军主编：《刑事证据规则理解与适用》，法律出版社2010年版，第307~308页。

〔74〕 陈光中：《改革完善刑事证据制度的重大成就》，载《人民公安报》2010年6月1日，第2版。

〔75〕 樊崇义：《司法改革的重大成果》，载《人民法院报》2010年6月2日，第2版。

讼法》及 1998 年《刑诉法解释》的重大突破。对于采用刑讯逼供等非法手段取得的犯罪嫌疑人、被告人供述和采用暴力、威胁等非法手段取得的证人证言、被害人陈述，经依法确认为非法言词证据的，应当一律予以排除，不得作为定案的根据。而对于非法取得的物证、书证之类的实物证据，则赋予了审判人员以裁量权。具体而言，书证、物证的取得明显违反法律规定，可能影响公正审判的，应当予以补正或者作出合理解释，否则，该物证、书证不能作为定案的根据。其次，《非法证据排除规定》建立了在审判阶段排除非法证据的程序。最后，《非法证据排除规定》还规定了检察机关对被告人供述的合法性承担举证责任。

《办理死刑案件证据规定》则更加详细，对不同种类证据的审查判断分别作出了要求，进一步丰富和完善了非法证据排除规则，尤其是规定了"瑕疵证据补正规则"。诉讼中确实存在着一些程序性违法的证据，但还没有达到"非法证据"的严重程度，这些证据即属于"瑕疵证据"。对于瑕疵证据，不能一概排除，否则不利于诉讼的顺利进行；但也不能全部认可，否则也不利于保障犯罪嫌疑人、被告人的权利。正是基于此，"瑕疵证据补正规则"应运而生。

（4）2012 年《刑事诉讼法》对非法证据排除规则的立法确认。在非法证据排除规则发展的进程中，"两个证据规定"只是特定时期应对实践需要的权宜之计，要实现对刑讯逼供等非法取证方法的制约，保障犯罪嫌疑人、被告人的权利，从立法层次上讲，应当以国家基本法律的形式确立非法证据排除规则。2012 年《刑事诉讼法》在吸收"两个证据规定"基本内容的基础上，正式确立了较为完整的非法证据排除规则：其一，在非法证据的界定上，沿袭了"两个证据规定"的做法，分为非法言词证据和非法实物证据，并实行不同的排除规则；其二，非法证据排除程序分为初步审查和正式审查两个环节；其三，非法证据排除规则不仅适用于审判阶段，也适用于侦查和审查起诉阶段；其四，明确了非法证据的排除标准，即确认或者不能排除存在以非法方法收集证据情形的，对有关证据应当予以排除。

为了厘清对非法证据排除规则理解上的差异，也为了使非法证据排除规则更具操作性，2012 年《刑诉法解释》专门用"非法证据排除"（第四章第八节）一节作了更加详细的规定。尤其要指出的是，"法院针对非法言词证据可以适用强制性排除规则，针对非法实物证据可以适用裁量性排除规则，而针对瑕疵证据则适用可补正的排除规则。由此，我国非法证据排除规则的三元结构最终得到了司

法解释的全面接受。"〔76〕

（5）2017 年《严格排除非法证据规定》确立的"新非法证据排除规则"。十八届三中、四中全会均提到了要严格实行非法证据排除规则，加强对刑讯逼供和非法取证的源头预防。这也从侧面说明《刑事诉讼法》确立的非法证据排除规则在实践中并未得到有效落实。2017 年 6 月，最高法、最高检、公安部、国家安全部、司法部联合公布了《严格排除非法证据规定》。该规定从侦查、起诉、辩护、审判等刑事诉讼各阶段上确定了非法证据的认定标准和排除程序，从实体和程序两个方面对非法证据排除作了严格规范，是我国刑事证据制度的重大进步。学者对此也给予了高度评价。"这一新的非法证据排除规则一旦实施，对于推进以审判为中心的诉讼制度改革，完善针对侦查行为合法性的司法审查制度，都将发挥积极的作用，并产生深远的影响。"〔77〕当然，对此也有不同的声音，认为此项规定存在诸多败笔。〔78〕尤其需要指出的是，《严格排除非法证据规定》厘清了长期困扰学界和实务界的一些难题。例如，其将"威胁""非法拘禁"纳入非法证据排除规则的调整范围。长期以来，《刑事诉讼法》采用的"宽禁止、严排除"的立法模式为人所诟病。此次终于将以威胁方法取得的证据列为非法证据排除的对象。更加值得肯定的是，《严格排除非法证据规定》初步建立起了重复性供述的排除规则。

其后，最高人民法院为贯彻落实《关于推进以审判为中心的刑事诉讼制度改革的意见》和《严格排除非法证据规定》，规范非法证据排除程序，制定了《非法证据排除规程》，为人民法院排除非法证据提供指引。

3.《非法证据排除规程》的主要内容

《非法证据排除规程》共 36 条，主要包括两大方面的内容：一是有关实体性规则的规定，即对非法证据的界定及法律后果的明确；二是有关程序性规则的规定，即对于非法证据排除的启动、审查、撤回及二审程序中的审查作了规定。具体而言，可以从以下几个方面加以说明：

（1）非法言词证据的证据能力问题。综观该规程的全部内容可以看出，《非法证据排除规程》的重点仍是要明确以非法方法收集的言词证据，尤其是被告人供述的证据能力问题，而对于非法收集的实物证据应当如何排除并未提供可操作

---

〔76〕 陈瑞华：《刑事证据法学》，北京大学出版社 2014 年版，第 143 页。

〔77〕 陈瑞华：《新非法证据排除规则的八大亮点》，载《人民法院报》2017 年 6 月 29 日，第 2 版。

〔78〕 参见毛立新：《〈严格排除非法证据规定〉的九大缺憾》，载 http://blog.sina.com.cn/s/blog_775e947f0102woop.html，最后访问日期：2017 年 10 月 30 日。

性的规定，基本上是重复了《刑事诉讼法》第 54 条[79]的规定，[80] 不得不说是一大缺憾。

第一，以"刑讯逼供"收集的被告人供述，应当予以排除。《非法证据排除规程》第 1 条第 1 项明确指出，"采用殴打、违法使用戒具等暴力方法或者变相肉刑的恶劣手段，使被告人遭受难以忍受的痛苦而违背意愿作出的供述"，应当予以排除。

第二，以"威胁"方法收集的被告人供述，应当予以排除。《非法证据排除规程》将"威胁"纳入非法证据排除规则的适用范围，较之于《刑事诉讼法》及《刑诉法解释》的规定，无疑是一种突破。《非法证据排除规程》第 1 条第 2 项明确规定，"采用以暴力或者严重损害本人及其近亲属合法权益等进行威胁的方法，使被告人遭受难以忍受的痛苦而违背意愿作出的供述"，应当予以排除。

第三，以"非法拘禁"等非法限制人身自由的方法收集的被告人供述，应当予以排除。将"非法拘禁"纳入非法证据排除规则的适用范围，同样是一种突破和进步。这主要是用以解决司法实践中办案单位违反法定程序非法拘禁犯罪嫌疑人，或者在强制措施超过法定期限后仍非法羁押犯罪嫌疑人的问题。需要注意的是，采取"非法拘禁"手段收集的被告人供述，应当直接予以强制性排除，不需要达到"使被告人遭受难以忍受的痛苦而违背意愿作出供述"的要求。

第四，明确了证人证言、被害人陈述的排除规则。根据《非法证据排除规程》第 2 条的规定，如果证人证言、被害人陈述属于采用以暴力、威胁以及非法限制人身自由等非法方法收集的，则应当予以排除。

（2）非法证据排除的程序后果。非法证据排除，重在其后果的确定。2012 年《刑事诉讼法》及《刑诉法解释》只是笼统地规定非法证据不得作为定案的根据。而《非法证据排除规程》在沿袭以上规定的基础上，进一步指出，"经依法予以排除的证据，不得出示、宣读，不得作为判决的依据"。这样规定，一来有助于防止非法证据的出示影响审判人员的心证，二来也能减少非法证据有可能引发的负面影响。

（3）非法证据排除程序的启动。我国存在依申请排除非法证据和依职权排除

---

〔79〕 现为第 56 条。

〔80〕 《非法证据排除规程》第 3 条规定："采用非法搜查、扣押等违反法定程序的方法收集物证、书证，可能严重影响司法公正的，应当予以补正或者作出合理解释；不能补正或者作出合理解释的，对有关证据应当予以排除。"与《刑事诉讼法》第 56 条相比，只是以"有关证据"替代了"该证据"的表述，并无实质区别。

非法证据两种方式。司法实践中被告人、辩护人申请启动是最常见的，因此《非法证据排除规程》重点对于依申请启动非法证据排除程序作了规定。首先，法院负有告知义务。非法证据排除与否对定罪量刑有着重大影响，因而法院有义务在开庭前告知被告人及其辩护人享有该项权利。《非法证据排除规程》第 8 条第 1 款规定："人民法院向被告人及其辩护人送达起诉书副本时，应当告知其有权在开庭审理前申请排除非法证据并同时提供相关线索或者材料。上述情况应当记录在案。"其次，申请启动是有时间限制的。为保证庭审顺利进行，防止被告人庭审中搞非法证据排除的突袭，应当对其申请在时间上有所限制。《非法证据排除规程》第 9 条规定："被告人及其辩护人申请排除非法证据，应当在开庭审理前提出，但在庭审期间发现相关线索或者材料等情形除外。"最后，法院对申请的审查。《非法证据排除规程》第 10 条第 2 款规定："被告人及其辩护人申请排除非法证据，未提供相关线索或者材料的，人民法院应当告知其补充提交。被告人及其辩护人未能补充的，人民法院对申请不予受理，并在开庭审理前告知被告人及其辩护人。上述情况应当记录在案。"

（4）承办法官庭前对证据合法性的审查责任。为确保庭审的顺利进行，《非法证据排除规程》规定了承办法官在庭前对证据合法性的审查责任。具体而言，在开庭审理前，承办法官应当阅卷，重点审查以下内容：①被告人在侦查、审查起诉阶段是否提出排除非法证据申请；提出申请的，是否提供相关线索或者材料。②侦查机关、人民检察院是否对证据收集的合法性进行调查核实；调查核实的，是否作出调查结论。③对于重大案件，人民检察院驻看守所检察人员在侦查终结前是否核查讯问的合法性，是否对核查过程同步录音录像；进行核查的，是否作出核查结论。④对于人民检察院在审查逮捕、审查起诉阶段排除的非法证据，是否随案移送并写明为依法排除的非法证据。⑤被告人提出排除非法证据申请，并提供相关线索或者材料的，是否已经委托辩护人或者申请法律援助。

（5）非法证据排除的证明机制。首先，在证明责任的分配上。被告人及其辩护人申请排除非法证据，应当提供相关线索或者材料，但不承担刑讯逼供等非法取证的举证责任。证据收集合法性的举证责任由检察院承担。

其次，在证明方式上。被告人及其辩护人有权申请法庭播放特定讯问时段的讯问录音录像，有权向法院申请调取侦查机关、检察院收集但未提交的讯问录音录像、体检记录等证据材料，有权申请法院通知侦查人员或者其他人员出庭说明情况。公诉人对证据收集合法性的证明，可以通过出示讯问笔录、提讯登记、体检记录、采取强制措施或者侦查措施的法律文书、侦查终结前对讯问合法性的核查材料等证据材料，也可以针对被告人及其辩护人提出异议的讯问时段播放讯问录音录像，提请法庭通知侦查人员或者其他人员出庭说明情况。但要特别注意的是，检察机关不得以侦查人员签名并加盖公章的说明材料替代侦查人员出庭。

（6）庭前会议对非法证据的初步审查。被告人及其辩护人申请排除非法证据，并提供相关线索或者材料的，法院应当召开庭前会议。这是必经的程序。在庭前会议中，为了充分发挥庭前会议程序解决证据合法性问题的作用，检察院应当通过出示有关证据材料等方式，有针对性地对证据收集的合法性作出说明，而且允许控辩双方对证据收集的合法性达成一致意见。为发挥庭前会议的作用，《非法证据排除规程》允许控辩双方撤回证据或者申请。检察院可以决定撤回有关证据，撤回的证据，应当随案移送并写明为撤回的证据，没有新的理由，不得在庭审中出示。被告人及其辩护人可以撤回排除非法证据的申请。撤回申请后，没有新的线索或者材料，不得再次对有关证据提出排除申请。法院在听取意见、核实情况的基础上，如果对证据收集的合法性有疑问的，应当决定启动非法证据排除程序进行正式调查；如果公诉人提供的相关证据材料能够明确排除非法取证情形，法院对证据收集的合法性没有疑问的，而且也没有新的线索或材料表明可能存在非法取证的，法院将驳回被告人及其辩护人的申请，不再进行调查，否则就是架空了庭前会议程序。

（7）先行当庭调查为原则。法院决定对证据收集的合法性进行法庭调查的，应当先行当庭调查。只有为了防止庭审的过分迟延，在有多名被告人及其辩护人申请排除非法证据，或者案件中的其他犯罪事实与被申请排除的证据没有关联的，方可在法庭调查结束前进行调查。这也就意味着，法院一旦启动非法证据排除程序，即中止了案件的实体审理程序。而且，在非法证据排除程序结束前，不得出示、宣读有关证据。

（8）当庭裁决的处理方式。我国非法证据排除规则未能有效实施的一个重要原因便是法院不愿或者不敢当庭对证据收集的合法性作出决定。针对此种情况，《非法证据排除规程》规定了"当庭裁决"原则。《非法证据排除规程》第25条规定："人民法院对证据收集的合法性进行调查后，应当当庭作出是否排除有关证据的决定。必要时，可以宣布休庭，由合议庭评议或者提交审判委员会讨论，再次开庭时宣布决定。"之所以设置当庭裁决的例外，主要是考虑到司法实践中有的案件属于疑难、重大、复杂案件，合法性存在争议的证据又是关键证据，使得合议庭一时难以达成一致意见，或者合议庭当庭作出决定存在很大困难。

（9）非法证据排除的证明标准。非法证据只有达到一定的程度要求，方能予以排除。在这点上，《非法证据排除规程》沿袭了《刑事诉讼法》第58条[81]确立的证明标准，即经法庭审理，确认属于或者不能排除以非法方法收集证据情形的，对有关证据应当予以排除。

需要特别指出的是，《非法证据排除规程》第26条在重申"不能排除以非法方法收集证据情形的"证明标准时，具体到"应当对讯问过程录音录像的案件没有提供讯问录音录像，或者讯问录音录像存在选择性录制、剪接、删改等情形，现有证据不能排除以非法方法收集证据的"，"侦查机关除紧急情况外没有在规定的办案场所讯问"以及"驻看守所检察人员在重大案件侦查终结前未对讯问合法性进行核查"等情形，个中缘由值得深思。以"没有依法进行全程录音录像收集的供述"为例，根据2013年《关于建立健全防范刑事冤假错案工作机制的意见》的规定，[82]应当一律予以排除，不得作为定案的根据。但《非法证据排除规程》第26条[83]则未如此武断，而是"现有证据不能排除以非法方法收集证据的"，方才排除。再结合《严格排除非法证据规定》对于未依法全程录音录像的供述是否排除的回避态度，这无疑留下了想象的空间，只要能有其他方法来证明被告人供述的合法性，即使未依法全程录音录像也未尝不可。

（10）二审程序中的非法证据排除。原则上，被告人及其辩护人应当在第一审程序中申请排除非法证据，但如果第一审法院没有依法告知被告人享有申请排除非法证据的权利或者是被告人及其辩护人在第一审庭审后发现涉嫌非法取证的相关线索或者材料的，也可以在第二审程序中提出申请。此外，控辩双方可以在上诉、抗诉中对证据收集合法性的审查、调查结论提出异议，第二审法院应当进行审查。再者，第一审法院对被告人及其辩护人排除非法证据的申请未予审查，并以有关证据作为定案的根据，可能影响公正审判的，第二审法院可以将其视为违反法定诉讼程序的行为，作出撤销原判、发回重审的裁定，从而将拒绝审查被告人申请排除非法证据的行为纳入程序性制裁的轨道。

---

〔81〕　现为第60条。

〔82〕《关于建立健全防范刑事冤假错案工作机制的意见》第8条第2款规定：除情况紧急必须现场讯问以外，在规定的办案场所外讯问取得的供述，未依法对讯问进行全程录音录像取得的供述，以及不能排除以非法方法取得的供述，应当排除。

〔83〕《非法证据排除规程》第26条规定：经法庭审理，具有下列情形之一的，对有关证据应当予以排除：①确认以非法方法收集证据的；②应当对讯问过程录音录像的案件没有提供讯问录音录像，或者讯问录音录像存在选择性录制、剪接、删改等情形，现有证据不能排除以非法方法收集证据的；③侦查机关除紧急情况外没有在规定的办案场所讯问，现有证据不能排除以非法方法收集证据的；④驻看守所检察人员在重大案件侦查终结前未对讯问合法性进行核查，或者未对核查过程同步录音录像，或者录音录像存在选择性录制、剪接、删改等情形，现有证据不能排除以非法方法收集证据的；⑤其他不能排除存在以非法方法收集证据的。

（二）实施状况

《非法证据排除规程》是最高人民法院为严格落实《关于推进以审判为中心的刑事诉讼制度改革的意见》《严格排除非法证据规定》等改革文件而推行的重大举措，该项规程完善了非法证据排除的实体性规则和程序性规则，规范了对证据合法性争议进行处理的庭前程序和庭审程序，对促进庭审实质化、准确惩罚犯罪、切实保障人权具有重要意义。最高人民法院确定了廊坊市、太原市、松原市、哈尔滨市、上海市（二中院）、宿迁市、湖州市、台州市、泉州市、上饶市、淄博市、黄石市、广州市、海口市、成都市、西安市、兰州市、温州市18个中级人民法院及其所辖的部分基层人民法院为试点法院。

1. 试点法院"排非"情况一览

（1）试点法院[84]"排非"的实证分析。按照最高人民法院的部署，《非法证据排除规程》的试行期限为3个月（2017年6—8月）。各试点单位高度重视，在试点案件中单独适用了《非法证据排除规程》或者与《庭前会议规程》《法庭调查规程》一并适用。表6是对试点单位适用情况的简要统计：

表6 试点单位适用"三项规程"情况的简要统计

试点单位	适用案件数量	"排非"启动方式	排除结果
湖州市中院	2	被告方申请	进行了庭审调查。
淄博市中院	1	被告方申请	被告人撤回申请。
成都中院	13	12件由被告方申请；1件由公安机关主动提出要求在庭审中对取证合法性进行调查，以证明被告人提出"排非"申请的无理性和公安执法的文明性	有3件被告人在庭前会议中撤回了申请；有5件进行了庭审调查，1件排除了非法证据；有5件通过庭前会议的核实，法官对取证合法性是没有疑问的。
哈尔滨市中院	1	被告方申请	根据重复性供述排除规则，其中一被告人的所有供述予以排除。

---

[84] 为了表述的方便，以下谈到的各地中院，均包括该中院及其下辖的试点基层法院。

续表

试点单位	适用案件数量	"排非"启动方式	排除结果
海口市中院	0		
黄石中院	2	被告方申请	
上饶中院	3	被告方申请	
兰州中院	5	被告方申请	经庭前会议认定不属于"排非"法定事由的案件1件；未提供相关线索或材料的案件1件；为瑕疵证据并最终补正的案件1件；经过侦查人员出庭补正瑕疵证据的案件2件；未出现排除非法证据的案件。
廊坊中院	3	被告方申请	1件中的证人证言在二审中方予以排除；另外2件进行了庭审调查，但并未排除被告人的供述。
泉州中院	7	被告方申请	
松原中院	2	被告方申请	1件中的检察院主动撤回了部分非法证据。
上海二中院	3	被告方申请	均未排除。
太原中院	3	被告方申请	排除了被告人部分供述，改变了法庭对指控犯罪的认定内容。
温州中院	2	1件由被告方申请；1件是公诉人当庭提出并撤回证据（严格来说，这不属于适用《非法证据排除规程》的案件）	
西安中院	3	被告方申请	均在庭前会议中予以驳回。
宿迁中院	3	被告方申请	2件排除了非法证据，1件驳回申请。

续表

试点单位	适用案件数量	"排非"启动方式	排除结果
台州中院	6	5件由被告方提出申请；1件由法院依职权直接启动排非程序	1件通过庭前会议，公诉人同意撤回部分被告人供述，法院依职权启动的案件，对二被告人的首份供述予以排除，其他驳回申请。

注：①说明：其一，上述表格统计中，"排除结果"一项中有的试点单位呈现空白状态。这是因为该试点法院未向最高法院反馈其最终的排除结果。但是我们可以作一推测，笔者倾向于法院作出了"驳回'排非'申请"的决定。其二，由于试行的时间较为短暂，致使适用《非法证据排除规程》的案件数量较少，而且，与适用《庭前会议规程》《法庭调查规程》相比，适用"排非"程序的案件更少。

②各试点法院"排非"的差异。从上述统计可以看出，除海口市两级法院系统未适用《非法证据排除规程》外，其他各试点单位均或多或少地根据《非法证据排除规程》适用了"排非"程序。其中，成都中院居首，适用《非法证据排除规程》的案件多达13件。这主要有两个原因：其一，成都中院及下辖法院受理刑事案件较多，为适用"排非"程序提供了较多的选择；其二，成都中院在司法改革中一直处于领先地位，其从2015年开始便在辖区两级法院系统推行"庭审实质化改革"，积累了丰富的经验。

③"排非"程序的启动。稍微夸张一点，可以说，实践中的"排非"都是由被告人及其辩护人申请启动的。在《非法证据排除规程》试行期间，由法院依职权启动的"排非"只有1件，出现在台州中院。令人意外的是，在成都中院审理的一起案件中，竟然出现了公安机关主动提出要在庭审中进行取证合法性调查的情况。而实际上，通过召开庭前会议，合议庭对证据合法性是没有疑问的。当然，这种"排非"绝对是凤毛麟角。这就使得"排非"程序的改革，首先是要注重对被告人及其辩护人启动"排非"权利的保障。

④"排非"的结果。从上述统计可以看出，"排非"程序是发挥了作用的，确实有一些非法证据被排除，甚至出现了像哈尔滨中院将一被告人的所有供述予以排除的情况。这是令人欣喜的改革成果，也更加坚定了要将"庭审实质化改革"进行到底的信心。不过，也必须承认，"排非"在司法实践中的适用和落实情况与学术界的预期还有很大的差距，与辩护律师的预想更是相差甚远。上述统计可以清晰地表明，针对被告人及其辩护人的"排非"申请，法院要么是在庭前会议中认为对"取证合法性没有疑问"而决定在庭审中不予调查，要么是庭审调查后确定取证行为不存在违法性而不予排除。以成都中院启动"排非"的13件案件为例，除了有3件是被告人在庭前会议中撤回了"排非"申请外，只有在1件案件中排除了非法证据。个中缘由值得深思。

（2）试点法院"排非"的典型案例。

【案例1】敢于排除"重复性供述"的刘阳等7人贩卖、运输毒品、骗取贷款案

简介：在郑昌龙、于月、张进、刘阳等7人贩卖、运输毒品、骗取贷款一案中，被告方提出了排除非法证据的申请，并提供了相关线索和材料，哈尔滨中院召开了庭前会议。公诉人、7名辩护人和被告人刘阳参加，合议庭通知侦查人员宋吉或到会说明情况。郑昌龙的辩护人提出，被告人于月到案后在禁毒支队办案区非法滞留6天，后被送看守所羁押，属于非法拘禁，于月的供述应予排除。公诉人同意辩护人的意见，并表示在开庭时不出示这部分供述。郑昌龙的辩护人还提出，被告人张进受到疲劳审讯，第二次、第三次讯问间隔5个小时，且存在引供、诱供，所作的供述不真实，应当排除。公诉人认为不属于疲劳审讯，且讯问时采取的问话技巧不能认定为引供、诱供。双方对排除张进供述未达成一致。合议庭认为，对于月的供述，侦查机关确实存在未经审批拘留对于月非法拘禁的行为，对控辩双方达成一致的意见予以确认；对张进的供述，公诉人的意见成立，对张进供述取证的合法性合议庭没有疑问，拟在开庭时宣布不对张进供述的取证是否合法的问题启动庭审调查。在庭前会议中，被告人刘阳及其辩护人提出，刘阳到案后被行政拘留，但没有送拘留所执行，一直羁押在禁毒支队办案区，9天后才被刑事拘留并送所执行，在此期间受到了宋吉或的刑讯逼供。辩护人认为，行政拘留刘阳之后送看守所之前刘阳的供述羁押地点非法，应予排除；刘阳在此期间受到刑讯逼供，送看守所之后的供述一直都有宋吉或参加讯问，这些重复性供述都应排除。公诉人同意辩护人关于刘阳送看守所之前所取供述予以排除的意见，明确表示在开庭时不出示这部分供述，控辩双方对排除刘阳送看守所之前的供述达成一致。对辩护人提出的刘阳受到刑讯逼供的问题，公诉人出示了刘阳入所体检表，证明刘阳入所时没有外伤，申请侦查员宋吉或到会说明情况，宋吉或称对刘阳没有刑讯逼供。庭前会议后，合议庭经仔细核对讯问录像，发现宋吉或多次扇刘阳耳光，并将刘阳以上厕所的名义带离审讯室，1小时30分后，重新回到审讯室讯问，刘阳开始供认贩卖毒品事实。合议庭认为，对控辩双方对刘阳送看守所之前所取供述予以排除达成一致的意见可予确认。因讯问录像记载了宋吉或对刘阳扇打耳光的行为，且将刘阳带离审讯室1小时30分，之后回到审讯室刘阳开始供认犯罪。根据上述证据已经能够确认刘阳受到了刑讯逼供。根据重复性供述排除规则，刘阳所有的供述均应排除。

评价：哈尔滨中院在该案中的"排非"具有典型意义：其一，严格依照《非法证据排除规程》，召开庭前会议，并在庭前会议中充分保障了诉讼各方的诉讼权利。其二，庭前会议富有成效。庭前会议不是"走过场"，控辩双方对"排非"在多项证据上达成了一致意见。其三，法院针对控辩双方无法达成一致的被告人刘阳的供述这一重要证据，根据《严格排除非法证据规定》规定的"重复性供述"规则，不再是采取对关键证据"不敢排""不愿排"的消极态度，而是勇敢地排除了被告人的所有供述。无论是从倒逼侦查机关依法收集证据上讲，还是从保障被告人权利上讲，这无疑都具有重大的示范意义。

【案例2】公安机关主动提出"排非"的非典型的"典型"案件

简介：成都中院在一起被告方申请"排非"的案件中，经过庭前会议程序，合议庭对证据收集的合法性没有疑问。但由于是人大代表、政协委员准备旁听的案件，公安机关遂主动提出要求在庭审中对取证的合法性进行调查，以证明被告人提出"排非"申请的无理性和公安机关执法的文明性。

评价：在"排非"的司法实践中，当法院对申请排除的证据的合法性没有疑问，而由被控非法收集证据的公安机关主动提出"排非"进行庭审调查的情况非常鲜见。而庭审调查也收到了很好的效果：既满足了辩护方"排非"的申请，也突出了侦查机关依法收集证据的形象，更提升了庭审的实质化。这一非典型的"典型"案例也在告诉侦查机关、检察机关面对被告人的"排非"申请，应当勇于面对，"打铁还需自身硬"，而不是"怕"和"回避"。

【案例3】"证明难""认定难""排除难"的"威胁"类口供

简介：成都中院在4件涉及以"威胁"方法取证的案件中启动了"排非"程序。被告人提出侦查人员对其进行威胁：如果不认罪，其妻子和儿子的日子就会不好过，为了避免妻儿被调查，其才违心认罪。而公安机关称从未对其进行过威胁，而且由于不属于可能判处无期徒刑以上刑罚的案件，故未对讯问过程同步录音录像。法官对取证的合法性无法进行确认，故在庭审中启动了"排非"调查程序。但对于被告人是否遭受了"威胁"，法官深感证明和认定之难。

评价：该案例典型地反映了"排非"实践中长期困扰法官的"威胁""引诱""欺骗"等非法方法的"证明难""认定难""排除难"问题。虽然《刑事诉讼法》及相关司法解释三令五申不得采取"威胁""引诱""欺骗"等非法方法收集证据，但在实践中却很难得到落实：一是因为此等非法方法与侦查、讯问策略确实存在区分上的困难；二是因为对此等非法方法的证明和认定标准确实难以把握；三是由于立法对采用此等非法方法收集证据的证据能力问题通常采取回避的态度，无形之中给了侦查机关以某种鼓励。

2. "排非"对案件处理结果的影响

根据试点法院实施《非法证据排除规程》的反馈，以及结合各地法院"排非"的实践，经法院认定为非法证据并加以排除后，对案件处理结果的影响可以作以下区分：

（1）因排除而无罪。非法证据，尤其是关乎犯罪成立与否的关键证据，在被法院认定为非法而加以排除后，则可能导致指控的犯罪因证据不足而不成立，法院遂认定被告人无罪。司法实践中也确实存在这样的案例。例如泉州市中院受理的"李松松强奸案"[85]的二审程序中，法院依法认定被告人的供述属于"不能排除存在以非法方法收集证据情形的"，从而将其排除，最终认定被告人无罪。这种结果可能是被告人及其辩护律师最乐于看到的，也可能是最符合学术界预期的。但要说明的是，"因排除而无罪"在实践中是最少发生的。

（2）虽排除但不影响定罪量刑。实践中的"排非"大多属于这种情形。无论是被告人申请还是法院依职权启动的"排非"程序，法院依法认定了有关证据是非法证据并加以排除，但并没有对最终的定罪量刑产生实质影响。一般多发生在被告人前后作了多次供述的场合，有的供述被认定为非法证据而排除，但其他的供述因符合法定程序而被作为定案的根据。前述试点单位有多件案件即属于此种情形，法院只是排除了被告人的首次或中间某一环节的供述。这种情形还常发生在"非法证据"并非案件的关键证据的场合，法官对排除此类非法证据并没有心理上的顾虑和负担，而且还乐于排除此类证据，并且检察机关对此也无意见。

（3）因排除而影响量刑。这种情形在"排非"的实践中也较为常见，多发生于被告人有多起犯罪事实的场合。被告人某次的供述被认定为非法证据而排除后，只是影响了对某个犯罪事实的认定，但并不会影响最终的定罪，只是可能会导致量刑的降低。例如在"王志高贩卖毒品案"[86]中，检察机关指控被告人犯有三起贩卖毒品的事实。被告人申请"排非"，法院认定被告人关于两起贩卖毒品的供述因在取证程序上存在多处疑点，不能排除存在以非法方法收集证据的情形，从而排除了有关供述，对后两起犯罪事实不予认定。

---

〔85〕 具体案情参见戴长林等：《中国非法证据排除制度：原理·案例·适用》，法律出版社2016年版，第273～275页。

〔86〕 具体案情参见戴长林等：《中国非法证据排除制度：原理·案例·适用》，法律出版社2016年版，第251～252页。

（4）因排除而变更罪名。实践中"排非"也出现了这样的结果：因为非法证据的排除，导致检察机关指控的罪名不能成立，法院最终以其他罪名对被告人定罪量刑。例如在"陆武非法持有毒品案"[87]中，检察机关指控被告人犯有运输毒品罪，但被告人申请"排非"，主要理由是其在侦查阶段的供述系刑讯逼供所得。法院审查后认定，不能排除公安机关存在以非法方法收集证据的情形，因此被告人在公安机关所作的供述应当予以排除，而且法院认为被告人后来在接受检察人员讯问时所作的有罪供述，由于与在公安机关所作的供述具有连贯性，属于"重复性供述"，最终排除了被告人在审判前的所有供述。不过，法院同时认为，虽然检察机关指控被告人犯有运输毒品罪不能成立，但被告人因持有的毒品数量已达到非法持有毒品罪的标准，遂以非法持有毒品罪对被告人定罪量刑。

3. 试点运行中反映出来的突出问题

《非法证据排除规程》试行的 3 个月，在推进试点单位"庭审实质化改革"上起到了重要的促进作用，这无疑是值得肯定的，但同时也暴露出一些突出问题，需要理性的反思和审慎的对待。

（1）非法证据的界定仍需明确。试点单位普遍反映，虽然《严格排除非法证据规定》和《非法证据排除规程》对非法证据的范围及证明标准作了规定，但仍然存在很大的缺憾。

第一，如何对待采取"引诱""欺骗"等非法方法收集的口供？《非法证据排除规程》终于将采取"威胁"的方法收集的言词证据纳入非法证据排除规则的适用范围，但对于《刑事诉讼法》第 52 条[88]同样明令禁止的采取"引诱""欺骗"方法所得证据的证据能力问题则语焉不详、刻意回避，这在某种意义上甚至给了侦查机关一种暗示，即采取"引诱""欺骗"方法收集证据是被默许的。但在实践中，被告人及其辩护人在"排非"程序中总是会将侦查机关采取上述方法收集的证据列入"非法证据"的清单，要求法院予以排除。这无疑是给审判人员出了一道难题，使得法官常常左右为难。

第二，如何对待未遵守程序性保障而收集的口供？法院在"排非"时，还要经常面对一类证据——侦查机关未遵守程序性保障而取得的口供。争议最多的便是侦查机关未在法定羁押场所讯问、未全程录音录像而取得的口供是否要排除。

---

〔87〕 具体案情参见戴长林等：《中国非法证据排除制度：原理·案例·适用》，法律出版社 2016 年版，第 300~302 页。

〔88〕 该条规定，严禁刑讯逼供和以威胁、引诱、欺骗以及其他非法方法收集证据，不得强迫任何人证实自己有罪。

这是摆在法官面前的又一道难题，是否排除，实践中做法不一，全凭法官的裁量。

第三，如何对待物证、书证的排除？物证、书证因其稳定性强，长期以来未被纳入非法证据排除规则的适用范围。即使在《刑事诉讼法》《严格排除非法证据规定》和《非法证据排除规程》已明确将其列入排除对象的情况下，我们依然可以感受到实践中排除物证、书证之难，考察司法实践，不由得让人感叹："蜀道难，难于上青天。"究其原因，主要有以下两方面：其一，《刑事诉讼法》《严格排除非法证据规定》和《非法证据排除规程》要求的标准难以准确把握。何谓"可能严重影响司法公正"？这对法官提出了很高的要求，需要法官具备极高的素养。这也是试点法院"排非"时反应比较强烈的一个问题。其二，实践中依然有比较强烈的反对声音。认为物证、书证客观性及稳定性强，而且具有极高的证明力，一旦排除将直接影响案件的认定，不利于惩治犯罪。这客观上也造成了很多法官"不敢""不愿"，甚至"不知"要排除实物证据的现实。

（2）侦查人员出庭作证遇到的难题。为证明证据收集的合法性，侦查人员出庭作证或者说是出庭"说明情况"[89]成为不可避免的事情。各试点法院在"排非"实践中，基本都有侦查人员出庭。这无疑是推进"庭审实质化改革"的可喜成就。但也恰恰是在这个问题上，不仅是试点单位，考察其他法院的"排非"实践，法院也都有诉不完的苦。

第一个难题是出庭的侦查人员的身份问题。侦查人员在法庭上究竟是以什么样的身份出现？是"证人"吗？法庭要不要向出庭的侦查人员告知如实作证的义务，或者委婉一点说，要不要向出庭的侦查人员告知如实说明情况的义务？要不要其签署如实作证保证书？实践中，有的法院要求，而有的则不要求。再者，如果法院通知侦查人员"出庭说明情况"遭到拒绝，法院能否强制侦查人员出庭？实践中，一般都是采取"商请"或者"建议"的方式使侦查人员"出庭说明情况"。有的试点单位反馈，侦查人员之所以同意"出庭说明情况"，完全是法官利用与侦查人员的"私交"所致。

第二个难题是谁有权向出庭的侦查人员发问？出庭的侦查人员面对法官以及检察人员的发问，并没有遇到多大的障碍。实践中反应最为强烈的是被告人及其辩护人能否向侦查人员发问？对此，《刑事诉讼法》并未加以明确。虽然《非法

---

〔89〕 在表述上，"两个证据规定"采用的是"出庭作证"，而《刑事诉讼法》《非法证据排除规程》采用的则是"出庭说明情况"。这种表述上的差异首先就给侦查人员出庭可能遇到的困难埋下了伏笔。

证据排除规程》[90]向前迈出了一小步，为被告人及其辩护人向侦查人员发问开启了一扇门，但过往的经验告诉我们，相关难题绝不会伴随着司法解释的这一规定"迎刃而解"。如果将希望全部寄托在司法解释的这一规定上，将是非常幼稚的。[91]试点单位的反馈也告诉我们，侦查人员是否接受被告人及其辩护人的发问，仍然是一难题。现实远比想象要复杂，侦查人员往往拒绝接受被告人的发问，认为这是对其职业尊严的侵犯甚至侮辱；有的侦查人员同意接受辩护人的发问，但有的侦查人员也拒绝接受；还有略带戏谑的是，有的侦查人员拒绝接受被告人及其辩护人的直接发问，但接受审判长代被告人及其辩护人发问。

4. 被告人承担初步举证责任的要求是否必要

《非法证据排除规程》再次重申，被告人及其辩护人申请排除非法证据，应当提供相关线索或者材料，但不承担刑讯逼供等非法取证的举证责任。被告人对"排非"承担初步举证责任的要求，始于2010年的"两个证据规定"。2012年修改《刑事诉讼法》之时，便有不少反对声音，但立法还是坚持了这种要求。

不少法院反映，"对被告人申请'排非'所要提供的线索、材料，不能要求过高"。原因在于，在我国刑事诉讼中，被告人在审判前一般都处于被羁押的状况，处于极其弱势的地位，很多被告人只能当庭口头提出自己遭受刑讯逼供、疲劳审讯或者威胁、引诱、欺骗等非法对待，但是往往提供不了涉嫌非法取证的人员、时间、地点、方式、内容等相关线索或者证据，而侦查机关、检察机关对此指控一般都予以否认，因此法官也很难查证是否存在刑讯逼供及威胁、引诱、欺骗等非法取证的事实，从而在"排非"问题上陷入了"罗生门"。司法实践中悲哀的就是个案可能事实上存在刑讯逼供等非法取证行为，但是由于被告人及其辩护人无法提供一定的线索和材料，从而无法启动"排非"程序，即使启动了，也依然难以认定"非法证据"的存在，更别提排除了。因此，有试点单位建议应当考虑适度减轻被告人所承担的初步举证责任，以确保"排非"能够得到真正的落实。

5. 对证据合法性的"当庭裁决原则"是否合理

非法证据排除规则未能有效贯彻的一个重要原因便是一些法官不敢或者不愿

---

[90] 《非法证据排除规程》第19条第3项规定：公诉人出示证明证据收集合法性的证据材料，被告人及其辩护人可以对相关证据进行质证，经审判长准许，公诉人、辩护人可以向出庭的侦查人员或者其他人员发问。

[91] 由于《非法证据排除规程》是由最高人民法院制定的，在性质上应属于司法解释。实践中，侦查人员往往以《刑事诉讼法》没有相关规定为由，而拒绝承认《非法证据排除规程》对警察有约束力。

对有关"非法证据"当庭裁决，致使有非法证据之嫌的证据仍然得以在法庭上出示、质证，进而作为定案的根据。为防范这种情况的继续发生，《非法证据排除规程》第25条规定："人民法院对证据收集的合法性进行调查后，应当当庭作出是否排除有关证据的决定。必要时，可以宣布休庭，由合议庭评议或者提交审判委员会讨论，再次开庭时宣布决定。"学者对此给予积极的肯定，"当庭裁决原则的确立，有助于保障先行调查原则的实施，维护程序性裁判程序的权威性。"[92]

然而，多少有些意外的是，不少试点法院对此提出了异议，建议"不要求合议庭当庭作出决定，可在庭后的合议或审委会上予以充分讨论再作出决定；或放宽时间限制，由合议庭根据案件需要灵活处理，也可以在判决中对是否排除有关证据作出评判"。主要理由在于：在庭前会议中，控辩双方很难就证据收集的合法性达成一致意见，尤其是在一些疑难复杂案件中，有关证据是否排除往往关系到罪与非罪的重大问题，合议庭需要结合案件实际情况充分评议，往往难以当庭作出决定。再者，特别是在一些当庭提出"排非"申请的案件中，如无法当庭作出决定，需经休庭或提交审委会讨论，必然导致庭审的中断，势必影响审判效率和庭审效果。更重要的是，在实践中，即使合议庭对有关证据作出了不予排除的决定，而在举证质证时，甚至是在法庭辩论阶段，被告人及其辩护人仍会提出排除非法证据的意见。

（三）经验与教训

1. 取得的经验

《非法证据排除规程》试行时间虽然短暂，但在助推"庭审实质化改革"上确实取得了很好的成效，其间，一些经验值得肯定和推广。

（1）充分发挥党领导下的协调配合优势。推进以审判为中心的诉讼制度改革，促进庭审实质化，是一项系统工程，仅仅依靠人民法院一家的努力是不可能实现的。《非法证据排除规程》的真正落实，必须得到公安机关、检察机关及司法行政机关的有力配合，否则《非法证据排除规程》的很多规定将无法实现，所以须充分发挥党委统一领导、协调各方的政治优势。实践中，各试点单位为了使"三项规程"能有效落到实处，积极争取当地党委和政法委的支持，做好与公安机关、检察机关、司法行政机关的沟通、交流与协调工作，联合制定有关文件，争取在相关制度上得到检察机关、公安机关更多的理解与支持。

---

[92] 陈瑞华：《新非法证据排除规则的八大亮点》，载《人民法院报》2017年6月29日，第2版。

（2）充分发挥非法证据排除规则的倒逼效能。非法证据排除规则发端于美国，其最初设立的宗旨就在于震慑警察的违法取证行为。"仅科违法搜证之执法人员以刑事责任，或赋予被害人民事损害赔偿请求权，资为法律上之救济方法，而仍容忍不法取得之证据具有证据能力，此实不足以有效遏阻执法人员之违法取证行为，唯有实行较为激进而实务之手段，亦即从根本上将违法取得之证据予以排除使用，如此，方能彻底铲除执法人员违法搜证之根本诱因，使人民应享有之宪法基本权利真正获得确保。"[93]《非法证据排除规程》的试点运行表明，人民法院在审判中严格贯彻证据裁判原则，严格实行非法证据排除规则，不再将非法证据作为裁判的根据，必将倒逼检察机关对有非法证据之嫌的存疑案件不批捕、不起诉，进而倒逼侦查机关摒弃那些非法取证方法，转而逐渐严格依照法定程序收集证据，从而从源头上遏制非法取证及冤假错案的发生。"排非"程序所发挥的倒逼效能，"不仅有助于保障人权，而且还有助于提升专门机关的办案能力和水平，起到'四两拨千斤'之效，使更多的案件得到公正处理，使案件质量获得更加有效的保证。"[94]

（3）充分尊重和保障被告人的辩护权。非法证据排除，针对的是证据收集的合法性问题，侦查人员采取的哪些手段是合法的，哪些手段是有瑕疵的，这是一项专业性很强的工作。而且，讯问笔录、录音录像、体检资料、医院病历、入监照片等都需要在庭审前获得，才有可能启动"排非"。很难想象，如果没有辩护律师的帮助，被告人将如何应对"排非"。《非法证据排除规程》第8条第2款规定："被告人申请排除非法证据，但没有辩护人的，人民法院应当通知法律援助机构指派律师为其提供辩护。"在"排非"中，试点法院充分尊重和保障被告人的辩护权，能够正确认识辩护律师的作用——"律师不是政府机关的傀儡，不是程序正当化的帮衬，他为提供被告实质、真正的保护而存在"；[95]遇有被告人没有辩护人的情况，均通知法律援助机构指派律师为被告人提供辩护，取得了很好的效果。非法证据排除规则的落实，应当充分尊重和保障被告人的辩护权，尤其是保障辩护律师的法定权利，通过增强辩方的实力，减弱与控方力量的悬殊程度，力求达到实质上的控辩平等。[96]

（4）切实履行"排非"申请权的释明和告知义务。"排非"对被告人而言是

---

〔93〕 林辉煌：《论证据排除——美国法之理论与实务》，北京大学出版社2006年版，第17页。

〔94〕 沈德咏：《论疑罪从无》，载《中国法学》2013年第5期。

〔95〕 王兆鹏：《辩护权与诘问权》，元照出版有限公司2007年版，第95页。

〔96〕 参见沈德咏：《论疑罪从无》，载《中国法学》2013年第5期。

一项重要的诉讼权利，但它同时也涉及复杂的程序问题，实践中并非所有的被告人都知晓此项权利的存在及此项权利的操作规则。因此，《非法证据排除规程》第8条第1款明确了法院的告知义务，规定："人民法院向被告人及其辩护人送达起诉书副本时，应当告知其有权在开庭审理前申请排除非法证据并同时提供相关线索或者材料。"在"排非"程序中，人民法院应当切实履行好这一告知义务，不仅告知"排非"申请权的存在，更要向被告人释明"排非"的后果及操作规则。在这方面，试点单位积累了一定的经验。法院积极落实主动告知机制，在送达起诉书副本笔录上增加询问被告人是否提出非法证据排除申请栏，告知被告人享有申请权，或者送达单独的申请排除非法证据告知书。而且，对于被告人及其辩护人未提供相关线索或者材料的，或者提供的线索或者材料不符合要求的，法院再告知其补充提交。

2. 应当吸取的教训

面对"排非"取得的成绩，在欣喜之余，更应当对其在实践中遇到的难题和困境进行反思。

（1）审慎对待未明确纳入排除范围的争议证据。诚如前述，由于这样或者那样的原因，采取法律及司法解释明确禁止的方法收集的证据并没有都被明确定性为"非法证据"从而导致非法证据排除规则的适用。有学者将其总结为"宽禁止、严排除"的立法模式，即禁止使用的非法方法在立法上列举范围较宽，但排除方法限制较严。[97] 这种立法模式也引发了"排非"实践中的种种非议。对此，应当审慎对待未纳入排除范围却采取法律禁止的方法收集的各类证据。既不能因为立法未将其纳入排除范围，就不加分辨地将其视为"合法"而作为定案的根据，也不能因为立法将其规定为禁止采用的取证方法，就不假思索地将其视为"非法"而予以排除。具体而言：

第一，引诱、欺骗取证的适度认可。引诱和欺骗取证，实务中争议最大，而法官基本不排除此类口供。概因有人将引诱与欺骗视为讯问技巧、侦查谋略，有人将二者视为非法方法。即使外国法及我国台湾地区的法律，也很难对这二者给予确信无疑的答复。但巧合的是，不同国家、地区侦查人员的引诱、欺骗方式常具有共性。引诱、欺骗所得口供排除与否，主要取决于对口供任意性和真实性影响的大小。

欺骗，或者是隐瞒真相，或者是提供虚假信息。实务中常见的欺骗有：其他

---

[97] 参见龙宗智：《我国非法口供排除的"痛苦规则"及相关问题》，载《政法论坛》2013年第5期。

共犯已经如实供述，[98] 在犯罪现场已采集到指纹等实物证据，[99] 有证人出现指控犯罪。因此而获得的口供，只要是真实的，法官不应将其排除，因为这样的欺骗，很难导致犯罪嫌疑人违背真实意愿，而且，这种欺骗也并非对犯罪嫌疑人基本权利的侵犯。当然，对欺骗的适度认可并不意味着任何欺骗所得的口供都可以作为定案的根据，欺骗应当是有底线的，底线的划定既要顾及正当程序，也要考虑社会道德的可容忍度。[100] 像警察假扮医生趁给嫌疑人治疗期间所得之口供或警察假扮律师提供法律服务期间所得之口供都应当排除。

引诱，实践中多表现为向犯罪嫌疑人许诺一定利益而换取口供。典型者有：许诺如实供述后可以回家，允诺给予缓刑、减刑或者免除刑罚，[101] 许诺不起诉，许诺变更为非羁押强制措施，许诺给予舒适的监所待遇。引诱所得口供的排除与否，首先取决于许诺的利益是否超出了法律允许的范围。以法律允许范围内的利益加以引诱取得的口供，能够作为定案的根据。其次取决于引诱导致犯罪嫌疑人作出不真实口供的可能性的大小。如果允诺的利益极易造成不实口供，就有必要排除口供。因此，面对引诱所得之口供，法官不能一概否定，也不能像当前司法实践中不加区分地加以采纳。

现阶段要平息争议和分歧，有两种方式可资参考：其一，最高人民法院通过案例指导制度对引诱和欺骗中的典型情形予以明确；其二，最高人民法院接下来在《非法证据排除规程》里进一步予以明确。

第二，未遵守程序性保障获取的口供的补正。"排非"实务中关于证据收集合法性的争议，有一类是集中在侦查人员、检察人员未遵守程序性保障而取得供述的情况。其中争议最多的便是未在法定羁押场所讯问、未全程录音录像而取得

---

[98] 在 Fraizer v. Cupp, 394 U. S. 731, 739（1969）案中，美国法院亦认为因此而得口供为任意性口供，可作为证据使用。我国台湾地区学者也主张美国联邦及许多州的做法值得参考。转引自王兆鹏、张明伟、李荣耕：《刑事诉讼法》（上），瑞兴图书股份有限公司 2015 年版，第 401 页。

[99] 美国联邦及大多数州并不禁止以欺骗的方式获得证据，参见自牟军：《自白制度研究：以西方学说为线索的理论展开》，中国人民公安大学出版社 2006 年版，第 396 页。

[100] 有学者认为对于引诱、欺骗性供是否排除，应当重点权衡三个因素：一是侦查机关违法的严重程度；二是侵犯犯罪嫌疑人、被告人权利的严重程度；三是是否足以使犯罪嫌疑人、被告人违背意愿作出供述，参见万毅：《何为非法 如何排除？——评〈关于办理刑事案件严格排除非法证据若干问题的规定〉》，载《中国刑事法杂志》2017 年第 4 期。也有学者认为，可将可靠性标准作为非法获取的口供之排除的基本标准，并以必要性标准作为补充性标准。参见纵博：《以威胁、引诱、欺骗方法获取口供的排除标准探究》，载《法商研究》2016 年第 6 期。

[101] 我国台湾地区"最高法院"表示"自白后可以回家""自白可以缓刑、减刑或者免除刑罚"属于利诱，所得之口供应当排除。参见王兆鹏、张明伟、李荣耕：《刑事诉讼法》（上），瑞兴图书股份有限公司 2015 年版，第 402 页。

的口供的排除问题等。之所以会出现这种情况，一个重要原因便是司法解释态度上的暧昧。《关于建立健全防范刑事冤假错案工作机制的意见》第 8 条第 2 款规定："除情况紧急必须现场讯问以外，在规定的办案场所外讯问取得的供述，未依法对讯问进行全程录音录像取得的供述，以及不能排除以非法方法取得的供述，应当排除。"实践中，被告人及其辩护人将此规定视为"尚方宝剑"，遂申请"排非"。但讽刺的是，很多人根本没有将这把"尚方宝剑"放在眼里，此类证据很少能被认定为"非法证据"进而被排除。[102] 之后的《严格排除非法证据规定》[103] 及《非法证据排除规程》对此类证据是否应当排除亦采取了回避的态度。对此，不仅被告人及其辩护人有意见，法官亦有难言之隐。

作为权宜之计，可将上述证据作为"瑕疵证据"，由侦查机关、检察机关进行补正或作出合理解释，并且运用其他证据证明证据的合法性和真实性。如果做到了，则上述口供的证据能力没有疑问，可以作为定案的根据；如果没有做到，则应当排除上述口供。而长久之计则有赖于对"程序"的科学划分。程序，有主要程序和次要程序之分，违反主要程序的行为应当无效，但若只是违反次要程序的，应当允许对该行为进行补正。上述未在法定场所讯问、未在规定时间送交法定羁押场所以及未全程录音录像的程序违法，究竟是属于对主要程序的违反还是对次要程序的违反，仍应作更深入的研究，既要避免走入"程序至上"的误区，也要避免回归到"重实体、轻程序"的老路。

第三，"毒树果实"的难以割舍。对该类证据的排除与否，争议更大，应当更加审慎对待。"毒树果实"原则源于美国，根据该原则，侦查人员非法取得的证据是毒树，由该非法证据衍生而来的证据，即为具有毒性的果实，即使该毒果是通过合法方式取得的，也应当排除。对待"毒树果实"，各国做法不尽相同，有可采说、不可采说以及法官裁量说。美国原则上不认可"毒树果实"，但也不是绝对的，美国法中也发展出多项例外。而英国则不同，尽管非法口供被排除，但由其产生的其他证据是可以被承认的，只要派生证据非借助于口供而能被充分和令人满意的被证明。[104] 德国则依据证据使用禁止的"放射效力"，对"毒树果

---

〔102〕 甚至指责辩护人是在"玩弄程序"。参见张军、姜伟、田文昌：《新控辩审三人谈》，北京大学出版社 2014 年版，第 143 页。

〔103〕 需要指出的是，《严格排除非法证据规定》第 9 条规定：拘留、逮捕犯罪嫌疑人后，应当按照法律规定送看守所羁押。犯罪嫌疑人被送交看守所羁押后，讯问应当在看守所讯问室进行。因客观原因侦查机关在看守所讯问室以外的场所进行讯问的，应当作出合理解释。这一规定，貌似给侦查机关在法定羁押场所之外进行讯问开启了"一扇窗"。

〔104〕 Peter Muphy, *Muphy on Evidence*, Blackstone Press Limited, 1997, p. 244. 转引自牟军：《自白制度研究——以西方学说为线索的理论展开》，中国人民公安大学出版社 2006 年版，第 396 页。

实"较为严格。法国则采取法官自由裁量说。

在我国司法实践中，如何对待因非法口供这颗毒树而生的毒果——主要是指根据非法口供所得之实物证据——并未形成比较统一的认识。客观而言，一概承认或者一概否定"毒树果实"都是有失偏颇的。国外立法例或判例也说明采取"一刀切"的做法并不合乎实际，究竟如何取舍？笔者以为，从权宜出发，短期之内可以认可"毒树果实"的证据能力。首先，最重要者，中肯地讲，无论我国刑事诉讼制度的改革多么接近于英美对抗式的诉讼机制，但我国刑事诉讼司法运行机制的骨子里早已渗透了"职权主义"的血液，追求"实质真实"仍然是刑事诉讼的核心目标。很难想象，仅因侦查人员违法获取口供，因而获得的证明价值很高的甚至无可替代的犯罪工具、赃物，甚至被害人尸体等物证将失去证据资格，进而使得追诉犯罪、惩罚罪犯难以实现。而这些实物证据本身是没有错的。因此，多有法官认为，"至于非法手段获得的口供证据能不能排除、能不能使用，那是证据排除的问题，是对有关人员追究责任的问题，但是案件本身是没有错的，作为法官这是一个底线。"[105] 其次，从权利和利益均衡而言，否定"毒树果实"无疑是对犯罪嫌疑人、被告人有利的，这将使得其被定罪的可能性大大降低；但是谁来顾及被害人的权利呢？法律制度和规则的设计应遵循"公正"原则，立法和司法不应忘却被害人的存在。最后，"证据是司法公正的基石，排除了证据，你就排除了司法公正。"[106] 边沁的理论在现代证据法学上的地位虽然削弱了，但不可否认的是其主张在今天的中国依然能够产生某种共鸣。以上观点定会招致很多批评，但应当注意的是，"毒树果实"仍可食用的国情基础在于转型期中国的社会矛盾仍然突出，犯罪仍呈高发态势，侦查水平相对落后，侦查人员、检察人员及法官的素质依然令人担忧。而且，发端于国外的"毒树果实"原则也正经历着变化。

但从长远考虑，台湾地区学者林钰雄的分析可资参考，主张通过更为细致的操作标准来解决"毒树果实"。"毒果可不可以吃，应先区分该果中什么毒及中毒多深而定，如果在安全剂量以下，食用无妨，否则避免因噎废食。"[107]

（2）明确出庭侦查人员的身份和地位。首先，应当明确的是，为证明证据收集的合法性，侦查人员就是"证人"。《刑事诉讼法》之所以未明确出庭侦查人员

---

〔105〕 张军、姜伟、田文昌：《新控辩审三人谈》，北京大学出版社 2014 年版，第 141 页。

〔106〕 Jeremy Bentham, *Rationale of Judicial Evidence*, Hard Press, 2018, Part Ⅲ, chapter 1. 转引自 [英] 威廉·特文宁：《证据理论：边沁与威格摩尔》，吴洪淇、杜国栋译，中国人民大学出版社 2015 年版，第 8 页。

〔107〕 林钰雄：《刑事诉讼法》（上），元照出版有限公司 2010 年版，第 619 页。

的"证人"身份，主要是基于对侦查人员职业尊严的尊重，以及对侦查人员可能产生的心理抵触情绪的顾虑。但回归到侦查人员"出庭说明情况"的本质，那就是为了解决证据收集的合法性争议，因此，在诉讼地位上，侦查人员与其他证人，除了身份的差异外，并没有质的不同，恰如学者所言，"那些被传召出庭的侦查人员，都具有证人的身份，并向法庭提供口头证言，这却是毫无争议的。"[108]

其次，被告人有权利向侦查人员发问。基于"身份"的差异，在"排非"程序中很多侦查人员拒绝接受辩护方，尤其是来自被告人的发问。这也使得被告人的对质权无法实现。如前所述，《非法证据排除规程》第19条第3项的规定向前迈出了一小步，为被告人及其辩护人向侦查人员发问开启了一扇门。既然国家已然确立以审判为中心的诉讼制度是司法体制改革的主要目标，那么侦查机关、检察机关也应当树立"庭审中心"的观念，尊重法院的权威。虽然侦查人员可能一时难以适应这种角色的变化，但我们应当清醒地认识到，改革就是要打破既有的藩篱，侦查机关也应当顺应这一趋势。在此意义上，《非法证据排除规程》明确规定被告人及其辩护人有权向侦查人员发问是符合诉讼规律和诉讼原理的。有试点单位反馈，"经过锻炼，侦查人员已经基本熟悉法庭调查程序，适应了公诉人和律师的发问，也逐渐能够接受被告人的发问。"

再次，对不出庭的侦查人员，不宜强制出庭。应当注意到，侦查人员毕竟不同于一般的证人：一是其身份的差异，这也是实践中为何法院一般都是通过"商请"的口吻通知侦查人员出庭的；二是其出庭仅是为了证明证据收集的合法性，而不是为了查明案件事实。因此，不宜强制侦查人员出庭。当然，需要强调的是，虽然不能强制侦查人员出庭，但侦查机关也不得以侦查人员签名并加盖公章的说明材料替代侦查人员出庭。实践中，为了确保侦查人员顺利出庭，应当加强法院、检察院、公安机关之间的沟通和协调。

又次，如果侦查人员不出庭，一定要有程序性制裁。《非法证据排除规程》第23条第2款规定："经人民法院通知，侦查人员不出庭说明情况，不能排除以非法方法收集证据情形的，对有关证据应当予以排除。"这一规定意味着如果侦查人员不出庭就证据收集的合法性作出说明，其侦查工作就可能遭到法院的否定性评价，这对于侦查机关、检察机关来说，是能够产生倒逼效果的。客观地说，这一规定与《刑事诉讼法》《严格排除证据规定》相比，具有了很大突破。当然，纸面规定上的这一突破能否转化为现实，仍需要实践的验证。并且对这一规定应

---

[108]　陈瑞华：《刑事证据法学》，北京大学出版社2014年版，第395页。

当有准确的理解，并不是说只要侦查人员不出庭，就一定意味着证据收集是非法的，如果检察机关能够运用其他证据证明证据收集的合法性，有关证据当然可以采纳。

最后，对侦查人员出庭作证的效果，应有足够的耐心。作为常识，很难期待出庭的侦查人员主动承认自己实施了刑讯逼供、威胁等非法取证行为，或者承认自己实施了严重影响司法公正的程序违法行为。正像有的试点法院所反映的，"侦查人员出庭基本不起作用。"但是否由此就能否定侦查人员出庭这一举措的成果呢？答案当然是否定的。作为一项确立不久的重大举措，它不可能在短时间内就产生预期的效果。应当相信，"谎言"总是会被拆穿的。相信随着辩护方交叉询问能力的不断提升，侦查人员出庭作证的效果定会不断提升，庭审的对抗性也将不断增强。

（3）正确理解被告人的初步举证责任。客观地讲，在"排非"程序启动时，要求被告人承担初步的举证责任是合理的。实践中，被告人及其辩护人申请排除非法证据，总是会竭尽所能地提供"相关线索或者材料"，以求"非法证据"能得以排除，从而在定罪量刑上实现自己利益的最大化。而且，要求被告人承担初步的举证责任，确实能够防止辩护方在没有依据的场合下随意申请排除非法证据，以避免司法资源的浪费。

当然，要求适度减轻被告人举证责任的观点并非没有可取之处。关键在于，在"排非"程序启动时，法官应当准确理解和灵活把握"被告人初步举证责任"的规定，而不是机械地、僵化地紧扣条文。以下的理解是最为符合立法规定本意的，"要求不宜过高，只要能够大致说出非法取证的时间、地点、行为人、方式、内容等情况，形成非法取证的合理怀疑，就应当启动调查程序。"〔109〕

（4）坚持证据合法性审查的"当庭裁决原则"。证据合法性审查，解决的是争议证据的证据能力问题，这是法庭审判首先应当解决的问题，否则，极易导致不具备证据能力的非法证据堂而皇之地进入法庭，进而成为定案的根据。以往"排非"实践中，审判人员多是在庭后对争议证据的证据能力进行调查，更有甚者，最后对争议证据是否属于"非法证据"这一问题不了了之。这样就很难发挥"排非"程序的应有功效，使非法证据排除规则的预期目的落空，导致庭审在很大程度上仍然是虚化的。"当庭裁决"原则的确立，正是为了解决我国司法实践中长期盛行的审判人员"不敢""不愿"甚至"不知"直接对证据能力作出程序

---

〔109〕 陈光中主编：《非法证据排除规则实施问题研究》，北京大学出版社 2014 年版，第 18 页。

性裁判的陋习。

从试点法院的反馈来看，对于"当庭裁决原则"，不少法官表现出了畏难情绪，仍然希望能在庭后作出决定。这也说明，法官"不敢""不愿"直接对证据能力作出裁判的现象仍然存在，这种心理可以理解，但决不能迁就。"排非"程序的改革，非法证据排除规则的真正落实，"当庭裁决原则"必须经受住考验。各级法院应当加强对法官"排非"能力的培训，相信随着法官对"排非"程序的熟悉，其"排非"的能力也将逐步提高。而且，对于证据合法性的审查，在"当庭裁决"的基础上允许有例外。《非法证据排除规程》第25条规定了"必要时，可以宣布休庭，由合议庭评议或者提交审判委员会讨论，再次开庭时宣布决定"。

《非法证据排除规程》的试行，为规范非法证据排除程序，彻底贯彻证据裁判原则，严格实行非法证据排除规则提供了指引。虽然在试行中暴露出这样或者那样的问题，但其在消除庭审虚化现象，促进庭审实质化，推进以审判为中心的诉讼制度改革方面的价值是毫无争议的。对于试行中暴露出来的问题，需要在理论上进行深入的反思，审慎对待。

五、庭审实质化的国际经验

（一）法国

1. 庭前程序[110]

根据《法国刑事诉讼法典》"重罪法庭开庭的预备程序"一章的规定，法国的庭前程序主要包括以下诉讼活动：讯问被告人、指定辩护人、证据展示、送达陪审员名单、补充侦查、诉的合并与分离等。

（1）讯问被告人。被告人被押送到看守所、证据被转移到书记室后，重罪法庭审判长或者审判长授权一名本法庭审判法官，在最短期限内讯问被告人，查明被告人的身份，并核实被告人已经收到起诉决定书。如果被告人的自由并未受到限制，应当签发羁押令，然后进行讯问。此项讯问至迟应当在法庭开庭辩论前的5日进行，被告人和其律师可以放弃此项权利。讯问中不得要求被告人对本案实体问题进行解释。

（2）指定辩护人。重罪法庭应提请被告人选任一名律师，以帮助其辩护。如果被告人不选任，审判长应当依职权为其指定一名律师。如果被告人其后又要求自己选任，那么指定失效。作为例外情况，审判长可以批准重罪被告人请一名亲

---

〔110〕 参见《法国刑事诉讼法典》，罗结珍译，中国法制出版社2006年版。

属或朋友作辅助辩护人。

（3）证据展示。其一，查阅案卷。律师当场查阅各种案卷材料，但不得因此迟误诉讼程序的进展。法庭应当把足以证明犯罪的笔录、书面的证言和鉴定报告副本免费提交给每一位被告人一份。其二，送达证人名单。在法庭正式开庭24小时前，检察院及民事当事人应当把自己希望传唤的证人和鉴定人名单送达被告人；被告人也应当把自己希望传唤的证人和鉴定人名单通知检察院，以及在必要时送达民事当事人。送达通知书中应载明证人或鉴定人的姓名、职业和住所。

（4）送达陪审员名单。法庭应当至迟在开庭前2日内，将陪审员名单送达每一名被告人。名单应当附以说明，以便被告人能够了解陪审员的有关情况，但对陪审员的住所地址应当保密。

（5）补充侦查。庭审终结后又发现新的证据材料，可以决定进行其认为任何有益的侦查行为。这种侦查活动由审判长、审判员或者审判长授权的预审法官进行。补充侦查的笔录以及补充侦查过程中收集的其他证据材料或文件，应存放于书记室并附于案卷。书记员应当将保管情况通知检察院和双方当事人，以便其来查阅。检察院可以调阅案卷，但应在24小时内归还。

（6）诉的合并与分离。对于不同的被告人因同一重罪作出多项移送重罪法庭审判的裁定或者对于同一被告人因不同犯罪作出多项起诉裁定的情况下，审判长可依照职权或者根据检察院的要求，裁定合并审理。如果起诉裁定中的罪行是多个无关联的罪行，审判长可以依照职权或者根据检察院的要求，决定立即只就其中一项或者若干项罪行进行审理。

2. 庭审程序

（1）庭审的原则。[111] 第一，庭审公开。庭审公开是辩护权最可靠的保障之一。根据《法国刑事诉讼法典》第306、400、512、533条的规定，轻罪、重罪及违警罪均应公开开庭审理。只有存在极其重大的理由时，才能排除公众进入审判法庭：公众进入审判庭对公共秩序有危险或有违善良风俗；未成年犯罪案件；在强奸罪等类似案件中，受害人要求不公开审理。

第二，言词原则。《法国刑事诉讼法典》第452条明确规定，证人应当口头作证。审判长不得责成证人宣读书面证词，但如证人未到庭，或者为了对出庭的证人刚刚提供的口头证词进行监督，不在此限。在轻罪法庭（《法国刑事诉讼法

---

〔111〕 参见《法国刑事诉讼法典》，罗结珍译，中国法制出版社2006年版；〔法〕贝尔纳·布洛克：《法国刑事诉讼法》，罗结珍译，中国政法大学出版社2009年版；卞建林、刘玫主编：《外国刑事诉讼法》，中国政法大学出版社2008年版，第171~173页。

典》第 452 条第 2 款）以及违警罪法庭（《法国刑事诉讼法典》第 536 条），审判长可以例外批准证人借助文件提供证词。即使《法国刑事诉讼法典》第 168 条允许鉴定人在作出解释说明时参阅其鉴定报告以及报告的附件，但鉴定人仍应口头提出其鉴定报告。审判长进行的讯问、各当事人及他们的律师的陈述、审判长与律师向证人提出的问题以及各方相互提出的问题都应当采用言词方式。直接言词原则是"新职权主义"庭审规则的核心所在。《欧洲人权公约》第 6 条第 4 项明确规定，被告人"有权询问不利于他的证人，并在与不利于他的证人具有相同的条件下，让有利于他的证人出庭接受询问"。故无论是作为普通公民的证人，还是享有侦查权的警察，均应出庭接受询问，鲜有例外。欧陆主流学说认为，唯有当面听取证人供述，并保障被告人的对质权，裁判者的心证方具有亲历性和真实性，这是确保实质真实的重要机制。在鉴定人问题上，职权主义国家的做法略有不同，法官有权决定启动鉴定、遴选鉴定人并尽可能精确地确定鉴定人的职责，当事人仅具有申请权。但只要控辩双方对鉴定意见存有异议，鉴定人均应出庭接受质证，控辩双方均有权申请重新鉴定。被告人及其辩护律师可聘请具有专门知识的辅助人参与质证。

第三，对席辩论。检察院、被告人、民事当事人在庭审中享有相同的权利，尤其是享有向证人提出问题的权利。这表现在：检察院传唤出庭的证人，首先由审判长进行询问，而后由民事当事人的律师询问，最后由被告人的律师提问；任何一方当事人都有权请求进行其认为适当的任何预审行为，甚至请求采取一般的补充侦查措施；任何一方当事人都有权提出附带问题、提出抗辩，等等。

（2）审问制庭审模式。[112] 首先，在"新职权主义"国家，法官主导庭审，审判长负责对证人、鉴定人和被告人进行发问。控辩双方经审判长同意也可向相关人员发问。这是因为在"新职权主义"国家，案件并不区分"控方案件"与"辩方案件"，所有的证据均属于法庭的证据，因此不存在所谓的"交叉询问"制度。欧陆国家的新近改革允许控辩双方在庭审中有更自由的发言机会，但仍应受审判长指挥。在审问制庭审模式下，控、辩、审三方共同致力于真相的发现。法官并非沉默的中立者，而是频频发问的主导者。控辩双方围绕证人证言、物证、书证、鉴定意见等展开讨论，检察官应履行客观义务，既要提交有罪证据，也要提交无罪证据，律师也应恪守职业伦理，致力于真相的发现，而非简单地维护委

---

〔112〕 参见施鹏鹏：《职权主义与审问制的逻辑——交叉询问技术的引入及可能性反思》，载《比较法研究》2018 年第 4 期。

托人的利益。以法国重罪案件庭审[113]中的询问证人制度为例：

法国的重罪案件采用参审团审判，合议庭由9名参审员及3名职业法官组成，庭审奉行公开、言词及对席原则，审判长主导庭审的进行。在庭审预备阶段，各方当事人应进行证人名单的互相沟通，即检察院和民事当事人必须在法庭辩论的24小时之前把自己希望要传唤的证人的名单通知被告人，被告人也必须把自己希望传唤的证人的名单通知检察院，以及在必要时通知民事当事人（《法国刑事诉讼法典》第281条）。如果控辩双方并未完全遵守上述规定，则不在通知名单上的证人不在传唤之列，其所提供的证言也将被排除。如果被传唤的证人并没有到庭，则法庭可以根据检察院的要求，或者依职权裁决由警察立即将其拘传至庭上作证，或者裁决将案件推迟至下一次开庭时审理（《法国刑事诉讼法典》第326条）。审判长应当在庭审开始前命令执达员传唤检察院、被告人和民事当事人要求传唤的证人（《法国刑事诉讼法典》第324条）。

证人在出庭之前，被暂时安置在审判长所指定的单独的小房间。证人在作证之前禁止交流。在法国，证人必须亲自出庭作证，一般情况下不得提供书面证言（言词原则）。但如果证人由于各种不可克服的原因无法出庭（例如证人已不在人世、证人身在国外等），则法庭必须具体说明证人不能出庭的理由方可宣读书面证言，且该份证词仅得作为简单信息。证人按照审判长规定的次序，分别进行作证。证人应当根据审判长的要求，说明自己的姓名、年龄、职业、住所或居住地以及是否在指控事实发生之前便已经认识被告人。如果证人本身是被告人的父母、民事当事人的父母或者与被告人、民事当事人有某种特殊关系（例如亲属关系、亲密朋友关系、雇佣服务关系等），则审判长必须专门作出指示，要求证人不得偏袒任何一方。证人在陈述之前，应当宣誓无畏地讲出全部真相，而且只讲真相（《法国刑事诉讼法典》第331条第3款），之后，证人开始进行口头陈述。依照《法国刑事诉讼法典》第331条第5款的规定，证人只能就被告人被控事实或者其人格品德进行作证。一般而言，证人在作证过程中不得被打断，但审判长有权制止证人任何"无益于案件真相"的证言。证人证言前后不一致的，审判长应当指示作成笔录。证人陈述完毕后，审判长可以向证人提问。检察院、被告人、民事当事人、被告人和民事当事人的辩护人也可以通过审判长向证人提问问题（《法国刑事诉讼法典》第312条）。但是上述人员所提出的问题必须有助于"查明案件真相"。审判长有权制止上述人员提出任何与案情无涉的问题。

---

[113] 之所以选择法国重罪法院的庭审程序作为研究对象，是因为法国重罪法院亦适用平民裁判（参审制），刚好与英美法系的陪审团裁判形成较鲜明的对比。

其次，法官的庭外调查权。法官的庭外调查权又称法官的职权调查原则，指为查明真相，庭审法官（或审判长）可不受控辩双方所提供之证据材料的约束，而依职权主动调查及收集所有可能对揭示真相有意义的事实和证据。庭审法官（或审判长）可亲自或委托相关机构或个人采取各种类型的侦查行为，包括勘验、检查、查封、扣押、鉴定甚至是技术侦查。这在各代表性职权主义国家的法典中均有明确规定（如《德国刑事诉讼法典》第 238 条，《法国刑事诉讼法典》第 310、328、422 条，《西班牙刑事诉讼法典》第 688 条）。职权主义国家认为，刑事诉讼涉及对公民个人的定罪量刑，可能由此剥夺他人的人身自由甚至生命，故查明事实、还原真相是所有职权主义国家刑事诉讼所确立的核心价值目标。学说认为，法官庭外调查所获得的证据，需要接受控辩双方的质证，如此便符合"公正程序"的要求。欧洲人权法院对此也予以认同。法官的庭外调查应以实质真实为导向，而非以控方利益为导向。比较法研究表明，在"新职权主义"国家，法官的庭外调查有相当大的比例对辩方有利。

再次，律师辩护。大革命后，法国便明文确立了刑事律师的辩护制度，规定"在刑事庭审中，被告人可获得辩护人的帮助。如有必要，法庭可依职权为被告人指定辩护人"。二战后，在《欧洲人权公约》[114]及欧洲人权法院的推动下，欧陆诸国开始了"正当程序"改革，并纷纷将刑事辩护权作为改革的核心任务。法国通过 2000 年 6 月 15 日的法律首次将律师辩护原则作为刑事诉讼的序言性条款，宪法委员会多次在判决中明确指出，辩护权系《法国宪法》所承认的一项基本原则，任何被指控有罪的公民均有权自我辩护或获得律师的协助，法律应为此权利的实施创设积极有效的程序机制。

又次，自由心证制度。"新职权主义"构建了以自由心证为核心的刑事证明体系。1808 年的《重罪法典》以更明确的方式提出了自由心证原则，"在重罪法庭休庭合议前，审判长应责令宣读下列训示，并将内容大字书写成布告，张贴在合议室最显眼处：法庭并不考虑法官通过何种途径达成内心确信；法律并不要求他们必须追求充分和足够的证据；法律只要求他们心平气和、精神集中、凭自己的诚实和良心，依靠自己的理智，根据有罪证据和辩护理由，形成印象，作出判断。法律只向他们提出一个问题：你们是否形成内心确信？这是他们的全部职责所在。"（《重罪法典》第 343 条）自由心证是探索事实真相的直觉感知模式，指法官通过证据自由评价实现从客观确信至判决责任伦理的跨越。自由心证以"证

---

〔114〕《欧洲人权公约》第 6 条第 3 款规定："凡受刑事罪指控者具有下列最低限度的权利：……应当有适当的时间和便利条件为辩护做准备。"

据自由"及"证据自由评价"为前提。所谓"证据自由"，指在刑事诉讼中，法律及判例原则上不对证据形式作特别要求，犯罪事实可通过各种形式的证据予以证明；而"证据自由评价"，则指法官通过理性推理对各种证据形式的证明力进行评断，以为判决提供客观依据。三者关系紧密，具有共生性，构成了自由心证的制度体系。

最后，非法证据排除。"新职权主义"在非法证据排除问题上设立了非常严格的标准。取证行为侵害被告人基本权利的，构成程序无效，所取得的证据材料将在卷宗中予以剔除。例如《法国刑事诉讼法典》第 171 条规定，"违反本法典或其他刑事诉讼条款所规定的实质程序、损及所涉当事人利益的，构成程序无效。"

（二）德国

1. 庭前程序[115]

根据《德国刑事诉讼法典》第 203 条的规定，案件经"中间程序"审查后，如果结果显示被诉人有足够的犯罪行为嫌疑，法院裁定开启审判程序。审判程序包括审判程序之准备和审判程序本身两个阶段。审判程序之准备就是我们这里所要探讨的庭前程序。

根据《德国刑事诉讼法典》第 213～225 条的规定，审判程序之准备包括指定审判期日、传唤、调取证据材料、告知证人及鉴定人姓名、通知法庭组成、预先证据调查、管辖权变更等。

（1）指定审判期日。期日之指定由审判长为之。对被告人送达传唤的期日与所指定之期日之间须有一个星期的间隔。此期间称为"就审期间"或"传唤期间"。如果此间隔未被遵守，被告人可以要求审判程序延期。被告人也可以放弃传唤期间的权利，而使法庭审理不予延期。

（2）传唤。审判长命令法庭审理所必要的传唤，由书记处负责执行传唤。①传唤被告人。基于被告人是否为自由之身，而采用不同的传唤形式。如果被告人仍属自由之身，则以书面的形式通知被告人开庭期日并附警告，如果无正当理由不到场则将对其实行羁押或拘传；如果被告人行动自由已被剥夺，则应直接送达开庭传票，由送达员向其宣读传票内容，并询问他对法庭审理中的辩护是否提出以及提出哪些申请，比如是否需要委托辩护人、是否申请调取证据等。②传唤辩护人。传唤被告人时，总是应当传唤指定辩护人，对于选任辩护人，如果已向

---

〔115〕 参见［德］克劳思·罗科信：《刑事诉讼法》，吴丽琪译，法律出版社 2003 年版；宗玉琨编译：《德国刑事诉讼法典》，知识产权出版社 2013 年版。

法院通知此选任，亦应传唤。③传唤证人、鉴定人。对于以下证人法庭应以传票告知开庭期日：检察院于起诉书上或后来指出证人姓名的；法庭依职权传唤出庭的；被告人申请传唤的。对被告人申请证人出庭的，由审判长裁决是否允许，审判长同意传唤的，应给予传唤出庭作证。审判长拒绝要求传唤某人的申请时，被告人可以直接传唤。即使无先行的申请，被告人亦有此权利。被直接传唤的人，仅当传唤时以现金对其旅费及耽搁作了法定补偿，或者向其证明该费用已经提存于书记处时，才负有到场义务。如果法庭审理中表明，询问被直接传唤的人有助于查清案情，则法院依申请，应当命令由国库向被直接传唤的人支付法定补偿。

（3）调取证据材料。被告人要求传唤证人、鉴定人参加法庭审理或者要求为法庭审理调取其他证据材料时，应当向法庭审判长提出申请，并说明应当对此收集证据的事实。申请后的处理情况，应当通知被告人，准予被告人查证申请的，还应通知检察院。法庭审判长也可依职权命令调取其他作为证据材料的标的。

（4）告知证人及鉴定人姓名。除对被传唤人之住址的告知有限制或证人之身份确认不得公开的情形之外，法院应当向检察院和被告人及时告知传唤的证人和鉴定人姓名及其住所地或居所地。检察院传唤证人及鉴定人时，应当向法院和被告人及时告知传唤的证人和鉴定人姓名及其住所地或居所地。被告人也应当向法院和检察院及时告知由其直接传唤或被带至参与法庭审理的证人和鉴定人姓名及其住所地或居所地。

（5）通知法庭组成。在地方法院或联邦高等法院为第一审之诉讼程序中，审判长应尽可能地同时向辩护人及检察机关在开庭前一星期，或至迟在审判开启时，通知法庭组成，并着重强调审判长、延请的候补法官和候补陪审员。如果法庭组成人员在开庭前有变动，也应该告知。同时，在法院书记官处的有关法庭组成人员具有重要性的材料，辩护人可以查阅。如果法庭组成人员、法庭变更的情况是在离审判不到一周的时间宣布的，依被告人、辩护人或者检察机关申请，法院可以中止审判，就法庭组成的合法性进行审查。此项申请，至迟应在对被告人就案情予以讯问之前提出。对法庭组成人员不合法的异议，至迟应在审判中对第一名被告人就案情予以讯问之前提出。此后不得就此提出异议。提出异议时，应就所有的异议一并提出，应当表明法庭组成人员不合法的理由，审判之前应以书面形式提出异议。异议由审判法院审查，认为异议合理的，作出变更法庭组成人员的裁定；认为异议不成立的，作出驳回异议的裁定。此驳回裁定不得抗告。如果在审判中才发现法庭组成人员不合法，亦受原裁定拘束，审判继续进行，但可以构成第三审上诉理由。

（6）预先证据调查。证人或鉴定人因疾病、虚弱或其他无法排除的障碍，较长时间或不确定时间内无法在法庭审理时到场，或因路途遥远不能苛求证人或鉴定人到场时，法院可以命令由受命或受托法官对其询问。预先询问所指定的期日应当事先通知检察院、被告人和辩护人，除非通知可能危及调查结果。询问时控辩双方无需出席，询问所作笔录应当交与检察院和辩护人。被剥夺自由的被告人有辩护人时，被告人仅对在关押地法院进行的询问期日有权要求在场。为准备法庭审理还需要进行法官勘验时，法庭可以依职权任命一名法官或委托其他法院的法官勘验与犯罪有关的场所。

（7）管辖权变更。在法庭审理开始之前，依被告人的异议或依职权审查，如果法院认为较高级别法院对案件有管辖权时，可以通过检察院将案卷提交较高级别法院，收到案件的法院裁定是否接受案件。如果法院认为有优先管辖权的特别刑事庭有管辖权，应将案件移送特别刑事庭；如果认为应属下级法院管辖时，由自己审理，可不再移送。

2. 庭审程序

（1）庭审的原则。[116] 首先，公开原则。对于开庭审理的案件，原则上要求必须公开进行，以使刑事司法受到公众的监督，保障公众对它的信任。审理公开原则来自于《德国法院组织法》第 169 条和《欧洲人权公约》第 6 条第 1 款的规定。但是，为了保护被告人的隐私或者出于公共利益的考虑，审理常常突破公开性原则。根据德国有关法律规定以及审判实践，下述情况是审判公开的例外：①当审判的目的是决定是否应对被告人实行精神病院或教养机构的羁押时；②当审判公开可能有损国家安全、社会秩序和风化时；③法庭的审问条件不允许时；④当审判可能涉及有关人员的个人秘密或职业秘密时；⑤审理的对象是 16 岁以下的少年犯时；⑥审判对象是法律有专门规定的具体个人；⑦审判过程不得录音、录像。

其次，直接言词原则。对于言词原则，在法庭审理过程中的要求是：作为提供证据的人员，必须亲自接受法庭的询问，只有在法律规定的特殊情况下才可以宣读以前制作的询问笔录。对于直接原则，则有两个方面的要求：一方面，它要求直接审查证据。作判决的法院必须是自己判断证据，不允许依据侦查案卷而作出决定。另一方面，直接原则要求法院必须使用"最接近行为的"证据。对"远

---

[116] 参见卞建林、刘玫主编：《外国刑事诉讼法》，中国政法大学出版社 2008 年版，第 214～224 页；[德] 克劳思·罗科信：《刑事诉讼法》，吴丽琪译，法律出版社 2003 年版；宗玉琨编译：《德国刑事诉讼法典》，知识产权出版社 2013 年版。

离行为"的证据，即所谓证据的替代品，只是在法律规定的情况下才能够使用。任何来自法庭审判程序之外的材料和意见都应当被排除，不能使其成为判决的根据；法官必须自始至终注意审判的全过程以保证对证据作出独立的评价。直接言词原则的意义在于，防止仅仅以案卷的书面材料作为判决的根据。

由直接原则可以推导出庭审时的在场义务，而这一在场义务又可以分为法官、陪审员的在场义务和被告人及其辩护人的在场义务。①法官、陪审员的在场义务。参与审判组织的人员（职业法官和陪审员）根据直接原则，必须在全部审理过程中不间断的在场。法官因病或其他原因不能自始至终参加审判全过程的，庭审程序应当重新开始。为此，在必要时首席法官可以安排超出法定人数的补充法官以及陪审员参加审判。补充法官自始至终参与审理，但只有提问权，没有参与评议和表决的权利。只有在法定人数之内的法官因故不能继续审理时，补充法官才能正式参加审判组织，取得全部职权。②被告人及其辩护人的在场义务。被告人的必要辩护人也有自始至终在场的义务，否则同样构成上诉的理由。除了法律允许缺席审判的外，在法庭审判时被告人原则上应当在场。被告人不能出庭的，法庭一般安排延期审判，对于无理拒绝出庭的被告人，除处以罚款外，法庭还可作出两种决定：强迫被告人在下次开庭时到庭；在整个审判过程中对其实行暂时性逮捕。另外，首席法官依法命令被告人暂时离开法庭的，不违反在场义务。

再次，集中审理原则。集中审理原则是与口头原则紧密相关的另一个原则。因为法庭判决必须建立在通过审判得来的生动印象的基础之上，所以审判不能被长时间隔断，以免法官淡忘了在审判中的所见所闻。《德国刑事诉讼法典》第229条规定法庭审理允许中止最长3周，只有当审判已经进行至少10日时，才允许一次中断30日。如果法庭没有遵守这一严格的时间规定，审判必须重新开始（《德国刑事诉讼法典》第229条第4款）。[117] 中断审判或延期审理的决定，可以由法庭自行作出，也可以应当事人的要求作出。

又次，职权调查原则。调查原则又被称为实质真实原则，乃指法院自行对犯罪事实加以调查（即主动"指挥"调查之），不受诉讼参与人之声请或陈述之拘束。此明文规定于《德国刑事诉讼法典》第155条第2款，即"法院在此范围内（此乃指起诉书中所载之事项）有权利及义务独立行使调查职权"，于《德国刑事诉讼法典》第244条第2项又规定"法院为了调查真相，应依职权对所有对判决有重要性之事实或证据加以调查"。此调查原则尚包含以下个别规定：①法院不

---

〔117〕 ［德］托马斯·魏根特：《德国刑事诉讼程序》，岳礼玲、温小洁译，中国政法大学出版社2004年版，第138页。

受参与诉讼者之主张的拘束，尤其不受被告自白的拘束；其得完全自由决定要否相信其主张。②异于民事诉讼程序，在刑事诉讼程序中并无缺席判决程序，亦即如果被告不出庭，也不得因此认定被告已承认有罪或主张被告有罪。③法院不受证据调查之声请之限制：对检察官及被告均未提出要求之证据，法院亦得依职权主动调查之。[118]

最后，自由心证原则。《德国刑事诉讼法典》第 261 条规定："对证据调查结果，即对事实之调查，法院乃就全部审判过程所获得之确信决定之。"该原则要求法官根据其个人的自由确信而确定证据。法官的个人确信指的是他的个人确认，这种确认必须依据明智推理并且建立在对证据结果之完全、充分、无相互矛盾的使用之上。

（2）法庭审理。[119] 在审判开始时，由审判长查明诉讼参与人包括证人和专家证人是否到庭（《德国刑事诉讼法典》第 243 条第 1 款第 2 句话）。然后他将告知证人如实作证的义务，并要求他们在法庭外等候传唤。如果被传唤出庭的人没有出庭，法庭可以采取必要的措施（处以罚金或派遣警察将该人带到法庭上，参见《德国刑事诉讼法典》第 51 条第 1 款）。在对证人解释有关注意事项后，证人和鉴定人暂时离开法庭。

接下来由检察官宣读起诉书，但不进行证据总结。这一正式行为的主要目的在于告知公众将要审理的事件，特别是非职业法官。因疏忽而不宣读起诉书将会导致随后判决的撤销，因为在缺少必要证据的情况下，非职业法官无法理解所出示证据的相关性。

审判长随后告知被告人可以自行决定针对公诉进行陈述或者保持沉默的权利（《德国刑事诉讼法典》第 243 条第 4 款第 1 句话）。如果被告人希望进行陈述，则法庭不能打断，或者命令其按照一定的顺序陈述问题，但是审判长仍然经常尝试让被告人回答他根据检察官的卷宗获得的信息所产生的问题。在任何情况下，被告人都必须被给予机会对指控提出反驳，并提出于其有利的情况（《德国刑事诉讼法典》第 243 条第 4 款以及第 136 条第 2 款）。在审判长结束对被告人的讯问之后，他将许可其他法官、检察官、辅助检察官（即被害人）的代理人（《德国刑事诉讼法典》第 397 条第 1 款）和辩护律师向被告人提出其他问题（《德国刑事诉讼法典》第 240 条）。如果对判刑有利，辩护律师经常会利用这一机会引导

---

〔118〕 ［德］克劳思·罗科信：《刑事诉讼法》，吴丽琪译，法律出版社 2003 年版，第 114~115 页。

〔119〕 参见 ［德］托马斯·魏根特：《德国刑事诉讼程序》，岳礼玲、温小洁译，中国政法大学出版社 2004 年版，第 140~144 页。

被告人谈论其个人背景。被告人并不被视为证人，但是他在法庭上的陈述可以被用作证据。

讯问被告人之后就是举证。审判长决定出示不同证据的顺序，证人和专家证人像被告人一样接受询问和质疑。首先，他们会被要求就他们的所见所闻进行陈述（《德国刑事诉讼法典》第 69 条第 1 款），然后是回答问题（通常又是根据卷宗所含信息的顺序）。除了在场的律师之外，被告人还可以亲自向证人和专家证人询问（但不能向共同被告人提问）（《德国刑事诉讼法典》第 240 条第 2 款）。当事人不能直接询问 16 岁以下的证人；只有在不危及证人利益的情况下，审判长才允许直接询问（《德国刑事诉讼法典》第 241a 条）。

调查证据（《德国刑事诉讼法典》第 244~257a 条）：此证据调查尤指证人及鉴定人之询问。其均由审判长询问之。审判长亦得准许检察官、被告及其辩护人、陪审员（亦含陪审的荣誉法官），直接询问证人。基于辩护人或检察官之声请，其均得于讯问被告或举证后，有表示意见之机会（《德国刑事诉讼法典》第 257 条）。法院亦得要求就诉讼程序问题之声请以书面提出之（《德国刑事诉讼法典》第 257a 条）。证据之调查亦包括勘验之实施及文件证书之朗读（如笔录、书信、前科记录等）。至于证据之使用，法律并未规定其先后顺序，即是否应先证人，而后鉴定人及文书证件。审判长对此顺序得就个案需要自行决定之。[120]

和英美刑事诉讼程序一样，《德国刑事诉讼法典》第 239 条规定由一方当事人提名的证人和专家证人可以接受双方当事人的直接询问和交叉询问。这一选择要求检察官和辩护律师共同提出申请。提名证人的当事人首先对他进行询问，然后由另一方当事人进行交叉询问。法庭和其他诉讼参与人接着可以询问其他问题（《德国刑事诉讼法典》第 239 条第 2 款、第 240 条第 2 款）。这种选择在德国律师中并不普遍，而且几乎从未使用过。这可能与传统的审判中角色的分配有关：审判长可能将当事人询问视为对其地位的篡夺，并且是对其主持询问能力不信任的信号，而且律师在通过询问和交叉询问证人获得证据方面，既未受过培训也没有经验。法律要求双方当事人共同申请也进一步阻碍了这一在《德国刑事诉讼法典》中一直被视为外来因素的有效移植的发展。

（3）证据禁止的程序问题。[121] 在刑事诉讼的整个过程中都应当遵守关于使用证据的禁止性规定；不论是判决还是先前的决定或者裁定（如提出的指控），都

---

[120] ［德］克劳思·罗科信：《刑事诉讼法》，吴丽琪译，法律出版社 2003 年版，第 30 页。

[121] 参见［德］托马斯·魏根特：《德国刑事诉讼程序》，岳礼玲、温小洁译，中国政法大学出版社 2004 年版，第 200~202 页。

不能建立在不可采纳的证据基础之上。但是，法庭可以尽力纠正先前发生的程序错误，从而"挽回"有争议的证据。例如，如果侦查法官忘记了告知被告人的配偶其具有免证特权，审判法庭可以告知这一内容，之后再从被告人的配偶处获得可以采纳的陈述；法院甚至认为，在证人被告知其权利后如果征得其同意，在上述情形下可以提交先前的陈述。

排除不可采的证据原则上不需要一方当事人提出动议。但是，联邦上诉法院曾经作出决定，对于如果被告人反对就无法使用的证据，被告人在一些情况下可以同意使用这些证据。当某一证据由于属于被告人受保护的隐私范围而让人产生怀疑时就属于这种情况：既然没有人可以阻止被告人透露其最隐秘的信息，他明确的同意就会使该证据可采。对于未经正当警告而作出的自我归罪的陈述，有人提出类似的解决方案：由于将这些陈述提交法庭对被告人有益处，他的同意就排除了使用这些陈述的任何障碍。联邦上诉法院进一步认为，如果被告人和其律师没有对提交上述陈述提出反对，就推定他们是同意的。这一推定将争论特定证据可采性的责任强加给当事人，因而似乎很难同证据是否可采由法院决定这一德国刑事诉讼的基本观念相协调。

虽然在德国刑事诉讼程序中没有正式的证明责任的规定，但是证据排除的事实根据对存在的疑问的解决具有重要的意义，特别是有关违反《德国刑事诉讼法典》第136a条规定的情况。少数人认为应当适用定罪所需要的证明标准，从而对于证据可采性的任何合理怀疑（in dubio pro reo），都会导致证据的排除。与之相反，法院则假定刑事诉讼过程是符合规则的，要求只有发生违法行为在可能性上占优势时才排除证据。虽然这一观点并没有将任何正式的证明责任置于被告人身上，但它在被告人的说法与警察的证言相反这种经常发生的情况下避免了证据的排除。

（三）日本

1. 庭前程序

（1）审前准备程序。[122] 日本刑事诉讼程序中法院为进行庭审有两类审前准备程序：一是法院单方的事前准备程序。主要是受诉法院为进行庭审而进行的纯粹技术性的工作，诸如送达起诉书副本、将检察官和辩护人的姓名通知对方及指定第一次审理日期等。[123] 二是控辩审三方在场的审前准备程序。此类程序主要内容

---

[122] 摘自施鹏鹏、陈真楠：《刑事庭前会议制度之检讨》，载《江苏社会科学》2014年第1期。

[123] ［日］田口守一：《刑事诉讼法》，张凌、于秀峰译，中国政法大学出版社2010年版，第206~207页。

为整理案件争点及证据，功能在于保障庭审持续、快速进行。其又分为两类，即"准备程序"和整理程序。第一次开庭后为了迅速而连续审理，对于复杂的案件应当整理案件的争点和证据，这种整理案件争点和证据的程序称为"准备程序"，为了第二次开庭以后的审理而进行的准备程序叫"审理期间的准备程序"。[124] 其中整理争点包括明确诉因和罚条、整理案件的争点、计算其他事务性工作，等等。整理证据包括让有申请权的人请求调取证据、让有关人员明确论证的宗旨和询问事项、命令提交书证或物证、决定调取证据、决定驳回调取证据请求及确定调查证据的顺序和方法等。准备程序是法院单方面决定的，目的不仅是为了实现迅速审理、持续审理以提高庭审效率，亦是为了在互相沟通的基础上进行充分的进攻和防御，实现充分的审理，故检察官、被告人及辩护人等必须协助配合。[125]

为了贯彻持续审理原则、提高审判效率，日本在 2003 年通过第 107 号法律《关于裁判迅速化的法律》，2004 年通过第 62 号法律《修改刑事诉讼法等部分条文的法律》，其中便规定了争点及证据的整理程序。[126] 整理程序比准备程序复杂，可在庭审前及庭审中进行且可多次进行，其制度框架如下：其一，整理程序的参与者。整理程序的参与者包括受诉法院和检察院及律师，被告人可参加亦可不参加。但是检察官和辩护人必须参加，如果被告人没有辩护人法院须依职权为其指定辩护人。其二，整理程序的适用案件。整理程序适用的对象案件是需要持续地、有计划地、迅速地进行审理的案件，具体包括案情复杂、争点较多的案件；证据关系复杂、证据数量大的案件；证据开示存在问题的案件等。其三，整理程序的内容。整理程序的内容包括整理争点、整理证据及证据开示。其四，整理程序的方法。整理程序的方法是让控辩双方出庭陈述或者提交书面陈述，法院在参考控辩双方意见的基础上对相关事项作出决定。其五，整理程序的结果。整理程序结束时法院将作出具有约束力的决定，相关的争议便具有确定力，在庭审时不可再次提出异议。例如庭审时控辩双方除非因"不得已的事由"不可再次请求调取证据。[127]

（2）证据开示。2004 年修改《日本刑事诉讼法》使其正式在刑事程序中引入了证据开示制度。在争点及证据的整理程序中，证据开示的目的被设定为"明

---

〔124〕 ［日］田口守一：《刑事诉讼法》，张凌、于秀峰译，中国政法大学出版社 2010 年版，第 207 页。

〔125〕 ［日］田口守一：《刑事诉讼法》，张凌、于秀峰译，中国政法大学出版社 2010 年版，第 207～208 页。

〔126〕 卞建林、刘玫主编：《外国刑事诉讼法》，中国政法大学出版社 2008 年版，第 255 页。

〔127〕 ［日］田口守一：《刑事诉讼法》，张凌、于秀峰译，中国政法大学出版社 2010 年版，第 211～221 页。

确案件的争点"，并可分为检察官开示证据和辩护方开示证据两种开示类型，其中检察官开示无疑是证据开示的主要内容。检察官开示证据分为三个阶段：第一阶段——与检察官证据调查请求相关的证据开示。根据《日本刑事诉讼法》第316 条之 13 的规定，检察官在庭审前整理程序中，应当将向法院提交预定证明事实的书面材料，也应当将该书面材料送达被告人或者辩护人。根据《日本刑事诉讼法》第 316 条之 14 的规定，此时，检察官应当给予辩护人阅览、誊写该证据文书或证据物的机会，告知证人、鉴定人、口译人、笔译人的姓名及住所。第二阶段——与检察官请求证据的证明力判断相关的类型证据的开示。除前述证据文书、证据物之外，根据《日本刑事诉讼法》第 316 条之 15 第 1 款的规定，对于特定的类型证据，在认为对判断检察官请求的证据的证明力而言重要（重要性要件），在被告人或者辩护人提出请求的场合，综合考量该重要性程度、对被告人准备防御而开示该证据的必要性程度及可能产生的不利后果，认为适当时，应当按照法律规定的方式迅速开示。第三阶段——争点关联证据开示。根据《日本刑事诉讼法》第 316 条之 17、20 的规定，在公判前程序中第一、二阶段开示完成之后，辩护方应当向法院、检察官明示预定证明事实或者法律主张，并可以请求开示相关证据。对于该请求，检察官考虑该关联性程度、为了被告人的防御准备而进行开示的必要性程度及可能产生的弊害，认为适当时，应当迅速开示前两阶段开示的证据之外的证据。当然，在第二、三阶段，检察官在认为必要时，可以指定开示的时间、方法或者附加条件。[128]

为实现进一步的庭审实质化，发挥证据开示对审判中心的保障作用，日本国会于 2016 年 5 月 24 日通过的《刑事诉讼法等部分修正的法律案》对证据开示制度进行了改革，改革的主要内容包括以下三个方面：一是导入证据一揽子清单交付制度。在此次立法修改之前，辩护一方对检察一方所持有的证据，只有在存有公开开示必要性或法律明示要求识别某些事项的时候，才能提出证据开示请求。这实际上就导致辩护一方有可能对检察一方的相关指控和证据证明等存在准备不足、应付不周的弊端，而检察一方对于案件进程有关键性引导作用等重要关系的证据备而不示，实施证据突袭的时候，这一点表现得更为明显，将使得辩护权的实质性发挥受到很大影响甚至被虚置和架空。借助此次证据开示制度的修改。在被告人、辩护人一方提出证据开示请求的时候，检察官有义务将其保管的证据一揽子清单交付对方，这将有助于促进辩护权的具体落实和切实行使。二是赋予了

---

〔128〕 董林涛：《实质庭审：日本证据开示制度改革介评》，载《公安学刊（浙江警察学院学报）》2015 年第 4 期。

检察官、被告人以及辩护人在公开审理前整理、准备有关诉讼程序等请求的权利。三是进一步扩大了证据开示的对象。检察官一方对于被告人、辩护人一方提出的证据开示请求，如果与被请求开示证据有关的其他证据物件如查封、扣押、冻结记录等也被追加为证据开示对象。[129]

2. 庭审程序

（1）庭审的原则。[130] 在日本，"审判中心主义"的核心内容可概括为：其一，刑事诉讼的核心应是一审庭审，庭审奉行公开、言词及直接原则；其二，涉及定罪、量刑的实体性事实，应由庭审予以确定，庭审外的程序不产生定罪效力。审判中心主义的确立，还意味着一系列现代庭审原则的引入及落实，如公开原则、言词原则、直接原则、集中审理原则及迅速裁判原则等。

第一，公开原则。公开原则，指审判应在公开的法庭内进行，除法律另有规定外，应允许一般国民进行自由的旁听。日本学说认为，公开主义可避免以往"从黑暗来、向黑暗而去"的秘密审判，将审判的公平、公正委于国民的监视，这也是《日本宪法》所宣扬的原则。《日本宪法》第82条规定："法院的审讯及判决应在公开法庭进行。""如经全体法官一致决定认为有碍公共秩序或善良风俗之虞时，法院的审讯可以不公开进行。但对政治犯罪、有关出版犯罪或本宪法第三章所保障的国民权利成为问题的案件，一般应公开审讯。"违反审判公开之规定的，构成绝对的控诉理由（《日本刑事诉讼法》第373条第3项），还可成为向高等法院申请上告的理由。

第二，言词原则。言词原则（日语又称为"口头主义"），指包括证据调查在内的审判程序应以言词的方式进行，以保证法官可形成鲜活的心证。言词原则旨在克服以往日本庭审的"书面主义"。在"书面主义"主导的庭审中，双方当事人不能对相关证人进行有效的质证，抗辩双方的对抗性大大降低，被告人的权利受到明显的侵害，庭审功能虚化现象非常严重。因此，言词原则是确保庭审功能得以有效实现的支撑性原则，也是《日本刑事诉讼法》所明确设立的基本原则。"①对证据材料的调查通过朗读进行（《日本刑事诉讼法》第305条）；②法官听取诉讼关系人的意见，认为情况适合时仅告知主要内容即可（《日本刑事诉讼规则》第203条第2款）；③判决原则上必须要基于口头辩论作出（《日本刑事诉讼法》第43条第1项）；④法官更换的情况下，必须要重新开始审判程序

---

〔129〕 闻志强：《日本〈刑事诉讼法〉2016年修改动态》，载《国家检察官学院学报》2016年第6期。

〔130〕 摘自施鹏鹏、谢文：《审判中心主义的源与流——以日本刑事诉讼为背景的制度谱系考》，载《江苏社会科学》2018年第5期。

（《日本刑事诉讼法》第 315 条）；⑤必须在法定的例外情形下才可以任命或者委托其他法官行使职权（《日本刑事诉讼法》第 316 条）。"[131]

第三，直接原则。直接原则指法官仅得以在法庭上直接调查的证据作为判决的依据，禁止传闻证据进入法庭。直接原则原本是日本借鉴德国刑事诉讼所构建的原则，但在功能上与英美法系的传闻证据排除规则并无根本上的差异。因此二战后的日本刑事诉讼将此一原则沿袭下来，并成为"审判中心主义"的重要支撑机制。在直接原则下，法庭不得以不能直接接触的证据作为裁判的依据。如出现法官更换的情况，则必须重新开始审判程序。

第四，集中审理及迅速裁判原则。《日本宪法》及《日本刑事诉讼法》均规定了集中审理及迅速裁判原则，要求合议庭应尽可能连日开庭，尽快审结，如此既可避免冗长的诉讼程序损及被告人利益，也可保证各方当事人及法官记忆新鲜，有效发现案件真实。例如，《日本宪法》第 37 条第 1 项规定，"在一切刑事案中，被告人享有接受法院公正迅速的公开审判的权利。"《日本刑事诉讼法》第 1 条规定，"本法在刑事案件上，于维护公共福利和保障个人基本人权的同时，以明确案件的事实真相，正当而迅速地适用刑罚令为目的。"《日本刑事诉讼规则》第 179 条第 2 项规定，"法院对于审理需要 2 日以上的案件，要尽量连日开庭，必须集中审理。"

（2）法庭证据调查。[132] 开始调查证据时，检察官应当说明根据证据能够证明的事实，但不得陈述根据不能作为证据的材料或者无意作为证据请求调查的事实，不得陈述有可能使法院对案件产生偏见或者预断的事项。检察官开头陈述之后，法官在坚持排除预断原则的基础上，允许被告人及其辩护人陈述。法院可以在听取检察官和被告人或者辩护人的意见之后，决定调查证据的范围、顺序和方法；也可在认为适当的时候，听取检察官和被告人或辩护人的意见，变更前述所确定的调查证据的范围、顺序和方法。检察官、被告人或者辩护人在公审日期内可以请求调查证据，提出该项请求应当具体明示证据与需要证明的事实之间的关系。检察官应当首先请求调查认为对审判案件有必要的一切证据；其后，被告人或者辩护人也可以请求调查认为对审判案件有必要的证据。法院认为有必要时，可以依职权调查。

调查证据应当首先调查检察官认为对审判案件有必要而请求调查的证据，然后调查被告人或者辩护人认为对审判案件有必要而请求调查的证据，但在必要

---

〔131〕 ［日］廣瀨健二：《コンパクト刑事訴訟法》，新世社 2015 年版，第 140 页。

〔132〕 参见卞建林、刘玫主编：《外国刑事诉讼法》，中国政法大学出版社 2008 年版，第 257~258 页。

时，可随时调查认为必要的证据。调查证据的方式可依调查对象的不同而有所不同。

第一，对人证的调查。审判长或者陪席法官，应当首先询问证人、鉴定人、口译人或者笔译人；询问完毕后，检察官、被告人或者辩护人经告知审判长后，也可以进行询问，并且在此场合，如该项调查是应检察官、被告人或者辩护人的请求进行的，应由提出请求的人首先询问；但法院认为适当的时候，可听取检察官和被告人或者辩护人的意见变更询问顺序。被告人对证人的询问权受宪法的保障。在请求询问证人、鉴定人、口译人或者笔译人时，应当提出记载其姓名及住所的书面材料，询问证人时还应当呈报预计询问证人所需要的时间。对证人的询问方式，战后的《日本刑事诉讼法》确立的是审判长指挥下的交叉询问方式，按照先进行主询问然后进行反询问的顺序进行：请求询问证人的人询问（主询问）；对方询问（反询问）；请求询问证人的人再次询问（再次主询问）；诉讼关系人经审判长的许可，可以再次询问证人。[133]

第二，对证据文书的调查。应检察官、被告人或者辩护人请求而调查证据文书时，审判长应当使请求调查的人宣读该项文书，审判长也可以自行宣读或者使陪席法官或者法院书记官宣读；在法院依职权调查时，审判长应当自行宣读或者使陪席法官或法院书记官宣读。因为证据文书是否可以作为证据取决于文书的内容，所以应当用宣读的方式进行。证据文书中有绘图或者照片时，应当采取出示的方法。

第三，对证物的调查。依据检察官、被告人或者辩护人的请求调查证物时，审判长应当使提出请求的人出示该证物；审判长也可以自行出示，或者使陪席法官或者法院书记官出示。法院依职权调查证据时，审判长应当自行向诉讼关系人出示该物证，或者使陪席法官或者法院书记官出示。物证是否可以作为证据在于物证的存在及状态，因此对物证的调查需要以出示的方式进行。

---

〔133〕 日本刑事诉讼存在庭审技术虚化的问题。在相当程度上，交叉询问可促进庭审的平等对抗、强化直接言词原则，与审判中心主义具有共同的目的指向。但二战后日本在庭审技术设计上并未完全采用英美的交叉询问制度，而是"以当事人请求调查为原则，以法院职权调查为例外"，对证人证言的调查方式实行"交叉询问"与"职权询问"相结合，确保法官在审判中能做到充分审理进而发现真相。"审判长认为必要时，可以随时中止诉讼关系人对证人、鉴定人、口译人或者笔译人的询问，亲自对该事项进行询问，但不得因此而否定诉讼关系人依法询问证人等的权利"（《日本刑事诉讼法典》第201条）。而所谓的交叉询问，还与英美法系国家有着本质的区别。事实上，日本刑事庭审实践几乎未出现过所谓询问与反询问的激烈交锋，甚至可以说反询问在日本审判模式下形同虚设。控辩双方越是进行反询问，越容易产生对己方不利的证言，这也是为何当事人对反询问有一种自然的抵触心理。参见施鹏鹏、谢文：《审判中心主义的源与流——以日本刑事诉讼为背景的制度谱系考》，载《江苏社会科学》2018年第5期。

第四，法院应当提供适当的机会给检察官和被告人或者辩护人，通过请求调查反证或者其他方法争辩证据的证明力。检察官、被告人或者辩护人，可以以违反法令或不适当为理由对证据的调查声明异议，但对调查证据的裁定不得以不适当为理由提出异议；对审判长作出的处分声明有异议的，仅限于以违反法令为理由时提出。法院对异议声明应不迟延地作出裁定：认为异议声明无理，应当裁定不受理；认为异议声明有理，应当作出与该异议声明相应内容的裁定。已经对异议声明作出裁定的，不得对该事项再次声明异议。

（3）证据裁判与自由心证。[134] 现行《日本刑事诉讼法》明确规定了证据法的两大基本原则：证据裁判主义和自由心证主义。《日本刑事诉讼法》第 317 条规定了"认定事实，应当依据证据"，这就是日本证据裁判主义原则的法律表述，它包括以下三层意思：①不得用证据以外的方法如宣誓、神判、决斗等认定事实；②不得仅凭法官个人的推测、印象等认定事实；③法官认定事实以有证据存在为前提，无证据即无从自由判断。因此，证据裁判是法官自由心证的前提，证据裁判主义原则的主要作用在于明确在证明对象中，哪些事实需要严格证明，哪些事实只要求自由证明即可。一般认为，凡有关刑罚权是否存在及其范围的事实，均应严格证明。这些事实是：①公诉犯罪事实；②作为处罚条件或处罚阻却理由的事实；③作为加重、减轻、免除刑罚的法定理由的事实。单纯作为量刑的酌定情节的事实（情状事实）和程序法事实，只需要自由证明。

《日本刑事诉讼法》第 318 条明确规定了"证据的证明力，由法官自由判断"，这就是日本刑事诉讼中的自由心证主义原则，它包括以下几层意思：①法官自由判断的，是证据的证明力，包括证据的可信赖性和狭义的证明力（关联性），不仅一个个孤立的证据能够证明何种事实以及证明程度如何由法官自由判断，所有证据综合起来能否证明公诉犯罪事实或其他有关事实以及证明程度如何，也由法官自由判断。②法官在判断证明力时，不受外部的任何影响或者法律上的拘束。对于证据的取舍选择完全由法官决定：有证据能力的证据，可因其没有证明力而舍弃；互相矛盾的证据中何者更为可信也由法官自由决断，不受证据种类等方面的限制。

（4）非法证据排除规则。[135] 违法收集的证据，大体上可以分为两大类型：一类是以违法方法获取的口供，另一类是违反法定程序（主要是搜查、扣押程序）取得的实物证据。对于前者的证据能力，当代刑事证据法普遍持否定态度，对于

---

〔134〕 参见卞建林、刘玫主编：《外国刑事诉讼法》，中国政法大学出版社 2008 年版，第 272 页。
〔135〕 参见卞建林、刘玫主编：《外国刑事诉讼法》，中国政法大学出版社 2008 年版，第 278 页。

后者的证据能力，各国理论和实践差别较大。战后《日本宪法》和《日本刑事诉讼法》深受美国法的影响，接受了"正当程序"思想，并把它作为刑事诉讼法的基本原理，上升为宪法原则。但是，违反法定程序搜查、扣押取得的证据，是否具有证据能力，《日本宪法》和《日本刑事诉讼法》没有照搬美国法的规定，而是采取了回避的态度，不作明文规定。最高法院在1978年审判一起吸毒案时明确肯定了排除法则，根据这一判例，排除违法收集的证据必须同时具备两个条件：①收集证据的程序上存在抹杀令状主义精神的重大违法情况；②如果许可违法收集的证据物作为证据使用，不利于将来抑制违法侦查。在具体案件中判断是否具备这两个条件时，应当考虑是否有违反令状主义有关规定的主观意图、扣押证据物等程序上是否存在违法实施强制手段等因素。

（5）修法推动证人出庭作证。为摆脱过度依赖书面供述笔录，促进证人出庭作证，充实法庭审理，日本2016年5月24日通过的《刑事诉讼法等部分修正的法律案》还进行了以下两方面的改革：①被害人、证人等的保护措施。其一，扩充通过视频连接方式进行证人询问的地点。此次立法修改以前，证人除法定情由外，必须在同一个裁判所内接受询问。此次立法修改后，在一定情形下，被告人在需要出庭作证的法庭审理中，可以通过采用与其他裁判所之间的视频、影像连接方式实施证人询问。其二，导入关涉证人的姓名和住所开示措施。此次立法修改明确，在担心证人被加害等情形下，可以采取两个措施，即在不告知被告人涉案证人的姓名、住所的情况下，仅限对被告人的辩护人开示；在特别必要的场合下，也可以在不告知辩护人涉案证人的真实姓名、住所情况下，使用代替称呼或联系方式向辩护人开示。其三，在公开开庭审理的法庭中，导入隐匿证人姓名、住所等措施。在裁判所公开开庭审理的案件中，法庭对于可能存在加害证人等担忧事由的情形，可以作出旨在不明确告知证人姓名、住所等信息的决定。②提升证人拒不出庭作证、隐匿、毁灭证据等犯罪的法定刑。[136]

（四）美国

1. 庭前程序

美国进入法庭审理阶段的审前程序主要包括审前动议、证据开示和庭前会议。

（1）审前动议。审前动议指的是向法官提出采取与案件有关的具体行为的请求，要求法官指令适用一种程序规则或证据规则以保护被告人权利，以解决证据

---

〔136〕 闻志强：《日本〈刑事诉讼法〉2016年修改动态》，载《国家检察官学院学报》2016年第6期。

可采性或者与审判程序有关的问题。尽管审前动议是保护被告人权利的一项重要工具，但起诉方也可以提出动议以获得法官对程序或证据的裁定。一般说来，动议在整个诉讼过程都可以提出，但主要是在审判前提出，以解决证据的可采性或审判程序的有关问题。[137] 根据美国《联邦刑事诉讼规则》第 12（b）条的规定，任何不需要对总的争议作审判便能确定的辩解、异议或请求可以在审判前以审前动议方式提出，动议根据法官的裁量可以是书面的，也可以是口头的，提出动议必须附加申请的理由。必须在审前动议中提出的动议包括起诉不成立的动议、对大陪审团起诉书或检察官起诉书缺陷的辩解和异议、排除证据的动议、申请证据开示的动议、诉或被告人的分离的动议、申请日期的动议等。根据美国《联邦刑事诉讼规则》第 12（c）条的规定，审前动议应当在传讯或随后尽可能短的时间内提出，法庭也可以安排提出审前动议的时间，以及根据请求随后听证的日期。根据美国《联邦刑事诉讼规则》第 12（e）条和第 12（f）条的规定，对于上述审前动议法庭应当在审前作出裁定，除非法庭具有适当理由，命令推迟至对总的争议作出判决或陪审团作出裁决前作出裁定。但对当事人上诉权有不利影响的，则不能推迟裁定。当事人没有在审前，或法庭指定的时间，或法庭允许延长的期限内提出动议的，视为放弃权利，审判中不得提出上述动议。但法庭根据表明的理由可以同意不构成放弃。

排除证据的动议要求对证据所涉及的事实进行认定，法庭以公开听证的方式开庭审查，在审查中适用庭审中对证人询问的规则。如果涉及警察或检察官侦查中的非法取证，该警察或检察官应作为证人出庭作证。对于被告方提出因控方违法取得证据排除的申请由控方负举证责任，其余的申请由申请方负责举证。当法庭根据申请决定排除某项证据时，该证据不得在审判中提出，也不得在审判中提及，以免影响陪审团的心证。对于是否排除证据的裁定，双方当事人都可以提出上诉，但上诉不停止诉讼的进行。[138]

（2）证据开示。[139] 在美国刑事诉讼中，证据展示通常发生在预审（preliminary hearing）和审前动议提出（pretrial motions）阶段。预审的首要目的在于对检察官提起重罪指控的案件进行审查，以确定指控是否存在合理的理由。在预审中检察官为证明其指控确有根据，不得不将其起诉证据提交法庭，被告人及其辩护人因

---

〔137〕 ［美］爱伦·豪切斯泰勒·斯黛丽、［美］南希·弗兰克：《美国刑事法院诉讼程序》，陈卫东、徐美君译，中国人民大学出版社 2002 年版，第 405 页。

〔138〕 韩红兴：《刑事公诉案件庭前程序研究》，中国人民大学 2006 年博士学位论文。

〔139〕 这部分主要参见陈瑞华：《比较刑事诉讼法》，中国人民大学出版社 2010 年版，第 392~396 页。

此获得了对其证据进行质证、对其证人进行交叉询问的机会。而要有效地进行质证和交叉询问，就必须事先对检察官在预审中提出的证据进行了解。根据美国法律规定，检察官在预审开始之前，必须将其准备传唤出庭作证的证人名单和其他准备在法庭上提出的证据的目录提交给法庭和辩护方，并在法庭和辩护方提出要求时进行解释和说明。但是，检察官在预审中对其指控合理性的证明不需要达到"排除合理怀疑"的最高限度，而只需证明被告人有罪具有"合理的根据"（probable cause）即可。检察官不需要将其所掌握的全部证据均在预审中提出，也不必将所有证人全部传唤出庭作证。而且在实践中，检察官为了避免自己掌握的全部证据均在预审中被辩护方所获悉，也经常有意识地限制向辩护方展示证据的范围，故意不透露一些关键的证据或证人。这就导致辩护方一般不可能在预审阶段了解控诉方的全部证据。因此，审前动议提出阶段的证据展示就显得尤为重要了。

首先，审判前的证据展示动议。在法庭审判开始之前，辩护律师通常可以向即将主持法庭审判的法官提出申请，要求查看控诉方所掌握的某些记录或文件，以帮助被告人做好审判前的准备工作。如果控辩双方就有关辩护方是否有权查看某一证据的问题发生争议，法庭就必须在审判前举行听审，以确定控诉方应否向辩护方展示这一证据。在这种听审中，辩护方作为提出动议的一方，应向法庭证明：他想查看的证据对于其辩护准备活动是至关重要的，而且他的请求是合理的。如果法庭经过听审认为辩护方的请求是合理的，就可以发布一项命令，要求控诉方将有关证据材料向辩护方展示。对于这一命令，控诉方必须服从。

其次，控诉方向辩护方的证据展示。根据美国《联邦刑事诉讼规则》第16（a）(1)条的规定，在被告一方提出请求的情况下，控诉方必须向其透露的证据范围是：控诉方掌握的有关被告人向实施逮捕的人员或大陪审团所作的书面或口头陈述的记录或副本；控诉方掌握的有关被告人先前的犯罪记录；控诉方掌握的文件及有形物品；控诉方掌握的有关身体、精神检查或科学实验的结果和报告。不属于透露范围的则包括控诉方证人或者可能成为控诉方证人的人的陈述记录；控诉方制作的与侦查、起诉有关的报告、备忘录或其他内部文件。

再次，辩护方向控诉方的证据展示。根据《联邦刑事诉讼规则》第16（b）(1)条的规定，如果控诉方根据该规则第16（a）(1)条的规定向辩护方透露了有关证据，则有权要求辩护方向其展示以下证据：被告人掌握并准备在审判中作为证据出示的文件和有形物品；被告人掌握的有关身体、精神检查或者科学实验的结果和报告。该规则第16（b）(2)条也明确禁止将被告人及其辩护人所作的与案件侦查或辩护有关的报告、备忘录或其他内部文件，被告人所作的陈述，以及控辩双方的证人对被告人的辩护人所作的陈述等透露给控诉方。另外，根据美国《联邦刑事诉讼规则》第12.1~12.3条等的规定，辩护方在审判前向控诉方进行展示的证据包括：①证明被告人不在犯罪现场的证据。控诉方在辩护方作出上述证据展示后，应以书面方式向辩护方告知其准备提出的证明被告人案发时在犯罪现场的证人的姓名和住址，以及其他用来反驳被告人不在犯罪现场证词的证人的姓名和住址。如果有诉讼一方没有履行上述证据展示义务，法庭有权排除该方提出的任何未经展示的证人有关被告人在或者不在犯罪现场的证词。②有关被告人精神状况的专家证词。辩护方应当在法定期限内将提出专家证词的意图书面告知检察官，并提交法庭。法庭根据检察官的请求，可以对该被告人的精神状况进行强制检查。如果被告人未能按要求告知意图，或者不服从法庭对其精神状况检查的命令，法庭可以排除其提出的有关专家证词。③证明被告人以公共权利为由进行辩护成立的证人的情况，即辩护方以在被控的犯罪发生时实际或者相信是在代表执法机关或联邦情报机构行使公共权力为由进行辩护。在这一证据展示过程中，对于任何一方未按规则要求进行有关证据展示的，法庭都可以将该方用来支持或者反对这种辩护理由的证人证言予以排除。

最后，为保证证据展示的有效进行，美国《联邦刑事诉讼规则》第16（c）条和第16（d）条还分别规定了所谓"继续透露"的责任和透露的规则，即要求在审判前或审判过程中，发现新的属于应当透露的证据或材料的一方，应将这一事实告知对方和法庭。同时，法庭根据一方的请求，可作出有关拒绝、限制或者推迟展示的命令；遇有一方没有按照该规则的要求进行展示，法庭可以命令该方进行证据展示，同意延期，或者禁止将未展示的证据在法庭上出示等。法庭根据情况限定证据展示的时间、地点和方式，也可以规定适当的期限和条件。

（3）庭前会议。美国《联邦刑事诉讼规则》第17.1条规定，"在提交大陪审团起诉书或检察官起诉书后，法庭根据当事人申请或自行裁量，可以命令召开一次或数次会议以考虑有助于促进审判公正和审判效率的事项。在会议结束时，法庭应对达成协议的事项准备和提交备忘录。会议中被告人或其律师所作的承诺，除非形成书面并由被告人和其律师签字，否则不能作为不利于被告的证据使用。本规则不适用于被告人没有律师代表的案件。"庭前会议的主要任务是：督促双方当事人进行庭前准备工作，如督促双方当事人及时进行证据开示、提出动议等；解决准备工作中出现的争议，如解决有关证据开示的争议；整理证据和整理争点，通过审前会议，对双方没有争议的证据，记录在案，在法庭审理中不再作调查；明确双方的争点，把法庭审理集中在有争议的证据和事实上，以加速法庭审理进程；协商审判的日期，以保障双方当事人及其预备传唤的证人能按时出庭，这关系到迅速审判和公正审理的问题。[140]

2. 庭审程序

（1）对质权、传闻证据规则及交叉询问。《美国联邦宪法》第六修正案规定，任何刑事被告人均有权"与提供对其不利证言的证人进行对质"。在内容上，对质权至少包含两个层面的要求：一方面，证人应到庭提供证言，传闻证据不可采；另一方面，被告人有权与证人进行"面对面"的辩论。美国联邦最高法院受威格摩尔的影响，设置更具"形式主义"的技术，即交叉询问。威格摩尔认为，"交叉询问毫无疑问是为发现真相而发明的最伟大的法律引擎"（beyond any doubt the greatest legal engine ever invented for the discovery of truth），是对质"主要且根本"的目的。[141]

所谓"传闻"是指由在审判中作证的人以外的人作出的法庭外陈述，提供该陈述的目的是为了证明陈述中所断定的事实的真实性。根据证据规则，传闻证据不可采，除非它属于传闻规则的例外。在2004年克劳福德诉华盛顿州案中，美国联邦最高法院认定，如果一项庭外陈述是"证言性陈述"（testimonial），那么，除非作出陈述的人曾经（或者现在正在法庭上）接受交叉询问，否则根据对质条款，禁止采纳该庭外陈述作为证据。由此可见，美国的"庭审中心主义"的基本立足点在于保障被告人的对质权，在美国当事人主义的背景下，这一点并不难理解。在英美的刑事诉讼中，程序推进和证据调查皆依赖于当事人，法官和陪审团相对消极，主要通过控辩双方的攻击、防御活动来获取案件信息，这是当事人主义之下形成作为判决基础的案情信息的基本结构。因而，当事人是否享有呈现有利证据、质疑对方证据，即交叉询问的机会，无论对于被告人还是裁判者都是至关重要的，以至于交叉询问一直被视为"迄今为止为发现真相而发明的最伟大的法律引擎"。而只有对质权得到了有效保障，才能使被告人对证人的交叉询问成为可能。美国联邦最高法院也一直认为，对质条款的主要目的是防止用书面证言"代替对证人本人的询问和交叉询问"，因此要求证人本人当庭作证。[142]

2004年联邦最高法院在克劳福德诉华盛顿州一案中确立了新的标准，即"对

---

〔140〕 韩红兴：《刑事公诉案件庭前程序研究》，中国人民大学2006年博士学位论文。

〔141〕 施鹏鹏：《职权主义与审问制的逻辑——交叉询问技术的引入及可能性反思》，载《比较法研究》2018年第4期。

〔142〕 魏晓娜：《以审判为中心的刑事诉讼制度改革》，载《法学研究》2015年第4期。

质权条款禁止采纳未出庭证人的证言性陈述，除非陈述人不能到庭，并且被告人在先前已经被给予了交叉询问的机会"。斯卡利亚大法官指出，①对质权的名词虽然来自于罗马法时期，但作为美国宪法条款的对质权概念却直接来自于普通法，是普通法为了防止大陆法系纠问式、单方、秘密审判而创设的一项权利。这项权利不仅调整用于反对被告人的庭内证据，而且也调整庭外陈述。但对质权并不调整所有的庭外陈述，根据对质权条款中所用的"不利于被告人的证人"这一用语，其只调整那些"证言性陈述"。同时，对质权条款所调整的"证言性陈述"仅限于传闻证据。②对质权条款的最终目标是确保证据的可靠性，这是一种程序上的保障而非实体上的保障，因此对质权条款禁止采用那些不到庭证人的证言，除非证人不能到庭以及被告人事先有交叉询问的机会。③罗伯特案所确立的可靠性标准过于主观，每一个法院对"可靠性"都会有不同的理解和界定，而且这会导致那些明显违反对质权条款的证据被采纳。宪法所保障的是刑事审判中决定证言可靠性的程序，任何法院都无权以自己的裁量权来取代它。[143]

威格摩尔坚信，英美法系的审判程序优于大陆法系，主要是因为"英美的法律制度对审判程序中的证明方法作了重大、持久的贡献"，而核心原因并非陪审团制度，而是交叉询问。美国联邦最高法院在对质权问题上基本遵循了威格摩尔的学说，将交叉询问视为对质权的核心要素。联邦最高法院称交叉询问的"合理自由"为"公正审判的精髓"，并由此确立了对质权的核心内容。交叉询问是指一种特定类型的法庭调查制度，即提出证人的诉讼一方的相对方对该证人进行的盘诘。[144]《布莱克法律大辞典》将交叉询问解释为："由提出某一证人的一方当事人的相对方在审判、听证或者录取证词活动中对该证人所作的询问，目的是检验证言的真实性，或者取得进一步的证词，或者其他目的。由直接询问者以外的当事人的证人所作的询问不应逾越对该证人进行的直接询问的范围。一般说来，询问的范围应当限制为直接询问所涉及的事项。"《牛津法律大辞典》的解释是："由非提供该证人的一方当事人向该证人提出的诘问或盘问，通常在提供该证人的一方当事人首先向其提问后进行。盘问的目的在于使证人改变、限定、修正或撤回其提出的证据，使其证据失信，并从其处获得有利于盘问方当事人的证据。在盘问中，允许进行诱导证人回答的询问，而提问人亦通常拥有比主询问中更多的自由。在某一问题上不对证人进行盘问，一般就暗示其接受该证人关于该问题的举证。如果一项证据已经或将要被赋予与该证人的陈述不同的效力，则需就该

---

〔143〕 Crawford v. Washington, 541 U. S. 36 (2004).

〔144〕 张建伟：《"质证"的误解误用及其本义》，载《检察日报》2012 年 11 月 1 日，第 3 版。

证据的效力向该证人进行盘问，以使其能够对此作出承认、否认或解释。"[145] 伊丽莎白·A. 马丁（Elizabeth A. Martin）编著的《牛津法律辞典》的解释则是："由非传唤证人出庭作证的当事人对证人提出的询问。交叉询问可以是针对诉讼争论点，即旨在诱使其说出有利于进行交叉询问的一方当事人的情况以及使人们对不利于该当事人的证据的正确性产生怀疑。交叉询问也可针对其可信性，即旨在使人们对证人的可信性产生怀疑。在交叉询问中可提出诱导性的问题。"[146]《牛津法律大辞典》将"leading question"译为"暗示性询问"，[147] 而目前普遍认同的正确译法应为"引导性询问"。诱导性询问又称"暗示询问"，是指询问者为了获得某一回答而在所提问题中添加暗示被询问者如何回答的内容，或者将需要被询问人作证的有争议的事实假定为业已存在的事实加以提问。诱导性询问分四种情况：一是虚伪诱导，即暗示证人使其故意作违背其记忆的陈述；二是错误诱导，暗示证人使之产生错觉，而进行违背其记忆的陈述；三是记忆诱导，通过暗示使证人恢复对某些事实的回忆；四是诘难诱导，通过提出带有诱导性的问题达到对证人已经提出的相关陈述进行诘难的目的。[148]

（2）法庭审理程序。[149] 首先是选定陪审团。《美国联邦宪法》第六修正案规定，在一切刑事案件中，被告人有权由公正陪审团予以迅速和公开审理。在司法实践中，联邦最高法院通过判例确定，不论是发生在联邦或州的刑事案件，如可能判处 6 个月以上的监禁，被告人都享有由陪审团审理的权利。在联邦诉讼中，陪审团一般由 12 人组成，作出被告人有罪的裁决要求一致通过。选定陪审团是一个繁琐费时的程序，从候审的陪审员名单中挑选出 12 名预备陪审员，然后要经过所谓"讲明真相"（voir dire）的程序，接受法官或双方律师的询问。为了保证陪审团的公正性，诉讼双方有权申请陪审员回避，回避分为无因回避和有因回避两种。

其次是开场陈述。这是指诉讼双方在审理开始阶段向法庭所作的第一次陈述。先由起诉方即检察官作开场陈述，向陪审团说明指控犯罪的性质，并简单描述支持指控的证据，目的是使陪审团在听审中更好地了解案情。因此，在开场陈述中，不发表意见、结论，不涉及被告人的性格、特征，不进行辩论，也不得涉

---

〔145〕 ［英］戴维·M. 沃克编：《牛津法律大辞典》，李双元等译，法律出版社 2003 年版，第 289 页。

〔146〕 ［英］伊丽莎白·A. 马丁编著：《牛津法律辞典》，蒋一平等译，上海翻译出版公司 1991 年版，第 133 页。

〔147〕 ［英］戴维·M. 沃克编：《牛津法律大辞典》，李双元等译，法律出版社 2003 年版，第 669 页。

〔148〕 蔡墩铭：《刑事证据法》，三民书局 1979 年版，第 397～398 页。

〔149〕 参见卞建林、刘玫主编：《外国刑事诉讼法》，中国政法大学出版社 2008 年版，第 79～80 页。

及不准备提供证据加以证明的事项，否则辩护方可以提出异议。按照对等原则，继起诉方作开场陈述后，辩护律师有权作开场陈述，但他也可以出于辩护策略的需要而放弃作开场陈述。

再次是起诉方举证。作开场陈述后，起诉方向法庭提供证据以支持控诉，包括出示物证和传唤证人出庭作证，一般以传唤己方证人出庭作证为主。证人在法庭作证要经过宣誓或以其他方式声明如实陈述，要接受控辩双方的询问。由提名或传唤证人作证的一方询问称作"直接询问"，目的是使证人说出所了解的案件事实，展示证据。直接询问中不允许提出诱导性问题。由对方律师发问称作"交叉询问"，目的在于暴露证人作证中的缺陷和不足，向陪审团揭示证人的不可信。交叉询问时可以提出诱导性问题。询问的顺序依次为直接询问—交叉询问—再直接询问—再交叉询问，可以反复进行数轮，直至无可再问或无必要再问。

又次是辩护方举证。当起诉方结束举证后，被告人或辩护律师进行辩护，并提供支持辩护主张的证据。对辩护方传唤作证的证人，同样由辩护方和起诉方依次进行直接询问和交叉询问。需要注意的是，在美国刑事诉讼中，被告人既不得被迫自证有罪，也不要求被告人证明自己无罪。因此，除非被告人希望作证或者辩护律师选择让被告人作证，否则不要求被告人在法庭上提供证言。

最后是终结辩论。美国《联邦刑事诉讼规则》第 29.1 条规定："举证结束后，应由起诉方开始辩论，然后允许辩护方回答，最后起诉方再作反驳。"辩护方的辩论发言强调法律赋予起诉方承担的沉重的证明责任，即证明被告人有罪必须达到排除合理怀疑的程度，否则便应依法裁断将被告人无罪释放。无论是起诉方还是辩护方进行辩论发言，都不允许对被告人是否有罪发表个人的评断。所谓"必须让举出的事实自己讲话"，根据双方的举证和辩论确定被告人是否犯有被控罪行，是陪审团的神圣职责和权力。

经过上述审理程序之后，紧接着是指示陪审团、陪审团评议、陪审团裁决。由于陪审员是法律的外行，在陪审团退庭评议之前，主持庭审的法官要对陪审团作总结提示，内容包括陪审团的职责和义务、与案件有关的法律、由证据引起的争议、解释有关法律术语的确切含义。陪审团评议活动秘密进行，内容保密，不准任何人进出评议室，而且不管评议结果如何，此后不能对评议活动进行法律调查。在联邦法院系统，要求陪审团作出裁决必须全体一致通过。当陪审团经过长时间评议后，仍不能得出一致结论，该陪审团就称为"悬案陪审团"，由法官宣布解散，同时宣告这是一次无效的审判，需要另行组成陪审团重新审理。在少数州，不要求陪审团裁决必须一致同意。陪审团就被告人有罪还是无罪作出裁决后，回到公开法庭，由陪审团长向法庭宣告裁决结果。如果是无罪裁决，法官必须接受，宣布将被告人当庭释放；如果裁决有罪，法官可以命令将被告人押回监狱或取保释放以等待科刑。

（3）非法证据排除规则。[150] 违反《美国联邦宪法》第四修正案，以非法手段搜集和扣押的证据不得在刑事指控中作为证明有罪的证据而被采纳。根据美国联邦最高法院的判例及学说，排除非法证据的理论依据，概括起来主要有：①维护公民宪法权利。即排除非法搜查和扣押所取得的物证，只不过是保障宪法赋予公民不受非法搜查、扣押权利的必然结论。②抑制违法侦查。即通过排除违法搜查、扣押所得的物证消除警察违法搜查、扣押的"诱因"，从而达到阻止警察违法侦查的效果。③维护司法的纯洁性。排除规则维护了法律的尊严，增进了公民对司法运作的信心，并避免司法程序受到非法证据的污染。④唯一有效说。该观点认为，排除规则所带来的利益是处罚手段无法代替的。

在 20 世纪 60 年代，美国联邦最高法院通过一系列判例推行所谓的司法改革，将警察的侦查行为强行纳入诉讼法制的轨道，排除规则的权威不断加强，执行中也越来越严格。其排除的对象不再限于非法搜查或扣押得来的证据，而是扩大到任何直接或间接产生于非法搜查的其他证据，包括言词的或实物的证据，所谓"毒树之果"（fruits of the poisonous tree）必须排除。唯一的例外就是当被告人在法庭作证时，非法收集的证据可以用于对被告人的证词进行质询。违反排除规则的后果，就是撤销任何据此证据作出的定罪裁决，除非采纳此类证据被认定为"无害错误"。20 世纪 80 年代初，由于犯罪浪潮的冲击，美国联邦最高法院修正了在排除规则上的强硬立场，增加了几项例外，例如 1984 年增加了"善意的例外"（Good Faith Exception）和"必然发现"的限制（the "Inevitable Discovery" limitation），20 世纪 90 年代初又增加了"独立来源""因果关系削弱""质疑例外"三项例外原则。

需要指出的是，虽然有排除规则，但任何证据的排除都必须通过对方当事人或其律师及时提出反对出示非法证据的异议，或者提出禁止非法证据的请求，由法官对此异议或者请求进行裁断，从而决定将非法证据排除或者禁止出示。从此意义上讲，任何证据，不管其是合法收集还是非法收集的，具有可采性还是不具可采性，如果没有人提出异议或反对意见的话，都可以在法庭上出示，都可以作为证据使用，法官和陪审团不会主动加以排除。当然，为保护被告人利益，当被

---

[150] 参见卞建林、刘玫主编：《外国刑事诉讼法》，中国政法大学出版社 2008 年版，第 85~87 页。

告人可以在审判前提出禁止非法证据的请求而没有这样做，或者他提出了这样的请求但未获法官认可时，他可以在审判当中再次提出这样的请求。如果在审判中仍然失去机会，还可以在上诉时再次提起这样的争议。

（五）英国

1. 庭前程序

（1）证据开示。[151] 在英国，刑事诉讼中的证据展示制度包括两大基本内容：一是检察官向被告人的展示义务，二是辩护方向检察官的展示义务。其中检察官的证据展示义务包括两方面的基本内容：一是检察官应当向辩护一方告知他将要在法庭审判中作为指控根据使用的所有证据，这被称为"预先提供信息的义务"（duty to provide advance information）。二是检察官应向辩护一方展示其不准备在审判过程中使用的任何相关材料，即所谓对检察官无用的材料（unused material），这种义务被称为展示的义务（duty of disclosure）。在 1996 年以前，根据司法判例规则，检察官履行展示的义务是为保证被告人在审判之前了解不利于他的证据并为法庭审判中的辩护做好准备。另外，除了在一些极为特殊的情况下，比如辩护一方提出不在犯罪现场的证据、辩护一方提出证明自己精神状态不正常的证据，以及辩护一方将专家证据作为支持辩护的证据，辩护一方没有义务将其准备在审判中使用的证据预先向检察官进行展示。检察官的证据展示也有例外，例如根据"公共利益豁免"的原则，在特定的情况下检察官有权拒绝将一些涉及国家秘密的材料移送给辩护一方。1996 年《刑事诉讼与侦查法》（Criminal Procedure and Investigation Act）以及根据该法所制定的《实施法典》（Code of Practice）对英国普通法中的证据展示规则作出了较大的改革，这些改革的核心内容主要有四点：①负责调查犯罪案件的警察有义务将其在调查过程中收集和制作的材料进行记录和保存；②在"控诉一方的初次展示"中，检察官应将其在审判过程中不打算使用的特定材料展示给辩护一方；③辩护一方随后有义务将其准备在审判中提出的辩护理由和证据展示给控诉一方；④在辩护一方作出证据展示后，控诉一方有义务将新的证据材料向辩护一方作第二次展示。新建立的证据展示制度主要适用于刑事法院的审判程序中，而对于治安法院的审判程序，证据展示制度则不具有强制性。证据开示的具体流程如下：

第一，侦查官员的保存证据义务。《刑事诉讼与侦查法》与《实施法典》要求，负责调查的警察必须确保所有与案件相关的材料和情况都能被记录和保全下

---

[151] 这部分主要参见陈瑞华：《比较刑事诉讼法》，中国人民大学出版社 2010 年版，第 385~391 页。

来。而证据展示官员则专门负责向检察官提交证据材料和有关目录，以及向辩护方展示证据。证据展示官员应将列明不准备采用为指控证据的材料的书面目录移送给检察官，同时还应尽可能将所有准备作为指控证据使用的材料制成一份卷宗，一并移送检察官。对于那些符合"检察官初次展示"范围的证据材料，证据展示官员应向检察官指明，以引起后者的注意。

第二，将在庭审中作为指控根据的证据的开示。控方必须向辩方开示在庭审中使用的所有证据。这里包括所有的证人证言、书证等各种形式的证据，这种开示的义务一直持续到庭审结束。一般来讲案件移交到法院后 7 天，这个时候法院要求最长在 42 天之内，控方将所有证据向辩方开示。[152]

第三，检察官的初次展示。按照《刑事诉讼与侦查法》第 3 条的规定，检察官应当将以前没有向被告人展示的证据材料向辩护一方予以展示，只要检察官认为该证据可能会"削弱"（undermine）控诉一方的指控。而且，证据展示官员为检察官准备的列明不予采用的证据的材料目录也应向辩护方展示。这被称为"检察官的初次展示"（primary prosecution disclosure）。与检察官的第二次展示相比，"初次展示"是一个带有主观性的证据展示义务，是否展示以及展示什么，基本上取决于检察官的决定。

第四，辩护方的证据展示。检察官的初次展示通常是在移送起诉过程中完成的。而在案件被移送刑事法院后和法院审判开始前，辩护一方有义务将自己的辩护陈述（defense statement）提交给检察官和法庭。辩护陈述是一份记载着辩护要点以及辩护方与指控方主要争议点及理由的书面陈述。无论是普通法还是成文法都不要求辩护一方将其不准备在法庭审判中采用的证据向检察官进行展示。这也是为控辩双方的"公平竞赛"设置的一个外部界限。因为检察官与辩护方在收集证据的能力上毕竟不可同日而语，为了维持双方的实质而不是形式上的平等，必须赋予辩护方一定的程序性"特权"，而同时使检察官负有一定的特殊义务。

第五，检察官的第二次展示。在辩护一方将本方的辩护陈述展示给检察官之后，检察官必须将所有原来没有展示给辩护一方的材料向后者进行"第二次展示"（the second disclosure），只要这些材料"可以被合理地期望有助于被告人的辩护"。但是法院根据公共利益认为不应展示的材料，以及根据 1985 年《通讯截获法》截获的材料不在展示之列。如果不存在符合第二次展示标准的材料，检察官必须提供给辩护一方有关这一情况的声明。与检察官的初次展示不同，第二次

---

[152] ［英］大卫·斯蓬斯：《英国证据开示流程》，载《人民法院报》2005 年 1 月 24 日，来源于人民法院网，https://www.chinacourt.org/article/detail/2005/01/id/148795.shtml，最后访问日期：2019 年 12 月 2 日。

展示具有客观的适用标准，并需接受法院的司法审查。这一阶段展示的是所有为检察官所掌握并依照《实施法典》审查过的材料。如果辩护方认为检察官没有依法履行展示义务，有权向法院请求发布要求其展示的命令。

除上述流程以外，证据开示还要受到以下程序和原则的规范：①对证据展示范围的司法审查。无论是在初次展示阶段还是在第二次展示阶段，检察官均可以事关公共利益为由，请求法院将某一材料排除于展示范围之外。同样，辩护方也有权请求法院发布有关要求检察官向其展示某一证据材料的命令。②检察官的持续展示。根据 1996 年《刑事诉讼与侦查法》第 9 条的规定，检察官在诉讼中负有对证据展示问题进行"连续性审查的义务"（the continuing duty to review）。③公共利益豁免原则。无论是在初次展示阶段还是在第二次展示阶段，如果有关证据材料涉及所谓"公共利益"，检察官所负的展示证据义务都可以得到免除。这被称为"公共利益豁免"（public interest immunity）原则。"在诉讼过程中，控方证据可能涉及国家机密、线人、侦察手段等秘密时，法官就要在公共利益与当事人的权利之间进行权衡取舍。"[153] ④辩护方承担不展示证据义务的后果。为确保新的证据展示制度的有效实施，根据 1996 年《刑事诉讼与侦查法》的规定，辩护方如果不承担或者不能较好地承担证据展示义务，将负担一系列消极的法律后果。首先，辩护一方如果不向检察官展示本方辩护陈述和证据，将失去获得检察官向其进行第二次证据展示的机会。而由于初次展示标准的主观性特征，检察官往往将大量对被告人有利的证据纳入第二次展示的范围。其次，法官或陪审团可以因为辩护方没有适当地履行证据展示义务而作出对其不利的推论，但任何被告人均不得因该推论而被认定有罪。

（2）答辩和指导的听审和预先听审。[154] 为了保证法庭审判的质量，英国于 1995 年设置了适用于除严重诈骗案件之外所有案件的"答辩和指导的听审"（plea and directions hearing）程序，在 1996 年的《刑事诉讼与侦查法》中英国又设置了适用于审判持续时间长且复杂的案件的"预先听审"（preparatory hearing）程序，该程序主要由法官在"答辩和指导的听审"程序中决定。

"答辩和指导的听审"程序既是被告人是否认罪的答辩程序，亦是法官了解相关材料以制定审理计划及解决证据可采性等争议事项的程序，是除严重诈骗案件外的所有案件的必经程序。该程序的目的在于督促控辩双方做好庭审的准备工

---

[153] ［英］大卫·斯蓬斯：《英国证据开示流程》，载《人民法院报》2005 年 1 月 24 日，来源于人民法院网，https://www.chinacourt.org/article/detail/2005/01/id/148795.shtml，最后访问日期：2019 年 12 月 2 日。

[154] 摘自施鹏鹏、陈真楠：《刑事庭前会议制度之检讨》，载《江苏社会科学》2014 年第 1 期。

作，使法官做好必要的审判前安排并了解必要的情况。其制度框架包括如下内容：一是程序的参加者。"答辩和指导的听审"程序的参加者包括法官和控辩双方，其中主持听审程序的法官可以是主持法庭审判的法官。二是程序的内容。"答辩和指导的听审"程序中法官会要求控辩双方提交记载以下事项的材料：案件中的问题、传唤出庭的证人人数、所有实物证据或表格、控诉证人出庭作证的顺序、所有可能在法庭审判中出现的法律要点、证据的可采性问题、所有已被开示的证明被告人不在犯罪现场的证据、所有有关通过电视系统或录像带提供认同证言的申请、审判可能持续的时间长度、证人能够出庭作证及控辩双方可以出庭的日期等。三是程序的结果。主持"答辩和指导的听审"程序的法官在了解相关材料之后便可确定法庭审判的日期并作出其他适当的指导。而且主持法官亦可就证据的可采性或者案件涉及的其他法律问题作出裁定，且此种裁定一旦作出便在整个法庭审判程序中具有法律效力，除非主持审判的法官根据控辩双方的请求或者按照司法的利益对此加以撤销或者变更。[155]

"预先听审"程序适用于审判持续时间长且复杂的案件，通常由法官在"答辩和指导的听审"程序进行中决定。其制度内容包括：其一，程序的启动。"预先听审"程序可依职权抑或依申请启动。1996 年英国《刑事诉讼与侦查法》规定刑事法院的法官可以在陪审团宣誓前，根据控辩双方的申请或自行决定举行"预先听审"程序。其二，程序的参加者。"预先听审"程序是由主持法庭审判的法官主持的，控辩双方均须参加。其三，程序的内容。"预先听审"程序主要解决案件中的法律问题。其四，程序的结果。主持"预先听审"程序的法官可就证据的可采性等法律问题作出裁定，且该裁定对随后举行的法庭审判具有法律约束力。[156]

2. 庭审程序[157]

（1）提审程序。提审（arraignment）是法庭审判开始后的第一个阶段。法庭书记官必须将记载有被告人罪状的公诉书在法庭上宣读，然后问被告人作出有罪答辩还是无罪答辩。但是答辩必须对每一罪状逐一进行。如果被告人作出有罪答辩，法庭就不再召集陪审团进行听证和辩论，而是直接进入量刑程序。有罪答辩必须由被告人亲自向法庭作出，不得由其律师代为答辩，在法庭宣告判刑之前，被告人可以撤回有罪答辩，刑事法院一旦作出判决，则不能再撤回有罪答辩。被

---

〔155〕 卞建林、刘玫主编：《外国刑事诉讼法》，中国政法大学出版社 2008 年版，第 38~39 页。

〔156〕 卞建林、刘玫主编：《外国刑事诉讼法》，中国政法大学出版社 2008 年版，第 39 页。

〔157〕 参见卞建林、刘玫主编：《外国刑事诉讼法》，中国政法大学出版社 2008 年版，第 39~42 页。

告人作了有罪答辩，法官往往会从轻判处刑罚。如果被告人作出无罪答辩，法庭审判就进入下一个阶段。法庭应立即召集陪审团按照正式起诉程序继续进行审判。被告人如果保持沉默不作答辩或者不直接答复问题，法庭均以无罪答辩记录在案，审判继续进行。除了上述两种答辩以外，被告人还可以提出其他答辩方式，如对管辖权异议的答辩、法律上无罪的答辩、特赦答辩、一事不再理答辩以及不适于答辩和受审的答辩等。

（2）遴选陪审员程序。在被告人作出无罪答辩的情况下，要经过抽签和要求回避等程序组成陪审团。陪审团必须宣誓，保证会根据他们所听到的证据作出真实的裁决，然后进入陪审席。刑事法院在对可诉罪案件进行第一审审判时必须召集陪审团。庭审中由一名合格的法官主持庭审，对审判过程中出现的诸如证据是否可采、被告人权利是否保证等法律问题作出裁决；陪审团的职责则在于参加庭审、听取证据、进行评议，然后就诉讼中的事实问题——被告人是否有罪作出裁断，法官只能在陪审团作出有罪裁断后才能对被告人的量刑问题进行判决。英国于1988年取消了无因回避制度，只保留了有因回避。根据法律规定，在12名陪审员遴选出来之前，法庭通常会举行一种对候选陪审员的审查程序，届时控辩双方都可以向法官就被召集来的候选人提出申请回避的请求，但必须提供申请回避的理由，如对被告人持有偏见、事先了解案情、与控辩双方中的任何一方有某种关系等，并就此向法官证明。法官有义务对某一被申请回避的候选人是否具备担任陪审员的资格进行调查，并作出是否将某一候选人甚至已经选出的陪审员全部排除于陪审团之外的决定。

（3）控诉方作开头陈述并提出本方证据。召集陪审团完毕之后，法庭审判就进入开头陈述（open speech）阶段。控方的这种陈述包括两部分内容：一是就指控的内容从事实和法律两方面加以解释；二是简要介绍将要提出的控方证据，并向陪审团说明这些证据是如何能够结合起来证明被告人犯有被指控的罪行而且达到排除合理怀疑的程度的。

在开头陈述作出之后，控方律师要按照在审判前确定的顺序依次向法庭提出本方的证据，包括传唤本方的证人、展示本方的物证、宣读本方的书证等。对于由本方传唤出庭的证人，控方律师应当实施主询问（direct-examination），主询问的目的在于将证人所了解的对本方有利的事实尽量全面地展示在法庭上，并尽量使陪审团产生直观、鲜明的印象。主询问中有一项较为重要的规则，即控诉一方不得向证人提出诱导性问题。在控诉方提出每一项证据之后，辩护律师都可以要求法官排除该证据的可采性，使其不出现在陪审团面前。法官应对此申请作出裁断。同时，对于控诉方提出的每一证人，辩护律师可以进行交叉询问，实施交叉询问的目的在于使辩护律师有机会对控方证人证言的可信性进行质疑，使该证人吐露在主询问中未陈述的对被告人有利的事实，或者使其作出与其在主询问中所作证言相矛盾的新证言，从而达到使陪审团对该证人的可信性及证言的可靠性持否定或怀疑态度的目的。辩护律师在交叉询问中必须遵守以下规则：①询问的最终目的在于维护委托人的最大利益，因此询问不得使陪审团产生对被告人不利的印象；②不得作出使证人的名誉或尊严受到损害的陈述或提出这种问题；③不得对其有机会进行交叉询问的证人进行指责；④不得向法庭发布有关某一证人犯有罪行、行为不端等意见，等等。

在控诉方提出证据、辩护方对其证据进行反驳完毕之后，控方律师通常会说："这就是控诉一方所有的指控和证据。"随后，根据案件的情况，辩护律师可以向法庭提出"无辩可答"（no case to answer）的申请。也就是说，辩护律师认为控诉方的证据根本就达不到证明被告人有罪的程度，辩护律师不再出示证据，直接请求法官裁决案件不成立。法官如果认为辩护律师的申请可以接受，他就可以指导陪审团作出被告人无罪的裁断，从而结束法庭审判；如果法官认为情况相反，他可以驳回辩护律师的申请，继续接下来的程序。

（4）辩护方作出陈述并提出证据。在英国的刑事审判过程中，控辩双方在提出证据、询问证人等方面有平等的权利和机会。具体来讲，如果辩护方准备提出被告人以外的证人或其他证据时，辩护律师有权进行开头陈述。如果辩护方只有被告人作证，或者只提品格证人，则辩护律师无此权利。在辩护律师进行开头陈述的情况下，他要向陪审团简要陈述本方辩护的内容和所提出的证据要证明的事实情况，也可以对控方所提的证据进行批评。

在口头陈述之后，辩护律师可以依次向法庭提出本方证据，传唤本方证人。被告人作证要在其他证人之前。辩护律师可以对本方证人实施主询问，控方律师也可以对这些证人逐一进行交叉询问。无论是对控诉方还是辩护方的证人，实施主询问和交叉询问的规则都是相同的。

（5）终结陈述程序。在所有证据都出示完毕之后，控辩双方都要向陪审团作终结陈述，以使他们相信本方的诉讼主张。具体的程序是：控方律师首先作终结陈述，向陪审团总结本方提出的证据及其所能证明的事实，并对辩护方证据的不可信性作出评论。随后由辩护方作终结陈述，对本方的辩护证据和所要证明的事实进行总结，说明控诉方的证据尚不足以证明被告人有罪。双方的这些陈述不是证据，而是供陪审团参考的意见和主张。双方都不能无中生有地编造事实，凭空无据地得出结论，而必须把自己的陈述严格限定在已经提出的证据的范围之内。被告人或其辩护律师有作最后陈述的权利。

（6）法官的总结和提示程序。主持庭审的法官要用易为陪审员理解的语言，向陪审团作总结提示。其内容包括：①陪审团和法官各自的职责；②各种争议问题的举证责任；③解释被指控的犯罪，以及检察官需要证明的所有事项；④对于被告人为两个以上的案件，要求陪审团分别考虑他们各自的罪行是否得到令人满意的证明；⑤向陪审团总结法庭审判过程中提出的证据并对它们进行评论；等等。

（7）陪审团的评议、裁断程序。法官作出总结性提示之后，陪审团退出法庭进入专门的评议室进行评议。评议秘密进行，陪审员不得将评议情况向外界泄露，新闻界或出版界也不得试图了解或者透露评议的情况。根据1974年《陪审团法》的规定，陪审团在对被告人是否有罪进行评议2个小时以后必须作出意见一致的裁断；届时如果没能达成一致意见，法官可以延长2个小时让陪审团继续进行评议；如果这时仍不能达成一致意见，法官可以要求陪审团作出多数裁断，但多数意见的持有者不得少于10人；如果这种多数裁断也不能作出，法官就可以解散该陪审团，另外组成新的陪审团重新审判。

陪审团的裁断一经作出，法庭即可重新开庭，法官首先问陪审团团长是否达成了一致或者法定的多数裁断，陪审团团长作出肯定的回答后，即将评议结果交法官宣布。如果陪审团作出的是有罪裁断，就开始进行法官的量刑程序。

探索庭审证明实质化是诉讼制度改革重中之重

施鹏鹏

"以审判为中心"的诉讼制度改革确立了刑事庭审在证据审查及事实认定中的核心地位，也对刑事庭审的实质化提出了更高的要求。近些年来，从各地审判实践所反馈的情况看，庭审虚化是较为多见的现象。因此，探索庭审证明的实质化是贯彻落实"以审判为中心"诉讼制度改革的重中之重，也是实现庭审实质化的核心所在。

至于如何实现庭审证明的实质化，理论界及实务界已有较多共识，这集中体现在《中共中央关于全面推进依法治国若干重大问题的决定》（以下简称《决定》）关于推进严格司法的若干要求，"全面贯彻证据裁判规则，严格依法收集、固定、保存、审查、运用证据，完善证人、鉴定人出庭制度，保证庭审在查明事实、认定证据、保护诉权、公正裁判中发挥决定性作用。"但在具体的改革理念和制度构建上，主流的学术观点还是较为青睐对抗式诉讼的证明机制，希望通过确立庭审证明模式的转型，从根本上改变中国刑事辩护较为羸弱、刑事庭审走过场的窘境，应当说，这一观点具有相当的合理性。事实上，从法国大革命至近代，欧陆法系多数职权主义国家均从英美法系当事人主义的对抗式诉讼借鉴经验，借以弥补职权主义刑事诉讼的自身缺陷，并取得了较好的效果，有比较法的学者也称这种改良版的职权主义为"新职权主义"。"新职权主义"与"当事人主义"在证明机制上存在诸多共性，也还存在诸多差别，有些差别反映了职权主义国家在实质真实探求上的核心追求，这与中国的刑事诉讼传统较具契合之处。因此，笔者以为，除当事人主义模式外，探索"新职权主义"背景下庭审证明实质化的实现方式是一个不可忽视的重要选项。

"新职权主义"在证人出庭、鉴定人出庭、侦查人员出庭等核心问题上与当事人主义并无核心区别，这也是中国刑事证明机制改革的方向。在证人出庭问题上，大陆法系国家普遍奉行"直接言词原则"。《欧洲人权公约》第 6 条第 4 项明确规定，被告人"有权询问不利于他的证人，并在与不利于他的证人具有相同的条件下，让有利于他的证人出庭接受询问"。故无论是作为普通公民的证人，还是享有侦查权的警察，均应出庭接受询问，鲜有例外。欧陆主流学说认为，唯有当面听取证人供述，并保障被告人的对质权，裁判者的心证方具有亲历性和真实性，这是确保实质真实的重要机制。可见，无论是当事人主义，还是"新职权主义"，证人（包括侦查人员）出庭均是保证庭审证明实质化的根本前提。完善证人出庭制度是未来改革的方向，也是《决定》所确立的重大改革事项。在鉴定人问题上，大陆法系国家的做法略有不同，"法官有权决定启动鉴定、遴选鉴定人并尽可能精确地确定鉴定人的职责"，当事人仅具有申请权。但只要控辩双方对鉴定意见存有异议，鉴定人均应出庭接受质证，控辩双方均有权申请重新鉴定。被告人及其辩护律师可聘请具有专门知识的辅助人参与质证。这与中国时下所倡导并推行的鉴定制度改革亦有契合之处。

"新职权主义"在非法证据排除问题上设立了较严格的标准，这也值得中国学习借鉴。取证行为侵害被告人基本权利的，构成程序无效，所取得的证据材料将在卷宗中予以剔除。例如《法国刑事诉讼法典》第 171 条规定，"违反本法典或其他刑事诉讼条款所规定的实质程序，损及所涉当事人利益的，构成程序无效。"《意大利刑事诉讼法典》第 191 条规定，"违反法律禁令所获得的证据不可用。证据不可用的请求，可在诉讼的任何阶段或任何层级依职权提出。"近些年来，非法证据排除在中国引发了极大的关注，非法取证行为的证明、侦查人员出庭作证、瑕疵证据与非法证据的界限等均应有更周密的立法以及更严厉的制裁机制。从根本意义上讲，庭审证明实质化的落实、证据裁判原则的贯彻等还有赖于非法证据排除机制的有效确立。

"新职权主义"构建了以自由心证为核心的刑事证明体系。自由心证是探索事实真相的直觉感知模式，指法官通过证据自由评价实现从客观确信至判决责任伦理的跨越。自由心证以"证据自由"及"证据自由评价"为前提。所谓"证据自由"，指在刑事诉讼中，法律及判例原则上不对证据形式作特别要求，犯罪事实可通过各种形式的证据予以证明；而"证据自由评价"，则指法官通过理性推理对各种证据形式的证明力进行评断，以为判决提供客观依据。三者关系紧密，具有共生性，构成了自由心证的制度体系。中国时下的刑事证明制度带有自由心证的些许印记，但更强调客观印证。在司法实践中，刑事法官往往倾向于客观证明及直接证明，而忽视了裁判过程中的经验理性与推理法则。

但"新职权主义"与"当事人主义"存在两个较为根本的分歧，也是时下中国庭审证明实质化改革较具争议的问题：一是法官的庭外调查权。"新职权主义"

普遍承认法官的庭外调查权，这与中国类似，但与当事人主义有着质的区别，例如《德国刑事诉讼法典》第 244 条第 2 款规定："为查清真相，法院依职权应当将证据调查涵盖所有对裁判具有意义的事实和证据材料。"《法国刑事诉讼法典》第 310 条第 1 款规定："审判长享有自由裁量权，可以凭借自己的荣誉和良心，采取自己认为有助于查明真相的任何措施。"第 463 条规定："如果有必要进行补充侦查，则法庭可以通过判决，委托一名法官行使刑事诉讼法典第 151~155 条所规定的委托调查权。""新职权主义"之所以承认法官的庭外调查权，源自于其追求实质真实的理念，这与中国极为类似。学说同样认为，法官庭外调查所获得的证据，需要接受控辩双方的质证，如此便符合"公正程序"的要求，欧洲人权法院对此也予以认同。中国时下有一种学说，认为法官的庭外调查权违反了庭审中立原则，对辩方不利。这种论断是存在问题的，因为法官的庭外调查应以实质真实为导向，而非以控方利益为导向。比较法研究表明，在"新职权主义"国家，法官的庭外调查有相当大的比例对辩方有利。二是法官在庭审调查中的主动权。在"新职权主义"国家，法官主导庭审，审判长负责对证人、鉴定人和被告人进行发问，控辩双方经审判长同意也可向相关人员发问。这是因为在"新职权主义"国家，案件并不区分"控方案件"与"辩方案件"，所有的证据均属于法庭的证据，因此不存在所谓的"交叉询问"制度。美国证据法学家威格摩尔认为，"交叉询问是发现事实真相的最有效的装置。"这一论断或许在对抗式诉讼下具有正当依据，但在职权主义的背景下恐面临制度背景的兼容性问题。值得注意的是，欧陆国家的新近改革允许控辩双方在庭审中有更自由的发言机会，但仍应受审判长指挥。故中国与"新职权主义"国家类似，是否引入"交叉询问"制度，似乎应作进一步探讨。

当然，中国刑事证明的实质化探索已迈出了坚实的一步。最高人民法院常务副院长沈德咏在"庭审实质化的六项具体改革措施"中尤其强调了证人、鉴定人出庭作证制度以及法律援助制度。但刑事证明的实质化是一项系统的过程，需要长时间的摸索与锤炼，或许可以尝试各种不同的实验模式，让实践来作出最适合中国刑事司法传统与现状的选择。

庭审实质化改革的核心争议及后续完善
——主要以"三项规程"及其适用报告为分析对象*

施鹏鹏

引 言

"以审判为中心"的诉讼制度改革确立了刑事庭审在证据审查及事实认定中的核心地位，也对刑事庭审的实质化提出了更高的要求。近些年来，从各地审判实践所反馈的情况看，庭审虚化是较为严重的现象，证人出庭率极低，被告方的辩护权及质证权受到一定程度的减损，实质真实的诉讼价值观也因此受到了不小的冲击。正是在此一背景下，2017年2月27日，最高人民法院党组副书记、常务副院长沈德咏在四川省成都市中级人民法院调研时提出，"全面推进以审判为中心的刑事诉讼制度改革，切实维护司法公正，要立足国情实际，尊重司法规律，兼顾惩罚犯罪与保障人权，确保证据裁判、非法证据排除、疑罪从无、程序公正等法律原则落到实处……加快制定庭前会议规程、非法证据排除规程和法庭审理规程，通过这三项制度的构建和实施，积极推进庭审实质化、司法证明实质化和控辩对抗实质化，充分发挥庭审在查明事实、认定证据、保护诉权、公正裁判中的决定性作用。"2017年6月6日，最高人民法院研究制定了深化庭审实质化改革的"三项规程"[1]，并下发《在全国部分法院开展"三项规程"试点的通知》，确定18个中级人民法院及其所辖的部分基层人民法院为试点法院，于6—8月期间为每项规程各选取10件以上（一审）案例进行试点。总体而论，各试点单位在"三项规程"的试行过程中既提炼出一定的成功经验，也发现了不少的问题，

---

　　* 本文系笔者在最高人民法院刑三庭访修学者报告的一部分，感谢最高法刑三庭戴长林庭长、刘静坤法官为访修所提供的便利条件。我的博士研究生周山及硕士研究生应雪、邢冬妮参与了部分报告的资料整理以及观点讨论，有不少观点是共同商讨的结果，也向他们的辛勤付出表示感谢。当然文责自负，文中所出现的观点偏颇及其他问题，由本人负责。
　　〔1〕 即《人民法院办理刑事案件庭前会议规程（试行）》（以下简称《庭前会议规程》）、《人民法院办理刑事案件第一审普通程序法庭调查规程（试行）》（以下简称《法庭调查规程》）和《人民法院办理刑事案件排除非法证据规程（试行）》（以下简称《排除非法证据规程》），下文统称为"三项规程"。

许多经验与问题均具有共通之处，这是我们进一步探索庭审实质化的极佳素材。

一、"三项规程"的适用情况简介

自试点文件下发后，各试点单位积极践行，并总结了"三项规程"在实践中所取得的成效及面临的问题，可简要总结如下：[2]

（一）《庭前会议规程》的适用情况

多数试点法院在庭前会议解决事项、适用范围、证据展示等主要问题上达成普遍共识，严格按照庭前会议规程的相关规定进行实践操作。具体来说，庭前会议是为解决程序性事项，组织控辩双方展示证据，归纳控辩双方争议焦点等；庭前会议的适用范围限于案件证据材料较多、案情疑难复杂、社会影响重大或控辩双方存有较大争议、涉及非法证据排除等情形；展示证据仅展示证据目录，不应展示证据的主要内容。而在庭前会议主持人这一问题上，多数试点法院的做法是原则上由承办法官主持，部分案件也可以由法官助理主持，还存在由审判长主持庭前会议的情况。为确保被告人在庭前会议中获得有效辩护，不少法院都为未委托辩护人的被告人指派法律援助律师，保证每名被告人均有律师为其提供辩护。此外，在庭前会议的召开地点、采用视频会议的方式等技术性问题上和庭前会议与庭审的衔接工作、被告人参与庭前会议、庭前会议报告的制作等程序性问题上，试点法院也进行了积极的探索实践，取得了成效。通过召开庭前会议，各试点法院均普遍反映良好，庭前会议处理了大量可能导致庭审中断、拖延和影响庭审质效的突出问题，确保庭审集中进行，极大地提高了庭审效率。

不少试点法院在试点实践中也发现了很多比较突出的问题，亟待进一步解决。例如，对于法官助理主持庭前会议，有些试点法院反映法官助理对控辩双方的争议焦点归纳不准确以及应对庭前会议的突发情况能力不足，因此建议庭前会议应由法官主持，但有的法院建议应当由承办法官主持，有的法院则认为应当由主审法官主持更为适当。再如，有些试点法院反映被告人参加庭前会议困难，大部分案件被告人并未参加庭前会议。对于此问题，不可一概而论，法院应根据案件具体情况以决定是否通知被告人参加庭前会议。这里还存在在多名被告人参加庭前会议的情况下，为防止串供应采取必要措施的规定不明确的问题。另外，庭前会议中的回避申请，辩护人在庭前会议不愿发表对证据的意见、退赔赃款赃物能否作为程序性事项处理等问题值得进一步深化探讨。

---

〔2〕 以下分析参见18个试点中级人民法院关于"三项规程"试点工作的总结报告。

（二）《法庭调查规程》的适用情况

试点法院对《法庭调查规程》的试点成效可以总结为以下几个主要方面：①庭前会议与庭审的有效衔接。对于召开庭前会议的案件，法庭调查开始前应当宣读庭前会议报告主要内容，通过庭审确认庭前会议达成一致的事项，对于控辩双方争议的事实和证据，在庭审中重点进行法庭调查。②证人、侦查人员、鉴定人等出庭作证，有效推进庭审实质化。确保证人等人员出庭作证是各试点法院着力开展的试点工作，具体做法如下：一是明确应当出庭作证的人员的范围；二是明确出庭作证程序；三是采取强制到庭措施，促使证人出庭作证，对于无正当理由拒不出庭的关键证人，院长签发强制出庭令，并由公安机关协助执行；四是完善证人保护制度，采用隐蔽作证室等措施保护个人信息；五是通过经济补助等方式促进出庭作证；六是完善对出庭作证人员的发问规则；等等。不少法院都反映证人、鉴定人、侦查人员等出庭作证状况较以往有了较大改善，出庭率较高。证人等出庭作证，接受控辩双方质询和法官调查，有效贯彻了直接言词原则，对于案件事实的查明具有重大意义。③规范证据举证、质证程序，尤其是对关键证据和控辩双方存在争议的证据单独举证、质证和重点审理，对控辩双方无异议的非关键证据简化审理，确保庭审的实质对抗和集中高效。④提升法官的庭审驾驭能力和综合审判素质。法官通过充分听取控辩双方意见，当庭审查判断事实证据争议，并须当庭说明理由或裁判文书说理，考验法官的综合能力。这种高要求确保法庭对举证质证、控辩对抗和依法裁判等庭审活动的实质化处理，有效祛除庭审虚化的弊病。各试点法院均积极试点法庭调查规程，坚持贯彻证据裁判原则，严格规范法庭调查程序，确保庭审在事实查明、认定证据、保护诉权、公正裁判中的决定性作用。

《法庭调查规程》试点也反映出一些问题：其一，证人、鉴定人、侦查人员等出庭作证难的问题仍较突出。由于理念和客观条件的限制，证人出庭的安全保障和物质保障等措施仍不能很好解决证人不愿出庭的问题；出庭作证人员多为公诉方申请或法院通知，被告人及其辩护人申请的相对较少；控方协助通知有关人员到庭积极性不高；强制出庭存在一定的难度。其二，侦查人员在庭审中接受询问的内容和限度具有较大争议，尤其是被告人是否具有对侦查人员的发问权值得进一步探讨，这也直接影响到侦查人员出庭的积极性。其三，当庭认证考验法官当庭说理的能力，比如对不采纳的证据如何准确说明理由，这是实践中的难点。当庭宣判的案件很少，当庭宣判率低。除此之外，试点实践中还存在滥用质证权、异议权，当庭证言与庭前证言不一致时如何采信，相对独立的定罪和量刑程序难以操作等问题。

（三）《排除非法证据规程》的适用情况

对于非法证据排除，试点法院取得的成效可以从以下几个宏观方面来分析：①充分发挥党领导下的协调配合优势。各试点法院为了使"三项规程"能有效落到实处，首先是争取当地党委和政法委的支持，积极做好与公安机关、检察机关、司法行政机关的沟通、交流与协调工作，联合制定有关文件，争取在相关制度上得到检察机关、公安机关更多的理解与支持。②充分发挥非法证据排除规则的倒逼效能。《排除非法证据规程》的试点运行表明，人民法院在审判中严格贯彻证据裁判原则，严格实行非法证据排除规则，不再将非法证据作为裁判的根据，必将倒逼检察机关对有非法证据之嫌的存疑案件不批捕、不起诉，进而倒逼侦查机关摒弃那些非法取证方法，转而逐渐严格依照法定程序收集证据，从而从源头上遏制非法取证及冤假错案的发生。③充分尊重和保障被告人的辩护权。非法证据排除，针对的是证据收集的合法性问题，是一项专业性很强的工作。如果没有辩护律师的帮助，被告人将很难应对"排非"。试点法院在"排非"中，充分尊重和保障被告人的辩护权，遇有被告人没有辩护人的情况，均通知法律援助机构指派律师为被告人提供辩护，取得了很好的效果。④切实履行"排非"申请权的释明和告知义务。试点法院切实履行《排除非法证据规程》规定的告知义务，积极落实主动告知机制，在送达起诉书副本笔录上增加询问被告人是否提出非法证据排除申请栏，告知被告人享有申请权，或者是送达单独的申请排除非法证据告知书。而且，对于被告人及其辩护人未提供相关线索或者材料的，或者提供的线索或者材料不符合要求的，法院再告知其补充提交。

非法证据排除是实践中的难题，试点法院反映的问题也异常突出：①非法证据的界定仍需明确。例如，如何对待采取"引诱""欺骗"的非法方法收集的口供？在实践中，被告人及其辩护人在"排非"程序中总是会将侦查机关采取"引诱""欺骗"收集的证据列入"非法证据"的清单，要求法院予以排除。这无疑是给审判人员出了一道难题，使得法官常常左右为难。再如，侦查机关未在法定羁押场所讯问、未全程录音录像而取得的口供是否要排除。这是摆在法官面前的又一道难题，是否排除，实践中做法不一，全凭法官的裁量。又如，实践中排除物证、书证很难，其主要原因是：其一，何谓"可能严重影响司法公正"？这对法官提出了很高的要求，需要法官具备极高的素养。这也是试点法院"排非"时反应比较强烈的一个问题。其二，法官认为物证、书证客观性、稳定性强，而且具有极高的证明力，一旦排除将直接影响案件的认定，不利于惩治犯罪，造成很多法官"不敢""不愿"，甚至"不知"要排除实物证据的现实。②侦查人员出庭作证遇到的难题：其一，出庭的侦查人员的身份不明确，是否需要像证人一样告知其如实作证的义务？实践中，有的法院要求，而有的则不要求。其二，试点法院反映，侦查人员是否接受被告人及其辩护人的质问，仍然是一难题。③不少法院反映，"对被告人申请'排非'所要提供的线索、材料，不能要求过高。"实践中，由于被告人及其辩护人无法提供一定的线索和材料，从而无法启动"排非"程序，即使启动了，也依然是难以认定"非法证据"的存在，就更别提排除了。④不少试点法院对证据合法性的"当庭裁决原则"提出了异议，建议"不要求合议庭当庭作出决定，可在庭后的合议或审委会上予以充分讨论再作出决定；或放宽时间限制，由合议庭根据案件需要灵活处理，也可以在判决中对是否排除有关证据作出评判"。

总体而言，成绩是最主要的，足见"三项规程"已取得阶段性的效果。但我们依然看到，当下的庭审实质化改革进程中面临着一些核心争议亟待厘清，有些争议可能让规程的解读出现模糊之处，导致实务操作有所偏差，有些争议还可能突破既有的法律框架，与刑事诉讼的基本法理相悖。直面这些核心争议，是继续深化庭审实质化改革的关键所在。

二、庭前会议的核心争议及厘清

庭前会议是 2012 年修订《中华人民共和国刑事诉讼法》（以下简称《刑事诉讼法》）后所创设的程序机制，指当事人双方在法官的主持下为案件审理及顺利庭审进行准备性工作的程序，主要内容包括证据开示、提出非法证据排除请求、争点整理、程序分流、调解与和解等。庭前会议的核心功能是保障庭审实体发现功能的纯粹化，避免因程序性事项或证据突袭等干扰法庭的集中审理，导致庭审拖沓冗长，也有利于提高合议庭的专注度及保证审判质量。[3]依《刑事诉讼法》所设定的基本框架及法理，庭前会议仅解决程序性事项，不得涉及实体问题，实体问题仅得在庭审中解决。如果在庭前会议中即讨论与被告人的定罪、量刑密切相关的实质性问题，那么可以说庭前会议超越了自身应有的功能定位，属功能"溢出"，其后果是架空法庭审判程序，损害被告人的实质审判权。[4]当然程序性事项可能涉及实体问题的，也不得在庭前会议提出，而须在庭审中解决，这是此次《庭前会议规程》在试行过程中各单位所普遍面临的核心争议问题，也是解决

---

〔3〕 施鹏鹏、陈真楠：《刑事庭前会议制度之检讨》，载《江苏社会科学》2014 年第 1 期。

〔4〕 魏晓娜：《庭前会议制度之功能"缺省"与"溢出"——以审判为中心的考察》，载《苏州大学学报（哲学社会科学版）》2016 年第 1 期。

其他许多问题的关键所在。

例如回避问题。有一些试点单位提出，人民陪审员应否出席庭前会议？《庭前会议规程》第9条列出审判人员需要向控辩双方了解"是否申请有关人员回避"，同时对于可以申请何人回避，最高人民法院《关于适用〈中华人民共和国刑事诉讼法〉的解释》第二章第32条对此作出规定，"本章所称的审判人员，包括人民法院院长、副院长、审判委员会委员、庭长、副庭长、审判员、助理审判员和人民陪审员。"但是，《庭前会议规程》第3条并未要求人民陪审员到场，那么在人民陪审员未出席庭前会议的情况下，庭前会议如何询问控辩双方是否申请对人民陪审员的回避？控辩双方申请主持会议的合议庭组成人员、法官助理、书记员申请回避，在未作出回避决定的情况下，上述人员能否继续主持或者参与庭前会议？庭前会议是否还应当继续进行？回答这些问题的核心关键便在于庭前会议本身仅涉及回避的申请，而至于是否决定回避，应当在庭审中解决，因为回避事由中有部分涉及实体问题（如与案件存在利害关系）。因此，如果回避对象涉及主持会议的合议庭组成人员、法官助理、书记员等，并不需要也不能在庭前会议予以解决，而仅得在开庭后依《刑事诉讼法》的相关规定予以处理。需要特别指出的是，庭前会议也不可能解决所有的程序性事项，有些事项仅得在庭审中处理。至于人民陪审员的回避问题，基本的法理逻辑亦类似。人民陪审员的核心机理便是随机遴选，故不可能在庭前会议中便透露名单。庭审中如果出现人民陪审员应回避的，可由候补陪审员取而代之，亦应遵循《刑事诉讼法》关于回避的相关规定，也无法在庭前会议中解决。

又如非法证据排除问题。《庭前会议规程》第2条第3款规定："被告人及其辩护人在开庭审理前申请排除非法证据，并依照法律规定提供相关线索或者材料的，人民法院应当召开庭前会议。"但不少试点单位提出，如果辩方提供的非法证据较少，或者辩方提交的非法取证的线索或者材料不符合"相关性"的标准，此时法院召开庭前会议还能否起到听取各方对"影响庭审集中持续进行的相关问题"的意见，归纳争议焦点，解决程序性事项的功能？对于这一争议，还应明确的是，庭前会议仅涉及提出非法证据排除的申请，以便合议庭安排侦查人员出庭作证，而不涉及非法证据排除的实质处理，因为非法证据排除不仅仅是程序性事项，还涉及被告人的实体权利以及后续可能的事实认定。故如果辩方无法提供足够多的线索或材料，自不应以此为由召开庭前会议，但如果辩方提出足够多的线索或材料，不应允许控方撤回，因为非法证据排除还涉及对控方不当行为的否定性评价，显然不宜秘密解决，而应面向公众，接受社会舆论的监督。

再如证据开示的程度问题。司法实践中，不少辩护人不愿意展示证据，担心控方干预相关证人作证，这是非常现实的问题。从国外立法例看，证据开示后，控方不得私自接触辩方证人，否则将涉嫌妨碍司法公正，对此中国应予以借鉴，以避免庭前会议的功能异化。此外，从既有的实证材料看，也有些试点法院在证据开示过程中要求辩护人完整地出示证据，并征求控辩双方的意见，这显然与庭前会议不解决实体问题的基本定位相悖，即所有与实体问题相关的质证均应在庭审中进行。

最后则是庭前会议报告的效力问题。《庭前会议规程》第 24 条第 2 款规定："控辩双方在庭前会议中就有关事项达成一致意见，又在庭审中提出异议的，除有正当理由外，法庭一般不再对有关事项进行处理。"这意味着庭前会议报告具有程序约束力，这与其解决程序性问题的功能定位相一致。因此，如果控辩双方对程序性事项达成一致意见，又在庭审中反悔的，一般不再处理；但如果涉及实体性问题，比如调解协议，则仅得在后续的庭审中解决，因为庭前会议报告并不存在实体约束力。

三、法庭调查的核心争议及厘清

法庭调查是法庭审判的中心环节，此次《法庭调查规程》面临的核心争议主要涉及质证权的保障问题。所谓质证，是指控辩一方对另一方或法院依职权收集证据的属性及证明过程进行质疑，从而影响事实认定者对案件事实内心确信的一种证明活动。在此一关键事实、争议证据最密集的阶段，如何进行有效质证，对发现真相、解决庭审虚化问题至关重要。而要实现有效质证，首要条件则是保障被告人的质证权。作为辩护权的核心内容，质证权是指刑事被告人出席法庭审判，对控方出示的证据进行质疑、询问、反驳，它是刑事被告人的一项基本权利。这在各主要人权公约及程序性文件中均有体现。例如《欧洲人权公约》将质证权作为实现公正审判的最低限度的保证。《欧洲人权公约》第 6 条第 3 款规定："凡受刑事罪指控者具有下列最低限度的权利：……④询问不利于他的证人，并在与不利于他的证人具有相同的条件下，让有利于他的证人出庭接受询问……"因此，保障被告人的质证权，既是查明案件事实的必然要求，也是程序公正价值的应有之义。而证人（包括侦查人员）出庭无疑是确保被告人质证权有效实现的重要前提，也是帮助法官准确认定案件事实、作出正确判决的重要依据。

从《法庭调查规程》的试行情况看，几乎所有的试点单位均反映证人（包括侦查人员）不出庭或难以出庭，这也是此前中国庭审虚化现象的核心原因之一。如果证人证言绝大部分以书面形式出现，被告人便无法与证人进行"面对面"的辩论，难以实现有效的质证和对抗。这不仅严重损害了被告人的质证权，也在很大程度上阻滞法官准确认定事实，导致庭审的证明功能大大减弱，案件审理流于形式。在证人（包括侦查人员）出庭作证的问题上，无论是职权主义国家，还是当事人主义国家，基本立场是一致的，即以出庭为原则，不出庭为例外。任何公民均有出庭作证的义务，否则将可能受到不利的法律制裁。我国秉承大陆法系诉讼传统，一直将直接言词原则作为刑事审判的基本原则，该原则也是质证权的核心内容。它强调法官必须通过亲自知觉、察言观色来获得对本案待证事实的"直接印象"，不允许依据侦查案卷而作决定；法官只能依据开庭审理时的口头陈述和证言进行事实认定，对侦查案卷记载的内容，原则上不允许作为法院判决的基础。直接言词原则的目的在于使法官的心证建立在其亲历事实与证据调查之上，限制侦查卷宗等书面证据材料的大量使用，切实地保障被告人的质证权和辩护权，保障法官认证的准确性，实现实质真实。因而《关于推进以审判为中心的刑事诉讼制度改革的意见》特别强调了"完善证人、鉴定人出庭制度，保证庭审在查明事实、认定证据、保护诉权、公正裁判中发挥决定性作用"。因此，笔者认为，解决证人（包括侦查人员）出庭难是全面落实贯彻《法庭调查规程》的重要前提，可考虑如下举措：①将证人出庭率作为重要考核指标，保证被告方的质证权；②严格贯彻直接言词原则，严格限制书面材料在庭审中的适用；③强化公民的出庭作证义务，可仿效发达国家将其作为法定义务；④尽可能限制证人不出庭的例外情况。

《法庭调查规程》的另一个重大争议便是庭审技术的改革问题。有一些学者及实务人员主张应引入英美法系的交叉询问技术，进行中国化改造，赋予刑事辩护律师更大的自由空间，尤其是保证辩方的质证权。[5] 应当说，学者所提出的问题确实存在，甚至比较严重，但能不能通过引入交叉询问制度予以解决，这本身值得探讨。[6] 尤其是中国也奉行审问制传统，法官主导着庭审的进程，在这一背景下如何实现与交叉询问技术较为有效的兼容，这亦值得关注。依拙见，交叉询问技术并非万能钥匙，解决不了中国庭审实质化的各项问题。事实上，奉行审问制的职权主义国家并不存在诸如中国庭审虚化的各种怪象。究其根本原因，独特的诉讼权力构造是导致中国控、辩不平衡及刑辩力量较羸弱的症结所在，也是在一定程度上妨碍法官进行中立、独立裁判的根本原因。"公、检、法三机关在刑

---

〔5〕 例如易延友：《证人出庭与刑事被告人对质权的保障》，载《中国社会科学》2010 年第 2 期；《"眼球对眼球的权利"——对质权制度比较研究》，载《比较法研究》2010 年第 1 期。顾永忠：《以审判为中心背景下的刑事辩护突出问题研究》，载《中国法学》2016 年第 2 期。

〔6〕 施鹏鹏：《探索庭审证明实质化是诉讼制度改革重中之重》，载《人民法院报》2017 年 6 月 12 日，第 2 版。

事诉讼中分工负责，互相配合、互相制约"的司法结构要求法院与侦查、起诉机关即控方当事人讲"配合"，损害了司法的独立性和中立性；……仅有国家权力互动，忽略了涉案公民的主体地位以及辩护人的能动作用，损害诉讼平等，消解诉讼构造。〔7〕可见，交叉询问无力解决诉讼权力构造问题，也不可能在根本上促成中国庭审的实质化。且引入交叉询问，还面临着学理及技术两个层面的症结：一方面，在学理层面，中国与欧陆传统职权主义国家相同，裁判事实由国家垄断，无法区分所谓的"控方案件"和"辩方案件"，也无从确定主询问与反询问的顺序与主体。且追求实质真实依然是中国刑事诉讼的核心价值所在，在此一目标统摄下不可能禁止法官的依职权询问。〔8〕法官的心证还主要以证实为导向，难以与英美法系的"证伪"进行融合。另一方面，在技术层面，交叉询问要求在庭前确立双方的证据开示，制定非常详细的交叉询问规则（尤其是诱导性询问规则），这与中国时下的庭审规则存在较明显的冲突。尤值一提的是，交叉询问规则的引入将对控、辩、审三方提出全新的挑战，包括询问策略、证据规则乃至法庭仪式等，而这些挑战并非可简单对应于司法能力，而更多涉及法外的社会经验。事实上，一位擅长询问策略，可准确把握证人性格、职业、爱好、意识偏好、政治信仰的律师，在交叉询问中未必可助益于发现真相，有可能仅是利用了证人的疏忽或者表达不当而扭曲了事实。这对于中国的刑事诉讼而言究竟是幸事，还是灾难，恐怕还需审慎定夺。况且交叉询问还将大幅降低诉讼效率，提高司法成本，加重法庭的审判负担。因此，笔者以为，与其花时间引入华而不实且与现有制度格格不入的交叉询问制度，不如正视时下的诉讼权力结构问题，彻底改变侦、控、辩、审各方在刑事诉讼中的合理定位及权力设定，这才是解决庭审虚化、促进审判中心的根本之道。当然，中国时下的审问制也不能说全无问题，未来应给控辩双方预留更大的发挥空间，强化控辩平衡和诉讼对抗，这也符合职权主义代表性国家的发展潮流。

四、非法证据排除的核心争议及厘清

非法证据排除，历来是刑事司法实践中的焦点问题，是学术界倾注了大量心血予以检讨的问题，也是庭审实质化改革成功与否的重要检验标准。总的来说，非法证据排除规则经历了从无到有、从简单到复杂、从不完整到相对完善的发展历程。尤其是《排除非法证据规程》、《关于办理刑事案件严格排除非法证据若干

---

〔7〕 龙宗智：《"以审判为中心"的改革及其限度》，载《中外法学》2015年第4期。
〔8〕 施鹏鹏：《为职权主义辩护》，载《中国法学》2014年第2期。

问题的规定》（以下简称《严格排除非法证据规定》）的出台，进一步丰富了非法证据排除规则的内容，增强了非法证据排除的可操作性。但从人民法院"排非"的实践来看，非法证据排除规则并没有得到真正有效的落实，很多法官对于非法证据"不知排""不敢排""不愿排"的情况仍然比较严重。对于"排非"实践中暴露出来的问题，需要作出理论上的反思和审慎的对待。

严格实行非法证据排除规则，面临的首要难题便是非法证据的界定仍不清晰，应当作出理论上的反思。其中，争议最大的主要表现在三个方面：其一，如何对待采取"引诱""欺骗"的非法方法收集的口供？《刑事诉讼法》第52条明令禁止采取"引诱""欺骗"的非法方法收集证据，但是对于上述证据的证据能力问题则语焉不详，刻意回避。引诱和欺骗取证，实务中争议最大，而法官基本不排除此类口供。概因有人将引诱与欺骗视为讯问技巧、侦查谋略，有人将二者视为非法方法。这一争议的厘清，关键在于引诱、欺骗所得口供对于口供任意性和真实性影响的大小。欺骗取证，只要没有侵犯被告人的基本权利，没有违背被告人的真实意愿，并且是真实的，法官就不应将其排除。而引诱所得口供的排除与否，主要取决于侦查机关许诺的利益是否超出了法律允许的范围。以法律允许范围内的利益加以引诱取得的口供，能够作为定案的根据。此外还要综合考虑引诱导致被告人作出不真实口供的可能性的大小。如果允诺的利益极易造成不实口供，就有必要排除口供。但是，对欺骗、引诱取证的适度认可并不意味着任何欺骗、引诱所得的口供都可以作为定案的根据。欺骗、引诱应当是有底线的。底线的划定既要顾及正当程序，也要考虑社会道德的可容忍度。其二，如何对待未遵守程序性保障而收集的口供？最典型的便是侦查机关未在法定羁押场所讯问、未全程录音录像而取得的口供是否要排除的问题。是否排除，实践中做法不一，全凭法官的裁量。之所以会出现这种情况，一个重要原因便是司法解释态度上的暧昧。最高人民法院《关于建立健全防范刑事冤假错案工作机制的意见》第8条第2款规定："……除情况紧急必须现场讯问以外，在规定的办案场所外讯问取得的供述，未依法对讯问进行全程录音录像取得的供述，以及不能排除以非法方法取得的供述，应当排除。"实践中，被告人及其辩护人将此规定视为"尚方宝剑"。但《严格排除非法证据规定》《排除非法证据规程》对此类证据是否排除却予以回避。要厘清这一争议，可将上述证据作为"瑕疵证据"，由侦查机关、检察机关进行补正或作出合理解释，并且运用其他证据证明证据的合法性和真实性。如果做到了，则上述口供的证据能力没有疑问，可以作为定案的根据；如果没有做到，则应当排除上述口供。其三，如何对待"毒树果实"？对该类证据的排除与否，争议更大，应当更加审慎对待。根据该原则，侦查人员非法取得的证据为毒树，由该非法证据衍生而来的证据，即为具有毒性的果实，即使该毒果是通过合法方式取得的，也应当排除。在我国司法实践中，如何对待因非法口供这颗毒树而生的毒果——主要是指根据非法口供所得之实物证据——并未形成比较统一的认识。客观而言，一概地承认或者一概地否定"毒树果实"都是有失偏颇的。放眼国际，对待"毒树果实"，各国做法也不尽相同，有可采说、不可采说以及法官裁量说。美国原则上不认可"毒树果实"，但也不是绝对的，发展出了多项例外；而英国则不同，尽管非法口供被排除，但由其产生的其他证据是可以被承认的，只要派生证据非借助于口供而能被充分和令人满意的被证明；德国则依据证据使用禁止的"放射效力"，对"毒树果实"较为严格；法国则采取法官自由裁量说。究竟如何取舍？从权宜出发，短期之内可以认可"毒树果实"的证据能力，这是基于现阶段的国情——转型期中国的社会矛盾仍然突出，犯罪仍呈高发态势，侦查水平相对落后，侦查人员、检察人员及法官的素质依然令人担忧。但从长远考虑，台湾学者林钰雄的分析可资参考，主张通过更为细致的操作标准来解决"毒树果实"。"毒果可不可以吃，应先区分该果中什么毒及中毒多深而定，如果在安全剂量以下，食用无妨，避免因噎废食。"[9]

严格实行非法证据排除规则，应当明确出庭侦查人员的身份和地位，以平息实践中的非议。首先，应当明确的是，为证明证据收集的合法性，侦查人员就是"证人"。《刑事诉讼法》之所以未明确出庭侦查人员的"证人"身份，主要是基于对侦查人员职业尊严的尊重，以及对侦查人员可能产生的心理抵触情绪的顾虑。但回归到侦查人员"出庭说明情况"的本质，那就是为了解决证据收集的合法性争议，因此，在诉讼地位上，侦查人员与其他证人，除了身份的差异外，并没有质的不同。但要注意的是，对不出庭的侦查人员，不宜强制出庭。主要是因为侦查人员出庭仅是为了证明证据收集的合法性，而不是为了查明案件事实。其次，被告人有权向侦查人员发问。基于"身份"的差异，在"排非"程序中很多侦查人员拒绝接受辩护方，尤其是来自被告人的发问。这也使得被告人的对质权无法实现。《排除非法证据规程》第 19 条第 3 项的规定明确了被告人及其辩护人有权向侦查人员发问，这是符合诉讼规律和诉讼原理的。这为被告人及其辩护人向侦查人员发问开启了一扇门。既然国家已然确立以审判为中心的诉讼制度是司法体制改革的主要目标，那么侦查机关、检察机关也应当树立"庭审中心"的观

---

〔9〕 林钰雄：《刑事诉讼法》（上），元照出版有限公司 2010 年版，第 619 页。

念，尊重法院的权威。再次，侦查人员不出庭，一定要有程序性制裁。《排除非法证据规程》第23条第2款规定："经人民法院通知，侦查人员不出庭说明情况，不能排除以非法方法收集证据情形的，对有关证据应当予以排除。"这种程序上的不利后果对于侦查机关、检察机关来说，是能够产生倒逼效果的。客观地说，这一规定与《刑事诉讼法》《严格排除非法证据规定》相比，具有了很大突破。当然，纸面规定上的这一突破能否转化为现实，仍需要实践的验证。而且，对这一规定应当有准确的理解。并不是说只要侦查人员不出庭，就一定意味着证据收集是非法的，如果检察机关能够运用其他证据证明证据收集的合法性，有关证据当然可以采纳。最后，对侦查人员出庭作证的效果，应有足够的耐心。有的试点法院反映"侦查人员出庭基本不起作用"。但是否由此就能否定侦查人员出庭这一举措的成果呢？答案当然是否定的。作为一项确立不久的重大举措，它不可能在短时间内就产生预期的效果。相信随着辩护方质证能力的不断提升，侦查人员出庭作证的效果定会不断提升，庭审的对抗性也将不断增强。

严格实行非法证据排除规则，应当正确理解被告人的初步举证责任。针对"排非"启动难的问题，要求适度减轻被告人举证责任的呼声较高。但客观地讲，在"排非"程序启动时，要求被告人承担初步的举证责任是合理的：被告人申请"排非"，总是会竭尽所能提供"相关线索或者材料"，以求"非法证据"能得以排除，从而在定罪量刑上实现自己利益的最大化，要求被告人承担初步的举证责任，确实能够防止辩护方在没有依据的场合下随意申请排除非法证据，以避免司法资源的浪费。厘清这一问题的关键在于，法官应当准确理解和灵活把握"被告人初步举证责任"的规定，而不是机械地、僵化地适用条文。最为符合立法规定本意的理解应当是："要求不宜过高，只要能够大致说出非法取证的时间、地点、行为人、方式、内容等情况，形成非法取证的合理怀疑，就应当启动调查程序。"

严格实行非法证据排除规则，应当坚持"当庭裁决原则"。证据合法性审查，解决的是争议证据的证据能力问题，这是法庭审判首先应当解决的问题。否则，极易导致不具备证据能力的非法证据堂而皇之地进入法庭，进而成为定案的根据。"当庭裁决"原则的确立，正是为了解决我国司法实践中长期盛行的审判人员"不敢""不愿"甚至"不知"直接对证据能力作出程序性裁判的陋习。但是在"排非"实践中，不少法官对此表现出了畏难情绪，仍然希望能在庭后对证据收集的合法性作出决定。这种心理可以理解，但决不能迁就。否则就很难发挥"排非"程序的应有功效，使非法证据排除规则的预期目的落空，导致庭审在很大程度上仍然是虚化的。